Ekkehart Köhler und Norbert Wein (Hrsg.) · Natur- und Kulturräume

D1724412

MÜNSTERSCHE GEOGRAPHISCHE ARBEITEN

Herausgegeben von den Hochschullehrern des Instituts für Geographie
der Westfälischen Wilhelms - Universität Münster

Wilfrid Bach · Bernhard Butzin · Hermann Hambloch
Heinz Heineberg · Ludwig Hempel · Ingrid Henning
Friedrich-Karl Holtmeier · Cay Lienau · Alois Mayr
Richard Pott · Volker Rönick · Karl-Friedrich Schreiber
Ulrich Streit · Peter Weber · Julius Werner

Schriftleitung: Alois Mayr

Heft 27
ISSN 0176 – 1064

Z-182

DC-II

Natur- und Kulturräume

Festschrift zum 65. Geburtstag von
Professor Dr. Ludwig Hempel

Geographisches Institut
der Universität Kiel
ausgesonderte Dublette

Ekkehart Köhler und Norbert Wein (Hrsg.)

Geographisches Institut
der Universität Kiel
Neue Universität

FERDINAND SCHÖNINGH · PADERBORN · 1987

Alle Rechte, auch das der auszugsweisen photomechanischen Wiedergabe, vorbehalten.
© 1987 by Ferdinand Schöningh, Paderborn, ISBN 3 - 506 - 73227 - 7

Gesamtherstellung: Buchdruckerei Regensberg, Daimlerweg 58, 4400 Münster

Vorwort der Herausgeber

Die Vollendung des 65. Lebensjahres von Professor Dr. Ludwig Hempel war für einen großen Kreis seiner Schüler und Kollegen Anlaß, ihm zu Ehren aus ihren aktuellen Forschungsarbeiten einen Bericht zu verfassen. Insgesamt trugen 41 Autoren mit 38 Beiträgen zum Gelingen der Festschrift bei. Das Ergebnis ist ein bunter Blumenstrauß mit kräftiger Farbgebung in den Forschungsschwerpunkten des Jubilars und einzelnen Farbtupfern, die sich harmonisch über die ganze Erde verteilen. Der aus dieser Vielfalt abgeleitete Titel der Festschrift "Natur- und Kulturräume" wird der Vielseitigkeit des Jubilars in besonderer Weise gerecht. War es doch stets das Anliegen seines akademischen Forschens und Lehrens, eine Synthese zwischen den naturgeographischen Gegebenheiten und dem die Erde gestaltenden Menschen herzustellen. Die spontane Bereitschaft der zahlreichen Autoren, einen Beitrag für die Festschrift zu verfassen, möge als Indiz für die fachliche Anerkennung und menschliche Achtung gelten, die der Jubilar in der geographischen Fachwelt und darüber hinaus genießt.

Diese Festschrift hätte ohne die Unterstützung derer, die bereit waren, zu Ehren des Jubilars beträchtliche Geldmittel zu spenden, nicht herausgegeben werden können. Ihnen sei an dieser Stelle der besondere Dank der Herausgeber ausgesprochen. Es spendeten für die Festschrift

- der Freundeskreis Prof. Dr. Hempel,
- die Republik Griechenland,
- der Landschaftsverband Westfalen-Lippe,
- die Gemeinde Nordseeheilbad Wangerooge und
- die Firma Zeller Plastik, Koehn, Gräbner & Co in Zell an der Mosel.

Den Herausgebern der Münsterschen Geographischen Arbeiten sei für die Aufnahme der Festschrift in die Schriftenreihe und für die damit verbundene finanzielle Zuwendung gedankt.

Dank gebührt auch den Autoren, die durch ihren Einsatz die termingerechte Fertigstellung der Festschrift ermöglichten und den redaktionellen Wünschen der Herausgeber verständnisvoll und bereitwillig entgegenkamen.

Nicht minder bedeutsam für das Gelingen des Vorhabens war der Einsatz derer, die die technische Umsetzung bewerkstelligten. Allen voran gebührt Frau Eva Käsler Dank und Anerkennung für die Satzarbeiten und ihren Beitrag zur ansprechenden Gestaltung des Layouts. Die phototechnische Bearbeitung des Kartenmaterials erfolgte durch die Herren Ropohl (Viersen) und Fahnert (Münster). Beim Umbruch wirkten die Söhne des Jubilars mit. Besonders wichtig war die Zusammenarbeit mit Herrn Prof. Dr. Mayr und der Druckerei Regensberg, die ihre Erfahrungen mit der Herausgabe der Münsterschen Geographischen Arbeiten in das Team einbrachten.

Die Herausgeber danken allen genannten und ungenannten Mitarbeitern an der Festschrift.

Viersen/Kaarst, im Mai 1987

Ekkehart Köhler
Norbert Wein

Natur- und Kulturräume

Ludwig Hempel zum 65. Geburtstag

Inhalt

Ekkehart Köhler

Wissenschaftlicher Werdegang von Professor Doktor LUDWIG HEMPEL

Am 21. Juni 1987 jährt sich zum 65. Male der Geburtstag von Prof. Dr. LUDWIG HEMPEL. Für mich als einen seiner Schüler ist dieses Anlaß, Rückschau auf den wissenschaftlichen Werdegang eines Geographen zu halten, der nicht nur eine Saite der geographischen Harfe zu spielen vermag, sondern die gesamte Vielfalt dieses Instrumentes harmonisch erklingen läßt.

Bereits während seiner Jugendzeit hatte LUDWIG HEMPEL Gelegenheit, die wichtigsten deutschen Naturlandschaften kennenzulernen. Seine Familie stammt aus einem kleinen Dorf im Herzen des Buntsandstein-Thüringen. Er selbst wurde allerdings in Hamburg geboren, wo sein Vater sich als Export-Importkaufmann tropischer Fette und Öle betätigte. Die schulische Laufbahn startete Sohn Ludwig 1928 in Köln am Rhein. Dort blieb die Familie, bis der Vater 1936 die Leitung einer dörflichen Klosterbrauerei in der Magdeburger Börde übernahm. Trotz der Feststellung seitens seiner Lehrer, daß LUDWIG HEMPEL "seine Gaben nicht recht ausgenutzt" habe, erhielt er im Februar 1940 von der Städtischen Oberschule in Oschersleben (Bode) das Zeugnis der Reife. Während des Krieges kam er sowohl an der West- als auch an der Ostfront zum Einsatz. Mehrere schwere Verwundungen, zuletzt in Stalingrad, überstand er mit viel Glück.

Das 1940 in Jena begonnene Studium der Geographie, Mathematik, Botanik und Mineralogie konnte LUDWIG HEMPEL aus politischen Gründen nach dem Krieg dort nicht fortsetzen. Er ging 1946 nach Göttingen, wurde unter anderem bei Julius BÜDEL studentische Hilfskraft, bevor er im Herbst 1950 bei Hans MORTENSEN mit der Dissertation "Struktur- und Skulpturformen im Raum zwischen Leine und Harz" promoviert wurde.

Nach dem Studium verließ LUDWIG HEMPEL die Universität, um als Geograph in der Praxis tätig zu werden. Dieser Distanz zur universitären Arbeitsweise schaffende Abschnitt im Berufsleben wird heute von jungen Geographen leider nur noch sehr selten durchschritten. Die Landesplanung in Niedersachsen unter Kurt BRÜNIG war sein neues Aufgabenfeld, das er in allen Ebenen durchlaufen durfte. Es umfaßte sowohl Arbeiten bei der Bezirksplanung in Stade als auch solche der Raumplanung in ganz Niedersachsen von Hannover aus.

Während seiner praktischen Tätigkeiten in der niedersächsischen Landesplanung verlor LUDWIG HEMPEL die klimatologischen und geomorphologischen Problemfelder nicht aus den Augen, die er von MORTENSEN und BÜDEL während seines Studiums gezeigt bekommen hatte. Aus der Forschungstätigkeit dieser Zeit gingen zahlreiche Veröffentlichungen hervor, in denen die Fragen der Bodenerosion einen Schwerpunkt bildeten. Deutlich hat er die Abhängigkeiten der Erosion von den Nutzungsarten und Wirtschaftsformen in Deutschland geomorphologisch herausgearbeitet. Damit griff er schon damals eine Problematik auf, die in heutiger Zeit unter dem Thema "Umwelt- und Bodenschutz" brandaktuell geworden ist.

Im Januar 1955 übergab LUDWIG HEMPEL eine größere Untersuchung mit dem Titel "Studien über Verwitterung und Formenbildung im Muschelkalkgestein - ein Beitrag zur klimatischen Morphologie" an Hans MORTENSEN. Dieser war von der Arbeit so begeistert, daß er LUDWIG HEMPEL aufforderte, sie als Habilitationsschrift einzureichen. Am 10. Mai 1955 verlieh "die Mathematisch-Naturwissenschaftliche Fakultät der Georg-August-Universität zu Göttingen dem Doktor der Naturwissenschaften Herrn Ludwig Hempel aus Hamburg die venia legendi für Geographie in der Erwartung, daß er sein Bestes tun wird, um als akademischer Forscher und Lehrer der Wissenschaft zu dienen und die akademische Jugend im Geiste der Wahrheit zu erziehen." Diesen Erwartungen ist LUDWIG HEMPEL sicherlich gerecht geworden.

Anfang 1956 holte MÜLLER-WILLE ihn an das Geographische Institut der Westfälischen Wilhelms-Universität nach Münster und gab ihm freie Hand in der Gestaltung seiner Forschungs- und Lehrtätigkeit. Dies war für einen so vielseitigen Geographen wie LUDWIG HEMPEL die ideale Gelegenheit, um das eingangs gewählte Bild wieder aufzugreifen, der "Harfe der Geographie" ihre ganze Klangfülle zu entlocken. Er bot eine reichhaltige Palette von Lehrveranstaltungen an, die neben Afrika, Europa und Deutschland auch Teilräume wie Nordwestdeutschland oder Thüringen enthielt. Unter den speziellen Stoffgebieten war das Paradestück die Allgemeine Geomorphologie.

Daneben las er über Allgemeine Klimatologie, Allgemeine Siedlungsgeographie und die Karte als Forschungs- und Arbeitsmittel. Dieses Streben, Mensch und Natur als Gestalter der Erde stets im Auge zu behalten, erlaubte es ihm, das fünfbändige Werk der "Einführung in die Physiogeographie" zu schreiben, das 1974 erschien und von dem bis 1987 nahezu 10.000 Exemplare von Studierenden benutzt wurden.

Seine Schüler wissen nicht nur diese fachliche Vielfalt und die inhaltliche Verknüpfung der geographischen Teildisziplinen zu schätzen, sondern auch den exzellenten methodischen und didaktischen Aufbau seiner Lehrveranstaltungen. Die Exkursionen, seien es eintägige im Nahbereich von Münster oder mehrtägige bis hin zu den großen Auslandsexkursionen, bleiben jedem Teilnehmer unvergeßliche Erlebnisse. Addiert man die Tage aller Exkursionen, die LUDWIG HEMPEL von 1955 bis 1986 geleitet hat, so ergibt sich die stolze Zahl von 2.000 Exkursionstagen; von diesen führte mehr als ein Drittel in das Ausland, vor allem nach Spanien und Griechenland. Im statistischen Mittel war er als Hochschullehrer an jedem siebenten Tag "auf Exkursion"!

An dieser Stelle sei ein kleiner Exkurs in seine persönliche Statistik erlaubt, der jedoch keinen Anspruch auf Vollständigkeit erheben kann. LUDWIG HEMPEL betreute von 1960 bis 1987 612 Hausarbeiten der Staatsexamina für Realschulen und Gymnasien; er führte 25 Doktoranden erfolgreich zur Promotion; sein fachmännisches Urteil wurde bei über 300 Buchbesprechungen erbeten, und auf Kongressen oder in Geographischen Instituten und vor Geographischen Gesellschaften hielt er über 100 Vorträge.

Besonders seine Göttinger Lehrer MEINARDUS, MORTENSEN und BÜDEL haben die Forschungen von LUDWIG HEMPEL nachhaltig beeinflußt. Als klassischer Geomorphologe beschritt er aber schon frühzeitig eigene Wege. So fügte er zum Beispiel der in den fünfziger Jahren so modernen BÜDEL'schen Klimamorphologie die Betrachtungsweise der Petrovarianz hinzu, die er in mehreren Arbeiten über den Muschelkalk und Buntsandstein, insbesondere aber in seiner Habilitationsschrift belegte. Geomorphologische Forschungen ohne gründliche, das heißt flächendeckende und vergleichende Feldarbeiten waren für LUDWIG HEMPEL undenkbar. Leider wird von jüngeren Geomorphologen diese zeitaufwendige und arbeitsintensive Vorgehensweise mehr und mehr vernachlässigt und durch exemplarisches Arbeiten ersetzt. Jüngste Belege für seine Einstellung zur Geländeforschung sind die geomorphologischen Karten samt ihrer umfangreichen Erläuterungen, die er im Rahmen eines Schwerpunktprogramms der Deutschen Forschungsgemeinschaft erstellte. Die geomorphologische Doppelkarte der Blätter Langen und Esens 1 : 100.000 an der Nordseeküste zwischen den Inseln Neuwerk und Norderney sind der krönende Abschluß einer harten Feldarbeit auf den ostfriesischen Inseln, in den Sänden und Watten sowie in den Marschen zwischen Elbe und Ems. Zuvor hatte LUDWIG HEMPEL im selben Programm ein Berglandgebiet, den Raum um Bad Iburg und Bad Rothenfelde, geomorphologisch bearbeitet. Beide Gebiete waren für ihn gleichzeitig auch Trainingsgelände für seine Kondition und sein Schrittmaß auf studentischen Exkursionen. Aber auch sonst blieb er dem nordwestdeutschen Raum während seiner gesamten Zeit als Hochschullehrer in Forschung und Lehre treu. Neben zahlreichen eigenen Untersuchungen initiierte er mehrere Dissertationen unter anderem zur Morphodynamik von Flußauen und der Nordseeinseln.

Das Wissen um die Tatsache, daß vergleichende klimamorphologische Studien am ehesten an den Nahtstellen verschiedener Klimazonen Aussicht auf neue Erkenntnisse bieten, veranlaßte LUDWIG HEMPEL, die Übergangszonen zwischen dem ozeanischen und kontinentalen Klima in der UdSSR und dem Mittelmeerraum zwischen Waldland und Wüste als bevorzugte Forschungsgebiete zu wählen. Nach seinen Studien 1961 und 1965 in der UdSSR zur Morphogenese der Schluchten und zu Feldsystemen im Kaukasus wandte er sich mehr und mehr dem Mittelmeergebiet zu. Mit Unterstützung der Deutschen Forschungsgemeinschaft und der Fördergesellschaft der Westfälischen Wilhelms-Universität wurde er aufgrund zahlreicher Forschungsaufenthalte zum intimen Kenner dieses Raumes. Schwerpunkte wurden die ostkanarischen Wüsteninseln Lanzarote und Fuerteventura sowie Spanien und Griechenland. LUDWIG HEMPEL beschränkte sich nicht auf die naturgeographischen Probleme. Vielmehr ist das Gebiet als ältester, vom Menschen intensiv überformter Raum in Europa ausgewählt worden, um das Wirkungsgefüge zwischen Klima und Bodennutzung durch den Menschen herauszuarbeiten. In seinen Veröffentlichungen wird seine Verantwortung immer wieder deutlich, die er für die Menschen im erforschten Raum empfindet, indem er nicht in rein deskriptiver Wissenschaftlichkeit verharrt, sondern Handlungsansätze zur Lösung der aufgezeigten Probleme entwickelt. Konsequenterweise wurde LUDWIG HEMPEL auf dem 2. Internationalen Kongreß für Umweltforschung in Istanbul 1985 in das Wissenschaftliche Komitee der "Mediterranean Scientific Association of Environmental Protection" berufen.

An den meisten Forschungen hatte seine Frau LENA HEMPEL als sehr kritische Begleiterin besonderen Anteil. Da LUDWIG HEMPEL seine Studenten unmittelbar an den Forschungen beteiligen wollte, suchte er die Möglichkeit, manche flächenhafte und arbeitsintensive Basisarbeit durch Exkursionsgruppen durchführen zu lassen.

LUDWIG HEMPEL beschränkte seine Hochschulaktivitäten nicht allein auf Forschung und Lehre. Er war in den sechziger Jahren als Mitglied des sogenannten Kleinen Senats, dem inneren Führungsgremium der Universität, als Vertreter der "Nichtordinarien" maßgeblich an der Entwicklung der Universität Münster beteiligt. Das gilt auch für die Arbeiten im Geographischen Institut. Für den engagierten Wissenschaftler waren es goldene Zeiten, weil er für "die Geographie" arbeiten konnte. Zudem war das Institut damals überschaubar, und man kannte sich auch persönlich. Für das Wintersemester 1956/57 weist das Vorlesungsverzeichnis drei Lehrende in der Geographie aus: Prof. Dr. WILHELM MÜLLER-WILLE, Dozent Dr. LUDWIG HEMPEL und Dr. HERMANN HAMBLOCH. Im Sommersemester 1987 hat sich diese Zahl nahezu verzehnfacht. LUDWIG HEMPELs Mitgliedschaft in anderen Gremien der Selbstverwaltung der Hochschule kann hier nicht im einzelnen nachgezeichnet werden, da es den gesteckten Rahmen sprengen würde.

Man würde aber der Person des Jubilars nicht gerecht, verschwiege man sein großes sportliches und soziales Engagement. In zwölfjähriger Tätigkeit als Leiter der Deutschen Lebens-Rettungs-Gesellschaft in Münster und sechs Jahren Arbeit als 1. Vorsitzender des Stadtsportbundes Münster prägte er diese Institutionen. Er setzte sich während dieser Zeit besonders nachhaltig für den Breitensport ein. Die Einrichtung des Schwimmens für geistig Behinderte und die Förderung des Sports der Insassen der Strafvollzugsanstalt in Münster beruhen auf seinen Aktivitäten.

Unvergessen bleibt auch sein persönlicher Einsatz für die zahlreichen Turniere im Rahmen des Hochschulsports, bei denen ihm als leidenschaftlichem Fußballspieler die Siege der Geographie-Mannschaft immer besondere Freude bereiteten. Als Schulpflegschaftsvorsitzender des Wilhelm-Hittorf-Gymnasiums und als Sprecher aller Schulpflegschaftsvorsitzenden der Gymnasien Münsters hat er der Zusammenarbeit zwischen Elternschaft und Schule eine Form gegeben, die ohne Übertreibung als vorbildlich bezeichnet werden muß. Wenn heute Koedukation an den Münsterschen Oberschulen selbstverständlich ist, so ist das wesentlich seiner Initiative zuzuschreiben, die ihm anfangs nicht nur ungeteilten Beifall der Eltern an einigen Gymnasien eingebracht hat. Sein soziales Engagement dokumentiert sich schließlich noch in seiner Tätigkeit als ehrenamtlicher Richter der Disziplinarkammer am Verwaltungsgericht in Münster in den Jahren von 1979 bis 1987.

Das vielfältige sportlich-soziale Engagement fand seine Anerkennung in der Verleihung des Verdienstkreuzes 1. Klasse des Verdienstordens der Bundesrepublik Deutschland im August 1973 an Herrn Professor Doktor LUDWIG HEMPEL.

Verzeichnis der Dissertationen

BEYER, L.: Der Siedlungsbereich von Jerzens im Pitztal. Untersuchungen zu Entwicklung und Struktur von Flur und Ort in einem nordtiroler Alpental. Diss. phil. 15.12.1967.

BORGERDING, C.-A.: Die landschaftsökologischen Grundlagen der Bewässerungskulturen der Erde. Diss. rer.nat. 02.07.1971.

BORN, V.: Kreta - Gouves: Wandel einer Agrarlandschaft in ein Fremdenverkehrsgebiet. Diss. phil. 10.11.1983.

BRETTSCHNEIDER, H.: Mikroklima und Verwitterung an Beispielen aus der Sierra Nevada und Nordafrika - mit einem Modell zur Glatthanggenese. Diss. rer.nat. 28.04.1980.

ECKEL, H.: Studien zur morphologischen Entwicklung der Ostplate Spiekeroogs. Diss. phil. 07.02. 1975.

GATTWINKEL, W.: Probleme und Strukturwandlungen im Städteband Twente (Niederlande). Diss. phil. 06.07.1978.

GRABOWSKI, K.-H.: Bremen-Nord, eine stadtgeographische Analyse eines Stadtbezirks der Freien Hansestadt Bremen. Diss. rer.nat. 15.12.1971.

GUNIA, E.: Das Wald-Freiland-Verhältnis in der osteuropäischen Tiefebene. Diss. rer.nat. 08.12. 1972.

HEROLD, O.: Wandlungen der Wasserversorgung im Münsterland und in Westfalen-Lippe. Diss. phil. 14.10.1983.

HÖPER, H.-J.: Natur- und Menschheitsgeschichte im Landschaftsraum Ostthessalien (Griechenland). Diss. rer.nat. 15.07.1983.

KÖHLER, E.: Das hydrologische Potential des oberen Werregebietes. Diss. rer.nat. 15.07.1977.

KÖNIG, G.: Dünengenerationen auf Wangerooge - bodenchemische Untersuchungswege und ihre Ergebnisse. Diss. rer.nat. 1987.

KOHSE, D.: Physiotope und ökotope in drei Hochtälern des ötztales. Diss. phil. 11.02.1972.

KREIS, J.: Agrar- und sozialgeographisches Gefüge von Gemeinden mit Obstbau in Kärnten und in der Steiermark. Untersuchungen zu St. Stefan im Lavanttal und Puch bei Weiz. Diss. phil. 24.11.1978.

KRÜGER, L.-R.: Das Weser-Elbe-Gebiet als synoptischer Grenzraum im Winter. Ein Beitrag zur dynamischen Klimageographie Mitteleuropas. Diss. rer.nat. 25.04.1975.

LANUSCHNY, P.-R.: Probleme des Strukturwandels und die wirtschaftlichen Entwicklungstendenzen im süd-ostwestfälischen Grenzraum, dargestellt auf der Grundlage des Wachstums und der gegenwärtigen Struktur der Kulturlandschaft des Landkreises Warburg. Diss. rer.nat. 20.09. 1973.

MÜLLER, G.: Klimamorphologische Fragen der Abtragung und Formung in der Trias zwischen Egge-Gebirge und Weser. Diss. rer.nat. 26.11.1971.

REMDE, F.: Amrum. Ein Beitrag zur Genese und Struktur einer Inselsiedlung. Diss. phil. 29.11. 1971.

RÖMHILD, G.: Die Forst- und Industrielandschaft des Deckenberger Bergbaubezirks bei Ibbenbüren.- Wandel und räumliche Differenzierung unter besonderer Berücksichtigung berg- und steinwirtschaftlicher Zustände sowie raumordnerischer Maßnahmen. Diss. phil. 15.02.1974.

SCHNEIDER, Ch.: Untersuchungen zur jungquartären Morphogenese im Becken von Sparta (Peloponnes). Diss. rer.nat. 18.11.1986.

SCHOLZ, U.: Minangkabau. Die Agrarstruktur in West-Sumatra und Möglichkeiten ihrer Entwicklung. Diss. phil. 07.02.1977 (Gießen).

VIEREGGE, J.: Geographische Aspekte des Wandels der Imkerei in Niedersachsen. Diss. rer.nat. 21.01.1980.

WARTHORST, A.: Entwicklung und Gegenwartsbild einer ländlichen Gemeinde in Westfinnland - die Gemeinde Alahärma. Diss. rer.nat. 15.02.1974.

WEIN, N.: Akkumulations- und Erosionsformen im Tal der Mittleren Ems. Diss. phil. 19.06.1969.

Verzeichnis der Veröffentlichungen

1. Struktur- und Skulpturformen im Raum zwischen Leine und Harz. Diss. rer.nat., Göttingen 1950. Göttinger Geographische Abhandlungen Heft 7, 1951. Göttingen.

2. über die Meßbarkeit von Bodenerosion. In: Ztschr. f. Pflanzenernährung, Düngung, Bodenkunde, Festband, 1951, S. 106-110.

3. über Kartierungsmethoden von Bodenerosion durch Wasser. In: Neues Archiv für Niedersachsen 1951, S. 590-598.

4. Bericht über eine Exkursion in das Gebiet mit erheblichen Landschaftsschäden am Harznordrand. In: Forschungs- und Sitzungsberichte der Akademie für Raumforschung und Landesplanung 1951, S. 279-281. Hannover.

5. Zur Entwicklung der Kulturlandschaft in Bruchländereien. Ein Beitrag zur Frage der Oberflächenaustrocknung nach Flußregulierung. In: Berichte zur deutschen Landeskunde 1952, S. 71-80.

6. Abtragung durch Schneekorrasion. In: Petermanns Geographische Mitteilungen 1952, S. 183-184 und Tafel 13.

7. Die morphologischen Großformen der nordöstlichen subherzynischen Hügelländer. In: Petermanns Geographische Mitteilungen 1953, S. 261-265.

8. Nutzbare Lagerstätten im Landkreis Wesermarsch. In: Der Landkreis Wesermarsch 1953, S. 47-48 und Tafel VI. Bremen.

9. Altes bäuerliches Genossenschaftswesen in einem niedersächsischen Grenzgebiet. Die Rottgemeinschaft der Stadt Hadmersleben. In: Niedersachsen, Ztschr. f. Heimat und Kultur 1954, S. 10-12, sowie in: Bördebote. Heimatzeitschrift für die Magdeburger Börde und das Holzland Heft 1, 1957, S. 17-22.

10. Beobachtungen über die Empfindlichkeit von Ackerböden gegenüber der Bodenerosion. In: Ztschr. f. Pflanzenernährung, Düngung, Bodenkunde 1954, S. 42-54.

11. Ein Tertiärvorkommen auf dem Göttinger Muschelkalk und seine Bedeutung für die Datierung der Oberfläche. In: Neues Jahrbuch für Geologie und Paläontologie (Monatshefte) 1954, S. 70-79.

12. Die Entstehung einiger anthropogen bedingter Oberflächenformen und ihre Ähnlichkeit mit natürlichen Formen. In: Probleme und Ergebnisse moderner geographischer Forschung. Hans Mortensen zu seinem 60. Geburtstag. 1954, S. 119-126 mit drei Tafeln. Bremen-Horn.

13. Beispiele von Bodenerosionskarten im niedersächsischen Bergland sowie Bemerkungen über Berücksichtigungen der Erosionsschäden bei der Bonitierung. In: Neues Archiv für Niedersachsen 1954, S. 140-143 mit drei Tafeln.

14. Untersuchungen über das Grundwasser in der Kulturlandschaft Nordwestdeutschlands. Beispiel einer Grundwasserkartierung für landeskundliche Zwecke. In: Berichte zur deutschen Landeskunde 1954, S. 129-141 mit einer Beilage.

15. Frostbodenbildung und Lößanwehung in der Würmeiszeit auf Muschelkalk und Buntsandstein

bei Göttingen. Akademie der Wissenschaften und der Literatur in Mainz. Math.-Naturw. Klasse. Abhandlung Nr. 2, 1955.

16. Konvergenzen von Oberflächenformen unter dem Einfluß verschiedener klimatischer Kräfte. Ein Problem der klimatischen Morphologie. In: Deutsche Geographische Blätter Bd. 47, Heft 3/4, 1955, S. 189-201.

17. Studien über Verwitterung und Formenbildung im Muschelkalkgestein. Ein Beitrag zur klimatischen Morphologie. Göttinger Geographische Abhandlungen, Heft 18, 1955.

18. Messungen an eiszeitlichem Strukturboden auf dem Göttinger Muschelkalk. In: Neues Jahrbuch für Geologie und Paläontologie (Monatshefte) 1955, S. 465-474.

19. Rumpfflächenlandschaft oder Schichtstufenland? Neue Beobachtungen zur Frage der Verzahnung beider Großformen. Nachrichten der Akademie der Wissenschaften in Göttingen, math.-phys. Kl., math.-phys.-chem. Abtlg., 1955.

20. Eisenbahnlinien und Oberflächenformen in südrussischen Steppenlandschaften. In:Erdkunde X, 1956, S. 68-76.

21. Über Alter und Herkunftsgebiet von Auelehmen im Leinetal. In: Eiszeitalter und Gegenwart, Jahrb. d. Deutschen Quartärvereinigung Bd. 7, 1956, S. 35-42.

22. Junge postpleistozäne Tektonik am Rande des Eichsfelder Beckens. In: Geologisches Jahrbuch Bd. 72, 1956, S. 235-240.

23. Hangforschung in Deutschland. Erläuterungen zu einer Bibliographie (gemeinsam mit H. MORTENSEN). Dazu: Sammlung: Deutsche Literatur über Hangentwicklung (gemeinsam mit H. MORTENSEN). In: Union Géographique Internationale. Premier rapport de la Commission pour l'étude des versants. Congrés International de Géographie. Rio de Janeiro 1956, S. 45-55. Amsterdam 1956.

24. Hangdarstellung in der geomorphologischen Karte (in Deutschland). Dazu: Sammlung: Arbeiten mit Hangdarstellung in geomorphologischen Karten. In: Union Géographique Internationale. Premier rapport de la Commission pour l'étude des versants. Congrés International de Géographique. Rio de Janeiro 1956, S. 76-84. Amsterdam 1956.

25. Die Bedeutung der Streudecke für die Bodenabspülung auf Sandsteinböden unter Wald. In: Ztschr. f. Pflanzenernährung, Düngung, Bodenkunde 1956, S. 139-143.

26. Die neue Aufgabe der Kreisbeschreibung. In: Westfalendienst. Mitt. d. Westfalenkreises für öffentliche Angelegenheiten 1956, S. 57-59 und 64, sowie in: Mitt. d. Industrie- und Handelskammer zu Dortmund Nr. 10, 1956, S. 396-397.

27. Gesteinsstruktur und klimatisch bedingte Formungstendenzen - ihre Bedeutung für das Aussehen von Muschelkalklandschaften. In: Deutscher Geographentag Hamburg 1955. Tagungsbericht und wissenschaftliche Abhandlungen, 1957, S. 331-337.

28. Heuerlingswesen und crofter-system. Ein sozial- und agrargeographischer Vergleich von Siedlerschichten in Deutschland und Schottland. In: Ztschr. f. Agrargeschichte und Agrarsoziologie 1957, S. 169-180.

29. Saaleeiszeitliche Eisrandlagen und ihre Formen am Haarstrang. Beitrag zur Quartärgeologie und Morphologie Westfalens. In: Jahrbuch für Geologie und Paläontologie (Monatshefte) 1957, S. 241-249.

30. Flächenformen und Flächenbildung in der Stufenlandschaft. Beobachtungen aus Deutschland und Großbritannien. In: Petermanns Geogr. Mitt. 1957, S. 178-184 sowie Tafeln 22 und 23.

31. Über eine mittelalterliche Ausbausiedlung im Aue- und Bruchwald. Ein Beitrag zur Frage der Kulturlandschaftsentwicklung in Niederungsgebieten. In: Berichte zur deutschen Landeskunde 1957, S. 47-54.

32. Bodenerosion, Quellenbildung und Abflußvorgänge im Freiland und unter Wald, untersucht und geordnet nach geomorphologischen Merkmalen. In: Deutsche Gewässerkundliche Mitteilungen 1957, S. 106-110.

33. Probleme der Oberflächenformung in Großbritannien unter klimamorphologischer Fragestellung. In: Petermanns Geogr. Mitt. 1958, S. 13-27 und 81-89.

34. Eiszeitklima und Gesteinsstruktur. Ihre Bedeutung für die asymmetrischen Täler im Buntsandstein. In: Eiszeitalter und Gegenwart. Jahrbuch d. deutschen Quartärvereinigung Bd. 9, 1958, S. 49-60.

35. Über Verwitterung und Abtragung im Granit Nordostspaniens. In: Neues Jahrbuch für Geologie und Paläontologie (Monatshefte) 1958, S. 227-233.

36. Soil-erosion und water run-off on open ground and unterneath wood. Studied and classified according to geomorphological charakteristics. In: Comptes Rendus et Rapports d'Union Géodésique et Géophysique Internationale (Association Internationale d'Hydrologie Scientifique). Assemblée de Toronto 1957. Gentbrugge 1958, Tome I, S. 108-114.

37. Sind die crofter Schottlands eine junge Siedlerschicht? (gemeinsam mit H. JÄGER). In: Ztschr. f. Agrargeschichte und Agrarsoziologie 1958, S. 204-207.

38. Die wirtschaftsgeographischen Höhenstufen des oberen Ötztales und des Gurgler Tals. In: Westfälische Geographische Studien Heft 13, 1958, S. 5-20.

39. Eine alpine Wirtschaftslandschaft und ihre wissenschaftlich-photographische Dokumentation. In: Photographie und Wissenschaft 1958, S. 19-22.

40. Zur geomorphologischen Höhenstufung der Sierra Nevada Spaniens. Ein Beitrag zur klimamorphologischen Zonierung der Erde. In: Erdkunde XII, 1958, S. 270-277.

41. Studien in norddeutschen Buntsandsteinlandschaften. Forschungen zur deutschen Landeskunde Band 112, 1958.

42. Möglichkeiten und Grenzen der Auswertung amtlicher Karten für die Geomorphologie. In: Deutscher Geographentag Würzburg 1957. Tagungsbericht und wissenschaftliche Abhandlungen, S. 272-279 mit sechs Tafeln. Wiesbaden 1958.

43. Rezente und fossile Zertalungsformen im mediterranen Spanien. In: Die Erde 1959, S. 38-59.

44. Jüngste Entwicklungen und gegenwärtiger Stand der geomorphologischen Forschung in Deutschland. In: Berichte zur deutschen Landeskunde 1959, S. 224-242.

45. Najnowsze kierunki rozwoju i aktualny stan badån geomorfologiczynch w Niemczech. In: Czasopismo Geograficzne. Tom XXX, 2, S. 123-137. Warszawa-Wroclaw 1959.

46. Reliefveränderungen in den Ackerländereien Europas. Zusammenfassung eines Vortrages, gehalten in Basel im November 1959. In: Geographica Helvetica 1960, S. 147-151.

47. Bilanzen zur Reliefgestaltung der Erde. Erläuterung zu Kurven. In: Geographische Berichte 1960, S. 97-107.

48. Limites geomorfologicos altitudinales en Sierra Nevada. In: Estudios Geogråficos, S. 81-93. Madrid 1960.

49. Valles recientes y fosiles en la España mediterranea. In: Estudios Geogråficos, S. 67-103. Madrid 1961.

50. Pleistozäne Pseudorumpfflächen am Haarstrang. Beiträge zur Quartärgeologie und Morphologie Westfalens. In: Neues Jahrbuch für Geologie und Paläontologie (Monatshefte) 1962, S. 83-89.

51. Das Großrelief am Südhang der westfälischen Bucht und im Nordsauerland. Spieker. Landeskundliche Beiträge und Berichte Heft 12, 1962.

52. Über morphologische Formengruppen der Erosion an der Ems. Beiträge zur Quartärgeologie und Morphologie Westfalens. In: Eiszeitalter und Gegenwart. Jahrb. d. Deutschen Quartärvereinigung Band 14, 1963, S. 68-76.

53. Bodenerosion in Nordwestdeutschland. Erläuterungen zu Karten von Schleswig-Holstein, Hamburg, Niedersachsen, Bremen und Nordrhein-Westfalen. Forschungen zur deutschen Landeskunde Band 144, 1963.

54. Naturrelief und Kulturrelief in der westlichen und südlichen Sowjetunion. In: Tijdschrift van het Koninklijk Nederlandsch Aardijkskundig Genootschap 1964, S. 63-74.

55. Klimamorphologische Taltypen und die Frage einer humiden Höhenstufe in europäischen Mittelmeerländern. In: Petermanns Geographische Mitteilungen 1966, S. 81-96 und Tafeln 21-24.

56. Bodenerosion in landeskundlicher Sicht. Gedanken zu Karten der Bodenerosion von Niedersachsen. In: Neues Archiv für Niedersachsen 1966, S. 292-296 sowie 2 Karten.

57. Fossile und rezente Flurbilder im Kaukasus (auf Grund einer Forschungsreise 1961 und 1966). In: Die Erde 1967, S. 5-30.

58. Karte des Kaufunger Waldes: Wanderungen rund um das Steinberghaus 1 : 35 000 mit Erläuterungen. Kassel 1967.

59. Spanien; Nordrhein-Westfalen. Monographien. In: Brockhaus Enzyklopädie, 1967 und folgende Jahre.

60. Bodenabspülung im Kreis Soest? In: Soester Heimatkalender 1968, S. 76-78.

61. Bodenerosion in Süddeutschland. Erläuterungen zu Karten von Baden-Württemberg, Bayern, Hessen, Rheinland-Pfalz und Saarland. Forschugnen zur deutschen Landeskunde Band 179, 1968.

62. Afrika, Europa, Asien, Nordamerika und Südamerika. Monographien. In: Westermanns Lexikon der Geographie Band I, 1968-1971.

63. Individuelle Züge in der kollektivierten Kulturlandschaft der Sowjetunion (auf Grund von Untersuchungen 1961, 1965 und 1966). In: Die Erde, 1970, S. 7-22.

64. Humide Höhenstufe in Mediterranländern? In: Feddes Repertorium 81, 1970, S. 337-345.

65. Die Tendenzen anthropogen bedingter Reliefformung in den Ackerländereien Europas. In: Zeitschrift für Geomorphologie, N.F. 15, 1971, S. 312-329.

66. Morphographie und Morphogenese des Landes Nordrhein-Westfalen und angrenzender Gebiete. Münster 1971 (2. Auflage: 1972).

67. Über die Aussagekraft von Regelungsmessungen in Mediterrangebieten - überprüft an konvergenten Oberflächenformen. In: Zeitschrift für Geomorphologie, N.F. 16, S. 301-314. 1972.

68. Die Alten Städte in Sowjetisch Mittelasien. Beihefte zur Diareihe. R. 2142. Institut für Film und Bild in Wissenschaft und Unterricht. München 1973.

69. Einführung in die Physiogeographie. Band 1: Einleitung und Geomorphologie. Band 2: Klimageographie. Band 3: Hydrogeographie. Band 4: Bodengeographie. Band 5: Vegetationsgeographie. Wissenschaftliche Paperbacks. Geographie. Wiesbaden 1974.

70. Eine morphographische Karte von Nordrhein-Westfalen und angrenzender Gebiete mit Erläuterungen. In: Planungsatlas von Nordrhein-Westfalen, 1975.

71. Eine Höhenschichtenkarte von Nordrhein-Westfalen und angrenzender Gebiete mit Erläuterungen. In: Planungsatlas von Nordrhein-Westfalen, 1975.

72. Landschaft und Wirtschaft in Sowjetisch-Mittelasien - Beihefte zur Diareihe. 102141. Institut für Film und Bild in Wissenschaft und Unterricht. Grünwald 1975.

73. El Significad de las Medidas de Orientacion en al Dominio Mediterraneo, veribicades sobre formas superficiales convergentes. In: Estudios Geogråficos, S. 205-217. Madrid 1976.

74. Bodenerosion und Auelehm. Neudruck in: RICHTER, G./W. SPERLING (Hrsg.): Bodenerosion in Mitteleuropoa. Wege der Forschung Band CCCCXXX. S. 331-334. Wissenschaftliche Buchgemeinschaft. Darmstadt 1976.

75. Nordwestdeutschland. Reliefformen, Reliefgenese, Reliefräume. Münster 1976 (3. Aufl.), 1978 (4. Aufl.), 1980 (5. Aufl.), 1983 (6. Aufl.).

76. Die tertiären Ebenheiten des Haarstranges im Lichte neuerer geologisch-paläontologischer Forschungen. In: Erdkunde 1978, S. 297-299.

77. Physiogeographische Studien auf der Insel Fuerteventura (Kanarische Inseln). Münstersche Geographische Arbeiten Heft 3, 1978.

78. Wissenschaftliche Forschung zwischen Strand und Groden. In: Wangerooger Inselbote, 1978.

79. Wenn der Boden zum Skelett abmagert. In:Umschau in Wissenschaft und Technik 1979, S. 405-411.

80. Der "Osning-Halt" des Drenthe-Stadials am Teutoburger Wald im Lichte neuerer Beobachtungen. In: Eiszeitalter und Gegenwart. Jahrbuch der Deutschen Quartärvereinigung Band 31, 1980, S. 45-62.

81. Zur Genese von Dünengenerationen an Flachküsten - Beobachtungen auf den Nordseeinseln Wangerooge und Spiekeroog. In: Zeitschrift für Geomorphologie, N.F. 24, 1980, S. 428-447.

82. Studien über fossile und rezente Verwitterungsvorgänge im Vulkangestein der Insel Fuerteventura (Islas Canarias). In: Minister für Wissenschaft und Forschung NRW (Hrsg.): Forschungsbericht des Landes Nordrhein-Westfalen Nr. 2927, Fachgruppe Physik/Chemie/Biologie, 1980.

83. Studien über rezente und fossile Verwitterungsvorgänge im Vulkangestein der Insel Fuerteventura (Islas Canarias, Spanien) sowie Folgerungen für die quartäre Klimageschichte. Münstersche Geographische Arbeiten Heft 9, 1980.

84. Der Südwesten der Insel Wangerooge - ein Experimentierfeld natürlicher und menschlicher Kräfte von besonderer Art. In: Wangerooger Inselbote, 1980.

85. Möglichkeiten und Grenzen der Auswertung amtlicher Karten für die Geomorphologie. Neudruck in: HÜTTERMANN, A. (Hrsg.): Probleme der geographischen Kartenauswertung. Wege der Forschung Band CDIV, S. 303-327. Wissenschaftliche Buchgesellschaft. Darmstadt 1981.

86. Geomorphologische Detailkartierung in der Bundesrepublik Deutschland. Geomorphologische Karte und Erläuterungen zur geomorphologischen Karte 1 : 25 000. GMK 25 Blatt 6: Bad Iburg (3813). Berlin 1981.

87. Es begann vor 2 Millionen Jahren. 1. Folge: Verlorene Böden. Wiss. Beratung in einem Film der Hanseatic-Kontakt-Film Hamburg. Drehbuch: J. VOIGT (im Auftrag des ZDF), 1981.

88. Mensch oder Klima? "Reparaturen" am Lebensbild vom mediterranen Menschen mit Hilfe geowissenschaftlicher Meßmethoden. In: Bericht der Gesellschaft zur Förderung der Westfälischen Wilhelms-Universität Münster 1981, S. 30-36.

89. Mensch und/oder Klima? Neue physiogeographische Beobachtungen über das Lebens- und Landschaftsbild Griechenlands seit der Eiszeit. In: hellenika. Jahrbuch der Vereinigung der Deutsch-Griechischen Gesellschaften 1981, S. 61-71.

90. Studien über fossile und rezente Verwitterungsvorgänge im Kalkgestein der Insel Fuerteventura, Islas Canarias (mit einem Beitrag zur Frage der Bedeutung von Gesteinsporosität und -farbe für die Insolatinsverwitterung). In: Minister für Wissenschaft und Forschung NRW (Hrsg.): Forschungsbericht des Landes Nordrhein-Westfalen Nr. 3047. Fachgruppe Physik/Chemie/Biologie, 1981.

91. Jungquartäre Formungsprozesse in Südgriechenland und auf Kreta. In: Minister für Wissenschaft und Forschung NRW (Hrsg.): Forschungsbericht des Landes Nordrhein-Westfalen Nr. 3114. Fachgruppe Physik/Chemie/Biologie, 1982.

92. "Gebirgs-, Berg-, Hügel- und Tiefländer" Westfalens - ein geomorphologischer Überblick. In: Festschrift "Westfalen und angrenzende Regionen" zum 44. Deutschen Geographentag Münster 1983, S. 9-26.

93. Klimaänderungen im Mittelmeerraum - Neue Ansätze und Ergebnisse geowissenschaftlicher Forschungen. In: UNIVERSITAS, Zeitschrift für Wissenschaft, Kunst und Literatur, S. 873-885. Stuttgart 1983.

94. Studien zur Mikro- und Heilklimatologie in Wangerooge-West. In: Oldenburger Jahrbuch 1983, S. 385-396.

95. Sandhaushalt als Hauptglied in der Geoökodynamik einer ostfriesischen Insel - Abhängigkeiten von natürlichen und anthropogenen Kräften. In: Geoökodynamik 1983, S. 87-104.

96. Geomorphologische Studien an Schuttfächern in Ostkreta. Ein Beitrag zur Klimageschichte des Jungquartärs in Mittelmeerländern. In: Erdkunde 1984, S. 187-194.

97. Geoökodynamik im Mittelmeerraum während des Jungquartärs. Beobachtungen zur Frage "Mensch und/ oder Klima?" in Südgriechenland und auf Kreta. In: Geoökodynamik 1984, S. 99-140.

98. Beobachtungen und Betrachtungen zur jungquartären Reliefgestaltung der Insel Kreta. In: HEMPEL, L. (Hrsg.): Geographische Beiträge zur Landeskunde Griechenlands. Münstersche Geographische Arbeiten Heft 19, 1984.

99. "Südliche Nordsee" (Marschen, Watten, Platen, Inseln) - Ein physiogeographischer Exkursionsführer. Münster 1984.

100. Begegnungsraum Mittelmeer. Italien - zwischen ewigem Schnee und Dürre. Die Iberische Halbinsel - zwischen Europa und Afrika. Griechenland - Schlüsselstellung im östlichen Mittelmeer. In: Länder Völker Kontinente Band 1. Bertelsmann LEXIKOTHEK. Gütersloh 1985.

101. Beharrungsvermögen und jüngste geographische Wandlungen in Dorf und Flur der Küstenebene Nordkretas. In: hellenika. Jahrbuch der Vereinigung der Deutsch-Griechischen Gesellschaften 1985, S. 117-137.

102. Geomorphologische Detailkartierung in der Bundesrepublik Deutschland. Geomorphologische Karte 1 : 100 000. GMK 100 Blatt 4 Esens (C 2310) und Langen (C 2314) mit Erläuterungen. Berlin 1985.

103. Rinnen- und Furchennivation. Gestalter ökologischer Kleinräume in und an der Frostschuttstufe mediterraner Hochgebirge. In: Abhandlungen aus dem Westfälischen Museum für Naturkunde Münster, Band 49, 1986, S. 355-372.

104. Spätglaziale und holozäne Phasen von Erosion, Akkumulation und Bodenbildung in Griechenland im Vergleich zu anderen Befunden in den Subtropen der Alten Welt. In: MAYR, A./P. WEBER (Hrsg.): 100 Jahre Institut für Geographie an der Westfälischen Wilhelms-Universität Münster. Münstersche Geographische Arbeiten, Heft 26, 1986.

105. The "Mediterraneanization" of the Climate in Mediterranean Countries - a Cause of the Unstable Ecobudget. In: ROBINSON, R./F. KORTE/M. HERRMANN/D. KOTZIAS/H. PARLAR (Editors): Environmental Pollution and its Impact of Life in the Mediterranean Region 1985. Chemosophere, Vol. 16, Nos. 2-3, 1987, S. 313-330.

106. The "Mediterraneanization" of the Climate in Mediterranean Countries - a Cause of the Unstable Ecobudget. In: GeoJournal 1987, S. 163-173.

107. Beobachtungen und Aspekte zur klimamorphologischen Stellung von Schutt und Schottern in den Hochgebirgen Kretas. In: Geoökodynamik 1987.

108. Rezente und fossile Mesoformen der Abtragung und Aufschüttungen in Ausräumen von Schichtkammlandschaften im Teutoburger Wald. In: Berliner Geographische Arbeiten, 1987.

Gutachten

1. Untersuchungen über die Schäden in der Landschaft des Raumes Göttingen, hervorgerufen insbesondere durch Menschen. Karte und Erläuterungstext beim Niedersächsischen Amt für Landesplanung und Statistik. Hannover 1951.

2. Die Schäden in der Landschaft des Planungsraumes "Harzvorland" (= Harznordrand). Karte und Erläuterungstext veröffentlicht innerhalb des Raumordnungsplanes für den Planungsraum "Harznordrand". Hannover-Braunschweig 1951.

3. Eine Landschaftsgliederung des Kreises Verden (Aller). Karte und Erläuterungstext beim Niedersächsischen Amt für Landesplanung und Statistik. Hannover 1952.

4. Eine Landschaftsgliederung des Kreises Gifhorn. Karten und Erläuterungstext beim Niedersächsischen Amt für Landesplanung und Statistik. Hannover 1952.

5. Eine Karte der Reliefenergie von Niedersachsen. Karte und Text beim Niedersächsischen Amt für Landesplanung und Statistik. Hannover 1952. Veröffentlicht unter: BRÜNING, K.: Reliefenergie in Niedersachsen. Neues Archiv für Niedersachsen, 1961.

6. Das Grundwasser im Kreis Verden. Beispiel für eine Grundwasserkartierung für landeskundliche Zwecke. Karten und Erläuterungstext beim Regierungspräsidenten in Stade, Dezernat für Landesplanung und Statistik, 1953.

7. Die Bodenerosion in Nordrhein-Westfalen. Karten 1 : 50 000 über die Empfindlichkeit der Ackerländereien gegenüber der Bodenabspülung. Ministerium für Ernährung, Landwirtschaft und Forsten des Landes Nordrhein-Westfalen. Düsseldorf 1966.

8. Die Bodenerosion in Niedersachsen. Karten 1 : 50 000 über die Empfindlichkeit der Ackerländereien gegenüber der Bodenabspülung. Niedersächsisches Institut für Landeskunde und Landesentwicklung in Göttingen, 1968.

Hermann Hambloch

Erkenntnistheoretische Probleme in der Geographie

1. Was können wir wissen?

Alles wissenschaftliche Denken ist eng verknüpft mit 'Erkennen' und 'Verstehen'. Verstehen heißt, daß man Vorstellungen und Begriffe besitzt, die helfen, ein System von Erscheinungen als zusammenhängend zu erklären, und die Problematik jeder menschlichen Erkenntnis spiegelt sich in der Frage wider: Was können wir wissen? Aber obwohl sie so schlicht klingt, führt sie in der Wissenschaftstheorie rasch in philosophische Tiefen und zu methodologischen Kontroversen. Ist unser ganzes Wissen auf Erfahrung angewiesen, oder stammen Teile davon aus unserem Denken? Wie weit sind analytische Vorgehensweisen tragfähig, und wo beginnt notwendig die ganzheitliche, phänomenologische Interpretation der Lebenswelt? Von drei möglichen Sichtweisen:

- der ontologischen: Wie sieht die Welt aus?
- der erkenntnistheoretischen: Wie sieht unser Wissen von der Welt aus?
- der methodologischen: Wie erlangen wir unser Wissen über die Welt?

interessiert uns hier vor allem die mittlere. Zwar fällt die Antwort darauf, was wir denn nun wissen können, bei VOLLMER (1985, S. 1) nicht eben ermutigend aus: "sichere Erkenntnis über die Welt ist uns versagt, all unser Wissen ist Vermutungswissen, vorläufig und fehlbar." Aber immer wieder findet dieser Satz eine Bestätigung - auch in der Geographie. Mit seinen Arbeiten im Mittelmeerraum hat Ludwig HEMPEL, dem diese Zeilen gewidmet sind, jüngst selbst einen Beweis geliefert, indem er recht festgefügte Vorstellungen über die Landschaftsgenese korrigierte. Abseits vom wissenschaftlichen Denken neigen wir freilich instinktiv zu einem naiven Realismus, der für unser Verhalten in der Alltagswelt lebensnotwendig ist. Über den Wahrheitsgehalt der Wahrnehmung des Rotlichtes einer Verkehrsampel stellt man besser keine langen Reflexionen an. Aber aus dem naiven Realismus heraus erwächst dann oft eine Abwehrhaltung gegenüber der eben formulierten Skepsis: Soll man die Beschäftigung mit erkenntnistheoretischen Problemen nicht lieber den Philosophen überlassen? Ist auf diesem Felde für eine Realwissenschaft wie die Geographie Interessantes zu erwarten?

Es könnte stutzig machen, daß eine andere Disziplin, nämlich die Physik, die ja ebenfalls die reale Außenwelt untersucht, sehr nachdrücklich erkenntnistheoretische Probleme diskutiert. Physikalisches Denken ist dabei sogar besonders fruchtbar gewesen, was auch die wiederholten Bezüge zur Physik im Folgenden erklärt. Als ein frühes Beispiel, das erst jetzt der Vergessenheit entrissen wurde, sei stellvertretend für viele andere ein Vortrag von HEISENBERG (1928/1984) erwähnt. Bei dessen Lektüre wird klar, wie die moderne Physik Widersprüche aufzeigte zu den Forderungen der Erkenntnistheorie KANTs, der lehrte, daß der (euklidische) Raum, die Zeit und die Kausalität als Anschauungsformen all unserem Wissen a priori zu Grunde liegen (KANT 1787, S. 1 ff.); denn diese rationalen Kategorien und KANTs synthetische Urteile als Grundlage reiner Wissenschaft wurden in der Relativitätstheorie und in der Quantenmechanik in Frage gestellt. Nun wird man derart die klassische physikalische Denkweise umstürzende Theorien, wie sie EINSTEIN, PLANCK, BOHR und HEISENBERG entwickelten, und die wirklich wissenschaftliche Revolutionen im Sinne KUHNs (1972) waren, in der Geographie nicht zu erwarten haben. Probleme, die das Wesen von Raum und Zeit, von Materie und Energie betreffen in der Form, wie sie sich für die Physik bei der Erforschung des Makrokosmos, des Weltalls, einerseits und des Mikrokosmos, der Elementarteilchen, andererseits stellen, kennt die Geographie nicht: Sie befaßt sich mit Objekten mittlerer Dimension, mit dem "Mesokosmos" (VOLLMER 1985, S. 41 f.). Sich wandelnde Konzeptionen der Geographie sind keine wissenschaftlichen Paradigmawechsel gewesen; WIRTH (1980, S. 173) hat das völlig zu Recht konstatiert. Nicht zuletzt ist auch gegenüber dem Anspruch der 'quantitativen Revolution' eine Ernüchterung eingetreten. Operationalisierung führt nicht immer zu neuen Erkenntnissen, und erkenntnistheoretische Probleme haben nicht für jede Disziplin den gleichen heuristischen Wert. Trotzdem soll versucht werden zu zeigen, daß sie in der Geographie keine quantité négligeable sind. Und wenn bezüglich der auch für die Geographie grundlegenden Kategorien Raum und Zeit ein Geograph die Formulierung übernehmen kann: "time is the longest distance between two places" (WIRTH 1984, S. 74), dann drückt sich darin auf einem gleichsam bescheideneren Niveau doch so etwas wie eine 'geographische Relativitätstheorie' aus. Erkenntnistheorie ist auch für unsere Wissenschaft interessant.

2. Einheit trotz Zwiespalt

Die Verbindung zur Physik, die mit diesen einleitenden Gedanken hergestellt wurde, soll nicht bedeuten, daß nur der naturwissenschaftliche Zweig der Geographie im Blickfeld steht und die sozialwissenschaftliche sowie die historisch-kulturwissenschaftliche Forschungsperspektive ausgeblendet wird. Gerade weil es andere Standpunkte gibt, und weil die Auseinandersetzung mit ihnen hier nicht wiederholt werden kann, ist das Bekenntnis der eigenen Position notwendig: Geographie wird als eine einheitliche, eigenständige und unabhängige Wissenschaft aufgefaßt, die die Vorgänge im Ökosystem Mensch-Erde erkennen und verstehen will. "Als Wissenschaft von räumlichen Verbreitungsmustern, räumlichen Beziehungsgefügen und räumlichen Prozessen kann sich die Geographie auf eigene Grundbegriffe, Hypothesen und Theorien stützen" (WIRTH 1979, S. 67).

Die Einwände, die an dieser Stelle erhoben werden können und den methodologischen Zwiespalt betreffen, sind bekannt und sollen im Rahmen dieses Beitrages nur aus einem bestimmten Blickwinkel erörtert werden (vgl. 4). Aber wichtig und bedenkenswert erscheint doch schon hier der Hinweis, daß das Fehlen einer einheitlichen methodologischen Grundlage keineswegs ein Spezifikum der Geographie darstellt. Auch in der Physik der zwanziger Jahre dieses Jahrhunderts kann man eine phänomenologische (München), eine naturwissenschaftlich-analytische (Göttingen) und eine philosophische Richtung (Kopenhagen) unterscheiden. Vielleicht kennzeichnet eine derartige Vielfalt gerade die Unruhe eines Durchgangsstadiums für eine wissenschaftliche Disziplin; in der Geographie manifestiert sie sich mit dem Übergang zur Ökosystemkonzeption. Das Nebeneinander von analytischen und nichtanalytischen Methoden sollte man deshalb als Notwendigkeit hinnehmen und nicht aus diesem Grunde erneut das Klagelied über die Malaise der Geographie (PFEIFER 1965) anstimmen.

Im Gegenteil, unsere Zeit, die in mehrfachem Sinne eine Achsenzeit, eine Wendezeit, ist (HAMBLOCH 1986), bedarf der ganzheitlichen Erforschung der räumlichen Muster, Gefüge und Prozesse sowohl im globalen Geosystem Mensch-Erde als auch in seinen regionalen Subsystemen besonders dringend. Aber dieses Geosystem ist eben ontologisch ein Schichtensystem (HARTMANN 1964), aufgebaut aus den Sphären des Anorganischen, des Organischen und des Seelisch-Geistigen. Letztere war die Voraussetzung für den Übergang der biologischen in die intellektuelle Evolution und für die Entfaltung menschlicher Kultur (HAMBLOCH 1983, S. 10 ff.). Das Geosystem ist als Ganzes evolutiv entstanden und es reagiert als Ganzes. Wer die Abläufe in einem Reisbau-Ökosystem verstehen will (vgl. UHLIG 1984), muß die Bedingungen der Pflanzenernährung ebenso in Betracht ziehen wie die des Pachtsystems. In der zeitlichen Dimension von Erdgeschichte und Evolution betrachtet ist die Noosphäre und die Entfaltung menschlicher Kultur freilich eine Randerscheinung. Aber das ist kein Trost für die Bewohner eines von Unterernährung bedrohten Lebensraumes. Unterschiedliche Kategorien des Verstehens für Prozesse im physischen Bereich einerseits und im sozialen Bereich andererseits ändern nichts an der Geschlossenheit des Systems, in das sie beide eingebettet sind. Deswegen ist für den Geographen die ganzheitliche Betrachtung eine zwingende Notwendigkeit, auch wenn die Schichten des Systems auf verschiedenen Ebenen der Erkenntnis liegen. Das Wissen um die Synergie der Geoelemente ist ebenso wichtig wie die Erforschung von immer spezielleren Details bei den einzelnen Prozessen.

3. Bedingtheit der Erkenntnis

Die reale, gegenwärtige Welt, die dem Geographen als Forschungsobjekt gegenübersteht, ist nur ein Teil der erfahrbaren und erlebbaren Wirklichkeit. Wir vermuten zunächst mit POPPER, "daß etwas wirklich ist, wenn es physische Gegenstände beeinflussen kann; und wir nehmen an, daß es auch wirklich existiert, wenn solche Wirkungen durch andere Gründe bestätigt werden" (POPPER/ECCLES 1982, S. 34). Aber das, was sich zusammensetzt aus den Gegenständen, Zuständen und Prozessen der anorganischen und der organischen Natur einerseits und andererseits aus den konkreten, vom Menschen geschaffenen materiellen Mustern und Werken sowie den von ihm in Gang gesetzten Abläufen, ist lediglich eine *erste Welt* im Sinne von POPPER. Indessen gibt es auch eine *zweite Welt* als den Inbegriff subjektiven Erlebens und Wahrnehmens der realen Welt durch den Menschen. Und es gibt schließlich eine *dritte Welt*, die die gespeicherten Informationen über die Schöpfungen des menschlichen Geistes umfaßt und uns z.B. mit der Tatsache konfrontiert, daß das Weltbild des Ptolemäus anders aussah als das Unsrige. Jede der bekannten optischen Täuschungen macht uns deutlich, daß Wahrnehmung immer zugleich auch Interpretation ist. Umgekehrt beeinflussen Bilder, die wir als 'mental maps' im Kopf haben, unsere Wahrnehmung. Schon deswegen ist nicht alle Erkentis empirisch, weil wir immer in Strukturen denken, für die geometrische Muster, Symmetrie und Periodizität, aber auch soziokulturelle Weltbilder wichtig sind. "Was für einen tibetanischen Mönch 'wirklich' ist, braucht für einen amerikanischen Geschäftsmann nicht 'wirklich' zu sein" (BERGER/LUCKMANN 1980, S. 3). Ute WARDENGA (1985) zeigte am Beispiel der Südamerikareisen Alfred HETTNERs, wie dessen wissenschaftliche Grundposition, der theoretische Rahmen seiner Gedanken zur Länderkunde, seine Beobachtungen strukturiert hat. Dies Spannungsverhältnis zwischen Wahrnehmung und Erkenntnis ist so alt wie das Höhlengleichnis bei PLATON (Politeia 514 ff.). Stets bleibt ein Rest an Ungewißheit, ob wir einen wahren Sachverhalt erkannt haben.

Nun wäre der Vorrat an Erkenntnis über das Geosystem sicher geringer geblieben, wenn die großen Feldforscher unseres Faches sich ständig mit erkenntnistheoretischen Skrupeln abgeplagt hätten. Wenn ein Tausendfüßler darüber sinnieren würde, wie er 'theoriegeleitet' seine Beine zu setzen habe, käme er vermutlich nicht mehr vom Fleck. Geographen sollen zwar ruhig über das Wesen der Erkenntnis nachdenken, aber sie sollen auch beobachten, messen, protokollieren, kartieren und aus den geordneten Beobachtungen heraus Sachverhalte erklären. Die Literaturliste, die belegt, daß sie es mit Erfolg tun, ist lang. Der Anlaß dieser Betrachtungen mag es rechtfertigen, nur ein Beispiel herauszugreifen: Ludwig HEMPELs (1984) Beobachtungen und Messungen an Tal-, Becken- und Küstensedimenten auf der Peloponnes und auf Kreta. Sie widerlegten teilweise die bisherigen Anschauungen über den Einfluß des Menschen auf die Bildung der Akkumulationskörper. Eine alte Hypothese wurde zumindest partiell falsifiziert; wieder zeigte sich, daß der ständige methodische Zweifel an Ergebnissen das Merkmal eines Erkenntnisprozesses ist. Zwar gilt, "daß sich wissenschaftliches Betätigen von anderen Tätigkeiten durch die Verwendung von Theorien auszeichnet" (HANTSCHEL/THARUN 1978, S. 242). Aber darüber sollte man nicht vergessen, daß die Fragestellung einer empirischen Arbeit sich selten aus einer vorgefaßten Theorie, häufiger dagegen aus der Interpretation bisheriger Untersuchungen über den jeweiligen Sachverhalt ergibt.

In der Geographie bisher kaum beachtet wurde die Tatsache, daß der Mensch als erkennendes Subjekt zugleich auch als Produkt der Evolution verstanden werden muß. Die Frage ist alt, wie es dazu kommt, daß unsere subjektiven Erkenntnisstrukturen, der Erkenntnisapparat unserer Sinne und des Zentralnervensystems, auf die objektiven, realen Gegenstände 'passen'. Dazu sagt schon KANT (1787, S. 166 f.): "Nun sind nur zwei Wege, auf welchen eine notwendige Übereinstimmung der Erfahrung mit den Begriffen von ihren Gegenständen gedacht werden kann: entweder die Erfahrung macht diese Begriffe, oder diese Begriffe machen die Erfahrung möglich. Das erstere findet nicht in Ansehung der Kategorien (auch nicht der reinen sinnlichen Anschauung) statt; denn sie sind Begriffe a priori, mithin unabhängig von der Erfahrung ... Folglich bleibt nur das zweite übrig ...: daß nämlich die Kategorien von seiten des Verstandes die Gründe der Möglichkeit aller Erfahrung überhaupt enthalten." Das war der neue Ansatz, den KANT selbst als kopernikanische Wende der Erkenntnistheorie bezeichnet hat. Wenn die Hypothese, unsere Erkenntnis müsse sich nach den Gegenständen richten, immer wieder zu Schwierigkeiten führt, sollte man es doch einmal anders versuchen: Die Gegenstände müssen sich nach unserer Erkenntnisstruktur richten. KANTs Lehre, daß der Mensch fertige Denkstrukturen mitbringt, die Erfahrung erst ermöglichen, wird von der evolutionären Erkenntnistheorie weitergeführt (dazu einführend LORENZ 1973 und VOLLMER 1985, 1986). Unser Erkenntnisapparat ist das Ergebnis der biologischen Evolution. Die subjektiven Erkenntnisstrukturen 'passen' deshalb auf die realen Gegenstände des Geosystems, weil sie im Laufe der Evolution in Anpassung an diese reale Welt herausgebildet wurden. Nicht nur unser Gehirn ist evolutiv entstanden, sondern auch seine Funktionen: Wahrnehmen, Erkennen, Denken und Sprechen. Was KANT zum synthetischen Urteil a priori erhob, interpretiert die evolutionäre Erkenntnistheorie als stammesgeschichtlich erworben. Aber unsere Erfahrung braucht keineswegs vollständig zu sein. Nur muß sie wenigstens teilweise mit den Objekten übereinstimmen, weil allein eine solche Übereinstimmung während der stammesgeschichtlichen Entwicklung vom Tier-Mensch-Übergangsfeld zum homo sapiens den Fortbestand der Kettenglieder gewährleisten konnte. Die Fähigkeit, dreidimensionale Strukturen zu erkennen, war z.B. für die Hominiden von Anfang an eine conditio sine qua non des Überlebens. Einen Empfänger für die Registrierung radioaktiver Strahlen brauchten sie hingegen bisher nicht, doch könnte dieser Mangel ein Auslesefaktor werden. Ein Grund dafür, daß ökologisches Handeln so schwer fällt, ist vermutlich die Tatsache, daß wir keine ausgeprägte Erkenntnisstruktur für die Bedrohung haben, die aus positiven Regelkreisen und aus exponentiellem Wachstum entsteht. Ein zweiter Grund ist übrigens die Schwierigkeit, 'ökologisches Handeln' zu operationalisieren.

4. Monistische oder dualistische Erkenntnisfundierung?

Die Andeutung der Krise des Geosystems leitet zu dem Gedanken über, daß durch diese Krise die Rezeption der evolutionären Erkenntnistheorie beschleunigt wird. Wohl hatte BARTELS (1968, S. IX) recht mit der Feststellung, daß nur "in Jahrhunderten geringer oder doch stetig-ruhiger Entwicklung des empirischen Wissens ... das Interesse der Forschung an grundsätzlichen Fragen der Erkenntnisfundierung ... meist gering" ist. Wir erleben aber gegenwärtig eben alles andere als eine ruhige, sondern vielmehr eine rasante Potenzierung des empirischen Wissens um die Möglichkeit einer ökologischen Katastrophe. Weil dafür aber allein das Handeln des Menschen verantwortlich ist, wirft das 'Interesse an der Erkenntnisfundierung' eine alte Frage wieder auf: Ist die Sozialwissenschaft, die Handlungen einzelner Menschen oder Gruppen sowie Kennzeichen, Bedingungen, Folgen und Wechselwirkungen dieser Handlungen analysiert, eine Erfahrungswissenschaft mit demselben methodologischen Status wie die Naturwissenschaft auch? Diese Frage wird nicht erst seit dem Positivismusstreit, sondern seit fast eineinhalb Jahrhunderten ohne Einigung diskutiert. Monistische Wissenschaftstheoretiker, die die Frage bejahen und Dualisten, die sie verneinen, stehen sich gegenüber (vgl. DETEL 1985). Für den Geographen ist der Komplex deswegen interessant, weil das Geosystem ihn zwangsläufig mit dem Problem konfrontiert. Wenn wir die physikalischen Gesetze *verstanden* haben, die uns zu erklären gestatten, warum in der Sahelzone geringe Niederschläge bei hoher Variabilität fallen, dann sind wir mit der Erklärung zufrieden und haben den Sachverhalt *erkannt*. Wenn wir aber zusätzlich feststellen, daß die Not im Sahel durch menschliches Verhalten vergrößert wird, dann sind wir mit dieser Feststellung noch nicht zufrieden, sondern fragen weiter: Warum handeln Menschen so, daß sie sich und ihrer Lebenswelt Schaden zufügen?

Es sind dann fünf Bereiche, bei denen für den sozialwissenschaftlich forschenden Geographen Komplikationen erkenntnistheoretischer Natur auftreten, wenn er zu dem naturwissenschaftlich arbeitenden Kollegen hinüberblickt (oder umgekehrt).

1. Der Dualist weist darauf hin, daß der Anthropogeograph im Gegensatz zum Physiogeographen selten und nur in eingeschränktem Umfang experimentell forschen und kontrollieren kann. Der Monist räumt das ein, gibt aber zu bedenken, daß experimentelle Forschung im naturgeographischen Bereich auch nur vereinzelt möglich ist. Eher beobachtet ein Physiogeograph Experimente, die die Natur macht, und dort, wo wirklich experimentiert wird, entfernt man sich meist von der geographischen Dimension. Vor allem bezweifelt der Monist, daß kontrollierte experimentelle Forschung notwendige Bedingung für eine erfolgreiche Erfahrungswissenschaft ist. Der Anthropogeograph kann z.B. zwei Lebensformengruppen beobachten, die die gleichen Ausgangsbedingungen haben, sich aber unter verschiedenen sozialökonmischen Randbedingungen entwickeln. Das historische Modell ersetzt dann das Experiment.

2. Der Dualist sagt, daß wegen der kulturellen Vielfalt der Lebensformen keine allgemeinen Gesetze für das menschliche Handeln gefunden werden können. Der Monist erwidert, daß auch die Allgemeingültigkeit von Naturgesetzen abhängt von konstanten Randbedingungen. Nur durch das unterschiedliche Tempo im Wechsel der Randbedingungen werden Gesetze zu "Quasigesetzen" (ALBERT 1980, S. 131 ff.), und im Handlungsbereich fällt es eben nur schwerer, daß Einzelne als Spezialfall des Allgemeinen zu sehen.

3. Der Dualist sieht, wie der Anthropogeograph im Laufe seiner Forschungstätigkeit seinen Gegenstand beeinflußt. Der Monist gibt das zu, weil er natürlich Beispiele dafür kennt, wie ein Umfrageergebnis durch die Art der Fragen manipuliert werden kann. Aber diese Beeinflussung ist für den Monisten wieder nur von gradueller Natur. Auch physiogeographische Beobachtungen können in das Objekt eingreifen. Und umgekehrt hat die Sozialwissenschaft es z.B. mit der Astronomie gemeinsam, daß Vorgänge beobachtet werden, die der Forscher nicht selbst herbeiführen kann.

4. Der Dualist konstatiert, daß der Anthropogeograph sich nicht aus der Selbstreflexion der Gesellschaft lösen kann, in der er lebt. Der Monist leugnet nicht, daß ein westeuropäischer Atheist und ein orientalischer Muslim bei einer Untersuchung über die Stellung der Frau im Arbeitsleben zu verschiedenen Ergebnissen kommen werden. Aber wie kontrovers werden auch die ökologischen Folgen von atomaren Wiederaufarbeitungsanlagen durch Physiogeographen diskutiert! Wenn Wissenschaft zur Meinungssache wird, verwandeln sich Erkenntnisprobleme sogar in Probleme politischen Handelns.

5. Der Dualist erklärt im gleichen Zusammenhang, daß der Anthropogeograph weder als Subjekt noch vom Objekt her wertfrei forschen kann. Aber auch das überzeugt den Monisten nicht. Auch in der Physiogeographie, so sagt er, ist nicht selten die Wahl von Objekt und Methode wissenschaftsextern, von gesellschaftlichen Gesichtspunkten beeinflußt. Selbst die Aufstellung naturwissenschaftlicher Hypothesen kann von metaphysischen Wertvorstellungen abhängen.

Diese kleine Diskussion zeigt, warum eine Einigung so schwer fällt. "Was man in der modernen Wissenschaft Methode nennt, ist überall ein und dasselbe und prägt sich in den Naturwissenschaften nur besonders vorbildlich aus" (GADAMER 1975, S. 5). Aber man kann auch anderer Meinung sein, und auf den dualistischen Standpunkt kommen wir in anderem Zusammenhang zum Schluß zurück.

5. Erkenntnisfortschritt bei holistischer Denkweise?

Neben den erkenntnistheoretischen Fragen, die der Geographie aus der Existenz ihrer beiden Säulen-Physiogeographie und Anthropogeographie - erwachsen, gibt es einen Problemkreis, der mit der Dimension empirischer geographischer Objekte zu tun hat. In den schon zitierten Ausführungen von PFEIFER (1965, S. 79 f.) findet sich ein Gedanke, der im Zusammenhang mit der evolutionären Erkenntnistheorie wichtig ist. "Eine Wissenschaft gewinnt Status in dem Maße, in dem sie deutlich zu machen versteht, wo sie die Grenzen des Bekannten gegenüber dem nie Geschauten und nicht Gewußten vortreibt ... So geschah es mit der Chemie, der Physik, so zeichnet es sich für die biologischen Wissenschaften ab. Wo treiben wir Geographen heute die Grenzen des Unbekannten zurück?" Wenn angesichts der Tatsache, daß das Zeitalter der Entdeckung neuer topographischer Fakten vorbei ist, die Antwort lautet: nirgendwo - dann mag das Protest hervorrufen. Es ist auch in gewissem Sinne eine vorschnelle Antwort, wie sich zum Schluß dieses Abschnitts zeigen wird. Aber zunächst muß man doch einräumen: Wenn es in der Geographie Forschungsergebnisse gäbe, die in ihrer Bedeutung für Technik und Gestaltung der künftigen Lebenswelt mit denen der exakten Naturwissenschaften konkurrieren könnten, - dann gäbe es eben die Malaise der Geographie nicht. Indessen, die Ergebnisse können nicht konkurrieren, weil unser Erkenntnisapparat ohnehin auf die mittlere Dimension zugeschnitten ist. Nur an den Rändern des Feldes, das unserer Erfahrung zugänglich ist, gelingt noch Erkenntnis von bislang völlig Ungewußtem, nicht jedoch in der mittleren Dimension geographischer Feldforschung. Daran ändert auch ein Wechsel der Konzeptionen nichts (vgl. SCHÖLLER 1977).

In diesem Zusammenhang empfiehlt sich abermals ein Blick hinüber zur Physik. Auch dort gibt es ihn, diesen Wechsel der Konzeptionen. Aus der NEWTONschen Mechanik ging bereits mit einigen Zusatzhypothesen die Hydrodynamik hervor. Der Begriff der Kraft erwies sich dann in der Elektrizitätslehre als ungenügend. Die für die Wärmelehre nötige Unordnungshypothese paßte nicht mehr in den Rahmen der klassischen Mechanik, und in der Relativitätstheorie war der Zeitbegriff NEWTONs nicht mehr anwendbar. In der Quantenmechanik schließlich wurde der Kausalitätsbegriff problematisch. Eine kleine Gruppe von Physikern vermochte es jeweils, der ganzen Wissenschaft eine Änderung der Denkstrukturen aufzuzwingen, ohne die Einheit des Faches zu zerstören. Warum gelingt Vergleichbares nicht in der Geographie? Weil der Raum als solcher nicht mehr die Funktion eines einheitsstiftenden Bandes erfüllt. Das war einmal anders. Alexander v. HUMBOLDT schrieb 1834 an einen Freund: "ich habe den tollen Einfall gehabt ... alles was wir heute von den Erscheinungen des Erdenlebens wissen ... in einem Werke darzustellen." Damit spielte er auf seinen "Kosmos" an; diese Einheit der Natur war eine These, deren Wurzeln in der Aufklärung zu suchen sind. Die Antithese war die immer detailliertere Erforschung von Einzeltatsachen. Die Synthese wurde dann die Erkenntnis einer neuen Einheit der Natur im Mikrokosmos, aber sie ist nur relevant für Physik, Chemie und Biologie des späten 20. Jahrhunderts.

Die Geographie, die im Mesokosmos arbeitet, steht vor einem Dilemma: Das Verlangen, bei der Differenzierung des Raumes nach seinen Mustern und Prozessen die Totalität zu erkennen und zu verstehen, gerät als Ideal von Wissenschaft und Bildung in Konflikt mit dem heute scheinbar unabweisbaren Anspruch auf Spezialisierung. Gibt man dem Anspruch nach, dann gerät man in den Bann der Nachbarwissenschaften, dann ist die Klimageographie eher eine Physik der Atmosphäre, dann liest sich die Industriegeographie wie ein Ausschnitt aus der Ökonometrie und dann wartet die Sozialgeographie darauf, der empirischen Sozialforschung Konkurrenz zu machen bis hin zur Manieriertheit der Sprache. Gibt man dem Anspruch nicht nach, dann hat man zwar den systemtheoretischen Rahmen als Ansatz, sieht sich aber dem Vorwurf ausgesetzt, daß die holistische Denkweise, sowohl die Natur wie die Gesellschaft betreffend, für ein vorwissenschaftliches Stadium charakteristisch sei. Es bleibt jedoch eine offene Frage, ob der ganzheitliche Aspekt sich nicht zunehmend als notwendig erweist, weil wir nur mit seiner Hilfe in der Lage sein werden, Irrtümer zu vermeiden, die wir uns nicht mehr leisten können. "Errare humanum est" - eine akzeptable Devise, so lange damit individuelles und korrigierbares Fehlverhalten entschuldigt wird. Für Handlungen der Masse, die regional oder global das Ökosystem schädigen, fehlt in der mittleren Dimension die Korrekturmöglichkeit. Zur Erkenntnis dieses Faktums kann eine ganzheitliche Geosystemlehre beitragen, und in diesem Sinne wird die Geographie vielleicht doch die "Grenzen des Unbekannten" zurücktreiben.

6. Rationalität und Empirie

Bisher war viel von Erfahrung die Rede. Alle Versuche, wissenschaftliche Disziplinen zu klassifizieren, haben ihre Schwierigkeiten. Geht man trotzdem einmal von der Zweiteilung in rationale und empirische Wissenschaften aus, so wird in der Regel die Ansicht vertreten, daß Geographie eine empirische Wissenschaft sei. Aber eine genauere Prüfung der Aussage lohnt sich. So wie Mathematik weder eine Natur- noch eine Geisteswissenschaft, sondern eine Strukturwissenschaft ist, zeigen sich auch in der theoretischen Geographie Züge einer solchen. Am weitesten vorangetrieben hat FLIEDNER (1984, 1986) den strukturwissenschaftlichen Ansatz, was mehr Beachtung verdient, als den allerdings recht schwierigen Darlegungen bisher zuteil geworden ist. Ein längeres Originalzitat ist zur Verdeutlichung des Entwurfes erforderlich: "Systeme und Prozesse werden von Wissenschaftlern der unterschiedlichsten Disziplinen untersucht, z.B. von Physikern (thermodynamische Systeme und Prozesse), Biologen (Organismen, Populationen; Lebens-, Alterungsprozesse), Geographen (Ökosysteme, Stadt-Umland-Systeme, Diffusionsprozesse), Soziologen (Soziale Systeme, Sozialer Wandel) und Ökonomen (Betriebe, Wirtschaftssysteme; Konjunkturzyklen, Innovationen). Es wird hier deutlich, daß eine große Zahl von Strukturen und Abläufen eine gemeinsame metatheoretische Grundlage besitzt, so daß sich ein generelles Interesse an der Lösung dieser Probleme herausgebildet hat. Systeme und Prozesse besitzen im allgemeinen einen sehr komplizierten Aufbau ... Andererseits bestehen aber auch komplexe Sachverhalte aus einer mehr oder weniger großen Zahl von einfachen Beziehungen, die sich formal beschreiben lassen. Diese Überlegung gab Veranlassung, über eine generell gültige Rahmentheorie nachzudenken, die sich aus einer großen Zahl von untereinander verknüpften Gleichungen zusammensetzt" (FLIEDNER 1986, S. 139). Die Wurzeln für solches Denken reichen tief in die Vergangenheit: Schon die Pythagoreer glaubten an die sinngebende Kraft mathematischer Strukturen. Besonders bedeutsam scheint mir an FLIEDNERs Theorieversuch die Prämisse von fachübergreifenden Strukturen und der Möglichkeit ihrer mathematischen Formulierung. Nun gilt aber, daß die Methode einer Strukturwissenschaft nicht mehr rein empirisch ist. Dem Mathematiker kann es sogar gleichgültig sein, ob seine Objekte überhaupt real existieren. Soweit wird man in der Geographie natürlich nicht gehen; auch FLIEDNER weiß, daß das "Inhaltliche den Gegenpart zum Strukturellen" bildet (1986, S. 179). Wenn BARTELS geographischen Modellen "wachsende Bedeutung ... für die Erkenntnis von Ordnungsgefügen und Strukturen in der Mannigfaltigkeit der Empirie" bescheinigt (1968, S. 15), dann klingt der gleiche Gedanke aus entgegengesetzter Richtung an.

Die evolutionäre Erkenntnistheorie läßt nun solche Theorien des Raumes und damit eine alte Frage in neuem Lichte erscheinen. Kann man überhaupt wissenschaftliche Disziplinen dichotomisch in empirische und rationale Wissenschaften einteilen? Hier ist nicht der Ort, den ganzen Streit zwischen Empiristen und Rationalisten aufzurollen. Aber der Standpunkt, das sei ein Philosophendisput, der die Geographie nichts anginge, ist unbegründet. Wenn die moderne Biologie zeigen kann, daß das Gehirn bei der Geburt eben doch keine "tabula rasa" (LOCKE) ist, dann muß die alte Frage, ob es angeborene Ideen gibt, nur anders formuliert werden: Gibt es erbliche Informationen über die Welt? Das ist nach den Ergebnissen der Gehirnforschung und der Humanethologie der Fall. Das Erkennen von Bewegungen und von räumlichen Dimensionen, die Empfindung für Farbe und Zeit sind ebenso angeboren wie bestimmte Fähigkeiten, Objekte wiederzuerkennen und wie elementare Mimiken, die Angst, Freude oder Wut ausdrükken. Wenn es aber solche erblichen Informationen gibt, und wenn es wahrscheinlich ist, daß sie sich auch auf Begriffe, Normen und Urteile beziehen können, dann ist strenger Empirismus offenbar ebenso wenig möglich wie strenger Rationalismus. Die Frage, ob Geographie eine empirische Wissenschaft sei, kann also nur eingeschränkt Zustimmung finden.

Niemand wird behaupten, daß der Idealtyp einer Schichtstufe oder das Modell der zentralen Orte eine angeborene Idee oder eine ererbte Information sei. Aber es spricht viel dafür, daß wir vor aller Erfahrung schon in bestimmten Strukturen denken. Bei PLATON sind die regulären Körper die Urbilder der Materie (Timaios 53 ff.). Solche Vorstellungen haben das physikalische Denken bis in die Gegenwart beeinflußt. Und ohne die 'ratio' hätte die empirische Frage: Wie verteilen sich Städte im Raum? kaum zum Sechseckmuster geführt. Es ist kein Zufall, daß dies in mancher Hinsicht ideale Bild der geometrischen Raumaufteilung hundertfach auf den Seiten geographischer Lehrbücher wiederkehrt. Der heuristische Wert von Schemata und Modellen besteht darin, daß sie die Fülle der realen Variationen auf einen idealen Begriff bringen, so wie GOETHEs Urpflanze eine Idee war.

7. Induktion und Deduktion

Ähnlich wie bei der Dichotomie von empirischen und rationalen Wissenschaften ist es reizvoll, auch für die Zweiteilung nach induktiven und deduktiven Verfahren die Stellung der Geographie genauer zu analysieren. Die unterschiedliche Art der Erkenntnisgewinnung bei Induktion und Deduktion darf als Teil der Wissenschaftstheorie hier vorausgesetzt werden. Keineswegs systematisch wurde aber bisher die Frage untersucht, ob der erkenntnisleitenden wissenschaftlichen Neugierde auf dem einen oder dem anderen Weg größere Überraschungen bereitet werden. Hypothesen der Induktion in den Naturwissenschaften sind Gesetzeshypothesen; in den Sozial- und Kulturwissenschaften dagegen beziehen sie sich oft auf individuelle Sachverhalte. Die induktive Ableitung allgemeiner Sätze in der Anthropogeographie bleibt deshalb immer problematisch, und die Voraussage auf induktiv-empirischer Basis hat hier in erster Linie ein heuristisches Überraschungsmoment: Trifft die Prognose wohl zu? Für die Deduktion ist das Ergebnis fast paradox. Die analytische Wissenschaftstheorie zeigt, wie im deduktiven Verfahren aus einer Theorie eine Menge von Basissätzen abgeleitet wird. Übrigens brauchen die Axiome der Theorie nicht einmal evident zu sein. Es genügen willkürliche, rein formal interpretierbare Anfangssätze, die nur widerspruchsfrei sein müssen. Wenn man die Grundlagen deduktiver Systeme 'verstehbar' machen will, nähert man sich dem Konstruktivismus, die deduktive Erkenntnis rückt dann recht überraschend in die Nähe der Hermeneutik (dazu SEIFFERT 1970, S. 125 ff.). Der hermeneutische Zirkel: man sieht nur, was man schon weiß, - ist als Gefahr für geographische Beobachtungen nicht zu unterschätzen. Zurück zur Deduktion. Logisch richtige Schlüsse aus den Prämissen sind - Richtigkeit der Theorie vorausgesetzt - selbst wieder wahrheitsbewahrend; aber sie erweitern das Wissen nicht. "Es mag sein, daß wir durch die Konklusion überrascht werden, daß wir das Ergebnis nicht erwartet hätten. Erwartung und Überraschung sind jedoch keine logischen, sondern psychologische Phänomene ... Unter logischem Aspekt kann die Deduktion nur deutlich machen, was in den Prämissen schon steckt" (VOLLMER 1985, S. 11).

Der kritische Rationalismus sieht als notwendige und hinreichende Bedingung für die Wissenschaftlichkeit einer Theorie an, daß sie empirischen Gehalt hat, daß aus ihr beobachtbare Folgerungen hergeleitet werden können. Gibt es in diesem Sinne deduktive Schlüsse in der Geographie? Zwei Beispiele mögen zeigen, daß man diese Frage bejahen kann. Aus den theoretischen Grundlagen der sphärischen Trigonometrie sind die für die Klimageographie so wichtigen Beleuchtungszonen der Erde ableitbar, ohne daß je eine Beobachtung darüber gemacht worden wäre. Man könnte sich folgendes vorstellen: Ein Vertreter der Induktion und einer der Deduktion werden an einen Ort nördlich des Polarkreises verschlagen. Ersterer macht im Lauf eines Jahres immer wieder neue, ihn überraschende Beobachtungen, bis sich allmählich seine Theorie der Verteilung von Tag, Dämmerung und Nacht herausschält. Letzterer hat seine Formeln und murmelt beim Anblick der Mitternachtssonne nur gelangweilt: Das ist doch alles selbstverständlich. - Ebenso wäre es denkbar, daß aus handlungstheoretischen Prämissen über das menschliche Streben nach Gewinnmaximierung die THÜNENschen Ringe deduktiv gewonnen würden. Aber Johann Heinrich von THÜNEN hat sein Gut in Mecklenburg nicht 'theoriegeleitet' bewirtschaftet, sondern aus induktiven Beobachtungen über Produktions- und Transportkosten sowie über Marktpreise seine Schlüsse gezogen. Aus all dem folgt, daß die Aussage: Geographie ist eine empirische, induktive Realwissenschaft nicht apodiktisch vertreten werden kann. Es gibt Bereiche in der Geographie - und wahrscheinlich sind sie ausbaufähig - wo rational und deduktiv und mit idealen Strukturen gearbeitet wird.

8. Handlungstheorie als Desiderat

Die Forschungsstrategie, die nach den Prinzipien des kritischen Rationalismus und des logischen Empirismus in den Naturwissenschaften und damit in der Physiogeographie so großartige Ergebnisse erzielt hat, läßt sich auf die Sozial- und Kulturwissenschaften und damit auf die Anthropogeographie nicht generell übertragen. Der empirische Gehalt von Theorien hat hier - wie gezeigt - oft nur heuristischen Wert. Eine umfassende Theorie, die es gestatten würde, eine Geosystemlehre als Erfahrungswissenschaft nach den Prinzipien des kritischen Rationalismus zu entwickeln, besitzen wir nicht. Dazu müßte in der Anthropogeographie eine deduktive Handlungstheorie geschaffen werden, die die Erklärungsansätze der Entscheidungstheorie, der Humanethologie und des Behaviorismus als jene für eine Geographie des Menschen wichtigsten Komponenten miteinander zu verbinden hätte. Ein Bestandteil dieser Handlungstheorie wäre jedenfalls auch die Informationstheorie, weil die Welt der Informationen, POPPERs Welt Nr. 3, so ungeheuere Ausmaße angenommen hat. Nicht für die Übermittlung einer Information spielt im Zeitalter der Satellitentechnik der Zeitfaktor eine Rolle, wohl aber für deren Aufnahme und Umsetzung in Handlung. "Time is the longest distance ..." - Pessimisten werden sagen, daß diese 'distance' für ökologisches Handeln im Geosystem bereits zu groß geworden ist. Und der Dualist (vgl. 4) bleibt dabei, daß auch eine systematische Handlungstheorie den kategorialen Gegensatz zwischen physiogeographischen und kulturgeographischen Problemstellungen nicht überwindet.

Das alles ändert nichts daran, daß im kulturgeographischen Bereich die (erneute) Hinwendung zur phänomenologisch-hermeneutischen Erklärung individueller Sachverhalte fruchtbar ist und zu Ergebnissen führen kann. "Eine für die Geographie sehr erfolgversprechende Forschungskonzeption besteht darin, menschliche Handlungen damit zu begründen und zu erklären, daß man in rückblickender Analyse die jeweilige Handlungssituation rational rekonstruiert" (WIRTH 1984, S. 77). Indessen heißt 'erklären' in diesem Zusammenhang so viel wie 'verstehen', schließt aber keine Prognosemöglichkeit ein.

Der Verlust der Prognosekompetenz für Prozesse, die nachhaltige Wirkungen im Geosystem hervorrufen, ist eines der Probleme der gegenwärtigen ökologischen Krise.

Der empirisch arbeitende Geograph, der in diesem Zusammenhang eine Befragung startet und es dabei höchst individuell mit den Probanden seiner Stichprobe zu tun hat, muß allerdings damit rechnen, daß in der zugespitzten Formulierung: "die Menschen handeln anders als sie denken, und was sie denken, sagen sie nicht" (WIRTH 1984, S. 76), mehr als nur ein Körnchen Wahrheit steckt. Das liegt daran, daß wir uns dem GALILEIschen Erfahrungsbegriff nähern, wenn wir durch ein Interview zu erkunden suchen, wie beispielsweise Verhalten durch Wahrnehmung gesteuert wird. GALILEI ging davon aus, daß zweckgebunden hergestellte, reproduzierbare Versuchsanordnungen Erfahrung vermitteln. Darauf beruht überhaupt die neuzeitliche "Möglichkeit von Wissenschaft" (MITTELSTRASS 1974). Praktisches Handeln wird aber viel mehr von Erfahrungen geleitet, die gleichsam beiläufig im Alltag gemacht werden, folgt damit eher dem Erfahrungsbegriff des ARISTOTELES. Hinzu kommt, daß ADORNO (1982, S. 86) mit Recht der empirischen Sozialforschung vorwirft, die Auswahl ihrer Forschungsgegenstände richte sich "weit mehr nach den verfügbaren und allenfalls weiterzuentwikkelnden Verfahrungsweisen als nach der Wesentlichkeit des Untersuchten." Diesen Einwand möchte man oft auch gegenüber der geographischen Verhaltensforschung erheben. Wenn man im übrigen durch Befragung ermittelt, daß die große Mehrheit einer Gesellschaft die Massenkommunikation, speziell die Verkabelung und den Bildschirmtext, als kulturelle Bereicherung ihres Lebens empfindet, so ist das noch lange kein Beweis dafür, daß dieser Sachverhalt wahr ist.

Gerade vom Standpunkt der evolutionären Erkenntnistheorie aus sind wir sehr bescheiden geworden bei der Beantwortung der Frage, was wir über das Handeln des Menschen überhaupt wissen können. Es ist schwer, der Aufforderung der Inschrift am Apollotempel in Delphi zu folgen: Erkenne dich selbst! "Die uns heute bekannten methodisch-empirischen Wissenschaften vom Menschen ... setzen sich die 'Erkenntnis des Menschen' zum Ziel und drücken ihre Erkenntnisse in kognitiven Sätzen aus. Dafür zahlen sie den Preis, daß sie reduktiv vom Menschen reden, d.h. unter Absehung davon, daß wir selbst, auch als empirische Erforscher des Menschen und der übrigen Welt, Menschen sind, daß wir auch wissen müßten, warum wir denn Wissenschaften betreiben und uns zu dieser Begründung nicht mit dem Hinweis auf Technik oder auf Neugier begnügen können" (KAMLAH 1972, S. 93). KAMLAH liefert in seiner philosophischen Anthropologie eine Norm für das Handeln des Menschen, die besagt: Es ist jedermann geboten zu beachten, daß seine Mitmenschen bedürftig sind wie er, und demgemäß zu handeln. Dies Wort bekommt für das ökologische Handeln im Geosystem einen weitreichenden Sinn. Wir kommen mit einer übergreifenden Handlungstheorie offenbar nur voran, wenn wir den Menschen nicht reduktiv betrachten. Die Naturwissenschaften haben sich aus dem Erfahrungswissen des alltäglichen Handelns entwickelt, "allerdings mit Hilfe von Methoden, die dieses Wissen problematisieren und der Kritik unterzogen - zum Teil unter dem Einfluß von Ideen, die diesem Wissen radikal widersprachen und sich dennoch, gegen den 'gesunden Menschenverstand', bewährten. Warum sollte das bei den Sozialwissenschaften anders sein?" (ALBERT 1982, S. 204). Aber eine Sozialwissenschaft, die sich dem positivistischen Wissenschaftsideal nähert, gleicht sich dem technisch verwurzelten Erkenntnisinteresse der Naturwissenschaften an und ist nicht mehr dazu befähigt, normative Gesichtspunkte und Vorstellungen für die praktische Orientierung im Geosystem zu bieten; denn aus einem kognitiven Satz folgt niemals eine Norm. Das wußte schon David HUME mit seinem berühmten Ausspruch, daß aus dem Sein kein Weg zum Sollen führt (we cannot go from IS to OUGHT). Wir brauchen zwar Normen für richtiges ökologisches Handeln im Geosystem, aber deren Setzung ist keine Aufgabe der Erkenntnistheorie mehr.

9. Literatur

ADORNO, Th. W. (1982): Soziologie und empirische Forschung. In: ADORNO, Th. W. (Hrsg.): Der Positivismusstreit in der deutschen Soziologie. Sammlung Luchterhand 72, 10. Aufl., S. 81-101. Darmstadt/Neuwied.

ALBERT, H. (1980): Theorie und Prognose in den Sozialwissenschaften. In: TOPITSCH, E. (Hrsg.): Logik der Sozialwissenschaften. Neue Wissenschaftliche Bibliothek 6, 10. Aufl., S. 126-143. Königstein.

ALBERT, H. (1982): Der Mythos der totalen Vernunft. Dialektische Ansprüche im Lichte undialektischer Kritik. In: ADORNO, Th. W. (Hrsg.): Der Positivismusstreit in der deutschen Soziologie. Sammlung Luchterhand 72, 10. Aufl., S. 193-234. Darmstadt/Neuwied.

BARTELS, D. (1968): Zur wissenschaftstheoretischen Grundlegung einer Geographie des Menschen. Erdkundliches Wissen 19. Wiesbaden.

BERGER, P.L./Th. LUCKMANN (1980): Die gesellschaftliche Konstruktion der Wirklichkeit. Eine Theorie der Wissenssoziologie. Frankfurt.

DETEL, W. (1985): Wissenschaft. In: MARTENS, E./H. SCHNÄDELBACH (Hrsg.): Philosophie. Ein Grundkurs. Rowohlts Enzyklopädie 408, S. 172-216. Reinbek.

FLIEDNER, D. (1984): Umrisse einer Theorie des Raumes. Eine Untersuchung aus historisch-geographischem Blickwinkel. Arbeiten aus dem Geographischen Institut des Saarlandes 34. Saarbrükken.

FLIEDNER, D. (1986): Systeme und Prozesse - Gedanken zu einer Theorie. In: Philosophia naturalis 23, S. 139-180.

GADAMER, H.-G. (1975): Wahrheit und Methode. Grundzüge einer philosophischen Hermeneutik. 4. Aufl. Tübingen.

HAMBLOCH, H. (1983): Kulturgeographische Elemente im Ökosystem Mensch-Erde. Eine Einführung unter anthropologischem Aspekt. Die Geographie. Einführungen. Darmstadt.

HAMBLOCH, H. (1986): Der Mensch als Störfaktor im Geosystem. Vorträge Rheinisch-Westfälische Akademie der Wissenschaften G 280. Opladen.

HARTMANN, N. (1964): Der Aufbau der realen Welt. Grundriß der allgemeinen Kategorienlehre. 3. Aufl. Berlin.

HANTSCHEL, R./E. THARUN (1978): Zum Stellenwert von Theorie und quantifizierenden Techniken im Forschungsprozeß der Geographie. In: Erdkunde 32, S. 241-251.

HEISENBERG, W. (1928): Erkenntnistheoretische Probleme in der modernen Physik. Unveröffentlichter Vortrag, erstmals abgedruckt in: HEISENBERG, W.: Gesammelte Werke, Abt. C, Bd. 1. Hrsg. v. W. BLUM/ H.-P. DÜRR/H. RECHENBERG, S. 22-28. München/Zürich 1984.

HEMPEL, L. (1984): Geoökodynamik im Mittelmeerraum während des Jungquartärs. Beobachtungen zur Frage "Mensch und/oder Klima?" in Südgriechenland und auf Kreta. In: Geoökodynamik 5, S. 99-140.

KAMLAH, W. (1972): Philosophische Anthropologie. Sprachkritische Grundlegung und Ethik. Mannheim/Wien/Zürich.

KANT, I. (1787): Kritik der reinen Vernunft. 2. Aufl. Riga.

KUHN, Th. S. (1972): The structure of scientific revolutions. 2. Aufl. Chicago.

LORENZ, K. (1973): Die Rückseite des Spiegels. Versuch einer Naturgeschichte menschlichen Erkennens. München/Zürich.

MITTELSTRASS, J. (1974): Die Möglichkeit von Wissenschaft. suhrkamp taschenbuch wissenschaft 62. Frankfurt.

PFEIFER, G. (1965): Geographie heute? In: BAUMGARTNER, H. et al. (Hrsg.): Festschrift für Leopold Scheidl, Bd. 1. Wiener Geographische Schriften 18-23, S. 78-90. Wien.

POPPER, K.R./J.C. ECCLES (1982): Das Ich und sein Gehirn. München/Zürich.

SCHÖLLER, P. (1977): Rückblick auf Ziele und Konzeptionen der Geographie. In: Geographische Rundschau 29, S. 34-38.

SEIFFERT, H. (1970): Einführung in die Wissenschaftstheorie. Bd. 1: Sprachanalyse, Deduktion, Induktion in den Natur- und Sozialwissenschaften. Beck'sche Schwarze Reihe 60. 2. Aufl. München.

UHLIG, H. (1984): Reisbauökosysteme mit künstlicher Bewässerung und pluvialer Wasserzufuhr. In: Erdkunde 38, S. 16-29.

VOLLMER, G. (1985): Was können wir wissen? Bd. 1: Die Natur der Erkenntnis. Beiträge zur evolutionären Erkenntnistheorie. Stuttgart.

VOLLMER, G. (1986): Was können wir wissen? Bd. 2: Die Erkenntnis der Natur. Beiträge zur modernen Naturphilosophie. Stuttgart.

WARDENGA, U. (1985): Die beiden Südamerikareisen Alfred Hettners 1882-1884 und 1888-1890 im Spiegel seiner Reiseaufzeichnungen und Briefe in die Heimat. In: Der junge Hettner. Erdkundliches Wissen 74, S. 27-80. Stuttgart.

WIRTH, E. (1979): Theoretische Geographie. Grundzüge einer theoretischen Kulturgeographie. Teubner Studienbücher Geographie. Stuttgart.

WIRTH, E. (1980): Zwei Jahrzehnte Theoretische Geographie. Eine kritische Bilanz. In: Verhandlungen des deutschen Geographentages Göttingen 1979, S. 167-179. Wiesbaden.

WIRTH, E. (1984): Geographie als moderne theorieorientierte Sozialwissenschaft? In: Erdkunde 38, S. 73-79.

Anschrift des Verfassers:

Prof. Dr. Hermann Hambloch

Breslauer Straße 48

D - 4400 Münster

Aus:

Ekkehart Köhler und Norbert Wein (Hrsg.):

NATUR- UND KULTURRÄUME.

Ludwig Hempel zum 65. Geburtstag.

Paderborn: Ferdinand Schöningh 1987.

= Münstersche Geographische Arbeiten 27.

Gerhard Stäblein

Bodenerosion und geomorphologische Kartierung

Probleme und Ansätze einer angewandten Geomorphologie

1. Geomorphologische und praktische Fragen der Umweltplanung

Die geomorphologische Feldforschung und Diskussion ist in ihrem überwiegenden Teil auf grundlagenwissenschaftliche Ziele ausgerichtet. Genetische Interpretationen der Landschaftsformen, prozeßorientierte Modelle von Relieftypen, zonale bzw. strukturelle Reliefcharakteristika erfüllen außerhalb des engeren fachlichen Rahmens eine allgemeinbildende Funktion für ein Verständnis der Umwelt.

Der Kreis der an Geomorphologie interessierten Wissenschaftler ist innerhalb der Geographie in Deutschland ausreichend groß, so daß interdisziplinäre Diskussionen mit Nachbarfächern (Bodenkunde, Geologie, Hydrologie, Agrarwissenschaften u.a.) zwar üblich sind, aber die Eigenständigkeit der geomorphologischen Grundperspektive noch wenig verändert haben. Technisch-praktische Fragestellungen zur Lösung spezieller Probleme, die mit Reliefbedingungen und geomorphologischen Prozessen zusammenhängen, werden nur von wenigen Geomorphologen systematisch einbezogen (u.a. SEMMEL 1974, LESER 1974, RATHJENS 1979, LIEDTKE 1981, AHNERT 1981). Aufgrund der Einbindung der Geomorphologie in die Geographie und deren bisher vorherrschenden Lehraufgabe an den Universitäten, Lehrer für das Schulfach Geographie bzw. Erdkunde an allgemeinbildenden Schulen auszubilden, ist es nur in Ansätzen der Diplomausbildung gelungen, in den Bereichen der Landschaftsplanung und Ingenieurwissenschaften einen anerkannten Aufgabenbereich auszufüllen. Die Entwicklung einer "*Ingenieurgeomorphologie*" steht weitgehend noch aus.

Diese Aufgaben wurden in der Praxis der Bundesrepublik Deutschland von Nachbardisziplinen übernommen, die - wie die Geologie - mit Beteiligung an selbständigen Forschungseinrichtungen, staatlichen Diensten (Geologische Landesämter) und Industrievorhaben (Exploration und Abbau) Möglichkeiten zur kontinuierlichen Wahrnehmung technischer und praktischer Fragestellungen besitzen (vgl. PRINZ 1982, BENDER 1981 ff.). Auch die Aspekte der Umweltforschung und Umweltsicherung, die im Grunde genommen vom umfassenden geographischen Ansatz gut angegangen werden können, sind von anderen Fächern Biologie (Ökologie) und Geologie (Umweltgeologie) rascher und konkreter aufgenommen worden. Eigene Studiengänge haben sich unabhängig von der Geographie aus der Architektur und Agrarwissenschaft entwickelt, wie Stadt- und Regionalplanung, sowie Landschaftsplanung (vgl. BARNER 1981, 1983).

Nur in zwei Fragestellungen hat die Geomorphologie in der Bundesrepublik Deutschland frühzeitig Arbeiten durchgeführt, die für eine praktische Umweltplanung von Bedeutung sein können. Dies sind die Bodenerosionsforschung (RICHTER 1965, 1976) und die geomorphologische Kartierung (LESER 1968, 1974). - Die geomorphologische Forschung und deren Ergebnisse sind in anderen Ländern, z.B. in der DDR (vgl. HAASE 1968, KUGLER 1976a, RICHTER et al. 1984) oder England (vgl. COOKE & DOORNKAMP 1974, KIRKBY & MORGAN 1980), stärker in die angewandte Praxis integriert.

2. Bodenerosionsforschung

An der Bodenerosionsforschung, die eine interdisziplinäre Fragestellung verfolgt, waren und sind Geographen bzw. Geomorphologen in Deutschland mit wesentlichen Untersuchungen beteiligt. Zunächst kam es in den 30er Jahren im Zusammenhang mit der Intensivierung und Technisierung der Landwirtschaft zu Untersuchungen der Bodenerosion durch Agrarwissenschaftler (KURON 1936). Der Bodenkundler MÜCKENHAUSEN (1950) hat in einem historischen Abriß der Bodenerosionsforschung auf Aussagen bei ALBERTUS MAGNUS (1193-1280), LEONARDO DA VINCI (1452-1519), HEUSINGER (1815, 1826) und RICHTHOFEN (1872) hingewiesen. In den kontinentalen Räumen der USA (AYRES 1936) und der UdSSR (BREBURDA 1962) wurden *Bodenerosionsschäden* beim großflächigen, zunehmend mechanisierten Ackerbau als gravierende bedrohliche Einschränkungen der landwirtschaftlichen Produktion früher erkannt und bekämpft. 1917 wurde in den USA die erste Versuchsstation zur Bodenerosionsforschung eingerichtet, was schließlich zur staatlichen Einrichtung des "Soil Conservation Service" führte, und in der UdSSR wurde 1923 ein Institut für Bodenerosionsforschung gegründet. In Deutschland wurde 1935 eine Sektion "Bodenerosion" in der Deutschen Bodenkundlichen Gesellschaft geschaffen, und 1938 nahm der Unterausschuß "Bodenerosion" im Deutschen Ausschuß für Kulturbauwesen seine Arbeit auf. In den letzten Jahren ist die Diskussion um Bodenerosion in Verbindung mit einem Bodenschutzprogramm in eine weitere Öffentlichkeit getragen worden (vgl. THORMANN 1984, STRUBELT 1985, HENNERKES 1985). Die Etappen der Entwicklung der *Bodenerosionsforschung* lassen sich gut mit dem von RICHTER (1976) zusammengestellten Sammelband "Bodenerosion in Mitteleuropa" der Reihe Wege der Forschung sowie mit der Bibliographie von STREUMANN & RICHTER (1966) verfolgen.

Seit 1950 bis heute haben sich Geographen besonders an der Bodenerosionsforschung beteiligt. Hier sind unter anderen zu nennen: SCHULTZE (1951, 1952), MENSCHING (1952, 1957), MORTENSEN (1954), HEMPEL (1951, 1954, 1963 u.a.) und RICHTER (1965), oder aus den letzten Jahren SCHMIDT (1979), BORK (1980), LESER & SCHMIDT (1982), LESER (1983) und DIKAU (1986), sowie mehrere weitere Autoren. Dabei haben sie Bodenerosion in ganz unterschiedlichen zeitlichen und räumlichen Maßstäben und mit verschiedenen methodischen Ansätzen untersucht, erfaßt und dargestellt.

2.1 Bodenerosion und Auelehmbildung

Zunächst waren es die längerfristigen Prozesse und Reliefveränderungen im Zusammenhang mit Bodenerosion, die diskutiert wurden. Die postglaziale, holozäne bis aktuelle Erosions- und Sedimentationsentwicklung der Hangabtragung und Talbodenablagerungen wurde als akzeleriert durch Rodung und agrare Landnutzung mit der Folge der *Auelehmbildung* erkannt. Ein Teil der obengenannten Autoren haben insbesondere in Südniedersachsen und Nordhessen Geländeuntersuchungen durchgeführt.

Auf die Bilanz der Bodenerosion wurde durch die Verkürzung der natürlichen Bodenprofile geschlossen. Der *Erosionsgrad* (= Eg) läßt sich flächenhaft nach dem Prozentsatz der Bodenprofilverkürzung im Nutzungsbereich erfassen. Man kann eine relative Skala nach dem Vergleich mit Bodenprofilen der normalen Bodenmächtigkeit in entsprechenden Lagen in einem Gebiet anwenden. Die Verkürzung gilt als sehr gering bis 10% (EG1) *Bodenprofilverkürzung*, 10-30% gering (Eg2), 30-60% mittel (Eg3), 60-90% hoch (Eg4) und über 90% sehr hoch (Eg5). Für diese Methode ist es notwendig, daß in einem Gebiet vergleichbare Standorte mit unterschiedicher Nutzung vorhanden sind, um im Vergleich von Bohrstockaufnahmen noch wenig veränderte Bodenprofile etwa unter Wald mit solchen auf Gras- bzw. Ackerland zu vergleichen (vgl. STEINMETZ 1956).

Von daher ist eine solche Erhebung stets nur partiell in repräsentativen Ausschnitten und Catenen anwendbar, wie dies von RICHTER (1985, S. 59 ff.) dargestellt wurde. Die Bodenprofilverkürzung ist ein Ausdruck der flächenhaften Bodenerosion in erster Linie durch Abspülung, durch Wasser des Oberflächenabflusses.

Die häufig in der agraren Kulturlandschaft der Mittelgebirgszone mit den charakteristischen Feld-Wald-Wiese-Gemengelagen zu beobachtenden *Waldrandstufen* von meist 50-80 cm Niveauunterschied bei mittleren Hangneigungen bis zu 7° ist neben den Talauensedimenten ein ubiquitäres augenfälliges Phänomen der allgemeinen Bodenerosion. Die durch Landnahme bis in die Völkerwanderungszeit in den Mittelgebirgsbecken mit Lößböden und durch die Rodungen des mittelalterlichen Landesausbaus in den deutschen Mittelgebirgen entwickelten Nutzungsmuster sind im Großen gesehen eine empirische, historische Anpassung an die durch Hangneigungsverhältnisse reliefbedingten Bereiche unterschiedlicher potentiellen Erosionsgefährdung. Dabei sind die pedologischen und hydrologischen Verhältnisse (Niederschläge und Abfluß) zusätzlich beeeinflussende Faktoren für die Bodenerodierbarkeit der verschiedenen Standorte und Areale.

2.2 Erosionsschadenskartierung

Der weiterführende Ansatz zu Bodenerosionserfassung ist, die Verteilung der sichtbaren *Erosionsschäden*, speziell deren relative Häufung nach Starkregen in Form von mehr oder weniger eingetieften Rillen, Rinnen und Schluchten bzw. Aufspülungen zu erfassen. Damit lassen sich die Areale nach unterschiedlicher Schadensanfälligkeit unterscheiden. So hat man eine Möglichkeit, auch die aktuelle Erosionsgefährdung zu erfassen.

Mit Hilfe von solchen Erosionsformen hat HEMPEL (1951, S. 590-591; 1958, S. 94; 1968) drei Intensitätsstufen der Bodenabspülung unterschieden und auf kleinmaßstäbigen Übersichtskarten (1 : 500.000) für weite Teile Mitteleuropas auskartiert (Abb. 1). Die Intensitätsstufen lassen sich wie folgt definieren:

1 = flache Fließstrukturen als Zeichen der Einebnung innerhalb des Ackers von der höheren zu den niederen Teilen;
2 = Furchen bis zu 10 cm Tiefe und Breite, mit de-

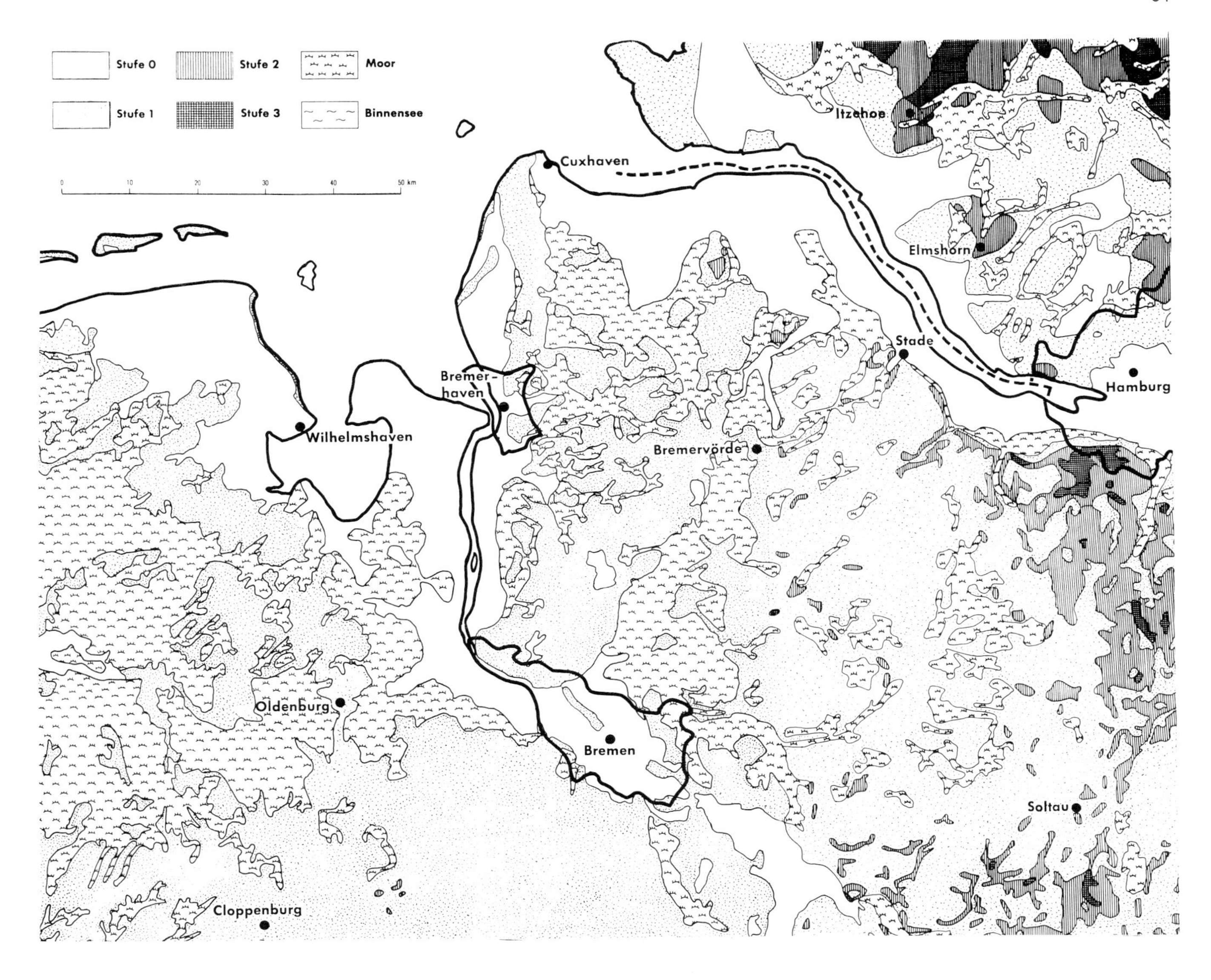

Abb. 1: Ausschnitt aus der Karte der Bodenerosion in Norddeutschland 1 : 500.000 (hier verkleinert) (nach: HEMPEL 1963). Erosionsstufen bei Feldlängen von 80 bis 120 m und Bearbeitungsrichtung senkrecht zu den Höhenlinien.

nen die Bodenabtragung über die Ackergrenze hinausführt;

3 = Rinnen tiefer als 10 cm tragen das abgespülte Bodensubstrat weiter über die Ackergrenze hinaus und verfüllen z.T. die nicht perennierend durchflossenen Tälchen im Ackerland (vgl. HEMPEL-TECKLENBURG 1954).

2.3 Berechnung und Schätzung der Bodenabtragsmenge

Der kausale Ansatz zur Erfassung der *Bodenerosionsgefährdung* versucht die erosionsfördernden Eigenschaften von Standorten und Arealen zu bestimmen. Dabei können einzelne Haupt-Parameter wie Hangneigung, Substrat und Nutzung getrennt bewertet werden in ihrer variierenden Ausprägung in einem Gebiet oder diese gemeinsam in einem formelhaften Modell dann zusammen mit weiteren Variablen wie Niederschläge (Menge, Konzentration, Energie u.a.), Hanglänge, Bodenmächtigkeit bzw. Deckschichtmächtigkeit, Bewirtschaftungsart bzw. Fruchtwechselfolgen, Erosionsschutzmaßnahmen.

Am bekanntesten dafür ist die "*universale Bodenabtragungsgleichung*" (= UBAG) von WISCHMEIER & SMITH (1962). Der Anspruch ist dabei so weitreichend, daß man damit, kalibriert an regionalen Abtragsmeßreihen auf relativ kleinen Testparzellen von nur bis zu wenigen zehner Meter Länge, konkrete Mengen der Bodenerosion abschätzen kann:

A (Abtrag in t pro ha und Jahr)= R * K * LS * C * P

Dabei sind:

R = "Regenfaktor" (Menge, Konzentration, Energie),
K = "Korngrößenfaktor" (Substrat und seine Eigenschaften),
LS = "Längen- und Steigungsfaktor" (Hangeigenschaften),
C = "Cultivations-Faktor" (Bewirtschaftungsweise),
P = "Protektions-Faktor" (Erosionsschutzmaßnahmen).

Für eine Prognose der höchsten möglichen Erosion eines Ackers wird für C und P der Wert 1,0 eingesetzt, sonst entsprechend den auf Testparzellen gemessenen reduzierten Abtragungsmengen Werte unter 1,0. Der LS-Faktor wird aus der Ackergröße als erosionsbestimmende Hanglänge und der Hangneigung in % berechnet. Inwieweit die berechneten Abtragungsmengen tatsächlich für Standorte und Einzugsgebiete realistische Durchschnittswerte darstellen, aus denen sich konkrete Planungsmaßnahmen ableiten lassen, ist noch umstritten. Eine sinnvolle Bewertung bezüglich tolerierbarer Grenzwerte und eine räumliche Übersicht der Nutzungsareale nach unterschiedlicher Bodenerosionsgefährdung ist zweifellos mit diesem Ansatz möglich.

Zwei Arbeitsanweisungen für eine Bodenerosionskartierung sind im Gebrauch (vgl. SCHWERTMANN 1981, AG BODENKUNDE 1982). Der aufwendigere Weg berechnet den *potentiellen mittleren jährlichen Bodenabtrag in t pro ha* aus den einzelnen Faktoren. Diese lassen sich ableiten aus Korngrößenzusammensetzung des Feinsubstrates unter 2 mm, Humusgehalt, Permeabilität, Aggregatgröße, Steingehalt (diese ergeben den K-Faktor zur Substratbewertung), Erosivität der Niederschläge (R-Faktor), erosionswirksame Hanglänge (L-Faktor), Hangneigung (S-Faktor), Bewirtschaftung (C-Faktor), Bodenschutzmaßnahmen (P-Faktor). Da die notwendigen Daten für ein größeres Gebiet ohnehin meist nicht genau bekannt sind und extrapoliert abgeschätzt werden müssen, läßt sich der Bodenabtrag auch ungefähr bestimmen über tabellierte Merkmalsklassen, unter der Voraussetzung der allgemeinen Gültigkeit der UBAG.

Dieser Weg bietet sich an, wenn man aus einer geomorphologischen Detailkarte, die nach dem analytisch komplexen System mit Informationsschichten aufgebaut ist, wie die GMK 25-Blätter des DFG-Schwerpunktprogramms (vgl. LESER & STÄBLEIN 1975, STÄBLEIN 1978, 1979, BARSCH & LIEDTKE 1980, BARSCH & STÄBLEIN 1982), *Auswertungskarten* zur potentiellen Bodenerosionsgefährdung ableiten will (vgl. BARSCH & MÄUSBACHER 1980, MÄUSBACHER 1985).

3. Bodenerosionskarte als Auswertung der GMK 25

Es soll hier mit verschiedenen Varianten für das GMK 25-Blatt 17, 4725 Bad Sooden-Allendorf erläutert werden, wie eine Ableitung einer Bodenerosionskarte ohne zusätzliche Geländeaufnahmen möglich ist. – Die *GMK-Auszugskarte* der Areale der Hangneigungsklassen läßt sich unmittelbar als eine erste konkrete Abschätzung der Verteilung der potentiellen Erosionsgefährdung durch Wasser ansehen (Abb. 2). Es gelten dabei Abstufungen (Tab. 1) bei sonst gleichen Bedingungen für Ackerland und bei Jahresniederschlagssummen von ca. 700-800 mm, wie es als mittlerer Wertebereich für den Großteil des Blattgebietes zutrifft; das entspricht etwa einem R-Faktor von 60: Nur auf dem 750 m hohen bewaldeten Meißner übersteigen die Jahresniederschläge 950 mm und im Werratal im Südosten des Blattes bleiben die Werte unter 600 mm (vgl. KALB & VENT-SCHMIDT 1981). Bei anderen Niederschlagsverhältnissen in anderen Gebieten sind die Stufen der Erosionsanfälligkeit (= Ea) nach der Neigung entsprechend dem veränderten R-Faktor zu verschieben (vgl. AG BODENKUNDE 1982).

Getrennt von der Neigungsbewertung läßt sich die Informationsschicht Substrat der GMK bzw. die *GMK-Auszugskarte Substrat* durch Zuordnung der unterschiedenen Substrattypen (Bodenarten und Steingehalt) zu den *Stufen der Erodierbarkeit* (= Eb) als Karte der Erodierbarkeit auswerten. Dabei gelten Zuordnungen der auf Blatt Bad Sooden-Allendorf durch die Geländeaufnahme mit dem Bohrstock unterschiedenen Substrate zu fünf Erodierbarkeitsklassen (vgl. Tab. 2). In den Bereichen mit auskartiertem Bodenskelett (als Blöcke, Blockschutt, grober Hangschutt, Schutt und größerer Steingehalt im Boden) erniedrigt sich die Erodierbarkeit der Standorte, wie sie nach der jeweiligen Matrix der Feinsubstanz abgeleitet wird. Es wird hier vereinfacht jeweils um eine Stufe erniedrigt, bei Blockschutt der Blockmeere am Meißner um zwei Stufen. Die Verbreitung der Typen des oberflächennahen Substrats und der Erodierbarkeitsstufen entspricht nicht einfach den stratigraphischen Arealen einer geologischen Karte. Die faziellen und lithologischen Unterschiede in den stratigraphischen Einheiten sind doch zu groß. Zudem spielen die pleistozänen Hangschutt-, Flugsand-, Löß- und Abluationsdecken, die durch periglaziale Umlagerungen entstanden sind, eine große

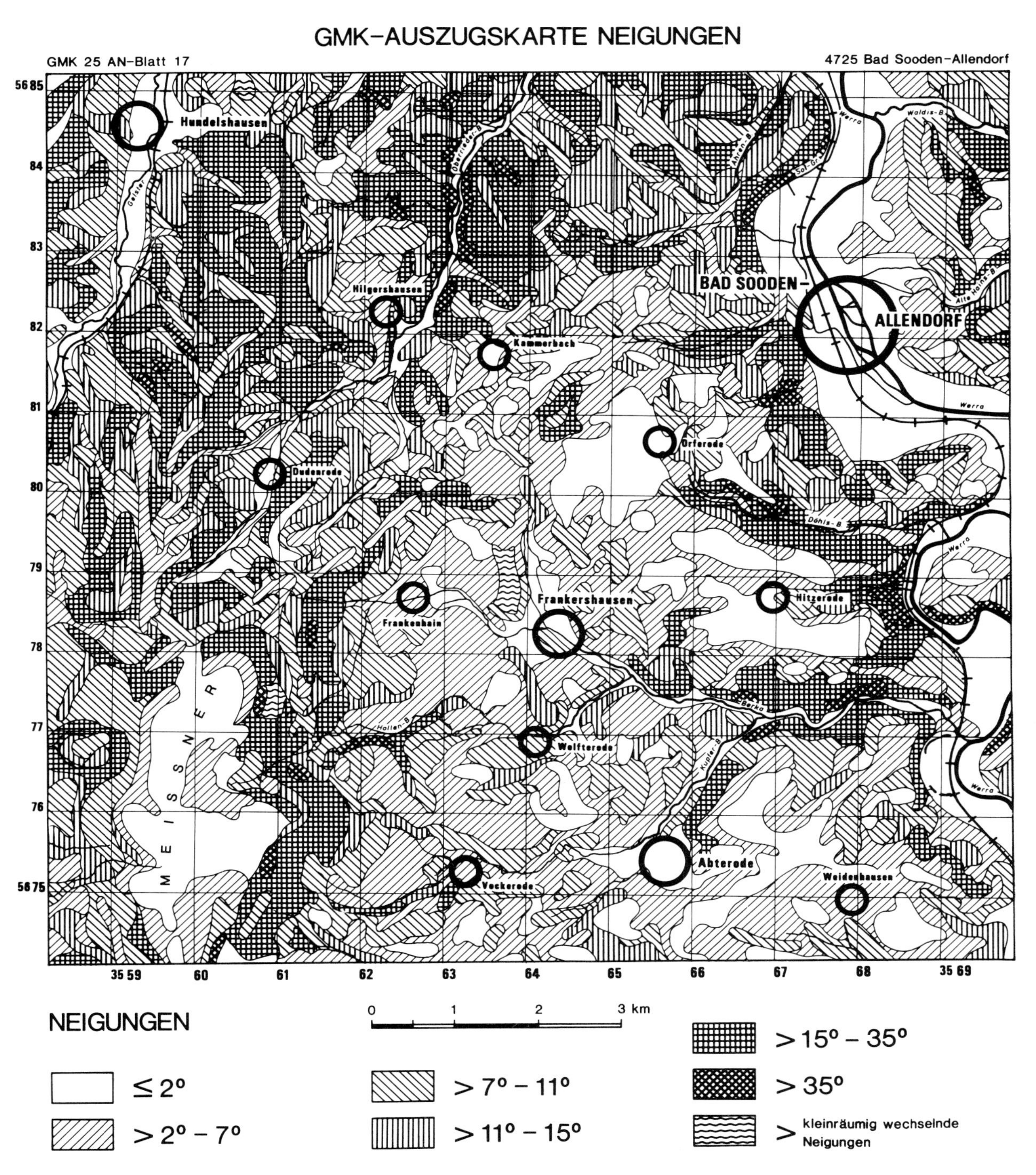

Abb. 2: Übersichtskarte der Verbreitung der Neigungsklassenareale nach den mittleren Hangneigungen, vereinfacht nach der GMK 25-Auszugskarte Neigungen Blatt Bad Sooden-Allendorf.

Tab. 1: Erosionsanfälligkeit von Ackerland nach Neigungsklassen bei Jahresniederschlägen von ca. 700-800 mm in Nordhessen.

Neigungsklassen	Erosionsanfälligkeit	Ea-Stufe
bis 2°	sehr schwach	Ea1
über 2 bis 4°	schwach	Ea2
über 4 bis 7°	mäßig	Ea3
über 7 bis 15°	stark	Ea4
über 15°	sehr stark	Ea5

Rolle und bestimmen die unmittelbar der Bodenerosion ausgesetzten Oberflächensubstrate. Dies bewirkt von der Geologie des Untergrundes stark abweichende Substratverteilungsmuster.

Faßt man beide Verteilungsmuster der Bewertungen für Neigungen und Substrate zusammen, so treten lokal Veränderungen bzw. Abschwächungen der Bewertung auf für die *potentielle Erosionsgefährdung durch Wasser* (= EfW). Unter potentieller Erosionsgefährdung versteht man die Bewertung unter der Annahme der Ackernutzung, bei der die höchsten möglichen Abtragungswerte erreicht werden können (Tab. 3).

Die *aktuelle Erosionsgefährdung* (= aEfW) ergibt sich, wenn die Nutzung, wie sie etwa aus der topographischen Grundlage der GMK 25 ersichtlich ist (Abb. 3), noch zusätzlich beachtet wird, d.h. die tatsächliche Reduktion der Bodenerosionsgefährdung durch Wald- oder Wiesenbedeckung berücksichtigt wird (Tab. 3).

Methodisch noch weiter vereinfacht ist die Auswertungsanweisung, wie sie für generalisierte großräumige kleinmaßstäbige Übersichtskarten verwendet

Tab. 2: Erodierbarkeit der Substrate der GMK 25 Bad Sooden-Allendorf (vereinfachte Methode nach K-Faktorklassen entsprechend WISCHMEIER & SMITH bzw. SCHWERTMANN, abgeleitet nach der bodenkundlichen Kartieranleitung 1982, S. 172).

Substratgruppe	Erodierbarkeit	Eb-Stufe
T, sT, lT, Grus	sehr gering	Eb1
uT, S, tS, lS, L, tL, sL	gering	Eb2
uS, uL	mittel	Eb3
lU	hoch	Eb4
U, sU	sehr hoch	Eb5

Die Erodierbarkeit erniedrigt sich um eine Stufe bei höheren Steingehalten (mehr als 30%); bei Blockschutt um zwei Stufen. Die Abkürzungen der Feinsubstratgemische entsprechen den Normen der amtlichen bodenkundlichen Kartieranleitung; T = Ton, U = Schluff, S = Sand, L = Lehm, t = tonig, u = schluffig, s = sandig, l = lehmig.

Tab. 3: Potentielle (= Efw) bzw. aktuelle (= aEfW) Erosionsgefährdung durch Wasser bei Regenfaktor 60 (ca. 700-800 mm Jahresniederschlag bzw. 400-500 mm Sommerniederschläge) für unterschiedliche Nutzung bezogen auf die GMK-Neigungsintervalle.

ACKER (potentielle = höchste aktuelle Erosionsgefährdung)

Substrat-Erodierbarkeit	Eb1	Eb2	Eb3	Eb4	Eb5	
Neigungs-Erosionsanfälligkeit						
Ea1 (< 2°) / (< 3,5%)	1	1-2	2	3	4	EfW
Ea2/3 (2- 7°) / (3,5-12%)	3	4	5	5	5	
Ea4 (7-11°) / (12-19%)	4	5	5	5	5	
Ea4 (11-15°) / (19-27%)	5	5	5	5	5	
Ea5 (> 15°) / (> 27%)	5	5	5	5	5	

GRÜNLAND

Substrat-Erodierbarkeit	Eb1	Eb2	Eb3	Eb4	Eb5	
Neigungs-Erosionsanfälligkeit						
Ea1 (< 2°) / (< 3,5%)	1	1	1	1	1	aEfW
Ea2/3 (2- 7°) / (3,5-12%)	1	1	1	1	1	
Ea4 (7-11°) / (12-19%)	1	1	1	1	1	
Ea4 (11-15°) / (19-27%)	1	1	1	1	2	
Ea5 (> 15°) / (> 27%)	1	1	1	2	3	

WALD

Substrat-Erodierbarkeit	Eb1	Eb2	Eb3	Eb4	Eb5	
Neigungs-Erosionsanfälligkeit						
Ea1 (< 2°) / (< 3,5%)	1	1	1	1	1	aEfW
Ea2/3 (2- 7°) / (3,5-12%)	1	1	1	1	1	
Ea4 (7-11°) / (12-19%)	1	1	1	1	2	
Ea4 (11-15°) / (19-27%)	1	1	1	2	3	
Ea5 (> 15°) / (> 27%)	1	1	1	3	4	

wird (vgl. KUGLER 1976b, in: LIEDTKE 1984). Dabei werden die Substrate in nur drei Bewertungsklassen zusammengefaßt und fünf Hangneigungsklassen unterschieden, die hier an die GMK-Skalierung angepaßt wurden. Es werden davon abgeleitet - unter Berücksichtigung der Nutzungsarten Wald, Grünland und Acker, - drei Dispositionsstufen unterschieden zur Kennzeichnung der Anfälligkeit für Bodenerosion durch flächige Abspülung. Wenden wir diese Methoden

Tab. 4: Dispositionsstufen der Bodenerosion (= DS) unter Berücksichtigung von Nutzungsart, Substratbewertungsklasse nach der Erodierbarkeit (Eb) und Hangneigungsklasse entsprechend der Erosionsanfälligkeit (Ea) bzw. der mittleren Hangneigung.

Nutzungsarten	ACKER			WALD			GRÜNDLAND			
Substratbewertungsklasse	1	2	3	1	2	3	1	2	3	
Hangneigungsklasse	Dispositionsstufe der Bodenerosion									
0 - 2°	1	1	2	1	1	1	1	1	1	DS
2 - 7°	1	2	3	1	1	1	1	1	1	
7 - 11°	2	3	3	1	1	2	1	1	1	
11 - 15°	2	3	3	1	1	2	1	1	1	
> 15°	3	3	3	1	2	2	1	1	2	

Substratbewertungsklassen: 1 = Eb1, Eb2, steinige Böden; 2 = Eb3; 3 = Eb4, Eb5 (vgl. Tab. 2).
Dispositionsstufen: 1 = schwach bis nicht anfällig, 2 = mäßig anfällig, 3 = stark anfällig.

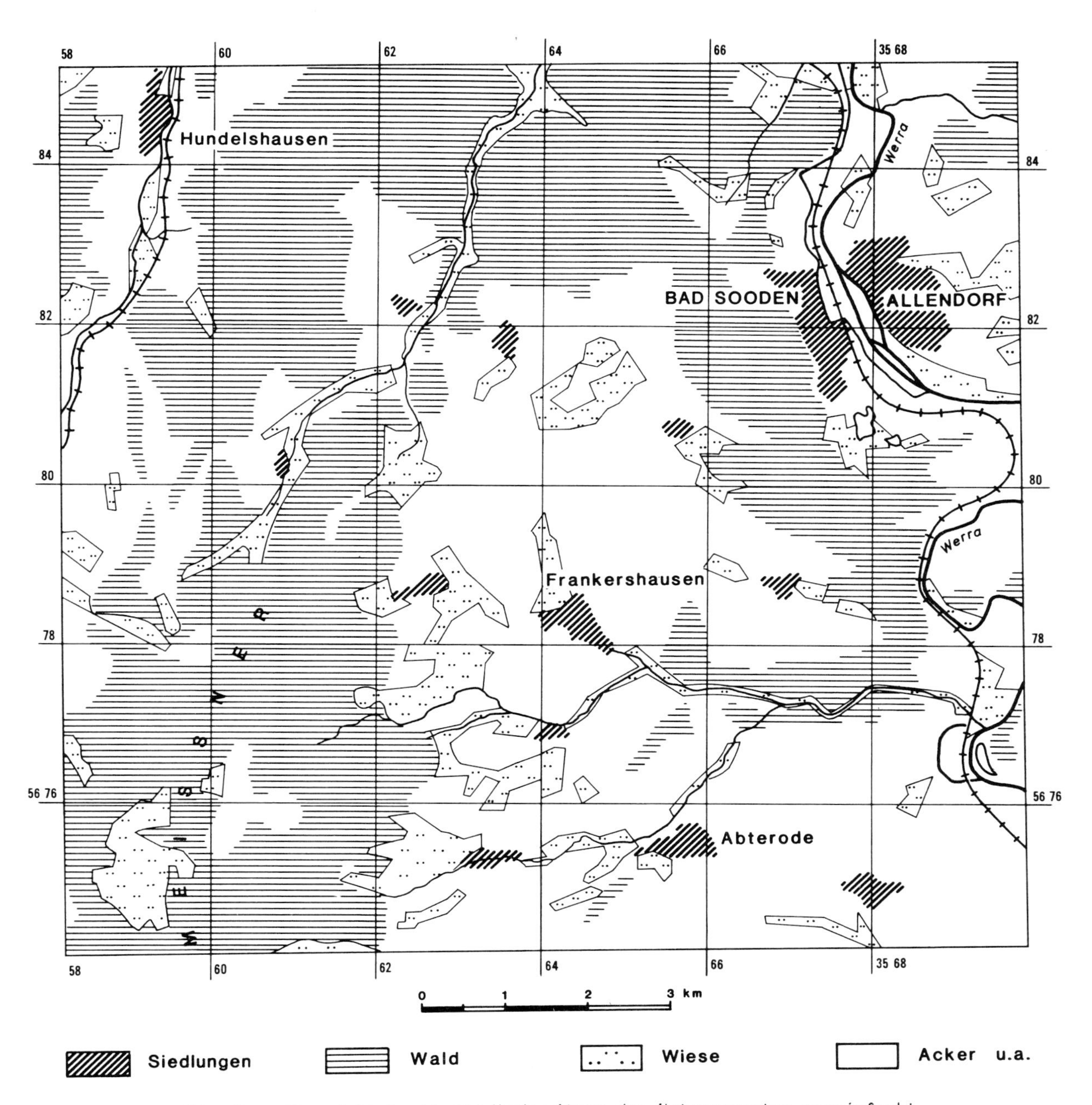

Abb. 3: Übersichtskarte der Verbreitung der Nutzungsarten vereinfacht nach der TK 25 bzw. GMK 25 Blatt Bad Sooden-Allendorf.

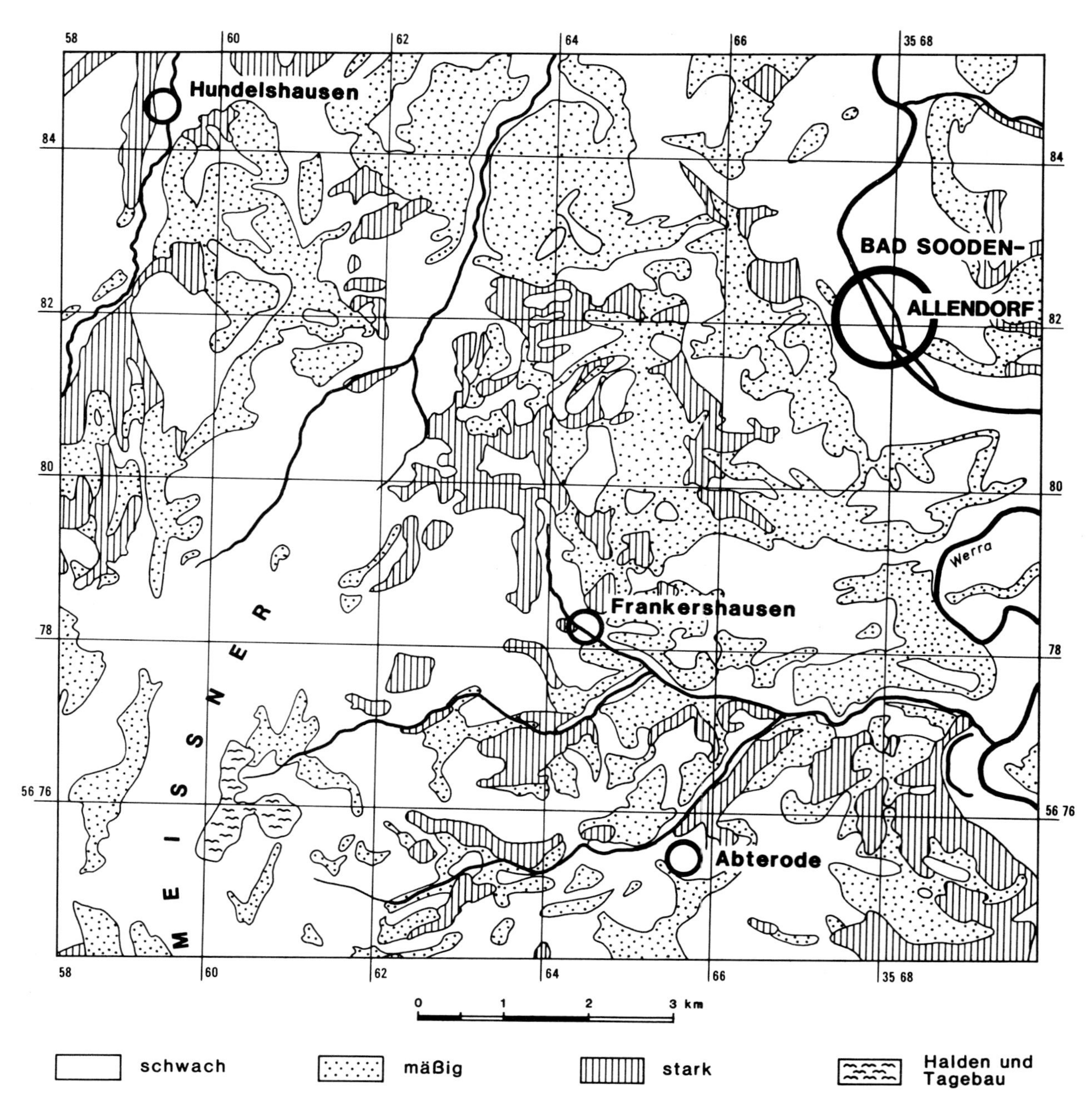

Abb. 4: Übersichtskarte der Verbreitung der drei Dispositionsstufen der (aktuellen) Bodenerosion nach Nutzungsart, Substratbewertungsklasse und Hangneigungsklasse; Auswertung der GMK 25 Blatt Bad Sooden-Allendorf.

auf die GMK 25 an, so ergibt sich eine einfach zu handhabende Bewertungsmatrix (Tab. 4); die Nutzungsarten gewinnt man aus der topographischen Karte, Substratbewertungsklasse nach der GMK-Substratauszugskarte und Tabelle 2 sowie die Hangneigungsklassen aus der GMK-Neigungsauszugskarte (Abb. 2). Damit werden die "*Dispositionsstufen der Bodenerosion*" bestimmt (Abb. 4). Es werden unterschieden: nicht bis schwach (DS1), mäßig (DS2) und stark (DS3) anfällig.

4. Bodenerosionskartierung in der agrarstrukturellen Vorplanung

Einen weiteren methodischen Weg, der sich modifiziert auch auf die Auswertung der GMK anwenden läßt, beschreiten zur Zeit Mitarbeiter des Hessischen Landesamtes für Ernährung, Landwirtschaft und Landentwicklung Wiesbaden bei den regionalen Außenstellen, den Ämtern für Landwirtschaft und Landentwicklung - für Nordhessen in Bad Hersfeld und Kassel.[1] Dort werden für ganz Hessen die landwirtschaftliche Nutzfläche (LNF) in "*Gefahrenstufenkarten Bodenerosion*" erarbeitet im Maßstab (1 : 50.000) und in der Konzeption wie die "*Standortkarte von Hessen*, natürliche Standorteignung für landbauliche Nutzung" (hrsg. vom HESSISCHEN MINISTER FÜR LANDESENTWICKLUNG et al. 1979 ff.). Dieses Vorhaben dient sowohl der agrarstrukturellen Vorplanung als auch der Vorbereitung des Bodenschutzprogramms im Agrarraum.

Grundlage sind die Isohypsenauszüge der topographischen Karte (TK 25) und die Grundlagenkarten (1 : 10.000), die aus der Reichsbodenschätzung als Arbeitskarten abgeleitet bereits zur Nutzungseignungskartierung (= Standortkarte von Hessen) verwendet wurden, sowie die Karten (1 : 1 Mio.) der Anzahl der Tage mit mehr als 10 mm Niederschlag aus dem Klimaatlas von Hessen (KALB & VENT-SCHMIDT 1981). Die Methode wurde am Institut für Bodenkunde und Bodenerhaltung in Gießen aus der Erosionsgefahrenstufenkartierung (nach KURON & JUNG 1961) entwickelt und verzichtet wegen der nur spekulativen Übertragbarkeit der Wertezuordnungen in der UBAG auf eine quantitative Angabe der Bodenabtragsmenge. Die Methode ("*Gießner Methode*") wurde bereits im Rahmen von Flurbereinigungsverfahren erfolgreich eingesetzt.

Bestimmend für die Einordnung der Areale in die sechs Stufen der Erosionsgefährdung ist die *Gefällestufe* (6 Klassen), die durch Abschläge oder Zuschläge nach lokalen Relieffaktoren und Lößvorkommen modifiziert wird (Tab. 5). Ziel ist, für die verschiedenen Lagen der LNF die Erosionsgefährdung als eine Konstante des Naturhaushaltes zu bestimmen, unabhängig von der aktuellen Nutzung und von den die Bodenerosion beeinflussenden, strukturellen Faktoren, wie Wegenetzgestaltung, Feldgröße, Bewirtschaftungsformen u.a.

Im Prinzip läßt sich das Verfahren auf die Auswertung der GMK anwenden. Dazu sind jedoch Umsetzungen der Gefällestufen in die kartierten Neigungsintervalle und die Bodenarten nach der Reichsbodenschätzung in die kartierten Substrattypen notwendig. Dabei ist zu berücksichtigen, daß bei der Bodenschätzung die Bodenartenbestimmung nach dem abschlämmbaren Anteil und nicht nach der Kornfraktionierung erfolgte, also die unterschiedlichen Bodenansprachen nicht streng umsetzbar sind. Die Handhabung der Zu- und Abschläge der Einstufung gegenüber der "Gefällestufe" erfolgt z.T. nach subjektiver Geländekenntnis aus der Flurbegehung. Dies gilt z.B. bezüglich kleinräumig wechselnder Oberflächenverhältnisse ("Waschbretteffekt", Zeichen für Erosionsanfälligkeit, vgl. KURON & JUNG 1961), konkave und konvexe Wölbungen u.a.

Tab. 5: Bewertung Erosionsfaktoren (a) und der Erosionsgefahrenstufen (b) nach der "Gießner Methode" für die Kartierung (Maßstab 1 : 50.000 und größer) der Bodenerosionsgefährdung auf landwirtschaftlichen Nutzflächen zur agrarstrukturellen Vorplanung in Hessen.

(a) Einzelbewertung der Erosionsfaktoren

Bewertung	RELIEF Gefälle %	(Grad)	BODEN Bodenart	NIEDERSCHLAG Tage mit m > 10 mm	Erosionsgefahr
1	<2%	(1°)	T, LT	< 16	keine bis beginnende
2	>2-6% + = 2-4%	(>1-3,5°) (1-2°)	L, sL, Lö SL	< 16	schwach
3	>6-12% + = 6-8%	(3,5-7°) (3,5-4,5°)	SL, sL/Lö (lS)	16-25	mäßig (mittel)
4	>12-18% + = 12-14%	(7-10,5°) (7-8°)	sL/Lö, lS (Sl)	16-25	erhöht
5	>18-24% + = 18-20%	(10,5-13,5°) (10,5-11,5°)	lS, Sl (S)	> 25	stark
6	> 24% + = 24-26%	(13,5°) (13,5-15,5°)	Sl, S	> 25	sehr stark (extrem)

Kessellagen erhalten Abschläge bei der Reliefbewertung, z.B. 1-, 2- bis 5-; gleichmäßige Hanglagen dagegen Zuschläge, z.B. 2+, 3+ bis 6+.

1) Herrn Dr. RICHTSCHEID vom Hess.LA für Ernährung, Landwirtschaft und Landentwicklung, Wiesbaden, danke ich für die Information über die laufenden Arbeiten und für die Möglichkeit zur methodischen Diskussion während einer gemeinsamen Geländebegehung in Nordhessen.

(b) Endbewertung mit Erosionsgefahrenstufen nach Gefällestufen mit Varianzangabe der Faktoren Boden und Niederschlag in 6 Gruppen

Erosionsgefahrenstufe	Reliefgruppe	Bodengruppe	Niederschlagsgruppe	Erosionsgefahr
E 1	1	1 - 6	1 - 6	keine bis beginnend
	2 +	1 + 2	1 - 4	
E 2	1 -	3 - 6	1 - 6	schwach
	2	1 - 6	1 - 6	
	3 +	1 + 2	1 - 4	
E 3	2 -	3 - 6	1 - 6	mäßig (mittel)
	3	1 - 6	1 - 6	
	4 +	1 + 2	1 - 4	
E 4	3 -	3 - 6	1 - 6	erhöht
	4	1 - 6	1 - 6	
	5 +	1 - 3	1 - 4	
E 5	4 -	4 - 6	1 - 6	stark
	5	1 - 6	1 - 6	
	6 +	1 + 2	1 - 4	
E 6	5 -	4 - 6	1 - 6	sehr stark (extrem)
	6	1 - 6	1 - 6	

Zusätze: "E1A" = E1 im Alluvium (Talaue),
"S", z.B. "E1S", für Flugsande.

5. Regionale Aussagen und Aufgabe des Bodenschutzprogramms

Versucht man abschließend eine allgemeine Aussage über das ausgewertete Gebiet aus dem osthessischen Bergland in Nordhessen, so kann man bei der heutigen weitgehend aus den agrarhistorischen Entwicklungen überkommenen an die Vielgestaltigkeit von Relief und Böden angepaßte Verteilung der Nutzungsarten (vgl. Abb. 3) eine *mäßige bis erhöhte Erosionsgefährdung durch abspülendes Wasser* feststellen; eine Auswehungsgefährdung liegt im allgemeinen auch auf den sandigen Ackerflächen nicht vor. Im Meißnervorland liegen die mittleren Hangneigungen unter 7°, im umrahmenden Bergland bei 7-11° bzw. 15°, an den Meißnerhängen auch großflächig bei 15-35° und stellenweise über 35°. An den Talhängen der Werra und der Berka werden kleinflächig mittlere Hangneigungen von 35° erreicht.

In der intramontanen Beckenstruktur des östlichen Meißnervorlandes, das durch Talgründe mit wechselnden Breiten und durch Auslaugungssenken (STÄBLEIN 1986) unterbrochen wird, herrschen mittlere Hangneigungen von 2 bis 7° vor. Auf den Vorlandflächen sind abspülungsresistente, z.T. kalkreiche tonige Lehmböden, weit verbreitet. Wo Lößdecken auftreten und in den sandigen Böden aus Buntsandsteinverwitterung erfolgt erhöhter Bodenabtrag auf Ackerland. Die potentiell erhöhte Bodenerosionsgefährdung der steileren Hangbereiche wird durch die Bewaldung, die einen Großteil des Blattbereiches einnimmt (vgl. Abb. 3), unterdrückt.

Hackfrucht-Getreide-Futterbau mit mittleren Hanglängen der Äcker und meist ohne spezifische Erosionsschutzmaßnahmen beherrschen die weiteren Ackerareale im Meißnervorland. Alte obstbaumbestandene Ackerterrassen und heckenbestandene Böschungen finden sich stellenweise als erosionshemmende Phänomene, ohne daß diese als aktuelle Bodenerosionsschutzmaßnahme anzusehen sind. Vielmehr wird man bei der weiteren Umgestaltung der Agrarlandschaft, wobei Flurbereinigung und Technisierung großflächigen Anbau begünstigen, unter dem *Bodenschutzgesichtspunkt*, aber auch im Hinblick auf die landschaftliche und ökologische Vielfältigkeit die Erhaltung von Terrassen und Hecken fordern.

In einzelnen Bereichen des Meißnervorlandes wurden bei der geomorphologischen Kartierung auch *Bodenerosionsformen*, flächenhafte Abspülung, Rinnen und Rillen, festgestellt und kartiert. Die wegen der Beackerung kurzlebigen Spuren und deren diskontinuierliche Verbreitung erlauben danach keine flächendeckende Aussage zur Bodenerosion.

Der Vergleich der auf der topographischen Karte (Ausgabe 1969, mit Berichtigungsstand 1959) angegebenen Nutzung mit den Standortkarten des Hessischen Landesamtes (Blatt Witzenhausen 1 : 50.000, 1979), die den Nutzungsstand 1975 bis 1977 erfaßte, sowie mit Ausschnittskartierungen in den letzten Jahren, zeigt eindeutig die Tendenz einer *Vergrünlandung* bis in die 70er Jahre vor allem von Hangflächen, die früher mit kleineren Äckern genutzt wurden, und schließlich wieder eine merkliche *Ausweitung des Ackerlandes* vor allem auch in den vormals als Dauergrünland genutzten Talauen.

Damit zeigen sich volks- und betriebswirtschaftliche Einflüsse, die hier nur aufgezählt werden können als Aspekte für die Veränderung der Bodenerosion. Es gehören dazu rückläufige Viehhaltung in vielen Betrieben, während in anderen Betrieben der Weidegang weitgehend eingeschränkt wurde und die Silagefütterung ausgeweitet wurde. Weiter sind zu nennen mechanisiertes Pflügen mit Traktoren auch auf schweren Böden in den feuchteren, lehmigeren Talgründen, subventionierte Preise für bestimmte Ackerprodukte. Mit der Mechanisierung des Anbaus ist durch das Befahren mit schwereren Traktoren eine Bodenverdichtung und damit erhöhte Bereitschaft zum Oberflächenabfluß verbunden. Auch die durchschnittliche Ackergröße und damit die erosionswirksamen Hanglängen im Ackerland haben aus technischer Effektivität selbst in kritischen Hanglagen zugenommen. Die Flächen mit Futtermaisanbau, die besonders hohe Bodenabtragswerte zeigen, haben in einzelnen Bereichen zugenommen. Dies sind zusammengenommen Gesichtspunkte, die die aktuelle Bodenerosion in Nordhessen in den vergangenen Jahren verstärkt haben.

Es bleibt angesichts der Vorhaben des von Bund und Ländern beschlossenen *Bodenschutzprogramms* für die Bundesrepublik (THORMANN 1984, STRIEGNITZ 1984, HENNERKES 1984) für Geomorphologen und Geographen die Aufgabe, daß sie die Möglichkeiten finden, ihre fachliche Kompetenz in diese weitreichende Aufgabe der Praxis einbringen zu können. Die hier aufgezeigten Methoden für eine groß- und mittelmaßstäbige Erfassung der Bodenerosion stellen einen Weg dar, die für alle Bodenschutzmaßnahmen als Voraussetzung notwendige Inventarisierung in räumlicher Differenzierung zu leisten, sowohl im Rahmen von Landschaftsplänen bzw. Flächennutzungsplänen der Gemeinden als auch von regionalen Raumordnungsplänen der Kreise und regionalen Planungsgemeinschaften.

6. Kurzfassung/Abstract

Geomorphologie und deren Anwendung soll hier angesprochen werden. Dabei ergibt sich ein Bezug zu wissenschaftlichen Arbeiten von LUDWIG HEMPEL, zu den darin verfolgten Ansätzen und vorgelegten Ergebnissen zur Bodenerosion (1951, 1963, 1968 u.a.) und zur geomorphologischen Kartierung (1956, 1981, 1985). Am Beispiel der Auswertung der geomorphologischen Karte 1 : 25.000 (= GMK 25) Blatt Bad Sooden-Allendorf, ein Ausschnitt aus dem Fulda-Werra-Bergland in Nordhessen, wird auf Anwendungsmethoden der GMK für eine Erfassung der Bodenerosion als Inventarisierung und notwendige Voraussetzung zum aktuellen Bodenschutzprogramm in der Bundesrepublik eingegangen.

Geomorphology and application is the theme of this paper. This occasioned a relation to scientific works of LUDWIG HEMPEL, especially to approaches and results of soil erosion problems and geomorphological mapping. The example of the geomorphological map 1 : 25.000 (= GMK 25) sheet Bad Sooden-Allendorf, a section of the Fulda-Werra-Mountains in Northern Hesse, shows applied methods for soil erosion survey as an inventory derived from GMK. That is a necessary precondition to the actual Soil Conservation Program in the Federal Republic of Germany.

7. Literatur

AG BODENKUNDE (1982): Bodenkundliche Kartieranleitung, hrsg. von der BGR u. den Geol. LA in der Bundesrepublik Deutschland. 3. Aufl. Hannover, Stuttgart, 331 S.

AHNERT, F. (1981): Entwicklung, Stellung und Aufgabe der angewandten Geomorphologie. In: Aachener Geogr. Arb. 14, S. 39-65. Aachen.

AYRES, Q. (1936): Soil erosion and its control. New York, London, 365 S.

BARNER, J. (1981): Landschaftstechnik. Stuttgart, 174 S.

BARNER, J. (1983): Experimentelle Landschaftsökologie. Lehrbuch der Umweltforschung. Stuttgart, 196 S.

BARSCH, D./ H. LIEDTKE (Hrsg.) (1980): Methoden und Anwendbarkeit geomorphologischer Detailkarten. Beiträge zum GMK-Schwerpunktprogramm II. In: Berliner Geogr. Abh. 31, S. 1-100. Berlin.

BARSCH, D./ R. MÄUSBACHER (1980): Auszugs- und Auswertungskarten als mögliche nutzungsorientierte Interpretation der Geomorphologischen Karte 1 : 25.000 (GMK). In: Berliner Geogr. Abh. 31, S. 31-48. Berlin.

BARSCH, D./ G. STÄBLEIN (Hrsg.) (1982): Erträge und Fortschritte der geomorphologischen Detailkartierung. Beiträge zum GMK-Schwerpunktprogramm III. In: Berliner Geogr. Abh. 35, S. 1-134. Berlin.

BENDER, F. (Hrsg.) (1981, 1985, 1984): Angewandte Geowissenschaften. 3 Bde. Stuttgart, 628 S., 766 S., 674 S.

BORK, H.R. (1980): Oberflächenabfluß und Infiltration; qualitative und quantitative Analysen von Starkregensimulationen in der Südheide (Ostniedersachsen). In: Landschaftsgenese und Landschaftsökologie 6, S. 1-104. Braunschweig.

BREBURDA, J. (1966): Bedeutung der Bodenerosion für die Auswirkung der landwirtschaftlichen Nutzung von Böden im osteuropäischen und zentralasiatischen Raum der Sowjetunion. Gießner Abh. z. Agrar- u. Wirtschaftsforsch. d. europäischen Ostens 34. Wiesbaden.

COOKE, R.U./ J.C. DOORNKAMP (1974): Geomorphology in environmental management. Oxford, 413 S.

DIKAU, R. (1986): Experimentelle Untersuchungen zu Oberflächenabfluß und Bodenabtrag von Meßparzellen und landwirtschaftlichen Nutzflächen. In: Heidelberger Geogr. Arb. 81, S. 1-195. Heidelberg.

HAASE, G. (1968): Inhalt und Methodik einer umfassenden landwirtschaftlichen Standorterkundung auf der Grundlage landschaftsökologischer Erkundung. In: Wiss. Veröffentlichungen d. Dt. Inst. f. Länderkde., N.F. 25/26, S. 309-348. Leipzig.

HEMPEL, L. (1951): Über die Meßbarkeit von Bodenerosion. In: Z. f. Pflanzenernährung, Düngg, Bodenkde. 55 (100), S. 106-110.

HEMPEL, L. (1954): Beispiele von Bodenerosionskarten im niedersächsischen Bergland sowie Bemerkungen über Berücksichtigung der Erosionsschäden bei der Bodenschätzung. In: Neues Archiv f. Niedersachsen 4/6, S. 140-143. Göttingen.

HEMPEL, L. (1958): Möglichkeiten und Grenzen der Auswertung amtlicher Karten für die Geomorphologie. In: Verh. 31. Dt. Geogr.Tag, Würzburg 1957, S. 270-279. Wiesbaden.

HEMPEL, L. (1963): Bodenerosion in Nordwestdeutschland; Erläuterungen zu Karten von Schleswig-Holstein, Hamburg, Niedersachsen, Bremen und Nordrhein-Westfalen. In: Forsch. z. dt. Landeskde. 144, S. 1-16, 9 Karten. Bad Godesberg.

HEMPEL, L. (1968): Bodenerosion in Süddeutschland; Erläuterungen zu Karten von Baden-Württemberg, Bayern, Hessen, Rheinland-Pfalz, und Saarland. In: Forsch. z. dt. Landeskde. 179, S. 1-12, 26 Karten. Bad Godesberg.

HEMPEL-TECKLENBURG, L. (1954): Flurzerstörung durch Bodenerosion in früheren Jahrhunderten. In: Z. f. Agrargesch. u. Agrarsoziologie 2 (2), S. 114-122.

HENNERKES, J. (1985): Konzeptionelle Überlegungen der Bund-Länder-Arbeitsgruppe 'Bodenschutzprogramm' der Umweltministerkonferenz. In: Konzeptionen zum Bodenschutz, Informationen zur Raumentwicklung 1/2, S. 9-16. Bonn.

HESS. MINISTERIUM FÜR LANDESENTWICKLUNG, UMWELT, LANDWIRTSCHAFT UND FORSTEN (1979 ff.): Standortkarte von Hessen, natürliche Standorteignung für landbauliche Nutzung. L4724 Witzenhausen (1 : 50.000). Wiesbaden.

HEUSINGER, F. (1815): Über das Abfließen der Äcker und das Ausreißen der Grabenbetten. In: Hannov. Magazin 83-94, S. 1313-1510. Hannover.

HEUSINGER, F. (1826): Die Verwandlung der Bergseiten in ebene Beete. Leipzig.

KALB, M./ V. VENT-SCHMIDT (1981): Das Klima von Hessen, Standortkarte im Rahmen der Agrarstrukturellen Vorplanung. Hess. LA f. Ernährung, Landwirtschaft u. Landentwicklung, Kassel / Abteilung Landentwicklung, S. 1-85. Wiesbaden.

KIRKBY, M.J./ R.P.C. MORGAN (eds) (1980): Soil erosion. In: Publ. of the British Geomorphological Research Group, Landscape systems, S. 1-312. Chichester et al.

KUGLER, H. (1976a): Zur Aufgabe der geomorphologischen Forschung und Kartierung in der DDR. In: Petermanns Geogr. Mitt. 120 (2), S. 154-160. Gotha, Leipzig.

KUGLER, H. (1976b): Geomorphologische Erkundung und agrarische Landnutzung. In: Geogr. Ber. 21, S. 190-204. Berlin, Gotha.

KURON, H. (1936): Stand und Ziele der Bodenerosionsforschung. In: Forschungsdienst 2, S. 542-547. Neudamm.

KURON, H./ L. JUNG (1961): Untersuchungen über Bodenerosion und Bodenerhaltung im Mittelgebirge als Grundlage für Planungen bei Flurbereinigungsverfahren. In: Z. f. Kulturtechnik 2, S. 129-145. Berlin, Hamburg.

LESER, H. (1968): Geomorphologische Karten im Gebiet der BRD nach 1945. In: Ber. z. dt. Landeskde. 39 (1), S. 101-121. Bad Godesberg.

LESER, H. (1974): Geomorphologische Karte im Gebiet der Bundesrepublik Deutschland nach 1945 (II. Teil), zugleich ein Bericht über die Aktivitäten des Arbeitskreises 'Geomorphologische Karte der BRD'. In: Catena 1, S. 297-326. Gießen.

LESER, H. (1983): Bodenerosion als methodisch-geoökologisches Problem. In: Geomethodica (8. BGC) 8, S. 1-218. Basel.

LESER, H./ R.G. SCHMIDT (1980): Probleme der großmaßstäblichen Bodenerosionskartierung. In: Z. f. Kulturtechnik u. Flurbereinigung 21, S. 357-366. Berlin, Hamburg.

LESER, H./ G. STÄBLEIN (Hrsg.) (1975): Geomorphologische Kartierung, Richtlinien zur Herstellung geomorphologischer Karten 1 : 25.000. 2. veränderte Auflage. In: Berliner Geogr. Abh., Sonderheft, S. 1-39. Berlin.

LIEDTKE, H. (1984): Naturraumpotential, Naturraumtypen und Naturregionen in der DDR. In: Geogr. Rdsch. 36 (12), S. 606-612. Braunschweig.

LIEDTKE, H. (Hrsg.) (1981): Beiträge zur angewandten Geomorphologie. In: Z. Geomorph. N.F., Suppl. 39, S. 1-143. Berlin, Stuttgart.

MÄUSBACHER, R. (1985): Die Verwendbarkeit der geomorphologischen Karte 1 : 25.000 (GMK 25) der Bundesrepublik Deutschland für Nachbarwissenschaften und Planung. Beiträge zum GMK-Schwerpunktprogramm V. In: Berliner Geogr. Abh. 40, S. 1-97. Berlin.

MENSCHING, H. (1952): Die kulturgeographische Bedeutung der Auelehmbildung. In: Verh. 28. Dt. Geogr.Tag, Frankfurt 1951, S. 219-225. Remagen.

MENSCHING, H. (1957): Bodenerosion und Auelehmbildung in Deutschland. In: Dt. gewässerkdl. Mitt. 1 (6), S. 110-114.

MÖLLER, K./ G. STÄBLIEN (1984): GMK 25 Blatt 17, 4725 Bad Sooden-Allendorf. Geomorphologische Karte der Bundesrepublik Deutschland 1 : 25.000, 17. Berlin.

MÖLLER, K./ G. STÄBLEIN (1986): Die geomorphologische Karte 1 : 25.000 Blatt 17, 4725 Bad Sooden-Allendorf, Erkenntnisse und Anwendungen. In: Berliner Geogr. Abh. 41, S. 227-255. Berlin.

MORTENSEN, H. (1954): Die 'quasinatürliche' Oberflächenformung als Forschungsproblem. In: Wiss. Z. d. Ernst-Moritz-Arndt-Univ. Greifswald, Math. nat. 4, S. 625-628, Greifswald.

MÜCKENHAUSEN, E. (1950): Bisherige Untersuchungen über den Bodenabtrag in Deutschland und anderen europäischen und außereuropäischen Ländern. In: Geol. Jb. 65 (1949), S. 508-510. Hannover, Celle.

PRINZ, H. (1982): Abriß der Ingenieurgeologie. Stuttgart, 419 S.

RATHJENS, C. (1979): Die Formung der Erdoberfläche unter dem Einfluß des Menschen. In: Teubner Studienbücher Geographie, S. 1-160. Stuttgart.

RICHTER, G. (1965): Bodenerosion; Schäden und gefährdete Gebiete in der Bundesrepublik Deutschland. Gutachten im Auftrag des Bundesministeriums für Ernährung, Landwirtschaft und Forsten. In: Forsch. z. dt. Landeskde. 152, S. 1-592, 9 Karten. Bad Godesberg.

RICHTER, W. et al. (1984): Umweltforschung, zur Analyse und Diagnose der Landschaft. Gotha, 224 S.

RICHTHOFEN, F. (1877): China, Ergebnisse eigener Reisen. 1: Leipzig.

SCHMIDT, R.G. (1979): Probleme der Erfassung und Quantifizierung von Ausmaß und Prozessen der aktuellen Bodenerosion (Abspülung) auf Ackerflächen. In: Physiogeographica 1, S. 1-240. Basel.

SCHULTZE, J.H. (1951): Über das Verhältnis zwischen Denudation und Bodenerosion. In: Die Erde 82, S. 220-232. Berlin.

SCHULTZE, J.H. (1952): Die Bodenerosion in Thüringen; Wesen, Stärke und Abwehrmöglichkeiten. In: Petermanns Geogr. Mitt., Erg. 247, S. 1-186. Gotha.

SCHWERTMANN, U. (1981): Die Vorausschätzung des Bodenabtrags durch Wasser in Bayern; Verfahren von WISCHMEIER und SMITH. Lehrstuhl f. Bodenkunde, TU München, S. 1-126.

SEMMEL, A. (1974): Geomorphologische Untersuchungen zur Umweltforschung im Rhein-Main-Gebiet. In: Verh. 39. Dt. Geogr.Tag, Kassel 1973, S. 538-549. Wiesbaden.

STÄBLEIN, G. (1979): Geomorphologische Detailkartierung in der Bundesrepublik Deutschland. In: Geogr. Taschenbuch 79/80, S. 109-134. Wiesbaden.

STÄBLEIN, G. (1980): Die Konzeption der Geomorphologischen Karten GMK 25 und GMK 100 im DFG-Schwerpunktprogramm. In: Berliner Geogr. Abh. 31, S. 13-30. Berlin.

STÄBLEIN, G. (1982): Erfahrungen bei der kartographischen Umsetzung der Feldreinkarten und beim Druck der geomorphologischen Karten (GMK). In: Berliner Geogr. Abh. 35, S. 15-25. Berlin.

STÄBLEIN, G. (1986): Zechstein leaching and karst landforms in the Werra-Meissner-Area / Northern Hesse. In: Z. Geomorph. N.F., Suppl. 59, S. 49-65. Berlin, Stuttgart.

STÄBLEIN, G. (Hrsg.) (1978): Geomorphologische Detailaufnahme; Beiträge zum GMK-Schwerpunktprogramm I. In: Berliner Geogr. Abh. 30, S. 1-95. Berlin.

STEINMETZ, H.J. (1956): Die Nutzungshorizontkarte. In: Mitt. a. d. Inst. f. Raumforschung 20, S. 165-177. Bad Godesberg.

STREUMANN, C./ G. RICHTER (Hrsg.) (1966): Bodenerosion, Schäden und gefährdete Gebiete in der Bundesrepublik Deutschland. Bibliographie. In: Ber. z. dt. Landeskde. S 9, S. 1-147. Bad Godesberg.

STRIEGNITZ, M. (Hrsg.): Schutz des Umweltmediums Boden. In: Loccumer Protokolle 2/1984, S. 1-413. Rehburg-Loccum.

STRUBELT, W. (Hrsg.) (1985): Boden, das dritte Umweltmedium, Beiträge zum Bodenschutz. In: Bundesforsch.Anst. f. Landeskde. u. Raumordnung, Forsch. z. Raumentwicklung, S. 1-144. Bonn.

THORMANN, A. (1984): Bodenschutz als Teil einer vorsorgenden Umweltpolitik; Anforderungen an den Bodenschutz, Bodenfunktionen, Bodennutzungen, Schutzziele. In: Loccumer Protokolle 2/1984, S. 25-39. Rehburg-Loccum.

WISCHMEIER, W.H./ D.D. SMITH (1962): Soil-loss estimation as a tool in soil and water management planning. In: IASH 59, S. 148-159. Gentbrugge.

Anschrift des Verfassers:

Prof. Dr. Gerhard Stäblein

Universität Bremen

Fachbereich Geowissenschaften

Postfach 330440

D - 2800 Bremen 33

Aus:

Ekkehart Köhler und Norbert Wein (Hrsg.):

NATUR- UND KULTURRÄUME.

Ludwig Hempel zum 65. Geburtstag.

Paderborn: Ferdinand Schöningh 1987.

= Münstersche Geographische Arbeiten 27.

Herbert Liedtke

Bodenerosion und Bodenabtrag in Fidschi

1. Problemstellung

Ziel dieser Untersuchung war es, am Beispiel von Fidschi auf das Problem der Bodenzerstörung in den Tropen aufmerksam zu machen, das bei einer dort ständig zunehmenden Bevölkerungszahl immer akuter wird. Es sei hier nun darauf hingewiesen, daß in Fidschi die Bevölkerungszahl seit 1936 von 198.000 auf 588.000 i.J. 1976 zugenommen hat und 1983 auf 676.000 geschätzt wird, wobei sich die einheimische Bevölkerung (natives, 44%) deutlich weniger vermehrte als die aus Indien eingeführten Arbeitskräfte, die inzwischen den größeren Teil der Bevölkerung (51%) ausmachen (KERR & DONNELLY 1976).

Auf Fidschi, einem Staat mit marktwirtschaftlich orientierter Landwirtschaft, habe ich Anfang 1983 dankenswerterweise mit Unterstützung der Deutschen Forschungsgemeinschaft Untersuchungen zum Bodenabtrag durchführen können.

Obwohl eine gute Unterstützung seitens der Fiji Sugar Corporation Ltd. und insbesondere deren Research Station in Lautoka bestand, waren die Ergebnisse (Abb. 1) weniger sicher als erwartet, weil die Regenzeit dieses Jahr mit einer außergewöhnlichen Trockenheit auf der ganzen Südhalbkugel zusammenfiel. Deshalb kann ich mich im folgenden Bericht wegen der außergewöhnlichen Trockenheit nur auf die Auswirkung von 13 Niederschlagsereignissen an 30 aufeinanderfolgenden Tagen stützen; während dieser 30 Tage waren alle Meßfelder voll funktionsfähig. Drei Felder hatten bereits 4 Tage vorher provisorisch eingerichtet werden können, aber die Meßergebnisse waren zu ungenau und wurden deshalb von mir nicht berücksichtigt.

Die Untersuchungen wurden im Gebiet des Zuckerrohranbaus im Nordwesten der Hauptinsel Viti Levu nordöstlich von Lautoka vorgenommen und sollen dazu beitragen, die Bodenerosionsgefahr auf den weitgehend vollflächig und monokulturartig bestellten Zuckerrohrfeldern aufzuzeigen und die Farmer zu veranlassen, mit ihrem Boden als einzigem Wertgegenstand umsichtiger umzugehen.

2. Klimatische Voraussetzungen

Die Fidschi-Inseln liegen mit 18° südlicher Breite voll in der tropischen Zone und erleben jährlich die Folgen einer Verschiebung der Windgürtel. Zwar verbleibt Fidschi ganzjährig im breiten Gürtel des Südost-Passats, doch nur im Südwinter (Junohalbjahr) bestimmt ein völlig konstanter Südost-Passat das ganze Land. Im Südsommer (Dezemberhalbjahr) rückt die innertropische Konvergenzzone bis auf 15° südlicher Breite vor und beeinflußt dadurch das Klima erheblich. Dann gerät Fidschi in eine Kampfzone, in der zwar überwiegend noch Südost-Passate wehen, in der aber immer wieder wandernde Zyklonen aus der innertropischen Konvergenzzone nach Süden ausbrechen und den Passat verdrängen (HASTENRATH & LAMB 1977). Solche tropischen Depressionen können zu tropischen Zyklonen (Taifunen) werden und treffen dann von Norden auf jene Inselteile, die sich normalerweise im Lee des Südost-Passats befinden und daher niederschlagsarm sind. Durch die Niederschläge, die von solchen ausscherenden Zyklonen bewirkt werden, tritt ein gewisser Ausgleich in der Niederschlagsdifferenz zwischen den südöstlichen und den nordwestlichen Teilen pazifischer Inseln ein, so daß die Nordwestteile nicht ganz arid sind.

Die Niederschläge auf der Hauptinsel Viti Levu sind überwiegend orographisch bedingt. Deshalb fallen besonders hohe Niederschläge im passatseitigen Südosten und im zentralen Teil der Insel, weil sich hier ein 60 km langer nordsüdlich verlaufender Höhenzug bis auf 1.323 m erhebt. Wie stark die Niederschläge zwischen dem Nordwesten und dem Südosten differieren, zeigen die Klimadiagramme von Lautoka und Suva. Während Suva (2.926 mm) ganzjährig Niederschlag zwischen monatlich 120-300 mm erhält, ist das in Lautoka (1.771 mm) nur während der Regenzeit der Fall. Dort fallen in den regenarmen Monaten nur ca. 50 mm. Aber selbst dieses Bild täuscht, denn entscheidend ist vielmehr der Grad der Zuverlässigkeit des Niederschlags. Gewöhnlich geht man von täglichen tropischen Niederschlägen aus, die von den Lehrbüchern als typisch angegeben werden. Das ist aber weder im regenreichen Südosten noch im wechselfeuchten Nordwesten der Fall; ein typisches Beispiel hierfür war der Februar 1983, der mir für meine Untersuchungen zur Verfügung stand. An den 28 Tagen des Februar 1983 regnete es im Untersuchungsgebiet nur an 11 Tagen (Tab. 1), und der Niederschlag lag bei 46-55% der durchschnittlichen Niederschlagsmenge für den Februar (367 mm).

Der Beginn des Jahres 1983 zeigte deutlich die hohe Unbeständigkeit der Regenerwartung, die östlich der

Luftdruck hPa 21 Uhr	Datum 1983	Station 1 Ni Zeit Art	Station 1 Ni mm	Station 1 Gewicht g	Station 1 max Ø mm	Station 2 Ni Zeit Art	Station 2 Ni mm	Station 2 Gewicht g	Station 2 max Ø mm	Station 3 Ni Zeit Art	Station 3 Ni mm	Station 3 Gewicht g	Station 3 max Ø mm	
-	28.1.-30.1.		75	6,9	3		75	245,1	3		60	121,8	6	Taifun MARK
1006	1.II.		0											
1008	2.		0											
1007	3.	-	0			-	0			-	0			
1010	4.	Ns	2	0,2	4	Ns	2	1,0	2	Ns	2	0,2	3	
1010	5.													
1011	6.													
1011	7.													
1012	8.													
1013	9.													
1011	10.	As	7	0,4	5	As	7	0,2	2	Ak	23	46,0	2	
1010	11.													
1012	12.	Ak	24	2,8	2	Aw	24	218,4	4	Aw	40	281,9	3	
1013	13.	An	0,2	0	-	An	0,2	0	-	As	4	2,3	5	
1012	14.													
1010	15.	Nn	(2)	0,1	2	Nn	(2)	0,1	3	Nn	0,1	-	-	
1008	16.													
1008	17.	Ns	10	0,2	2	Ns	10	1,2	1	Ns	4	1,1	1	
1007	18.													
1007	19.													
1008	20.													
1008	21.													
1007	22.													
1007	23.													
1007	24.	Vn	4	0	-	Vn	4	0	-	Vn	4	0,3	4	
1008	25.	VAs	15	0,9	3	VAs	15	0,4	3	VAs	22	8,2	4	
1006	26.	As	21	0,4	3	Ak	21	23,5	8	As	10	1,6	2	
1004	27.	Vn	10	0,1	1	Vn	10	0	0	Vk	18	23,1	6	
1001	28.	Gk	82	89,3	4	Gk	82	134,9	6	Gk	74	66,0	3	Taifun OSCAR
983	1.III	Gw	114	1549,2	4	Gw	114	1853,2	50	Gw	78	140,2	3	
1003	2.	Gk	56	36,9	(4)	Gk	56	15,1	(2)	Gk	85	95,3	(3)	
1005	1.2.-28.2.		177,2	94,4	5		177,2	379,7	8		201,1	430,7	6	
1008	1.2.- 2.3.		347,2	1680,5	5		347,2	2248,0	50		364,1	666,2	6	
	28.1.- 2.3.		422,2	1687,4	5		422,2	2493,1	50		424,1	788,0	6	

0 kein Ergebnis
- keine Messung
( ) Schätzung

n Nieselregen — V vormittags
s schwacher Regen — A nachmittags
k kräftiger Regen — N nachts (18-06)
w Starkregen — G ganztägig

Tab. 1 Niederschlag und Abtragungsmenge der Stationen 1 bis 6 nordöstlich Lautoka

Die Überschriften in den Stationsspalten besagen: Zeit und Art des Niederschlages, Niederschlagsmenge in g, größter Korndurchmesser in der Abtragungsmenge

Luftdruck hPa 21 Uhr	Datum 1983	Station 4 Ni Zeit Art	Station 4 Ni mm	Station 4 Gewicht g	Station 4 max Ø mm	Station 5 Ni Zeit Art	Station 5 Ni mm	Station 5 Gewicht g	Station 5 max Ø mm	Station 6 Ni Zeit Art	Station 6 Ni mm	Station 6 Gewicht g	Station 6 max Ø mm	
-	28.1.-30.1.	-	-	-	-	-	-	-	-	-	-	-	-	Taifun MARK
1006	1.II.													
1008	2.													
1007	3.	As	(4)	3,8	2	As	(4)	17,4	26	As	(4)	0,8	6	
1010	4.	Ns	(2)	2,2	3	Ns	(2)	0,2	2	Ns	(2)	0,1	2	
1010	5.													
1011	6.													
1011	7.													
1012	8.													
1013	9.													
1011	10.	As	17	4,6	3	As	17	7,9	5	As	17	12,0	12	
1010	11.													
1012	12.	Ak	18	125,0	3	Ak	18	20,1	3	Ak	18	123,3	6	
1013	13.													
1012	14.													
1010	15.	Nn	2	5,9	3	Nn	2	0,8	5	Nn	2	0,8	3	
1008	16.													
1008	17.	Ns	10	0,5	1	Ns	10	1,7	4	Ns	10	0,5	3	
1007	18.													
1007	19.													
1008	20.													
1008	21.													
1007	22.													
1007	23.													
1007	24.	Vn	3	-	-	Vn	3	0,5	5	Vn	3	0,1	1	
1008	25.	VAs	17	0,7	3	VAs	17	1,2	4	VAs	17	0,3	3	
1006	26.	VAs	14	101,4	4	VAs	14	0,6	2	VAs	14	1,0	2	
1004	27.	Vn	8	0,8	3	Vn	8	0,3	2	Vn	8	0,4	2	
1001	28.	Gk	73	127,3	3	Gk	73	44,5	(4)	Gk	73	78,5	4	Taifun OSCAR
983	1.III.	Gw	98	410,4	4	Gw	98	391,2	(6)	Gw	98	286,8	4	
1003	2.	Gk	111	77,7	(4)	Gk	111	361,1	(5)	Gk	111	255,0	4	
1005	1.2.-28.2.		168	372,2	4		168	96,6	26		168	217,8	12	
1008	1.2.- 2.3.		377	860,3	4		377	848,3	26		377	759,6	12	

0 kein Ergebnis
- keine Messung
( ) Schätzung

n Nieselregen — V vormittags
s schwacher Regen — A nachmittags
k kräftiger Regen — N nachts (18-06)
w Starkregen — G ganztägig

Tab. 1 (Fortsetzung) Niederschlag und Abtragungsmenge der Stationen 1 - 6 nordöstlich Lautoka

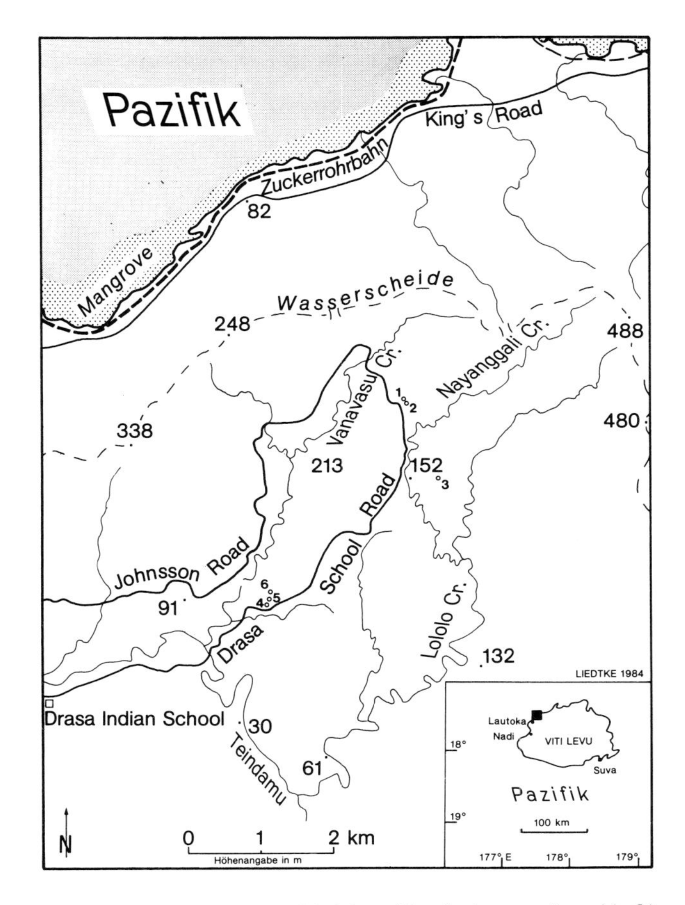

Abb. 1: Lage der Meßfelder für Bodenerosion (1-6) entlang dem Drasa School Road nordöstlich Lautoka

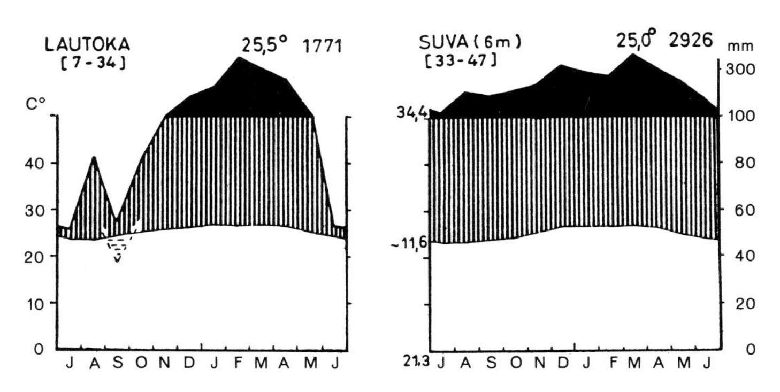

Abb. 2: Vergleich der Klimadiagramme von Lautoka und Suva; Lage siehe Abb. 1
Quelle: WALTHER/LIETH, Klimadiagramm-Weltatlas, Jena 1960 ff.
34,4 = absolutes Maximum
11,6 = mittlere tägliche Temperatur schwankung
21,3 = absolutes Minimum

Fidschi-Inseln noch zunimmt. Die Ursache der Regenarmut, die bereits im Sommer 1982 einsetzte, wird auf El Nino zurückgeführt; hierunter versteht man das Vorkommen bis zu 6° höherer Temperaturen auf der Wasseroberfläche des tropischen Bereichs des Pazifischen Ozeans (PHILANDER 1983), wodurch die atmosphärische Zirkulation auf der ganzen Erde beeinflußt wird. Diese höhere Temperatur auf der Wasseroberfläche ist meist auf die ersten drei Monate eines Jahres beschränkt, wenn nämlich der Südost-Passat vor der Küste von Equador und Peru nicht mehr in der Lage ist, durch einen ablandigen Wind für kühles Auftriebswasser zu sorgen. 1982 kam El Nino bereits viel zu vorzeitig im Mai und hielt bis September 1983 an (LATIF 1986). Die Folgen waren schreckliche Dürren in Südafrika, Äthiopien, Indien und Nordostbrasilien, verheerende Buschfeuer und Waldbrände in Australien, Liberia und Ghana und eine Dürre im Nordwesten von Viti Levu.

Diese sehr unglückliche weltweite Änderung der atmosphärischen Zirkulation hat natürlich auch meine Untersuchungen negativ beeinflußt, denn von den 13 gemessenen Niederschlagsereignissen, von denen 2 noch in den März 1983 fielen, waren etwa 6, die keine klaren Ergebnisse hinsichtlich der Bodenerosion ergeben haben, weil die abgeschwemmten Bodenmengen außerordentlich gering waren. Die beiden großen Niederschläge während meines Untersuchungszeitraumes waren an die schon oben erwähnten tropischen Depressionen gebunden. In den letzten Tagen des Januars streifte "tropical cyclon MARK" die Fidschi-Inseln, und an der Wende Februar/März ging "tropical cyclon OSCAR" über das Gebiet von Nandi hinweg und hinterließ nicht nur ungeheure Schäden, sondern forderte auch 9 Todesopfer. Die Niederschläge, die im Zusammenhang mit MARK fielen, hatte ich noch nicht exakt auswerten können; dagegen sind die Niederschläge und Abtragungsmengen von OSCAR in die Beobachtungen eingegangen.

In Abb. 3 sind die Niederschläge und die dazugehörigen Abtragsmengen graphisch dargestellt, worauf später eingegangen wird.

3. Die Böden

Die Böden des Untersuchungsgebietes sind primär Verwitterungsprodukte von plio-pleistozänen porphyrischen Basalten, deren Ausflüssen oder deren Pyroklastika. Eine genaue geologische Aufnahme existiert nicht und ist wegen des schnell wechselnden Materials auch sehr schwer zu erstellen. Aus der eigenen Erfahrung kann ich bemerken, daß anstehende Hartgesteine nur sehr selten vorkommen, aber harte Basaltblöcke immer wieder zu finden sind. Häufig ist jedoch festes Gestein vorhanden, das noch nicht voll durchgewittert ist. In dortiger Praxis unterscheidet man deshalb zweckmäßigerweise 6 unterschiedliche Verwitterungsstufen, die zwischen völ-

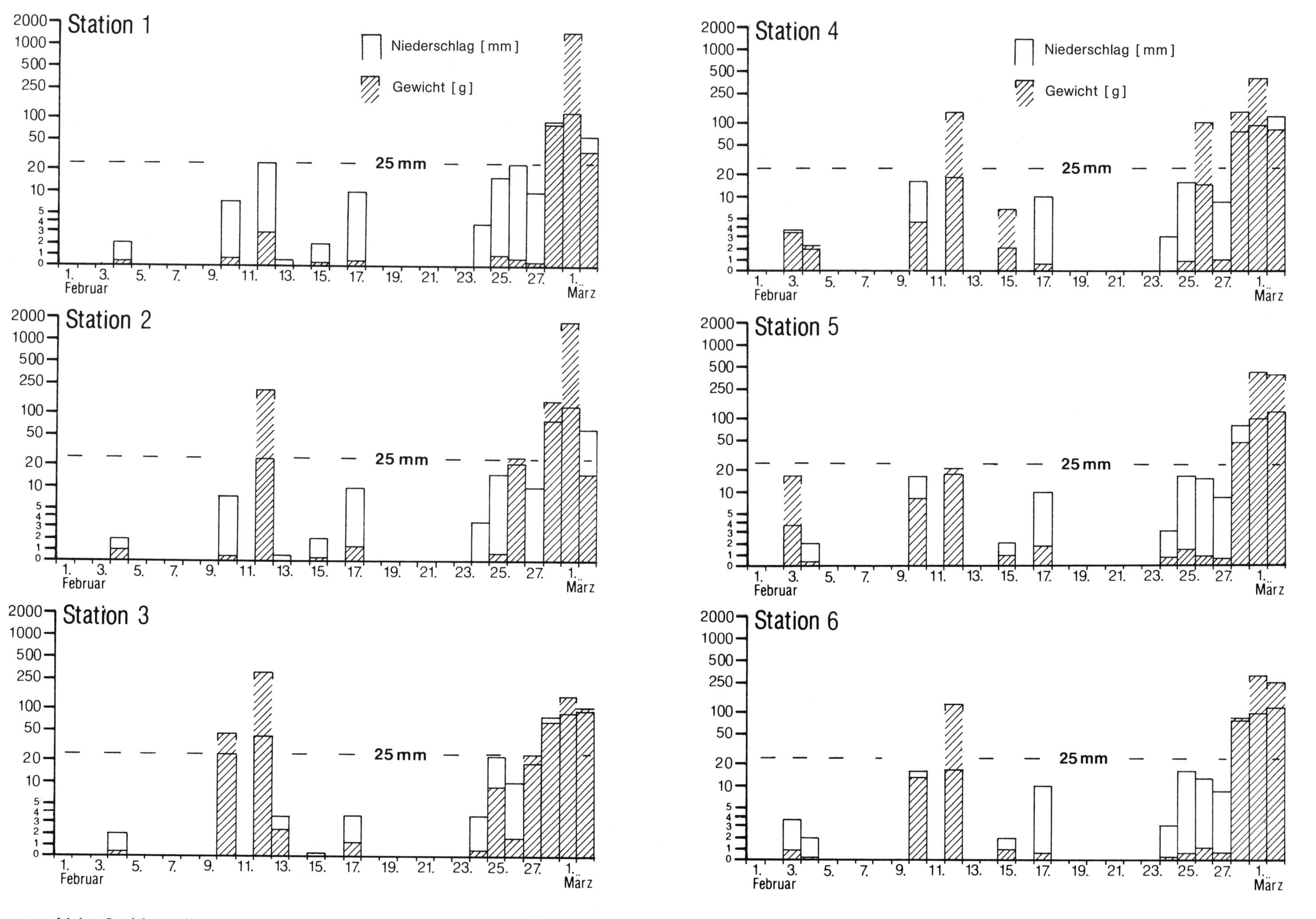

Abb. 3 Verteilung des Niederschlags in Lautoka im Februar 1983 sowie das Gewicht des erodierten Materials. – Skalierung 0 - 2 arithmetisch, ab 2 logarithmisch.

lig verwittertem Material und frischem Anstehenden differenzieren. In meinem unmittelbaren Untersuchungsgebiet kommt anstehendes Hartgestein überhaupt nicht an die Oberfläche.

In den Jahren nach dem 2. Weltkrieg begann in Fidschi eine allgemeine Bodenkartierung, als deren Folge 1965 eine Bodenkarte im Maßstab 1:126.000 erschien (TWYFORD & WRIGHT 1965). Diese ist zwar sehr detailliert, aber man vermag die feineren Unterschiede nicht immer nachzuvollziehen. Die allgemeine Zuordnung der Bodentypen ist jedoch einheitlich, so daß man sich danach richten kann. Im Untersuchungsgebiet treten humose Latosole (Stationen 4, 5, 6) und eisenoxidhaltige Latosole auf, wobei Station 3 auf einer mehr tonigen und die Stationen 1 und 2 auf einer tonig-krümeligen Varietät liegen (Tab. 2).

Die Humus-Latosole (Humic Ferrasol n. BURINGH 1979) sind durchweg saure Böden (pH-Werte zwischen 4,4-4,9) und benötigen Kalkdüngung. Organischer Kohlenstoff ist in unterschiedlichem Maße vorhanden, was bei 24 Typen von Humus-Latosolen nicht verwunderlich ist. Diese Humus-Latosole treten besonders unter Wald auf und sind in gerade gerodeten Gebieten noch vorhanden. Sie stehen bereits an dritter Stelle einer viergliederigen Kette von Umwandlungsprozessen im Boden und werden sehr schnell zum minderen letzten Glied, nämlich zu einem eisenoxidhaltigen Latosol umgewandelt. Da die Minerale voll verwittert sind, fühlen sich diese Böden lehmig an.

Die eisenoxidhaltigen Latosole (Ferrasol n. BURINGH 1979) sind rote Böden mit Eisenoxidausscheidungen in leicht verfestigter Form, gelegentlich in Knöllchen, und treten in Gebieten mit deutlicher Trockenheit auf. Auch hier handelt es sich um sehr saure Böden, die auf älteren Terrassen und auf den Hochflächen verbreitet sind. Im Gebiet von Lautoka sind sie als Talasigaböden bekannt und an der Vegetationsbedeckung mit Talasigafarn und den lichten Nokonokobäumen schon von weitem leicht zu erkennen. Auch hier gibt es zahlreiche lokale Bodenvarianten, von denen für meine Belange jedoch nur zwei von Bedeutung waren.

Die an den weiter unten beschriebenen Meßstationen entnommenen Bodenproben wurden nach meiner Rückkehr im Geomorphologischen Labor des Geographischen Institutes Bochum untersucht (Laborleiter: Dr. GLATTHAAR; Techniker: Herr GOSDA, Frau STEIN). Dabei ergaben sich eine Reihe charakteristischer Eigenschaften (Tab. 3).

Von den 6 Stationen befanden sich nur die Stationen 3 und 4 in wahrscheinlich ungestörter Lage und hatten eine deutlich dunkle humose Schicht. Die anderen 4 Stationen waren von Planierung betroffen (1, 2) oder hatten in exponierter Lage eine Denudation des humosen Oberbodens durch Boden- und Winderosion erfahren.

Alle Böden sind extrem sauer (pH-Werte um 4) und weisen einen erheblichen Anteil an Eisenoxid auf, das bei der Verwitterung frei wird. Die hohe Säure und das häufige Abbrennen fördern die starke Verwitterung, die an allen Lokalitäten erkennbar war; wegen des häufigen Abbrennens heißen die eisenoxidhaltigen Latosole auch Talasiga (verbrannte Erde). Erstaunlich variabel ist der Anteil an gelöstem Stickstoff, der bei den Stationen 3 und 4 als hoch, bei 1 und 2 als mittel und bei 5 und 6 als sehr niedrig zu bezeichnen ist. Daß die Böden aber insgesamt sehr nährstoffarm sind, zeigen die geringen Werte der Gesamtgehalte und der Verfügbarkeit der Grundnährstoffelemente Na, K, Ca und Mg. Untersucht man die Austauschkapazität der eben genannten Elemente, so zeigt sich auch hier wieder ein geringer Wert, wie er für kaolinitische Böden typisch ist. Schließlich sei noch auf den Anteil organischen Kohlenstoffs hingewiesen, der nur in den Stationen 3 und 4 ausreicht, um von einem humosen Boden zu sprechen. Die Böden bei den Stationen 1 und 2 sind gerade noch als humushaltig, 5 und 6 aber als humusarm zu bezeichnen (SCHEFFER/SCHACHTSCHABEL 1982). Humus ist jedoch im Boden notwendig, um die mit dem Wasser im Boden zirkulierenden Nährstoffe zu binden und diese den Wurzeln für das Wachstum der Pflanzen zur Verfügung zu stellen. Obwohl am Drasa School Road außerordentlich ungünstige Böden und ein verhältnismäßig unruhiges Relief mit stellenweise auftretenden Hangneigungen über 20° vorhanden sind, wird hier Zuckerrohranbau betrieben, hauptsächlich um der Bevölkerung eine Erwerbsquelle zu erhalten.

4. Die Auswahl und Einrichtung der Meß-Stationen

Der Nordwesten von Viti Levu wird seit der Jahrhundertwende für den Anbau von Zuckerrohr genutzt (BLUME 1980) und verfügt über große zusammenhängende landwirtschaftliche Anbauflächen. Abgesehen von den Schwemmlandebenen, ist das Land hügelig und gelegentlich noch bis in Höhen von 200-250 m für den Anbau von Zuckerrohr genutzt, allerdings in diesen etwas abgelegenen Gebieten östlich von Nadi bereits weithin auf sehr steilen Hängen mit Neigungen um

Stations-Nr.	1	2	3	4	5	6
Lage R H	561100 860800	561120 860750	561650 859680	559300 857800	559350 857900	556350 857910
Höhe in m	151	155	169	32	48	51
Meßfeldgröße in m^2	1.262	1.252	1.283	1.342	1.720	1.706
Exposition	63°	67°	333°	126°	207°	184°
Hangneigung	5°	13°	11°	6°	29°	5°
Boden	eisenoxidhaltiger Latosol bröckeliger Ton, wenig Humus		schluff. Ton, humos	H u m u s - L a t o s o l bröckeliger Ton, humos	sehr wenig Humus	
Bodenfarbe	rost mit rahm	maisgelb und grau	tiefbraun	tiefbraun	rost bis maisgelb	hellrosa und rüster
Nutzung	Z u c k e r r o h r			Trocken-reis	Kiefern-setzlinge	Ananas
Farm-Nr.	14094	14094	14060	14133	14133	14133

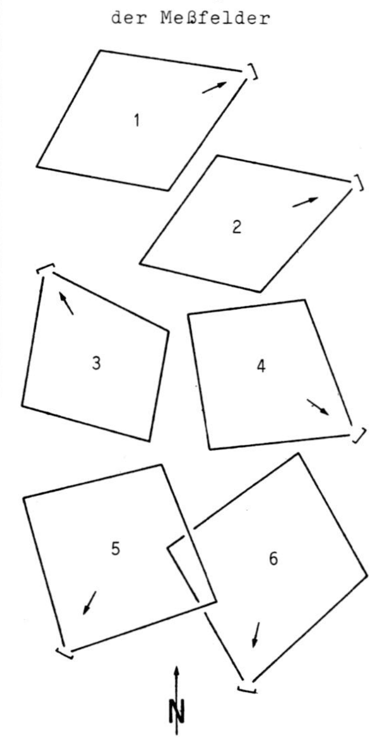

Tab. 2 Beschreibung der Meßstationen an der Drasa School Road nordöstlich Lautoka (1 : 50 000, Viti Levu 4)

1	2	3	4	5	6	7	8	9	10	11	12	13	14	15	16	17	18	19
Nr.	pH	Fe_2O_3 [%]	N lösl. [%]	Gesamtgehalte an Na [ppm]	K	Ca	Mg	pflanzenverfügbarer Anteil Na [ppm]	K	Ca	Mg	Austausch nach MEHLICH Na [mval/100g]	K	Ca	Mg	Σ	T-Wert [mval/100g]	C org. [%]
1	4.13	15.7	0.25	19	226	<200	2287	17	74	103	42	0.07	0.19	0.51	0.35	1.12	4.58	1.02
2	3.81	15.6	0.47	81	333	347	4725	17	139	271	104	0.07	0.36	1.35	0.86	2.64	10.54	1.12
3	3.98	19.6	0.52	299	644	524	3607	16	159	362	185	0.07	0.41	1.81	1.52	3.81	8.35	2.02
4	3.84	25.2	0.59	225	648	1064	5885	6	141	777	450	0.03	0.36	3.88	3.70	7.97	13.28	2.19
5	3.95	19.2	0.10	38	280	<200	3192	9	35	52	81	0.04	0.09	0.26	0.67	1.06	6.68	0.69
6	3.93	18.0	0.06	32	359	<200	3077	21	22	78	70	0.09	0.06	0.39	0.58	1.12	7.05	0.55

Analysen: GOSDA, STEIN

Tab. 3 Chemische Analysen der Bodenproben der Stationen 1 - 6 nordöstlich Lautoka. Entnahme 15cm unter Oberfläche am 8.2.1983.

20°. Das Land ist allgemein stark zerschnitten; die Täler haben kaum eine Talsohle, sondern diese wird in der Regenzeit voll von Bächen oder Flüssen eingenommen. Das weist auf eine sehr junge Zerschneidung der Landschaft hin. Trotz der starken Verwitterung sind überall, insbesondere aber im Gebiet nordöstlich Lautoka, kleine steile Hügel vorhanden, die 10-20° Neigung aufweisen. Dieses gesteinsgebundene kleinkuppige Relief eignet sich nicht besonders gut für den Anbau von Zuckerrohr, weil der Arbeitsaufwand sehr hoch ist. Deshalb hat man überall Teile dieser Hügel abgegraben und das Material zum Planieren auf angrenzenden Feldern verwendet, so daß die Reliefgegensätze auf kleinstem Raum noch größer geworden sind als sie ohnehin schon waren. Es ist leicht vorstellbar, daß unter solchen Bedingungen eines sehr starken anthropogenen Eingriffs günstige Voraussetzungen für die Bodenerosion entstanden sind.

Dank der großzügigen Unterstützung durch die Research Station der Fiji Sugar Corporation und ihrem Leiter, Mr. KRISHNA MURTHI, war es mir möglich, gleich nach Ankunft in Lautoka mehrere typische mit Zuckerrohr bebaute Landschaften kennenzulernen. Ein Regenfall machte mich glücklicherweise gleich auf die Erreichbarkeit dieser Gebiete bei Niederschlägen aufmerksam, so daß die Wahl des Untersuchungsgebietes sehr schnell feststand: Es war das von einer geschotterten "Allwetterstraße" durchzogene Gebiet nordöstlich Lautoka, wo entlang dem Drasa School Road Zuckerrohr angebaut wird und wo, falls notwendig, ein Zugang über den Johnsson Road möglich ist (Abb. 1).

Für die Auswahl der Meßfelder galten folgende Überlegungen: Wenigstens 2-3 verschiedene Bodentypen, möglichst unterschiedliche Expositionen und deutlich voneinander abweichende Hangneigungen. Diese Bedingungen waren an 3 Stellen erreicht, die insgesamt auf einer etwa 4 km langen Strecke lagen. Fünf Stellen waren von der Straße aus leicht zugänglich. Die Station 3 lag etwa 1 km abseits; sie war nur mit einem Jeep zu erreichen (Abb. 1).

Die Meßfelder waren sehr einfach konstruiert und von vorhandenem Material abhängig, erfüllten jedoch ihren Zweck. Kleine Felder ohne Vegetation wurden von 4 in den Boden geschlagenen Blechen rhombenförmig umrahmt, so daß nur der auf das Meßfeld gefallene Niederschlag wirksam werden konnte. Das abrinnende Wasser samt dem mitgeführten Material wurde am spitzen unteren Ende des Meßfeldes in einer Blechdose aufgefangen. Neben dem Meßfeld wurde eine weitere Dose zur Messung des Niederschlages aufgestellt. Die rhombische Form ist zwar nicht die geeignetste, aber der Bau eines großen installierbaren breitflächigen Auffangkastens, wie in den Meßeinrichtungen in Mitteleuropa üblich, war nicht möglich. Durch die Verwendung jeweils der gleichen Form auf den 6 Meßfeldern ist jedoch Vergleichbarkeit gegeben (Tab. 2).

5. Auswertung der Analysen, Messungen und Beobachtungen

Von den Bodenproben der 6 Meßstationen bei Lautoka wurden nicht nur chemische Analysen vorgenommen, sondern auch Korngrößenbestimmungen. Dabei zeigt sich, daß der Anteil der Schluff- und Tonfraktion immer sehr hoch ist und meist sogar die 50%-Marke überschreitet (Abb. 4).

Der Grobanteil der Proben zeigt keinerlei Sortierung und verteilt sich teils gleichmäßig, teils ungleichmäßig über die ganze Spanne der Korngrößenskala. Der Sandanteil (0,063-2,0 mm) liefert die

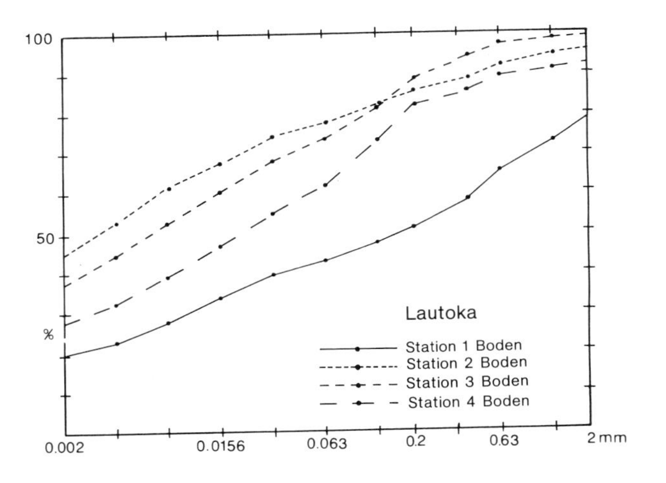

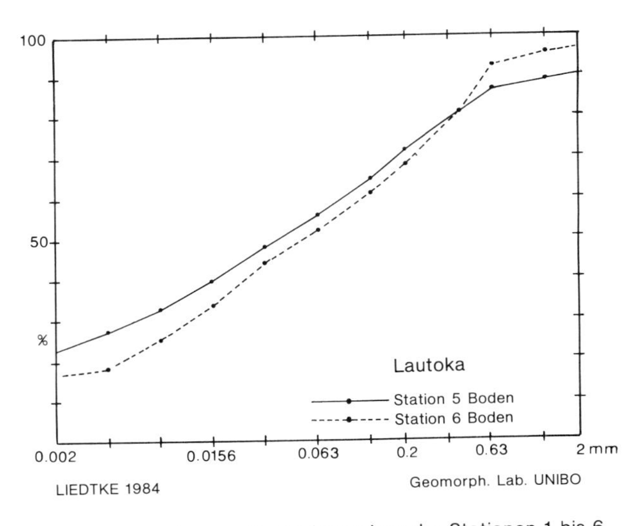

Abb. 4 Kornsummenkurven der Bodenproben der Stationen 1 bis 6 nordöstlich Lautoka

Geographisches Institut
der Universität Kiel
Neue Universität

Tab. 4: Anteile an Ton und Schluff in Gewichtsprozenten in den Bodenproben der Meßstationen 1-6

Stationsnummer	1	2	3	4	5	6
Ton (0,002 mm)	19,8	44,8	37,4	27,7	22,8	16,6
Schluff (0,063-0,002 mm)	23,1	33,0	36,2	34,1	33,1	35,4
Ton und Schluff	42,9	77,8	73,6	61,8	55,9	52,0

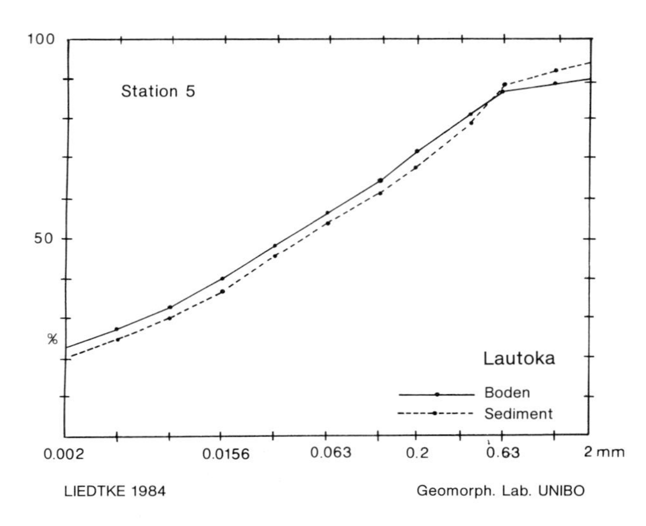

Abb. 5 Kornsummenkurve des Bodens von Station 5 im Vergleich zur gemittelten Kornsummenkurve des Erosionsmaterials an Station 5

Erosionswaffen für die Abtragung. Entsprechend dem hohen Anteil der Schluff- und Tonfraktion wird allerdings viel Material in Suspension abgeführt. Das zeigte sich in den Auffangbehältern als trübes Wasser, das sich nur sehr langsam setzte, und in der hellbraunen Farbe der Bäche.

Von besonderem Interesse ist das Verhältnis Grob- zu Feinmaterial in den Bodenproben im Vergleich zum erodierten Material. Hierbei zeigt sich (Abb. 5) eine Verschiebung der Mengen in den einzelnen Korngrößenklassen bei dem Erosionsmaterial zu einem höheren Anteil des Grobmaterials, als dieses im Ausgangsmaterial enthalten ist. Tab. 5 zeigt diese Verschiebung der Zusammensetzung des Erosionsmaterials von 2 Proben bei Station 5. Hiernach scheint sich die Tatsache anzudeuten, daß der Ton in geringerem Umfang abgespült wird, daß jedoch die Mittel- und Grobsandfraktionen stärker abgetragen werden. Die geringere Abfuhr von Ton ist durch dessen spezifische Eigenschaften erklärbar und bestätigt nur Bekanntes; dagegen ist nicht ganz verständlich, wie es zu der selektiven Freilegung und damit Anreicherung der Sandfraktion kommt, die ja in feineres Material eingebunden ist. Es erhebt sich die Frage, ob dort weniger abgespült wird, wo ein bestimmter Anteil an Mittel- bis Grobsand unterschritten wird. Meine wenigen Beobachtungen reichen nicht aus, hierzu eine Entscheidung zu treffen.

Sehr unbefriedigend ist das Ergebnis hinsichtlich des Zusammenhanges zwischen Abtragung und Niederschlag, denn schon ein erster Blick auf Abb. 3 läßt erkennen, daß bei gleich hohem Niederschlag, z.B. in der Station 6 am 10.02.1983 und 12.02.1983 im Vergleich zum 25.-27.02.1983, ganz unterschiedliche Erosionsmengen angefallen sind. Das hängt von der Art des Niederschlages ab. Bei Nieselregen oder schwachem, über den ganzen Tag verteiltem oder in Etappen fallendem leichten Regen kommt es kaum zu einer Abtragung, da das Niederschlagswasser von den Pflanzen oder vom Boden voll aufgenommen wird. Nur wenn kurze und ergiebige Schauer mehrfach auftreten und der Boden mit Wasser gesättigt wird, kommt es zur Abtragung auf den geneigten und vegetationsfreien Flächen. Beide Niederschlagsarten sind durchaus üblich (BROOKFIEL & HART 1966, FITZPATRICK et al. 1966), auch wenn sie während des Untersuchungszeitraumes nur selten vorgekommen sind. Insgesamt läßt sich sagen, daß die wenigen Regenfälle im Nordosten von Viti Levu stets mit wandernden Tiefs verbunden waren; so war ich ja bei meiner Ankunft in Lautoka in den Randbereich der tropischen Zyklone MARK geraten, die in den drei Tagen vom 28.-30.01.1983 mit ca. 70 mm den ersten ergiebigen Niederschlag seit 4 Monaten brachte, der sich aber wegen der noch nicht fertigen Aufstellung der Meßfelder nicht auswerten ließ. Eine Untersuchung des Bodens am 31.01.1983 ergab, daß der Boden nur bis zu einer Tiefe von 5 cm durchfeuchtet worden war. Ein weiterer geringer Niederschlag in der Mitte des Monats hing mit einem an Fidschi weit vorbeiziehenden Tief zusammen, und erst das Nahen und schließlich der Durchgang der schweren tropischen Zyklone OSCAR brachte für Fidschi den ersten Regen, aber auch erschreckende Verwüstungen. In diesen Tagen an der Wende Februar/März fielen an meinen Stationen zwischen 291 mm (Station 3) und 324 mm

Tab. 6:

Schätzung des jährlichen Bodenverlustes für das Zuckerrohranbaugebiet bei Lautoka/Fidschi unter Verwendung der Universal Soil Loss Equation (USLE) nach WISCHMEIER & SMITH (1978) in etwas vereinfachter Form gemäß zugänglicher Daten.

$$A = R \cdot K \cdot SL \cdot P \cdot C$$

Meßfelder (Stationen) 1 - 6	1	2	3	4	5	6
Zustand der Bodenoberfläche[5]	gepflügt		verdichtet	frisch bestellt	verdichtet	
R Erosivitätsindex gemäß EI^{30}[1]	885	885	885	885	885	885
K Erodierbarkeit[2]	0,2	0,2	0,2	0,2	0,2	0,2
K Erodierbarkeit[3]	0,44	0,63	0,46	0,51	0,63	0,65
Faktoren der Erodierbarkeit nach Korngröße u.ä.[4]:						
% Schluff und Feinsand < 0,1 mm	48	83	81	73	65	67
% Sand 0,1 - 0,2 mm	38	12	17	19	25	29
% organisches Material	1,02	1,12	2,02	2,19	0,7	0,55
4 Klassen Bodenstruktur (1 - fein, 4 - blockig)	4	4	1	1	4	4
6 Klassen Durchlässigkeit (1 - schnell, 6 - sehr langsam)	5	5	3	3	5	5
SL Hangfaktor	2,2	2,2	1,62	1,88	27,5	1,0
S Hangneigung in %	15	15	7	10,5	57	9
L Hanglänge in feet	72,6f 22,1m	72,6f 22,1m	393,4f 120m	164,0f 50m	98,4f 30m	72,6f 22,1m
P Erosionsverhütungsmaßnahmen	0,5	0,5	0,8	0,5	1,0	0,8
C Vegetationsdecke	0,4	0,4	0,3	0,1	1,0	0,5
A Bodenverlust in t/ha/J[3]	171,3	171,3	158,2	42,4	15332,6	230,1
A Bodenverlust in t/ha/J[2]	77,8	77,8	68,8	16,6	4867,5	70,8

[1] Der Jahresniederschlag beträgt für Lautoka 1771 mm. - Nach USLE müßte der bei jedem Niederschlagsereignis aufgetretene Höchstniederschlag innerhalb von 30 Min. (EI^{30}) bis zu einer Höhe von maximal 63,5 mm in 30 Min. zur Berechnung herangezogen werden. Dieser steht jedoch nur in den seltensten Fällen zur Verfügung. Daher hat ROOSE (1977, S. 178) eine vereinfachte Formel gefunden, die aus dem Jahresniederschlag einen Näherungswert für EI^{30} ergibt:

[EJ_{30} = 0,5 ± 0,05 · Jahresniederschlag (in mm)] .

Die Formel eignet sich nicht für Stationen unmittelbar am Gebirgsfuß. Diese Formel wird auch von MORRISON (1982, S. 7) angewendet.

[2] **Erodierbarkeit nach empirischem Wert für Fidschi nach MORRISION (1982, S. 9).**

[3] **Erodierbarkeit nach WISCHMEIER & SMITH (1978).**

[4] **Hierzu fig. 3 WISCHMEIER & SMITH (1978, S. 11) oder fig. 10.1 HUDSON (1981, S. 195).**

[5] **Sonstige Eigenschaften s. Tab. 2, Abb. 4, Abb. 5.**

Korngröße |mm|		Zusammensetzung Bodenprobe 5 |%|	Differenz des Erosionsmaterials v. 4. 2. u.10.2.83 |%|		Gemittelte Differenz |%|
> 40		– 'Kies'	1,2	2,8	2,0
> 20		–	6,0	2,4	4,2
2,0	- 1,25	1,2	1,0	0,1	0,6
1,25	- 0,63	2,1	1,9	2,5	2,2
0,63	- 0,355	'Sand' 5,6	2,0	5,1	3,6
0,355	- 0,200	9,5	0,7	2,9	1,8
0,200	- 0,125	7,2	-0,8	-1,2	-1,0
0,125	- 0,063	8,6	-1,2	-1,4	-1,3
0,063	- 0,0312	7,9	-1,5	2,1	0,3
0,0312	- 0,0156	Schluff 8,2	0,5	1,2	0,8
0,0156	- 0,0078	7,2	-1,0	-1,0	-1,0
0,0078	- 0,0039	5,3	0,2	0,5	0,4
0,0039	- 0,00195	4,5	0,1	0,1	0,1
<0,00195-		Ton 22,8	0,6	-6,1	-2,8
		100,0			

Tab. 5 Differenz zwischen Ausgangsmaterial und aufgefangenem Erosionsmaterial. - In den 3 letzten Spalten geben Minuswerte an, wieviel die entsprechende Fraktion prozentual weniger abgetragen wurde; entsprechendes gilt für Pluswerte.

Tab. 7 Schätzung des jährlichen Bodenverlustes für das Zuckerrohranbaugebiet bei Lautoka auf Grund einer einfachen Hochrechnung von Messungen im Februar 1983

Meßfelder (Stationen 1 - 6)	1	2	3	4	5	6
Größe der Meßflächen (m²)	1,26	1,25	1,28	1,34	1,72	1,70
Abgetragene Gesamtmenge (g)	1687	2493	788	860	848	759
Meßfläche mal x = 1ha	7936x	8000	7812	7463	5814	5882
Hangneigung (für die Berechnung nicht berücksichtigt)	5°	13°	11°	6°	29°	5°
Abtrag t/ha gemäß Anteil am Gesamtniederschlag (St. 1 - 3 mal 4, St. 4 - 6 mal 5)[1]	53,55	79,78	24,62	32,09	24,65	22,30
Abtrag t/ha gemäß der Abtragsmenge (g) und der Niederschlagsereignisse mit ≥ 24mm/Tag	1580	2221	583	615	796	620
Abtrag t/ha (St. 1 - 3 mal 6, St. 4 - 6 mal 8)[2]	4 75,23	4 106,61	4 27,33	3 36,72	3 37,02	3 29,17

Diese Abtragswerte sind in der Größenordnung gut vergleichbar mit Werten, die MORRISON erwähnt (1982, S. 12,13) und die bei 37 - 86/ha/J liegen.

[1] St. 1 - 3 hatten mit 422mm 23,8% Anteil am Jahresniederschlag in Lautoka, St. 4 - 6 hatten 21,3% Anteil. Um 100% zu erhalten, wird der errechnete Wert bei St. 1 - 3 mit 4, bei St. 4 - 6 mit 5 multipliziert.

[2] St. 1 - 3 mit 4 Ereignissen ≥ 24mm/Tag, St. 4 - 6 mit 3 solchen Ereignissen von 24 Ereignissen 1981; deshalb werden die Werte von St. 1 - 3 mit 6, von St. 4 - 6 mit 8 multipliziert, um die 24 Ereignisse des Vergleichsjahres 1981 zu erreichen.

(Stationen 4-6). Der damit verbundene Sturm mit mehr als 200 km/Std. fegte unzählige Häuser hinweg, und selbst das Hotel, in welchem ich wohnte, erlitt durch hereingedrücktes Wasser erheblichen Schaden. Die Forschungsstation der Fiji Sugar Corporation Ltd. wies so schwere Verwüstungen auf, daß das gesamte Personal für 3-4 Tage nur mit Aufräumungsarbeiten beschäftigt war, ehe die Schadensbeseitigung einsetzen konnte. Während des Durchgangs der Depression war das sonst immer ein leichtes Tief (1.007-1.012 hPa) anzeigende Barometer auf 983 (!) hPa gesunken. Wie sich aus Tab. 1 ablesen läßt, sind durch die hohen Niederschläge während des Taifuns OSCAR die größten Abtragungsbeträge eingetreten, mit Ausnahme von Station 3, weil diese während des höchsten Niederschlages im Schutze eines nur 8 m entfernten Wäldchens lag, das den Regen etwas abhielt. Während des Taifuns sanken die tiefsten Temperaturen nur um 2° auf 24°, und was vom Himmel herabfiel, war im wahrsten Sinne des Wortes ein "warmer Regen".

Die Variabilität der Niederschlagsmenge ist außerordentlich groß; das zeigt ein Vergleich der Stationen während des Taifuns, denn bis zu seinem Durchgang fiel im Untersuchungsgebiet etwa überall gleich viel Regen (24.-28.02.1983). Der größte Sturm brachte den Stationen 1 und 2 die größten Niederschläge am 01.03.1983, während die Areale der Stationen 3 und 4-6 erst am 02.03.1983 ihre größten Regenmengen erhielten. Das zeigt die schnelle räumliche Varianz der Niederschlagsintensität im ganzen Nordwesten von Viti Levu und läßt sich auch durch das Niederschlagsereignis vom 03.02.1983 erhärten, als die Stationen 4-6 einen geringeren, aber erosionseffektiven Niederschlag erfuhren, wogegen an den anderen Stationen nicht ein einziger Tropfen Regen fiel.

Im allgemeinen zeigt sich bei längeren Niederschlagsereignissen, daß die Erosionsmenge nach dem Hauptniederschlag ruckartig zurückgeht. Das läßt sich im Untersuchungsgebiet nicht überall belegen. Bei den Stationen 1 und 2 mit fehlendem Oberboden ist es zur Wegführung des Lockermaterials gekommen, so daß ein noch kräftiger Nachregen nur wenig erosiv wirkte. Hier hatte sich vor allem das bereits 1,0-1,2 m hohe Zuckerrohr, das die Einschlagskraft des Regens milderte, bemerkbar gemacht. Dagegen haben die völlig ungeschützten Stationen 5 und 6 nach dem 2. Tag noch fast gleich hohe Erosion aufzuweisen. Für die beiden anderen Stationen lassen sich keine schlüssigen Erklärungen für deren Abtragungsbeträge anführen.

Auf einen besonderen Aspekt des Taifuns möchte ich noch hinweisen: Eine ungeheure Abblasung (Deflation) herrschte in den Zeitabschnitten, als kein Regen fiel. Die Oberfläche bei den ungeschützten, auf einem Hügel befindlichen Stationen 5 und 6 war wie mit einem Besen abgefegt, und näherte man sich der Bodenoberfläche, so fühlte man sich wie in einem Sandstrahlgebläse. über das tatsächliche Ausmaß der Abblasung kann ich jedoch keine quantitativen Aussagen machen.

Einen weiteren, mit Taifundurchgängen verbundenen geomorphologischen Aspekt habe ich wegen der Abreise nicht mehr verfolgen können: Hangrutschungen. Diese treten besonders im Südosten und Süden von Viti Levu auf und sind am und vom Queen's Road aus gut zu sehen. Eine Studie hierzu haben CROZIER, HOWORTH & GRANT (1981) vorgelegt und auf die Unterschneidung durch hochwasserführende Flüsse und die übersteilung der Hänge bei straßenbaulichen Maßnahmen als Hauptursache für das Abrutschen des wasserdurchtränkten Verwitterungsmaterials hingewiesen.

Die Messungen auf den Zuckerrohrfeldern sind bei unterschiedlichen Anbauzuständen, verschiedenen Böden und wechselnden Hangneigungen erfolgt und spiegeln daher ein Bild vielfältiger und überall immer anzutreffender typischer Verhältnisse der landwirtschaftlichen Bewirtschaftung wider. Wenn auch der Meßzeitraum nur kurz war, so erfolgte er doch während der Regenzeit, also zu jener Zeit, wenn überhaupt Erosion zu erwarten ist und wenn die zu bestellenden Flächen noch weithin von einer nur geringen Vegetationsdecke überzogen sind. Zu dieser Zeit steht das Zuckerrohr noch niedrig, sowohl bei frischausgesetzten Pflanzen wie auch bei Ratoonpflanzen (Stockausschlag), und andere Felder zeigen noch weitgehend freiliegenden, oft gerade erst umgepflügten Boden.

Wenn man der Universal Soil Loss Equation (USLE) folgen will (Tab. 6), ergeben sich gewisse Schwierigkeiten. Für die Station Lautoka liegen zwar tägliche Niederschlagsmessungen vor, aber keine Messungen, die den intensivsten Niederschlag während eines 30-Minuten-Intervalls während eines jeden Niederschlagsereignisses angeben. So bleibt nur die Möglichkeit, die niederschlagsabhängige Erosivität $\underline{R}$ aus den Gesamtniederschlägen zu ermitteln. Hierzu liegt eine Formel von ROOSE (1977) vor, die von mir angewendet wurde. Sie wird auch von MORRISON (1982, S. 7) mangels genauerer Angaben benutzt.

Auch mit der bodenabhängigen Erodierbarkeit K gibt es gewisse Schwierigkeiten, denn wendet man die Formel gemäß den Diagrammen nach WISCHMEIER & SMITH (1978) an, dann ergeben sich sehr hohe Bodenverlustwerte. Es empfiehlt sich daher, einen für die Bodentypen von Fidschi von MORRISON (1982, S. 9) ermittelten Wert einzusetzen, der zu den von mir errechneten Werten in einer guten Relation steht (Tab. 7).

Überschlägt man die gewonnenen Werte, so ergibt sich ein Bodenabtrag zwischen 20-80 t/ha/J. Hiervon ist ein Teil echter Boden, was besonders schwerwiegend ist; die Masse ist verwittertes anstehendes Gestein, aus dem in wenigen Dezennien Boden werden könnte, wenn nicht die Abtragung jeden bescheidenen Beginn einer neuen Bodenbildung vereiteln würde. Mein bisheriger Eindruck ist, daß nur durch intensive Maßnahmen gegen Bodenerosion der vorhandene Boden erhalten werden oder neugewonnen werden kann. In erster Linie handelt es sich dabei um die Anbautechnik mit strengstem Pflügen entlang der Konturen und mit der Anlage von Gräben, in denen das Wasser nicht sofort abfließen kann, sondern die mit einem Überlauf in einen Vorfluter versehen sind, so daß die Masse des abgetragenen Materials in diesen Gräben zum Absatz gelangt und bei jährlicher Ausräumung der Gräben wieder auf die Felder gebracht werden kann. Höhenparalleles Pflügen ist nicht besonders schwer, es bedarf nur beim ersten Mal besonderer Sorgfalt. In den folgenden Jahren folgt man den vorhandenen Furchen. Wenn eine Steigerung der Zuckerrohrproduktion erzielt werden soll, dann ist die Verhinderung von Bodenerosion, die Erhaltung des Bodens und eine erst dadurch erfolgreich mögliche Düngung eine der wichtigsten Voraussetzungen zur Steigerung des bäuerlichen Einkommens.

6. Folgerungen und Perspektiven

Trotz der verhältnismäßig wenigen Niederschlagsereignisse während meines kurzen Aufenthaltes in Viti Levu haben sich die großen Gefahren der Bodenerosion und der Bodenverschlechterung infolge der landwirtschaftlichen Nutzung im Gebiet rund um Lautoka klar zu erkennen gegeben und berechtigen zu einigen grundsätzlichen Aussagen.

1. Die Böden bei Lautoka, hier speziell im Gebiet des Drasa und des Johnsson Road, enthalten im allgemeinen schon vom Anblick her wenig Humus. Meist ist in den landwirtschaftlich genutzten Gebieten, wenn man von Niederungen absieht, ein Bodenprofil gar nicht oder nur sehr schwer zu erkennen. Insbesondere die Humus-Latosole und die eisenoxidhaltigen Latosole sind von Natur aus für die Landwirtschaft wenig geeignet (TWYFORD & WRIGHT 1965, S. 55). Geht hier der Humusgehalt zurück, so werden diese Böden schnell wertlos. Es muß also oberstes Gesetz sein, den Humusanteil zu erhalten oder zu verbessern.

2. Humus erneuert sich zwar, aber niemals so schnell, wie er bei bodenerosiver Abtragung verlorengeht. Die Folge ist eine schnelle Verschlechterung der Böden, so daß immer mehr reines Verwitterungsmaterial mit immer geringerem Humusgehalt landwirtschaftlich bearbeitet wird. Hier hilft auch kein Dünger, denn es ist der Humus, der den Dünger bindet und ihn dadurch erst für die Pflanze aufnehmbar macht! Im übrigen geht Dünger, der nur oberflächlich aufgebracht ist, bei Abspülung verloren, so daß der Farmer sein Geld zum Fenster hinaus geworfen und einen erheblichen Teil seiner Arbeitskraft erfolglos vergeudet hat.

3. Abbrennen bringt keinerlei Verbesserung für den Boden, im Gegenteil; Abbrennen zerstört die für die Humusbildung wichtige Bodenfauna und behindert die Bodenbildung. Außerdem degeneriert der Boden und wird einer schlechteren Qualität zugeführt, wie die farnbedeckten Talasigaböden beweisen.

4. Wie stark der Boden abgetragen wird, zeigt sich besonders an jenen Stellen, wo flache natürliche Talböden oder Tiefenlinien vorhanden sind. Hier (Station 3 und 4) kommt es zu einer kolluvialen Anreicherung von Humusmaterial und damit zu besserer Nutzungsmöglichkeit. Ähnliche Beobachtungen teilt SEMMEL (1980) aus Kamerun mit. Es besteht jedoch hier die Gefahr, daß sich bei starker Bodenerosion im höheren Umland humusfreies Material schwemmfächerartig über den wertvollen Humus der tiefen Zonen legt und dadurch den Bodenwert mindert. Auch hier ist individuelle Geländebeobachtung erforderlich, um entsprechende Verhütungsmaßnahmen zu ergreifen.

5. Um den natürlichen Humusgehalt zu bewahren, ist es unbedingt notwendig, hangparallel zu pflügen. Immer wieder fällt auf, daß gegen dieses einfachste Mittel der Reduzierung von Bodenerosion verstoßen wird, indem man zwar nicht gezielt senkrecht zu den Höhenlinien

pflügt, aber doch so schräg, daß die Abtragung zu stark begünstigt wird. Man beobachtet ferner, daß ein größeres Feld mit verschiedenen Neigungsrichtungen immer nur in einer einzigen Richtung bearbeitet wird, ohne ein solches Feld zu unterteilen und den Neigungen entsprechend zu pflügen.

6. Es empfiehlt sich dringend, kleine Wälle an Feldrändern anzulegen, wo abfließendes Wasser gestaut wird und dadurch der Abtrag wenigstens partiell aufgefangen werden kann. Überall dort, wo ein Überlauf stattfindet, müssen kleine Stein- oder Betonmauern oder andere Verbauungen eingerichtet werden, um den Abfluß des bodenbeladenen Wassers zu verlangsamen und die Sedimentlast zur Ablagerung zu zwingen. So wie in Tieflandsgebieten Drainagen helfen, den Boden zweckmäßiger zu nutzen, so müssen in erosionsgefährdeten Gebieten "Bremsen" in den freien Abfluß des Wassers eingebaut werden.

7. Ein besonders schlechtes Verfahren bemerkt man bei Planiervorgängen. Hierbei werden Boden und Verwitterungsmaterial gleichermaßen als undifferenzierte Masse abgeschoben. Das ist Vergeudung von Boden! Der humose Boden muß zuerst bis zu einer Tiefe zwischen 0,5-1,0 m abgeräumt, gelagert und später wieder aufgebracht werden. Ihn irgendwo bei der Verfüllung einer Hohlform unter wertlosem Verwitterungsgestein abzulagern, ist Raubbau am Volksvermögen. Hier muß man den Boden retten, denn das aufgeschüttete humuslose Verwitterungsgestein ist ja sensu stricto noch gar kein Boden!

8. Zu stark geneigte Hänge mit ständiger Bodenabtragung sollten aus der landwirtschaftlichen Nutzung herausgenommen und anderen Zwecken zugeführt werden, z.B. der Aufforstung. Hierdurch wird auf die Dauer der volkswirtschaftliche Schaden gering gehalten und somit langfristig ein finanzieller Nutzen erzielt.

9. Wegeinschnitte sollten abgeschrägt werden, damit die Vegetation schnell Fuß fassen kann. Hier geht bei Erosion zwar kein echter Boden, sondern nur Gesteinsmaterial verloren, aber die Schäden durch Hangrutschung, durch Verfüllung von Straßengräben oder Verschwemmung auf den Straßen sind am Ende größer, als wenn man von Anfang an günstige Voraussetzungen für eine schnelle Wiederbegrünung schafft.

10. Besondere erosive Gefährdung tritt durch Starkregenfälle auf, die während des ganzen Jahres erfolgen können. In dem warmen Dezemberhalbjahr kann es durch Taifune zu schwersten Niederschlägen kommen. Zu dieser Zeit müssen hangparallele Furchen oder kleine Dämme vorhanden sein, um die abströmenden Niederschläge wenigstens partiell auffangen und die Erosion mildern zu können.

Bisher wissen wir zu wenig, wieviel Material auf Viti Levu tatsächlich Jahr für Jahr neben der natürlichen Abtragung durch anthropogen verursachte Abtragung vom festen Land entfernt wird. Hierzu wären (1) Messungen zur Sedimentlast der Flüsse nötig. Um dieses Massendefizit zu erfassen, reichten Messungen an den Mündungen der wichtigsten Flüsse. - Daneben ist es erforderlich, (2) die durch Erosion besonders geschädigten Gebiete durch Kartierung zu erfassen; eine Auswertung von Luftbildern mit terrestrischer Überprüfung an bestimmten Stellen läßt schnell jene Areale hervortreten, die besonders gefährdet sind. In solchen Gebieten sollte dann die Aufklärung der Landbevölkerung besonders intensiv betrieben werden, denn bei fehlenden Gegenmaßnahmen wird das Land dieser Bauern schnell wertlos und wird anderer Nutzung zugeführt werden müssen. Hieran können weder die Zuckerindustrie noch die Bauernfamilien ein Interesse haben. Eine solche Untersuchung läßt sich von Nadi aus sehr günstig durchführen, weil der dortige Flugplatz sehr zentral zu den Zuckerrohrgebieten liegt. Schließlich sei noch darauf hingewiesen, daß die wenigen kurzzeitigen Messungen mich nicht wagen ließen, diese in die allgemeine Bodenverlustformel (Universal Soil Loss Equation (USLE) nach WISCHMEIER & SMITH 1978) oder in die weiterführenden Formeln von FOSTER et al. (1981) einzubauen und Hochrechnungen vorzunehmen.

Der vorstehende Bericht hat das Ziel, auf die partiell vorhandenen schweren Schädigungen der Böden in Fidschi hinzuweisen. Da Fidschi leider nicht über Bodenschätze verfügt, die zum Aufbau einer darauf basierenden Industrie führen könnten, bleibt der Boden der wertvollste natürliche Bodenschatz. Diesen Boden zu erhalten, muß daher Aufgabe und Pflicht jedes Staatsbürgers sein.

7. Zusammenfassung

Bodenerosionsmessungen während der Regenzeit in Fidschi zeigen, daß auf den weitverbreiteten Zuckerrohrfeldern erhebliche Mengen an Boden und verwitterten anstehenden Vulkaniten abgetragen werden. Die Werte variieren zwar, sind aber mit Beträgen von 16-18 t/ha/Jahr erschreckend hoch. Auffällig ist das geringe Interesse an der Verhinderung von Bodenerosion, weil man glaubt, durch reichliche Gaben von Kunstdünger den Verlust an Boden ausgleichen zu können und dabei übersieht, daß es nicht das Verwitterungsmaterial, sondern der Boden ist, der erst die Voraussetzungen dafür schafft, daß der Kunstdünger durch die Pflanzen aufgenommen werden kann.

8. Danksagung

Bei meinem Aufenthalt in Fidschi bin ich überall sehr freundlich aufgenommen und unterstützt worden. Es ist mir ein besonderes Bedürfnis, hierfür den beteiligten Personen und Institutionen sehr herzlich zu danken. Das Ministry of Education and Youth hat mir die Forschungserlaubnis erteilt und mich freundlicherweise an die Fiji Sugar Corporation Ltd. weitergeleitet, deren von Mr. KRISHNA MURTHI geleitete Research Station in Lautoka mir tatkräftige Hilfe leistete. Ihm und seinen Mitarbeitern, Laborleiter GOUNDER, Agronom SUGRIM und Meteorologen GAWANDER möchte ich besonders herzlich danken. Sie haben mir auch die Farmer vermittelt, auf deren Feldern die Meßstationen eingerichtet werden konnten. Ferner habe ich sehr herzlich Herrn Peter DRYSDALE zu danken, der mich in die Problematik der Wiederaufforstung einführte sowie Herrn SHARMA, der mir die Bibliothek der Fiji Pine Commission zugänglich machte. Schließlich möchte ich Herrn Dr. RODDA und Herrn SHORTON, Geological Section, sowie Herrn Dr. MORRISON, University in Suva, Department of Natural Resources für ihre Einführung in die Problematik der Bodenerosion nach schweren Regenfällen sehr ergebenst danken. Die Beamten des Department of Lands & Survey haben sich sehr bemüht, mich mit den notwendigen Karten und Luftbildern zu versorgen. Für die Untersuchung der Bodenproben habe ich Herrn Dr. GLATTHAAR, Herrn GOSDA und Frau STEIN, die im Geomorphologischen Labor des Geographischen Instituts tätig sind, herzlich zu danken.

9. Literatur

BLUME, H. (1980): Die Zuckerwirtschaft von Fiji und Hawaii. Konvergenzen und Divergenzen zweier tropischer pazifischer Inselräume. In: Geographische Zeitschrift 68, Wiesbaden, S. 284-295.

Anschrift des Verfassers:

Prof. Dr. Herbert Liedtke
Ruhr-Universität Bochum
Geographisches Institut
D - 4630 Bochum 1

BROOKFIELD, H.C. & D. HART (1966): Rainfall in the tropical Southwest Pacific. Canberra, 118 S.

BURINGH, P. (1979): Introduction of the study of soils in tropical and subtropical regions. Wageningen, 124 S.

CROZIER, M.J. & R. HOWORTH & I.J. GRANT (1981): Landslide activity during cyclone Wally, Fiji: a case study of Wainitubatolu catchment. In: Pacific Viewpoint 22, Wellington, S. 69-80.

FITZPATRICK, E.A & D. HART & H.C. BROOKFIELD(1966): Rainfall seasonality in the tropical southwest Pacific. In: Erdkunde 20, Bonn, S. 181-194.

FOSTER, G.R. et al. (1981): Estimating erosion and sediment yield on fieldsized areas. In: Transactions of the American Society of Agricultural Engineers 24, S. 1.253-1.262.

HASTENRATH, S. & P.J. LAMB (1977): Climatic Atlas of the Atlantic and Eastern Pacific Oceans. Madison, 15 S. u. 97 Karten.

HUDSON, N. (1981): Soil Conservation. London, 324 S.

KERR, G.I.A. & T.A. DONNELLY (1976): Fiji in the Pacific. Suva, 244 S.

LATIF, M. (1986): El Nino - eine Klimaschwankung wird erforscht. In: Geographische Rundschau 38, Braunschweig, S. 90-95.

MORRISON, R.J. (1982): Factors determining the extent of soil erosion in Fiji. Suva, University of the South Pacific, 17 S.

PHILANDER, S.G.H. (1983): El Nino Southern Oscillation phenomena. In: Nature 302, Princeton, N.J., S. 296-301.

RODDA, P. (1967): Outline of the geology of Viti Levu. In: New Zealand Journal of Geol. & Geophys. 10, Wellington, S. 1.260-1.273.

ROOSE, E.J. (1977): Application of the Universal Soil Loss Equation of WISCHMEIER and SMITH in West-Africa. From: GREENLAND & LAL (ed.) (1977): Soil Conservation and Management in the Humid Tropics, Chichester, S. 177-187.

SCHEFFER, F.& P. SCHACHTSCHABEL (1982): Lehrbuch der Bodenkunde. Stuttgart, 442 S.

SEMMEL, A. (1980): Geomorphologische Arbeiten im Rahmen der Entwicklungshilfe - Beispiele aus Zentralafrika und Kamerun. In: Geoökodynamik 1, Darmstadt, S. 101-114.

TWYFORD, I.T. & A.C.S. WRIGHT (1965): The soil resources on the Fiji islands. Suva, Band 1: 570 S., Band 2: Karten.

WISCHMEIER, W.H. & D.D. SMITH (1978): Predicting rainfall erosion losses, a guide to conservation planning. In: U.S. Dept. of Agricult. Agriculture Handbook 537, Washington, 58 S.

Aus:

Ekkehart Köhler und Norbert Wein (Hrsg.):

NATUR- UND KULTURRÄUME.

Ludwig Hempel zum 65. Geburtstag.

Paderborn: Ferdinand Schöningh 1987.

= Münstersche Geographische Arbeiten 27.

Karl-Ulrich Brosche und Gudrun Hofmeister

Probleme der Rumpfflächenforschung

Von der Abrasionstheorie bis zu den „Doppelten Einebnungsflächen“ und den Flachmuldentälern

1. Einleitung

Rückblicke auf die Forschungsgeschichte einer ganzen Teildisziplin (MAULL 1958, S. 3-22; BÖTTCHER 1979), auf einen zeitlich begrenzten Abschnitt einer Teildisziplin (MORTENSEN 1943/1944; HÖVERMANN 1965), auf eine spezielle Problematik innerhalb einer Teildisziplin (BLUME 1971; SCHUNKE und SPÖNEMANN 1972; BROSCHE & SCHULZ 1972) oder auf verschiedene Forschungsansätze oder methodische Grundperspektiven innerhalb einer Teildisziplin eines Faches (AHNERT 1978; LESER 1980, 1983) gehören zum Wissenschaftsgang und können zum Fortschritt einer Wissenschaft beitragen. Dasselbe gilt für Retrospektiven auf Ausschnitte eines Forscherwerkes, wie sie z.B. für W. MEINARDUS H. POSER (1953) oder für H. SCHMITTHENNER H. BLUME (1958) geliefert haben. Der vorliegende Beitrag soll dem gleichen Zweck dienen. Er wendet sich weniger an die Geographen, die während ihres Studiums oder ihrer späteren Tätigkeit an der Hochschule tiefe disziplinhistorische Einblicke gewonnen haben, als vielmehr an die jüngere Generation, bei der während ihres Studiums häufig dieser Aspekt etwas zu kurz gekommen ist.

Gegenstand dieser historisch-kritischen Betrachtungen sind Rumpfflächen und ihre Entstehung. Die Rumpfflächen gehören - wie z.B. auch die Schichtstufen und die Schichtkämme - zu den großen Abtragungsformen der Erde. Seit ihrer ersten Beschreibung und Deutung durch den englischen Geologen RAMSAY im Bergland von Wales (RAMSAY 1864) stellen sie in der Geomorphologie eines der am meisten diskutierten, bis heute noch nicht endgültig gelösten Probleme dar.

An den Anfang des Aufsatzes sei eine kurze Charakterisierung der Rumpfflächen gestellt. Es soll dann ein Überblick über bisher und noch heute verwendete Bezeichnungen für dieses Abtragungsrelief gegeben werden. Danach werden die einzelnen Entstehungstheorien dargelegt, wobei es sich anbietet, weitgehend chronologisch vorzugehen. - Auf treppenförmig übereinanderliegende Rumpfflächen, die Rumpftreppen, wird hier nur äußerst knapp eingegangen.

1.1 Charakterisierung der Rumpfflächen

Als Rumpfflächen bezeichnen wir mit MORTENSEN (1943/44, S. 61) "mehr oder minder ausgedehnte, im Ganzen genommen ziemlich ebene Flächen, deren Ebenheiten oft recht unabhängig von der verschiedenen Widerstandsfähigkeit des Untergrundes sind. Steilstehende harte Schichten werden von solchen Flächen fast ebenso abgeschnitten wie daneben befindliche weiche. Hier ist offensichtlich ein früher vorhanden gewesener Schichtenverband abgetragen worden." Die Rumpfflächen sind bisweilen so eben, daß die Mehrzahl der Forscher - zumindest bis zu JESSEN (1936) - die auf ihnen zu findenden flachen Muldentäler gar nicht wahrnahmen und sie als tischeben bezeichneten.

Aus den Rumpfflächen erheben sich - durch einen recht markanten Knick von diesen abgesetzt - in unterschiedlicher Häufigkeit nackte felsige Vollformen, die zuerst von BORNHARDT (1900) beschrieben und *Inselberge* genannt wurden.

Auf den Flächen selbst befindet sich in der Regel eine mehr oder weniger mächtige Rotlehmverwitterungsdecke, die zu den Inselbergen hin ausdünnt, um dann ganz zu verschwinden.

Rumpfflächen kommen in sehr großer Verbreitung - mehr oder weniger zerstört, aber auch noch in Bildung befindlich, also rezent - auf der Erdoberfläche vor. In Deutschland treffen wir Rumpfflächenrelikte hauptsächlich in den Mittelgebirgen, seltener in den Alpen an. Sie sind hier, wie aus den späteren Ausführungen ersichtlich werden wird, mit PASSARGE (1920) als *Vorzeitformen*[1] zu deuten. Wegen ihrer großen Verbreitung haben sie schon früh die Aufmerksamkeit auf sich gezogen, und es stellte sich damit gleichzeitig die Frage nach ihrer Genese, die anfangs deduktiv, später aber unter dem Aspekt des Aktualismus induktiv behandelt wurde.

---

1) Vorzeitformen: Formen, die durch die heute hier herrschenden Formungskräfte nicht erklärt werden können.

1.2 Terminologischer Überblick

Wir können mehrere Gruppen von Bezeichnungen unterscheiden:

1. RAMSAY (1864) nannte diese Formen "*plains of marine denudation*" und brachte damit die sie *formenden Agenzien* zum Ausdruck. Ganz ähnlich verfuhr v. RICHTHOFEN (1886): Er sprach von *Abrasionsflächen* und bezeichnete Gebirge, die solche Abrasionsflächen tragen, als Rumpfgebirge.[2)]

2. SÖLCH und W. PENCK hatten bei ihrer Namengebung vorwiegend *tektonische Vorgänge* im Auge. So will SÖLCH (1918) die Rumpfflächen als Trugrümpfe bezeichnet wissen. W. PENCK (1920, 1924, 1928) spricht von einem *Primär-* und einem *Endrumpf*.

3. Die letzte Gruppe der Bezeichnungen umfaßt *rein beschreibende Termini*: DAVIS (1899) und DAVIS & BRAUN (1912) sprechen von "peneplain" (= Fastebene) und charakterisieren damit treffend das äußere Erscheinungsbild.

Bei PHILIPPSON (1923/24) finden wir die Bezeichnung "diskordante Fläche".[3)]

Außerdem ist noch versucht worden, die Ausdrücke "Schnittfläche", "Verebnungsfläche", "Wellungsebene" und "Abrasionsebene" (vgl. A. PENCK 1894, 1895, S. 21) in die Literatur einzuführen. Durchgesetzt hat sich jedoch im deutschen Sprachbereich der sowohl morphologisch als auch geologisch rein beschreibende Terminus "*Rumpffläche*", der von A. PENCK (1887) in Anlehnung an v. RICHTHOFENs "Rumpfgebirge" geprägt wurde, während man sich im englischen Sprachraum des DAVISschen Ausdrucks "peneplain" bedient.

2. Theorien zur Entstehung der Rumpfflächen

2.1 Abrasionstheorie

RAMSAY (1864) und v. RICHTHOFEN (1886) erklärten die Rumpfflächen durch *Meeresabrasion* bei *langsamer positiver Strandverschiebung* (Transgression) entstanden, wobei v. RICHTHOFEN aber im Gegensatz zu RAMSAY für die meisten Flächen eine *mehrfache Wiederholung des Abrasionsprozesses* für möglich, wenn nicht sogar für erforderlich hielt und die oftmals auf den Flächen liegenden *Reste mariner Ablagerungen* mit einer Transgression und damit einer Abrasion in ursächlichen Zusammenhang brachte.[4)]

NEUMAYR (1886, S. 484 ff.) hielt die Bildung von Rumpfflächen durch marine Abrasion durchaus für möglich, warnt aber vor Verallgemeinerung, da auf vielen Rumpfflächen die Beweise für eine erfolgte Transgression - die marinen Ablagerungen - fehlen. Dieser Sachverhalt läßt ihn zu der Überzeugung kommen, daß die Rumpfflächen durch die abtragenden Kräfte des fließenden Wassers geschaffen sein könnten.

JOHNSSON (1919) machte als erster Angaben über die Breite der Abrasionsplatten: Am Pazifikrand sollte ihre Breite 30-50 km, in Norwegen 50-70 km und an der algerischen Küste 15-20 km betragen. JOHNSSON (1919) hat die Abrasionstheorie wieder stark betont, sprach aber von der Möglichkeit unbeschränkter Ausdehnung der Abrasion bei unverändertem Meeresniveau - eine Annahme, die keinesfalls als haltbar anzusehen ist, da die Brandung sich dann ja "totlaufen" würde.

Zusammenfassend läßt sich sagen: Die Abrasionstheorie hat eine Zeitlang die Wissenschaft, namentlich die deutsche, beherrscht. Bald traten aber Zweifel hinsichtlich des *Ausmaßes der einebnenden Tätigkeit* der marinen Abrasion auf, und die Überzeugung, daß die *festländische Abtragung* ebenfalls Verebnungen schaffen könne, faßte immer mehr Fuß. Hauptvertreter einer Theorie, die diesen Grundgedanken in ihr Gebäude aufnahm, war DAVIS. Damit kommen wir zur zweiten Gruppe der Entstehungstheorien - zur Theorie der festländischen Abtragung.

2.2 Theorie der festländischen Abtragung aus vorwiegend endogener Sicht

2.2.1 DAVIS' Zyklustheorie

DAVIS (1899) sowie DAVIS & BRAUN (1912) glauben, die Rumpfflächen als Endergebnis des Erosionszyklus deuten zu können. Die Idee vom Erosionszyklus entstammt ihrerseits den Erkenntnissen der amerikanischen Kordillerenforscher POWELL und GILBERT.

---

2) Von RICHTHOFEN (1886) unterscheidet auch zwischen Faltenrumpf und Tafelrumpf, wobei unter letzterem eine Rumpffläche verstanden wird, die über ganz schwach geneigte Schichten hinwegzieht.

3) PHILIPPSON (1931, S. 379) unterscheidet zwischen konkordanter und diskordanter Fläche. Eine konkordante Fläche ist eine solche, die dem Gesteinsbau folgt.

4) Die Tatsache, daß nicht auf allen diesen Verebnungen Reste mariner Ablagerungen zu finden sind, hielt ihn nicht davon ab, jede eingeebnete Fläche der Abrasion zuzuschreiben. Die anderen exogenen Kräfte hielt er für unzureichend und sprach ihnen die Fähigkeit ab, ein Gebirge bis zur Ebene einrumpfen zu können.

POWELL (1875) hatte nämlich als erster davon gesprochen, daß eine Scholle, wie widerständig und wie hoch gelegen sie auch sei, bei genügend langer Abtragung durch Flüsse zu einer tief gelegenen, ausdruckslosen Ebene erniedrigt werden kann.

Von GILBERT (1877) übernahm DAVIS die *Dreiheit der morphologischen Fragestellung*, die auch heute noch in den USA ihre Anwendung findet; nämlich die Frage nach der inneren Struktur (= structure), nach der Natur der abtragenden Kräfte (= process) und nach dem Entwicklungsstadium der Form (= stage).

Die DAVISsche Zykluslehre geht von dem Grundgedanken aus, daß jede Form auf der Erdoberfläche in dem gesetzmäßig ablaufenden Gang der Entwicklung, der als Zyklus bezeichnet wird, mehrere Stadien durchlaufen muß. Dabei macht die Art der vorherrschenden Abtragungsvorgänge eine Unterscheidung in einen

- normalen,
- ariden,
- glazialen oder
- marinen

Zyklus nötig.

Für die Erklärung der Rumpfflächenbildung muß nach DAVIS der normale Zyklus herangezogen werden, welcher durch fluviatile Erosion - in Form von Linear-, Seiten- und Grundwassererosion - sowie durch Denudation nach abgeschlossener Erosion gekennzeichnet ist.

Nach erfolgter Heraushebung einer Scholle aus dem Meeresniveau und anschließender tektonischer Ruhe beginnt die Entwicklung in Form der oben genannten Abtragung, die zur Zerschneidung der eben entstandenen schwach welligen, noch mit unverfestigten Meeressedimenten bedeckten Uroberfläche[5] führt. Je nach dem Grad der Zerschneidung ist zwischen einem *Jugendstadium* mit steilflankigen Kerbtälern und mit unausgeglichenem Längsprofil, einem *Reifestadium* sowie einem *Greisenstadium* zu unterscheiden. Im Jugendstadium sind noch Teile der Uroberfläche zwischen den Tälern erhalten; es treten neben den für die Uroberfläche charakteristischen konsequenten Flüssen auch subsequente auf, da die unverfestigten Meeressedimente inzwischen abgetragen worden sind und das fließende Wasser dem Streichen der freigelegten weicheren Schichten folgen kann. Dem *Reifestadium* ist ein zerschnittenes Bergland mit mäßig geneigten Hängen und ausgeglichenen Flußlängsgefällen zuzuordnen. Im Greisenstadium hat die Tiefenerosion das unterste Denudationsniveau, den Meeresspiegel, fast erreicht. Sie schreitet in diesem Stadium wesentlich langsamer voran als die Verwitterung und Abtragung auf den Talhängen. Dadurch werden im Laufe der Zeit die Reliefunterschiede fast ganz beseitigt, es entsteht von neuem eine ausdruckslose Ebene nahe dem Meeresniveau, die *Peneplain*, von W. PENCK wegen der durchlaufenen Entwicklung als *Endrumpf* bezeichnet. Entscheidend für das letzte Stadium ist, daß die Abtragung auf den nunmehr schon recht flachen Hängen sehr gering sein soll und folglich lange Zeit in Anspruch nimmt. Auf diesen Punkt wird unten noch zurückzukommen sein.

DAVIS' Lehre hat die Wissenschaft ungemein belebt und wegen des klaren logischen Gedankenganges oftmals kritiklose Zustimmung gefunden. Er ist aber - so MAULL (1958) - mit seiner Deduktion zu sehr im allzu Einfachen, Schematischen steckengeblieben. Die bedeutendste Lücke in seiner gesamten Lehre ist die weitgehende Ausschaltung tektonischer Bewegungen nach erfolgter Heraushebung sowie die Annahme, daß die Abtragung erst nach abgeschlossener Hebung einsetze. Diese langen Zeiträume tektonischer Ruhe dürften in der Erdgeschichte nicht vorhanden gewesen sein. DAVIS hielt sie jedoch auf Grund des tatsächlichen Vorkommens von Rumpfflächen für bewiesen. Dabei ist auch ihm die *Gleichzeitigkeit* von Hebung und Abtragung bekannt gewesen (1912, S. 146 u. 173), er unterschätzte nur die Konsequenzen, die sich daraus für die Formenentwicklung ergaben. Erst J. SÖLCH (1918), A. PENCK (1919) und W. PENCK (1920, 1924) haben diesen Mangel beseitigt und damit die DAVISsche Lehre verfeinert.

2.2.2 Umbildungsreihen A. PENCKs

A. PENCK (1919) stellte unter der Annahme der Gleichzeitigkeit von Krustenbewegung und Abtragung Umbildungsreihen auf, deren Formenglieder sich je nach der Intensität und Dauer der dazugehörigen Hebung einstellen.

1. Entwicklungsreihe - bei starker und lang anhaltender Hebung

   a) Riedel-Schluchtenstadium:
   Reste der ehemaligen Oberfläche sind in den zwischen Kerbtälern oder Schluchten gelegenen Riedeln erhalten. Sind die Riedel niedrig, so spricht A. PENCK von Plattenland; sind sie dagegen höher, von einem Plattengebirge.

   b) Kammittelgebirge - Kammschluchtenstadium:
   Mit andauernder Hebung schreitet die Talvertiefung weiter fort, und durch die Abtragung der steil bleibenden Hänge werden die Riedelflächen allmählich aufgezehrt; diese Hangverschneidung bildet Kämme aus.

5) Auf der Uroberfläche finden sich infolge nicht ganz gleichmäßiger Hebung Urformen wie Urwasserscheiden, Urwannen und Urflüsse, in denen das Wasser, der ursprünglichen Abdachung folgend, konsequent zum Meer hin abfließt.

c) Schneidenhochgebirge:
Bei weiterer Hebung tiefen sich die Schluchten weiter ein, ohne jedoch das unterste Denudationsniveau zu erreichen. Die Hangdenudation bildet die Kämme in Grate (= Schneiden) um. Da die Erosion mit zunehmender Heraushebung immer stärker wird, kann in diesem Stadium die Abtragung nach dem NEUMAYERschen Prinzip mit der Hebung Schritt halten - das Gebirge kann auch bei weiter anhaltender Hebung nicht weiter aufsteigen, es ist nach A. PENCK "ausgewachsen". Die obersten Punkte, d.h. die Grate, charakterisieren das oberste Denudationsniveau. Dieses bildet die Gipfelflur (= oberste Erhebungsgrenze).[6]

d) Kammhochgebirge:
Die Hebung setzt aus. Die Flüsse tiefen sich weiter in den Sockel ein. Grate werden wieder zu abgerundeten Kämmen umgestaltet. Der Unterschied zum Kammittelgebirge besteht nur in der Höhe und Tiefe der Schluchten.

e) Kuppenmittelgebirge:
Dieses kann sich ausbilden mit dem Nachlassen der Tiefenerosion. Es bilden sich erst Rücken, dann durch deren Auflösung Kuppen.

f) Flachrücken- oder Flachkuppenmittelgebirge:
Sie entstehen nach dem völligen Aussetzen der Tiefenerosion und bei wachsender Seitenerosion.

g) Faltenrumpf:
Die Entwicklung führt zur Rumpffläche mit seichten Flachtälern.

2. Entwicklungsreihe bei starker Hebung von begrenzter Dauer:

a) Es entsteht das Riedelschluchtenstadium.

b) Nach beendeter Hebung findet die Rückbildung statt, die das Rücken- und Kuppenmittelgebirgsstadium durchlaufen muß, um dann mit einer Rumpffläche zu enden.

3. Entwicklungsreihe bei sehr langsamer Hebung:

Sie erlaubt kein stärkeres Eintiefen der Täler. Aus der sich langsam hebenden Ausgangsfläche entwickeln sich nur Flachtäler und Flachrücken. Mit dem Aussetzen der Hebung führt die weitere Entwicklung infolge der Abflachung zur Rumpffläche.

All diese Reihen entstehen bei gleichförmiger Entwicklung und führen letzten Endes alle zu einem Endrumpf im DAVISschen Sinne. Sie haben aber gegenüber der DAVISschen Zykluslehre den Vorteil, daß ihre Bildung durch die Annahme des *sofortigen Einsetzens der Abtragung beim Beginn der Hebung* wesentlich weniger Zeit tektonischer Ruhe erforderte. Außerdem geht aus diesen Umbildungsreihen hervor, daß jede beliebige Reihenfolge von Steil-, Mittel- und Flachrelief auftreten kann. Damit können die DAVISschen Altersbezeichnungen jugendlich, reif und greisenhaft als nicht mehr haltbar angesehen werden.

2.2.3 J. SÖLCHs Trugrumpftheorie

SÖLCH (1918) trat als erster der weit verbreiteten Annahme entgegen, die jede Rumpffläche als Endprodukt eines durch festländische Abtragung eingeebneten Gebirges ansprach. Vielmehr wollte er die heute hoch gelegenen (als miozän und pliozän datierten) Verebnungen der Ostalpen während der Anfänge der alpiden Gebirgsbildung entstanden wissen, und zwar entstanden durch Seitenerosion der größeren Flüsse im Flachland. Durch spätere Hebung im Zuge der Orogenese seien dann diese Niederungsebenen in größere Höhen gelangt und träten uns heute dort als Rumpfflächen - deshalb der Name Trugrumpf - entgegen.

2.2.4 W. PENCKs Primärrumpf

W. PENCK (1920, 1924) ging auf dem Wege der Annahme der *Gleichzeitigkeit von Krustenbewegung und Abtragung* noch weiter als sein Vater A. PENCK, indem er nämlich das Intensitätsverhältnis dieser beiden Kräfte stark in den Vordergrund stellte. Dieser Gedanke führte ihn zur *Theorie des Primärrumpfes*: Wenn nämlich die Abtragung gleich zu Beginn der Hebung mit dieser Schritt hält, dann kann es nach W. PENCK gar nicht erst zur Ausbildung eines bewegteren Reliefs kommen; vielmehr muß die flache Ausgangsform der sich in Hebung befindlichen Scholle erhalten bleiben, wobei nur eine parallele Tieferlegung derselben zu sich selbst erfolgt. Diese Tieferlegung geschieht dabei nicht durch Flüsse, sondern vor allem durch Denudation. Da diese Fläche am Beginn einer Entwicklungsreihe steht, wird sie von W. PENCK als *Primärrumpf* bezeichnet, im Gegensatz zu den *Endrümpfen* von DAVIS und A. PENCK, die ja den Abschluß einer Formungsreihe darstellen. Als Kennzeichen eines Primärrumpfes sollen nach W. PENCK konvexe Hangprofile als Ausdruck der aufsteigenden Entwicklung angesehen werden. Auf diesen Punkt muß ebenfalls später noch eingegangen werden.

Die Theorie des Primärrumpfes hat auch Konsequenzen bezüglich der *Altersbezeichnungen*: Da der PENCKsche Primärrumpf dem Erscheinungsbild nach mit der DAVISschen Terminologie als greisenhaft zu bezeichnen wäre, seine Genese ihn jedoch als eine sehr junge Form kennzeichnet, müssen nach W. PENCK die Altersbezeichnungen Jugend, Reife, Greisentum als

6) Der Begriff der Gipfelflur wurde später dahingehend erweitert, daß man alle verschieden hohen Flächen als Gipfelfluren bezeichnete, was A. PENCKs Vorstellungen ja niemals entsprechen dürfte.

nicht mehr haltbar angesehen werden, d.h. zumindest dürfen sie nur auf den Endrumpf im DAVISschen Sinne angewandt werden. W. PENCK möchte deshalb die Altersbezeichnungen durch die rein beschreibenden Ausdrücke steil, mittel, flach ersetzt wissen.[7] Das gleiche gilt, wie oben schon erwähnt, für die Umbildungsreihen A. PENCKs. PASSARGE (1912) und HETTNER (1913, 1921, 1924) wandten sich ebenfalls scharf gegen DAVIS' Altersbezeichnungen.

Zusammenfassend läßt sich feststellen: Das über DAVIS hinausführende Ergebnis war also die Annahme der *Gleichzeitigkeit von Krustenbewegung und Abtragung* und die daraus folgende Erkenntnis, daß in der Zeitabfolge nicht nur ein Nacheinander von Steil-, Mittel- und Flachrelief, sondern je nach Hebungsintensität und Hebungsdauer jede beliebige Reihenfolge möglich sein müsse, d.h. daß Rumpfflächen schon zu Beginn der Hebung zur Ausbildung gelangen können (Trugrumpf bzw. Primärrumpf).

2.2.5 Nachbetrachtung zu 2.2.1 bis 2.2.4

Betrachten wir zusammenfassend die bisher dargelegten Theorien der festländischen Abtragung, so läßt sich folgendes festhalten: Das Wesentliche an DAVIS', SÖLCHs, A. und W. PENCKs Lehren war:

1. die Überzeugung, daß sich Rumpfflächen *nur geringer Höhe über dem Meeresspiegel* als der endgültigen Erosionsbasis bilden können;
2. die stillschweigende Annahme, daß ihre Entstehung in *allen Klimaten* möglich sei, wenn nur - so W. PENCK - die endogenen Kräfte überall die gleichen wären.

Damit wurde W. PENCK zum profiliertesten Vertreter einer Lehrmeinung, die die auf der Erdoberfläche zu findenden Formen einzig und allein durch tektonische Kräfte zu erklären versuchte und die exogenen Vorgänge als schon bekannt voraussetzte. Die genannten Autoren sahen also alle die *Krustenbewegungen* als die formenbestimmende Ursache der Flächenbildung an. Aus einer gewissen Unsicherheit heraus beschränkte man sich darauf, Rumpfflächen in der Natur festzustellen, ohne sich über die sie bildenden Prozesse Gedanken zu machen.

---

7) Die Altersangabe kann dann nach W. PENCK durch die Angabe klargestellt werden, ob es sich - je nach dem Verhältnis von Hebung und Abtragung - um eine aufsteigende, gleichförmige oder absteigende Entwicklung handelt, denen konvexe, gerade oder konkave Hangformen entsprechen.

Die unter den genannten Voraussetzungen aufgestellten Theorien wurden den Tatsachen keinesfalls gerecht, da sie deduktiv waren. Viele Beobachtungen sprachen gegen die oben dargelegten Erklärungsversuche, so z.B. die in mitteleuropäischen Breiten zu beobachtende, meist linienhaft wirkende, sehr geringe Abtragung. Damit gelangen wir zur dritten Gruppe der Entstehungstheorien, zu den Theorien der festländischen Abtragung aus vorwiegend exogener Sicht.

2.3 Theorien der festländischen Abtragung aus vorwiegend exogener Sicht

Durch die schon um 1900 einsetzenden Studienreisen vor allem deutscher Forscher in tropisch-feuchte, tropisch-wechselfeuchte und aride Gebiete nahm die Rumpfflächenforschung einen starken Aufschwung. Man sammelte dort Beobachtungen über den Bildungsmechanismus der Verebnungsflächen.

Beschränkten sich die Untersuchungen anfangs auch überwiegend auf die meist unvermittelt aus der Rumpffläche aufsteigenden Inselberge, so trug doch deren Erforschung wesentlich zur Lösung des Rumpfflächenproblems bei, denn da Fläche und Inselberge ein zusammenhängendes Formensystem darstellen, ist dessen Entstehung nicht nur ein Problem der Flächen, sondern auch eines der Inselberge. - So führte BORNHARDT (1898, 1900) Untersuchungen an den Rumpfflächen und Inselberglandschaften in Deutsch-Ostafrika durch. Hatte er 1898 zu ihrer Erklärung - noch ganz gefangen von der RAMSAYschen und v. RICHTHOFENschen Theorie - wiederholte *marine Abrasion* herangezogen, wobei die Inselberge als sogenannte Härtlinge der abradierenden Kraft des Wassers widerstanden haben sollen, so glaubte er 1900 die Erklärung in *wiederholter epigenetischer Talbildung* sehen zu können. Er schreibt (S. 34): "Heute glaube ich die Erklärung darin zu sehen, daß mehrfache Wiederholung des Erosions- und Denudationsvorganges die Ursache für die Rumpfflächenbildung ist, wobei jeder spätere Vorgang von dem früheren dadurch abgesondert und unabhängig gestaltet wurde, daß in der Zwischenzeit eine ausgleichende Überdeckung des Landes durch Sedimente stattfand und die Flüsse sich jedesmal woanders wieder eingeschnitten."

Nach W. PENCK (1921) sind die Inselberglandschaften geradezu die Charakterlandschaften der absteigenden Entwicklung. Sie sind (S. 128) nicht klimatisch, sondern *tektonisch* - nämlich durch absteigende Entwicklung bei Aussetzen der Hebung - bedingt und treten deshalb in allen Klimaten auf, wenn nur die tektonische Ruhe gegeben ist.

Ohne die Verdienste anderer Forscher schmälern zu wollen, soll diese sich neu anbahnende Richtung der Erklärung der Rumpfflächengenese durch exogene Prozesse hauptsächlich an Hand der Arbeiten von PASSARGE (1904, 1924, 1929), OBST (1923), v. FREYBERG (1932) und vor allem von JESSEN (1936, 1938) aufgezeigt werden.

2.3.1 PASSARGE

PASSARGE vermutete schon 1904 den klimatisch bedingten Charakter der Rumpfflächenbildung, indem er sie - sich auf Beobachtungen in Südafrika stützend - hauptsächlich durch *Windabtragung* entstanden glaubte.[8] Die inzwischen gewachsene Erkenntnis, daß der Wind eher selektiv als flächenhaft abträgt, forderte neue Erklärungsversuche heraus. So korrigierte sich PASSARGE (1924) in der ersten zusammenfassenden Darstellung über die Verbreitung der Inselberglandschaften und auch 1929 selbst; er sprach der Winderosion die rumpfflächenbildende Kraft endgültig ab. Er führte ihre Entstehung jetzt vielmehr auf einen wiederholten Wechsel von feuchten und trockenen Zeiten (Wüste-Salzssteppe/tropische Steppe-Waldländer) innerhalb der heißen Klimazone zurück, wobei einer trockeneren Periode mit intensiver mechanischer Verwitterung und Kalkkrustenbildung eine feuchtere mit überwiegender chemischer Verwitterung gefolgt sein soll. Die durch die Klimaänderung bedingte Gleichgewichtsstörung der Formungskräfte habe dann jedesmal eine flächenhafte Abtragung der Verwitterungsdecke in Form von Flächenspülung (PASSARGE 1912) ermöglicht. Ohne Klimawechsel wäre die Rumpfflächenlandschaft hingegen im eigenen, von den Inselbergen stammenden Schutt ertrunken.

PASSARGEs Theorie vom mehrfachen Klimawechsel (feucht/trocken) konnte in der Folgezeit den von den meisten Forschern beobachteten wirklichen Verhältnissen jedoch keinesfalls gerecht werden. Sein Verdienst besteht aber darin, daß er als erster die *Bindung der Formen an bestimmte Klimate* erkannte. PASSARGE ist somit als *Begründer der klimatischen Morphologie* zu bezeichnen.

2.3.2 OBST

Durch Untersuchungen von OBST (1913, 1923) und in gewissem Sinne auch von WAIBEL (1925, 1928) wurden dann PASSARGEs Ansichten weitgehend widerlegt. Auf Grund von Beobachtungen in SE-Afrika (Massai-Rumpffläche, Fastebene von Ugogo und von Ssuaga-Ssuaga etc.) gelangte OBST zu dem Schluß, daß die Rumpfflächenbildung an ein *tropisch-wechselfeuchtes Klima* gebunden sei - die Rumpfflächen dort also *Jetztzeitformen* darstellen. Dabei findet in den Trockenzeiten an den Inselbergen, die dort die Rumpfflächen überragen, vorwiegend mechanische Verwitterung in Gestalt von Desquamation statt (Abschuppung infolge der hohen täglichen Temperaturschwankungen), während der Regenzeiten hingegen überwiegend flächenhafte Abtragung des inzwischen der chemischen Verwitterung erlegenen Inselbergschuttes. Auf diese Weise würden sich die Rumpfflächen, wie er beobachten konnte, ständig auf Kosten der Inselberge weiter ausdehnen.

OBST hatte gehofft, dem Prozeß der Rumpfflächenbildung allein durch das Studium der Vorgänge an den Inselbergen auf die Spur zu kommen. Dabei achtete er aber zu wenig auf die Vorgänge, die sich auf den zwischen den Inselbergen liegenden Rumpfflächen abspielen.

2.3.3 v. FREYBERG

Untersuchungen in den tropisch-wechselfeuchten Gebieten der Minas Geraes (Mittelbrasilien) ließen dagegen v. FREYBERG (1932) zu der Überzeugung gelangen, daß die dort anzutreffende außerordentlich schnell und tiefgründig arbeitende *chemische Verwitterung* (mit Verwitterungsdecken von 10-20 m Mächtigkeit) als wichtigstes Agens der Rumpfflächenbildung anzusehen ist. Die chemische Verwitterung tritt dort in Gestalt der "Kumulativen Verwitterungsrinden" auf. Diese gleiten nach v. FREYBERG auch bei sehr geringer Hangneigung - wenn gut durchtränkt - in die sie abtransportierenden Flüsse und haben nach seiner Ansicht die Einebnung größerer Gebiete bewirken können. Das fließende Wasser würde hier hingegen mehr linienhaft als flächenhaft arbeiten; v. FREYBERG stellte damit die *chemische Tiefenverwitterung* als das *wichtigste Moment der Flächenbildung* heraus und erlag damit ebenso wie OBST - verglichen mit den heutigen Anschauungen - einer einseitigen Betrachtungsweise.

2.3.4 JESSEN

JESSEN (1936) konnte durch seine Forschungen in Angola die Vorstellungen OBSTs (1923) und v. FREYBERGs (1932) zu einer neuen Anschauung vereinigen und gelangte somit zu einer Ansicht über die Genese der Rumpfflächen, deren Kern auch heute noch für die modernsten Auffassungen Gültigkeit besitzt. Aus diesem Grund sollen die Beobachtungen JESSENs hier ausführlicher behandelt werden.

---

8) In Anlehnung an J. WALTHER (1924): Nach PASSARGE sind sie als Ergebnis eines Wüstenklimas im Mesozoikum zu deuten. Die unbewiesene Behauptung, daß in diesen Gebieten im Mesozoikum ein Wüstenklima geherrscht hat (Flora und Fauna sprechen dagegen!) sowie die recht unwahrscheinliche Annahme, daß sich die Landschaft in den relativ langen Zeiträumen des Tertiärs und Quartärs unversehrt erhalten habe, entziehen dieser Behauptung die Grundlage.

Nach JESSEN (1936) setzt die Bildung der Rumpfflächenlandschaften die klimatischen Bedingungen der *wechselfeuchten Tropen* voraus (wie es OBST und v. FREYBERG schon gefordert hatten), da nur in diesem Klimabereich die *chemische* und die *mechanische Verwitterung* sowie die *flächenhafte Abtragung*, das nötige Zusammenspiel für die Flächenbildung, verwirklicht sei.

JESSENs Beobachtungen im einzelnen: Auf den Fußebenen (den Rumpfflächen) herrscht infolge der beträchtlichen Wärme und der relativ hohen Feuchtigkeit eine *lebhafte chemische Tiefenverwitterung*, die den Gesteinsuntergrund oft mehr als 6 m tiefgründig zu *allitischen Rotlehmen* zersetzt. An den Inselberg- und Rumpftreppenhängen arbeitet dagegen die mechanische Verwitterung, die ein langsames Zurückweichen der Hänge parallel zu sich selbst bewirkt. Der durch die Verwitterung, d.h. durch die mechanische Verwitterung entstandene Schutt sammelt sich am Fuß der Hänge an, wird aber durch die von unten in ihn eindringende Bodenfeuchte in verhältnismäßig kurzer Zeit so weitgehend zersetzt, daß er leicht transportierbares Material darstellt und als "Erosionswaffe" (SAPPER 1935) nicht mehr wirksam ist. überhaupt arbeite die chemische Verwitterung am Fuß der Stufen bzw. der Hänge am aktivsten, da hier durch das von den Hängen schnell abfließende Wasser der Boden besonders gut durchtränkt ist (hier liegen bereits Ansätze für die subkutane Seitendenudation BÜDELs 1965 vor). Die zersetzten bzw. vergrusten Massen unterliegen während der Regenzeit der *flächenhaften Abtragung*, die weniger in Form von Schichtfluten i.S. MacGEEs (1897), sondern wegen der Vegetation vielmehr meistens in *zahllosen kleinen Wasserrinnen* vor sich geht. Dabei entfaltet die Flächenspülung eine solche Wirksamkeit, daß die Tieferlegung der Flächen wesentlich rascher vor sich geht als das Zurückweichen der Hänge. Entscheidend ist also der *Gegensatz von Fußebene und Hang*: Im Bereich der Fußebene herrscht lebhafte chemische Tiefenverwitterung, gleichzeitig aber auch Einebnung und Abtragung von feinem Material an der Oberfläche durch das rinnende und spülende Wasser. Die Hänge weichen dagegen langsam unter dem Einfluß der physikalischen Verwitterung sowie durch Abspülung und Abrutschung zurück.

Auf diesen Erkenntnissen basierend, stellt JESSEN in Anlehnung an die DAVISsche Zykluslehre bzw. an den DAVISschen Zyklusgedanken die Bildung der Rumpfflächenlandschaften in folgender Entstehungstheorie dar: Ausgangspunkt bildet eine Scholle,[9] die langsam aus dem Meeresniveau emporgehoben wird. Die Flüsse tiefen sich durch rückschreitende Erosion vom Meer her ein, nehmen wegen des Mangels an Erosionswaffen *Muldenform*[10] an und behalten diese aus den eben genannten Gründen auch bei. Die lebhafte chemische Tiefenverwitterung, die in der Regenzeit stattfindende Oberflächenspülung sowie die - wenn auch sehr geringe - Flußerosion bewirken im Laufe der Zeit eine *Tieferlegung* der ungeheuer *breiten Täler* (unter *Beibehaltung ihrer Form)* parallel zu sich selbst. An den Talscheiden nimmt der feine Verwitterungsschutt auf Grund der verstärkten Abspülung an Mächtigkeit rasch ab. Wegen des kleinen Wassereinzugsgebietes - im Vergleich zum Talbereich gesehen - und des Fehlens von Feinmaterial kann die chemische Verwitterung hier nur sehr langsam arbeiten. In den Tälern geht sie dafür um so schneller vor sich. Im Laufe der Zeit werden die Hänge deshalb immer mehr versteilt, und die sich auf ihnen befindliche Verwitterungsdecke wird vollends abgetragen, so daß der nackte Fels ansteht. Dieser ist damit der oben geschilderten mechanischen Verwitterung ausgesetzt. Die Teile eines ehemals höher gelegenen Niveaus schrumpfen so schließlich zu Inselbergen zusammen.[11]

Sind dann auch diese Berge aufgezehrt, ist das Endergebnis erreicht: eine einförmige flachwellige Rumpffläche. Bei erneuter Hebung wird dann wieder ein neuer Zyklus eingeleitet, der die eben geschilderten Stadien durchlaufen muß.

Oftmals gelangt aber eine noch in Bildung befindliche Rumpffläche durch ruckweise Hebung in größere Höhen. Ihre *Entwicklung* geht aber auch *in höherer Lage* so lange weiter, bis die Verwitterung die Maximalgrenze, welche durch eine harte Lateritkruste gekennzeichnet ist, erreicht hat. Die Weiterbildung geht also auch in größeren Höhen ü.N.N. vor sich, die erste Anlage ist an das Meeresniveau gebunden.

Jede Hebungsphase leitet aber nach JESSEN - wie es später auch OBST und KAYSER (1949) dargestellt haben - gleichzeitig die Bildung einer neuen Rumpf-

9) 1936 spricht er noch von einer "alten Rumpffläche".

10) JESSEN erkannte als erster die Bedeutung der Muldentäler.

11) JESSEN sieht die Inselberge damit als Denudationsreste einer aufgelösten höheren Rumpffläche an.

fläche ein. Das heißt also, daß die treppenförmig übereinander liegenden Rumpfflächen, die *Rumpftreppen*, auf ruckweise Heraushebung infolge des Wechsels von Zeiten relativer Ruhe und von Phasen gesteigerter Heraushebungstendenz zurückgeführt werden müssen.

Zusammenfassend läßt sich festhalten: JESSENs Ausführungen können als Markstein in der Rumpfflächenforschung angesehen werden, da sie die Grundzüge der Formung sowohl in ihrer klimatischen als auch in ihrer tektonischen Abhängigkeit berücksichtigen. Ungeklärt bleibt aber, wie sich einerseits nur flache Muldentäler bilden können, andererseits aber dann auch Steilhänge entstehen sollen.

2.3.5 OBST UND KAYSER

Auf Grund eingehender Untersuchungen an der großen Randstufe auf der Ostseite Südafrikas gelangten OBST und KAYSER (1949) ebenfalls zu dem Ergebnis, daß die Rumpfflächenbildung an ein tropisch-wechselfeuchtes Klima gebunden sei.[12] Sie betonen darüber hinaus, daß innerhalb dieser Zone die Bildung am aktivsten in einem Bereich vonstatten geht, der durch eine Jahresniederschlagsmenge von 500-700 mm gekennzeichnet sei, also mehr zur ariden Seite hin tendiert. Denn in diesem Gebiet seien infolge der meist (auch während der Regenzeit) recht schütteren Pflanzendecke sowie durch Kalkkrustenbildung und Abspülung an den Hängen die günstigsten Bedingungen für die flächenhafte Abtragung in Gestalt von Schichtfluten und eines Gewebes unzähliger kleiner Rinnsale gegeben.

2.4 Die moderneren Anschauungen von LOUIS und BÜDEL

LOUIS (1957) geht in seinem Aufsatz "Rumpfflächenproblem, Erosionszyklus und Klimamorphologie" von der wohl allgemein anerkannten Feststellung aus, daß für die Reliefgestaltung das Leistungsverhältnis von flächenhaft wirkender Denudation zu linienhafter Erosion von entscheidender Bedeutung ist. Er knüpft damit an v. WISSMANN (1951) an. Da nun aber die Leistungsfähigkeit der Denudation und Erosion infolge wechselnder morphologischer Widerständigkeit der Gesteine und wegen der sehr unterschiedlichen Menge und Beweglichkeit der durch die Verwitterung pro Zeiteinheit in den verschiedenen Klimaten entstehenden Zerfallsprodukte von Ort zu Ort beträchtliche Schwankungen aufweist, sind Extremfälle denkbar:

1. Ist die Denudation gering, dann läuft ihr die Erosion davon und schneidet tiefe Kerbtäler ein, wobei die Hänge auf Grund ihrer Steilheit dem Fluß grobes Material liefern (Schwerkraft). Das auf diese Weise entstandene Relief nennt LOUIS "Kerbtaltypus des fluviatilen Abtragungsreliefs".

2. Kann dagegen die Gesteinsaufbereitung und die Denudation infolge großer Leistungsfähigkeit mit der Linearerosion Schritt halten (Verhältnis 1 : 1), dann kommt es zur Bildung ganz flacher Muldentäler. Dieser Typus wird von LOUIS als "Flachmuldentaltypus des fluviatilen Abtragungsreliefs" bezeichnet. Er ist für die rezenten Rumpfflächenlandschaften charakteristisch.

Die Entstehung der Flachmuldentallandschaften (= Rumpfflächen) ist nach LOUIS (1957), wie auch schon v. FREYBERG (1932) und JESSEN (1936, 1938) gezeigt haben, an die klimatisch bedingte Voraussetzung sehr kräftiger *chemischer Verwitterung* sowie an *stoßweise periodische Wasserführung* gebunden, d.h. an Bedingungen, die in den *wechselfeuchten Tropen* vorhanden sind. In diesen Savannengebieten bekommen die Flüsse nämlich so viel feinkörnige Denudationsmassen zugeführt, daß ihre mechanische Energie durch den Transport dieses Materials aufgebraucht wird, die Flüsse somit nicht mehr erodieren können und im Niveau der Fläche fließen. Als Beweis für dieses hohe Belastungsverhältnis ist das - im Vergleich zu den Flußgefällen unserer Breiten - steile Gefälle der Savannenflüsse anzusehen. Auf diese Weise kann die hier außerordentlich wirksame Denudation mit der Tiefenerosion Schritt halten - was zur Folge hat, daß alle Talhänge ganz besonders flach geböscht bleiben. Damit ist nach LOUIS der Unterschied zwischen Kerbtal und Muldentaltypus, oder anders ausgedrückt, das Vorauseilen oder Zurückbleiben der Erosion gegenüber der Denudation, allein eine Folge der in die Flüsse gelangenden Schuttmengen.

BAKKER (1954, 1957) sowie BAKKER und MÜLLER (1958) konnten feststellen, daß in den tropisch-wechselfeuchten Gebieten Surinams die Endprodukte der chemischen Verwitterung die gleiche Korngrößenzusammensetzung aufweisen wie das in den benachbarten Flüssen enthaltene Material. Die sedimentologischen Untersuchungen ergaben nämlich bei beiden Gruppen ein dominierendes Maximum in der Tonfraktion (< 2 µ Ø) und ein - wenn auch viel kleineres - zweites Häufigkeitsmaximum bei den Feinsanden (50-200 µ Ø).

12) Nach JESSEN (1936, 1938) ist die Rumpfflächenbildung an tropisch-wechselfeuchtes Klima gebunden, ein arider werdendes Klima würde hingegen die Landschaft konservieren.

Die Schluffanteile (2-50 µ Ø) traten demgegenüber weit zurück. Diese Korngrößenzusammensetzung - von BAKKER wenig glücklich "Zweiphasigkeit" genannt- konnten WILHELM[13] und LOUIS auf Grund von Untersuchungen in den tropisch-wechselfeuchten Gebieten des ehemaligen Tanganyika sowie BÜDEL (1965) in Indien voll bestätigen. Aus diesen Ergebnissen geht hervor, daß die Flüsse in den wechselfeuchten Tropen ihr Frachtmaterial schon völlig aufbereitet geliefert bekommen und daß die groben Schotter- das Charakteristikum der Flüsse in anderen Klimazonen - in diesen Gerinnen gar nicht vorhanden sind. Dieser Mangel an Erosionswaffen macht nach BÜDEL (1965) eine Tiefenerosion unmöglich und läßt das Wasser selbst zum Träger der flächenhaften Abtragung werden. So sind nach BÜDEL die Flüsse hier nicht fähig, die aus dem Feinmaterial bestehenden Verwitterungsdecken zu zerschneiden, geschweige denn härtere Gesteinsbänke zu durchsägen. Letztere müssen vielmehr in Stromschnellen und Wasserfällen überwunden werden, woraus sich ein ausgesprochen unausgeglichenes Flußlängsprofil ergibt.

Das von LOUIS (1957) als "Muldentaltypus der fluviatilen Abtragungslandschaft" gekennzeichnete Gebiet, d.h. das Gebiet, in dem die flächenhaft wirkende Abtragung der dominierende morphologische Prozeß ist, will BÜDEL (1948, 1957, 1963, 1965) als *Flächenbildungszone* bezeichnet wissen. Im Gegensatz zu JESSEN (1936) und zu LOUIS (1957, 1959, 1964, 1968) und im Gegensatz zu seinen früheren Ausführungen (BÜDEL 1934, 1938, 1948) versteht BÜDEL unter dieser Zone den gesamten *tropischen Bereich*, nämlich die immerfeuchten und die wechselfeuchten Tropen sowie auch die tropischen Monsunländer mit ausgeprägter Trocken- und Regenzeit. Er schreibt (1963, S. 278): "Der morphogenetische Vorgangskomplex, der die tropische Flächenbildungszone kennzeichnet, ist in seiner aktuellen Lebensform an das Klima der heutigen feuchten Tropen und in seiner reinsten Ausprägung an das der wechselfeuchten Randtropen mit deutlicher ausgeprägter Trockenzeit geknüpft."

Mit LOUIS (1964, S. 65) darf aber angenommen werden, daß der Bereich der Rumpfflächenbildung wesentlich enger zu fassen ist, als es BÜDEL (1948, 1957, 1963, 1965) tat, das heißt, daß er auf die tropisch-wechselfeuchten Gebiete beschränkt ist, wie es auch schon OBST (1913, 1923), JESSEN (1936), OBST und KAYSER (1949) sowie MENSCHING (1958) annahmen. Denn BEHRMANN (1927), v. FREYBERG (1932) sowie SAPPER (1914, 1935) konnten feststellen, daß in den immerfeuchten Tropen durch lineare Erosion *starke Zertalung* und durch die große Durchfeuchtung *Rutschungen* vorherrschen.[14]

Interessant ist es vielleicht in diesem Zusammenhang zu erwähnen, daß TROLL (1947, 1948) die Einrumpfung von Gebieten auch auf den Periglazialbereich ausdehnen will. Die dort durch *Kryoplanation* i.S. BRYANs (1946) geschaffenen Verebnungen bezeichnet er als "*Solifluktionsrümpfe*". TROLLs Auffassung muß aber äußerst kritisch begegnet werden, denn 1. sind die vermeintlichen Rumpfflächen meistens im moränischen Lockermaterial oder in weichen Schiefern angelegt, ziehen also nicht über Gesteine stark unterschiedicher Resistenz hinweg, und 2. ist dagegen einzuwenden, daß die bisher in diesem Klimabereich gemachten Beobachtungen eher für eine selektive Abtragung sprechen - abgesehen von den wenig ausgedehnten Kryoplanationsterrassen.

BÜDEL unternimmt in seiner 1957 erschienenen Arbeit mit der Theorie der "Doppelten Einebnungsflächen" einen neuen Versuch, die Entstehung der Rumpfflächen, der Rumpftreppen sowie der azonalen Inselberge[15] (im Sinne von OBST und KAYSER 1949) grundsätzlich zu klären, bleibt aber - wie uns scheint - allzusehr im Theoretischen stecken.

BÜDEL geht in seiner Theorie von der schon von SAPPER (1914), vor allem aber von CREDNER (1931) und von v. FREYBERG (1932) beschriebenen Situation aus, daß die Rumpffläche - vertikal gesehen - aus zwei, von einer nach BÜDEL im Durchschnitt 20 - 30 m mächtigen Verwitterungsdecke getrennten, Flächen besteht, nämlich aus einer "Unteren und einer Oberen Einebnungsfläche". Dies gilt aber nur für die weiten Ebenen zwischen den Inselbergen, da das Bodenprofil in Annäherung an einen Inselberg an Mächtigkeit abnimmt und bei einem Grenzneigungswinkel von 10 - 12° völlig verschwindet, so daß an solchen Stellen der nackte Fels ansteht.

In seinem Aufsatz "Klima-genetische Morphologie" (1963) macht BÜDEL, sich auf TIENHAUS und von

---

13) Kolloquiumvortrag im SS 1966 im Geographischen Institut Hannover.

14) VALENTIN (1958, S. 193) betonte nochmals ausdrücklich, daß in den immerfeuchten Tropen starke Zertalung herrscht, wie es die Forschungen von BEHRMANN (1927) auf Neu-Guinea ergaben.

15) Wahllos verteilte und kleine, sich plötzlich aus einer Fläche heraushebende und in keinem Fall mit einem Gebirgsrand in Beziehung stehende Inselberge. Zonale Inselberge sind von Altflächenresten gekrönte Auslieger einer höher gelegenen Rumpffläche, zonal angeordnet vor einer Rumpftreppe.

GAERTNER (1963) (zit. n. BÜDEL 1963) stützend - Angaben über Verwitterungsmächtigkeiten, die sich sogar auf 170 - 300 - 600 m belaufen. Diese Fälle dürften allerdings äußerst selten auftreten. Bei seinen Untersuchungen in Indien (BÜDEL 1965), die durch zahlreiche Aufschlüsse sehr begünstigt wurden, konnte BÜDEL Mächtigkeiten von nur 4 - 10 m feststellen.

Die "*Untere Einebnungsfläche*" bildet die Basisfläche der Verwitterungsdecke und stellt damit gewissermaßen die Angriffsfront der bei stets hoher Wärme und Feuchtigkeit sehr rasch in die Tiefe fortschreitenden chemischen Zersetzung dar. Auf ihr spielt sich also die eigentliche Tieferlegung der Gesteinsflächen ab. Infolge der unterschiedlichen morphologischen Härte der Gesteine weist die "Untere Einebnungsfläche" ein recht bewegtes Relief von bis 60 m Höhenunterschied auf, ist also keinesfalls tischeben, sondern vielmehr höckerig zu nennen. B. v. FREYBERG (1932, S. 285) schreibt schon dazu: "Daß das "Untere Zersatzniveau" keine mathematische Ebene sein kann, ist klar. Wer also Rumpfflächen nach der Libelle mißt, wird sie hier vergeblich suchen."

Neben der Tieferlegung der Gesteinsfläche bewirkt der Arbeitsmechanismus der "Doppelten Einebnungsflächen" aber auch noch deren Weiterausdehnung durch *Unterschneidung der randlichen Stufen- und Inselberghänge*. Diesen Vorgang, der durch das von den Hängen rasch abfließende und sich an den genannten Stellen ansammelnde Wasser besonders gefördert wird, bezeichnet BÜDEL (1965) als "*subkutane Seitendenudation*".

Auf der "Oberen Einebnungsfläche" findet dagegen der Abtransport der hoch beweglichen Endprodukte der chemischen Verwitterung in den sogenannten *Spülmulden* statt - ein Vorgang, der dieser Fläche überhaupt erst den sehr ebenen Charakter verleiht. BÜDEL bezeichnet diese Fläche als *Spülfläche* und bringt damit die sich auf ihr abspielenden Prozesse gut zum Ausdruck.

Da die sich auf der Spülfläche befindenden Flüsse aus oben schon genannten Gründen zu einer Tiefenerosion nicht fähig sind, müssen sie die härteren Gesteinsbänke in *Stromschnellen* und *Wasserfällen* überwinden. Daraus ergibt sich ein ausgesprochen unausgeglichenes Flußlängsprofil - verglichen mit den Flußlängsprofilen in unseren Breiten.

Es läßt sich zusammenfassend und ergänzend festhalten: Der Mechanismus der Rumpfflächenbildung ist nach BÜDEL an folgende Faktoren gebunden:

1. an eine schwache bis mäßige Hebung eines mit dem Meeresspiegel oder mit einem größeren Binnenbecken in Verbindung stehenden Krustenstücks;
2. an eine starke und tiefgründige chemische Verwitterung auf der "Unteren Einebnungsfläche", die durch die hauptsächlich in den Tropen vorhandenen hohen Temperaturen und durch die hohe Bodenfeuchte ermöglicht wird ("*Priesnitzumschlag*");
3. an eine flächenhafte Abtragung auf der "Oberen Einebnungsfläche" in Form von Flächen- und Gullispülung sowie durch Lateralerosion, die besonders durch die in den wechselfeuchten Tropen zu findende ruckweise Wasserführung gewährleistet ist und
4. an den Mangel an "Erosionswaffen", der eine Tiefenerosion im Zusammenspiel mit der starken Schuttbelastung weitgehend verhindert.

BÜDEL (1957) meint nun, mit Hilfe der Theorie der "Doppelten Einebnungsflächen" das Problem der Entstehung der *Rumpftreppen* ebenfalls lösen zu können. Dabei geht er von der oben schon dargelegten Feststellung aus, daß die Verwitterungsdecke zu den Inselbergen hin ausdünnt, d.h. daß der feste Fels im Fußbereich der Inselberge, nämlich auf den Randspülpedimenten, oder, um mit LOUIS zu sprechen, auf der Spülmuldenflur dicht unter der Oberfläche ansteht. Bei *ruckweiser Hebung* würden nun nach BÜDEL die beiden Einebnungsflächen annähernd zu sich selbst tiefergelegt, die Randspülpedimente würden hingegen über die obere Einebnungsfläche hinausgehoben. Bei sich öfter wiederholendem Hebungsvorgang entstünde ein Bild, wie es uns heute in den deutschen Mittelgebirgen entgegentrete. Damit wendet sich BÜDEL gegen die Annahme, daß es sich bei den Rumpftreppenflächen um Reste ehemals die Mittelgebirge miteinander verbindender weiträumiger Rumpfflächen handele.

Dieser von BÜDEL abgeleitete Mechanismus eröffnet zweifellos eine neue Möglichkeit für die Erklärung der oft in den Rumpftreppengebieten zu beobachtenden, in nicht großen Vertikalabständen übereinander angeordneten Randverebnungen. Ob dieser Mechanismus aber auch für die Erklärung der weit auseinander liegenden und oft recht weiträumig ausgebildeten Rumpfflächenreste herangezogen werden kann, muß dahingestellt bleiben.

In seiner Arbeit über Rumpfflächen und Talbildung in den wechselfeuchten Tropen, besonders nach Studien im heutigen Tansania, konnte LOUIS (1964) die Ergebnisse von JESSEN (1936) und BÜDEL (1957) weitgehend bestätigen und darüber hinaus zu neuen Erkenntnissen gelangen, die für die Rumpfflächenforschung richtungsweisend geworden sind. So stellte LOUIS fest, daß in den als Rumpfflächenlandschaften angesprochenen Gebieten drei *verschiedene Taltypen* auftreten, deren Gestaltung und Verbreitung Schlüsse auf die Flächenbildung zulassen. Es sind dies:

1. Flachmuldentäler,
2. Kehltäler und
3. Kerbtäler.

Zur Gestaltung der Flachmuldentäler: Die Flachmuldentäler (BÜDELs Spülmulden) weisen ein sanft konkaves, mehrere Kilometer breites Talquerprofil auf, das infolge seiner Flachheit oftmals als Ebene anzusprechen ist. Die Neigung der Talhänge nimmt mit der Entfernung zum Talgrund auf 3 - 6° zu, um dann gegen die Talscheiden wieder auf 1 - 2° abzufallen.

Die Aufschlüsse im Talgrund und am Talhang unterscheiden sich dadurch, daß im ersteren verschwemmte Sande in einer Mächtigkeit von 1 - 3 m zu finden sind, während am Talhang unter einem handbreiten humosen Horizont das Produkt der chemischen Verwitterung, Rotlehm, in situ ansteht.

An diese Ausführungen schließt sich aber gleich die Frage an, ob diese überaus flachen, kilometerbreiten LOUISschen Flachmuldentäler wirklich als Täler anzusprechen sind, zumal sich die Talhänge nicht eindeutig von den Flächen absetzen lassen. BÜDEL (1965) möchte deshalb den Terminus "Flachmuldental" durch den seiner Meinung nach sowohl die Form als auch den Bildungsprozeß kennzeichnenden Ausdruck "Spülmulde" ersetzt wissen. Die Form an sich erkennt BÜDEL aber an. Damit ist der Streit BÜDEL/LOUIS rein terminologischer Art.

Die Untersuchungen von LOUIS ergaben außerdem, daß die Flachmuldentäler nur in einem tropisch-wechselfeuchten Klimabereich mit einer Jahresniederschlagssumme von 500 bis 1.000 mm anzutreffen sind und damit die Rumpfflächenbildung notwendigerweise auf dieses Gebiet beschränkt ist. Der Raum der aktiven Rumpfflächenbildung ist nach LOUIS also gekennzeichnet durch eine Jahresniederschlagsmenge von 500 bis 1.000 mm. Beiderseits dieses Bereiches gehe hingegen die Zerstörung der Flächen vor sich, wobei die Kehltäler, die aus Flachmuldentälern hervorgegangen sind, mit ihren steilgeraden bis konvexen Hängen als Beweis beginnender Zerstörung, die Kerbtäler (humiderer Bereich) sowie Racheln und Runsen (ariderer Bereich) als Ausdruck fortgeschrittener Zerstörung anzusehen seien.[16]

Da die mit Flachmuldentälern ausgestatteten Rumpfflächenlandschaften sich in Höhen von 100 - 1.800 m ü.M. befinden, gelangt LOUIS zu dem Schluß, daß eine Krustenbewegung nur dann zur Zerstörung einer Rumpffläche führt, wenn die betreffende Fläche durch die Hebung in einen anderen Klimabereich mit mehr oder weniger Niederschlag kommen würde. Damit kann die Bildung von Rumpfflächen in einem tropisch-wechselfeuchten Gebiet *unabhängig von der Meereshöhe* erfolgen, vorausgesetzt, daß die Niederschlagsmenge in den oben angegebenen Grenzen liegt. Eine einfache Vergrößerung des Höhenunterschiedes zwischen Abtragungsoberfläche und Erosionsbasis reicht also nach LOUIS (1964) - im Gegensatz zu OBST und BÜDEL - zur Zerstörung einer Rumpffläche nicht aus. Interessant ist festzustellen, daß BÜDEL (1938) ähnliche Gedanken schon geäußert hat. CREDNER (1931) konnte übrigens bei seinen Untersuchungen in Siam ebenfalls nachweisen, daß junge intensive Hebung nicht zur Zerschneidung der Rumpfflächen geführt hat.

Aus dieser klimatischen Betrachtungsweise heraus glaubt LOUIS die Rumpftreppen durch mehrfachen Klimawechsel, d.h. Wechsel von Kehl- oder Kerbtal zu Flachmuldental, erklären zu können und kommt damit MORTENSENs (1943/44) Anschauungen sehr nahe; er räumt aber gleichzeitig ein, daß z.B. flexurartige Verstellungen einer ehemals einheitlichen Fläche sowie große randliche Verwerfungen ebenfalls zur Entstehung von Rumpftreppen führen können.

3. Literatur

AHNERT, F. (1978): Gegenwärtige Forschungstendenzen der physischen Geographie. In: Die Erde 109, S. 49-80.

BAKKER, J.P. (1954): Über den Einfluß von Klima, jüngerer Sedimentation und Bodenprofilentwicklung auf die Savannen Nord-Surinams (Mittelguayana). In: Erdkunde 8, S. 89-112.

BAKKER, J.P. (1957): Quelques aspects du problème des sediments corrélatifs en climat tropical humide. In: Zeitschr. f. Geomorph., N.F. 1.

---

16) Erwähnenswert scheint es uns in diesem Zusammenhang zu sein, daß bereits KREBS (1933) bei seinen Untersuchungen in Indien feststellte, daß die am schönsten ausgebildeten Inselberge in einem tropisch-wechselfeuchten Klima mit 650 - 1.200 mm Jahresniederschlag auftreten. Berücksichtigt man, daß Inselberge ein besonders kennzeichnendes Element einer Rumpfflächenlandschaft darstellen, so kann dieser Aussage durchaus eine gewisse Bedeutung zu unserer Fragestellung zukommen.

BAKKER, J.P./H. MÜLLER (1958): Zweiphasige Flußablagerungen und Zweiphasenverwitterung in den Tropen unter besonderer Berücksichtigung Surinams. Lautensach-Festschrift.

BEHRMANN, W. (1921): Die Oberflächenformen in den feucht-warmen Tropen. In: Zeitschr. d. Ges. f. Erdkunde Berlin, S. 1-2.

BEHRMANN, W. (1927): Die Oberflächenformen im feuchtheißen Kalmenklima. Düsseldorfer Geographische Vorträge. III: Morphologie der Klimazonen.

BLUME, H. (1958): Das morphologische Werk Heinrich Schmitthenners. In: Zeitschr. f. Geomorph., N.F. 2, S. 149-164.

BLUME, H. (1971): Probleme der Schichtstufenlandschaft. Darmstadt.

BÖTTCHER, H. (1979): Zwischen Naturbeschreibung und Ideologie. Versuch einer Rekonstruktion der Wissenschaftsgeschichte der deutschen Geomorphologie. In: Geographische Hochschulmanuskripte (GHM), H. 8, 151 S.

BORNHARDT, W. (1900): Zur Oberflächengestaltung und Geologie Deutsch-Ostafrikas. Berlin.

BROSCHE, K.-U./H.-D. SCHULZ (1972): Probleme der Schichtstufenlandschaft. Schmitthenners Theorie im Lichte neuerer Forschungen, insbesondere in Norddeutschland. In: Geogr. Zeitschr. 60, S. 241-269.

BRYAN, K. (1946): Cryopedology - the study of frozen ground and intensive frost-action with suggestions on nomenclature. In: American Journal of Science 244, S. 622-642.

BÜDEL, J. (1934): Die Rumpffläche des westlichen Erzgebirges. Verhandlungen und wissenschaftliche Abhandlungen des 25. Deutschen Geographentages.

BÜDEL, J. (1938): Das Verhältnis von Rumpftreppen zu Schichtstufen in ihrer Entwicklung seit dem Alttertiär. In: Peterm. Mitt. 84, S. 229-238.

BÜDEL, J. (1948): Die klima-morphologischen Zonen der Polarländer. Erdkunde 2.

BÜDEL, J. (1957): Die "Doppelten Einebnungsflächen" in den feuchten Tropen. In: Zeitschr. f.Geomorph. N.F. 1, S. 201-228.

BÜDEL, J. (1963): Klimagenetische Geomorphologie. In: Geogr. Rundschau 15, S. 269-285.

BÜDEL, J. (1965): Die Relieftypen der Flächenspülzone Südindiens am Ostabfall Dekans gegen Madras. Colloquium Geographicum 8.

CREDNER, W. (1931): Das Kräfteverhältnis morphogenetischer Faktoren und ihr Ausdruck im Formenbild Südostasiens. Bull. Geol. Soc. of China, Vol. XI.

DAVIS, W.M. (1898): Physical Geography. Boston.

DAVIS, W.M. (1899): The geographical cycle. Geogr. Journal.

DAVIS, W.M./G. BRAUN (1911): Grundzüge der Physiogeographie. Leipzig.

DAVIS, W.M./A. RÜHL (1912): Die erklärende Beschreibung der Landformen. Leipzig.

FREYBERG, B. von (1932): Ergebnisse geologischer Forschungen in Minas Geraes. Neues Jahrbuch f. Min. etc., Sonderband II. Stuttgart.

McGEE, W.J. (1897): Shettflood Erosion. In: Bull. Geol. Soc. of America, Vol. 8, S. 87-112.

GILBERT, G.K. (1877): Report on the geology of the Henry Mountains. Washington.

GILBERT, G.K. (1886): The Colorado Plateau Province as a Field for geological Study. American Journal of Science 3, XII.

HETTNER, A. (1913): Rumpfflächen und Pseudorumpfflächen. In: Geogr. Zeitschr., S. 185-202.

HETTNER, A. (1921a): Die Davis'sche Lehre in der Morphologie des Festlandes. In: Geogr. Anzeiger, Jg. 22, H. 1/2, S. 1-6.

HETTNER, A. (1921b): Die Oberflächenformen des Festlandes, ihre Untersuchung und Darstellung. Berlin.

HÖVERMANN, J. (1965): 40 Jahre moderne Geomorphologie. In: Gött. Geogr. Abh. 34, S. 11-19.

HÜSER, K. (1974): Gedanken zum Objekt und zur Methodik der heutigen Geomorphologie. In: Karlsruher Geogr. Hefte 6, S. 9-27.

JESSEN, C. (1936): Reisen und Forschungen in Angola. Berlin.

JESSEN, C. (1938): Tertiärklima und Mittelgebirgsmorphologie. In: Zeitschr. d. Ges. f. Erdkunde Berlin, S. 36-49.

JESSEN, C. (1943): Die Randschwellen der Kontinente. In: Peterm. Mitt., Erg.-H. Nr. 241.

JOHNSSON, D.W. (1919): Shore processes and shoreline development. New York.

KREBS, N. (1933): Morphologische Beobachtungen in Südindien. Sitzungsber. Preuß. Akad. d. Wiss., Phys.-Math. Kl., XXVIII.

KREBS, N. (1942): Über Wesen und Verbreitung tropischer Inselberge. In: Abh. Preuß. Akad. d. Wiss., Math.-nat. Kl. 6, S. 3-41.

LESER, H. (1980): Geographie. Das Geographische Seminar. Braunschweig.

LESER, H. (1983): Wandel und Bestand methodischer Grundperspektiven der Geomorphologie zwischen den Ansätzen Ferdinand von Richthofens und heute. In: Die Erde 114, S. 104-118.

LOUIS, H. (1957): Rumpfflächenproblem, Erosionszyklus und Klimageomorphologie. In: Geomorphologische Studien (Machatschek-Festschrift), Peterm. Mitt., Erg.-H. 262, S. 9-26.

LOUIS, H. (1964): Über Rumpfflächen und Talbildung in den wechselfeuchten Tropen, besonders nach Studien in Tanganyika. In: Zeitschr. f. Geomorph. N.F. 8, Sonderheft zum 70. Geburtstag von H. Mortensen, S. 43-70.

LOUIS, H. (1968): Allgemeine Geomorphologie (Lehrbuch der Allgemeinen Geographie Bd. 1, 3. Aufl. Berlin.

LOUIS, H. (1968a): Über die Spülmulden und verwandte Formbegriffe. In: Zeitschr. f. Geomorph. N.F. 12, S. 490-501.

MAULL, O. (1958): Handbuch der Geomorphologie. 2. Aufl. Wien.

MENSCHING, H. (1958): Glacis - Fußfläche - Pediment. In: Zeitschr. f. Geomorph. N.F. 2.

MORTENSEN, H. (1943/44): Sechzig Jahre moderne geographische Morphologie. In: Jahrb. d. Akad. d. Wiss. in Göttingen, S. 33-77.

MORTENSEN, H. (1949): Rumpffläche - Stufenlandschaft - Alternierende Abtragung. In: Peterm. Mitt. 93, S. 1-14.

NEUMAYR, M. (1886): Erdgeschichte. Bd. 1, 2. neu bearb. u. erw. Aufl. Wien.

OBST, E. (1913): Die Massaisteppe und das Inselbergproblem. Mitt. Geogr. Ges. Hamburg.

OBST, E. (1923): Das abflußlose Rumpfschollenland im nordöstlichen Deutsch-Ostafrika. Mitt. Geogr. Ges. Hamburg 35.

OBST, E./K. KAYSER (1949): Die Große Randstufe auf der Ostseite Südafrikas und ihr Vorland. Ein Beitrag zur Geschichte der jungen Heraushebung des Subkontinents. Hannover, 342 S.

PASSARGE, S. (1909): Verwitterung und Abtragung in den Steppen und Wüsten Algeriens. In: Geogr. Zeitschr.

PASSARGE, S. (1912a): Physiologische Morphologie. In: Mitt. d. Geogr. Ges. Hamburg 26, S. 133-337.

PASSARGE, S. (1912b): Über die Herausgabe eines physiologisch-morphologischen Atlas. In: Verhandlungen d. 18. Dtsch. Geographentages zu Innsbruck. Berlin, S. 236-247.

PASSARGE, S. (1914/20): Morphologischer Atlas. Lieferung 1: Morphologie des Meßtischblattes Stadtremda. Mitt. d. Geogr. Ges. Hamburg 28.

PASSARGE, S. (1919, 1929): Grundlagen der Landschaftskunde. Ein Lehrbuch und eine Anleitung zur landschaftskundlichen Forschung und Darstellung. Bd. I: Beschreibende Landschaftskunde. Bd. III: Die Oberflächengestaltung der Erde. Hamburg.

PASSARGE, S. (1920): Die Grundlagen der Landschaftskunde. Hamburg.

PASSARGE, S. (1924): Das Problem der Skulptur-Inselberglandschaften. In: Peterm. Mitt., S. 66-70 und S. 117-120.

PASSARGE, S. (1924a): Die geologische Wirkung des Windes. In: W. SALOMON: Grundzüge der Geologie Bd. 1. Stuttgart.

PASSARGE, S. (1926): Geomorphologie der Klimazonen. Peterm. Mitt.

PASSARGE, S. (1929): Morphologie der Erdoberfläche. Breslau.

PENCK, A. (1887): Die Denudation der Erdoberfläche. Schriften zur Verbreitung naturwissenschaftlicher Kenntnisse. Wien.

PENCK, A. (1889): Das Endziel der Erosion und Denudation. In: Verh. d. VIII. Deutsch. Geographentages. Breslau, S. 91-100.

PENCK, A. (1894): Morphologie der Erdoberfläche. Bd. 1 und 2. Stuttgart.

PENCK, A. (1895): Die Erdoberfläche. Scobels Geographisches Handbuch zu Andrees Handatlas. Bielefeld und Leipzig, 2. Aufl.

PENCK, A. (1919): Die Gipfelflur der Alpen. Abh. d. Sächs. Akad. d. Wiss., Phys.-math. Kl. Bd. 17. Berlin.

PENCK, W. (1920): Wesen und Grundlagen der morphologischen Analyse (Veröffentichungen d. Sächs. Akad. d. Wiss. Bd. 72).

PENCK, W. (1924): Die morphologische Analyse. Ein Kapitel der physikalischen Geologie. Stuttgart.

PENCK, W. (1925): Die Piedmonttreppen des südlichen Schwarzwaldes. In: Zeitschr. d. Ges. f. Erdkunde Berlin N.F., S. 3-4.

PENCK, W. (1928): Über den Gang der Abtragung. Mitt. d. Geogr. Ges. Wien.

PHILIPPSON, A. (1923/24): Grundzüge der Allgemeinen Grographie. Bd. 1 und 2. Leipzig.

POSER, H. (1953): Der Beitrag von Wilhelm Meinardus zur Klimatischen Morphologie. Meinardus-Gedächtnis-Kolloquium am 10. Februar 1953. In: Gött. Geogr. Abh. H. 13, S. 33-44.

POWELL, J.W. (1875): Exploration of the Colorado River of the West und its tributaries. Washington.

POWELL, J.W. (1876): Report on the Geology of the Uinta Mountains. Washington.

RAMSAY, A.C. (1864): The Physical Geology and Geography of Great Britain. London.

RICHTHOFEN, F. von (1886): Führer für Forschungsreisende. Hannover.

SAPPER, K. (1914): Über Abtragungsvorgänge in den regenfeuchten Tropen. In: Geogr. Zeitschr. 20, H. 20, S. 5-18 und S. 81-92.

SAPPER, K. (1935): Geomorphologie der feuchten Tropen. Geogr. Schriften H. 7. Leipzig-Berlin.

SÖLCH, J. (1914): Die Formung der Erdoberfläche. Kendes Handbuch der Geograpischen Wissenschaft Bd. 1. Berlin.

SÖLCH, J. (1918): Die Frage der Talbildung. Penck-Festschrift. Stuttgart.

SÖLCH, J. (1921): Die Formung der Landoberfläche. In: KENDE, O. (Hrsg.): Handbuch der Geographischen Wissenschaft Bd. 1. Berlin, S. 130-227.

SCHUNKE, E./J. SPÖNEMANN (1972): Schichtstufen und Schichtkämme in Mitteleuropa. Hans-Poser-Festschrift. In: Gött. Geogr. Abhandlungen H. 60, S. 65-92.

THORBECKE, F. (1927): Der Formenschatz im periodisch trockenen Tropenklima mit überwiegender Regenzeit. In: Düsseldorfer Geographische Vorträge und Erörterungen III: Morphologie der Klimazonen. Leipzig, S. 10-17.

TIENHAUS, R. (1964): Itabiritische Eisenerzlagerstätten der Erde - ein Überblick. Itabiritische und lateritische Eisenerze in der Welt und ihre Genese. In: Schriften d. Ges. Dtsch. Metallhütten u. Bergleute e.V. 14, S. 1-9.

TIENHAUS, R. (1964a): Verwitterungsprofile über Itabiriten von Afrika und Indien. In: Schriften d. Ges. Dtsch. Metallhütten u. Bergleute e.V. 14, S. 89-101.

TRICART, J./A. CAILLEUX (1965): Introduction à la géomorphologie climatique. In: Traité de Géomorphologie Bd. I. SEDES Paris.

TROLL, C. (1947): Die Formen der Solifluktion und die periglaziale Bodenabtragung. Erdkunde 1.

TROLL, C. (1948): Der subnivale oder periglaziale Zyklus der Denudation. Erdkunde 2.

VALENTIN, H. (1958): Glazialmorphologische Untersuchungen in Ostengland. - Ein Beitrag zum Problem der letzten Vereisung im Nordseeraum. Abh. d. Geogr. Inst. d. Freien Univ. Berlin Bd. 4.

WAIBEL, L. (1925): Gebirgsbau und Oberflächengestalt der Karrasberge in Südwestafrika. In: Mitt. aus d. Dtsch. Schutzgebieten Bd. 33. Berlin, S. 104-114.

WAIBEL, L. (1928): Die Inselberglandschaft von Arizona und Sonora. In: Zeitschr. d. Ges. f. Erdkunde zu Berlin. Sonderband zur Hundertjahrfeier der Gesellschaft für Erdkunde, S. 68-91.

WALTHER, J. (1924): Das Gesetz der Wüstenbildung in Gegenwart und Vorzeit. Leipzig, 3. Aufl.

WISSMANN, H. von (1951): Über seitliche Erosion. Beiträge zu ihrer Beobachtung, Theorie und Systematik im Gesamthaushalt fluviatiler Formenbildung. Colloquium Geographicum Bd. 1. Bonn.

Anschriften der Verfasser:

Prof. Dr. Karl-Ulrich Brosche
Freie Universität Berlin
Institut für Physische Geographie
Grunewaldstraße 35
D - 1000 Berlin 41

Diplom-Geographin Gudrun Hofmeister
Sachsenstraße 12
D - 2810 Verden/Aller

Aus:

Ekkehart Köhler und Norbert Wein (Hrsg.):

NATUR- UND KULTURRÄUME.

Ludwig Hempel zum 65. Geburtstag.

Paderborn: Ferdinand Schöningh 1987.

= Münstersche Geographische Arbeiten 27.

Eckhard Wehmeier

Großrisse und ihre Entstehung auf Alkali Flat, Nevada

1. Einleitung

Das Auftreten von Großrissen auf Playaoberflächen, in der amerikanischen Fachliteratur als Großtrockenrisse (giant desiccation cracks) bezeichnet, die sich häufig zu Großpolygonen (giant desiccation polygons) vereinen, ist insbesondere von NEAL (1965, 1967) aus einer Anzahl von Playas berichtet worden. Erstmals sind sie wohl von LANG (1943) aus der Animas Valley Playa in New Mexiko beschrieben worden. Zu diesen Playas gehört auch Alkali Flat in Big Smoky Valley, Nevada (Abb. 1).

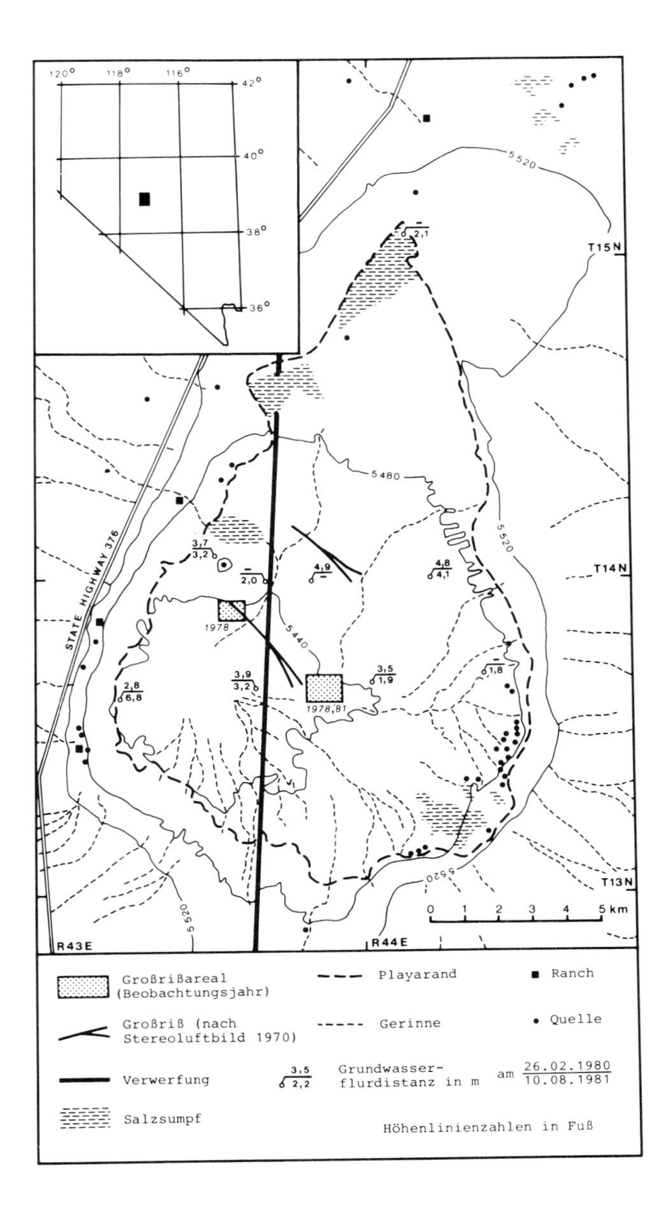

Abb. 1: Die Lage der Großrisse auf Alkali Flat, Nevada

Mehrere Gründe haben den Autor bewogen, diese Untersuchung vorzulegen. Wenngleich Großrißstrukturen aus ca. vierzig U.S.-Playas bekannt geworden sind, so existieren detaillierte Untersuchungen bezüglich ihrer Genese nur zu etwa einem halben Dutzend. In Anbetracht der Tatsache, daß Playas als Teile von Bolsonen zu gelten haben, erscheint das viel zu wenig, wenn man an die Individualität dieser Bolsone hinsichtlich ihrer naturräumlichen Ausstattung und ihres wirtschaftlichen Erschließungsgrades denkt. Zum Alkali Flat wurde bisher keine derartige Studie vorgelegt. Sehr wohl konnte der Autor bei einigen Besuchen (1978, 1980, 1981) der Playa im Rahmen seiner von der DFG geförderten Untersuchungen zur Hydro- und Morphodynamik ausgewählter Playas im Inneren Westen und Südwesten der U.S.A. Großrißstrukturen entdecken, doch nicht die von NEAL angegebenen Großpolygone. Diese Tatsache, wie das sich bietende Muster (Photo 2), ließen Zweifel daran aufkommen, ob die Risse ausschließlich als Trockenrisse im Sinne NEALs aufzufassen seien. Deshalb wird auch ganz neutral von Großrissen und nicht von Großtrockenrissen gesprochen.

Herkömmlicherweise werden Großrisse auf Playas interpretiert als Folge tiefergreifender Austrocknung von Playasubstrat, induziert durch anthropogen bedingte Absenkungen des Grundwasserspiegels, bzw. des piezometrischen Niveaus. Natürliche Tieferlegung des Grundwassers durch klimatische Ursachen, etwa Verringerung der Grundwasserneubildung im Gefolge mehrjähriger Trockenzyklen, werden nicht ausgeschlossen, aber auch nicht belegt. Der Frage, inwieweit saisonale Schwankungen des Grundwasserniveaus in Playas für die Erklärung von Großrissen heranzuziehen sind, hat man sich bislang gar nicht gestellt. Vielleicht hat man das deshalb nicht getan, weil man meinte, die saisonalen Oszillationen seien nicht ausreichend, um über Prozesse der Tieftrocknung solche substratinternen Streßfelder sich aufbauen zu lassen, als daß Großrisse entstehen könnten. Inwieweit natürlich oder künstlich induzierte Schwankungen des Grundwassers im Playamilieu nicht auch differentielle Subsidenz der Playasedimente mit sich bringen, welche Großrisse als Senkungsrisse zu interpretieren erlaubt, ist nie untersucht worden. Hingegen ist das Vorkommen von Senkungsrissen (subsidence cracks) in der Peripherie alluvial-kolluvialer Beckengründe, auch in der Peripherie einzelner Playas, als Folge von Grund-

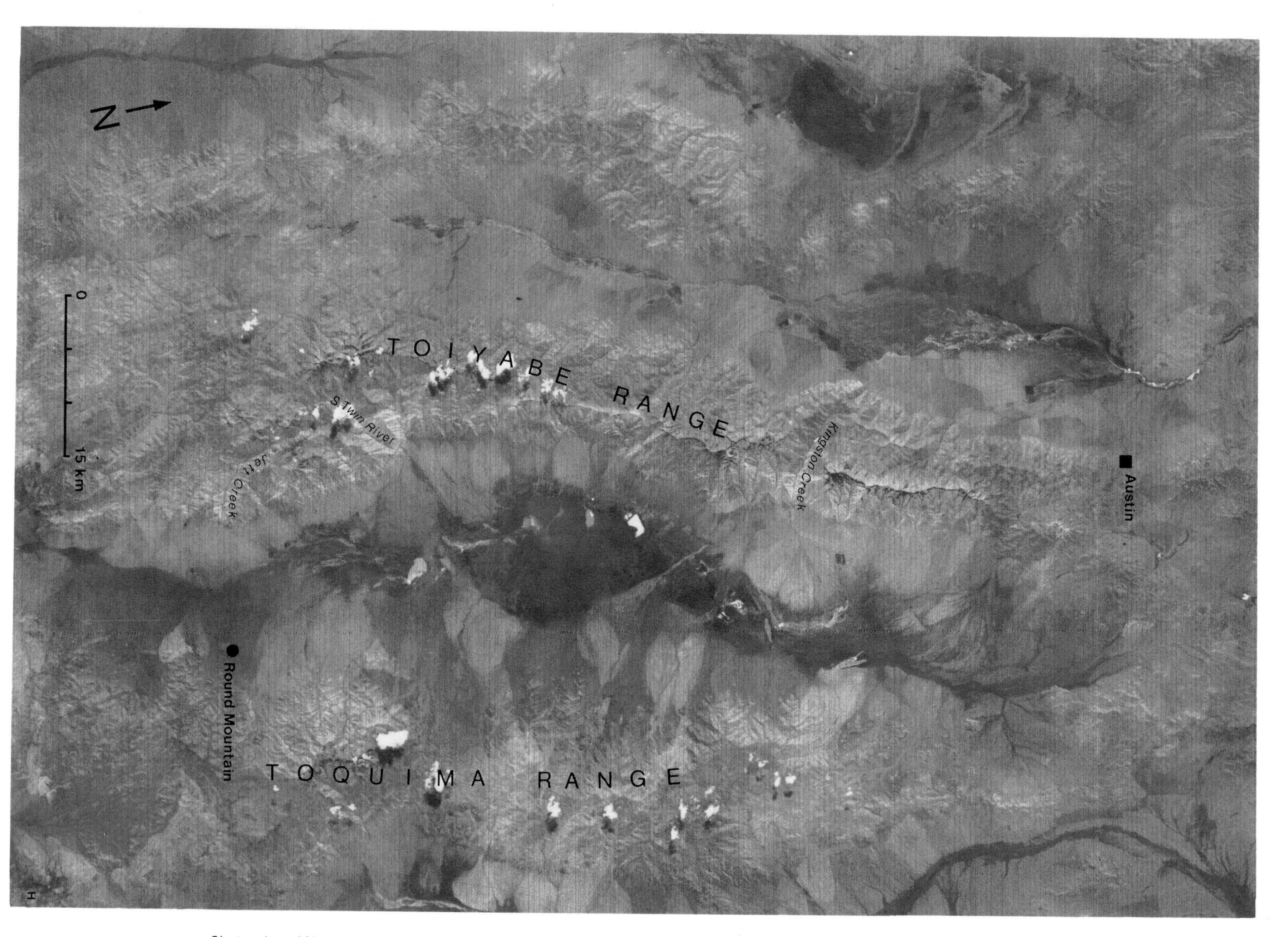

Photo 1: Alkali Flat und das nördliche Big Smoky Valley, Nev. Landsataufnahme vom 29.06.1975, Band 7 (0,8-1,1 µ m)

wasserübernutzung hinlänglich untersucht und dokumentiert (SCHUMANN und POLAND 1969; HOLZER 1980; WEHMEIER 1975). Die Aufnahme eines solchen Risses (Photo 3) aus der südöstlichen Peripherie der Willcox Playa, Arizona, dient der nötigen Veranschaulichung und Gegenüberstellung mit Rißstrukturen, die auf Alkali Flat (Photo 2) gefunden wurden. Natürlich ist Subsidenz im Playamilieu auch denkbar als Folge geotektonischer Beeinflussung, die nachzuweisen, gerade in Playas, nicht leicht ist. Günstige Umstände bei der systematischen Auswertung von Landsataufnahmen ermöglichen erstmals konkrete Einlassungen dazu, inwieweit Tektonik bei der Genese von Großrissen auf Alkali Flat involviert sein mag.

2. Die Geländebeobachtung

Beim ersten Besuch des Alkali Flat im nördlichen Big Smoky Valley in Zentral-Nevada konnten Großrisse am 03.08.1978 ca. 6 km vom westlichen Playarand entfernt auf der Höhe der Turk Ranch (Abb. 1) beobachtet werden. Diese Risse machten einen relativ frischen Eindruck, erkenntlich daran, daß sie nur partiell verschlämmt waren. In Teilen hatten allerdings schon sekundär retrograd erosive Prozesse, von den Rissen als Vorfluter ausgehend, ihre Spuren hinterlassen (Photo 4). Die Länge der Großrisse bewegte sich zwischen 24 m und 400 m, die Breite zwischen 15 cm und 30 cm. Alle Risse waren abrupt in das Gelände eingelassen, ohne eine Veränderung des mikrogeomorphologischen Kleinpolygonmusters der Playaoberfläche zu bewirken. Eine regelhafte Veränderung des Querschnittes im Verlauf der Längsachse konnte bei keinem der Risse festgestellt werden. Typisch für das Rißmuster war, daß eine Vereinigung zu Großpolygonen nicht erfolgte. Eine exakte Vermessung dieser Strukturen konnte mangels Gerät leider nicht vorgenommen werden, doch dominierten NNW-SSE-Richtungen mit gelegentlich kurzen Abzweigungen nach Süden und Westen. Als besonders auffällig erwiesen sich Rißstrukturen, die auf Absitz- und Scherbewegungen (Photo 2) hindeuten und Erinnerungen aufkommen lassen an Senkungsrisse wie vom Autor in der südöstlichen Peripherie der Willcox Playa (Photo 3) im Jahre 1978 beobachtet. Deren Genese ist im Zusammenhang mit anthropogen induzierten Grundwasserabsenkungen großen Ausmaßes seit 1953 zu sehen.

Drei Tage später, am 06.08.1978, konnten 4 km nordwestlich des obigen Gebietes, ca. 2,5 km östlich des Playarandes, auf der Höhe der Millett Ranch (Abb. 1), weitere Großrisse beobachtet werden. Diese schienen relativ älter zu sein, worauf auch deren nahezu völlige Verfüllung durch fluvial eingebrachtes Sediment hindeutete. Bei derartigen Schlüssen ist allerdings Vorsicht geboten, da in Abhängigkeit von der Überflutungsintensität der Verfüllungsgrad lokal sehr unterschiedlich sein kann. Eine sichtbare Verbindung beider Großrißareale konnte im Gelände nicht festgestellt werden. Die detaillierte Auswertung von Stereoluftaufnahmen (mittlerer Bildmaßstab 1 : 80.000), aufgenommen am 18.09.1970, zeigt allerdings ganz deutlich eine NNW-SSE verlaufende Großrißstruktur mit Abscherung, welche nicht nur die im Spätsommer 1978 beobachteten Großrißareale tangiert, sondern auch das zwischen ihnen befindliche Areal überbrückt (Abb. 1). Damit ergibt sich eine im Luftbild beobachtbare Länge dieser Großrißstruktur von ca. 3,4 km. Die Luftbilder lassen ferner eine weitere Großrißstruktur gleichen Musters und gleicher Ausrichtung in einem Abstand von 3,0 km nordöstlich der erstgenannten erkennen (Abb. 1). Diese zweite Struktur, deren Länge sich auf ca. 2,6 km beläuft, konnte im Gelände auch nicht ansatzweise beobachtet werden.

Ein zweiter Besuch des Alkali Flat im Februar des Jahres 1980 erbrachte keinerlei Beobachtungen zu Großrissen, leicht erklärlich dadurch, daß Großteile der Playaoberfläche unter Wasser standen und das nicht geflutete Substrat aufgrund der winterlichen Konditionen über eine recht hohe Grundfeuchte verfügte.

Beim dritten Besuch des Alkali Flat wiederum, am 17.08.1981, konnten im südlichen der Großrißareale von 1978 nahezu völlig verfüllte Großrisse (Photo 5) beobachtet werden. Im wesentlichen schien das sich bietende Muster dem von 1978 zu gleichen. Kleinere Abweichungen davon existierten jedoch.

3. Erklärungsansätze für die Genese von Großrissen

3.1 Natürliche Beeinträchtigungen der Wasserbilanz

Dieser klimatologisch-hydrologische Ansatz erfolgt über die Grundwasserneubildungsrate, die in Abhängigkeit von klimatischen Paramtern wie Niederschlag und Verdunstung variieren kann und u.U. zur Tieftrocknung von Substrat im Gefolge einzelner Trokkenjahre oder Trockenphasen führt. RUSH und SCHROER (1970) haben nach der Schätzmethode von MAXEY-EAKIN (1951) konkrete Aussagen zur höhenabhängigen Grundwasserneubildung im nördlichen Big Smoky Valley gemacht (Tab. 1).

Durch Umrechnung der Fuß- und Inchwerte ergeben sich leider etwas seltsam anmutende Höhen- und Niederschlagsstufungen. Die Interpretation der Daten zeigt, daß unterhalb von 1.829 m (6.000 Fuß) fallende Niederschläge für eine Grundwasserneubildung praktisch nicht in Frage kommen. Somit fallen von vornherein 23% aller Niederschläge für die Grundwasserneubildung aus. Das Ausmaß der Grundwasserneubildung beträgt 11,4% des oberhalb 1.829 m gefallenen Niederschlages oder 8,8% des Gesamtniederschlages. Als Konsequenz ergibt sich, daß die Daten der nur wenige Kilometer südlich des Alkali Flat in nur 1.714 m Meereshöhe gelegenen Station Smoky Valley für interpretatorische Zwecke bezüglich der Grundwasserspeisung nur mittelbar verwertbar sind. Direkte Aufschlüsse vermitteln höher gelegene Stationen, in diesem Falle das 2.013 m hoch liegende Austin, welches allerdings 50 km nördlich des Alkali Flat liegt (Photo 1). Der Wert der tiefliegenden Stationen ist vor allem darin zu sehen, daß mit ihrer Hilfe die vertikale Niederschlagsabstufung besser in den Griff zu bekommen ist. Die Station Austin liegt nicht nur relativ weit von der Playa entfernt, sondern bei einer Hochlage von 2.013 m immer noch 1.580 m unterhalb der höchsten Erhebung der Toiyabe Range (Arc Dome) im Einzugsbereich des Alkali Flat. Somit unterliegen gerade die Hochbereiche der der Playa benachbarten Randgebirge (Photo 1) einer gewissen Unsicherheit der Ermittlung ihres Niederschlagsaufkommens. Das wiegt um so schwerer, als gerade diese Bereiche sehr hohen Anteil an der Grundwasserneubildung haben.

Geht man davon aus, daß positive und negative Niederschlagsanomalien in Austin für vergleichbare Anomalien auch in den höheren Partien der Randgebirge stehen, soweit der Einzugsbereich des Alkali Flat betroffen ist, dann darf festgehalten werden, daß weder das Jahr (1978) noch das Vorjahr (1977) des Auftretens relativ frischer Großrisse als Trockenjahr bezeichnet werden kann. Auch eine Rückverfolgung der Klimadaten bis 1970 läßt keinerlei Trockenphase erkennen, die im Sinne NEALs über eine Reduzierung der Grundwasserneubildung zu vermehrter Tieftrocknung des Playasubstrats hätte führen können, um eventuell auf diese Weise Großrisse sich bilden zu lassen. Dank der Aufbereitung klimatologischer Daten durch HOUGHTON, SKAMOTO und GIFFORD (1975) unter Anwendung des Ariditätsindexes nach PALMER (1965) konnten Intensität und Dauer von Trockenphasen für Teilbereiche Nevadas bis in das Jahr 1931 rückverfolgt werden. Irgendeine dieser Trockenphasen für die Initiierung der Großrisse verantwortlich machen zu wollen, ist zu vage, und es erhöbe sich sofort die Frage, warum man nicht noch weiter zurückliegende Trockenperioden in die Verantwortung nehmen wolle. Eine derartige Vererbungstheorie, solange nicht belegbar, mag zwar elegant erscheinen, wird letztlich aber wissenschaftlichen Ansprüchen kaum gerecht. Im übrigen gibt die Morphographie, selbst der zugeschlämmten Großrisse (Photo 5), keinerlei Anlaß, von einem hohen Alter der Risse auszugehen. Wichtig ist auch, daß nirgendwo altvernarbte Großrisse zu sehen waren. Ferner mögen Trockenphasen wohl Großtrockenrisse über Tieftrocknung produzieren, das sich ergebende Rißmuster wird im Regelfall aber ein Großpolygonnetz sein. Allenfalls differentielle Tieftrocknung vermag Muster wie im vorliegenden Fall zu produzieren. Damit ist der Stab gebrochen über den klimatologisch-hydrologischen Ansatz, mittels dessen differentielle Tieftrocknungsprozesse nicht belegt werden können. Hierzu bedarf es hydrogeologischer Informationen.

Abschließend sei noch angemerkt, daß der mittlere Jahresabfluß am Gebirgsfuß mit 0,047 km³ deutlich hinter der Grundwasserneubildung (0,080 km³) zurückbleibt. Das Verhältnis von Abfluß und Zustrom beträgt 0,58 : 1,0. Das ist insofern erstaunlich, als diese Relation, gemittelt für ganz Nevada, bei etwa 1,5 : 1,0 liegt. Als Konsequenz ergibt sich, daß im Big Smoky Valley ein beträchtlicher Teil der Einspeisung ins Grundwasser schon durch Underflow im Gebirgsrückland erfolgt. Genaue Angaben zum Ausmaß des Underflow können leider nicht gemacht werden, doch dürfte er in der Größenordnung von ca. 50% der geschätzten Grundwasserneubildung liegen. Generell ist davon auszugehen, daß sich die Speisung des Grundwassers im Gebirgskörper und in den gebirgsrandnahen Teilen der Vorländer vollzieht.

3.2 Künstliche Beeinträchtigungen der Wasserbilanz

Dieser anthropogen-hydrogeologische Ansatz erfolgt über die Beeinflussung des Wasserhaushaltes durch Maßnahmen des Menschen, die im Gefolge der Übernutzung ober- und/oder unterirdischer Wasserressourcen zur Grundwasserabsenkung und anschließender Tieftrocknung führen können.

Es gilt also, Naturnähe bzw. Naturferne des unterirdischen Fließsystems im nördlichen Big Smoky Valley zu ermitteln. Eine einmalige Statuserhebung des Grundwassers genügt in der Regel nicht, um das Ausmaß der Naturferne, bzw. Fremdbestimmung des unterirdischen Fließsystems zu vermitteln. Somit wer-

Höhenstufe (m)	Niederschlag (mm)	Fläche (km^2)	Niederschlags-vol. (km^3)	Grundwasserneu-bildungsrate (%)	neu gebildetes Grundwasservol. (km^3)
> 2.743	> 508	252,1	0,148	25	0,037
2.438-2.743	381-508	341,4	0,160	15	0,025
2.134-2.438	305-381	562,5	0,185	7	0,012
1.829-2.134	203-305	869,3	0,210	3	0,006
< 1.829	< 203	1.389,7	0,210	unbedeutend	unbedeutend
	Summe	3.415,0	0,913		0,080

verändert nach: RUSH & SCHROER, 1970

Tab. 1: Geschätzte mittlere jährliche Niederschläge/Höhenstufe und deren Anteil an der Grundwasserneubildung im nördlichen Big Smoky Valley

den neben heutigen Befunden Altuntersuchungen sehr bedeutsam, die aus Zeiten größerer Naturnähe der betreffenden Region stammen.

MEINZER (1917) legte eine solche Untersuchung zum Big Smoky Valley vor. Leider reichen seine Daten nicht aus, im Nachhinein für dieses Gebiet einen Grundwasserplan zu erstellen. Mangels ausreichender topographischer Karten mußte sich MEINZER noch mit der Angabe von Grundwasserflurdistanzen begnügen. Vielleicht erklärt sich auch daraus die geringe räumliche Dichte und Streuung seiner Punktdaten, die allerdings ebenso den geringen Erschließungsgrad der Region widerspiegelt.

Erst die Daten des Nevada State Engineer Office aus dem Jahre 1968 ermöglichten die Erstellung eines Grundwasserplanes. Die von MEINZER im Jahre 1913 erhobenen Daten passen sich gut in diesen Plan ein. Das legt den Schluß nahe, daß zwischen 1913 und 1968 und darüber hinaus bis heute die Natur des unterirdischen Fließsystems weitgehend gleich geblieben ist. Dieser Schluß wird dadurch gestärkt, daß sich während des gesamten Zeitraumes im nördlichen Big Smoky Valley keine Entwicklungen vollzogen haben, die eine einschneidende Veränderung im Fließsystem hätten bewirken können.

Ranching und Bergbau haben den Raum seit Beginn dieses Jahrhunderts geprägt, wobei der Abbau von Edelmetallen starken Fluktuationen unterworfen war. Im Jahre 1914 wurde mit dem Goldbergbau in Round Mountain, 25 km südlich des Alkali Flat, begonnen. Um 1940 hatte der Bergbau kaum noch Bedeutung. Erst seit 1970, bedingt durch die steigenden Weltmarktpreise, gelangte der Edelmetallabbau zu erneuter Blüte. Ein Großteil des für den Bergbau in Round Mountain benötigten Wassers wird dem Jett Creek in der Toiyabe Range entnommen. Den Angaben MEINZERs zufolge wurden im Jahre 1913 insgesamt etwa 3.035 ha bewässert. Davon dienten 1.011 ha, die etwa zu gleichen Teilen mit Alfalfa und Naturgräsern bestanden waren und in regelhaftem Turnus bewässert wurden, der Heuproduktion. Heute werden ca. 3.358 ha bewässert, davon 607 ha Alfalfa und 809 ha Naturgräser zur Heugewinnung. Die verbleibenden 1.942 ha dienen als Weideland. Der Unterschied zwischen diesen Angaben ist nicht so hoch, daß eine sich darin niederschlagende gelinde Erhöhung des Rinderbestandes signifikante Veränderungen im Gesamtwasserhaushalt bewirken könnte.

Gemessen an einem verfügbaren sicheren mittleren jährlichen Extraktionsvolumen von 0,080 km^3 nimmt sich das gegenwärtige Bruttonutzvolumen von 0,000077 km^3 äußerst bescheiden aus und stellt nur ein knappes Tausendstel der ohne Risiken zu nutzenden Menge dar (RUSH und SCHROER 1970). Selbst, wenn man eine gewisse Erhöhung des Großviehbestandes in Rechnung stellt, etwa 1.000 Einheiten, so schlägt sich das bei einem Verbrauch von ca. 25 l/Einheit/Tag in der obigen Relation kaum nieder.

Die Grundzüge des unterirdischen Fließsystems sehen so aus, daß der Grundwasserfluß allseits auf die Playa ausgerichtet ist. Oberirdische und unterirdische Abflußlosigkeit gehen konform. Allerdings greift die unterirdische Wasserscheide nach Süden weit über die oberirdische Bolsongrund-Wasserscheide hinweg und konnte lagemäßig nicht genau festgelegt werden. Fehlende Daten aus den der Playa benachbarten Gebirgsvorländern erlauben keine konkreten Angaben zur Höhenlage des Grundwasserspiegels dort. Somit kann auch nicht belegt werden, inwieweit an der Ostflanke des Big Smoky Valley Inter-Bolson-Transfer von Grundwasser aus dem benachbarten Monitor Valley, welches immerhin 350 m höher liegt, erfolgt.

Festzuhalten bleibt, daß die von MEINZER beobachteten Grundwasseraustritte auch heute noch existieren. Diese Konstanz der Grundwasseraustritte unterstreicht nur die schon erwähnte langjährige Stabilität des unterirdischen Fließsystems. Im Rahmen der Erkundung geothermischer Ressourcen traten bei einer Probebohrung im Sommer des Jahres 1981, über deren Tiefe leider nichts in Erfahrung zu bringen war, ca. 1,5 km östlich der Turk Ranch artesisch gespannte Wässer in großen Mengen aus. Wenngleich diese Angabe nicht sehr spezifisch ist, so belegt sie doch im Verein mit den Aussagen zur langjährigen Stabilität des unterirdischen Fließsystems, daß anthropogen induzierte Grundwasserabsenkungen, bzw. Absenkungen des piezometrischen Niveaus, nicht oder nicht in einem Ausmaß stattgefunden haben, welches Tieftrocknung, bzw. Subsidenz, und Großrißgenese zur Folge hätte haben können. Damit scheidet auch der anthropogen-hydrogeologische Ansatz zur Erklärung des Vorkommens der Großrisse auf Alkali Flat aus. Für die Erklärung der spezifischen Rißstrukturen scheidet dieser Ansatz ohnehin aus, da Grundwasserpläne in der Regel Playaflächen ausnehmen, so daß es der Kombinationsgabe, bzw. der Phantasie des Betrachters überlassen bleibt, sich ein Bild von der Grundwassersituation im eigentlichen Playabereich zu machen.

3.3 Tektonische Störungen

Schon MEINZER waren die östlich der Mc Leod Ranch (Abb. 1) auf der Playa in ungewöhnlicher Hochlage (1.676 m) austretenden warmen Quellen (54°C) bekannt, ebenso die südlich des Alkali Flat an der Westseite des Beckengrundes liegenden Darrough Hot Springs. Diese postvulkanischen Erscheinungen belegen tektonische Aktivität, und nicht von ungefähr fanden geothermische Sondierungen im nördlichen Big Smoky Valley statt. Schon NEAL (1965) vermutete aufgrund der heißen Quellen eine tektonische Beeinflussung des Alkali Flat. Diese Beeinflussung konnte vom Autor erstmals schlüssig bewiesen werden durch die systematische Auswertung von etwa 100 Landsataufnahmen, aufgenommen in Band 7 (0,8 - 1,1 m), über einen Zeitraum von zehn Jahren (1972-1981). Glückliche Umstände lassen in der Aufnahme vom 29.06.1975 eine etwa N-S streichende Verwerfung erkennen, die sich über die gesamte Playa erstreckt. Bezeichnenderweise setzt diese Verwerfung die nördlich am Ostrand der Toiyabe Range klar zu erkennende Bruchstufe (Photo 1), die auch in geologischen Karten verzeichnet ist, nach Süden fort. Somit hat der Alkali Flat als Teil des Bolsongrundes Anteil an zwei abgesenkten Bruchschollen, deren westliche relativ tiefer liegt. Morphographische Anzeichen für tektonische Asymmetrie liegen sowohl im Beckengrund als auch in den benachbarten Randgebirgen vor. Der Beckengrund im Bereich des Alkali Flat bildet eine sanft nach Westen geneigte schiefe Ebene (Abb. 1), deren Tiefpunkt relativ nahe den Kulminationsbereichen der Toiyabe Range (Photo 1) liegt. Sowohl Toiyabe Range als auch Toquima Range erscheinen als nach Westen verkippte Pultschollen, deren Wasserscheiden näher ihrem Ostrand liegen. Das ist hydrologisch von großer Bedeutung insofern die Einzugsgebiete am Westrand des Flat wesentlich kleiner und steiler sind, weil mit starker Bruchtektonik assoziiert, als die am Ostrand liegenden. Karten der Schwereverteilung im Maßstab 1 : 250.000 (Millett Sheet, 1977 und Tonopah Sheet, 1981) belegen im Nachhinein den Verlauf und die Existenz der oben angesprochenen Verwerfung. Angemerkt werden muß allerdings, daß der Blattschnitt in west-östlicher Richtung durch Alkali Flat verläuft und die Linien gleicher Schwere (-230 und -235 mgal), welche den Verlauf der Verwerfung nachzeichnen, nicht paßgerecht anschließen. Durch blattübergreifende Interpolation ist diese Paßungenauigkeit leicht zu beheben. Hohe Schweregradienten in Großteilen der Westflanke des Beckengrundes belegen steil abtauchendes Basement und starken vertikalen Versatz durch Bruchtektonik, während die Ostflanke des Beckengrundes nur wenige Anzeichen dafür bietet. Nach ERWIN (1982) dürfte das maximale Ausmaß der Verfüllung des Beckengrundes durch quartäre Sedimente im nördlichen Big Smoky Valley bei ca. 2.500 m liegen. Dieser Wert wird, unter Heranziehung der Schwerekarten, Schätzungen des Autors zufolge für den Alkali Flat mit Sicherheit um 500-1.000 m unterschritten.

Wichtig ist, daß die in den Jahren 1978 und 1981 im Gelände beobachteten Großrißareale räumlich eng mit der nachgewiesenen Verwerfung assoziiert sind (Abb. 1). Wichtig ist ebenso, daß die aus den Luftaufnahmen vom 18.08.1970 in Figur 1 übernommenen Großrißstrukturen parallel zueinander verlaufen und deutliche Bezüge zur Verwerfung aufweisen. Ferner verbindet die südliche dieser Strukturen die scheinbar isoliert im Gelände beobachteten Großrißareale miteinander und läuft zudem noch in der Nähe der heißen Quelle aus. Nicht nur die aus den Luftbildern übernommenen Großrißstrukturen (Abb. 1) sind in ihrem Muster identisch. Das gleiche Muster (Photo 2) konnte auch bei den kleineren Großrissen im Gelände verifiziert werden. Geradezu verblüffend ist die Ähnlichkeit dieses Musters mit dem Muster nachgewiesener Senkungsrisse (Photo 3), wie aus der südöstlichen Peripherie der Willcox Playa in Arizona bekannt. Rißstrukturen, die auf Subsidenz zurückzuführen sind, zeigen keine Großpolygone. Typisch hingegen sind spitzwinkelige Verschneidungen oder Näherung von Rissen vergleichbarer Kurvatur (Abb. 1, Photos 2 und 3), deren Haupttast eher auf Zerrungen und Spannungen zurückzuführen ist, während der kürzere Ast eher auf differentielle Subsidenz hinweist. Kurvatur des Nebenastes und die Richtung, aus der er sich dem Hauptast nähert, geben Hinweise auf die Lage der Subsidenzzone. Im vorliegenden Fall ist diese mit großer Sicherheit im Südwesten des Alkali Flat zu suchen als Resultat vertikaler Schollenbewegungen in Assoziation mit der nachgewiesenen Verwerfung. Gewisse Anzeichen im Verlauf der nördlichen Großrißstruktur (Abb. 1) deuten allerdings auch auf Spannungen hin, deren Ursache an der Nordostflanke der Playa anzusiedeln sein könnte. Nach gegenwärtigem Kenntnisstand sind tektonische Gründe nicht maßgebend für diesen Umstand.

Insgesamt kann jedoch kein Zweifel an der tektonischen Bedingtheit der Großrißstrukturen auf Alkali Flat bestehen, was durch Muster und Ausrichtung dieser Strukturen belegt wurde. Allerdings gilt es noch zu erörtern, inwieweit nicht andere Faktoren, etwa hydrogeologische oder mineralogische, überlagernd oder modifizierend an der Großrißgenese beteiligt sein mögen.

3.4 Saisonale Grundwasserstandsschwankungen

Dieser hydrogeologisch-klimatologische Ansatz wurde deshalb gewählt, weil, wie schon angesprochen, die existierenden Grundwasserpläne keinerlei oder wenig Aufschluß vermitteln bezüglich der Grundwassersituation der eigentlichen Playa, und die Untersuchungen von MEINZER nur pauschal besagen, daß die Höhenlage des Grundwasserspiegels unter der baren Playaoberfläche relativ gering ist.

Refraktionsseismische Erhebungen, durchgeführt im Februar 1980 und im August 1981, sollten die Grundwasserposition unter Großteilen der Playaoberfläche einsehbar machen und zugleich Hinweise auf saisonale Unterschiede geben. Diese Verfahrensweise ist durchaus legitim, auch, wenn die Daten der zu vergleichenden Jahreszeiten aus verschiedenen Jahren stammen, denn die Jahre 1979-1981 weichen hinsichtlich ihres Niederschlagsaufkommens kaum voneinander ab. Die berechneten Grundwasserflurdistanzen finden sich in Abbildung 1.

Mittels eines Signal-Enhancement-Seismographen wurde entlang eingemessener Trassen die Höhenlage des Grundwasserspiegels, bzw. die des geschlossenen Kapillarsaumes, über die Hammerschlagseismik erhoben. Hydrodynamisch ist dieser Unterschied von nur geringer Bedeutung, da davon ausgegangen werden darf, daß die Dynamik des geschlossenen Kapillarsaumes primär der Grundwasserdynamik folgt. Hinsichtlich der Deutung von Großrißstrukturen, so sie in diesem Kontext zu sehen sind, spielt dieser Unterschied keine Rolle. Die Einschläge erfolgten in Abständen von fünf Metern, wobei die Länge der Auslage in der Regel fünfzig, in Ausnahmefällen bis zu einhundert Meter betrug. Die Analyse der resultierenden Weg-Zeit-Kurven (Abb. 2) erfolgte zumeist nach den gängigen Formeln für einfache und doppelte plane Diskontinuitätsflächen, bzw. horizontale Zwei- und Dreischichtmodelle:

$$D_1 = v_1 \, Ti_2 \left(\frac{1}{2} \frac{v_2}{\sqrt{v_2^2 - v_1^2}} \right)$$

$$D_2 = PD_1 + Xc_2 \left(\frac{1}{2} \sqrt{\frac{v_3 - v_2}{v_3 + v_2}} \right)$$

P wird folgendermaßen berechnet:

$$P = 1 - \frac{\frac{v_2}{v_1} \sqrt{\left(\frac{v_3}{v_1}\right)^2 - 1} - \frac{v_3}{v_1} \sqrt{\left(\frac{v_2}{v_1}\right)^2 - 1}}{\sqrt{\left(\frac{v_3}{v_1}\right)^2 - \left(\frac{v_2}{v_1}\right)^2}}$$

Aus verschiedenen Gründen wird darauf verzichtet, mittels der erhobenen Daten eine hydrodynamische Ausdeutung im Detail vorzunehmen. Zum einen ist mit stärkeren Vertikalbewegungen des Grundwassers zu rechnen, die ohne Potentialmessungen kaum in den Griff zu bekommen sind; aber selbst, wenn solche Messungen vorlägen, müßten diese sehr bedachtsam interpretiert werden, da in Bereichen mit sehr geringen k_f-Werten die Grundwasserbewegung zusätzlich stark durch thermochemische Phänomene bestimmt werden kann. Zum anderen liegen die geoseismisch ermittelten Daten nicht in genügender Dichte vor, um über sie eine umfassende hydrodynamische Deutung im unmittelbaren Playabereich vornehmen zu können. Wenngleich auch wertvolle Ansätze dazu geliefert werden, so liegt der Eigenwert der Erhebungen eher darin, für bestimmte Playateile die Flurdistanz des Grundwassers überhaupt zu verschiedenen Jahreszeiten ermittelt zu haben.

Die Veranschaulichung der saisonalen Grundwasser-

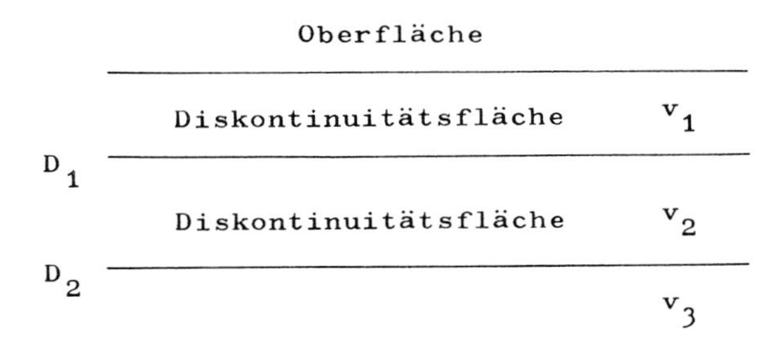

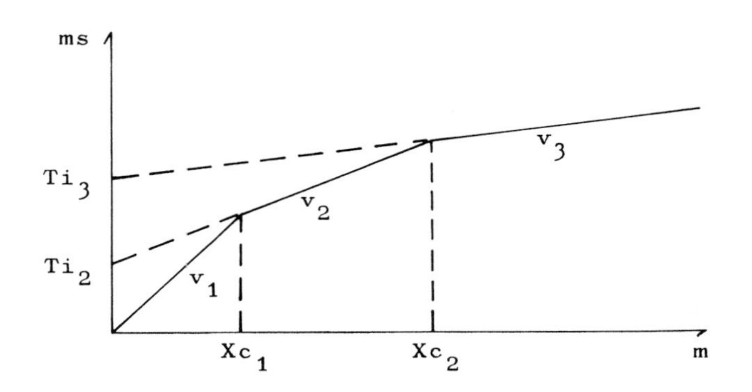

Abb. 2: Schema zur refraktionsseismischen Datenerhebung

stände erfolgt neben Abbildung 1 in Abbildung 3, die einen SW-NE-Schnitt durch die Playa und die Großrißstrukturen wiedergibt. Die Lage im Februar sieht so aus, daß die größte Distanz zum Grundwasser im Zentrum der Playa mit > 4 m gegeben ist. Das resultiert daraus, daß die Auffüllung der unterirdischen Speicher zu dieser frühen Zeit des Jahres noch nicht so weit fortgeschritten ist, um in der Playamitte aszendente Bewegungen ausreichend zu fördern. Die größte Nähe zum Grundwasser ist mit 2,8 m unter Flur am Südwestrand der Playa (Abb. 1, Abb. 3) nahe der Turk Ranch belegt. Wenngleich das Punktnetz nicht ausreicht, um exakte Aussagen über andere Teile der Playa mit großer Grundwassernähe zu machen, so kann mit Sicherheit gesagt werden, daß sich solche am Südostrand befinden, dort, wo perennierend Grundwasser austritt und Naßwiesen vorhanden sind (Abb. 1). Hohe Grundwasserstände sind auch für den Nordteil der Playa anzusetzen, denn aus dieser Richtung (Nordwesten) erfolgt den Grundwasserdaten zufolge ein Großteil des unterirdischen Zuflusses. Zusätzliche Indizien für Grundwassernähe sind Salzkrusten und Salzgleye (aeric Halaquepts) in Großteilen des nördlichen Playagebietes.

Im August hat eine weitgehende Auffüllung der unterirdischen Speicher stattgefunden. Mit Ausnahme des Südwestens der Playa hat überall die Flurdistanz des Grundwassers abgenommen. Der Grundwasserzustrom aus Nordwesten hat beträchtlich zugenommen, aber auch der aus Osten ist spürbar. Die starke Zunahme aus nordwestlicher Richtung hängt insbesondere mit dem Abflußverhalten des Kingston Creek (Photo 1) zusammen. Dieser weist nicht, wie die anderen Flüsse der Randgebirge, z.B. der South Twin River, mit dem Beginn der Schneeschmelze im Februar/März einen nennenswerten Anstieg des Abflusses auf, sondern weist ein relativ schwaches, später (Juni/Juli) liegendes Abflußmaximum auf. Klimatische Eigentümlichkeiten innerhalb des Einzugsbereiches scheiden als Erklärungsursache dafür aus. Wahrscheinlich ist es so, daß mit dem frühjährlichen Auftauen zunächst das Auffüllen der unterirdischen Speicher im kalkreichen und auch tektonisch stark beanspruchten Einzugsbereich des Kingston Creek einsetzt, was zu einer Verzögerung und Abschwächung des Abflußmaximums führt, aber auch zu einem relativ hohen Anteil des Basisabflusses am Gesamtabfluß.

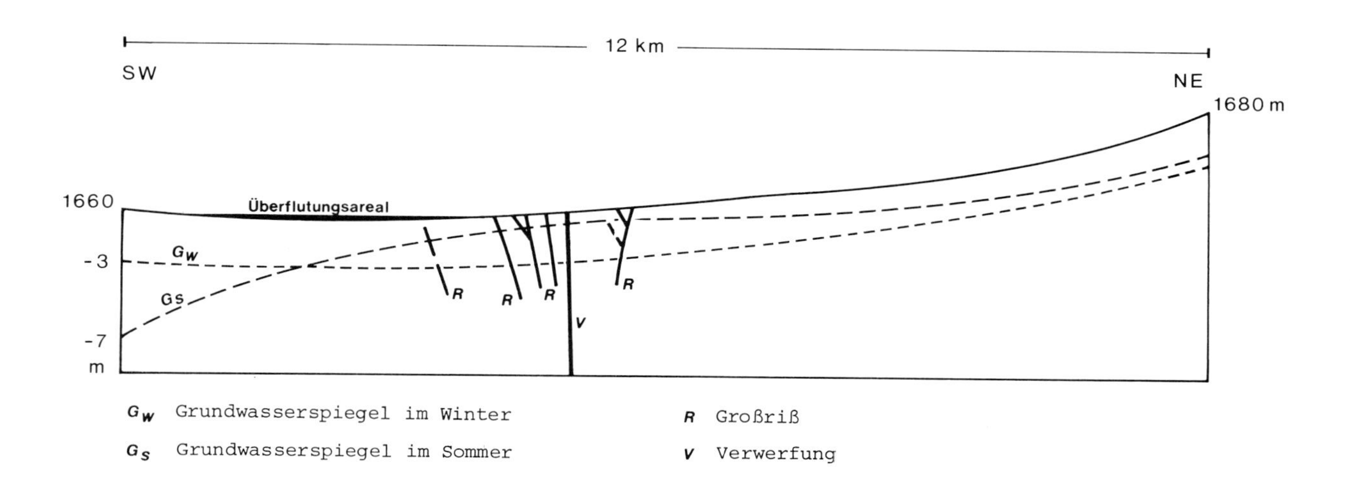

Abb. 3: Schematische Darstellung der saisonalen Grundwasserflurabstände, der Großrisse und der Verwerfung im Bereich des Alkali Flat

Die refraktionsseismisch ermittelte Ausnahmesituation am Südwestrand der Playa deckt sich hinsichtlich des zeitlichen Auftretens von Hoch- und Tiefständen mit Beobachtungen MEINZERs (1917), der für einen dort befindlichen Brunnen (Jones' Well), allerdings außerhalb der baren Playafläche, jährliche Grundwasserstandsschwankungen von etwa einem Meter bei einer mittleren Flurdistanz von drei Metern beschreibt. MEINZER erklärt die Hochstände im Februar/März und den Tiefstand im August während des Beobachtungszeitraumes 1913-1916 als im Einklang mit den meteorischen Verhältnissen befindlich, sprich, dem Jahresgang der Evapotranspiration und nicht dem des Abflusses. Es darf angenommen werden, daß diese Situation typisch für den Randbereich der eigentlichen Playa ist. Somit stellt im hydrogeologischen Sinne der Südwestteil der Playaoberfläche einen Teil der Playaperipherie dar, wenngleich er physiogeographisch nicht von anderen Teilen der Playa unterscheidbar ist. Nach Auffassung des Autors mag die spätsommerliche Benachteiligung des Südwestens der Playa damit zu tun haben, daß die angrenzenden Einzugsbereiche der die Toiyabe Range entwässernden Bäche sehr klein sind und ihr Abflußmaximum zwei bis drei Monate früher liegt als z.B. das des Kingston Creek. Selbst tektonische Gründe mögen an der hydrogeologischen Sonderstellung des Südwestteils der Playa ihren Anteil haben. Weitergehende Ausführungen dazu unterbleiben wegen ihrer allzu spekulativen Natur.

Ein Vergleich der Winter- mit den Sommerdaten ergibt Grundwasserstandsschwankungen von 0,5-4,0 m, wobei die größeren Schwankungshöhen im Süden, mit dem Maximum im Südwesten, anzutreffen sind (Abb. 3). Die Schwankungen in der Nachbarschaft der Großrisse liegen zwischen 0,7 und 1,6 m. Phreatische Konditionen herrschen ganzjährig auf der gesamten Playaoberfläche. Dennoch ist es sicherlich kein Zufall, daß Beobachtungen zu Großrissen, ob direkt im Gelände oder mittelbar via Luft- und Satellitenbild, nur im Sommer getätigt werden konnten. Es bedarf sicherlich der Unterschreitung eines Schwellenwertes der Grundfeuchte des Substrats, damit im Rahmen existierender Streßfelder, welchen Ursprunges auch immer, Großrißstrukturen erkennbar werden. Nur in diesem Kontext, nicht unter primär genetischen Aspekten, ist der Verfasser geneigt, die vorliegenden Großrisse auch als Großtrockenrisse zu sehen. Die größere und tiefer greifende Trocknung der Sedimente im Sommer läßt sich leicht durch die geringeren mittleren Fortpflanzungsgeschwindigkeiten der kreierten Schockwellen im ungesättigten Bereich belegen. Es gibt auch Anzeichen für eine Modifizierung der Rißmuster durch sekundäre Trocknung (Photos 4 und 5).

Auffällig ist ferner, daß alle beobachteten Großrisse außerhalb der tiefstgelegenen Playabereiche liegen. Das hat sicherlich auch damit zu tun, daß wegen der dort relativ hohen Überflutungsintensität (Ü = 0,18) Risse kaum zur Ausbildung gelangen können, bzw. nicht oberflächenwirksam werden (Abb. 3).

Wenn im vorliegenden Fall überhaupt differentielle Tieftrocknung des Substrats als Spannungen und Risse auslösendes Moment ins Auge gefaßt werden darf, dann kann das laut Abbildung 3 nur im Sommer im Verein mit der Deflektion des Grundwasserspiegels im Südwestteil der Playa geschehen. Es muß aber darauf aufmerksam gemacht werden, daß diese Deflektion stark überzeichnet worden ist, um sie besser veranschaulichen zu können. Deshalb hegt der Autor großen Zweifel, ob auf diese Art und Weise induzierte Spannungen ausreichen, um Großrisse vorliegenden Ausmaßes zu initiieren. Ferner läßt sich die Großrißstruktur östlich der Verwerfung (Abb. 1 und 3) so gar nicht erklären.

3.5 Mineralogische Ursachen

Ein Zurückführen der Großrißstrukturen auf texturelle Anomalien, bzw. mineralogische, speziell tonmineralogische Anomalien, ist schwerlich möglich. Körnungsanalysen erbrachten für Substrattiefen bis maximal 2 m unter Flur relativ uniforme Werte der einzelnen Körnungsklassen mit Tongehalten zwischen 70% und geringfügig über 80%. Der Grobskelettanteil ist verschwindend gering und kommt somit nicht als steuerndes Moment bei der Rißgenese in Betracht.

Röntgendiffraktometrische Untersuchungen (Tab. 2) belegen in der Horizontalen und Vertikalen eine uniforme Dominanz an Illiten, ein geringes Vorkommen von Kaolinit und noch weniger Chlorit. Erstaunlicherweise scheinen fast keine Smectite vorhanden zu sein, die doch wegen ihres hohen Schrumpf-Schwell-Potentials mit verantwortlich gemacht werden könnten für die Genese der Rißstrukturen. Selbst, wenn man unterstellt, daß nach VELDE (1985), wenn keine besonderen methodischen Vorkehrungen getroffen werden, bis zu 10% des ermittelten Illitgehaltes von Smectiten als Auswirkung von Interlayering gestellt werden kann, erscheint dieser Anteil nicht sehr hoch. Das geringe Vorkommen von Smectiten ist auf deren Instabilität in stark alkalischem Milieu zurückzuführen, wo sie im Verein mit gleichzeitig vorhandenen Lösungen hohen Na-Gehaltes

Röntgendiffraktometrische Daten zur Mineralogie des Alkali Flat, Nevada

Probe	Entnahme-tiefe(cm)	Quarz	Feld-spat	Anal-cim	Horn-blende	Chlo-rit	Serpen-tinit	Kaolinit	Illit	Calcit	Dolo-mit	Thermo-natrit	NaCl	KCL
A0	4	XXx	X	-	-	x	-	x	XX	XXX	-	X	x	-
	40	XXx	Xx	-	-	x	-	X	XX	XXX	-	x	X	-
	70	XX	Xx	-	-	x	x	X	XX	XXX	-	-	x	-
A1	6	XXx	Xx	Xx	-	-	-	X	XX	XXX	-	-	-	-
	20	XXx	Xx	x	-	x	X	X	XX	XXx	-	-	-	-
	50	XXX	Xx	-	-	xX	-	X	Xx	XXX	-	-	X	-
	100	XXX	X	-	x	X	-	X	Xx	XXX	-	-	X	x
	150	XXX	X	-	-	x	-	x	Xx	XXX	-	-	X	-
A5	2	XXx	X	X	-	-	-	-	XX	XXx	-	-	XX	-
	6	XX	X	-	-	-	-	X	XXx	XXx	-	-	XX	-
	30	XXx	X	-	-	x	-	x	Xx	XXX	x	-	XX	-
	60	XXx	Xx	-	-	x	-	X	XX	XXx	x	-	Xx	-
	90	XXX	Xx	-	x	x	-	X	XX	XXX	-	-	Xx	-
	130	Xx	X	-	x	X	-	Xx	XXX	XX	-	-	X	-
A9	3	XX	XX	X	-	-	-	x	XX	XX	x	-	X	XX
	15	XXx	Xx	X	-	x	-	x	XX	XX	-	-	X	-
	60	XXX	XX	-	-	xX	-	X	XX	XXx	-	-	x	-
	100	XX	Xx	-	-	xX	-	X	XX	XXX	x	-	x	-
	150	XXx	XX	X	x	x	-	X	XX	XXX	x	-	x	-

Kategorien des Vorkommens: XXX sehr häufig, XX häufig, X wenig, x kaum, - gar nicht
Übergangskategorien: XXx Xx xX

Tab. 2: Röntgendiffraktometrische Erhebung im Rahmen eines W-E-Profils durch Alkali Flat auf der Höhe der Turk Ranch.

zu Analcim umgewandelt werden können. Das Fehlen jeglicher Vertisole und jeglicher Gilgai-Phänomene ist ein weiteres Indiz für die untergeordnete Rolle der Smectite.

Allein das Vorhandensein von Tonmineralien hoher Quellfähigkeit könnte immer noch nicht das lokale Vorkommen, geschweige denn, die spezifischen Muster der Großrisse erklären helfen.

4. Schlußfolgerungen

Den gemachten Ausführungen zufolge sind die auf Alkali Flat beobachteten Großrisse nicht anthropogen induziert. Aufgrund des Rißmusters (Photo 2) und der Assoziation mit einer vom Autor jüngst nachgewiesenen Verwerfung im Beckengrund (Abb. 1) sind tektonische Ursachen mit hoher Sicherheit für die Rißgenese verantwortlich. Die Risse selbst müssen als Subsidenzrisse und nicht als Trockenrisse im Sinne der von NEAL beschriebenen giant desiccation cracks gesehen werden.

Da die Genese von Großrißstrukturen auf Playas verschiedene Ursachen haben kann, gilt es, wie in der vorgelegten Abhandlung geschehen, diesen Ursachen im einzelnen nachzugehen, um unzutreffende Pauschalierungen vermeiden zu helfen. Von großer Hilfe ist dabei eine differenzierte Analyse der betreffenden Rißmuster. Der Beobachtung und Analyse von Großrissen auf Playas sollte mehr Beachtung geschenkt werden, nicht so sehr, weil sie auch geomorphologisch interessant sind, sondern weil sie untrügliche Anzeichen dafür sind, daß massive, oft schleichende Veränderungen - natürliche und/oder künstliche- des Geofaktorengefüges stattgefunden haben und noch stattfinden.

5. Zusammenfassung/Summary

Geländebeobachtung und Luftbildauswertung belegen für Alkali Flat, Nevada das Auftreten charakteristischer Großrisse. Über Musteranalyse und verschiedene Erklärungsansätze (klimatisch-hydrologisch, hydrogeologisch, anthropogen-hydrogeologisch, tektonisch, mineralogisch) gelang es, die Großrißgenese mit hoher Sicherheit auf tektonische Ursachen zurückzuführen. Der Beleg für tektonisch induzierte Subsidenzrisse ist insofern von Bedeutung, als allzu häufig von Großtrockenrissen (giant desiccation cracks) gesprochen wird, verbunden mit Tieftrocknung der Sedimente im Gefolge anthropogen verursachter Grundwasserabsenkungen. Damit ist ein Beitrag zur individuellen Großrißanalyse geleistet worden, der hilft, Pauschalierungen und falsche Schlüsse, z.B. hinsichtlich der Wasserbilanz eines Gebietes, zu vermeiden.

Field evidence and aerial photographs prove the existence of specific giant cracks on Alkali Flat, Nevada. Via pattern analysis and diverse attempts of explanation (climato-hydrologically, hydrogeologically, anthropo-hydrogeologically, tectonically, mineralogically), giant crack genesis in this instance, with a high degree of reliability was successfully narrowed down to tectonic influences. Having proven tectonically induced subsidence cracks is the more important because too often giant cracks occurring on playas are addressed as giant desiccation cracks associated with deep drying of sediment following groundwater decline induced by man. Thus, a contribution is made to individual giant crack analysis which helps prevent undue generalizations and wrong conclusions as to the water belance of an area, to give an example.

6. Literatur

EAKIN, Th. E. et al. (1951): Contributions to the hydrology of eastern Nevada. Nev. State Engineer, Water Resources Bull. 12, 171 S.

ERWIN, J.W. (1982): Discussion of a Set of Regional Gravity Data for the Millett 1 by 2° Sheet, Nevada. Nevada Bureau of Mines and Geology, Reno Open-File Report 82-8, 4 S.

ERWIN, J.W./E.W. BRITTLESTON (1977): Complete Bouguer Gravity Map of Nevada, Map 53, Millett Sheet (1 : 250.000).

HEALEY, D.L./D.B. SNYDER/R.R. WAHL (1981): Complete Bouguer Gravity Map of Nevada, Map 73, Tonopah Sheet (1 : 250.000).

HOLZER, Th.L. (1980): Earth Fissures and Land Subsidence, Bowie and Willcox Areas, Ariz. U.S. Geol. Survey, Miscellaneous Field Studies, Map MF-1156.

HOUGHTON, J.G./C.M. SAKAMOTO/R.O. GIFFORD (1975): Navada's Weather and Climate. Nev. Bureau of Mines and Geology, Special Publ. 2, 78 S.

LANG, W.B. (1943): Gigantic Drying Cracks in Animas Valley, New Mexiko. In: Science, Vol. 98, S. 583-584.

MEINZER, O.E. (1917): Geology and Water Resources of Big Smokey, Clayton, and Alkali Spring Valleys, Nevada. U.S. Geol. Survey, Water-Supply Paper 423, 167 S.

NEAL, J.T. (Editor) (1965): Geology, Mineralogy and Hydrology of U.S. Playas. AFCRL-65-266, Environmental Res. Paper 96, Air Force Cambridge Research Laboratories, 176 S.

NEAL, J.T./W.S. MOTTS (1967): Recent Geomorphic Changes in Playas of Western United States. In: Journal of Geology 75, S. 511-525.

NEAL, J.T./A.M. LANGER/P.F. KERR (1968): Giant desiccation polygons of Great Basin playas. In: Geol. Soc. Amer., Bulletin 79, S. 69-90.

PALMER, W.C. (1965): Meteorological Drought. U.S. Weather Bureau, Research Paper 45. Washington.

RUSH, F.E./C.V. SCHROER (1970): Water Resources of Big Smoky Valley, Lander, Nye, and Esmeralda Counties, Nevada. State of Nev., Dept. of Conservation and Natural Resources, Division of Water Resources, Water Resources Bull. 41, 84 S.

SCHUMANN, H.H./J.F. POLAND (1969): Land subsidence, earth fissures and ground water withdrawal in south-central Arizona. In: Proc., International Symp. on Land Subsidence, 1st, Tokyo, Japan, S. 295-302.

SNYDER,D.B./D.L. HEALEY (1983): Interpretation of the Bouguer Gravity Map of Nevada, Tonopah Sheet. Nevada Bureau of Mines and Geology, Reno. Report 38, 14 S.

VELDE, B. (1985): Clay Minerals, A Physico-Chemical Explanation of their Occurrence. Developments in Sedimentology 40, 427 S.

WEHMEIER, E. (1975): Die Bewässerungsoase Phoenix, Arizona. Stuttgarter Geogr. Studien 89, 176 S.

Anschrift des Verfassers:

Dr. Eckhard Wehmeier
Universität Stuttgart
Geographisches Institut
Silcherstraße 9
D - 7000 Stuttgart 1

Aus:

Ekkehart Köhler und Norbert Wein (Hrsg.):

NATUR- UND KULTURRÄUME.
Ludwig Hempel zum 65. Geburtstag.

Paderborn: Ferdinand Schöningh 1987.
= Münstersche Geographische Arbeiten 27.

Photo 2:

Großriß auf Alkali Flat, ca. 6 km vom Westrand der Playa entfernt auf mittlerer Höhe zwischen Turk Ranch und Millett Ranch. Aufnahmedatum: 03.08.1978 Blickrichtung: NNW

Photo 4: Großriß auf Alkali Flat mit einsetzender retrograder Erosion. Aufnahmedatum: 03.08.1978 Blickrichtung: SE

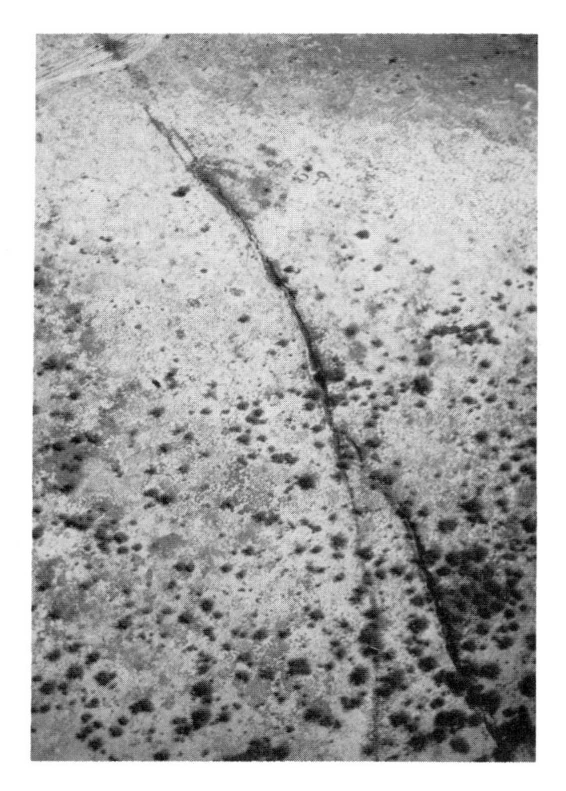

Photo 3:

Senkungsriß in der südöstlichen Peripherie von Willcox Playa, Arizona. Aufnahmedatum: 04.109.1978 Blickrichtung: NW

Photo 5: Zugeschlämmter Großriß auf Alkali Flat, ca. 6 km vom Westrand der Playa entfernt. Aufnahmedatum: 17.08.1981 Blickrichtung: NE

Gisela König

Nachweis morphogenetischer Stadien in Küstendünen mittels optischer und chemisch-analytischer Methoden

Dargestellt am Beispiel der Ostdünen Wangerooges

1. Einleitung und Problemstellung

Bei der Betrachtung der Genese von Küstendünenkomplexen sind unterschiedliche Bildungsvoraussetzungen und Bildungsmechanismen zu beachten. Auf den Ostfriesischen Inseln findet eine äolische Überformung der Dünenkomplexe fast ständig statt. Voraussetzung ist die bei normalen Tideverhältnissen ständig ablaufende Sandabwehung aus der Strandebene, die allerdings von weiteren, quantitativ wohl bedeutenderen Akkumulationssituationen und Akkumulationsvorgängen ergänzt wird.

Dieses zunächst genannte morphogenetisch wichtige "Prinzip der permanenten Sandzufuhr" ist auch ökologisch bedeutsam. Im Ökosystem "Düne" ändern sich aufgrund abnehmender Übersandung mit wachsender Entfernung vom Strand die ökologischen Standortbedingungen in charakteristischer Weise (Abb. 1). Die Veränderung einzelner ökologischer Standortfaktoren führt zur Ausbildung jeweils neuer Lebensgemeinschaften, also der für Küstendünen charakteristischen Sukzession im Hinblick auf die in einem wechselseitigen Abhängigkeitsverhältnis stehende Vegetations- und Bodenentwicklung.

Im Rahmen der Küstendünensukzession lassen sich sechs Stadien pflanzensoziologischer bzw. bodenkundlicher Art unterscheiden:

1) Spülsaumpflanzendüne
(Gesellschaft: ATRIPLICETUM LITORALIS; Leitpflanzen: CAKILE MARITIMA, Meersenf, SALSOLA KALI, Kali-Salzkraut, ATRIPLEX LITORALIS, Strand-Melde),

2) Strandqueckendüne
(Primärdüne; Gesellschaft: ELYMO-AGROPYRETUM; Leitpflanzen: AGROPYRON JUNCEUM, Meerstrand-Quecke oder Strandweizen, HONKENYA PEPLOIDES, Strand-Salzmiere, ELYMUS ARENARIUS, Strandroggen),

3) Strandhaferdüne
(Sekundärdüne oder Weißdüne; Gesellschaft: ELYMO-AMMOPHILETUM; Leitpflanzen: AMMOPHILA ARENARIA, Strandhafer, ELYMUS ARENARIUS, Strandroggen, OENOTHERA AMMOPHILA, Strand-Nachtkerze, LATHYRUS MARITIMUS, Strand-Platterbse),

4) Grasdüne
(Tertiärdüne: Graudüne; Gesellschaften: TORTULO-PHLEETUM JASIONIETOSUM / VIOLO-CORYNEPHORETUM; Leitpflanzen: CORYNEPHORUS CANESCENS, Silbergras, FESTUCA RUBRA, Sand-Rotschwingel, CAREX ARENARIA, Sand-Segge, SYNTRICHIA RURALIS, Sternmoos),

5) Buschdüne
(Tertiärdüne: Gelbdüne; Gesellschaften: HIPPOPHAE-SALICETUM ARENARIAE / POLYPODIO-SALICETUM ARENARIAE / ROSA SPINOSISSIMA-SALIX ARENARIA-Ass.; Leitpflanzen: HIPPOPHAE RHAMNOIDES, Gemeiner Sanddorn, SALIX REPENS, Kriech-Weide, ROSA SPINOSISSIMA, Dünen-Rose, POLYPODIUM VULGARE, Gemeiner Tüpfelfarn),

6) Heidedüne
(Tertiärdüne: Braundüne; Gesellschaften dieses Klimaxstadiums: POLYPODIO-EMPETRETUM / EMPETRO-CALLUNETUM; Leitpflanzen: EMPETRUM NIGRUM, Schwarze Krähenbeere, CALLUNA VULGARIS, Gemeines Heidekraut).

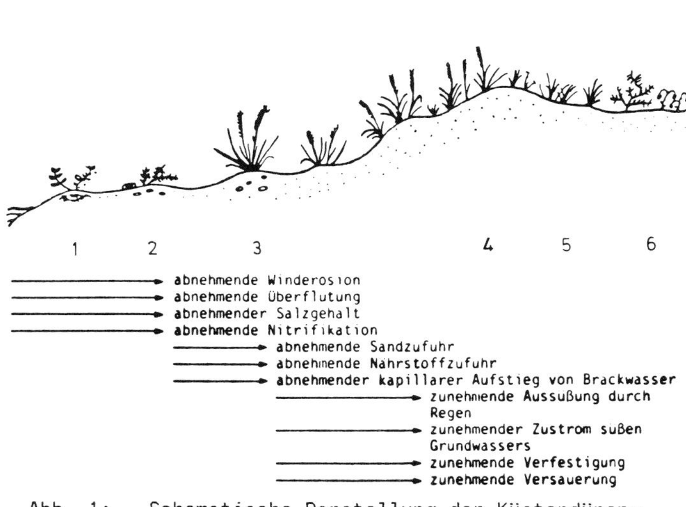

Abb. 1: Schematische Darstellung der Küstendünensukzession auf einer Ostfriesischen Insel in Abhängigkeit von der Veränderung ökologischer Faktoren (nach THANNHEISER 1981)

1: Vorstrand, 2: Spülsaumpflanzendüne (instabil), 3: Primärdüne (instabil), 4: Sekundärdüne (Weißdüne, weniger instabil), 5: Tertiärdüne (Graudüne, Gelbdüne, fast stabil), 6: Tertiärdüne (Braundüne, stabil)

Es ist unwahrscheinlich, daß das oben genannte "Prinzip der permanenten Sandzufuhr" als Dünenbildungsprinzip quantitativ ausreicht, um Dünenkörper von bis zu 15 m Höhe entstehen zu lassen. Vielmehr liegt die Vermutung nahe, daß das "Prinzip der periodischen und aperiodischen Sandzufuhr" quantitativ für die Überformung bereits vorhandener Dünenkomplexe bzw. die Schaffung neuer, lokal begrenzter Dünenkomplexe bedeutsamer ist (u.a. "Dünengeneration mit einheitlicher Form, Pflanzengesellschaft und Reife des Bodenprofils" HEMPEL 1980, S. 445).

HEMPEL (1980) nennt vier unterschiedliche, außergewöhnliche Akkumulationssituationen, die zur Bildung geschlossener, gleichalter Dünen führen können:

1) Schaffung räumlich eng begrenzter Sandablagerungen durch Orkan-, Sturm- und Windfluten als Ausgangspunkt für weitere äolische Umlagerungen;

2) Anlandung von Sandriffen, deren Sandmassen vom Strand aus weiter verlagert werden können;

3) Bereitstellung besonders großer Sandmengen durch die flächenmäßige Ausdehnung von Strandplaten aufgrund der Veränderung mariner Strömungsverhältnisse;

4) Sandakkumulationen als Folge von Strandsäuberungen (Dünengenerationen aus anthropogen bedingten Strandveränderungen).

Es ist denkbar, daß in diesen Phasen erhöhten Sandangebotes Dünenoberflächen in großer Mächtigkeit übersandet werden, wobei diese Übersandungen zum Absterben und zur anschließenden Humifizierung der Vegetationsdecken führen. Die im Rahmen der Übersandungsphase entstandene jüngere Dünenoberfläche durchläuft erneut die Sukzession, ausgehend vom jüngsten Sukzessionsstadium, das eine zunächst kaum nachweisbare Anreicherung an organischer Substanz aufweist. In diesem Zusammenhang weist HEMPEL (1980, S. 429) bereits darauf hin, daß unterschiedliche "Dünengenerationen sowohl in den Niederlanden als auch in Teilen der Dünen auf den ostfriesischen Inseln ... oft generationsweise übereinander liegen ...". Die Oberfläche jeder dieser Dünengenerationen ist im Rahmen der Dünensukzessionsserie einem bestimmten Sukzessionsstadium sowohl im pflanzensoziologischen als auch im bodenkundlichen Sinne zuzuordnen. Mit der Entwicklung der Dünensukzessionsserie sind ein zunehmender Deckungsgrad und eine zunehmende Humusakkumulation im Oberboden verbunden, so daß charakteristische Korrelationen zwischen Dünentyp, dem Gehalt an organischer Substanz und dem pH-Wert aufgestellt werden können (HEYKENA 1965, S. 100, 101).

Wenn im Rahmen der Dünengenese vor allem die Phasenhaftigkeit von Aufwehungsvorgängen im Zusammenhang mit besonderen Akkumulationssituationen eine entscheidende Rolle spielt und somit neben der horizontalen Abfolge auch eine vertikale Schichtung verschiedener Dünengenerationen bzw. verschiedener Sukzessionsstadien entsteht, so müßten sich diese Generationen in ihrer vertikalen Anordnung nicht nur anhand einer Anreicherung von organischer Substanz im Bodenprofil qualitativ nachweisen lassen, sondern darüber hinaus müßte sogar eine annähernde Bestimmung des erreichten Alters, d.h. des erreichten Reifezustandes der überlagerten Generationen möglich sein.

Schwerpunkt der vorliegenden Studie ist die methodische Frage nach der Nachweisbarkeit des oben formulierten geschichteten Aufbaus eines Küstendünenkörpers. In Verbindung mit dieser Grundfragestellung steht die Überlegung, welches räumliche Verbreitungsmuster die übersandeten ehemaligen Küstendünenoberflächen innerhalb eines Dünenkörpers aufweisen.

2. Material und Methoden

Ausgehend von den oben geschilderten Grundgedanken begann ich im Frühjahr 1983 eine Untersuchungsserie auf der Insel Wangerooge, die in diesem Rahmen in Auszügen dargestellt und erläutert werden soll. Es wurden 94 Bodenprofile für die Probenentnahme angelegt, die sich meist bis 1 m Tiefe ausdehnten, wobei der obere Meter stellvertretend für den gesamten Dünenkörper auf eine mögliche Schichtung untersucht wurde. Es erfolgte die Entnahme von über 1.000 Einzelproben und die anschließende jeweilige Bestimmung von sieben bzw. zehn Kenngrößen. Dabei sind in der Regel Doppelbestimmungen vorgenommen worden (KÖNIG 1987).

Die Probenentnahme erfolgte jeweils wurzelfrei in Form von elf Einzelproben (elf Tiefenstufen: 0-5 cm, 5-10 cm, 10-20 cm ... 90-100 cm). Es wurden in den verschiedenen Tiefenstufen 5 bzw. 10 cm mächtige Probensäulen herausgelöst (Misch- bzw. Beutelproben), wobei eine besondere Berücksichtigung u.U. bereits optisch erkennbarer Horizontierungen (Humusakkumulationen) im Profil erfolgte. Die Entnahme von Probensäulen und die detaillierte Untergliederung jedes Bodenprofils erwies sich als notwendig, um zum einen das Sandmaterial des gesamten Profils in seiner vertikalen Abfolge zu erfassen und um zum anderen auch sehr geringe Humusanreicherungen, die optisch nicht mehr bestimmt werden können, auf dem chemisch-analytischen Wege "sichtbar" zu machen. Die oberen 10 cm wurden nochmals unterteilt, um mit der 0-5 cm-Oberflächenprobe die den Probeentnahmestellen zugehörigen unterschiedlichen Sukzessionsstadien bezüglich ihres Gehaltes an organischer Substanz möglichst treffend zu kennzeichnen.

Im Labor erfolgte eine Lufttrocknung der feldfrischen Proben und die Ermittlung mehrerer, mit dem Dünenalter in Verbindung stehender Kennwerte (vgl. bezüglich der Analyseverfahren SCHLICHTING/BLUME 1966; THÖLE 1981; zur Durchführung der Analysen wurden mir freundlicherweise alle benötigten Chemikalien und Geräte vom Bodenkundlichen Labor des Instituts für Geographie der Universität Münster zur Verfügung gestellt). Folgende chemische Kennwerte wurden bestimmt:

1) Gesamt-Kohlenstoff- und Gesamt-Stickstoffgehalt (C_t, N_t)
Da der Sand junger Dünen im allgemeinen nur äußerst geringe Kohlenstoff- und Stickstoffgehalte aufweist, wurde ein auf der Basis der Gaschromatographie arbeitender Elementaranalysator zur Analyse herangezogen (Automatischer Stickstoff-Analysator Modell 1400 der Firma Carlo Erba).

Zur Informationsausgabe fand der elektronische Digital-Integrator der Firma Spectra Physics (Minigrator) Verwendung.

Unter Berücksichtigung der jeweiligen Bodenproben-Einwaage und eines Eichwertes (Acetanilid) konnte der Gesamtstickstoff- und Gesamtkohlenstoffgehalt der jeweiligen Bodenprobe berechnet werden (Angabe in o/oo der Einwaage).

Erläuterungen zu den meßmethodischen Grenzen erfolgen in einem anderen Rahmen (KÖNIG 1987).

2) Calciumcarbonatgehalt
(Bestimmung mit der SCHEIBLER-Apparatur)

3) Organischer Kohlenstoffgehalt
(als Maß für die organische Substanz)
Es muß berücksichtigt werden, daß in die Messungen des Gesamtkohlenstoffgehaltes auch der anorganisch gebundene Kohlenstoff (C_{anorg}) mit eingeht (vor allem Carbonate aus Muschelschalen). Deshalb mußte aus dem Carbonatgehalt der Bodenproben die anorganische Kohlenstoffkonzentration durch Multiplikation mit dem Faktor 0,12 errechnet werden (Molekulargewicht des $CaCO_3$: 100, Atomgewicht des C : 12, d.h.

$$\frac{\text{o/oo } CaCO_3 \times 12}{100} = \text{o/oo } C_{anorg}).$$

Die Berechnung der organisch gebundenen Kohlenstoffkonzentration geschah indirekt entsprechend folgender Gleichung:
$C_{org} = C_t - C_{anorg}$.

4) pH-Wert
Die Bodenreaktion wurde nach üblicher Methode in wäßriger Aufschlämmung und in KCl-Aufschlämmung (0,1 n KCl) elektrometrisch mit einem pH-Meter (Schott CG 819) mit Glaselektrode gemessen.

5) Elektrische Leitfähigkeit
Bei der Ermittlung der elektrischen Leitfähigkeit wurde bezüglich der Verdünnung analog zur pH-Wert-Bestimmung verfahren. Es wurde das Leitfähigkeitsmeßgerät der Firma Jürgens WTW LF 91 verwendet. Die angegebenen Meßwerte haben folgende Einheit: L (μ S/cm).

Ausgehend von der oben erläuterten Problemstellung soll zunächst geklärt und statistisch abgesichert werden, ob sich in den analysierten Bodenprofilen eindeutig Horizonte nachweisen lassen, die durch eine Anreicherung mit organischer Substanz bzw. organischem Kohlenstoff gekennzeichnet sind. Hierbei ist zu beachten, daß v.a. in strandnahen Dünen, die noch sehr jungen Sukzessionsstadien angehören, die äußerst geringen Humusakkumulationen nur noch durch die Elementaranalyse nachweisbar sind. An Abgrenzungen nur durch die Beobachtung ist hier nicht mehr zu denken. Entscheidender Indikator für die Bestimmung eines oder mehrerer Humusanreicherungshorizonte innerhalb eines Bodenprofils ist also das Auftreten eines organischen Kohlenstoffpeaks innerhalb der Messungen der aufeinander folgenden Tiefenstufen. Da nun aber jede Bestimmungsmethode mit einem Meßfehler (Standardabweichung S_F) behaftet ist, muß zunächst überprüft werden, ob die betreffenden Analyseergebnisse der verschiedenen Tiefenstufen des Bodenprofils signifikant voneinander differieren, d.h. ob die Differenzen außerhalb des zufallsbedingten Meßfehlers (S_F) liegen. Auf der

Basis der Doppelbestimmungen jeder untersuchten Einzelprobe wird daher für jedes Bodenprofil gesondert der Meßfehler zunächst für die Gesamtkohlenstoffbestimmungen (C_t) nach folgender Formel errechnet:

$$S_F = \sqrt{\frac{\sum_{i=1}^{m} (x_i' - x_i'')^2}{n}}$$

x_i' : erste Bestimmung der zu untersuchenden Bodenprobe i

x_i'' : zweite Bestimmung der zu untersuchenden Bodenprobe i

m : Zahl der zu analysierenden Bodenproben

n : Gesamtzahl aller Bestimmungen = 2 x m

(RÖDEL/WÖLM 1979, S. 129; RENNER 1981, S. 79, 80).

Der Meßfehler der C_t-Analysen wird auf die errechneten C_{org}-Werte übertragen. Diese Übernahme ist möglich, weil sich der Meßfehler der jeweiligen Doppelbestimmungen (C_t bzw. C_{org}) nicht verändert (beide für jede Bodenprobe bestimmten C_t-Werte wurden um den gleichen Betrag - den C_{anorg}-Wert - korrigiert, um die organische Kohlenstoffkonzentration zu berechnen).

Da organische Kohlenstoffkonzentration und Stickstoffgehalt der Bodenproben kausal miteinander verknüpft sind, wird als weiterer Indikator für die Bestimmung eines Humusanreicherungshorizontes das zum Kohlenstoffpeak parallele Auftreten eines Stickstoffpeaks innerhalb der aufeinanderfolgenden Tiefenstufen eines Bodenprofils gewertet. Die Absicherung der Differenzen als nicht zufallsbedingt erfolgt in gleicher Weise wie bei den Kohlenstoffmessungen.

Wenn im Bodenprofil eine über mehrere Tiefenstufen ansteigende Tendenz bezüglich der Kohlenstoff- und Stickstoffwerte zu verzeichnen ist, werden bei der Festlegung des Kohlenstoff- bzw. Stickstoffpeaks die aufeinanderfolgenden Minimum- und Maximumwerte als Bezugsgrößen für die Bestimmung der kritischen Differenz verwendet.

Aus dem Vergleich aller organischen Kohlenstoff- und aller Gesamtstickstoffgehalte soll eine Zuordnung der festgestellten Kohlenstoff- und Stickstoffpeaks innerhalb der Bodenprofile zu damit verbundenen Dünenreifestadien vollzogen werden (vgl. Ergebnisteil).

Es erscheint sinnvoll, die Differenzen der Mittelwerte des oben erläuterten Minimums und Maximums (Peak) weiterhin, nach Möglichkeit auf der Basis des "t-Tests für Mittelwertvergleiche", statistisch auf einem festzulegenden Signifikanzniveau (BAHRENBERG/GIESE 1975) abzusichern. Um auf einen genügend großen Stichprobenumfang als Grundlage des t-Tests zu kommen, werden sich in diesem Zusammenhang Gruppenbildungen in bezug auf die ermittelten Humusanreicherungshorizonte als notwendig erweisen. Diese Form der hier nur angedeuteten statistischen Absicherung muß allerdings an anderer Stelle erfolgen, da sie nur auf der Grundlage der gesamten umfangreichen Meßserie von über 1.000 Bodenproben möglich ist.

3. Charakterisierung des Untersuchungsgebietes

Das Entnahmegebiet der in diesem Rahmen analysierten und dargestellten Bodenproben beschränkt sich ausschließlich auf den Ostteil der Insel. Die Ostdünen wurden als Untersuchungsgebiet ausgewählt, da sie aufgrund der spezifischen Lageveränderungen dieser lagelabilen Insel mit zu dem jüngsten und morphogenetisch aktivsten Teil gehören und somit auch die jüngsten Phasen der Dünenbildung in meist ungestörter Lagerung erfaßt werden können.

SINDOWSKI (1969, S. 35) vollzog die morphologische Entwicklung Wangerooges von 1650 bis 1960 anhand von topographischen Altkarten nach (Abb. 2). Die Bildung des langgestreckten Nordwest-Südost-verlaufenden Dünenkörpers der Nordost- und Ostdünen vollzog sich erst in dem Zeitraum nach 1910.

Aufgrund von Veränderungen der Riffwanderwege zwischen Spiekeroog und Wangerooge landen seit 1940 die meisten Riffe östlich des Dorfes Wangerooge an, so daß es im Osten der Insel zu vermehrter Sandanhäufung kommt. Verbunden mit diesen in Abhängigkeit vom zeitlichen Verlauf der Riffwanderung und -anlagerung (KRÜGER 1937/38) periodisch auftretenden, außergewöhnlichen Akkumulationssituationen ist eine verstärkte Dünenbildung im Bereich der Ostdünen.

Neben der Verlagerung des Riffanlandebereiches als Folge veränderter Strömungsverhältnisse im Zusammenhang mit dem Ausbau der Strombuhne "H" auf 1,46 km Länge (1940) spielen bei der geschilderten Verbreiterung des Dünenkörpers im Osten der Insel Orkan- und Sturmflutereignisse eine ebenso wichtige Rolle (z.B. Orkanflut vom 16./17. Februar 1962, Sturmflut vom 6./7. Dezember 1973). Insgesamt ist die Sandbilanz des Strandbereiches des Ostteils der Insel im Gegensatz zum Westteil als positiv zu be-

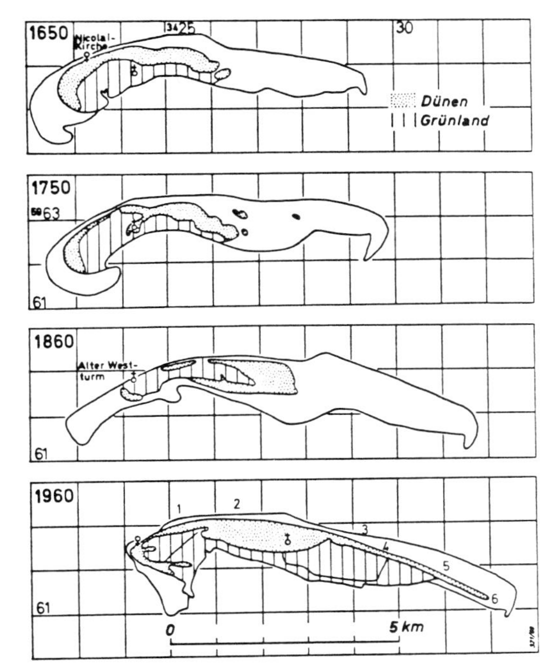

Abb. 2: Entwicklung des Umrisses und der Lage der Insel Wangerooge von 1650-1960 (nach SINDOWSKI 1969)

1: Nordwestdünen, 2: Norddünen, 3: Nordostdünen, 4: Vogelwarte, 5: Ostdünen, 6: Oststeert

zeichnen, wohingegen die Wattseite des Ostteils in den letzten Jahren durch starke Erosionsvorgänge gekennzeichnet ist. "Hohe Tiden und Sturmfluten, die im Gefolge von Winden aus südwestlichen Richtungen auftraten, haben ab 1978 große Mengen Sand von der Südflanke der Dünen abgetragen. In bogiger Form sind bis 60 m lange und im zentralen Teil bis 5 m tiefe Sandmassen der Tertiärdünen verloren gegangen. Die frischen Kliffs waren 2-6 m hoch" (HEMPEL 1983, S. 100).

Bezüglich der anfangs in einer für den Nordseeraum allgemeingültigen Form geschilderten Dünensukzession läßt sich im Hinblick auf das Untersuchungsgebiet feststellen, daß abgesehen vom Klimaxstadium der Dünensukzessionsserie alle anderen genannten Stadien in größeren zusammenhängenden Flächen auftreten. Spülsaumpflanzen- und Strandqueckendüne sind nicht immer vorhanden, da sie bei stärkeren Fluten häufig der Erosion zum Opfer fallen. Ein auf der Wattseite angrenzender schmaler Sandstrand wird in seiner Entstehung größtenteils auf das aus dem Dünenkörper abgetragene Sandmaterial zurückzuführen sein (s.o. Erosionsereignisse auf der Wattseite).

Bereits die unterschiedliche Bezeichnungsweise der verschiedenen Dünensukzessionsstadien macht deutlich, daß mit der Weiterentwicklung der Vegetationszusammensetzung eine Bodenentwicklungsreihe verbunden ist (SCHEFFER/SCHACHTSCHABEL 1982, S. 347). Eine idealtypische mit dem Rohboden (Lockersyrosem) beginnende Profilentwicklung führt über den Regosol bis hin zur Braunerde. Unter Nadelbäumen und Heidevegetation mit einer nährstoffarmen und schwer zersetzbaren Streu können sich prinzipiell weiterhin eine Rohhumusbildung und Podsolierung anschließen. Die zuletzt genannte Entwicklungsmöglichkeit ist allerdings für die Ostdünen Wangerooges keinesfalls zutreffend, da in den kalkhaltigen jungen Dünen der Ostfriesischen Inseln die Podsolierung "zugunsten einer schwachen, zusammen mit der Humusbildung unter Grasvegetation einsetzenden Verbraunung der oberen Zentimeter oder Dezimeter des Flugsandes" zurücktritt (VOIGT/ROESCHMANN 1969, S. 95).

4. Ergebnisse und ihre Diskussion – Beobachtungen und Messungen in den Ostdünen Wangerooges

Die wohl mit dem verstärkten Ausbau des Minsener Oogs in Zusammenhang stehenden Abtragungsvorgänge auf der Wattseite im Osten der Insel (ab 1978) brachten durch Kliffbildungen sehr interessante Bodenprofile zum Vorschein.

4.1 „Kliff-Bodenprofile" Nr. I–III

Zunächst folgt die Darstellung einer reinen Beobachtungsreihe (Abfolge der Bodenprofile I-III an einem Kliff).

Die chemisch-analytische Nachweismethode möglicher, teilweise optisch nicht mehr eindeutig zu identifizierender Dünenoberflächen (Humusakkumulationen) wird anschließend am Beispiel eines weiteren "Kliff-Bodenprofils" (Nr. IV) sowie einer Bodenprofilserie in Nordost-Südwest-Abfolge dargestellt (Profile 1-8).

4.1.1 „Kliff-Bodenprofil" Nr. I

Das folgende repräsentative Beispiel (Photo 1) war im April 1985 als Kliffbildung nur noch andeutungsweise zu erkennen, da es teilweise bereits eingesandet worden war. Es befindet sich ca. 1,6 km südöstlich der Vogelwarte im Gebiet einer Tertiärdüne, genauer einer Gelbdüne, die in erster Linie von Sanddorn, vereinzelt mit Dünenrosen durchsetzt, bewachsen ist. Diesem wattnah gelegenen niedrigen Dünenzug folgt südlich angrenzend ein schmaler Sandstrand.

Eine vereinfachte Skizze der Bodenprofilwand verdeutlicht den Aufbau (Abb. 3).

Photo 1: Wangerooge-Ostdünen: Durch Kliffbildung im Verlauf der Abtragungserscheinungen nach 1978 freigelegtes "Kliff-Bodenprofil" Nr. I im wattnah gelegenen Tertiärdünengebiet; zum Zeitpunkt der Aufnahme war bereits eine erneute leichte Übersandung zu beobachten (KÖNIG, April 1985)

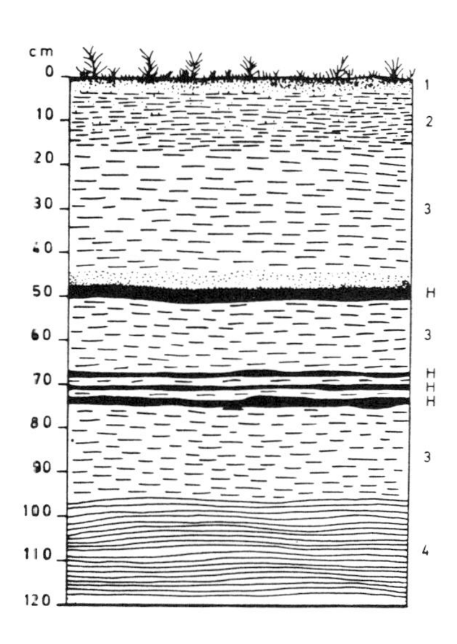

Abb. 3: Vertikale Gliederung des "Kliff-Bodenprofils" Nr. I (Entwurf: KÖNIG 1987)

1: oberflächennahe Humusanreicherung, 2: stark durchwurzelter hellgelber Sand, 3: hellgelber Sand mit Wurzelresten, 4: fast wurzelfreier hellgelber Sand, H: Humusanreicherungshorizont

Das dargestellte Bodenprofil weist in einer bereits optisch eindeutig zu erkennenden Weise nach, daß die hier analysierte Gelbdüne in mehreren Phasen entstanden ist. Der geschichtete Aufbau des Dünenkörpers läßt anhand der vier überdeckten Humusanreicherungshorizonte auf eine Entstehung der oberen 1,20 m mächtigen Schicht in fünf aufeinanderfolgenden Übersandungsphasen schließen. Die Humusanreicherungshorizonte müssen als alte, ehemals vegetationsbestandene Dünenoberflächen angesprochen werden. Infolge der Übersandungen starb die Vegetation ab und wurde humfiziert. Die so entstandenen Humusbänder lassen sich durch eine unterschiedliche Mächtigkeit kennzeichnen (Lage in 45-50 cm, 67-68 cm, 70-71 cm, 73-74 cm Tiefe). Weiterhin ist die dunkle Färbung der drei unteren Humusbänder weniger intensiv im Vergleich zum mächtigeren darüber gelegenen Band. Bereits diese Beobachtung läßt auf eine weniger dichte Vegetationsbedeckung der unteren drei Dünenoberflächen schließen, die mit einer geringeren Humusakkumulation einherging. Diese Feststellung läßt sich mit der anfangs dargestellten Überlegung, daß unterschiedlich alte Sukzessionsstadien auch in einer vertikalen Abfolge zu finden sein müßten, gut in Einklang bringen.

Als weitere auffällige Beobachtung ist die unterschiedliche Mächtigkeit des in den fünf Überwehungsphasen aufgebrachten Sandmaterials zu nennen. Der Grund ist darin zu suchen, daß im Rahmen der oben erläuterten außergewöhnlichen Akkumulationssituationen in einer periodischen oder aperiodischen zeitlichen Abfolge (Wind-, Sturm- und Orkanfluten) unterschiedlich umfangreiche Sandakkumulationen auf die Strandplate gelangen und damit dem Wachstum des Dünenkörpers zur Verfügung gestellt werden. Eine genaue Zuordnung von Übersandungsphasen und bestimmten außergewöhnlichen Gezeitenverhältnissen ist problematisch, da eine absolute Altersbestimmung der noch sehr jungen Humusakkumulationen in den Ostdünen natürlich nicht möglich ist. Es erscheint aber die Annahme berechtigt, daß gerade im strandfern gelegenen Gebiet der Tertiärdünen das "Prinzip der permanenten Sandzufuhr" auch aus ökologischen Gründen nicht mehr als Ursache der Übersandungsphasen herangezogen werden kann, sondern daß hier nahezu ausschließlich das "Prinzip der periodischen und aperiodischen Sandzufuhr" wirksam wird, wobei mächtige Übersandungsphasen mit Orkan- oder zumindest schweren Sturmflutereignissen und deren Folgeerscheinungen in Verbindung zu bringen sind. Meines Erachtens ist es wahrscheinlich, daß die jüngste und gleichzeitig mächtige Übersandungsphase, die die oberen 45 cm des Bodenprofils bildete, mit der Orkanflut des Februar 1962 in Verbindung gebracht werden kann, da die Dünenoberfläche zum Zeitpunkt der Aufnahme (1985) bereits wieder ein recht altes Sukzessionsstadium (Gelbdüne) aufweist. Nach ELLENBERG (1978, S. 500) benötigt beispielsweise bereits die Entwicklung von der Weißdüne zur Graudüne etwa 10 bis 20 Jahre.

Die Tatsache, daß der untere Bereich des Bodenprofils aus fast wurzelfreiem Sand besteht, legt die Vermutung nahe, daß hier bereits der ursprüngliche Kern dieses ca. 3 m über Strandniveau liegenden niedrigen Dünenkörpers erreicht ist. Stimmt man dieser Interpretation zu, so wäre es korrekter, von einem "alten" Dünenkern und anschließenden vier Übersandungsphasen zu sprechen.

"Nach Auskunft Ortsansässiger ist der Kern der Ostdünen, die 2. Dünengeneration, erst nach 1916 zusammengeweht worden ..." (HEMPEL 1980, S. 441), erste Anfänge der 1. Generation gehen bis 1910 zurück, d.h. die Entstehung dieses Bodenprofils Nr. I, das der 1. Dünengeneration angehört, muß sich größenordnungsmäßig in etwa 70 Jahren vollzogen haben.

Im Hinblick auf die an einigen Stellen minimale Übersandung des Kliffs muß ergänzt werden, daß in diesem speziellen Falle der südlich vorgelagerte atypische Sandstrand als junge zusätzliche Sandquelle in Betracht kommt.

4.1.2 „Kliff-Bodenprofil" Nr. II

Das Bodenprofil Nr. II wurde ca. 8 m östlich von Profil Nr. I freigelegt. Es befindet sich im Übergangsgebiet zwischen Sanddorngebüsch und einem aufgrund einer lokal begrenzten frischen Übersandung mit Strandhafer bewachsenen Tertiärdünenbereich.
Die Profilgliederung ist mit derjenigen des Bodenprofils Nr. I fast identisch (Abb. 4). Die Mächtigkeiten der vier überdeckten Humusbänder entsprechen sich in etwa, allerdings befinden sie sich bei Bodenprofil Nr. II in einer etwas geringeren Tiefe (38-45 cm, 58-59 cm, 61-62 cm, 65-66 cm). Weiterhin sind die Grenzen zwischen den drei unteren sehr schmalen Humusbändern nicht so durchgehend deutlich zu erkennen wie in Profil Nr. I (Photo 2).

Die Parallelität des Aufbaus der Bodenprofile Nr. I und II macht deutlich, daß sich die gezeigte Bänderung in West-Ost-Richtung durch den Gelbdünenkörper hindurchzieht und auf sowohl zeitlich als auch quantitativ identische Übersandungsereignisse zurückführen läßt.

Photo 2: Wangerooge-Ostdünen: "Kliff-Bodenprofil" Nr. II im wattnah gelegenen Tertiärdünengebiet: Lage 8 m östlich des "Kliff-Bodenprofils" Nr. I (KÖNIG, April 1985)

Das Photo 2 ermöglicht eine weitere sehr interessante Beobachtung: In der rechteckig ausgehobenen Grube kann an der rechten Grubenwand anhand des plötzlichen Abbruchs der Humusbänder - also der ehemaligen Dünenoberflächen - die ungefähre Lage der Abbruchkante des Gelbdünenkörpers während der zum Kliff führenden Erosionsvorgänge rekonstruiert werden (Abb. 4).

Eine anschließende Übersandung läßt sich eindeutig anhand des heller gefärbten jungen Sandes nachweisen. Dieser Sand, dessen Oberfläche von Strandhafer bewachsen ist, stammt vom vorgelagerten Südstrand. Der tiefer gelegene ältere Tertiärdünensand besitzt eine hellgelbe Färbung.

4.1.3 „Kliff-Bodenprofil" Nr. III

Die am Standort des Bodenprofils Nr. II beginnende Übersandung ist am Standort des Bodenprofils Nr. III vollendet (Abb. 5). Es befindet sich ca. 3 m östlich des Bodenprofils Nr. II.

Die Dünenoberfläche der Profile Nr. I und II findet man an dieser Stelle in einer Tiefe von 19-25 cm wieder; bei den oberen 19 cm des Profils Nr. III handelt es sich also um eine Neusandaufwehung, auf der erst ein junges Sukzessionsstadium (Weißdüne mit Strandhafer) ausgebildet ist. Diese sechste

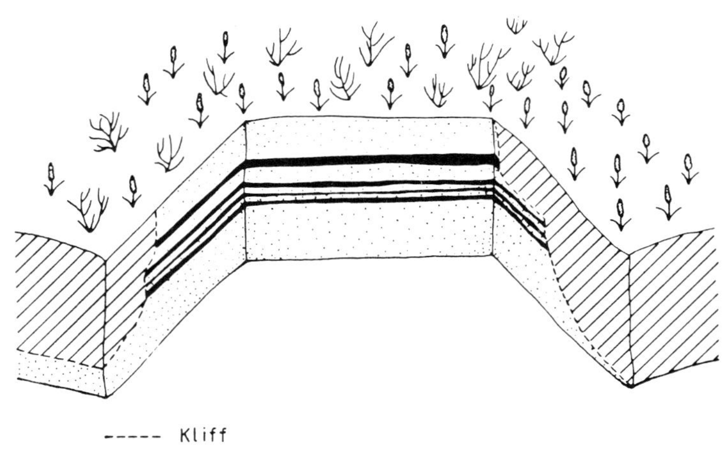

Abb. 4: Räumliche Darstellung des Verlaufs der Humusbänderungen und Rekonstruktion des Kliffs im Dünenkörper im Bereich des "Kliff-Bodenprofils" Nr. II (April 1985) (Entwurf: KÖNIG 1987)

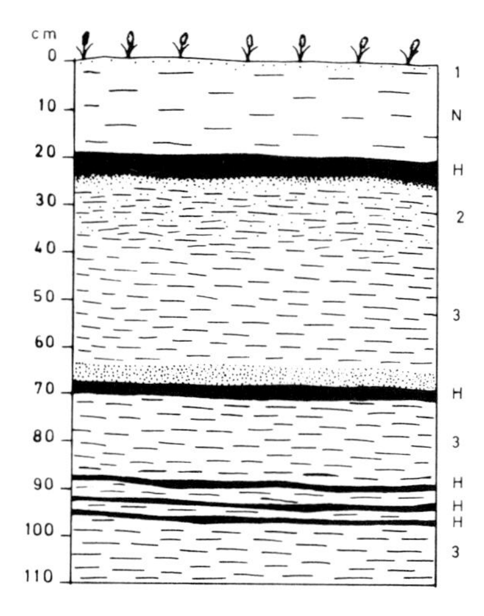

Abb. 5: Vertikale Gliederung des "Kliff-Bodenprofils" Nr. III (April 1985) (Entwurf: KÖNIG 1987)

1, 2, 3, H: vgl. Abb. 3; N: Neusandaufwehung

Übersandungsphase weist die zunächst nicht erwartete Mächtigkeit von 19 cm auf. Dies ist auf die für eine Gelbdüne ungewöhnlich große und z.Z. zur Verfügung stehende Sandquelle in Form des Südstrands zurückzuführen (s.o.).

Die in den Bodenprofilen Nr. I und II dargestellten überdeckten vier Dünenoberflächen treten im Profil Nr. III in folgenden Tiefenlagen auf: 65-70 cm, 88-89 cm, 93-94 cm, 96-97 cm. Es wird deutlich, daß auch an dieser Stelle die Übersandungsphasen eine mit den Bodenprofilen Nr. I und II fast identische Ausdehnung aufweisen.

4.2 „Kliff-Bodenprofil" Nr. IV

Das im weiteren analysierte Bodenprofil Nr. IV liegt ca. 70 m südöstlich des Bodenprofils Nr. I. Es handelt sich um die südöstliche Fortsetzung des Tertiärdünenkörpers (Gelbdüne), der mit Sanddorn und Dünenrose bewachsen ist. Aufgrund geringmächtiger Übersandung hat sich weiterhin an wenigen Stellen Strandhafer ansiedeln können (Abb. 6a).
Bezüglich der vier überdeckten Humushorizonte, in denen Wurzel- und Streureste noch deutlich erkennbar sind, drängt sich unmittlbar der Vergleich mit den "Kliff-Bodenprofilen" Nr. I-III auf. Anzahl und Mächtigkeit der Humusakkumulationen sind einander sehr ähnlich. Die Anreicherungshorizonte des Bodenprofils Nr. IV weisen folgende Tiefenlagen auf: 30-40 cm, 51-53 cm, 80-83 cm, 95-99 cm. Allerdings sind die beiden Übersandungsphasen, die die drei unteren schmalen Humusbänder voneinander trennen, erheblich ausgeprägter als in den Bodenprofilen Nr. I bis III. Dies bestätigt die anfänglich aufgestellte Hypothese, daß bei zeitlicher Parallelität der Entstehung dieser Übersandungen lokal recht unterschiedliche Sandmengen als Folge von Sturm- und Orkanfluten der Bildung äolischer Formen zur Verfügung gestellt werden können.

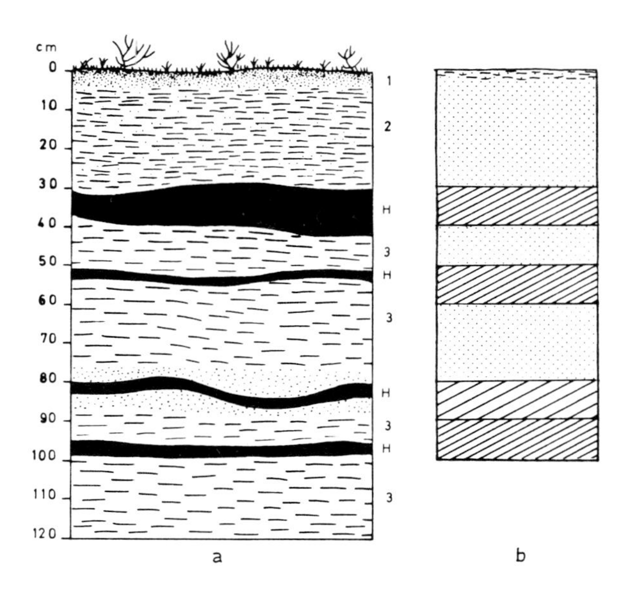

Abb. 6: a) Vertikale Gliederung des "Kliff-Bodenprofils" Nr. IV (Juli 1983) (Entwurf: KÖNIG 1987)

1, 2, 3, H: vgl. Abb. 3

b) Schematisierte Darstellung des "Kliff-Bodenprofils" Nr. IV unter Berücksichtigung der Zuordnung der überdeckten Dünenoberflächen (Humusbänder) zu Dünensukzessionsstadien (Entwurf: KÖNIG 1987)

Legende: vgl. Abb. 8

Entsprechend den Erläuterungen im methodischen Teil wurden in bezug auf das vorliegende Bodenprofil eine Reihe von chemischen Analysen durchgeführt; Tabelle 1 gibt die wichtigsten Meßergebnisse wieder.

Die überdeckten Dünenoberflächen lassen sich nun auch quantitativ durch charakteristische organische Kohlenstoff- und Stickstoff-Peaks kennzeichnen. Es fällt auf, daß diese Peaks sämtlich den heutigen Oberflächenwert von 0,97 o/oo C_{org} und 0,082 o/oo N_t übersteigen, da letzterer durch junge Übersandung erniedrigt wurde. Weiterhin wird deutlich, daß alle Differenzen zwischen Minimum- und Maximumwert (Peak) den Meßfehler S_F ($\pm$ 0,19 o/oo C_{org} und $\pm$ 0,011 o/oo N_t) überschreiten.

Problematisch ist allerdings in diesem speziellen Falle die Abgrenzung der beiden Humusbänder in 80-83 cm und 95-99 cm Tiefe auf der rein chemisch-analytischen Basis, da sie in zwei direkt aufeinander

Tab. 1: Kennzeichnung der 11 Tiefenstufen des "Kliff-Bodenprofils" Nr. IV mit Hilfe chemischer Kennwerte

Bodentiefe cm	C_{org} o/oo	N_t o/oo	pH (H_2O)	pH (KCl)	L (µS/cm)
0- 5	0,97	0,082	6,1	4,7	46
5- 10	0,36	0,034	6,6	5,1	30
10- 20	0,69	0,068	7,1	5,7	20
20- 30	0,73	0,069	7,3	5,7	18
30- 40	2,20	0,150	7,0	5,5	35
40- 50	0,38	0,026	7,4	5,7	15
50- 60	2,16	0,157	7,0	5,7	46
60- 70	0,76	0,056	7,4	5,8	28
70- 80	1,13	0,085	7,5	5,9	25
80- 90	1,53	0,113	6,9	5,8	45
90-100	2,17	0,147	6,9	6,0	62
Mittelwert $\bar{x}$	1,19	0,090	7,0	5,6	34
Meßfehler S_F	± 0,19	± 0,011	-	-	-

folgenden Tiefenstufen liegen; d.h. bei der gewählten Probenentnahme-Methode entstehen nicht zwei voneinander getrennte Kohlenstoff- und Stickstoff-Peaks. Dieses Problem ist in jungen Dünenkörpern, deren überdeckte Dünenoberflächen aufgrund der nur geringen Humusanreicherungen nicht zusätzlich optisch identifiziert werden können, nicht zu erwarten, da aufgrund der dort höheren morphogenetischen Aktivitäten die verschiedenen Übersandungsphasen aller Voraussicht nach mächtigere Akkumulationskörper entstehen lassen.

Wenn Humusbänder sich nicht ausschließlich innerhalb einer 10 cm mächtigen Tiefenstufe befinden, läßt sich anhand der Analysen eine ansteigende Tendenz der Kohlenstoff- und Stickstoffwerte über u.U. mehrere Tiefenstufen verfolgen bis hin zum Maximalwert (vgl. z.B. 70-80 cm-Tiefenstufe und 80-90 cm-Tiefenstufe). Die Entstehung einer räumlich weiten Streuung der Anreicherungen an organischer Substanz im Bodenprofil kann man mit der Tatsache erklären, daß Dünenoberflächen u.U. mehrfach minimal übersandet wurden, was nicht zum Absterben der Vegetation führte, sondern ein Hindurchwachsen der Pflanzen durch die nur geringmächtige Neusandaufwehung ermöglichte.

Tabelle 1 läßt zusätzlich erkennen, daß mit der Humusakkumulation in den Anreicherungsbändern einerseits eine pH-Wert-Erniedrigung einhergeht. Dies gilt v.a. für den in Wasser als Suspendierungsmittel bestimmten pH-Wert. Andererseits weisen diese Bereiche bezüglich der elektrischen Leitfähigkeit L

Tab. 2: Angaben zum organischen Kohlenstoffgehalt in den verschiedenen Sukzessionsstadien der Wangerooger Dünen (Angaben in o/oo C_{org})

	Weißdüne	Graudüne	Gelbdüne	junge Braundüne
Probenzahl	25	29	29	3
Anzahl der Messungen	50	58	58	9
Maximum	0,49	2,22	7,06	9,42
Minimum	0,08	0,35	1,20	8,29
Spannweite	0,41	1,87	5,86	1,13
Mittelwert $\bar{x}$	0,24	1,11	3,49	8,94
Standardabweichung S	± 0,11	± 0,55	± 1,59	± 0,58

geringe Anstiege auf. Dies muß ebenfalls mit der Anreicherung an organischer Substanz in Zusammenhang gebracht werden, da hiermit eine Erhöhung des Gehaltes an elektrisch geladenen Substanzen verbunden ist.

Die unterschiedliche Höhe der Kohlenstoff- und Stickstoff-Peaks weist darauf hin, daß diese übersandeten Dünenoberflächen unterschiedlichen Sukzessionsstadien angehört haben müssen. Bei der Zuordnung zu Dünenreifestadien wird folgendermaßen verfahren: Eine Reihe von Oberflächenproben aus 0-5 cm Tiefe, die unterschiedlichen Sukzessionsstadien entstammen, wurden im Rahmen der dieser Arbeit zugrunde liegenden größeren Untersuchungsreihe auf ihren Kohlenstoffanteil hin untersucht (Tab. 2).

Aufgrund der großen Abweichungen der Extremwerte wird der für die verschiedenen Dünentypen charakteristische "Hauptwertebereich" unter Berücksichtigung der jeweiligen Mittelwerte und der zugehörigen Standardabweichungen (S) rechnerisch abgegrenzt (Tab. 3).

Im Falle einer Normalverteilung liegen innerhalb des sogenannten "Hauptwertebereiches" 68% aller Meßwerte. Da die Hauptwertebereiche natürlich nicht nahtlos aneinander angrenzen, werden die noch nicht zugeordneten Intervalle im rein rechnerischen Sinne (!) als sogenannte "Übergangsbereiche" zwischen den verschiedenen Dünentypen gekennzeichnet. Anhand der in Tabelle 3 unter Berücksichtigung der Oberflächenwerte festgelegten Intervalle bezüglich des Gehaltes an organischem Kohlenstoff erfolgt eine Zuordnung der überdeckten Dünenoberflächen zu Dünentypen (Abb. 6b).

Tab. 3: I: Abgrenzung verschiedener Dünensukzessionsstadien in den Wangerooger Dünen mit Hilfe der organischen Kohlenstoffkonzentrationen (Hauptwertebereiche = Mittelwert ($\bar{x}$) plus/minus Standardabweichung (S))

II: Übergangsbereiche zwischen den statistisch festgelegten Hauptwertebereichen

	I o/oo C_{org}	II o/oo C_{org}
Weißdüne	0,13-0,35	
Übergang zur Graudüne		0,36-0,55
Graudüne	0,56-1,66	
Übergang zur Gelbdüne		1,67-1,89
Gelbdüne	1,90-5,08	
Übergang zur jungen Braundüne		5,09-8,35
junge Braundüne	8,36-9,52	

Die vier überdeckten Dünenoberflächen weisen organische Kohlenstoffwerte auf, die in drei Fällen dem Sukzessionsstadium der Gelbdüne und in einem Fall dem Sukzessionsstadium der Graudüne entsprechen. Da es sich insgesamt um einen für Ostdünen-Verhältnisse alten Dünenkörper handelt, entspricht dieses Ergebnis gut einer auf den gesamten Ostteil der Insel bezogenen lage- und altersmäßigen Einordnung des Dünenkörpers.

Auffällig ist das zunächst unerwartet häufige Auftreten der Humusbänder innerhalb eines Meters. Dies entspricht aber der allgemeinen Auffassung, daß Leelagen bevorzugte Übersandungsorte sind. Der Begriff "Leelage" bezieht sich in diesem Falle auf Winde aus nördlichen Richtungen, die Sand vom Nordstrand als Hauptsandlieferanten dem Dünenkörper zuführen. Da die Leeseiten der Tertiärdünen sich bereits in größerer Entfernung von der Hauptsandquelle befinden, muß die Mächtigkeit der Übersandungsphasen eine geringere sein als in unmittelbarer Strandnähe (z.B. im Lee einer Weißdüne).

4.3 Bodenprofil-Serie in Nordost-Südwest-Abfolge

Es sollen im folgenden acht Bodenprofile in ihrem Aufbau analog zu der am Bodenprofil Nr. IV erläuterten Vorgehensweise analysiert werden. Sie liegen auf einer Nordost-Südwest-Profillinie, deren Verlauf Abbildung 7 zu entnehmen ist. Die Entnahmestellen der Bodenproben sind so gewählt, daß verschiedene Sukzessionsstadien und die Nord- und Südseite ("Luv"- und "Lee"-Lage) des gesamten Dünenkörpers berücksichtigt werden. Die Meßergebnisse bezüglich der verschiedenen Tiefenstufen der Bodenprofile sind Tabelle 4 zu entnehmen.

Für die Bodenprofile 3 bis 8 wird zusätzlich zu dem Meßfehler S_F, der auf der Grundlage des gesamten Bodenprofils errechnet wird, ein zweiter Meßfehler S_F' angegeben, der sich nur auf folgende Meßbereiche bezieht:

a) organischer Kohlenstoff:

S_F' berechnet sich aus den Meßergebnissen $\leq$ 1,00 o/oo Gesamtkohlenstoff,

b) Gesamtstickstoff:

S_F' berechnet sich aus den Meßergebnissen $\leq$ 0,100 o/oo Gesamtstickstoff.

Diese Differenzierung bezüglich des Meßfehlers erweist sich als notwendig, da die Höhe von S_F mit steigendem Wertebereich ebenfalls zunimmt. Dies bedeutet, daß niedrige Kohlenstoff- oder Stickstoffpeaks (z.B. der überdeckten Weißdünen, Tab. 3) aufgrund eines für ihren Wertebereich zu hoch angesetzten Meßfehlers (S_F) innerhalb eines oberflächennah bereits höhere C_{org}- und N_t-Werte aufweisenden Tertiärdünenprofils nicht mehr erfaßt würden. Durch die Berechnung des zweiten, niedrigeren Meßfehlers S_F' ist dies jedoch möglich (Bodenprofile 4, 6, 8).

Abgesehen vom Bodenprofil 1 (Primärdüne) weisen alle anderen Bodenprofile überdeckte Dünenoberflächen in Form von Humusanreicherungsbändern auf (Abb. 8).

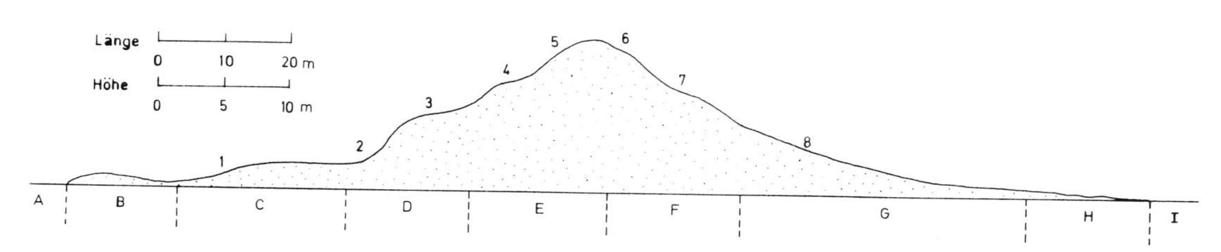

Abb. 7: Schematische Darstellung eines Nordost-Südwest-Profils durch die Ostdünen Wangerooges; Lage: ca. 1,4 km südöstlich einer Nordost-Südwest-Profillinie im Bereich der Vogelwarte (Entwurf: KÖNIG 1987)
1-8: Nummern der Bodenprofile (Juli 1983); A: Nordstrand, B: Spülsaumpflanzendüne, C: Primärdüne, D: Weißdüne, E: Graudüne, F: Gelbdüne, G: Weißdüne, H: Südstrand, I: Watt

Bodentiefe cm	Bodenprofil 1 C_{org} o/oo	Bodenprofil 1 N_t o/oo	Bodenprofil 1 C_{org}/N_t o/oo	Bodenprofil 2 C_{org} o/oo	Bodenprofil 2 N_t o/oo	Bodenprofil 2 C_{org}/N_t o/oo	Bodenprofil 3 C_{org} o/oo	Bodenprofil 3 N_t o/oo	Bodenprofil 3 C_{org}/N_t o/oo	Bodenprofil 4 C_{org} o/oo	Bodenprofil 4 N_t o/oo	Bodenprofil 4 C_{org}/N_t o/oo
0 - 5	0,32	0,024	13	0,26	0,028	9	0,39	0,035	11	1,04	0,083	13
5 - 10	0,12	0,006	20	0,20	0,017	12	0,16	0,028	6	0,43	0,021	21
10 - 20	0,02	0,007	3	0,22	0,017	13	0,22	0,028	8	0,41	0,017	24
20 - 30	0,11	0,008	14	0,32	0,013	25	0,22	0,023	10	0,25	0,018	14
30 - 40	0,00	0,008	0	0,30	0,009	33	0,20	0,020	10	0,29	0,025	12
40 - 50	0,01	0,006	2	0,64	0,041	16	0,12	0,017	12	0,42	0,033	13
50 - 60	0,09	0,006	15	0,17	0,009	19	0,09	0.018	5	0,33	0,019	17
60 - 70	0,09	0,009	10	0,16	0,006	27	0,16	0,018	9	0,20	0,019	11
70 - 80	0,08	0,004	20	0,15	0,006	25	0,35	0,028	13	0,15	0,013	12
80 - 90	0,04	0,004	10	0,25	0,013	19	0,98	0,060	16	0,19	0,013	15
90 - 100	0,04	0,008	5	0,24	0,006	40	0,87	0,060	15	0,14	0,021	7
Mittelwert $\bar{x}$	0,08	0,008	10	0,27	0,015	22	0,34	0,031	10	0,35	0,026	15
Meßfehler S_F	±0,10	±0,003	-	±0,12	±0,007	-	±0,28	±0,013	-	±0,09	±0,005	-
Meßfehler S_F'	-	-	-	-	-	-	±0,04	-	-	±0,08	-	-

Bodentiefe cm	Bodenprofil 5 C_{org} o/oo	Bodenprofil 5 N_t o/oo	Bodenprofil 5 C_{org}/N_t o/oo	Bodenprofil 6 C_{org} o/oo	Bodenprofil 6 N_t o/oo	Bodenprofil 6 C_{org}/N_t o/oo	Bodenprofil 7 C_{org} o/oo	Bodenprofil 7 N_t o/oo	Bodenprofil 7 C_{org}/N_t o/oo	Bodenprofil 8 C_{org} o/oo	Bodenprofil 8 N_t o/oo	Bodenprofil 8 C_{org}/N_t o/oo
0 - 5	2,22	0,189	12	6,24	0,371	17	3,07	0,224	14	0,42	0,028	15
5 - 10	0,39	0,042	9	0,35	0,032	11	2,03	0,131	16	0,25	0,024	10
10 - 20	0,42	0,042	10	0,28	0,019	15	1,18	0,087	14	0,28	0,022	13
20 - 30	0,43	0,042	10	0,14	0,014	10	0,87	0,068	13	0,45	0,036	13
30 - 40	0,38	0,041	9	0,25	0,010	25	0,79	0,066	12	0,27	0,024	11
40 - 50	0,06	0,026	2	0,22	0,015	15	0,72	0,054	13	1,41	0,104	14
50 - 60	0,54	0,050	11	0,42	0,029	15	0,22	0,021	11	0,40	0,034	12
60 - 70	0,18	0,017	11	0,30	0,017	18	0,54	0,032	17	1,97	0,158	13
70 - 80	0,15	0,008	19	0,31	0,017	18	0,69	0,048	14	0,65	0,060	11
80 - 90	0,18	0,009	20	0,24	0,018	13	1,92	0,149	13	0,54	0,048	11
90 - 100	0,15	0,011	14	0,15	0,010	15	1,16	0,095	12	0,68	0,061	11
Mittelwert $\bar{x}$	0,46	0,043	12	0,81	0,050	16	1,20	0,089	14	0,67	0,055	12
Meßfehler S_F	±0,13	±0,004	-	±0,16	±0,010	-	±0,19	±0,010	-	±0,10	±0,009	-
Meßfehler S_F'	±0,10	±0,004	-	±0,07	±0,003	-	±0,08	±0,006	-	±0,04	±0,006	-

Tab. 4: Bodenchemische Kennzeichnung der Tiefenstufen der Bodenprofile 1-8 auf einer Nordost-Südwest-Profillinie durch die Ostdünen Wangerooges (vgl. Abb. 7)

Die überdeckten älteren Dünenoberflächen lassen sich unterschiedlichen Alters- und Reifestadien zuordnen: Das in diesem Falle jüngste Stadium, der Übergangsbereich zur Graudüne, tritt insgesamt viermal auf (Bodenprofile 4, 5, 6, 8); weiterhin existiert das Stadium der Graudüne ebenfalls viermal (Bodenprofile 2, 3 und zwei Horizonte im Profil 8); das älteste in den älteren Bodenprofilen auftretende Sukzessionsstadium ist das der Gelbdüne (in den beiden wattnah gelegenen Bodenprofilen 7 und 8).

Beschränkt man die Betrachtungsweise zunächst auf jedes Bodenprofil im einzelnen, so fällt auf, daß die Reihenfolge innerhalb der Sukzessionsserie in den Profilen 2, 3 und 8 in ihrer vertikalen Abfolge umgedreht wird. In den Profilen 2 und 3 ist offensichtlich ein bereits im Tertiärdünenstadium befindlicher Dünenkörper von einer noch sehr jungen und relativ mächtigen Übersandung (40 und 80 cm Mächtigkeit) überdeckt worden. Das noch junge Alter der Übersandung läßt sich aus der oberflächlich geringen Vegetationsbedeckung ableiten. Im Bodenprofil 8 folgen auf eine Gelbdünenoberfläche (60-70 cm Tiefe) eine Graudüne, ein Übergangsstadium zur Graudüne und die heutige Weißdünenoberfläche.

Bereits die vergleichende Betrachtung der Profile 2 und 3 legt die Vermutung nahe, daß Übersandungsphasen und ältere Dünenoberflächen verschiedener Einzelprofile miteinander kombiniert werden können (Abb. 9). Das übersandete Tertiärdünenstadium läßt sich allerdings nicht in den Profilen 4 und 5 weiter verfolgen, obwohl sich alle vier Bodenprofile an einem ("Luv"-)Hang befinden. Es ist vielmehr eher so, daß bezüglich der Humusbänderung die Profile 4, 5 und 6 zu einer Einheit zusammengefaßt werden müssen. Die auf der älteren Dünenoberfläche (Übergangsstadium zur Graudüne) akkumulierten Sandmaterialien weisen eine sehr ähnliche Mächtigkeit auf (40 bzw. 50 cm).

Zusätzlich zu den Profilen 2, 3 und 4-6 können die beiden wattnahen Profile 7 und 8 zu einer weiteren Einheit zusammengefaßt werden, da in 80-90 cm bzw. 60-70 cm Tiefe zwei zu parallelisierende Gelbdünen-

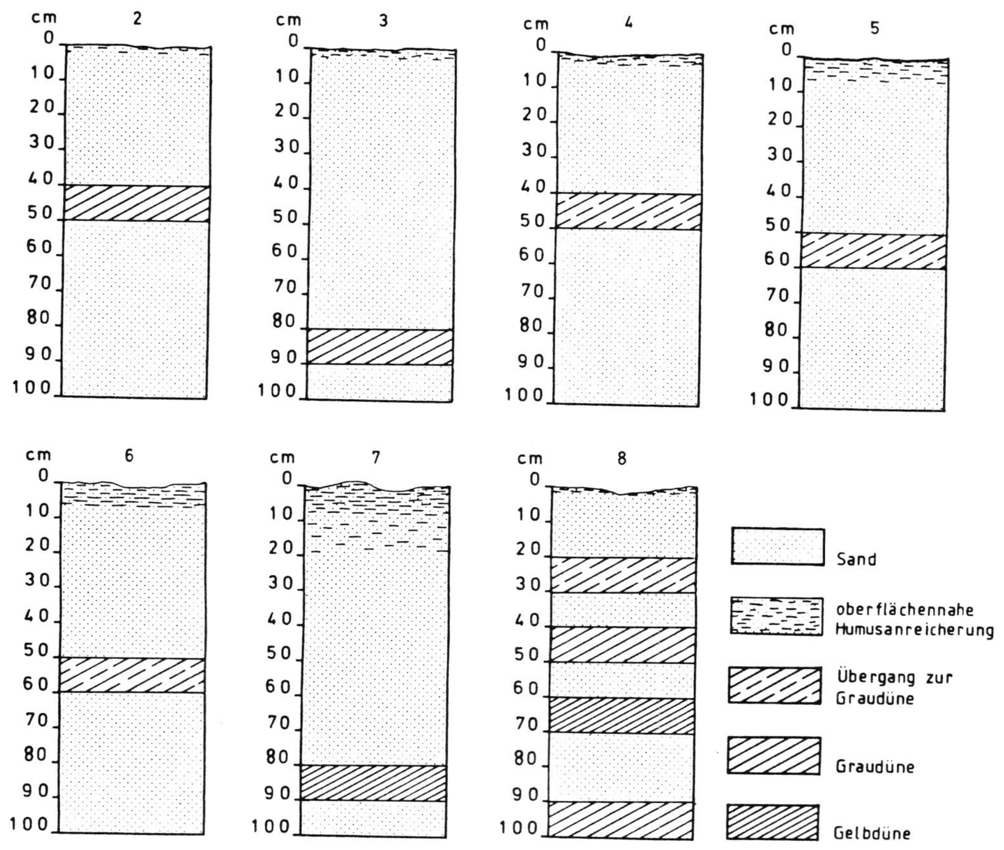

Abb. 8: Schematisierte Darstellung der Bodenprofile 2-8 unter Berücksichtigung der Zuordnung der überdeckten Dürenoberflächen (Humusbänder) zu Dünensukzessionsstadien (Entwurf: KÖNIG 1987)
Dünenoberfläche (1983): 2: Weißdüne, 3: Weißdüne, 4: Graudüne, 5: Graudüne, 6: Gelbdüne, 7: Gelbdüne, 8: Weißdüne

horizonte auftreten. Ausgehend von dieser Gruppenbildung kann eine weitere Kombination aller in Nordost-Südwest-Abfolge gelegenen Bodenprofile und aller dort nachzuweisenden übersandeten älteren Dünenoberflächen in der in Abbildung 9 dargestellten Weise vorgenommen werden.

Auf der Strandseite ist die heutige Graudünenoberfläche der Bodenprofile 4 und 5 an den Standorten 2 und 3 durch eine Übersandung, deren Material von der Strandplate aus an den Dünenfuß angelagert wurde, überdeckt worden. Auf der Südseite des Dünenkörpers schließt sich an die Graudüne eine Gelbdüne an (Bodenprofil 6), deren Oberfläche zum Zeitpunkt der Probenentnahme (Juli 1983) an den wattnahen Standorten 7 und 8 in eine Tiefe von 80-90 cm bzw. 60-70 cm "abtaucht", da sie ein- bzw. dreifach übersandet wurde. Die normale leeseitige Sandakkumulation, deren Material von der Strandplate auf der Nordseite der Insel stammt, wird in diesem Falle durch Sandabwehungen vom lokal begrenzten, schmalen "Südstrand" ergänzt, die zwei zusätzliche Übersandungen an Standort 8 haben entstehen lassen.

Die übrigen, noch nicht berücksichtigten überdeckten Humusbänder der Bodenprofile 4, 5 und 6 lassen den Schluß zu, daß sich unter der besprochenen nur teilweise überdeckten Dünenoberfläche noch eine weitere ältere Oberfläche befinden muß, die sich an den Profilorten 4, 5 und 6 zum Zeitpunkt der Übersandung im Übergangsstadium zur Graudüne befand bzw. der Sukzessionsabfolge entsprechend am Standort 8 bereits das Graudünenstadium erreicht hatte. Im Bodenprofil 7 wird diese Oberfläche nicht berührt, d.h. sie muß sich in einer größeren Tiefenlage als 1 m befinden. Gleiches gilt für die Standorte 2 und 3, wo wiederum der Sukzessionsfolge entsprechend vermutet werden muß, daß sich die genannte Dünenoberfläche in diesem Dünenbereich annähernd noch im jungen Weißdünenstadium befunden haben muß.

Aus der positiven Beantwortung der Frage nach der prinzipiellen Nachweisbarkeit 'alter' Küstendünenoberflächen leitet sich also unmittelbar die weitere Frage nach der Verbindung der Horizonte mehrerer Bodenprofile untereinander ab. Bei dem oben dargestellten Beispiel einer solchen Verbindung werden u.a. vier Kriterien berücksichtigt:

- Tiefenlage der Humusbänder im Bodenprofil

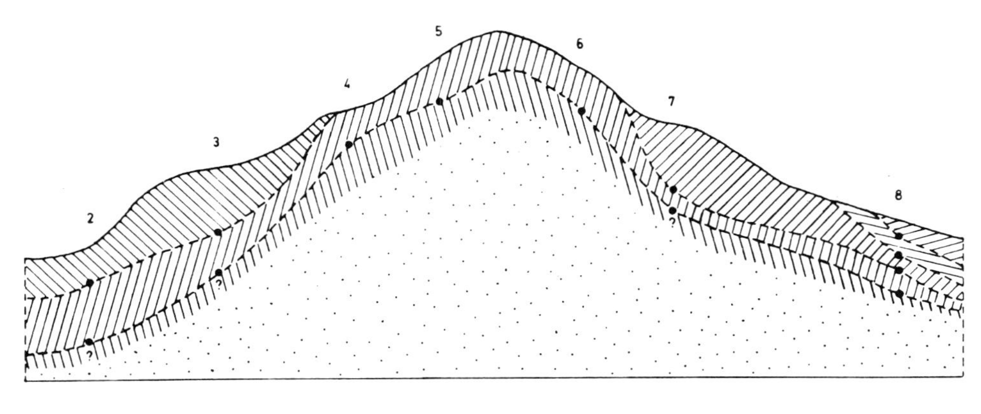

5 Bodenprofilnummer
------ alte Dünenoberfläche
• Humusanreicherungshorizont
?• vermuteter Humusanreicherungshorizont
Übersandungsphasen

Abb. 9: Übersandungsphasen und alte Dünenoberflächen im Dünenkörper entlang einer Nordost-Südwest-Profillinie durch die Wangerooger Ostdünen (vgl. Abb. 7) (Ausschnittvergrößerung des oberen Meters!) (Entwurf: KÖNIG 1987)

- heutige Oberflächenform

- Sukzessionsfolge:
  Bei der Zuordnung von überdeckten Oberflächen verschiedener Bodenprofile muß beachtet werden, ob sich die gemessenen Kohlenstoff- und Stickstoffwerte mit der Sukzessionsfolge in Einklang bringen lassen.

- Verhältnis der organischen Kohlenstoffwerte:
  Dieses Kriterium soll am Beispiel der Bodenprofile 6, 7 und 8 erläutert werden. Im Rahmen der normalen Sukzessionsfolge steigt der Oberflächenwert an organischem Kohlenstoff in der Regel an. Dieser "normale" Verlauf ist im gewählten Beispiel umgekehrt (6,24, 3,07, 0,42 o/oo C_{org}), was bereits ein erstes Indiz dafür ist, daß die Standorte 7 und 8 zusätzliche Übersandungen aufweisen. Dies wird durch die Profilanalysen bestätigt. Genauer ausgedrückt heißt dies, daß im gleichen Zeitraum, in dem sich an Standort 6 der hohe Oberflächenwert von 6,24 o/oo C_{org} ausbilden konnte, an Standort 7 zwei Oberflächen mit den entsprechend niedrigeren C_{org}-Werten von 1,92 o/oo C_{org} und 3,07 C_{org} entstanden. Im vergleichbaren Zeitraum entwickelten sich an Standort 8 sogar vier Oberflächen mit den organischen Kohlenstoffwerten 1,97, 1,41, 0,45, 0,42 o/oo.

Die aus Abbildung 9 hervorgehenden Phasen der Übersandung des Dünenkörpers und die Abfolge von Oberflächen vermitteln den Eindruck eines kleinkammerigen Dünenwachstums, wenn man sich nochmals deutlich vor Augen führt, daß die in die Skizze eingehenden Messungen nur den oberen Meter der Dünen berühren. Auf der Nord- und Südseite lassen sich mehrere übereinander gestaffelte Akkumulationsphasen abgrenzen, die den Dünenkörper zunehmend verbreitert haben. Die beiden ältesten Übersandungsphasen sind allerdings als einheitliche, den gesamten Dünenkörper gleichermaßen betreffende Übersandungen dargestellt. Es ist zu vermuten, daß dieses einheitliche Bild bei einer weitergehenden Analyse der tieferliegenden Übersandungsphasen und Dünenoberflächen durch ein ebenfalls genetisch differenzierteres, kleinkammeriges Bild ergänzt würde. Diese Vorstellung wird durch weitere Untersuchungen im Ostteil der Insel, die an anderer Stelle erläutert werden sollen, bestätigt (KÖNIG 1987).

5. Zusammenfassung

In der vorliegenden Untersuchung werden verschiedene morphogenetische Stadien von Küstendünenkörpern, die in Form eines geschichteten Dünenaufbaus deutlich werden, im Ostteil der Insel Wangerooge nachgewiesen. Ihre Entstehung ist ursächlich mit außergewöhnlichen Akkumulationssituationen, vor allem im Gefolge von schweren Sturm- und Orkanfluten, verknüpft.

Unterschiedliche Akkumulationsphasen können im wattnahen Tertiärdünenbereich der Ostdünen Wangerooges an mehreren "Kliff-Bodenprofilen" sowohl optisch als auch meßtechnisch nachgewiesen werden. Dieser meßtechnische Nachweis läßt sich auf den gesamten Dünenbereich anwenden. Er basiert auf der chemisch-analytischen Bestimmungsmöglichkeit früherer, übersandeter Dünenoberflächen anhand der humifizierten Vegetationsreste. Indikatoren sind der organische Kohlenstoff, Gesamtstickstoff und bedingt pH-Wert und elektrische Leitfähigkeit.

Die pflanzensoziologisch-bodenkundliche Einteilung des Dünenkörpers in Form der typischen Sukzessionsserie ermöglicht darüber hinaus eine annähernde Bestimmung des erreichten Reife- und Alterszustandes früherer Dünenoberflächen.

Weiterhin läßt sich als Ergebnis festhalten, daß durch eine Parallelisierung von Übersandungsphasen und Dünenoberflächen (Humusbändern) benachbarter Bodenprofile der ursprüngliche Verlauf älterer Dünenoberflächen im gesamten Dünenkörper rekonstruiert werden kann. Dabei wird ebenfalls ein Nachweis für die Kleinkammerigkeit des Dünenwachstums geführt.

6. Literatur

BAHRENBERG, G./E. GIESE (1975): Statistische Methoden und ihre Anwendung in der Geographie. Stuttgart.

ELLENBERG, H. (1978): Vegetation Mitteleuropas mit den Alpen in ökologischer Sicht. 2. Aufl., Stuttgart.

HEMPEL, L. (1980): Zur Genese von Dünengenerationen an Flachküsten. Beobachtungen auf den Nordseeinseln Wangerooge und Spiekeroog. In: Zeitschrift für Geomorphologie 24, S. 428-447.

HEMPEL, L. (1983): Der Sandhaushalt als Hauptglied in der Geoökodynamik einer Ostfriesischen Insel - Abhängigkeiten von natürlichen und anthropogenen Kräften. In: Geoökodynamik 4, S. 87-104.

HEYKENA, A. (1965): Vegetationstypen der Küstendünen an der östlichen und südlichen Nordsee. In: Mitt. ArbGem. Floristik Schleswig-Holstein/Hamburg 13, S. 1-135.

KÖNIG, G. (1987): Morphogenetische Stadien in Küstendünenkörpern der Ostfriesischen Insel Wangerooge. Nachweis mit Hilfe makroskopisch- und chemisch-analytischer Methoden. Unveröffentlichtes Manuskript (Veröffentlichung in Vorbereitung). Münster.

KRÜGER, W. (1937/38): Riffwanderung vor Wangeroog. In: Abh. naturwiss. Ver. Bremen. Reihe B, 30, S. 234-252.

RENNER, E. (1981): Mathematisch-statistische Methoden in der praktischen Anwendung. 2. Aufl., Berlin.

RÖDEL, W./G. WÖLM (1979): Grundlagen der Gas-Chromatographie. 2. Aufl., Berlin.

SCHEFFER, F./P. SCHACHTSCHABEL (1982): Lehrbuch der Bodenkunde. 11. Aufl., Stuttgart.

SCHLICHTING, E./H.-P. BLUME (1966): Bodenkundliches Praktikum. Berlin.

SINDOWSKI, K.-H. (1969): Geologische Karte von Niedersachsen 1 : 25 000. Erläuterungen zu Blatt Wangerooge Nr. 2213. Hannover.

THANNHEISER, D. (1981): Die Küstenvegetation Ostkanadas. Münstersche Geogr. Arb. 10. Münster.

THÖLE, R. (1981): Kurzer Leitfaden zum bodenkundlichen Laborpraktikum am Institut für Geographie der Universität Münster. Münster.

VOIGT, H./G. ROESCHMANN (1969): Die Böden Ostfrieslands. In: OHLING, J. (Hrsg.): Ostfriesland im Schutze des Deiches. Beiträge zur Kultur- und Wirtschaftsgeschichte des ostfriesischen Küstenlandes. Band 1, S. 51-104. Leer.

Anschrift der Verfasserin:

Dr. Gisela König

Bachstraße 48

D - 4352 Herten

Aus:

Ekkehart Köhler und Norbert Wein (Hrsg.):

NATUR- UND KULTURRÄUME.

Ludwig Hempel zum 65. Geburtstag.

Paderborn: Ferdinand Schöningh 1987.

= Münstersche Geographische Arbeiten 27.

Bernd Huckemann

Die Entstehung eulitoraler Höhenrücken und Erosionswannen

Eine morphogenetische Besonderheit auf der Wattseite von Wangerooge-Ost

1. Das aktuelle morphodynamische Geschehen im östlichen Wangerooger Inselwatt

östlich von Rechtswert 3.431 herrscht auf der Wattseite von Wangerooge-Ost überwiegend Erosion; daher wird dieser Teil der Insel in den folgenden geomorphologischen Betrachtungen als Erosionsbereich angesprochen. Ausgiebige Geländeuntersuchungen des Verfassers ergaben, daß die marine Morphodynamik im Erosionsbereich die Südflanke des östlichen Dünenzuges vom Watt her in verstärktem Maße angreift und das Niveau der vorgelagerten eulitoralen Wattfläche allmählich tieferlegt (HUCKEMANN 1985).

Als Ursache für diese Abtragungserscheinungen ist, neben der morphologisch sekundär wirksamen Aufspülung des Minsener Oogs im Osten des Seegats "Blaue Balje" (HEMPEL 1983), primär die zunehmende Häufigkeit höherer Wind- und niedriger Sturmfluten anzusehen (HOMEIER 1976). Denn bei diesen meteorologisch-hydrologischen Konstellationen bestimmt die aufgrund längerer Verweilzeiten entsprechend erhöhte Energieabgabe der Brandungswellen die erosive Tendenz der marinen Morphodynamik (FÜHRBÖTER 1979).

2. Eulitorale Höhenrücken und Erosionswannen

Auf der Wattseite von Wangerooge-Ost markiert die Linienführung des aufgelassenen, stellenweise stark ausgedünnten Gleisschotterdammes der ehemaligen Bahnstrecke zum Ostanleger der Insel recht genau das MTHW-Niveau, trennt somit die supralitoralen Trockenstrandbereiche von der eulitoralen Wattfläche. Diese im Verlauf einer Tide regelmäßig auftauchende Wattfläche ist in ihren höchsten Lagen, knapp unterhalb des MTHW-Niveaus, an ihrer Oberfläche von flachen Höhenrücken und im Wechsel dazwischenliegenden Tiefenlinien überzogen. Diese langgestreckten Formen finden sich zwischen dem Bahndamm im Norden und dem strandparallelen Priel im Süden. Die westliche Verbreitungsgrenze liegt beim Rechtswert 34.310, im Osten reicht die Verbreitung über 34.316 R hinaus bis in die Nähe der Strandbake.

Abb. 1: Eulitorale Höhenrücken und Erosionswannen

2.1 Beschreibung der Formen

Die Streichrichtung der Höhenrücken beträgt etwa 45°, also von SW nach NE. Sie entspricht somit in bemerkenswerter Weise der Hauptwindrichtung auf Wangerooge während der Herbst- und Wintermonate. Die Höhenrücken sind im Durchschnitt 60 m lang, wobei ihre Länge von 30 m im westlichen Teil des Verbreitungsgebietes auf 90 m im Osten zunimmt. In gleicher Richtung wächst auch der Niveauunterschied zwischen Tiefenlinien und Höhenrücken, so daß die morphologische Ausprägung dieser Formen nach Osten hin an Deutlichkeit gewinnt. Die Höhendifferenz beträgt ca. 4-7 cm und wird für den Betrachter im Gelände nur daran erkennbar, daß bei auf-/ablaufendem Wasser die Höhenrücken noch bzw. schon trockenliegen, während die Tiefenlinien von Wasser bedeckt sind. Die flachen Rücken sind symmetrisch gewölbt und fallen mit durchschnittlich 5° Neigung beiderseits zu den Tiefenlinien hin ein. Die Breite beider Formen schwankt im Bereich mehrerer Meter.

2.2 Räumliche Zuordnung

Die Tiefenlinien beginnen etwa im MTHW-Niveau. Ihre Initialformen korrespondieren dort mit denjenigen Stellen des alten Bahndammes, an denen das Gleisschotterbett stärker ausgedünnt ist. Im Osten und Westen des Verbreitungsgebietes dieser Rinnen weist der Bahndamm über mehr als fünf Meter hinweg derart große Lücken auf, daß die Anfangsstadien der Tiefenlinien mit der Brandungsrinne des Supralitorals räumlich in Kontakt stehen, was für die morphogenetische Betrachtung von Belang sein wird. Bei Ebbe entwässern diese langgestreckten Vertiefungen in den strandparallelen Priel, welcher südöstlich der Strandbake in die Blaue Balje einmündet. In ihrem Mündungsbereich am Prielrand finden sich die Tiefenlinien deltaförmig verbreitert. In diesen Deltas entstehen kurz vor dem Trockenfallen der Rinnen, wenn der letzte, dünne Wasserfilm in den Priel entwässert, durch die Fließbewegung stark verzweigte Rieselmarken (CEPEK/REINECK 1970), die dem Betrachter den Aspekt eines winzigen Flußsystems auf einer Fläche von nur wenigen Quadratdezimetern vermitteln.

2.3 Möglichkeiten morphogenetischer Deutung

Für die morphognetische Interpretation dieses Wechsels von Höhenrücken und Tiefenlinien bieten sich nach dem Stand der Literatur folgende Möglichkeiten:

a) Ähnlichkeiten des Aspektes dieser Formen, die im Zuge einer vergleichenden Luftbildauswertung festzustellen sind, legen zunächst nahe, die Höhenrücken als "Sandwellen" (REINECK 1978) zu deuten, deren Entstehung auf Strömungsgeschwindigkeiten zurückzuführen ist, die bei Sturmfluten in tiefergelegenen Sandwatten formgebend sind (REINECK 1978). Dieser Interpretation steht jedoch die Höhenlage der untersuchten Formen, knapp unterhalb des MTHW-Niveaus, entgegen.

b) Bei einem asymmetrischen Querschnitt und einer Kreuzschichtung im Gefüge ließen sich die Höhenrücken als flache Transportkörper für sandiges Material ansehen (NEWTON/WERNER 1971), wobei deren Entstehung auf Sedimentation in Form eines Kleinrippelgefüges zurückzuführen wäre (NEWTON/WERNER 1969). Eine asymmetrische Ausbildung von Luv- und Leehang lassen die Höhenrücken allerdings ebensowenig erkennen wie ein Kleinrippelgefüge bzw. eine Kreuzschichtung in ihrem inneren Bau. Desweiteren legen das hohe Maß an Biostabilisation der Rückenoberfläche durch Algenmatten (FÜHRBÖTER 1983) und die dichte Besiedlung des Sedimentgefüges durch Heteromastus filiformis, den Fadenringelwurm, den Schluß nahe, daß es sich in diesem Falle nicht um Transportkörper des Sandes handeln kann, da das zu transportierende Material nicht biogen verfestigt vorliegen dürfte.

c) Nachdem nun diese Interpretationsmöglichkeiten für die vorgefundenen Formen nicht zutreffen, weisen zwei Phänomene der Geländebeobachtung in eine andere Richtung:
   - Schon bei mäßigem Seegang im Gefolge von Windstärken um 4 Bft. wird die Oberfläche der Tiefenlinien von Seegangsrippeln (REINECK/WUNDERLICH 1968) überzogen, während die Höhenrücken eine Rippelbildung vermissen lassen.
   - Ferner finden sich die Rücken von dem eher pelophilen Heteromastus filiformis, die Tiefenlinien dagegen von der psammophilen Art Arenicola marina besiedelt (THIEL/GROSSMANN/SPYCHALA 1984).

Sowohl die morphologischen wie auch die biologischen Feldindikatoren legen es zunächst nahe, Substratunterschiede zwischen beiden Morphoelementen dahingehend zu vermuten, daß die Tiefenlinien einen geringeren Schlickgehalt aufweisen als die Höhenrücken. Bei den letzteren handelt es sich jedoch schwerlich um Sedimentationsformen von Schlick, denn ein solch kleinräumiger Substratwechsel in der Horizontalen kann parallel zu der auf dieser Wattfläche herrschenden Strömungsrichtung nicht zustande kommen. Wenn nun die Höhenrücken nicht sedimentiert wurden, müssen sie folglich Relikte eines vormals höheren Wattflächenniveaus darstellen, und die Tiefenlinien sind in dieser Gedankenführung nur als Erosionswannen zu erklären. Die angeführten morphologischen und biologischen Indikatoren unterstützen demnach die *vermeintliche* Lösung der Interpretationsproblematik dahingehend, daß es sich um "Schlickrücken auf Sandwattflächen" handelte, wie sie von REINECK 1974 beschrieben wurden. Um diese Schlickrücken-Hypothese empirisch abzusichern, müßte eine vergleichende Korngrößenanalyse für die Proben aus den Höhenrücken einen deutlich höheren Schlickgehalt des Substrats erkennen lassen. Eine solche, vom Verfasser durchgeführte Untersuchung ergab jedoch eine für Höhenrücken und Erosionswannen nahezu identische Körnung, so daß auch die Schlickrücken-Hypothese hinfällig wird.

2.4 Besondere Strömungsverhältnisse als morphogenetische Erklärung

Als Ergebnis der bisherigen Gedankenführung bleibt an dieser Stelle festzustellen, daß die Höhenrücken als Relikte einer vormals höhergelegenen Wattfläche zu gelten haben und die Tiefenlinien dementsprechend als Erosionswannen anzusprechen sind. Zwar gilt im allgemeinen, daß sandige Wattflächen dem Substrat entsprechend flächenhaft abgetragen werden, schlickiges Material dagegen in Form von Erosionswannen (REINECK/SIEFERT 1980), doch bilden die Hochlagen des durchaus sandigen Eulitorals im Osten der Insel Wangerooge eine Ausnahme: Bei der ehedem höhergelegenen Sandwattfläche muß es sich um eine Sedimentoberfläche gehandelt haben, die von zäh verfilzten Algenmatten dicht besiedelt und verfestigt gewesen ist, wie es, quasi als Zeugen, die Höhenrücken heute noch sind.

Die getrennte Besiedlung von Erosionswannen und Höhenrücken durch zwei Wurmarten unterschiedlicher Substratorientierung bei analytisch-nachgewiesen gleicher Körnung läßt sich nämlich durch das Fehlen einer stabilisierenden Algendecke auf der Oberfläche der Tiefenlinie erklären. Denn nur dort, wo die Oberfläche des Sandwattes unverfestigt vorliegt, können versprengte Pierwurm-Exemplare sich eingraben, nachdem sie durch Seegang und Strömung auf diese hochgelegene Wattfläche verschwemmt wurden (WUNDERLICH 1984). Die hier angesprochenen Bereiche bilden mit einer Höhenlage von NN + 1,40 m die grundwasserbedingte, obere Existenzgrenze von Arenicola marina (GAST/KÖSTER/RUNTE 1984). Folglich kann der Pierwurm nur in den Erosionswannen siedeln, wo er sich ungehindert einwühlen kann und in denen bei Ebbe regelmäßig "pfützenweise" Wasser stehen bleibt, was sein Überleben ermöglicht (WUNDERLICH 1984). Die Abtragung dieser vormals höheren Sandwattfläche erfolgte also, ähnlich wie bei jungen Schlickdecken, nicht flächenhaft (REINECK 1979), sondern in Form von Erosionswannen.

Da diese nun eine Länge von bis zu 90 m bei einer wechselnden Breite von mehreren Metern besitzen, läßt sich eine derart gerichtete Erosionsform nicht auf den eher ungerichtet-regellos angreifenden Seegang zurückführen, sondern auf eine gebündelte sohlennahe Strömung, die Geschwindigkeiten von mehr als 1 m/s erreichen muß, um die biogen verfestigte Wattoberfläche zu erodieren (FÜHRBÖTER 1983) und die Erosionswannen auszuräumen. Diese für eine inselgeschützte Wattfläche außerordentlich hohe Strömungsgeschwindigkeit erklärt gleichzeitig auch die Lücken im Schotterbett des alten Bahndammes. Denn dessen Gleisschotter, mehr als faustgroß, benötigen für den Abtransport aus ihrer ehemaligen Position im Damm Strömungsgeschwindigkeiten, die ebenfalls im Bereich von 1-2 m/s anzusiedeln sind (LOUIS/FISCHER 1979, S. 220 f.). Die Tatsache, daß die abtransportierten Schottersteine nicht auf dem Trockenstrand zu finden sind, legt die Folgerung nahe, daß sie von einer punktuell einsetzenden, ablandigen Strömung südwärts bewegt wurden. Die Streichrichtung von Höhenrücken und Tiefenlinien von 45° legt den Entstehungszusammenhang in das sturmflutreiche Winterhalbjahr, in dem Starkwindlagen mit südwestlichen Windrichtungen auf Wangerooge dominieren.

Auffälligerweise stehen die Initialstadien der Tiefenlinien in räumlichem Kontakt und somit auch im Strömungszusammenhang mit der Brandungsrinne im Supralitoral, einem Strandniveau also, das vom Hochwasser einer mittleren Tide gar nicht erreicht wird.

In synoptischer Auswertung all dieser Faktoren gelangt man in der morphogenetischen Betrachtung zu folgendem Ergebnis:

Die bandartige Verteilung von ungewöhnlich hohen Strömungsgeschwindigkeiten, welche morphologisch von den Erosionswannen im Gelände indiziert wird, die räumliche und hydrologische Zuordnung der Strömungsursprünge in den Bereich oberhalb des MTHW-Niveaus sowie die ablandige SW-Strömungsrichtung entgegen den im Winterhalbjahr vorherrschenden Winden legen die Folgerung nahe, daß es sich bei der hydrologischen Ursache um eine Kopplung von einem küstenparallelen Längsstrom, dem "longshore current" (REINECK/BIR SINGH 1980, S. 347) in der supralitoralen Brandungsrinne und den daraus seewärts ausbrechenden, hochturbulenten *Rippströmen* (GIERLOFF-EMDEN 1980, S. 1.129 f.; REINECK/BIRSINGH 1980, S. 347) handeln muß. Diese Strömungsverhältnisse, wie sie in Wangerooge-Ost vor allem bei Wintersturmfluten in der Brandungszone des Erosionsbereichs entstehen, sind auf der Abbildung 3 schematisch dargestellt.

Für den Bereich der ostfriesischen Inseln ist, nach dem Stand der ausgewerteten Literatur, dieser der erste Nachweis von Rippströmen in inselgeschützten Lagen des Wattenmeeres. Der Beweis dafür wurde anhand morphologischer und biologischer Feldindikatoren rückschließend erbracht. Für eine Folgeuntersuchung empfehlen sich Strömungsmessungen, welche quantifizierend über Strömungsintensität und Sedimentdynamik Aufschluß geben können.

Geographisches Institut
der Universität Kiel
Neue Universität

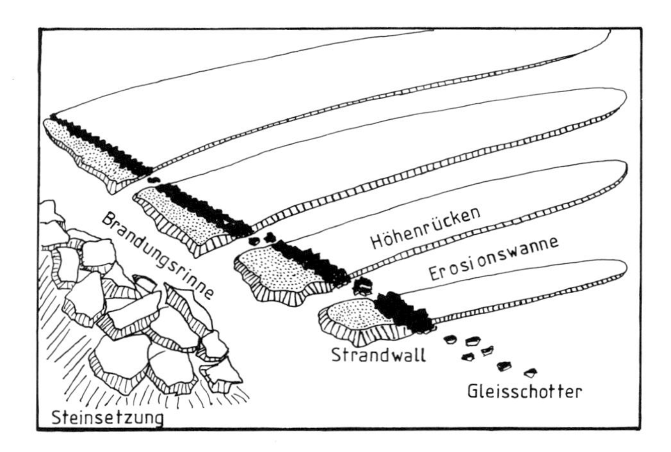

Abb. 2: Schematische Darstellung morphogenetischer Gegebenheiten in der Brandungszone

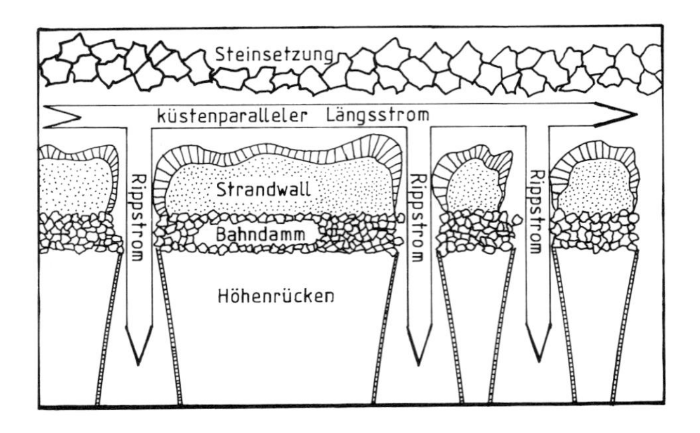

Abb. 3: Schematische Darstellung der Brandungsströmung bei Sturmflutwasserständen im Erosionsbereich

3. Literatur

CEPEK, P./H.-E. REINECK (1970): Form und Entstehung von Rieselmarken im Watt- und Strandbereich. In: Senckenbergiana maritima 2, S. 3-30.

FÜHRBÜTER, A. (1979): Über Verweilzeiten und Wellenenergien. In: Mitteilungen des Leichtweiß-Instituts für Wasserbau der Technischen Universität Braunschweig 65, S. 1-29.

FÜHRBÜTER, A. (1983): Über mikrobiologische Einflüsse auf den Erosionsbeginn bei Sandwatten. In: Wasser und Boden 3, S. 106-116.

GAST, R./R. KÖSTER/K.-H. RUNTE (1984): Die Wattsedimente in der nördlichen und mittleren Meldorfer Bucht. Untersuchungen zu Fragen der Sedimentverteilung und der Schlicksedimentation. In: Die Küste 40, S. 165-257.

GIERLOFF-EMDEN, H.-G. (1979): Geographie des Meeres: Ozeane und Küsten. 2 Teilbände, Berlin/ New York.

HEMPEL, L. (1983): Der Sandhaushalt als Hauptglied in der Geoökodynamik einer ostfriesischen Insel; Abhängigkeiten von natürlichen und anthropogenen Kräften. In: Geoökodynamik 4, S. 87-104.

HOMEIER, H. (1976): Die Auswirkungen schwerer Sturmtiden auf die ostfriesischen Inselstrände und Randdünen. In: Jahresbericht 1975 der Forschungsstelle für Insel- und Küstenschutz der Niedersächsischen Wasserwirtschaftsverwaltung 27, Norderney, S. 107-122.

HUCKEMANN, B. (1985): Die geomorphologische Struktur und Dynamik auf der Wattseite von Wangerooge-Ost unter besonderer Berücksichtigung der Vegetation. Unveröffentlichte Staatsexamensarbeit am Fachbereich Geographie der Westfälischen Wilhelms-Universität Münster, Münster, 124 S.

LOUIS, H./K. FISCHER (1979): Allgemeine Geomorphologie. 4. Aufl., Berlin/New York.

NEWTON, R.S./F. WERNER (1969): Luftbildanalyse und Sedimentgefüge als Hilfsmittel für das Sandtransportproblem im Wattgebiet vor Cuxhaven. In: Hamburger Küstenforschung 8.

NEWTON, R.S./F. WERNER (1971): Form und Schichtungsgefüge periodischer Sandkörper im Strömungsfeld des Außenelbewatts. In: Geologische Rundschau 60, S. 321-330.

REINECK, H.-E. (1974): Schlickrücken auf Sandwattflächen. In: Senckenbergiana maritima 6 (1), S. 65-73.

REINECK, H.-E. (1978): Die Watten der deutschen Nordseeküste. In: Die Küste 32, S. 66-82.

REINECK, H.-E. (1979): Rezente und fossile Algenmatten und Wurzelhorizonte. In: Natur und Museum 109 (9), S. 290-296.

REINECK, H.-E./I. BIR SINGH (1980): Sedimentary Environments. Second revised and updated edition, Berlin/Heidelberg.

REINECK, H.-E./W. SIEFERT (1980): Faktoren der Schlickbildung im Sahlenburger und Neuwerker Watt. In: Die Küste 35, S. 26-51.

REINECK, H.-E./F. WUNDERLICH (1968): Zur Unterscheidung von asymmetrischen Oszillatiosrippeln und Strömungsrippeln. In: Senckenbergiana lethaea 49 (4), S. 321-345.

THIEL, H./M. GROSSMANN/H. SPYCHALA (1984): Quantitative Erhebungen über die Makrofauna in einem Testfeld im Büsumer Watt und Abschätzung ihrer Auswirkungen auf den Sedimentverband. In: Die Küste 40, S. 260-314.

WUNDERLICH, F. (1984): Bioturbation auf Raten. In: Natur und Museum 114 k(1), S. 14-18.

Anschrift des Verfassers:

Bernd Huckemann

Kerssenbrockstraße 11

D - 4400 Münster

Aus:
Ekkehart Köhler und Norbert Wein (Hrsg.):
NATUR- UND KULTURRÄUME.
Ludwig Hempel zum 65. Geburtstag.
Paderborn: Ferdinand Schöningh 1987.
= Münstersche Geographische Arbeiten 27.

Volker Rönick

Geomorphologische Strukturveränderungen einer Westfriesischen Insel in den letzten 250 Jahren - Ameland

1. Einleitung: Die Position der westfriesischen Inseln im Dünengürtel der südlichen Nordsee

Das den Nordseeinseln geschenkte Forschungsinteresse konzentriert sich auf deren Entstehung und nachfolgende Umgestaltung einschließlich der aktuellen Veränderungen. Damit stehen dynamische Prozesse und ihre zeitliche Einordnung im Vordergrund, die anwendungsbezogen mehr als in anderen Landschaften auf Sicherung und Erhaltung abzielen müssen. Ein solcher Küstenschutz hat auf der Grundlage heutiger Forschungserkenntnisse die Chance, möglichst naturnah zu sein und ökologische Wirkungszusammenhänge zu beachten. Die niederländischen Inseln der Nordsee, die Westfriesischen Inseln, haben eine andere Größenordnung als die Ostfriesischen auf deutscher Seite, jedoch dürften die Faktoren und Vorgänge, die zur Genese beider geführt haben, identisch sein. Trotzdem gibt es Erscheinungen, die sich auf den niederländischen Inseln andersartig oder in einer anderen Dimension darstellen als auf den deutschen und damit zur Verdeutlichung der oben angeführten Grundfragen beitragen. Dank der Forschungen Ludwig HEMPELs sind uns viele Phänomene der Ostfriesischen Inseln, nicht nur physiogeographische, bekannt geworden, und hier sollen einige davon, die sich auf den Inselkörper und das Dünenrelief beziehen, am Beispiel der Westfriesischen Insel Ameland beleuchtet werden.

Die friesischen Inseln als Teil eines zusammenhängenden Dünengürtels zwischen Nordfrankreich und Jütland unterscheiden sich sowohl untereinander wie auch von den übrigen Dünenabschnitten u.a. durch Faktoren wie Kalkgehalt, Vollständigkeit der Sukzession und Existenz von Sandplaten mit rezenter Dünenbildung. In den Niederlanden selbst besteht eine Zweiteilung

- in die kalkreichen Dünen der Rhein-Maas-Mündung (Ästuar-Küste Seelands) sowie der nördlich anschließenden, zusammenhängenden Festlandsküste der Provinzen Süd- und Nord-Holland: dort beträgt der Kalkgehalt 2 bis fast 10%,
- und in die relativ kalkarmen Dünen der Westfriesischen Inseln, des sog. "Wattendistrikts", mit einem Kalkgehalt unter 2%, stellenweise sogar unter 0,5% (BAKKER/KLIJN/van ZADELHOFF 1979, S. 4 f.). Im Gegensatz dazu sind die Dünen auf den benachbarten deutschen Nordseeinseln wiederum kalkreicher.

Wie die Studien des niederländischen Küstendünenprojekts (BAKKER/KLIJN/van ZADELHOFF 1979 sowie BAKKER 1981; KLIJN 1981; van ZADELHOFF 1981) u.a. gezeigt haben, kommen im südlichen Dünendistrikt der Niederlande neben Kalk noch andere Mineralien wie Feldspat und Glimmer, aber auch Eisen, Aluminium, Magnesium und Kalzium reichlicher vor als im nördlichen Wattendistrikt. Diese Unterschiede im Kalk- und Mineralgehalt können zumindest teilweise durch die Herkunft der Sande und der anderen aufbauenden Lockermaterialien erklärt werden: Während sie nämlich auf den West- wie auf den Ostfriesischen Inseln glazialen Ablagerungen im Nordseebekken entstammen (vgl. HEMPEL 1985, S. 9), setzen sie sich im fest- und seeländischen Dünenbereich der Niederlande zunehmend aus Sedimenten des Rhein-Maas-Mündungstrichters zusammen und sind folglich stärker mitteleuropäisch-kontinental "eingefärbt".

2. Ameland: Gestaltveränderungen in den letzten 250 Jahren

Ameland besteht, wie die übrigen Watteninseln, größtenteils aus Dünen, die marine Sande überlagern, die ihrerseits erosiv auf pleistozänen Sedimenten ruhen. Die als "junge Dünen" bezeichneten obersten Schichten müssen ab ca. 1000 n.Chr. entstanden sein. Nach de VEER (1984, S. 54) lassen C 14-Datierungen von Humuslagen an der Grenze zwischen alten und jungen Dünen auf das 11. Jahrhundert schließen. Van OOSTEN (1986, S. 12) folgert nach dem Alter der Siedlungen und ihrer Lage zu den Dünen, daß letztere im 10. Jahrhundert bereits vorhanden gewesen sein müssen. Die Ursache für das Entstehen dieser jungen Dünen wird in der Tatsache gesehen, daß die vorher vorhandenen älteren Dünen

eines früheren Stadiums der Dünkirchen-Ingression durch marine Erosion zerstört worden waren.
Die Veränderungen von Lage und Gestalt der Insel Ameland in den letzten 250 Jahren gehen aus dem Vergleich der ältesten bekannten Karte aus dem Jahre 1731 und der heutigen topographischen Karte 1 : 25.000 hervor (Abb. 1). Die alte Karte im Originalmaßstab 1 : 20.092 konnte mit Hilfe einer Reproduktion im Maßstab 1 : 25.000 anhand dreier eindeutig identifizierbarer Fixpunkte, der Kirchtürme von Hollum und Nes sowie des Eendenkoois, mit der heutigen topographischen Karte in Deckung gebracht werden. Die unmittelbare Vergleichbarkeit beider ist zusätzlich aufgrund der Übereinstimmung einer Reihe topographischer Gegebenheiten gewährleistet, so insbesondere der Lageidentität der vier Dörfer sowie hinsichtlich einiger gleicher Grundrißdetails der Dünenkörper, etwa im Bereich von Ballum, im Kooi und im Oerd. Dieser Vergleich erlaubt auch einige Rückschlüsse auf die Genese und auf die Veränderungsprozesse der Dünen in den vergangenen 250 Jahren.

Ameland ist aus drei Dünenkomplexen hervorgegangen, die sich auf der Karte von 1731 deutlich abheben. Es liegt der Schluß nahe, daß diese drei Komplexe

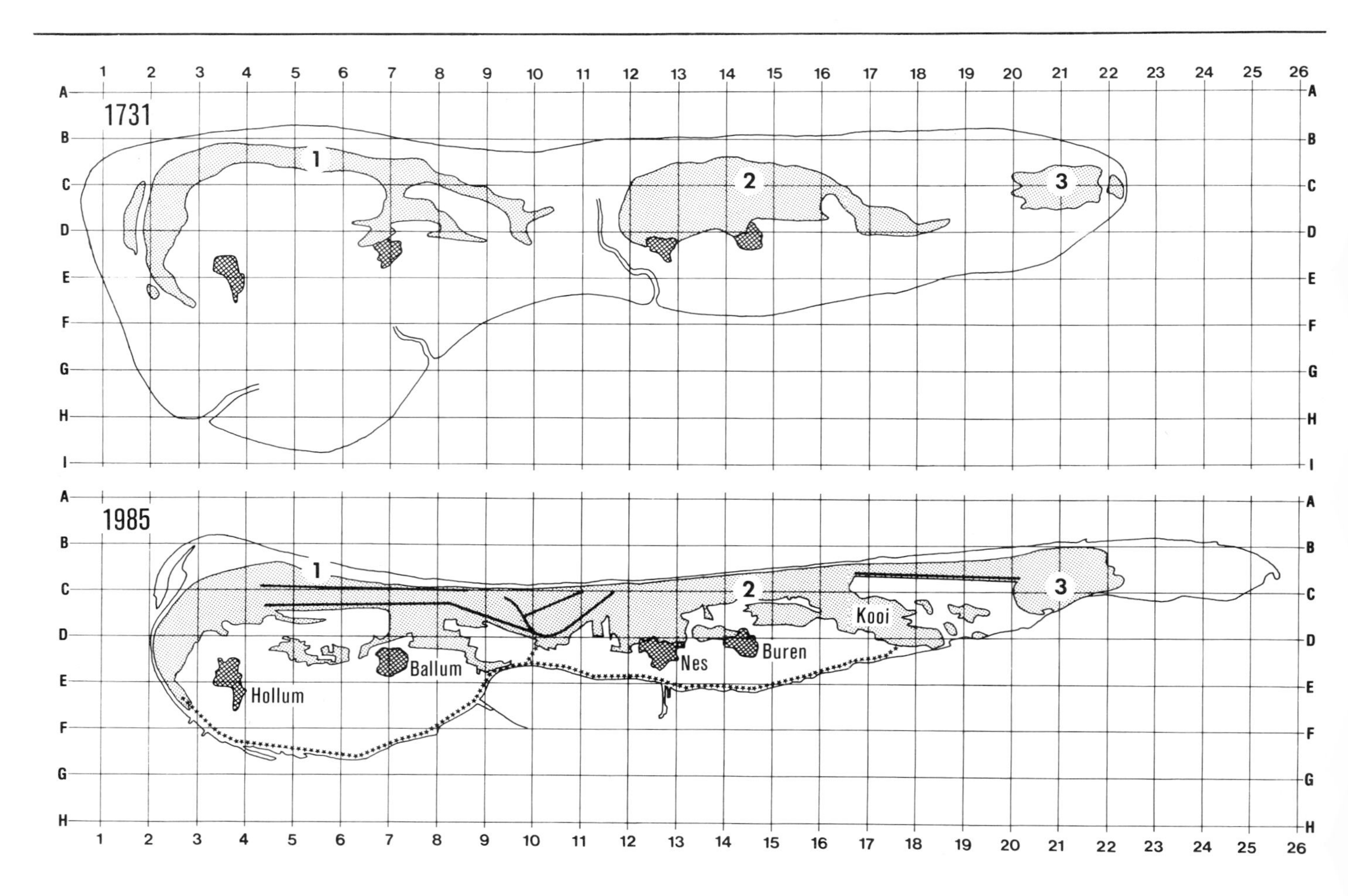

Abb. 1: Ameland: Vergleich von Lage und Umriß zwischen 1731 und 1985

Netzlinien im Abstand von 1 km

Dünenkomplexe:

1 von Hollum - Ballum

2 von Nes - Buren (- Kooi)

3 des Oerd

——— Wichtigste Flugsanddeiche (»stuifdijken«) zur Verbindung der Dünenkomplexe

Entwurf und Zeichnung: Volker Rönick nach »Kaart van Ameland uit 1731« und »Topografische Kaart van Nederland 1 : 25 000«, Bl. Ameland

ehemals individuelle, kleine Düneninseln waren, die zu einer größeren verbunden wurden. Diese Verkettung geschah zum Teil natürlicherweise, indem sich am Ostende eines jeden dieser ursprünglichen Dünenkomplexe Sandplaten gebildet haben, die sich mit dem benachbarten Komplex verbanden. Dieses Verwachsen setzt eine räumlich enge Nachbarschaft solcher Einheiten voraus. Außerdem muß dieser Prozeß relativ jungen Datums sein, weil - zumindest im Falle Amelands auf der Karte von 1731 - auf den verbindenden Sandplaten keine Dünen mit konservierender Vegetation existierten. Vielmehr sind die drei aufbauenden Dünenkomplexe Amelands noch isoliert dargestellt, und die Strandflächen zwischen ihnen sind von markanten Rinnen durchzogen, die sich mit jeder Flut füllten. Erst durch Kunstbauten, hauptsächlich Flugsanddeiche ("stuifdijken"), sind sie zu einer einzigen sturmflutsicheren Insel zusammengeschweißt worden. Seitdem hat sich eine durchgehende Dünenkette gebildet, so daß die aufbauenden Dünenkomplexe nur noch im direkten Vergleich mit der älteren Karte ohne weiteres erkennbar sind (Benennung s. Abb. 1).

Als Ganzes, d.h. unabhängig von den Veränderungen seiner Dünenkörper, hat Ameland in den letzten 250 Jahren markante Veränderungen seiner Grundrißgestalt erfahren, die im Ergebnis auf eine Verschmälerung und Streckung des Inselkörpers hinauslaufen. In grober Vereinfachung waren davon folgende Inselteile betroffen:

- der Westkopf und der Südstrand bei Hollum
- das Ostende
- der gesamte seewärtige Strand- und Dünenabschnitt.

Im Mittelalter lagen der Westkopf und der Südstrand bei Hollum am flach geböschten Gleithang des Borndieps als Seegatt zwischen Terschelling und Ameland bzw. des Molengatts als inselnahe Balje im Amelander Watt. Dagegen verlief das Molengatt im Bereich zwischen Ballum und Nes mit seinem Prallhang dicht an der Insel vorbei und verursachte Landverluste, die ab 1847 durch einen Stromleitdamm in der Ballumer Bucht vermindert wurden. Gravierender war jedoch die Verlagerung des Borndieps Richtung Osten auf den Westkopf von Ameland zu. Heute verläuft die ungefähr 20 m tiefe Rinne des Seegatts dicht an der Südwestspitze von Ameland vorbei und verschmälert trotz Basaltdämme und Sinkstücke den schützenden Dünenkörper durch Abschlag zusehends. Diese Verlagerung der Strömungsrinne im Gatt geht möglicherweise auf Veränderungen im Watt als Folge des Stromleitdamms in der Ballumer Bucht zurück; zusätzlich wurde nach der Anbindung des Boschplaats an Terschelling in den Jahren 1931 bis 1938 der gezeitenbedingte Wasseraustausch zwischen Nordsee und Wattenmeer von den ehemals zwei Durchlässen allein auf das Borndiep kanalisiert, so daß durch die zusätzlichen Wassermassen ein verstärkter Druck auf den Westkopf von Ameland ausgeübt wird: HEMPEL (1985, S. 17) hat solche Erscheinungen als "geomorphologische Fernwirkungen" künstlicher Inselschutzmaßnahmen zusammengefaßt.

Am Ostende von Ameland hat ein Zuwachs von rd. 3 km in Form einer Plate stattgefunden. Sie soll bis Mitte des vorigen Jahrhunderts sogar 4,5 km lang gewesen sein (OVERDIEP 1964, S. 22 f.); diesem Zuwachs auf Ameland stand seinerzeit ein merklicher Abschlag am Westende von Schiermonnikoog gegenüber. Seitdem hat das Pinkegatt die Plate wieder etwas verkleinert, und da sie weder durch hohe Dünen noch durch einen Seedeich geschützt ist, unterliegt sie der Dynamik mariner und äolischer Kräfte.

Strand und Dünen im gesamten mittleren Abschnitt Amelands sind von Verlusten betroffen, die nach KLIJN (1981, S. 40) etwa 200 m betragen, die sich nach Abbildung 1 aber durchaus größer veranschlagen lassen. Der schmale Strand mit rezenter Kliffbildung vor allem im Bereich von Nes und Buren und generell der konkav veränderte Verlauf der Strandlinie zwischen West- und Ostende weisen auf Abtragungen und Zerstörungen hin, die auch den Dünenkörper substantiell angegriffen haben. Im Gegensatz zu den Maßnahmen auf den deutschen Nordseeinseln (s. HEMPEL 1983), die sich unter dem Oberbegriff "harter Küstenschutz" zusammenfassen lassen, ist man in den Niederlanden zurückhaltend mit derartigen Uferbefestigungen. Die hier bevorzugte Form des Küstenschutzes besteht in der Zufuhr von Sand, der von anderen Stellen durch Pipelines in das bedrohte Gebiet verfrachtet wird, um es mit der Auffüllung in seiner Schutzfunktion zu stärken. Auch die Anlage von Flugsanddeichen zur Verbindung einzelner Inselkerne (s.u.) entspricht dieser Neigung. Unabhängig davon wird heute aber auch mit anderen Schutzmethoden experimentiert, wie Block- oder Steindämmen aus halbpermeablen Materialien in tieferem Wasser und einigem Abstand von der Küste.

3. Veränderungen der Dünenkörper

In den letzten 250 Jahren hat an mehreren Stellen neben Umlagerungsprozessen auch eine Neubildung von Dünen stattgefunden, und zwar hauptsächlich

- als Folge der künstlichen Anlage von Flugsanddeichen
- als Folge von Auswehungen aus bestehenden Dünenkomplexen
- auf Platen.

Zwischen den Dünenkomplexen Hollum-Ballum und Nes-Buren existierte noch bis in die Mitte des vorigen Jahrhunderts eine kahle Sandfläche, die vom Wattenmeer her von einem Priel ("Slenk") durchzogen war: Hier drohte bei Sturmfluten am ehesten ein Inseldurchbruch. Die ersten Versuche einer Sicherung mit Hilfe von Flugsanddeichen waren - abgesehen von der unzulänglichen technischen Durchführung - zu weit südlich angesetzt, so daß die Deiche stets im selben Jahr wieder auseinanderbrachen. Erst der 1851 geschaffene Moldeich (auch Möchdeich), der 1890 durch den Zwanewater-Deich weiter nördlich ergänzt wurde, haben die beiden Dünenkomplexe wirksam miteinander vernetzt. Die seewärts sofort einsetzende Dünenbildung hat die Einbuchtung in der Dünenkette rasch ausgeglichen. Dagegen hat die ehemalige Strandfläche, die durch die beiden Flugsanddeiche abgeschnürt worden war und die zuvor ähnliche schwache Dünenbildungserscheinungen aufgewiesen haben dürfte wie die hochwasserfreien Strandplaten, von da ab keine nennenswerte Sandzufuhr mehr erfahren und präsentiert sich heute als flaches, grundwassernahes Terrain; es trägt eine artenarme Dünentalvegetation mit Sanddorn (Hippophaes rhamnoides) und Sandweide (Salix repens var. arenaria) als dominierende Arten.

Die beiden Komplexe Nes-Buren-Kooi und Oerd wurden erst zum Ende des vorigen Jahrhunderts erfolgreich miteinander verknüpft ("Kooi-Oerd-Stuifdijk"), so daß seit der auch dort spontan eingesetzten Dünenbildung über die ganze Insel eine geschlossene, strandbegleitende Dünenkette als Sturmflutsicherung vorhanden ist. Allerdings können die relativ schwachen Nahtstellen, die über kein nennenswertes Dünenhinterland verfügen, bei Sturmfluten theoretisch am ehesten angegriffen werden, sie unterliegen aber hierbei - wie die gesamte seewärtige Dünenkette - der Bildung kleinräumiger und altersmäßig jeweils eng zu fassender Dünengenerationen, wie sie HEMPEL (1980) von Wangerooge und Spiekeroog beschrieben hat. In räumlich und zeitlich zusammenfassender und damit generalisierender Sicht lassen sich aber wiederum die aus diesen Abtragungs- und Akkumulationsprozessen hervorgegangenen lokalen "Sturmflutgenerationen" (HEMPEL 1985, S. 37) zu übergeordneten Komplexen wie Primär-, Sekundär- und Tertiärdünen oder Weiß-, Grau- und Gelb- bis Braundünen zusammenfassen. Unter diesem Aspekt läßt sich sagen, daß ein Teil der Dünen Amelands, nämlich derjenige zwischen den alten Kernen, aus der Zeit nach 1850 datiert, und zwar unabhängig davon, daß sich generell an der Seeseite bei Orkanen und Sturmfluten, aus Veränderungen von Strandplaten sowie aufgrund anthropogener Eingriffe Prozesse des Abschlags und Zuwachses abspielen, die nach Zeit und Lage eine differenzierte Einteilung in "Dünengenerationen" im Sinne HEMPELs erlauben.

Die Umwandlung und Neuentstehung von Dünen als Folge der Auswehung bestehender ("sekundäre Dünenbildung" im weit gefaßten Sinne van DIERENs 1934) geht in den meisten Fällen auf Einwirkungen des Menschen zurück. Immerhin waren die Dünen Amelands über viele Jahrhunderte ein Bestandteil der landwirtschaftlichen Nutzfläche, und zwar als Viehweide, zum Plaggenstechen, zum Schneiden von Dünengräsern als Dachbedeckung, für die Kaninchenjagd und nicht zuletzt zur Gewinnung von Wiesen und Anbauflächen durch Abgrabungen. Daraus erklären sich die kleinflächigen Zerstückelungen mit scharfkantigen Grenzen, vor allem im Kern des Dünenkomplexes von Nes-Buren, und schließlich auch großflächige Übersandungen, die z.B. im vorigen Jahrhundert das Dünengebiet um Ballum völlig umgestaltet haben und nur mühsam durch Flugsanddeiche aufgehalten werden konnten (Abb. 1). Ein Ergebnis dieser Verlagerungen ist die hohe Düne des Ballumer Blinkert, die sich nach van OOSTEN (1986, S. 32) noch bis 1927 ostwärts verlagerte.

Ende des 18. Jahrhunderts begann der östliche Teil des Dünenkerns von Nes-Buren in Form einer Parabeldüne Richtung Osten zu verwehen und ließ im Ausblasungstal zwischen den beiden lateralen Armen einen Dünensee ("Klein-Vaarwater") entstehen. Die Kooi-Dünen, die teilweise heute noch in der besonderen Form einer landwirtschaftlichen Aktiengesellschaft als Viehweide genutzt werden, unterliegen seit dem vorigen Jahrhundert der äolischen Umlagerung. Sie sind auch heute die am stärksten durch Windrisse und flächenhafte Auswehungen gekennzeichneten und damit gefährdeten Dünen Amelands.

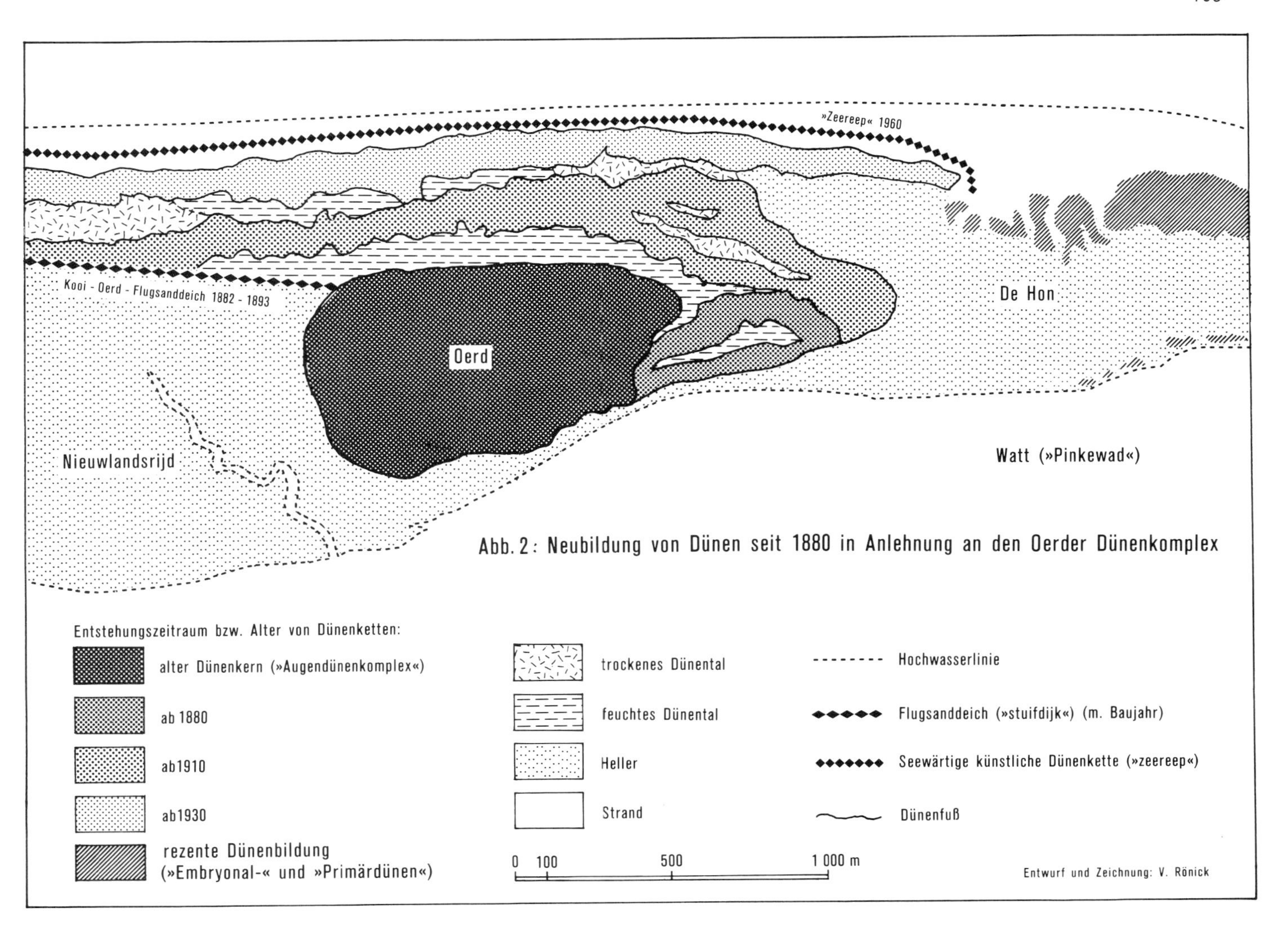

Abb. 2: Neubildung von Dünen seit 1880 in Anlehnung an den Oerder Dünenkomplex

Auf der Ostplate ("De Hon") haben sich in den letzten 100 Jahren die umfangreichsten Neubildungen von Dünen vollzogen (Abb. 2). Bereits um 1880 hatte sich östlich des alten, "abgerundeten" Dünenkomplexes eine Kette mit einem schmalen, feuchten Tal gebildet; diese wurde ab 1910 durch einen großgespannten Dünenbogen ergänzt, der bereits weit westlich am Kooi-Oerd-Flugsanddeich unter Einbeziehung junger Einzeldünen ansetzte. Um 1930 begann nördlich davon die Bildung einer dritten Dünenreihe, und kurz darauf setzte die Aufsandung der heutigen seewärtigen Dünenkette ein, die seit den sechziger Jahren streckenweise noch durch einen künstlichen Flugsanddeich gestützt wird. Dieses immense Akkumulationsmaterial rezenter Dünengenerationen stammt mit einiger Wahrscheinlichkeit aus dem erwähnten Abschlag vom Nes-Buren-Komplex, der noch vor wenigen Jahren (1980) zu umfangreichen künstlichen Aufsandungen veranlaßt hatte.

Diese junge Dünenbildung setzt sich auf der Plate ostwärts unter Abflachung der Kämme fort und wird dort auch nicht mehr durch Eingriffe des Menschen unterstützt. Aber gerade diese Situation gibt dort Anlaß, natürliche Sukzessionen sowohl in geomorphologischer wie auch botanischer Hinsicht einschließlich möglicher Zerstörungen durch Orkan- und Sturmfluten zu verfolgen. Im Schutz der Primärdünen ist auf dem südlichen Teil der Plate ein Heller entstanden. Zusätzlich haben sich auch an der Wattseite kleine Dünen gebildet: Speziell diese Erscheinung ist hilfreich, die Entstehung der muschelförmigen Dünenkomplexe zu erklären, denen der letzte Abschnitt gilt.

4. Die „Augendünenkomplexe“

Ein Kennzeichen aller Westfriesischen Inseln einschließlich des angrenzenden Festlandsbereichs zwischen Petten und Den Helder ist das Vorhandensein abgerundeter, muschel- oder augenförmiger Dünenkomplexe ("oogduinen"), die aus Einzelketten verschiedenen Alters aufgebaut sind. Von Texel und Vlieland ist ihre ehemalige Existenz überliefert, auf Terschelling, Ameland und Schiermonnikoog sind sie in Form der alten Dünenkomplexe mehr oder weniger

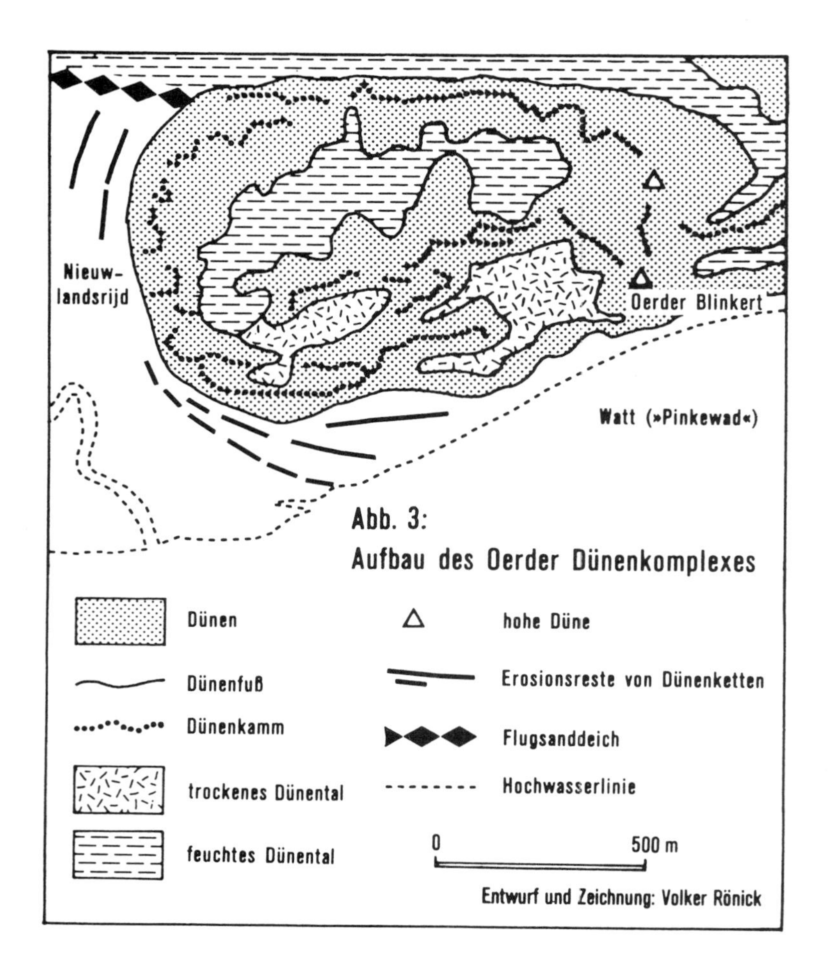

Abb. 3:
Aufbau des Oerder Dünenkomplexes

deutlich zu erkennen. Ihre Altersstellung ist nicht sicher: Sie sind entweder Reste der "älteren Dünen" und dürften dann im 1. Jahrtausend n.Chr. entstanden sein (damit liegt eine Verbindung zu den "Strandwällen" nicht mehr fern), oder sie gehören zu den "jungen Dünen": dann dürften sie deren älteste Elemente sein.

Das Oerd als östlichster und kleinster Dünenkern Amelands ist der Rest eines solchen "Augendünenkomplexes" (Abb. 3); aufgrund der Erhaltung seiner augenförmigen Struktur gibt er einige wenige Anhaltspunkte über die Entstehung, die noch weitgehend unbekannt ist. Das "Auge" besteht aus einem nahezu geschlossenen ovalen Dünenbogen, der ein flächenhaftes, feuchtes Dünental einschließt. In der Mitte erhebt sich eine flache, weitgehend zerstörte Dünenkette, die im Osten den Oerder Blinkert (24 m) aufgebaut hat. Am Süd- und Westrand lassen sich Reste des äußeren, umschließenden Dünenbogens ausmachen, der durch marine Erosion zerstört wird (fehlender Seedeich). Da in diesem Bereich das ehemalige Dorf "Oerd" gelegen hat, dessen Reste 1825 bei der Abspülung von Dünen zum Vorschein kamen - die Stelle liegt heute im Watt -, muß der gesamte Komplex ursprünglich bedeutend größer gewesen sein.

Die Ergebnisse des niederländischen Küstendünenprojekts (BAKKER/KLIJN/van ZADELHOFF: gemeinsam 1979 und einzeln 1981) lassen auf folgende Erklärung der Genese dieser Kerne schließen: Anfänglich vorhandene Sandplaten dürften seewärts am höchsten gewesen sein. Hinter diesem Strandrücken erstreckte sich eine zum Wattenmeer hin allmählich abfallende Strandfläche. Der von der Brandung und dem vorherrschenden Nordwest-Wind herbeigeführte Sand wurde auf dem erhöhten und etwas trockeneren Strandrücken akkumuliert, wobei die bekannten Pionierpflanzen und dann vor allem Elymus und Ammophila eine fixierende Rolle gespielt haben dürften. Diese Primärdünen konnten bei Sturmfluten wiederum leicht zerstört werden. Über die dahinterliegende Plate konnte Sand ungehindert verweht werden, bis er an den Spülsäumen des Wattrandes gefangen und akkumuliert wurde. Dort konnten sich demzufolge ebenfalls Dünen bilden, die ausschließlich von der Sandzufuhr über die Plate hinweg abhingen. Die erwähnten heutigen Dünen am Wattrand von "de Hon" sind auf vergleichbare Weise entstanden. Ausschlaggebend für die Genese der "Dünenaugen" war das seitliche Zuwachsen dieser Dünen zu einer oder mehreren Ketten, die irgendwann die Plate je nach Ausmaß von Zufuhr und Verwehung allseits umschlossen. Von der Nordsee wie vom Watt her konnte bei hohen Fluten Wasser eindringen; dabei wurden die Öffnungen nach innen umgebogen, was die rundliche Formung gefördert hat. Da Höhe und Umfang der Dünenketten im Osten und Süden einer Plate vom Ausmaß der Sandzufuhr abhängen, ist es denkbar, daß bei schwacher oder fehlender leewärtiger Sandverfrachtung nur hufeisenförmige Gebilde zustande kamen, die durch vorherrschende Winde aus westlichen Richtungen zusätzlich ostwärts gestreckt wurden.

Diese Erklärung legt es nahe, und der Aufbau Amelands und seiner Nachbarinseln spricht dafür, daß sämtliche der friesischen Inseln aus einem oder mehreren derartigen runden oder ovalen bis hufeisenförmigen Dünenkomplexen hervorgegangen sind; diese wurden aber durch Einflüsse des Menschen sowie durch marine bzw. äolische Umlagerungen, Abspülungen und Neubildungen, wie sie für die außerordentliche Dynamik unserer Nordseeküste charakteristisch sind, vielfach so tiefgreifend umgestaltet, daß ihre ursprüngliche Gestalt häufig nicht mehr erkennbar ist.

5. Literatur

BAKKER, T.W.M. (1981): Nederlandse kustduinen. Geohydrologie. Wageningen.

BAKKER, T.W.M./KLIJN, J.A./van ZADELHOFF, F.J. (1979): Duinen en duinvalleien. Een landschapsecologische studie van het Nederlandse duingebied. Wageningen.

DIEREN, J.W. van (1934): Organogene Dünenbildung. Eine geomorphologische Analyse der Dünenlandschaft der West-Friesischen Insel Terschelling mit pflanzensoziologischen Methoden. Haag.

HEMPEL, L. (1980): Zur Genese von Dünengenerationen an Flachküsten. Beobachtungen auf den Nordseeinseln Wangerooge und Spiekeroog. In: Zeitschrift für Geomorphologie N.F. 24, S. 428-447.

HEMPEL, L. (1983): Der Sandhaushalt als Hauptglied in der Geoökodynamik einer ostfriesischen Insel. Abhängigkeiten von natürlichen und anthropogenen Kräften. In: Geoökodynamik 4, S. 87-104.

HEMPEL, L. (1985): Erläuterungen zur Geomorphologischen Karte 1 : 100.000 der Bundesrepublik Deutschland. GMK 100 Blatt 4, C2310/C2314 Esens/Langen. Geomorphologische Detailkartierung in der Bundesrepublik Deutschland. Berlin.

KLIJN, J.A. (1981): Nederlandse kustduinen. Geomorfologie en bodems. Wageningen.

OOSTEN, M.F. van (1986): Toelichting bij de kaarten van de Waddeneilanden Vlieland, Terschelling, Ameland, Schiermonnikoog. Stichting voor Bodemkartering (ed.): Bodemkaart van Nederland, Schaal 1 : 50.000. Wageningen.

OVERDIEP, G. (1964): Toelichting bij de kaart van Ameland uit 1731. o.O.

RIVE, P. de la (o.J.): Kaart van Ameland uit 1731. Nachdruck. o.O.

VEER, A.A. de (1984): De jonge duinen van Nederland. In: Geografisch Tijdschrift 18, S. 54-58.

ZADELHOFF, F.J. van (1981): Nederlandse kustduinen. Geobotanie. Wageningen.

Anschrift des Verfassers:

Prof. Dr. Volker Rönick
Westfälische Wilhelms-Universität
Institut für Geographie
Robert-Koch-Straße 26
D - 4400 Münster

Aus:

Ekkehart Köhler und Norbert Wein (Hrsg.):

NATUR- UND KULTURRÄUME.

Ludwig Hempel zum 65. Geburtstag.

Paderborn: Ferdinand Schöningh 1987.

= Münstersche Geographische Arbeiten 27.

Julius Werner

Meßtechnische Prozeßstudien zur Sandverwehung an Gezeitenküsten

1. Einleitung

Zwischen den Theorien, welche die natürlichen Prozesse innerhalb der Geosphäre (etwa an der Grenzfläche zwischen Pedosphäre und Atmosphäre) beschreiben, und der tatsächlichen Anwendbarkeit in situ klafft oft eine große Lücke. Gerade bei geowissenschaftlichen Feldforschungen oder Exkursionen steht man immer wieder vor dem Problem, das Wesentliche der ablaufenden Vorgänge mit hinreichend einfachen Meßtechniken zu erfassen und auf physikalisch-deterministischer Grundlage zu modellieren. Erst wenn das gelingt, darf davon ausgegangen werden, daß die ablaufenden Prozesse auch tatsächlich "verstanden" worden sind; erst dann lassen sich einigermaßen sichere Analogieschlüsse auf andere Standorte und Materialien der Geosphäre ziehen sowie Prognosen auf Veränderungen hin erstellen, die etwa durch menschliche Eingriffe in das natürliche Gefüge eintreten werden.

In dieser mittleren Ebene zwischen hochentwickelter, abstrakter Theorie und lediglich qualitativer, deskriptiver Darstellung von Vorgängen können die Geowissenschaften durchaus beachtliche, praxisrelevante Erkenntnisgewinne erzielen; an einem Beispiel aus der angewandten Grenzflächenklimatologie (Modellierung oberflächennaher Temperatur-Tagesgänge aufgrund von Feldmessungen) wurde ein derartiger methodischer Ansatz vorgeführt (WERNER 1985).

Was die Prozesse der Sandverfrachtung auf den periodisch trockenfallenden Strandflächen von Gezeitenküsten betrifft, so greifen hier die gängigen kausalen Erklärungsversuche der "Kraft des Windes" (vgl. z.B. auch HEMPEL 1974, S. 60 f.) meist zu kurz. So läßt nämlich das Studium der Primärliteratur zum Themenkreis von Sandverblasung und Dünenbildung (etwa bei O'BRIEN et al. 1936; BAGNOLD 1941; CHIU 1968; JENNINGS et al. 1983 sowie insbesondere der umfassenden Monographie von GREELEY et al. 1985) klar erkennen, daß nicht etwa die Windgeschwindigkeit, sondern die oberflächennahe tangentiale Schubspannung oder Scherkraft τ die entscheidende Größe darstellt. Damit gewinnt auch die von HEMPEL 1974 auf S. 61 zu Recht beschriebene Tatsache ihre physikalische Plausibilität, daß "Lockermaterial mit sehr einheitlichem und kleinem Korndurchmesser schwerer vom Wind angegriffen und abgetragen werden kann als bunte Mischungen. Die glatte Oberfläche im ersten Fall bietet dem Wind weniger Angriffspunkte als das Nebeneinander von groben und feinen Partikeln, die den Wind in Kleinwellen und Kleinwirbeln ablenken."

Der scherkraftbezogenen Analyse von äolischen Initialformenbildungen an Gezeitenküsten verschiedener Klimate und Korngrößenspektren soll im folgenden aufgrund eigener Messungen und Beobachtungen nachgegangen werden.

2. Quantitative Grundlagen

Bei litoralen Sanden finden die etwa in Anlehnung an GREELEY et al. 1985 als "Partikelsprung","angestoßenes Kriechen" und "Suspensionstransport" zu bezeichnenden äolischen Vorgänge an aerodynamisch vergleichsweise "glatten" Oberflächen statt. Die hier wirkende tangentiale Schubspannung charakterisiert MÖLLER 1973 auf S. 124 als "eine Kraft je Flächeneinheit, die jedoch nicht wie der Druck senkrecht zur betrachteten Fläche, sondern parallel zu ihr wirkt. Es ist leicht vorstellbar, daß bei einer Strömung entlang einer festen oder flüssigen Oberfläche die Luft eine solche Schubkraft ausübt." PRANDTL lieferte für τ 1932 einen formalen Ansatz, der in moderner Schreibweise folgendermaßen lautet:

$$\tau = 1{,}22 \cdot 10^{-4} \cdot u_*^2 \ [\mathrm{N/m^2}] \ .$$

Hier geht die sogenannte Schubspannungsgeschwindigkeit u_* in cm/s als einzige Variable ein, die den rauhigkeitsbedingten "Bremseffekt" der jeweiligen Oberfläche charakterisiert. In etwas vereinfachter Form gilt:

$$u_* = \frac{0{,}4 \cdot (u_2 - u_1)}{\ln\left(\frac{z_2}{z_1}\right)} \ [\mathrm{cm/s}] \ .$$

Dabei sind u_1 und u_2 [cm/s] die beiden in den Höhen z_1 und z_2 [cm] über der Fläche zu messenden Windgeschwindigkeiten. Bei der Wahl von z_1 und z_2 sind zwei Randbedingungen zu beachten, deren erste eher formaler Art ist. So wird bei der vergröberten Bestimmungsgleichung vorausgesetzt, daß die beiden

Meßhöhen sehr viel größer sind als die (hier vernachlässigten) Parameter der aerodynamischen Rauhigkeitshöhe z_o sowie der sogenannten Nullpunktsverschiebung d, die hier als ≈ 0 angesehen werden kann. Um die Größenordnung von z_o grob abzuschätzen, bietet sich folgende Faustformel an:

$$z_o \approx 0{,}10 \cdot h \text{ [cm]}$$

mit h [cm] als mittlerer geometrischer Rauhigkeitshöhe.

Daraus folgt z.B., daß für Küstensande bei h $\approx$ 0,1 cm gewählte Wind-Meßhöhen im Bereich zwischen etwa 20 und 100 cm um 3 bis 4 Zehnerpotenzen über dem Wert für z_o liegen. Damit kann die erste Randbedingung als erfüllt angesehen werden.

Die zweite Einschränkung der freien Wählbarkeit von z_1 und z_2 resultiert aus der Struktur des oberflächennahen vertikalen Windprofils. Dessen halblogarithmischer Verlauf - siehe Abb. 1, unterer Teil- beginnt nämlich nicht am Boden, sondern ein Stück höher. Besonders hier macht sich die durch das jeweilige Korngrößenspektrum des Substrats bestimmte aerodynamische Oberflächenrauhigkeit bemerkbar; es ist also notwendig, für z_1 eine Höhe zu wählen, die bereits mit Sicherheit innerhalb des halblogarithmischen Profilverlaufs liegt. - Da mit zunehmender Entfernung von der Oberfläche deren "Bremseffekt" auf die tangentiale Luftströmung abnimmt und sich mit wachsender Höhe mögliche Abweichungen vom adiabatischen vertikalen Lufttemperaturprofil verfälschend bemerkbar machen können, empfiehlt es sich, mit z_2 nicht über ca. 2 m Höhe hinauszugehen. Auch Gründe der Handlichkeit der Meßanordnung (mechanische Schalenstern-Windwegmesser und/oder thermoelektrische Anemometer) sprechen für eine Meßhöhenwahl zwischen 20 und 100 cm. Geringere Höhendifferenzen zwischen z_1 und z_2 als mindestens 50 cm sind in diesem Bereich jedoch schon deshalb kaum ratsam, weil dadurch die Differenz $u_2 - u_1$ zu geringe Zahlenwerte aufweisen und das Ergebnis zu ungenau würde. - Ohnehin sollte die Dauer der Einzelmessung 30 Minuten nicht unterschreiten; kürzere Meßintervalle stehen der Gewinnung "repräsentativer" Mittelwerte für τ entgegen.

Der für die windbedingte Materialverfrachtung maßgebliche "Effekt" η hängt außer von der Scherkraft τ ferner von dem Widerstand ab, den das Material seiner Verblasung vorwiegend durch Ko- und Adhäsionskräfte entgegensetzt. Letzterer Komponente soll hier durch Einführen eines dimensionslosen Wirkungsfaktors æ Rechnung getragen werden. Für die Windverfrachtung, die etwa in g Material pro m^2 horizontaler Oberfläche ausgedrückt werden kann, erhalten wir damit die Bestimmungsgleichung

$$\eta = f(æ \cdot \tau) \quad [g/m^2] .$$

Dieser Ausdruck besagt z.B., daß dieselbe Schubspannung τ, die bei frei beweglichem Material (æ = 1) einen Verfrachtungseffekt η hervorruft, bei völliger Verklebung aller Partikel miteinander (æ = 0) keinerlei Effekt hat (η = 0).

Die drei untersuchten gezeitengeprägten Strände wiesen Sandmaterial auf, an dessen Verblasbarkeit zumindest der Augenschein keinerlei Zweifel zuließ. Im folgenden wird deshalb denn auch einstweilen mit æ = 1 gerechnet und das Hauptinteresse auf die Beantwortung der Frage gerichtet, bei welcher "kritischen" Schubspannung τ_{krit} Teile der jeweils in den Roh-Anlandungen angetroffenen Sandfraktionen verweht werden. Dabei darf man wohl annehmen, daß die z.B. auch bei HEMPEL 1974 auf S. 63 erwähnten elektrostatischen Kräfte zwischen den Sandkörnern wegen der salinitätsbedingt hohen elektrischen Leitfähigkeit hier vernachlässigbar gering sind.

Die Abhängigkeit des windbedingten Verfrachtungseffektes η von der Schubspannung τ ist in Abb. 1 oben schematisch dargestellt : Bis zu jenem τ_{krit} bleibt das gesamte frisch angelandete aber

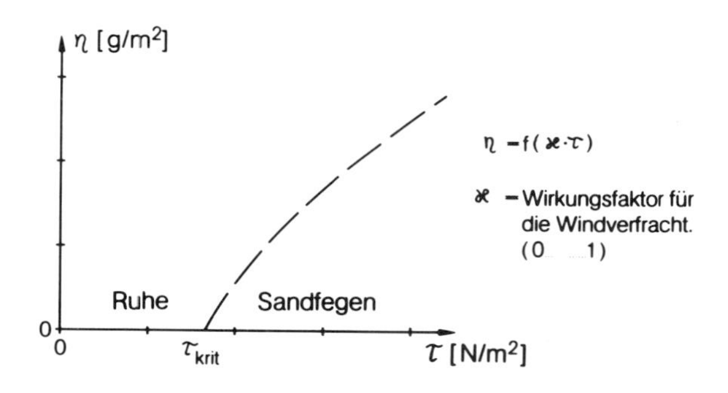

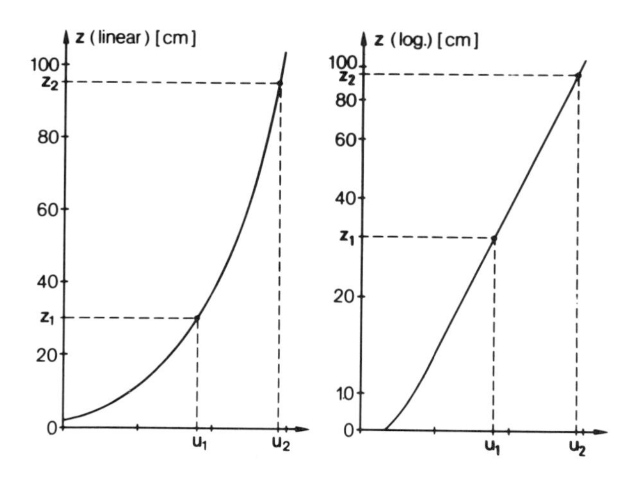

Abb. 1: Zur Abhängigkeit des Verfrachtungseffekts η von Schubspannung τ und vertikalem Windprofil.

oberflächig bereits ausgetrocknete Gefüge in völliger Ruhe; erst bei Überschreiten einer kritischen Scherkraft setzt Sandfegen ein. Die Frage, welche Kurvenverläufe bei $\eta = f(æ \cdot \tau)$ zu erwarten sind, muß als z.Z. noch ziemlich offen gelten und soll deshalb bei den folgenden Überlegungen zu τ_{krit} einstweilen ausgeklammert werden.

3. Untersuchte Strände

Im Juli und August 1985 wurden im Feinsandbereich der Lagunenküste des Indik südlich von Mombasa (Kenya) sowie an der Ärmelkanalküste in Knokke (an wesentlich gröberen Sandfraktionen) einfache Schalenstern-Anemometermessungen durchgeführt. Systematische Untersuchungen mit umfangreicherem Instrumentarium auf der Sandplate vor St. Peter-Ording rundeten im September 1985 diese ersten Studien zur äolischen Initialformenbildung ab. - Die vergleichende Beobachtung an den drei Objekten lieferte den in Tab. 1 zusammengestellten, auf den ersten Blick widersprüchlich erscheinenden Befund.

Danach scheinen Sandfegen und äolische Vollformenbildung eine umgekehrte Proportionalität zu der in 2 m Höhe gemessenen Windgeschwindigkeit aufzuweisen. Die Siebanalyse der angetroffenen Sandfraktionen (siehe Abb. 2) macht jedoch deutlich, daß die Ursache für diesen scheinbaren Widerspruch in der unterschiedlichen aerodynamischen Oberflächenrauhigkeit der trockenen Strände liegt. So bedarf es bei dem zu fast 95% aus Feinsand bestehenden Material in Mombasa-Süd wesentlich höherer (und wegen

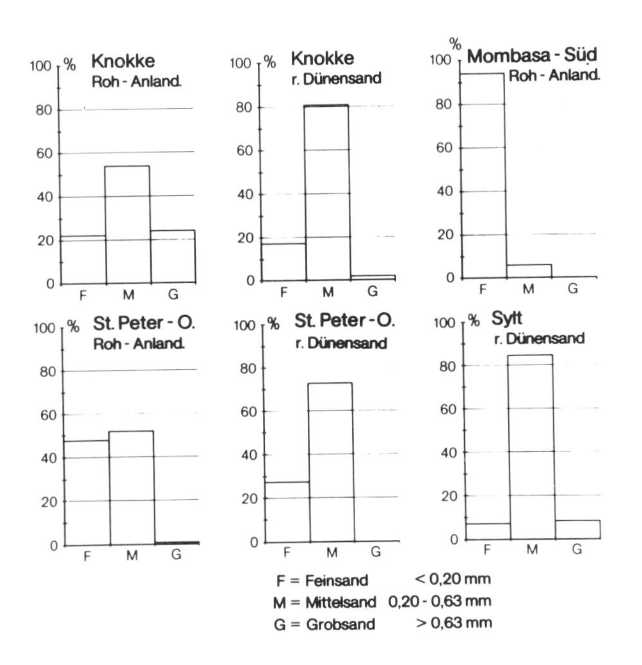

Abb. 2: Die Korngrößenfraktionen an den untersuchten Gezeitenküsten.

des kerntropischen Klimas praktisch nie vorkommender) Windgeschwindigkeiten zur Erreichung jenes τ_{krit}, als etwa in Knokke, wo in der Roh-Anlandung alle Korngrößen miteinander vermischt vorliegen. Die Photos 1 und 2 am Schluß lassen einiges von diesen Strukturunterschieden erkennen; in Knokke bilden sich bereits kurze Zeit nach dem Trockenfallen des Strandes Windrippeln und sonstige äolische Kleinstformen an Hindernissen. Selbst mehrere Stunden nach Ablaufen des Hochwassers werden an der dann ca. 300 m breiten Strandfläche bei Mombasa derartige Erscheinungen trotz lebhafter Passatwinde (vgl. Tab. 1) nicht einmal ansatzweise beobachtet.

Tab. 1: Windwirkungen in Abhängigkeit von der in 2 m Höhe gemessenen Windgeschwindigkeit u_2

Küsten-Standort	u_2 [m/s]	Sand-fegen	Bemerkungen über äolische Formen
Mombasa-Süd	10,2	fehlt	nicht vorhanden
St. Peter-O.	8,8	mäßig	vorhanden
Knokke (B)	6,0	stark	üppig entwickelt

In St. Peter-Ording (wie etwa auch auf Sylt) spielt die meist aus zerkleinerten Muschelschalen bestehende Grobsandfraktion eine untergeordnete Rolle; dennoch kommt in reinem luvseitigem Dünensand auf Sylt im Gefolge von Orkanen auch Grobsand vor, während der hauptsächlich als Suspension bewegte Feinsand eher auf der Ostflanke der Insel anzutreffen ist. - Wie Abb. 2 erkennen läßt, fehlen Korngrößen > 0,63 mm in den Dünen von St. Peter-Ording völlig, da sie in der Roh-Anlandung kaum angeboten werden und weil hier die Spitzengeschwindigkeiten im Windregime möglicherweise geringfügig unter denen von Sylt liegen.

4. Ergebnisse

Abb. 3 zeigt die an den drei Objekten gemessenen oberflächennahen Vertikalprofile der Windgeschwindigkeit u in der üblichen logarithmischen Ordinatenteilung. Dabei dürfen die Werte von St. Peter-Ording als am sichersten gelten, weil hier während mehrerer Tage mit sehr unterschiedlichen Windgeschwindigkeiten außer den Schalen-Windwegmessern auch thermoelektrische Anemometer in den Meßhöhen 2, 22 und 87 cm zum Einsatz kamen. Das Photo 3 läßt diese Meßanordnung erkennen.

Zu beachten ist, daß jenes in Abb. 3 eingetragene "Sandfegen"-Profil für Mombasa-S. mangels hinreichend hoher Windgeschwindigkeiten ein reines Re-

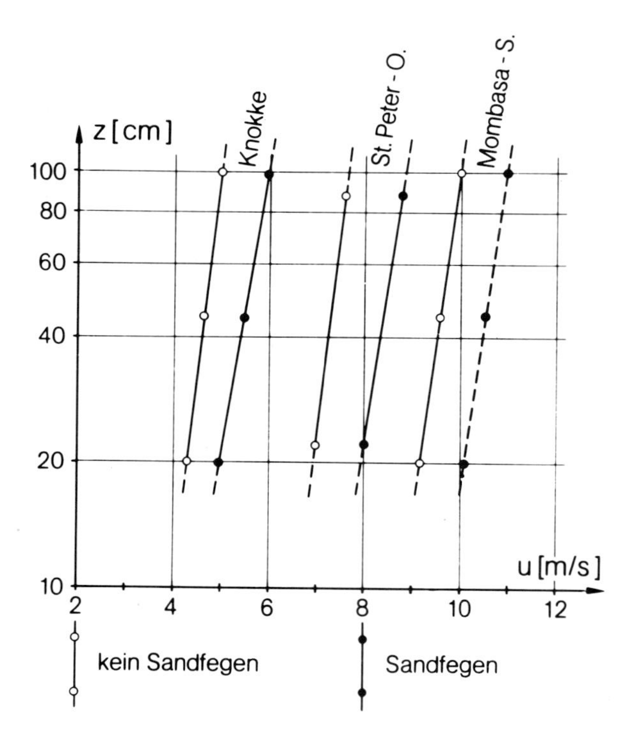

Abb. 3: Gemessene Vertikalprofile der Windgeschwindigkeit ohne- und mit Sandfegen.

chenprodukt mit plausibelen Annahmen darstellt. Es spricht jedoch einiges dafür, daß der Feinsand verblasen würde, sofern in 20 cm Höhe Windgeschwindigkeiten > 10 m/s aufträten, was etwa 11 m/s in z_2 = 100 cm entspräche. Bewohneraussagen sowie der Zustand der tropischen Strandvegetation in Verbindung mit dem Fehlen jeglicher äolischer Formen (siehe Photo 1) deuten jedoch darauf hin, daß Luftbewegungen > 10 m/s in etwa 1 m Höhe an diesem Küstenabschnitt des Indik praktisch nie vorkommen.

Tab. 2: Aus gemessenen vertikalen Windprofilen berechnete Schubspannungswerte

Küsten-Standort	τ [N/m²] Sandfegen ohne	mit
Mombasa-Süd	0,048	(0,055)
St. Peter-O.	0,037	0,066
Knokke (B)	0,037	0,075

Tab. 2 zeigt, welche Scherkräfte τ diesen 6 Windprofilen entsprechen. Dabei fällt auf, daß die erhaltenen Zahlenwerte viel näher beieinander liegen, als es die Rauhigkeits- und Bewindungsunterschiede vermuten lassen. Der sich andeutende Befund, daß bei τ -Werten < 0,05 N/m² kein Sandfegen auftritt, legt den Schluß nahe, daß zumindest bei marinen Roh-Anlandungen der hier betrachteten Struktur das gesuchte τ_{krit} recht einheitlich etwa

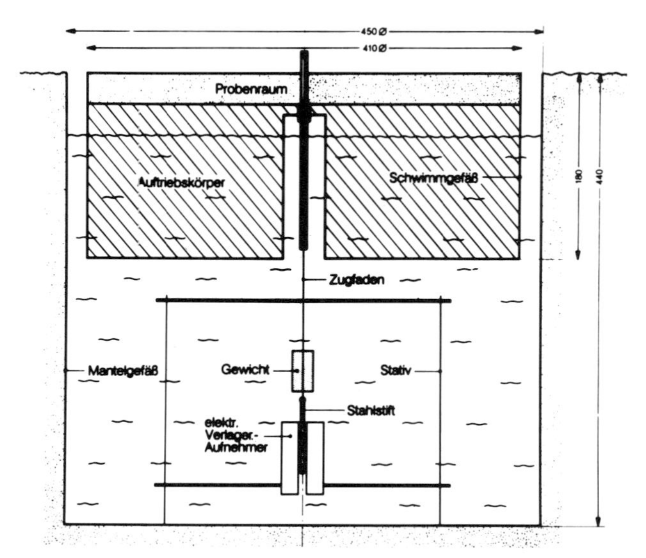

Abb. 4: Schematisierter Aufriß des Gerätes zur Direktmessung der windbedingten Scherkraft.

0,05 N/m² betragen könnte. Dieses noch recht provisorische und durch weitere Feldstudien absicherungsbedürftige Teilergebnis steht in scheinbarem Widerspruch zu der graphischen Aussage BAGNOLDs über die Abhängigkeit der Schubspannungsgeschwindigkeit u_* von der Korngröße Ø, die u.a. auch von LOUIS/FISCHER übernommen worden ist. Soweit erkennbar, wird dort von einheitlichen Korngrößen ausgegangen - einer Voraussetzung also, die zumindest bei den Anlandungen in Knokke und St. Peter-Ording keineswegs erfüllt ist. So stimmt denn auch der in Mombasa-S. gefundene u_*-Wert (mittlere Korngröße Ø ≈ 0,15 mm) mit den Eintragungen BAGNOLDs recht gut überein. Die im Falle von Knokke und St. Peter-Ording durch das Vorhandensein gröberer Fraktionen verursachte höhere aerodynamische Oberflächenrauhigkeit bewirkt jedoch, daß hier das erreichbare Feinmaterial bereits bei viel niedrigeren Schubspannungen selektiv verblasen wird als von BAGNOLD angegeben (vgl. Photo 2).

5. Ein Gerät zur Direktmessung der windbedingten Scherkraft

Bereits im Verlauf von Feldstudien zur Wirkung des Windschubs auf das Meereis in der kanadischen Arktis (WERNER 1973) wurden Vorüberlegungen dazu angestellt, wie man die Schubspannung τ in situ direkt messen könne. Im Laufe der Jahre ging daraus ein Gerät hervor, das zwar nicht alle Wünsche erfüllt, hier aber dennoch erstmals kurz beschrieben werden soll. Abb. 4 zeigt die Vorrichtung im schematisierten Aufriß; ihr Feldeinsatz in St. Peter-Ording (September 1985) ist auf dem Photo 4 zu sehen. Das Funktionsprinzip des in die jeweilige Untersuchungsfläche einzugrabenden Gerätes beruht darauf, daß die windbedingte Verdriftung des Schwimmgefäßes innerhalb des Mantelgefäßes elektrisch gemessen wird. Dabei ist der Probenraum bis zum Rand mit dem Material der Umgebung zu füllen und der Wasserstand im Mantelgefäß so einzustellen, daß die Oberflächen von Probe und Umfeld sich auf gleicher Höhe befinden. Durch jede Auslenkung des Schwimmgefäßes wird der vom Stativ geführte Zugfaden verkürzt, wobei die Rückstellkraft durch das Gewicht ausgeübt wird. Der frei in der Zentralbohrung des elektrischen Verlagerungsaufnehmers hängende Stahlstift erfährt - unabhängig von der Windrichtung - eine zur wirkenden Scherkraft proportionale Axialverschiebung, die als elektrischer Spannungswert außen abgegriffen wird.

Der Scherkraftmesser läßt sich während des Feldeinsatzes jederzeit kalibrieren, indem der Windschub durch Aufsetzen eines zylindrischen Deckgefäßes (600 ⌀) ausgeschaltet wird. In diesem der Geräteumgebung aufliegenden Deckel aus Acrylglas befindet sich eine von außen elektrisch manipulierbare Federwaage, mit der eine horizontale Zugkraft auf den senkrechten Stift im Zentrum des Probenraumes ausgeübt werden kann. So läßt sich die Scherkraft des Windes auf die Probe simulieren und in der Schubspannungs-Einheit N/m² quantifizieren. - Mangels genauerer Kenntnisse wurde bei den Direktmessungen von τ bisher stets von der unbewiesenen Annahme ausgeganen, daß der unvermeidliche Luftspalt zwischen Mantel- und Schwimmgefäß die Messungen nicht verfälscht; ferner wurde die aerodynmische Oberflächengleichheit von Probe und Umfeld als gegeben vorausgesetzt (die notwendige "strukturelle Homogenisierung" mit dem Streichbrett war bei der Aufnahme von Photo 4 noch nicht erfolgt).

Ursprünglich bestand die Absicht, mit dem Gerät neben der tangentialen Schubspannung simultan auch die windbedingte Massenbilanz der Probe (als Differenz zwischen äolischem Zu- und Abtrag) zu messen. Dieses Vorhaben hat sich jedoch als undurchführbar erwiesen; denn die beobachtete zeitliche Gewichtsänderung des Schwimmkörpers wird weniger durch die Probe, als vielmehr durch Sandablagerungen am Außenmantel des Schwimmgefäßes in der Zone des Wasserspiegels hervorgerufen. So ist die Direktmessung der Scherkraft bei Sandfegen stets von einer zeitlichen Drift des elektrischen Ausgangssignals überlagert, worunter die Genauigkeit leidet. Nach etwa einer Stunde ist das Gerät meist so stark versandet, daß es zerlegt, gereinigt und neu justiert werden muß. - Als größter Nachteil hat sich jedoch bisher die aus Transport- und Handhabungsgründen gewählte geringe Flächenausdehnung der Probe von nur 0,13 m² erwiesen. Damit sind die auf den Schwimmer wirkenden windbedingten Auslenkungskräfte so gering, daß insbesondere Haftreibungseffekte die Meßgenauigkeit stark beeinträchtigen können.

Als arithmetisches Mittel aus 12 Einzelmessungen wurde im September 1985 mit dem Gerät für den Grenzbereich zwischen Ruhe und Sandfegen in St. Peter-Ording ein τ_{krit} von 0,10 ± 0,05 N/m² bestimmt. Immerhin paßt dieser Wert gemäß seiner Größenordnung noch leidlich zu den in Tab. 2 aufgelisteten Schubspannungsbeträgen, wie sie aus den vertikalen Windprofilen ermittelt wurden.

6. Ausblick

Die an den drei gezeitenbestimmten Stränden gewonnenen Meßergebnisse und Beobachtungen dürfen nur als vorläufige Zwischenbefunde gewertet werden. Immerhin machen sie deutlich, wie weitere Untersuchungen zur Genese äolischer Initialformen methodisch und instrumentell auszurichten sind, damit vertiefte Erkenntnisse über die Abhängigkeit des jeweiligen Verfrachtungseffekts von der windbedingte Schubkraft gewonnen werden können. Daß dabei den in einer bestimmten Höhe angetroffenen Absolutwerten der Windgeschwindigkeit nur eine untergeordnete Rolle zukommt, dürften die dargestellten meßtechnischen Prozeßstudien gezeigt haben. Alle Anzeichen deuten vielmehr darauf hin, daß die hier betrachteten Vorgänge sich erst durch das Quadrat der oberflächennahen Schubspannungsgeschwindigkeit physikalisch-deterministisch zutreffend beschreiben lassen. Dadurch erhält mancher scheinbar widersprüchliche Einzelbefund eine plausible Erklärung, was sicherlich dem vertieften Wissen um die Prozeßabläufe in der oberflächennächsten Grenzschicht etwa zwischen Atmosphäre und Pedosphäre zugute kommt. Hier kann wohl auch die Direktmessung der windbedingten Scherkraft von Nutzen sein, wobei sich ein Ausgreifen z.B. auf pflanzen- oder schneebedeckte Oberflächen lohnen dürfte.

7. Literatur

BAGNOLD, R.A. (1941): The physics of blown sand and desert dunes. London, Methuen.

O'BRIEN, M.D./B.D. RINDLAUB (1936): The transportation of sand by wind. In: Civ. Eng., Vol. 6, New York.

CHIU, T.Y. (1968): Sand transport by wind. In: Coastal Engeneering Conf., Sess. A XIII, Tokyo, S. 136-138.

GREELEY, R./J.D. IVERSEN (1985): Wind as a geological process on Earth, Mars, Venus and Titan. Cambridge Univ. Press.

HEMPEL, L. (1974): Einführung in die Physiogeographie. Bd. 1: Einleitung und Geomorphologie, Wiss. Paperbacks Geographie, Wiesbaden, Steiner.

JENNINGS, J./H. HAGEDORN (1983): Dunes continental and coastal. In: Z. Geomorph. N.F., Suppl.-Bd. 45. Berlin, Borntraeger.

LOUIS, H./K. FISCHER (1979): Allgemeine Geomorphologie. 4. Aufl., Berlin, de Gruyter.

MÖLLER, F. (1973): Einführung in die Meteorologie. Bd. 1: Physik der Atmosphäre, Mannheim, BI-Hochschultaschenb. Bd. 276.

PRANDTL, L. (1932): Meteorologische Anwendung der Strömungslehre. In: Beitr. z. Physik der Atm. 19, S. 188-202.

WERNER, J. (1973): Untersuchungen zur Wechselwirkung zwischen Windprofil und Meereisdecke in der kanadischen Arktis bei Pond Inlet. Inlet, N.W.T. In: Polarforschung 43, Nr. 1/2, S. 23-31.

WERNER, J. (1985): Einfache Energieumsatzstudien an verschiedenen Oberflächen und Materialschichten der Geosphäre. In: Erdkunde Bd. 39, S. 238-243.

Photo 1: Der feindsandige Strand des Indik südlich von Mombasa (Kenya) bei ablaufendem Wasser.

Photo 2: Äolische Korngrößensortierung an Windrippeln der grobsandigen Ärmelkanalküste bei Knokke (B).

Photo 4: Das Gerät zur Direktmessung der windbedingten Scherkraft vor dem Einsatz auf der Strandplate von St. Peter-Ording.

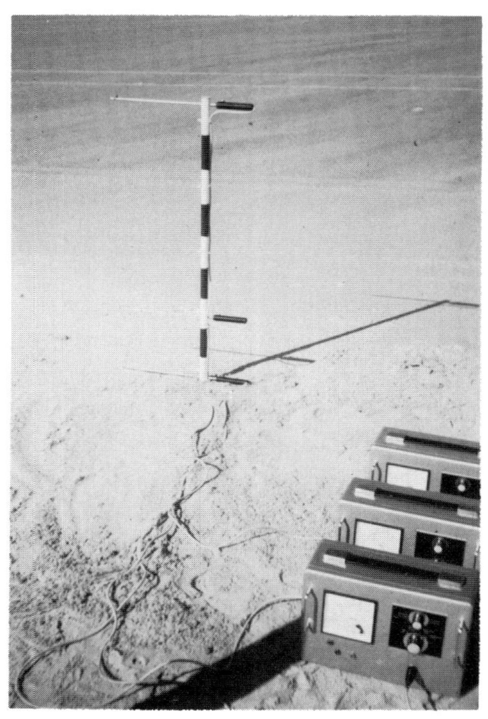

Photo 3: Windmeßanordnung mit thermoelektrischen Anemometern auf der Strandplate von St. Peter-Ording.

Anschrift des Verfassers:

Prof. Dr. Julius Werner
Westfälische Wilhelms-Universität
Institut für Geographie
Robert-Koch-Straße 26
D - 4400 Münster

Aus:

Ekkehart Köhler und Norbert Wein (Hrsg.):

NATUR- UND KULTURRÄUME.

Ludwig Hempel zum 65. Geburtstag.

Paderborn: Ferdinand Schöningh 1987.

= Münstersche Geographische Arbeiten 27.

Jutta Gerlach

Alte Funde neu entdeckt: Hymnoptereninklusen im Baltischen Bernstein

1. Einleitung

Vorfahren unserer Insekten sind in vielen Ablagerungen nur bruchstückhaft oder gar nicht enthalten. Dagegen stellt der Bernstein ein ideales Einbettungsmaterial dar, in dem von den Inklusen sogar noch feinste Strukturen zu erkennen sind. Unter Umständen ist dabei auch eine Bestimmung der Art des eingeschlossenen Fossils möglich. Bernstein selbst ist weltweit verbreitet. Aber nicht alle Bernsteine sind fossilführend. Ein Bernstein mit artenreicher Fauna ist der Baltische Bernstein mit tertiärem Alter. Diese wird in der Literatur seit Beginn des 19. Jahrhunderts immer wieder beschrieben, mit dem Ziel, Arten ausfindig zu machen und auch Evolutionsreihen aufzustellen. Diese Arbeit soll dazu beitragen, einen weiteren Schritt in diese Richtung machen zu können.

2. Material und Methoden

Die noch nicht bestimmten Bernsteininklusen wurden anhand von beschriebenem, rezentem Material (SCHMIEDEKNECHT 1930; JACOBS/RENNER 1974; FRIESE 1926) im Vergleich mit paläontologischen Bestimmungen von den Anfängen bis in die 80er Jahre bestimmt (ZEUNER/MANNING/MORRIS 1976).

Die Bestimmung erfolgte unter einem Stereomikroskop der Firma Olympus. Zur Herstellung der Fotos wurden ebenfalls Stereomikroskop und Fotoapparat der Firma Olympus verwandt. Ausgeleuchtet wurden die Bernsteinstücke mit Kaltlicht, damit keine Reaktion des Bernsteins auf Wärme erfolgen konnte. An Filmmaterial wurden Kodak-Kunstlichtfilme DIN 24 genommen, die optimale Ergebnisse erzielen ließen.

Schwierigkeiten bei der Bestimmung der Insekten ergaben sich durch die unterschiedliche Einbettung in das Medium Harz infolge

- starker Verwesung: mit weißem Schimmel oder silbrigem Belag überzogen,
- in Todesstellung gekrümmter Lage,
- Lichtbrechungsebenen im Bernstein durch unterschiedlichen Harzfluß.

Aus diesen Gründen waren nicht immer typische Artmerkmale erkennbar, wodurch nur die Bestimmung der Gattung oder gar nur der Familie erreicht werden konnte.

3. Paravespula sp.

Material:

1 Exemplar, Größe des Bernsteins: 1 x 1,5 x 0,5 cm, Farbe des Bernsteins: honiggelb bis rötlich-braun, klar

Vorkommen:

Baltikum, Oligozän

Sammlung:

Institut und Museum für Geologie und Paläontologie der Universität Göttingen (IMGP), Reg.-Nr. G 4666, ehemalige Sammlung der Universität Königsberg.

Beschreibung:

Größe 1 cm, bernsteinfarben durchschimmernd, minimal behaart, stellenweise mit silbrigem Verwesungsüberzug, Weibchen.

Kopf: Vorderrand des Kopfschildes nicht steil vorgezogen, eher breit als spitz, 3 Ozellen dicht am Rand des Hinterkopfes, relativ große Facettenaugen, diese nierenförmig ausgerandet an der Innenseite, von relativ spärlichem Kranz von Haaren umgeben, Augen selbst ohne Behaarung, Wangen kurz; Fühler: 12 Glieder, erstes Glied bildet langen Schaft, Abstand der Fühleransätze: 0,55 mm; Kiefer: Maxillarpalpen je 2 rechts und links gut erhalten sichtbar, Mandibeln verbreitert mit 3 ausgeprägten Zähnen, greifen übereinander; Thorax: Länge 3 mm, spärlich lang behaart auf Rücken und auf Bauchseite; 2 Flügelpaare, Vorderflügel mit Hinterflügel durch Häkchen miteinander verzahnt, Faltenflügel, zusammengefaltet, ein Flügel angeschliffen, 3 Cubitalzellen, direkt hintereinander geschaltet, Hinterflügel kürzer als Vorderflügel, Flügel ragen etwas über Hinterleib hinaus; Stigma fehlt am Vorderflügel, Tegulae vorhanden, Pronotum stößt direkt mit Tegulae zusammen; 3 Beinpaare: lang und dünn, spärlich kurz behaart, Mittelschiene mit 2 Spornen; Füße: geteilte Mittellappen, an Klauen ungezähnte Borsten; Brust und Hinterleib nur durch dünne Einschnürung, Wespentaille, verbunden, zur Basis ist Petiolus kaum verschmälert, gleichmäßig dick; Hinterleib: erstes Hinterleibssegement ist senkrecht abgestützt, plump, nur unwesentlich länger als

Thorax; Stachel ausgefahren, Länge: 1,2 mm, auf seiner Innenseite 2 kleine, schwach ausgebildete Widerhaken.

Bemerkungen:

Die Inkluse weist einen guten Erhaltungszustand auf. Nur ein leicht silbriger Schimmer auf Körper und Augen deutet auf erste Verwesungserscheinungen hin. Ansonsten schimmert die Wespe in Beinen und Körper bernsteinfarben, was auf eine mögliche flüssige oder eine Bernsteinausfüllung hindeutet. Der Körper ist ausgestreckt, der Stachel ist ausgefahren, die Flügel sind gefalten: Dies läßt vermuten, daß das Insekt schnell nach seinem Tod in Harz eingebettet wurde. Die gefaltenen Flügel weisen ebenfalls auf eine Ruhestellung hin. Die spärliche Behaarung und das Fehlen von Hinweisen auf Sozialfunktionen am Körper lassen auf eine Lebensweise als Raubinsekt schließen. Als typisches Merkmal für rezente Weibchen gelten Fühler mit 12 Gliedern. Ebenso viele Fühlerglieder hat auch das Fossil. Hinweise auf Wespen-Inklusen findet man bei KEILBACH (1982).

4. Formicidae

Material:

1 Exemplar, Größe des Bernsteins: 1,2 x 0,2 x 0,8 cm, Farbe des Bernsteins: honiggelb bis rotbraun, klar

Vorkommen:

Baltikum, Oligozän

Sammlung:

Institut und Museum für Geologie und Paläontologie der Universität Göttingen (IMGP), Reg.-Nr. B 5117, ehemalige Sammlung der Universität Königsberg.

Beschreibung:

Größe 11,2 mm, bis auf Fühler und Extremitäten von weißem schimmeligem Belag überzogen, auf Beinen und Kopf auch silbrig glänzende Verwesungsschicht, geflügeltes Geschlechtstier, Weibchen, 3-Teilung in Kopf-Brust-Hinterleib, in Hohlraumerhaltung, einseitig angeschliffen, Blick in den Hohlraum frei. Kopf: Länge: 1,9 mm, Kopf ist länger als breit, annähernd so breit wie der Thorax; Fühler: 11 Glieder, erstes Glied bildet langen Schaft, letztes Glied läuft am Ende spitz zu, langer Schaft am oberen Ende verbreitert, 4. bis 9. Glied des rechten Fühlers nur im Abdruck erhalten, linker Fühler am Schaft umgebogen und dem Kopf aufliegend; Facettenaugen: scheinen ohne schimmeligen Belag zu sein, dunkel, scheinbar ohne Behaarung; Mundwerkzeuge: rechtsseitig noch eine Palpe frei sichtbar, sonst ganz von Schimmelbelag überzogen, Kopf insgesamt spärlich behaart. Thorax: von weißem Schimmelbelag ganz überzogen; 2 Flügelpaare, Flügeladerung spärlich, scheint braun zu sein; Beine: dünn und lang, an den letzten Fußgliedern: nur ein etwas verbreiteter Tibiasporn, an Hinterbeinen: Sporn an Schenkelglied, mit silbrigem Verwesungsbelag. Zwischen Thorax und Hinterleib: Sporn.

Hinterleib: 4 Segmente, Nahtstellen zum jeweils nächsten Segment sind schwarz, dick, plump, Länge: 2,6 mm, sonst von weißem Schimmelbelag überzogen.

Bemerkungen:

Der Sporn zwischen Thorax und Hinterleib ist ein typisches Merkmal für Ameisen. Der plumpe Hinterleib kann als Hinweis auf ein Weibchen gedeutet werden. Über die Flügelpaare ist aufgrund ihrer Lage im Bernstein (Lichtbrechung) keine weitere Aussage möglich.

Eine genauere Bestimmung erscheint infolge des Verwesungszustandes der Inkluse und der wenigen noch erkennbaren Merkmale nicht weiter erfolgversprechend.

5. Passaloecus sp.

Material:

1 Exemplar, Größe des Bernsteinstückes: 1,5 x 0,75 x 0,8 cm, Farbe des Bernsteins: honiggelb bis rötlich-braun, klar

Vorkommen:

Baltikum, Oligozän

Sammlung:

Institut und Museum für Geologie und Paläontologie der Universität Göttingen (IMGP), Reg.-Nr. G 4667, ehemalige Sammlung der Universität Königsberg

Beschreibung:

Größe 8,4 mm, von nur dünner Verwesungsschicht überzogen, fast ohne Behaarung, in Todesstellung: Hinterleib gekrümmt, Wehrstachel. Kopf: Mundwerkzeuge unkenntlich, Luftbläschen verdeckt Teile davon, Papillen ragen aus Schimmel heraus; Facettenaugen ohne tiefe Ausrandung; Breite des Kopfes: 2,08 mm; Fühler: 11 Glieder, Basisabstand der Fühler: 0,6 mm, erstes Glied ist kurz. Thorax: Länge: 2,48 mm; 2 Flügelpaare; 3 Cubitalzellen auf den Vorderflügeln; Pronotum sehr gleichmäßig, reicht nicht an Tegulae, diese liegen extra; Mesonotum erscheint glatt; Parapsidenfurchen sind stark ausgeprägt; auf den Flügeln stehen senkrecht

Verwesungsplättchen; Beine: 3 Beinpaare, an den Füßen je 2 Tibiasporne, Hinterfüße nicht verbreitert, Hinterbeine gespornt an Mittelschiene mit 2 Spornen. Hinterleib: nicht gestielt, erscheint anhängend; Länge: 3,8 mm; Spitze des Wehrstachels ist ausgefahren, anscheinend ohne Widerhaken.

Bemerkungen:

Der Erhaltungszustand der Inkluse ist relativ gut. Nur an den Mundwerkzeugen, ansonsten nur wenig, ist sie von einer Verwesungsschicht überzogen, was auf ein Anfangsstadium der Verwesung schließen läßt. Brust und Teile des Hinterleibes glänzen dadurch silbrig.

Die rezente Art des zu den Sphecoidea zählenden Fossils frißt Blattläuse. Eine ähnliche Funktion könnte bereits als Anpassung an seinen damaligen Lebensraum das Fossil erfüllt haben, da bereits im Tertiär Blattläuse nachgewiesen werden konnten.

6. Bienen

Bei den zwei Bienen-Inklusen aus dem Baltischen Bernstein, die auch aus der Sammlung der Universität Göttingen stammen, handelt es sich um Einsiedlerbienen der Gattungen Dasypoda und Megachile. Beschrieben werden diese im Rahmen einer weiteren Arbeit.

7. Zusammenfassung

Hymnoptereninklusen aus 42 bislang noch nicht bestimmten Bernsteinstücken Baltischen Bernsteins der ehemaligen Bernsteinsammlung der Albertus-Magnus Universität zu Königsberg wurden aussortiert und bestimmt. Die Belegexemplare befinden sich heute im Institut und Museum für Geologie und Paläontologie der Universität Göttingen.

Bestimmt wurden eine Wespe, eine Grabwespe, eine geflügelte Ameise sowie zwei Bienen.

8. Danksagung

Für die freundliche Ausleihe der Bernsteininklusen danke ich Herrn Dr. S. RITZKOWSKI vom Institut und Museum für Geologie und Paläontologie der Universität Göttingen recht herzlich. Meinen Dank aussprechen möchte ich an dieser Stelle auch Herrn O. HOMEIER für die technische Anleitung zur Herstellung des Bildmaterials.

9. Literatur

FRIESE, H. (1926): Die Bienen, Wespen, Grab- und Goldwespen. In: SCHRÖDER, Ch. (Hrsg.): Die Insekten Mitteleuropas - insbesondere Deutschlands, Bd. I: Hymnopteren, Teil 1, Stuttgart.

JACOBS, W./M. RENNER (1974): Taschenlexikon zur Biologie der Insekten. Stuttgart.

KEILBACH, R. (1982): Bibliographie und Liste der Arten tierischer Einschlüsse in fossilen Harzen sowie ihre Aufbewahrungsorte. Teil I. In: Dt. Entom. Z., N.F., 29, H. 1-3, S. 129-286.

SCHMIEDEKNECHT, O. (1930): Die Hymnopteren Mitteleuropas. Jena.

ZEUNER, F.E./F.J. MANNING/S.F. MORRIS (1976):A Monograph on fossil Bees (Hymenoptera: Apoidea). London. In: Bulletin of the British Museum, Natural History, Geology, Vol. 27, No. 3.

Anschrift der Verfasserin:

Dr. Jutta Gerlach
Wellenesch 1
D - 4531 Lotte 2

Aus:

Ekkehart Köhler und Norbert Wein (Hrsg.):

NATUR- UND KULTURRÄUME.
Ludwig Hempel zum 65. Geburtstag.

Paderborn: Ferdinand Schöningh 1987.
= Münstersche Geographische Arbeiten 27.

Photo 1: Paravespula sp., Ganzaufnahme, 8,5fache Vergrößerung
Aufnahme: J. Gerlach, 1985

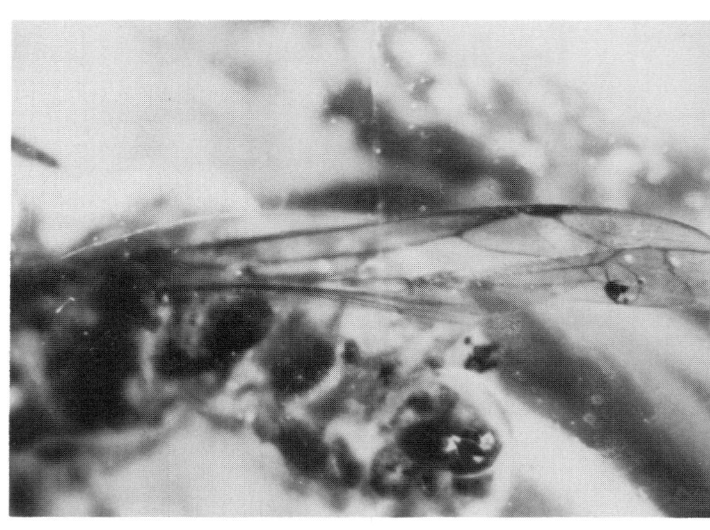

Photo 2: Paravespula sp., Faltenflügel, gefalten, 11,5fa
Vergrößerung
Aufnahme: J. Gerlach, 1985

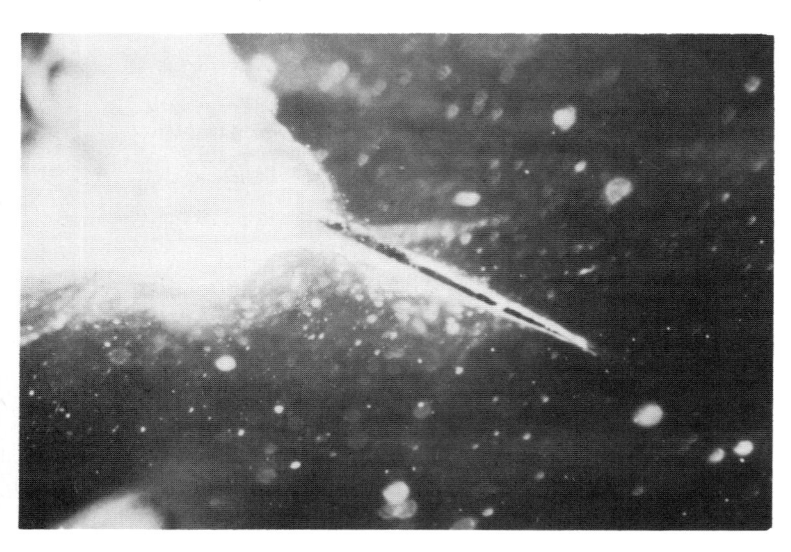

Photo 3: Paravespula sp., ausgefahrener Stachel mit zwei schwach ausgebildeten Widerhaken, 44fache Vergröße-rung
Aufnahme: J. Gerlach, 1985

Photo 4: Paravespula sp., nierenförmiges Auge, 30fache
größerung
Aufnahme: J. Gerlach, 1985

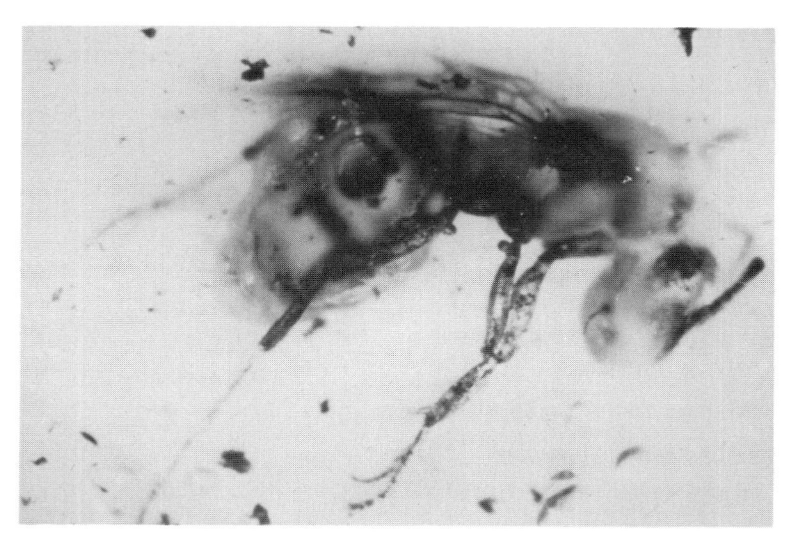

Photo 5: Formicidae, Ganzaufnahme, 7,6fache Vergrößerung
Aufnahme: J. Gerlach, 1985

Photo 6: Passaloecus sp., Ganzaufnahme, 10fache Vergröß
Aufnahme: J. Gerlach, 1985

Gerhard Müller

Formen der Abtragung an der Muschelkalkschichtstufe des Eggegebirges bei Bad Driburg

1. Einleitung

Die Untersuchung bezieht sich auf die Schichtstufe der "Driburger Platte", die von der östlichen Kammzone des Eggegebirges bis in den Rötausraum um Bad Driburg reicht. Innerhalb der Bruchfaltenregion der Egge bildet dieser Abschnitt eine verhältnismäßig gering gestörte Triasscholle (vgl. STILLE 1935, S. 4 und S. 18). Die hier ausgebildeten Muschelkalk-Schichtstufen von Klusenberg, Gerkenberg, Weiße Mauer (Schöne Aussicht), Iburg und Schweinsberg wurden durch Geländearbeiten untersucht. Das Hauptinteresse galt wiederholt auftretenden Reliefkomponenten wie Rutschungen, Felsen und typischen Ausbildungen des Hangschutts, denn diese Phänomene spiegeln bestimmte Abtragungsprozesse wider und lassen Rückschlüsse auf die Genese des heutigen Reliefs zu.

2. Grundzüge der Geomorphologie

Der Untergrund des Arbeitsgebietes wird überwiegend von Triasschichten aufgebaut. Die Stufe der Driburger Platte ist in der Schichtenfolge Röt-Wellenkalk ausgebildet. Sockelbildner sind die violettbraunen, teilweise auch grüngrauen Tonsteine des Oberen Buntsandsteins (Röt), die nach Durchtränkung mit Wasser quell- und fließfähig werden können und im allgemeinen eine wenig resistente Abteilung der Trias verkörpern. Im Talkessel von Bad Driburg hat der Röt weite Verbreitung.

Im Hangenden des Oberen Buntsandsteins folgen die mittelharten grauweißen Kalksteinbänke des Unteren Muschelkalks (Wellenkalks) als Stufenbildner. Sehr widerständig sind mehrere zwischengelagerte Werksteinzonen (z.B. die Oolithbänke), so daß durch den beträchtlichen Resistenzunterschied zwischen Sockel- und Stufenbildner ein wesentlicher Faktor für die Entstehung einer Schichtstufe gegeben ist. Der Höhenunterschied zwischen Fußpunkt und Trauf ist mit ca. 125 m verhältnismäßig groß.

Die untersuchten Schichtstufenabschnitte gehören in Anlehnung an die Terminologie GOEDEKEs (1966, S. 36) überwiegend zum Traufstufentyp: lediglich am Schweinsberg ist eine reine Walmstufe ausgebildet. Die Traufhöhe bzw. der orometrische Berührpunkt liegt bei rd. 360 m (vgl. SCHUNKE 1968, S. 16). Die Neigung der Hänge beträgt in den Steilabschnitten meist 20 - 25°, vereinzelt werden auch Maximalwerte über 30° erreicht, z.B. an der Iburg und an der Weißen Mauer.

Die Wellenkalkstufe der Driburger Platte des Egge-

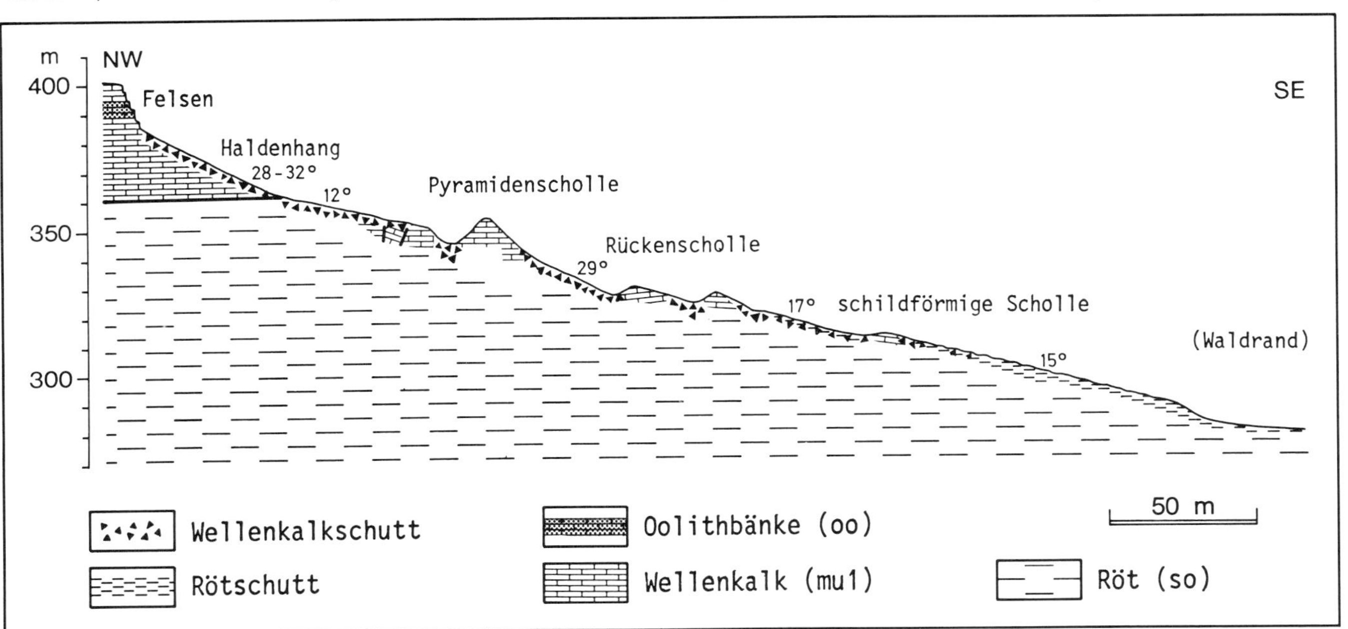

Abb. 1: Profil durch das Rutschungsgebiet "Weiße Mauer"

gebirges ist durch obsequente Stirntäler gegliedert, die auf der Stufenfläche mit weitgespannten Ursprungsmulden ansetzen. Beim Übergang zum Sockelbildner verengt sich das Querprofil meist kerbtalförmig. Während die Täler im Wellenkalk trocken liegen, ist auf der Schichtgrenze zum Röt ein bedeutsamer Quellhorizont ausgebildet. Die Täler sind daher durch holozäne Quell- und Bacherosion überformt, z.B. unterhalb der Schönen Aussicht und der Iburg.

An mehreren Schichtstufenabschnitten kommen Felsen und Rutschungen vor. Die Felsen sind einerseits als niedrige Schichtköpfe, andererseits auch als hohe Felswände ausgebildet. Bei den Rutschungsformen handelt es sich sowohl um wall- und rückenförmige Massen mit festem Muschelkalkkern als auch um zungenähnliche Wülste aus Rötmaterial.

3. Die Böschungsflächen der Stufenhänge

Der von SPÖNEMANN (1966, S. 96) vorgeschlagene Begriff "Böschungsflächen" umfaßt die ungegliederten flächenhaften Hangabschnitte, die mehr oder minder gerade, konvex oder konkav ausgebildet sein können. Entsprechend der Terminologie SCHUNKEs (1968, S. 132) sind im allgemeinen drei verschiedene Arten von Böschungsflächen nach ihrer Lage und Form zu unterscheiden. An die meist konkave Böschungsfläche des Hangfußes schließt sich im mittleren Hangabschnitt die steilgerade Böschungsfläche maximaler Neigung ("Maximum-Böschungsfläche" SCHUNKEs 1968, S. 132) an. Darüber folgt die Walm-Böschungsfläche bzw. an Traufstufen ohne Walm bereits das obere Ende der Hangsegmente. Bedeckt sind die Böschungsflächen in der Regel mit Hangschutt, dessen Habitus Auskunft über das Kräftespiel und die Formungstendenzen gibt.

Beiderseits der Grenze zwischen Stufen- und Sockelbildner liegt ein mehr oder weniger gerades Segment des Stufenhangs. Diese steilgerade Böschungsfläche ist im allgemeinen von einem lockeren Schuttmantel unterschiedlicher Mächtigkeit (1 - 3 dm) bedeckt. Das Material besteht zum überwiegenden Teil aus Kalken des Stufenbildners. Lehmkomponenten haben nur einen untergeordneten Anteil. Unterhalb der Röt-Wellenkalk-Schichtgrenze kommen jedoch zunehmend auch lehmig-tonige Komponenten aus den Horizonten des Sockelbildners hinzu. Eine teilweise Umformung der steilgeraden Böschungsflächen zu buckligen Hangpartien bewirken an einigen Stufenabschnitten Schollenrutschungen, die im folgenden noch gesondert betrachtet werden.

Bei stark geneigten Böschungen (über 25°) herrschen grobe Fraktionen vor. Die Hänge können dann von einem Scherbenpflaster bedeckt sein, z.B. an der Iburg und an der Weißen Mauer. Einregelungsmessungen nach POSER und HÖVERMANN (1952) zeigten in oberflächennahem Schutt zwischen Iburg und Klusenberg keine ausgeprägten Maxima in Gruppe I (36/19/34/11 und 33/20/31/16). Aus diesen Werten ist folglich kein eindeutiger Rückschluß auf die Art des Transportvorganges zu entnehmen. Auch kann eine Umlagerung des Materials durch Baumwurzeln nicht ausgeschlossen werden.

An den steilen Wellenkalk-Stufenhängen wird in Hochwaldbeständen der Hangschutt hinter Bäumen gestaut, so daß die bergseitigen Wurzeln von Kalksteinscherben und Feinmaterial überdeckt sind, während auf der Talseite unter freiliegenden, teilweise stelzartigen Wurzeln kleine Hohlräume bestehen. Einer Akkumulationsform auf der Bergseite steht also talwärts ein Materialdefizit gegenüber. Auch eine mehr oder minder deutliche Stammkniebildung ist an der Röt-Wellenkalkstufe bei Hängen über 25° Neigung häufig zu beobachten (z.B. an der Weißen Mauer). Außerdem wurde in einem Aufschluß am Gerkenberg ein deutliches Hakenwerfen steilstehender Muschelkalkschichten festgestellt. Diese Befunde können als Indiz für eine rezente Materialverlagerung an den Stufenhängen (vgl. SCHMID 1955, S. 104; MORTENSEN 1964, S. 212-222) angesehen werden.

Aus der Bilanz von Schuttakkumulation und -defizit können unter Berücksichtigung des Baumalters Aussagen über die Intensität der Schuttbewegung gemacht werden (vgl. MORTENSEN 1964, S. 217). Beispiele aus dem Arbeitsgebiet sind in Tab. 1 dargestellt.

Die Menge des aufgelaufenen Schutts zeigt nach diesen Messungen eine Abtragung von 3 bis 4 mm pro Jahr an. Da in die Hohlform unterhalb des Stammes auch etwas Material von den Seiten hineingelangen kann und auf der Bergseite nicht das gesamte dem Stammdurchmesser entsprechende Schuttvolumen gestaut wird, denn ein Teil gleitet um das Hindernis herum, dürften die in der Tabelle genannten Werte Minimumbeträge darstellen (vgl. MORTENSEN 1964, S. 218).

Die Geschwindigkeit des Abkriechens ist aus den Beobachtungen an den Baumstämmen nur schwer zu ermit-

Tab. 1: Messungen an Steilhängen mit gravitativem Schuttkriechen (Buchenwald)

Lage	Baum-alter	Hang-neigung	Material	Akkumu-lation	Defizit	Abtra-gungs-betrag
Iburg	ca. 70 J.	30°	mu-Scherben	max. 22 cm	max. 22 cm	0,3 cm/a
Weiße Mauer/ Schöne Aus-sicht	ca. 80 J.	28°	mu-Scherben	max. 25 cm	max. 30 cm	0,4 cm/a

teln. Deshalb wurde an der Driburger Platte (etwa 500 m südl. "Schöne Aussicht") an einem Hang von 28° Neigung ein Schuttfangkasten installiert. Nach einem Jahr zeigte er nur eine geringe Schuttfüllung von Feinmaterial und einzelnen Kalksteinscherben. Auf die Fangfläche bezogen entsprach der Schutt einem Wert von 3 mm/ Jahr. In der darauffolgenden Beobachtungsperiode wurde ein jährlicher Abtrag von 5 mm festgestellt. Dieser höhere Wert ist ggf. auf einen schneereicheren Winter zurückzuführen. Die Geschwindigkeit ist nach dieser kurzen Beobachtungszeit mit etwa 0,80 m/Jahr anzugeben, da kleine farblich markierte Steinscherben, die vorher in 0,5 bis 1 m Entfernung vor dem Hindernis lagen, teilweise den Auffangkasten erreichten. Doch ist nicht auszuschließen, daß die hier ermittelten Daten bei einer längeren Beobachtungsperiode modifiziert werden müssen. Insgesamt nähern sie sich jedoch dem von MORTENSEN (1964, S. 219) im Buntsandsteingebiet um Karlshafen und Adelebsen ermittelten Geschwindigkeitswert von 1 m/Jahr. Bezogen auf eine Hanglänge von 200 m ergibt sich daraus, daß innerhalb eines Zeitraumes von 250 Jahren dieser Hangteil um 3-5 mm abgetragen wird. Daher ist trotz des augenfälligen Schuttstaus hinter Bäumen die Abtragungsleistung für die Großform nur unbedeutend. Sie entspräche in unserem Falle innerhalb von 10.000 Jahren einer Abtragung von 12 - 20 cm für einen 200 m langen Hang.

Eine Belebung der Abwärtsbewegung des Hangschutts findet besonders während und nach der Schneeschmelze im zeitigen Frühjahr statt. An vielen Forstwegeinschnitten kann dann eine neuerliche Schuttzufuhr auf der Bergseite beobachtet werden. Als Motor der Abwärtsbewegung kommt jedoch Frosthub und der mit diesem Vorgang verbundene Materialversatz (vgl. SCHMID 1955, S. 104) nur untergeordnet in Frage, denn die an den Wellenkalk-Steilhängen häufig fehlenden bindigen Substanzen schaffen keine günstigen Voraussetzungen für einen durch Frosthebung verursachten Bewegungsvorgang. Auch lassen die an den Baumstämmen oft dachziegelartig übereinanderliegenden Gesteinsplatten vermuten, daß der Schutt durch Gleit- und Rutschungsvorgänge verlagert wurde (vgl. MORTENSEN 1964, S. 216). Günstige Bedingungen dafür dürften während der nachwinterlichen Schneeschmelzperioden bestehen, wenn Schnee und Eis im Wechsel von oberflächennahem Tauen und Wiedergefrieren ein Gleitmedium für den Schutt abgeben.

Photo 1: Pyramidenförmige Mauerscholle unterhalb der Weißen Mauer

Häufig sind grobe Gesteinsscherben an der Hangoberfläche vorherrschend. Die Ursache für dies oft zu beobachtende Mißverhältnis zwischen Grobschutt und Feinerde kann in Ausspülungsvorgängen liegen, die auf den Steilhangpartien die feinen Komponenten zum Unterhang fortgeführt haben.

Die hier beschriebenen rezenten Abtragungserscheinungen fehlen in der Regel bei Böschungsflächen unter 20° Neigung. Das Vorkommen von Hangschutt zeigt jedoch an, daß Verwitterung und Abtragung ehemals bedeutendere Agenzien gewesen sind. Zur Genese der

Photo 2: Wellenkalkfelsen an der Weißen Mauer

Schuttdecken sei hier eine Messung zur Längsachseneinregelung an der Weberhöhe im Norden der Driburger Platte als Beispiel aufgeführt: Hangneigung 18°: 42/32/21/5.

Das deutliche Maximum in Gruppe I kann als Indiz für einen solifluidalen Transport angesehen werden. Es dürfte ein pleistozäner Wanderschutt vorliegen, der sich gegenwärtig nur wenig verändert und als rezente Ruheform anzusehen ist. Die an den meist plattigen Kalkscherben vorhandene leichte Kantenrundung könnte als Hinweis auf postpleistozäne chemische Verwitterungsprozesse gewertet werden. Ähnliche Beobachtungen konnte ACKERMANN (1955, S. 330 f.) an Muschelkalken in pleistozäner Fließerde bei Göttingen machen.

Die Formung der Maximum-Böschungsflächen dürfte zum wesentlichen Teil während der pleistozänen Kaltzeiten erfolgt sein. Günstige Voraussetzungen für einen Solifluktionsprozeß boten die bindigen Rötgesteine im Liegenden, während die Wellenkalkhorizonte im Hangenden nur wenig gleitfähiges Material lieferten. Es ist daher anzunehmen, daß eine Versteilung im Unterhang rückschreitend schließlich auch die Kalke des Stufenbildners ergriff, so daß die Hänge von unten her aufgezehrt wurden (vgl. PHILIPPSON 1931, S. 133). Der Primat der pleistozänen Abtragungsprozesse spiegelt sich in den Solifluktions-Schuttdecken wider. Bei steileren Böschungswinkeln (über 25°) ist jedoch eine holozäne Überprägung durch gravitatives Schuttkriechen und Ausspülung des Feinmaterials zu beobachten. Daher konnte an Steilhangpartien eine eindeutige Differenzierung in holozäne und pleistozäne Schuttanteile nicht durchgeführt werden. Hinzu kommt an diesen Hangabschnitten lokal noch eine Umformung durch Schollenrutschungen, auf die im folgenden näher eingegangen wird.

Die Böschungsfläche am Hangfuß verbindet Stufenvorland und Unterhang. Sie schließen mit Neigungen um 4 - 8° an das steilgerade Maximum-Segment und bildet in der Regel einen mehr oder weniger konkaven Profilabschnitt. Die Schuttdecken weisen im allgemeinen Mächtigkeiten von 0,5 bis 0,8 m auf. Vereinzelt können auch deutlich höhere Werte erreicht werden. Die Mächtigkeitszunahme des Schutts zum Hangfuß hin zeigt, daß durch die Schuttanlieferung die ursprüngliche Hangkonkavität abgeschwächt wurde. Diese Konkavität wird allgemein als Indiz für eine vom morphologisch weniger resistenten Sockelbildner ausgehende Abtragung angesehen, die in Verbindung mit einer Tieferlegung der lokalen Erosionsbasis besonders unter pleistozän-kaltzeitlichen Klimabedingungen hohe Wirksamkeit besaß (vgl. HEMPEL 1955a, S. 29; ROHDENBURG 1965a, S. 67; GOEDEKE 1966, S. 45; SPÖNEMANN 1966, S. 137-139; SCHUNKE 1968, S. 135), denn die Solifluktionsprozesse waren in den bindigen Rötsubstanzen intensiver als in den Wellenkalkhorizonten des Stufenbildners. Entsprechend der tiefen Hanglage sind am Schutt überwiegend aufbereitete Röttone beteiligt. Sie bilden die Matrix für die scherbigen bis leicht kantengerundeten Schuttkomponenten aus dem Stufenbildner (Wellenkalk). Beispiele sind in Tabelle 2 aufgeführt.

Etwa 50 % der Kalksteinscherben sind zum Gefälle des Hanges eingeregelt. Daraus kann auf eine solifluidale Verfrachtung des Schutts geschlossen werden, wie sie in den pleistozänen Kaltzeiten besonders für die Periglazialgebiete charakteristisch war. An einzelnen Aufschlüssen in der Hangfußzone der Driburger Platte war eine deutliche Bindung der Muschelkalkscherben an bestimmte Horizonte zu beobachten. So zeigte ein Drainagegraben an der Umgehungsstraße in Bad Driburg unterhalb der Iburg, daß Muschelkalkscherben in der Rötmasse nur in geringem Maße vertreten waren, abgesehen von 2 Horizonten, die eine deutliche Anreicherung der Wellenkalktrümmer aufwiesen. Einregelungsmessungen an einem dieser Horizonte brachten keine ausgeprägten Maximal-

Tab. 2: Einregelungsmessungen an Hangfußböschungen

Meßstelle	I	II	III	IV	Hang-neigung	Tiefe der Probenentnahme
Stellberghang "Amt alten Postweg"	58	18	16	8	7°	0,8 m
Schöne Aussicht Umgehungsstraße	50	21	18	11	6°	0,6 m

werte in der Gruppe I (35/29/32/4). Der relativ hohe Wert in Gruppe III läßt vermuten, daß auch Prozesse der Hangabspülung wirksam gewesen sind (vgl. ROHDENBURG 1965, S. 65), so daß eine Aufeinanderfolge oder auch Verzahnung von solifluidalem und aquatisch-fluviatilem Abtrag anzunehmen ist.

Die Zunahme der Schuttdecken zum Talgrund zeigt an, daß in der letzten Phase der pleistozänen Hangabtragung das angelieferte Material nicht mehr fortgeführt werden konnte. Der Schuttstau am Hangfuß weist darauf hin, daß die Bilanz zwischen Schuttanlieferung von oben und Abtransport unausgeglichen war (vgl. AHNERT 1954, S. 62). Eine Phase verstärkter Akkumulation am Unterhang gegen Ende der letzten Kaltzeit nimmt auch GOEDEKE (1966, S. 45) für die Stufenhänge des Elm an. Da aus der Hangfußzone durch fluviatilen Transport eine unbestimmte Menge Schutt abgeführt worden sein kann, ist es nicht möglich, aus den noch vorhandenen Wanderschuttdekken Rückschlüsse auf die gesamte pleistozäne Abtragungsleistung oder die des letzten Glazials zu ziehen.

An Traufstufen mit Walm bzw. an reinen Walmstufenhängen gibt es unterhalb des Firsts konvexe bis nahezu gerade Böschungsflächen, die "Walm-Böschungsflächen" im Sinne SCHUNKEs (1968, S. 136). Die Neigung der Böschungsflächen auf dem Walm liegt vielfach unter 5°. Auch die relative Höhe dieses Böschungsabschnitts ist in der Regel geringer als auf den Maximum- oder Hangfußböschungsflächen. Der dünne Schuttmantel besteht zum großen Teil aus scherbigem Kalksteinmaterial. Da die Infiltrationskapazität des Schutts wegen der zahlreichen groben Wellenkalkscherben gehemmt ist und auch die Schwerkraftkomponenten bei diesen Neigungsverhältnissen nur geringes Gewicht besitzen, bestehen für Solifluktionsprozesse keine günstigen Bedingungen. Besonders der Mangel an bindigen Komponenten wirkt solifluktionshemmend, wie Messungen in rezenten Periglazialgebieten ergaben (vgl. BÜDEL 1962, S. 365; JAHN 1967, S. 215). So haben die von BÜDEL ermittelten Minimalwerte, nach denen etwa 2° Geländeneigung genügen, um die Solifluktion auszulösen, nur bei günstigen Voraussetzungen, d.h. bei genügend bindigem Feinmaterial Gültigkeit. Diese Bedingungen fehlen jedoch weitgehend auf den flachen Walmböschungen des Arbeitsgebietes. Untersuchungen an den Walmen der Driburger Platte ergaben keine Hinweise auf solifluidale Bewegungen. Daher ist anzunehmen, daß diese Flächen ihre wesentliche Formung nicht durch pleistozäne Prozesse erhalten haben. Auch HEMPEL (1955, S. 49) konnte auf bis 6° geneigten Muschelkalkhängen kaum Spuren pleistozäner Abtragung beobachten. Nennenswerte holozäne Abtragungsvorgänge sind ebenfalls nicht festzustellen. Es darf daher angenommen werden, daß die flachen Übergangsböschungen an der Driburger Platte andere Formungsprozesse widerspiegeln. Zudem kann die Traufkante nicht immer petrographisch erklärt werden. Sie ist vielmehr häufig die Linie, an der sich ein älteres flaches Relief mit einem jüngeren steilen verschneidet, das von unten, d.h. von der lokalen Erosionsbasis ausgehend, die oberen Flachhangteile teilweise aufgezehrt hat (vgl. HEMPEL 1955, S. 28 f.). Ähnlich flache Übergangsböschungen auf der Dransfelder Hochfläche und am Göttinger Wald konnten durch auflagernde tertiäre Sedimente bzw. durch tertiäre Bohnerz-Relikte (HEMPEL 1954) datiert werden. In Analogie zu diesen Befunden kann auch für die flachen Walmböschungen des Arbeitsgebiets ein tertiäres, vielleicht miozänes Alter angenommen werden, obwohl keine tertiären Sedimente auf den Walmböschungen nachgewiesen werden konnten.

Die häufige Verbreitung der flachen Übergangsböschungen im Arbeitsgebiet kann als Hinweis auf die Ausgangsform der Schichtstufenlandschaft angesehen werden. Am Beginn der Entwicklung standen langgezogene Rampenhänge, die von den höheren Rumpfflächen herunterführen. Die Aufzehrung dieser Hänge von unten her und die dadurch verursachte teilweise Zurückverlegung der Stufenhänge zeigt, daß die Entstehung des heutigen Schichtstufenreliefs eine wesentliche Ursache in der Taleintiefung des Flußsystems im Stufenvorland hat.

4. Felsen und Hangrutschungen

Felsformen kommen an mehreren Stellen der Driburger Platte (Iburg, Schöne Aussicht, Klusenberg) vor. Sie sind im allgemeinen an die harten Werksteinzonen, besonders an die Oolithbänke, gebunden. Die Felsen können als langgestreckte Wände, vorspringende Bastionen und als relativ niedrige Schichtköpfe und Felsleisten ausgebildet sein. Oft gehen die hohen Felswände seitlich in Schichtköpfe und gesimseartige Felsleisten (z.B. an der Weißen Mauer) über.

Photo 3: Wallscholle unterhalb der Iburg

Felswände mit Höhen über 5 m gibt es an der Iburg und der Weißen Mauer (Schöne Aussicht). Sie sind an schwach einfallende Oolithbänke gebunden. Der Grundriß ist im allgemeinen gradlinig und wird nur durch Kluftsysteme unterbrochen. An den Klüften ist ein geringes Zurückspringen der Felswand zu beobachten. Die Vertikale spiegelt die Resistenzunterschiede des Gesteins wider. Zwischenlagernde relativ weiche Bänke aus Mergelkalken sind von der Verwitterung stärker angegriffen und neigen zu Hohlkehlenbildung. Dagegen sind die hochwiderständigen Horizonte weniger aufgearbeitet. Sie bilden Vorsprünge und Überhänge (vgl. ACKERMANN 1953, S. 69; 1958, S. 217). Zudem können Steinschlagrinnen die Felswand so zergliedern, daß einzelne Partien vorspringen. Die kleinen Felsen (Hangleisten, Schichtköpfe) treten einerseits in der Nachbarschaft der Felswände auf und verlieren sich schließlich im Hangschutt, andererseits stellen sie auch selbständige Formenelemente dar.

In der Regel kommen die über 3 m hohen Felsformen oberhalb von Hangrutschungen vor, z.B. an der Iburg und der Schönen Aussicht. Auch Felsen von geringer Höhe (Felsleisten, Schichtköpfe) liegen teilweise oberhalb von Abrutschmassen mit festem Gesteinskern. Daher darf für die hier aufgezählten Vorkommen ein Zusammenhang zwischen den Rutschungsformen und der Felsbildung angenommen werden. Die Absitzschollen haben erst die Voraussetzung für die Felsbildung geschaffen. Das Alter der Abrutschmassen kann deshalb Aufschluß über die Entstehung der Felsformen geben. Insgesamt können die Rutschungserscheinungen, auf die im folgenden noch eingegangen wird, als holozäne Bildungen aus unterschiedlichen Phasen (meist prähistorisch) gedeutet werden.

Da die Rutschungen innerhalb des Arbeitsgebietes unter rezenten Klimabedingungen weitgehend konsolidiert sind, findet heute keine Fels-Neubildung statt, vielmehr herrscht eine Tendenz zur Destruktion der Felsformen vor. Die Wandverwitterung greift besonders die mürben und dünnbankigen Horizonte des Wellenkalks an, so daß in diesen Schichten Hohlkehlen gebildet werden. Scherbiges Material bröckelt ständig von der Wand. Unter den Felsen können besonders im Frühjahr zahlreiche frische Muschelkalkscherben beobachtet werden, die durch Frosteinwirkungen aus der Wand gewittert sind. Der Verwitterungsprozeß dauert das ganze Jahr über an (vgl. MORTENSEN und HÖVERMANN 1956, S. 153). Neben der Congelifraktion in den Tauwetterperioden spielt auch die Insolationsverwitterung heute eine gewisse Rolle. An warmen, trockenen Sommertagen kann man gelegentlich das Herabfallen kleiner Gesteinsbrokken von den unbewachsenen Felswänden hören (vgl. auch DÜRR 1970, S. 17). Der Verwitterungsschutt sammelt sich unterhalb der Wand zu einer rd. 30° geneigten, oberflächlich labilen Halde aus Kalkscherben von meist 2 - 10 cm Durchmesser. Größere Brocken sind Ausnahmen. Die Schutthalde staut sich auf der obersten Absitzscholle und reicht von dort hangaufwärts bis zur Felswand. So kommt es proportional zu der allmählichen Aufhöhung der Halde zur Erniedrigung der Wand. Der Abtransport des Verwitterungsschutts erfolgt unter rezenten Klimabedingungen nur mangelhaft (vgl. AHNERT 1954, S. 64), so daß aus der andauernden Aufhöhung der Schutthalde die Tendenz zum Versinken der Felsen im eigenen Schutt ersichtlich wird. Die von SUCHEL (1951, S.

85 - 88) im Hilsgebiet angenomene Felsneubildung durch Exhumierung von Vorzeitformen kann bei dem Mißverhältnis zwischen Schuttanlieferung und Abtransport an den Wellenkalkfelsen der Driburger Platte nicht bestätigt werden. Holozän-rezente Felsbildung verkörpern lediglich einige Felsnischen im Bereich der Bollerwien- und Katzohlquelle bei Bad Driburg. Diese Stellen zeigen große Formenfrische und sind auch unter rezenten Bedingungen noch Arbeitsformen.

Die unter den Oberbegriff "Rutschungsformen" zusammengefaßten Bewegungen betreffen nicht nur die Abtragung durch Rutschungen und das Abstürzen von Gesteinsblöcken, sondern auch Fließungen in Tonsteinen des Röt ("Erdgletscher") (vgl. ACKERMANN 1959, S. 193). Während bei den Rutsch- und Gleitvorgängen das Gefüge der Absitzschollen weitgehend erhalten bleibt, stellt das Fließen eine mit Strukturänderungen verbundene Materialbewegung dar (vgl. KARRENBERG 1963, S. 12 f.).

Als Folge des Absitzvorgangs entsteht in der Regel eine Vollform, zu der hangaufwärts eine Hohlform gehört. Je nach Formenfrische, Materialbeschaffenheit und Entfernung von der Abrißwand kann eine Entwicklungsreihe aufgestellt werden, in der die nahe der Abrißwand befindlichen Mauerschollen mit zugehöriger schluchtartiger Hohlform das jüngste Glied darstellen. Wall- und Rückenschollen mit bergwärtigen Gräben und Mulden verkörpern schon reifere Formen mit abgerundeten Oberflächen. Die Absitzschollen an der Driburger Platte entsprechen in ihrem Habitus meist den zuletzt genannten Formen. Darüber hinaus kommen in stark aufgearbeiteten breiähnlichen Rötgesteinen auch Fließerscheinungen (Erdgletscher) in Zungen- und Wulstform vor.

Der Iburghang wird durch eine Vielzahl von abgerutschten Schollen gegliedert. Er ist dadurch vor allem an der Nord- und Ostseite zu einem Buckelhang umgeformt. Die vorzugsweise Ausbildung subrezenter Massenverlagerungen an nord- und ostexponierten Hängen ist auch von ACKERMANN (1959, S. 206) beschrieben worden. Es handelt sich an der Iburg um mehrere Staffeln von Wall- und Rückenschollen, die einen festen Gesteinskern aus Wellenkalk besitzen und von den heute noch rd. 4 - 7 m hohen Felswänden an der Iburg-Trauf stammen. Diese älteren Abrutschphasen (vgl. ACKERMANN 1959, S. 207) zuzurechnenden Absitzstaffeln sind mit Schutt von zum Teil mehreren Dezimetern Mächtigkeit umhüllt, so daß der Wellenkalk-Kern nur selten zu beobachten ist. Bei der Anlage eines Wander- und Forstweges unterhalb der Iburg waren vor einigen Jahren mehrere Rutschungsformen oberflächennah aufgeschlossen. Unter einer lockeren Schuttschicht von Steinschlagmaterial befanden sich zerrüttete Wellenkalkschichten mit insgesamt bergwärtigem Einfallen der Horizonte. Daraus kann eine leichte antithetische Rotation der Schollen abgeleitet werden. Die Hohlformen zwischen Abrißwand (Oolithfelsen an der Iburg) und jetziger Lage der Massen sind durch lockeren Schutt teilweise verfüllt worden. Die unteren Absitzstaffeln zwischen den Iburgfelsen und der Umgehungsstraße sind noch stärker abgeflacht. Diese Formen zeigen praktisch keine rezente Weiterbildung. Die ehemaligen Hohlformen sind überwiegend durch Schutt verfüllt und dadurch nahezu ausgeglichen worden. Sie können nach diesen Merkmalen der "älteren Generation subrezenter Massenverlagerungen" (ACKERMANN 1959, S. 210) zugerechnet werden.

Die hier beschriebenen abgerutschten Muschelkalkmassen lassen sich in einzelnen Rücken in nordöst-

Tab. 3: Rutschungsformen an den Schichtstufenhängen

Lokalität	Schichtenfolge	Hangexposition	Mauerschollen	Wall- und Rückenschollen	Felsbildungen oberhalb der Abrutschschollen
Gerkenberg	so/mu	E, NE	x	x	x
Klusenberg	so/mu	E, NE		x	
Weiße Mauer	so/mu	SE	x	x	x
Iburg	so/mu	SE, E, NE		x	

licher Richtung auch jenseits der neuen Umgehungsstraße verfolgen. Hier sind die Konturen der Formen jedoch noch stärker ausgeglichen, so daß diese Generation älter sein dürfte als die zwischen Iburg und Straße gelegene.

Natürliche rezente Verlagerungen wurden an der Iburg nicht beobachtet. Der Hang steht jedoch nur unter einem labilen Gleichgewicht, das bei künstlichen Eingriffen leicht gestört wird, so daß eine Wiederbelebung der z.Z. inaktiven Rutschungserscheinungen vorkommen kann. Ein Beispiel zeigt die während des Baus der Umgehungsstraße angelegte Einschnittstrecke für den "Neuen Sachsenring" (südöstlich der Iburg). Der 1966 vorgenommene Aushub von maximal 3 m Tiefe löste hangaufwärts eine großflächige halbkreisförmige Rutschfließung von etwa 50 m Länge und 40 m Breite aus. An den Abrißstellen wurden Versatzbeträge von rd. 2 m erreicht. Hangparallele Spalten von maximal 1,80 m Tiefe und einer klaffenden Breite von 0,30 m waren noch einige Jahre danach oberhalb der Abrißnischen deutlich ausgebildet. Der hangabwärts fließende Brei aus Rötmergeln mit einzelnen Muschelkalktrümmern schob einen neuangelegten Wegeinschnitt wieder zu und wölbte sich als Schuttwulst noch weiter talwärts vor. Die an den Abrissen in rd. 300 m ü.NN sichtbaren gelben Dolomite und rötlichen Mergeltone gehören zu den Grenzhorizonten zwischen Röt und Muschelkalk. Sie entstammen einer heute in etwa 320 m Höhe gelegenen alten Abrutschmasse. Von der durch den Wegeinschnitt verursachten Rutschfließung wurden fast ausschließlich die weichplastischen Rötschichten erfaßt, während die Muschelkalkmassen im Hangenden der alten Abrutschscholle standhielten.

Durch den künstlichen Einschnitt entstand ein Unterschneidungseffekt. Daraus resultierte eine lokale Hangübersteilung, die zu einer Störung des Hanggleichgewichts führte, so daß die bergseitigen Rötschichten teilweise abgleiten konnten. Gefördert wurde die Verlagerung der oberflächennahen Röthorizonte durch Grundwasserbewegungen, die besonders nach reichlichen Niederschlägen zu einer Wassersättigung der obersten Rötschichten führen. Die dadurch verursachte Quellung und gesteigerte Plastizität der Rötmergeltone schafft einen Brei, der bei übersteilten Böschungen zum "Ausbruch" neigt. Diese Faktoren dürften auch die anthropogen bedingten Rutschfließungen am "Neuen Sachsenring" wesentlich verursacht haben (TASCH 1967, S. 2 f.; STEINFELD 1968, S. 39). Die durch die Straßenbaumaßnahmen hervorgerufene Hanginstabilität zeigten auch mehrere bis zu 5 m tiefe Spalten an, die im November 1970 plötzlich in der neuen bereits asphaltierten Umgehungsstraße am nördlichen Iburghang auftraten.

An der Schönen Aussicht liegt etwa 30 m unterhalb der Abrißwand (Felsen) nur wenig jenseits der Röt-Muschelkalk-Grenze der sog. Ziegenknüll, eine rd. 8 m hohe Scholle, die als abgerutschtes Felswand-Teilstück anzusehen ist. Es handelt sich um eine pyramidenförmige Mauerscholle nach der Klassifikation von KIRBIS (1950, S. 27). Auf Grund der guten Formenfrische und der vergleichsweise hohen Lage am Hang ist sie der historischen Generation subrezenter Massenverlagerungen (ACKERMANN 1959, S. 206 - 210) zuzurechnen. Im Gegensatz zu den übrigen Abrutschschollen des Untersuchungsgebiets ist diese Mauerscholle kaum mit einem Mantel aus Verwitterungsschutt bedeckt, was als deutlicher Hinweis auf das geringe Alter dieser Form gewertet werden kann (vgl. MORTENSEN und HÖVERMANN 1956, S. 6).

Trotz der auffälligen Hangmodellierung darf die Rolle der Rutschmassen im gesamten Abtragungsprozeß nicht überbewertet werden. Eine Rückverlegung der Trauf ist durch die Massenverlagerungen zwar lokal geschehen, jedoch führt der mangelhafte Abtransport des Materials am Unterhang unter rezenten Klimabedingungen nicht zu einer Neubelebung der Abtragungsvorgänge. Vielmehr findet durch die subrezente bis rezente Schuttzufuhr und Aufbereitung der Schollen eine allmähliche Hangverflachung und Verwischung der ehemaligen Formen statt. Die Rutschungen sind heute weitgehend konsolidiert und stellen Ruheformen dar, die als Relikte früherer holozäner Klimaphasen anzusehen sind, als Niederschlagszunahme bzw. Verdunstungsabnahme (z.B. "Kleine Einheit", vgl. SCHWARZBACH 1961, S. 179) günstigere Voraussetzungen für das Absitzen der Schollen schufen.

Insgesamt spiegeln die hier beschriebenen Erscheinungen an der Driburger Platte sowohl petrographische Gegebenheiten als auch klimatische Kräfte wider. Die Verzahnung tertiärer, pleistozäner und holozäner Phänomene weist auf eine Genese in mehreren Reliefgenerationen hin.

5. Literatur

ACKERMANN, E. (1955): Zur Unterscheidung glazialer und postglazialer Fließerden. In: Geol. Rundschau 43, S. 328-341.

ACKERMANN, E. (1959): Der Abtragungsmechanismus bei Massenverlagerungen an der Wellenkalk-Schichtstufe. In: Zeitschrift für Geomorph., N.F. 3, S. 193-226, S. 283-304.

AHNERT, F. (1954): Zur Frage der rückschreitenden Denudation und des dynamischen Gleichgewichts bei morphologischen Vorgängen. In: Erdkunde 8, S. 61-64.

BÜDEL, J. (1950): Die Klimaphasen der Würmeiszeit. In: Die Naturwissensch. 37, S. 438-449.

DÜRR, E. (1970): Kalkalpine Sturzhalden und Sturzschuttbildung in den westlichen Dolomiten (Tübinger Geogr. Stud. 37).

GÖEDEKE, R. (1966): Die Oberflächenformen des Elm (Göttinger Geogr. Abh. 35).

HEMPEL, L. (1955): Studien über Verwitterung und Formenbildung im Muschelkalkgestein (Göttinger Geogr. Abh. 18).

JAHN, A. (1967): Some features of mass-movement on Spitsbergen slopes. In: Geogr. Ann. Stockholm 49 A, S. 213-225.

KARRENBERG, H./H. KÜHN-VELTEN/H. SCHELLHORN/G. SCHANDLER/R. WALTERS (1963): Geologische und bodenmechanische Ursachen von Rutschungen, Gleitungen und Bodenfließen (Forschb. d. Lds. Nordrh.-Westf. Nr. 1138). Köln-Opladen.

KIRBIS, G. (1950): Beiträge zur Morphologie der Goburg (Göttinger Geogr. Arb. 5).

MORTENSEN, H. (1964): Eine einfache Methode der Messung der Hangabtragung unter Wald und einige damit gewonnene Ergebnisse. In: Zeitsch. f. Geomorph., N.F. 8, S. 212-222.

MORTENSEN, H./J. HÖVERMANN (1956): Der Bergrutsch an der Mackenröder Spitze bei Göttingen. In: 1er rapport de la Commission pour l'étude des versants. Amsterdam, S. 149-155.

MÜLLER, G. (1983): Naturpark Eggegebirge und südlicher Teutoburger Wald. Freizeit- und Naturschutzfunktionen. In: HEINEBERG, H./A. MAYR (Hrsg.): Exkursionen in Westfalen und angrenzenden Regionen. Festschrift zum 44. Deutschen Geographentag in Münster 1983, Teil II (Münstersche Geographische Arbeiten 16). Paderborn, S. 249-256.

PHILIPPSON, A. (1931): Grundzüge der allgemeinen Geographie. Leipzig.

POSER, H./J. HÖVERMANN (1952): Beiträge zur morphometrischen und morphologischen Schotteranalyse. In: Abh. Braunschw. Wiss. Ges. 4, S. 12-36.

ROHDENBURG, H. (1965): Die Muschelkalk-Schichtstufe am Ostrand des Sollings und Bramwaldes (Göttinger Geogr. Abh. 33)

SCHMID, J. (1955): Der Bodenfrost als morphologischer Faktor. Heidelberg.

SCHUNKE, E. (1968): Die Schichtstufenhänge im Leine-Weser-Bergland in Abhängigkeit vom geologischen Bau und Klima (Göttinger Geogr. Abh. 43).

SCHWARZBACH, M. (1950): Das Klima der Vorzeit. Eine Einführung in die Paläoklimatologie (2.Aufl.). Stuttgart.

SPÖNEMANN, J. (1966): Geomorphologische Untersuchungen an Schichtkämmen des Niedersächsischen Berglandes (Göttinger Geogr. Abh. 36).

STEINFELD, K. (Sachbearbeiter MEENEN und SEMPF) (1968): Zusätzliche bautechnische Baugrunduntersuchungen für den Neubau der Umgehungsstraße Bad Driburg B 64 (Manuskript im Landesstraßenbauamt Detmold). Hamburg.

STILLE, H. (1935): Geologische Karte von Preußen und benachbarten deutschen Ländern, Lieferung 296, Erläuterungen zu Blatt Driburg (2.Aufl.).

SUCHEL, A. (1954): Studien zur quartären Morphologie des Hilsgebietes (Göttinger Geogr. Abh. 17).

TASCH, K.H. (1967): Gutachten für die zu verlegenden Forstwege "Schwaneyer Weg" und "Neuer Sachsenring" im Zuge des Neubaus der Umgehungsstraße Bad Driburg, B. 64 (Manuskript im Landesstraßenbauamt Detmold). Wattenscheid.

WOLDSTEDT, P. (1958): Eine neue Kurve der Würmeiszeit. In: Eiszeitalter und Gegenwart 9, S. 151-154.

Anschrift des Verfassers:

Dr. Gerhard Müller

Universität-GH Paderborn

Fachbereich 1, Geographie

Warburger Straße 100

D - 4790 Paderborn

Aus:

Ekkehart Köhler und Norbert Wein (Hrsg.):

NATUR- UND KULTURRÄUME.

Ludwig Hempel zum 65. Geburtstag.

Paderborn: Ferdinand Schöningh 1987.

= Münstersche Geographische Arbeiten 27.

Ernst Burrichter und Richard Pott

Zur spät- und nacheiszeitlichen Entwicklungsgeschichte von Auenablagerungen im Ahse-Tal bei Soest (Hellwegbörde)

1. Einleitung

Bei Abgrabungen im Bereich der Ahse-Talaue südlich von Östinghausen am Nordrand der Lößbörde von Soest wurde ein 2,40 Meter umfassendes Torfprofil freigelegt, das von einer Lehmschicht überlagert und an drei Stellen durch verschieden mächtige, horizontal liegende Mergel- und Tonschichten unterbrochen war. Die oberen Sedimentschichten zeigten eine auffällige Anreicherung mehr oder weniger gut erhaltener Schneckenschalen.

Mit Hilfe pollenanalytischer Untersuchungen und der Erstellung eines Pollendiagramms, das erstmalig für Westfalen auch spätglaziale Vegetationsfolgen mit unmittelbarem Anschluß an die nacheiszeitliche Wiederbewaldung aufzeigt, war es möglich, die Torfbildungsvorgänge in der Ahse-Aue zu erfassen und chronologisch einzustufen. Die jeweiligen Phasen der Sedimentation von Auenlehmen im Torfprofil konnten dabei den entsprechenden pollenfloristischen Zonen zugeordnet und genau datiert werden.

LUDWIG HEMPEL hat seit vielen Jahren Bildungsphänomene spätglazialer und holozäner Auensedimente erarbeitet und geklärt (HEMPEL 1956, 1957, 1962, 1976).

2. Die naturräumliche Situation im Umfeld des Moores

Niedermoorbildungen sind in den Talräumen des Hellweges nicht selten; so finden sich über den würmkaltzeitlichen Lößablagerungen im Wassereinzugsgebiet der Lippe und ihres Nebenflusses, der Ahse, zahlreiche lokale Moore, die oft von mächtigen Lößlehmbecken überlagert sind (vgl. BURRICHTER 1957; MÜLLER-WILLE 1966). Das untersuchte Moor im Östinghausener Flachwellenland zeigt folgenden stratigraphischen Aufbau:

Moorprofil Östinghausen; subfossile Lagerung; Moorprofil von einer 40 cm mächtigen Lehmschicht (Kulturboden) überdeckt

0 - 55 cm	Bruchwaldtorf
56 - 90 cm	tonig-mergelige Schicht mit Torfbändern; in den unteren Lagen zahlreiche Schneckenschalen (*Bithynia tentaculata, Radix ovata, Bathyomphalus contortus, Zonitoides nitidens*[1])
91 - 190 cm	Niedermoortorf mit Holzresten
191 - 196 cm	blau gefärbte Tonschicht (Lettenton)
197 - 210 cm	Niedermoortorf mit Tonbeimengungen
211 - 240 cm	Niedermoortorf mit Resten von Sumpfpflanzen, markant abgesetzt gegen tonigen Untergrund

Für die lokale Bildung des Moores im Mittleren Subarktikum dürften sowohl das präglazial angelegte Relief des Haarstranges mit seinen Rumpfflächen und Hohlformen (vgl. HEMPEL 1957, 1962a, 1962b), wie auch die Eisrandlage der saalekaltzeitlichen Binnenvereisung Westfalens von Bedeutung gewesen sein. Westlich orientierte Fließrichtungen von Lippe, Ahse und anderen Bächen an der Nordabdachung des Hellweges markieren noch heute das alte, strukturbedingte Urstromtal des ehemaligen Lippesystems. Hier liegen außerdem neben saalekaltzeitlichen Grundmoränenresten lokale Endmoränen, die als Hangleisten bzw. kleinräumige Verflachungen in den Lößlandschaften ausgebildet sind (HEMPEL 1957, 1976). Wegen der geringen Reliefenergie des Geländes (Schichteneinfall 2-3°) ist eine natürliche Lößschichtenbildung als Form der Bodenerosion in diesem Gebiet nicht zu erwarten (HEMPEL 1976). Umfangreiche Bodenabtragungs- und Umlagerungsvorgänge haben nach archäologischen und bodenkundlichen Untersuchungen (vgl. GÜNTHER 1976) erst mit der mensch-

1) Für die Bestimmung der Schnecken danken wir Herrn Prof. Dr. HERBERT ANT (Münster) ganz herzlich.

lichen Besiedlung dieser Lößbörden in neolithisch-bandkeramischen Perioden begonnen und stellenweise ein beträchtliches Ausmaß erreicht.

Die abgelagerten Auenlehme und -tone sind zusätzlich mit schluffig-feinsandigen Fraktionen angereichert; als Materiallieferanten dienten dabei offensichtlich die pleistozänen Geschiebe- und Moränendecken am Nordrand des Hellweges. Vielleicht stellen auch die Lößdecken solche Nährgebiete für Auenlehmbildungen dar (s. auch MENSCHING 1951; THIERMANN 1970; HEMPEL 1972). Die Entstehungszeit dieser Alluvionen im Holozän ist vielfach noch nicht genügend geklärt. Im benachbarten Leine- und Wesergebiet wurden nach LÜTTIG (1960) die meisten Auenlehme ohne anthropogene Einwirkungen im Jüngeren Atlantikum abgelagert, danach folgten weitere Sedimentationsperioden nach den Waldrodungen zu Beginn des frühen Mittelalters. Für die Soestbach-Aue bei Hattrop (Kr. Soest) konnte BURRICHTER (1957) den Beginn der Sedimentation als frühatlantisch datieren.

3. Die Pollenanalyse und ihre Ergebnisse

Die Torfproben für die Pollenanalyse wurden an einer abgebaggerten Profilwand zusammenhängend entnommen und nach der üblichen Acetolyse-Methode aufbereitet. Stark kalkhaltige Proben mußten zusätzlich mit verdünnter Salzsäure behandelt werden. Der Pollengehalt war bis auf wenige Proben aus den basalen und den oberen Schichten des Profils äusserst gering, so daß vor allem bei den Proben des Jüngeren Subarktikums und des Präboreals teilweise mehr als 20 Präparate durchgezählt werden mußten, um eine Gesamtsumme von c. 500 Pollen zu erhalten. Proben mit etwas reicherem Pollengehalt wurden dagegen bis auf 1.000 Pollen und mehr ausgezählt (s. Pollendiagramm, Abb. 1).

Die Prozentwerte für die gesamten Pollen- und Sporenspektren im Diagramm beziehen sich auf die jeweilige Baumpollensumme und nicht - wie für das Spätglazial üblich - auf die Gesamtpollensumme unter Ausschluß der Sumpf- und Wasserpflanzen sowie der Sporen.

3.1 Die chronozonale Einordnung der Vegetationsfolgen

Vergleicht man die einzelnen Pollen- und Sporenkurven im vorliegenden Diagramm (Abb. 1) mit Pollendiagrammen aus den Geestlandschaften Nordwestdeutschlands, so lassen sich z.T. erhebliche Abweichungen feststellen. Auffallend ist vor allem die absolute Dominanz der Kiefer vom Jüngeren Alleröd bis zum Beginn des Atlantikums, ein Phänomen, das für diese Perioden mehr auf vegetationsräumliche Beziehungen zum subkontinentalen Osten und Süden Mitteleuropas hinweist (vgl. FIRBAS 1949; JANSSEN 1974; BRANDE 1980; CASTEL 1984 u.a.), als auf den Vegetationscharakter Nordwestdeutschlands. Gegenüber den hohen Kiefernwerten sind die Birkenanteile zwangsläufig gering, und so ist die für Nordwestdeutschland typische Birken-Kiefernphase des Jüngeren Allerölds (IIIb) hier nahezu als reine Kiefernphase ausgebildet. Die Strauchvegetation des Spätglazials zeichnet sich, wahrscheinlich auf Grund der nährstoffreichen Böden in den Hellwegbörden, durch relativ hohe Anteile an Zwergweiden (*Salix*) aus. Ähnlich hohe Werte finden sich auch in den Pollendiagrammen des Niederrheinischen Tieflandes bei REHAGEN (1964). Demgegenüber treten die weniger anspruchsvollen *Ericales* mit überwiegender Krähenbeere (*Empetrum*) in den Hintergrund. Bemerkenswert sind ferner die abschnittsweise stark angereicherten Pollen und Sporen von Krautarten, die vornehmlich zu den eutraphenten Sumpfpflanzen der Aue gezählt werden müssen, wie Schachtelhalm (*Equisetum*), Rohrkolben (*Typha*), Dotterblume (*Caltha*), Sumpffarn (*Thelypteris*), Frauenfarn (*Athyrium*), Mädesüß (*Filipendula*) sowie Arten der Doldenblütler (*Umbelliferae*) und Hahnenfußgewächse (*Ranunculaceae*). Die Werte der *Sphagnum*-Sporen gehen dagegen, soweit sie überhaupt in den einzelnen Proben vorhanden sind, nicht über 3,5 Prozent hinaus. Diese Pollen- und Sporenkombinationen deuten somit für die Gesamtfolge des Moorwachstums auf ausgesprochen nährstoffreiche Zustände der Aue hin.

So zeigt das vorliegende Torfprofil (Abb. 1) aus dem Lößgebiet der Hellwegbörden ein offenbar naturräumlich bedingtes, von den Sandgebieten Nordwestdeutschlands abweichendes Vegetationsmuster in den verschiedenen spät- und nacheiszeitlichen Epochen. Ablagerungen aus der älteren Tundrenzeit fehlen leider; vereinzelte Hinweise auf hochglaziale Kältesteppen mit hohen Anteilen an Silberwurz (*Dryas octopetala*), Zwergbirken und Zwergweiden (vgl. FRENZEL 1959, 1967) geben für Westfalen bisher nur die von KRAMM & MÜLLER (1978) palynologisch aufgearbeiteten Terrassenablagerungen der Ems bei Münster. Nach intensiven Periglazialprozessen mit Solifluktion, Flottsand- und Lößablagerungen zu Beginn des Spätglazials dringen teilweise kontinentale Elemente in die waldlosen Tundren vor. Malako-

---

Das Pollendiagramm (Abb.1) ist der Festschrift lose beigefügt.

faunistische Untersuchungen von ANT (1963) aus dem benachbarten Ahsetal bei Hamm zeigen vergleichbare Phänomene hinsichtlich der Schneckenfauna der Lößbörden.

Weitere Klimabesserungen zwischen 10500 und 10000 v. Chr. in der Älteren Parktundrenzeit (Bölling-Interstadial) bedingen einen Vorstoß von Baum-Birken nach Nordwestdeutschland (s. u.a. OVERBECK 1975; USINGER 1985).

Eine intensivere Birkenausbreitung mit gleichzeitiger Einwanderung der Kiefer vollzieht sich im anschließenden *Mittleren Subarktikum* (Alleröd, ca. 10000 bis 8800 v. Chr.). Zu Beginn dieser Zeit, in der ersten Hälfte des 10. Jahrhunderts v. Chr., setzt die Moorbildung in der Ahse-Talaue bei Soest ein. Kennzeichnend im vorliegenden Pollendiagramm ist für den älteren Abschnitt des Alleröds die Dominanz der Birken gegenüber der Kiefer. Kältesteppen-Elemente wie Beifuß (*Artemisia*), Wiesenraute (*Thalictrum*), Sonnenröschen (*Helianthemum*), Fingerkraut (*Potentilla*), Ampferarten (*Rumex*), Moosfarn (*Selaginella selaginoides*) und vereinzelt auch Grasnelke (*Armeria*), Himmelsleiter (*Polemonium*) sowie der Gegenblättrige Steinbrech (*Saxifraga oppositifolia*) als Schuttbesiedler finden zunächst in den lichten Birken-Kiefernwäldern oder an offenen Stellen noch hinreichende Lebensbedingungen vor, nehmen aber mit ansteigender Kiefernverbreitung und zunehmendem Schlußgrad der Waldvegetation allmählich ab. Die gleichen Tendenzen zeigen sich bei den lichtbedürftigen Strauch- und Zwergstraucharten mit überwiegenden Anteilen der spalierwüchsigen Gletscherweiden (*Salix*) und des Wacholders (*Juniperus*). Weniger frequentiert sind dagegen die beiden Meeresträubchen-Arten (*Ephedra distachya* u. *E. fragilis*) sowie der Sanddorn (*Hippophae*), der nur noch in der älteren Phase des Alleröds auftritt, dann aber ausbleibt.

Die jüngere Phase des Alleröds ist vegetationsgeschichtlich durch Kiefern-Birkenwälder mit absoluter Vorherrschaft der Kiefer und geringen Birkenanteilen gekennzeichnet. Unter dem stärker schattenspendenden Schirm der Kiefern nehmen die heliophytischen Kältesteppen-Arten sowie die Gräser und *Cyperaceen* rapide ab (vgl. auch BEHRE 1966; JANSSEN 1974; v. GEEL, de LANGE & WIEGERS 1984; USINGER 1985 u.a.). Darüber hinaus wirkt sich für immergrüne Heliophyten die sommer- und winterliche Dauerbeschattung durch die Kiefer besonders nachteilig aus. Sie erleiden starke Einbußen oder verschwinden sogar, wie im vorliegenden Fall der Wacholder.

Mit einem schwachen Abfall der Kiefernkurve und erneutem Anstieg der lichtliebenden Kraut- und Straucharten am Ende des Alleröds wird das *Jüngere Subarktikum* (ca. 8800-8100 v. Chr.) eingeleitet, das auf Grund klimatischer Ungunst wieder zu einer stärkeren Auflichtung der Wälder führt. Es kommt zur Ausbildung einer Parklandschaft mit mehr oder weniger großem Anteil an Waldkomponenten, in denen die Kiefer ihre führende Rolle beibehält oder zum Teil noch steigert. Als Folge der Auflichtung können sich viele heliophytische Steppenelemente (*Artemisia, Thalictrum, Potentilla, Rumex, Chenopodiaceae, Selaginella*) und andere lichtbedürftige Arten erneut ausbreiten. Unter den Sträuchern nehmen die Weidenarten seit dem Ausgang des Alleröds wieder eine beherrschende Rolle ein, und der Wacholder tritt zum ersten Mal mit zunehmenden Frequenzen in Erscheinung. Sein Pollenniederschlag ist abklingend noch bis in die erste Hälfte des Präboreals hinein zu verfolgen. Besonders charakteristisch für das Subarktikum verläuft die *Ericales*-Kurve, die sich überwiegend aus Pollenwerten der Krähenbeere (*Empetrum*) zusammensetzt. Obwohl signifikant ausgebildet, sind die Pollenfrequenzen der *Ericales* gegenüber denen der sandigen Geestlandschaften (v.d. HAMMEN 1951; BEHRE 1966; USINGER 1985 u.a.) jedoch sehr gering. Ein ähnliches Phänomen stellt JANSSEN (1974) beim Vergleich der Süd-Niederlande mit den Geestlandschaften der Drenthe fest und führt es ebenfalls auf edaphische Faktoren zurück.

Das nachfolgende *Präboreal* (ca. 8100-7000), mit dem die Postglazialzeit beginnt, wird allgemein als eine Zeit der Klimabesserung angesehen (FIRBAS 1949; JANSSEN 1974; OVERBECK 1975), die zur endgültigen Bewaldung Mitteleuropas führt. Als pollenfloristisches Leitniveau für den Beginn des Präboreals wird die Zunahme der Baumpollen und die gleichzeitige Abnahme der Nichtbaumpollen gewertet. Typisch für das vorliegende Diagramm ist zudem der plötzliche Anstieg von *Filipendula ulmaria* (Abb. 1), die nach IVERSEN (1954) als Klimaindikator für Warmphasen des Spät- und frühen Postglazials gewertet werden kann sowie der gleichzeitige Abfall der *Ericales*-, *Artemisia*-, *Thalictrum*- und *Chenopodium*-Kurven. Nach diesem kurzfristigen Rückgang steigen die Pollenwerte einiger Heliophyten (*Gramineae, Artemisia, Juniperus, Thalictrum*, vgl. Abb. 1, Proben 37-39) im Frühboreal vorübergehend wieder an. Das könnte auf einen schwachen Kälterückschlag zurückzuführen und vielleicht mit der von ZOLLER (1960) postulierten Piottino-Schwankung zu konnektieren sein (s. auch BEHRE 1966).

In die präborealen Kiefern-Birkenwälder der Börden, in denen die Kiefer dominiert und gegen Ausgang der Periode nahezu Reinbestände bildet, dringt mit weiterer Klimabesserung zu Beginn des *Boreals* (7000-6000 v. Chr.) die Hasel (*Corylus*) ein. Sie gewinnt zunächst wenig, dann aber zunehmend an Raum und dürfte als relativ lichtliebender Strauch in Waldlichtungen, die durch natürlichen Abgang der Holzarten, Windwurf etc. immer wieder neu entstehen, besonders angereichert gewesen sein. Der natürliche, ungenutzte Wald bietet mit seinem räumlichen Mosaik von Lichtungs-, Pionier-, Optimal- und Alterungsphasen lichtliebenden Arten stets bessere Wachstumsmöglichkeiten als unsere einförmigen Wirtschaftswälder mit gleichaltrigen Beständen. So läßt sich auch erklären, daß sich verschiedene Steppenelemente des Spätglazials selbst bei nahezu ausschließlicher Dominanz der Kiefer in den präborealen und borealen Wäldern über Jahrtausende halten konnten (Abb. 1).

Im Jungboreal dringen von Süden und Südosten her die Laubgehölze des Eichenmischwaldes in die haselreichen Kiefernwälder der Börden vor. Mit einem Steilanstieg der Erlen- und einem markanten Rückgang der Kiefernkurve beginnt das *Atlantikum* (ca. 6000-3200 v. Chr.). Kennzeichnend für diesen vegetationsgeschichtlichen Abschnitt ist der totale Wandel in der Holzartenkombination der Wälder, die nunmehr als Eichenmischwälder aus Eiche, Linde, Ulme, Esche und Ahorn gebildet werden. Im Gebiet der Westfälischen Lößbörden ist der Eichenmischwald zumindest während der älteren Periode des Atlantikums durch Lindenreichtum gekennzeichnet (vgl. PFAFFENBERG 1933; STALLING 1983; KRAMM 1980). Die sumpfigen Auen der niederen Börden werden dagegen von Erlenwäldern eingenommen, welche in den wasserzügigen Randgebieten vermutlich von *Alno- Ulmion*-ähnlichen Hartholzauen und auf trockeneren Standorten von Eichen-Auenwäldern abgelöst werden.

Diese mehr oder weniger zonale Anordnung der Auenwälder erfährt zwangsläufig durch Schwankungen der örtlichen Feuchtigkeitsverhältnisse räumliche Verlagerungen auf Kosten der einen und zugunsten der anderen Waldtypen. Solche Schwankungen dürften im vorliegenden Pollendiagramm dem gleichzeitigen Abfall der Ulmen- und Lindenkurve zugrunde liegen; denn synchron mit dem Rückgang von Ulmen- und Lindenspektren fällt auch die Erlenkurve ab, die Eichen- und Eschenkurven (*Quercus* und *Fraxinus*) steigen dagegen an. Das deutet auf eine vorübergehende Einengung der nässe- und feuchtigkeitsliebenden Weich- und Hartholzauen mit Erle (*Alnus*), Ulme (*Ulmus*) und Linde (*Tilia*) zugunsten des trockeneren Eichen-Auenwaldes unter Beteiligung der Esche hin. Die vier letzten Proben des Pollendiagramms (Nr. 1-4) zeigen erneut eine rückläufige Entwicklung mit Feuchtigkeitszunahme bzw. Versumpfung in der örtlichen Auenlandschaft an.

Die zeitweilige Abnahme der Linden- und Ulmenspektren kann somit auf lokale Faktoren zurückgeführt werden und ist offensichtlich nicht mit dem gemeinhin bekannten Ulmenfall zu Beginn des Subboreals gleichzusetzen. Solche säkulären Schwankungen der Ulmen- und Lindenwerte vor dem eigentlichen Ulmenfall sind auch aus anderen Gebieten Nordwestdeutschlands bekannt (POTT 1982; SCHWAAR 1983; WIERMANN & SCHULZE 1986). Sie beginnen bereits nach dem frühatlantischen Anstieg dieser Baumarten in der ersten Hälfte oder um die Mitte des 5. Jahrhunderts v. Chr. (nach WIERMANN & SCHULZE im Vorland des Wiehengebirges um 4730 und nach POTT im südöstlichen Teutoburger Wald um 4640 v. Chr.). Ob dem gleiche oder je nach der naturräumlichen Gesamtsituation unterschiedliche Ursachen zugrunde liegen, muß offen bleiben. Im vorliegenden Pollendiagramm zeigt sich eine zeitliche Koinzidenz mit dem Beginn der Getreidekurve und anderer Siedlungsanzeiger (*Plantago, Rumex, Artemisia, Chenopodium*) aus den örtlichen bandkeramischen Kulturen der ersten Hälfte des 5. Jahrtausends, die nach NARR (1983) gerade im Bördenraum von Werl-Soest eine ausgesprochen starke Konzentration von Siedlungsfunden aufweisen.

Weitere Hinweise auf diese Zeitstellung liefert der Anfang der geschlossenen Buchenkurve, der nach TRAUTMANN (1957) und POTT (1982, 1985) im benachbarten Bergland der Egge sowie des Teutoburger Waldes um die Mitte des 5. Jahrtausends v. Chr. einsetzt und im Wiehengebirge nach WIERMANN & SCHULZE (1986) sogar bis in dessen Beginn (ca. 4900) zurückreicht. Auch im vorliegenden Pollendiagramm dürfte der Anfang der geschlossenen Buchenkurve in die Zeit des beginnenden 5. Jahrtausends v. Chr. fallen.

Die Beendigung des Moorwachstums durch Überlagerung mit der abschließenden Auenlehmdecke ist nach diesen pollenfloristisch-chronologischen Befunden in der zweiten Hälfte des Atlantikums, etwa zu Beginn des 4. Jahrtausends v. Chr., erfolgt. Als Ursache der Auenlehmüberlagerung kann eine stärkere Wasserführung und Sedimentation der Ahse angenommen werden, worauf die pollenanalytisch faßbare Vernässungszunahme in der Aue hindeutet (u.a. Erlenkurve). Andererseits sind anthropogen initiierte Erosionsvorgänge, die mit der Siedlungstätigkeit der Bandkeramiker im Zusammenhang stehen, nicht auszuschließen, so daß beide Vorgänge zusammen vermutlich zur verstärkten Sedimentation und zum Abbruch des Moorwachstums beigetragen haben.

3.2 Die organischen Ablagerungen und ihre Vegetation

Großrestuntersuchungen der Auentorfe stehen noch aus, daher kann hier nur von Seiten des Pollenniederschlags auf die moorbildende Vegetation geschlossen werden. Sie zeigt im Vergleich zu Stillgewässern keine gesetzmäßige Folge von Verlandungssukzessionen. Die spezifische Auensituation und die Auswirkungen der Klimaschwankungen verhindern solche ungestörten Entwicklungsvorgänge. In einer weiträumigen Talaue mit geringem Gefälle wird die natürliche Verlandungsfolge immer wieder durch zeitlich wechselnde Wasserführung, durch Mäanderbildungen oder ständig sich verlagernde Rinnsale sowie durch Abriegelung von Stillwasserbereichen und Bildung von Tümpeln gestört. Dieser Wechsel der lokalen Standortsbedingungen zieht je nach Situation pro- oder regressive Sukzessionen nach sich, und somit ergibt sich zwangsläufig ein zeitlich und räumlich wechselndes Vegetationsmosaik.

Im vorliegenden Pollendiagramm treten die Wasserpflanzen der Gattungen *Myriophyllum* und *Potamogeton* zwar verstärkt und akkumuliert in Schichten des Spät- und frühen Postglazials auf, sie sind aber auch in Ablagerungen des Atlantikums präsent. Das gilt abgesehen von *Nymphaea*, die erst im Altboreal erscheint, auch für *Nuphar* und die Wasserhahnenfuß-Arten des Subgenus *Batrachium*. Ähnliche Tendenzen, jedoch mit zeitweilig stärkerer Akkumulation im Subarktikum oder im frühen Präboreal zeigen die Sumpfpflanzen *Caltha*, *Equisetum* und *Typha*. Mit Ausnahme der meisten Farne, die auf organisches Substrat bzw. Schattenwirkung durch Auengebüsche oder -wälder angewiesen sind, zeigen fast alle Krautarten deutliche Pollenanreicherungen in der unteren Hälfte des Diagramms. Sie nehmen im Boreal ab[2] und steigen im Atlantikum wieder leicht an. Bei den Arten der Familien *Gramineae*, *Cyperaceae*, *Cruciferae*, *Ranunculaceae*, *Umbelliferae*, *Caryophyllaceae*, *Labiatae* und *Rubiaceae* kommt das besonders signifikant zum Ausdruck. Ihre Pollenspektren weisen Parallelen zu den Pollenkurven der Sumpfpflanzen auf. Überwiegend dürfte es sich dabei um nässe- und nährstoffliebende Arten handeln, wie sie in rezenten Röhrichten oder in *Calthion*- und *Filipendulion*-Gesellschaften verbreitet sind. Verschiedene bestimmbare Arten der Gattungen dieser Familien, die im Rahmen dieser Arbeit nicht im einzelnen aufgeführt sind, weisen darauf hin.

2) Der boreale Rückgang ist zum Teil optisch durch die Sedimentlücken im Pollendiagramm bedingt, zum Teil aber auch real durch die Auenlehmbildungen, die Wachstums- und Entwicklungsvorgänge der Vegetation zeitweilig unterbrechen und verändern.

3.3 Die mineralischen Ablagerungen

Das Profil der Auenablagerungen ist durch einen markanten Wechsel von überwiegend organischem Material und drei dazwischen gelagerten mineralischen Sedimentschichten sowie durch eine abschließende Deckschicht gekennzeichnet. Die Sedimente bestehen vorwiegend aus tonig-schluffigem Material mit mehr oder weniger großem Gehalt an Feinsandfraktionen. Ihr Anteil an organischer Substanz ist gering und der Pollengehalt so unbedeutend, daß auf eine Auszählung verzichtet werden mußte. Im Pollendiagramm erscheinen sie daher, ihren maßstabsgerechten Mächtigkeiten entsprechend, als Lücken. Neben diesen ausgeprägten Sedimentschichten sind aber auch die Torfe mehr oder minder mineralisch angereichert. Nur unbedeutende Sedimentanteile enthalten lediglich die Torflager des Jüngeren Präboreals (Nr. 29-36) und des Jüngeren Atlantikums (Nr. 5-12).

Die einzelnen Sedimentschichten sind generell als Auenlehme anzusprechen, sie weisen aber dennoch Unterschiede in der Substanz- und Korngrößenzusammensetzung auf. Über Material, Mächtigkeiten und Zeitstellung dieser Schichten gibt Tabelle 1 Auskunft.

Tab. 1: Material, Mächtigkeiten und Zeitstellung der einzelnen Sedimentschichten in der Ahse-Talaue

Lage im Profil	Mächtigkeit	Material	Zeitabschnitt	Sed.-Beginn
Deckschicht	40 cm	Lehm	Jüng. Atlantikum	ca. 4000 v.Chr.
Obere Zwischenschicht	10 cm	mergel. Ton-Lehm	Jüng. Boreal	ca. 6200 v.Chr.
Mittl. Zwischenschicht	18 cm	mergel. Ton-Lehm	mittl. Boreal	ca. 6400 v.Chr.
Untere Zwischenschicht	5 cm	Ton	Jüng. Alleröd	ca. 9200 v.Chr.

Bemerkenswert für die mittlere und obere Zwischenschicht ist die eingangs erwähnte Anreicherung von Schneckenschalen, die ausschließlich Arten aus dem amphibischen Bereich stehender oder schwach fliessender Gewässer aufweist. Es sind *Bithynia tentaculata* (Sumpfdeckelschnecke), *Radix ovata* (Schlammschnecke), *Bathyomphalus contortus* (Tellerschnecke) und *Zonitoides nitidens*. Landmollusken, die von den benachbarten Hängen auf das wachsende Moor gespült sein könnten, waren dagegen nicht aufzufinden. Diese Anhäufung limnischer Mollusken spricht entweder für autochthone Habitate innerhalb der vermoorten Talaue oder für umgelagertes, akkumuliertes Schnekkenmaterial aus der Fracht von episodischen Hochfluten, wobei die Schnecken aus Altwasserbereichen der Ahse oder aus dem Urstromtal der Lippe stammen könnten.

Die mineralischen Sedimente selbst sind allochthone Ablagerungen, und die unterschiedliche Materialzusammensetzung der einzelnen Schichten - nur die mittlere und obere Zwischenschicht sind einheitlich - deuten auf verschiedene Herkünfte hin. Ob diese Schichten als synchrone Bildungen die gesamte Talaue einnehmen oder ob sie jeweils nur als lokale Sedimentlinsen von geringräumiger Ausdehnung abgelagert worden sind, entzieht sich unserer Kenntnis. Im ersteren Falle müßten umfangreichere Überflutungen und stärkere Verfrachtungen vorausgesetzt werden als im letzteren. Auf außergewöhnlich niederschlagsreiche Perioden von längerer Dauer, die mit den einzelnen Sedimentationszeiten in Zusammenhang gebracht werden könnten, lassen die Pollenanalysen nicht schließen. Nur unmittelbar vor der abschliessenden Überlehmung und Schwemmlößbildung läßt sich eine Feuchtigkeitszunahme in der Ahseaue feststellen.

4. Zusammenfassung

Von einer Lehmschicht überdeckte Auenablagerungen im Ahse-Tal bei Soest enthalten Niedermoor- und dazwischen gelagerte, mineralische Sedimentschichten. Anhand von pollenanalytischen Untersuchungen der Niedermoortorfe wurde die regionale und lokale Vegetationsentwicklung aufgezeigt und pollenfloristisch datiert. Sie umfaßt die spät- und postglazialen Vegetationsfolgen vom Beginn des Alleröds bis zum Jüngeren Atlantikum und zeigt als Bördentyp ein naturräumlich bedingtes, von den sandigen Geestlandschaften Nordwestdeutschlands abweichendes Vegetationsmuster. Durch die pollenfloristische Datierung konnte zugleich eine chronologische Einordnung der mineralischen Schichten vorgenommen werden. Ihre Sedimentationszeiten liegen im Jüngeren Alleröd, im Mittleren und Jüngeren Boreal, und die Bildung der abschließenden Lehmdecke beginnt im Jüngeren Atlantikum.

5. Literatur

ANT, H. (1963: Die würm-periglaziale Molluskenfauna des Lippe- und Ahse-Tales bei Hamm. In: N.Jb. Geol. Paläont. 2, S. 77-86. Stuttgart.

BEHRE, K.-E. (1966): Untersuchungen zur spätglazialen und frühpostglazialen Vegetationsgeschichte Ostfrieslands. In: Eiszeitalter und Gegenwart 17, S. 69-84. öhringen.

BRANDE, A. (1980): Pollenanalytische Untersuchungen im Spätglazial und frühen Postglazial Berlins. In: Verh. Bot. Ver. Prov. Brandenburg 115, S. 21-72. Berlin.

BURRICHTER, E. (1957): Was sagen uns die aufgedeckten Torflager in der Soestbachaue bei Hattrop, Krs. Soest? In: Heimatkalender des Kr. Soest, S. 16-19. Soest.

CASTEL, J.Y. (1984): Untersuchungen zur spätglazialen und holozänen Vegetationsgeschichte im Bereich der äußeren Jungmoräne der Bad Waldsee (Baden-Württemberg, BRD). In: Flora 175, S. 91-101. Jena.

FIRBAS, F. (1949): Waldgeschichte Mitteleuropas. Bd. 1. 480 S. Jena.

FRENZEL, B. (1959): Die Vegetations- und Landschaftszonen Nord-Eurasiens während der letzten Eiszeit und während de postglazialen Wärmezeit. In: I. Teil Abhandl. d. Akad. d. Wissensch. und d. Lit. math.-nat. Kl. 13, S. 937-1.099. Mainz.

FRENZEL, B. (1967): Die Klimaschwankungen des Eiszeitalters. 291 S. Braunschweig.

GEEL, B. van/L. de LANGE/J. WIEGERS (1984): Reconstruction and interpretation of the local vegetational sucession of an Lateglacial deposit from Usselo (The Netherlands), based on the analysis of Micro- and Macrofossils. In: Acta Bot. Neerl. 33, 4, S. 535-546. Amsterdam.

GÜNTHER, K. (1976): Die jungsteinzeitliche Siedlung Deiringsen/Ruploh in der Soester Börde. Bodenaltertümer Westfalens 16. 69 S. Münster.

HAMMEN, Th. v.d. (1951): Late glacial flora and periglacial phenomena in the Netherlands. In: Leidse Geol. Medend. 17, S. 71-183. Leiden.

HEMPEL, L. (1957): Flächenformen und Flächenbildung in der Stufenlandschaft. In: Petermanns Geograph. Mitt. 101, S. 178-184. Gotha.

HEMPEL, L. (1962a): Pleistozäne Pseudorumpfflächen am Haarstrang. In: N.Jb. Palänont., S. 83-89. Stuttgart.

HEMPEL, L. (1962b): Das Großrelief am Südrand der Westfälischen Bucht und im Nordsauerland. Spieker 12. Münster.

HEMPEL, L. (1972): Morphographie und Morphogenese des Landes Nordrhein-Westfalen und angrenzender Gebiete. 2. Aufl., 179 S. Münster.

HEMPEL, L. (1976): Nordwestdeutschland - Reliefformen, Reliefgenese, Reliefräume. 1. Aufl., 232 S. Münster.

IVERSEN, J. (1954): The Late-Glacial Flora of Denmark and its relation to climate and soil. In: Denm. Geol. Unders. 80, S. 87-119. Kopenhagen.

JANSSEN, C.R. (1974): Verkenningen in de Palynologie. 176 S. Utrecht.

KRAMM, E. (1980): Die Entwicklung der Wälder Westfalens nach der letzten Eiszeit. In: Natur u. Landschaftsk. Westf. 16, 4, S. 97-104. Hamm.

KRAMM, E./H.M. MÜLLER (1978): Weichselzeitliche Torfe aus den Ems-Terrassen bei Münster (Westf.). In: Eiszeitalter u. Gegenwart 28, S. 39-44. öhringen.

LÜTTIG, G. (1960): Zur Gliederung des Auenlehms im Flußgebiet der Weser. In: Eiszeitalter u. Gegenwart 11, S. 39-50. öhringen.

MENSCHING, H. (1951): Die Entstehung der Auenlehmdecken in Nordwestdeutschland. In: Proc. 3. intern. Congr. Sedimentol., S. 193-210. Groningen-Wageningen.

MÜLLER-WILLE, W. (1966): Bodenplastik und Naturräume Westfalens (Spieker 14, 302 S.). Münster.

NARR, K.J. (1983): Die Steinzeit. In: KOHL, W.: Westfälische Geschichte 1, S. 82-111. Düsseldorf.

OVERBECK, F. (1975): Botanisch-geologische Moorkunde. 719 S. Münster.

PFAFFENBERG, K. (1933): Stratigraphische und pollenanalytische Untersuchungen in einigen Mooren nördlich des Wiehengebirges. In: Jahrb. Preuß. Geol. Landesanstalt 34, S. 160-193. Hannover.

POTT, R. (1982): Das Naturschutzgebiet "Hiddeser Bent - Donoper Teich" in vegetationsgeschichtlicher und pflanzensoziologischer Sicht. Abhandl. Westf. Mus. f. Naturk. 44, 3, 108 S. Münster.

POTT, R. (1985): Beiträge zur Wald- und Siedlungsentwicklung des westfälischen Berg- und Hügellandes auf Grund neuer pollenanalytischer Untersuchungen. In: Siedlung u. Landschaft in Westfalen 17, S. 1-37. Münster.

REHAGEN, H.W. (1964): Zur spät- und postglazialen Vegetationsgeschichte des Niederrheingebietes und Westmünsterlandes. In: Fortschr. Geol. Rheinl. u. Westf. 12, S. 55-96. Krefeld.

SCHWAAR, J. (1983): Spät- und postglaziale Vegetationsstrukturen im oberen Wümmetal bei Tostedt (Kreis Harburg). In: Jb. Naturw. Verein Fstm. Lüneburg 36, S. 139-166. Lüneburg.

STALLING, H. (1983): Untersuchungen zur nacheiszeitlichen Waldgeschichte des Meißners (Nordhessen). In: Flora 174, S. 357-376. Jena.

THIERMANN, A. (1970): Geologische Karte von Nordrhein-Westfalen 1 : 25 000, Erläuterungen zu Blatt 3711 Bevergern. 120 S. Krefeld.

TRAUTMANN, W. (1957): Natürliche Waldgesellschaften und nacheiszeitliche Waldgeschichte des Eggegebirges. In: Mitt. Flor.-soz. AG, N.F. 6/7, S. 276-2986. Stolzenau.

USINGER, H. (1985): Pollenstratigraphische, vegetations- und klimageschichtliche Gliederung des "Bölling-Alleröd-Komplexes" in Schleswig-Holstein und ihre Bedeutung für die Spätglazial-Stratigraphie in benachbarten Gebieten. In: Flora 177, S. 1-43. Jena.

WIERMANN, R./D. SCHULZE (1986): Pollenanalytische Untersuchungen im Großen Torfmoor bei Nettelstedt (Kreis Minden-Lübbecke) - Ein Beitrag zur Vegetations- und Siedlungsgeschichte im Vorland des Wiehengebirges. In: Abhandl. Westf. Mus. f. Naturk. 48, 2/3, S. 481-495. Münster.

ZOLLER, H. (1960): Pollenanalytische Untersuchungen zur Vegetationsgeschichte der insubrischen Schweiz. In: Denkschr. Schweiz. naturforsch. Ges. 83, 2, S. 45-156.

Anschriften der Verfasser:

Prof. Dr. Erich Burrichter
Langeworth 73
D - 4400 Münster

Prof. Dr. Richard Pott
Universität Hannover
Institut für Geobotanik
Nienburger Straße 17
D - 3000 Hannover 1

Aus:

Ekkehart Köhler und Norbert Wein (Hrsg.):

NATUR- UND KULTURRÄUME.
Ludwig Hempel zum 65. Geburtstag.

Paderborn: Ferdinand Schöningh 1987.
= Münstersche Geographische Arbeiten 27.

Ingrid Henning

Klima und Vegetation

Ein Beitrag zur Klimaklassifikation

1. Einführung

Seit Erscheinen der Vegetationskarte von GRISEBACH (1866) und der durch sie angeregten Klimaklassifikation von KÖPPEN (1900) hat das Thema nicht an Aktualität verloren. Das liegt vor allem daran, daß dem Kernproblem einer effektiven Klimaklassifikation, der quantitativen Erfassung der klimatischen Feuchte, nur schwer beizukommen ist. Prinzipiell besteht Einigkeit darüber, daß sich der Feuchteterm aus einer Gegenüberstellung von Wassereinnahme und Wasserausgabe der Oberfläche ermitteln läßt. Als Wassereinnahmegröße wird bei einer Klassifizierung der Klimate ausschließlich der Niederschlag herangezogen und als Wasserausgabeterm eine Größe, für die - wie wenig bekannt zu sein scheint - BRÜCKNER (1900) den Begriff potentielle Verdunstung wie folgt einführte: "So groß die Bedeutung der Verdunstung für das Klima eines Ortes ist, so wenig ist doch dieses Element bisher behandelt worden und das aus gutem Grund: es gibt kein einheitliches Maß, mit dem wir die Verdunstung messen, ja sogar der Begriff ... ist zweideutig. Streng zu unterscheiden ist zwischen der Evaporationskraft des Klimas, d.h. der Fähigkeit der Luft, Wasser zu verdampfen - ich möchte dafür den Ausdruck potentielle Verdunstung anwenden -, und der wirklichen oder absoluten Verdunstung, die außer von der Evaporationskraft auch von dem der Verdunstung zugänglichen Wasservorrat abhängt. Alle Beobachtungen, die an meteorologischen Stationen ausgeführt worden sind, beziehen sich einzig auf die Evaporationskraft des Klimas, auf die potentielle Verdunstung, ebenso die Versuche, die Verdunstung aus anderen meteorologischen Elementen zu berechnen" (S. 90).

Basierend auf den von RUSSELL (1888) publizierten Meß- und Rechenwerten der Verdunstung freier Wasserflächen, hat der Botaniker TRANSEAU (1905) für Nordamerika in einer richtungweisenden Studie die Abhängigkeit der Vegetation von dem Quotienten der mittleren Jahressummen von Niederschlag und potentieller Verdunstung aufgezeigt. Dieser Quotient ist als Transeau-Verhältnis in die Literatur eingegangen. Auch in Rußland ist zur gleichen Zeit in dieser Richtung gearbeitet worden, zunächst am Beispiel der Steppen, nachfolgend ganz allgemein zur Erforschung der Gesetzmäßigkeiten der Aufeinanderfolge der Landschaftszonen, und es stellt sich die Frage, warum die seit jener Zeit in so großer Zahl erarbeiteten vegetationsbezogenen Klimaklassifikationen diesem Grundprinzip der Feuchtezonierung nicht gefolgt sind. Dazu schreibt KÖPPEN (1917): "Es wäre aber wichtig genug, auch die mögliche Verdunstung einer bekannten feuchten Fläche ... in das Klimabild tunlichst vieler Örtlichkeiten in vergleichbarer Weise einzufügen. Dem steht gegenwärtig nicht nur die geringe Verbreitung, sondern auch die Verschiedenheit der Verdunstungsmesser und ihrer Aufstellung im Wege. Die letztere wird sich ... wohl nie genügend beheben lassen" (S. 49).

KÖPPEN sollte recht behalten: Noch heute erscheinen uns die Ergebnisse semiempirischer Verfahren zur Verdunstungsabschätzung im allgemeinen zuverlässiger als Meßwerte, zumal nach etwa einem Jahrhundert des Experimentierens mit einer Vielzahl von Formeln und Ansätzen in dem Konzept PENMANs (1948, 1956) eine physikalisch gut fundierte, allgemein anerkannte Methode zur Bestimmung der potentiellen Landverdunstung gefunden wurde. Das bedeutet nicht, den seinerzeit von PENMAN vorgeschlagenen Parameterisierungen in jeder Einzelheit zu folgen. Insbesondere ist man hinsichtlich der Ermittlung der Nettostrahlung bei der Anwendung des PENMAN-Konzepts völlig frei. Untersuchungen von D. HENNING haben ergeben, daß sich für erdumspannende Betrachtungen die - leicht modifizierte - Approximation der Nettostrahlung nach ALBRECHT (1962, 1965) besser bewährt als die entsprechenden Abschätzungen von PENMAN und BUDYKO (1963). Speziell wurde das ALBRECHT-Verfahren dahingehend erweitert, daß mit räumlich und zeitlich (von Monat zu Monat) wechselnden Werten der Oberflächen-Albedo gearbeitet wurde, was einen wichtigen Schritt zur realistischen Berücksichtigung der Oberfläche - der Bezugsfläche bei jeder konventionellen klimatologischen Betrachtung - darstellt. Mittlere Jahreswerte der so errechneten potentiellen Landverdunstung sind auf Kontinentkarten dargestellt (HENNING 1980, 1984).

Mit diesem neuen Zahlenmaterial erscheint es sehr reizvoll, das alte Thema einer globalen vegetationsbezogenen Klimaklassifikation erneut anzugehen, was hier auf den Teilaspekt einer durch das Transeau-Verhältnis definierten Feuchtezonierung, dargestellt für einen repräsentativen Erdausschnitt, beschränkt bleiben soll. Vom Testgebiet wird verlangt, daß eine Vielzahl von Vegetationszonen nach einheitlicher Methode kartiert ist; die Vegetationskarte sollte als eine Übersichtskarte existieren, die jedoch noch so ausreichend topographische Angaben enthält, daß die herangezogenen meteorologischen Stationen eindeutig den dargestellten Vegetationseinheiten zugeordnet werden können. Eine solche Karte enthält der von BARANOV (1969) herausgegebene Atlas der UdSSR im Maßstab 1 : 17 Millionen. Diese Vegetationskarte wird nachfolgend als "oben angeführte (o.a.) Atlaskarte" zitiert. Zur Berücksichtigung globaler Aspekte dient ergänzend der Atlas zur Biogeographie von SCHMITHÜSEN (1976). Das klassische Land der Zonenlehre als Testgebiet auszuwählen, erscheint auch insofern günstig, als die kartierten Vegetationseinheiten stationsweise auf ihren zonalen Charakter überprüft werden müssen und die Literatur gerade für diesen Erdraum entsprechend zweckdienliche Informationen liefert. Besonders hilfreich sind diesbezüglich die zusammenfassenden geographischen Werke von BERG (1958, 1959) und seinem Schüler SUSLOV (1961) sowie die Vegetationsmonographie von WALTER (1974).

Für die Analyse stehen Daten von knapp 300 meteorologischen Stationen zur Verfügung, bei denen es sich ausschließlich um Stationen mit einem umfangreichen Beobachtungsprogramm handelt, da für die Verdunstungsberechnung Meßwerte folgender Klimaelemente benötigt werden: Lufttemperatur, relative Luftfeuchtigkeit, Dampfdruck, relative Sonnenscheindauer bzw. Grad der Bedeckung des Himmels mit Wolken, Windgeschwindigkeit und Luftdruck. Meteorologische Stationen dieses Typs sind zwar nicht gleichmäßig über das Gebiet der Sowjetunion verteilt, doch werden alle Vegetationszonen durch das Netz verfügbarer Stationen erfaßt, und da sich das Makroklima nur allmählich ändert, besteht auch die Möglichkeit der linearen Interpolation zwischen den Stationswerten.

2. Das Trockengebiet

Zum Ausgangspunkt dieser Betrachtung ist das Trokkengebiet gewählt worden, über dessen Ausdehnung allerdings uneinheitliche Angaben vorliegen. KÖPPENs Grenze zwischen Trockenklima und Regenklima stimmt im wesentlichen mit der Feuchtgrenze der auf der o.a. Atlaskarte als typische Grassteppe kartierten Vegetationseinheit überein (vorausgesetzt, daß man fairerweise KÖPPENs Originalkarte heranzieht). V. WISSMANN zählt hingegen auch noch die Waldsteppenzone zum Trockengebiet, was insofern gerechtfertigt ist, als in dieser auf zonalem Standort Grassteppe wächst und der Wald nach BERG (1958, S. 296) nur noch inselhaft auftritt. V. WISSMANNs Grenze zwischen Trocken- und Feuchtklima fällt daher im wesentlichen mit der Feuchtgrenze der auf der o.a. Atlaskarte als "Wiesensteppe und versteppte Wiesen (Waldsteppe)" kartierten Vegetationseinheit zusammen. Die feuchteste Station in der Grassteppe hat ein Transeau-Verhältnis von 0.69; innerhalb der Wiesensteppe treten Werte zwischen 0.70 und 0.90 auf, so daß sich das Transeau-Verhältnis von 0.7 sowie dasjenige von 0.9 für die hydroklimatologische Differenzierung anbieten.

KÖPPEN und v. WISSMANN nehmen eine Zweiteilung des Trockengebietsklimas vor, indem sie dem trockneren Bereich die Bezeichnung Wüstenklima und dem feuchteren die Bezeichnung Steppenklima bzw. Waldsteppen- und Steppenklima zuordnen. Die Grenze zwischen den beiden Teilregionen tritt auch auf allen Vegetationskarten in etwa gleicher Position auf. Dieses Zusammentreffen ist insofern nicht selbstverständlich, als KÖPPEN sein Trockengebietsklima ja einfach per Definition halbierte; es offenbart aber, daß sich sowohl Klima als auch Vegetation in zonaler Sicht gleichmäßig und nur allmählich ändern. Die Zuordnung der Stationen zu den Vegetationseinheiten der o.a. Atlaskarte führt zu dem Ergebnis, daß die feuchteste Station in der trockeneren Teilregion ein Transeau-Verhältnis von 0.18 aufweist, die trockenste Station der feuchteren Teilregion ein solches von 0.22. Damit bietet sich das Transeau-Verhältnis von 0.2 zwanglos als ein weiterer hydroklimatischer Grenzwert an.

KÖPPEN war der Hinweis wichtig, daß die ausgedehnte Region seines Wüstenklimas noch untergliedert werden muß. Diesbezüglich bieten sich die Begriffe Vollwüsten- und Halbwüstenklima und folgende Überlegungen zur gegenseitigen Abgrenzung an: Die charakteristische Vegetation der Wüste ist die Strauchformation, diejenige der Steppe die Grasformation. Zwischen beiden Formationen existiert natürlich nicht eine scharfe Grenze, sondern der Übergang von der einen zur anderen findet allmählich statt. Dieser Übergangsbereich befindet sich beidseitig der Isolinie des Transeau-Verhältnisses von 0.2. Auf der trockenen Seite dieser Übergangszone (im o.a. Wüstenklima) haben Sträucher gegenüber den Steppengräsern das Übergewicht, auf der feuchten (im o.a. Steppenklima) ist das Umgekehrte der Fall; das Klima der trockeneren Zone kann man daher als Gras-Strauchklima (Halbwüstenklima) kennzeichnen, dasjenige der feuchteren Zone als Strauch-Grasklima (Strauchsteppenklima; leider hat sich der von POPOV eingeführte Begriff der Halbsteppe, zit. aus BERG, nicht eingebürgert). Die hydroklimatologische Abgrenzung anhand des Transeau-Verhältnisses erweist sich jedoch nicht so einfach wie im Falle der beiden großen Regionen des Trockengebietes. Innerhalb der Zone des Wüstenklimas entsprechend KÖPPEN und v. WISSMANN zeigt die o.a. Atlaskarte drei Einheiten: die Saxual- und Strauchwüste - hier liegt das Transeau-Verhältnis zwischen 0.07 und 0.14 -, die Ephemeren-Artemisien- und Salzpflanzenwüste - mit einem typischen Transeau-Verhältnis von 0.17 - sowie die Artemisien-Halophytenwüste - mit einem Transeau-Verhältnis von 0.08-0.18. Ein hilfesuchender Blick auf die ebenfalls vegetationsorientierte Klimakarte von TROLL führt nicht weiter, da der Notwendigkeit der Differenzierung durch die Eintragung der Bezeichnungen Halbwüsten- und Wüstenklima zwar Rechnung getragen, diese jedoch nicht voneinander getrennt dargestellt wurden. Anhand einer Vegetationskarte allein ist eine derartige Differenzierung auch gar nicht möglich; denn die kartierten Einheiten sind ganz offensichtlich an edaphische Gegebenheiten gebunden. Die Analyse der zonalen Standorte, insbesondere anhand der Werke von KOROVIN und SUSLOV, ermöglicht jedoch die Herausarbeitung einer Voll- und einer Halbwüstenzone, die einander in einem Gebiet ablösen, in welchem Stationen mit Werten des Transeau-Verhältnisses zwischen 0.09 und 0.11 liegen. Die Wahl des Transeau-Verhältnisses von 0.1 als weiteren Grenzwertes zur hydroklimatischen Differenzierung erscheint damit wohl begründet.

Man muß erwarten, daß sich die Übergangszone zwischen Strauchwüste und Grassteppe ebenso weit in den Feuchtebereich des Steppenklimas hinein erstreckt wie in denjenigen des Wüstenklimas, also um etwa eine Zehntelstufe des Transeau-Verhältnisses, so daß dem nördlichen Teilbereich Werte des Transeau-Verhältnisses zwischen 0.2 und 0.3 zuzuordnen wären. Von der feuchten Seite her läßt sich dieser Grenzwert bestätigen, da die trockenste Station der Grassteppe ein Transeau-Verhältnis von 0.31 aufweist. Von der anderen Seite her ist die Situation weniger klar. Hier finden sich nämlich zwei durch Artemisien typisierte Steppenzonen (als nördliche und südliche Einheiten gekennzeichnet; BERG nennt sie Wüstensteppen), die sich jedoch anhand des Transeau-Verhältnisses nicht voneinander trennen lassen und Werte zwischen 0.22 und 0.40 bzw. 0.41 aufweisen, also im feuchteren Bereich die Grassteppenzone überlagern. Dazu muß angemerkt werden, daß die Gattung Artemisia allgemein wenig hilfreich für die Herausarbeitung von Klimazonen ist. Die Rekonstruktion des natürlichen Verbreitungsgebietes der Artemisien dürfte im altbesiedelten Eurasien gar nicht möglich sein, haben diese Sträucher doch in Nordamerika seit 1600 nachweislich ihr Areal infolge anthropogener Einflüsse etwa verdoppelt. Dieses mag ein Grund dafür sein, daß auf den Vegetationskarten von SCHMITHÜSEN Artemisien für die Benennung der Vegetationszonen in der Sowjetunion gar nicht herangezogen werden, obwohl die Legende eine Artemisien-Trockensteppe enthält, die in anderen Regionen auch kartiert ist. Man vergleiche hierzu auch eine Diskussionsbemerkung von RATHJENS in HENNING (1972). Beiläufig sei angemerkt, daß der durch SCHIMPER geförderte Halbwüstenbegriff (vgl. 1908, S. 658) für die Klimageographie nicht akzeptabel ist; auf der o.a. Atlaskarte ist dieser Begriff nämlich den beiden Einheiten der Artemisiensteppen hinzugefügt worden, allerdings in Klammern. Im Vorliegenden wird jenen Botanikern gefolgt, die das Auftreten der Steppengräser in den Vordergrund der Differenzierung stellen.

In der Zone der Grassteppen der o.a. Atlaskarte liegen Stationen mit einem Transeau-Verhältnis von 0.31 bis 0.69. Dieser Feuchtebereich wird hier schematisch zweigeteilt, so daß das Transeau-Verhältnis von 0.5 als Grenze zwischen dem trockeneren und dem feuchteren Teilbereich des Grassteppenklimas (gebräuchliche Kurzformen: Trocken- bzw. Feuchtsteppenklima) angesetzt wird. Ein Test anhand der auf der Vegetationskarte von Kasachstan dargestellten Einheiten (GVOSDEZKI aus WALTER 1974, S. 238) bestätigt die geeignete Wahl dieses Grenzwertes; seine Eignung für das europäische Steppengebiet wird durch Hinweise bei BERG belegt.

3. Die Waldgebiete in Osteuropa und Westsibirien

In der ausgedehnten borealen Waldzone liegen in Osteuropa Stationen mit einem Transeau-Verhältnis von 1.04 bis 1.47. Die auf der o.a. Atlaskarte einander in nordsüdlicher Richtung ablösenden Einheiten (nördliche, mittlere und südliche Taiga) unterscheiden sich anhand des Transeau-Verhältnisses prinzipiell nicht voneinander, so daß eine Feuchtedifferenzierung der borealen Zone nicht sinnvoll ist. An diese Zone schließt sich nach Süden eine Laub- und Nadelmischwaldzone an, die per Definition zwischen dem nördlichsten Vorkommen der Stieleiche (außerhalb der Täler) und dem südlichsten der Fichte gelegen ist. Mit Stationswerten des Transeau-Verhältnisses zwischen 0.94 und 1.34 ergibt sich einerseits ein großer diesbezüglicher Überlappungsbereich mit der borealen Waldzone, andererseits ein direkter Anschluß an die Feuchtezone des Waldsteppenklimas. Der letztgenannte Befund bestätigt die Auffassung jener Forscher, die die Ausbildung einer eigenständigen Laubwaldzone in Osteuropa in Abrede stellen und das südlichste Vorkommen der Fichte zugleich als Nordgrenze der Waldsteppe definieren.

Andere Autoren fassen die südliche Mischwaldzone und die nördliche Waldsteppenzone zur Laubwaldzone zusammen oder interpretieren nur die letztere als Laubwaldzone. Die unterschiedlichen Kartierungen resultieren aus der Schwierigkeit der Rekonstruktion der natürlichen Vegetation in diesem alten Kulturland. Die Zuordnung der Stationswerte des Transeau-Verhältnisses zu den auf der o.a. Atlaskarte getrennt ausgewiesenen Laubwaldgebieten zeigt mit Werten zwischen 0.69 und 1.04 deren Zugehörigkeit zum gesamten Feuchtebereich der Waldsteppenzone sowie zu jenem Teil der Laub-Nadelmischwaldzone an, der sich der Feuchtekennziffer nach an die Taigazone anschließt. Im trockeneren Süden sind auf der o.a. Atlaskarte Inseln mit breitblättrigem Laubwald im Steppengebiet kartiert, im feuchteren Norden hingegen Steppeninseln im Laubwaldgebiet. Die Grenze zwischen beiden fällt etwa mit der Linie gleichen Transeau-Verhältnisses von 0.9 zusammen. Dieser Wert zeigt damit die hydroklimatische Trockengrenze des Breitlaubwaldes an. Mit Blick auf die westlichen Nachbarländer läßt sich feststellen, daß in diesem Grenzbereich der mitteleuropäische Laubwald infolge unterschiedlicher hygrischer Ansprüche seiner Komponenten allmählich verarmt: Rotbuchen erreichen ihre klimatisch bedingte Trockengrenze zuerst, Eichen die ihrige zuletzt. Die Anordnung der hydroklimatischen zusammen mit derjenigen der thermischen Zonen macht es verständlich, daß der Laubwald in Osteuropa infolge geschwächter Wettbewerbsfähigkeit nur noch eine bescheidene Rolle spielt.

Als Wert für die Trockengrenze des zonalen Waldlandes findet das genannte Transeau-Verhältnis auch in Westsibirien seine Bestätigung, wo die breitblättrigen Laubwälder fehlen und die Taigazone direkt an die Steppenzone angrenzt. Tobolsk, noch deutlich im Borealwald gelegen, weist mit einem Transeau-Verhältnis von 0.97 den kleinsten Stationswert in der westsibirischen Taiga auf. Bezeichnenderweise gibt es jedoch keinen zonalen Kontakt zwischen Fichtenwald und Steppe; denn im klimatologisch definierten Trockengrenzbereich der Fichte (Transeau-Verhältnis ca. 0.9, vgl. auch die Werte für die Südgrenze des osteuropäischen Mischwaldes) findet eine Verarmung des Borealwaldes statt. Aus der Arealkarte der dominanten Baumarten von SUKACHEV (aus SUSLOV 1961, S. 38) geht hervor, daß südlich von Tobolsk zuerst die Trockengrenze der Tanne, weiter südlich diejenige der Fichte, dann die der Lärche und zuletzt diejenige der Arve angetroffen werden; die Waldkiefer erstreckt sich auf Sandstandorten wie in Osteuropa weit in die Steppenzone hinein. Interessant ist nun außerdem das Verhalten von Birke und Espe. Im Waldklima sind diese nicht wettbewerbsfähig und spielen nur die Rolle von Vorhölzern. Von der südlichsten Taiga berichtet SUSLOV hingegen, daß die Koniferen so langsam wachsen, daß sie die Birken nicht ersetzen können. Birke und Espe treten daher in dem Maße hervor, wie die Wachstumskraft der Koniferen nachläßt, sie bilden die kartierte Vegetationseinheit der Vortaiga und lösen sich südwärts in parkartige Haine auf, d.h., sie bilden die Borealwaldvertreter in der Waldsteppenzone. Die hier gelegenen Stationen zeigen mit einem Transeau-Verhältnis von 0.79 bzw. 0.80 das entsprechende Hydroklima sehr schön an.

4. Hat die boreale Zone das von KÖPPEN postulierte Schnee-Wald-Klima?

Bezüglich des Schneeklimas ist diese Frage zu bejahen, wozu ein Blick auf die Karte der mittleren Anzahl der Tage mit Schneedecke (LYDOLPH 1977, Fig. 9-44) ausreicht. Ob es sich jedoch auch um ein Waldklima handelt, kann hingegen nicht einheitlich beantwortet werden. Wie zuvor dargelegt, besteht in Osteuropa und Westsibirien Übereinstimmung zwischen Waldklima und Waldland. In den Einzugsgebieten von Lena, Jana, Indigirka und Kolyma geht das Transeau-Verhältnis jedoch unter den oben herausgearbeiteten klimatologisch definierten Trockengrenzwert des Waldes zurück, und zwar lokal bis auf 0.36, einen Wert des Trockensteppenklimas. Bereits 1929 schreibt ABOLIN: "Fast ganz Zentraljakutien müßte, ähnlich der zentralasiatischen Hochfläche, auf Boden- und Vegetationskarten als Steppe oder möglicherweise als Halbwüste eingezeichnet werden, wenn wir nicht dort die ewige Gefrornis als außergewöhnlich wichtigen Naturfaktor hätten" (zit. aus BERG 1958, S. 101).

Ein Geoökosystem mit wasserstauendem Permafrost darf allerdings für eine hydroklimatische Differenzierung nicht herangezogen werden; doch fehlt es auch innerhalb der Permafrostzone nicht an klimaanzeigenden Vegetationseinheiten. Steppen werden in Sibirien noch bei 68°N angetroffen. Aus dem Anabar-

Gebiet (ca. aus 70°N) hebt WALTER (1974, S. 87) betont hervor, daß "die Wiesen als natürliche Gesellschaft selbst innerhalb der Waldzone betrachtet werden müssen"; doch stehen diese Wiesen gar nicht im Widerspruch zur bestehenden Lehrmeinung; denn die nächstgelegene Klimastation zeigt mit einem Transeau-Verhältnis von 0.73 ein Waldsteppenklima an. Wälder ziehen sich hier auf Standorte mit Zusatzwasserversorgung zurück. Weit verbreitet zeigt die o.a. Atlaskarte "licht stehende" Lärchen an; man sollte hier nicht den Begriff Lichtwald benutzen, sondern - deutlich gegen den Waldbegriff abgehoben - mit SCHMITHÜSEN von einem offenen sommergrünen Koniferenbaumgehölz (open woodland) sprechen. Diese Vegetationseinheit ist zwar kein sicherer Klima-Anzeiger - das ist sie nur auf zonalem Standort - doch weist sie auf Bodenwassermangel hin und ist nicht, wie es in der Literatur verbreitet geschieht, thermisch zu erklären.

Die zonale Vegetation der borealen Waldzone ist ein Fichtenwald, und seine Ablösung durch den Lärchenwald in Ostsibirien wird mit der Winterkälte erklärt. Die Allgemeingültigkeit dieser Aussage sei hier in Frage gestellt. Beispielsweise existiert ein reiner Fichtenwald in Nordwest-Jakutien bei mittleren Lufttemperaturen des Januar von -42°C; Oktober und April zeigen Mitteltemperaturen von -10°C bzw. -12°C, das absolute Minimum erreicht -64°C, die Winter sind schneearm. Anstatt die thermischen Verhältnisse heranzuziehen, erscheint es möglich, das Hervortreten der Lärche auf zonalem Standort mit Blick auf die westsibirische Trockengrenze hygrisch zu erklären. Dementsprechend muß man erwarten, daß die Vorhölzer des borealen Nadelwaldes in dem Maße bestandsbildend hervortreten, wie die Wachstumskraft der Fichte in ihrem Trockengrenzbereich nachläßt. Das ist im groben Überblick um den 110. Längengrad der Fall. Die einzelnen Trockenheitsstadien, wie Lärchen- und Espen-Birkenbestände, Lärchensteppenwald und Espen-Birkensteppen sowie Grassteppen lassen sich mit einigem Spürsinn auch aus der Literatur, beispielsweise für die mittlere Taigazone Ostsibiriens, belegen. Die Karten der aktuellen natürlichen Vegetation zeigen in Ost- und Nordostsibirien das Vorherrschen der Lärche, was mit deren im Vergleich zu Birke und Espe besserer Anpassung an die verbreiteten nicht-zonalen Standorte erklärt werden kann, zu welchen auch die teilweise etwas feuchteren Gebirgslagen gehören.

KÖPPEN hebt in seiner Klimaklassifikation nur die Wintertrockenheit hervor; wie er um die Jahrhundertwende, so ist noch SCHMITHÜSEN (1968) der Ansicht, daß das Klima auch in Gebieten mit geringerem Niederschlag (temperaturbedingt) humid ist. Doch selbst in der nördlichen borealen Zone liegt die Jahressumme der potentiellen Landverdunstung verbreitet zwischen 300 mm und 400 mm, und die Monatssummen erreichen 100-200 mm, so daß in der strahlungsreichen Jahreszeit eine klimatische Trokkenheit herrscht (die auf landwirtschaftlich genutzten Flächen Bewässerung notwendig macht). Den geringen Niederschlägen des Winters muß dennoch eine große Rolle beigemessen werden; denn der gespeicherte Niederschlag der (mangels Verdunstung) humiden Winterperiode bietet gerade in der wichtigsten Phase der Vegetationszeit zusätzliches Wasser. Die viel zitierte (scheinbar unerschöpfliche) Wasserlieferung aus der Permafrostschicht existiert nämlich im klimatologischen Mittel gar nicht; das Tauwasser entstammt der alljährlich auftauenden Bodenschicht und ist nur jenes Wasser, das im Vorjahr noch als Regen in den Boden einsickerte, von der Vegetation nicht mehr verbraucht wurde und gefror. Hierbei handelt es sich um Herbstniederschläge, die ggf. durch Schneeschmelzwasser ergänzt werden.

5. Die Zonen der Waldtundren und Tundren

Aus den viel beachteten, richtungweisenden Arbeiten von BUDYKO geht hervor, daß die Tundra die klimatisch feuchteste Zone der Erde ist (vgl. 1963, Abb. 58). In der aus dem Jahre 1974 zitierten Arbeit bezeichnet der Autor die entsprechende Feuchtezone in Tab. 32 als "too moist" und quantifiziert sie durch einen Trockenheitsindex (Quotient von potentieller Verdunstung und Niederschlag) von weniger als 0.45; auf der Klimakarte der Sowjetunion (Fig. 107) erscheinen dementsprechend die Waldtundren und Tundren in einer Feuchtezone mit der Bezeichnung "abundantly humid".

Im Standardwerk der russischen geographischen Literatur von BERG kann man jedoch auch lesen: "Der Mangel an Niederschlägen schafft in der Tundra Bedingungen, die bis zu einem gewissen Grade der Wüste ähneln ... In der Nähe der Anabarmündung liegt eine Bergkuppe, die völlig aus Steinsalz besteht ... Für die Jenissei-Tundra (werden) eigenartige arktische Karbonat-Solontschak-Böden (beschrieben)", vgl. ausführlicher in BERG (1958, S. 35). Die von mir vorgestellten Werte des Transeau-Verhältnisses passen insofern zur angeführten Literatur, als nicht nur das humide Klima, sondern auch das aride Klima bestätigt werden kann, das den von

BERG mitgeteilten Beobachtungen entspricht: die Stationswerte in den Waldtundren reichen von 0.56 bis 1.43, in den Tundren von 0.52 bis 2.47. Die höchsten Werte der Tundrenzone stammen von arktischen Küstenstationen; sie sind für das Binnenland wenig repräsentativ, weil die Küstennebel zur Verminderung der Einstrahlung und damit zur Verringerung des Verdunstungsvermögens führen. Der höchste Wert einer binnenländischen Waldtundra- bzw. Tundrastation zeigt mit einem Transeau-Verhältnis von 1.43 (Grenzgebiet zum Fichtenwald Osteuropas) ein Klima an, das man keinesfalls als "too moist" und "abundantly humid" bezeichnen kann.

Die regionale Differenzierung der Hydroklimate schließt sich an diejenige der Taiga an: Westlich der Chatanga-Mündung dominiert ein humides, östlich ein arides Klima; an den beiden nordöstlichsten Küstenstationen, Kap Schmidt und Uelen, beträgt das Transeau-Verhältnis 1.62 und 2.47 (der letztgenannte Wert kommt auch durch vergleichsweise hohe Niederschläge zustande) und zeigt damit wiederum ein humides Klima an. Die Tundrenzone ist auf der o.a. Atlaskarte nur in nordsüdlicher und nicht, wie zu erwarten wäre, auch in west-östlicher Richtung gegliedert. Prinzipiell ist jedoch der Begriff Tundrensteppe in der Literatur gebräuchlich. In der Waldtundrenzone gibt es keine Differenzierung von Süden nach Norden, hingegen folgen von Westen nach Osten die Einheiten mit Birke, mit Fichte sowie mit Lärche aufeinander. Im humiden Klima Osteuropas herrscht die Fichte vor (ihre Vorhölzer können begleitend auftreten); im ariden Klima Sibiriens gedeiht die Lärche entsprechend den in Kap. 4 angeführten Bedingungen, ihre weite Verbreitung ist nicht vom Hydroklima bestimmt; auf zonalem Standort müßten auch steppenartige Formationen recht verbreitet sein.

Die Birkenwaldtundra der Kola-Halbinsel stellt einen Ausläufer der skandinavischen Birkenzone dar, weshalb auch diese ergänzend unter die Lupe genommen wurde mit dem Ergebnis, daß das hier verfolgte hydroklimatologische Konzept seine Bestätigung findet: Die Birkenregion zeigt in zonaler Sicht den Trockengrenzbereich des Fichtenwaldes an, das Transeau-Verhältnis sinkt nämlich in Nord-Fennoskandien lokal bis auf 0.77 ab. Analog den in Kap. 3 und Kap. 4 dargelegten Verhältnissen verarmt offensichtlich auch in diesem Raum der boreale Wald nicht aus thermischen, sondern aus hydroklimatischen Gründen. Die Vorhölzer Kiefer und Birke treten in dem Maße hervor, wie die Fichte zurückbleibt. (Das diffizile Geoökotopenmuster kann im Rahmen des hier verfolgten Themas nicht interessieren, der lokal erarbeitete Ursachen-Wirkungs-Komplex soll nicht in Frage gestellt werden; vgl. BLÜTHGEN 1960.) Die Lärche fehlt im fennoskandischen Borealwald, kann also nicht an der Waldgrenze erwartet werden. Zu beantworten wäre noch die Frage, warum eine baumförmige Birke in der sibirischen Waldtundra in der entsprechenden Feuchtezone fehlt. Als Ursache kommen der Mangel an zonalen Standorten in Betracht sowie die Tatsache, daß die nicht-zonalen einen zu geringmächtigen Auftauboden haben (in der postglazialen Wärmezeit wuchsen Birken in der seinerzeit nördlicher gelegenen Waldtundra Ostsibiriens). Mit dieser Erklärung bereitet es keine Probleme, das erneute Auftreten von Birken in Nord-Kamtschatka zu erklären, wo Permafrost kein standortbestimmender Faktor ist: Auch hier gibt es ein zonales Waldgrenzklima zwischen dem ariden Zonalklima Nordostsibiriens und dem humiden Klima Kamtschatkas. Diese hydroklimatische Erklärung der zonalen Birkenregion korrespondiert recht gut mit den Forschungsergebnissen, die FAEGRI (1972) aus dem Vergleich mit Espenstandorten des nordamerikanischen Kordillerenraumes erarbeitet hat.

6. Ausblick

Klima und Vegetation werden gerne in einem Atemzug genannt; denn auf globalen Übersichtskarten zeigen Klima- und Vegetationszonen einen parallelen Verlauf. Man muß sich jedoch darüber im klaren sein, daß dieses Zusammentreffen zunächst einmal das subjektive Ergebnis derjenigen Klimaklassifikatoren ist, die sich bemühten, die vorliegenden Karten der Vegetationszonen mit Klimadaten zu reproduzieren. Bereits am Beispiel der Klimaklassifikation von KÖPPEN (1900) und immer noch bei derjenigen von TROLL (1964) wird klar, daß dieses Ziel nur mit inhomogenen Abgrenzkriterien zu erreichen ist, so daß teils dem Feuchte-, teils dem Wärmefaktor die größere Bedeutung beigemessen werden mußte. Die scheinbare Notwendigkeit dazu ergab sich daraus, daß von den Karten der Vegetationszonen offenbar angenommen wurde, diese stellten die zonale = mit dem Makroklima übereinstimmende (dieses somit anzeigende) Vegetation dar, was selbst bei großräumiger Betrachtung nicht in jedem Einzelfall stimmt. Eine wesentliche Voraussetzung für einen zonalen Standort sind Böden, die das gesamte Niederschlagswasser pflanzenverfügbar speichern, jedoch keine Staueigenschaften aufweisen; Grundwasser darf von der Vegetation nicht erreichbar sein (vgl. WALTER 1974, 1976).

Bezüglich einer hydroklimatologischen Differenzierung sind diesem Zonalitäts-Konzept allerdings Grenzen gesetzt. Es ist ja nur realisiert, solange es keinen Abfluß gibt. Daher besteht zunächst einmal auch noch eine orographische Einschränkung bei der o.a. Definition: Die Vegetation muß eine Ebene einnehmen. In reliefiertem Gelände kann der zonale Standort allerdings nach dem Catena-Konzept ggf. auch in mittlerer Hanglage liegen. Für die Permafrostregion richtungweisend sind diesbezüglich die Beispiele in PRICE (1972). Ein unterirdischer Abfluß kann sich in der ariden Klimaregion in einem zonalen Geoökosystem nicht bilden, allerdings ggf. in einem nicht-zonalen (weshalb die PENCKsche Trokkengrenze am falschen Ort gesucht wurde). In der humiden Klimaregion kommt es hingegen auch im zonalen Geoökosystem zur Grundwasserbildung, weil die Landverdunstung energiebedingt nur einen Teil des Niederschlags verbrauchen kann. Damit ist hier die Vegetation auf zonalem Standort nur noch der Spiegel der potentiellen Landverdunstung, sie zeigt nicht mehr das gesamte Hydroklima an, entspricht somit nicht mehr der Definition "zonal = mit dem Makroklima übereinstimmend". Dementsprechend ist es nicht gerechtfertigt, das humide Waldklima anhand des Transeau-Verhältnisses nach Feuchtestufen zu differenzieren; nur die ins Aride hineinreichende Stufe von 0.9-1.0 könnte man als Zone des Waldlandes mit Steppeninseln hervorheben (ggf. sogar bis zu einem Wert von 1.1).

In der Region thermisch möglichen Waldwuchses spiegeln sich in den Außertropen also sieben klimatologische Feuchteklassen in der zonalen Vegetation wider; diese sind (TV = Transeau-Verhältnis): TV 0 - Wüstenklima - TV 0.1 - Halbwüstenklima - TV 0.2 - Strauchsteppenklima - TV 0.3 - Trockensteppenklima - TV 0.5 - Feuchtsteppenklima - TV 0.7 - Waldsteppenklima - TV 0.9 - Waldklima.

Zur Überprüfung der Allgemeingültigkeit dieser Übereinstimmung von Hydroklima und zonaler Vegetation wurde auch der nordamerikanische Kontinent in gleicher Weise analysiert; trotz anders ausgerichteter Literatur konnte auch hier dieselbe Abfolge und Zuordnung von hydroklimatischen Zonen belegt werden (vgl. HENNING 1986). Im Einzelnen ergänzen sich beide Testgebiete, und die im Vorliegenden getroffenen Aussagen, beispielsweise zur Artemisiensteppe bzw. Halbwüste und zur hydroklimatologisch definierten Trockengrenze des Waldes, lassen sich mit den Beobachtungen in Nordamerika stützen. Ein spezielles Tundrenklima gibt es auch in der Neuen Welt nicht, das Transeau-Verhältnis weist hier sogar noch einen größeren Schwankungsbereich auf, es liegt zwischen 0.35 und 8.02, so daß die Spannweite vom Tundrentrockensteppenklima bis zum Tundrenfeuchtklima reicht.

Zusammenfassend kann also festgestellt werden, daß sich unter den angeführten zonalen Bedingungen der Quotient der mittleren Jahressummen von Niederschlag und potentieller Landverdunstung als geeignete Kennziffer zur Unterscheidung der sich in der Vegetation widerspiegelnden Hydroklimate erweist, was offenbar zum einen daran liegt, daß in ihn alle Komponenten des Strahlungs-, Wärme- und Wasserhaushaltes eingehen und zum anderen daran, daß ein Jahreswert ausreicht, wenn der Boden eine das Niederschlagsregime ausgleichende Funktion übernimmt. Gleiche Werte des Transeau-Verhältnisses ergeben sich auch für die Vegetationszonen der Tropen und Subtropen, so daß es für eine globale Klimaklassifikation unumgänglich ist, durch eine zweite Kennziffer die Zonenzugehörigkeit herauszustellen.

7. Zusammenfassung/Summary

Eine Neuberechnung des Verdunstungsvermögens der realen Landoberfläche mit ihrer räumlichen und zeitlichen Veränderlichkeit der Albedo gab den Anlaß, die Beziehungen zwischen Vegetationszonen und klimatischer Feuchte erneut einer Analyse zu unterziehen. Die vorgelegten Ergebnisse aus außertropischen Klimaregionen Eurasiens bestätigen die Abhängigkeit der zonalen Vegetation vom Quotienten aus den mittleren Jahressummen von Niederschlag und potentieller Landverdunstung, wie diese kürzlich auch für die entsprechende nordamerikanische Region nachgewiesen werden konnte. Dies zeigt, daß mit dem ALBRECHT-PENMAN-Konzept eine Handhabe vorliegt, die es erlaubt, den von KÖPPEN und seinen Nachfolgern behelfsmäßig ermittelten Feuchteterm der vegetationsbezogenen Klimaklassifikation jetzt auch quantitativ ausreichend exakt zu erfassen.

A renewed calculation of the potential evapotranspiration of the real land surface carried out for all continents with a locally and temporally changing surface albedo was the impetus for a new analysis of the connexions between vegetation zones and climatic moisture. The results received for extratropical parts of Eurasia confirm the dependence of the zonal vegetation on the quotient formed by the mean annual amounts of precipitation and potential evapotranspiration (Transeau ratio) the validity of which could recently be established also for the comparable regions of North America. This demonstrates that the ALBRECHT-PENMAN-concept for the calculation of potential evapotranspiration yields a means to determine the moisture factor of KÖPPEN's vegetation-related climate classification now quantitatively with sufficient accuracy, instead of estimating it from temperature and precipitation figures, as KÖPPEN and his successors had to do.

8. Literatur

ALBRECHT, F. (1962): Die Berechnung der natürlichen Verdunstung (Evapotranspiration) der Erdoberfläche aus klimatologischen Daten. Ber. DWD 11,83. Offenbach a.M.

ALBRECHT, F. (1965): Untersuchungen des Wärme- und Wasserhaushaltes der südlichen Kontinente. Ber. DWD 14,99. Offenbach a.M.

BARANOV, A.N. (1969): Atlas der UdSSR (russ.). Moskva.

BERG, L.S. (1958, 1959): Die geographischen Zonen der Sowjetunion. 2 Bde. Leipzig.

BLÜTHGEN, J. (1960): Der skandinavische Fjällbirkenwald als Landschaftsformation. In: PM 104, S. 119-144.

BORISOV, A.A. (1965): Climates of the U.S.S.R. Edingburgh.

BRÜCKNER, E. (1900): Über die Herkunft des Regens. In: Geogr. Z. 6, S. 89-96.

BUDYKO, M.I. (1963): Der Wärmehaushalt der Erdoberfläche. Geophys. BDBw-Fachl. Mitt. I/100. Porz-Wahn.

BUDYKO, M.I. (1974): Climate and Life. New York.

FAEGRI, K. (1972): Geo-ökologische Probleme der Gebirge Skandinaviens. In: TROLL, C. (Hrsg.): Landschaftsökologie der Hochgebirge Eurasiens. Erdwissenschaftliche Forschung IV, S. 98-106. Wiesbaden.

GRISEBACH, A. (1866): Die Vegetationsgebiete der Erde. In: PM 1866, S. 45-53.

HENNING, I. (1972): Horizontale und vertikale Vegetationsanordnung im Ural-System. In: TROLL, C. (Hrsg.): Landschaftsökologie der Hochgebirge Eurasiens. Erdwissenschaftliche Forschung IV, S. 17-35. Wiesbaden.

HENNING, I./D. HENNING (1980): Kontinent-Karten der potentiellen Landverdunstung. Mittlere Jahressummen, berechnet mit dem PENMAN-Ansatz. In: Meteorol. Rdsch. 33, S. 18-30.

HENNING, I./D. HENNING (1984): Die klimatologische Wasserbilanz der Kontinente. Ein Beitrag zur Hydroklimatologie. Münstersche Geogr. Arb. 19. Paderborn.

HENNING, I. (1986): Das Transeau-Verhältnis in Nordamerika. In: MAYR, A./P. WEBER (Hrsg.): 100 Jahre Institut für Geographie der Westfälischen Wilhelms-Universität Münster. Münstersche Geogr. Arb. 26 (im Druck). Münster.

KELLER, B.A. (1971): The Steppe and Forest Steppe of European Russia. In: EYRE, S.R. (Hrsg.): World Types of Vegetation, S. 193-206. London.

KNORRE, I. v. (1935): Die Taiga Sibiriens. Zeulenroda.

KÖPPEN, W. (1900): Versuch einer Klassifikation der Klimate, vorzugsweise nach ihren Beziehungen zur Pflanzenwelt. In: Geogr. Z. 6, S. 593-611 und S. 657-679.

KÖPPEN, W. (1917): Verdunstungsmenge, Verdunstungskälte und Dampfhunger. In: Meteorol. Z. 34, S. 49-58.

KÖPPEN, W. (1918): Klassifikation der Klimate nach Temperatur, Niederschlag und Jahreslauf. In: PM 64, S. 193-303 und S. 243-248.

KOROVIN, E.P. (1961,1962): Die Vegetation Mittelasiens und des südlichen Kasachstans (russ.). 2 Bde. Taschkent.

KÜCHLER, A.W. (1967): Vegetation Mapping. New York.

LYDOLPH, P.E. (1964): Geography of the U.S.S.R. New York.

LYDOLPH, P.E. (1977): Climates of the Soviet Union. Amsterdam.

MAYER, H. (1984): Wälder Europas. Stuttgart.

PENMAN, H.L. (1948): Natural evaporation from open water, bare soil and grass. Proc. Roy. Soc. London, Ser. A, Math. Phys. Sci. 193, No. 1032. London.

PENMAN, H.L. (1956): Estimating evaporation. In: Trans. Amer. Geophys. Union 37, S. 43-46.

PRICE, L.W. (1972): The periglacial environment, permafrost, and Man. In: Ass. Am. Geogr. (Hrsg.): Commission on College Geography, Resource Paper No. 14. Washington.

RUSSELL, T. (1888): Depth of evaporation in the United States. In: Monthly Weather Review 16, S. 235-239.

SCHIMPER, A.F.W. (1908): Pflanzen-Geographie auf physiologischer Grundlage. Jena.

SCHMITHÜSEN, J. (1968): Allgemeine Vegetationsgeographie. Berlin.

SCHMITHÜSEN, J. (1976): Atlas zur Biogeographie. Mannheim.

SUSLOV, S.P. (1961): Physical Geography of Asiatic Russia. San Franciso.

TROLL, C. (1964): Karte der Jahreszeitenklimate der Erde. In: Erdkunde 18, S. 5-28.

THORNTHWAITE, C.W. (1948): An approach toward a rational classification of climate. In: The Geogr. Rev. 38, S. 55-94.

TRANSEAU, E.N. (1905): Forest centers of Eastern America. In: American Naturalist 39 (468), S. 875-889.

WALTER, H. (1942): Die Vegetation des Europäischen Rußlands. Berlin.

WALTER, H. (1974): Die Vegetation Osteuropas, Nord- und Zentralasiens. Stuttgart.

WALTER, H. (1976): Die ökologischen Systeme der Kontinente. Stuttgart.

WISSMANN, H. v. (1939): Die Klima- und Vegetationsgebiete Eurasiens. In: Z. Ges. Erdkd., S. 1-14. Berlin.

WISSMANN, H. v. (1966): Die Klimate der Erde. In: BLÜTHGEN, J.: Allgemeine Klimageographie, S. 528-529 und Karte. Berlin.

Anschrift der Verfasserin:

Prof. Dr. Ingrid Henning
Westfälische Wilhelms-Universität
Institut für Geographie
Robert-Koch-Straße 26
D - 4400 Münster

Aus:
Ekkehart Köhler und Norbert Wein (Hrsg.):
NATUR- UND KULTURRÄUME.
Ludwig Hempel zum 65. Geburtstag.
Paderborn: Ferdinand Schöningh 1987.
= Münstersche Geographische Arbeiten 27.

Friedrich-Karl Holtmeier

Der Baumwuchs als klimaökologischer Faktor an der oberen Waldgrenze*

1. Einleitung

In Abhandlungen über die Waldgrenze stehen gewöhnlich die Wirkungen des Klimas auf den Baumwuchs im Mittelpunkt der Betrachtung. Kaum berücksichtigt werden dagegen die Rückwirkungen der Bauminseln auf ihre unmittelbare Umgebung.

Das Klima im geschlossenen Wald ist relativ ausgeglichen. Der Bestand hebt das Windfeld vom Boden ab, und der Strahlungsumsatz findet im oberen Kronenraum statt. Außerhalb des geschlossenen Waldes aber werden die beiden gerichteten Klimaelemente (Strahlung und Wind) in ihrer Intensität direkt durch die Reliefgestalt beeinflußt. An die Stelle des Bestandsklimas tritt ein von zum Teil schärfsten Kontrasten auf engstem Raum geprägtes Geländeklima. Dies geschieht besonders abrupt, wenn der Wald in geschlossener Front endet; aber auch bei einer mit Annäherung an die Höhen- oder Polargrenze des Baumwuchses fortschreitenden Auflockerung in mehr oder weniger scharf umrissene Bauminseln und Einzelbäume ändert sich die Situation grundlegend, sobald Wind und Strahlung bis zum Boden durchgreifen können. Dabei ist es unerheblich, ob dieser Übergangssaum vom Wald zur alpinen Vegetation oder Tundra natürlichen Ursprungs ist, wie es z.B. in vielen Hochgebirgen Nordamerikas und auch in der Subarktis der Fall ist, oder - wie u.a. in den Alpen - den Eingriffen des Menschen (z.B. Alpwirtschaft, Bergbau, Sudholzgewinnung) zugeschrieben werden muß.

Im Gegensatz zum baumlosen Gelände der alpinen Stufe oder auch der Tundra werden in diesen Übergangsräumen die gerichteten Klimaelemente (Strahlung und Wind) und ihre Folgewirkungen, wie z.B. Schneeverteilung, Schneedeckendauer sowie Bodentemperaturen, Bodenfeuchte u.a.m. aber nicht nur von der Geländegestalt, sondern in starkem Maße auch noch durch die verstreuten Bauminseln und Solitärbäume beeinflußt. Je nach der lokalen Situation können die Wirkungen des Baumwuchses auf das Geländeklima und die davon abhängenden Standorteigenschaften die durch das Relief verursachten Effekte verstärken oder auch ausgleichen. Beobachtungen aus verschiedenen Waldgrenzgebieten sollen dies verdeutlichen.

2. Baumwuchs und Geländeklima

Die Beziehungen zwischen Baumwuchs und Geländeklima verändern sich mit dem Größerwerden und der Ausbreitung der Bäume. So scheint es sinnvoll, auch hier die Besiedlung der baumlosen Areale jenseits der geschlossenen Waldbestände, wie sie in günstigen Klimaphasen oder auch nach Rückgang der Beweidung regelmäßig erfolgt, an den Anfang der Betrachtung zu stellen.

Ein solches Vordringen des Baumwuchses hängt primär von den Keimungsmöglichkeiten für die durch den Wind oder auch Tiere dorthin verfrachteten Samen ab. Keimungshemmend wirken zu niedrige wie auch zu hohe Bodentemperaturen, Lichtmangel, unzureichende Bodenfeuchte sowie nicht selten auch eine zu dichte, "verdämmende" Feldschicht (Gräser, Zwergsträucher). Sieht man einmal von letzterer ab, so ist in der Keimungsphase die von der lokalen Reliefgestaltung geprägte geländeklimatische Situation (Strahlung, Temperatur, Bewindung, Verdunstung, Schneedeckendauer, Bodenfeuchtegang u.a.m.) der entscheidende Faktor.

Das bleibt auch noch so in der Sämlingsphase, solange die Jungpflanzen nur wenige Zentimeter hoch sind bzw. die sie umgebende Feldschicht noch nicht oder nur unwesentlich überragen. Dabei sind allerdings die klimaökologischen Grenzwerte für eine das Überleben der Sämlinge garantierende Stoffproduktion nicht dieselben, die eine erfolgreiche Keimung erlauben. So zeigt sich z.B. im oberen Waldgrenzökoton am Mt. Rainier (Cascadengebirge, Washington), daß die Keimungsrate der Koniferensamen (vorherrschend Abies lasiocarpa) in den sehr lange schneebedeckten und deshalb auch bis weit in den Sommer hinein feuchten Phyllodoce empetriformis-Heiden sehr viel höher ist, als in den früher ausapernden, aber wesentlich trockeneren Festuca viri-

*) Die dieser Darstellung zugrunde liegenden eigenen Beobachtungen wurden während vieler Geländeaufenthalte in verschiedenen Waldgrenzregionen gesammelt. Der Deutschen Forschungsgemeinschaft, die diese Arbeiten durch Reisekostenbeihilfen unterstützte, danke ich auch an dieser Stelle.

dula-Gesellschaften, in denen jedoch günstigere Wärmeverhältnisse für das Wachstum der wenigen Sämlinge herrschen (FRANKLIN und DYRNESS 1973; s. auch HOLTMEIER 1985).

In der Keimungs- und Sämlingsphase fallen zunächst einmal alle Geländepartien, die eine extreme Schneedeckendauer (zu niedrige Bodentemperaturen, zu kurze Vegetationszeit für eine ausreichende Entwicklung und Resistenz der Sämlinge, parasitische Schneepilze) aufweisen sowie aber auch sogenannte Überhitzungsstandorte aus, wie sie besonders in strahlungsexponierten und windgeschützten Geländeabschnitten kontinental getönter Hochgebirge weit verbreitet sind (vgl. dazu u.a. TURNER 1958; AULITZKY 1961, 1963; PATTEN 1963; NOBLE und ALEXANDER 1977).

Die heranwachsenden Jungpflanzen sind in zunehmendem Maße dem Einfluß des Windes ausgesetzt. In extrem windexponierten Lagen wird eine für ihr Überleben unter Umständen kritische Phase schon erreicht, wenn sie über den Bereich relativer Windruhe in unmittelbarer Bodennähe hinauswachsen, und der Wind das weitere Wachstum zu hemmen beginnt (Temperaturerniedrigung, mechanische und physiologische Beeinträchtigungen, vgl. HOLTMEIER 1980, 1981, 1984). Da an solchen Standorten zudem im Winter der Schnee häufig verblasen wird und sich keine oder nur gelegentlich eine geschlossene Schneedecke entwickeln kann, vermögen sie nur zu überdauern, wenn sie in der Lage sind, dicht an den Boden gepreßte, mattenähnliche Wuchsformen auszubilden. Einige Baumarten, insbesondere der Gattungen Picea, Abies und Larix zeichnen sich dabei durch eine auffallende "Plastizität" aus.

Viele der Jungpflanzen sterben ab. Bei einem Teil aber gehen nur die luvseitigen Zweige und Nadeln zugrunde. Diese abgestorbenen Triebe bieten - auch wenn sie nur eine handbreit über ihre unmittelbare Umgebung hinausragen - den leeseitigen Zweigen schon einen gewissen Windschutz, so daß diese sich dann besser entwickeln können. Mit der Zeit - und an solchen extremen Standorten kann es mehrere Jahrhunderte dauern - breiten sich die Bäume leewärts allmählich an Höhe zunehmend aus (Photo 1). In ihrem Windschatten können später gekeimte Sämlinge unter Umständen zu aufrechten Bäumen heranwachsen.

Vielfach sammelt sich aber im Lee dieser Bäume im Winter sehr viel Schnee an, der bis weit in das Frühjahr hinein liegen bleibt, während er auf der Luvseite sowie auch an den seitlichen Flanken der Bäume mitunter schon mehrere Wochen früher verschwindet. Die verlängerte Schneedeckendauer kann dazu führen, daß die leeseitigen Triebe und Nadeln von parasitischen Schneepilzen (z.B. der Gattung Herpotrichia) befallen werden. Sie verhindern dann selbst in windausgesetzten Lagen eine weitere Ausbreitung der Bäume nach Lee (vgl. auch MARR 1977; HOLTMEIER 1978, 1980, 1981). Auch die Feldschicht reagiert auf diese durch den Baum hervorgerufenen Standortveränderungen dergestalt, daß chionophobe Arten verschwinden und andere, die auf einen ausreichenden Schneeschutz angewiesen sind, sich hier ansiedeln.

An schneereichen Standorten - und solche nehmen im Waldgrenzbereich gewöhnlich mehr Raum ein als extrem schneearme - ändert sich die Situation gegenüber der Sämlingsphase erst entscheidend, wenn die Bäume über die mittlere Höhe der winterlichen Schneedecke hinauszuragen beginnen. Waren die Bäume bis zu diesem Zeitpunkt durch die Schneedecke der unmittelbaren Einwirkung des Frostes, des Eisgebläses und der Austrocknung (Frosttrocknis) entzogen, so hängt ihr Überleben nun auch davon ab, in wieweit sie eine ausreichende Widerstandskraft gegen die winterlichen Klimaeinflüsse entwickeln können.

In dieser Situation bietet der Stand im Kollektiv manchen Vorteil gegenüber dem Einzelstand. Kollektive können aus dichtstehenden Samenpflanzen entstehen (= Sippschaften i.S. KUOCH und AMIET 1970)- wie zum Beispiel die aus Häherdepots hervorgegangenen Arvengruppen (Pinus cembra) an der oberen Waldgrenze in den Alpen (Photo 3; s. auch HOLTMEIER 1966; MATTES 1978, 1982) - oder aber auch durch vegetative Ausbreitung (Adventivwurzelbildung) einer oder auch mehrerer Initialbäume, z.B. der Gattungen Abies oder Picea. Solche Bauminseln oder Kolonien (i.S. KUOCH und AMIET 1970) sind in den Waldgrenzökotonen vieler nordamerikanischer Hochgebirge und auch an der polaren Waldgrenze weit verbreitet (Photo 2; s. auch HOLTMEIER 1985, 1986a). Zumindest die im Inneren der Gruppen stehenden Pflanzen sind durch die peripheren Bäume vor den Einwirkungen der Klimaelemente relativ gut geschützt. In Kolonien profitieren zudem die stärker exponierten und beanspruchten Pflanzen eine zeitlang von der Versorgung mit Assimilaten durch die besser geschützten Klonglieder (vgl. dazu YLI-VAKURRI 1953; FISCHER et al. 1960; LIEBOLD 1963; KÖSTLER et al. 1968; KUOCH und AMIET 1970; SCHÖNENBERGER 1978, 1981).

Mit zunehmender Höhe wächst allmählich der Einfluß der Bäume und der Baumgruppen auf ihr Umfeld. Der Einfluß von Baumgruppen auf die bodennahe bzw. schneedeckennahe Windströmung ist naturgemäß größer als die einzelnstehender Exemplare. Das Ausmaß der Wirkung hängt aber sehr von der mehr oder weniger großen Dichte und der inneren Struktur der Bauminseln ab. So sammelt sich in lückigen Gruppen im Verlauf des Winters meist mehr Schnee an als in ihrem Umfeld oder in dichten Bauminseln mit engem Kronenschluß. Das kann unter Umständen dazu führen, daß selbst im stark windexponierten Gelände die Schneemenge innerhalb solcher Gruppen derart zunimmt, daß dort schließlich Schneepilze (Herpotrichia juniperi, Herpotrichia coulteri, Phacidium infestans, Lephodermium pinastri; vgl. dazu DONAUBAUR 1963; BAZZIGHER 1976) gute Entwicklungsmöglichkeiten finden und die bodennahen Triebe und Nadeln zerstören. Die älteren Bäume vermögen diese Infektionen zwar meist zu überleben, da sie oberhalb der Schneedecke bereits über genügend Assimilationsorgane verfügen, die jüngeren aber, die gänzlich von Schnee bedeckt sind, gehen gewöhnlich ein (vgl. dazu Photo 3).

Dichte Bauminseln - wie sie vor allem durch Ablegerbildung zustande kommen (vgl. auch Photo 2)- werden um- und überströmt. Auf ihrer Luvseite und zum Teil auch an ihren seitlichen Rändern entstehen nicht selten Ausblasungskolke (vgl. Abb. 1). Im Lee häuft sich der Schnee an (vgl. Photo 6), während im Inneren nur wenig abgelagert wird. Der von den Baumkronen aufgefangene Schnee verdunstet oder wird vom Wind leewärts verfrachtet. In Waldgrenzökotonen, die durch den unregelmäßigen Wechsel solcher Bauminseln und Einzelbäume mit Wiesen und/oder Zwergstrauchheiden geprägt sind, kann die Schneeverteilung dermaßen durch diese Wirkungen gesteuert werden, daß davon schließlich auch der Ausaperungsverlauf abhängt, - zumal in nur schwach reliefiertem Gelände (vgl. auch Photo 4).

Der Ausaperungsverlauf ist nun aber nicht alleine eine Funktion der Schneehöhe und -dichte, sondern ebenso der zur Verfügung stehenden Wärmemenge. Bei strahlungsreichem Wetter wird deren räumliche Verteilung im Ökoton durch den unterschiedlichen Strahlungsumsatz an der Schneeoberfläche in den Lichtungen und an der Oberfläche der Bauminseln und Einzelbäume beeinflußt. Die Bäume erwärmen sich wegen ihrer geringen Albedo weit über die Lufttemperatur und geben diese Wärme dann an ihre Umgebung ab. Auf den strahlungsexponierten Seiten der Bauminseln schmilzt der Schnee somit sehr viel rascher als in den Lichtungen und auf der Schattenseite der Bauminseln. Besonders wirksam ist dieser sogenannte "blackbody effect" (vgl. auch BRINK 1959; SWEDBERG 1961; FRANKLIN und MITCHELL 1967), wenn sein Einflußbereich mit den Ausblasungsbereichen an der Luvseite und den seitlichen Säumen der dichten Bauminseln zusammenfällt; denn dann taucht schon sehr früh auch die Feldschicht aus dem Schnee auf und verstärkt den primär durch den Baumwuchs hervorgerufenen "blackbody effect".

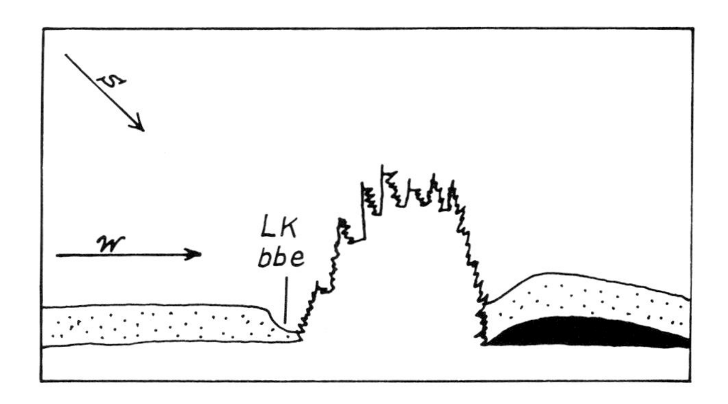

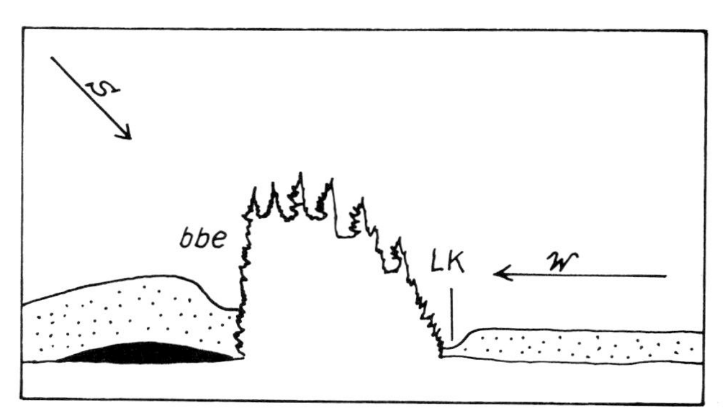

Abb. 1: Schneehöhen und Ausaperung im Umfeld einer Bauminsel in Abhängigkeit von Wind, Einstrahlung und "blackbody-effect" (Schema nach Beobachtungen in Colorado und Washington). W = Wind; S = Einstrahlung; LK = Luvseiten-Kolk; bbe = verstärkte Ablation infolge "blackbody-effect"; punktiert = Schneedecke im Winter; schwarz = Schneerest Anfang August. Entwurf: HOLTMEIER 1986

Wenn allerdings die Hauptwindrichtung während des Winters dem Strahlungseinfall vorwiegend entgegengesetzt war, kann der "blackbody effect" durch die auf der windgeschützten Sonnenseite der Bauminseln abgelagerten großen Schneemengen überkompensiert werden (s. Abb. 1) - ein Phänomen, das auch auf im Lee liegenden Sonnenhängen von Geländerippen und -wellen zu beobachten ist (vgl. auch AULITZKY 1961; HOLTMEIER 1974). Auch in lückigen Baumgruppen ohne Kronenschluß kommt die ablationsfördernde Wärmeabgabe der Bäume kaum zum Tragen, da hier meist besonders viel Schnee akkumuliert.

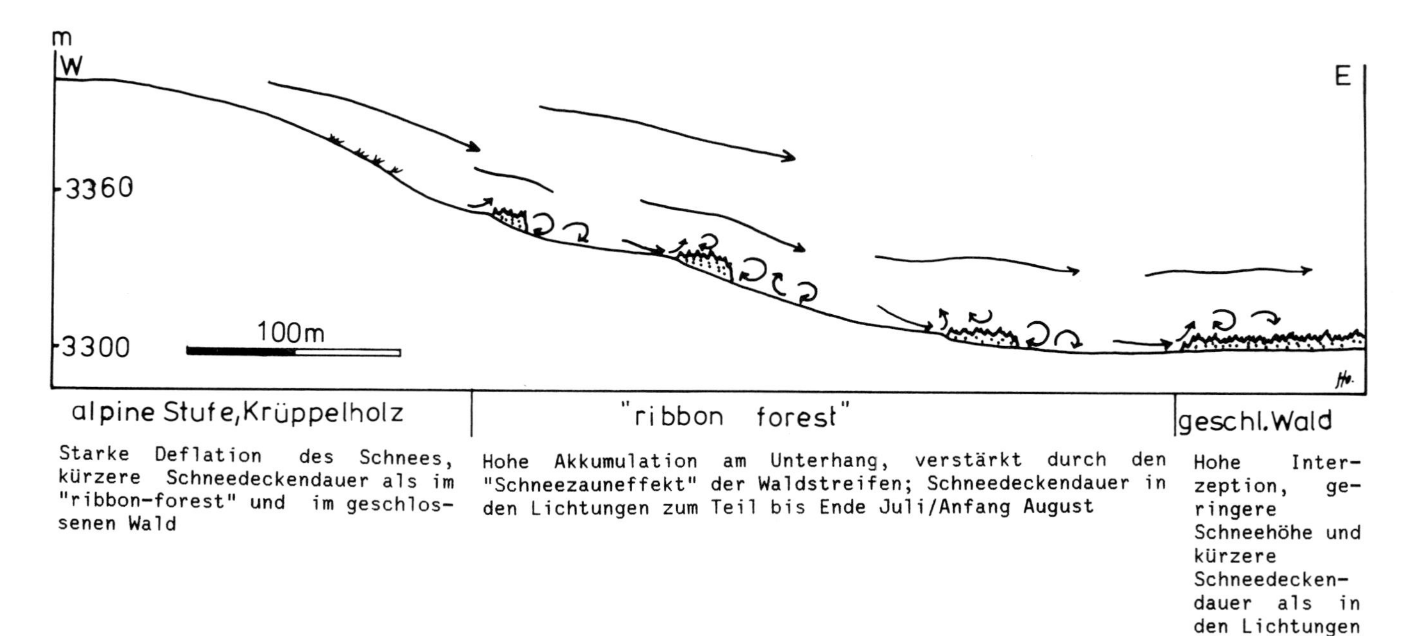

Abb. 2: Schematische Profilskizze (W-E) des Osthanges des Mt. Audubon; ca. dreifach überhöht, Höhe der Waldstreifen nicht maßstäblich.
Entwurf: HOLTMEIER 1986

Die Wirkungen des Baumwuchses auf den Wind, die Schneeumlagerung und die Wärmeverteilung verleihen den Übergangssäumen zwischen dem geschlossenen Wald und der Baumgrenze einen völlig eigenständigen klimaökologischen Charakter. In Hochgebirgen Nordamerikas beobachtete ich z.B. immer wieder, daß die Schneedecke in diesen Ökotonen nicht nur wesentlich höher war, sondern auch sehr viel später abschmolz als im geschlossenen Wald und in der alpinen Stufe (Photo 4). In diesen Fällen handelte es sich im gesamten Übergangsbereich um nur sehr schwach reliefiertes Gelände.

Die durch die Bauminseln verursachte lange Schneedeckendauer in den Lichtungen hemmt dort heute die Verjüngung erheblich. In der sehr kurzen schneefreien Zeit vermögen sich eventuell vorhandene Keimlinge nur unvollkommen zu entwickeln und fallen dann oft schon den ersten Frösten im Herbst zum Opfer, oder sie erliegen später den Pilzinfektionen. Dichte Jungwuchsgruppen befinden sich meist in dem infolge des "blackbody effectes" früher ausapernden schmalen Saum entlang der Bauminseln ("Randverjüngung"; s. auch Photo 5).

Die meisten Jungpflanzen in diesen Gebieten stammen aus der günstigen Klimaperiode vor rund 30 bis 60 Jahren. Sie brachte nicht nur einige gute Samenjahre, sondern auch mehrere besonders schneearme Winter und warme Sommer mit sich (s. dazu FRANKLIN und MITCHELL 1967; FONDA und BLISS 1969; KURAMOTO und BLISS 1970; FRANKLIN et al. 1971; FRANKLIN und DYRNESS 1973; LOWERY 1972; HENDERSON 1973).

Bei bewegten Reliefverhältnissen - zum Beispiel einem raschen Wechsel von Geländerippen, Rinnen und Mulden - ist die klimatische Situation zwar primär durch die Geländegestaltung geprägt, durch den Baumwuchs können die kleinräumigen Kontraste jedoch noch akzentuiert oder auch zum Teil ausgeglichen werden. So erhöht sich zum Beispiel die Schneeablagerung auf einem ohnehin akkumulationsgünstigen Leehang durch den zusätzlichen Einfluß des Baumwuchses auf das bodennahe Windfeld unter Umständen erheblich. Typische Beispiele dafür bieten unter anderen die "ribbon forests" auf der Ostabdachung der Colorado Front Range. Bei den "ribbon forests" handelt es sich um eine wechselseitige Abfolge quer zur Hauptwindrichtung verlaufender Waldstreifen (= "ribbons", ca. 10-50 m breit, zum Teil über 100 m lang) und weitgehend baumloser Lichtungen (= "snow glades", z.T. über 50 m breit). Die Position der Waldstreifen ist teils durch annähernd isohypsenparallele Solifluktionsstufen, teils auch durch Felsstufen, die sich quer zur vorherrschenden Windrichtung erstrecken, vorgezeichnet (s. HOLTMEIER 1978, 1982). Die nahezu permanent aus westlichen Richtungen die Ostabdachung herabwehenden Winde verfrachten den Schnee aus der ausgedehnten alpinen Stufe und den schütteren Krüppelholzvorkommen der

Hochlagen in den Waldbereich hinab. Die sich dort in seinem oberen Saum zwischen 3.300 und rund 3.400 m erstreckenden Waldstreifen verstärken in den jeweils leewärtigen Lichtungen die in diesem Hangbereich (Lee-Unterhang) schon infolge der übergeordneten Relief- und Strömungssituation hohe Schneeablagerung dermaßen, daß dort der Baumwuchs bislang nicht endgültig fußfassen konnte (vgl. Abb. 2). Entsprechend der Verbreitung von Sämlingen in den von Bauminseln geprägten Waldgrenzökotonen der Hochgebirge weiter im Westen ist auch hier der aus der zurückliegenden günstigen Klimaphase stammende Jungwuchs auf die frühzeitig (Ende Juni/Anfang Juli) ausapernden Luvseiten und seitlichen Enden der Waldstreifen konzentriert. Die selbst in diesen Randverjüngungen große Häufigkeit des Pilzbefalls macht eine weitere Ausbreitung des Baumwuchses in die Lichtungen hinein auf lange Sicht unwahrscheinlich, es sei denn, daß sich das Großklima entscheidend ändert. In den zum Teil erst Ende Juli/Anfang August ausapernden Leesäumen der "ribbons" (Photo 6) ist gegenwärtig kaum eine Jungpflanze zu finden (HOLTMEIER 1982).

Beobachtungen, wie die vorhergehend geschilderten, lassen an der allgemeinen Gültigkeit der oft aufgestellten Behauptung zweifeln, daß der in günstigen Klimaphasen aufwärts und polwärts vordringende Baumwuchs durch die von ihm ausgehende Beeinflussung des Geländeklimas die Wachstumsbedingungen sozusagen zu seinen Gunsten umgestaltet, um schließlich in geschlossener Front seine endgültige Wärmemangelgrenze zu erreichen. Dazu kann es meines Erachtens nur bei tiefgreifenden Klimaänderungen kommen, die für viele Jahrhunderte günstigere Wachstumsbedingungen (kurze Winter, lange und günstige Vegetationszeiten) auch an den geländeklimatisch benachteiligten Standorten, mit sich bringen. Als Folge kurzfristiger Klimaoszillationen der Größenordnung, wie wir sie in diesem Jahrhundert erlebt haben, scheint dies kaum möglich zu sein.

3. Zusammenfassung/Summary

In natürlichen wie auch antropogenen Übergangssäumen zwischen dem geschlossenen Wald und gegen die alpine Stufe bzw. die Tundra vorgeschobenenen, meist krüppelwüchsigen Bäumen wird die Verbreitung des Baumwuchses primär durch die von meist scharfen Kontrasten auf engem Raum geprägten geländeklimatischen Verhältnisse gesteuert, wenn man einmal hier die edaphischen Bedingungen außeracht läßt. Mit dem Größerwerden der Bäume und der Ausbreitung der mehr oder weniger scharf umrissenen Baumgruppen beginnen diese in zunehmendem Maße als "Strömungshindernis" das bodennahe bzw. schneedeckennahe Windfeld und durch den sogenannten "blackbody-effect" (Strahlungsabsorption und Wärmeabgabe an die Umgebung) die Wärmeverteilung in ihrem unmittelbaren Umfeld zu beeinflussen. Damit ändern sich die Schneeverteilung (Wind) und die Schneedeckendauer (abhängig von Schneehöhe, Schneedichte und Wärmezufuhr), von denen wiederum die Bodentemperaturen, die Bodenfeuchte, der Beginn des Wurzelwachstums, der Keimungserfolg oder auch Häufigkeit und Intensität von Pilzinfektionen (z.B. _Herpotrichia_ ssp.) abhängen.

Art und Ausmaß der Wirkungen hängen dabei nicht nur von der Größe, sondern auch von der Struktur der Bauminseln (Dichte, Kronenformen, Kronenschluß usw.) ab. In Geländeabschnitten mit einem ausgeglichenen Relief kommen die Wirkungen des Baumwuchses auf die klimaökologischen Verhältnisse sehr viel deutlicher zum Ausdruck als in Bereichen mit einer sehr bewegten Oberflächengestaltung. Im Einzelfall ist jedoch die lokale Situation entscheidend. Wenn zum Beispiel Einstrahlungs- und Hauptwindrichtung übereinstimmen, sind die durch Schneeumlagerung und "blackbody-effect" verursachten Unterschiede in der Schneedeckendauer zwischen der Luv-Sonnenseite und der Lee-Schattenseite von Bauminseln besonders groß, bei entgegengesetzter Wirkungsrichtung beider Klimaelemente (Luvseite = Schattenseite, Leeseite = Sonnenseite) werden sie hingegen mindestens ausgeglichen, oft aber sogar umgekehrt. In stark reliefiertem Gelände sind die Schneeverteilung und die Schneedeckendauer primär von der Hauptwindrichtung während des Winters abhängig, und das Ausaperungsmuster steht in unmittelbarem räumlichen Bezug zur Geländegestalt. Leehänge von Geländewellen und -kuppen apern gewöhnlich zuletzt aus - auch, wenn sie strahlungsexponiert sind. Dichte Bauminseln auf den Geländewellen wirken wie Schneezäune und verstärken die Schneeablagerung auf den Leehängen. Handelt es sich aber um aufgelockerte Baumgruppen, so wird ein Teil des von den Luvseiten verfrachteten Schnees schon in ihnen selbst abgelagert. Mitunter verzögert sich dadurch die Ausaperung so sehr, daß die Bäume, insbesondere die kleineren, Opfer parasitischer Schneepilze (z.B. _Herpotrichia juniperi_, _Herpotrichia coulteri_ u.a.) werden.

The influence of trees on the eco-climatic situation at the upper timberline

The distribution and spreading of trees within the

alpine or polar forest-tundra ecotone is primarily controlled by the local climate and edaphic conditions. The latter will not be considered here. When growing higher than the surrounding field layer solitary trees and tree islands start to influence the windflow near the soil- or snow surface and thereby the distribution and the duration of the snow cover. Close to the trees and tree islands the melting-process ist accelerated by the transfer of sensible heat from the trees ("blackbody-effect"). Tree islands are more effective than solitary scattered trees. Many other ecological factors such as soil temperature, soil moisture, the beginning of root growth, infections of the evergreen conifers by parasitic fungi (e.g. Herpotrichia juniperi, H. coulteri, Phacidium infestans) etc. are strongly dependend from the duration of the snowcover. Within areas charakterized by a gentle relief the effects of the trees and tree clumps on the climatic elements and snow cover are more conspicuous than within a more intensively sculptured terrain. Though the local climate and the other site conditions are primarily controlled by the relief there, they may be accentuated or smoothed by the effects of the tree islands on the climatic elements.

4. Literatur

AULITZKY, H. (1961): Die Bodentemperaturen an einer zentralalpinen Hanglage beiderseits der Waldgrenze. I. Teil: Die Bodentemperaturen oberhalb der zentralalpinen Waldgrenze. In: Arch. f. Met., Geophys. u. Biokl., Serie B, 10, S. 446-523.

AULITZKY, H. (1963): Grundlagen und Anwendung des vorläufigen Wind-Schneeökogramms. In: Mitt. forstl. Bundesversuchsanst Mariabrunn 60, S. 763-834.

BAZZIGHER, G. (1976): Der schwarze Schneeschimmel (Herpotrichia juniperi (Duby) Petrak und Herpotrichia coulteri (Peck) Bose). In: Europ. J. of Forest Pathology Bd. 6, H. 2, S. 109-122.

BRINK, V.C. (1959): A directional change in the subalpine forest-heath ecotone in Garibaldi-Park, British-Columbia. In: Ecology 40,1, S. 10-16.

DONAUBAUR, E. (1963): Über die Schneeschüttekrankheit (Phacidium infestans Karst.) der Zirbe (Pinus cembra L.) und einige Begleitpilze. In: Mitt. d. forstl. Bundesversuchsanst. Mariabrunn Bd. 60, S. 577-600.

FISCHER, F./G. BAZZIGHER/H. KOBERT (1960): Künstlich hergestellte Wurzelverwachsungen. In: Mitt. d. schweiz. Anst. f. d. forstl. Versuchswesen 36,1, S. 15-32.

FONDA, R.W./L.C. BLISS (1969): Forest vegetation of the montane and subalpine zones, Olympic Mountains, Washington. In: Ecol. Monographs 39,3, S. 269-301.

FRANKLIN, J.F./R.G. MITCHELL (1967): Successional status of subalpine fir in the Cascade Range (U.S. Forest Service Res. Paper PNW - 46).

FRANKLIN, J.F./W.H. MOIR/G.W. DOUGLAS/C. WIBERG (1971): Invasion of subalpine meadows by trees in the Cascade Range, Washington and Oregon. In: Arctic & Alpine Res. 3,3, S. 215-224.

FRANKLIN, J.F./C.T. DYRNESS (1973): Natural vegetation of Oregon and Washington (USA Forest Service, General Techn. Rep. PNW - 6).

HENDERSON, J.A. (1973): Composition distribution and succession of subalpine meadows in Mt. Rainier National Park, Washington. Unveröff. Ph. D. thesis, Oregon State University, Corvallis.

HOLTMEIER, F.K. (1966): Die ökologische Funktion des Tannenhähers im Zirben-Lärchenwald und an der Waldgrenze im Oberengadin. In: J. f. Ornithol. 4, S. 337-345.

HOLTMEIER, F.K. (1974): Geoökologische Beobachtungen und Studien an der subarktischen und alpinen Waldgrenze in vergleichender Sicht (Nördliches Fennoskandien/Zentralalpen) (Erdwiss. Forschung VIII).

HOLTMEIER, F.K. (1978): Die bodennahen Winde in den Hochlagen der Indian Peaks Section (Colorado Front Range). In: Münstersche Geogr. Arbeiten 3, S. 5-47.

HOLTMEIER, F.K. (1980): The influence of wind on the physiognomy of trees at the upper timberline in the Colorado Front Range. Proc. IUFRO-workshop Nov. 1979, Christchurch, New Zealand. In: New Zealand Forest Service Techn. Paper 70, S. 247-261.

HOLTMEIER, F.K. (1981): Einige Besonderheiten des Krummholzgürtels in der Colorado Front Range. In: Wetter und Leben 33, S. 150-160.

HOLTMEIER, F.K. (1982): "Ribbon-forests" und "Hekken" - streifenartige Verbreitungsmuster des Baumwuchses an der oberen Waldgrenze in den Rocky Mountains. In: Erdkunde 36, S. 142-157.

HOLTMEIER, F.K. (1984): Climatic stress influencing the physiognomy of trees at the polar and mountain timberline. Proc. IUFRO-workshop 1984 Riederalp. In: Eidg. Anst. f. d. forstl. Versuchswesen, Ber. 270, S. 31-40.

HOLTMEIER, F.K. (1985): Die klimatische Waldgrenze - Linie oder Übergangssaum (Okoton). Ein Diskussionsbeitrag unter besonderer Berücksichtigung der Waldgrenzen in den mittleren und hohen Breiten der Nordhalbkugel. In: Erdkunde 39,4, S. 271-285.

HOLTMEIER, F.K. (1986a): Über Bauminseln (Kollektive) an der klimatischen Waldgrenze - unter besonderer Berücksichtigung von Beobachtungen in verschiedenen Hochgebirgen Nordamerikas. In: Wetter und Leben 1986 / 38,3, S. 121-139.

KOSTLER, J.N./E. BRÜCKNER/H. BIEBELRIETHER (1968): Die Wurzeln der Waldbäume. Untersuchungen zur Morphologie der Waldbäume in Mitteleuropa. Hamburg und Berlin.

KUOCH, R./R. AMIET (1970): Die Verjüngung im Bereich der oberen Waldgrenze in den Alpen. In: Mitt. schweiz. Anst. f. d. forstl. Versuchswesen 46,4, S. 159-328.

KURAMOTO, R.T./L.C. BLISS (1970): Ecology of subalpine meadows in the Olympic Mountains, Washington. In: Ecol. Monographs 40, S. 317-347.

LIEBOLD, H.E. (1963): Beobachtungen über die Wirkung von Wurzelverwachsungen in Fichtenbeständen. In: Wiss. Z. Univ. Dresden 12, S. 1045-1048.

LOWERY, R.F. (1972): Ecology of subalpine tree clumps in the North Cascades Mountains of Washington. Unveröff. Ph. D. thesis, Oregon State Univ., Corvallis.

MARR, J.W. (1977): The development and movement of tree islands near the upper limit of tree growth in the southern Rocky Mountains. In: Ecology 58, S. 1159-1164.

MATTES, H. (1978): Der Tannenhäher im Engadin. Studien zu seiner Ökologie und Funktion im Arvenwald (Münstersche Geogr. Arbeiten 2).

MATTES, H. (1982): Die Lebensgemeinschaft von Tannenhäher und Arve (Eidg. Anst. f. d. forstl. Versuchswesen, Ber. 241).

NOBLE, D.L./R.R. ALEXANDER (1977): Environmental factors affecting natural regeneration of Engelmann spruce in the central Rocky Mountains. In: Forest Science 23,2, S. 420-429.

PATTEN, D.T. (1963): Light and temperature influence on Engelmann spruce seed germination and subalpine forest advance. In: Ecology 44, S. 817-818.

SCHÖNENBERGER, W. (1978): Ökologie der natürlichen Verjüngung von Fichte und Bergföhre in Lawinenzügen der nördlichen Voralpen (Mitt. Eidg. Anst. f. d. forstl. Versuchswesen 54,3).

SCHÖNENBERGER, W. (1981): Die Wuchsformen der Bäume an der alpinen Waldgrenze. In: Z. f. Forstwesen 132,3, S. 149-162.

SWEDBERG, K.CH. (1961): The coniferous ecotone of the east slopes of the northern Oregon Cascades. Unveröff. Ph. D. thesis, Oregon State Univ., Corvallis.

TURNER, H. (1958): Maximaltemperaturen oberflächennaher Bodenschichten an der alpinen Waldgrenze. In: Wetter und Leben 10,1/2, S. 1-11.

YLI-VAKKURJ, P. (1953): Untersuchungen über organische Wurzelverbindungen zwischen Bäumen in Kiefernbeständen. In: Acta Forestalia Fenn. 60,3, S. 103-117.

Anschrift des Verfassers:

Prof. Dr. Friedrich-Karl Holtmeier
Westfälische Wilhelms-Universität
Institut für Geographie
Robert-Koch-Straße 26
D - 4400 Münster

Aus:

Ekkehart Köhler und Norbert Wein (Hrsg.):

NATUR- UND KULTURRÄUME.
Ludwig Hempel zum 65. Geburtstag.

Paderborn: Ferdinand Schöningh 1987.
= Münstersche Geographische Arbeiten 27.

Photo 1: Tannengruppe (Abies lasiocarpa) an einem extrem windbeeinflußten Standort oberhalb des Frozen Lake am Mt. Rainier (Washington) bei 2.065 m. Die luvseitigen, wiederholt durch Frost, Frosttrocknis und Eisgebläse geschädigten Triebe bieten den leewärtigen Schutz.
Photo: HOLTMEIER 04.08.1985

Photo 2: Bauminseln (Abies lasiocarpa, Picea engelmannii) im Waldgrenzökoton auf der Westseite des Caribou Passes (Front Range, Colorado) bei ca. 3.600 m. Sie sind durchweg durch Ablegerbildung entstanden.
Photo: HOLTMEIER 02.09.1977

Photo 3: Arvengruppe (Hähersaat) auf einer windexponierten Geländewelle auf dem nordwestexponierten Hang des Oberengadiner Haupttales (Schweiz) in 2.200 m. Infolge der durch die heranwachsenden Bäume verstärkten Schneeablagerung und verlängerten Schneedeckendauer sind die bodennahen Triebe und Nadeln der Schneeschütte (phacidium infestans) zum Opfer gefallen. Die jüngeren Arven haben diese Infektionen nicht überlebt.
Photo: HOLTMEIER 23.09.1968

Photo 4: Waldgrenzökoton auf der Westseite der Front Range (Colorado) bei ca. 3.500 m. Im locker bestockten Übergangsbereich bleibt der Winterschnee länger liegen als im geschlossenen Wald und im windexponierten baumlosen Gelände.
Photo: HOLTMEIER 08.07.1979

Photo 5: Dichte "Randverjüngung" im durch den "blackbody-effect" begünstigten Saumbereich einer Bauminsel (Abies lasiocarpa) in den Olympic Mountains (Washington) bei ca. 1.900 m.
Photo: HOLTMEIER 05.08.1985

Photo 6: Leeseite eines Waldstreifens im "ribbon forest" an Mt. Audubon bei 3.320 m. Blickrichtung Nord. In diesem Bereich stärkster Akkumulation bleibt der Winterschnee oftmals bis Ende Juli/Anfang August liegen. Jungwuchs ist hier kaum vorhanden.
Photo: HOLTMEIER 18.07.1984

Dietbert Thannheiser

Die Pflanzengesellschaften der isländischen Meeresspülsäume

1. Einleitung

Die Küstenvegetation Islands bildet seit Jahrzehnten Gegenstand vielfältiger Untersuchungen, jedoch beschränken sich fast alle Publikationen auf nur kurze Küstenabschnitte (HADAČ 1970; STEINDÓRSSON 1976; TÜXEN 1970). In dieser Arbeit soll erstmals versucht werden, eine großräumige Darstellung der unterschiedlichen Vegetationseinheiten der Meeresspülsäume zu geben.

Die Anregung für eine umfassende Untersuchung der isländischen Küstenvegetation stammte von Herrn Dr. Drs. h.c. R. TÜXEN, der in den Jahren 1968 und 1970 die Insel bereiste. Die Ergebnisse seiner pflanzensoziologischen Beobachtungen an der Küste aus dem Jahr 1968 wurden in der Zeitschrift Vegetatio veröffentlicht (TÜXEN 1970), dagegen sind die vegetationskundlichen Untersuchungen aus dem Jahr 1970 nicht aufbereitet und veröffentlicht worden. Aus Gesprächen mit Herrn TÜXEN in den Jahren 1977 und 1978 ist mir in Erinnerung, daß eine größere Abhandlung über die Vegetation Islands von den Teilnehmern an der Exkursion der Internationalen Vereinigung für Vegetationskunde durch Südwest-Island vom 06.-17.08.1970 zusammengestellt werden sollte, die bis jetzt jedoch noch nicht erschienen ist.

Bei meiner seit 15 Jahren andauernden Beschäftigung mit der Küstenvegetation auf der Nordhalbkugel interessierte mich die Artenkombination und Verbreitung der Phytozönosen im isländischen Küstenbereich schon seit langem. Von Herrn TÜXEN wurden mir zahlreiche Hinweise und einige unveröffentlichte Vegetationsaufnahmen zur Verfügung gestellt.

Die dieser Arbeit zugrunde liegenden Felduntersuchungen wurden in den Jahren 1980 und 1982 durchgeführt. Es konnten relativ viele Küstenabschnitte, die einigermaßen zugänglich waren, untersucht werden, so daß es möglich war, ein repräsentatives Bild von den Vegetationseinheiten der Spülsäume zu erhalten.

Während der Geländeuntersuchungen im Sommer 1980 wurde ich von Herrn Karl-Peter HELLFRITZ (Bad Oeynhausen) unterstützt. Dafür sei hier besonders gedankt.

Durch weitere Hinweise wurde ich unterstützt von Herrn Dr. STEINDORSSON, den ich im Jahr 1980 in Akureyri aufsuchte. Wertvolle Hilfe bei der Bestimmung kritischer Gefäßpflanzen leisteten die Herren Dr. T. OHBA (Yokohama), Kurator S. SIVERTSEN (Trondheim), Prof. Dr. H. SCHOLZ (Berlin) und Dr. P. TASCHEREAU (Halifax).

2. Das Untersuchungsgebiet

Die Länge der isländischen Küstenlinie beträgt ca. 6.000 km, wobei Sand-, Kies- und Geröllküsten vorherrschen. Die Nordwest- und die Ostküste sind vorrangig vom Küstentyp der Fjordküste geprägt, und nur im Fjordinnern kommen isoliert kleine Sandstrände vor, die dürftig von einer Spülsaumvegetation besiedelt sind. Die Nordküste besitzt den Charakter einer Fjärdküste, wird jedoch von mehreren großen flachen Buchten unterbrochen. Die Westküste ist eine Flachküste, die sich isostatisch gehoben hat, an vielen Küstenabschnitten kommt der Schärenküstentyp vor, wobei die Schären einen Teil der Strandflate darstellen. Durch Meeresströmungen werden an Basaltspornen Nehrungsansätze gebildet, die von vereinzelten Spülsaumpflanzen bewachsen sind.

Hervorzuheben ist jedoch, daß unterhalb der Kliffküsten in Nord- und Ost-Island ein schmaler Strand von mehreren Metern Breite ausgebildet sein kann. Oft umfaßt er einen Strandwall aus grobem Sand, Kies oder Geröll und wird sporadisch von einer Spülsaumvegetation besiedelt.

Die flache Südküste besteht aus ausgedehnten Sand- und Kiesflächen, deren Entstehung den unzähligen Gletscherflüssen zuzuschreiben ist. Auch hier werden durch eine küstenparallele Meeresströmung große Sandmengen verfrachtet, so daß eine Ausgleichsküste entsteht. Anzeichen von Spülsaumpflanzen konnten hier kaum beobachtet werden.

Die schwarzgrauen Sandstrände der isländischen Küsten unterscheiden sich stark von den übrigen europäischen und amerikanischen Stränden, da es sich bei dem Material um zerkleinerte Basaltkörner, schwimmfähige Bimssteinklumpen und vulkanische

Aschepartikel (Tephra) handelt. Durch die Brandung und den Wind werden diese leichten Partikel immer wieder umgelagert, so daß das lockere Substrat ständig in Bewegung ist.

3. Allgemeine physiognomische und ökologische Beobachtungen

Die Spülsaumvegetation ist auf den breiten isländischen Stränden eigentlich sehr spärlich ausgebildet, und nur sehr selten kann man von einer üppigen Entwicklung einer Pflanzendecke sprechen. Die Ursachen sind vielfältig.

Neben den ungünstigen Bodenwasserbedingungen und der Nährstoffarmut, besonders dem Mangel an Muschelschalen, beeinträchtigen die Kürze der Vegetationsperiode und die mechanische Wirkung des Windes die Entwicklung der Pflanzen. Nur im Bereich der Spülsaumablagerungen ist das Stickstoffangebot reichlich, weil der Hauptanteil der Flutmarken aus Braunalgen (*Fucus*-Arten) besteht, die besonders im Sublitoral üppig gedeihen.

Im Winterhalbjahr hinterläßt das Meer nach Stürmen Flutmarken aus Tang, Seegras, Treibholz, Reste der Meeresfauna und Produkte der Zivilisation auf dem Landstrand. Auf schwach geneigten Sand- und Kiesstränden ist eine flächenhafte, lockere Verteilung der Spülsaumablagerungen typisch, dagegen sind auf Stränden, die einen größeren Böschungswinkel aufweisen, in unregelmäßigen Abständen perlschnurförmig strandparallele Driftwälle abgelagert. Die jüngsten und frischesten Ablagerungen werden bei Springfluten noch von Meerwasser durchfeuchtet und sind noch nicht oder nur mit juvenilen, annuellen Gefäßpflanzen sporadisch besiedelt. Das ältere Spülsaummaterial bietet durch einen intensiven Gärungs- und Verwesungsprozeß ein erhöhtes Nährstoffangebot, dank der Sandüberwehungen entstehen sogenannte 'Tangbeete', die für die Dauer einer halbjährigen Vegetationsperiode von salzresistenten, nitrophytischen Pflanzen eingenommen werden können.

Selbst auf Strandwällen aus grobem Geröll trifft man, bedingt durch die organischen Ablagerungen, vereinzelt Spülsaumpflanzen an. Auf Island wird verstärkt trockeres Spülsaummaterial durch Wind strandeinwärts transportiert und vor den Dünen abgelagert. Diese Windmarken bilden für einige Zeit geeignete Existenzbedingungen für Spülsaumgesellschaften in unmittelbarem Kontakt zu reinen Dünengesellschaften (HELLFRITZ 1984).

Die Spülsaumvegetation Islands wird häufig durch sehr artenarme Phytozönosen repräsentiert, und die teppichartigen bzw. fragmentarisch-gürtelförmig langgezogenen Bestände können eine hohe Individuenzahl aufweisen. Bald nach der Samenreife gehen die Bestände zugrunde, um im nächsten Frühsommer unter Umständen an völlig anderen Stellen erneut in gleicher Artenkombination zu keimen (SASSE 1985), je nachdem, wohin die winterlichen Sturmfluten die Spülsaumreste mit den Samen verlagert haben.

Die Spülsaumgesellschaften werden als eine Sonderform der Dauergesellschaften betrachtet, da sie sich zum einen durch sporadisches Auftreten an immer neuen, aber ähnlichen Standorten auszeichnen, zum anderen aber Pioniercharakter besitzen, was dazu führt, daß TÜXEN (1970) sie als migratorische Dauer-Pioniergesellschaften bezeichnete. Die annuellen Bestände stellen gleichzeitig auch Schlußgesellschaften dar, da bei permanenter Zerstörung der Standorte durch Sturmfluten keine Sukzession stattfindet. Bleiben jedoch die winterlichen Sturmfluten für einige Jahre im Bereich der obersten Spülsaumgesellschaften aus, kann die Sukzession zu perennierenden Artenkombinationen führen, es stellt sich an der Nordküste Islands das Potentilletum egedii, an der Südküste das Festuco-Potentilletum anserinae ein. Die Verbreitung dieser nitrophytischen, schwach salzresistenten Assoziationen wird noch durch Guanotrophierung und Weideeinfluß der Schafe gefördert (THANNHEISER 1981).

Eine Häufung von Spülsaumgesellschaften läßt sich an den West- und Südwest-Küsten beobachten, die klimatisch begünstigt sind.

In der idealisierten Höhenzonierung (Abb. 1) zeigt sich eine schematische Abfolge der einzelnen Gesellschaften, außerdem werden die wichtigsten ökologischen Faktoren in ihren Auswirkungen auf die Vegetationsentwicklung skizziert.

4. Spezielle soziologische Untersuchungen

Auf den Spülsaumablagerungen lassen sich die ephemeren Gesellschaften soziologisch oft sehr schwer trennen, da sie meist verzahnt nebeneinander wachsen und die Bestände mit den weit auseinander wachsenden Individuen schwierig zu gliedern sind; erst nach dem Studium vieler Strandpartien ist es möglich, die einzelnen Zonierungen bzw. Gesellschaften zu unterscheiden.

A = vegetationsloser Vorstrand

B = untere Flutmarke aus frischen Tangablagerungen an der MTHW-Linie

C = mittlere Flutmarke aus Spülsaumablagerungen an der SPTHW-Linie (frisches u. altes umgelagertes Material)

D = obere Flutmarke aus alten Spülsaumablagerungen bei jährlichen winterlichen Sturmfluten entstanden (verrottendes organisches Material vom Sand überweht)

E = oberste Flutmarke bei extrem seltenen Sturmfluten entstanden (völlig zersetzte organische Ablagerungen)

F = Windmarke aus trockenen Spülsaumablagerungen Dünenfuß

1 = einzelne Therophyten (juv.)

2 = Cakiletum islandicae

3 = Atriplex praecox - Gesellschaft und Matricario ambiguae-Atriplicetum glabriusculae

4 = Polygonetum heterophylli litoralis

5 = Potentilletum egedii und Festuco-Potentilletum anserinae

6 = Fragmente von Cakiletum islandicae und Polygonetum heterophylli litoralis

7 = Honckenyo diffusae-Elymetum arenariae

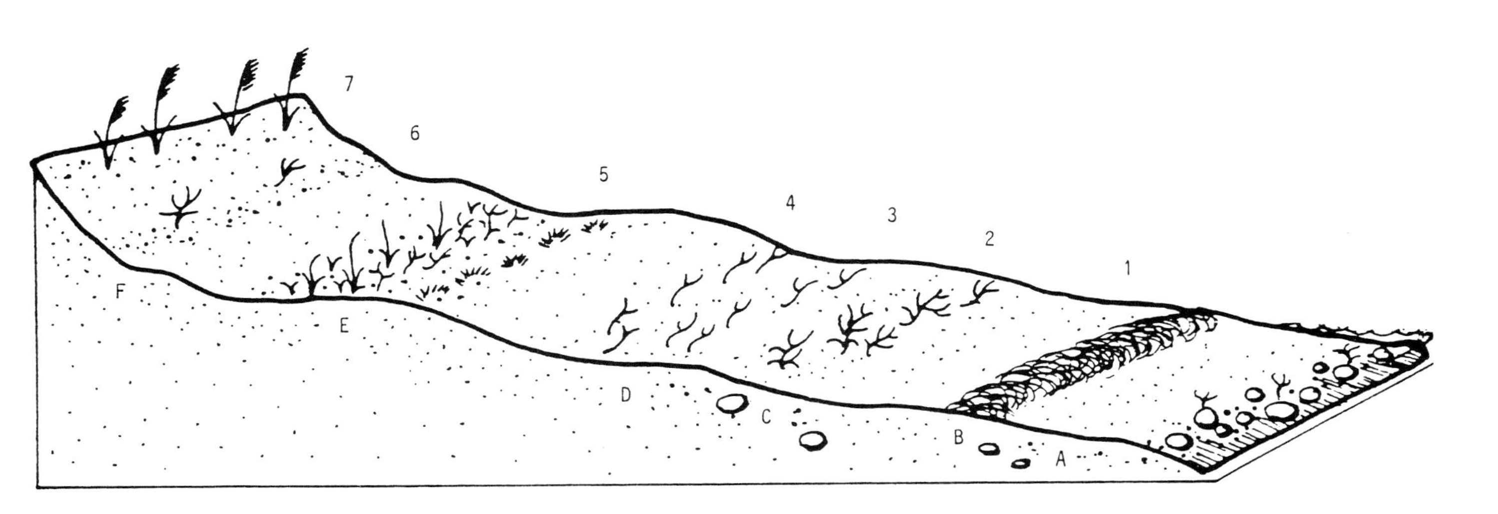

← abnehmende Überflutung
← abnehmende Zahl der Flutmarken
← abnehmende Spülsaummengen
← abnehmende Schäden durch Sturmfluten
← abnehmender Salzwassereinfluß
← abnehmende Anschwemmung von Samenmaterial
← abnehmende Dichte der annuellen Pflanzen
← abnehmende Anzahl der annuellen Pflanzenarten
← abnehmende Winderosion
← abnehmende Instabilität des Substrats
← abnehmender Kalkanteil

← zunehmendes Alter der Spülsaumablagerungen
← zunehmende Übersandung
← zunehmender Anteil von zersetzenden organischen Material
← zunehmende Dichte der Vegetationsdecke
← zunehmende Zahl der perennierenden, salztoleranten u. nitrophytischen Pflanzen
← zunehmende Zahl der nicht salztoleranten, nitrophytischen Pflanzen
← zunehmender Zustrom frischen Oberflächenwassers
← zunehmende Versauerung
← zunehmende Bodenaustrocknung
← zunehmende Einflüsse durch Weidetiere

Abb. 1: Schematische Darstellung der typischen Vegetationsabfolge auf isländischen Meeresspülsäumen mit Hinweis auf die wichtigsten vegetationsbedingenden ökologischen Faktoren

4.1 CAKILETUM ISLANDICAE Hellfritz 1980

Auf den tiefer gelegenen Strandpartien oberhalb der mittleren Tidehochwasserlinie wächst das Cakiletum islandicae. Die Assoziation ist selten flächenhaft ausgebildet, nur in NW-Island am Patreksfjördur konnten Bestände angetroffen werden, die mehrere hundert Quadratmeter einnahmen und eine Vegetationsbedeckung von 70% erreichten. Eine verwandte Assoziation wurde von TÜXEN (1970) im Jahre 1968 an der SW-Küste Islands beobachtet und mit einer Tabelle belegt. Die Bezeichnung Atriplici-Cakiletum islandicae (Jonsson 1900) Tx. 1968 trifft für die angetroffenen Bestände nicht zu, weil *Atriplex glabriuscula* nur selten in der isländischen Assoziation vorhanden ist, denn die Art bildet auf höher gelegenen Strandpartien eine eigene Assoziation (Tab. 1). Die *Cakile*-Gesellschaften auf den nordatlantischen Sand- und Kiesstränden sind meist einartig ausgebildet, wie die Tabellen des Cakiletum maritimae (Nordhagen 1940) und des Cakiletum edentuale (Thannheiser 1981) zeigen. Aus soziologischen Gründen werden die isländischen *Cakile*-Bestände mit dem Namen Cakiletum islandicae Hellfritz 1980 bezeichnet, da die Assoziation aus Ost-Finnmerk (Norwegen) von HELLFRITZ (1980) mit der isländischen Phytozönose synonym ist. Auch STEINDÓRSSON (1976) nennt aus Island eine *Cakile edentula*-soc. ohne *Atriplex*-Arten, die mit der untersuchten Assoziation gleichzusetzen ist. Ein Antriplici-Cakiletum islandicae wird von ELVEN u. JOHANSEN (1983) sowie von JOHANSEN (1983) aus Nordnorwegen und von SASSE (1985) aus Mittelnorwegen beschrieben und mit Tabellen belegt. Bei dieser Assoziation handelt es sich jedoch um eine andere Kennart (*Atriplex prostrata* ssp. *prostrata*).

Vom Verfasser wurden 13 Vegetationsaufnahmen von der isländischen West- und Nordküste gewonnen (Abb. 2). Die Assoziation konnte in zwei Subassoziationen gegliedert werden, wobei die Typische Subassoziation die Initial- und Optimalausbildung der Phytozönose darstellt (Tab. 1). Die Subassoziation von *Honckenya peploides* gibt die Degenerationsausbildung der Assoziation an, wie das Auftreten der begleitenden Arten zeigt.
Interessant ist das Vorkommen von *Cakile edentula* ssp. *islandica* an der Nordküste, denn auf der Verbreitungskarte von HALLGRIMSSON (1970) ist die Art nur für die West- bzw. Südküste der Insel angegeben.

Bei der Einordnung in höhere Einheiten ist eine Zuordnung zu Cakiletalia edentulae (Tx. 1950) Thannheiser 1981 innerhalb der Cakiletea maritimae Tüxen et Preising 1950 zu empfehlen.

4.2 ATRIPLEX PRAECOX-Gesellschaft

Von der isländischen Küste wird hiermit zum ersten Mal das Vorkommen von *Atriplex praecox* bekannt. Die salztolerante nitrophytische Art *Atriplex praecox* Hülphers wird von TASCHEREAU (1977)[1] als eigenständige Art aufgefaßt (im Gegensatz zu GUSTAFSSON 1976, der sie als Unterart von *A. longipes* bezeichnet) und wurde bereits für Schottland, Nord-Norwegen und Kanada nachgewiesen. *Atriplex praecox* bildet nicht nur auf Island eine eigenständige Gesellschaft, sondern konnte auch von THANNHEISER (1981) für Neufundland und von SASSE (1985) für Mittelnorwegen nachgewiesen werden. Die Anzahl von 12 Vegetationsaufnahmen von der nordatlantischen Küste ist jedoch noch zu gering, um den Rang einer Assoziation zu rechtfertigen (Tab. 2). Bestände der *Atriplex praecox*-Gesellschaft konnten an der West-, Nord- und Ostküste angetroffen werden (Abb. 3).

4.3 MATRICARIO AMBIGUAE-ATRIPLECETUM GLABRIUSCULAE Tx. 1950

Die Assoziation Matricario ambiguae-Atriplicetum glabriusculae wurde aus Island zum ersten Mal von HADAČ (1970) mit zwei Vegetationsaufnahmen belegt. Vom Verfasser konnte die Phytozönose mit 17 Vegetationsaufnahmen an allen isländischen Küstenabschnitten nachgewiesen werden (Abb. 4). In der synthetischen Tabelle (Tab. 3) des Matricario ambiguae-Atriplicetum glabriusculae wurden alle bisher verfügbaren Aufnahmen aus Island zusammengefaßt, um einen besseren Überblick von der Artenzusammensetzung zu gewinnen. Die zweite Kennart der Assoziation, *Matricaria ambigua* (syn.: *Tripleurospermum maritimum* ssp. *phaeocephalum*), ist nicht immer in allen Aufnahmen vertreten, sie scheint jedoch in dieser Phytozönose ihr Optimum zu besitzen. Die untersuchte Assoziation ist offensichtlich nur an den Küsten Islands und der Faeröer verbreitet. Möglicherweise läßt sich jedoch die Assoziation bei einer erhöhten Anzahl von Vegetationsaufnahmen aufspalten und ein Teil in das Atriplicetum glabriusculae (HADAČ 1949) sowie in eine neuzubildende Assoziation mit *Matricaria ambigua* eingliedern (THANNHEISER 1975).

---

1) Für die genaue Nachprüfung der *Atriplex*-Belege wird an dieser Stelle Herrn Dr. P. TASCHEREAU (Halifax) herzlich gedankt.

Der Verfasser folgt der von HADAČ (1970) vorgeschlagenen synsystematischen Zuordnung der Assoziation in den Verband Atriplicion litoralis Nordh. 1950 innerhalb der Klasse Cakiletea maritimae Tx. et Preisg. 1950. Eine Einordnung in die Klasse Chenopodietea Oberd. em. Lohm., J.et.R.Tx. 1961 wie sie bei HADAČ (1970) erfolgte, wird vom Verfasser abgelehnt, denn alle annuellen Spülsaumgesellschaften werden in der Klasse Cakiletea maritimae vereinigt.

4.4 POLYGONETUM HETEROPHYLLI LITORALIS (Tx. 1950) Sasse 1985

Auf den oberen Teilen der Sandstrände, an deren Oberfläche kaum noch Spülsaumablagerungen sichtbar sind, gedeiht eine Gesellschaft mit *Polygonum heterophyllum* Lindm. var. *litorale* (Link.) Lindm.[1] Gesellschaften mit *Polygonum heterophyllum* waren bereits von den Küsten der Ostsee bekannt (TÜXEN 1972) und wurden von TÜXEN (1950) provisorisch in den Rang einer Assoziation erhoben.

Eine eingehende Beschreibung des Polygonetum heterophylli litoralis lieferte SASSE (1985) von der mittelnorwegischen Küste. Bestände mit *Polygonum heterophyllum* waren aus Island bereits von TÜXEN (1970) bekannt, der eine Subassoziation von *Polygonum heterophyllum* des Atriplici-Cakiletum islandicae beschrieb. Im Untersuchungsgebiet konnte die Assoziation mit Vegetationsaufnahmen aus verschiedenen Küstenabschnitten der West- und Nord-Küste belegt werden (Tab. 4, Abb. 5). Das Polygonetum heterophylli litoralis soll in den Verband Atriplicion litoralis Nordh. 1940 gestellt werden.

4.5 POTENTILLETUM EGEDII Blouin et Grandtner 1971

Auf alten Flutmarken, die in der Höhenzonierung die obersten Grenzen der Strände einnehmen, werden die einjährigen Spülsaumgesellschaften von mehrjährigen, nitrophytischen, salztoleranten Gesellschaften abgelöst. Diese Phytozönosen mit *Potentilla egedii* bzw. *P. anserina* besiedeln in der Regel eine schmale, parallel zur Strandlinie verlaufende Zone auf Sandstränden mit bereits stark zersetzten Tangresten und in den Salzwiesen jene Bereiche, die vor Jahren durch Spülsaumablagerungen extrem hoher Sturmfluten angereichert wurden.

1) Herrn Prof. Dr. H. SCHOLZ (Berlin) sei für die Bestimmung einiger *Polygonum*-Belege gedankt.

An der Nordküste Islands konnten 12 Vegetationsaufnahmen mit *Potentilla egedii* Wormsk. *ssp. egedii* var. *groenlandica* (Tratt.) Polunin gewonnen werden, diese sind in Tabelle 5 zusammengefaßt worden. Die vorgefundene Assoziation (Abb. 6) besiedelt ein größeres Areal als die Verbreitungskarte von HALLGRIMSSON (1969) anzeigt. *Potentilla egedii* bildet Bestände auf sandigen wie tonigen Substraten, was in Tabelle 5 durch das Auftreten der Salzwiesen- und Küstendünen-Arten dokumentiert wird. Nach Beobachtungen des Verfassers verschwindet diese Dauergesellschaft nach einigen Jahren, wenn die Nährstoffe der ehemaligen Spülsaumablagerungen aufgezehrt worden sind. Sie löst jedoch als perennierende Folgegesellschaft annuelle Spülsaumgesellschaften benachbarter Standorte ab. Die Phytozönose mit *Potentilla egedii* ist in Ostkanada weit verbreitet (THANNHEISER 1981) und kommt auch in Nordnorwegen vor (HELLFRITZ 1980; THANNHEISER 1974).

4.6 FESTUCO-POTENTILLETUM ANSERINAE Tx. 1977 (prov.)

An der Westküste Islands werden die nitrophytischen Therophyten-Gesellschaften der höchsten Flutmarken von einem Hemikryptophyten-Rasen mit *Potentilla anserina* abgelöst. Bei dieser Art handelt es sich wahrscheinlich um einen Ökotyp mit salinem Charakter. Vom Verfasser wurden auf sandigen Standorten neun Vegetationsaufnahmen mit *Potentilla anserina* gewonnen, die jedoch keine soziologische Klarheit erkennen ließen, so wurden alle verfügbaren Aufnahmen aus Island in einer synthetischen Tabelle (Tab. 6) vereinigt und mit den Namen Festuco-Potentilletum anserinae versehen, den TÜXEN (1977) aufgrund seiner Beobachtungen im Jahr 1970 auf Island provisorisch aufstellte (Abb. 7).

Von der Westküste Norwegens wurde von LOSVIK (1983) eine Phytozönose *(Festuca rubra-Potentilla anserina* community) beschrieben, die Ähnlichkeit mit der untersuchten Assoziation aufweist. Auch STEINDÓRSSON (1946, 1974) bezeichnet verwandte Bestände mit dem Namen *'Festuca rubra-Potentilla anserina*-soc.'. Die vorgelegte Assoziation, die ihren Verbreitungsschwerpunkt an der Westküste Islands hat, zeigt eine gewisse Verwandtschaft mit der *Poa irrigata-Potentilla anserina*-Assoziation, die von TÜXEN (1970) in SW-Island auf noch höheren Strandpartien, die nur beweidet, aber nicht mehr überflutet werden, angetroffen wurde.

Eine gute soziologische Übersicht über die Bestände mit *Potentilla anserina* vom Küstenbereich Islands zu gewinnen, ist sehr schwierig, da die Strandwiesen zu stark von Tieren beeinträchtigt sind. Der Einfluß und das Maß der Beweidung in den Beständen ist insbesondere durch die hohe Artmächtigkeit von *Festuca rubra agg.* zu erkennen. Die Einordnung des Festuco-Potentilletum anserinae erfolgt in den Verband Agropyro-Rumicion crispi (Nordhagen 1940) Tx. 1950. Nach den Untersuchungen von SYKORA (1982) soll der Name Agropyro-Rumicion crispi nur auf die mehrjährigen nitrophytischen Kriechrasen-Gesellschaften nordischer Meeresküsten bezogen werden.

5. Literatur

ELVEN, R. og V. JOHANSEN (1983): Havstrand i Finnmark. Flora, vegetasjon og botniske verneverdier (Miljöverndep., Rapport T-541). Oslo, 357 S.

GUSTAFSSON, M. (1976): Evolutionary trends in the Atriplex prostrata Group of Scandinavia. 4. Taxanomy and morphological variation (Opera Botanica 39). Lund.

HADAČ, E. (1949): The flora of Reykjanes Peninsula, SW-Island. In: The Botany of Iceland 5 : 1, S. 1-57). Kopenhagen.

HADAČ, E. (1970): Sea-shore communities of Reykjanes Peninsula, SW-Iceland. Plant communities of Reykjanes Peninsula II. In: Folia Geobot. Phytotax. 5, S. 133-144. Prag.

HALLGRIMSSON, H. (1969): Plant distribution in Iceland in relation to climate. 1.: Continental distribution. In: Natturufraedingurinn 39, S. 17-31, isl. Reykjavik.

HALLGRIMSSON, H. (1970): Plant distribution in Iceland in relation to climate. 2.: Oceanic distribution. In: Natturufraedingurinn 40, S. 233-258, isl. Reykjavik.

HELLFRITZ, K.-P. (1980): Zur Küstenvegetation von Ost-Finnmark (Norwegen). Münster (unveröff. Staatsexamensarbeit), 128 S.

HELLFRITZ, K.-P. (1984): Charakteristische Meeresspülsäume des Nord-Atlantiks (einschl. ausgewählter Küstenbereiche des Europäischen Nordmeeres sowie der Barents-See) und des Nord-Pazifiks. In: Seevögel, Verein Jordsand 5, S. 81-91). Hamburg.

JOHANSEN, V. (1983): Havstrandvegetasjon i Ofoten, Lofoten og deler av Vesterålen. Tromsö (unveröff. Hovedfagsoppg.), 218 S.

LÖVE, A. (1970): Islenzk ferdaflora. Reykjavik, 428 S., isl.

LOSVIK, M.H. (1983): Drift-line vegetation on well-drained, medium exposed beaches in the outward region of the fjord of Hordaland, Western Norway. In: Nordic Journal of Botany 3, S. 493-508. Kopenhagen.

NORDHAGEN, R. (1940): Studien über die maritime Vegetation Norwegens. I. Die Pflanzengesellschaften der Tangwälle (Bergens Mus. Arbok 1939/40, Naturv rek. 2). Bergen, 123 S.

SASSE, E. (1985): Zur Küstenvegetation Mittelnorwegens (Dissertation). Münster, 234 S.

STEFANSSON, ST. (1948): Flora Islands. Reykjavik (3. Aufl.), 407 S., isl.

STEINDÓRSSON, St. (1946): Contributions to the plant-geography and flora of Iceland. IV.: The vegetation of Isafjardardjup North-West Iceland. In: Acta Naturalia Islandica 1 (3), S. 1-32. Reykjavik.

STEINDÓRSSON, St. (1974): A list of Icelandic plantsociations. In: Res. Inst. Nedri As, Bull 17, S. 1-23. Hveragerdi.

STEINDÓRSSON, ST. (1976): Some notes on the shore vegetation of Iceland (Acta Bot. Isl. 4, S. 19-35). Reykjavik.

SYKORA, K.V. (1982): Syntaxonomy and synecology of the Lolio-Potentillion Tüxen 1947 in the Netherlands. In: Acta Bot. Neerl. 31 (1/2), S. 65-95.

TASCHEREAU, P.M. (1977): Atriplex praecox Hülphers: a species new to the British Isles. In: Watsonia 11, S. 195-198.

THANNHEISER, D. (1974): Beobachtungen zur Küstenvegetation der Varanger-Halbinsel (Nord-Nordwegen). In: Polarforschung 44 (2), S. 145-158.

THANNHEISER, D. (1975): Beobachtungen zur Küstenvegetation auf dem westlichen Kanadischen Arktis-Archipel. In: Polarforschung 45, S. 1-16.

THANNHEISER, D. (1981): Die Kostenvegetation Ostkanadas. In: Münstersche Geogr. Arbeiten 10, S. 1-203.

TÜXEN, R. (1950): Grundriß einer Systematik der nitrophilen Unkrautgesellschaften in der Eurosibirischen Region Europas. In: Mitt. d. flor.-soz. Arbeitsgem. N.F. 2, S. 94-175.

TÜXEN, R. (1970): Pflanzensoziologische Beobachtungen an isländischen Dünengesellschaften. In: Vegetatio 20 (5/6), S. 251-278.

TÜXEN, R. (1972): Cakiletea maritimae. In: Bibliogr. Phytosoc. Syntaxonomica 9, S. 1-42.

TÜXEN, R. (1977): Vegetationskundliche Beobachtungen während der Exkursion der Internat. Vereinigung für Vegetationskunde durch Südwest-Island vom 06.-17.08.1970. Todenmann (Manuskript).

Anschrift des Verfassers:

Prof. Dr. Dietbert Thannheiser
Universität Hamburg
Institut für Geographie
und Wirtschaftsgeographie
Bundesstraße 55
D - 2000 Hamburg 13

Aus:
Ekkehart Köhler und Norbert Wein (Hrsg.):
NATUR- UND KULTURRÄUME.
Ludwig Hempel zum 65. Geburtstag.
Paderborn: Ferdinand Schöningh 1987.
= Münstersche Geographische Arbeiten 27.

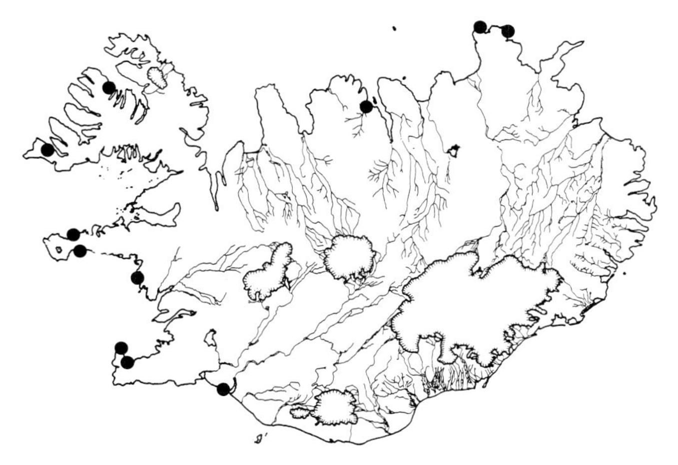

Abb. 2: Verbreitung des Cakiletum islandicae

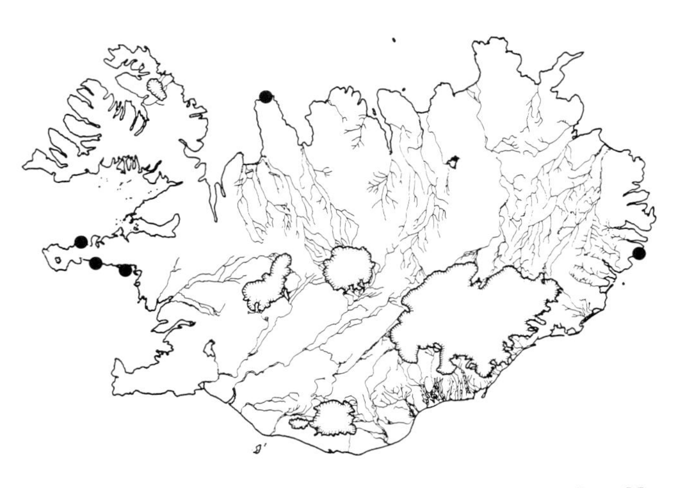

Abb. 3: Verbreitung der Atriplex praecox-Gesellschaft

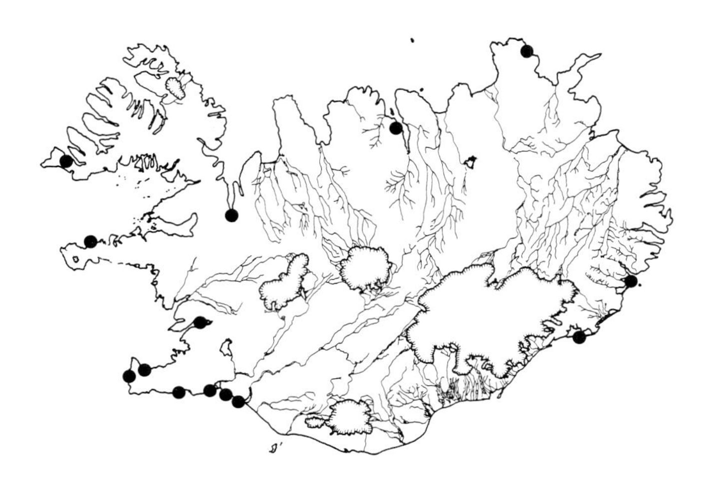

Abb. 4: Verbreitung des Matricario ambiguae-Atriplicetum glabriusculae

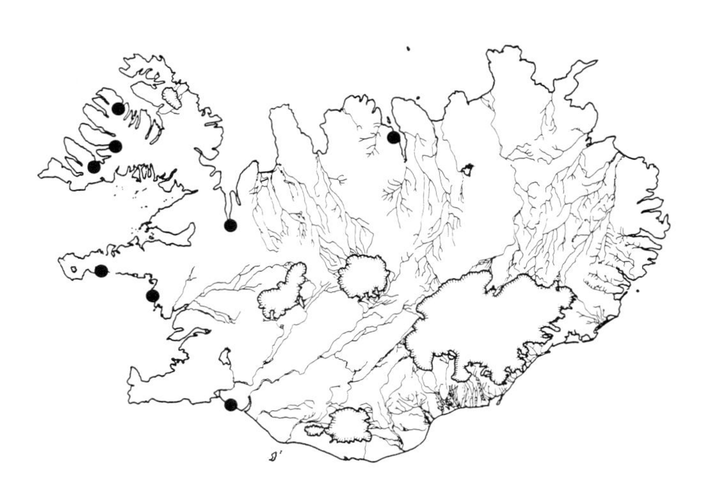

Abb. 5: Verbreitung des Polygonetum heterophylli litoralis

Abb. 6: Verbreitung des Potentilletum egedii

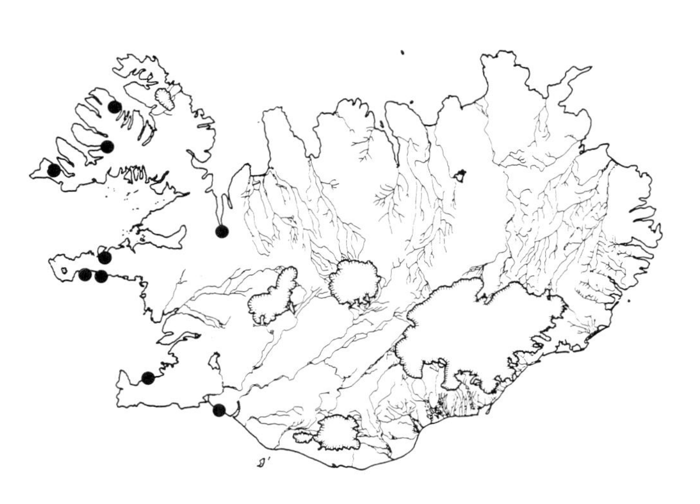

Abb. 7: Verbreitung des Festuco-Potentilletum anserinae

Tab. 1 : Cakiletum islandicae Hellfritz 1980

1 = Typische Subassoziation
2 = Subassoziation mit Honckenya peploides

Spalte	1								2				
Nummer d. Aufnahme:	1	2	3	4	5	6	7	8	9	10	11	12	13
Größe d. Probefläche (m²):	1	4	4	4	10	10	4	10	2	1	4	10	1
Vegetationsbedeckung (%):	15	20	30	40	35	70	30	40	30	25	40	25	35
Artenzahl:	1	1	1	1	1	1	2	2	3	3	2	4	4
Kennart der Assoziation:													
Cakile edentula ssp. island.	2	2	3	3	3	4	3	3	3	2	3	2	3
Trennart der Subassoziation:													
Honckenya peploides	.	.	.	.	.	.	.	.	1	+	2	1	+
Kennart d. höh. Einheit.:													
Atriplex glabriuscula	.	.	.	.	.	.	+	1	.	.	.	.	.
Begleiter:													
Mertensia maritima	.	.	.	.	.	.	.	.	+	+	.	.	.
Elymus arenarius	.	.	.	.	.	.	.	.	.	.	.	+	1
Festuca rubra ssp. cryoph.	.	.	.	.	.	.	.	.	.	.	.	+	+

Nachweis der Aufnahmen:

1 (24.8.80) Asmundarstadir
2 (6.8.82) Isafjördur
3 (2.9.80) Akrar
4 (2.8.80) Akrar
5 (15.8.82) Gerdar
6 (7.8.82) Patreksfördur
7 (16.8.82) Keflavik
8 (15.8.82) Gerdar
9 (6.9.80) Fljötsholar
10 (24.8.80) Sigurdarstadavik
11 (27.8.80) Dalvik
12 (31.8.80) Bulandshöfdi
13 (1.9.80) Budir

Tab. 2 : Atriplex praecox - Gesellschaft

Nr. d. Aufnahme:	1	2	3	4	5
Größe d. Probefläche (m²):	1	1	1	1	1
Vegetationsbedeckung (%):	20	30	30	20	20
Artenzahl:	1	2	2	2	2
Kennart der Gesellschaft:					
Atriplex praecox	2	3	3	2	2
Begleiter:					
Stellaria media	.	2	2	.	.
Honckenya peploices	.	.	.	+	.
Elymus arenarius	.	.	.	.	+

Nachweis der Aufnahmen:

1 (3.8.82) Skagata, Skagaheidi
2 (1.9.80) Stadastadur
3 (13.9.80) Stödvarfjördur
4 (31.8.80) Bulandshöfdi
5 (1.9.80) Löngufjördur

Tab. 3 : Synthetische Assoziationstabelle des Matricario ambiguae - Atriplicetum glabriusculae Tx. 1950

Zahl der Aufnahmen:	26
Mittlere Artenzahl	5
Kennarten der Assoziation:	
Atriplex glabriuscula	V^{2-4}
Matricaria maritima var. phaeocephala	III^{+-4}
Kennarten der höheren Einheiten:	
Cakile edentula ssp. islandica	II^{+-3}
Polygonum heterophyllum	II^{+-2}
Begleiter:	
Stellaria media	III^{+-2}
Potentilla anserina	II^{+-2}
Poa pratensis ssp. irrigata	II^{+-1}
Honckenya peploides ssp. peploides var. diffusa	II^{+-1}
Mertensia maritima	I^{1-2}
Rumex longifolius	I^{+-2}
Festuca rubra ssp. cryophila	I^{+-2}
Elymus arenarius	I^{+-1}
Capsella bursa-pastoris	I^{+}
Cardaminopsis petraea	$+^{2}$
Cochlearia officinalis	$+^{1}$
Senecio vulgaris	$+^{+}$
Agropyron repens	$+^{+}$
Alchemilla vulgaris	$+^{+}$
Taraxacum spec.	$+^{+}$
Potentilla egedii	$+^{+}$
Poa annua	$+^{+}$

Nachweis der Vegetationsaufnahmen:

2 Aufnahmen, HADAČ 1970
7 Aufnahmen, TÜXEN 1970 und unveröffentlicht
17 Aufnahmen, THANNHEISER (1980 u. 1982 unveröffentlicht)

Tab. 4 : Polygonetum heterophylli litoralis (Tx.1950) Sasse 1985

Nr. d. Aufnahme:	1	2	3	4	5	6	7	8	9
Größe d. Probefläche (m²):	4	2	2	2	3	1	1	1	4
Vegetationsbedeckung (%):	50	30	20	20	40	20	25	60	50
Artenzahl:	1	1	2	2	3	3	3	4	5
Kennart der Assoziation:									
Polygonum heterophyllum v.lit.	3	3	2	2	3	2	3	4	3
Kennarten d. höh. Einheiten:									
Atriplex glabriuscula	.	.	.	.	2	.	.	2	1
Cakile edentula ssp. islandica	.	.	.	.	.	+	.	.	.
Matricaria ambigua	.	.	.	.	.	.	.	.	+
Begleiter:									
Puccinellia retroflexa	.	.	.	.	2	.	.	+	1
Stellaria media	.	.	+	+	.	.	.	.	.
Elymus arenarius	.	.	.	.	.	1	1	.	.
Honckenya peploides	.	.	.	.	.	.	.	+	+
Festuca rubra agg.	.	.	.	.	.	.	+	.	.

Nachweis der Aufnahmen:

1 (4.8.82) Bordeyri
2 (6.8.82) Borgarfj., Arnarfjördur
3 (7.8.82) Fossfj., Arnarfjördur
4 (5.8.82) Isafjördur
5 (5.9.80) Stokkseyri
6 (2.9.80) Akrar
7 (31.8.80) Budir
8 (26.8.80) Gasar, Eyjafjördur
9 (26.8.80) Gasar, Eyjafjördur

Tab. 5 : Potentilletum egedii Blouin et Grandtner 1971

Nr. d. Aufnahme:	1	2	3	4	5	6	7	8	9	10	11	12
Größe d.Probefläche (m²):	1	1	4	1	4	1	2	2	1	1	1	1
Vegetationsbedeckung (%):	60	80	70	80	80	60	30	40	70	40	40	40
Artenzahl:	5	4	3	3	3	4	4	5	4	3	4	4
Kennart der Assoziation:												
Potentilla egedii	4	4	3	5	5	3	3	3	4	3	3	3
Kennarten der höheren Einheiten u. Begleiter:												
Festuca rubra agg.	.	2	2	.	+	1	2	2	2	2	+	+
Agrostis stolonifera	1	2	.	+	.	.	1	1	+	.	.	.
Plantago maritima	2	+	+	.	.	.	.	.	.	.	.	.
Puccinellia retroflexa	.	.	.	1	+	2	.	.	.	.	.	.
Carex subspathacea	2	.	.	.	.	.	.	.	.	.	.	.
Puccinellia maritima	+	.	.	.	.	.	.	.	.	.	.	.
Stellaria media	.	.	.	.	.	1	.	.	.	.	.	.
Juncus arcticus	.	.	.	.	.	.	1	1	.	.	.	.
Calamagrostis neglecta	.	.	.	.	.	.	.	1	.	.	.	.
Honckenya peploides	.	.	.	.	.	.	.	.	+	2	2	1
Elymus arenarius	.	.	.	.	.	.	.	.	.	.	+	.
Carex maritima	.	.	.	.	.	.	.	.	.	.	.	+

Nachweis der Vegetationsaufnahmen:

1 (28.8.80) Hvammur, Skagafjördur
2 (28.8.80) Olafsfjördur
3 (3.8.82) Skagata, Skagaheidi
4 (26.8.80) Gasar, Eyjafördur
5 (1.8.82) Husavik
6 (24.8.80) Asmundarstadir
7 (23.8.80) Thorshöfn
8 (23.8.80) Thorshöfn
9 (28.8.80) Hofdaströnd, Skagafjördur
10 (24.8.80) Sigurdarstadavik, Melrakkasletta
11 (24.8.80) Kopasker
12 (24.8.80) Kopasker

Tab. 6 : Synthetische Assoziationstabelle des Festuco - Potentilletum anserinae Tx. 1977 (prov.)

Zahl der Aufnahmen:	12
Kennarten der Assoziation:	
Potentilla anserina	V^{2-5}
Festuca rubra agg.	V^{1-2}
Kennarten der höheren Einheiten und Begleiter:	
Stellaria media	III^{+-2}
Poa pratensis ssp. irrigata	II^{1-2}
Equisetum arvense	II^{1-2}
Cerastium holosteoides	II^{+-2}
Polygonum heterophyllum	I^{1}
Atriplex spec.	I^{1}
Carex maritima	I^{1}
Honckenya peploides	$+^{2}$
Achillea millefolium	$+^{1}$
Cerastium caespitosum	$+^{1}$
Leontodon autumnalis	$+^{1}$
Alopecurus geniculatus	$+^{1}$
Agropyron repens	$+^{+}$
Rumex domesticus	$+^{+}$
Agrostis stolonifera	$+^{+}$
Juncus arcticus ssp. balticus	$+^{+}$
Plantago maritima	$+^{+}$
Catabrosa aquatica	$+^{+}$
Euphrasia frigida	$+^{+}$

Nachweis der Aufnahmen:

3 Aufnahmen, TÜXEN (1970 und unveröffentlicht)
9 Aufnahmen , THANNHEISER (1980, 1982 und unveröffentlicht)

Ernst Sasse

Die Vegetation der Mittelnorwegischen Meeresspülsäume

1. Einleitung

Die Vegetation der Meeresspülsäume Nord- und Südnorwegens war bereits in wenigen Fällen Gegenstand vegetationskundlicher Untersuchungen (SKOGEN 1969; ELVEN 1977; THANNHEISER 1980; LOSVIK 1981, 1983). NORDHAGEN (1940) beschäftigte sich in seinen Studien über die maritime Vegetation Norwegens allgemein mit den Pflanzengesellschaften der Tangwälle. Auch liegen aus dem skandinavischen Raum Einzeldarstellungen bestimmter Pflanzengattungen vor (NORDHAGEN 1963; GUSTAFSSON 1973a, 1973b, 1975, 1976; ELVEN/GJELSÅS 1981; ELVEN 1984).

Völlig vernachlässigt blieb dagegen bislang die Analyse der Spülsaumvegetation an den mittelnorwegischen Küsten. Es wird daher hier erstmals versucht, eine großräumige, die Küsten ganz Mittelnorwegens umfassende vegetationsgeographische Untersuchung der Meeresspülsäume zu geben. Über das Studium der Pflanzengesellschaften und unter besonderer Berücksichtigung der sie bedingenden ökologischen Faktoren soll die Vegetation in möglichst großer Breite erfaßt und gegliedert sowie auf der Basis pflanzensoziologischer Aufnahmen der Vergleich mit ähnlichen Räumen ermöglicht werden (vgl. die Abhandlung von THANNHEISER in dieser Schrift). Zur genauen Erfassung regionaler Differenzierungen in der Zusammensetzung der Vegetation wurde bei den Feldarbeiten eine gleichmäßige Verteilung der untersuchten Küstenabschnitte angestrebt.

Das Untersuchungsgebiet erstreckt sich zwischen 63°15'und 68°40'N und zwischen 8°20'und 18° E. Es umfaßt die norwegischen Provinzen Süd-Tröndelag, Nord-Tröndelag und Nordland mit Ausnahme der Lofoten und Vesterålen, die zwar in die allgemeinen Untersuchungen mit einbezogen, auf denen aber keine pflanzensoziologischen Aufnahmen erstellt wurden.

Die vorliegenden Ergebnisse basieren auf Felduntersuchungen während der Vegetationsperioden der Jahre 1979 und 1981, ergänzende Studien folgten im Sommer 1983 auf den Lofoten.

Für die Unterstützung während der Geländearbeit und die hilfreichen Anregungen bei der Ausarbeitung danke ich Herrn Prof. Dr. D. THANNHEISER sehr herzlich. Hilfe bei der Bestimmung diffiziler systematischer Gruppen gewährten mir in zuvorkommender Weise die Herren Prof. Dr. H. SCHOLZ (Berlin) und Dr. P. TASCHEREAU (Halifax).

2. Allgemeine Betrachtungen

Während der Hochwasserstände im Frühjahr und im Herbst werden auf dem mittleren und oberen Landstrand beträchtliche Mengen mitgeführten Materials zu Meeresspülsäumen abgesetzt. In wechselnden Anteilen sind Seegräser, Reste der Meeresfauna, Treibholz sowie in zunehmendem Maße unverrottbare Produkte moderner Zivilisation daran beteiligt, die Hauptmasse wird jedoch fast immer von Braunalgen gebildet. Da unter diesen insbesondere *Fucus*-Arten (Tange) dominieren, wird vielfach auch der Terminus Tangwall benutzt. Für die Zusammensetzung der Tangwälle sowie für die Menge der anfallenden organischen Substanz ist somit in besonderem Maße die Vegetationsverteilung im Sublitoral verantwortlich.

Die von KLEMSDAL (1982) in seiner morphogenetischen Klassifikation der norwegischen Küste vorgenommene Untergliederung in Fjord- und Strandflatenküste ist aus pflanzensoziologischer Sicht zu begrüßen, da der jeweils unterschiedliche Einfluß der verschiedenen physiogeographischen Faktoren die Ausbildung der Küstenvegetation mitbestimmt. Die reich gegliederte Küstenlinie Mittelnorwegens mit der engen Verzahnung von Fjord- und Strandflatenküste bietet zwar nur in Ausnahmefällen günstige Bedingungen für die Ausbildung großräumiger Vegetationsbestände, das Nebeneinander von Erosions- und Akkumulationsformen bedingt jedoch eine äußerst interessante, vielgestaltige Küstenlandschaft mit entsprechend abwechslungsreichen Pflanzenbeständen. Die schwerpunktmäßige Verbreitung der Meeresspülsäume auf exponierten Kies- und Geröllstränden der Außenküstenbereiche beruht auf den hier ungebremsten Transportkräften der Wassermassen.

Entscheidend für die Art der Anordnung des abgesetzten Materials sind die topographischen Gegebenheiten der einzelnen Küstenabschnitte. So führt das Auslaufen der Wellen in einer schmalen Zone an Stränden mit großer Inklination zu wallartigen Akkumulationsformen. Von diesen sind häufig mehrere in unregelmäßigen Abständen strandparallel angeordnet und markieren - seewärts mit abnehmendem Alter - die einzelnen Hochwasserstände. Dagegen ist für flache Küsten eine mehr flächenhafte Verteilung der Spülsaumablagerungen typisch. Zusätzlich tragen partielle Übersandungen oder Erosionsvorgänge zu einem vielgestaltigen Erscheinungsbild bei. Neben diesen Formen der Akkumulation sind im Untersuchungsgebiet großflächige Ablagerungen von Spülsaummaterialien am oberen Rand der Vorstrände anzutreffen, unter denen hier die weitgehend vegetationslosen Sandflächen im Vorfeld der Primärdünen verstanden werden. Die hier abgesetzten Tange unterliegen häufig einer so intensiven Übersandung, daß oberirdisch nur noch einzelne *Fucus*-Reste sichtbar bleiben.

Die Besiedlung der nicht übersandeten Spülsäume erfolgt vorrangig über die mit dem Spülsaummaterial zurückgelassenen Samen. Da diese die zu ihrer Entwicklung benötigten Nährstoffe ausschließlich oder fast ausschließlich aus dem Abbau des organischen Materials decken, ist es erforderlich, daß die reinen, kompakten Tangwälle vorerst einen intensiven Gärungs- und Verwesungsprozeß durchlaufen (NORDHAGEN 1940). Die stärker übersandeten Bereiche bieten dagegen schon bald ersten therophytischen Pionierpflanzen einen Lebensraum.

Im Untersuchungsgebiet ist *Atriplex prostrata* ssp. *prostrata* wichtigster Erstbesiedler derartiger Standorte. Die Melde tritt zunächst nur in einzelnen äußerst kleinwüchsigen, nicht fertilen Exemplaren auf, bildet aber bei zunehmendem Abbau der organischen Substanz schnell dichtwüchsige Bestände. Wenn der Zersetzungsvorgang innerhalb des ersten Jahres weit genug vorangeschritten ist, entwickelt sich ein hochwüchsiges Atriplicetum latifolii oder eine der anderen *Atriplex*-Gesellschaften.

Wird ein Meeresspülsaum während der folgenden Wintermonate nicht beseitigt, so fassen ab der zweiten Vegetationsperiode auf den niedriger werdenden Tangablagerungen zunehmend perennierende Arten Fuß und leiten die weitere Sukzession ein. Diese führt im Untersuchungsgebiet schwerpunktmäßig zum Agropyretum repentis maritimum. Als Klimaxgesellschaft kann sich diese Phytozönose viele Jahre auf den nitrophilen Standorten behaupten, da sie stark zur Stabilisierung des Untergrundes beiträgt und sich weitgehend resistent gegen mechanische Beanspruchungen zeigt. So wirken winterliche Hochwasserstände zwar überformend, garantieren aber durch die gelegentliche Zufuhr organischer Substanz auch die langfristige Existenz der Gesellschaft. Auf geringermächtigen, bereits stark zersetzten Meeresspülsäumen weniger stark exponierter Strände stellt sich in Mittelnorwegen die niedrigwüchsige *Potentilla anserina*-Gesellschaft ein.

Die Meeresspülsäume zeichnen sich gegenüber der angrenzenden Strandvegetation durch völlig andere Standortbedingungen aus, so daß sich auf ihnen infolge der besonderen Konkurrenzverhältnisse eine ökologisch und floristisch vollkommen eigenständige Vegetation entwickelt. Besonders die einjährigen Erstbesiedler sind in so hohem Maße von der organischen Substanz abhängig, daß der minerogene Untergrund bedeutungslos wird. Die Deckung des Kalkbedarfs geschieht nach NORDHAGEN (1940) vielfach durch die abgelagerten Molluskenschalen.

Durch die schnelle Zersetzung der Tange stehen der Pioniervegetation zahlreiche Spurenelemente in ausreichender Menge zur Verfügung, charakteristisch ist aber in erster Linie der hohe Stickstoffgehalt derartiger Standorte. Dieser schwankt nach Untersuchungen von ERNST (1969) an verschiedenen europäischen Spülsaumgesellschaften in Abhängigkeit von der Menge des angespülten Materials erheblich. Für *Cakile maritima* und *Salsola kali* wies der Autor die berechtigte Einstufung als nitrophile Spülsaumarten nach.

Entscheidend für die Zusammensetzung der Vegetation sind auch die Einflüsse des Meerwassers. Nicht salztolerante Nitrophyten werden durch Spritzwasser oder eventuelle Überflutungen verdrängt. Die Samenverbreitung der therophytischen Arten mit dem Meerwasser setzt entsprechend resistente Diasporen voraus. Daneben wirken die winterlichen Sturmfluten häufig so stark überformend, daß eine mehrjährige Vegetation diesen mechanischen Ansprüchen nicht standhalten kann. So wird verständlich, daß bereits durch die wenigen hier angesprochenen ökologischen Faktoren die Zahl der Erstbesiedler auf wenige spezialisierte, schnellwüchsige Therophyten beschränkt wird. In Abb. 1 sind die wichtigsten vegetationsbedingenden Faktoren zusammenfassend dargestellt.

ELVEN/JOHANSEN (1983) sprechen in ihren Untersuchungen aus der Provinz Finnmark einen weiteren interessanten ökologischen Faktor an. Die infolge intensiver Abbauprozesse in kompakten Meeresspülsäumen freigesetzte Wärme begünstigt nach ihren Beobachtungen besonders im nördlichen Skandinavien wärmeliebende Arten.

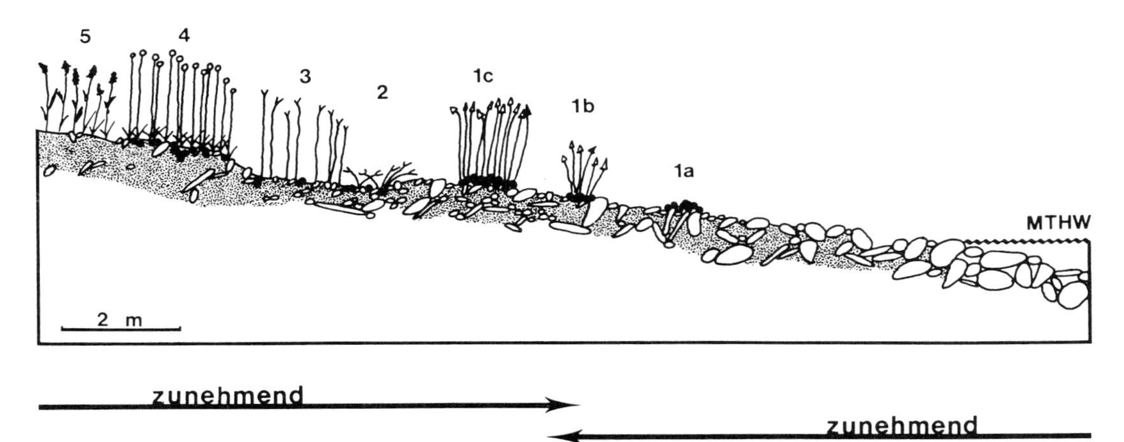

- Instabilität des Substrats
- Zahl therophytischer Arten
- Verbreitung der Diasporen mit dem Wasser
- Salzwassereinfluß

- Alter der Spülsäume
- Abbau des organischen Materials
- Zahl perennierender Arten
- Stabilisiering des Stickstoffhaushalts
- Übersandung
- Frischwassereinfluß

Abb. 1: Typische Vegetationsabfolge auf einem Geröllstrand (Vendesund/Lyngvaerfjord) mit Meeresspülsäumen unterschiedlichen Alters. Die unten dargestellten ökologischen Faktoren beziehen sich auf die Spülsaumvegetation.

Erst mit zunehmender Auslaugung älterer Tangwälle durch Niederschlag und Grundwasserzufuhr, wodurch sich einerseits der Stickstoffgehalt stabilisiert sowie andererseits der Salzwassereinfluß äußerst gering wird, finden weitere nitrophile, schwach salzresistente, perennierende Arten einen Lebensraum. Derartige mehrjährige Tangwälle unterliegen typischerweise einer starken Übersandung. STEUBING (1948) hebt die günstigen Feuchtigkeitsverhältnisse der mit Tang und Seegras durchsetzten Sandböden hervor. Zur Sicherung ihrer Wasserversorgung bedürfen die Spülsaumarten daher keines tiefgreifenden Wurzelsystems (FUKAREK 1969).

Auf den vegetationsfeindlichen Vorstränden wie auch auf exponierten Kies- und Geröllstränden bieten vielfach nur die im Winterhalbjahr akkumulierten Meeresspülsäume für einige Gefäßpflanzen einen Lebensraum. Im Untersuchungsgebiet sind es die nitrophilen Bestände von *Cakile maritima* ssp. *maritima* und *Cakile arctica*, *Atriplex latifolia*, *Atriplex longipes* ssp. *praecox*, *Atriplex litoralis* sowie *Polygonum norvegicum* und *Polygonum aviculare*, die die kurze Vegetationsperiode als artenarme Spezialistengesellschaften ausnutzen. Bald nach der Samenreife gehen die Bestände zugrunde, um im nächsten Frühjahr in den im Winter aufgeworfenen Spülsäumen, in denen das Meer die Samen des Vorjahres ablagerte, erneut in gleicher Artenkombination zu keimen. Aufgrund dieser rhythmischen Ortswechsel lassen sich derartige Spezialistengesellschaften mit TÜXEN (1962, 1970, 1973) als "migratorische Dauer-Pionier-Gesellschaften" bezeichnen. Die wiederholte Zerstörung der Standorte durch die winterlichen Hochwasserstände läßt eine Sukzession in den meisten Fällen nicht zu, so daß die Phytozönosen gewöhnlich gleichzeitig auch Schlußgesellschaften darstellen (THANNHEISER 1981b).

Nur wenn auf sehr hohen Niveaus abgelagerte Tangwälle in den folgenden Wintern nicht erodiert werden, führt die Sukzession über die ab der zweiten Vegetationsperiode zunehmend dominierenden mehrjährigen Arten zu den beiden zuvor bereits erwähnten Phytozönosen, also entweder zum Agropyretum repentis maritimum oder zur *Potentilla anserina*-Gesellschaft.

Die im folgenden näher beschriebenen 7 Assoziationen und 3 Gesellschaften der mittelnorwegischen Spülsaumvegetation unterstehen synsystematisch drei Verbänden. Während das Atriplici-Cakiletum islandicae dem schwerpunktmäßig in Nordamerika verbreiteten Verband Cakilion edentulae angehört, vereint das Atriplicion litoralis die natürlichen einjährigen, ausgesprochen nitrophilen Phytozönosen junger Tangwälle europäischer Küsten. Um diese nicht mit einfachen Initialgebilden von Folgegesellschaften

KLASSE	ORDNUNG	VERBAND	ASSOZIATION/GESELLSCHAFT
Cakiletea maritimae	Cakiletalia maritimae	Atriplicion litoralis	- Atriplicetum latifolii - Atriplicetum litoralis - *Atriplex praecox*-Ges. - Polygonetum raii norvegici - Polygonetum heterophylli litoralis - *Polygonum monspeliense*-Ges. - Cakiletum maritimae
	Cakiletalia edentulae	Cakilion edentulae	- Atriplici-Cakiletum islandicae
Plantaginetea maioris	Plantaginetalia maioris	Agropyro-Rumicion crispi	- *Potentilla anserina*-Ges. - Agropyretum repentis maritimum

Abb. 2: Synsystematische Zuordnung der mittelnorwegischen Spülsaumgesellschaften

zu verwechseln, betont TÜXEN (1962) deren besondere soziologische Eigenart als Spezialistengesellschaften. Dem Verband Agropyro-Rumicion crispi gehören die mehrjährigen, weniger nitrophilen Pflanzengesellschaften älterer Meeresspülsäume an. Letztere können nach NORDHAGEN (1940) sowohl durch Sukzession aus den Gesellschaften der Cakiletea maritimae hervorgehen als auch direkt entstehen. Die synsystematische Zuordnung der einzelnen Vegetationseinheiten ist Abb. 2 zu entnehmen.

Aufgrund der starken floristischen Überlappung und der für das Untersuchungsgebiet unzureichenden Abgrenzungsmöglichkeit der beiden Verbände Salsolo-Minuartion peploidis Tüxen 1950 und Atriplicion litoralis Tüxen 1950 innerhalb der Cakiletea maritimae wird die Einordnung der von *Atriplex* spec., *Polygonum spec.* und *Cakile maritima* gebildeten Gesellschaften Mittelnorwegens in den von NORDHAGEN (1940) aufgestellten Verband Atriplicion litoralis befürwortet. Für Südnorwegen äußert auch LUNDBERG (1982) Bedenken über die Notwendigkeit der Aufrechterhaltung beider Verbände. Auf den Spülsäumen ganz Mittelnorwegens sind das Atriplicetum latifolii, die *Atriplex praecox*-Gesellschaft, die *Potentilla anserina*-Gesellschaft und das Agropyretum repentis maritimum verbreitet. Die anderen Gesellschaften zeigen ein begrenztes Vorkommen.

3. Beschreibung der Pflanzengesellschaften

3.1 Atriplicetum latifolii Nordhagen 1940

Atriplicetum litoralis Nordhagen 1940

Atriplex praecox-Gesellschaft

Die therophytischen *Atriplex*-Arten bilden Pioniergesellschaften auf den Meeresspülsäumen der Sand-, seltener auch der reinen Kies- und Geröllstrände. Auf relativ frischen, den Untergrund völlig bedekkenden Tangwällen in Meeresnähe behauptet sich insbesondere das Atriplicetum latifolii. Je nach dem Zersetzungsgrad des abgelagerten Materials und der Beeinflussung durch Spritzwasser weist diese Assoziation eine wesentlich größere Variationsbreite auf als alle anderen Pflanzengesellschaften der Meeresstrände. Auf den zunächst vegetationslosen Spülsäumen stellen sich mit beginnendem Abbau des organischen Materials erste kleinwüchsige, meist blattsukkulente *Atriplex prostrata* ssp. *prostrata*-Individuen ein. Ihre nur wenige Zentimeter hohen Bestände erreichen aufgrund der ungeheuren Individuenzahl bereits beachtliche Deckungsgrade. Mit zunehmender Entwicklung geht der größte Teil der Keimlinge zugrunde, die überlebenden Exemplare erreichen dagegen schon binnen weniger Wochen Wuchshöhen von über 50 cm und garantieren unter anderem durch die Fähigkeit zur Selbstbestäubung die Erhaltung der Art.

Auch auf den im Bereich der geschützten Fjordsysteme abgelagerten Meeresspülsäumen, die aufgrund ihrer längeren Existenz häufig stärkerer Übersandung ausgesetzt sind, entwickelt sich das Atriplicetum latifolii; doch ermöglicht die auf derartigen Standorten bereits leicht geschwächte Konkurrenzkraft von *Atriplex prostrata* ssp. *prostrata* an einigen Küsten auch *Atriplex litoralis* eine Existenz (vgl. Tab. 1 und 2). Beide Arten kommen dann jedoch fast ausschließlich in Mischbeständen vor.

Auch das bestandsbildende Auftreten von *Atriplex longipes* ssp. *praecox* scheint auf meist geringermächtigen Spülsäumen an eine eingeschränkte Konkurrenz seitens *Atriplex prostrata* ssp. *prostrata* gebunden zu sein, doch wirkt sich hier wohl auch die zufallsmäßige Verteilung der Samen aus. Dominierender Faktor für die Ausbildung der ausgeprägt nitrophilen *Atriplex*-Gesellschaften Mittelnorwegens ist die Ablagerung frischen Spülsaummaterials. Dieses

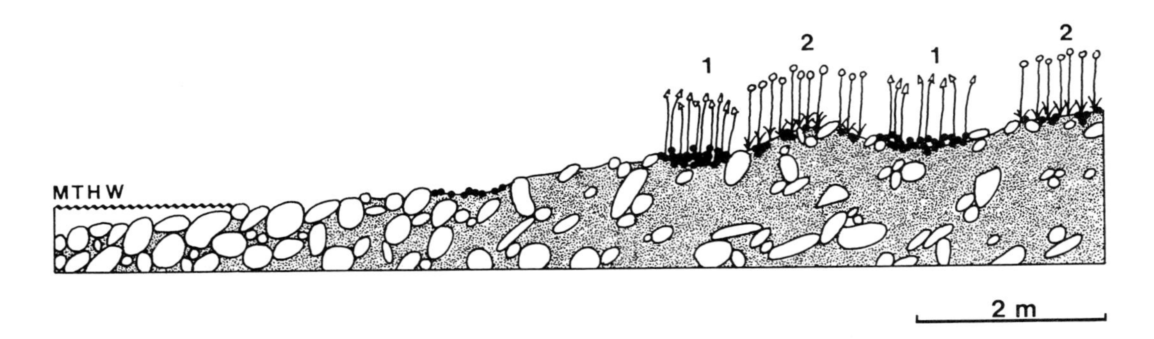

Abb. 3: Schematische Darstellung: Vergesellschaftung des Atriplicetum latifolii als wichtigster mittelnorwegischer Gesellschaft des Verbandes Atriplicion litoralis mit dem Agropyretum repentis maritimum des Verbandes Agropyro-Rumicion crispi Nordvik/Dönna 18.08.1981

muß auf einem entsprechenden Höhenniveau zumindest für die Dauer einer Vegetationsperiode der erodierenden Tätigkeit des Meeres entzogen sein. Über mehrere Jahre existierende Tangwälle ermöglichen den therophytischen *Atriplex*-Arten nur dann eine wiederholte Besiedlung, wenn eine permanente Zufuhr organischen Materials gewährleistet ist. Ansonsten treten nach und nach verstärkt perennierende Arten auf und leiten die Sukzession zum Verband Agropyro-Rumicion crispi mit dem Agropyretum repentis maritimum als wichtigster Assoziation des Untersuchungsgebietes ein (vgl. Abb. 3).

Stärkere Sandüberwehungen werden von den *Atriplex*-Gesellschaften nur dann ertragen, wenn die Wurzelsysteme der Pflanzen Kontakt zu den Spülsaumablagerungen halten können. So täuschen ihre Wuchsorte zwar gelegentlich reinen Sanduntergrund vor, doch erweist sich die Übersandung stets als sehr geringmächtig.

Die dichten Vegetationsbestände der *Atriplex*-Gesellschaften erzielen aufgrund ihres schnellen Wachstums eine hohe jährliche Biomasseproduktion. Nach GARVE (1982) zeigt sich *Atriplex prostrata* gegenüber Beweidung und Vertritt unempfindlicher als *Atriplex litoralis*.

Innerhalb der äußerst variablen, in der älteren Literatur häufig vielfach unterteilten *Atriplex prostrata*-Gruppe werden in jüngerer Zeit für den skandinavischen Raum von verschiedenen Autoren nur noch die 5 Taxa *A. glabriscula* Edmondst., *A. longipes* Drej. ssp. *longipes*, *A. longipes* Drej. ssp. *praecox* (Hülph.) Turess, *A. prostrata* DC. *ssp. prostrata* und *A. prostrata* DC. ssp. *calotheca* (Rafn) M. Gust unterschieden (vgl. GUSTAFSSON 1973a, 1973b, 1975, 1976; ELVEN 1984). Von diesen dominieren auf den mittelnorwegischen Meeresspülsäumen *Atriplex prostrata* ssp. *prostrata* (syn.: *Atriplex latifolia* Wahlenberg), daneben tritt *Atriplex longipes* ssp. *praecox*, die TASCHEREAU (1977) als selbständige Art beschreibt, bestandsbildend auf. Des weiteren kommt im südlichen Teil des Untersuchungsraumes *Atriplex litoralis* L. hinzu.

Das Atriplicetum latifolii ist über das gesamte Untersuchungsgebiet verbreitet (vgl. Abb. 5). Auffällig ist die nach Norden zunehmende Bedeutung der Art *Stellaria crassifolia*, die nach JOHANSEN (1983) bereits auf den Lofoten/Ofoten einen Stetigkeitswert von 100% erreicht.

Wesentlich seltener als das Atriplicetum latifolii tritt in Mittelnorwegen die *Atriplex praecox*-Gesellschaft auf. Ihr Vorkommen vom Trondheimsfjord bis zum Ofotfjord läßt jedoch deutlich werden, daß *Atriplex praecox* in Nordwesteuropa häufiger auftritt als vielfach in der bisherigen Literatur beschrieben wurde. Auch der Nachweis der Art auf den Britischen Inseln durch TASCHEREAU (1977) und in Ostkanada durch THANNHEISER (1981a) sprechen neben den bekannten Funden aus Grönland und Island für eine weite Verbreitung an den Küsten des Nordatlantiks. *Atriplex litoralis* und die von ihr gebildeten Bestände konnten nur in Tröndelag nachgewiesen werden.

3.2 Polygonetum raii norvegici Nordhagen 1955 Polygonetum heterophylli litoralis Tüxen 1950 (prov.)

Im Untersuchungsgebiet sind auf geeigneten Standorten *Polygonum norvegicum (Sam.)* Lid (syn.: *Polygonum raii* Bab. ssp. *norvegicum* Sam.) und *Polygonum heterophyllum* Lindman bestandsbildend. In seltenen Fällen kann auch die Art *Polygonum monspeliense* Thiébaud, die wie *Polygonum heterophyllum* der Sammelart *Polygonum aviculare L.* angehört, eine Gesellschaft bilden (vgl. Tab. 3).

Die annuellen *Polygonum*-Gesellschaften besiedeln ältere, bereits stärker ausgetrocknete Spülsäume auf reinen Sandstränden. Hier treten die stark nitrophilen Gesellschaften häufig mosaikartig verzahnt mit den *Atriplex*-Gesellschaften auf. Ihnen gegenüber erweisen sie sich auf Wuchsorten, die intensiver Übersandung ausgesetzt sind, als konkurrenzkräftiger. Auf frischen Meeresspülsäumen können sie sich nicht behaupten. Dabei kann die Übersandung so weit gehen, daß an der Oberfläche kaum noch Spülsaumablagerungen sichtbar bleiben. Auf vom Wind akkumulierten, übersandeten Seegras- oder Tangresten dringen die *Polygonum*-Gesellschaften auch bis in die Zone der Embryonaldünen vor.

Die stets sehr kleinflächigen *Polygonum*-Gesellschaften variieren in Mittelnorwegen von lockeren Beständen, die häufig nur von wenigen großwüchsigen Individuen bestimmt werden, bis hin zu dichten Vegetationseinheiten, in denen sich die niederliegenden, verzweigten Stengel polsterartig verdichten.

Insbesondere das Polygonetum raii norvegici zeichnet sich bei hochwasserbedingten Überflutungen durch eine hohe Verträglichkeit gegenüber Meerwasser aus (vgl. NORDHAGEN 1963). Das Polygonetum heterophylli litoralis besiedelt besonders weit landeinwärts abgesetzte Spülsäume, so daß sie dem Einfluß des Meeres fast ausschließlich über Spritzwassereinwirkungen ausgesetzt sind. Nach TÜXEN (1950) gilt das Polygonetum heterophylli litoralis nur noch als sehr schwach halophil. Aufgrund ihrer vielfach dem Boden anliegenden Sproßachsen sind alle Arten äußerst windhart.

Die Stabilität der *Polygonum*-Gesellschaften ist - wenn auch in geringerem Maße als bei den *Atriplex*-Gesellschaften - auf die Zufuhr von Driftmaterial angewiesen. Typischerweise werden die von ihnen besiedelten Spülsäume jedoch durch die winterlichen Sturmfluten wieder beseitigt, oder die Sukzession führt an geschützten Stränden zum Agropyretum repentis maritimum. Wenn die Standorte der *Polygonum*-Gesellschaften einer zu intensiven Übersandung ausgesetzt sind und die Wurzeln keine Verbindung mehr zu den organischen Ablagerungen halten können, werden sie durch die *Honckenya peploides*-Gesellschaft oder *Elymus arenarius*-Bestände ersetzt.

Die in Einzelfunden aus Nordjütland (vgl. EIGNER 1972) sowie aus dem südlichen und westlichen Norwegen bekannte Art *Polygonum raii* ssp. *norvegicum* (vgl. HEGI 1957) wird erst nördlich des Polarkreises zu einer typischen Pflanze der Meeresspülsäume.

Das von NORDHAGEN (1940) erstmals beschriebene Polygonetum raii norvegici nannte TÜXEN (1950) in Atripliceto-Polygonetum norvegicum um. Da jedoch nach Norden zu eine Abnahme des *Atriplex*-Anteils deutlich wird (vgl. THANNHEISER 1974; ELVEN/JOHANSEN 1983), soll der von NORDHAGEN geprägte Assoziationsname beibehalten werden.

Bei den *Polygonum heterophyllum*-Exemplaren aus dem Untersuchungsraum handelt es sich den eigenen Bestimmungen zufolge um die namengebende Varietät *litorale* (Link) Lindm.. Diese tritt vereinzelt auch im Binnenland auf, ist dann aber wohl eingeschleppt (HEGI 1957).

Die Verbreitung von *Polygonum raii* ssp. *norvegicum* sowie die der von ihr gebildeten Gesellschaft ist ausschließlich auf die Provinz Nordland beschränkt. Dagegen treten *Polygonum heterophyllum* und *Polygonum monspeliense* auch in Nord- und Süd-Tröndelag auf (vgl. Abb. 6), bestandsbildend konnten sie jedoch ebenfalls nur im nördlichen Untersuchungsraum nachgewiesen werden.

3.3 Cakiletum maritimae (van Dieren 1934) Nordhagen 1940
Atriplici-Cakiletum islandicae (Jonsson 1900) Tüxen 1968

Die *Cakile*-Gesellschaften sind die typischen Besiedler der oberen Bereiche ansonsten weitgehend vegetationsloser Vorstrände. Als nitrophile Pioniergesellschaften besiedeln sie Bodensubstrate, die durch winterliche Sturmfluten oder auflandige Winde mit Spülsaumablagerungen angereichert sind. Aufgrund ihrer meist exponierten Lage an den Außenküsten können die Tangreste vollkommen übersandet sein. In optimaler Ausbildung treten die Phytozönosen auf derartigen Substraten am Fuße größerer, mit *Elymus arenarius* bestandener Dünenkomplexe auf, wo sie gürtelartige, dichtwüchsige Bestände bilden.

Die durchschnittliche Vegetationsbedeckung übersteigt im Cakiletum maritimae bei den in Tab. 4 zusammengestellten Aufnahmen 60%, die vier Bestände des Atriplici-Cakiletum islandicae dagegen liegen deutlich unter 50%. Als durchschnittliche Artenzahl errechnet sich für die erstgenannte Gesellschaft 4,2, für die zweite 4,0. Auffällig ist der deutlich höhere Anteil von Arten des Verbandes Agropyro-Rumicion crispi im Cakiletum maritimae (insbesondere *Agropyron repens*), während andererseits *Honckenya peploides* hier völlig fehlt, im Atriplici-Cakiletum islandicae aber neben den Kennarten einzige konstante Art ist (vgl. auch FJELLAND et al. 1983; JOHANSEN 1983).

Von den Standortansprüchen her sind die Assoziationen primär auf hohe Nitratkonzentrationen in den besiedelten Substraten angewiesen. Die weite Salztoleranz der beiden *Cakile*-Arten, welche gelegentliche Überflutungen und Spritzwassereinflüsse ohne Schaden überstehen, bedingt als weiterer wichtiger ökologischer Faktor deren Konkurrenzkraft auf den beschriebenen Wuchsorten. Diese zeichnen sich zudem durch äußerst instabile Bodenverhältnisse aus, da sie zum einen ständigen Veränderungen durch Flugsand unterliegen und zum anderen durch Hochwasserstände und Stürme während der Winterhalbjahre stark beeinflußt werden. Diese Kräfte schaffen Jahr für Jahr auf den von den *Cakile*-Gesellschaften besiedelten Teilen der Vorstrände ähnliche Bedingungen, so daß die beiden Phytozönosen in leicht variierender Artenzusammensetzung diese Standorte jährlich wiederbesiedeln. Angaben über die Sicherung eines einmal besiedelten Standorts wie auch über die Eroberung neuer Küstenabschnitte durch den besonderen Mechanismus der Samenverbreitung sind den Ausführungen von BAUCH (1937) zu entnehmen.

Die großen morphologischen Unterschiede innerhalb der Gattung *Cakile* regten in den letzten Jahrzehnten zu einer Reihe systematischer Arbeiten in Norwegen und darüber hinaus im Gebiet des Nordatlantik an (zusammenfassende Darstellung in: ELVEN/GJELSÅS 1981). RODMAN (1974) trennt die nordskandinavische Art *Cakile arctica* Pobedimova von *Cakile maritima* Scop. mit der Subspezies *baltica* (Rouy & Foucaud) P. W. Ball in Ostsee, Skagerrak, Kattegat und der Subspezies *maritima* in Süd- und Mittelnorwegen ab. Die Untersuchungen von ELVEN (1977) und ELVEN/GJELSÅS (1981) bestätigen die Existenz der beiden Arten, zusätzlich beschreiben die Autoren aber *Cakile maritima* ssp. *integrifolia* (Hornem.) Hylander für Südnorwegen. Das Untersuchungsgebiet ist demnach Überschneidungsgebiet von *Cakile arctia* Pobed. (syn.: *Cakile edentula* (Bigel.) Hook ssp. *islandica* (Gand.) Löve & Löve) mit nördlicher Verbreitung und *Cakile maritima* Scop. ssp. *maritima* als bedeutendster Art Süd- und Mittelnorwegens (BALL 1964). Im Bereich des nördlichen Untersuchungsraumes kommen vereinzelt Hybride zwischen den beiden Taxa vor. Auch Mischbestände sind zu beobachten.

Durch die Spaltung der ursprünglich für Nordnorwegen als *Cakile maritima* beschriebenen Art in die beiden Spezies *Cakile maritima* ssp. *maritima* und *Cakile edentula* ssp. *islandica* ist das Atriplici-Cakiletum islandicae innerhalb der Cakiletea maritimae der Ordnung Cakiletalia edentulae zuzuordnen, so daß deren Verbreitung aus dem amerikanischen Kerngebiet über Island bis nach Nordskandinavien reicht. Das Cakiletum maritimae untersteht dagegen weiterhin der Ordnung Cakiletalia maritimae.

Die Felduntersuchungen bestätigen die von ELVEN (1977) und ELVEN/GJELSÅS (1981) beschriebene Verbreitung von *Cakile arctica*, *Cakile maritima* ssp. *maritima* und *Cakile maritima* ssp. *maritima* x *Cakile arctica*. Zusätzlich konnten zahlreiche weitere Fundorte registriert werden. Da viele der anhand von Herbarmaterial ermittelten Ortsangaben bei den genannten Autoren sehr genau den eigenen entsprechen, belegen die Ergebnisse, daß das Cakiletum maritimae und das Atriplici-Cakiletum islandicae trotz ihrer migratorischen Lebensweise alljährlich dieselben Küstenabschnitte wiederbesiedeln (vgl. Abb. 7). Die von ELVEN/GJELSÅS angesprochene Verbreitungslücke von *Cakile maritima* ssp. *maritima* zwischen Vikna und Mittel-Helgeland wird auch in der eigenen Verbreitungskarte deutlich, so daß der Zweifel der Autoren, diese Lücke beruhe eventuell nur auf fehlendem Herbarmaterial der Region, ausgeräumt werden kann. Da alle anderen Gesellschaften der Tangwälle hier keine unterdurchschnittliche Häufigkeit aufweisen, sind verbreitungsökologische Gründe anzunehmen.

3.4 Potentilla anserina-Gesellschaft

Die bisher beschriebenen einjährigen Phytozönosen können im Untersuchungsgebiet auf Meeresspülsäumen, die über mehrere Jahre existieren und keiner wiederholten Driftzufuhr unterliegen, durch die *Potentilla anserina*-Gesellschaft abgelöst werden. Diese Phytozönose entfaltet sich besonders üppig an Sandstränden auf geringmächtigen, bereits stark zersetzten Tangwällen höherer Strandniveaus. Innerhalb der Salzwiesen vermittelt die *Potentilla anserina*-Gesellschaft häufig zwischen der *Agrostis stolonifera*-Gesellschaft und der süßwasserbedingten Vegetation (vgl. Tab. 5 und Abb. 4). Diese Standorte unterliegen in der Regel einer schwachen Frischwasserzufuhr vom Epilitoral her. In geschwächter Vitalität besiedelt die Phytozönose auch tiefergelegene Spülsaumablagerungen, so daß das ansonsten monotone Bild der Salzwiesen durch die intensiv gelb gefärbten Blüten der girlandenförmig angeordneten *Potentilla anserina*-Bestände aufgelockert wird. Auf Sand- oder teilweise auch auf Kiesstränden mit nur geringem Sandanteil kann die *Potentilla anserina*-

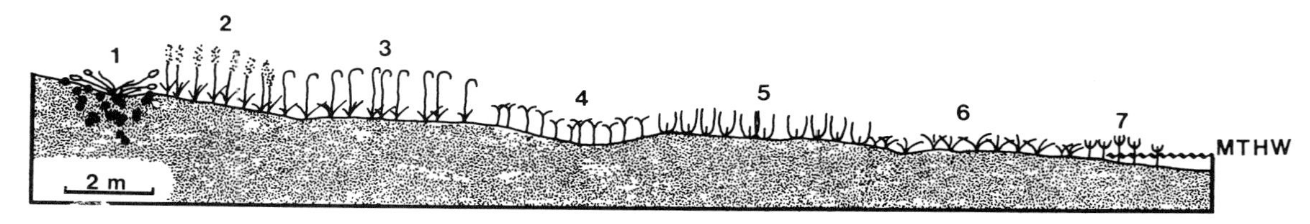

Abb. 4: Schematische Darstellung: *Potentilla anserina*-Gesellschaft auf einem mehrjährigen Spülsaum am oberen Rand einer Salzwiese Botnfjord/Steigen 05.08.1979

Gesellschaft mit dem Agropyretum repentis maritimum in Kontakt treten, besiedelt aber auch hier nitrophile Standorte, deren Böden keinen zu intensiven Umlagerungsprozessen unterliegen.

Potentilla anserina bewirkt mit ihren teppichartig verwobenen, niederliegenden Stengeln und ihrem kräftigen Wurzelsystem eine weitgehende Stabilisierung des Untergrundes. Dabei hängt nach STEUBING (1949) die Mächtigkeit der durchwurzelten Schicht von der Lage der organischen Stoffe ab. Auf reinem Sanduntergrund maß die Autorin bei entsprechend tiefer Lage der humosen Bestandteile bis zu 35 cm tief durchwurzelte Zonen. Die von der *Potentilla anserina*-Gesellschaft besiedelten Substrate zeichnen sich in der Regel durch eine deutliche Trennung des Untergrundes und der auflagernden Spülsaumschicht aus. Nur auf wenigen Gesellschaftsflächen konnte ein humoser Oberboden registriert werden.

Die Lage auf den höchstgelegenen Partien des Strandes, die Artenzusammensetzung der Phytozönose sowie der gelegentlich zu beobachtende Frischwassereinfluß sprechen für eine mäßige Salztoleranz der *Potentilla anserina*-Gesellschaft. Nach DAHLBECK (1945) verträgt sie während der Vegetationsperiode keine regelmäßigen Überflutungen, und *Potentilla anserina* selbst kann schon durch Spritzwassereinfluß geschädigt werden.

NORDHAGEN (1940) betont die Förderung der Kennart gegenüber *Agropyron repens* infolge extensiver Beweidung. Bei zu starken Weideeinflüssen unterliegt *Potentilla anserina* nach seinen Beobachtungen dem Konkurrenzdruck von Feldkräutern.

Die *Potentilla anserina*-Bestände des Untersuchungsgebietes werden nördlich der Lofoten auf entsprechenden Standorten zunehmend durch das Potentilletum egedii Blouin et Grandtner 1971 ersetzt. Sowohl *Potentilla anserina* L. als auch *Potentilla egedii* Wormsk. (syn.: *Potentilla anserina* L. ssp. *egedii* (Wormsk.) Hiit.) sind aber taxonomisch bisher nur ungenügend erforscht, und zumindest bei ersterer sind verschiedene ökotypen wahrscheinlich. In den meisten vegetationsgeographischen Arbeiten aus dem skandinavischen Raum wurden die *Potentilla*-Gesellschaften bisher nicht berücksichtigt.

Die *Potentilla anserina*-Gesellschaft ist in ganz Mittelnorwegen typisch. Leichte Verbreitungsschwerpunkte zeichnen sich am Trondheimsfjord sowie im südlichen und nördlichen Teil der Provinz Nordland ab (vgl. Abb. 8).

3.5 Agropyretum repentis maritimum (Störmer 1938) Nordhagen 1940

Auf stark nitrophilen, exponierten Küstenstandorten werden die oben beschriebenen therophytischen Pflanzengesellschaften durch das Agropyretum repentis maritimum abgelöst. Die Phytozönose besiedelt hier einerseits mehrjährige, bereits starken Austrocknungs- und Zersetzungsprozessen unterliegende Meeresspülsäume, andererseits aber auch solche Partien der Strände, an denen durch auflandige Winde oder Wasserhochstände eine episodische Driftzufuhr garantiert ist.

Am oberen Rand steiler Kies- und Geröllstrände ist das Agropyretum repentis maritimum häufig mit reine Sandböden besiedelnden *Elymus arenarius*-Beständen vergesellschaftet, an flacheren Küstenabschnitten ist die *Potentilla anserina*-Gesellschaft eine wichtige Kontaktgesellschaft (vgl. Tab. 6).

Mit Deckungsgraden von durchweg 4 oder 5 beherrscht *Agropyron repens* eindeutig das physiognomische Bild der Vegetationseinheit und bedingt als einzige konstante Art die hohe durchschnittliche Vegetationsbedeckung von über 70%. Während in der Subassoziation von *Potentilla anserina* einzelne Vegetationsinseln innerhalb der Gesellschaftsflächen nicht von *Agropyron repens* besiedelt sind, bestimmen in der typischen Subassoziation und in der Subassoziation von *Elymus arenarius* nur noch die Gramineen die Physiognomie. Die Krautschicht ist infolge Lichtmangels nur fragmentarisch ausgebildet.

Die Besiedlung wenig geschützter Strände durch das

Agropyretum repentis maritimum beruht auf der breiten Amplitude der Kennart gegenüber zahlreichen abiotischen Umweltfaktoren. So zeichnet sich *Agropyron repens* gegenüber den direkten Wassereinflüssen sowohl durch eine hohe Salzverträglichkeit als auch durch eine breite Feuchtigkeitsamplitude aus. Bei häufiger Spritzwasserbeeinflussung zeigen die Bestände keinerlei geschwächte Vitalität. Nach MIKKELSEN (1949) tritt *Agropyron repens* auch bei einer Salzkonzentration im Bodenwasser von 3,0% noch bestandsbildend auf.

Die intensive Ausläuferbildung von *Agropyron repens* verleiht der Art auch gegenüber mechanischer Beanspruchung durch Wellenschlag und Winde große Widerstandsfähigkeit. Für die weite Verbreitung des Agropyretum repentis maritimum in Mittelnorwegen scheint in besonderem Maße die weitgehende Frostunempfindlichkeit der ober- und unterirdischen Pflanzenteile (PALMER/SAGAR 1963) verantwortlich zu sein.

Auf instabilen Sandstränden, die häufigen Substratumlagerungen unterliegen, sind den Beständen des Agropyretum repentis maritimum immer wieder schmale, aus wenigen Individuen bestehende Gürtel von *Elymus arenarius* vorgelagert. Die intensiven Übersandungsprozesse schwächen hier die Konkurrenzkraft von *Agropyron repens* und begünstigen die *Elymus arenarius*-Bestände, so daß erst in deren Windschatten wieder optimale Standortbedingungen für die Quecke gegeben sind.

Wie die *Potentilla anserina*-Gesellschaft wird das Agropyretum repentis maritimum der Klasse Plantaginetea maioris mit Gesellschaften alter Tangwälle und Spülsäume an den nordwest- und nordeuropäischen Meeresküsten zugeordnet. Das Agropyretum repentis maritimum erweist sich im gesamten Untersuchungsraum als häufig, doch deutet die leichte Abnahme im inneren Vestfjordbereich bereits auf das Ausklingen der Gesellschaft in der Provinz Troms hin (vgl. Abb. 9). Der 1981 von ELVEN aus Nordnorwegen erstmals beschriebene Hybrid *Agropyron repens* (L.) Nevski x *Elymus arenarius* L. konnte in Mittelnorwegen nicht festgestellt werden.

4. Literatur

BALL, P.W. (1964): *Salicornia* L. In: TUTIN, T.G. (co-Hrsg.), Flora Europaea I. Cambridge, S. 101-102.

BAUCH, R. (1937): Die Verbreitungsökologie der Fruchtglieder von *Cakile*. In: Ber. Deut. Bot. Ges. 55, S. 194-203.

DAHLBECK, N. (1945): Strandwiesen am südöstlichen Öresund. Acta Phytogeogr. Suecica 18.

EIGNER, J. (1972): *Polygonum oxyspermum* Meyer et Bunge neu für Schleswig-Holstein. In: Kieler Notizen zur Pflanzenkunde in Schleswig-Holstein 4, S. 21-25.

ELVEN, R. (1977): Strandreddik (*Cakile*) i Nord-Norge. In: Inf. Norsk Bot. Forening-Nord-Norsk avd. 2, S. 3-9.

ELVEN, R. (1981): En hybrid mellom kveke (*Elytrigia*) og strandrug (*Elymus*). In: Blyttia 39, S. 115-120.

ELVEN, R. (1984): Tangmelde-slekta (*Atriplex* L.) i Norge. In: Blyttia 42, S. 15-31.

ELVEN, R./T. GJELSÅS (1981): Strandreddik (*Cakile* Mill.) i Norge. In: Blyttia 39, S. 87-106.

ELVEN, R./V. JOHANSEN (1983): Havstrand i Finnmark. Flora, vegetasjon og botaniske verneverdier. Universitetet i Tromsö Rapport T-541.

ERNST, W. (1969): Beitrag zur Kenntnis der Ökologie europäischer Spülsaumgesellschaften. I. Mitteilung: Sand- und Kiesstrände. In: Mitt. flor.-soz. Arb. gem. N.F. 14, S. 86-94.

FJELLAND, M./R. ELVEN/V. JOHANSEN (1983): Havstrand i Troms botaniske verneverdier. Universitetet i Tromsö Rapport T-551.

FUKAREK, F. (1969): Pflanzen des Strandes und der Boddengewässer. In: ARNDT, E.A. (Hrsg.): Zwischen Düne und Meeresgrund. Leipzig, S. 102-121.

GARVE, E. (1982): Die *Atriplex*-Arten (Chenopodiaceae) der deutschen Nordseeküste. In: Tuexenia 2, S. 287-333.

GUSTAFSSON, M. (1973a): Evolutionary trends in the *Atriplex triangularis* group of Scandinavia. I. Hybrid sterility and chromosomal differentiation. In: Bot. Notiser 126, S. 345-392.

GUSTAFSSON, M. (1973b): Evolutionary trends in the *Atriplex triangularis* group of Scandinavia. II. Spontaneous hybridization in relation to reproductive isolation. In: Bot. Notiser 126, S. 398-416.

GUSTAFSSON, M. (1975): Evolutionary trends in the *Atriplex prostrata* group of Scandinavia (Mskr.). Lund.

GUSTAFSSON, M. (1976): Evolutionary trends in the *Atriplex prostrata* group of Scandinavia. Taxonomy and morphological variation. In: Opera Bot. 39, S. 1-63.

HEGI, G. (1957, 1979, 1980): Illustrierte Flora von Mitteleuropa. Berlin, Hamburg.

JOHANSEN, V. (1983): Havstrandvegetasjon i Ofoten, Lofoten og deler av Vesterålen. Cand. real. oppgave. Tromsö.

KLEMSDAL, T. (1982): Coastal classification and the coast of Norway. In: Norsk Geogr. Tidsskr. 36, S. 129-152.

LOSVIK, M.H. (1981): Om tangvollvegetasjon i Hordaland. In: BAADSVIK, K./T. KLOKK/O.I. RÖNNING (Hrsg.): Fagmöte i vegetasjonsökologie på Kongsvoll 15.-17.03.1980. Kgl. norske Vidensk. Selsk. Mus. Rapp. Bot., S. 46-53.

LOSVIK, M.H. (1983): Drift-line vegetation on well-drained, medium exposed beaches in the outward region of the fjords of Hordaland, western Norway. In: Nord. J. Bot. 3, S. 493-508.

LUNDBERG, A. (1982): Plantesosiologiske og ökologiske studier i dynevegetasjonen på Karmöy. Hovudfagsoppgåve. Bergen.

MIKKELSEN, V.M. (1949): Ecological studies of the salt marsh vegetation in Isefjord. In: Dansk Bot. Arkiv 13, S. 1-48.

NORDHAGEN, R. (194o): Studien über die maritime Vegetation Norwegens. I. Die Pflanzengesellschaften der Tangwälle. Bergens Museums Årbok 1939-1940.

NORDHAGEN, R. (1963): Studies on *Polygonum oxyspermum* Mey. et Bge., *Polygonum raii* Bab. and *P. raii* subsp. *norvegicum Sam.* In: Norske Vid. Akad. Avhandl., 1. Math.-naturv. kl., ny Ser. 5, S. 1-37.

PALMER, J.H./G.R. SAGAR (1963): *Agropyron repens* (L.) Beauv.. In: J. Ecol. 51, S. 783-794.

RODMAN, J.E. (1974): Systematics and evolution of the genus *Cakile* (Cruciferae). In: Contr. Gray Herb. 205, S. 3-146.

SKOGEN, A. (1969): *Suaeda maritima*, *Atriplex littoralis* and *Myosotis palustris* in Sör-Varanger, northernmost Norway. In: Astarte 2, S. 35-39.

STEUBING, E. (1948): Einfluß der Brandung auf die Sandstrandvegetation. In: Zeitschr. Naturforschg. 3b, S. 293-298.

STEUBING, E. (1949): Beiträge zur Ökologie der Wurzelsysteme von Pflanzen des flachen Sandstrandes. In: Zeitschr. Naturforschg. 4b, S. 114-123.

TASCHEREAU, P.M. (1977): *Atriplex praecox* Hülphers: a species new to the British Isles. In: Watsonia 11, S. 195-198.

THANNHEISER, D. (1974): Beobachtungen zur Küstenvegetation der Varanger-Halbinsel (Nord-Norwegen). In: Polarforschung 44, S. 148-159.

THANNHEISER, D. (1980): Die Küstenvegetation in Nord-Fennoskandien und ihre standörtliche Differenzierung (Mskr.). Münster.

THANNHEISER, D. (1981a): Die Küstenvegetation Ostkanadas. Paderborn.

THANNHEISER, D. (1981b): Über die Gliederung der ostkanadischen Küstenvegetation. In: DIERSCHKE, H. (Redaktion), Ber. Int. Symp. d. Int. Ver. Vegetationskunde - Syntaxonomie. Vaduz, S. 289-308.

TÜXEN, R. (1950): Grundriß einer Systematik der nitrophilen Unkrautgesellschaften in der Eurosibirischen Region Europas. In: Mitt. flor.-soz. Arb. gem. N.F. 2, S. 94-175.

TÜXEN, R. (1962): Zur systematischen Stellung von Spezialisten-Gesellschaften. In: Mitt. flor.-soz. Arb. gem. N.F. 9, S. 57-59.

TÜXEN, R. (1970): Pflanzensoziologische Beobachtungen an isländischen Dünengesellschaften. In: Vegetatio 20, S. 251-278.

TÜXEN, R. (1973): Die Westeuropäische Küste als Kampf- und Lebensraum. In: Mitt. flor.-soz. Arb. gem. N.F. 15/16, S. 210-223.

Anschrift des Verfassers:

Dr. Ernst Sasse
Zum Enkerhof 16a
D - 5760 Arnsberg 2

Aus:

Ekkehart Köhler und Norbert Wein (Hrsg.):

NATUR- UND KULTURRÄUME.

Ludwig Hempel zum 65. Geburtstag.

Paderborn: Ferdinand Schöningh 1987.

= Münstersche Geographische Arbeiten 27.

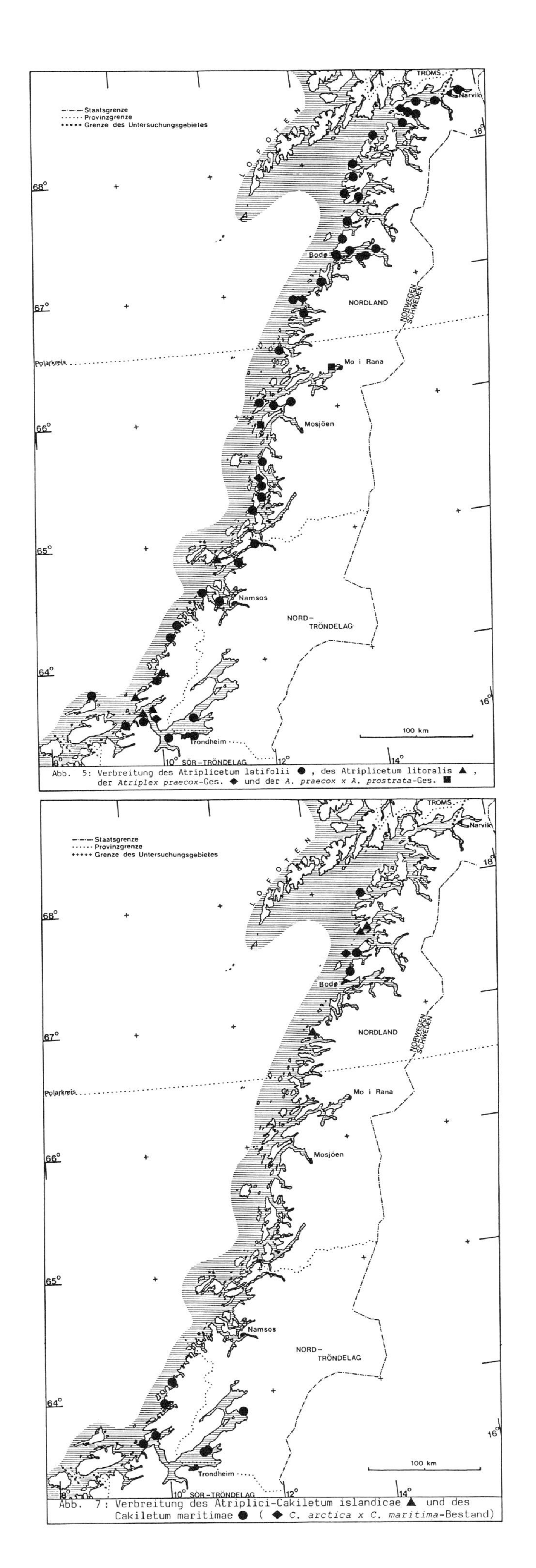

Abb. 5: Verbreitung des Atriplicetum latifolii ●, des Atriplicetum litoralis ▲, der *Atriplex praecox*-Ges. ◆ und der *A. praecox x A. prostrata*-Ges. ■

Abb. 7: Verbreitung des Atriplici-Cakiletum islandicae ▲ und des Cakiletum maritimae ● (◆ *C. arctica x C. maritima*-Bestand)

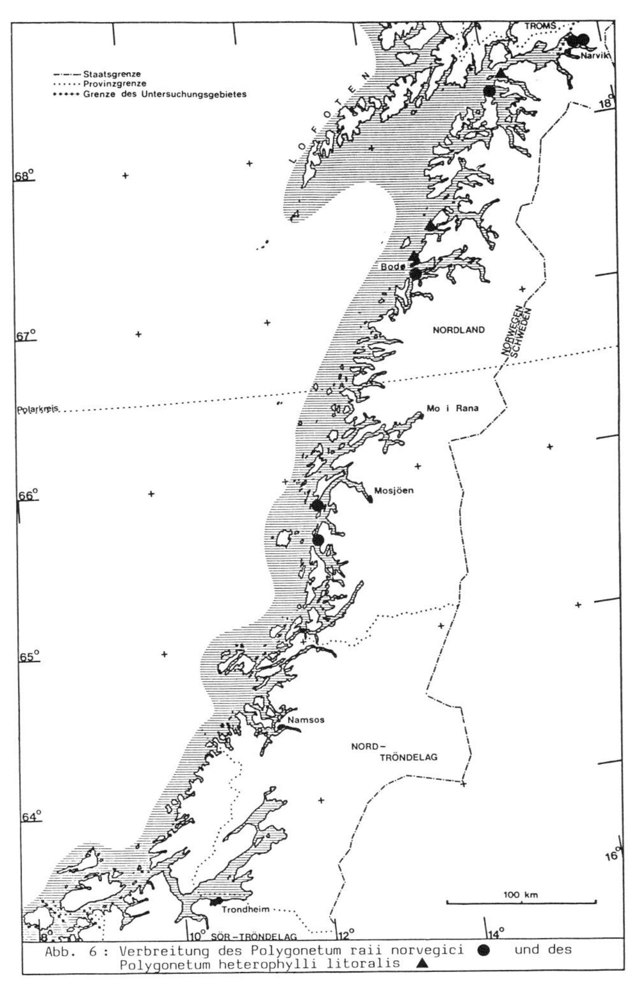

Abb. 6: Verbreitung des Polygonetum raii norvegici ● und des Polygonetum heterophylli litoralis ▲

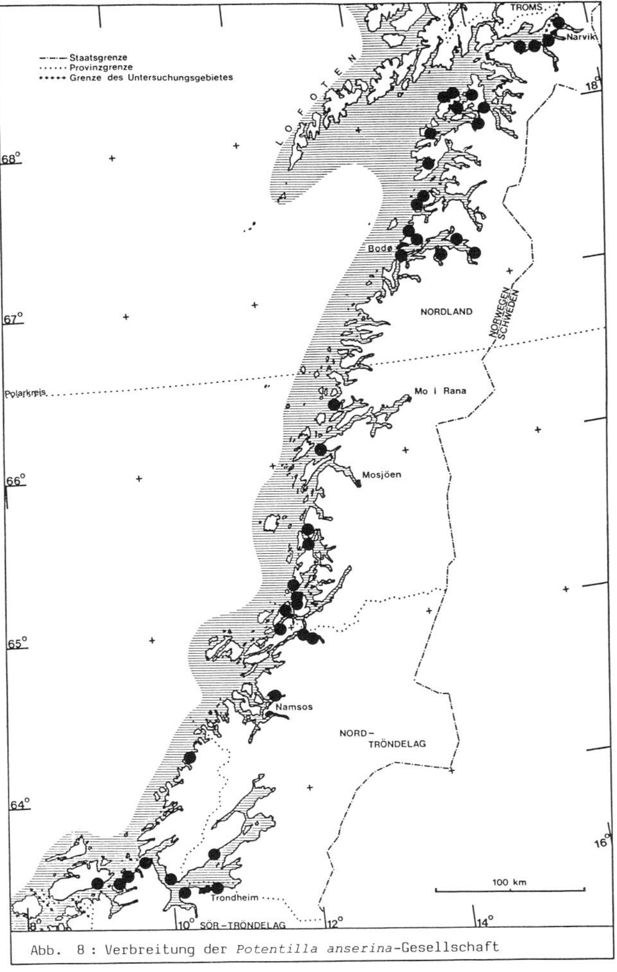

Abb. 8: Verbreitung der *Potentilla anserina*-Gesellschaft

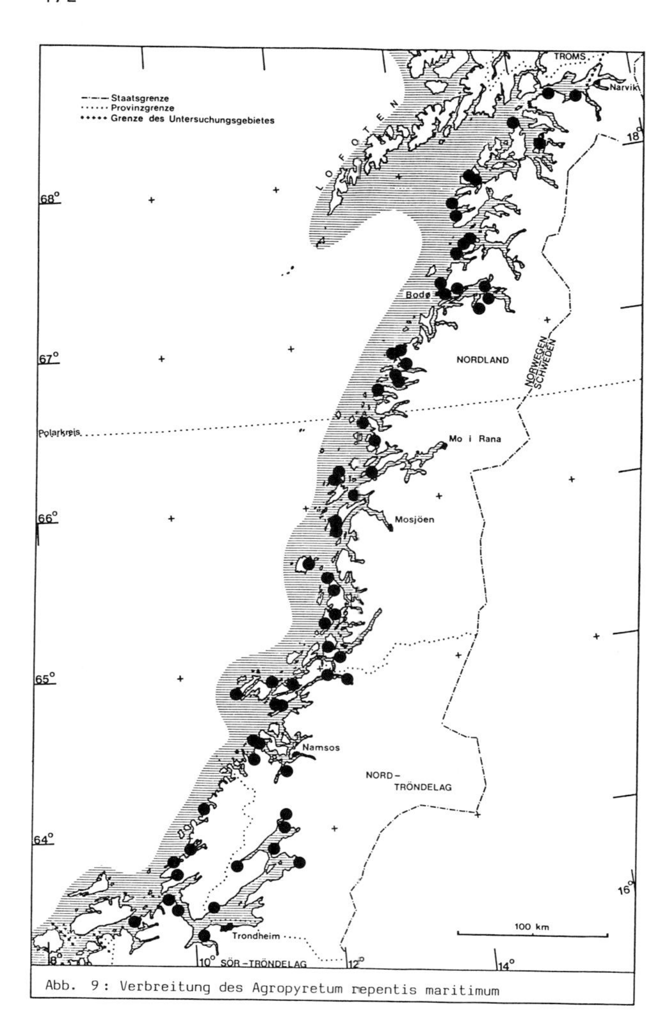

Abb. 9 : Verbreitung des Agropyretum repentis maritimum

Tab. 2:

Atriplicetum litoralis

Atriplex praecox – **Gesellschaft**

	1					2				3	
Nr. der Aufnahme	1	2	3	4	5	6	7	8	9	10	11
Größe der Probefläche (m^2)	4	4	1	4	4	0,5	4	6	4	4	4
Vegetationsbedeckung(%)	35	90	95	80	85	45	70	70	80	80	80
Artenzahl	2	3	4	7	4	4	3	4	6	4	3
Kennarten der Gesellschaften:											
Atriplex litoralis	3	4	4	4	5	.	.	.	.	.	.
Atriplex prostrata ssp. *prostrata*	.	2	2	2	2	.	.	.	.	.	.
Atriplex longipes ssp. *praecox*	.	.	.	.	.	3	4	4	5	.	.
Atriplex prostrata x *A. praecox*	.	.	.	.	.	.	.	.	.	5	5
Kennarten der höheren Einheiten:											
Polygonum heterophyllum	.	.	.	.	.	2	.	.	.	.	.
Cakile maritima ssp. *maritima*	.	.	.	r	+	.	.	.	.	.	.
Begleiter:											
Agropyron repens	.	r	1	.	.	.	.	1	1	1	.
Galium aparine	.	.	+	1	+	.	.	.	+	r	.
Sonchus arvensis	.	.	.	.	.	.	.	.	1	+	.
Stellaria media	.	.	.	.	.	1	+	.	.	.	.
Potentilla anserina	.	.	.	.	.	1	.	.	r	.	.
Elymus arenarius	.	.	.	.	.	.	.	.	.	.	1
Puccinellia retroflexa	.	.	.	.	.	.	.	.	.	.	+
Galeopsis bifida	.	.	.	.	.	.	.	.	+	.	.
Plantago maritima	r	.	.	.	.	.	.	.	.	.	.
Matricaria inodora var. *maritima*	.	.	.	r	.	.	.	.	.	.	.
Cochlearia officinalis	.	.	.	r	.	.	.	.	.	.	.
Rumex crispus	.	.	.	r	.	.	.	.	.	.	.
Stellaria crassifolia	.	.	.	.	.	.	.	r	.	.	.
Rumex longifolius	.	.	.	.	.	.	.	r	.	.	.
Festuca rubra ssp. *litoralis*	.	.	.	.	.	.	r	.	.	.	.

Nachweis der Vegetationsaufnahmen:
1 (07.08.1981) Klungviken/Oterholmraasa
2 (20.07.1981) Faetten/Bjugnfjord
3 (20.07.1981) Eidshagen/Skråfjord
4 (01.08.1981) Mölnbugt/Trondheimsfjord
5 (21.07.1981) Hasselviken/Trondheimsfjord
6 (14.08.1979) Langvaag/Aefjord
7 (03.09.1981) Kunna/Stöttsundet
8 (14.08.1981) Skilbotn/Harmfjord
9 (21.07.1981) Klungerviken/Trondheimsfj.
10 (22.08.1981) Steinsvik/Nordrana
11 (19.08.1981) Sövik/Alstahaugfjord

Tab. 1:

Atriplicetum latifolii

1 Typische Subassoziation
2 Subassoziation von *Agropyron repens*

	1	2
Zahl der Aufnahmen	25	23
Größe der Probeflächen (m^2)	0,5-4	0,5-4
mittlere Artenzahl	4,0	4,8
Kennart der Assoziation:		
Atriplex prostrata ssp. *prostrata*	V^{3-5}	V^{4-5}
Trennart der Subassoziation:		
Agropyron repens	.	V^{r-2}
Kennarten der höheren Einheiten:		
Cakile maritima ssp. *maritima*	I^{+-2}	I^{r}
Cakile arctica	$+^{+}$	$+^{1}$
Polygonum norvegicum	I^{1}	$+^{r}$
Polygonum monspeliense	I^{r-2}	.
Begleiter:		
Potentilla anserina	III^{r-1}	III^{r-2}
Galium aparine	II^{r-1}	III^{r-2}
Galeopsis bifida	I^{r-1}	III^{r-1}
Stellaria media	I^{r-1}	II^{r-2}
Stellaria crassifolia	II^{+-2}	I^{+-1}
Elymus arenarius	II^{r-1}	I^{+-1}
Sonchus arvensis	I^{+-1}	I^{+-1}
Rumex crispus	I^{r-+}	I^{+-1}
Rumex longifolius	$+^{+}$	I^{+-2}
Festuca rubra ssp. *litoralis*	$+^{1}$	I^{+}
Matricaria inodora var. *maritima*	$+^{r}$	$+^{r}$
Senecio vulgaris	.	I^{r-+}
Puccinellia retroflexa	I^{1-2}	.
Puccinellia maritima	I^{+}	.
Plantago maritima	I^{+-1}	.
Arrhenatherum elatius	$+^{1}$	.
Spergularia salina	$+^{+}$	.
Galeopsis speziosa	$+^{+}$	.
Sedum acre	$+^{+}$	.
Phleum pratense	$+^{r}$	.
Agrostis stolonifera ssp. *maritima*	$+^{r}$	.

Tab. 3:

Polygonetum raii norvegici

Polygonetum heterophylli litoralis

	1						2				
Nr. der Aufnahme	1	2	3	4	5	6	7	8	9	10	11
Größe der Probefläche (m^2)	2	1	1/4	1/2	1	1/4	1/4	1/2	1	1	1/4
Vegetationsbedeckurg (%)	35	45	55	55	80	80	20	60	45	40	25
Artenzahl	2	6	4	3	3	2	3	6	5	6	2
Kennarten der Assoziationen:											
Polygonum norvegicum	3	3	4	4	4	5	.	.	.	.	.
Polygonum heterophyllum	.	.	.	.	.	.	2	3	3	3	3
Kennarten der höheren Einheiten:											
Atriplex prostrata ssp. *prostrata*	2	2	1	+	2	1	+	2	.	1	.
Atriplex longipes ssp. *praecox*	.	.	.	.	.	.	.	.	1	.	.
Cakile maritima ssp. *maritima*	.	.	.	.	.	.	.	1	.	.	.
Begleiter:											
Stellaria crassifolia	.	2	.	.	+	.	+	.	1	2	.
Stellaria media	.	+	.	1	.	.	.	.	+	1	.
Potentilla anserina	.	1	r	.	.	.	.	+	.	.	.
Elymus arenarius	.	.	r	.	.	.	.	+	.	.	.
Agropyron repens	.	.	.	.	.	.	.	1	.	.	.
Agrostis stolonifera ssp. *maritima*	.	.	.	.	.	.	.	.	1	.	.
Galeopsis bifida	.	+	.	.	.	.	.	.	.	.	.
Euphrasia frigida	.	.	.	.	.	.	.	.	.	+	.
Sedum acre	.	.	.	.	.	.	.	.	.	+	.
Triglochin palustre	.	.	.	.	.	.	.	.	.	.	+

Nachweis der Vegetationsaufnahmen:
1 (19.08.1979) Strömmen/Rombaken
2 (19.08.1979) Seines/Herjangsfjord
3 (16.08.1981) Lauknes/Velfjord
4 (17.08.1981) Sverthgn./Tjötta
5 (17.07.1979) Leiknes/Tysfjord
6 (06.09.1981) Seinesbugten/Straumöya
7 (14.08.1979) Skarstad/Ofotfjord
8 (26.07.1979) Hysaviken/Landegofjord
9 (24.07.1979) Fjaer/Karlsöfjord
10 (24.07.1979) Fjaer/Karlsöfjord
11 (14.08.1979) Skarstad/Ofotfjord

Tab. 4: Cakiletum maritimae

Atriplici – Cakiletum islandicae

	1													2				3
Nr. der Aufnahme	1	2	3	4	5	6	7	8	9	10	11	12	13	14	15	16	17	18
Größe der Probefläche (m^2)	2	1	1	4	4	4	4	4	2	4	4	4	4	1	2	2	2	2
Vegetationsbedeckung (%)	40	30	55	55	70	65	85	85	60	70	70	55	80	45	45	45	55	70
Artenzahl	5	3	5	4	4	7	6	5	3	4	5	2	2	4	3	5	4	2
Kennarten der Assoziationen:																		
Cakile maritima ssp. *maritima*	3	3	3	4	4	4	5	5	4	4	4	4	4	.	.	.	.	.
Cakile arctica	.	.	.	.	.	.	.	.	.	.	.	.	.	3	3	3	4	.
Cakile arctica x *Cakile maritima*	1	.	.	.	.	.	.	.	.	.	.	.	+	.	.	.	.	4
Kennarten der höheren Einheiten:																		
Atriplex prostrata ssp. *prostrata*	2	.	2	.	.	+	.	1	.	2	.	.	3	1	2	2	1	1
Atriplex litoralis	.	.	.	.	.	1	.	.	.	+	.	.	.	.	.	.	.	.
Polygonum norvegicum	.	.	.	.	.	.	.	.	.	.	.	.	.	+	.	1	.	.
Begleiter:																		
Agropyron repens	1	.	+	.	.	.	1	r	.	.	+	+	.	.	.	.	.	.
Sonchus arvensis	+	.	.	.	1	1	.	.	r	.	r	.	.	.	.	.	1	.
Honckenya peploides	.	.	.	.	.	.	.	.	.	.	.	.	.	1	1	2	+	.
Galium aparine	.	.	.	.	1	.	+	+	.	.	1	.	.	.	.	.	.	.
Senecio vulgaris	.	.	.	.	.	+	+	.	.	1	+	.	.	.	.	.	.	.
Galeopsis bifida	.	.	.	+	.	.	+	+	+	.	.	.	.	.	.	.	.	.
Elymus arenarius	.	+	.	.	.	r	.	.	.	.	.	.	.	.	.	+	.	.
Potentilla anserina	1	.	1	.	.	.	.	.	.	.	.	.	.	.	.	.	.	.
Arrhenatherum elatius	.	.	.	.	.	1	1	.	.	.	.	.	.	.	.	.	.	.
Stellaria media	.	.	+	r	.	.	.	.	.	.	.	.	.	.	.	.	.	.
Festuca rubra var. *arenaria*	.	+	.	.	.	.	.	.	.	.	.	.	.	.	.	.	.	.
Cirsium vulgare	.	.	.	.	+	.	.	.	.	.	.	.	.	.	.	.	.	.
Erysimum cheiranthoides	.	.	r	.	.	.	.	.	.	.	.	.	.	.	.	.	.	.
Trifolium repens	.	.	.	r	.	.	.	.	.	.	.	.	.	.	.	.	.	.

Nachweis der Vegetationsaufnahmen:
1 (26.07.1979) Skelstad/Landegofjord
2 (19.07.1979) Bö/Engelöya
3 (26.07.1979) Skelstad/Landegofjord
4 (20.07.1981) Rönsholmen/Trondheimsfjord
5 (23.07.1981) Röra/Trondheimsfjord
6 (24.07.1981) Hernesören/Trondheimsfjord
7 (24.07.1981) Tautra/Tautrå
8 (19.07.1981) Nygaard/Skrafjord
9 (21.07.1981) Östraat/Stjörnfjord
10 (21.07.1981) Östraat/Stjörnfjord
11 (24.07.1981) Valheim/Åsenfjord
12 (24.07.1979) Fjaer/Karlsöfjord
13 (24.07.1979) Fjaer/Karlsöfjord
14 (05.08.1979) Solheim/Steigen
15 (05.08.1979) Stamsvik/Steigen
16 (05.08.1979) Flekkos/Steigen
17 (02.09.1981) Högset/Stabbfjord
18 (24.07.1979) Fjaer/Karlsöfjord

Tab. 6:

Agropyretum repentis maritimum

1 Subassoziation von *Potentilla anserina*
2 Typische Subassoziation
3 Subassoziation von *Elymus arenarius*

	1	2	3
Zahl der Aufnahmen	24	40	11
Größe der Probeflächen (m^2)	2-10	2-10	2-10
mittlere Artenzahl	6,5	4,8	6,6
Kennart der Assoziation:			
Agropyron repens	V^{4-5}	V^{4-5}	V^{4-5}
Trennarten der Subassoziationen:			
Potentilla anserina	V^{r-2}	.	I^{+}
Elymus arenarius	I^{+}	.	V^{r-2}
Kennarten der höheren Einheiten:			
Rumex crispus	II^{r-1}	I^{+-2}	I^{+}
Rumex longifolius	$+^{+}$	I^{+-2}	I^{+}
Arrhenatherum elatius	$+^{r}$	I^{+-2}	I^{r-1}
Begleiter:			
Atriplex spec.	III^{r-2}	IV^{r-2}	IV^{+-2}
Galeopsis bifida	III^{+-1}	III^{r-2}	IV^{r-2}
Festuca rubra ssp. *litoralis*	IV^{+-2}	III^{+-2}	II^{+-1}
Galium aparine	II^{r-1}	II^{r-1}	IV^{r-2}
Stellaria media	II^{r-2}	III^{r-2}	II^{r-1}
Agrostis stolonifera ssp. *maritima*	II^{1-2}	I^{+-1}	I^{+-1}
Vicia cracca	I^{+-1}	I^{r-1}	II^{+-2}
Sonchus arvensis	I^{+-2}	I^{+-1}	I^{+-1}
Galeopsis tetrahit	$+^{2}$	I^{+-1}	I^{+}
Trifolium repens	$+^{r}$	I^{r}	I^{r}
Cochlearia officinalis	I^{+-2}	I^{r-1}	.
Stellaria crassifolia	$+^{2}$	I^{r-+}	.
Matricaria inodora	I^{+}	$+^{+}$	.
Filipendula ulmaria	I^{+}	$+^{r}$	.
Artemisia vulgaris	$+^{r}$	$+^{1}$	.
Dactylis glomerata	.	I^{r-+}	.
Senecio vulgaris	.	I^{+}	.
Juncus bufonius ssp. *ranarius*	.	$+^{1}$	.
Matricaria matricarioides	.	$+^{r}$	.
Anthriscus silvestris	.	I^{r-1}	I^{+}
Lotus corniculatus	.	.	I^{r}
Poa irrigata	II^{r-2}	.	I^{+}
Honckenya peploides	$+^{2}$	.	I^{+}
Ligusticum scoticum	I^{r-+}	.	.
Valeriana sambucifolia	$+^{1}$	.	.
Plantago maritima	$+^{+}$	.	.
Polygonum norvegicum	$+^{+}$	.	.
Rhinanthus minor	$+^{r}$	.	.
Glaux maritima	$+^{r}$	.	.

Tab. 5: *Potentilla anserina* – **Gesellschaft**

1 Ausbildung mit *Agrostis stolonifera*
2 Typische Ausbildung
3 Ausbildung mit *Agropyron repens*

	1											
Nr. der Aufnahme	1	2	3	4	5	6	7	8	9	10	11	12
Größe der Probefläche (m^2)	10	2	1	4	2	4	4	4	1	2	2	2
Vegetationsbedeckung (%)	75	70	70	70	70	70	65	70	70	80	85	90
Artenzahl	7	7	4	7	7	7	4	5	2	4	6	5
Kennart der Gesellschaft:												
Potentilla anserina	4	4	4	4	4	4	4	4	4	5	5	5
Trennarten der Ausbildungen:												
Agrostis stolonifera, ssp. *maritima*	2	2	1	1	+	+	+	+	+	+	+	+
Agropyron repens	.	r	.	.	.	.	.	.	.	.	.	.
Kennarten der höheren Einheiten:												
Rumex crispus	+	.	.	.	r	.	.	.	.	.	.	.
Arrhenatherum elatius	.	.	.	.	.	.	.	.	.	.	.	.
Rumex domesticus	.	.	.	.	.	.	.	.	.	.	.	.
Begleiter:												
Festuca rubra ssp. *maritima*	1	+	.	2	.	2	2	2	.	1	.	+
Galium aparine	.	+	.	.	+	.	.	.	.	.	.	.
Atriplex spec.	.	.	.	.	+	.	.	.	.	.	1	.
Galeopsis bifida	1	+	.	.	.	2	.	.	.	.	1	.
Stellaria media	+	.	.	+	.	1	.	+	.	.	.	1
Stellaria crassifolia	.	.	2	1	.	2	.	+	.	+	1	.
Poa irrigata	1	.	.	.	.	.	.	.	.	.	.	.
Elymus arenarius	.	1	.	.	.	.	.	.	.	.	.	.
Sonchus arvensis	.	.	.	.	r	.	2	.	.	.	.	.
Rumex acetosa	.	.	.	.	.	1	.	.	.	.	.	.
Vicia cracca	.	.	.	+	.	.	.	.	.	.	.	.
Ligusticum scoticum	.	.	.	.	.	.	.	.	.	.	r	.
Filipendula ulmaria	.	.	.	.	.	.	.	.	.	.	.	.
Senecio vulgaris	.	.	.	.	.	.	.	.	.	.	.	.
Honckenya peploides	.	.	.	.	.	.	.	.	.	.	.	.
Polygonum heterophyllum	.	.	2	.	.	.	.	.	.	.	.	.
Polygonum norvegicum	.	.	.	.	.	.	.	.	.	.	.	.
Polygonum monspeliense	.	.	.	.	1	.	.	.	.	.	.	.
Trifolium repens	.	.	.	+	.	.	.	.	.	.	.	.
Matricaria matricarioides	.	.	.	.	.	.	.	.	.	.	.	+
Cochlearia officinalis	.	.	.	.	.	.	.	.	.	.	.	.
Triglochin maritimum	.	.	.	.	.	.	.	.	.	.	.	.
Mertensia maritima	.	.	.	.	.	.	.	.	.	.	.	.
Equisetum arvense	.	.	.	.	.	.	.	.	.	.	.	.
Silene vulgaris	.	.	.	.	.	.	.	.	.	.	.	.

	2																	
Nr. der Aufnahme	13	14	15	16	17	18	19	20	21	22	23	24	25	26	27	28	29	30
Größe der Probefläche (m^2)	2	1	4	4	2	10	2	4	2	4	1	2	4	2	4	1	2	2
Vegetationsbedeckung (%)	65	70	65	60	70	70	55	60	70	70	80	70	95	99	85	85	90	80
Artenzahl	4	5	5	3	6	4	3	7	6	4	8	4	4	3	6	4	3	3
Kennart der Gesellschaft:																		
Potentilla anserina	4	4	4	4	4	4	4	4	4	4	4	4	5	5	5	5	5	5
Trennarten der Ausbildungen:																		
Agrostis stolonifera, ssp. *maritima*	.	.	.	.	.	.	.	.	.	.	.	.	.	.	.	.	.	.
Agropyron repens	.	.	.	.	.	.	.	.	.	.	.	.	.	.	.	.	.	.
Kennarten der höheren Einheiten:																		
Rumex crispus	+	.	.	.	.	.	.	.	.	+	.	.	.	.	+	.	.	.
Arrhenatherum elatius	.	+	+	.	1	.	.	.	.	.	.	.	.	.	.	.	.	.
Rumex domesticus	.	.	.	.	.	.	.	.	.	.	.	.	.	.	.	.	.	+
Begleiter:																		
Festuca rubra ssp. *maritima*	+	.	2	.	1	2	1	+	2	.	1	.	2	2	1	.	1	2
Galium aparine	.	1	.	.	+	.	.	+	+	2	.	2	.	.	.	1	.	.
Atriplex spec.	.	r	.	.	1	.	.	r	.	+	+	.	.	.	.	2	.	.
Galeopsis bifida	r	.	+	.	.	.	.	.	+	.	2	.	.	.	+	.	.	.
Stellaria media	.	+	.	.	.	.	.	r	.	.	.	.	.	.	1	1	+	.
Stellaria crassifolia	.	.	.	+	.	1	.	.	.	.	2	.	.	.	+	.	.	.
Poa irrigata	.	.	2	2	.	.	.	.	.	.	r	.	1	+	.	.	.	.
Elymus arenarius	.	.	.	.	2	.	.	.	.	.	.	1	+	.	.	.	.	.
Sonchus arvensis	.	.	.	.	.	.	.	.	.	.	.	.	.	.	.	.	.	.
Rumex acetosa	.	.	.	.	.	r	.	+	1	.	.	.	.	.	.	.	.	.
Vicia cracca	.	.	.	.	.	.	1	.	.	.	r	.	.	.	.	.	.	.
Ligusticum scoticum	.	.	.	.	.	.	.	.	.	.	.	.	.	.	.	.	.	.
Filipendula ulmaria	.	.	.	.	.	.	.	+	.	.	.	.	.	.	.	.	.	.
Senecio vulgaris	.	.	.	.	.	.	.	.	.	.	.	.	.	.	.	.	.	.
Honckenya peploides	.	.	.	.	.	.	.	.	.	.	.	.	.	.	.	.	.	.
Polygonum heterophyllum	.	.	.	.	.	.	.	.	.	.	.	.	.	.	.	.	.	.
Polygonum norvegicum	.	.	.	.	.	.	.	.	.	.	.	.	.	.	.	.	.	.
Polygonum monspeliense	.	.	.	.	.	.	.	.	.	.	.	.	.	.	.	.	.	.
Trifolium repens	.	.	.	.	.	.	.	.	.	.	.	.	.	.	.	.	.	.
Matricaria matricarioides	.	.	.	.	.	.	.	.	.	.	.	.	.	.	.	.	.	.
Cochlearia officinalis	.	.	.	.	.	.	.	.	+	.	.	.	.	.	.	.	.	.
Triglochin maritimum	.	.	.	.	.	.	.	.	.	.	+	.	.	.	.	.	.	.
Mertensia maritima	.	.	.	.	.	.	.	.	.	.	.	+	.	.	.	.	.	.
Equisetum arvense	.	.	.	.	.	.	.	.	.	.	.	.	.	.	.	.	.	.
Silene vulgaris	.	.	.	.	.	.	.	.	.	.	.	.	.	.	.	.	.	.

	3														
Nr. der Aufnahme	31	32	33	34	35	36	37	38	39	40	41	42	43	44	45
Größe der Probefläche (m^2)	4	10	1	4	2	4	4	4	2	10	4	2	2	4	2
Vegetationsbedeckung (%)	80	70	70	60	55	70	75	85	85	85	80	80	70	65	
Artenzahl	5	7	5	5	2	4	5	8	5	7	4	9	4	5	3
Kennart der Gesellschaft:															
Potentilla anserina	4	4	4	4	4	4	4	5	5	5	5	4	4	4	4
Trennarten der Ausbildungen:															
Agrostis stolonifera, ssp. *maritima*	.	.	.	.	.	.	.	.	.	.	.	.	.	.	.
Agropyron repens	r	r	+	+	1	1	1	1	1	2	2	2	2	2	2
Kennarten der höheren Einheiten:															
Rumex crispus	.	.	.	.	.	.	.	.	.	.	.	+	.	.	.
Arrhenatherum elatius	.	.	.	.	.	.	.	r	.	.	.	r	.	.	.
Rumex domesticus	.	.	.	.	.	+	.	.	.	.	.	.	.	.	.
Begleiter:															
Festuca rubra ssp. *maritima*	1	+	.	+	.	.	+	1	+	.	.	.	.	.	.
Galium aparine	.	2	+	.	.	.	.	.	.	.	1	1	.	1	2
Atriplex spec.	r	+	1	.	.	.	.	+	.	.	r	+	.	.	.
Galeopsis bifida	2	1	.	.	.	.	.	.	.	1	.	+	.	.	.
Stellaria media	.	1	.	.	.	.	.	.	.	.	.	.	+	+	.
Stellaria crassifolia	.	.	.	.	.	.	.	.	.	2	.	.	.	.	.
Poa irrigata	.	.	.	.	.	1	.	.	1	+	.	.	.	.	.
Elymus arenarius	.	.	.	.	.	.	+	.	.	.	.	1	.	.	.
Sonchus arvensis	.	.	.	.	.	.	.	2	.	+	.	.	.	1	.
Rumex acetosa	.	.	.	.	.	.	.	.	.	1	.	.	.	.	.
Vicia cracca	.	.	.	.	.	.	.	+	.	.	.	.	.	.	.
Ligusticum scoticum	.	.	.	+	.	.	.	.	.	.	.	.	.	.	.
Filipendula ulmaria	.	.	.	.	.	.	.	.	r	.	.	.	.	.	.
Senecio vulgaris	.	.	r	+	.	.	.	.	.	.	.	.	.	.	.
Honckenya peploides	.	.	.	.	.	.	2	.	.	.	.	.	.	.	.
Polygonum heterophyllum	.	.	.	.	.	.	.	.	.	.	.	.	.	.	.
Polygonum norvegicum	.	.	.	.	.	.	.	.	.	.	.	.	1	.	.
Polygonum monspeliense	.	.	.	.	.	.	.	.	.	.	.	.	.	.	.
Trifolium repens	.	.	.	.	.	.	.	.	.	.	.	.	.	.	.
Matricaria matricarioides	.	.	.	.	.	.	.	.	.	.	.	.	.	.	.
Cochlearia officinalis	.	.	.	.	.	.	.	.	.	.	.	.	.	.	.
Triglochin maritimum	.	.	.	.	.	.	.	.	.	.	.	.	.	.	.
Mertensia maritima	.	.	.	.	.	.	.	.	.	.	.	.	.	.	.
Equisetum arvense	.	.	.	.	.	.	.	+	.	.	.	.	.	.	.
Silene vulgaris	.	.	.	.	.	.	.	.	.	.	.	+	.	.	.

Nachweis der Vegetationsaufnahmen:
1 (05.08.1979) Botnfjord/Steigen
2 (02.08.1981) Steviken/Indre Folden
3 (24.07.1979) Fjaer/Karlsöfjord
4 (21.07.1979) Presteid/Hamaröy
5 (18.07.1981) Sörjaer
6 (01.08.1979) Steinbakken/Sagfjord
7 (29.07.1979) Leiraaga/Fauske
8 (16.08.1979) Saltvikneset/Ofotfjord
9 (21.07.1981) Grönningsbugten/Trondheimsfj.
10 (23.07.1979) Storeinan/Karlsöfjord
11 (13.08.1981) Skomoviken/Velfjord
12 (29.07.1979) Setsaa/Saltdalsfjord
13 (06.09.1981) Seinesbugten/Straumöya
14 (21.07.1981) Tömmerdalen/Trondheimsfjord
15 (13.08.1979) Nausthaugen/Hamaröy
16 (16.07.1979) Buvaag/Hamaröy
17 (11.08.1981) Lilleviken/Röyningen
18 (19.08.1979) Toftmoen/Rombaken
19 (18.08.1979) Haakviken/Ofotfjord
20 (27.07.1981) Futestrand/Trondheimsleia
21 (26.07.1981) Valslaghl./Bustlisundet
22 (28.07.1981) Havn/Hitra
23 (11.08.1981) Lian/Botnet
24 (16.08.1981) Höivik/Velfjord
25 (15.07.1979) Brennvik/Hamaröy
26 (15.07.1979) Fartöiosen/Hamaröy
27 (03.08.1979) Ulvsvaag/Stordjupet
28 (10.08.1981) Fagerbakken/Austra
29 (20.07.1979) Havneset/Tysfjord
30 (19.07.1979) Vik/Engelöya
31 (09.08.1981) Kongsvik/Årsetfjord
32 (02.08.1981) Fornes/Indre Folden
33 (31.07.1981) Langörjan/Trondheimsfjord
34 (26.07.1979) Skelstad/Landegofjord
35 (25.07.1981) Leangen/Strindfjord
36 (06.09.1981) Seinesbugten/Straumöya
37 (16.08.1979) Elvesletten/Ofotfjord
38 (19.08.1981) Ulvangen/Ulvangsfjord
39 (17.07.1981) Foss/Blikkengfjord
40 (06.09.1981) Drevnesodden/Misvaerfjord
41 (01.08.1981) Mölnbugt/Trondheimsfjord
42 (12.08.1981) Baatvik/Lyngvaerfjord
43 (26.08.1981) Storneset/Sjona
44 (19.08.1981) Lökkeviken/Ulvangen
45 (26.07.1979) Greina/Saltfjord

Hermann-Josef Höper

Der Ostthessalische und der Böotische See

Anmerkungen zur Geschichte zweier ehemaliger Seen in Ostgriechenland

1. Einleitung

In den vergangenen Jahren hat Herr Professor Ludwig HEMPEL sich intensiv mit der Frage nach den Ursachen der Bodenerosion im Mittelmeerraum, insbesondere an der Nordküste Kretas (Ebene von Mallia) und in der Südpeloponnes (Eurotas Tal) beschäftigt (HEMPEL 1981, 1982, 1983, 1984). HEMPEL gelangte bei seinen Forschungen zu dem Ergebnis, daß weniger der Mensch, als vielmehr ein Klimawechsel für das Auftreten der Ereignisse verantwortlich sei, die zu dem augenblicklich problematischen Ökohaushalt rund um das Mittelmeer führten. Die Sammlung von Beobachtungen und Daten aus anderen Gebieten bestätigten einen sich über alle Anrainerstaaten des Mittelmeeres erstreckenden postpleistozänen Klimawechsel, der in den Zeitraum von vor fünf- bis sechstausend Jahren zu datieren ist.

Die Beckenlandschaften Griechenlands zeigen bei einer ausgeprägten Regenzeit an vielen Stellen das charakteristische Auftreten von abflußlosen Winterseen, die sich während der sommerlichen Trockenzeit in Restseen und Sümpfe verwandeln oder auch gänzlich verschwinden. Stratigraphische Beobachtungen sind aufgrund der ruhigeren Wasserverhältnisse in unter limnischen Bedingungen sedimentierten Arealen im Allgemeinen genauer durchzuführen und zu deuten, als in fluviatil bedingten Alluvien. Kliffs im felsigen Seeuferbereich bezeugen recht genau länger andauernde Wasserspiegelstände, die wiederum Indizien für Altklimate sein können. Beobachtungen von Siedlungsplätzen und Artefakten kommen in holozänen Sedimenten insofern besondere Bedeutung zu, als mit ihrer Hilfe - geowissenschaftlich gesehen - zumeist außerordentlich genaue Datierungen geomorphologischer Prozesse möglich sind.

Beobachtungen bei zweien, in diesem Jahrhundert durch Menschenhand endgültig trockengelegten Seen, dem Viviis- oder Karla-See in Ostthessalien und dem Kopais-See in Böotien, mögen einige Steinchen zu dem schwierigen Problem, wie es die Erforschung von Altklimaten darstellt, zusammenfügen.

2. Der Ostthessalische See

Der Ostthessalische und der Böotische See unterlagen miteinander vergleichbaren geologischen Entstehungsbedingungen. Ab dem oberen Miozän/Pliozän einsetzende bruchtektonische Prozesse schufen noch während des Tertiär von Hügel- und Gebirgsriegeln gerahmte ebene Tröge, in denen sich das Niederschlagswasser sammelte. An der Ostseite der Mittelthessalischen Schwelle auf anstehendem Marmor aufliegende Süßwasserkalke belegen die Existenz eines flachgründigen Sees im Ostthessalischen Becken während des älteren Pliozän (SCHNEIDER 1968, S. 18, 19, 69, Taf. 30.2, 31). Dieser See verlandete, bevor im anschließenden Altpleistozän das heutige Gewässernetz im Wesentlichen geschaffen wurde, mit dem Penios als Hauptsammler. Altpleistozäne Schotter auf der Ostseite des Tempetales belegen ein Durchfließen dieses Flusses an derselben Stelle wie heute. Während des Mittelpleistozän führten weitere bruchtektonische Vorgänge zu einer Unterbrechung des Gewässernetzes. Das Ostthessalische Becken war abflußlos, und als während des Spätpleistozän, des Würm, der Penios wieder die Mittelthessalische Schwelle durchbrach, wurden Wassermassen zugeführt, die sich an den umliegenden Hügeln und Gebirgen stauten und die Ebene überschwemmten. Anzeichen für eine damalige Verbindung zum Meer gibt es nicht. Die Ostthessalische Ebene wurde ein Sedimentationsbecken, in der die heutige Niederterrassenfläche aufgeschüttet wurde, die zeitweise überflutet gewesen ist (SCHNEIDER 1968, S. 70). Das im Spätwürm vorherrschende kaltaride Klima wird trotz der Abflußlosigkeit im Ostthessalischen Becken nur bedingt und vermutlich erst gegen Ende des Würm die Bildung eines länger bestehenden Sees zugelassen haben.
Wir wissen durch die erhaltenen Schriften HERODOTs (*Historien* VII 129), daß man bereits im Altertum von der Existenz eines früheren großen Sees ausging, der die Ebenen Thessaliens bedeckte. Erst als der Gott Posaidon durch ein Erdbeben die Tempeschlucht geschaffen habe, durch die die Wasser in das Meer abfließen konnten, sei der Seespiegel gesunken.

Im Tempetal selbst fehlende, auf seiner Ostseite vorhandene altpleistozäne Schotter sind als Beleg für die Übereinstimmung des altpleistozänen und des frühholozänen Durchbruches zwischen Niederolymp und Ossa anzusehen. Im Tempetal wurden nach dem wieder freigegebenen Durchfluß die altpleistozänen Schotter ausgeräumt. Seitentäler zeigen besonders auf der Südseite des Tales im oberen Abschnitt einen breiten, im unteren Teil einen engen, klammartigen Querschnitt; eine Beobachtung, die auf zwei Hebungsphasen schließen läßt, von denen die ältere in das mittlere Pleistozän, die jüngere in das frühe Holozän zu datieren ist, als der Penios an alter Stelle wieder einen Zufluß zum Meer fand. Wäre der erneute Durchbruch im Tempetal früher erfolgt, so hätte dieses eine größere Tiefenerosion des Penios zur Folge gehabt, da der jungpleistozäne Meeresspiegel um einiges tiefer gelegen hat als heute (SCHNEIDER 1968, S. 67, 68, Taf. 52a, b).

Bis vor einigen Jahrzehnten fehlte in Griechenland der Nachweis paläolithischer Besiedlung. Durch die Arbeiten von MILOJCIC (zusammenfassend 1965) und THEOCHARIS (1967) wurden in Ostthessalien zwischen Gunitsa (= Amigdalea) im Westen und bis etwa zur Sufli-Magula wenige Kilometer nördlich von Larisa eine ganze Reihe von Werkzeugfunden aus Stein bekannt. Nach FREUND (1971, S. 182, 189) lassen sich deutlich zwei Kulturphaser unterscheiden, denen die Funde zuzuordnen sind, eine ältermittelpaläolithische und eine endjungpaläolithische. Die jungpaläolithischen Funde hält FREUND (1971, S. 185, 190) für sehr spät. Es haben sich sogar Artefakte gefunden, die in ihren Formen Übergänge zum Mesolithikum andeuten. Von West nach Ost nimmt das paläolithische Fundmaterial ab, das durchweg sekundär abgelagert ist, aber keine ausgeprägten Abrollungsspuren zeigt, also nicht weit im Wasser transportiert worden sein kann. FREUND geht davon aus, daß alle primären Ablagerungsplätze des Fundmaterials westlich von Argissa zu lokalisieren sind (1971, S. 194).

Die von den Archäologen als altmittelpaläolothisch bestimmten Steingeräte wurden teilweise in einer Schicht gefunden, die Knochen von Tieren enthielt, die mit Sicherheit während des Riss-Würm Interglaziales gelebt haben (SCHNEIDER 1968, S. 39 f.). Damit ist ein sicherer Anknüpfungspunkt gegeben, um die geologisch-geomorphologischen Prozeßchronologien und die archäologischen Kulturstufenchronologien kongruent zu setzen. Archäologisches Fundmaterial steht somit zur Verfügung, um die absolute geowissenschaftliche Chronologie sowohl zu bestätigen als auch zu verfeinern.

Die archäologisch festgestellte Konzentration altmittelpaläolithischen Fundgutes in der Peniosaue fällt zusammen mit einer Zeit, in der geologisch gesehen der Penios die Mittelthessalische Schwelle nach der mittelpleistozänen Absenkung noch nicht wieder durchbrochen hatte. Es war dieses eine Zeit, während der in dem Ostthessalischen Becken Menschen als Großwildjäger existieren konnten. Die Funde von Tierresten zeigen ein überwiegend warmes Steppen- bis gemäßigtes Waldklima an. Aus dem Vorkommen von *Hippopotamos* muß auf das Vorhandensein freier Wasserflächen geschlossen werden. Zwischen dem Nachweis altmittelpaläolithischer und endjungpaläolithischer Artefakte klafft eine Fundleere, deren Dauer übereinstimmt mit der Zeit, als der Penios die Mittelthessalische Schwelle wieder durchbrochen hatte, aber noch keinen Abfluß zum Meer fand. Fast überall schließt die Niederterrasse, die während des Würm aufgeschüttet wurde, mit einer unter limnischen Bedingungen abgelagerten braunen Lehmschicht ab (SCHNEIDER 1968, S. 44, 36).

Aus diesen Beobachtungen darf man schließen, daß im ausgehenden Würm und dem frühen Holozän das gesamte Becken Ostthessaliens bis zu einigen Metern über der 90 Meter Isohypse von einem See überflutet gewesen ist. Nachdem durch rückschreitende Erosion und tektonische Bewegungen der Penios wieder freien Zugang zum Meer fand, grub er sich in die Niederterrasse ein und räumte den Boden des Tempetales aus. Das angesammelte bzw. sich ansammelnde Wasser im Ostthessalischen Becken wurde vermehrt abgeleitet.

Bevor zeitlich jüngere Marken eines Seespiegels zur Sprache kommen sollen, ist das Abhängigkeitsverhältnis des Ostthessalischen Sees vom Penioswasser zu klären. Hauptwasserlieferant für den See war der Penios. Messungen bei Larisa zu Beginn des 20. Jahrhunderts haben ergeben, daß nördlich der Stadt bei der 66er Isohypse ein Wasserabfluß in die dem nördlichen Teil der Mopsionberge vorgelagerten Senke einsetzte, sobald der Fluß eine höhere Wasserführung als 450 m^3/s erreichte. Der Boden der Senke liegt an der tiefsten Stelle bei der 60er Isohypse. Über den Asmaki erfolgte ein Weiterfließen des Wassers in die Senke vor dem Talausgang von Agia bis Kastron, um 49 m üb. NN. gelegen (beste Karte bei HEUERTLY/SKEAT 1930-1931, S. 2; FELS 1944, S. 56; PHILIPPSON 1950, I, S. 119). Von hier aus neigt sich die Ebene langsam nach Südosten und erreicht ihren tiefsten Punkt etwas unterhalb von 40 m üb. NN. In der Zeit, in der der Penios sein Bett noch nicht so tief in die Niederterrasse eingeschnitten hatte, erfolgte die Überschwemmung der Senken bereits bei niedriger Wasserführung und über einen jährlich längeren Zeitraum. Erst mit zunehmender Tiefenerosion des Penios wurde mehr Wasser auf direktem Wege dem Meer zugeführt. Das Penioswasser konnte bei Hochflut (bis 1.780 m^3/s) fast 2.800 kg/m^3 Material mitführen (siehe FAUST 1973, Tab. 17). Ergoß sich derartiges Wasser in die Senken und kam dort zur Ruhe, wurde das mitgeführte Material in ihnen abgelagert. Je tiefer sich der Penios in die Niederterrasse eingrub, umso weniger Wasser konnte seine Fracht in den Senken absetzen. Es hat zwischen der Tiefenerosion des Penios und einer zunehmenden Akkumulation im Deltagebiet - verbunden mit einer Abnahme der Sedimentationsrate in den Senken des Ostthessalischen Beckens - ein reziprokes Verhältnis bestanden. Das offensichtlich weitgehend kontinuierliche Kleinerwerden des Sees im Ostthessalischen Becken einem beständig arider werdenden Klima anlasten zu wollen, ist sicherlich eine Fehlinterpretation.

Der Beginn des erneuten, postglazialen Durchflusses des Penios durch das Tempetal dürfte mit dem Beginn des Mesolithikums (8000 bis 5900 v. Chr.) zusammengefallen sein (SCHNEIDER 1968, S. 68). Der erst dann einsetzende Rückgang der Überflutung des Ostthessalischen Beckens wird für das so geringe Vorkommen mesolithischer Artefakte verantwortlich gemacht werden können. Nachweise der mittleren Steinzeit (Mesolithikum) liegen lediglich mit Obsidianwerkzeugen aus dem Penios westlich von Larisa und von der Magula Samari am Südrand des Viviis-See vor (FREUND 1971, S. 182, 183, 189; THEOCHARIS 1969, S. 297 ff., 1967, S. 40 ff., 1973, S. 24, Anm. 17). Für den Menschen in Ostthessalien ist die Kulturstufe des Mesolithikums eine Übergangszeit von relativ kurzer Dauer, während der er seine Lebensweise vom umherziehenden Großwildjäger und Sammler zum seßhaften Ackerbauern und Viehzüchter umstellte. Diese Änderung erfolgte über die Zwischenstufe des Jagens und Sammelns von Kleintieren. Das Mesolithikum endete mit der Kulturstufe des Protoneolithikum oder Präkeramikum, in dem alle die das Neolithikum charakterisierenden Wirtschaftsweisen bereits ausgebildet gewesen sind und lediglich die Herstellung der Keramik noch unbekannt gewesen ist.[1] Protoneolithische Straten sind in Sesklo nachgewiesen worden (damals in unmittelbarer Nähe des Pagasitischen Golfes), in Argissa, der Sufli-Magula nördlich von Larisa und in Jediki, nordöstlich von Larisa. Die präkeramischen Schichten der Argissa-Magula liegen auf der 73er Isohypse. Diese Siedlung war am Rande einer Flußterrasse errichtet worden, die z.Z. der Gründung "vielleicht am Ufer des heute weit zurückgegangenen antiken" Sees verlief (MILOJCIC 1962, S. 24, Plan I, IIa, IIb). In den Grabungsprofilen von Argissa lassen sich keine Hinweise dafür finden, daß dieser Platz nach dem Beginn der Besiedlung noch einmal überschwemmt worden ist. Bei der Sufli-Magula (74 m üb. NN.) liegen die präkeramischen Schichten ungefähr bei 70,30 m üb. NN. Auch hier teilt der Ausgräber keine Befunde mit, die nach dem Siedlungsbeginn auf eine nochmals erfolgte Überschwemmung schließen lassen (THEOCHARIS 1958b, S. 78-86). In Jediki überdeckt eine fünf bis sechs Zentimeter starke sterile Sandschicht das Präkeramikum (THEOCHARIS 1962, S. 73-76). Der Ausgräber erklärt die Siedlungsunterbrechung mit periodischen Überschwemmungen des Sees. Leider fehlt die Angabe des Nullpunktes des Grabungsprofiles, so daß eine Einbindung in die Oberflächentopographie nicht möglich ist.

Die sich während des Endpleistozän und Frühholozän im Ostthessalischen Becken angesammelten Wassermassen sind nach dem Durchbruch des Tempetales abgeflossen und der Seespiegel lag im 7. Jahrtausend v. Chr. ganzjährig unterhalb der 70er Isohypse, die fortan nie mehr von den Wassermassen des Sees überschritten wurde. Es fällt auf, daß sich präkeramische Fundplätze im Nordteil des Seegebietes konzentrieren, in Bereichen, die nach Ausbleiben der Wasserzufuhr aus dem Penios im Frühsommer auch damals rasch trockengefallen sein dürften. Die Annahme, daß die trockenfallenden, mit fruchtbarem Schlamm bedeckten Uferstreifen für den Getreideanbau genutzt wurden, erfährt für diese Kulturstufe einiges an Wahrscheinlichkeit. Eine Brandrodung erübrigte sich, die Notwendigkeit einer Bodenbearbeitung war nicht zwingend. Für den Anfang des 19. Jahrhunderts hat LEAKE (1835, IV, S. 424 f.) den Getreideanbau am Ufersaum des Sees für den Ort Kanalia beschrieben.

GRUNDMANN (1937) hat erkannt, daß im Norden des Ostthessalischen Beckens die Siedlungen ziemlich

---

1) Zur Problematik des Mesolithikums und einer autochthonen Kulturentwicklung zum Neolithikum in Ostthessalien siehe HÖPER 1984, S. 48 f., 70, mit weiteren Literaturangaben.

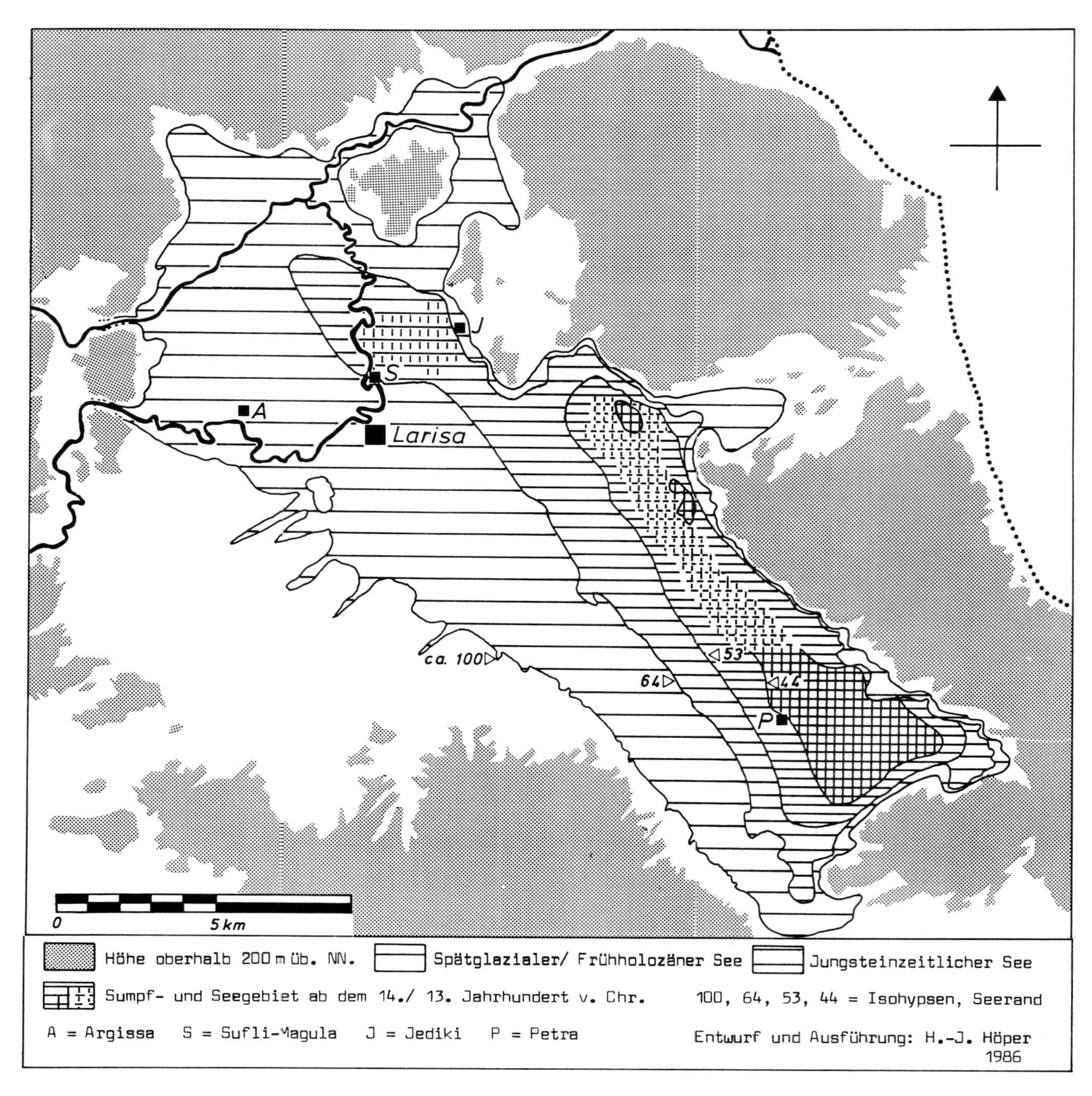

Abb. 1: Die verschiedenen Stadien des Ostthessalischen Sees

verstreut liegen, im Süden aber eine dichte, von Nord nach Süd verlaufende Kette bilden. Alle Orte befinden sich oberhalb der 63er Isohypse. Unterhalb dieser Höhe ist keine neolithische Siedlung zu beobachten. GRUNDMANN (1937, S. 59) folgerte daraus, daß ungefähr bei 63 m üb. NN. der Seespiegel während des Neolithikums gelegen habe. SCHNEIDER (1968, Taf. 3.2, 8, S. 19) lieferte geomorphologische Beweise für einen länger andauernden Seespiegelstand bei ca. 64 m üb. NN. Es waren dieses Kliffs und Strandwälle bei der Insel Petra und in gleicher Höhe liegende Verebnungen auf der Ostseite des Sees.

Das insgesamt kontinuierliche Zurückgehen des Sees hat bei der 64er Isohypse offenbar eine längere Stagnation erlebt. Diese Stagnation hat während der Kulturstufe des Neolithikums stattgefunden, zwischen 5900/800 und 3300/200 v. Chr., was noch nicht bedeuten muß, daß der See während der gesamten gut 2.500 Jahre bis zu der o.g. Marke reichte. Möglicherweise ist das kontinuierliche Kleinerwerden des Sees erst noch weiter unterhalb der bekannten Marke zum Stillstand gekommen, um dann wieder anzusteigen und längere Zeit mit dem Frühjahrshochwasser bei der 64er Isohypse zu verweilen. Es gibt verschiedene archäologische Anzeichen dafür, daß im Verlaufe des thessalischen Jungneolithikums (4200 bis 3300/200 v. Chr.) das Klima niederschlagsreicher geworden ist:

- Das Magaron-Haus, charakterisiert durch die additive Anordnung funktional verschiedener Räume in einer Reihe und mit einer in das Haus einbezogenen Herdstelle (Öffnung im Dach für den Rauchabzug).

- Das in der Hagia Sophia Magula auf einem Podest stehende und mit einem zeitweise Wasser führenden Graben umgebene und über eine schräge Rampe zugängliche jungneolithische Megaron (MILOJCIC u.a. 1976, S. 5).

- Die Verlagerung der Fleischgewinnung von Schaf und Ziege hin zum Rind und vor allem zum Schwein (JORDAN 1975, S. 146), die mit einem humideren Klima erklärt worden ist, das sich besser zur Schweine- als zur Schaf- und Ziegenhaltung eignet (BÖKÖNYI 1975, S. 146).

Gegen Ende des Jungneolithikums erreichte der Meeresspiegel in der Ägäis einen Hochstand, der bis zu einem Meter über dem heutigen NN. gelegen haben kann (KELLETAT 1975). Höhere Niederschläge und der durch einen höheren Meeresspiegel verlangsamte Wasserabfluß des Penios stoppten die Tendenz, daß der See sich weiter verkleinerte. Nicht auszuschließen ist, daß er sich sogar, wie oben angedeutet, wieder ausdehnte. Die Marken eines länger andauernden Seespiegels bei der 64er Isohypse sind somit noch präziser in die Zeit zwischen 4000 und 2400 v. Chr. zu datieren. Mögliche niedrigere Marken wurden zerstört oder sind bis heute nicht erkannt worden. Interessant wäre z.B. eine genaue stratigraphische Untersuchung der Magula Samari am Südufer des Sees.

In der Rachmani-Kulturstufe, die dem Jungneolithikum folgte, tauchen vermehrt Muscheln, Fische und Schnecken auf dem Speisezettel der Ostthessalier auf. Das humidere Klima muß über das Neolithikum hinaus angedauert haben. In der Protobronzezeit[2] (ca. 2400 bis 1975 v. Chr.) vollzog sich - nachgewiesen für Pefkakia am Pagasitischen Golf - ein erstaunlicher Wandel bei der fleischlichen Ernährung. 30% des Bedarfes wurden vom Rothirsch gedeckt. JORDAN (1975, S. 149, 151 f.) lehnt es allerdings ab, hierin einen Hinweis für das Klima oder dessen Änderung zu sehen, sondern postuliert kulturhistorische Ursachen und denkt sogar an eine Gatterhaltung dieser Tiere, was einem Domestikationsversuch nahekommt. Das häufige Vorkommen des Rothirsches läßt zwar an ein humides Klima denken, das in Ostthessalien das Wachstum lichter Wälder förderte. Andere Indizien aber deuten auf eine schon vor der Mitte des 3. Jahrtausends v. Chr. begonnene Aridisierung. Nach KELLETAT (1975, S. 370) war auch der Meeresspiegel drastisch gesunken und lag um 1500 v. Chr. fast fünf Meter unter dem heutigen Niveau. In Jolkos (Volos) z.B. liegen protobronzezeitliche Schichten heute im Grundwasserbereich, in Pefkakia reicht der zeitlich entsprechende Siedlungshorizont heute bis unmittelbar an das Meer. In der Ostthessalischen Ebene fällt auf, daß der bis in die Rachmani-Stufe reichende Siedlungsschwerpunkt entlang des Sees zwischen Larisa und Velestinos während der Protobronzezeit siedlungsleer wird. Ein kleiner gewordener See und im Sommer fehlendes Oberflächenwasser könnten dafür verantwortlich sein. Vielleicht waren es aber auch kulturhistorische Gründe. Denn erstmals wird ein deutlicher Unterschied zwischen einer nordostthessalischen Kultur um Larisa und einer südostthessalischen Kultur mit Schwerpunkt am Pagasistischen Golf greifbar. Um 2400 v. Chr. bereits fortgeschritten und bis ungefähr 1000 v. Chr. andauernd[3], entspricht die in Ostthessalien zu beobachtende Aridisierung des Klimas dem Subboreal.

Während des Subboreal bzw. der Bronzezeit ist der Ostthessalische See kleiner geworden. Leider lassen sich keine eindeutig datierbaren Marken für Wasserstände finden, da systematische Ausgrabungen in Petra - einer Gruppe von drei Hügeln im Südwesten des Sees - bis heute nicht erfolgt sind, obgleich diese Hügel in der Frage nach den Wasserständen des Sees eine Schlüsselposition besitzen. SCHNEIDER (1965, Taf. 8) beobachtete auf der Ostseite von Petra eine der 53er Isohypse folgende lineare Erhe-

---

2) HANSCHMANN (1976, S. 22, 24 ff.) hat der Verwendung des Begriffs Frühbronzezeit für Ostthessalien die Berechtigung abgesprochen, da erst während der Mittelthessalischen Zeit (= Mittlere Bronzezeit) Bronzearbeiten nachweisbar seien. Der Verfasser schlägt daher die Einführung des Begriffes Protobronzezeit vor, analog zum Protoneolithikum. Vgl. HÖPER (1983, S. 95).

3) Siehe KELLETAT (1975, S. 370). Es scheint eine Verbindung zwischen den Niederschlägen und den eustatischen Meeresspiegelschwankungen gegeben zu haben. Je höher der Meeresspiegel, um so höher waren auch die Niederschläge, und mit einem Absinken des Meeresspiegels ging ein Rückgang der Niederschläge einher.

bung, die er als Strandwall ansprach. Auf der Westseite entspricht dem ein in gleicher Höhe verlaufender und mit einem kleinen Kliff korrespondierender Wall. MILOJCIC (1956) skizzierte kyklopische Mauerzüge, die deutlich unterhalb dieser Wälle liegen und am ehesten in die Spätbronzezeit (13. Jh. v. Chr.) zu datieren sind. Im Osten verlaufen die

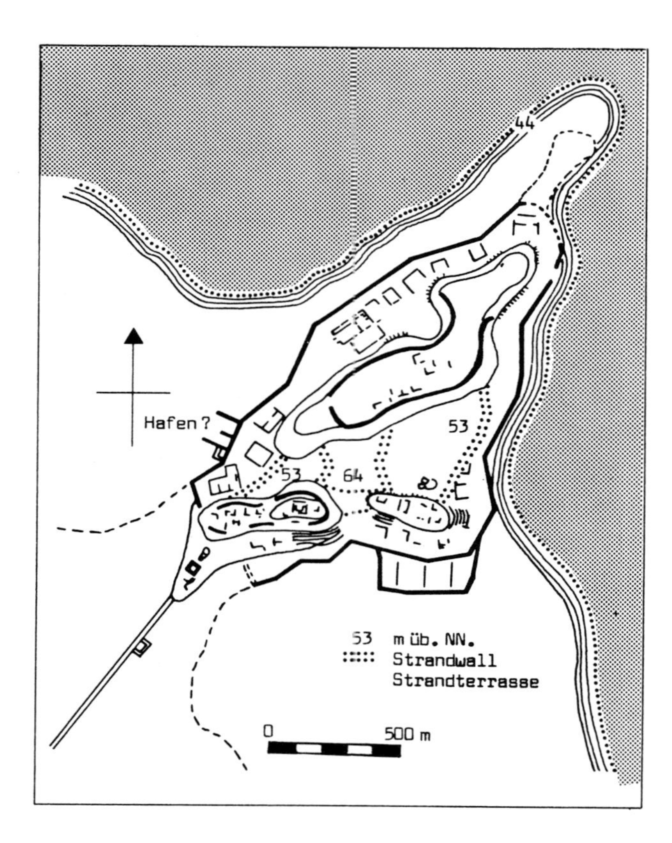

Abb. 2: Skizze der Anlagen von Petra. Verändert nach MILOJCIC 1956 und SCHNEIDER 1965

Mauerzüge am Strand des in den fünfziger Jahren noch bestehenden Viviis-See. Sie liegen etwa bei 45 m üb. NN. Höher können die Wassermassen des Sees während der Bauzeit dieser Mauern nicht gereicht haben. Ob die Anlage auf der Westseite von Petra als verlandeter Hafen zu deuten ist (MILOJCIC 1956, Sp. 221), ist bisher nicht bewiesen. Die Beobachtung von archaischen, klassischen, hellenistischen und byzantinischen Bauten in den unteren Hangregionen von Petra lassen den Schluß zu, daß der niedrige Seespiegel zumindest lange andauerte, wenn nicht gar die Marke von 44 m üb. NN. nie wieder - abgesehen von möglichen singulären Wasserhochständen- für längere Zeit überschritten hat.

In der antiken Überlieferung lassen sich einige Hinweise zum Ostthessalischen See finden, wobei Erwähnungen von Nessonis und Viviis, also zwei getrennter Wasseransammlungen, von Interesse sind. Leider läßt sich daraus aber keine logische, lineare und datierbare Entwicklung erkennen.

HOMER (*Ilias* II 711: geschilderte Zeit 13. Jh. v. Chr., Niederschrift im 8. Jh. v. Chr.) und HERODOT (*Historien* VII 129, 5. Jh. v. Chr.) erwähnen nur den Viviis-See. STRABON (64 v. bis 19 n. Chr.; *Geographie* IX 5.2, 5.20) behauptet, der Nessonis sei größer als der Viviis, nur der letztere aber bliebe immer bestehen, während der Nessonis manchmal austrockne. LIVIUS (59 v. bis 17 n. Chr.; XXXI 41) nennt den Nessonis nicht und den Viviis bezeichnet er als Sumpf. OVID (43 v. bis 18 n. Chr.; *Metamorphosen* VII 231) nennt ebenfalls nur den Viviis, mit seinem "*iuncosa litora*", seinen binsenbestandenen Ufern. Außerordentlich interessant sind Meliorationsmaßnahmen der Larisäer in der Antike. Nach STRABON (IX 5.19) errichteten die Bewohner von Larisa Dämme, um ein Abfließen des Penioswassers in den Nessonis und den Verlust von Ackerland zu verhindern. THEOPHRAST (ca. 372 bis 287 v. Chr.; *De Causis Plantarum* V 14) stellt fest, daß bei Larisa die Luft kühler geworden sei, nachdem das sonst reichlich vorhandene Wasser und die großen Sumpfflächen nicht mehr anzutreffen seien. Das Wasser sei weggeführt worden und man habe Vorsorge getroffen, daß es sich nicht erneut aufstauen könne. Die nun kühlere Luft verhindere das Wachstum der Olivenbäume und lasse den Wein oft verfrieren. THEOPHRAST sieht deutlich den Zusammenhang zwischen den Lufttemperaturen und den ihre Minima und Maxima abmildernden Wassermassen eines Sees. Er stellt keine allgemeine Klimaverschlechterung fest! In neolithischen Schichten der Sufli-Magula bei Larisa konnte übrigens der wilde Ölbaum nachgewiesen werden (RENFREW 1973, S. 161). Durch welche Maßnahmen das erneute Nachfließen des Wassers verhindert wurde, überliefert STRABO: Durch den Bau von Dämmen. Das Wegführen des Wassers aber kann eigentlich nur durch eine künstliche Vertiefung der als Asmaki bekannten Rinne erfolgt sein. Dadurch wurde das Wasser aus dem höher gelegenen Nessonis in den tiefer liegenden See abgeleitet. Das künstliche Bett des Asmaki bedurfte einer ständigen Pflege, da es ansonsten rasch wieder verlandet wäre. In späterer Zeit ist das Ausheben dieser Rinne von Menschenhand wiederholt worden (vgl. PHILIPPSON 1950, I, S. 119; STÄHLIN 1924, S. 60, Anm. 6).

Nach diesem antiken Konzept, Eindeichung des Penios und Abführen des Wassers durch den Asmaki in den Viviis-See, wurde in unserem Jahrhundert die Austrocknung des Ostthessalischen Restsees eingeleitet und Anfang der 60er Jahre nach weitere Maßnahmen abgeschlossen. Belegt werden können Meliorationsmaßnahmen größeren Ausmaßes im Ostthessalischen Becken für das 4. Jh. v. Chr. Es besteht aber ein hohes Maß an Wahrscheinlichkeit, daß es Trockenlegungsversuche nach dem überlieferten Konzept bereits viel früher gegeben hat. Das technische Wissen und das Umsetzungsvermögen sind im bronzezeitlichen Griechenland vor 3.500 Jahren hoch entwikkelt geweesen. In der Nähe von Tiryns in der Argolis existiert ein inzwischen mindestens 3.300 Jahre alter Damm, durch den ein Fluß umgeleitet worden ist (BALCER 1974). Welch ein komplexes Wasserbausystem bereits im 2. Jahrtausend v. Chr. geschaffen werden konnte, ist bei dem großen See in Böotien zu beobachten.

3. Der Böotische See

Früher als der Ostthessalische See ist der Böotische See endgültig trockengelegt worden, was weniger den geringeren technischen Schwierigkeiten bei einem derartigen Vorhaben, als vielmehr der politischen Situation Griechenlands im 19. Jahrhundert zuzuschreiben ist. Durch einige angesprochene Beobachtungen konnten Wasserstandsmarken und deren Datierungen bei dem Ostthessalischen See gesichert werden. Knapper als bei ihm sollen beim Böotischen See lediglich zwei Themen angesprochen werden: Antike Meliorationsmaßnahmen und die Interpretation einer Pollenanlyse. Es ergeben sich einige, zwischen beiden Seen zu parallelisierende, Beobachtungen.

Im Wesentlichen blickt der Böotische See auf eine ähnliche Geschichte zurück wie der See in Ostthessalien. In Episoden ist das Böotische Becken, eine große Polje, seit dem Tertiär eingesunken. Randstufen und Terrassen finden sich bei 320 bis 400, 220 bis 280 und in 150 m üb. NN. an den Nord-, Ost- und den Südrändern des Beckens (PHILIPPSON 1950, I, S. 470). Es ist möglich, daß vor diesem Einbruch die in das Becken mündenden Flüsse bis in das Meer entwässert haben. Als sicher darf inzwischen gelten, daß über eine Schwelle im Südosten Wasser in den Hylischen See floß. Ab einem nicht genau zu datierenden Zeitpunkt konnten die Wasser des Böotischen Sees durch zahlreiche Katawothren, natürliche unterirdische Abflüsse, hauptsächlich im karstigen Ostufer des Sees entwässern. Im Südwesten des Beckens wurde bei Haliartos in dem Abri von Seidi eine jungpaläolithische Kultur ausgegraben, die in die Zeit um 12 000 v. Chr. datiert wurde und die auf einem früheren Kiesstrand des Sees oberhalb der 100er Isohypse auflag (SCHMID 1965, nach BINTLIFF 1971, I, S. 44 ff.). Diese archäologisch beobachtete Stratigraphie als sicheren terminus ante quem für eine Bildung der Katawothren und damit des Wasserabflusses heranzuziehen, ist zu unsicher. Einerseits ist mit jungen bruchtektonischen Prozessen zu rechnen, durch die der Seeboden tiefer gelegt wurde, andererseits wird das kaltaride Klima des Spätwürm kaum die Bildung eines großen Sees zugelassen haben.

Das jungholozäne Böotische Seebecken ist charakterisiert durch eine steiles Ostufer mit den Katawothren und einem breiten, ebenen Schwemmlandstreifen im Westen, wo sich die Zuflüsse befinden. Hauptlieferant für Wasser und Sedimente ist der Kefissos. KNAUSS u.a. (hrsg. von BLIND 1984, S. 182) - wenn nicht anders angegeben, ist diese beispielhafte interdisziplinäre Arbeit von Ingenieuren und Archäologen Grundlage für alle weiteren Ausführungengeben als Wasserzufuhr an:

	Niedrigwasser	gewöhnliches Hochwasser	außergewöhnliches Hochwasser
	in m³/s		
Kefissos	2,5	100	154
Herkyna	1,0	25	70
Falaros	0,25	16	25
Lofis	0,25	15	40
Summen:	4,0	156	289

PHILIPPSON (1950, I, S. 478) gibt für den Kefissos höhere Werte an: Gewöhnliches Hochwasser 160 m^3/s, außergewöhnliches Hochwasser ca. 300 m^3/s. Den Schwebstoffgehalt pro Kubikmeter Wasser geben KNAUSS u.a. (1984, S. 182) mit 625 Gramm an. Da die Schwebstoffzufuhr und die damit verbundene Sedimentation in nennenswertem Ausmaße nur ein bis zwei Monate im Jahr dauerten, ist mit einer jährlichen Schwebstofffracht von 10 bis 20.000 m^3 zu rechnen, die im Böotischen Becken sedimentiert werden konnte. Als jährlicher Verdunstungsmittelwert werden 1.328 mm angegeben (PHILIPPSON 1950, I, S. 471, Anm. 1).

Vor den neuzeitlichen Trockenlegungsmaßnahmen lag die mittlere Beckenhöhe bei 95 m üb. NN., der Seespiegel bei Wasserhochstand um 97,5 m - 1 m. Eine Wasserhöchststandsmarke wurde am Nordufer bei 99 m üb. NN. beobachtet. Die Differenz der Wasserhochstände zwischen einem trockenen und einem feuchten Jahr betrug zwei Meter. Nach der neuzeitlichen Trockenlegung sackte der vertorfte Seeboden um bis zu zwei Meter in sich zusammen und an vielen Stellen kamen Spuren antiker Meliorationsmaßnahmen zutage. In drei Phasen konnte unterschieden und mit Hilfe antiker Überlieferung datiert werden:

1. Zwischen 1900 und spätestens 1200 v. Chr. erfolgten durch die Minyer die umfangreichsten antiken Wasserbaumaßnahmen. Die Minyer waren ein sagenhaftes bronzezeitliches Volk, das ursprünglich in *Ostthessalien beheimatet* gewesen sein soll, worauf viele Namensgleichheiten, Sagen- und Genealogieverbindungen deuten.

2. In der 2. Hälfte des 4. Jh. v. Chr., z.Z. Alexander d. G., unternahm der Bergbauingenieur KRATES aus Chalkis einen erneuten Trockenlegungsversuch nach einem etwas abgewandelten Konzept. Aus politischen Gründen fanden die damaligen Arbeiten keinen erfolgreichen, zumindest keinen die planerische Konzeption erfüllenden Abschluß.

3. Zu Beginn des 2. Jh. n. Chr. erfolgten z.Z. des römischen Kaisers HADRIAN im Westteil des Sees Arbeiten, die aber offensichtlich mehr den Charakter von Schutzmaßnahmen vor Hochwasser gehabt haben.

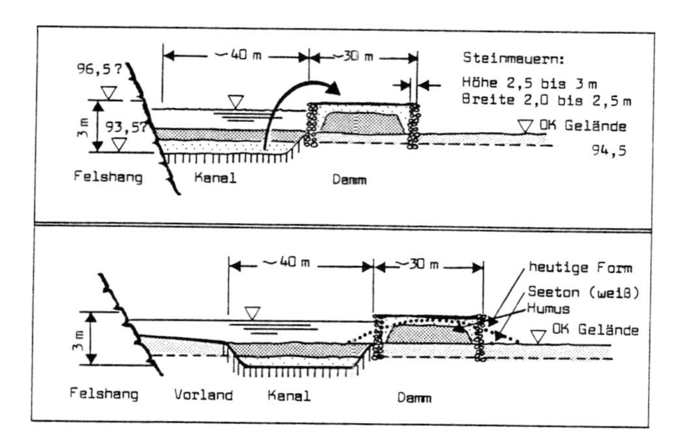

Abb. 3: Schematische Querschnitte des Minyer-Kanals bei Strowiki. Quelle: H. BLIND 1984

Wie KNAUSS deutlich gemacht hat, lag den Arbeiten der mynischen Ingenieure die Idee zur Entwässerung (Landgewinnung) und Bewässerung (Landbewirtschaftung) zugrunde. Realisiert wurde das Vorhaben offenbar durch die Einrichtung von Poldern. Der Leitgedanke beim Bau der Kanäle war, die "Anschmiegung an die Felswände des Beckenrandes zur Einsparung eines zweiten Kanaldammes, rückwärtige Umfahrung der Inselberge, Durchstoßung der Landbrücken und vor allem Aufsuchen und direkter Anschluß an alle verfügbaren Katawothren" (S. 190). Durch Kanal- und Dammbauten konnten im Nordostteil des Sees weite Flächen vor dem Winterhochwasser trockengehalten werden. Die Konzentration spätbronzezeitlicher Festungsanlagen in diesem Gebiet muß als terminus ante quem der Wasserbaumaßnahmen angesehen werden. Westlich der "Inselfestung" Gla fanden sich - wahrscheinlich zeitgleiche - Siedlungsspuren in der Ebene. Sie bestätigen die Mitteilung STRABOs (IX 2.17), daß in der Ebene liegende Orte vom Wasser überschwemmt und zerstört wurden.

Selbst bei der großartigen wasserbaulichen Ingenieurleistung der Minyer muß zur Bauzeit, die einen Zeitraum über Jahre in Anspruch genommen haben wird, der Seeboden den größten Teil des Jahres über trocken gewesen sein. Die Beckensohle lag während der Bronzezeit bei 93 m üb. NN. und das Hochwasser kann bis zur 96er Isohypse gereicht haben. Die "Felsen-" oder "Inselfestung" Gla ist während ihrer Hauptbelegungszeit von einer trockenen Ebene und nicht von Wasser umgeben gewesen. Keines der Festungstore korrespondiert mit einem der beiden Dämme im Osten der "Insel".

Sowohl im böotischen Gla als auch in der ostthessalischen Befestigungsanlage Petra sind hauptsächlich spätbronzezeitliche Keramiken der Stufe SH III A2-B gefunden worden. Während Gla, vielfach als die größte bronzezeitliche Festung Griechenlands bezeichnet, ca. 235.000 m² ummauertes Areal umfaßt, sind bei Petra 1.000.000 m² von Mauern eingeschlossen (vgl. HOPE-SIMPSON/DICKINSON 1979, S. 239, 280). Die durch die Sage bestehende Verbindung zwischen Böotien und Südostthessalien und die im archäologischen Befund faßbaren Zusammenhänge bei der Keramik - als Hauptproduktionsstätte sog. mynischer Keramik gilt das Kopais-Gebiet, aber auch in Südostthessalien ist eine qualitätvolle, sog. küstenmynische Ware hergestellt worden - und die zeitgleiche, äußerst ähnliche Siedlungslage von Gla und Petra, lassen schließlich übereinstimmende Umweltbedingungen annehmen. Die Mauern am Hangfuß von Petra könnten in erster Linie eine Schutzfunktion vor dem Frühjahrshochwasser gehabt haben und erst in der sommerlichen Trockenzeit reine Festungsmauern gewesen sein. Lediglich die Mauern an den oberen Hangkanten von Petra sind ganz sicher Festungsmauern gewesen. Die Konstruktion von separat ummauerten Unter- und Oberstädten ist in der Spätbronze-

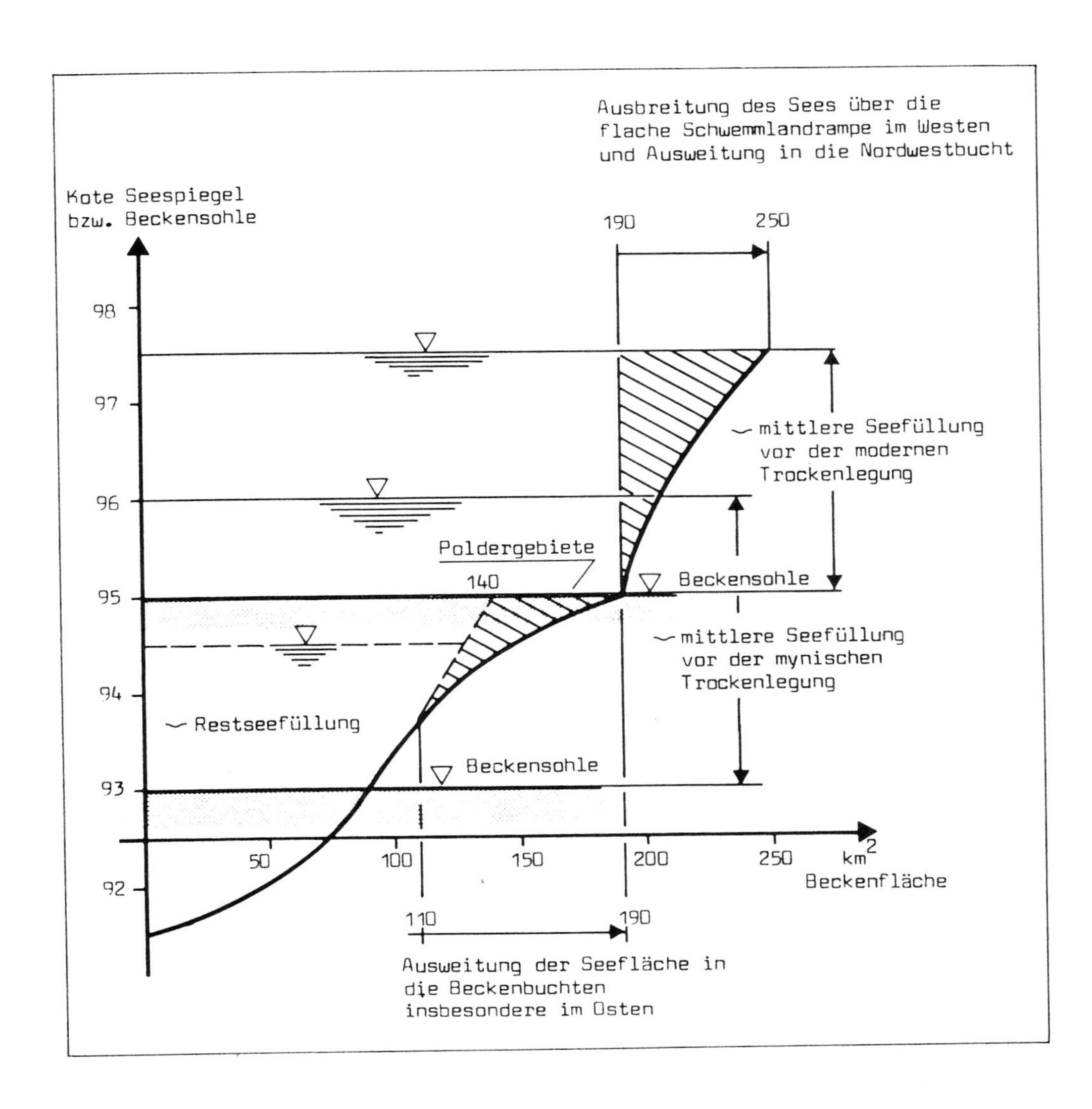

Abb. 4: Beckeninhaltlinie des Böotischen Sees. Entwicklung der Seefläche. Quelle: H. BLIND 1984

zeit zwar eine geläufige Erscheinung, in einer derart ausgeprägten Form wie in Petra aber doch bemerkenswert. Während der Bauzeit des unteren Mauerzuges muß der Seespiegel unterhalb der 45er Isohypse gelegen haben und das über einen längeren Zeitraum eines Jahres. Bei Petra sind außerhalb des Mauerringes in der Ebene bisher keine Siedlungsspuren beobachtet worden.

In der Sage mit Herakles verbunden, ist das System der Minyer im Böotischen Seebecken um 1000 v. Chr. nicht mehr funktionsfähig gewesen. Möglicherweise ist noch in der Bronzezeit versucht worden, den Isthmus zwischen Kopais- und Hyle-See zu durchstechen (S. 239), um dem Wasser einen Abfluß zu verschaffen. In der Bucht von Akraifia befindet sich ein im 6. Jh. v. Chr. errichteter Damm, durch den ein neuer großer Buchtenpolder geschaffen wurde. Dieser Damm ist im 4. Jh. v. Chr. renoviert worden. Eine weitere Ausbesserung ist inschriftlich für 37 n. Chr. bezeugt, bevor der Damm endgültig 67 n. Chr. aufgegeben worden ist (S. 24).

Es gibt einige antike Hinweise auf Wasserhochstände, die aber eher als singuläre Ereignisse, als als klimabedingte Folgen anzusehen sind. Eine Ausnahme findet sich im 4. Jh. v. Chr. So ist 379 v. Chr. sogar Haliartos vom Hochwasser bedroht gewesen und für die Zeit vor 338 v. Chr. überliefert THEOPHRAST (*Historia Plantarum* IV 11.1 f.) einen über mehrere Jahre andauernden Wasserhochstand, nach dessen Ablaufen eine verheerende Seuche entstand. In dieser Zeit wurde der Damm in der Bucht von Akraifia erneuert. Für die Zeit von 330 bis 326 v. Chr. herrschte in Griechenland eine Hungersnot, wodurch sich die nordafrikanische Stadt Kyrene veranlaßt sah, an verschiedene Gemeinden Griechenlands eine große Getreidespende zu verteilen (*Supplementum Epigraphicum Graecum* IX 2). In Nordostthessalien erhielten Larisa, Meliboia und Atrax größere Beträ-

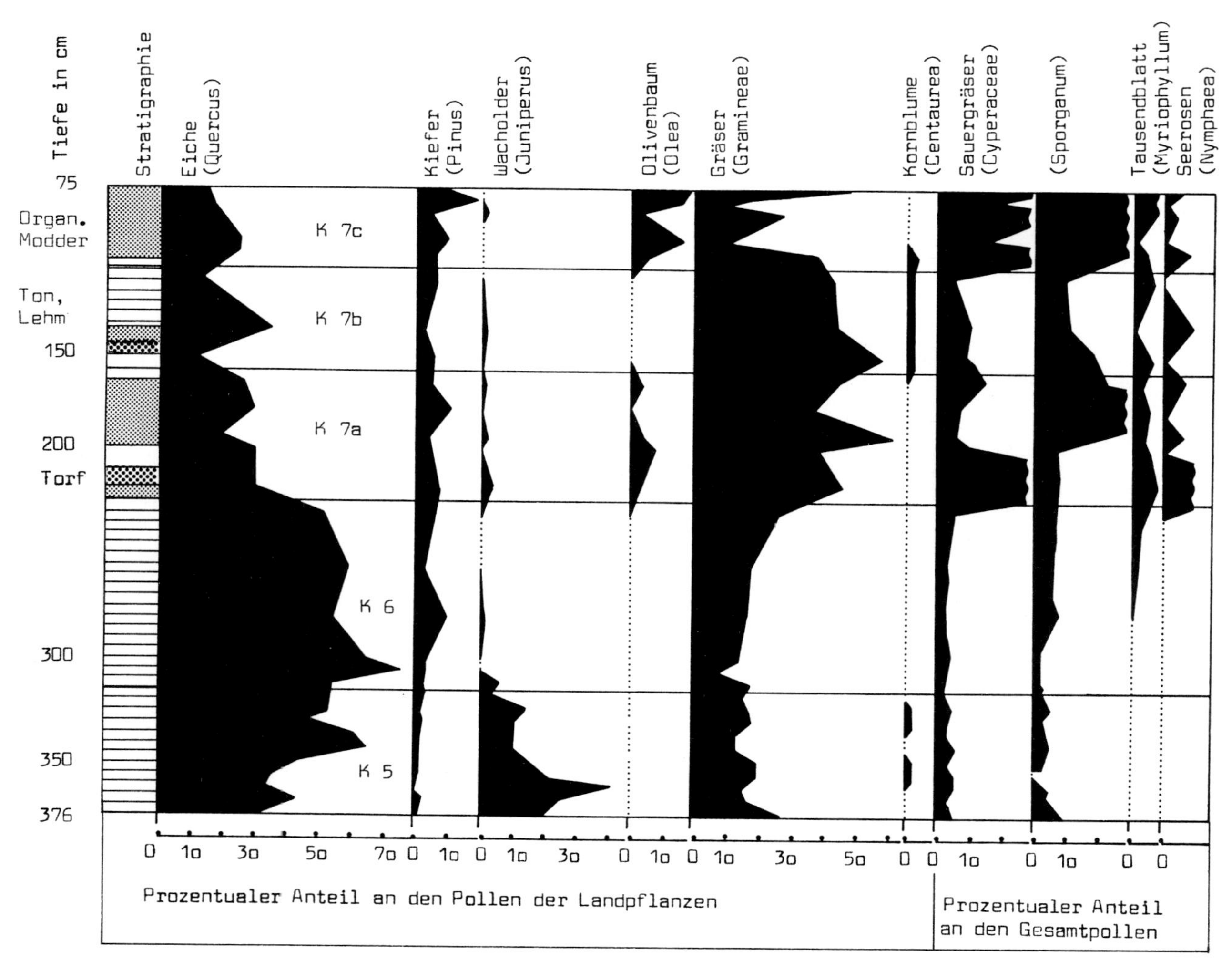

Abb. 5: Ausschnitt aus dem Pollenanalysediagramm vom Böotischen See. Nach GREIG und TURNER 1974

ge. Städte am Kopais-See gingen leer aus. Entweder wurden sie aus politischen Gründen bewußt nicht berücksichtigt, oder die von Krates aus Chalkis ab 335 v. Chr. in Angriff genommenen Entwässerungsmaßnahmen im Kopais-Becken waren, obgleich sie nie komplett fertiggestellt worden sein sollen, bereits soweit wirksam, daß in d-esem Gebiet genügend Getreide wachsen konnte, während ein möglicherweise mehrjährig überschwemmter Nessonis bei Larisa den Getreideanbau in dem notwendigen Ausmaße verhinderte.

1974 publizierten GREIG und TURNER eine Pollenanalyse vom Kopais-See. Bei dem Pollendiagramm ließ sich nur eine einzige ungefähre Datierung fixieren. Mit Hilfe der C_{14}-Methode konnte die Grenze zwischen den Straten K 6 und K 7a auf 5.200 + 120 B.P. eingeordnet werden (S. 19C). Mit dieser Datierung fällt ein deutliches Ansteigen der Gräser (*Gramineae*), ein rapides Ansteigen der Sauergräser (*Cyperaceae*) und verschiedener Wasserpflanzen zusammen. Im Bodenprofil zeigt sich eine dünne Torfschicht, die dem bis dahin durchgehenden Ton-/Lehmpaket aufliegt. Der bis kurz vor 5.200 + 120 B.P. eutrophe Böotische See wandelt sich zum oligotrophen See, dessen Randzonen stark mit Wasserpflanzen bewachsen sind. GREIG und TURNER (1974, S. 191) nehmen eine durch Menschenhand beeinflußte, lichter gewordene Vegetation in den Randgebieten des Sees an, so daß durch Niederschläge - in Ostthessalien finden sich Anzeichen, daß diese zu diesem Zeitpunkt angestiegen waren (s.o.) - die Böden von den Hängen in den See gespült wurden. Eichenpollen nehmen nun rapide ab und erstmals erscheinen Olivenpollen, in dieser Region wohl ein untrügliches Zeichen menschlicher Kultivierungstaten. Das Pollenanalysediagramm zeigt in den oberen Schichten des Paketes 7a ölbaumpollen nur noch in geringem Ausmaß, der Anteil an Gramineen steigt deutlich an, verbunden mit einem Auftreten von *Centaurea* (Kornblume), während die aquatischen Pflanzen stark zurückgehen. Am Ende des Paketes 7b, nach zunächst einer Torfschicht nur aus Ton bestehend, *nehmen die aquatischen Pflanzen wieder stark zu und ölbaumpollen treten wieder in großen Mengen auf.* GREIG und TURNER sehen in dem unterbrochenen Nachweis der Olive kulturhistorische Gründe, das unruhige "Dunkle Zeitalter", in dem die lange Jahre bis zum Ertrag bringenden Stadium heranwachsende Olive nicht groß genug wurde (1974, S. 192, 193); eine auf den ersten Blick plausible Erklärung.

In dem Diagramm der Pollenanalyse ist auffällig, daß es zwischen den aquatischen Pflanzen und der Olive Zusammenhänge gibt. Mit dem Auftreten eines flachgründigen, an seinen Rändern versumpften und zugewachsenen Sees tritt die Olive auf, mit dem Rückgang der aquatischen Pflanzen ist ein Verschwinden der Olive verbunden. Mit einem erneuten, sprunghaften Ansteigen der aquatischen Pflanzen erscheint auch wieder die Olive im Diagramm. Erinnert sei an die Mitteilung von THEOPHRAST für den Raum Larisa: Seitdem durch Trockenlegung Wassermassen fehlten, sei das Klima kälter geworden und lasse den Anbau von Oliven nicht mehr zu. PHILIPPSON (1950, I, S. 473) bestätigt diese Wechselbeziehung für das Kopais-Becken mit seinen Beobachtungen: "Es scheint, daß durch die Trockenlegung des Sees, dessen weite Fläche temperaturmildernd wirkte, die Winter der Kopais kälter geworden sind." Aus diesem Grunde scheint eine andere Erklärung für den unterbrochenen Olivennachweis im Analysediagramm und eine andere Datierung des Paketes K 7b glaubhafter. Irgendwo in dieser Stufe sind die Meliorationsarbeiten der Minyer anzusiedeln, durch die das Böotische Becken trockener wurde, aber auch größere Temperaturamplituden erhielt. Mit dem Verfall des mynischen Entwässerungssystems trat wieder der See mit breiten, bewachsenen und versumpften Uferstreifen auf. Die Wassermassen führten zu einer Kappung der Temperaturamplitudenspitzen, so daß extreme Winter nicht mehr vorkamen, in denen die Ölbäume erfroren. Wenn die Grenze zwischen den Paketen K 6 und K 7a durch Radiokarbondatierungen bei ca. 3300/3100 v. Chr. anzusetzen ist, so läßt sich die Grenze zwischen K 7a und K 7b aus archäologischen Erwägungen etwa um 2000/1800 v. Chr. datieren, mit einem Ende von K 7b um 1000 v. Chr.

4. Ergebnisse

Es hat sich gezeigt, daß geowissenschaftliche und archäologische Arbeitsmethoden mit ihren Forschungsergebnissen gegenseitig bereichernd wirken können. Ein noch präziseres Bild vom historischen Menschen und den ihn umgebenden Raum ist dadurch zu gewinnen. Die Kooperation zwischen Geowissenschaftlern und Archäologen/Historikern verspricht noch manch interessantes Forschungsergebnis. Ingenieure und Archäologen haben in Kooperation eine beachtenswerte Studie für das Kopais-Becken vorgelegt (BLIND (Hrsg.) 1984).

Sowohl in Ostthessalien als auch in Böotien konnten Anzeichen für Klimaänderungen gefunden werden, die sich durch eine mögliche Konkordanz der geomorphologischen Prozeßchronologien und der archäologischen Kulturschichtenchronologie relativ präzise datieren ließen. Schwierigkeiten bestehen aber, aufgrund der Indizien zwischen natürlichen Klimaänderungen und durch den Menschen verursachte Kleinklimaänderungen zu unterscheiden. Für viele Phänomene ist keine Entscheidung möglich, *ob* Klima *oder* Mensch als primäre Urheber zu ermitteln sind, sondern es muß festgestellt werden, daß *sowohl* das Klima *als auch* der Mensch die Verursacher sind. Sowohl in Ostthessalien als auch in Böotien ließen sich ein um 3200 v. Chr. herrschendes niederschlagsreiches Klima belegen. Damit ist auch für diese Landschaften ein an vielen Stellen des Mittelmeergebietes belegtes Faktum nachgewiesen. Das auffallende Zusammentreffen einer niederschlagsreicheren Zeit und eines eustatisch bedingten Meeresspiegelhöchststandes im Mittelmeer (s. KELLETAT 1975) ist bisher nicht untersucht worden.

GREIG und TURNER interpretierten ihr Pollenanalysediagramm dahingehend, daß es um 5.205 + 120 B.P. einen großen Bodenabtrag von den Hängen herab gegeben hat (vgl. übereinstimung zu HEMPEL). In Ostthessalien fällt das Fehlen von ausgebildeten Schwemmfächern unterhalb der 64er Isohypse auf, obgleich gerade die bis an das ehemalige östliche Seeufer reichenden Mavrovuni starke Bodenerosionserscheinungen vorweisen. Einige Fächer besitzen einen Knick in der bekannten Höhe. Sie müssen also älter sein als der letzte Wasserhochstand des Ostthessalischen Sees bei dieser Marke. Das ist vor Beginn der Bronzezeit der Fall gewesen. Die Indizien stärkster Bodenerosion in Böotien und Ostthessalien sind zeitgleich zu datieren!

In Ostthessalien ist zwischen Larisa und Velestinos ein Siedlungsrückgang ab ca. 2500 v. Chr. zu beobachten. Er beruht aller Wahrscheinlichkeit nach auf eintretendem Mangel von frischem Oberflächenwasser. In Böotien ist ein Bedeutungsverlust der Siedlungen am See bis hin zur Aufgabe vor allem zwischen dem 4. Jh. v. Chr. und der Zeitenwende festgestellt worden. Hier ist als Ursache eindeutig ein neuerliches Überschwemmen der Ebenen mit den negativen Erscheinungen des Verlustes von Ackerland und des Entstehens von Versumpfungen auszumachen. Mit wenigen Unterbrechungen - z.B. offensichtlich im 13./ 14. Jh. n. Chr. - blieb dieser Zustand bis zur endgültigen Trockenlegung im 19./20. Jahrhundert bestehen.

5. Literatur

BALCER, J.M. (1974): The Mycenaean Damm at Tiryns. In: American Journal of Archaeology 78, S. 141-149, Plates 35-36.

BIESANTZ, H. (1960/61): Die Ausgrabungen bei der Soufli-Magula. In: Archäologischer Anzeiger 1959, S. 56-74.

BINTLIFF, J.L. (1977): Natural Environment and Human Settlement in Prehistoric Greece, Part I (British Archaeological Reports, Supplementary Series 28). Oxford.

BLIND, H. (Hrsg.) (1984): Die Wasserbauten der Minyer in der Kopais - die älteste Flußregulierung Europas (Institut für Wasserbau und Wassermengenwirtschaft und Versuchsanstalt für Wasserbau, Oskar v. Miller-Institut in Obernach, Technische Universität München, Bericht 50). München-Obernach.

BÖKÖNYI, S. (1973): Stock Breeding. In: THEOCHARIS, D.R. (Hrsg.): Neolithic Greece, S. 165-178. Athen.

FAUST, B. (1973): Morphologische Entwicklungsphasen und heutige Morphodynamik in der Thessalischen Beckenzone und ihrer Umrahmung. Braunschweig.

FELS, E. (1944): Landgewinnung in Griechenland (Petermanns Geographische Mitteilungen, Ergänzungsheft 242). Gotha.

FELS, D. (1958): Der Wiwiis-See in Thessalien. In: Schlern-Schriften 190, Geographische Forschungen, Festschrift zum 50. Geburtstag von Hans KINZL, S. 45-51. Innsbruck.

FREUND, G. (1971): Zum Palöolithikum in Thessalien. In: Prähistorische Zeitschrift 46, S. 181-194.

GREIG, J.R.A./J. TURNER (1974): Some Pollen Diagramms from Greece and their Archaeological Significance. In: Journal of Archaeological Science 1, S. 177-194.

GRUNDMANN, K. (1937): Magula Hadzimissiotiki. In: Mitteilungen des Archäologischen Institutes, Athenische Abteilung 62, S. 56-69.

HANSCHMANN, E./V. MILOJCIC (1976): Die deutschen Ausgrabungen auf der Argissa-Magula in Thessalien 3.1, 3.2: Die frühe und beginnende Mittlere Bronzezeit (Beiträge zur ur- und frühgeschichtlichen Archäologie des Mittelmeer-Kulturraumes 13, 14). Bonn.

HEMPEL, L. (1981): Mensch und/oder Klima. Neue physiogeographische Beobachtungen über das Lebens- und Landschaftsbild Griechenlands seit der Eiszeit. In: Hellenika, Jahrbuch 1981, S. 61-71.

HEMPEL, L. (1982): Jungquartäre Formungsprozesse in Südgriechenland und auf Kreta (Forschungsberichte des Landes Nordrhein-Westfalen, Nr. 3.114: Fachgruppe Physik, Chemie, Biologie). Opladen.

HEMPEL, L. (1983): Klimaveränderungen im Mittelmeerraum - Ansätze und Ergebnisse geowissenschaftlicher Forschungen. In: Universitas 38, S. 873-885.

HEMPEL, L. (1984): Beobachtungen und Betrachtungen zur jungquartären Reliefgestaltung der Insel Kreta. In: HEMPEL, L. (Hrsg.): Geographische Beiträge zur Landeskunde Griechenlands. Münstersche Geographische Arbeiten 18, S. 9-40. Münster.

HERODOT (1980[3]): Historien (griechisch-deutsch). Hrsg. von J. FEIX. München.

HEUERTLY, W.A./T.C. SKEAT (1933): The Tholos Tombs of Marmariane. In: The Annual of the British School at Athens 31 (1930-31), S. 1-55.

HÖPER, H.-J. (1983): Natur- und Menschheitsgeschichte im Landschaftsraum Ostthessalien (Griechenland) (Dissertation an der Math.-Nat. Fakultät der Westf. Wilhelms-Universität Münster).

HÖPER, H.-J. (1984): Beobachtungen über den Wandel von Siedlungen und Behausungen in Ostthessalien (Griechenland). In: HEMPEL, L. (Hrsg.): Geographische Beiträge zur Landeskunde Griechenlands. Münstersche Geographische Arbeiten 18, S. 41-120. Münster.

HOMER (1980[4]): Ilias (griechisch-deutsch). Hrsg. von H. RUPE. München.

HOPE SIMPSON, R./O.T.P.K. DICKINSON (1979): A Gazetteer of Aegean Civilisation in the Bronze Age 1, The Mainland and the Islands (Studies in Mediterranean Archaeology 52). Göteborg.

JORDAN, B. (1975): Tierknochenfunde aus der Magula Pefkakia in Thessalien. München.

KELLETAT, D. (1975): Eine eustatische Kurve für das jüngere Holozän, konstruiert nach Zeugnissen früherer Meeresspiegelhochstände im östlichen Mittelmeergebiet. In: Neues Jahrbuch für Geologie und Paläontologie, Monatshefte, S. 360-374.

KORIZES, A./A. SINOS/D. PROTOPAPPADAKIS/K.PANTAZES/ K. STYLIANIDES/G. CHALKIOPOULOS (1935): Ta Hydraulika Erga tis Thessalikis Pediados. In: Technika Chronika 4.7, S. 134-151.

LEAKE, W.M. (1835, Neudruck 1967): Travels in Northern Greece, 4 Bände. London, Amsterdam.

LIVIUS (1919 ff.): Ab Urbe Condita (lateinisch-englisch), 14 Bände. Hrsg. von B.O. FORSTER/ F.G. MOORE/E.T. SAGE/A.C. SCHLESINGER/R.M. GEER. Cambridge, Massachusetts.

MILOJCIC, V./J. BOESSNECK/M. HOPF (1962): Die deutschen Ausgrabungen auf der Argissa-Magula in Thessalien 1: Das präkeramische Neolithikum sowie die Tier- und Pflanzenreste (Beiträge zur ur- und frühgeschichtlichen Archäologie des Mittelmeer-Kulturraumes 2). Bonn.

MILOJCIC, V./J. BOESSNECK/D. JUNG/H. SCHNEIDER (1965): Paläolithikum um Larissa in Thessalien (Beiträge zur ur- und frühgeschichtlichen Archäologie des Mittelmeer-Kulturraumes 1). Bonn.

MILOJCIC, V./A. v.d. DRIESCH/K. ENDERLE/J. MILOJCIC v. ZUMBUSCH/K. KILIAN (1976): Die deutschen Ausgrabungen auf Magulen um Larisa in Thessalien 1966 (Beiträge zur ur- und frühgeschichtlichen Archäologie des Mittelmeer-Kulturraumes 15). Bonn.

MILOJCIC-v.ZUMBUCH, J./MILOJCIC, V. (1971): Die deutschen Ausgrabungen auf der Otzaki-Magula in Thessalien 1.1, 1.2: Das frühe Neolithikum (Beiträge zur ur- und frühgeschichtlichen Archäologie des Mittelmeer-Kulturraumes 10, 11). Bonn.

MÜLLER, K.O. (1844): Geschichten hellenischer Stämme und Städte 1: Orchomenos und die Minyer. Breslau.

OVID (1960): Metamorphoseon (lateinisch-englisch), 2 Bände. Hrsg. von F.J. MILLER. Cambridge, Massachusetts.

PHILIPPSON, A. (1950): Die griechischen Landschaften, eine Landeskunde. Band 1. Frankfurt a.M.

RENFREW, J.M. (1973): Agriculture. In: D.R. THEOCHARIS (Hrsg.): Neolithic Greece, S. 147-164. Athen.

SCHNEIDER, H.E. (1962): Über den Thessalischen See. In: Praktika tis Akademias Athinon 37, S. 101-106.

SCHNEIDER, H.E. (1968): Zur quartärgeologischen Entwicklungsgeschichte Thessaliens (Griechenland) (Beiträge zur ur- und frühgeschichtlichen Archäologie des Mittelmeer-Kulturraumes 6). Bonn.

STÄHLIN, F. (1924, Neudruck 1967): Das hellenische Thessalien. Stuttgart, Amsterdam.

STRABON (1917 ff.): Strabonos Geographikon (griechisch-englisch), 8 Bände. Hrsg. von H.L. JONES. Cambridge, Massachusetts.

KLAFFENBACH, G./L. ROBERT/M.N. TOD (Hrsg.) (1944): Supplementum Epigraphicum Graecum IX. Lyon.

THEOPHRAST (1866): De Causis Plantarum (griechisch-lateinisch). Hrsg. von F. WIMMER. Paris.

THEOPHRAST (1916): De Historia Plantarum (griechisch-englisch), 2 Bände. Hrsg. von A. HORT. Cambridge, Massachusetts.

THEOCHARIS, D.R. (1958a): Whence Sailed the Argonauts. In: Archaeology 11, S. 13-18.

THEOCHARIS, D.R. (1958b): Ek tis Prokeramikis Thessalias. In: Thessalika 1, S. 70-86, Abb. 1-19.

THEOCHARIS, D.R. (1967): I Avgi tis Thessalikis Proistorias (Thessalika Melitima 1). Volos.

THEOCHARIS, D.R. (1973): Neolithic Greece. Athen.

THEOCHARIS, D.R. (1962): Apo ti Neolithiki Thessalia 1. In: Thessalika 4, S. 63-83.

Anschrift des Verfassers:

Dr. Hermann-Josef Höper
Von-Ossietzky-Straße 32
D - 4400 Münster

Aus:

Ekkehart Köhler und Norbert Wein (Hrsg.):

NATUR- UND KULTURRÄUME.

Ludwig Hempel zum 65. Geburtstag.

Paderborn: Ferdinand Schöningh 1987.

= Münstersche Geographische Arbeiten 27.

Christoph Schneider

Studien zur jüngeren Talgeschichte im Becken von Sparta (Peloponnes)

1. Einleitung

Seit den 60er Jahren wird eine Vielzahl von Arbeiten publiziert, die zur Erhellung der quartären Entwicklungsgeschichte im Mittelmeerraum beitragen. Im Umfeld dieser Untersuchungen wurde ein Modellschema angefertigt, welches die Diskussion in der mediterranen Paläoklimaforschung nachhaltig belebte. Es handelt sich um das Konzept von VITA-FINZI (1969), welches die Klassifizierung mediterraner Alluvionen in ein "Older fill" der Würmzeit und ein "Younger fill"/"Historical fill" des Mittelalters zum Inhalt hat.

Nicht nur aus Mitteleuropa, sondern auch aus Griechenland war bekannt, daß die Würmzeit in verschiedene kältere und wärmere Epochen gegliedert werden konnte (BRUNNACKER/ALTEMÜLLER/BEUG 1969; HIGGS 1978). Lag es nicht nahe, daß diese Klimaschwankungen auch unterschiedliche Talfüllungen verursachten? Sehr viel stärker beschäftigte VITA-FINZIs Aufteilung jedoch die Forscher, die der Frage nach dem Einfluß des Menschen auf Abtragungsprozesse in dieser sensiblen Landschaftszone nachgingen (VAN ZUIDAM 1975; HEMPEL 1981, 1984a; BRÜCKNER 1983, 1986). Ansatzpunkt für Nachfolgeuntersuchungen war dabei gar nicht so sehr die Ansicht VITA-FINZIs, der sowohl Mensch als auch Klima (!) für sein "Historical fill" verantwortlich machte. Es reizte vielmehr, den Begriff "Historical fill" als solchen, dessen Semantik zur Assoziation "Mensch" führt, mit exakterem Datenmaterial zu füllen, zumal die Zeitangabe "Mittelalter" Mißtrauen erweckte. Gab es denn den Menschen als landschaftsveränderndes Element nicht schon in der Antike?

Die vorliegende Studie versteht sich als regionaler Beitrag zur klimagenetischen Geographie des Mittelmeerraumes. Es wird versucht, über die Prüfung zweier wichtiger Schlüsselbegriffe, die Entwicklungsgeschichte einer historisch höchst bedeutsamen Region, nämlich der Ebene von Sparta, für bestimmte Zeitabschnitte des Jungquartärs zu erschließen. Besondere Beachtung wird der Abschätzung des anthropogenen Einflußfaktors geschenkt, wobei der Klimahinweis VITA-FINZIs fest im Auge behalten wird. Neben der Analyse von Talfüllungen wurden Erkenntnisse aus Geschichte und Archäologie herangezogen.

2. Das Untersuchungsgebiet

Das Becken von Sparta befindet sich in der südlichen Peloponnes, eingekeilt von den Gebirgszügen des Parnon im Osten und des Taygetos im Westen (Abb. 1).

Innerhalb des Spartabeckens wurden die Feldstudien westlich der Hauptstraße Sparta-Githio und im Bereich der Gebirgsrandflur des Taygetos durchgeführt. Das Untersuchungsgebiet erfüllt für geomorphogenetische Studien wichtige Voraussetzungen (s. auch HEMPEL 1984a, S. 101): Es beinhaltet einerseits ein aktives Täler-Steilrelief mit großen Höhenunterschieden (Evrotas-Aue: ca. 180 m ü.M.; Taygetos-Gipfel: 2407 m ü.M.), andererseits ist die Menschheitsgeschichte dieser Region über einen Zeitraum von rund 4000 Jahren durch archäologische Funde und historische Überlieferungen gut dokumentiert. Einige geologisch-geomorphologische Charakteristika zeigen die Vielgestaltigkeit des Arbeitsgebietes auf.

Photo 1: Der Taygetos-Gebirgskomplex grenzt messerscharf an die Ebenenlandschaft und verdeutlicht damit die bruchtektonische Entstehung des Spartabeckens. Die sog. Taygetos-Terrasse ist mit einem Pfeil gekennzeichnet. Bildmitte: Palaiopanagia. (SCHNEIDER, Mai 1983)

Der *Taygetos* besteht in idealisierter Form aus drei Stufen. Die untere Stufe wird von autochthonem Plattenkalk eingenommen und enthält das bereits von HOMER in seiner "Ilias" beschriebene Schluchten-Steilrelief. Der mittlere Abschnitt wird aus morphologischer Sicht rein deskriptiv als "Taygetos-

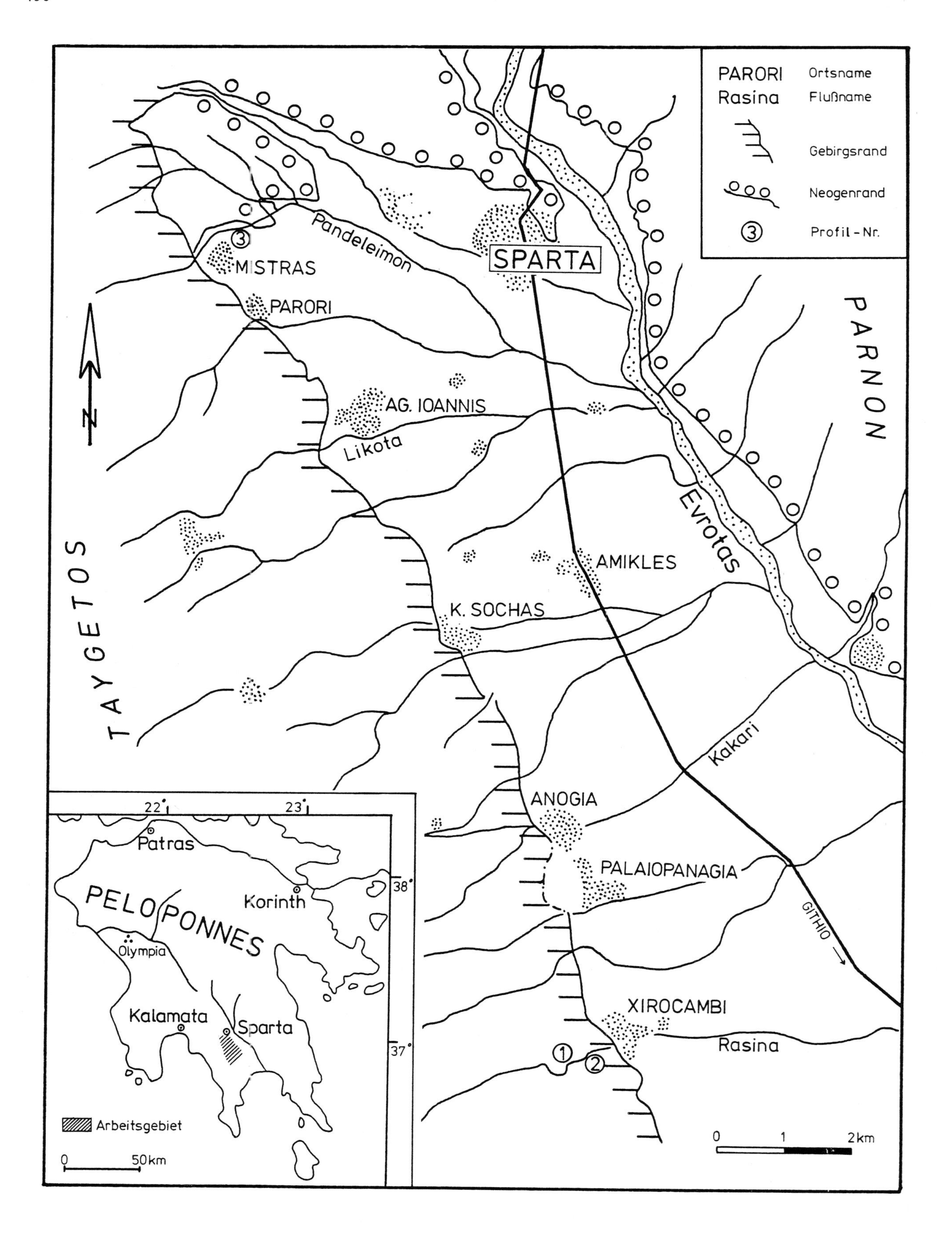

Abb. 1: Das Untersuchungsgebiet: Lage und Übersicht Entwurf: C. SCHNEIDER

Terrasse" (MAULL 1921, S. 42) bezeichnet. Hierbei handelt es sich vorrangig um den Ausbiß einer petrographisch weichen Phyllitschicht, aus welcher inselartig Karbonatkomplexe mit Elementen eines pliozänen Karstformenschatzes herausragen. Die Hochzone baut sich wiederum aus kristallinen Kalken auf und wird durch eine Vielzahl grober Frostschutte sowie eine eindrucksvolle Rinnenmorphologie typisiert.

Die *Spartaebene* selbst setzt sich petrographisch aus neogenen Mergeln, Mergelsanden und Konglomeraten zusammen, auf die im Gebirgsvorland des Taygetos Schwemmfächer geschüttet sind. Das westliche Ufer des Evrotas säumt eine neogene Hügelkette, die durch die Taygetos-Torrenten gegliedert wird.

Das gesamte Untersuchungsgebiet unterlag ab dem Mesozoikum einer regen geotektonischen Umformung (KOWALCZYK/RICHTER/RISCH/WINTER 1977), deren wichtigstes Ereignis für die Strukturformung der Bekkeneinbruch zur Plio-Pleistozän-Wende war (PSARIANOS 1955, S. 151; RIEDL 1976, S. 373). Die bruchtektonischen Vorgänge setzten sich bis heute fort, wie es geomorphologische Untersuchungen (KELLETAT/ KOWALCZYK/SCHRÖDER/WINTER 1976; SCHNEIDER 1986) und Erdbebenberichte aus der Antike (s. hierzu BÖLTE 1929) belegen.

3. Würmzeitliche Klimazeugen

Als wichtigstes Zeigerelement für eine Kaltzeit, sprich: Absenken der Periglazialstufe mit erhöhter Frostschuttproduktion, gelten die schotterreichen Schwemmfächer mit eingeschalteten Terrassenstufen am Ausgang der Gebirgstäler. In Griechenland wird für diese allgemein eine Datierung ins Würm vorgegeben (SCHNEIDER 1968, S. 57; HAGEDORN 1969, S. 91; SCHRÖDER 1971, S. 368), womit die Zeitbasis abgesteckt ist. VITA-FINZI (1969, S. 79/80) erkennt in den Schwemmfächern auf der Peloponnes das "Older fill" wieder. Profilaufnahmen im Tal Rasina bei Xirocambi und Einzelbeobachtungen in anderen Tälern lassen den Schluß zu, daß der Schwemmfächeraufbau nicht, wie es VITA-FINZI (1969, S. 94) proklamiert, in einem langen Schub, sondern mindestens zweiphasig vonstatten ging.

Etwa 600 m westlich der Geländestufe bei Xirocambi ist im Kontaktbereich zwischen hartem Kalkstein und weichem Phyllitgestein ein poljenartiges Becken ausgebildet, an dessen östlicher Stirnseite die Reste einer vorzeitlichen Schotterterrasse erhalten sind (Abb. 2, Profil 1).

Der Schichtaufbau der Terrasse zeigt eine mehrfache Wechsellagerung gut gerundeter Kiese und Schotter. Verschiedene Indizien deuten den fluvialen Ursprung an. Morphologisch wäre die plane Auflage auf den anstehenden Plattenkalk und der Abstand zum etwa 30 m entfernten Torrentenlauf anzuführen. Sedimentologische Kriterien sind der gute Zurundungsgrad der verfestigten Schotter/Kiese sowie die disperse Verteilung gut gerundeter kleiner Schotter in Form eines dünnen Deckschleiers auf der Terrasse. Der Nachweis einer starken Verfestigung durch kalkinfiltrierte rote (3,75 YR 5/6) Tone und die Überlegung, daß die Beckenfüllung großenteils durch den Gebirgsbach ausgeräumt wurde, signalisieren, daß es sich um eine alte Terrasse handeln muß.

Innerhalb des Beckens ist eine weitere Terrassenstufe ausgebildet, die sich bis zu 10 m über dem heutigen Torrentenbett erhebt und aus verbackenen Schottern und braunroten Lehmen besteht. Starke Zerrüttung mit Verstürzen und dichter Macchienbesatz verhinderten eine ordentliche Profilaufnahme. Doch kann diese Stufe als morphologisches Dokument

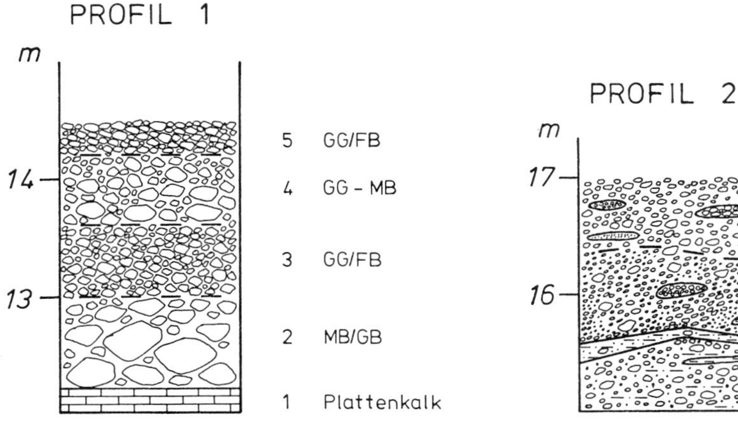

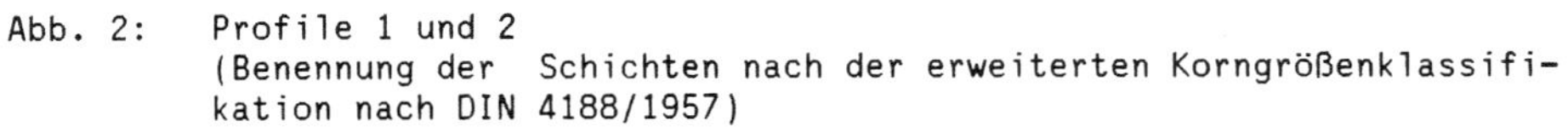
Abb. 2: Profile 1 und 2
(Benennung der Schichten nach der erweiterten Korngrößenklassifikation nach DIN 4188/1957)

für einen Wechsel im Belastungsverhältnis des Torrente gelten.

Der Mangel an Aufschlüssen im intramontanen Becken selbst wird an anderer Stelle, ca. 250 m westlich der Geländestufe, ausgeglichen. In Schutzlage hinter einem Felsvorsprung hat sich in dem engen Schluchttal der Rasina eine mehr als 10 m mächtige Feinsedimentakkumulation erhalten. Ihre alleinige Präsenz indiziert bereits eine vormalige Zeit mit günstigen Klimabedingunger für eine Bodenentwicklung.

Oberhalb des Bodensedimentes ist ein gut geschichteter Kiesaufschluß erhalten, der einen Hohlraum des Plattenkalkes ausfüllt (Abb. 2, Profil 2). Diese Kiese, deren außergewöhnliche Position, ca. 15 m direkt über dem heutigen Torrentenbett, keinen Zweifel an der fluvialen Herkunft läßt, können aus eben jenem Grunde *nur* während der Würmeiszeit sedimentiert worden sein. Für ein würmzeitliches Alter spricht nicht zuletzt die kalkige Verkrustung einer feinen dünnen Bodensedimentlage im unteren Drittel des ansonsten lockeren Kieskörpers.

Die Interpretation der beiden Profile wird durch vergleichbare Beobachtungen in anderen Tälern gestützt. Im Talausgang des Kakari bei Anogia erscheint rund 20 m über dem Torrentenbett ein fluvialer Akkumulationskörper, auf welchem eine Hang-

Photo 2: Terrassenstufe im Schluchten-Steilrelief, hier: Tal Rasina. Hinter einem Felsvorsprung wurden Bodensedimente und Kiese, Profil 2, abgelagert. (SCHNEIDER, September 1985)

Photo 3: Die Schwemmfächerwurzel des Tales Likota ist durch drei Terrassenstufen gegliedert und mit Hangschuttdecken verzahnt. Bei der Entstehung der mittleren, deutlich herauspräparierten Stufe haben wahrscheinlich tektonische Bewegungen mitgewirkt. (SCHNEIDER, Mai 1985)

schuttdecke mit kantigen Kiesbruchstücken auflagert. Auch hier darf über den hohen Feinmatrixanteil und die nur schwache Verfestigung eine Entstehung in der zweiten Würmhälfte angenommen werden. Sicherlich älter ist dagegen ein brekzisierter Terrassensporn im Tal Likota bei Ag. Ioannis. Als Kalkschuttbrekzie, vergleichbar mit den Brekziendecken HEMPELs (1984b, S. 39, Photo 10) in Ostkreta, kann er aufgrund seiner Position in der oberen Stufe eines dreifach verschachtelten Schwemmkegels der Konglomeratterrasse im Tal Rasina gegenübergestellt werden.

Betrachtet man diese Befunde unter klimazyklischen Gesichtspunkten, so ist der Schluß zwingend, daß die Würmeiszeit wie in mittleren Breiten in Südgriechenland mindestens in zwei morphodynamisch unterschiedlichen Phasen ablief. Dies zeigen die Grobsedimentakkumulationen an, die durch einen tiefen Einschnitt und eine Bodensedimentablagerung getrennt werden können. In Anbetracht der gewaltigen Beckenausräumung und der anschließenden mächtigen Feinsedimentakkumulation[1] wäre dieses Interstadial mit dem Stillfried B (Krinides-Interstadial

1) Es kann nicht ausgeschlossen werden, daß das vorgestellte Bodensediment erst später akkumuliert wurde. Nichtsdestoweniger würde dies nicht der Annahme einer größeren Bodendecke im Stillfried B widersprechen, sondern vielmehr eine zyklische Abfolge unterstreichen.

in Griechenland) zu benennen. Eine entsprechende Unterteilung, jedoch ohne Zeitvorschlag, nimmt HAGEDORN (1969, S. 37) vor. HEMPEL (1984a, S. 108) hält eine Zweiphasigkeit allein in der jüngeren Würmhälfte für möglich, womit sogar eine Dreigliederung der Würmzeit auf der Peloponnes in Frage käme. Die pauschale Gleichschaltung Würm = "Older fill" ist daher ungenau und muß für Südgriechenland, wie es auch in einigen anderen Arbeiten zum Ausdruck kommt (s. "Vergleichsuntersuchungen"), differenziert werden.

4. Historische Talsedimente

Während die groben Komponenten im Aufschlußbild als Zeigersedimente für eine Kaltzeit fungieren und eine große Schleppkraft der Gebirgsbäche anzeigen, indizieren Feinalluvionen in den inneren Talbereichen einen gemäßigten Abfluß. So sind im Tal Pandeleimon bei Mistras gut geschichtete Kieslagen in einer Mächtigkeit von gut 1,5 m ebenso zu finden wie fast reine Schwemmlehme. Eine charakteristische Abfolge von Sedimenten historischen Altes wird mit Profil 3 (Abb. 3) vorgestellt, wo ein gelber und ein roter Auenlehm in etwa 2 m Mächtigkeit aufgeschlossen sind.

Über die gesamte Aufschlußwand dominiert der gelbliche, schluffige Lehm (Schicht 2), der nach KUBIENA (1953) aus bodenkundlicher Sicht als Braunlehm-Vega zu identifizieren wäre. Diese Vega-Varietät, die sich an den Uferrändern des Pandeleimon über annähernd 1 km verfolgen läßt, steht im engen Konnex mit der neogenen Beckenfüllung aus Mergel.[2] Darauf haben sich autochthon Rendzinen (BINTLIFF 1977, S. 93) und erdige Terrae fuscae entwickelt. Die Braunlehm-Vegen können als entsprechende Abtragungsprodukte gesehen werden. Dieser Verschwemmungsprozeß hat unter ähnlichen Umweltbedingungen stattgefunden, wie sie auch heute gegeben sind. Eine aktuelle Aufnahme des im Mai 1985 durchflossenen Torrentengrundes zeigt wenige Dekameter hohe, orangefarbene Lehmanhäufungen am Uferrand und schmutzig-gelb getrübtes Wasser.

Der aufliegende rotbraune, tonig-sandige Alluviallehm ist nach KUBIENA als Rotlehm-Vega mit geringmächtigen A-Horizont und mächtigen B-Horizont anzusprechen. Eine vergleichende Korngrößenanalyse und röntgendiffraktometrische Untersuchung[3] unterstreicht die bereits makroskopische Erosionsdiskordanz (s. Abb. 3). Im Korngrößenspektrum der Rotlehm-Vega dominieren Tone, Grobsande und Kiese, d.h. der Boden ist randzonal überprägt. Seine Herkunft ist sehr wahrscheinlich auf erodierte Feinmatrix der älteren Schotterterrassen am Talausgang und bereits aufbereiteten Verwitterungsschutt der vorderen Gebirgsrandflur zurückzuführen. Der hohe Schluffanteil der Braunlehm-Vega steht demgegenüber im Zusammenhang mit dem mergeligen Ausgangsgestein der Ebene (s.o.). In den Röntgendiagrammen sind die Tonmineralpeaks des roten Alluviallehmes stärker ausgeprägt. Gleichzeitig ist der Anteil an Wechsellagerungsmineralen (Höhe der kleinen Peaks zwischen 14 Å und 7 Å, bzw. Buckelbildung meist zwischen 11 Å und 10 Å) erkennbar niedriger, womit ein geringer hydrochemischer Verwitterungseinfluß angezeigt wird. Letztgenannter Einflußfaktor erscheint dagegen im gelben Lehm, wo er zu - pseudogleybedingten - orangeroten Marmorierungen führt.

Allen Uferrand-Profilen des inneren Pandeleimon-Tales ist eine durchschnittliche Höhe von gut 2 m gemeinsam. Diese Zahl, 2 m, taucht als Maß für Einschnittiefe oder eine junge Terrassenbildung auch in anderen Arbeiten über Griechenland auf (vgl. SCHNEIDER 1968, S. 51; RUST 1976, S. 183) und kann durchaus als Parameter für historisches Prozeßgeschehen angesehen werden.

Eine vergleichbare Eintiefung von 2,50 m in Verbindung mit Kies- und sandigen Lehmaufschüttungen fand in einem Tal südlich Kalyvia Sochas statt. Für dieses Tal liegt eine Datierung vor, die das historische Alter belegt. BINTLIFF (1977, S. 394 ff.) erwähnt die Verschüttung einer antiken Heiligstätte, des Eleusinion, die noch in römischer Zeit (146 v.Chr. - 330 n.Chr.) genutzt worden war. Die Decksedimente, überwiegend feiner Art, besaßen eine Mächtigkeit von 2,80 m. Aufschüttung und Einschneidung haben also erst in nachantiker Zeit wieder eine bedeutende Rolle gespielt.

Weiteres datiertes Belegmaterial erbringt BINTLIFF für die Evrotas-Aue. Hier kam es ebenfalls zu der Verschüttung eines bekannten Heiligtums, dem Orthia- oder auch Artemis-Tempel nordöstlich des heutigen Sparta. Gestützt auf Ausgrabungsberichte englischer Archäologen kann BINTLIFF (1977, S. 397) die mittelalterliche Überschwemmung dieses Heiligtums mit mehr als 2 m mächtigen roten Lehmen nach-

2) Aufgrund des makroskopischen Erscheinungsbildes muß eine Beteiligung schwemmlößartigen Materials beim Aufbau der Braunlehm-Vega angenommen werden. Zur Beurteilung schwemmlößartiger Sedimente s. BROSCHE & WALTHER (1977, S. 323).

3) Für die Ermöglichung einer röntgendiffraktometrischen Bestimmung von Bodensedimenten danke ich dem Geol. Landesamt NW, namentlich Herrn Dr. H. PIETZNER.

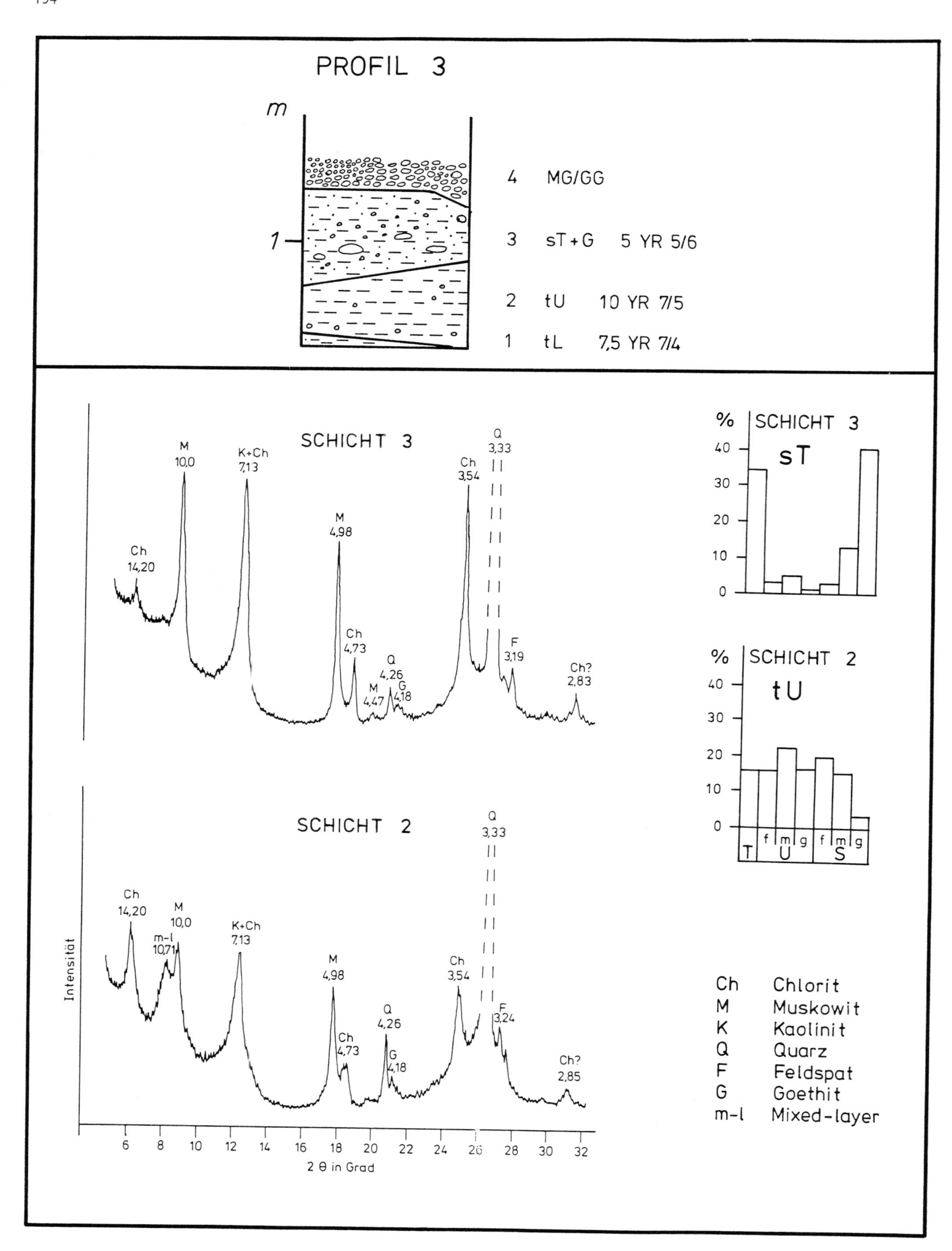

Abb. 3: Profil 3: Profilskizze, Korngrößen, Tonmineralspektren (Röntgendiagramme)

weisen. Dieser Schwemmlehm verteilt sich mit schwankender Schichtdicke im Evrotastal und kann vermutlich mit RIEDLs (1976, S. 343) "Terrasse ε " gleichgesetzt werden.

Mit Blick auf VITA-FINZI (s. Einleitung) stellt sich nun die Frage nach der Entstehungsursache für die jüngsten Auenlehmakkumulationen, eine Frage, die HEMPEL (1981) auf die Kurzformel brachte: "Mensch und/oder Klima". Tatsächlich scheint für das Becken von Sparta die Lösung im klimatischen Bereich zu liegen. Dazu einige Hintergrundinformationen.

Das verschüttete Orthia-Heiligtum befindet sich in der Nordecke der Spartaebene, d.h.: durch landwirtschaftliche Nutzung abgetragenes Bodenmaterial kommt dem Mittellauf des Evrotas *nur* unterhalb des Heiligtums zu. Zwar steht im Einzugsgebiet des Oberlaufes weitflächig Phyllit, also verwitterungsanfälliges Ausgangsgestein, an, denoch wird lediglich von einer schwachen Besiedlung in der Antike und einer landwirtschaftlichen Ungunst im Vergleich zur Spartaebene berichtet (BÖLTE 1929, S. 1297). Folglich müssen Naturfaktoren, hier: das Klima, zur Erklärung der Auenlehmverschwemmung bemüht werden.

Interessant ist in diesem Zusammenhang, daß bis 1830 ein Laubwald in der Nähe von Sparta existierte (FIEDLER in BINTLIFF 1977, S. 74), ein Faktum, das mit der Einschätzung von MEIGGS (1982, S. 382) übereinstimmt, wonach eine stärkere Entwaldung in Griechenland erst nach der griechischen Unabhängigkeit (1830) stattfand. Überhaupt scheint eine "Degradierung der Landschaft durch Abholzung" für das Untersuchungsgebiet nur punktuell eine Rolle gespielt zu haben.[4] Bis zum 2. Jh. n.Chr. war der Taygetos als Jagdrevier mit dichten Wäldern bekannt (PAUSANIAS, 3. Buch). In der Literatur werden lediglich zwei bis drei antike Siedlungen im Gebirge angeführt, die zudem sporadisch bewohnt waren (BÖLTE 1929, S. 1333; CARTLEDGE 1979, S. 21). Abholzung aus siedlungstechnischen Gründen war im Altertum somit nur kleinräumlich notwendig. Schiffsbau, nach PHILIPPSON (1892, S. 525) *der* Hauptgrund für anthropogene Entwaldung in der Antike, hat im Taygetos keine Bedeutung gehabt. Sparta galt nie als Seemacht, ein Sachverhalt, den EHRENBERG (1929, S. 1374) mit der Formulierung des "stets seefeindlichen Charakter der Spartaner" einprägsam unterstreicht.

BINTLIFF (1977, S. 51) stellt für die Spartaebene heraus, daß der "helladisch-antike" Mensch grundsätzlich auf neogenen Mergelböden siedelte, da die fruchtbaren Auenlehme des "Historical fill" noch nicht vorhanden waren. Die mittelalterlichen Talfüllungen führt er konsequent auf *Klimaänderungen* zurück.

Zu dieser Hypothese müssen noch weitere Überlegungen angestrengt werden. Die oben vorgestellten Argumente zu Bevölkerung und Landwirtschaft lassen erkennen, daß der *Bevölkerungsdruck* nicht ausschlaggebend gewesen sein kann. Ja, setzt man Bevölkerungsdruck als Motor für starke Abtragung an, so verwundert es, daß aus archaischer und klassischer Zeit (ca. 800 - 338 v.Chr.) Talfüllungen in Griechenland kaum bekannt sind (vgl. BRÜCKNER 1986). Schließlich wird das 8. Jh. v.Chr. in Griechenland von den Historikern als Zeitalter einer "Bevölkerungsexplosion" angesehen, in dessen Folge es, bezogen auf die Spartaebene, zu Auswanderungen nach Süditalien (Tarent) und der Auslösung des 1. Messenischen Krieges (zwecks Landnahme) kam.

Aus paläoklimatologischer Sicht sind durchaus Klimaschwankungen in historischer Zeit bekannt. Zu den wichtigsten Oszillationen gehören ein Klimaoptimum im 11./12. Jahrhundert, in dem eine verstärkte Bodenbildung zu erwarten wäre, und die sog. "kleine Eiszeit" (1430 - 1850), in der Abtragung und Verschwemmung eine größere Bedeutung zukäme. Während der letztgenannten kühleren Zeitperiode wäre ein erhöhtes Transportvermögen der Torrenten anzunehmen, welches die Entstehung der mehrfach beobachteten Kiesprofile durchaus erklären würde. Anthropogeographisch fällt die Aufgabe und Verödung Spartas Ende des 14. Jahrhunderts ins Gewicht, der Übergangszeit zu feucht-kühlerem Klima. Sicherlich sind vorrangig politisch-soziale Gründe (Gründung von Mistras als neues Machtzentrum) anzuführen, doch ist auch der Aspekt einer zunehmenden - feuchtebedingten - Malariaverseuchung der Evrotasaue für einen "Umzug" nicht von der Hand zu weisen.

Bleibt festzuhalten: Die inneren Talfüllungen der Torrententäler und des Evrotas sind sehr wahrscheinlich "historischen Alters". Aufgrund einer Reihe von Fakten, die gegen Landschaftsdegradierung allein durch Bevölkerungsdruck sprechen, muß für das Prozeßgeschehen in der jüngsten Talgeschichte der Faktor "Klimaänderung" stärker berücksichtigt werden. Die übrigen Einflußfaktoren, insbesondere das Ausgangsgestein, spielen über einen "Verstärkereffekt" ebenfalls eine wichtige Rolle (s. auch

---

4) Der Vollständigkeit halber sei an dieser Stelle eine mögliche Vegetationsdegradierung durch Ziegen angemerkt. Tatsächlich läßt sich eine derartige Beeinträchtigung über historische Quellen nicht nachweisen.

Profil 3); für Einzelheiten muß aus Platzgründen jedoch auf SCHNEIDER (1986) verwiesen werden.

5. Vergleichsuntersuchungen und Schlußfolgerungen

In der abschließenden Rahmenbewertung wird die Auflösung in Würmzeit und in historische Zeit beibehalten. Da nur eine grobe Trennung in Kalt- und Warmphasen entsprechend Akkumulations- und Einschneidungsphasen vorgeschlagen wurde, kann auch von einer Vorstellung differenzierterer Untersuchungsbefunde abgesehen werden.[5]

BROSCHE & WALTER (1977) untersuchten jungquartäre Sedimente in *Spanien* und *Südfrankreich*. In mehreren Profilen schieden sie entweder zwei oder drei mutmaßlich würminterstadiale Böden aus. In einem Fall war eine C14-Datierung in das Mittelwürm möglich.

BECK (1972, S. 98 ff.) führt aus *Italien* (südlicher Apennin) zwei Bodenbildungen ober- und unterhalb einer mächtigen hochwürmzeitlichen Spülschuttdecke an. Aus dem benachbarten Küstentiefland von Metapont berichtet BRÜCKNER (1980, S. 181/182) von zwei Schuttfächergenerationen, die er ins Früh- bzw. Hochwürm stellt.

THIEM (1981) legt seinen Schwemmfächerstudien in *Nordgriechenland* (Epirus) und an der Ostküste der *Peloponnes* einen ins Stillfried B-Interstadial datierten Hauptboden zugrunde. Zwischen zwei chronostratigraphisch anschließenden "Schotterlagern" wies er einen weiteren Paläoboden nach, der ins Xanthi-Interstadial (= Alleröd/Bölling-Interstadial) datiert werden konnte.

HEMPEL (1984a) bietet für *Kreta* eine Abfolge an, die ebenfalls auf der Basis einer Stillfried B-Datierung aufbaut. Danach kam es zur Ausbildung zweier Schotterterrassen ("Ältere" und "Jüngere Schotterterrasse"), die curch einen Paläoboden getrennt und ein weiteres Bcdensediment abgeschlossen werden.

Eine Gegenüberstellung dieser geomorphologischen Untersuchungsbefunde führt zu dem Ergebnis, daß die Würmeiszeit im Mittelmeerraum ein ausgeprägtes Interstadial besaß. Nachfolgende Schwankungen im Klimagang sind mit geomorphologisch-bodenkundlichen Arbeitsweisen von Region zu Region unterschiedlich klar nachweisbar.

Die Vergleichsarbeiten zur *historischen Talgeschichte* werden in kontroverser Form vorgestellt, um den eklatanten Meinungswiderstreit herauszuarbeiten. Dem Kardinalthema "anthropogene Landschaftszerstörung" sei die treffende Formulierung SEUFFERTs (1983, S. 291) vorangestellt, wonach "diese Einflußnahme vorrangig nur eine Beschleunigung und Verstärkung der naturbedingten Prozeßabläufe zur Folge hat, nicht aber eine prinzipielle Änderung der Geomorphodynamik dieses Raumes (Mediterranraum, d.V.)."

Sehr deutlich läßt sich die unterschiedliche Bewertung der historischen Talfüllungen an den definitiv ins Mittelalter datierte Alluvionen des Alpheios bei *Olympia* (Peloponnes) vorführen. BÜDEL (1963) erklärt die Entstehung der großen Terrasse mit dem Verlassen der Siedlungen und Verödung der Felder nach der Römerzeit. Dieser Ansicht widerspricht indirekt DUFAURE (1976), der zwar den Faktor "Mensch" als auslösendes Moment gelten läßt, die Ausbildung der Terrasse aber grundsätzlich dem Klima (ab 8. Jh.) zuschreibt. Sicherlich ist die Kombinationswirkung beider Einflußgrößen entscheidend. In Anbetracht des weichen mergeligen Ausgangsgesteins in unmittelbarer Nachbarschaft und der relativen Siedlungsruhe über mehr als 1000 Jahre sollte indes dem Faktor "Klima" - objektiv - schon größeres Gewicht beigemessen werden.

Eine Untersuchung in der Küstenebene von *Elis*, ca. 30 km nördlich Olympia gelegen, trägt ebenfalls nur wenig zur Klärung des Problems bei. RAPHAEL (1978) stellt ein Kieslager ("gravel plain") des Sachia bei Amalias vor, welches nach seiner Meinung in hellenistisch-römischer Zeit gebildet wurde. BINTLIFF (1977, S. 40) hingegen sieht das Kieslager aufgrund seiner ungewöhnlichen Mächtigkeit und der Schwemmfächerform als eine Variante des "Older fill" an. Ungeachtet der widersprüchlichen Zeiteinstufung steht RAPHAELs (1978, S. 62) allgemeiner Befund, wonach die Akkumulation in den Tälern der Elis-Ebene in römischer Zeit weitgehend abgeschlossen waren, den gesicherten mittelalterlichen Datierungen der Olympia-Terrasse fast diametral gegenüber.

HEMPEL (1984a) löst das Problem des "Historical fill", welches bisher den Disput Mensch vers. Klima auf historisch-antiker Zeitebene implizierte, auf andere Weise. Indem er die Hauptablagerungszeit roter Tone an *Kretas* Nordküste bereits für die vorminoische Zeit (mehr als 3500 Jahre vh) annimmt, erweitert HEMPEL den Begriffsspielraum erheblich. Diese Einschätzung, die er aufgrund von Grabungsbe-

---

5) Als wichtige Übersicht, stellvertretend für Griechenland, sei auf die pollenanalytische Arbeit von BOTTEMA (1974) verwiesen.

richten und Artefakte-Funden trifft, läßt nur noch die prägende Rolle des Klimas zu. In diesem Zusammenhang weist HEMPEL auf die abtragungsgünstige Übergangszeit zwischen dem warm-feuchten Atlantikum und dem warm-trockenen Subboreal hin.

BRÜCKNERs (1983, 1986) Angaben zu mächtigen historischen Talfüllungen in *Süditalien* sind durch eine Reihe von C14-Daten gut abgesichert. Seine datierten Paläoböden koindizieren in auffallender Weise mit Phasen größeren Bevölkerungsdruckes und verstärkter Siedlungstätigkeit. Die anthropogene Interferenz bei Abtragungsprozessen ist nach seiner Studie unbestritten, doch spiegeln die gewaltigen Feinalluvionen von rund 20 m Mächtigkeit ein Bild vor, das andernorts in dieser Art nur selten gefunden werden dürfte. Die Abtragungsanfälligkeit des Lukanischen Hügellandes mit tonig-mergeligem Ausgangsgestein verstärkt den menschlichen Einflußfaktor erheblich.

Eine ähnlich gesicherte Aussage zum anthropogenen Faktor trifft VAN ZUIDAM (1975) für den Ebromittellauf in *Spanien*. Eine jüngere Talfüllung wird hier in den Zeitraum von 700 v.Chr. - 100 n.Chr. gestellt, eine Zeitperiode mit nachgewiesenem Bevölkerungsdruck. Diese Einstufung, welche den Zeitraum des mittelalterlichen "Historical fill" deutlich unterläuft, stützt VAN ZUIDAM mit der sorgfältigen Auswertung historischer Überlieferungen und archäologischem Fundmaterial.

Die wenigen Beispiele zeigen, daß die Frage nach Mensch und/oder Klima in knapper Form nicht beantwortet werden kann. Folgt man den Klimatologen, so muß mit LAMB (1977, S. 373) gerade für den Mittelmeerraum eine Klimaänderung zu feucht-kalt ab dem 4. Jahrhundert und die "kleine Eiszeit" ab dem 15. Jahrhundert in Rechnung gestellt werden. Einen Versuch, den klimatischen/anthropogenen Einflußfaktor genauer zu fassen, stellen die Arbeitsweisen der Aktualgeomorphologie dar (vgl. GEROLD 1979; BORK/BORK 1981; SEUFFERT 1983). Allein, räumliche und zeitliche Dimension können in einer Versuchsanordnung unmöglich nachgestellt werden. So bleibt es der subjektiven Abschätzung des jeweiligen Forschers vorbehalten, die Argumente des pro und contra (s.o.) zu werten. Nach den eigenen Untersuchungsbefunden ist nur der Hinweis erlaubt, innerhalb des abtragungslabilen Mediterranraumes einer stärkeren Differenzierung (= Regionalisierung) der Pauschalisierung von Untersuchungsergebnissen den Vorrang zu geben.

6. Zusammenfassung

Über geomorphologische Untersuchungen in den Tälern des Spartabeckens (Peloponnes) wird belegt, daß die Würmeiszeit in Südgriechenland ein deutliches Interstadial aufweist. Dies wird konkret aus der Analyse hochgelegener Terrassenprofile geschlossen, deren Entstehung mit einem tiefen warmzeitlichen Einschneiden verbunden ist. Als Zeitabschnitt wird für das Interstadial das Stillfried B vorgeschlagen, eine Einstufung, die mit vergleichbaren Arbeiten aus dem Mediterranraum korrespondiert. Das von VITA-FINZI für den gesamten Mediterranraum angegebene würmzeitliche "Older fill" muß daher für Südgriechenland aus geomorphologischer Sicht differenziert werden.

Untersuchungen der innersten Talfüllungen führen zu dem Schluß, daß eine verstärkte Akkumulation während des Mittelalters stattfand. Auffälliges Merkmal jüngerer Terrassen ist neben einem lehmigen Schichtaufbau die Mächtigkeit von durchschnittlich 2 m. Als verantwortliches Agens für die Aufschüttung wird vorrangig das Klima angegeben, zugleich aber auch auf abtragungslabiles Ausgangsgestein hingewiesen. Unter Berufung auf historische Quellen wird der anthropogenen Landschaftsüberformung erst ab dem 19. Jahrhundert eine dominante Rolle zugestanden. Abschließend wird anhand von Beispielen die unterschiedliche Bewertung des anthropogenen Einflusses auf Abtragungsprozesse offengelegt und auf die Gefahr einer leichtfertigen Pauschalisierung von Untersuchungsbefunden aufmerksam gemacht.

7. Literatur

BECK, N. (1972): Studien zur klimagenetischen Geomorphologie im Hoch- und Mittelgebirge des Lukanisch-Kalabrischen Apennin (M. Pollino) (Mainzer Geogr. Studien 2). Mainz, 111 S.

BINTLIFF, J. (1977): Natural environment and human settlement in prehistoric Greece, Part 1 + 2 (British Archaeological Reports (BAR), Suppl. Ser. 28). Oxford, 734 S.

BÖLTE, F. (1929): Sparta. Geographie. In: PAULYs Real-Encyklopädie der classischen Altertumswissenschaft, 2. Reihe, Band 3, S. 1265-1373.

BORK, H.-R./H. BORK (1981): Oberflächenabfluß und Infiltration. Ergebnisse von 100 Starkregensimulationen im Einzugsgebiet der Rambla del Campo Santo (SE-Spanien) (Landschaftsgenese und Landschaftsökologie 8). Cremlingen-Destedt, 76 S.

BOTTEMA, S (1974): Late Quaternary vegetation history of Northwestern Greece. Groningen, 190 S.

BROSCHE, K.-W./M. WALTHER (1977): Geomorphologische und bodengeographische Analyse holozäner, jung- und mittelpleistozäner Sedimente und Böden in Spanien und Südfrankreich. In: Catena 3, S. 311-342.

BRÜCKNER, H. (1980): Marine Terrassen in Süditalien. Eine quartärmorphologische Studie über das Küstentiefland von Metapont (Düsseldorfer Geogr. Schr. 14). Düsseldorf, 235 S.
BRÜCKNER, H. (1983): Holozäne Bodenbildungen in den Alluvionen süditalienischer Flüsse. In: Z. Geomorph. N.F., Suppl. 48, S. 99-116.
BRÜCKNER, H. (1986): Man's impact on the evolution of the physical environment in the Medterranean region in historical times. In: Geo Journal 13.1, S. 7-17.
BRUNNACKER, K./H.-J. ALTEMÜLLER/H.J. BEUG (1969): Das Profil von Kitros in Nord-Griechenland als Typusprofil einer mediterranen Lößprovinz. In: Eiszeitalter und Gegenwart 20, S. 90-110.
BÜDEL, J. (1963): Aufbau und Verschüttung Olympias. Mediterrane Flußtätigkeit seit der Frühantike. In: Dt. Geographentag Heidelberg 1963, Tag.-Ber. u. wiss. Abh. 1965, S. 179-183.
CARTLEDGE, P. (1979): Sparta and Laconia. A regional history 1300-362 B.C. London, 410 S.
DUFAURE, J.J. (1976): La terrasse holocène d'Olympie et ses équivalents méditerranéens. In: Bull. Assoc. Géogr. Franç. 433, S. 85-94.
EHRENBERG, V. (1929): Sparta. Geschichte. In: PAULYs Real-Encyklopädie der classischen Altertumswissenschaft, 2. Reihe, Band 3, S. 1373-1453.
GEROLD, G. (1979): Aktueller Bodenabtrag in Ostsizilien - Ein Beitrag zur Abschätzung der Bodenabspülung anhand der Einzugsgebiete von F. Simeto und F. Gornalunga und ihrer klimatischen Einordnung. In: Landschaftsgenese und Landschaftsökologie 5, S. 47-53.
HAGEDORN, J. (1969): Beiträge zur Quartärmorpholoie griechischer Hochgebirge (Göttinger Geogr. Abh. 50), Göttingen. 135 S.
HEMPEL, L. (1981): Mensch und/oder Klima? Neue physiogeographische Beobachtungen über das Lebens- und Landschaftsbild Griechenlands seit der Eiszeit. In: Hellenica, S. 61-71.
HEMPEL, L. (1984a): Geoökodynamik im Mittelmeerraum während des Jungquartärs - Beobachtungen zur Frage "Mensch und/oder Klima?" in Südgriechenland und auf Kreta. In: Geoökodynamik 5, S. 99-140.
HEMPEL, L. (1984b): Beobachtungen und Betrachtungen zur jungquartären Reliefgestaltung der Insel Kreta. In: Münstersche Geogr. Arb. 18, S. 9-40.
HIGGS, E. (1978): Environmental changes in Northern Greece. In: BRICE, W.C. (Hrsg.): The environmental history of the Near and Middle East since the last Ice Age. London/New York/San Francisco, 383 S., hier: S. 41-49.
KELLETAT, D./G. KOWALCZYK/B. SCHRÖDER/K.P. WINTER (1976): An synoptic view on the neotectonic development of the Peloponnesian coastal regions. In: Ztschr. Dt. Geol. Ges. 127, S. 447-465.
KOWALCZYK, G./D. RICHTER/D. RISCH/K.P. WINTER (1977): Zur zeitlichen Einstufung der tektogenetischen Ereignisse auf dem Peloponnes (Griechenland). In: Neues Jb. Geol. Paläont., Mh. 9, S. 549-564.
KUBIENA, W.L. (1953): Bestimmungsbuch und Systematik der Böden Europas. Stuttgart, 392 S.
LAMB, H.H. (1977): Climate. Present, Past and Future. Vol. 2: Climatic history and future. London/New York, 835 S.
MAULL, O. (1921): Beiträge zur Morphologie des Peloponnes und des südlichen Mittelgriechenlands (Geogr. Abh. X, 3).
MEIGGS, R. (1982): Trees and timber in the ancient Mediterranean world. Oxford, 553 S.
PHILIPPSON, A. (1982): Der Peloponnes. Versuch einer Landeskunde auf geologischer Grundlage. Berlin, 642 S.
PSARIANOS, P. (1955): Beiträge zur Kenntnis des Neogens von Lakonien (Peloponnes) (Griech. mit dtsch. Zusammenfassung). In: Ann. Géol. des Pays Hell. 6, S. 151-183.
RAPHAEL, C.N. (1978): The erosional history of the Plain of Elis in the Peloponnes. In: BRICE, W.C. (Hrsg.): The environmental history of the Near and Middle East since the last Ice Age. London/New York/San Francisco, 383 S., hier: S. 51-66.
RIEDL, H. (1976): Beiträge zur regionalen Geographie des Beckens von Sparta und seiner Nachbarräume unter besonderer Berücksichtigung der geomorphologischen Verhältnisse. In: Arb. Geogr. Inst. Uni. Salzburg 6, S. 283-408.
RUST, U. (1978): Die Reaktion der fluvialen Morphodynamik auf anthropogene Entwaldung östlich Chalkis (Insel Euböa - Mittelgriechenland). In: Z. Geomorph. N.F., Suppl. 30, S. 183-203.
SCHNEIDER, C. (1986): Untersuchungen zur jungquartären Morphogenese im Becken von Sparta (Peloponnes). Dissertation (unveröffentlicht).
SCHNEIDER, H.E. (1968): Zur quartärgeologischen Entwicklungsgeschichte Thessaliens (Beiträge zur ur- und frühgeschichtlichen Archäologie des Mittelmeer-Kulturraumes 6). Bonn, 127 S.
SCHRÖDER, B. (1971): Das Alter von Schuttfächern östl. Korinth. In: N. Jb. Geol. Paläont. M.H., S. 363-371.
SEUFFERT, O. (1983): Mediterrane Geomorphodynamik und Landwirtschaft - Grundzüge und Nutzanwendung geoökodynamischer Untersuchungen in Sardinien. In: Geoökodynamik 5, S. 287-341.
THIEM, W. (1981): Untersuchungen an Schwemmfächern auf der Peloponnes sowie im Epirus - ein Beitrag zur Klärung von Geomorphodynamik und Lithostratigraphie des Würm in Griechenland. In: Würzburger Geogr. Arb. 53, S. 267-281.
VITA-FINZI, C. (1969): The Mediterranean valleys. Cambridge, 140 S.
ZUIDAM van, R.A. (1975): Geomorphology and archaeology. Evidences of interrelation at historical sites in the Zaragoza region, Spain. In: Z. Geomorph. N.F. 19, S. 319-328.

Anschrift des Verfassers:

Dr. Christoph Schneider

Am Zaunbusch 12

D - 4020 Mettmann

Aus:

Ekkehart Köhler und Norbert Wein (Hrsg.):

NATUR- UND KULTURRÄUME.

Ludwig Hempel zum 65. Geburtstag.

Paderborn: Ferdinand Schöningh 1987.

= Münstersche Geographische Arbeiten 27.

Thomas Raus

Gipfelvegetation des Ossa-Gebirges im Vergleich zum Olymp (Thessalien, Griechenland)

1. Einleitung

Griechenland ist (nebst Albanien) das vegetationskundlich am wenigsten erforschte Land des europäischen Mittelmeergebietes. Zwar liegt ein brauchbares, kartenmäßig fixiertes Konzept von Vegetationszonen in Griechenland vor, welche die Namen von Verbänden nach der Braun-Blanquet-Nomenklatur tragen (HORVAT et al. 1974); das tatsächlich vorhandene zonale und azonale Gesellschaftsinventar ist aber nicht oder nur bruchstückhaft mit pflanzensoziologischem Tabellenmaterial belegt.

Eine Ausnahme stellt die Vegetation der griechischen Hochgebirge oberhalb der Baumgrenze dar, die von QUEZEL (1964, 1967) durch zahlreiche Vegetationsaufnahmen analysiert wurde. Die von QUEZEL beschriebenen Assoziationen ermöglichen einerseits eine bereits recht detaillierte ökogeographische Gliederung der Hochgebirgsvegetation zwischen Taigetos und Smolikas, bezeichnen aber andererseits die Spitze eines Eisberges von syntaxonomischen, syngenetischen und synchorologischen Fragen, die einer weiteren Klärung bedürfen.

In diesem Zusammenhang sind meine am 13., 14. und 15. Juli 1974 auf dem ostthessalischen Ossa-Gipfel angefertigten Vegetationsaufnahmen mitteilenswert, den QUEZEL nicht aufsuchte. Jeder zusätzliche regionale Mosaikstein trägt dazu bei, die pflanzengeographischen Verhältnisse Griechenlands weiter zu erhellen. Die botanische Nomenklatur folgt ERBEN (1985), GEORGIADIS (1980), GREUTER et al. (1984), MARKGRAF-DANNENBERG (1976), STRID (1986) und TUTIN et al. (1964-1980). Herrn Prof. Dr. H. SCHOLZ, Berlin, danke ich für die Revision meiner Gramineen-Belege vom Ossa-Gipfel. Die Abkürzungen in den folgenden Tabellen bedeuten:

A	=	Assoziation	K	=	Klasse
C	=	Charakterart	O	=	Ordnung
D	=	Differentialart	V	=	Verband.
Ges.	=	Gesellschaft			

2. Lage, Standort, vegetationskundlicher Kenntnisstand

An den Thessalischen Olymp schließt sich in südöstlicher Richtung der ostthessalische Gebirgswall an, der das Becken von Larisa und den Pagasitischen Golf vom Ägäischen Meer trennt. Die Ossa mit ihrem Gipfel Profítis Ilías (1.978 m) ist die höchste Erhebung dieses quartären Rumpfgebirgshorstes. Sie wird im Norden durch den Pinios vom Niederen Olymp, im Süden durch die Senke von Agia vom Pilion getrennt und taucht als kompakter Bergstock mit ca. 20 km Basisdurchmesser an ihrem Westrand unmittelbar aus der thessalischen Ebene, im Osten aus dem Meer auf. Der Gipfel ist eine mächtige, einer silikatischen Rumpffläche bei ca. 1.200 m aufgesetzte Pyramide aus dichtem, weißem bis bläulich-grauen Kalkgesteinen, deren Braunerde-Terra fusca-Rendzinen vor allem infolge der anthropozoogenen Zerstörung ursprünglicher Tannen- und Buchenwälder fast ausnahmslos erodiert sind. Die aktuelle Baumgrenze liegt bei 1.700-1.800 m Höhe. Die Ossa ragt über eine klimatische Baumgrenze jedoch nicht hinaus; nur die unmittelbare Gipfelspitze wäre vermutlich (orographisch bedingt) potentiell waldlos. Das Klima ist mediterran, der Winterniederschlag fällt in Gipfellage als Schnee mit einer Schneedeckendauer von November bis April. Das anfallende Schmelzwasser geht jedoch im verkarsteten Gipfelkalk weitgehend verloren; perennierendes Oberflächenwasser fehlt dem Gipfel und tritt erst im Silikatbereich der Waldstufe unterhalb 1.200 m in Erscheinung (alle Angaben nach PHILIPPSON 1950; TELLER 1880; RAUS 1977).

Aus dem Standortfaktorenkomplex Ausgangsgestein-Wasserhaushalt - Nutzung, der die Pflanzendecke des Ossa-Gipfels wesentlich bestimmt, stellt der letztgenannte einer Typisierung der Vegetation durch zoogene Veränderung pflanzlicher Wettbewerbsverhältnisse und die Verwischung von Höhen- und Substratgrenzen die meisten Schwierigkeiten entgegen. Die Sommerweide auf dem Ossa-Gipfel hat eine lange und nach wie vor lebendige Tradition (BEUERMANN 1964; RAUS 1981). Der durch Nutz- und Brennholz-Raubbau entstandene Zugewinn an subalpinen Grasweiden hatte in der Ossa eine Ausweitung der gehölzfreien Gipfelvegetation gegen die luvseitige Buchenstufe um rund 300 Höhenmeter, gegen die leeseitige Tannenstufe um maximal 600 Höhenmeter zur Folge (RAUS 1979, S.593, 594). Die Vermengung von Arten verschiedener Höhenstufen, wie sie für sekundäre Gebirgsweiden so verwirrend wie typisch ist, läßt dennoch die tabellarische Herausarbeitung von vier gehölzfreien Pflanzengesellschaften des Ossa-

Geographisches Institut
der Universität Kiel
Neue Universität

Gipfels zu, die im folgenden besprochen werden. Auf ihre Verzahnung untereinander und mit an anderer Stelle (RAUS 1980) beschriebenen Gehölzformationen (Berberis cretica-Gebüsche, Juniperus foetidissima-Bestände, gelichtete Fagus moesiaca- und Abies borisii-regis-Wälder) kann hier nur erwähnend hingewiesen werden. Von der gehölzfreien Gipfelvegetation lag bisher nur eine schlagwortartige Formationsbeschreibung von REGEL (1943, S. 39) vor (zur botanischen Erforschung der Ossa vgl. RAUS 1979, S. 576-578).

3. Kalkfelsflur

Wuchsorte für eine Felsspaltenvegetation, in welcher obligatorische Chasmophyten zu kennzeichnenden Kombinationen von standortspezifischen Arten zusammentreten, bietet nur der eigentliche Gipfel und die sich westlich davon kaum mehr als 100 Höhenmeter herabziehenden Steilpartien. Es sind im Grunde genommen die Bereiche, die aus dem Schuttmantel des Berges herausragen. Die Tatsache, daß sich hier ein heliophiler Stenendemit, die Ossa-Flockenblume (Centaurea ossaea) evoluieren konnte, läßt den Schluß zu, daß die Ossa an ihrem höchsten Punkte auch vor dem Eingreifen des Menschen waldfrei gewesen sein muß (siehe auch REGEL 1943). Ein weiterer thessalischer Endemit, Campanula thessala (Verbreitungskarte bei PHITOS 1964, S. 218), ist zwar nicht wie Centaurea ossaea auf den Ossa-Gipfel oberhalb 1.800 m beschränkt, sondern besiedelt auch Felsstandorte in der Waldstufe bis herunter zur Küste. Sie differenziert aber als obligater Chasmophyt die Felsspaltenstandorte des Gipfels floristisch gegen die grasreichen Pflanzengesellschaften auf festgelegtem Kalkschutt und kann daher als Trennart einer soziologisch und standörtlich gut zu fassenden Assoziation gelten, die ich aus Gründen der syntaxonomischen und synchorologischen Orientierung Galio degenii-Centaureetum ossaeae nenne (ass. nov., Typusaufnahme Tab. 1, Aufn. 5). Die Gesellschaft ist durch eine Reihe weiterer Chasmophyten deutlich im Verband Galion degenii der griechischen Felsspaltengesellschaften (Potentilletalia speciosae) floristisch verankert. Galium degenii galt bis zur Feststellung seiner taxonomischen Identität auf der Ossa ebenfalls als Endemit (syn. Galium ossaeum, HALACSY 1901, S. 717) und ist im Gegensatz zu Campanula thessala streng auf die beschriebene Assoziation beschränkt.

Physiognomisch, d.h. "von weitem betrachtet", ist diese Vegetationseinheit durch fakultativ chasmophytische und infolgedessen auch in die Galion degenii-Standorte eindringende Arten der benachbarten grasreichen Polsterheiden wie Festuca macedonica, Koeleria splendens, Astragalus angustifolius oder Bromus riparius gleichsam maskiert; pflanzensoziologisch wesentlich ist jedoch, daß umgekehrt die konkurrenzschwächeren Arten des Galio degenii-Centaureetum ossaeae kaum oder überhaupt nicht in die Daphno-Festucetea-Kontaktvegetation einzudringen vermögen und in ihrem Vorkommen auf die Spalten und Klüfte im gewachsenen Kalkfels angewiesen sind. Die Assoziation ist also eine edaphische Dauergesellschaft, deren Wuchsorte vermutlich auch länger aper sind als die der benachbarten Polsterheiden (Windkantengesellschaft). Bestäubern offeriert das Galio degenii-Centaureetum ossaeae die Blütenfarben dunkelrosa (Centaurea, Thymus), dunkelgelb (Galium), grünlichweiß (Saxifraga, Paronychia) und blau (Campanula, Astragalus meyeri).

4. Grasreiche Polsterheide basenreicher Hänge

Der Kalkverwitterungsschutt des Ossa-Gipfels ist nirgends in freier Bewegung. Der die Gipfelpyramide einhüllende Schuttmantel ruht unter einer grasreichen "Polsterheide" (im Sinne von HORVAT et al. 1974, S. 639), welche die Hänge aller Expositionen bis hinab zur aktuellen Baumgrenze gleichmäßig überzieht. Die Böden dieser Vegetationseinheit zeigen in der Regel ein A-C-Profil und rötliche oder bräunliche Farben, sind aber mancherorts durch Viehtritt und Erosion stark umlagert oder streckenweise geöffnet und erodiert. Vor allem auf den zahlreichen, die Vegetation parallel durchziehenden Viehpfaden schaut der bläulich-weiße Kalkschutt zwischen den Pflanzenhorsten hervor.

Die Massenentfaltung der harten Polstergräser Festuca graeca, F. macedonica, Sesleria alba, Bromus riparius und des Dornpolsterstrauches Astragalus angustifolius bestimmt die Physiognomie der Pflanzengesellschaft. Weitere Arten treten nur stärker in Erscheinung, wenn sie die Grashorste überragen, wie Marrubium thessalum, Linaria peloponnesiaca, Campanula spatulata, Erysimum microstylum oder Morina persica. Eine Reihe niederwüchsiger Kräuter und Zwergsträucher erzeugen zum Teil augenfällige Blühaspekte der Gesellschaft wie Daphne oleoides, Thymus sibthorpii, Cerastium banaticum, Centaurea pindicola, vor allem aber die hochstete, in gemischt gelb und violett blühenden Populationen eingestreute Viola rausii. Floristisch und strukturell zeigt diese Kalk-Polsterheide der Ossa mit der von

QUEZEL (1967) beschriebenen "Ass. à Marrubium thessalum et Astragalus angustifolius" des Thessalischen Olymp eine so gute Übereinstimmung, daß die syntaxonomische Identität beider außer Zweifel steht. Das Marrubio thessali-Astragaletum angustifolii Quezel (Namenskorrektur nach BARKMAN et al. 1976, Art. 41) ist also nicht auf dem Olymp endemisch (vgl. QUEZEL 1967, S. 171), sondern besiedelt auch die südlich benachbarte Ossa, hier allerdings in einer durch den Ossa-Pilion-Endemiten Viola rausii differenzierten Vikariante.

Verbands-, Ordnungs- und Klassenkennarten sind reichlich vertreten. Die Assoziation kann als "floristisch gesättigt" gelten, besitzt jedenfalls ein Evolutionsalter, das zu einem stabilen, reproduzierbaren Artengefüge geführt hat. Stellt man in der in Rede stehenden Höhenstufe irreversible Bodenverluste in Rechnung, so dürfte unter potentiell-natürlichen Bedingungen der Wald Schwierigkeiten haben, gegen die Daphno-Festucetea-Sekundärvegetation zu konkurrieren. Es ist sicher nicht falsch, dem Marrubio thessali-Astragaletum angustifolii der Ossa wenigstens für große Teile seines rezenten Areals den Charakter einer edaphischen Dauergesellschaft zuzusprechen (siehe auch VOLTOTIS 1976, S. 147).

Die Tabelle 2 enthält nur Aufnahmen von der Nordflanke des Gebirges. Auf der Süd- und Südostseite beobachtete ich zusätzlich Sedum urvillei, Clypeola ionthlaspi, Galium verticillatum, Arabidopsis thaliana und Cruciata pedemontana, ein Hinweis darauf, daß solche vermutlich durch den Viehbetrieb aus den unteren Höhenstufen zum Gipfel verbreiteten, meist annuellen Arten auf der strahlungsreicheren Seite des Gipfels mehr konkurrenzarme Freiräume in der perennierenden Gras-Zwergstrauch-Matrix zur ephemeren Besiedlung vorfinden. Aus der zuvor besprochenen Felsflur finden sich nur Centaurea ossaea und Doronicum columnae als gelegentliche Beimischungen. Euphorbia herniariifolia charakterisiert Mikrostandorte durch Viehtritt gelockerten Feinschuttes.

HORVAT et al. (1974, S. 640) betonen die Geophytenarmut der griechischen calcicolen Daphno-Festucetea-Vegetation infolge der Wasserungunst der Standorte. Das Fehlen von Geophyten in Tabelle 2 (außer Muscari commutatum) ist jedoch ein Artefakt des Aufnahmedatums (14.07.1974). Ein späterer Besuch der Aufnahmeorte während der Schneeschmelze (14.04.1985) zeigte eine lockere Durchsetzung der Polsterheiden mit Gruppen von Crocus veluchensis, Crocus olivieri und Colchicum doerfleri, die alle im Sommer ihre oberirdischen Vegetationsorgane völlig einziehen. Die genannten Arten sah ich aber auch außerhalb des Marrubio thessali-Astragaletums; sie sind also lediglich als Begleiter der Gesellschaft einzustufen.

5. Lägerflur

Unter den sommerlichen Begleitern des Marrubio thessali-Astragaletum angustifolii zeigen Disteln (Carduus armatus, C. thoermeri, Ptilostemon afer) ganz die Qualität vom Vieh verschonter Weideunkräuter. Zu geschlossenen Beständen tritt aber speziell Carduus armatus in Hohlformen und auf Ebenheiten zusammen, wo eine kolluviale Feinerdeauflage mit deutlich besserer Wasserhaltekraft das klüftige Muttergestein versiegelt. Diese Plätze werden vom Vieh wegen des mangelnden Gefälles offenbar gern als Ruheplätze angenommen. Nepeta nuda und Geranium macrostylum haben auf der Ossa hier ihren soziologischen Schwerpunkt. Diese Hochstaudenbestände unterscheiden sich von den sie umgebenden Polsterheiden der skelettreichen, trockenen Hanglagen floristisch scharf durch eine reiche Garnitur von Bodenfrische- und Nährstoffzeigern. Daphno-Festucetea-Arten spielen eine deutlich nachgeordnete Rolle.

Die Syntaxonomie dieser zunächst ranglos als Geranium macrostylum-Carduus armatus-Gesellschaft zu bezeichnenden Vegetationseinheit vom ökologischen Typ einer Lägerflur ist derzeit nicht weiter aufklärbar. Zunächst bedarf es weiterer Aufnahmen solcher Bestände aus anderen griechischen Gebirgen, um beurteilen zu können, ob und welche der in Tabelle 3 genannten ökologischen Differenzialarten in Griechenland als Kennarten unerkannter regionaler Syntaxa diagnostischen Wert besitzen. Manche in Mitteleuropa mehr oder minder ubiquistische Sippen können im Zuge der relativen Standortkonstanz in den griechische Gebirgen zu "Seltenheiten auf vorgeschobenem Posten" (HORVAT et al. 1974, S. 640) und damit zu brauchbaren Charakterarten werden. Für griechische subalpine Hochstaudenbestände wird in der Literatur ein Cirsion appendiculati- oder auch ein Chenopodion subalpinum-Anschluß vermutet (vgl. HORVAT et al. 1974, S. 585 f., 657).

6. Sauerbodenrasen

Vornehmlich an der Ost- und Nordflanke der Ossa treten rund 300 m unterhalb des Gipfels, nahe der

Kontaktzone zum silikatischen Gebirgsrumpf, größere Glimmerschieferlinsen im Gipfelkalk auf, die zu (unterschiedlich erodierten) kalkfreien Braunlehmböden verwittern. Diese Standorte unterliegen zwar denselben Klima- und Nutzungsbedingungen wie die benachbarten Kalkstandorte, zeigen aber auf Grund der edaphischen Verhältnisse eine floristisch völlig von den Polsterheiden basenreicher Hänge abweichende Vegetation. Die auffälligste Pflanze ist hier Plantago holosteum (P. carinata), ein bultiger, kaum 10 cm hoher Wegerich mit kompakten Rosetten aus meist zurückgekrümmten, pfriemlichen Blättern, der Deckungswerte zwischen 25 und 50% erreichen kann. Gleichermaßen kompakt im Wuchs sind Minuartia recurva ssp. juressi, Astragalus thracicus ssp. parnassi, Lotus corniculatus var. stenodon und Dianthus viscidus var. parnassicus, die sämtlich hochstet und gesellschaftstreu vertreten sind. Eine physiognomische Maskierung der Gesellschaft durch übergreifende Daphno-Festucetea-Horstgräser, wie wir sie bei der Kalkfelsflur des Gipfels sahen, ist hier nicht zu beobachten; einzig Festuca macedonica zeigt sich etwas bodenvag.

Eine treue Kennart dieses Sauerbodenrasens ist auch eine niedrige, perennierende Hundskamille mit silbrig behaarten Blättchen und weißen Zungenblüten, die wegen der schwarzrandigen Hüllblätter der Blütenstände zum Formenkreis der Anthemis carpatica zu rechnen ist und mit südjugoslawischen Pflanzen (A. c. var. macedonica) gut übereinstimmt. Die auf den beschriebenen Standorten immer wiederkehrende feste Artenkombination rechtfertigt die Fassung einer Assoziation, des Anthemido carpaticae-Plantaginetum holostei (ass. nov., Typusaufnahme Tab. 4, Aufn.1), die nach den vorliegenden Aufnahmen in eine typische Subassoziation mit geringer Deckung (40-45%) auf flachgründigen Standorten und eine Subassoziation caricetosum caryophylleae mit hoher Deckung (100%) auf tiefgründigeren Standorten weiter gegliedert werden kann.

Der Vergleich mit dem floristisch ganz ähnlichen Poo violaceae-Minuartietum recurvae (nom. corr.) von Serpentinstandorten des Smolikas (QUEZEL 1967, Tab. 16) legt die Vermutung nahe, daß ophiolithische Standorttendenzen auch beim Anthemido carpaticae-Plantaginetum holostei der Ossa eine Rolle spielen könnten. Beide Assoziationen lassen sich anhand einer Serie von Verbandskennarten dem Verband der griechischen acidophilen Gebirgsrasen (Trifolion parnassi) anschließen.

7. Vegetationsvergleich Ossa-Olymp

Die Gipfelregionen von Ossa und Olymp sind - bei gleicher meernaher Situierung - in der Luftlinie nur 42 km voneinander entfernt. Ein Vergleich beider läßt auf Grund dieser Nachbarschaftslage ein hohes Maß an Ähnlichkeiten erwarten. Tatsächlich sind die Unterschiede im jeweiligen Inventar an Pflanzengesellschaften aber erheblich. Die Gründe dafür sind einerseits landschaftsökologischer, andererseits florengeschichtlicher Natur.

Der Olymp (2.917 m) ist rund 1.000 m höher als die Ossa (1.978 m). Er besitzt daher viel schärfere Klimabedingungen in der Höhe und insgesamt einen viel reichhaltigeren geomorphologischen Formenschatz mit entsprechender Standortvielfalt für die Vegetation. Hier konnten sich zahlreiche pflanzliche Endemismen herausbilden und ökologisch einnischen. Solifluktionstreppen, in Bewegung befindliche Blockschutthalden, Schluchten mit Schuttsohlen und hochgelegene Dolinen mit 7-8 monatiger Schneebedeckung, wie ich sie am Olymp vielfach und flächendeckend sah, fehlen in der Standortpalette des Ossa-Gipfels. Entsprechend sucht man auf der Ossa die von solchen Standorten am Olymp beschriebenen Vegetationstypen oder deren eventuell vikariierende Äquivalente vergeblich.

Der Kalkfelsflur des Galio degenii-Centaureetum ossaeae des Ossa-Gipfels stehen nicht weniger als fünf von QUEZEL (1967) beschriebene Assoziationen gegenüber, die auf dem Olymp Felsbänder, windexponierte Grate und Spalten in kompaktem Kalkgestein besiedeln. Zumindest zwei von ihnen, das Campanulo oreadum-Saxifragetum sempervivi und das Potentillo deorum-Saxifragetum scardicae, sind auf dem Olymp endemisch. Vegetationssystematisch sind sie aber mit der Kalkfelsflur der Ossa im selben Verband Galion degenii zu vereinigen. Die Einordnung der Felsspaltenfluren des Olymp in den südgriechischen Verband Silenion auriculatae durch QUEZEL (1967, S. 135) ist unzutreffend, wie bereits HORVAT et al. (1974, S. 635) ausführen. Die entsprechende Vegetation des immerhin südlich des Olymp gelegenen Ossa-Gipfels gehört klar zum Galion degenii der Pindusregion, und auch am Olymp kommt die namengebende Verbandskennart Galium degenii vor (STRID 1980), übrigens bereits vermutet von QUEZEL selbst (1967, S. 138, als Galium ossaeum). Es besteht also keinerlei floristische Notwendigkeit, für die Felsspaltenfluren des Olymp einen eigenen Verband Saxifragion scardicae (nom. corr., vgl. HORVAT et al. 1974, S. 635) aufzustellen.

Tabelle 5: Vegetationsvergleich Ossa-Olymp

Standortstyp		Vegetationstyp	
		Ossa	Olymp
basen-reich	Gewachsener Kalkfels (Dolomitfels) (Spalten, Stufen, Grate, Windkanten)	Galio degenii-Centaureetum ossaeae	Campanulo oreadum-Saxifragetum sempervivi* Potentillo deorum-Saxifragetum scardicae* Asplenio fissi-Saxifragetum glabellae* Anthyllido aureae-Achilleetum ageratifoliae* Seslerio coerulantis-Thymetum boissieri oxytropetosum purpureae*
	Feinschutt-Solifluktions-treppen (skelettreicher Kalklehm)		Seslerio coerulantis-Thymetum boissieri typicum*
	Ruhender Kalkschutt auf Schluchtsohlen und am Fuß von Steilwänden		Sideritido scardicae-Linetum flavi*
	Ruhender Kalkschutt mäßig steiler Hänge (Rendzinen etc.)	Marrubio thessali-Astragaletum angustifolii, Vikariante von Viola rausii	Marrubio thessali-Astragaletum angustifolii*
	Beweglicher Kalkschutt steiler Halden (oberflächlich fein-erdefrei)		Alysso handelii-Achilleetum ambrosiacae* Asperulo muscosae-Brassicelletum nivalis*
basen-arm	Dolinen mit langer Schneebedeckung (skelettreiche, aber humose Tonböden)		Alopecuro gerardi-Gnaphalietum hoppeani*
	Glimmerschieferhänge mit geringer Neigung (Braunlehm etc.)	Anthemido carpaticae-Plantaginetum holostei	
nähr-stoff-reich	Lägerflur (frischer, nährstoff-reicher kolluvialer Lehm)	Geranium macrostylum-Carduus armatus-Gesellschaft	Bestände mit Chenopodium bonus-henricus, Smyrnium rotundifolium, Urtica dioica etc. (Strid 1980)

*Quezel 1967 (nom. corr. nach Barkman et al. 1976, Art.41)

Problematisch ist in diesem Zusammenhang auch die syntaxonomische Stellung der von QUEZEL (1967) zum Astragalo-Seslerion und damit zu den Daphno-Festucetea gestellten Felsfluren des Olymp. Meiner Meinung nach liegt hier nur Daphno-Festucetea-Kontakt vor, und die Gesellschaften, allen voran das Anthyllido aureae-Achilleetum ageratifoliae, gehören als Einheiten an der Südgrenze der Onobrychido-Seslerietalia Horvat 49 in einen anderen syngeographischen Zusammenhang (vgl. das floristisch und strukturell ähnliche Helianthemo-Seslerietum Horvat 60 des südjugoslawischen Jakupica-Gebirges; HORVAT et al. 1974, S. 615, 616). Die für die Ossa eindeutige Einstufung von Thymus boissieri als Galion degenii-Trennart (Tab. 1) steht ebenfalls im Widerspruch zu QUEZEL (1967), der die Art als Astragalo-Seslerion-Element ansieht. Die soziologische Amplitude der wenigsten griechischen Gefäßpflanzenarten ist ja bekannt!

Die Glimmerschieferstandorte des Anthemido carpaticae-Plantaginetum holostei der Ossa fehlen offensichtlich am Olymp und damit auch ein Äquivalent für diesen Vegetationstyp. Lägerfluren, die der Geranium macrostylum-Carduus armatus-Gesellschaft der Ossa vergleichbar sind, gibt es dagegen am Olymp in floristisch offenbar viel reicherer Ausstattung. QUEZEL (1967) teilt zwar keinerlei derartige Aufnahmen mit, aber STRID (1980, S. XXVI) gibt erstmals Hinweise auf das Vorkommen dieses Vegetationstyps am Olymp. Er beschreibt vom Vieh gedüngte Plätze - allerdings unterhalb der Baumgrenze in der

Pinus heldreichii-Stufe -, wo unter anderem Chenopodium bonus-henricus, Smyrnium rotundifolium, Marrubium thessalum, Scrophularia aestivalis, Urtica dioica, Stellaria media, Capsella bursa-pastoris und Geum urbanum zu kennzeichnenden Artenverbindungen zusammentreten. Chenopodium und Capsella steigen an geeigneten, gut mit Dung und Schmelzwasser versorgten Standorten sogar bis über 2.400 m Höhe auf. Eine pflanzensoziologische Untersuchung der Lägerfluren des Olymp ermöglichte wahrscheinlich auch eine syntaxonomische Beurteilung der Geranium macrostylum-Carduus armatus-Gesellschaft des Ossa-Gipfels.

In Anbetracht der bisher ausgeführten qualitativen Unterschiede in der Vegetationsausstattung der beiden benachbarten Gipfelbereiche ist die floristisch-strukturelle Übereinstimmung der grasreichen Polsterheiden basenreicher Hänge von Ossa und Olymp geradezu erstaunlich. Vor allem die häufigen Arten, d.h. alle Arten der Stetigkeitsklassen V und IV, kommen sowohl in den Buxus-freien Eryngio-Bromion-Beständen des Olymp (QUEZEL 1967, Tab. 10, Aufn. 6-10) als auch der Ossa (unsere Tab. 2) vor. Lediglich die auf dem Olymp nicht heimische Viola rausii differenziert die Ossa-Bestände syngeographisch als Vikariante (nicht aber synökologisch als Subassoziation!).

8. Zusammenfassung/Abstract

Die Gipfelvegetation des ostthessalischen Ossa-Gebirges oberhalb der aktuellen Baumgrenze wird zum ersten Mal anhand exakter Vegetationsaufnahmen beschrieben und mit den entsprechenden Vegetationseinheiten der subalpin-alpinen Stufe des nur 42 km entfernten Thessalischen Olymp verglichen (Tab. 5). Das Gesellschaftsinventar umfaßt Kalkfelsspaltenfluren (Galio degenii-Centaureetum ossaeae ass. nov., Tab. 1), grasreiche Polsterheiden basenreicher Hänge (Marrubio thessali-Astragaletum angustifolii Quezel 67, Tab. 2), Lägerfluren (Geranium macrostylum-Carduus armatus-Gesellschaft, Tab. 3) und Sauerbodenrasen (Anthemis carpaticae-Plantaginetum holostei ass. nov., Tab. 4). Beim Vegetationsvergleich zwischen Ossa und Olymp überwiegen landschaftsökologisch und florengeschichtlich bedingte Unterschiede, nur die Eryngio-Bromion-Vegetation (Polsterheiden über Kalkgestein) beider Gebirge ist soziologisch identisch.

The vegetation of Mt. Ossa (E Thessaly) above the timberline is described by means of phytosociological relevés and compared with ecologically corresponding vegetation units of adjacent Mt. Olympus. The syntaxonomical position of the local plant communities is as follows:

A. Asplenietea trichomanis Br.-Bl. 34 corr. Oberd. 77 (Asplenietea rupestria Br.-Bl. 34)
Potentilletalia speciosae Quezel 64
Galion degenii Quezel 67
Galio degenii-Centaureetum ossaeae ass. nov.

B. Daphno-Festucetea Quezel 64
Daphno-Festucetalia Quezel 64
Eryngio-Bromion Quezel 64
Marrubio thessali-Astragaletum angustifolii Quezel 67

C. Juncetea trifidi Hadac 44 (Caricetea curvulae Br.-Bl. 48)
Trifolietalia parnassi Quezel 64
Trifolion parnassi Quezel 64
Anthemido carpaticae-Plantaginetum holostei ass. nov.

D. Incertae sedis:
Geranium macrostylum-Carduus armatus community.

9. Literatur

BARKMAN, J.J./J. MORAVEC/S. RAUSCHERT (1976): Code der pflanzensoziologischen Nomenklatur. Vegetatio 32, S. 131-185.

BEUERMANN, A. (1964): Fernweidewirtschaft in Südosteuropa. Hamburg (Westermann), 232 S.

ERBEN, M. (1985): Cytotaxonomische Untersuchungen an südosteuropäischen Viola-Arten der Sektion Melanium. Mitt. Bot. München 21, S. 339-740.

GEORGIADIS, Th. (1980): Contribution à l'étude phylogénétique du genre Centaurea L. (Sectio Acrolophus (Cass.) DC.) en Grèce. Diss., Univ. Aix-Marseille I, 286 S.

GREUTER. W./H.M. BURDET/G. LONG (1984): Med-Checklist 1. Genf (Conservatoire et Jardin botaniques), 446 S.

HALACSY, E. de (1901): Conspectus Florae Graecae 1. Leipzig (Engelmann), 825 S.

HORVAT, I./V. GLAVAC/H. ELLENBERG (1974): Vegetation Südosteuropas. Stuttgart (Fischer), 768 S.

MARKGRAF-DANNENBERG, I. (1976): Die Gattung Festuca in Griechenland. Veröff. Geobot. Inst. ETH Stiftung Rübel Zürich 56, S. 92-182.

PHILIPPSON, A. (1950): Die griechischen Landschaften 1/1: Thessalien und die Sperchios-Senke. Frankfurt, 258 S.

PHITOS, D. (1964): Trilokuläre Campanula-Arten der Ägäis. Österr. Bot. Z. 111, S. 208-230.

QUEZEL, P. (1964): Végétation des hautes montagnes de la Grèce méridionale. Vegetatio 12, S. 289-386.

QUEZEL, P. (1967): La végétation des hauts sommets du Pinde et de l'Olympe de Thessalie. Vegetatio 14, S. 127-228.

RAUS, Th. (1977): Klimazonale Vegetationsgliederung und aktuelle Gehölzgesellschaften des ostthessalischen Berglandes (Griechenland). Diss., Univ. Münster/Westfalen, 238 S.

RAUS, Th. (1979): Die Vegetation Ostthessaliens (Griechenland). I. Vegetationszonen und Höhenstufen. Bot. Jahrb. Syst. 100, S. 564-601.

RAUS, Th. (1980): Die Vegetation Ostthessaliens (Griechenland). III. Querco-Fagetea und azonale Gehölzgesellschaften. Bot. Jahrb. Syst. 101, S. 313-361.

RAUS, Th. (1981): Human interference with zonal vegetation in the Thessalian coastal section of the Aegean. In: FREY, W./H.-P. UERPMANN: Beiträge zur Umweltgeschichte des Vorderen Orients. Beih. Tübinger Atlas des Vorderen Orients Reihe A, 8, S. 40-50.

REGEL, C. (1943): Pflanzengeographische Studien aus Griechenland und Westanatolien. Bot. Jahrb. Syst. 73, S. 1-98.

STRID, A. (1980): Wild flowers of Mount Olympus. Kifissia (Goulandris Natural History Museum), 362 S.

STRID, A. (1986): Mountain flora of Greece 1. Cambridge (University Press), 822 S.

TELLER, F. (1880): Geologische Beschreibung des südöstlichen Thessalien. Denkschr. Kaiserl. Akad. Wiss. Wien Math.-Naturwiss. Cl. 40, S. 183-208.

TUTIN, G.T./V.H. HEYWOOD/N.A. BURGES/D.M.MOORE/D.H. VALENTINE/S.M. WALTERS/D.A. WEBB (1964-1980): Flora Europea 1-5. Cambridge (University Press), 2.246 S.

VOLIOTIS, D. (1976): Die Gehölzvegetation und die Vegetationszonierung des nordgriechischen Gebirgszuges Voras-Vermion-Pieria-Olymp-Ossa. Bot. Jahrb. Syst. 97, S. 120-154.

Abb. 1: Marrubio thessali-Astragaletum angustifolii auf dem Ossa-Gipfel bei 1.950 m ü. NN im (gelben) Blühaspekt von Astragalus angustifolius. Im Mittelgrund dominiert Festuca graeca. Im Hintergrund (am linken Bildrand, dunkel) ist ein Stück des Buchenwaldgebietes der Ost-Ossa bei ca. 1.200 m ü. NN zu sehen. 20. Juni 1972 (orig.)

Anschrift des Verfassers:

Dr. Thomas Raus
Botanischer Garten und
Botanisches Museum Berlin-Dahlem
Königin-Luise-Straße 6-8
D - 1000 Berlin 33

Aus:

Ekkehart Köhler und Norbert Wein (Hrsg.):

NATUR- UND KULTURRÄUME.
Ludwig Hempel zum 65. Geburtstag.

Paderborn: Ferdinand Schöningh 1987.
= Münstersche Geographische Arbeiten 27.

Tabelle 1: Galio degenii-Centaureetum ossaeae

Aufnahme-Nr.	1	2	3	4	5	6	7	8	9
Fläche (m²)	10	10	10	10	10	10	10	10	10
Höhe (m ü.NN)	1800	1820	1850	1940	1950	1960	1960	1970	1970
Exposition	NW	NW	W	NW	NW	NW	N	W	NW
Inklination (°)	12	15	20	10	30	8	5	20	14
Deckung (%)	20	30	25	45	60	60	50	40	50
Artenzahl	16	18	21	18	18	16	21	20	18
AC,D									
Centaurea ossaea	1.1	1.1	1.1	1.1	1.1	1.1	1.1	1.1	1.2
Campanula thessala	.	+	1.1	+	+	.	+	+	.
VC,D Galion degenii									
Thymus boissieri	2.3	2.3	1.4	2.4	2.3	3.4	3.4	2.3	2.2
Galium degenii	.	+	.	1.4	2.3	2.3	2.3	2.4	2.3
Paronychia macedonica	.	1.4	.	1.3	1.3	1.2	1.3	1.3	2.3
Saxifraga scardica	+	.	.	1.4	2.3	1.3	+	1.2	.
Astragalus meyeri	.	.	.	.	1.2	2.2	.	.	1.2
Petrorhagia thessala	.	.	+	.	.	.	.	.	.
OC/KC,D Potentilletalia speciosae, Asplenietea trichomanis									
Jovibarba heuffelii	+	+	.	+	.	.	1.2	+	.
Doronicum columnae	.	.	+	+	.	+	.	+	.
Achillea ageratifolia	.	.	+	.	.	.	+	1.2	.
Silene parnassica	.	.	.	.	1.3	.	.	.	.
Aubrieta deltoidea	.	.	+	.	.	.	.	.	.
Begleiter									
Festuca macedonica	1.2	1.2	1.2	2.3	3.3	2.2	2.3	3.3	2.2
Astragalus angustifolius	2.3	2.4	2.4	2.4	2.3	+	2.3	1.3	2.4
Koeleria splendens	1.2	1.2	1.2	2.2	1.2	1.2	1.2	2.2	1.2
Bromus riparius	.	+	1.2	+	1.2	1.2	2.2	+	+
Minuartia verna	1.1	1.2	1.2	.	+	1.1	1.2	1.2	.
Draba lasiocarpa	+	1.2	1.2	1.2	.	.	1.2	1.2	+
Poa thessala	1.2	.	1.2	.	1.2	1.2	.	.	1.2
Alyssum montanum	.	.	.	+	1.1	+	+	.	1.1
Sedum urvillei	+	+	.	+	.	.	.	+	1.2
Asyneuma limonifolium	.	.	.	.	+	+	+	1.1	+
Erysimum microstylum	+	.	+	.	.	.	+	+	.
Carum graecum	.	.	.	+	+	.	+	.	+
Sedum album	+	1.2	+	.	.	.	.	.	.
Galium verticillatum	+	+	1.1	.	.	.	.	.	.
Hornungia petraea	+	+	+	.	.	.	.	.	.
Cerastium banaticum ssp. speciosum	.	.	+	+	.	.	.	.	+
Thalictrum minus ssp. olympicum	.	.	.	..	+	+	.	+	.
Sideritis scardica ssp. longibracteata	+	+	.	.	.	.	.	.	.
Teucrium chamaedrys	.	+	+	.	.	.	.	.	.
Daphne oleoides	.	.	.	+	.	.	+	.	.

Außerdem in 1 Aufnahme: Veronica glauca 3:+; Astragalus lacteus 7:+; Leontodon crispus 7:+; Trinia glauca 8:+; Stipa eriocaulis 9:1.2; Anthemis carpatica 9:+.

Tabelle 3: Geranium macrostylum-Carduus armatus-Gesellschaft

Aufnahme-Nr.	1	2	3	4	5
Fläche (m²)	200	200	200	150	200
Höhe (m ü.NN)	1700	1715	1720	1750	1850
Exposition	–	–	–	–	W
Inklination (°)	–	–	–	–	5
Deckung (%)	100	100	100	100	100
Artenzahl	28	30	36	32	28
D Ges.					
Carduus armatus	3.2	4.3	4.3	4.3	5.2
Nepeta nuda	1.1	1.1	2.2	2.2	2.2
Geranium macrostylum	2.2	1.1	1.2	1.2	2.2
D gegen Daphno-Festucetea (Frische- u. Nährstoffzeiger)					
Phleum alpinum	2.3	2.3	2.3	3.2	2.2
Trifolium repens	2.3	2.3	2.3	+	1.1
Dactylis glomerata	+	2.2	1.1	2.2	2.2
Lotus corniculatus	1.2	1.2	1.2	1.2	1.1
Cruciata laevipes	1.2	1.2	1.2	1.1	1.2
Trisetum flavescens ssp. splendens	1.2	.	1.2	3.3	2.1
Plantago lanceolata	1.2	1.2	1.2	1.2	.
Viola macedonica	1.1	1.1	1.2	+	1.1
Myosotis sylvatica ssp. cyanea	1.1	1.1	1.2	.	+
Ranunculus ficaria	1.1	1.1	1.1	+	.
Ornithogalum oligophyllum	1.1	1.1	1.1	.	.
Stachys germanica ssp. heldreichii	+	.	1.2	1.2	.
Ranunculus sartorianus	+	.	1.1	.	1.1
Urtica dioica	.	+	+	.	1.1
Achillea millefolium	.	+	1.1	+	.
Geum urbanum	.	.	1.1	.	1.1
Taraxacum laevigatum	+	1.1	.	.	.
Veronica serpyllifolia ssp. humifusa	.	+	+	.	.
Capsella bursa-pastoris	.	+	.	.	.
Geranium molle	.	+	.	.	.
Carex divulsa	.	.	+	.	.
Daphno-Festucetea-Kontaktarten					
Campanula spatulata ssp. spatulata	2.2	2.2	2.2	2.2	2.2
Marrubium thessalum	+	1.1	2.1	1.2	2.2
Eryngium amethystinum	2.2	1.1	1.1	2.1	+
Thymus sibthorpii	1.2	.	.	1.2	+
Festuca graeca	2.2	.	2.2	.	.
Festuca macedonica	.	.	.	.	1.2
Bromus riparius	.	.	.	.	+
Sonstige Begleiter					
Rumex acetosella	1.1	1.1	1.1	1.1	1.1
Poa thessala	2.2	1.2	1.2	2.2	.
Cerastium brachypetalum ssp. roeseri	1.2	1.1	1.2	1.2	.
Arabidopsis thaliana	1.2	1.2	1.2	1.1	.
Arenaria leptoclados	.	1.2	1.2	1.2	+
Leontodon hispidus	.	1.2	.	.	1.1
Veronica arvensis	.	.	1.1	1.1	.
Herniaria hirsuta	.	.	.	+	1.1
Allium guttatum ssp. sardoum	.	.	+	+	.
Ranunculus psilostachys	.	+	+	.	.
Scleranthus perennis ssp. marginatus	.	+	.	+	.
Draba muralis	.	.	+	.	+

Außerdem in Aufnahme 3: Hieracium hoppeanum ssp. macranthum 1.2, Anthoxanthum odoratum +, Carum strictum +; in Aufnahme 4: Silene roemeri +, Linaria peloponnesiaca 1.1, Alyssum minus +, Dianthus corymbosus +, Galium album ssp. prusense +, Filago arvensis +, Sagina apetala +; in Aufnahme 5: Poa pratensis +, Potentilla pedata +.

Tabelle 2: Marrubio thessali-Astragaletum angustifolii, Vikariante von Viola rausii

Aufnahme-Nr.:	1	2	3	4	5	6	7	8	9
Fläche (m²)	50	50	50	200	150	150	150	150	150
Höhe (m ü.NN)	1760	1760	1770	1860	1860	1890	1900	1930	1940
Exposition	NW	N	NW	N	N	N	N	N	N
Inklination (°)	25	20	15	20	16	12	25	30	28
Deckung (%)	60	70	60	85	70	75	80	80	80
Artenzahl	28	28	28	34	26	23	29	21	23
AC,D									
Viola rausii (D-Vikariante)	1.1	+	1.1	1.1	+	1.1	1.1	1.1	1.1
Astragalus angustifolius	1.3	+	2.3	2.4	+	1.4	2.2	.	1.3
Marrubium thessalum	+	.	1.1	1.2	1.2	1.2	1.2	+	+
VC,D Eryngio-Bromion									
Bromus riparius	3.2	2.2	2.2	1.2	1.1	1.2	+	+	1.2
Centaurea pindicola	1.1	1.2	1.1	1.1	1.1	1.2	1.1	1.1	2.2
Campanula spatulata ssp. spatulata	.	1.1	.	+	+	+	1.2	.	1.2
Eryngium amethystinum	+	+	.	+	+	1.1	1.1	.	.
Astragalus lacteus	.	.	+	.	1.1	1.2	+	.	1.2
Thymus sibthorpii	.	1.3	.	+	+	.	+	.	.
Asperula aristata ssp. thessala	.	+	.	+	.	+	.	.	.
O/KC,D Daphno-Festucetalia/etea									
Festuca graeca	2.2	2.2	2.2	4.3	3.3	3.3	3.3	3.3	3.3
Sesleria alba	2.2	3.2	2.2	2.2	2.2	2.1	2.2	3.2	3.3
Dianthus integer ssp. minutiflorus	1.2	2.2	1.2	2.2	1.2	1.2	2.2	1.2	2.2
Cerastium banaticum ssp. speciosum	1.2	1.1	1.2	1.2	1.1	1.2	1.2	2.2	1.2
Daphne oleoides	+	+	1.2	1.2	1.2	1.2	1.2	1.2	.
Erysimum microstylum	1.1	1.1	1.1	.	1.1	+	+	+	.
Carum graecum	1.1	1.1	1.1	.	1.1	+	+	+	.
Festuca macedonica	.	.	.	2.2	2.2	2.2	2.2	2.2	2.2
Asyneuma limonifolium	.	.	+	.	.	.	+	+	1.1
Veronica austriaca	.	.	.	.	.	.	1.1	+	1.2
Teucrium montanum	1.3	.	+	.	.	.	.	.	.
Stipa eriocaulis	+	.	1.1	.	.	.	.	.	.
Koeleria splendens	+	.	+	.	.	.	.	.	.
Satureja alpina ssp. meridionalis	.	+	.	+	.	.	.	.	.
Morina persica	.	.	.	.	.	+	.	+	.
Begleiter									
Poa thessala	1.2	1.2	1.2	2.2	2.3	2.2	2.2	2.2	2.2
Thalictrum minus ssp. olympicum	2.1	1.1	1.1	+	.	1.1	.	1.1	1.1
Linaria peloponnesiaca	.	.	.	1.1	1.2	.	+	1.1	1.1
Arenaria leptoclados	+	.	.	.	+	.	+	+	+
Centaurea ossaea	1.1	+	.	1.1	.	.	+	.	.
Polygala vulgaris	+	.	.	.	+	.	+	+	.
Nepeta nuda	.	+	.	+	+	.	+	.	.
Geranium macrostylum	.	.	.	1.1	1.2	.	+	.	.
Minuartia verna	.	.	1.2	.	.	1.1	.	.	+
Asphodeline lutea	1.1	+	.	1.1	.	.	.	.	.
Cerastium brachypodium ssp. roeseri	.	+	.	1.2	.	.	+	.	.
Hieracium praealtum ssp. bauhinii	.	1.2	.	.	.	.	+	.	+
Doronicum columnae	.	.	.	.	+	.	.	1.1	+
Euphorbia herniariifolia	+	+	+	.	.	.	.	.	.
Ptilostemon afer	+	.	+	.	.	.	.	+	.
Carduus armatus	.	.	.	+	+	.	.	+	.
Lotus corniculatus	.	+	.	.	+	.	.	+	.

Außerdem in 2 Aufnahmen: Hornungia petraea 1.1(1),1.1(3); Thymus boissieri +(3), 1.3 (9); Arabidopsis thaliana +(4), 1.1(5); Veronica arvensis +(4), 1.1(5); Muscari commutatum +(1), +(3); Festuca nigrescens ssp. microphylla +(1), +(2); Myosotis ramosissima +(2), +(4); Allium guttatum ssp. sardoum +(4), +(5);
Außerdem in 1 Aufnahme: Tragopogon crocifolius ssp. samaritanii +(1); Sideritis scardica ssp. longibracteata 1.2 (2); Draba lasiocarpa +(3); Teucrium chamaedrys +(3); Phleum alpinum +(4); Poa pratensis +(4); Sedum urvillei +(4); Ranunculus sartorianus +(4); Hieracium hoppeanum ssp. macranthum +(6).

Tabelle 4: Anthemido carpaticae-Plantaginetum holostei

Aufnahme-Nr.	1	2	3	4	5	6	7	8	9
Fläche (m²)	10	40	50	20	20	25	20	25	25
Höhe (m ü.NN)	1710	1650	1670	1730	1680	1670	1680	1650	1640
Exposition	NW	NW	NW	NW	W	N	NW	NNW	E
Inklination (°)	5	8	15	1	5	11	7	3	2
Deckung (%)	40	40	40	45	45	45	100	100	100
Artenzahl	25	18	14	18	15	15	15	19	21
AC,D									
Plantago holosteum	3.2	2.2	2.2	3.2	3.2	2.2	3.2	2.2	3.2
Minuartia recurva ssp. juressi	1.2	2.2	2.1	2.1	1.1	2.1	2.1	+	1.1
Anthemis carpatica var. macedonica	1.1	+	1.1	1.1	1.1	1.1	1.1	1.1	1.1
Astragalus thracicus ssp. parnassi	1.3	+	2.3	.	1.3	1.3	.	.	+
D subass. caricetosum caryophylleae									
Carex caryophyllea							2.2	2.2	2.1
Luzula multiflora							1.1	2.2	1.1
V/O/KC,D Trifolion/etalia parnassi, Juncetea trifidi									
Lotus corniculatus var. stenodon	1.1	1.1	+	1.1	1.2	+	2.2	2.2	2.2
Hieracium hoppeanum ssp. macranthum	1.2	1.2	1.2	1.2	1.2	1.2	2.2	3.2	2.2
Dianthus viscidus var. parnassicus	1.2	+	.	1.2	+	.	1.2	+	+
Scleranthus perennis subsp. marginatus	+	.	1.2	1.1	1.2	1.2	.	.	+
Phleum alpinum	1.2	1.2	.	+	1.1	.	.	+	+
Sedum atratum	1.1	.	.	+	.	.	.	.	.
Begleiter									
Festuca macedonica	1.1	2.2	2.2	2.2	2.2	3.2	2.2	2.2	2.2
Thymus sibthorpii	1.3	2.2	2.3	+	1.2	2.2	+	2.2	1.2
Satureja alpina ssp. meridionalis	1.2	+	+	1.1	1.2	.	+	1.2	1.1
Eryngium amethystinum	+	+	.	+	.	.	.	1.1	+
Hieracium piloselloides	.	+	1.1	1.1	.	1.1	.	.	.
Koeleria splendens	.	+	1.2	.	.	+	.	.	+
Campanula spatulata ssp. spatulata	.	.	.	.	.	.	1.1	1.1	1.1
Leontodon hispidus	.	+	.	.	.	.	+	2.2	.
Centaurea grisebachii	1.1	+	.	.	.	+	.	.	.
Poa bulbosa	1.1	.	.	.	+	+	.	.	.
Anthoxanthum odoratum	.	.	.	.	+	.	.	+	1.1
Galium album ssp. prusense	.	+	.	.	.	.	+	.	+
Rumex acetosella	.	.	.	+	.	+	.	.	+
Cerastium brachypetalum ssp. roeseri	+	.	.	1.1	.	.	.	.	.
Allium guttatum ssp. sardoum	+	+	.	.	.	.	.	.	.
Trifolium repens	+	.	.	+	.	.	.	.	.
Erophila verna	+	.	.	+	.	.	.	.	.
Asperula aristata ssp. thessala	.	.	+	.	.	.	.	.	+

Außerdem in Aufnahme 1: Bromus riparius 1.1, Geranium macrostylum +, Veronica arvensis +, Sedum amplexicaule ssp. tenuifolium +, Plantago lanceolata +; in Aufnahme 3: Trinia glauca +; in Aufnahme 4: Dianthus stenopetalus +; in Aufnahme 5: Asyneuma limonifolium +; in Aufnahme 6: Herniaria hirsuta +; in Aufnahme 7: Armeria canescens +, Poa thessala +, Polygala vulgaris +.

Klaus Tiborski

Der Synoikismos von Teos und Lebedos

Eine raumwirksame Herrscherentscheidung im Zeitalter des Hellenismus

1. Einleitung

In diesem Aufsatz soll die Inschrift über den Synoikismos von Teos und Lebedos, die 1934 erstmals und 1966 erneut in englischer Sprache veröffentlicht wurde,[1] behandelt und das Verhältnis des Diadochen Antigonos Monophtalmos zu den Griechenstädten im Rahmen seiner Politik dargestellt werden.

Die wichtigste Quelle zur Gründung der Diadochenreiche und des Hellenismus liegt bei Diodor vor, der sich auf die Berichte des Hieronymos von Kardia stützt. Für die innere Organisation der Staaten, ihrer Verwaltungen und Regierungen ist man allerdings nahezu ausschließlich auf Inschriften angewiesen. Eine solche stellt die im folgenden behandelte Teos-Lebedos-Inschrift dar.

2. Die griechische Polis im Hellenismus

Die griechische Polis ist wahrscheinlich im achten Jahrhundert v. Chr., zur Zeit des Assyrerreiches, entstanden. Ein Grund für die Entwicklung von Kleinstaaten ist sicherlich in den geographischen Gegebenheiten Griechenlands zu finden, die ein Zusammenwachsen zu größeren Einheiten behinderten (vgl. EHRENBERG 1965b).

Aristoteles benannte als die wesentlichste Eigenschaft einer Polis "die Gemeinschaft des Ortes" (EHRENBERG 1965b, S. 32), das heißt, sie stellte eine räumliche Einheit dar, in der Staatsgebiet und Bürgerland identisch waren. "Die Bevölkerung der Polis bestand aus Freien und Unfreien, unter den Freien gab es Bürger und Nichtbürger, unter den Unfreien Hörige und Sklaven" (EHRENBERG 1965a, S. 37). Im Idealfall war die Polis "eine Gemeinschaft des Rechtes, des Glaubens und vielfach auch der Wirtschaft" (BENGTSON 1960, S. 78).
Das Erscheinungsbild der griechischen Polis ist weitgehend unumstritten. "Zum Begriff der griechischen 'Polis' gehört die Selbstverwaltung mit Rat und Volksversammlung sowie erwählten und diesen verantwortlichen Jahrbeamten, mit eigenem Recht, eigenen Finanzen und Truppen, und eigenem Kultus in den Formen der griechischen Religion, in die dann nach Bedürfnis die lokalen Gottheiten, Traditionen und Mythen eingegliedert werden mögen" (MEYER 1905, S. 40). Sowohl in den alten Poleis Griechenlands, der Inseln und des kleinasiatischen Küstengebietes als auch in den von Alexander von Makedonien und seinen Nachfolgern gegründeten "griechischen" Städten finden sich natürlich Agora, Finanzsystem, Tempel griechischer Götter, Gymnasien und dergleichen sowie auch gewählte Bouleuten (vgl. KREISSIG 1974, S. 1.077). Das entscheidende Merkmal für eine souveräne Stadt aber war "le droit de conclure des traités avac d'autres etats" (WEHRLI 1968, S. 105). Die Stellung der griechischen Stadt, schon um die Jahrhundertwende als "Träger des Hellenismus und das Hauptmittel seiner Verbreitung" (MEYER 1905, S. 15) bezeichnet, wurde im Hellenismus bestimmt durch ihr Verhältnis zum monarchischen Territorialstaat. Einen entscheidenden Wesensunterschied zu der alten mutterländlichen Polis gab es allerdings nicht. Die Tatsache, "daß Freiheit und Autonomia das Wesen der Polis bestimmten" (EHRENBERG 1965a, S. 23), blieb bestehen. Autonomia und eleutheria, die bei der klassischen Polis auf eigener Machtvollkommenheit beruhten, waren den hellinistischen Städten dagegen nur gewährt (vgl. KREISSIG 1974, S. 1.078). Zwischen Polis und Monarchie bestand "eine Fülle von Kombinationen einer tatsächlichen Abhängigkeit von der Monarchie mit mehr oder weniger fiktiver Autonomie" (EHRENBERG 1965a, S. 231); einer Autonomie, die zwar noch bestand, aber tatsächlich nur für die innerstädtischen Belange Gültigkeit besaß.

Für den politischen Niedergang der Polis waren sowohl innen- als auch außenpolitische Faktoren bestimmend. Einerseits litt der Stadtstaat unter "lack of political interest by the bourgeoisie, the replacement of citizen armies by mercenaries, and occasional mob-rule" (EHRENBERG 1965b, S. 34), andererseits beschleunigte der Territorialstaat, "der die Errungenschaften der hellenischen Poleis aufnahm oder sich überhaupt auf der Basis von deren Ausbreitung erst bildete" (WELSKOPF 1975, S. 2.167) diesen Abstieg.

Die besondere Bedeutung, die die griechischen Stadtstaaten trotzdem noch für die monarchischen

1) WELLES, C. Bradfort: Royal Correspondence in the Hellenistic Period. A Study in Greek Epigraphy, Rom 1966, S. 20-25.

Reiche besaßen, lag nicht auf politischem Gebiet, sondern in ihrem Wirken zur Verbreitung griechischer Lebenskultur. Insofern bildeten sie in diesen Reichen einen "vital factor in the political and social structure" (EHRENBERG 1974, S. 81).

Hinsichtlich ihrer politischen Eigenständigkeit erlebte die griechische Polis zwar im Hellenismus einen Niedergang. Es muß jedoch hervorgehoben werden, daß die geographische Verbreitung der Stadt- der Polis mit vom König gewährter eleutheria und autonomia - im vierten und dritten Jahrhundert v. Chr. einen Höhepunkt erreichte.

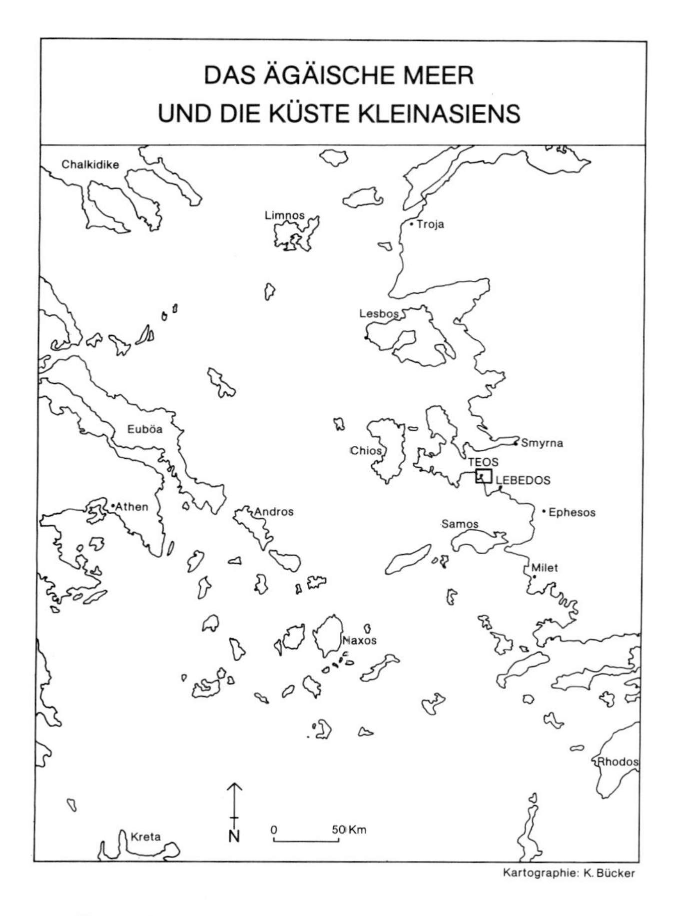

3. Das Verhältnis von Königtum und Polis im Hellenismus

Die eigentliche Herrschergewalt der hellenistischen Könige gründete sich auf den durch Eroberung geschaffenen oder zugesprochenen Besitz. Ganz anders war das Verhältnis der königlichen Gewalt zu den hellenischen Städten, die ihrer Macht- oder Einflußsphäre angehörten. Denn die Polis ließ sich nur sehr schwer in ein homogenes Reich einordnen, weil sie auf Grund ihrer zumeist gewachsenen Struktur eher nach dem personalen als nach dem territorialen Prinzip aufgebaut war (vgl. KAHRSTEDT 1968, S. 352).

In der Zeit bis 281 v. Chr. wurde "die Einstellung, mit der sich Monarch und Poleis einander gegenüberstanden, geprägt ..." (ORTH 1977, S. 12). Orientierungspunkt im Beziehungsgeflecht Stadt - Herrscher war für alle Diadochen die Politik, die Alexander den kleinasiatischen Städten gegenüber betrieben hatte. Ausdruck dieser Politik waren die von ihm nach der Vertreibung der persischen Besatzer verliehenen Privilegien und die ihm entgegengebrachten Ergebenheitsadressen.

Das Verhältnis von Königtum zu Polis muß allerdings von Fall zu Fall unterschiedlich bewertet werden, es ist "ambivalent und in der Forschung umstritten" (PEKARY 1976, S. 54). Zu Beginn kann es als "schöpferische Potenz" (KAERST 1968, S. 350) bezeichnet werden. Dieses Verhältnis zeichnete sich durch die Beziehung zwischen Bürgertum der Polis und Herrscher aus und fand seinen Ausdruck in dem weitverbreiteten Herrscherkult der Städte (vgl. KAERST 1968, S. 350), der jedoch "nur ganz selten vom König ausdrücklich angeordnet wurde, und nie hat einer der Könige selbst, um etwa zu fordern sich auf seine Göttlichkeit berufen" (EHRENBERG 1965a, S. 235). Die Poleis bildeten in ihrer Abhängigkeit eine Art Bundesgebiet und standen nicht in einem unmittelbaren Untertanenverhältnis. Vielmehr war dieses nur mittelbar vorgegeben durch die Tatsache, daß den Städten ihre Freiheit nur gewährt war und sie fortwährend bemüht sein mußten, sich diese zu erhalten. "Obwohl sich die Diadochen rechtlich als Herren, nicht als Verbündete der griechischen Städte betrachteten, waren sie in dieser Hinsicht niemals konsequent und führten in ihrer Propaganda sicherlich eine völlig unterschiedliche Sprache" (ROSTOVTZEFF 1955, S. 1.100). So sind z.B. in der Abhängigkeit der Poleis vom König Unterschiede zwischen den ägäischen und den asiatischen Städten zu erkennen (vgl. KREISSIG 1974, S. 1.079). "Immer wieder zeigt sich jene für die Stellung der hellenistischen Polis charakteristische Zwiespältigkeit, die dazu zwingt, zwischen de jure-und de facto-Beziehungen zu unterscheiden; nur letztere sind historisch entscheidend gewesen, aber erstere konnten die tatsächliche Situation beeinflussen" (EHRENBERG 1965a, S. 232). Die Basis des Verhältnisses wurde durch die real existierenden Machtverhältnisse bestimmt. Polis und König waren aufeinander angewiesen. Der Monarch mußte daran interessiert sein, möglichst viele Poleis unter seine Herrschaft zu bringen, wobei die Mittel von roher Gewalt bis zu Versuchen, durch Gunsterweise die Sympathien der Bürger zu gewinnen, reichten (vgl. ORTH 1977, S. 13). Die Einordnung einer Stadt in den eigenen

Machtbereich erfolgte - da die Wahrscheinlichkeit, daß ein Stadtstaat eine wirkliche militärische Gefahr für den Monarchen darstellen könnte, gering war - vornehmlich aus wirtschaftlichen Erwägungen, denn die Diadochen hatten gewaltige Kosten für ihre Heere aufzubringen. Ferner nötigte sie "das Fehlen jeglichen legitimen Machtanspruchs" (ROSTOVTZEFF 1955, S. 106) dazu, politisches Wohlverhalten von Verwaltungsbeamten, Untergebenen und auch den griechischen Städten mit riesigem Aufwand an Geschenken und Subsidien zu erkaufen. Da eine gleichmäßige, ordentliche Besteuerung fehlte, konnten diese Ausgaben nur durch Kriegskontributionen, die von den noch liquiden Griechenstädten zu zahlen waren, bestritten werden. Auf diese Weise wurden die Städte dazu herangezogen, die Geschenke, die sie vom König erhielten, indirekt selbst zu finanzieren. Die Abgaben wurden meistens in Form von Geld bezahlt, wobei zwischen regelmäßigen Tributen, Krongaben und unregelmäßigen Kontributionen zu unterscheiden ist; teilweise wurden die Zahlungen auch durch die Gestellung von Hilfstruppen oder Schiffen beglichen (vgl. SIMPSON 1959, S. 407). Außerdem fungierte die Polis als Rekrutierungsreservoir für die gelernten Handwerker und die "riesige Schar griechischsprechender und schreibkundiger Verwaltungsbeamter" (PEKARY 1976, S. 54), die die bestehende technische Perfektion der Verwaltung auf ihrem hohen Niveau hielten (vgl. EHRENBERG 1974, S. 80).

Die Loyalität der Polis dem Monarchen gegenüber war der Preis für die Garantie der innerstädtischen Freiheit und den militärischen Schutz, den dieser gewährte (vgl. EHRENBERG 1965b, S. 233); jedoch herrschte über die verschiedenen Stufen mehr oder weniger großer Abhängigkeit hinweg überall der gleiche Typus der nur peripher selbständigen Polis vor (vgl. HEUSS 1938, S. 147). Die Polis hatte formal immer noch die gleiche staatsrechtliche Position wie die eines antiken Stadtstaates. Sie behielt im Allgemeinen ihre Polisverfassung mit Volksversammlung, Rat, Jahresbeamten und Gerichtshöfen. Sichtbarer Ausdruck der Unterordnung der Polis waren aber der königliche Epistates und die königlichen Garnisonen, die jedoch nicht in jedem Falle existierten (vgl. KREISSIG 1974, S. 1.078). Die Abhängigkeit der Polis vom Monarchen kam darin zum Ausdruck, daß die Verwaltungsorgane der Stadt in der Regel unverzüglich den Wünschen oder Befehlen des Königs nachkamen. Dies geschah aber so, daß ihre Beschlüsse formal nicht wesentlich anders aussahen als in früherer Zeit.

Bei den königlichen Dekreten, in denen den Städten die "Wünsche", d.h. Befehle, des Herrschers kundgetan wurden, handelte es sich nicht um Weisungen - so wie es oberflächlich betrachtet erscheinen mag - "sondern um Verfügungen, die der König aus eigenem Recht trifft, vermöge seiner überlegenen königlichen Gewalt und als Inhaber einer territorialen Hoheit, die sich auf die hellenistischen Städte erstreckt" (KAERST 1968, S. 350). Nur scheinbar bedeutete die Autonomie, die die Städte besaßen und die die Grundlage ihrer Gesetzgebung und die Norm des öffentlichen Lebens darstellte - einerlei ob selbständig erlangt oder gewährt -, einen Widerspruch zur Abhängigkeit, in der sich die Polis gegenüber der Gewalt der Monarchie befand. Denn gerade durch das gegebene Verhältnis der Polis zum Monarchen, das dadurch bestimmt war, daß dieser das Eigenleben der Polis überhaupt erst ermöglichte und oft sogar noch garantierte, bot sich dem Herrscher die Möglichkeit, die neue königliche Gewalt als Rechtsgewalt darzustellen, an die altvertrauten Formen des griechischen politischen Lebens anzuknüpfen und damit zu legitimieren.

Das Beziehungsgeflecht Polis - Monarch war höchst kompliziert. Einerseits war der Herrscher zwar auf die Städte angewiesen, andererseits mußten die Poleis jedoch bestrebt sein, sich des Wohlwollens des Monarchen, der ihnen eleuthria und autonomia gewährte, ständig zu versichern. Sie taten dies in Form von Ehrenbezeugungen - Tempel, Statuen, Feste - und Geschenken. Besonders beliebt als Geschenke waren Goldkränze, die jedoch zumeist in Geld geleistet wurden und im Grunde nichts anderes als versteckte Tributzahlungen waren (vgl. PEKARY 1976, S. 54).

Bei der Betrachtung des Verhältnisses Stadt-Herrscher darf jedoch ein anderer Aspekt nicht übersehen werden. Der König befand sich gegenüber der Stadt immer in der Position desjenigen, der die Interessen und die Macht eines territorialen Gebildes vertrat, dem auch die Polis, wenn auch teilweise nur als Bundesgenosse, eingefügt war und aus dessen Existenz die königliche Gewalt als Herrschaftsmittel erst in vollem Maße entstand. Das Gesamtreich erhob sich als höhere Instanz über den einzelnen Städten, so wie über ihren unschöpferischen und unselbständigen Bürgerschaften das herrschende Individuum stand (vgl. KAERST 1968, S. 351). Das territoriale Element der Reichsbildung einerseits und die griechische Polis andererseits bildeten zwei unterschiedliche politische Faktoren, die sich zu Beginn der neuen Reichsbildungen nicht gegenseitig ausschlossen, sondern ergänzten und einander bedurften.

Das Verhältnis Monarch - Polis war mithin interdependent: "Die monarchische Staatsgewalt will das fertigbringen, was bis dahin noch nie in der griechischen Geschichte versucht und erreicht worden war, sie schickt sich an, den die Existenzgrundlage des griechischen Stadtstaates formulierenden Satz, daß das Bestehen der einen Machtgruppe das Sein der anderen ausschließt, für ungültig zu erklären" (HEUSS 1938, S. 139).

4. Die Städtepolitik des Antigonos Monophtalmos

Das "Hegemonialstreben kennzeichnet ... das Vorgehen des Antigonos, der die griechischen Städte mit seinem Aufruf zu Freiheit und Autonomie ... an sich ... zu binden versuchte" (BRAUNERT 1964, S. 88). Im Jahre 315 v. Chr. verkündete Antigonos Monophtalmos in Tyros die Freiheit der Griechenstädte. Diese Proklamation stellte von da an die Grundlage dar, auf der sich sein Verhältnis zu den Poleis entwickelte. Es ist bemerkenswert, daß Antigonos den Beschluß, daß alle griechischen Städte frei, ohne Besatzung und autonom sein sollten, durch den ihm zur Verfügung stehenden Teil der makedonischen Phalanx erst fassen ließ, nachdem er seinen Gegenspieler Kassandros zum Reichsfeind erklärt und sich selbst zum Reichsverweser des Alexanderreiches erklärt hatte. Außerdem ist interessant, daß Antigonos noch drei Jahre zuvor die Versuche von Kassandros, die Unabhängigkeit der Athener zu brechen, verteidigt hatte (vgl. WEHRLI 1968, S. 110).

Die Freiheit der griechischen Städte rückte somit auf zu einem Instrument der Machtpolitik. Von Antigonos Monophtalmos an wurden Freiheit und Autonomie der griechischen Staaten ein Mittel im Kampfe der Könige untereinander (vgl. EHRENBERG 1965a, S. 171).

Der Gegensatz zwischen Antigonos und Kassandros und dessen Verbündeten bestand bis 315 im Wesentlichen in Fragen der äußeren Politik, d.h. der Machtpolitik. In ihrer Innenpolitik, also in ihrem Verhalten den Städten gegenüber, waren die Unterschiede nicht sehr groß. Die Proklamation der Freiheit der griechischen Städte durch Antigonos hatte für ihn durchaus einen realen machtpolitischen Hintergrund. Er wollte dadurch die in den griechischen Städten existierenden Dynastien und oligarchischen Parteien vernichten und diese durch demokratische Organe ersetzen, um so die Herrschaft des Kassandros, die auf diesen Oligarchien basierte, zu zerstören (vgl. WEHRLI 1968, S. 129).

Selbst die dem Antigonos günstig gesonnene Quelle - die Aufzeichnungen des Hieroniymos von Kardia in der Überlieferung Diodors - fügt hinzu, er habe erwartet, die Griechen dadurch, daß er ihnen Hoffnung auf Freiheit machte, zu freiwilligen Bundesgenossen im bevorstehenden Krieg zu gewinnen (vgl. BRAUNERT 1964, S. 86). Antigonos befand sich um 315 in einer isolierten Situation. Was blieb ihm in dieser Lage anderes übrig, als sich seine Bundesgenossen dort zu suchen, wo immer er sie finden konnte, und deshalb der Stadt sich nicht als Herr, sondern auf der Grundlage einer gleichrangigen Handlungs- und gegebenenfalls Bündnisgemeinschaft zu nähern (vgl. HEUSS 1938, S. 147). Die griechischen Städte sollten nicht länger mehr als bloße Untertanen angesehen werden, sondern "zu selbständiger Parteinahme ... aufgerufen und damit wieder zu einem eigenen politischen Faktor gemacht" (HEUSS 1938, S. 142) werden. Die Poleis in Kleinasien und diejenigen auf den Kykladen, die sich zu freien Bünden zusammenschlossen, behandelte Antigonos tatsächlich als Verbündete. Auch weiß man von ihm, daß er zumindest in den ersten Jahren sehr zurückhaltend mit der Einforderung von Tributen war (ORTH 1977, S. 26). In späterer Zeit jedoch scheint Antigonos den griechischen Städten seines Machtgebietes Abgaben auferlegt zu haben. Die anfängliche Zurückhaltung bei Tributforderungen ist wahrscheinlich auf taktische Erwägungen zurückzuführen. Es ist zu vermuten, daß er sich als ein Freund freier Städte erweisen wollte und daß seine Beziehungen zu den Städten im Sinne eines Bundesverhältnisses aufgefaßt werden sollten.

Kassandros, mit dem Antigonos sich auf dem griechischen Kriegsschauplatz auseinanderzusetzen hatte, versuchte nicht, sich den Städten auf einer gemeinsamen Basis als Bundesgenosse zu widmen, sondern "bei ihm gab es nur strikten Gehorsam, zu dem man sich entweder unter äußerem Zwang oder freiwillig zu verstehen hatte" (HEUSS 1938, S. 146).

Die Handlungsweise des Antigonos, seine Beziehungen zu den Städten auf eine neue Grundlage zu stellen, d.h. Bundesverträge mit den Städten abzuschließen, in denen ihnen ausdrücklich die Autonomie gewährt wurde, muß im Hinblick auf ein langfristiges Ziel - die Übernahme der Macht im Gesamtreich - verstanden werden. "The Greek cities were free allies of Antigonos, but he tried to co-ordinate their activity in support of his strategy" (SIMPSON 1959, S. 407). Deshalb ist es nicht verwunderlich, daß Antigonos' Gegenspieler Ptolemaios später ebenfalls Freiheitspolitik gegenüber den Städten zu betreiben versuchte. Ptolemaios wollte "Antigonos nicht allein den Gewinn aus einer Tätigkeit ziehen lassen, die a priori jedem zum Gebrauch offenstand" (HEUSS 1938, S. 150). Die anderen Diadochen versuchten ebenfalls, zumindest zeitweise, Autonomiepolitik zu praktizieren. Es bleibt jedoch der Eindruck, daß Antigonos in der Autonomiepolitik allen seinen Rivalen gegenüber nicht nur die zeitliche, sondern auch die sachliche Priorität besaß.

Die übrigen Machthaber sahen in der Errichtung einer Hegemonie über die griechischen Städte durch Antigonos eine wachsende Bedrohung ihrer eigenen Machtposition und schlossen sich deshalb zu einer Koalition zusammen. Es kam zu kriegerischen Auseinandersetzungen, die im Frieden von 311 ihr vorläufiges Ende fanden. Die Autonomie für die griechischen Städte wurde in diesem Frieden ausdrücklich betont, jedoch wurde Antigonos nicht als Reichsverweser anerkannt. Da seine Politik gegenüber den griechischen Städten aufs Engste mit diesem Anspsruch verknüpft war, hatte er sich also Abstriche von seinem politischen Konzept gefallen lassen müssen. Die griechischen Städte, denen Freiheit und Autonomie garantiert worden waren, sollten diesen Passus des Friedensvertrages selbst beschwören. Auf diese Weise wurde eine Friedensgemeinschaft ins Leben gerufen. Von entscheidender Bedeutung für diese Betrachtung ist jedoch, daß nun nicht länger Antigonos alleine als der Garant dieser Ordnung angesehen werden kann, sondern vielmehr nach dem Vertragsabschluß alle Diadochen als Garanten auftraten.

Mit wie volltönenden Worten Antigonos selbst den Friedensschluß von 311 den Griechen mitteilte, ist aus dem Brief an Skepsis in der Troas bekannt (vgl. MEYER 1925, S. 22). Dieser Brief ist, zusammen mit einem daraufhin erfolgten Volksbeschluß, in einer Inschrift aus Skepsis erhalten geblieben. Antigonos wollte mit diesem Schreiben, in dem über den Gang der Verhandlugnen, die schließlich zum Friedensabschluß führten, berichtet wird, Skepsis über sein besonderes Interesse an den griechischen Städten informieren. Jede griechische Stadt erhielt wahrscheinlich ihre Abschrift dieses Briefes. In den Schilderungen des Verhandlungsverlaufes wird stets das Interesse des Antigonos an den griechischen Städten und deren Angelegenheiten betont. Eine gewisse sachliche Berechtigung im Hinbick auf die tatsächliche Politik des Antigonos ist diesen Erläuterungen nicht abzusprechen. Der Inhalt des Briefes und die damaligen politischen Konstellationen legen folgende Einschätzung nahe: Die Urkunde von Skepsis zeigt, daß die Städtepolitik eine zentrale Stellung im Rahmen der Politik des Antigonos einnahm und daß sie mehr war als ein aus augenblicklichen Zweckmäßigkeitserwägungen aufgegriffenes politisches Vehikel. Ein Indiz hierfür ist die Tatsache, daß die Einbeziehung der Autonomie der Städte, die nicht am Abkommen beteiligt waren, in den Text der Vereinbarung ihre Stellung in bedeutsamer Weise völkerrechtlich aufwertete (vgl. HEUSS 1938, S. 154 ff.).

4.1 Städtegründungen

Alle Diadochen, die zeitweilig oder dauernd zu einer Konsolidierung ihrer werdenden Reiche gelangten, haben neue Griechenstädte gegründet oder alte zu Großstädten ausgebaut. Von Antigonos wurden jedoch nur wenige Städte gegründet, die allerdings bezeichnenderweise an den gefährdeten Stellen an der Peripherie seines Reiches lagen. In Kleinasien, insbesondere am Hellespont und am Marmarameer (Propontes) gründete Antigonos z.B. folgende Städte: Antigoneia-Troas, Nikaia (zuvor Antigoneia am Askanischen See genannt) (vgl. MEYER 1905, S. 20 ff.), Antigoneia bei Kyzikos und Antigoneia am Daskylion (vgl. TSCHERNIKOVER 1927, S. 156).

Die Auseinandersetzungen zwischen Antigonos und Lysimachos mögen den Ersteren dazu veranlaßt haben, die Grenzen seines Reiches durch Stadtgründungen zu schützen. Welche Gründungen hier zuerst stattgefunden haben, beziehungsweise wer von den beiden Herrschern hier die aktivere Rolle gespielt hat, ist in der Forschung umstritten.

So vertrat KÖHLER die Auffassung, daß die Gründungen von Antigonos in militärischer Hinsicht eine defensive Bestimmung gehabt hätten und erst nach der bereits vollzogenen Gründung von Lysimacheia entstanden seien. DROYSEN dagegen sah in der Gründung von Antigonei-Troas im Jahre 313 die Absicht des Antigonos, einen Ausgangspunkt für seine Offensive gegen Lysimachos zu besitzen (vgl. KÖHLER 1898, S. 843).

Dagegen spricht allerdings, daß Antigoneia-Troas aus mehreren kleinen Küstenorten zuzüglich Neandria, Kebren und Skepsis entstanden ist (vgl. TSCHERNIKOVER 1927, S. 158). Der Brief des Antigonos an Skepsis aus dem Jahre 311 beweist aber, daß Skepsis zu dieser Zeit noch selbständig gewesen sein muß - die Gründung von Antigoneia-Troas mithin noch nicht vollzogen gewesen sein konnte. Weder die genauen Daten, noch die Reihenfolge der Gründungen sind hier das eigentlich Interessante, sondern vielmehr der Umstand, daß es sich jeweils um Städtegründungen aus strategischen Gründen handelte.

Ein weiteres Beispiel für die Gründung einer Stadt durch Antigonos aus strategischen Erwägungen war die Gründung von Antigoneia am Orontes im Jahre 306, an deren Ausbau Antigonos persönlich beteiligt war. Der Standort der neuen Hauptstadt war sowohl in wirtschaftlicher und als Straßenknotenpunkt auch in verkehrstechnischer Hinsicht, als auch unter militärstrategischer Perspektive - die Stadt sollte als Ausgangspunkt für einen beabsichtigten Krieg gegen Ägypten dienen - gut gewählt (vgl. TSCHERNIKOVER 1927, S. 158).

4.2 Synoikismos

Bei den Städtegründungen wandte Antigonos oftmals die Methode des Synoikismos an, so z.B. in Antigoneia-Troas. Bekannt sind außerdem noch die unvollendet gebliebenen Synoikismen von Smyrna und Teos.

Unter Synoikismos ist die "politische und zum Teil auch städtebauliche Verschmelzung griechischer Gemeinden, daneben die Anlage einer Stadt als Zentrum eines bisher dörflichen Distrikts" (KAHRSTEDT 1932, Sp. 1.435) zu verstehen. Der Synoikismos beinhaltete sowohl eine verwaltungstechnische, wie auch eine religiöse Einigung. Wenn mehrere Gemeinden in einer schon bestehenden Stadt politisch aufgingen, so war dies in erster Linie ein politisch-rechtlicher Vorgang, eine Sympoliteia, und hatte nur eine gewisse, langsame Bevölkerungsabgabe an die "Hauptstadt" zur Folge (vgl. EHRENBERG 1965, S. 20).

Die hellenistischen Herrscher, so auch Antigonos, veranlaßten den Synoikismos zumeist aus wirtschaftlichen und sicherheitspolitischen Erwägungen (vgl. WELLES 1966, S. 25). Kleinere Städte mit einem unzureichenden Territorium und einer geringen Bevölkerungszahl waren oft genötigt, um den materiellen Wohlstand und die Versorgung der Bürger zu gewährleisten, Schulden aufzunehmen, die sie dann zumeist nicht zurückzahlen konnten. Desweiteren wurden, um die Versorgung sicherzustellen, häufig Besitzansprüche auf Land angemeldet, das Nachbarstädten gehörte, so daß es zu Prozessen oder gar kriegerischen Auseinandersetzungen kam, in deren Verlauf der König um Hilfe oder einen Schiedsspruch gebeten wurde (vgl. ROSTOVTZEFF, S. 121 f.).

Antigonos und den übrigen Herrschern war am wirtschaftlichen Wohlergehen der Städte sehr gelegen, denn die Monarchen bedurften vermögender Städte, um von diesen die regelmäßigen Tributzahlungen einzuziehen und um in ihnen die auf den königlichen Domänen erwirtschafteten Überschüsse absetzen zu können. Außerdem kam eine wohlhabende Stadt nicht so leicht in Versuchung, sich eine andere Schutzmacht zu suchen. Zudem bot der Synoikismos dem König die Gelegenheit, rechtmäßig in die Angelegenheiten der neu konstituierten Stadt einzugreifen. Ein weiterer Aspekt war, daß, je weniger Tradition eine Polis besaß, desto leichter es sein mochte, sie gefügig und abhängig zu machen. Das war ein Grund zu anderen, der Könige veranlaßte, durch Synoikismos alter Siedlungen (vgl. bes. WELLES 1966, S. 3-4) durch Sympolite oder durch willkürliche Verpflanzung der Bewohner neue Städte zu schaffen (vgl. EHRENBERG 1965a, S. 238).

Den Hauptgrund für die oben angeführten Schwierigkeiten der Städte sahen die Herrscher in ihrer großen Anzahl und geringen Größe. Antigonos hielt deshalb den Synoikismos für das geeignete Mittel, die wirtschaftlichen Probleme zu beseitigen. Da der Versuch, die Städte von einer Vereinigung aus eigenem Willen und eigener Entscheidung zu überzeugen meistens scheiterte, wurde der Synoikismos dann auf Grund königlicher Zwangsmaßnahmen ausgeführt (vgl. ROSTOVTZEFF 1955, S. 122).

5. Die Inschriften über den Synoikismos von Teos und Lebedos

Bei dem Erlaß des Königs Antigonos über den Synoikismos von Teos und Lebedos handelt es sich um Bestimmungen über die Durchführung dieses Synoikismos. Ihr Stellenwert wurde in der Forschung unterschiedlich eingeschätzt.

KÖHLER war 1898 nicht der Auffassung, daß Antigonos den beiden beteiligten Städten aus mehr oder weniger selbstsüchtigen Motiven den Synoikismos auferlegt hat. Er gelangte vielmehr zu der Überzeugung, daß "... Gesandte der Teier und der Lebedier gleichzeitig bei Antigonos gewesen seien, um wegen der Modalitäten des Synoikismos zu verhandeln; in Fällen, in denen die beiderseitigen Gesandten nicht eines Sinnes waren, hat Antigonos dann den Ausschlag gegeben ... Nach alledem muß man urtheilen, daß Antigonos von den beiden Städten mit der Angelegenheit befaßt worden ist" (KÖHLER 1898, S. 839). Dieser Einschätzung widersprach KAERST: "Daß der Synoikismos von Antigonos den Städten auferlegt worden ist, läßt sich ... mit Wahrscheinlichkeit aus dem allgemeinen Charakter der damaligen Politik ... schließen". Er gelangte zu der Ansicht, daß der König die Verfügung des Synoikismos aus "eigenem Recht" traf, und zwar auf Grund seiner überlegenen königlichen Gewalt und als Inhaber der territorialen Hoheit, die sich auch auf die hellenischen Städte erstreckte. Für ihn war "die schiedsrichterliche Gewalt gegenüber den Städten ... vielmehr ein Ausfluß der königlichen Gewalt als solcher" (KAERST 1968, S. 353). Diese Ausführungen stützte WILHELM: "Die öffentliche Aufzeichnung der Schreiben des Königs in Teos beweist allerdings, daß der Synoikismos von ihm verfügt und von den beteiligten Gemeinden beschlossen war ..." (WILHELM 1934, S. 283).

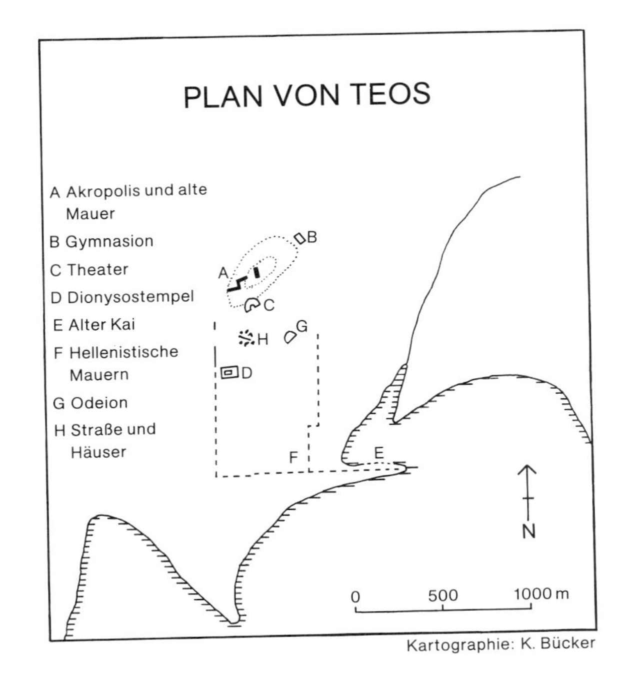

Kartographie: K. Bücker

Jedoch scheinen KAERSTs Auffassungen und KÖHLERs Feststellungen nicht unvereinbar miteinander zu sein, denn KÖHLER selbst schränkte seine Darlegung insofern etwas ein, als er bemerkte, daß die erste Anregung von Antigonos ausgegangen sein soll, dem es an Mitteln und Wegen, seine Absichten gegenüber den Stadtgemeinden durchzusetzen, nicht gefehlt habe (vgl. KÖHLER 1898, S. 839).

In der Forschung ist mithin umstritten, ob Antigonos von sich aus den Synoikismos von Teos und Lebedos befohlen hat, oder ob die Initiative von den beiden Städten selbst ausging und Antigonos lediglich auf ihren Anruf hin eingriff. Der Wert dieser Inschrift über den Synoikismos besteht aber auf jeden Fall darin, daß sie einen Einblick gewährt in die Methode, welche ein hellenistischer Herrscher anwandte, um sich in den Prozeß derartiger gegenseitiger Abmachungen einzuschalten (vgl. HEUSS 1937, S. 103). Außerdem gibt die Inschrift Auskünfte über die wirtschaftlichen Verhältnisse einer hellenischen Stadt in Kleinasien und das ausgebildete Steuerweesn jener Zeit (vgl. WILHELM 1934, S. 282).

Die Schreiben von Antigonos an die Stadtgemeinde Teos sind dort auf einer Steinplatte gefunden worden. Deren Längsseite ist ebenso wie die obere Querseite beschädigt, so daß die Inschrift nicht ohne weiteres lesbar ist. Die Inschrift ist bei WELLES in der Ausgabe von 1966, auf die sich die Übersetzung gründet (WELLES 1966, S. 20-25), 1934 in englischer Übersetzung erschienen. Die wesentlichen Teile der Briefe sollen an dieser Stelle hervorgehoben werden.

Wahrscheinlich fehlt am Anfang der Inschrift nicht sehr viel, denn § 1 behandelt religiöse Angelegenheiten und "undoubtedly religious topics would have been considered first" (WELLES 1966, S. 26). Einer der wichtigsten Paragraphen ist § 2. In ihm wird die Frage der Unterbringung der Lebedier in Teos - dorthin soll der Synoikismos vollzogen werden - behandelt. Antigonos gibt hier mehrere Bestimmungen, je nachdem, ob die Stadt Teos in ihrer alten Form bestehen bleibt oder neu gebaut wird. Für ihn kommen drei Möglichkeiten in Betracht: Die erste ist, daß die Lebedier den dritten Teil der vorhandenen Häuser der Teier erhalten, allerdings unter der Voraussetzung, daß die Stadt erhalten bleibt; die zweite Möglichkeit besteht darin, daß, falls die Stadt abgerissen werden muß, vorerst die Hälfte der Häuser stehenbleibt und die Lebedier ein Drittel dieser Häuser zugesprochen bekommen. Falls jedoch, drittens, nur ein gewisser Teil der Stadt niedergerissen wird, so sollen die Lebedier wiederum ein Drittel der übriggebliebenen Häuser erhalten. Aus der Tatsache, daß Antigonos gleich mehrere Möglichkeiten vorgibt, kann man schließen, daß, vorausgesetzt es ist ein Erdbeben vorausgegangen, das Ausmaß der Zerstörungen noch nicht festgestellt gewesen ist, als Antigonos den Brief an Teos richtete.

In § 3 wird gesagt, daß den Lebediern ein Friedhof zugewiesen werden soll. § 4 stellt klar, daß nach dem vollzogenen Synoikismos die neue Stadtgemeinde Teos Rechtsnachfolger für Lebedos sein soll, und § 5 besagt, daß die in Lebedos beschlossenen Ehrendekrete auch weiterhin in der Gesamtgemeinde gelten sollen. Eine Einigung über die gegenseitigen Schulden wird in § 6 verlangt und gleichzeitig wird, für den Fall, daß man sich nicht einigen kann, eine dritte Stadt als Schiedsinstanz benannt, nämlich Mytilene, deren Wahl beide Seiten zugestimmt haben. Ferner sollen gemäß § 7 die Schulden innerhalb eines Jahres eingereicht und darüber entschieden werden.

Die Gesetzgebung der Gesamtstadt soll von drei - nicht jünger als vierzigjährigen - Nomographen innerhalb eines Jahres erarbeitet werden. Antigonos behält sich jedoch die Prüfung auch der in gegenseitiger Übereinstimmung beschlossenen Gesetze vor. Man einigt sich darauf, in der Zwischenzeit die Gesetze einer fremden Stadt, nämlich Kos, zu benutzen. Dies wurde für notwendig erachtet, nachdem Antigonos sich auf den Standpunkt von Lebedos gestellt hatte, Gesetze aus einer anderen Stadt zu holen, obwohl Teos für seine bisherigen Gesetze plädiert hatte.

In § 9 werden Bestimmungen erlassen, denen zufolge die Lebedier für drei Jahre von liturgischen Leistungen freigestellt werden. Der darauffolgende § 10 befaßt sich mit einem von den Lebediern gestellten Antrag, der die Getreideversorgung betriff. Obwohl dieser Antrag eigentlich den Interessen und der bisherigen Politik des Antigonos auf diesem Feld entgegensteht, gibt Antigonos diesem Antrag statt und ordnet an, daß "... the grain supply be established as the Lebedian envoys said ..." (WELLES 1966, S. 23). In § 11 werden Verordnungen zur Reglementierung des Getreidehandels, insbesondere die Besteuerung der Ausfuhr aus dem neuen Stadtgebiet, erlassen.

Im letzten Paragraphen, § 12, berücksichtigt der König die Bitte der Teier und der Lebedier, drei Männer aus jeder Stadt zu benennen, um die weiteren Rahmenrichtlinien des Synoikismos auszuarbeiten. Antigonos ordnet die Bezeichnung dieser Männer innerhalb von 30 Tagen an und verfügt ferner, daß die Punkte, in denen noch Meinungsverschiedenheiten herrschen, ihm zur Entscheidung vorgetragen werden.

Der zweite Brief von Antigonos an Teos steht in unmittelbarem Zusammenhang mit dem ersten. Er diente dazu, unverzüglich die Probleme zu lösen, die einer schnellen Durchführung des Synoikismos im Wege standen. Die Einwohner von Teos waren wegen der Bezahlung der Häuser der Lebedier in Bedrängnis geraten. Da die Stadt Teos über keine anderen als die steuerlichen Einnahmen verfügte, setzt Antigonos fest, daß die 600 reichsten Einwohner der Stadt ihre Grundsteuern als Vorauszahlung leisten sollten und von diesem Geld den Lebediern ein Viertel der ihnen zustehenden Summe sofort bezahlt werden solle. Nach einem weiteren Jahr solle dann mit der Rückzahlung begonnen werden.

Weiterhin werden Anweisungen gegeben, die die Beschaffung der Gesetze aus Kos innerhalb der im ersten Brief gesetzten Frist betreffen, und es wird entschieden, daß der Wert der in Lebedos verlassenen Häuser von Taxatoren aus Kos festgelegt werden soll. Ferner sollen die Häuser, die den Lebediern für einen befristeten Zeitraum überlassen werden, innerhalb von 15 Tagen nach der Verlesung dieses Antwortschreibens benannt werden. Diejenigen, deren Aufgabe es ist, die Häuser den Lebediern zuzuweisen, sollen auf der nächsten Versammlung gewählt werden.

5.1 Begleitumstände

Die ökonomischen Verhältnisse in Teos zu Ausgang des vierten Jahrhunderts stellten sich folgendermaßen dar: "Der Eindruck, ... ist wieder der einer kleinen Gemeinde wohlhabender Bourgeois, die ihr Haupteinkommen aus der intensiven Bestellung ihres Landes und in zweiter Linie aus einigen industriellen Unternehmungen beziehen. Die Bürger leben ein beengtes Leben in ihrem Gebiet und verbrauchen in der Hauptsache ihre eigenen Erzeugnisse. Gelegentlich exportieren sie auch etwas davon, doch noch öfter, besonders bei Mißernten, herrscht dringender Bedarf an eingeführten Lebensmitteln" (ROSTOVTZEFF 1955, S. 138).

Der Zeitraum, in dem die Verhandlungen, die in den beiden königlichen Briefen beschrieben werden, stattfanden, kann auf die Zeit zwischen 306, als Antigonos den Königstitel annahm, und 302, als Kassanders General Prepelaos die Stadt Teos besetzte, eingegrenzt werden (vgl. WELLES 1966, S. 25). Dieser Zeitraum mag genauer spezifiziert werden, wenn man die Entscheidung über den Synoikismos der beiden Städte als Folge des Erdbebens, das Ionien im Jahre 304/303 verwüstete, ansieht (vgl. WILHELM 1934, S. 270).

Die Entwicklungen, die dem ersten Brief vorausgingen, sind nicht überliefert. Es ist denkbar, daß Antigonos den beiden Städten je einen Brief geschrieben und sie um Stellungnahme zu seiner Absicht der Durchführung des Synoikismos und Schikkung eines Gesandten gebeten hat. Die Ergebnisse dieser Erörterung wären dann im ersten Brief enthalten, denn nicht zufällig wird dieser zu Beginn als Antwortschreiben bezeichnet und darin häufig auf die Aussagen der Gesandten der Städte Teos und Lebedos Bezug genommen. Auf jeden Fall steht fest, daß auch mit dem zweiten Brief des Antigonos diese Angelegenheit noch nicht erledigt war. Allerdings galt als beschlossen, daß Lebedos aufgegeben werden sollte. Jedoch das weitere Schicksal der fortbestehenden Stadt Teos blieb ungeklärt. Denn die Frage, ob Teos an der gleichen Stelle belassen werden sollte oder aber an einen vorteilhafter gelegenen Ort im Westen der Halbinsel verlegt werden sollte, blieb offen.

Dieser Synoikismos muß im Rahmen der Politik des Antigonos gesehen werden. Das bedeutet, daß Antigonos diese Vereinigung aus Gründen der wirtschaftlichen Effizienz und zur leichteren Kontrollmöglichkeit der Städte (vgl. WELLES 1966, S. 25) beabsichtigte. Das ionische Erdbeben von 304/303 als unmittelbaren Anlaß für diese Aktion anzusehen, ist problematisch, denn es ist zu bedenken, daß uns diese Erdstöße nur durch ein Wort aus der Chronik von Paros bekannt sind und die Städte, die unter dem Beben zu leiden hatten, dort nicht vermerkt sind (vgl. WEHRLI 1968, S. 88). Außerdem wird in den in den Inschriften gegebenen Anweisungen von bestehenden Häusern berichtet.

Einen weiteren Aspekt brachte KAHRSTEDT in die Diskussion ein, indem er die Vermutung anstellte, Antigonos habe das zu planierende Gebiet von Lebedos, das zuvor entvölkert und dem neu entstandenen Teos entzogen worden war, für besondere Vorhaben nutzen wollen. Er dachte dabei an Soldatenansiedelungen aus strategischen Gründen (vgl. KAHRSTEDT 1932, Sp. 1.442 f.).

Der Synoikismos von Teos und Lebedos ist nicht - zumindest nicht in dem von Antigonos geplanten Ausmaß - zur Ausführung gelangt. Aus einer Nachricht über den Synoikismos von Ephesos geht hervor, daß Lebedos im Jahre 302, als Teos von Prepelaos, einem General des Lysimachos, besetzt wurde, noch bestand (vgl. WILHELM 1934, S. 284). Antigonos hatte also nicht genügend Zeit, den begonnenen Synoikismos zu Ende zu führen; sonst hätte es wahrscheinlich ein weiteres Antigoneia gegeben (vgl. TSCHERNILOVER 1927, S. 157).

5.2 Die Wirkung der Herrscherentscheidung

Besondere Beachtung verdienen die in diesen Inschriften dargelegten Ausführungen des Antigonos zur neuen Gesetzgebung der Stadt, die Rückschlüsse auf seine Rechtspolitik zulassen. Aus ihnen wird deutlich, daß "die Verfügung des Königs ..., neben die Gesetze der Gemeinden als eine ihre Lücken und Unklarheiten durch authentische Auslegung oder neue Bestimmungen beseitigende selbständige Instanz, die eben dadurch der städtischen Legislatur gegenüber sich als die höhere Instanz erweist" (KAERST 1968, S. 353), tritt. Die mit dem Synoikismos verbundene und von Antigonos verordnete Neugestaltung erlaubte es Antigonos, sich aktiv in die inneren Angelegenheiten einer demokratischen Stadt einzumischen.

Der Synoikismos von Teos und Lebedos war in schärfster Form vorgesehen, denn die beiden Gemeinden sollten "nicht nur politisch vereinigt werden unter Verschmelzung der Kassen, der Schulden, der auswärtigen Vertretung ..., unter Schaffung eines gemeinsamen Rechtsbundes, sondern die gesamte Bevölkerung von Lebedos sollte übersiedeln ..." (KAERST 1893, Sp. 1.442) nach Teos und dort vorübergehend bis zum Bau eigener Häuser eingemietet werden, während Lebedos planiert werden sollte. In seinem Brief läßt Antigonos den Teiern und Lebediern die Möglichkeit, weitere bisher nicht bedachte nützliche Maßnahmen vorzuschlagen. Hierbei handelt es sich allerdings wahrscheinlich lediglich um Maßnahmen von geringer Bedeutung, denen der König durchaus zustimmen konnte, wenn sich die Seiten einig waren. Aber selbst hier behält Antigonos sich das Entscheidungsrecht vor.

Dem Getreidehandel kam in der hellenistischen Zeit besondere Bedeutung zu; in Griechenland traten nämlich "... wiederholt sehr schwere, jahrlang andauernde Hungersnöte auf (in den Jahren ab 331 und ab 289), die die Schwäche der Agrarproduktion ... offen zutage treten ließ" (PEKARY 1976, S. 45). Dies mag der Grund für den Antrag der Lebedier - § 10 der Inschrift - auf Sicherstellung der Getreideversorgung gewesen sein, der Antigonos' Absichten zuwiderlief. Antigonos erhob den Anspruch, die Zufuhr von Getreide in die griechischen Städte ebenso wie die Speicherung größerer Getreidevorräte in den Städten der königlichen Gewalt vorzubehalten. Zwar werden in § 11 der Inschrift Teos und Lebedos als potentielle Getreideexporteure bezeichnet, aber es war zu erwarten, daß ihre bisherige Produktion absinken würde. Denn durch den Vorgang des Synoikismos war abzusehen, daß weniger Arbeitskräfte für die Feldbestellung auf Grund anderer Aufgaben - z.B. Hausbau und andere den Synoikismos betreffende Arbeiten - zur Verfügung stehen würden. Deshalb kann die Aufnahme dieser Bestimmung in den Brief durchaus als eine Erleichterung für die Zukunft angesehen werden, denn der durch den Synoikismos verursachte Mangel wird sicherlich nicht permanent gewesen sein. Für die Zukunft erschien eine Überproduktion durch Ausweitung des kultivierten Landes leicht denkbar, d.h. eine Intention des Synoikismos, die Prosperität der Stadt, wäre erreicht worden.

Der König war durch das Kronland der Eigner großer Ländereien und damit ein Getreidekaufmann ersten Ranges. Der Antrag der Lebedier "... to form a loanfund available for merchants who needed capital to finance the importation of grain" (WELLLES 1966, S. 29) mußte deshalb zwangsläufig seinen Interessen als Getreidehändler zuwiderlaufen. Antigonos gab dem Verlangen trotzdem statt, um die neue Stadt vor Drangsal zu bewahren. Er sah zwar in der Einfuhr fremden Getreides zu hohen Preisen die Gefahr der Verschuldung der Stadt (vgl. WEHRLI 1968, S. 89), beharrte aber nicht auf seinem Grundsatz, "... womit er sogar von einem Gebiet zugunsten der Stadt zurückweicht, auf dem er sonst selbstherrlich zu verfügen gewöhnt ist, nämlich auf dem der fiskalischen Belange" (HEUSS 1937, S. 104). Besteuerung und Mengenabgabe der Ausfuhr werden in der Inschrift als Auflagen für den zugelassenen Getreideexport bestimmt. Diese Maßnahmen sollen der Sicherstellung der städtischen Getreideversorgung dienen, um derentwillen Antigonos von seinen Plänen Abstand genommen hatte. "Ainsi, l'exportation du blé est contrôlée et, à tout moment, elle pourra être restreinte ou, même totalement suspendue" (WEHRLI 1968, S. 89). Antigonos' Politik war ständig bestrebt, den Absatz des auf dem Kronland erwirtschafteten Getreides sicherzustellen. Deshalb war er trotz seiner Autonomiepolitik gegenüber den Städten oftmals nicht geneigt, den Verbesserungsplänen der unter seiner Hegemonie stehenden Städte zuzustimmen (vgl. BRAUNERT 1964, S. 103).

Die in den Inschriften beschriebene Stellung der Lebedier in der neuen Gemeinde enthält eine Anzahl bedeutender Besonderheiten. Um den Neubürgern das Einleben in die Gemeinschaft zu erleichtern, und um auch im Geschäftsleben Chancengleichheit zu gewährleisten, werden sie für mehrere Jahre mit besonderen Begünstigungen bedacht und von einigen Verpflichtungen, die für die alteingesessenen Bürger gelten, ausgenommen. Zu den Vergünstigungen zählen z.B. die Steuerfreiheit auf Grund- und Viehbesitz, auf Verkaufserlöse, die Einfuhr von Rohstoffen und die Ausfuhr von Handelswaren. Diese privilegierte Behandlung hat andererseits fast keine Beeinträchtigung der Bürgerrechte der Lebedier zur Folge. Lediglich bei der Zulassung zu bestimmten Ämtern darf mit gewissen Beschränkungen gerechnet werden. Wenn dies auch nicht ausdrücklich in der Inschrift vermerkt ist, so läßt es sich doch aus einem Vergleich mit ähnlichen Urkunden aus dem Delphinion der Milesier schließen (vgl. WILHELM 1934, S. 271).

An dem in der Inschrift dargestellten Verhalten zeigt sich deutlich die oberherrliche Stellung, die das Königtum gegenüber den griechischen Städten beanspruchte.

Mit Beginn des Zeitalters des Hellenismus mußte die Polis der Monarchie in jeder Beziehung den Vorrang lassen. Die alte Polis war zwar weiterhin noch das Erscheinungsbild, aber die Städte gerieten zunehmend in ein Abhängigkeitsverhältnis zum Herrscher; ihre Autonomie bestand oft nicht mehr aus sich selbst heraus, sondern wurde ihnen lediglich gewährt. Außerdem sprengten manche Städte den vorgegebenen politischen Rahmen der alten Polisverfassung, indem sie sich zu militärischen oder ökonomischen Zentren entwickelten, die eine für alte Polisverhältnisse immens hohe Zahl freier Einwohner aufwiesen. Dadurch erlitten die Poleis Einbußen hinsichtlich ihrer Souveränität. Dem Herrscher wurde es so ermöglicht, durch Verfügungen und zum Teil auch durch besondere Organe in das städtische Leben einzugreifen, da sich ihm die Polis nicht mehr als eine geschlossene Rechtssphäre entgegenstellen konnte.

Unter den Herrschern der damaligen Zeit tat sich Antigonos Monophtalmos durch seine Politik gegenüber den Städten besonders hervor. Aus der Teos- und- Lebedos-Inschrift wird deutlich, wie eingehend sich Antigonos mit den Angelegenheiten der griechischen Städte beschäftigt hat. Er nutzte den ihm zur Verfügung stehenden Handlungsspielraum zu Herrscherentscheidungen, deren Raumwirksamkeit damals von großer Bedeutung war. Die auf uns gekommene und hier besprochene Inschrift über den Synoikismos von Teos und Lebedos ist ein Beispiel dafür.

6. Literatur

BENGTSON, H. (1937): Die Strategie in der hellenistischen Zeit. Bd. 1. München.

BENGTSON, H. (1960): Griechische Geschichte. Von den Anfängen bis in die römische Kaiserzeit. München.

BENGTSON, H. (1968): Wesenszüge der hellenistischen Zivilisation. Brüssel.

BENGTSON, H. (1975): Herrschergestalten des Hellenismus. München.

BERVE, H. (1926): Das Alexanderreich auf prosopographischer Grundlage. Bd. 2: Prosopographie. München.

BRAUNERT, H. (1964): Hegemoniale Bestrebungen der hellenistischen Großmächte in Politik und Wirtschaft. In: Historia 13, S. 80-104.

EHRENBERG, V. (1965a): Polis und Imperium. Beiträge zur Alten Geschichte. Zürich.

EHRENBERG, V. (1965b): Der Staat der Griechen. Zürich/Stuttgart.

EHRENBERG, V. (1974): Man, State and Deity. Essays in Ancient History. London.

HEUSS, A. (1937): Stadt und Herrscher des Hellenismus in ihren staats- und völkerrechtlichen Beziehungen. In: Klio, Beiheft 39.

HEUSS, A. (1938): Antigonos Monophtalmos und die griechischen Städte. In: Hermes 73, S. 133-194.

HÜNERWADEL, W. (1900): Forschungen zur Geschichte des König Lysimachos von Thrakien. Diss. Zürich.

KAERST, J. (1894): Antigonos Monophtalmos. In: Pauly's Real-Encyclopädie der classischen Altertumswissenschaften. Neue Bearbeitung, Bd. 1, Sp. 2.406-2.413. Stuttgart.

KAERST, J. (1968): Geschichte des Hellenismus. Bd. 2. Darmstadt.

KAHRSTEDT, U. (1932): Synoikismos. In: Pauly's Real-Encyclopädie der classischen Altertumswissenschaften. Neue Bearbeitung, Reihe 2, Bd. 4, Sp. 1.435-1.445. Stuttgart.

KÖHLER, U. (1898): Das asiatische Reich des Antigonos. In: Sitzungsberichte der königlich preussischen Akademie der Wissenschaften zu Berlin. S. 824-843. Berlin.

KÖHLER, U. (1898): Das asiatische Reich des Antigonos. In: Sitzungsberichte der königlich preussischen Akademie der Wissenschaften Berlin. S. 1.057-1.068. Berlin.

MEYER, E. (1905): Blüte und Niedergang des Hellenismus in Kleinasien. Berlin.

MEYER, E. (1925): Die Grenzen der hellenistischen Staaten in Kleinasien. Zürich/Leipzig.

NIESE, B. (1893): Geschichte der griechischen und makedonischen Staaten seit der Schlacht bei Chaironea. Bd. 1. Gotha.

ORTH, W. (1977): Königlicher Machtanspruch und städtische Freiheit. Untersuchungen zu den politischen Beziehungen zwischen den ersten Seleukidenherrschern (Seleukos I., Antiochos I., Antiochos II.) und den Städten des westlichen Kleinasien. München.

PEKARY, T. (1976): Die Wirtschaft der griechisch-römischen Antike. Wiesbaden.

ROSTOVTZEFF, M. (1955): Die Hellenistische Welt. Gesellschaft und Wirtschaft. Tübingen.

SIMPSON, R.H. (1959): Antigonos the One-Eyed and the Greek. In: Historia 8, S. 385-409.

TSCHERNIKOVER, V. (1927): Die hellenistischen Städtegründungen von Alexander d. Gr. bis auf die Römerzeit. In: Philologus Supplementband XIX, Heft I. Leipzig.

WEHRLI, C. (1968): Antigone et Demetrios. Diss. Genf.

WELLES, C. (1966): Royal Correspondance in the Hellenistic Period. A Study in Greek Epigraphy. Rome.

WELSKOPF, E.C. (Hrsg.) (1974): Hellenistische Poleis. Krise - Wandlung - Wirkung. Bd. 2 und Bd. 4. Darmstadt.

WILHELM, A. (1934): Zu einem Beschlusse der Teier über die Aufnahme von Neubürgern. In: Klio 27, S. 270-285.

Anschrift des Verfassers:

Dr. Klaus Tiborski
Westfälische Wilhelms-Universität
Institut für Geographie
Robert-Koch-Straße 26
D - 4400 Münster

Aus:

Ekkehart Köhler und Norbert Wein (Hrsg.):

NATUR- UND KULTURRÄUME.
Ludwig Hempel zum 65. Geburtstag.

Paderborn: Ferdinand Schöningh 1987.
= Münstersche Geographische Arbeiten 27.

Cay Lienau

150 Jahre Athen Hauptstadt des neuen Griechenland

Von der Landstadt zur Metropole

1. Einleitung

Als am Weihnachtsabend 1809 Lord Byron mit seinen Begleitern den Paß von Phyli, der in die Ebene von Athen führt, überschritt, rief einer seiner griechischen Führer aus: "Herr, Herr, dort liegt das Dorf" (s. de JONGH 1980, S. 16), womit Athen gemeint war, jenes damals etwa 8.000 Einwohner zählende Landstädtchen, das 150 Jahre später zu einer mehrere Millionen Einwohner zählenden Metropole herangewachsen sein sollte. Es mag damals den Ankömmlingen einen Anblick geboten haben, wie ihn der englische Maler DODWELL (s. DODWELL 1986, S. 40 f.) vom Fuß des Lykabettos aus (von DODWELL wie anderen Zeitgenossen irrtümlich als Anchesmos bezeichnet) im Aquarell festhielt: An den nördlichen Fuß der alles überragenden Akropolis lagert sich die kleine, von einer Mauer umgebene Stadt, aus deren Häusergewirr nur die Minaretts der Moscheen herausragen. Im Hintergrund sieht man in der klaren, durchsichtigen Luft, die das Aquarell vermittelt, das Meer. Von den Bauten der Akropolis abgesehen, lassen sich in der Stadt nur wenige markante Bauwerke erkennen.

Die die Stadt umgebende, etwa 3 m hohe und 60 cm tiefe Mauer ließ innerhalb ihres Ringes noch große Freiräume. Man hatte die Mauer um 1780 zum Schutze gegen ständige Überfälle albanischer Seeräuber (so DODWELL in der Beschreibung zum Bild des Athener Stadttores; s. 1986, S. 36) innerhalb von wenigen Monaten errichtet und viele Bruchstücke antiker Bauwerke, Plastiken usf. (Spolien) hineingebaut. Die Akropolis diente als türkische Festung. Die Propyläen waren, nachdem die Florentiner Herzöge (1387-1456) sie in einen Palast umgewandelt hatten, Teil der Bastion geworden, in deren Mauern man auch den später von ROSS, SCHAUBERT und HANSEN als erste archäologische Großtat wieder zusammengesetzten Niketempel verbaut hatte.

Das Erechtheion mit seiner berühmten Korenhalle, deren Karyatiden gerade noch aus dem Schutt der Jahrhunderte herausragten (s. DODWELL 1986, S. 2)- eine Karyatide hatte Lord Elgin 1801 nach London verschleppt -, diente als Harem, und in das Loch, das die Kanonade während der Belagerung der Akropolis durch Morosini 1687 in den Parthenon gerissen hatte - man hatte das darin untergebrachte Pulvermagazin getroffen - war eine türkische Moschee hineingebaut. Bei dieser Kanonade war vermutlich auch der schon erwähnte Niketempel zerstört worden. Zwischen den hehren Ruinen der Antike tat sich ein Gewirr von Häusern und Gäßchen auf (vgl. Photo 1).

Zentrum der sich am Fuße der Akropolis ausbreitenden Stadt bildete der Basar (Photos 3 u. 4). Hier trafen sich nicht nur die Bürger der Stadt, sondern auch die Menschen aus den umliegenden Dörfern. DODWELL schildert zu seinem Aquarell des Basars (1986, S. 34 f.) sehr anschaulich das völkische und soziale Gemisch, das er dort antraf: Türken, Griechen und Albaner, die den größten Teil Attikas und der Inseln im Saronischen Golf besiedelten, Christen und Mohammedaner, Männer im grünen Gewand der Mekkapilger und Frauen in bunten Kleidern, verschleiert und unverschleiert, sogar Neger, freigelassene türkische Sklaven. Auch Ludwig LANGE, der Begleiter Carl ROTTMANNS, der im Auftrag des Bayernkönigs Ludwig I. 1834/5 Griechenland bereiste und Landschaft und Baudenkmäler dort aquarellierte (s. Photo 2), hielt in einem Aquarell (s. COMMERCIAL BANK 1978, Tafel 13) das bunte Leben im Bazarviertel fest.

Der als Wasseruhr gebaute Turm der Winde, "baukünstlerisches Phantasiewerk" (de JONGH 1980, S. 70) aus dem 1. Jh. n. Chr., diente den Derwischen als Teckeh oder Bethaus. Der englische Archäologe Richard CHANDLER (1777, S. 146), der damals Athen besuchte, und wenig später auch DODWELL (1986, S. 32), beschreiben die merkwürdigen Tanzriten der Derwische.

Das Lysikrates-Denkmal aus dem 4. Jh. v. Chr. hatte man in ein französisches Kapuzinerkloster einbezogen. Überall war die Antike in Athen noch mehr präsent, mehr in das Leben einbezogen und noch nicht zu musealen Schaustücken herabgesunken, wie es heute der Fall ist.

Das Kapuzinerkloster diente im übrigen vielen Reisenden als Herberge, u.a. BYRON, der hier im Winter 1810/11 logierte (s. dazu Lord BYRON 1859, S. 764 ff.). Im Klostergarten waren zum ersten Mal in Griechenland im 17. Jh. Tomaten gezüchtet, deren Samen Mönche aus Peru über Spanien hierher gebracht hatten (de JONGH 1980, S. 54). Schließlich gehörte zu den bemerkenswerten Bauwerken der Stadt noch eine Vielzahl von kleinen byzantinischen Kirchen, die keineswegs alle vor der Zeit der osmanischen Herr-

schaft (1456 wurde Athen türkisch), sondern auch noch während der Türkenzeit gebaut waren. Viele wurden mit der Neuplanung und Erweiterung der Stadt zerstört (s. MICHAEL 1969, S. 31), einige erhielten sich, wie die kleine Mitropolis mit den vielen Spolien antiker und frühchristlicher Bauwerke, die heute von dem wenig schönen, spätklassizistischen Bau der großen Mitropolis (1854-1856) fast erdrückt wird, und die genau im Zuge der Od. Ermou liegende Kapnikarea, deren Abriß bei Anlage der Straße nur durch Protest der Bevölkerung und den Eingriff Ludwigs I. verhindert wurde. Die Verteilung der byzantinischen Kirchen läßt bei aller baulichen Veränderung, die die Stadt erfuhr, noch etwa die Ausdehnung der byzantinisch-osmanischen Stadt erkennen. Daß wir eine städtische Kontinuität von der Antike bis zur damaligen Zeit annehmen können, unterliegt kaum einem Zweifel, auch wenn einige Perioden der Stadtgeschichte in Dunkel gehüllt sind (vgl. zur Stadtgeschichte Athens im Mittelalter v.a. GREGOROVIUS 1889) und den Gelehrten im Abendland der Renaissance, zu dem Griechenland damals nicht gezählt werden konnte, offenbar unklar ist, ob die Stadt real noch existierte, denn der Tübinger Universitätsprofessor Martin KRAUS schrieb 1573 einen diesbezüglichen Brief an den Patriarchen in Konstantinopel, den dieser fünf (!) Jahre später mit der Mitteilung beantwortete, daß die Stadt einst dreimal so groß gewesen sei, derzeit etwa 12.000 Einwohner habe, die Akropolis nur von Türken, der andere Teil v.a. von Christen bewohnt sei (vgl. HILLER/COBET 1985, S. 8).

2. Athen Hauptstadt unter König Otto

Als der junge, noch nicht volljährige König Otto von Wittelsbach, Sohn des Bayernkönigs und Philhellenen Ludwig I., Athen am 18.09.1934 per Dekret zur Hauptstadt des neuen Griechenland machte - der Beschluß dazu war bereits am 11.07.1833 in Nauplia gefaßt worden - und den Umzug von Nauplia nach Athen für Dezember desselben Jahres festsetzte (vgl. dazu SEIDL 1981, S. 140), befand sich die Stadt in einem äußerst desolaten Zustand. Die zweimalige Belagerung der Akropolis in den Freiheitskriegen durch aliierte Truppen (1822 und 1831) und Rückeroberung durch die Türken 1827 nach einjähriger Belagerung hatte zur Zerstörung des größten Teils der Häuser geführt. Die Einwohnerzahl war auf weniger als 2.000 gesunken. Wie verwüstet die Stadt war, beschreibt der Archäologe und Begleiter des Königs auf seinen Reisen durch Griechenland, Ludwig ROSS (zit. nach SEIDL 1981, S. 140): "Das ist nicht das 'glänzende, veilchenumkränzte Athen', es ist ein einziger ungeheurer Trümmerhaufen, eine gestaltlose, einförmig graubraune Masse von Schutt und Staub und von einem Dutzend Palmen und Cypressen überragt, die der allgemeinen Verwüstung widerstanden haben. Wenn es der Theseustempel zur Rechten des Weges, wenn es die Burg mit ihren Resten nicht bestätigen, man würde Mühe haben, es zu glauben, daß man in Athen ist."

Etwas später (1838), als der Neuaufbau bereits eingesetzt hatte, schrieb der Lübecker Dichter Emanuel GEIBEL, der mit seinem, ebenfalls aus Lübeck stammenden Studienfreund, dem Historiker und Archäologen Ernst CURTIUS (1814-1896) zwischen 1838 und 1840 in Athen weilte: "... Athen ist und bleibt ein weites Grab, in dem eine glorreiche Vorzeit eingesargt liegt; und wenn jetzt die moderne Zeit ihre kleinen Häuser darüber baut und ihre kleinen Interessen abhandelt und wieder anfängt zu scherzen, zu lachen, zu leben, dann kommt mir das vor, als ob ein bunter Schmetterling über einer ungeschlossenen Gruft flatterte" (GEIBEL, Jugendbriefe 1909, S. 169 ff.).

Athen war nicht die erste Hauptstadt des neuen Griechenland. Diese Aufgabe fiel, nachdem zuvor provisorische Regierungen in Korinth und Ägina (1826/7) residiert hatten, Nauplia (Nafplion) am Golf von Argos im westlichen Peloponnes von 1829 bis 1834 zu. Hier hatte das erste griechische Parlament getagt, hier war der erste Ministerpräsident des Landes Kapodistrias auf den Stufen des Parlamentes von den Manioten Mavromichalis ermordet worden und hier war auch Otto 1833 an Land gegangen. Unweit der Landungsstelle erinnert ein in den Fels von C. SIEGEL gehauener schlafender Löwe an die in Griechenland gefallenen Bayern.

Mehrere Städte wurden als potentielle Hauptstädte diskutiert: Neben Athen u.a. Korinth, Argos und Piräus. Gutensohn, Architekt im Dienste des Königs, schlug, von Otto zur Begutachtung der Lage nach Athen entsandt, Piräus als Hauptstadt vor, da dort genügend Grund und Boden dem Staat gehöre - Gebäude gab es damals in Piräus nur wenige - für die zu errichtenden Bauwerke und da von dort die Flucht per Schiff leichter möglich sei (!). Es siegten, wie Leo v. KLENZE es formuliert (nach SEIDL 1981, S. 149), "die herrliche Lage von Athen, die großen Erinnerungen, die sich an dessen Namen knüpften, und mehrere Rücksichten höherer Politik". Mit der Verlegung der Hauptstadtfunktion mußte Athen den neuen Erfordernissen angepaßt werden.

Den Entwurf für die Stadterweiterung, in der Schloß und öffentliche Bauten Platz finden konnten, lieferten die Architekten Schaubert und Kleanthes, je-

Abb. 1 Stadtentwicklungsplan von S. Kleanthes und E. Schaubert

Abb. 2 Stadtentwicklungsplan von Leo v. Klenze

ner ein Schlesier, dieser ein Grieche, die sich in Berlin als Schüler Schinke's kennengelernt hatten. Schinkel selbst war zwar nie in Griechenland gewesen, hatte aber einen grandiosen Entwurf für ein Königsschloß auf der Akropolis geliefert, einen Entwurf, den Klenze als "reizenden Sommernachtstraum" bezeichnete und dessen Realisierung schon aus Geldmangel nie ernsthaft in Erwägung gezogen wurde. Der von Schaubert und Kleanthes entworfene Stadtplan zeigt eine regelmäßige Erweiterung der Stadt nördlich der Akropolis und der Altstadt in Form eines Dreiecks, deren Eckpunkte durch Plätze markiert sind (vgl. Abb. 1). Die Spitze des Dreiecks mit dem heutigen Omonia-Platz lag der Akropolis gegenüber. Hier sollte auch das Schloß liegen. Der nördliche Teil der Altstadt sollte neuer Planung weichen. Der Plan berücksichtigte die an eine Hauptstadt gestellten Erfordernisse und bot hinreichende Möglichkeiten einer Erweiterung.

Er zeigt zweifellos Ähnlichkeiten mit Stadtgrundrissen absolutistischer Zeit. Trotzdem kann er kaum mit Plänen wie Karlsruhe oder Versailles gleichgesetzt werden, da wir im Plan von Athen eine doppelte Zentrierung haben: Die auf das Schloß und auf die Akropolis mit ihren großartigen Bauwerken aus der Antike, an die das neue Griechenland bewußt anknüpfte und die für die Geburt des neuen Staates entscheidende Impulse gab (vgl. M. KÜHN 1979, S. 509 ff.). Geldmangel und andere Einwendungen führten zu einer Überarbeitung des Planes v.a. durch KLENZE (s. Abb. 2). Sein Grundcharakter blieb aber trotz vieler Änderungen (Verengung der Achsen, Erhalt der Altstadt mit seinem verwinkelten Straßennetz, Verzicht auf Straßendurchbrüche) erhalten.

Die bewußte Zentrierung auf die Akropolis wird deutlich an der Ausrichtung der Athinas- und Äolou-Straße. Jene hat als Blickpunkt die Propyläen, diese, benannt nach dem Turm der Winde, auf den sie zuführt, Erechtheion und Parthenon. Die Planer des Stadtgrundrisses waren ebenso Philhellenen wie der König und v.a. dessen Vater Ludwig I., der von München aus immer wieder Einfluß nahm auf die bauliche Gestaltung der Stadt.
Wie wenig die im Plan angelegte Zentrierung auf das Schloß essentiell war, zeigt dessen mit der Korrektur des Planes durch Klenze vorgenommene Verlegung an die westliche Ecke des Dreiecks, wo es dann auch nicht gebaut wurde, sondern auf der gegenüberliegenden Ecke seinen Platz fand.
Insgesamt betrachtet ist der Entwurf mit der Einbeziehung der antiken und mittelalterlichen Stadt und der Berücksichtigung der derzeitigen gesellschaftlichen Bedingungen eine hervorrangende Leistung. Er fügt der Reihe der Plananlagen, die im Abendland mit denen von Hippodamus von Milet (der nicht nur Milet, sondern auch Piräus plante) in der griechischen Antike beginnen, sich in der Römerzeit fortsetzen und im Mittelalter (u.a. Ostkolonisation, z.B. Lübeck, Krakau), in der Renaissance (z.B. Palmanova), im Barock (z.B. Karlsruhe) oder (später) im Industriezeitalter (z.B. Ludwigshafen)[1] eine den jeweiligen gesellschaftlichen und ökonomischen Bedingungen entsprechende Ausgestaltung erfahren, eine neue Variante hinzu.

Mit der Verlegung der Hauptstadtfunktionen nach Athen setzte dort eine außerordentlich rege Bautätigkeit ein. Fürst Hermann von PÜCKLER-MUSKAU, der 1836 Griechenland bereiste, gibt in seinem Südöstlichen Bildersaal (S. 166 f.) eine anschauliche, nicht humanistisch idealisierte - die Einstellung des Fürsten ist eher antiklassisch - Schilderung des damaligen Athen: "Athen, wie es sich mir jetzt darstellte, machte fast einen komischen Eindruck auf mich. Ein Viertel antik, ein anderes türkisch, eines neugriechisch und das letzte baierisch; tausendjährige und heutige Ruinen durcheinander gemengt, daneben nagelneue, grüne, gelbe und weiße Häuser, im Geschmack der Nürnberger Spielsachen aufgeführt; alte abgebrochene Straßen im gräßlichsten Chaos; breite abgewinkelte neue, die aber in Ermangelung der Häuser meistens nur durch Planken bezeichnet sind, überdies voller Unrat liegen und oft in der Mitte noch einen tief aufgeworfenen, übel dunstenden Graben haben; eine ebenso lebendige und zahlreiche als größtenteils zerlumpte Menschenmenge, die in jenen Gassen wimmelte und sie mit einem andauernden Gesumme sechs bis sieben verschiedener Sprachen erfüllte; eine heiße Sonne und ein kalter Wind, der das Ganze von Zeit zu Zeit in die unbequemsten Staubwolken hüllte - das war die neue Athina, welche ich hier mit wehmütigem Lächeln vor mir sah."
Dieses neue Athen zierte sich jedoch bald mit repräsentativen Bauten der Architekten KLENZE, GÄRTNER, SCHAUBERT, KLEANTHES, Christian und Theophil HANSEN, ZILLER und anderer. Stellvertretend für alle hatte KLENZE formuliert (HEDERER 1981, S. 140): "Eine Anlage in Athen ist eine europäische Kunstangelegenheit und man ist dafür gewissermaßen ganz Europa Rechenschaft schuldig."

---

1) Das Beispiel wurde dem Jubilar zu Ehren gewählt.

Die klassizistische Bauweise dominierte dem Zeitgeschmack entsprechend, wurde in Athen aber auch als bewußte Verbindung mit der Antike und als der darum für die Stadt adäquate Baustil verstanden. Man pflegte deshalb diesen Stil in Griechenland noch zu einer Zeit, in der man in Deutschland längst zu anderen Stilen übergegangen war. Beispiele für den Baustil sind das Königsschloß am Syntagmaplatz (Syntagma = Verfassung, weil hier 1843 die unblutige Revolution die Annahme der Verfassung durch Otto erzwang), die Trias von Universität (vollendet 1841), Akademie (vollendet 1903) und Nationalbibliothek (1885)[2] oder das von ZILLER entworfene Schliemann-Haus, das jetzt wieder für kulturelle Zwecke nutzbar gemacht werden soll. Auch die Technische Hochschule (vollendet 1880) und das Nationalmuseum (1889) sind schöne Beispiele für den späten Klassizismus. Viele Bauten wurden von - im Ausland lebenden - griechischen Mäzenen finanziert, wie das ja auch heute noch der Fall ist.

3. Stadtentwicklung in der 2. Hälfte des 19. Jh. bis zum Ende des 1. Weltkrieges

Trotz der großen wirtschaftlichen und politischen Schwierigkeiten, die der junge Staat in der Regierungszeit Ottos hatte, wuchs die Stadt kontinuierlich. Die übernahme des zentralistischen Systems führte zu einer Konzentration aller staatlichen Einrichtungen auf die neue Hauptstadt, ein Faktum, das entscheidend zum späteren schnellen Wachstum beitrug. Mit der Erweiterung des Staatsgebietes- 1864 kamen die bis dahin unter britischem Protektorat stehenden Jonischen Inseln, 1881 Thessalien und der südliche Epirus hinzu - und der die wirtschaftliche und soziale Stabilität fördernden Politik der Regierungen Trikoupis (1882-1885, 1887-1890), deren Verdienst u.a. der Bau eines großen Teiles des- heute hoffnungslos veralteten - Eisenbahnnetzes ist, beschleunigte sich das Wachstum der Stadt. Die - realtiv - stabilen politischen Verhältnisse führten dazu, daß viele Auslandsgriechen - darunter viele Großkaufleute - sich jetzt in Athen niederließen, was nicht unwesentlich zur Festigung der Wirtschaft beitrug.

Der Kaupertsche Plan von Athen um 1875 (s. KERN 1986, S. 75) zeigt, daß die Stadt bereits kräftig über das innere Dreieck nach Norden hinausgewachsen war und im Nordosten den Fuß des Lykabettos erreicht hatte, im Norden und Nordwesten bis an einen Wildbach heranging, der von Nordosten kommend in der Höhe des Nationalmuseums vorbeifloß (heute verrohrt). Die Od. Marni und Karolou folgen als spätere Verbauung dem Lauf und stellt im Nordwesten die damalige Wachstumsgrenze dar. Daß die Entwicklung sich in nördliche Richtung vollzog, war durch den Plan von SCHAUBERT und KLEANTHES vorgezeichnet.

Nach Süden ist noch kein Stadtwachstum erkennbar (vgl. Photo 5 u. 6). Hier war die Ausdehnung durch Akropolis, Olympieion, Schloß und königliche Gärten blockiert. "Aus dem schmutzigen Trümmerhaufen, aus dem dorfähnlichen Hüttennest mit kaum 5000 Einwohnern nach der Beendigung des Freiheitskrieges ist in den 50 Jahren eine der reinlichsten, elegantesten kleinen Großstädte Europas geworden; nicht nur die 'schönste Stadt des Orients', wie es von den Freunden regelmäßiger Bauart genannt wird ... Bürgersteige in allen Straßen, gutes Pflaster, großstädtische Beleuchtung, ausgezeichnete Mietwagen, Pferdebahnlinien nach den wichtigsten Punkten, zwei Eisenbahnen nach dem Badeort Phaleron und dem Hafen Piräus, ein Hauptpostamt, wie nur irgendwo in einer gleich großen Stadt des Postmusterlandes Deutschland. Kurz eine moderne Großstadt, der eine noch bedeutendere Zukunft unverkennbar vorgezeichnet ist", schreibt E. ENGEL 1887 in seinen "Griechischen Frühlingstagen".

Die erste neuzeitliche Olympiade, die 1896 in dem auf antiken Fundamenten neu errichteten Olympiastadion stattfand, bringt die gewachsene Bedeutung Athens zum Ausdruck, die durch die Gebietserweiterungen 1906 (Kreta), 1913 (Makedonien und Epirus) und 1919 (W-Thrakien) weiter wächst. Griechenlands Wirtschaft basierte bis zum Ende des Jahrhunderts weitgehend auf der Landwirtschaft. Industrie gab es so gut wie keine. Was an Industrie (Manufakturen) früher existiert hatte, war bereits zu Zeiten der osmanischen Herrschaft durch die Kapitulationen und den ausländischen Konkurrenzdruck weitgehend zerstört worden (wie die Textilindustrie in Theben, Patras, Korinth und Thessalien).

1876 gab es in Athen gerade 11 Fabrikationsstätten mit zusammen 119 PS installierter Leistung, 27 mit 759 PS in Piräus. Kann man darin zwar den Beginn der Industrieentwicklung in der (späteren) Agglomeration sehen, so kommt diese doch erst richtig nach 1922 in Gang (vgl. Enkyklopaideia 1981, S. 395).

2) Entworfen wurde der Bautenkomplex von den dänischen Architektenbrüdern Hans Christian und Theophil Hansen. Ersterer ist nicht zu verwechseln mit dem ebenfalls aus Dänemark stammenden Christian Frederik Hansen (1756-1845), dem klassizistischen Baumeister Norddeutschlands und Dänemarks (u.a. Palmaille in Altona).

Mit Athen zugleich entwickelte sich die Hafenstadt Piräus, für die KLEANTHES (1834) den Grundrißplan entworfen hatte (vgl. O. FOUNTOULAKI 1979, S. 55 ff.). Vor der griechischen Revolution bestand Piräus, das seinen ursprünglichen Namen verloren hatte und das von den Venezianern Porto di Leone oder Porto di Draco, von den Türken Aslan Limani genannt wurde, abgesehen vom Kloster Agios Spyridon lediglich aus einem Zollamt, dem Haus eines Kaufmannes und wenigen Magazinen. Alle wurden in den Freiheitskriegen zerstört. Bereits 1844 aber schrieb der Architekt F. STAUFFERT: "Es möchte wohl wenig Städte in der Welt geben, die so schnell aus einem Nichts emporgewachsen sind, als die Stadt Piräus; und wenn auch noch nicht alle Bauplätze bebaut wurden, so ist doch unendlich viel geschehen, und es ist zu erwarten, wenn Friede und Eintracht in Griechenland herrscht, daß die Stadt binnen einigen Jahrzehnten sehr erweitert sein wird, worauf sie alsdann eine der schönsten Hafenstädte des Mittelmeeres sein wird. Was würde sie geworden sein, wenn man sie zur Residenz des jungen Königreiches gemacht hätte, und wenn zweckmäßigere Maßregeln der Regierung die Einwanderung betriebsamer Griechen aus der Türkei begünstigt haben würde, statt daß so viele dahin ausgewandert sind!" (zit. nach FOUNTOULAKI 1979, S. 56).

Bis zum Ende des ersten Weltkrieges sind beide Städte deutlich voneinander getrennt, wie Karten von PETERMANN (um 1870) und von CHARALAMPOUS (um 1914) zeigen. Noch grünte der große Olivenhain entlang des Kifissos, den GREGOROVIUS 1880 beschrieb (in: WEGNER 1945, S. 25).

Erst ab etwa 1922 wuchsen Athen und Piräus entlang ihrer Verbindungsstraße, an der sich viele Industriebetriebe ansiedelten, rasch aufeinander zu (vgl. CRUEGER 1978, S. 28; BURGEL 1966, S. 196). Funktional besteht eine deutliche Differenzierung: Während sich in Athen die Funktionen der Regierungshauptstadt konzentrieren sowie die Einrichtungen von Kultur und Wissenschaft des ganzen, auch außerhalb der Staatsgrenzen bestehenden Griechentums (Athen als Hauptstadt der "Grecia irredenta", ENGEL 1887, S. 349), darüber hinaus ein wesentlicher Teil des Handels, entwickelte sich Piräus zum Knotenpunkt der Schiffahrt im östlichen Mittelmeer, zum Sitz von Reedereien, Handelsunternehmen, Industrien und zur Drehscheibe der griechischen Auswanderung u.a. in die USA. Piräus drängte damit Syros, das bis um 1870 noch der größte Hafen Griechenlands und Knotenpunkt der Schiffahrt gewesen war, aus seiner Rolle. Wesentlich wurde der Aufschwung von Piräus auch durch die Eröffnung des Kanals von Korinth gefördert.

Die Bevölkerung von Piräus wuchs ebenso rasant wie die von Athen (vgl. Abb. 3). Seit 1869 sind beide Städte durch eine (1904 elektrifizierte) Schnellbahn miteinander verbunden. Es entwickelte sich die Doppelstadt, in der sie die Kerne der Agglomeration bilden.

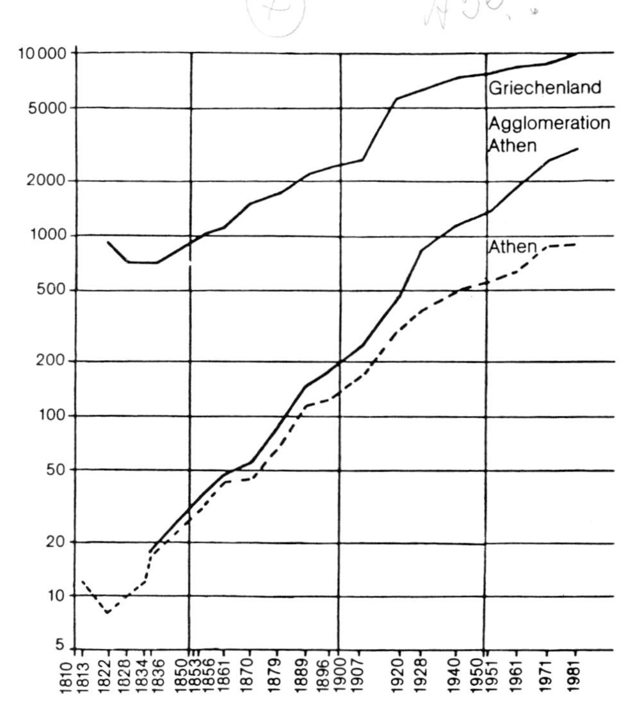

Abb. 3: Die Bevölkerungsentwicklung von Athen und Griechenland von 1813 bis 1981 (in 1.000)[1]/[2]

1) Halblogarithmus

2) Anteil der Agglomeration Athen an der Gesamtbevölkerung Griechenlands:

1813	0,9 %	1896	7,1 %
1828	1,7 %	1907	9,2 %
1836	2,5 %	1920	8,2 %
1853	3,6 %	1928	12,9 %
1861	4,3 %	1940	15,3 %
1870	4,0 %	1951	18,1 %
1879	5,3 %	1961	22,2 %
1889	6,4 %	1971	29,0 %
		1981	31,1 %

Quelle: Stat. Jb., diverse Jahrgänge

4. Athen von 1922 bis zum Ende des Bürgerkrieges

Entscheidende Entwicklungsimpulse bekam die Industrialisierung und damit die weitere Entwicklung von Athen und Piräus durch den Zustrom von ca. 300.000 Flüchtlingen, die 1922/23 mit der Katastrophe des verlorenen Krieges gegen die Türkei Kleinasien verlassen mußten. Bis dahin bestehende Vororte wuchsen rasch, andere entstanden neu, wie die Namen N.Jonia oder N.Smyrna belegen. Vororte wie Kaisariani und N.Jonia waren zu über 70% von

Flüchtlingen bewohnt (vgl. BÖHME 1954, S. 151 ff. und Abb. 4). Die Flüchtlinge brachten nicht nur das Rembetiko mit, sondern v.a. neue Industrien, u.a. Tabak-, Textil- und Teppichindustrie, die als meist kleine Betriebe insbesondere in Piräus ihren Standort fanden. Bereits der 1. Weltkrieg, von dem Griechenland nur randlich tangiert war, hatte einen Industrialisierungsschub gebracht (zur Industrialisierung 1867-1917, 1917-1935 s. Stat. Jb. 1930, IV, 1, 2, S. 177/178 u. 1936, IV, s. S. 150). Die Industrieverteilung innerhalb des Landes war bereits damals sehr ungleich: Der Athener Raum beherbergte 1917 62% aller Industriebetriebe und 47% der Arbeiter (s. I. BANCO 1976, S. 130). Von 135 in den Jahren 1922-1929 neu gegründeten Teppichfabriken mit 7.250 Arbeitern lagen 79 mit 4.500 Arbeitern im Raum Athen/Piräus, d.h. zwei Drittel aller Betriebe.

Der Flüchtlingsstrom nach 1922 macht sich deutlich als Versteilung der Bevölkerungswachstumskurve bemerkbar. Zwischen 1922 und 1951 wuchs die Bevölkerung um eine dreiviertel Million (vgl. Abb. 3, in der der logarithmische Maßstab zu beachten ist).

Auch der 2. Weltkrieg und v.a. der anschließende Bürgerkrieg brachten der Stadt einen Zustrom von ca. 200.000 Menschen, die aus der Provinz kommend hier Sicherheit und ein Auskommen suchten. Marshall-Plan-Gelder wurden insbesondere in der Hauptstadt für Wohnungsbau und Arbeitsbeschaffung eingesetzt (BÖHME 1954, S. 146).

Wenn das Wachstum von Agglomeration und Stadt allmählich immer weiter auseinander driftet, so deshalb, weil Athen in seinen administrativen Grenzen räumlich nur noch beschränkte Wachstumsmöglichkeiten besaß.

Die bauliche Ausdehnung verlief weitgehend planlos. Zwar wurde eine Vielzahl von Plänen entworfen, die die neu entstehenden Siedlungsteile mit der bestehenden Stadt verbanden und die Verkehrsprobleme großzügig zu bewältigen versuchten, nie jedoch kamen sie zeitgerecht zur Anwendung (vgl. MICHAEL 1969). So beschränkte sich die Planung neuer Stadtteile wie Psychikon, Ilioupolis, Nea Filadelfia (radial-konzentrischer Straßenplan) oder Nea Jonia, Kalamaki (Alimos), Nea Smyrni, Nikaia (Schachbrettplan) (s. KERN 1986, S. 59) auf die Anlage eines mehr oder weniger phantasielosen regelmäßigen Straßennetzes ohne übergeordnete Gesichtspunkte mit mangelhafter Einbindung in und Anbindung an das bestehende Straßennetz.

Ohne Genehmigung errichtete Bauten wurden in aller Regel insbesondere vor Wahlen nachträglich sanktioniert. So ist es nicht zufällig und auch nicht ohne Ironie, daß 1933 in Athen die bekannte "Charta von Athen" verabschiedet wurde, die bei funktioneller Trennung der einzelnen Bereiche Wohnen, Industrie etc. eine menschengerechte Stadt propagierte.

Zur räumlichen Entwicklung dieses Zeitabschnittes im einzelnen vgl. den Plan von 1944 und KERN (1986, S. 89).

Abb. 4: Agglomeration Athen, Zuwanderung von Flüchtlingen nach 1923 in %

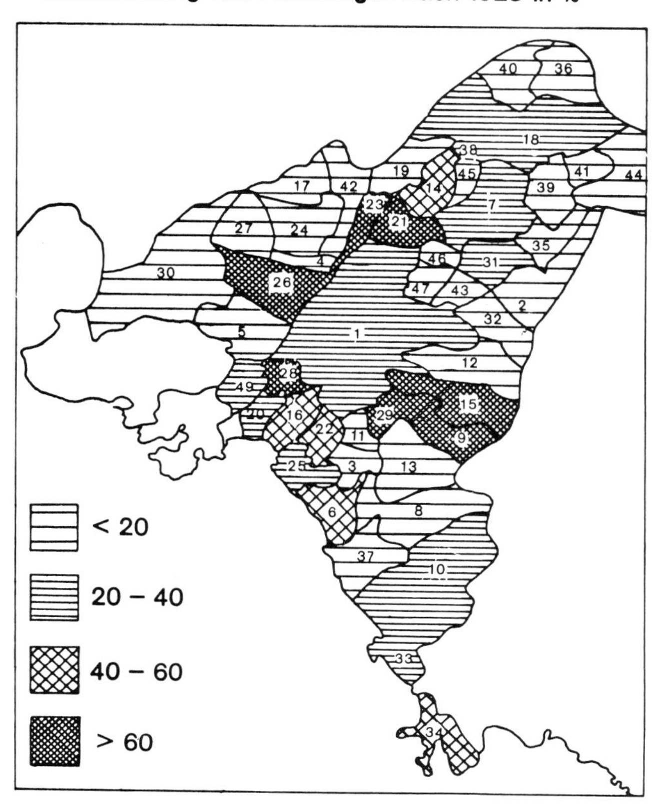

Quelle: Kern 1986, S. 35

1. Athen, 2. Agia Paraskevi, 3. Agios Dimitrios, 4. Agioi Anargyroi, 5. Aigaleo, 6. Alimos (Kalamaki), 7. Amarousion, 8. Argyroupolis, 9. Vyron, 10. Glyfada, 11. Dafni, 12. Zografos, 13. Ilioupolis, 14. Irakleion, 15. Kaisariani, 16. Kallithea, 17. Kamateron, 18. Kifisia, 19. Metamorfosis (Koukouvounon), 20. Moschaton, 21. Nea Ionia, 22. Nea Smyrni, 23. Nea Filadelfeia, 24. Nea Liosia, 25. Palaion Faliron, 26. Peristerion, 27. Petroupolis, 28. Tavros, 29. Ymittos, 30. Chaidarion, 31. Chalandrion, 32. Cholargos, 33. Voula, 34. Vouliagmeni, 35. Vrilissia, 36. Ekali, 37. Ellinikon, 38. Lykovrysis, 39. Melissia, 40. Nea Erythraia, 41. Nea Penteli, 42. Nea Chalkidon, 43. Neon Psychikon, 44. Penteli, 45. Pevki (Mangoufana), 46. Filothei, 47. Psychikon, 48. Piraeus (Peiraievs), 49. Agios Ioannis Rentis, 50. Keratsinion, 51. Korydallos (Koutsoukasion), 52. Neon Faliron, 53. Nikaia, 54. Perama.

5. Jüngere Entwicklung und Ursachen der Ballung

Wenn man heute mit dem Flugzeug in einer großen Schleife zur Landung auf dem Flughafen Ellinikon ansetzt, dann breitet sich unter einem ein fast unübersehbares Häusermeer aus, das die natürlichen Grenzen des Kifissos-Beckens überschritten hat und sich längs der attischen Küste ebenso voranfrißt wie jenseits der in das Becken führenden Pässe und auch auf die Insel Salamis übergegriffen hat. Athen und Piräus sind fast lückenlos zusammengewachsen, und die Bebauung klettert die Hänge von Hymettos und Aigaleon empor. Die Bucht von Eleusis, in der zahllose ausgemusterte Frachter aneinandergekettet und verankert auf neue Aufträge oder ihre Verschrottung warten, säumt ein breites Band von Industriebetrieben: Schiffswerften, Hüttenwerke, Ölraffinerien, Zementwerke, deren Abgase und Staubniederschläge das berühmte Heiligtum der Eleusinischen Mysterien, zu dem in der Antike alljährlich zehntausende von Pilgern strömten, in ein trübes Grau hüllen.

Die Bebauungsdichte in der Agglomeration ist aufgrund enger Straßen und fehlender Grünanlagen hoch. Wenn die Einwohnerdichte hinter der vieler anderer Agglomerationen zurücksteht, so deshalb, weil in den weitflächigen Außenbezirken Ein- und Zweifamilienbauten weiten Raum einnehmen. Dies ist Folge einerseits der verbreiteten ungesetzlichen Bebauung durch Zuwanderer, andererseits des Fehlens eines sozialen Wohnungsbaus, der etwa in der Bundesrepublik zu stark verdichteten Wohnanlagen geführt hat (vgl. KERN 1986, S. 59).

Die Konzentration der wirtschaftlichen und gesellschaftlichen Aktivitäten in der Agglomeration ist noch größer als die Bevölkerungskonzentration. Mit über 3 Millionen Einwohnern ballte sich nach der offiziellen Statistik 1981 etwa ein Drittel der Bevölkerung Griechenlands in Athen, wobei zu berücksichtigen ist, daß die Agglomeration mittlerweile über ihre administrativen Grenzen hinausgewachsen ist und ihr tatsächlicher Anteil an der Gesamtbevölkerung (ebenso wie den wirtschaftlichen Aktivitäten) deshalb noch höher liegt.

Die Ballung der wirtschaftlichen Aktivitäten geht weit über die der Bevölkerung hinaus: Von den 100 größten Industriebetrieben hatten 1975 90 ihren Sitz in Athen, wurden dort etwa zwei Drittel der Steuern aufgebracht. 68% aller Gewerbebetriebe, 47% aller Industriebeschäftigten und ein ebenso hoher Anteil der Großhandelsbetriebe mit 58% aller im Großhandel beschäftigten Personen hatten ihren Standort in Athen. Im administrativen und sozialen Bereich ist die Konzentration noch stärker: 1975 praktizierten in Athen 58% aller Ärzte und sogar 62% aller Fachärzte, während es z.B. in Thrakien im Nordosten des Landes, das etwa 4% der Bevölkerung des Landes besitzt, nur 1,8% bzw. 1,4% waren (vgl. dazu CRUEGER 1978, S. 21; LIENAU 1979, S. 21; SPIEGEL Nr. 33, 1976; WESTEBBE 1980; KERN 1986, S. 167).

Das Wachstum Athens basiert v.a. auf Wanderungsgewinn. Die Entwicklung von Stadt und Land verläuft darum interdependent: Während die traditionellen Herkunftsgebiete der Zuwanderer, Peloponnes, Mittelgriechenland, Teile von Epirus und die Ägäischen Inseln an Auszehrung leiden, erfährt Athen ein Wachstum, das es kaum sozial verkraften kann. Sichtbar wird die interdependente Entwicklung an dem unkontrollierten baulichen Wachstum der Agglomeration einerseits, andererseits an Aufgabe und Zerfall von Siedlungen, wie den Dörfern der Mani und vieler Bergdörfer, ein Zerfall, der erst neuerdings durch deren Umwertung als Feriendomizil für heimische und fremde Bevölkerung aufgehalten bzw. in Erneuerung umgekehrt wird (vgl. LIENAU 1982).

Die Tatsache, daß die Bevölkerungsentwicklung Athens v.a. auf Wanderungsgewinn basiert, drückt sich in demographischen Ungleichgewichten aus (vgl. KAYSER/THOMPSON 1964, Karte 2.12 ff.). Die Zuwanderer lassen sich z.T. noch in landsmannschaftlichen "Kolonien" nieder.

Die Folgen dieser Entwicklung spürt heute jeder Reisende, der Athen besucht: Chaotische Verkehrsverhältnisse, denen die Regierung eher hilflos dadurch zu begegnen sucht, daß Autos mit geraden und ungeraden Nummen nur jeweils tageweise abwechselnd in der Athener Innenstadt benutzt werden dürfen; Luftverschmutzung, die Stein und Menschen angreift und Wasserverschmutzung, die ein Baden im Saronischen Golf zumindest in Stadtnähe nicht mehr ratsam erscheinen läßt. Noch vor 35 Jahren hatte E. KIRSTEN (in: PHILIPPSON 1952, S. 938) die Luft in Athen als frei von Staub und Ruß und als besonders rein beschrieben. Heute gehört Smog besonders bei austauscharmen Hochdrucklagen im Winter zur Normalität. Die noch vorhandenen Reste des Parthenonfrieses, die Jahrhunderte überdauert hatten, mußten vor den aggressiven Säuren, die sich mit dem Smog bilden, ebenso geschützt werden, wie die berühmten Choren des Erechtheions, deren Gesichter immer mehr zur Unkenntlichkeit zerfielen, ein Schicksal, von dem nur die von Lord ELGIN 1801 nach London verschleppte Chore, die dort Platz im British Museum fand, verschont blieb.

Der Krankenstand liegt nach einem Spiegelbericht (SPIEGEL Nr. 33, 1976) in Athen weit über, die Lebenserwartung unter dem Landesdurchschnitt, wobei dazu allerdings zu vermerken ist, daß die Trennung der Einflußgrößen dafür ebenso wie eine exakte Feststellung des Tatbestandes selbst kaum zweifelsfrei möglich sind.

Die Gründe für die Entwicklung sind vielfältiger Art: War mit der Verlegung der Hauptstadtfunktionen

nach Athen und Übernahme des zentralistischen Verwaltungssystems die Initialzündung gegeben, so kommen weitere Gründe für die heute überdimensionierte Ballung hinzu. Die Tatsache, daß ein wesentlicher Teil der griechischen Industriebetriebe sich in ausländischer Hand befindet, diese zumindest beträchtliche Anteile hat, führt dazu, daß die Standortentscheidungen bei der äußerst liberalen Wirtschaftspolitik eher aus betriebswirtschaftlicher denn aus volkswirtschaftlicher Sicht und damit zugunsten der Agglomerationen erfolgen. Das gleiche gilt für die Standortentscheidungen vieler griechischer Betriebe. In Athen/Piräus war die benötigte Infrastruktur vorhanden und die Nähe zur Regierung gegeben, eine - fast notwendige - Voraussetzung für wirtschaftlichen Erfolg. Die auch als "Klientelsystem" bezeichnete Gesellschaftsordnung, in der persönlichen Beziehungen ein entscheidender Faktor für die Durchsetzung von Unternehmungen jedweder Art ist, mußte für Ausländer wie Griechen gleichermaßen zentrierend wirken.
Die Selbstverstärkungseffekte einer einmal vorhandenen Ballung kommen hinzu. Wie stark solche Agglomerationsvorteile wirken, zeigt sich u.a. an der Tatsache, daß sich an der nach Norden führenden Nationalstraße unmittelbar außerhalb der attischen Landesgrenze ohne Bindung an irgendeinen Siedlungskern eine Ansammlung von Industriebetrieben bildete, die offenkundig von der Agglomeration profitieren, in der ihnen - aus welchen Gründen auch immer - eine Ansiedlung versagt bzw. diese wirtschaftlich wegen zu hoher Steuern, nicht gewährter Zuschüsse oder aus anderen Gründen ungünstig war. Auch mittlerweile dezidierte Regionalentwicklungsprogramme konnten der anhaltenden Ballung noch nicht entscheidend entgegenwirken.

Schließlich dürften Name und historische Vergangenheit, auf der das griechische Nationalbewußtsein wesentlich aufbaut, ebenso eine nicht zu unterschätzende Rolle spielen für den Sog, den Athen ausübt, wie die vielfältigen Möglichkeiten zur Bildung, Unterhaltung und anderem, was Menschen heute unter Lebensqualität verstehen und was die Stadt zu bieten hat. Nicht überschätzt werden für die Entwicklung sollte die Lage der Stadt. Sie ist zwar innerhalb Griechenlands, bezieht man das Ägäische Meer und seine Inseln mit ein, durchaus zentral, und die Bucht von Piräus bietet fraglos sehr günstige Hafenmöglichkeiten. Diese Vorteile hätten jedoch auch zahlreiche andere Plätze in Griechenland geboten. Großräumig hat Athen im östlichen Mittelmeerraum allerdings eine günstige Position, die sich mit dem Niedergang von Beirut und der Verlagerung vieler Funktionen aus dem Libanon noch verbesserte.

6. Funktionale und soziale Differenzierung

Die geschilderte Entwicklung führte nicht nur zu einer überdimensionalen Ballung, sondern auch zu einer spezifischen inneren funktionalen und sozialen Differenzierung. Trotz einer Reihe von Arbeiten zu diesem Thema bestehen hier immer noch beträchtliche Forschungslücken (vgl. zur Literatur zu diesem Thema CRUEGER 1978, S. 31 ff.). Eine kürzlich erschienene Arbeit von KERN (1986) beschäftigt sich v.a. mit der inneren Gliederung des Dimos Athen.
Im Rahmen dieses Aufsatzes können nur einige Andeutungen gemacht, muß im übrigen auf die vorhandene Literatur verwiesen werden.

Administrativ besteht die nahezu 450 qkm bedeckende Agglomeration aus 57 selbständigen Gemeinden, von denen die Gemeinden mit über 10.000 Einwohnern den Status von Städten (dimoi), die mit weniger als 10.000 Einwohnern den von Gemeinden (koinotites) besitzen. Die Spanne der Gemeinde- bzw. Stadtgrößen reicht von Gemeinden mit weniger als 2.000 Einwohnern bis hin zum Dimos Athen mit über 600.000 Einwohnern.
Athen und Piräus bilden zweifellos die dominanten Zentren innerhalb der Agglomeration, für deren planerische Gestaltung nach übergeordneten Gesichtspunkten diese Funktion jedoch nicht genügt. Erst in jüngster Zeit bahnt sich hier eine Besserung an (vgl. CRUEGER 1978, S. 24).

Auch dem flüchtigen Reisenden fällt die Konzentration der mit den Hauptstadtfunktionen und anderen übergeordneten Funktionen verbundenen Einrichtungen in dem Bereich zwischen Syntagma-Platz und Omoniaplatz mit nach Norden reichender Verlängerung bis zum Nationalmuseum auf. Hier liegen Ministerien und Botschaften, die nationalen Bildungseinrichtungen (Universität, Akademie, TH, Nationalmuseum), aber auch Banken, teure Geschäfte, Büros der Fluggesellschaften usf. Hier vollzog sich das, was man als Cityentwicklung bezeichnet.
Der Geschäftsbereich füllt, mit abnehmender "Ranghöhe" von Ost nach West, auch das "Athener Dreieck" mit dem Markt (incl. Folgeeinrichtungen) als Kristallisationspunkt an der Athina-Straße und den Bereich unterhalb der Plaka, wo sich der alte Basar noch in veränderter Form erhalten hat (vgl. Photo 4).

Ein typisches Ost-West-Profil durch die Innenstadt von Athen (vgl. KERN 1986, S. 177) zeigt also eine Dominanz von hochrangigen Administrativ- und Geschäftsfunktionen im Osten mit den Achsen von Stadiou und Panepistimiou, die nach Westen an "Ranghöhe" bzw. Qualität abnehmen, um jenseits der Od. Athinas Großhandels- und Gewerbefunktionen zu weichen. Charakteristisch ist die noch häufige Vergesellschaftung von gleichem oder ähnlichem Warenangebot in einer Straße, einem Straßenbereich oder Bezirk.

Die Industrie konzentriert sich v.a. in Piräus und den westlichen Teilen der Agglomeration im Bereich der für eine Wohnbebauung ungeeigneten Kifissos-Mulde, um die Bucht von Eleusis und am Aigaleon.

Der funktionalen Differenzierung entspricht eine Abstufung in der Qualität der Wohnbereiche: Während der östliche Teil der Agglomeration insgesamt die qualitativ besseren Wohngebiete der höheren sozialen Schichten aufweist, findet man die Wohnbereiche schlechterer Qualität der unteren sozialen Schichten eher im westlichen Teil.

Die Ursachen dafür liegen ebenso in den natürlichen Voraussetzungen des Athener Beckens wie in der funktionalen Entwicklung der Stadt. Die Hänge von Lykabettos, Hymettos und seiner Vorhügel bieten im Osten die gesünderen Wohnlagen, ein Grund, warum auch das Schloß mit seinem Park an die östliche Ecke des Athener Dreiecks gesetzt wurde. Dies wiederum mußte sich auf die Struktur der Wohnbezirke und die funktionale Entwicklung dieses Teiles der Stadt auswirken.

Der westlich von Athen liegende tiefste Teil des Beckens bietet von den physischen Bedingungen her ungünstigere Voraussetzungen für Wohnbebauung. Die Kifissos-Mulde selbst wurde v.a. für Industrie- und Gewerbebetriebe erschlossen, was Auswirkungen auf die Wohnqualität hatte (vgl. dazu das Modell von KERN 1986, S. 122).

Im westlichen Teil der Agglomeration liegen auch zum überwiegenden Teil die Wohngebiete der Zuwanderer, die auf nicht freigegebenem Baugrund ihre Häuser errichteten und darauf warteten, daß dies nachträglich sanktioniert wurde - wie es üblicherweise, insbesondere vor Wahlen, auch geschah. Die unsicheren Beschäftigungsmöglichkeiten führten in den "Squatter"-Gebieten vielfach noch zur Beibehaltung ländlicher Lebensformen, insbesondere bei der ersten Generation der Zuwanderer (der Prozeß der stufenweisen Konsolidierung ist für den Stadtrandbezirk Perama beispielhaft von CRUEGER 1978 dargestellt). Hier gehört der morgendliche Hahnenschrei noch zur Wohnumgebung.

Erst in den letzten Jahren sind Ansätze einer - wirkungsvolleren - lenkenden Einflußnahme auf die Stadtentwicklung erkennbar.

Die Bevölkerungsentwicklung des Dezenniums 1971-1981 zeigt denn auch als Folge davon eine deutliche Schwerpunktverlagerung. Zunahmen weisen v.a. der Nordosten und Südosten der Agglomeration auf (vgl. Abb. 5), unterdurchschnittliche Zuwachsraten neben dem Dimos Athen - darauf wurde oben bereits hingewiesen - die Gemeinden in der Umgebung von Piräus sowie dieses selbst. Einige Gemeinden sind hier sogar durch absolute Bevölkerungsabnahme gekennzeichnet. Bereits bestehende hohe Dichte, mangelnde Wohnqualität und die gezielte Ausweisung von Wohnbaugebieten in anderen Teilen der Agglomeration dürften die Ursachen dafür sein. Die Gemeinden im westlichen Teil am Aigaleon weisen eine mäßige Zunahme auf, so daß sich auch in der jüngsten Bevölkerungsentwicklung der Agglomeration wieder ein charakteristisches Profil ergibt (s. KERN 1986, S. 49).

Abb. 5 : Agglomeration Athen, Bevölkerungswachstum 1971 – 1981 in %

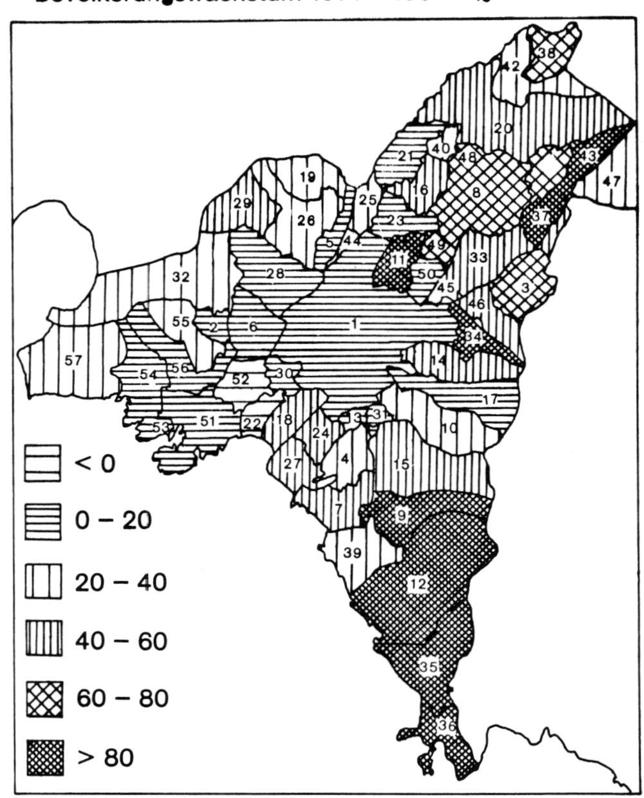

Quelle: Stat. Jb. Griechenland 1984

1. Athen (Athinai), 2. Agia Varvara, 3. Agia Paraskevi, 4. Agios Dimitrios, 5. Agioi Anargyroi, 6. Aigaleo, 7. Alimos, 8. Amarousion, 9. Argyroupolis, 10. Vyron, 11. Galatsion, 12. Glyfada, 13. Dafni, 14. Zografos, 15. Ilioupolis, 16. Irakleion, 17. Kaisariani, 18. Kallithea, 19. Kamateron, 20. Kifisia, 21. Metamorfosis, 22. Moschaton, 23. Nea Ionia, 24. Nea Smyrni, 25. Nea Filadelfeia, 26. Nea Liosia, 27. Palaion Faliron, 28. Peristerion, 29.

Petroupolis, 30. Tavros, 31. Ymittos, 32. Chaidarion, 33. Chalandrion, 34. Cholargos, 35. Voula, 36. Vouliagmeni, 37. Vrilissia, 38. Ekali, 39. Ellinikon, 40. Lykovrysis, 41. Melissia, 42. Nea Erythraia, 43. Nea Penteli, 44. Nea Chalkidon, 45. Neon Psychikon, 46. Papagos, 47. Penteli, 48. Pevki, 49. Filothei, 50. Psychikon, 51. Piräus (Peiraievs), 52. Agios Ioannis Rentis, 53. Drapetsona, 54. Keratsinion, 55. Korydallos, 56. Nikaia, 57. Perama. (Umschrift nach GROTHUSEN (1980) (Hrsg.): Südosteuropa Handbuch III, Griechenland S. 10 f.)

Schlagen wir den Bogen zurück zu den Anfängen des modernen Athen: Die Verbindung von Antike und Moderne bzw. den neuen Funktionen, die die Stadt Athen übernahm, die zu dem originellen Stadtplan von SCHAUBERT und KLEANTHES führte, zwischen antiken Göttern und Christentum, wie sie Klenzes Gemälde der Akropolis mit hochragendem Athenastandbild und ihr zu Füßen liegender Agora mit Engelssäule versinnbildlicht (München, Neue Pinakothek), ist in Athen sicher in vielerlei Hinsicht wirksam geworden und geblieben. Sie wird jedoch heute überwuchert durch eine Entwicklung, die eine Eigendynamik bekommen hat, die die Gründer der neuen Stadt kaum ahnen konnten.

7. Literatur

BANCO, I. (1976): Studien zur Verteilung und Entwickung der Bevölkerung von Griechenland. In: Bonner Geographische Abhandlungen 54.

BARTH, W. (1937): Zur Geschichte der Athener Universität. In: Hellas Jahrbuch 1937, S. 25-40.

BAXEVANIS, J.J. (1964): The growth of greater Athens since 1940. In: Annals of the Ass. of American Geographers 54, S. 413 ff.

BAXEVANIS, J.J. (1965): Population, internal migration and urbanization in Greece. In: Balkan Studies 6, 1, S.. 83-98.

BIRIS, K. (1966): Ai Athinai. Apó ton 19ou eis ton 20ou aióna, Athen.

BÖHME, H. (1954/55): Die Gestalt des modernen Athen. In: Deutsche Geographische Blätter 47, S. 125-188.

BRENKE, S. (1977): Stadtplanung in Athen - Grundlagen, Probleme, Perspektiven. In: Griechenland vor dem Beitritt zur EG, Materialien zum Siedlungs- und Wohnungswesen und zur Raumplanung, 16, S. 167-194.

BURGEL, G. (1970/72): La condition industrielle à Athènes. Etude socio-geographique; T. 1: Les hommes et leur vie; T. 2: Mobilité géographique et mobilité sociale, Athen, Paris (Centre National des Recherches Sociales/Centre National de la Recherche Scientifique).

BURGEL, G. (1972): Athènes. Trois methodes pour l'étude d'une agglomération millionaire. In: L'Espace Geographique 1/3, S. 163-165.

BYRON, Lord George G.N. (1859): The poetical works, London.

CARTER, F.W. (1968): Population migration to Greater Athens. In: Tijdschrift voor Economische en Sociale Geografie 59/2, S. 100-105.

CHANDLER, R. (1976): Reisen in Griechenland (Nachdruck der übersetzten Originalausg. Leipzig 1777), Hildesheim/New York.

CHARTIS ATHINON (o.J., ca. 1914): topographikós kai ipsometrikós, Hrsg.: Charalampous Gleni, Athen.

COMMERCIAL BANK OF GREECE (1978): Greek landscapes after the war of independence. Aquarelles and drawings by C. Rottmann and L. Lange. Athen.

CRUEGER, H.E. (1971): Zwei Beiträge zum Problem der Bevölkerungsstruktur von Groß-Athen. In: The Greek Review of Social Research 9-10, S. 115-131.

CRUEGER, H.E. (1978): Perama - Eine Zuwanderungsgemeinde am Stadtrand von Groß-Athen. Ein Beitrag zur Entwicklungsproblematik sogenannter Barackensiedlungen. Phil. Diss., Bonn.

JONGH, B. de (1980): Griechenland. 3. Aufl., München.

DEMOSTHENOPOULOU, E. (1970): Öffentliche Bauten unter König Otto in Athen. Phil. Diss., München.

DICKS, T.R.B. (1967): Greater Athens and the Greek planning problem. In: Tijdschrift voor Economische en Sociale Geografie 58, S. 271-175.

DODWELL, E. (2. Aufl. 1986): Klassische Stätten und Landschaften in Griechenland. Impressionen von einer Reise um 1800; Die bibliophilen Taschenbücher Nr. 325, Dortmund 1982.

DORIADES, K.E. (1941 und 1942): Der Städtebau von Athen. In: Wasmuths Monatshefte für Baukunst, 25, 1941, S. 313, 316, u. 26, 1942, S. 1-4.

DOXIADES, C.A. (1961): Plan for the city of Athen. In: Ekistics 11, S. 281-311.

DOXIADES, C.A. (1965): The capital of Greece. In: Ekistics 20, S. 53-82.

DOXIADES, C.A. (1975): Athens and its future. In: Ekistics 40, S. 309-312.

ENGEL, E. (1887): Griechische Frühlingstage. 1. Aufl. (2. Aufl. 1904), Jena.

ENKYKLOPAIDEIA PAPYROS, LAROUS, BRITANNIKA (1981): tomos 3, Artikel Athen, Amarousia Attikis.

FIEDLER, K.G. (1840): Reise durch alle Teile des Königreiches Griechenland im Auftrag der Kgl. griechischen Regierung in den Jahren 1834-1837. 2 Tle, Leipzig.

FOUNTOULAKI, O. (1979): Stamatios Kleanthes 1802-1862. Ein griechischer Architekt aus der Schule Schinkels. Diss., TH Aachen.

GREGOROVIUS, F. (1889): Geschichte der Stadt Athen im Mittelalter. Nachdruck 1962, Basel/Stuttgart.

GROTHUSEN, K.-D. (Hrsg.) (1980): Griechenland. Südosteuropa Handbuch III, Göttingen.

HEDERER, O. (1976): Friedrich von Gärtner 1792-1847. Leben, Werk, Schüler. München.

HEDERER, O. (1981): Leo von Klenze. Persönlichkeit und Werk. 2. Aufl., München.

HELLER, W. (1979): Regionale Disparitäten und Urbanisierung in Griechenland und Rumänien.Göttinger Geographische Abhandlungen 74.

HILLER, H./COBET, J. (1985): Die Akropolis von Athen. Verwandlungen eines klassische Monuments. Führer des Regionalmuseums Xanthen 21, Köln.

HÖNIGSBERG, E. (1928): Athen. In: Mitteilungen der Geographischen Gesellschaft in Wien 71, S. 130.

KAYSER, B./THOMPSON, K. (1964): Social and economic atlas of Greece (engl., franz., griech.). Athen.

KERN, W. (1986): Athen. Studien zur Physiognomie und Funktionalität der Agglomeration, des Dimos und der Innenstadt. Salzburger Geogr. Arb. 14.

KÜHN, Margarete (1979): Schinkel und der Entwurf seiner Schüler Schaubert und Kleanthes für die Neustadt Athens. In: W. ARENHÖVEL und Ch. SCHREIBER (Hrsg.): Berlin und die Antike. Berlin, S. 509-522.

LIENAU, C. (1979): Griechenland-Kluft zwischen Stadt und Land. In: Hellenika, S. 21-27.

LIENAU, C. (1982): Beobachtungen zur Siedlungsentwicklung in ländlichen Räumen Griechenlands. In: Geographische Zeitschrift 70, S. 230-236.

MICHAEL, J.M. (1969): Entwicklungsüberlegungen und -initiativen zum Stadtplan von Athen nach dessen Erhebung zur Hauptstadt Griechenlands. Diss., TH Aachen.

PFISTER, F. (1845): Der Krieg von Morea in den Jahren 1687 und 1688. Kassel.

PHILIPPSON, A. (1952): Die Griechischen Landschaften. Bd. I, T. III, Der Nordosten der griechischen Halbinsel. Attika und Megaris; nebst einem Anhang "Beiträge zur historischen Landeskunde von Attika und Megaris" von E. KIRSTEN. Frankfurt/M.

PÜCKLER-MUSKAU, H. Fürst v. (1968): Südöstlicher Bildersaal. Griechische Leiden. Bibliothek klassischer Reiseberichte (auf Grund der Originalausgabe Stuttgart 1840), Stuttgart.

RIEDL, H. (1964): Zum Spitzenwachstum der Stadt Athen. In: Zeitschrift für Wirtschaftsgeographie 3, S. 84-88.

RÖHRIG, H. (Hrsg.) (1975): Das Tagebuch des Fähnrichs Zehe in den Türkenkriegen 1685-1688.

ROMANOS, A.G. (1969): Illegal settlements in Athens. In: Paul OLIVER (Ed.): Shelter and Society. New York/Washington, S. 137-155.

RUSSACK, H.H. (1942): Deutsche bauen in Athen. Berlin.

SEIDL, W. (1981): Bayern in Griechenland. Die Geburt des griechischen Nationalstaats und die Regierung König Ottos. München.

SINOS, S. (1974): Die Gründung der neuen Stadt Athen. In: Architectura, S. 41 ff.

VASSILIADES, P. et al. (1965): Master plan of Athens. Hrsg.: MINISTRY OF PUBLIC WORKS, Athen.

WEGNER, M. (Hrsg.) (1943): Land der Griechen. Reiseschilderungen aus sieben Jahrhunderten. Ausgew. und mit Nachwort versehen, Berlin.

WESTEBBE, R.M. (1980): Industry, handicraft and tourism. In: GROTHUSEN, K.-D. (Hrsg.), S. 267-290.

ZOLOTAS, K. (1926): Griechenland auf dem Wege zur Industrialisierung. Leipzig/Berlin.

ZIEBARTH, E. (1936): Aus dem Athen von 1819 nach Reisebildern von Leopold Schefer. In: Hellas Jb., S. 36-40.

Anschrift des Verfassers:

Prof. Dr. Cay Lienau

Westfälische Wilhelms-Universität

Institut für Geographie

Robert-Koch-Straße 26

D - 4400 Münster

Aus:

Ekkehart Köhler und Norbert Wein (Hrsg.):

NATUR- UND KULTURRÄUME.

Ludwig Hempel zum 65. Geburtstag.

Paderborn: Ferdinand Schöningh 1987.

= Münstersche Geographische Arbeiten 27.

Photo 1:

Die Akropolis. Kolorierter Stich von E. DODWELL um 1800 (aus: DODWELL 1986, S. 25). Das Bild ist von der Mauer der nördlichen Wand der Propyläen gezeichnet und zeigt die dichte mittelalterliche Überbauung der Akropolis, aus der der Parthenon hoch herausragt. Die dorischen Säulen im Vordergrund gehören zu den Propyläen. Die Person rechts vorne soll den Festungskommandanten (Disdar) darstellen.

Photo 2:

Blick von O auf Athen mit Akropolis. Aquarell von C. ROTTMANN 1834 (aus: COMMERCIAL BANK OF GREECE 1978, Tafel 17). Die Ruinen des Olympieions im Vordergrund liegen noch außerhalb der Grenzen der Stadt, von der man die mittelalterlichen Häuser am Fuß der Akropolis erkennt. Das Hadrianstor (s. Photo 5), das man ebenso von diesem Standort aus sehen müßte wie viele, die Altstadt überragende Minaretts, fehlt. Links im Hintergrund das Meer, das näher als in Realität an die Stadt heranrückt.

Photo 3:

Der Basar von Athen. Kolorierter Stich von E. DODWELL um 1800 (aus: E. DODWELL 1986, S. 35). Festgehalten im Stich ist die völkische Vielfalt und der orientalische Charakter dieses Stadtteiles. Im Hintergrund die Minaretts von zwei Moscheen und die Akropolis.

Photo 4:

Das Basarviertel (Od. Pandrosou) 195 (Photo des Verf.). Die Od. Pandrosou is die Straße der Schuster und der Antiqui täten. Überall sieht man auf dem Bil "tsaroúchia" ausgestellt, heute meist nu noch zur Tracht getragene pantoffelartig Schuhe aus schwarzem und rotem Leder mi Quaste auf der Spitze und "normale" Schu he. In der benachbarten Od. Hephaisto sitzen die Eisen- und Kupferschmiede.

Photo 5:

Hadrianstor in der ersten Hälfte der 70e Jahre des 19. Jh. von "Stadt des Hadria und nicht des Theseus" (Inschrift auf de der antiken Stadt abgewandten Seite de 131/2 unter Kaiser Hadrian erbauten Bo gens) aus gesehen (Photo aus: Ten aspect of Athens 1870-75, photographs taken b P. MORAITES). Noch ist der heute breit Boulevard Leoforos Amalias ein baumbe standener Weg, auf dem kein Autoverkeh das Tor von der Plaka aus fast unerreich bar macht.

Photo 6:

Akropolis von S am Anfang der 70er Jah des 19. Jh. (Photo aus: Ten aspects .. s. zu Photo 5). Die gewaltigen Schuttf cher am Hang der Akropolis zeugen von d umfangreichen "Reinigungsarbeiten" d Archäologen. Noch steht der sog. Franke turm, den SCHLIEMANN 1874 abreißen lie Im Vordergrund das noch nicht restaurie te Herodes Attikus Theater.

Arnold Beuermann †

Iráklion*

Strukturprobleme einer griechischen Stadt auf Kreta

Iráklion (Heráklion, Candia) gilt neben Chaniá als die bedeutendste und größte Stadt der griech. Insel Kreta, etwa in der Mitte der Nordküste gelegen; durch seine Mittellage und gute Verkehrsaufgeschlossenheit nach Westen (Chaniá), nach Osten (Hag. Nikoláos) und Süden (Messará) das bevorzugte wirtschaftliche Zentrum des kretischen Handels, zudem in einem weiten Küstenhof gelegen (vgl. BEUERMANN 1971). Sie gilt aufgrund ihrer historischen Entwicklung und des relativ späten Anschlusses an das Mutterland unter den griechischen Städten m.E. als eine Großsiedlung mit besonderen Strukturproblemen. Im Vergleich mit den anderen genannten Städten hat sie für den flüchtigen Besucher zunächst nur wenig Faszinierendes aufzuweisen. Sie wird für viele Touristen, die die naheliegenden antiken Städten Knóssos, Phaistós, Hagia Triáda oder Máli besuchen wollen, als notwendige Ausgangsposition betrachtet, die außer ihren gewaltigen Bollwerken aus Venezianischer Zeit, dem bedeutenden Archäologischen Museum, den Hotels und dem Einkaufsmarkt keine weiteren besonderen Reize besitzt. Unterzieht man die Stadt jedoch einer genaueren Betrachtung und berücksichtigt man dabei die vielfältigen historischen Entwicklungsphasen, dann zeigt sich eine ungeheuer große Vielfalt an Teilaspekten, Entwicklungs- und Strukturproblemen.

Mir wurde das Glück zuteil, als außenstehender Betrachter seit 1954 die Entwicklung, insbesondere die Veränderungen der innerstädtischen Funktionen verfolgen zu können. Für Herrn Kollegen Prof. Dr. Ludwig HEMPEL, der von dort aus vor allem seine geomorphologischen Forschungen auf Kreta betrieb, seien aus Anlaß seines 65. Geburtstages einige mir wesentlich erscheinenden Probleme - gewissermaßen aus alter, enger Verbundenheit eines gemeinsamen Studiums an der Universität Göttingen - als Anregung für spätere Besuche hier behandelt.

Während meiner Besuche auf Kreta war Iráklion für Studentenexkursionen und Geländepraktika ein gern aufgesuchtes Arbeitsfeld. Es wurden nicht nur Kartierungsarbeiten durchgeführt, sondern im Anschluß an ein Arbeitsseminar im Sommersemester 1971 entstand eine Zulassungsarbeit für das Lehramt an Höheren Schulen (RATHJEN 1972) sowie desgl. 1981 eine Diplomarbeit (HÖLTER/GROTHE 1984).

Es wurde einleitend darauf hingewiesen, daß diese Stadt aufgrund ihrer historischen Entwicklung und ihres rasanten bevölkerungspolitischen Wachstums innerhalb der letzten Jahrzehnte vielfältige Strukturen aufweist, die z.T. "auf Anhieb" sichtbar, z.T. jedoch überbaut und damit verdeckt wurden. Es ist daher für den Geographen äußerst reizvoll, die historisch-geographischen Grundzüge aufzuspüren und im Zuge einer modernen Städteplanung den hierfür verantwortlichen Instanzen als Arbeitsmaterial in die Hand zu geben, bzw. das Interesse daran zu wecken und für die Ausgestaltung eines modernen innerstädtischen Gefüges Anregungen zu geben.

Das heutige Innenstadtgebiet war nachweisbar schon im frühen Altertum als Siedlungsstandort bekannt (Neopalatikum 1700-1400 v. Chr.), an den sich unmittelbar (östlich der heutigen Vorstadt Amnissós) der Hafen von Knossós anschloß, dessen Ruinen ca. 5 km östlich des heutigen Stadtzentrums zu finden sind (vgl. ausführl. Literatur KIRSTEN/KRAIKER 1967; BEUERMANN 1972; BRYANS 1970 u.a.). Die Bucht von Iráklion war so während der minoischen Zeit (bis 1400 v. Chr.) eine Art Nebenhafen, der nach der Versandung des Haupthafens erst größere Bedeutung erlangte. Die Griechen nannten diese Hafensiedlung seit dem 6. Jh. v. Chr. Heracléa, d.h. jene Stelle, an der der Sage nach Herakles landete, um seine siebente Heldentat zu vollbringen. Größere Bedeutung erlangte der Ort jedoch erst im 9. Jh. n. Chr., nachdem die Sarazenen die Insel vom Süden her erobert hatten und nach der Zerstörung der damaligen Hauptstadt Gortys (in der Messará) Heracléa zu einer Festung ausbauten. Als "Rabd el Chandak" war die Siedlung nun Hauptstadt des arabischen Kretas und als Ausgangspunkt gefürchteter Piraterie im östlichen Mittelmeer verrufen. Unter Byzanz (seit 961) werden Stadt und Insel in Anlehnung an die

*) Wenige Tage nach Vollendung dieses Beitrages verstarb Professor Dr. Arnold Beuermann

arabische Benennung "Chandax" und während der venezianischen Beherrschung (1204-1669) "Candia" genannt.

Die arabische Bezeichnung Rabd el Chandak wird allgemein übersetzt mit dem Begriff "der Graben". Vermutlich ist die Linienführung der heutigen Dikaiosynis-Straße (ehemals Odos Vass. Konstantínou-B'.) die Leitlinie, in deren Bereich eine Art Grabenbefestigung zu suchen ist. Das heutige Kastell Koules, damals noch ein felsiges Eiland, sicherte die Hafeneinfahrt.

Die Byzantiner, die 961 unter Nikifóros Fókas die Stadt eroberten, richteten große Zerstörungen an und versuchten, die überlebenden etwa 18 km südlich von Chandax, beim heutigen Dorf Profítis Ilías, neu anzusiedeln, was am Widerstand der Bevölkerung sowie der zugewanderten Kolonisten scheiterte. Chandax wurde an alter Stätte wieder aufgebaut und im Bereich des alten Grabens durch eine erste Ummauerung landeinwärts gesichert. Der Verlauf dieses Mauerzuges ist im heutigen Straßennetz noch zu erkennen. Er verlief von der Dermatas-Bucht über die heutigen Straßen Chándakos, Dhedhálou und Beaufort zum Hafen. In der Dhedhálou-Straße wurden vor einigen Jahren Reste dieser frühen Ummauerung freigelegt.

Die Venezianer, die 1204 Stadt und Insel eroberten, gaben der von ihnen weiter stark befestigten Hafenstadt ihr bis in die Neuzeit reichendes, festes Gepräge, das sich noch im heutigen Straßenverlauf (in den Befestigungswerken und in vielen Kulturbauten) widerspiegelt (vgl. KOLODNY 1968; MATTON 1957; BEUERMANN 1972 u.a.). Es würde hier zu weit führen, alle Baulichkeiten dieser Zeit zu nennen. Es seien allerdings auf die Loggia, Hag. Markos (San Marco), Morosini-Brunnen sowie auf die z.T. prächtigen ehem. Stadttore verwiesen. Zunächst wurde die während der byzantinischen Zeit errichtete Mauer verstärkt und der Hafen durch ein Kastell und den Bau von Magazinen marinetechnisch sicher und repräsentativ gestaltet. Auf einer Karte aus dem Jahre 1419 (Zeichnung von Buondelmondti, vgl. MATTON 1957) ist die Linienführung der Hauptstraße vom Hafen zum einzigen großen Stadttor landeinwärts deutlich erkennbar und mit der heutigen Straße des "25. Avgoústou" in etwa identisch. Das Stadttor, am heutigen Fokás-Platz, ist hervorgehoben, und im Bereich der Vorstadtsiedlung zeichnen sich "extra muros" bereits zwei Straßenzüge ab, wobei der eine in etwa mit der heutigen Kalokairioú-Straße, der andere mit der Straße "1821" deckungsgleich scheint. Eine frühere Vorstadtplanung wird damit sichtbar. Im Innengefüge dieser Altstadt, d.h. der ersten frühen Ummauerung, fällt die Hauptkirche aus der byzantinischen Epoche auf, die nach einem Erdbeben 1446 als dem Heiligen Titos geweihte Kirche (heute Hag. Titós-Kirche) neu errichtet wurde. Weiterhin zeigt die Buondelmondti-Zeichnung nahe dem Stadttor eine größere Platzanlage mit einem Gebäudekomplex, der als Dogenpalast (Palazzo ducale) deutbar wird. Von diesem Palast existieren heutigentags im nördlichen Baublock des Platzes um den Morosini-Brunnen noch Fragmente einer Arkade.

Die erste authentische und topographisch fixierbare Karte zeichnete 1666/68 WERDMÜLLER (vgl. Karte 1). Hier wird der Charakter des ältesten Stadtgefüges, der bei Buondelmondti durch eine Schrägansicht nur angedeutet worden ist, in der Citta vecchia (Altstadt) im Stadtgrundriß erstmals deutlich und mit dem heutigen Straßengefüge vergleichbar.

Nach der Eroberung Konstantinopels durch die Türken waren die Venezianer gezwungen, die in ihrem Herrschaftsbereich des östlichen Mittelmeeres gelegenen Stützpunkte für den Levante-Handel auszubauen und festungsmäßig zu sichern. So begann man, um die Gefahr einer türkischen Invasion abzuwehren, 1462 mit dem Bau einer gigantischen Befestigungsanlage, die das Vorstadtgelände, soweit damals besiedelt, in großzügiger Weise mit einbezog. Entsprechendes Freigelände, wie wir es in Mitteleuropa innerhalb der mittelalterlichen Städte, aber auch der barocken Fortifikationen kennen, wurde auch hier geschaffen. Die Hauptarbeiten dieser Befestigungsanlage wurden 1538 durch den seinerzeit berühmten veronesischen Festungsbaumeister Michele di San Michele eingeleitet. Ein eindrucksvoller, festungstechnisch seinerzeit vorbildlicher, mit Erdreich angefüllter Ring von sieben Bastionen sicherte die Stadt landeinwärts; eine Stadtmauer schirmte die Stadt nach Norden, zur See hin ab, wobei auf dem ehemaligen Felseiland Koules (durch eine befestigte Mole mit dem Festland verbunden) eine eindrucksvolle Hafenbastion die Zufahrt absicherte. MATTON (1957, S. 124) errechnet eine befestigte Stadtfläche von 80 bis 90 ha und nennt 10-15.000 Einwohner. Die Arsenale im Hafen wurden erweitert und mit bombardementsicheren Gewölben versehen. Sie dienten zur Lagerung von Kriegsmaterial sowie der Reparatur von Schiffen. Diese so befestigte Stadt fiel erst nach einer 22 Jahre dauernden Belagerung 1669 an die Türken.

Eine ausführliche Analyse der Werdmüllerschen Karte

würde den Rahmen dieses Beitrages sprengen; ein Vergleich mit einer modernen topographischen Karte bietet sich jedoch in faszinierender Weise an. Mir stand die Karte 1 : 5000 (1962) - hier Karte 2 - zur Verfügung. In einem ist die Karte von Werdmüller noch einer eingehenden Betrachtung wert. Werdmüller kartiert innerhalb des Stadtgebietes 82 (!) Kirchen; 30 in der Citta vecchia und 52 im alten Vorstadtgelände, gewissermaßen außerhalb der Porta del Lazzareto. Viele dieser Kirchen wurden nach der osmanischen Eroberung in Moscheen umgewandelt und damit ein für "die türkische Stadt auf dem Balkan" (KISSLING 1968, S. 74/75) sog. "Vaqf-System" installiert. Es wäre interessant, wenn man an Hand der noch verbliebenen zeitgenössisch-osmanischen Quellen aus der Vaqf-Zugehörigkeit, bzw. Abgrenzung dieser Bezirke, für die Zeit der venezianischen Herrschaft, bzw. der Zugehörigkeit zum Byzantinischen Reich die alten rechtlich-religiösen Kirchenbezirke rekonstruieren könnte.

Bis 1889 blieb die Insel und damit auch die Stadt unter osmanisch-türkischer Herrschaft mit Namen Kandiye (lt. Auskunft Prof. Detorakis, Kret. Univ. Iraklion) und erhielt danach wieder den griechischen Namen Heráklion/Iráklion. Noch im 19. Jahrhundert (gelegentlich auch noch heute!) wurde die Stadt von den Griechen Megalókastro genannt. Seit 1913 ist sie in den griechischen Staatsverband eingegliedert und seither einem schnellen, viel zu schnellen Wachstum unterworfen. Der amtlichen Statistik entsprechend, sind in den Jahrzehnten seither folgende Wachstumsraten zu verzeichnen:

1913	-	25.185 Einw.
1920	-	24.848 "
1928	-	33.404 "
1940	-	39.550 "
1951	-	51.144 "
1961	-	63.458 "
1971	-	77.506 "
1982	-	101.634 "

Für 1908 nennt der Baedeker Griechenland (S. 416) 22.774 Einw.

Entscheidende Zäsuren liegen nach dem griechisch-türkischen Kriege von 1921/22 und in dem daran anschließenden Bevölkerungsaustausch sowie unmittelbar nach dem Zweiten Weltkrieg.

Die Ansiedlung klein-asiatischer Griechen (ca. 8.000) erfolgte erstmalig auf den Hügelbereichen östlich der großen venezianischen Befestigungsanlagen; Teile der Toranlagen wurden abgebrochen und damit die erste Stadterweiterung an der Ostperipherie eingeleitet. Inzwischen erfolgte eine Erweiterung des Stadtgebietes auch nach Süden, während an den westlichen Ausfallstraßen vornehmlich Handwerksbetriebe und Sultaninen verarbeitende Werke sich ansiedelten. Diese Gruppierungen waren anfangs nicht planerisch gesteuert und entstanden aus sich heraus! Die starke Abwanderung ländlicher Bevölkerung aus dem Binnenland der Insel in die Stadt schuf innerhalb der letzten 1 1/2 Jahrzehnte besonders in diesen Randgebieten von Iraklion eine geradezu katastrophale Planungssituation. Dies beklagt mit eindringlichen Worten im jüngsten Merian-Heft M. VASSILAKIS. Der Wohnungsbau wurde nämlich weitgehend der Privatinitiative überlassen, sodaß Bodenspekulationen ein geordnetes Bauwesen geradezu unmöglich machten. "Die Gesetze und Bestimmungen für das Bauwesen tragen den Stempel des griechischen Zentralismus". Der Stahlbetonskelettbau wurde als Sicherheit gegenüber zu erwartender Erdbeben bevorzugt angewandt, und "ohne Baugenehmigung und ohne eine Spur städtebaulicher Planung" entstanden völlig neue Stadtviertel.

Ein bereits 1936 erstellter Generalbebauungsplan umfaßte vornehmlich das Strukturbild der Innenstadt. So sollte das alte, für den motorisierten Straßenverkehr untaugliche Straßen- und Gassennetz einer modernen Entwicklung, die mit einem Ausbau des Handelshafens verbunden werden sollte, weichen. Möglichst rechtwinkelige Häuserblocks sollten gewissermaßen ohne Rücksicht auf alte Erbrechte oder in den letzten Jahrhunderten gewachsenes Grundeigentum die alten, krummen (z.T. Sackgassen) Straßen und Gassen verbreitern und begradigen. Jedes neue Gebäude innerhalb der alten Umwallungen wurde seitdem nicht an der Stelle des abgerissenen Altbaus, sondern in der vom Bebauungsplan diktierten neuen Bauflucht errichtet (VASSILAKIS).

Die Bodenspekulationen beschränkten sich damit nicht nur auf die Außenbezirke, sondern schossen vor allem in einigen Innenstadtbereichen in einem unverantwortlichen Maße "ins Kraut". So verloren viele der noch bis in die 60er Jahre hinein idyllisch wirkenden Bereiche der alten Marktgassen ihren alten, ihnen eigenen Reiz. Durch das Festhalten an dem nach heutigen, modernen stadtplanerischen Gesichtspunkten widersinnigen Bebauungsplan von 1936 schwand vor allem während des letzten Jahrzehnts auch die einstige Beschaulichkeit des Wohnens in den südlichen Altstadtstraßen und -gäßchen.

Zurückgekehrte Gastarbeiter sahen hier u.a. glänzende Möglichkeiten einer Kapitalanlage. Das geschah in Iráklion in einem noch stärkeren Maße als es HERMANNS u. LIENAU 1982, S. 6, für viele Städte des griechischen Festlandes charakterisiert haben. Am stärksten hatte unter der modernen Betonskelettbauweise die alte, bis dahin vertraute Stadtsilhouette zu leiden. Die einstmals das Stadtbild beherrschenden Kirchentürme und -kuppel des Domes (Hag. Mínas) werden heute überragt von "modernen Etagenhäusern" (vgl. Photo 2 A u. B). So müssen beispielsweise bei allen Hochbauten an den Straßenfronten oberhalb der 4. Etage die Stockwerke um jeweils zwei Meter zurückgesetzt werden. Diese sicherheitstechnischen Erwägungen schaffen eine Skyline, die an Häßlichkeit kaum zu überbieten ist. Der Eindruck wird noch verstärkt, wenn "Bauherren" so sehr in die Zukunft planen, daß ihnen bei fehlenden Geldmitteln nur der Ausbau von Erdgeschoß und 1. Etage möglich ist, sodaß jahrelang die unfertigen oberen Geschosse als Rohbauten stehenbleiben. Der einstmals so großartige Altstadtblick von der Bastion Martinengo, dem Grabmal des Schriftstellers Níkos Katzantzákis, hinüber zum alten Hafen hat seinen malerischen Reiz schon lange eingebüßt.

Einer Eulenspiegelei ähnlich ist die Verwirklichung einer innerstädtischen Entlastungsstraße für den ca. 650 m langen Leofóros Kalokairinoú (Photo 3). Diese vom zentralen Fokás-Platz zur Platía Koroká (dem Tor nach Chaniá) führende innerstädtische Hauptgeschäftsstraße soll nach dem Plan von 1936 mittels rigoroser Durchbrüche durch alte, traditionelle Wohngebiete nördlich davon eine Parallelverbindung bekommen. Ein Ausschnitt dieses Planes wurde in Karte 3 wiedergegeben; während ein Ausschnitt aus der Topogr. Karte 1 : 1000 (1979) in etwa die heutige Situation kennzeichnet (vgl. Karten 3 u. 4). SPANAKIS hat 1964 in einem sonst hervorragend mit Sachverstand geschriebenen Reiseführer diesen Straßenzug bereits als ausgeführt einem Stadtplan eingezeichnet (wie Karte 5 hier noch einmal verdeutlicht!). In deutschsprachigen Reiseführern (so u.a. SPEICH 1977) wurde diese Situation übernommen. Seit Jahren begegnet man nun in diesem Stadtgebiet Touristen, die ihren Reiseführer, bzw. den darin eingebundenen Stadtplan in verzweifelter Gestik drehen und wenden, um hier Straßen zu suchen - bei SPEICH schon mit festem Namen versehen -, die noch gar nicht existieren (Karte 6)!

Gerade im Bereich dieser vorgesehenen Entlastungsstraße befinden sich eine Reihe erhaltenswürdiger Wohnbauten aus dem Beginn des 19. Jahrhunderts, deren Ebenbilder in den anderen Stadtgebieten bereits der Spitzhacke zum Opfer fielen. Das Photo 6 zeigt ein solches Bauwerk. Es ist beruhigend zu wissen, daß junge Städteplaner und Architekten (darunter auch VASSILAKIS, PERSILAKIS u.a.) in verstärktem Maße bemüht sind, kulturhistorisch wichtige Bauten zu schonen, bzw. deren Reste - oft nur noch im Bereich ihrer Grundmauern erkennbar - zu erhalten.

Auf den Wällen und in den davor liegenden, zur alten venezianischen Befestigung gehörenden Bastionsgräben siedelten, z.T. in Behelfsbaracken, bis in die Mitte der 60er Jahre auf engstem Raum sozial schwache Bevölkerungsgruppen, teils als Ergebnis des griechisch-türkischen Bevölkerungsaustausches (1922/23), teils aber auch das städtische Leben suchende Menschen aus den im 2. Weltkrieg zerstörten Bergdörfern. Die später einsetzende Landflucht tat ein übriges, um die ehemaligen Befestigungsgräben zu slumartigen Wohngebieten werden zu lassen (vgl. Photo 2 A u. B). Für diese Bevölkerungsgruppen wurde in den Jahren ab 1968 am westlichen Stadtrand, südlich der Ausfallstraße nach Chaniá, ein eigenes Siedlungsgebiet erschlossen. Baulich in einheitlichem Zuschnitt, boten erdgeschossige Wohnungen, die nunmehr aber an das Elektrizitäts- und Wassernetz der Stadt angeschlossen waren, den Slumbewohnern ein Leben unter normalen hygienischen Bedingungen. Bulldozer bereinigten die alten Slumgebiete, auf denen Sportstätten und Parkplätze entstanden.

Das innerstädtische Funktionsgefüge zeigt ein interessantes Bild und wurde für 1981 von HÖLTER aufgezeichnet. Zu diesem Zweck sind in einer Karte (7) die Anzahl der wirtschaftlichen, bzw. administrativen Funktionen jedes Baublocks in Beziehung zur Anzahl der Stockwerke gesetzt. HÖLTER ging davon aus, daß die Stockwerke der Gebäude, die nicht mit wirtschaftlichen und öffentlichen Funktionen belegt sind, als Wohnraum genutzt werden. Die Ruinen- und Kirchenkomplexe bleiben unberücksichtigt, während allerdings die leerstehenden Geschäftsräume so gewertet wurden, als seien sie bereits in vollem Umfang mit einer wirtschaftlichen Funktion belegt. Orientierend an den bestehenden örtlichen Verhältnissen, sind so auf empirischem Wege Schwellenwerte festgelegt, die eine Einteilung in vier Klassen ermöglichen (vgl. hierzu Karte 8). Die zwei sich ergebenden unterschiedlichen Übergangsgebiete zeigen

A) einen Bereich mit noch überwiegenden Wohnfunktionen und

B) ein Überwiegen bereits wirtschaftlicher und öffentlicher Funktionen.

Somit hebt sich sehr deutlich ein Kerngebiet ab, das die Hauptstraßenbereiche vom alten Hafen zum

Fokás-Platz (Straße 25. Avgoústou); Fokás-Platz östlich zum Eleftherias-Platz (Dikaiosýnis-Straße); den Straßenfächer (Straße 1866, Straße 1821; den Bereich zwischen Fokás-Platz und dem bereits stark verbreiterten Ringstraßensystem (Leofóros Kalokairinoú) sowie die Ringstraße selbst vom Leofóros Kalokairinoú zur Hag. Mínas (Sfakíon-Straße) umfaßt. Der sich nach Westen anschließende Bereich des Leofóros Kalokairinoú zum Chaniá-Tor hin ist in den Neben- und Hintergassen noch relativ stark als Wohngebiet genutzt (vgl. Photo 3), während die Fronten an der Ausfallstraße Einzelhandelsgeschäfte aufweisen, die ausgesprochen kleinstädtischen Charakter haben und in unregelmäßigen Abständen von Caféhäusern (Cafeneíon) benachbart sind.

Die so entstandene Karte der Funktionseinheiten spiegelt sich in einer Vielzahl von Karten wider, die ROTHE durch eine Kartierung von Standorten des Einzelhandels entwarf. Bei den drei Bedarfsstrukturen: "Seltener Bedarf", "Periodischer Bedarf", "Täglicher Bedarf" zeigen sich deutlich Verdichtungszonen in eben jenen Geschäften, die HÖLTER als Übergangsgebiete B sowie ungerastert als Gebiet des wirtschaftlichen und öffentlichen Lebens kennzeichnete. Dabei müssen allerdings die drei großen Verwaltungskomplexe an der Dikaiosýnis-Straße ausgenommen werden. Innerhalb der Gebiete der Bedarfsstufe "Seltener Bedarf" befinden sich die Einrichtungen des Fremdenverkehrs (Reisebüros, hochwertige Andenkenläden sowie anspruchsvolle Restaurants). Auch die Banken, Hotels und größeren Pensionen, Konsulate und Handelsvertretungen sind hier beheimatet.

Seit 1981 ist die nördliche Parallelstraße der Dikaiosýnis-Straße (Dhedhálou), der Venizélos-Platz (im Bereich des Morosini-Brunnens), die Straße 1866 sowie die Fotíou ("Freßgasse") offiziell zur Fußgängerzone deklariert.

Die hier beschriebenen Kartierungen umfassen ein Stadtgebiet, das ursprünglich in seiner inneren Funktion auf venezianisch-osmanischer Tradition aufbauend, heute innerhalb griechischer Städte als "City" zu verstehen ist. Vergleicht man all' die genannten Einzelkriterien des innerstädtischen Funktionsgefüges jener unter meiner Betreuung durchgeführten Kartierungen von 1971 mit denen von 1981, so ist eine fortschreitende funktionale Umstrukturierung des traditionellen orientalisch-kretischen Iraklíon in eine moderne westliche Geschäftsstadt nicht zu übersehen. Inwieweit diese Entwicklung betont vom Fremdenverkehr oder aber von der großen Zahl rückwandernder Gastarbeiter beeinflußt worden ist, oder einfach nur "dem Trend weltweiter Egalisierung und Uniformierung der Städte in einem weltzivilisatorischen Sinne" (DETTMANN 1970, S. 122) entspricht, bleibt auch nach den Untersuchungsmodalitäten von HÖLTER/ROTHE (1981) dahingestellt. Im Vergleich mit anderen griechischen Städten althergebrachter Tradition ist ein Zusammenwirken der Einzelkriterien wirksam. Das individuelle und planerische Denken der Griechen, insbesondere die Eigenheiten der Kreter, lassen Eigenwilligkeiten offen, die die heutige griechische Stadt gegenüber denen der benachbarten Länder Südosteuropas kennzeichnen.

Literatur

BEUERMANN, A. (1971): IRÁKLION. In: Westermann Lexikon der Geographie. Braunschweig.

BEUERMANN, A. (1972): Die Städte Kretas. In: SO-Europa Studien, Bd. 19, S. 55-65. München.

BRYANS, R. (1970): Kreta. München.

CLUTTON, E./A. KENNY (1976): Crete. Newton Abbot.

DETTMANN, K. (1970): Zur Variationsbreite der Stadt in der islamisch-orientalischen Welt. In: Geographische Zeitschrift, 58. Jg., Heft 1, S. 95-123. Wiesbaden.

DOXIADIS, C.A. (1977): Housing, the key to Greece's rural rekonstruction. In: Ekistics 44, N. 263, S. 208-213. Athen.

GALLAS, K. (1980): Kreta. Kunst aus 5 Jahrtausenden (7. Aufl.). Köln.

GUANELLA, H. (1977): Kreta. Reise- und Kunstführer (5. Aufl.). Zürich.

HERMANNS, H./C. LIENAU (1982): Forschungsprojekt: Rückwanderung griechischer Gastarbeiter und Regionalstruktur ländlicher Räume in Griechenland. Schlußbericht. Münster.

HÖLTER, M./M. ROTHE (1984): Wandel einer orientalisch-venetianisch vorgeprägten griechischen Hafenstadt zu einer westlich umstrukturierten Handels- und Fremdenverkehrsstadt (am Beispiel von Iráklion/Kreta). Diplomarbeit Geographie, Techn. Universität Braunschweig, Fachbereich Geowissenschaften.

KIRSTEN, E./W. KRAIKER (1967): Griechenlandkunde. Heidelberg.

KISSLING, H.J. (1968): Die türkische Stadt auf dem Balkan. In: Die Stadt in Südosteuropa, S. 72-83. München.

KOLODNY, E.Y. (1968): La Crète: Mutations et Evolution d'une Population insulaire grècque. In: Revue des Géographie de Lyon 43, S. 227-290. Lyon.

MATTON, R. (1957): La Crète au cours des siècles. Athen.

PHILIPPSON, A. (1939): Das Byzantinische Reich als geographische Erscheinung. Leiden.

RATHJEN, H.H. (1972): IRÁKLION - Entwicklung und Wandel der städtischen Funktionen einer griechischen Stadt. Zulassungsarbeit für die Prüfung zum Lehramt an höheren Schulen. Braunschweig.

SPANAKIS, S.G. (1964): Crete. A Guide to Travel, History and Archaeology. Iraklion.

SPEICH, R. (1977): Kreta. Stuttgart.

VASSILAKIS, M. (1978): Um eine Planung für morgen bittend. In: Merian-Heft Kreta, 31. Jg., Heft 4, S. 62 f. Hamburg.

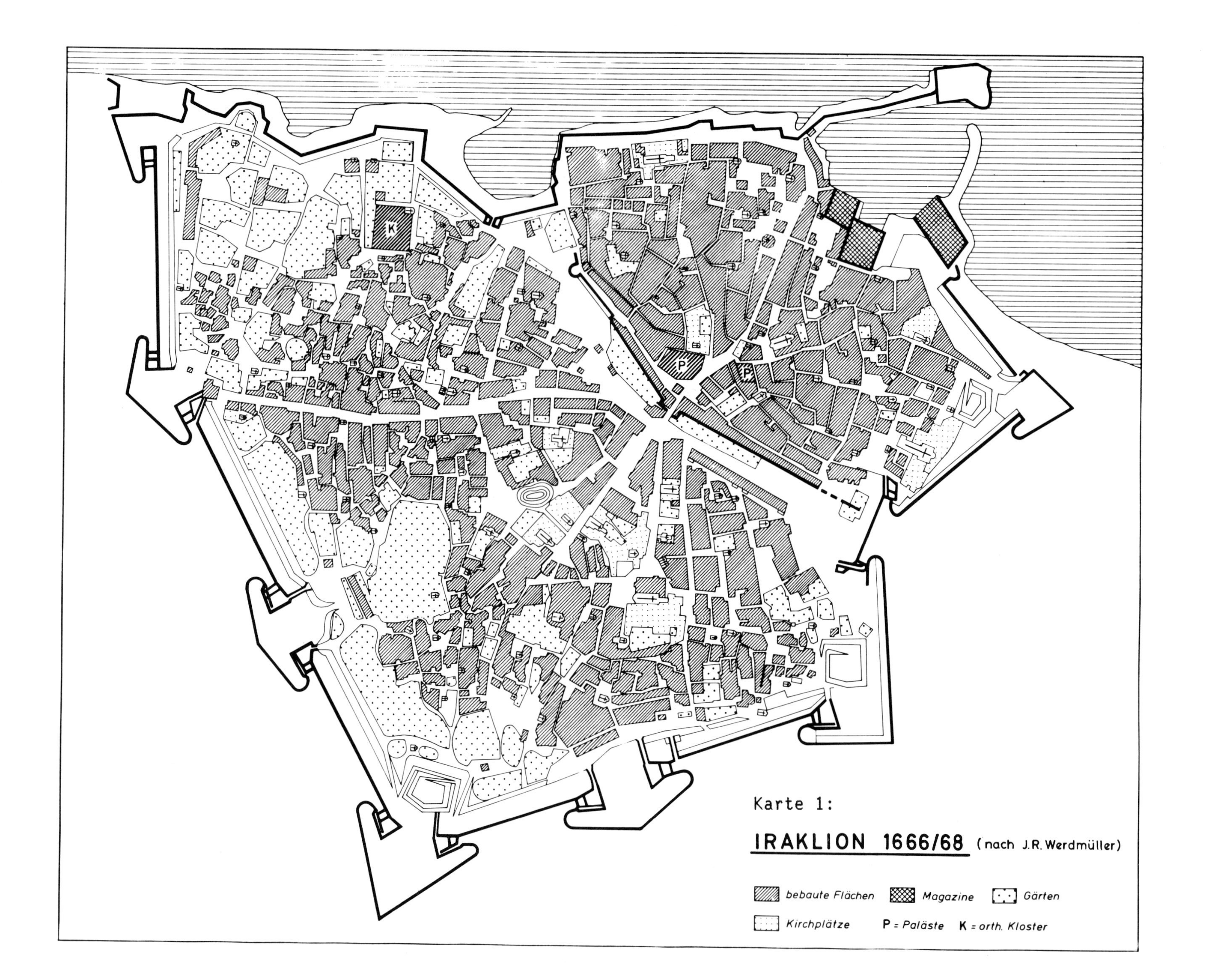
K
P
P
Karte 1:
IRAKLION 1666/68 (nach J.R. Werdmüller)
bebaute Flächen
Magazine
Gärten
Kirchplätze
P = Paläste
K = orth. Kloster

Karte 2: verkl. n. 1 : 5000 (1962)

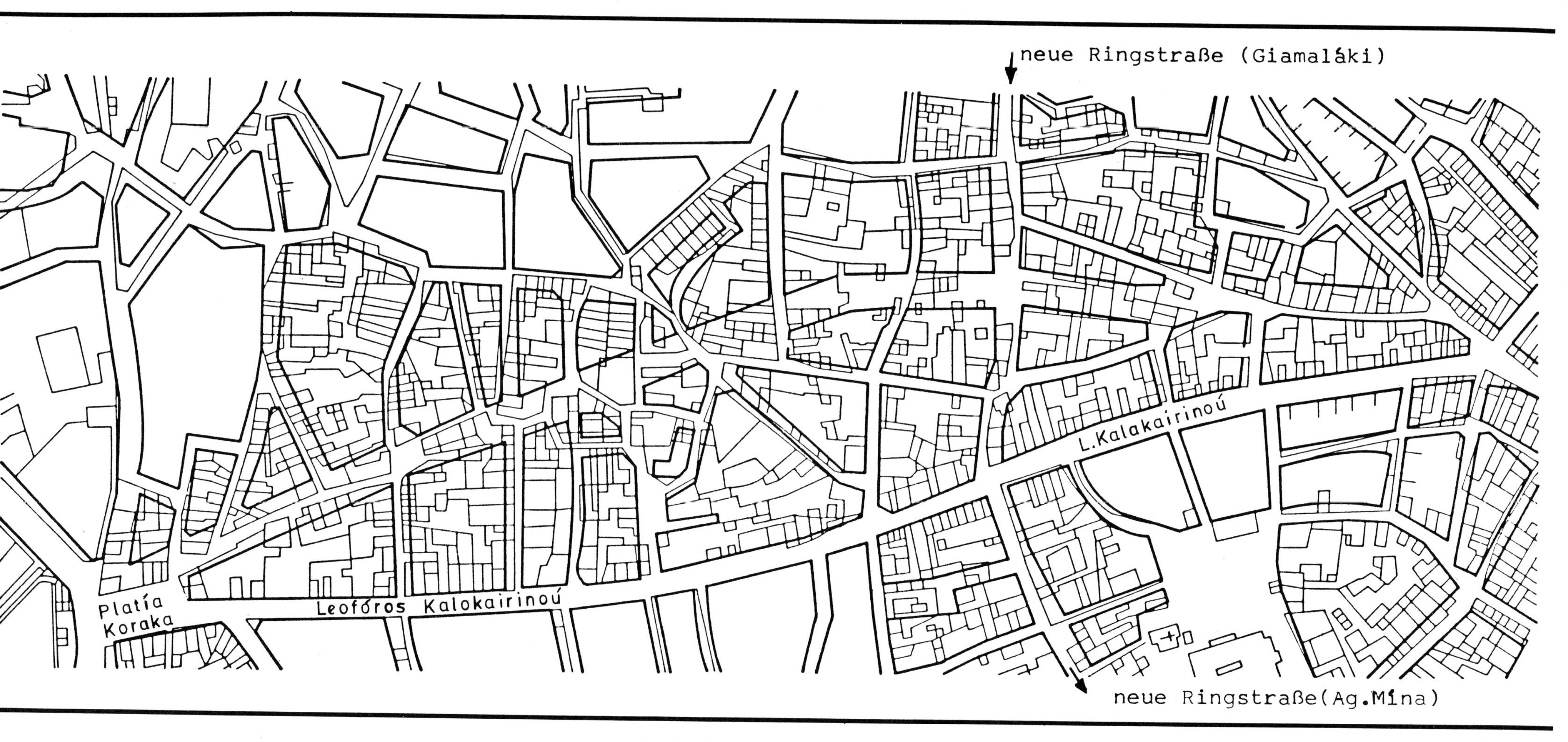

Karte 3: Ausschnitt aus dem Bebauungsplan von 1936

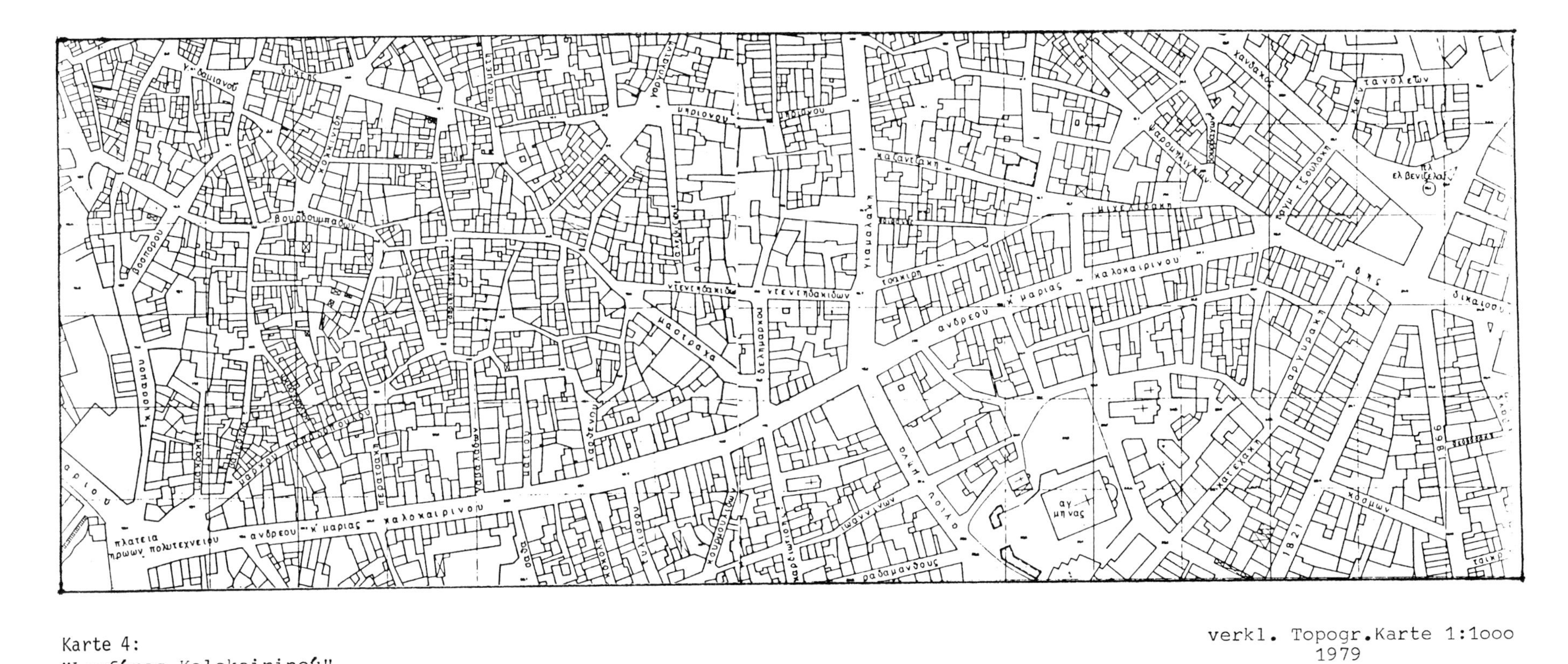

Karte 4:
"Leofóros Kalokairinoú"
zwischen Platía Koraka und dem Fokás-Platz

verkl. Topogr.Karte 1:1ooo
1979

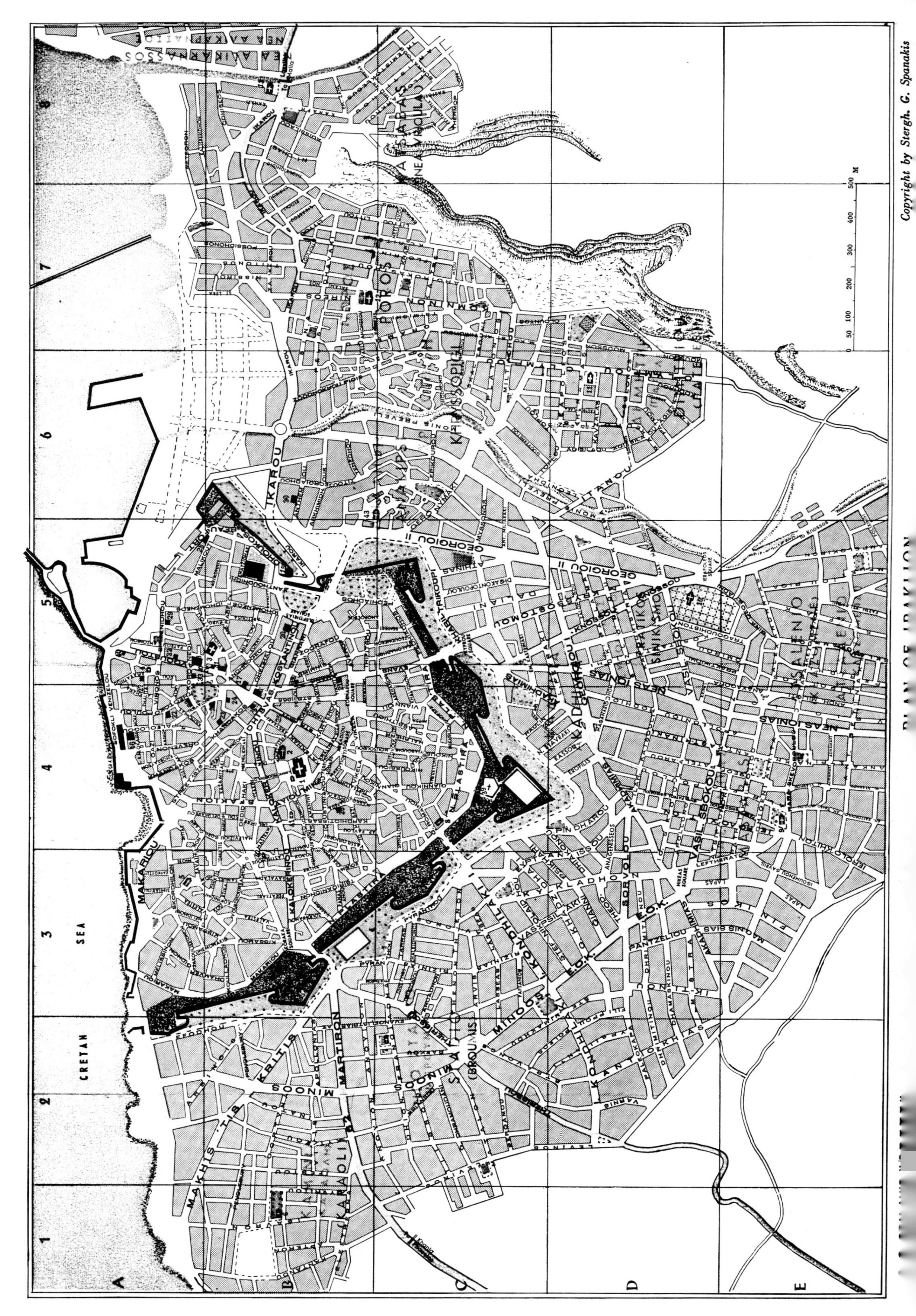

Karte 5: Plan von Iraklion aus dem Reiseführer von Spanakis (1964)

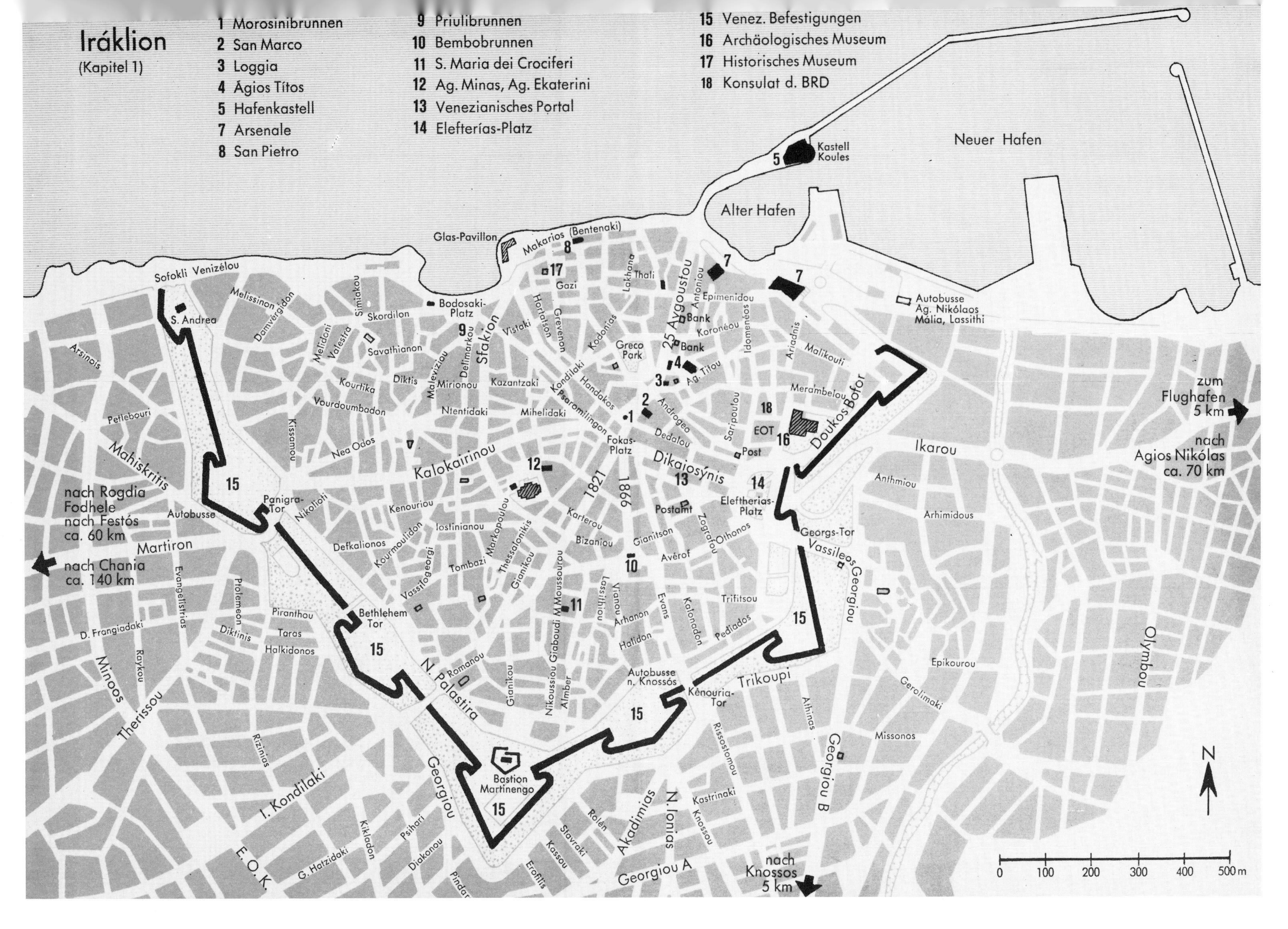

Karte 6: Plan von Iraklion aus dem Reiseführer von R. Speich (1977)

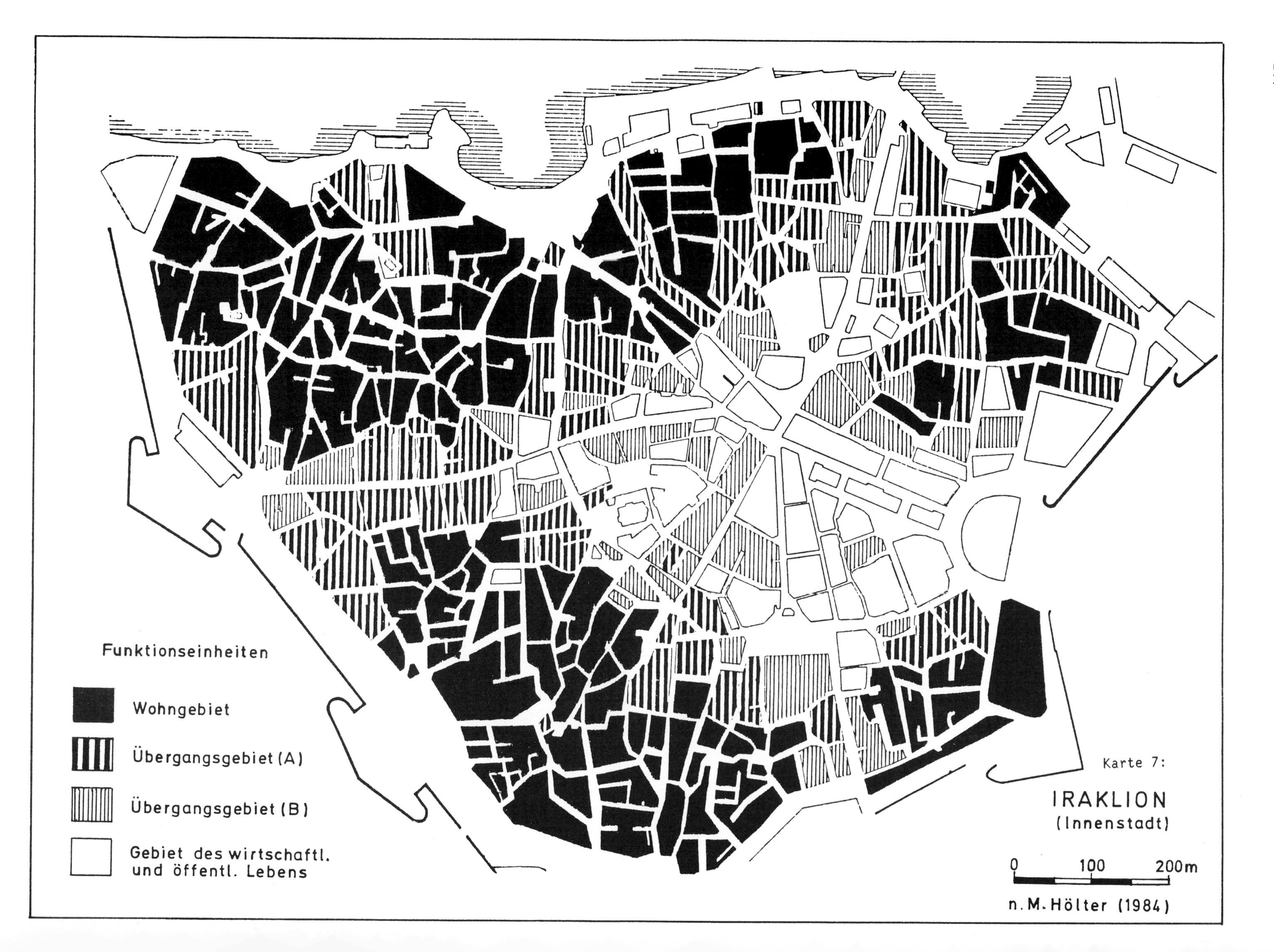
Funktionseinheiten
Wohngebiet
Übergangsgebiet (A)
Übergangsgebiet (B)
Gebiet des wirtschaftl.
und öffentl. Lebens
Karte 7:
IRAKLION
(Innenstadt)
0 100 200m
n. M. Hölter (1984)

Photo 1 A: phot. Rathjen 1970

Photo 1 B: phot. Beuermann 1984

Photo 1:

Blick über einen Bereich der Innenstadt von Iraklion; aufgenommen von der Martinengo-Bastion in Blickrichtung Norden. Bild A (oben) veranschaulicht die Beginnphase des Baubooms. Noch "beherrscht" der Dombau Hag.Mínas die Skylines. Bild B (unten) zeigt bereits die Erfolge von 15 Jahren Bautätigkeit.

Photo 2 A:

Photo 2 B:

Photo 2:

Blick auf die SW-Bastion Vituri. Das Bild A (oben) wurde 1966 aufgenommen und zeigt die dichte Slumbebauung auf der Bastion und im Grabenbereich; die Hütten verfügen nicht über sanitäre Einrichtungen, haben im Grabenbereich weder Strom- noch Wasseranschluß. Die Beseitigung erfolgte im Frühjahr 1970. Bild B (unten) von 1984 vergegenwärtigt die Umgestaltung zu Parkplätzen mit Anpflanzung von schattenspendenden Bäumen.

Photo 3: Blick in die Ausfallstraße "Leofóros Kalokairinoú" vom Westen nach Osten. Im vorderen Bereich des Straßenzuges wird eine Mischung von Wohn- und Geschäftsgefüge deutlich (photographiert 1984).

Photo 5: Alte Gasse im Südbereich der alten Stadt. Die Neubauten lassen bereits eine geplante Begradigung erahnen (photographiert 1984).

Photo 4: Altes Wohnhaus aus "türkischer Zeit" (Mitte 19. Jh.) im Bereich der Straßengabelung "Kazantzáki"/"Toakirí". Das Gebäude ist eine Fachwerkkonstruktion griech.-orientalischen Stils und steht unter Denkmalschutz. Es würde beim Ausbau einer Entlastungsstraße für den "Leofóros Kalokairinoú" fallen. Eine Umsetzung ist bei dieser Bauweise sehr kostenreich (photographiert 1984).

Photo 6: Blick in die "Fotíou", in die sgn. "Freßgasse", von der Straße "1866" aus gesehen. Hier speisen nicht nur Touristen (!) (photographiert 1984).

Anschrift des Verfassers:

Prof. Dr. Arnold Beuermann +

Gaußstraße 2

D - 3402 Scheden 1

Aus:
Ekkehart Köhler und Norbert Wein (Hrsg.):
NATUR- UND KULTURRÄUME.
Ludwig Hempel zum 65. Geburtstag.
Paderborn: Ferdinand Schöningh 1987.
= Münstersche Geographische Arbeiten 27.

Herbert Büschenfeld

Städte der Morava-Vardar-Zone*

Urbaner Wandel im Südosten Jugoslawiens

1. Zur Problematik des Begriffs „Stadt"

Den Begriff "Stadt" sucht man im politisch-administrativen System Jugoslawiens vergebens. Er paßt schlechterdings nicht in die Konzeption der Selbstverwaltung, deren Basiseinheit die Gemeinde (Opština) bildet. Die Gemeinde fungiert als Träger des gesamten gesellschaftlichen Lebens. Sie übt sämtliche Selbstverwaltungsrechte aus und besitzt Autonomie in der Gestaltung aller ihren Kompetenzbereich betreffenden administrativen, sozialen, ökonomischen und kulturellen Angelegenheiten. Im Bereich der Morava-Vardar-Zone umfaßt eine Gemeinde im Schnitt eine Fläche von rd. 550 km^2 mit 55.000 Einwohnern. Sieht man von der wesentlich geringeren Bevölkerungszahl ab, so lassen sich also ihre Dimensionen noch am ehesten mit denen unserer Landkreise vergleichen. Gemeindesitz ist die jeweils bedeutendste Ortschaft, sei es ein Marktflecken, sei es eine Siedlung mehr oder minder ausgeprägten städtischen Charakters. Großstädte setzen sich aus mehreren Gemeinden zusammen. Skopje beispielsweise umfaßt 5 Einzelgemeinden, die eine sog. "Stadtgemeindengemeinschaft" (Gradske zajednice opština) bilden, da die Bewältigung kommunaler Aufgaben ein koordiniertes Vorgehen unumgänglich macht. Spätestens diese Hilfskonstruktion führt vor Augen, daß die ideologisch vorgegebene Gemeindegliederung unter Verzicht auf die Ordnungsgröße "Stadt" praktischen Belangen nur unzulänglich Rechnung zu tragen vermag.

Nicht zuletzt deshalb wurde seitens des jugoslawischen Statistischen Bundesamtes (Savezni zavod za statistiku SFRJ) Mitte der 60er Jahre eine Stadt-Definition vorgeschlagen, die sich auf die Kriterien Einwohnerzahl und nichtagrare Bevölkerungsquote stützt. Obwohl unter den obwaltenden Umständen dieses Ordnungsraster besser als andere Bestimmungsversuche geeignet gewesen wäre, eine einigermaßen realitätsbezogene Kategorisierung jugoslawischer Siedlungen zu ermöglichen, hat es sich angesichts des übergeordneten Stellenwerts politischer Maximen nicht durchsetzen lassen. In Konsequenz dessen liegen denn auch auf städtische Siedlungen bezogene statistische Angaben nur in äußerst begrenztem Umfang vor.

Offenbar hat die fehlende ideologische Legitimation auch auf geographischer Seite das Bemühen um die Entwicklung eines auf jugoslawische Verhältnisse zugeschnittenen Stadtbegriffs verhindert, obwohl der Terminus "Stadt" in der geographischen Literatur allenthalben Verwendung findet. Sofern seine distinktive Bestimmung überhaupt vermißt wird, wird dieser Mangel mit der Heterogenität jugoslawischer Städte begründet. Notgedrungen orientiert man sich deshalb ausschließlich an Einwohnerzahlen. Unter "Urbanisierung" (urbanizacije) versteht man dementsprechend zumeist denn auch lediglich das quantitative Wachsen der Bevölkerung in größeren Siedlungen unter Außerachtlassung struktureller, funktionaler und den Lebensstil betreffender Veränderungen.

Die urbane Qualität vieler als "städtisch" bezeichneter Orte erscheint jedoch zweifelhaft. Ihre Bewohner gehen in beträchtlichem Umfang agrarer und dörflich-handwerklicher Erwerbstätigkeit nach und legen ländliche Verhaltensmuster an den Tag. Solche Siedlungen nehmen eher eine Zwischenstellung zwischen Stadt und Land ein und sollten treffender als "semi-urban" bezeichnet werden. Von den 29 sog. "Städten" Makedoniens beispielsweise kann allenfalls ein Viertel unbestreitbar städtische Wesensmerkmale vorweisen.

Im Hinblick auf diese Vorgaben wie unter Berücksichtigung der Beschränkungen, die die Verfügbarkeit statistischen Materials auferlegt, sind in die vorliegende Studie nur solche Siedlungen einbezogen worden, deren Bevölkerungszahl zum Zeitpunkt der letzten Volkszählung (1981) die 30.000-Einwohner-Marke überschritt und deren Beschäftigtenquote im gesellschaftlichen Bereich des tertiären und quartären Sektors über der 30%-Marke lag. Diese Schwellenwerte und der physiognomische Eindruck belegen zweifelsfrei, daß die ausgewählten Siedlungen als Städte im geographischen Sinne zu gelten haben.

*) Verfasser ist den Angehörigen des Geographischen Instituts der Universität Skopje für mannigfache Hinweise während eines Hochschullehreraustauschs im September 1986 zu besonderem Dank verpflichtet.

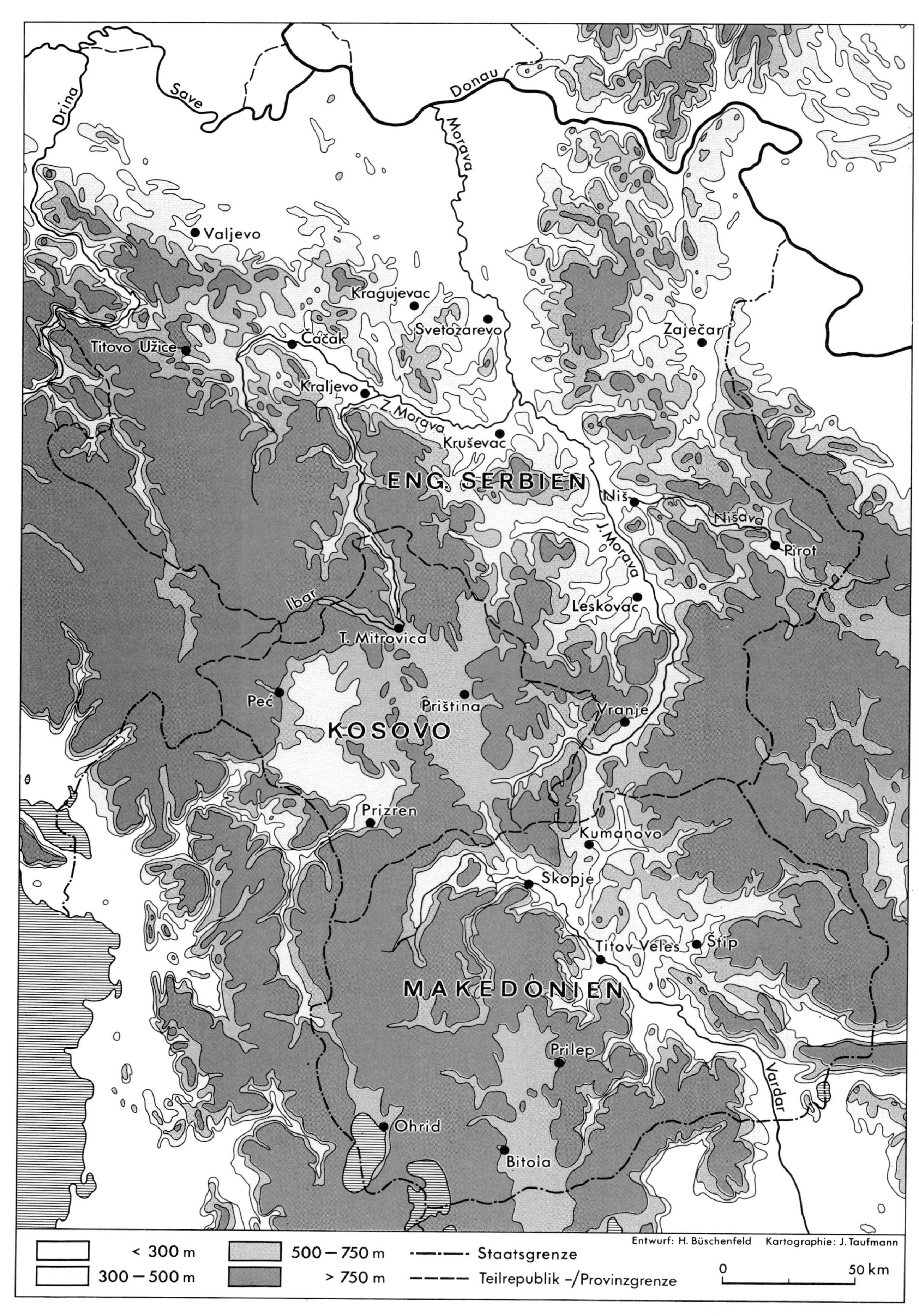

Abb. 1: Untersuchte Städte der Morava-Vardar-Zone

Ihrer staatlich-territorialen Zuordnung nach gehören sie zum engeren Serbien, zu Kosovo oder zu Makedonien (Abb. 1). Ausgeklammert bleibt der metropolitane Bereich von Belgrad, der mit einer Bevölkerungsdichte von annähernd 500 Einw./km² an jugoslawischen Maßstäben gemessen als ausgesprochener Ballungsraum zu gelten hat und sich angesichts dessen durch besondere Wesenszüge deutlich von den für die Morava-Vardar-Zone bezeichnenden stadtgeographischen Prozessen absetzt.

2. Sprunghaftes Städtewachstum

Das Verteilungsmuster der untersuchten Städte wird maßgebend durch die naturräumlichen Verhältnisse der Morava-Vardar-Zone bestimmt. Diese ist durch die für die Balkanhalbinsel typische Raumkammerung gekennzeichnet. Ausgedehnte oder auch kleinräumige Becken, vorwiegend umrahmt von hoch aufragenden Gebirgsstökken, oder aber Flußtäler, bei denen der wiederkehrende Wechsel von Talweitungen und -verengungen zur Ausbildung langgestreckter beckenlandschaftsähnlicher Talkessel geführt hat, stellen die Lokalisationspunkte der oft an den Rändern postierten Städte dar. Gewöhnlich gibt es in jedem Becken, in weitläufigeren Senkungsräumen in jedem Teilbekken einen städtischen Mittelpunkt. Stellten sich diese Orte in der unmittelbaren Nachkriegszeit (1948) in der überwiegenden Mehrzahl der Fälle noch als Marktflecken mit einer Bevölkerungszahl zwischen 10.000 und 20.000 Einwohnern dar, so erfuhren sie in der Folgezeit ein zunächst gemäßigt einsetzendes, insbesondere ab Mitte der 60er Jahre jedoch immer mehr an Dynamik gewinnendes, nach wie vor anhaltendes Wachstum, das zu einer Verdreifachung, wenn nicht Vervier- oder gar Verfünffachung ihrer Einwohnerschaft geführt hat (Abb. 2). Inzwischen können die Morava-Vardar-Städte im allgemeinen einen Einwohnerstand von 40.000 bis 50.000 vorweisen. Gespeist wird der enorme Zuwachs durch eine frequente Land-Stadt-Wanderung. Zwar sind anfangs auch extreme natürliche Wachstumsquoten zu verzeichnen. Diese haben sich - mit Ausnahme des Kosovo und des albanisch besiedelten Westens Makedoniens - in den beiden letzten Jahrzehnten allerdings deutlich abgeschwächt. Doch gerade während dieses Zeitraums müssen die bislang höchsten Wachstumsraten der Stadtbevölkerung registriert werden, so daß vorrangig von Zuwanderungsgewinnen auszugehen ist.

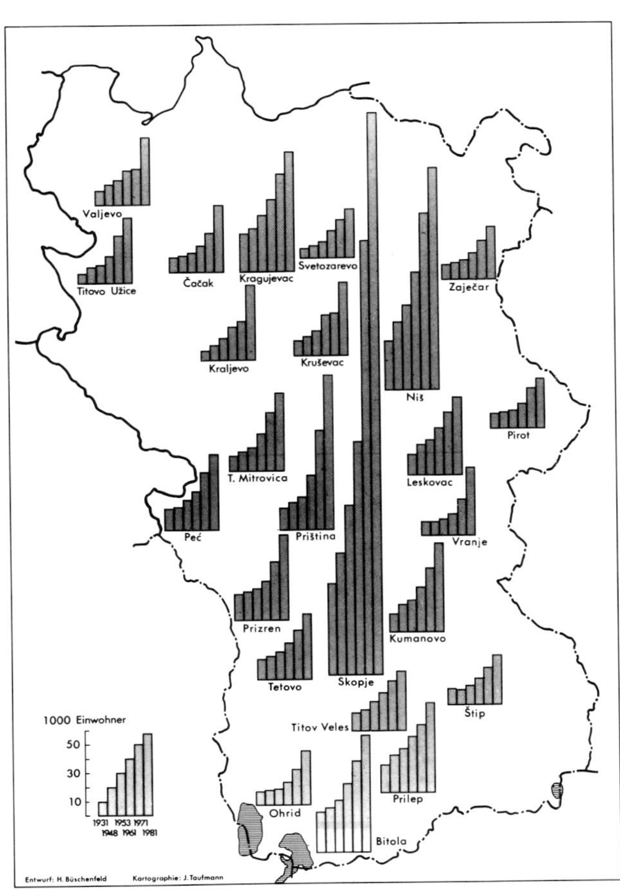

Abb. 2: Bevölkerungsentwicklung in ausgewählten Städten der Morava-Vardar-Zone 1931-1981 (Quelle: Savezni zavod za statistiku SFRJ)

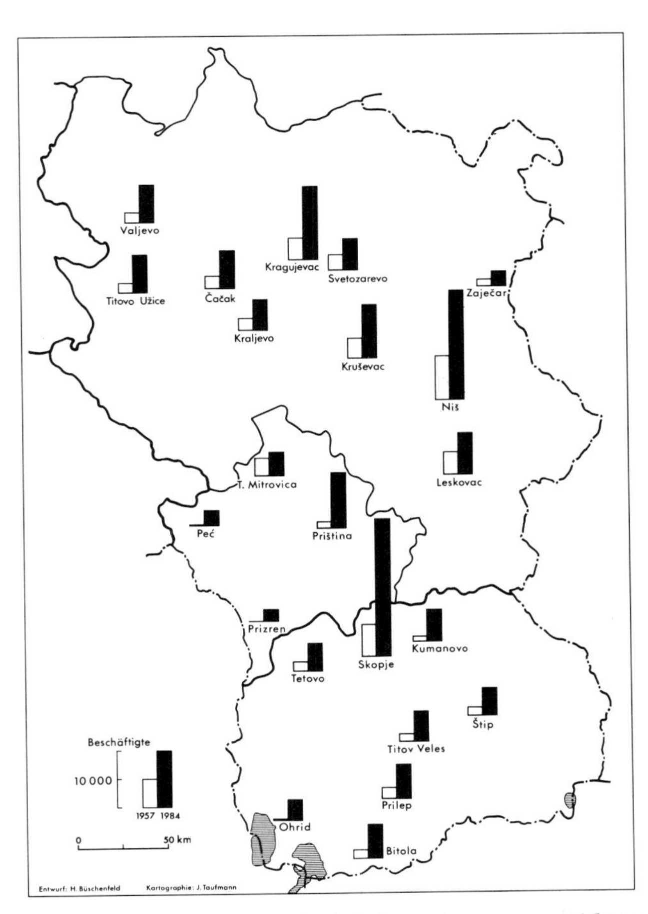

Abb. 3: Industriebeschäftigte in ausgewählten Städten der Morava-Vardar-Zone 1957 und 1984 (Quelle: Statistički godišnjak 1958, S. 582; 1985, S. 708)

Abwanderungsgebiete sind zunächst die ländlich geprägten Beckenbereiche, deren Bevölkerung angesichts ungünstiger Betriebsgrößenstruktur und starken Überbesatzes an Arbeitskräften nach alternativen Verdienstmöglichkeiten suchte und in den Städten zu finden hoffte. Es folgten Bewohner der die Becken umschließenden Gebirge, die sich in Form der Etappenwanderung zunächst meist agraren Beckendistrikten zuwandten, bevor sie den Sprung in die nächstgelegene Kleinstadt und später in größere Zentren wagten. Die Gebirgsbereiche haben inzwischen bereits eine weitgehende Entvölkerung erfahren. Darüber hinaus weisen aber auch schon eine ganze Reihe landwirtschaftlich bestimmter Beckenräume eine negative Bevölkerungsbilanz sowie fortlaufend wachsende Anteile von sog. "vergreisten" bzw. von Einpersonen-Haushalten auf.

Das die Migrationsprozesse auslösende Moment ist die nach dem II. Weltkrieg forciert in Szene gesetzte Industrialisierung der Morava-Vardar-Zone. Noch am Vorabend des II. Weltkriegs existierten lediglich sporadische Ansätze in Form kleinerer, technologisch veralteter Produktionsstätten, die sich vorwiegend in Händen ausländischer Kapitalgeber, gelegentlich auch des Staates befanden und sämtlich in der Nordhälfte der Morava-Vardar-Zone lokalisiert waren, während ihr Südabschnitt ohne jegliche Fabrikbetriebe dastand. Im Zuge des durch das sozialistische Jugoslawien in der Nachkriegszeit initiierten und vehement vorangetriebenen Industrialisierungsprogramms erfuhren dann jedoch ausnahmslos alle Beckenmittelpunkte eine industrielle Ausstattung (Abb. 3). Basierend auf einem bemerkenswert reichen Potential an mineralischen Rohstoffen sowie agraren Ausgangsprodukten hat sich zwischenzeitlich ein weitgespanntes Branchenspektrum herausgebildet. Stand vorerst der Aufbau von Grundstoffindustrien ganz im Vordergrund, so fanden in der Folgezeit zunehmend verarbeitende Industriezweige Berücksichtigung. Zwar gibt es in einer Reihe von Städten herausragende industrielle Zweige wie z.B. in Titovo Mitrovica die Buntmetallverhüttung und ihre Anschlußbetriebe, in Leskovac, dem "serbischen Manchester", die Textil-, in Kragujevac die Auto- oder in Niš die Elektroindustrie, doch hat als eigentliches Kennzeichen der Produktionsstandorte eine diversifizierte Branchenausrichtung zu gelten. Der industrielle Bestückungsgrad der einzelnen Städte ist freilich unterschiedlich. Er hängt primär mit der Verkehrsanbindung zusammen, so daß die an der Hauptverkehrsachse, dem durch das Morava- und Vardartal verlaufenden meridional angeordneten Korridor sowie dessen wichtigsten Seitenästen (Tal der Nišava und Zapadna Morava) liegenden Städte bevorzugt sind. Daneben wird das Ausmaß industrieller Ausstattung maßgeblich durch den politisch-administrativen Stellenwert beeinflußt, der namentlich Skopje und Priština als Hauptstädte der Teilrepublik Makedonien bzw. der Autonomen Provinz Kosovo begünstigt.

Dementsprechend sind es in erster Linie industrielle und politisch-administrative Aufgaben, die die Morava-Vardar-Städte wahrnehmen und die unzweifelhaft die dominierenden Funktionen darstellen (Abb. 4). Das Angebot an wirtschaftlichen Dienstleistungen hingegen ist vergleichsweise unterentwickelt, ein Tatbestand, der wesentlich auf die geraume Zeit gültige, ideologisch bedingte Negierung einer Konsumhaltung zurückzuführen ist. Zwar läßt sich seit den beiden letzten Jahrzehnten eine Änderung der Einstellung und demzufolge eine gewisse Verbesserung der kommerziellen Ausstattung - z.T. unter Einschränkung der überproportional vertretenen öffentlichen Dienste - feststellen und gewiß vermag auch die sog. "Mala privreda" (= "Kleine Wirtschaft") mit ihren privaten Handels- und Handwerks-Kleinbetrieben manche Lücke auszufüllen. Dennoch besteht nach wie vor ein unausgewogenes Verhältnis zwischen den beiden Segmenten des tertiären Sektors und immer noch ein Nachholbedarf an Einrichtungen zur Deckung der Konsumbedürfnisse der Bevölkerung.

Im Hinblick auf ihre eher einseitige funktionale Ausrichtung fällt es schwer, viele der Morava-Vardar-Städte als zentrale Orte im uns geläufigen Sinne anzusprechen. Außerdem hängt es sicherlich auch mit der Weitmaschigkeit des Verkehrsnetzes und dem hier immer noch vergleichsweise niedrigen individuellen Motorisierungsgrad zusammen, daß ihre urbane Ausstrahlungskraft auf die Umgebung nicht nur gering, sondern auch recht begrenzt ist. Das gilt ebenfalls für ihre Pendlereinzugsbereiche, denn trotz des bemerkenswerten industriellen Ausbaus ist die Pendelwanderung nur schwach entwickelt; sie beschränkt sich gegebenenfalls auf verhältnismäßig kurze Radien (Abb. 5). Eine nennenswerte Urbanisierung selbst nähergelegener Umlandbereiche hat bislang kaum stattgefunden. Allenfalls lassen sich neuerdings im Vorfeld größerer Städte ansatzweise urbane Einflüsse beobachten. Im allgemeinen jedoch setzen sich Stadt und Land ausgesprochen deutlich voneinander ab, sie existieren eher nebeneinander denn aufeinander bezogen. Sofern Landbewohner einen Arbeitsplatz in der Industrie suchen oder gefunden haben, übersiedeln sie in aller Regel unverzüglich in die Stadt. Demgemäß ist ein Rückgang bei der

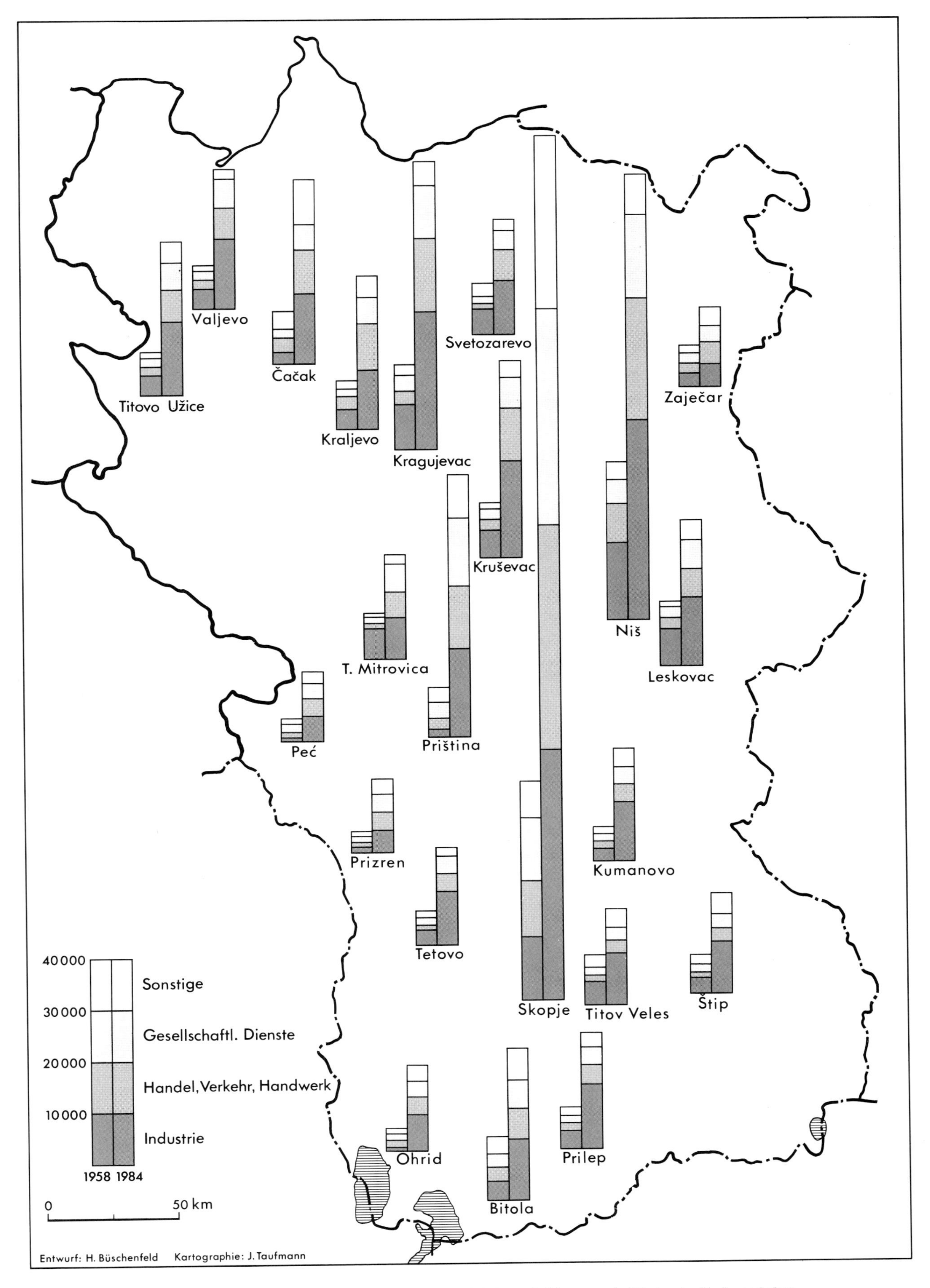

Abb. 4: Beschäftigte im gesellschaftlichen Sektor nach Wirtschaftsbereichen in ausgewählten Städten der Morava-Vardar-Zone 1958 und 1984 (Quelle: Statistički godišnjak 1959, S. 636; 1985, S. 708)

ländlichen Bevölkerung stets gleichbedeutend mit einer entsprechenden Zunahme der städtischen Bevölkerung.

3. Drastischer Gestaltwandel

Im Zuge der starken Zuwanderung haben alle Morava-Vardar-Städte nicht nur eine ganz erhebliche Flächenausweitung erfahren (Abb. 6), sondern außerdem - und vor allem - gravierende Umformungen ihres Erscheinungsbildes.

Die Ausgangssituation in der Süd- und Nordhälfte - die Scheidelinie zieht sich von Niš zum mittleren Ibartal - stellt sich allerdings gänzlich verschieden dar. Den Südabschnitt (Makedonien, Kosovo, Südserbien), der bis zum Berliner Kongreß (1878) bzw. bis zu den Balkankriegen (1912/13) dem osmanischen Reich angehörte und dessen Beckenräume angesichts der ein halbes Jahrtausend währenden Türkenherrschaft völlig orientalisiert waren, prägten bis nach dem II. Weltkrieg Charakteristiken orientalischer Stadtkultur: Hauptmoschee und Basar mit Bezistanen und branchensortierten Handwerkerläden kennzeichneten den Kern, der vom Sackgassengewirr zunächst festgefügter, zur Peripherie hin stärker aufgelockerter Wohnquartiere (Mahalen) umschlossen

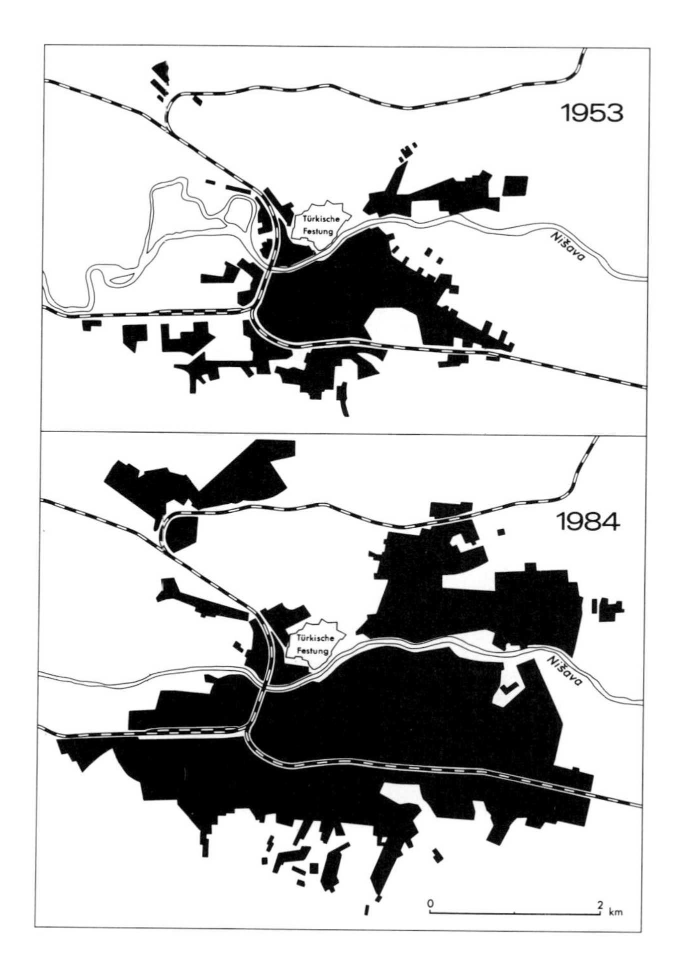

Abb. 6: Grundrißentwicklung von Niš (n. Krstić 1977; Plan grada 1984)

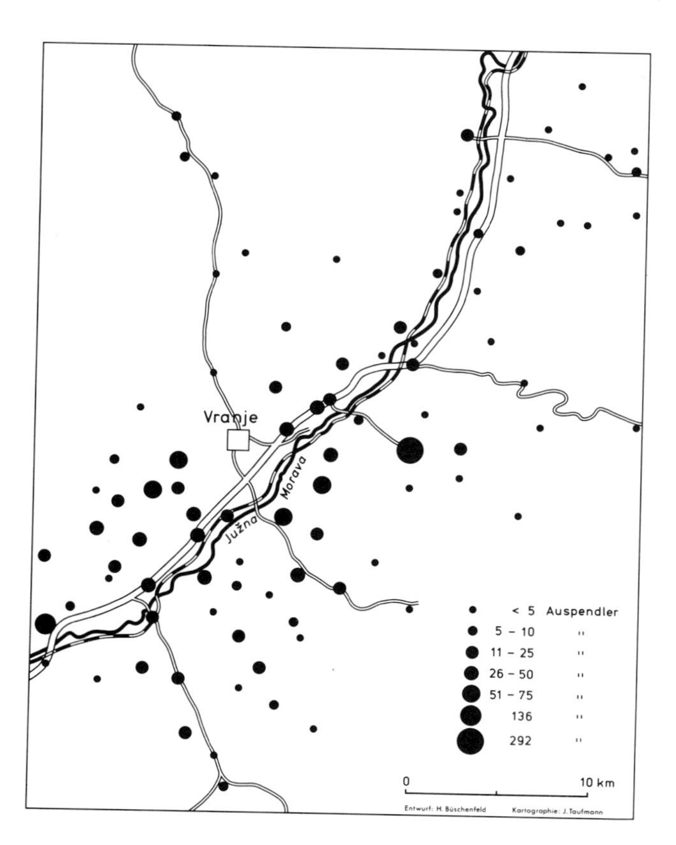

Abb. 5: Pendlereinzugsbereich von Vranje (n. Stamenkovic 1981)

wurde, nach religiösen und ethnischen Prinzipien segregierter Viertel. Diese gruppierten sich jeweils um ihre Stadtteilmoschee und setzten sich aus meist zweigeschossigen, innenhoforientierten Fachwerkhäusern zusammen.

Im serbischen Nordabschnitt hingegen war das orientalische Erbe nach dem sukzessiven Rückzug der Türken mit einer Radikalität ausgemerzt worden, die ihresgleichen sucht. Der Wieder- bzw. Neuaufbau städtischer Siedlungen orientierte sich am Vorbild der benachbarten k.u.k. Monarchie. Von dorther übertragene mitteleuropäische Einflüsse manifestierten sich im Plangrundriß der mehr oder minder regelmäßig angewendeten Schachbrettform. Die Mitte gehörte dem Marktplatz mit orthodoxer Kirche und Heldendenkmal, den einige Detailläden und Dienstleistungslokale umrahmten. Die sich anschließenden Straßenzüge flankierten vorerst meist zweistöckige, später einstöckige Wohnbauten, zwischen die sich in den Seitengassen bescheidene gewerbliche Betriebe aller Art einreihten. So kennzeichnete den Habitus serbischer Städte im allgemeinen ein kleinstädtisch-ländlicher Zuschnitt, der sich bis zur Mitte unseres Jahrhunderts nicht nennenswert verändert hatte.

Umso gravierender ist der Wandel im Gefolge des durch den dynamischen Industrialisierungsprozeß ausgelösten Bevölkerungszustroms, und zwar gleichermaßen im orientalisch wie serbisch geprägten Teilabschnitt der Morava-Vardar-Zone. Wesentliche Voraussetzung des Gestaltwandels war, daß die gesamte Stadtfläche - im Gegensatz zum nach wie vor privaten Grundbesitz im ländlichen Raum - gesellschaftliches Eigentum darstellt, was Planungsentscheidungen naturgemäß außerordentlich vereinfacht und großzügige Lösungen gestattet. Erfaßt von den Umformungsmaßnahmen wurden hauptsächlich der städtische Kern- und der Mantelbereich.

Im Kern hat die herkömmliche Bausubstanz mit Ausnahme kulturhistorisch wertvoller Objekte überall modernen Konturen weichen müssen (Photo 1). Seine Mitte beansprucht in der Regel ein weiträumiger Platz. Mag bei dessen ursprünglicher Anlage möglicherweise hier und da noch der Gedanke einer Verwendung als politische Aufmarsch- und Kundgebungsstätte eine Rolle gespielt haben, so läßt gleichwohl sein heutiges Erscheinungsbild aber auch gar nichts davon verspüren. Durch Gliederung in verschiedene Niveauebenen mit breiten Verbindungstreppen, durch ausschnittweise Bepflanzung, Plastiken, Springbrunnen, modische Leuchtkörper, Sitzgelegenheiten u.a.m. wird versucht, eine urbane Atmosphäre zu schaffen (Photo 2). Gewiß darf das obligatorische Tito-Denkmal nicht fehlen; es ist indessen nur selten als Blickfang postiert. Alle Attribute weisen die städtische Mitte als Kommunikationsbereich vom Plazatyp aus. Und in der Tat ist sie im allgemeinen von Leben erfüllt, besonders am späten Nachmittag und in den frühen Abendstunden, wenn mancherorts zusätzlich benachbarte Straßen für jeglichen Fahrzeugverkehr gesperrt werden und dem - in der Südhälfte vorwiegend von der männlichen Bevölkerung bestrittenen - Korso vorbehalten bleiben. Umrahmt wird die "Plaza" von versetzt angeordneten, im Vertikalmaß kontrastierenden Bauten westlichen Mustern entlehnter Architektur, unter ihnen normalerweise ein Mehrzweck-Kulturbau, ein Kino, Warenhaus und Hotel. Verfehlt wäre allerdings, daraus schließen zu wollen, daß ein ausgesprochenes Geschäfts- und Dienstleistungszentrum beabsichtigt wäre. Zwar besetzen Läden und kommerzielle Dienstleistungseinrichtungen das ebenerdige, gelegentlich auch das darüberliegende Geschoß der den "Platz der Begegnung" einfassenden Gebäude, die oberen Stockwerke jedoch sind ausschließlich Wohnzwecken vorbehalten. Bewußt strebt man eine Funktionsmischung an, um einer abendlichen Entleerung des Zentrums vorzubeugen (Photo 3).

Im orientalisch beeinflußten Teil der Morava-Vardar-Zone ist unbenommen der Neugestaltung der städtischen Mitte das Basarviertel oft rudimentär erhalten geblieben (Photo 4). Gelegentlich ist es sogar ausgeweitet worden, vor allem im Hinblick auf seinen Stellenwert als Fremdenverkehrsattraktion. Dessen ungeachtet vollziehen sich interne Umstrukturierungsvorgänge; Branchen, die mit der Herstellung und dem Verkauf traditioneller Gebrauchsgegenstände für die ortsansässige und ländliche Bevölkerung befaßt waren, sterben allmählich aus, während sich andererseits Dienstleistungs- oder Geschäftssparten, die von Touristen gefragte Artikel vertreiben, neu eingeführt haben (Abb. 7). Die Eigenherstellung freilich wird mehr und mehr aufgegeben; man beschränkt sich stattdessen vorzugsweise auf bloße Handelstätigkeiten, was u.a. auch das Auftreten regelrechter Warenhäuser belegt. Außerdem durchsetzen fortschreitend Wohnquartiere das vordem ausschließlich geschäftlichen und gewerblichen Zwecken vorbehaltene Basarviertel. Mitunter ist es zu modernisierter Ausgestaltung überkommener Basarsegmente (Photo 5) oder sogar zur Neuetablierung basarähnlicher Komplexe unter Anlehnung an herkömmliche Stilelemente gekommen. Erhaltenswerte bauliche Zeugnisse aus osmanischer Zeit wie Hamami (Badehäuser), Hane (Karawansereien) oder Bezistane (Kaufhallen) erfahren allerorten neue Funktionszuweisungen, indem man sie in Museen, Galerien, Restaurants oder Geschäftspassagen umwandelt.

Von der Stadtmitte ausgehend greift die Sanierung von Einzelobjekten auf benachbarte Straßenzüge über. Ihr diskontinuierlicher, den Eindruck spontanen Vorgehens erweckender Vollzug ruft ein sich vielfach wiederholendes Nebeneinander von niedrigem, häufig slumartigem Altbestand und dazwischen gesetzten neuen Vertikalbauten hervor, so daß sich ein höchst heterogenes, unharmonisch wirkendes Gefüge ergibt (Photo 6). Nur selten ist der Umbruch soweit fortgeschritten, daß er bereits zu ausgewogenen städtebaulichen Zügen geführt hat.

Die an den Kernbereich sich anschließenden Wohnbezirke haben im allgemeinen keine größeren Veränderungen erfahren; sie spiegeln im großen ganzen das vorsozialistische Stadtbild wider (Photo 7). Schroff setzen sich davon die Neubauten des Mantelbereichs ab, wo - je nach Stadtgröße - mehr oder

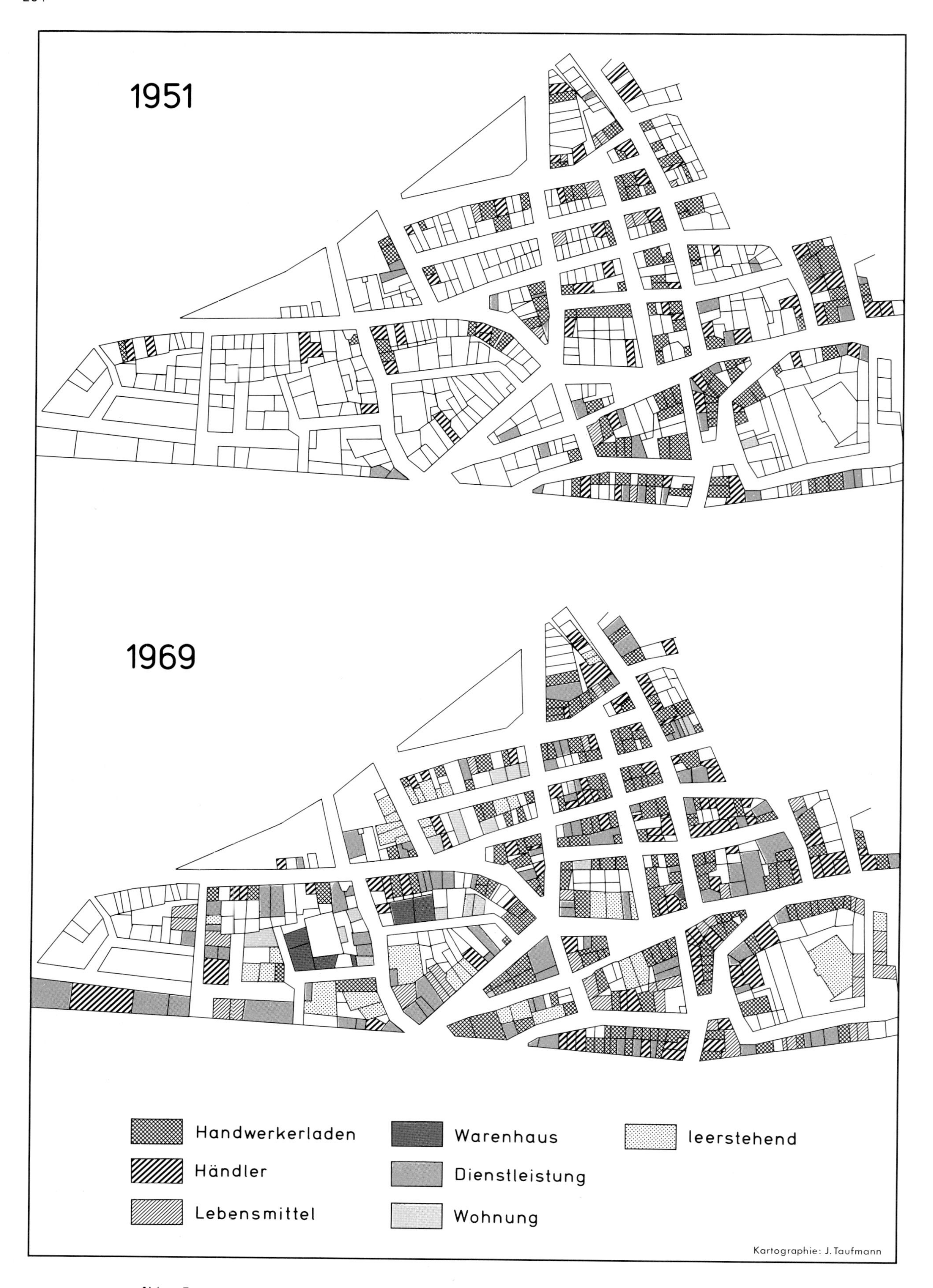

Abb. 7: Strukturelle Veränderungen im Basar von Bitola 1951-1969 (n. Pak 1971)

minder ausgedehnte Wohnsiedlungen entstanden sind. Ihre Baukörper - Wohnblocks und Wohntürme - sind wegen des nicht vorhandenen Marktwerts des Bodens unter Wahrung beträchtlicher Abstände erstellt worden. Waren sie ursprünglich phantasielos nebeneinander aufgereiht worden, so konnten sich im Laufe der Zeit variablere Anordnungsprinzipien Geltung verschaffen. Die Architektur entspricht dem Entstehungszeitpunkt: Ausgehend von monotonen, ausgesprochen trist wirkenden Einheitswohnblöcken aus nacktem Beton haben sich fortschreitend nach Geschoßzahl, Form- und Farbgebung wie auch nach Materialien differenzierende Bauweisen durchgesetzt, die, mehr oder weniger gelungen, westliche Vorbilder nachahmen (Photo 8 u. 9). Im Gegensatz zu den 50er und 60er Jahren, als Versorgungszentren zwar geplant, aber, wenn überhaupt, erst mit jahrelanger Verzögerung realisiert wurden, werden entsprechende Einrichtungen bei größeren Siedlungsvorhaben inzwischen im Zuge der Verwirklichung des Gesamtkomplexes erstellt (Photo 10). Prinzipiell sollen solche Subzentren nicht nur für den kurzfristigen Bedarf ausgelegt sein, ihr Ausstattungsgrad soll vielmehr dem der Stadtmitte entsprechen. Man strebt bewußt eine Dekonzentration des Versorgungsangebots an, ein Grundsatz freilich, der bislang allenfalls in größeren Städten ansatzweise in die Tat umgesetzt worden ist. Bauträger der neuen Komplexe im Außenbereich sind fast ausschließlich gesellschaftliche Unternehmen, die der gesetzlichen Verpflichtung unterliegen, einen bestimmten Gewinnanteil in den Wohnungsbau zu investieren. Deshalb beziehen denn auch primär Belegschaftsmitglieder der betreffenden Arbeitsorganisation (= Betrieb) die Neubauten, was u.a. dazu führt, daß keine Wohnungsegregation nach sozialem Status, Einkommenshöhe oder Bildungsgrad zustandekommt.

Der Umbruch der Morava-Vardar-Städte begann im allgemeinen während der 60er Jahre, er ist verschieden weit fortgeschritten und nur im Ausnahmefall bereits zu einem gewissen Abschluß gelangt. Die seitdem eingetretenen Veränderungen haben den zuvor mit manchen ruralen Zügen behafteten Orten vielfach überhaupt erst eigentlich städtische Konturen verliehen. U.a. können nennenswerte Fortschritte in Hinsicht auf die Schaffung einer urbanen Infrastruktur verzeichnet werden. Insbesondere Wasserver- und -entsorgung, bis in die 70er Jahre verbreitet noch durch Hausbrunnen und oberirdische Abflußrinnen bestritten, wurden seitdem vielerorts durch öffentliche Wasserleitungs- und Kanalisationsnetze abgelöst.

Allenthalben bezeichnend sind starke Kontraste zwischen Alt und Neu. Sie kommen in den Disproportionen von Altbestand im Innenbereich und Neubauvierteln im Außenbereich zum Ausdruck wie in internen Diskrepanzen in der das neugestaltete Zentrum umschliessenden Zone, wo traditionelle und moderne Elemente und Dimensionen unmittelbar aufeinander treffen.

Von Grund auf originäre, nach sozialistischen Prinzipien geplante Städte gibt es in der Morava-Vardar-Zone nicht. Selbst im Extremfall Skopje, das durch das Erdbeben von 1963 weitgehend zerstört worden war, ist bei der nahezu kompletten Rekonstruktion das neuentstandene Stadtgebilde in den vorher bestehenden Strukturrahmen eingepaßt worden. Wenn auch die hergebrachten Unterschiede zwischen dem Nord- und Südabschnitt der Morava-Vardar-Zone nach wie vor unübersehbar sind, so läuft der von übereinstimmenden Leitideen getragene Umwandlungsprozeß letztlich auf eine gewisse Angleichung des Stadtbildes, auf eine allmählich fortschreitende, gleichwohl begrenzte Verwischung der Verschiedenheiten hinaus.

4. Kardinalprobleme

Obwohl sich in den erfaßten Städten der Morava-Vardar-Zone während des letzten Vierteljahrhunderts der Wohnungsbestand fast vervierfacht, die Wohnfläche mehr als verfünffacht hat (err. n. Statistički godišnjak 1958, S. 587; 1959, S. 634; 1985, S. 710; Abb. 8), reicht das Angebot bei weitem nicht aus, um trotz bescheidener Ansprüche - die durchschnittliche Wohnungsgröße beträgt 61,5 m² (1982) - die aus dem ländlichen Bereich zuwandernde Bevölkerung unterbringen zu können. Vielmehr herrscht allenthalben akuter Wohnungsmangel, ja echte Wohnungsnot, deren Beseitigung nicht in Sicht ist. Im Hinblick auf diese Situation sehen sich zahlreiche Migranten veranlaßt, im Marginalbereich der Städte nach Unterkunftsmöglichkeiten zu suchen. Sie erstehen häufig eine Parzelle aus - privateigenem - bäuerlichen Grundbesitz, auf der sie illegal eine Behelfsunterkunft in Primitivausführung errichten. Ist es gelungen, einen Dauerarbeitsplatz zu finden, so trachten sie danach, anstelle des Provisoriums ein Siedlungshäuschen ohne Baugenehmigung in Eigenarbeit unter Nachbarschaftshilfe hochzuziehen, ein Vorhaben, das sich meist über Jahre erstreckt (Photo 11). Kleinviehhaltung und größtmögliche Nutzgartenfläche deuten an, daß der gewohnte rurale Lebensstil, soweit es eben geht, beibehalten wird.

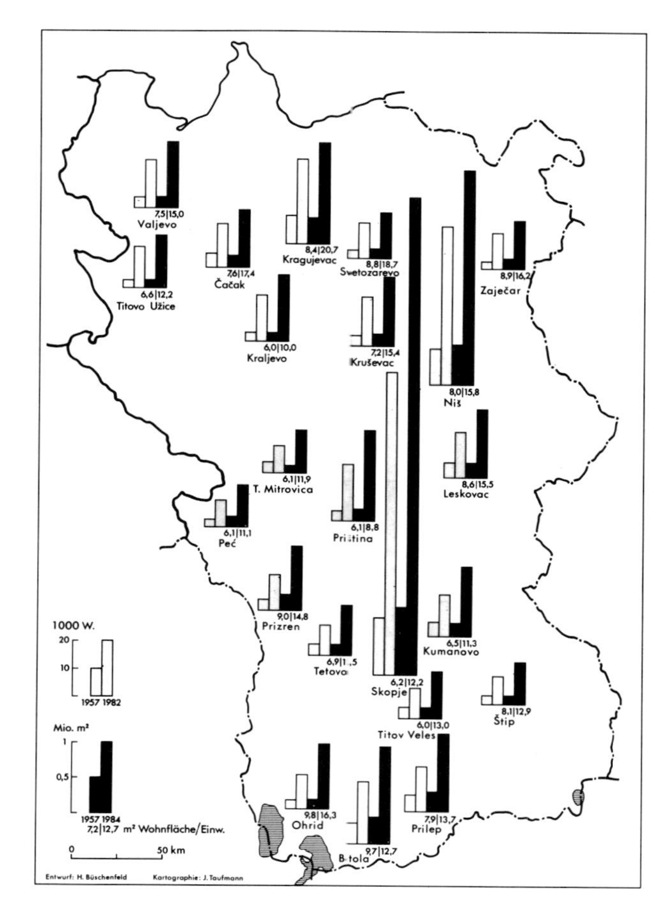

Abb. 8: Wohnungsbestand und Wohnfläche in ausgewählten Städten der Morava-Vardar-Zone 1957 und 1984 (Quelle: Statistički godišnjak 1958, S. 587; 1985, S. 710)

Dergestalt vollzieht sich an der Peripherie der Städte schon seit langem ein anarchisches Wuchern semiurbaner Wohnquartiere in tropfenförmiger Manier, dessen Umfang, vor allem im Vorfeld größerer Städte, kaum überschätzt werden kann. In Priština beispielsweise übertrifft die "wild" überbaute Fläche deutlich diejenige planmäßiger Wohnbebauung. Im Gegensatz zu Suburbanisierungsprozessen, die üblicherweise aus Kern-Rand-Wanderungen resultieren, handelt es sich hierbei eindeutig um das Ergebnis einer Land-Stadt-Migration.

Ebenso schwierig wie die Quartierfrage ist die Arbeitsplatzfrage zu lösen. Trotz ihres kräftigen Wachstums reicht die Aufnahmekapazität der Industrie auch nicht im entferntesten aus, den Massenansturm zumal ungeschulter Arbeitskräfte aufzufangen. Und auch der Dienstleistungssektor ist zu unterentwickelt, als daß er berufliche Chancen in einigermaßen ausreichendem Umfang bieten könnte. Demgemäß besteht ein ausgesprochenes Defizit an Arbeitsplätzen, und zwar primär solchen, die sich für die in die Städte drängende, unqualifizierte Landbevölkerung eignen würden. Beschäftigungsmangel ist mithin weit verbreitet. Inzwischen muß man von Massenarbeitslosigkeit sprechen, denn schon die niedrig angesetzte offizielle Arbeitslosenquote bewegt sich in den Morava-Vardar-Städten zwischen 15 und 35 % (1984; err. n. Statistički godišnjak 1985, S. 708 f.).

Die Land-Stadt-Wanderung führt folglich dazu, daß an die Stelle von Unterbeschäftigung in der Landwirtschaft Beschäftigungslosigkeit in der Stadt tritt, daß sich verdeckte in offene Arbeitslosigkeit verwandelt. Alle Anzeichen deuten darauf hin, daß mit an Sicherheit grenzender Wahrscheinlichkeit mit einer weiteren Zuspitzung der Arbeitsmarktlage gerechnet werden muß.

5. Literatur

BÜSCHENFELD, H. (1981): Jugoslawien. Klett-Länderprofile. Stuttgart.

BÜSCHENFELD, H. (1982): Kosovo - Gefahrenherd für den Bestand Jugoslawiens. In: Geographische Rundschau, S. 180-186.

ČAVOLI, R. (1980): Funkcionalna diferenciranost centralnih naselja SAP Kosova (Functional Differentiation of the Central Settlements SAP of Kosovo). In: Geographica Slovenica 10, S. 99-104.

ČIDAN, B. (1978): The Macedonian Towns of the 19th Century and their Urban Perspective. Skopje.

DASKALOVSKI, V. (1980): Situation et le dévelopement perspectif de la zone périférique des petites agglomerations urbaines dans la République Socialiste de Macedonie. In: Geographica Slovenica 11, S. 71-79.

DASKALOVSKI, V. (1983): Spreading of the Urban Processes in the Rural Environment of SR of Macedonia. In: Geographical Transformation of Rural Areas. Proceedings of the 3rd Yugoslav-Polish Geographical Seminar, S. 55-61.

DJURIC, V. (1970): General Approach to the Functional Classification of the Urban Communities in Serbia. In: geographical papers 1, S. 83-93.

DLUGOSZ, Z. (1984): Urbanizacja Macedonii w świetle niektórych aspektów demograficznych (Urbanization of Macedonia in the Light of some Demographic Aspects). In: Czasopismo Geograficzne LV, S. 519-528.

GRAMATNIKOVSKI, V. (1980): Transformation of Agrarian Space into the Suburban Zone of Skopje. In: Geographica Slovenica 11, S. 45-51.

GÜNTHER, H. (1966): Die Verstädterung in Jugoslawien. Gießener Abhandlungen zur Agrar- und Wirtschaftsforschung des europäischen Ostens Bd. 35.

HILDEBRANDT, W. (1939): Die Stadt in Südosteuropa. In: Leipziger Vierteljahresschrift für Südosteuropa 3, S. 153-177.

JUGOSLOVENSKI institut za urbanizam i stanovanje (1973): Planerski atlas prostornog uredjenja Jugoslavije (Planungsatlas zur Raumordnung Jugoslawiens). Beograd.

KRASNIQI, M. (1980): Social and Economic Changes in Kosovo. In: Geographica Iugoslavica 2, S. 183-188.

KRSTIĆ, V. (1977): Neke karakteristike urbanizacije i koncentracije stanovništva u opštini Niš (Einige Charakteristiken der Urbanisierung und Bevölkerungskonzentration in der Gemeinde Niš). In: Problemi urbanizacije kod ubrzanog industrijskog razvoja i povećane populacije. Priština, S. 119-131.

LLESHI, Q. (1971): Evoluiranje funkcija grada na primerima urbanih i urbaniziranih centara Kosova (The Evolution of Urban Functions: The Case of the Urban and Semi-urban Centers of the Kosovo Province). In: Geographica Slovenica 1, S. 117-130.

LICHTENBERGER, E./H. BOBEK (1955/56): Zur kulturgeographischen Gliederung Jugoslawiens. In: Geographischer Jahresbericht aus Österreich XXVI, S. 78-154.

MARKOVIĆ, J. (1972): Gradovi Jugoslavije. Beograd.

MARKOVIĆ, J. (1980): Geographical Transformations in Serbia (Serbia Proper) during the 1945-1975 Period. In: Geographica Iugoslavica 2, S. 173-180.

MUSIL, J. (1980): Urbanization in Socialist Countries. White Plains.

ÖSTERREICHISCHES Ost- und Südosteuropa-Institut (1970 ff.): Atlas der Donauländer. Wien.

PAK, M. (1971): Preobrazba "Čarsije" v Bitoli (Transformation of the "Čarsija" in Bitola). In: Geografski vestnik 43, S. 97-121.

PANOV, M. (1971): Osnovni funkcionalni odnosi i teritorijalna razmeštenost gradova u sistemu komuna u SR Makedoniji (The Basic Functional Relations and the Territorial Distribution of the Towns in the System of Communes in the S.R. Macedonia). In: Geographica Slovenica 1, S. 103-116.

PANOV, M. (1976): Geografija na SR Makedonija (Geographie der SR Makedonien). Skopje.

PANOV, M. (1976): Proces urbanizacije u kontekstu demografske strukture stanovništva u SR Makedoniji (Proces de l'urbanisation dans le contexte de la structure de la population dans la R.S. de Macedonie). In: Geografski glasnik 38, S. 201-209.

PANOV, M. (1977): Neki migracioni procesi u SR Makedoniji (Some Migration Processes in the S.R. of Macedonia). In: Geografski vestnik 49, S. 125-130.

PANOV, M. (1980): Razvitak i neke strukturne promene urbanog stanovništva SR Makedonije (Development and some Structural Changes of the Urban Population in SR of Macedonia). In: Geographica Slovenica 10, S. 131-136.

PANOV, M. (1980): Demographic Analysis of Population in the Neighbouring Areas of SR Macedonia. In: Geographica Slovenica 11, S. 23-28.

PANOV, M. (1983): Depopulation as Factor for the Population Changements of the Agrarian Space within SR Macedonia. In: Geographical Transformation of Rural Areas. Proceedings of the 3rd Yugoslav-Polish Geographical Seminar, S. 41-47.

PANOV, M./A. STOJMILOV (1980): The Socialist Republic of Macedonia - Economic Geographical and Social Geographical Transformation in the Post-War Period. In: Geographica Iugoslavica 2, S. 157-164.

PUŠKA, A. (1980): Industrializaja Kosova kao inovacioni proces (The Industrialization of Kosovo as a Process of Innovation). In: Geographica Slovenica 10, S. 237-250.

PUŠKA, A. (1983): Migration Streams in the Community of Priština. In: Geographical Transformation of Rural Areas. Proceedings of the 3rd Yugoslav-Polish Geographical Seminar, S. 100-105.

RADOVANOVIĆ, M. (1970): Historic Regularities in the Origin and Development of the Communities in Serbia. In: geographical papers 1, S. 165-179.

RUPPERT, K. (1972): "Deagrarisation" in Jugoslawien. In: WGI-Berichte zur Regionalforschung 9, S. 38-51.

RUPPERT, K. (Hrsg.) (1980): Räumliche Struktur- und Prozeßmuster in der SR Makedonien. In: Münchner Studien zur Sozial- und Wirtschaftsgeographie Bd. 20.

SAVEZNI ZAVOD ZA STATISTIKU (1954-1985): Statistički godišnjak SFRJ (Statistisches Jahrbuch SFRJ). Beograd.

STAMENKOVIC, S. (1981): Migrations Journalières de la Population vers Vranje. In: Glasnik, S. 51-62.

TIŠMA, T. (1968): Die Städte Jugoslawiens in der Industrialisierungsperiode unter den Bedingungen administrativer Wirtschaftsverwaltung. In: Die Stadt in Südosteuropa (Südosteuropa-Jahrbuch Bd. 8), München, S. 161-172.

VELIKONJA, J. (1975): Socialist City in Yugoslavia. In: Scritti in Onore di Riccardo Riccardi. Roma, S. 961-972.

TOČKOVSKI, V. (1980): Les procès migratoirs dans la région suburbaine de Bitola. In: Geographica Slovenica 11, S. 59-69.

VELJKOVIC, A. (1971): Promene u mrezi gradova. Koncept, metodi i rezultati proucavanja mreze gradova u SR Srbiji (Changes in the Urban Network (S.R. of Serbia)). In: Geographica Slovenica 1, S. 87-102.

VRIŠER, I. (1975): The Pattern of Central Places in Yugoslavia. In: SARFALVI (Hrsg.): Urbanisation in Europe. Budapest, S. 139-146.

VRIŠER, I. (1979): Industrializacija Jugoslavije (Industrialisation of Yugoslavia). In: Geographica Slovenica 10, S. 209-223.

VRIŠER, I. (1980): Naselbinski sistem v Jugoslavije (Yugoslav National Settlement System). In: Geografski vestnik 52, S. 93-105.

VRIŠER, I. (1981): Razmestitev industrije v Jugoslaviji (The Distribution of Manufacturing Industries in Yugoslavia). In: Geographica Slovenica 12, S. 5-38.

VRIŠER, I. (1981): Industrialisierung und die zentralörtlichen Systeme in Jugoslawien. In: Münchner Studien zur Sozial- und Wirtschaftsgeographie Bd. 21, S. 45-65.

VRIŠER, I. (1984): Das Siedlungssystem in Jugoslawien. In: WOLF/SCHYMIK (Hrsg.): Urbane und suburbane Entwicklung im Rhein-Main-Gebiet (Bundesrepublik Deutschland) und Slowenien (Jugoslawien) im Vergleich. Beiträge zum Symposium in Frankfurt am Main im Oktober 1983. Frankfurt - Materialien 9, S. 13-33.

Anschrift des Verfassers:

Prof. Dr. Herbert Büschenfeld
Universität Münster
Institut für Didaktik der Geographie
Fliednerstraße 21
D - 4400 Münster

Aus:
Ekkehart Köhler und Norbert Wein (Hrsg.):
NATUR- UND KULTURRÄUME.
Ludwig Hempel zum 65. Geburtstag.
Paderborn: Ferdinand Schöningh 1987.
= Münstersche Geographische Arbeiten 27.

Photo 1: Kernsanierung (Prizren)

Photo 2: Zentraler Platz (Kumanovo)

Photo 3: Umrahmung des zentralen Platzes (Titovo Užice)

Photo 4: Basarrudiment (Skopje)

Photo 5: Modernisierter Basarkomplex (Skopje)

Photo 6: Objektsanierung im Innenstadtbereich (Titovo Užice)

Photo 7: Zentrumsnaher Altbestand (Titovo Užice)

Photo 8: Wohnsiedlung im Mantelbereich (Priština)

Photo 9: Neubauten im Mantelbereich (Skopje)

Photo 10: Einkaufszentrum (Skopje)

Photo 11: Wilde Bebauung im Marginalbereich (Priština)

Ekkehart Köhler

Nacionalni park „Plitvice“

Ein Wirtschaftsunternehmen in der Lika

1. Einleitung

Der Begriff *Nationalpark* ist im allgemeinen mit der Vorstellung verbunden, es handele sich um einen Ort besonderer Naturschönheit, den es zu schützen gilt. Dieses trifft in besonderem Maße auch für den Nationalpark Plitvicer Seen in Kroatien (Jugoslawien) zu. Der Einmaligkeit dieser Landschaft trug die UNESCO Rechnung, indem sie den Nationalpark in die Liste des Kultur- und Naturerbes der Welt aufnahm. Nach jugoslawischem Recht wird ein Nationalpark eingerichtet, um die Natur zu erhalten und zu erforschen. Darüber hinaus muß das Gebiet für die Besichtigung durch die Bevölkerung erschlossen werden! All diesen Aufgaben wird die *radna organizacija nacionalni park "Plitvice"* in einer Weise gerecht, die sie zum Vorbild für das Management anderer Nationalparks in Jugoslawien werden ließ.

Der gesetzliche Auftrag, den Nationalpark Plitvicer Seen für die Bevölkerung zu erschließen, hat nahezu zwangsläufig zu dem diversifizierten Wirtschaftsunternehmen nacionalni park "Plitvice" geführt, wie es sich heute darstellt. Den in- und ausländischen Touristen steht ein reichhaltiges und qualitativ überdurchschnittliches Dienstleistungsangebot zur Verfügung. Es umfaßt mehrere gut geführte Hotels, Campingplätze und Gaststätten ebenso wie eine durchdachte touristische Infrastruktur mit guten Informations- und Leitsystemen, Rundwanderwegen, Pendelbusverkehr und vielem mehr. Aus der Notwendigkeit heraus, insbesondere die ausländischen Gäste jederzeit mit hochwertigen Konsumgütern versorgen zu müssen, wurde eine parkeigene Handelsorganisation gegründet, die neben der Gastronomie auch die ebenfalls zum Unternehmen gehörenden Einzelhandelsgeschäfte der Region beliefert. Zur Deckung des Nahrungsmittelbedarfs wurde ein landwirtschaftlicher Betrieb mit Ackerbau und Viehhaltung errichtet.

2. Entwicklung des Nationalparks Plitvicer Seen bis 1970

Die augenfällige Schönheit der Landschaft besteht in einer Reihe von etwa 16 natürlichen Stauseen, die kaskadenartig ineinander übergehen. Der ständige Wechsel vom ruhigen Wasser und tosenden Wasserfällen macht den besonderen Reiz und die weltweite Einmaligkeit dieser Landschaft aus.

Travertinbarrieren in Karstgewässern stellen an sich keine Singularität dar. Sie sind in Jugoslawien und an anderen Orten mehrfach nachgewiesen und bilden sich unter bestimmten ökologischen Voraussetzungen, wenn das empfindliche biodynamische System durch den Menschen nicht gestört wird. Im Gegensatz zu den Travertinbarrieren an der nur wenige zehner Kilometer entfernt fließenden Una konnten sich die Naturschönheiten der Plitvicer Seen erhalten, da sie sich lange Zeit in der unruhigen Grenzregion zwischen den türkischen, venezianischen und österreichischen Herrschaftsbereichen befanden. Häufige Übergriffe auf die Bevölkerung verhinderten u.a. eine dauerhafte Besiedlung und Nutzung der Wasserfälle zum Antrieb von Mühlen und Sägewerken.

Die Einmaligkeit der Landschaft wird treffend im Grieben-Reiseführer von 1930 beschrieben und nachfolgend auszugsweise wiedergegeben.

"Die Plitvicer Seen gehören zu den größten Sehenswürdigkeiten in Jugoslawien, und kein Besucher Dalmatiens sollte es versäumen, einen Ausflug hierher zu unternehmen bzw. seine Weiterreise zu unterbrechen. Die Fahrt von Sušak über Senj zu den Plitvicer Seen führt unmittelbar am Meer entlang über alle kleinen und größeren kroatischen Badeorte. Die Fahrt ist trotz der kahlen Karstlandschaft reizvoll. Durch ein waldiges Tal in 32 Serpentinen aufwärts zum *Vratnik* und *Vratnik-Paß* (698 m). Herrliche Blicke auf das Meer und die Inseln; weiter durch Wiesentäler. Bald wird Otočac erreicht, ein altes Kreisstädtchen mit ca. 3000 Einw., das an Markttagen (Mi.) ein hochinteressantes, malerisches Bild bietet. Die Bauern aus der Umgebung, alle mit ihren roten Kroatenmützen, die Frauen mit Tüchern und geflochtenen Einkaufstaschen, verhandeln hier vor allem Vieh, und zwar Hühner, Ferkel, Schafe in großen Herden, auch Rindvieh. Ferner Sicheln u.a. landwirtschaftliche Gegenstände. Die breite Hauptstraße ist dann ein einziges buntes Gewirr von Mensch und Vieh, durch das sich das Auto nur langsam seinen Weg bahnt. (An diesem bunten Treiben hat sich bis heute nicht viel geändert. Anm. d. Verf.) Von Otočac führt die Straße meist auf dem Talboden durch Wiesen und Felder bis *Leskovac*. Dann wechselt der Charakter der Landschaft plötzlich. Große, herrliche Fichtenwaldungen folgen, die Luft wird kühl und würzig. Das Auto fährt an der stark versumpften *Rijeka* entlang, die bereits die Nähe der großen Seen ankündigt. Es folgt der erste und zweitgrößte See, der Prošćansko-See (625 m), der sich lang von Süden nach Norden ausstreckt. Die

Farbe des Sees ist hellgrün, die bewaldeten Berge reichen bis an das Wasser. Einsamkeit und Stille ruht über den Wäldern und dem Wasser. Die Autostraße bleibt immer nahe am See; das Auto hält an dem am Nordende des Sees gelegenen Villen-Hotel Labudovac, 650 m (50 B., Rest., schöner Grottenpark m. Wasserfällen u. See, Ah.). Dann folgen mehrere kleinere Seen. Das Auto umfährt alle Buchten, dann in Serpentinen empor zu dem hoch über dem größten der Plitvicer Seen, dem Kozjak-See (536 m), gelegenen Hotel Plitvice, 590 m (162 B. v. 30-70 Din., F. 12, P. 100-140 Din., Ah., Rest., Café, Park, Konzert, Tanz, schöne Südlage, herrlicher Ausblick, deutsch gespr., gzj., gelobt). Endhaltestelle der Autos. - Etwas unterhalb des Hotels Plitvice liegt *Pension Kozjak* (20 B.). Landeinwärts liegt *Hotel Bellevue* (80 B. v. 20-35 Din., F. 4-9, P. 70-90 Din., 6 Z. m. Bad, flW., Ah., Rest., Garten, deutsch gespr., gzj.).
Die Plitvicer Seen (*Plitvička Jezera*; spr. Plitvitschka Jésera) sind 16, von dichten Wäldern umgebene Seen, die terrassenförmig übereinanderliegen und durch 40 Wasserfälle und Stromschnellen untereinander verbunden sind. Die Seenkette erstreckt sich in einer Länge von 8 km und einem Gefälle von 135 m von Süden nach Norden; im Süden bilden *Crna Rijeka* und *Bijela Rijeka* (Schwarze und Weiße R.) die Zuflüsse, im Norden die *Korana* den Abfluß. Prošćansko- und Kozjak-See sind die größten, die übrigen sind erheblich kleiner. Man unterscheidet zwölf Obere Seen: *Prošćansko, Ciginovac, Okrugljak, Veliko, Batinovac, Malo, Vir, Galovac, Milino, Gradinsko, Burget* und *Kozjak-See* sowie vier Untere Seen: *Milanovo, Gavanovo, Kaludjerovo, Novakovića, Brod-See.* Auf den größeren Seen Gelegenheit zum Rudern, Schwimmen und Angeln (Forellen und Krebse). Die Wasserfälle haben eine Höhe bis zu 80 m, die Berge ringsumher bis zu 1300 m. Am großartigsten ist die Landschaft an den Unteren Seen, die sich in herrlicher blauer oder grüner Färbung zwischen senkrechten kahlen Karstwänden hindurchwinden. Den Abschluß bildet der 80 m hoch in einem doppelten Fall herabstürzende *Plitvicabach.*" (Grieben, Bd. 161, 1930, S. 81-82).

Die älteste nachgewiesene Unterkunft für Touristen wurde 1861 von österreichischen Grenzoffizieren auf der Velika Poljana errichtet, mit dem wohl schönsten Blick auf die Seentreppe und die Wasserfälle. Bis zur Gegenwart entwickelte sich an dieser Stelle das Zentrum der touristischen Ansiedlungen. (1) [1] Die organisierte Erschließung begann 1893 mit der Gründung der "Gesellschaft zur Verschönerung der Plitvicer Seen" in Zagreb, einem der ersten Vereine dieser Zielsetzung in Europa. Die Spuren der Erschließung für den Tourismus sind heute noch erkennbar, aber bereits weitgehend von der Natur zurückerobert worden. Für die Jahre 1894 verzeichnet die Statistik etwa 1.000 Besucher. 1896 errichtete man das erste Hotel mit 28 Räumen. Die Eisenbahnverbindung durch die Lika machte 1922 eine Erhöhung der Übernachtungskapazität auf 250 Betten erforderlich. 1927 stieg die Zahl der Touristen auf 4.000 und erreichte 1938 8.000 Besucher mit 24.000 Übernachtungen in 524 Hotelbetten und 144 Privatquartieren. Während des 2. Weltkrieges wurden alle Einrichtungen völlig zerstört.

Der Neubeginn erfolgte 1949 mit dem Gesetz zur Errichtung des nacionalni park "*Plitvička Jezera*" unter eigenständiger Parkverwaltung. Die Deklaration von 1928 zur Unterschutzstellung des Gebietes hatte keinen rechtsverbindlichen Charakter. Die Verbesserung der Verkehrsverbindungen und der aufblühende Tourismus in Mitteleuropa ließ die Zahl der Besucher schnell ansteigen (Tab. 1 und Tab. 2). In ihrem Gefolge wurden mehrere moderne Hotels gebaut; 1951 das erste, 1958 Hotel Plitvice, 1963 Hotel Bellevue, 1970 Hotel Jezero. Insgesamt entstand eine Übernachtungskapazität von 1.200 Hotelbetten und 250 Privatquartieren.

Mit der offiziellen Unterschutzstellung als Nationalpark begannen umfangreiche Forschungsarbeiten, die bis heute in unverminderter Intensität anhalten. Anfangs konzentrierte sich das Interesse auf die Ökologie der Seen und Wasserfälle. Bereits 1958 erschien zu diesem Thema die erste umfassende Veröffentlichung (Nacionalni park Plitvička Jezera, 1958). Die Forschungen basierten auf den Untersuchungen von PEVALEK (1935) und wurden von BRNEK-KOSTIĆ (1969-1980) in mehreren Abhandlungen zu einer vorläufig abschließenden Bewertung entwikkelt. Durch die ständige Forschungsstation des Nationalparks werden alle limnischen und terrestrischen Ökosysteme des Parks systematisch untersucht. An diesen Arbeiten sind sowohl jugoslawische als auch ausländische Fachkräfte beteiligt. Über die lokalen Forschungsarbeiten hinaus ist der Nationalpark als Null-Station in internationale Meßprogramme zur Isotopenforschung und zur Analyse der Luftverschmutzungen integriert.

Das geschützte Gebiet umfaßt heute eine Fläche von 19.200 ha, von denen 14.500 ha mit Wald, hauptsächlich Buchenhochwald, und 200 ha mit Seen und Wasserläufen bedeckt sind. Die verbleibenden 4.500 ha verteilen sich auf Dörfer mit den zugehörigen Wiesen und Äckern. Die äußeren Grenzen des Nationalparks umfassen nicht das gesamte unterirdische Einzugsgebiet der Zuflüsse in die Seen. Dieses wirkt sich insbesondere im südlichen Bereich ungünstig aus. Im Homoljačko Polje (2) wurde daher ebenso wie im Brezovacko Polje (3) die private Landwirtschaft extensiviert und auf Weidegang beschränkt. Dem Nationalpark gehörende Flächen wurden teilweise mit

---

1) Die Ziffern im Text beziehen sich auf die Angaben in Abbildung 1.

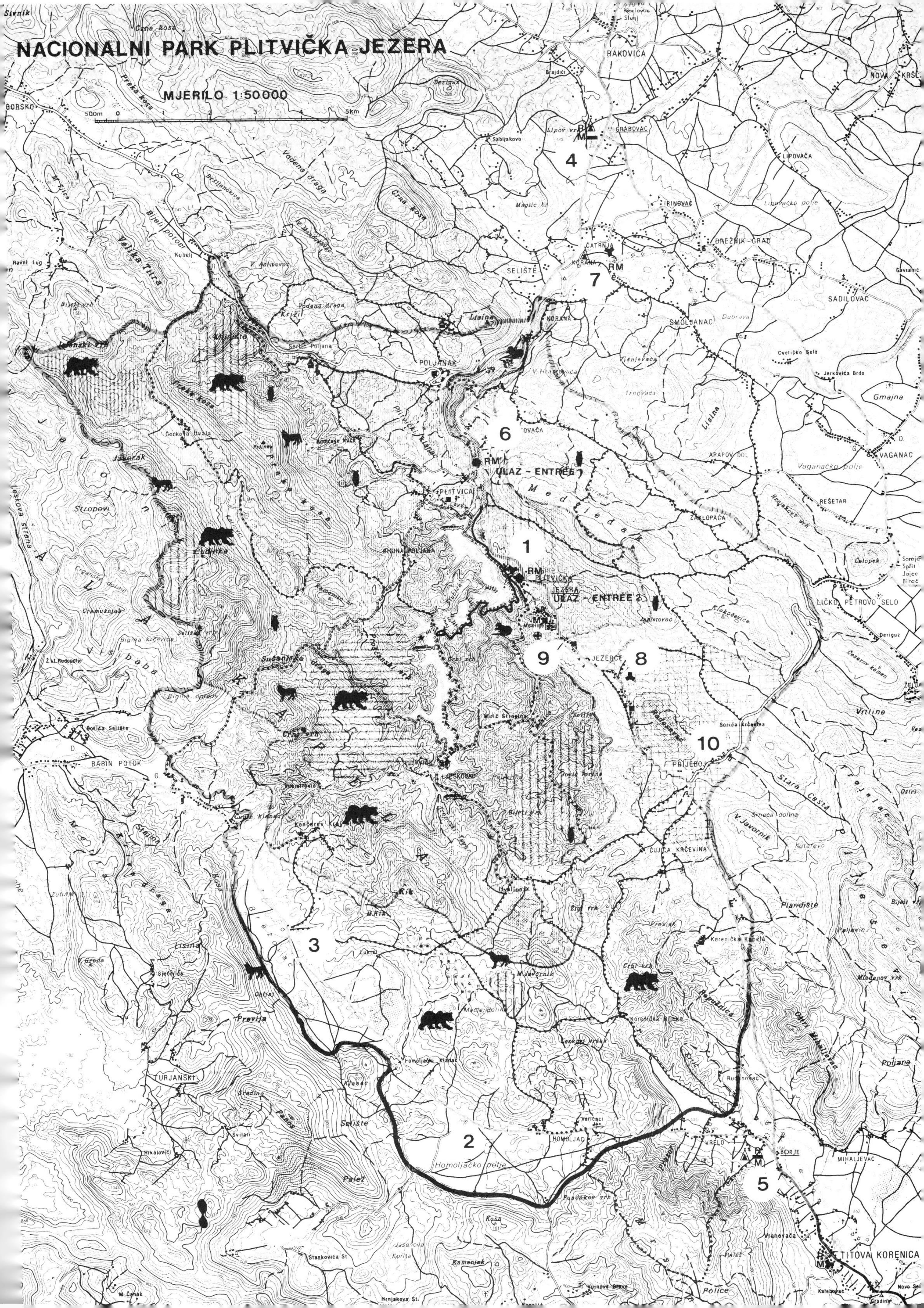
NACIONALNI PARK PLITVIČKA JEZERA
MJERILO 1:50000
ULAZ - ENTREE 1
ULAZ - ENTREE 2
PLITVIČKA JEZERA
RAKOVICA
GRABOVAC
SELIŠTE
POLJANAK
PLITVICA
JEZERCE
PRIJEBOJ
HOMOLJAC
BORJE
TITOVA KORENICA
LIČKO PETROVO SELO
DREŽNIK-GRAD
SMOLJANAC
SADILOVAC
BABIN POTOK
TURJANSKI

Tab. 1: Hotelgäste an den Plitvicer Seen

Jahr	Gesamtzahl der Ankünfte	Anteil der Ausländer in %
1955	11.759	25
1960	21.569	53
1965	45.071	65
1970	79.900	87
1975	129.000	81

(nach: PEPEONIK 1979)

Tab. 2: Anzahl der Übernachtungen und Parkbesucher

Jahr	Übernachtungen	Besucher	Anteil der ausländischen Besucher in %
1970		247.193	39
1971		305.137	59
1972		262.344	61
1973		328.782	62
1974	178.322	322.635	60
1975	204.124	407.793	56
1976	211.240	395.515	52
1977	227.953	460.019	
1978	269.106	585.450	
1979	281.000	555.433	
1980	318.041	532.253	
1981	400.803	590.003	
1982	400.694	561.615	
1983	413.735	595.048	
1984 bis 30.10.	435.682	670.648	

(nach: PEPEONIK 1979 und PLITVIČKI VJESNIK, Nr. 101, 1984)

Kiefern aufgeforstet. Diese entsprechen zwar nur bedingt der natürlichen Bestockung, gewähren aber Schutz vor Eutrophierung des Karstwassers durch landwirtschaftliche Düngung und Siedlungsabwässer. Darüber hinaus ermöglichen sie auf den z.T. sehr flachgründigen Böden wirtschaftliche Holzerträge.

Das Management der Beherbergungs- und Restaurationsbetriebe war stets an ständig steigenden Besucherzahlen interessiert und erzielte große Gewinne. Dem gegenüber verfügte die Parkverwaltung nur über sehr unzureichende Geldmittel, die gerade zur Deckung der Personalkosten ausreichten. Zur Entwicklung der touristischen Infrastruktur und zum Schutz der Natur vor den Besucherströmen standen keine Mittel zur Verfügung. Das besondere Problem des Nationalparks besteht darin, daß sich die Besucher *nicht* auf die 19.200 ha des Schutzgebietes verteilen, sondern in der Umgebung der Wasserfälle und Seen konzentrieren, so daß eine Fläche von weniger als 100 ha durch den Tourismus extrem belastet wird. Eine Lösung des Problems ist bis heute nicht erreicht, konnte aber durch den Zusammenschluß des Managements für die Hotels und den Nationalpark gemindert werden. Er erfolgte 1970 mit der Gründung der *radna organizacija nacionalni park "Plitvice"*.

3. Struktur der RO nacionalni park „Plitvice"

Die radna organizacija nacionalni park "Plitvice" gliedert sich in 8 selbständige Arbeitsorganisationen (osnovna organizacija udruzenog rada = OOUR) und 5 Arbeitsgemeinschaften (radna zajednica = RZ)

- OOUR ZAŠTITA I NJEGA
  Naturschutz und Pflege des Parks
- OOUR TURIZAM
  Touristischer Informationsdienst, Verkauf der Eintrittskarten
- OOUR PLITVIČKI HOTELI
  Betreiben der Hotels, Motels, Restaurants und Campingplätze innerhalb des Schutzgebietes und bei Grabovac sowie des Motels "Plitvice-Zagreb"
- OOUR BORJE
  Betreiben der Touristischen Siedlung Borje, der Hotels "Plješevica" in Titova Korenica, "Gacka" in Ličko Lešće, "Javornice" in Udbina sowie des Motels "Plitvice-Maslenica" an der Adria-Magistrale; Organisation des Jagd- und Angeltourismus
- OOUR LIKAKOMERC
  Ein- und Verkauf im Großhandelsbereich, Betrieb der Warenhäuser
- OOUR TRGOVINA
  Betrieb der Markets und kleineren Geschäfte
- OOUR POLJOPRIVREDA
  Erzeugung landwirtschaftlicher Produkte, Zusammenarbeit mit genossenschaftlich organisierten und privaten Landwirten, Versorgung der Hotels und Geschäfte
- RZ ZAŠTITA I UREĐENJE NACIONALNOG PARKA
  Naturschutz und Einrichtungen des Nationalparks
- RZ RAZVOJA
  Entwicklung der RO
- RZ KNJIGOVODSTVO I PLATNI PROMET
  Buchführung und Zahlungsverkehr
- RZ SAMOZAŠTITE I KONTROLE
  Parkschutz und Kontrolle
- RZ OPĆI POSLOVI
  Allgemeine Geschäftsführung

3.1 Tourismus

Die Diversifikation der RO in 8 OOUR'a erweckt den Anschein, die Gesellschaft bewege sich in ihrer

Entwicklung weg von einem touristischen Unternehmen. Eine genauere Analyse der Verflechtungen der einzelnen OOUR'a macht jedoch deutlich, daß Gewinn hauptsächlich aus dem Besichtigungstourismus der Seen und Wasserfälle sowie den Restaurations- und Beherbergungseinrichtungen zu schöpfen sind. Die anderen OOUR'a dienen der Sicherung dieser Einnahmequellen ohne ausgeprägte selbständige Geschäftsverbindungen. Ziel der RO ist ein Angebot, das den Ansprüchen des gehobenen Tourismus genügt. Die Hotels sind so ausgestattet, daß sie der Kategorie A oder B zuzurechnen sind. Dem entsprechend gehören zu den Einrichtungen Restaurant, Kaffee-Bar, mehrere Tagungs- und Aufenthaltsräume, Sauna und Sportanlagen, Souvenierladen mit einem beachtlichen Zeitungsangebot. Die meisten Hotelzimmer verfügen über eine Naßzelle. Im Hotel Plitvice wird eine Bank betrieben. Das gesamte Personal zur Betreuung der Touristen wird ständig geschult und verfügt über gute Fremdsprachenkenntnisse.

Seit der Mitte der 70er Jahre hat eine rege Erweiterung der touristischen Einrichtungen stattgefunden. In den Zufahrtsbereichen an der Hauptstraße Zagreb - Karlovac - Zadar sind im Norden und im Süden des Schutzgebietes die touristischen Siedlungen Grabovac ④ bzw. Borje ⑤ entstanden. Ihr Konzept besteht in der Kombination von Motel, Restaurant und Supermarkt, an die ein Campingplatz mit Stellplätzen für Zelte und Wohnwagen sowie eine Blockhaussiedlung angegliedert ist.

Ein Vergleich mit anderen jugoslawischen Touristencentren außerhalb der Küstenregion läßt erkennen, daß die Zielgruppe der ausländischen Touristen erreicht wurde (Tab. 3). Mit einem Ausländeranteil von 75,8% der Besucher und 77,7% der Übernachtungen (1981) nimmt der Nationalpark Plitvice die führende Stellung ein. Bemerkenswert ist in diesem Zusammenhang die Tatsache, daß den Gästen aus Ostblockländern Eintrittskarten für Jugoslawen verkauft werden, sie also wie Inländer gezählt werden. Die Devisenstärke der Gesellschaft ermöglicht Anschaffungen hochwertiger Geräte und Einrichtungen und gewährleistet innerhalb Jugoslawiens eine gewisse Versorgungssicherheit.

Tab. 3: Anteil der Ausländer an den Besucher- und Übernachtungszahlen in einigen größeren Touristischen Gebieten Jugoslawiens im Jahr 1981

Touristenzentrum	Übernachtungen in % der Gesamtzahl	Besucher
Plitvice	77,7	75,8
Ohrid	13,2	15,6
Bled	58,8	53,3
Kranjska Gora	40,0	40,2
Zlatibor	1,5	4,6

(nach: PEJNVIC 1983)

1984 wurde die Zahl von 670.000 Besuchern und 436.000 Übernachtungen registriert. Im wesentlichen beschränkt sich das Interesse auf die Seen und Wasserfälle. Der Anteil der Besucher, die mit PKW oder Bus anreisen und nur wenige Stunden im Park verweilen, ist besonders groß. Darüber hinaus konzentriert sich der Besucherstrom auf die Sommermonate, mit einer rechnerischen täglichen Besucherzahl von über 4.000. Tatsächlich werden nicht selten mehr als die doppelte Anzahl registriert. Die extrem hohe Belastung des empfindlichen biodynamischen Systems der Travertinseen durch KFZ-Verkehr und Spaziergänger erfordert Maßnahmen zur Minderung und Vermeidung.

Die Planung sieht vor, alle Aktivitäten, die nicht mit der direkten Besichtigung zusammenhängen, aus dem hydrologischen Einzugsbereich der Seen zu verlagern. Zu diesem Konzept gehören die bereits erwähnten Touristensiedlungen Grabovac und Borje. Der ursprünglich an Eingang 1 gelegene Campingplatz ⑥ wurde 1984 an der Korana ⑦ neu errichtet und mit gehobener Infrastruktur ausgerüstet, zu der auch ein Stausee für Badezwecke in der Korana gehört. In Jezerce ist eine Siedlung vom Reißbrett entstanden ⑧ (Photo 1). Sie lehnt sich architektonisch an die bodenständige Bauweise der Holzhäuser an und enthält neben einem Hotel- und Restaurantkomplex auch Wohnhäuser für Bedienstete des Nationalparks. Durch diese Neugründung soll der Zersiedelung des Schutzgebietes entgegengewirkt werden. Die Siedlung Mukinje ⑨ ist der Siedlungsschwerpunkt für die Angestellten des Parks. Auch er befindet sich in unmittelbarer Nähe der Seen und trägt somit latent zu deren Belastung bei. Im Ort sind KFZ- Werkstatt, Wartungshallen für die Pendelbusse, Schule, Kindergarten und Krankenhaus sowie die zentrale Parkverwaltung konzentriert. Das Entwicklungskonzept sieht vor, die umweltbelastenden Einrichtungen wie Werkstätten, Lagerhaltungen, Schlachthof u.ä. in Prijeboj ⑩ außerhalb des Einzugsgebietes der Seen zu konzentrieren. Der Entwicklungsschwerpunkt ist an die zukünftig das Gebiet des Nationalparks umgehende Hauptstraße plaziert worden. Diese Umgehung ist dringend erforderlich, da bisher der gesamte Verkehr, insbesondere auch der Schwerlastverkehr aus dem Norden auf seinem Weg zur Küste das Kerngebiet des Nationalparks queren muß.

Bereits ein Jahr nach dem Zusammenschluß des Managements von Parkverwaltung und Hotelgewerbe begründete die neue Gesellschaft touristische Aktivitäten weit außerhalb des Nationalparks Plitvicer Seen (Abb. 2). 1971 wurde das Hotel "Gacka" in Ličko Lešće gebaut. Das Gebäude liegt unmittelbar an dem Oberlauf der Gacka und dient hauptsächlich den Sportanglern als Unterkunft, die die besonders starke Gacka-Forelle angeln wollen. Günstige Wasserverhältnisse an einer Karstquelle im Gacko-Polje förderten die Einrichtung einer Forellenzucht zur Versorgung der Gastronomie des Nationalparks. Das ebenfalls 1971 auf der Hochebene von Baška Ostarija (Velebit-Gebirge) errichtete Hotel "Velebno" ging 1975 in den Besitz der Firma "Industrogradnje" in Zagreb über. Das 1973 übernommene Motel "Kalobag" in Kalobag gehört ebenfalls nicht mehr zum Nationalpark. 1981 wurde das Hotel "Jovornik" in Udbina erworben.

Mit dem Bau der Motels "Plitvice-Zagreb" (Photo 2) und "Plitvice-Maslenica" (Photo 3), die 1984 eröffnet wurden, begann das Management der RO eine neue Strategie. Die ausländischen Touristen benutzen hauptsächlich den Autoput (Ljubljana - Zagreb - Belgrad) und die Adria- Magistrale. Mit den beiden

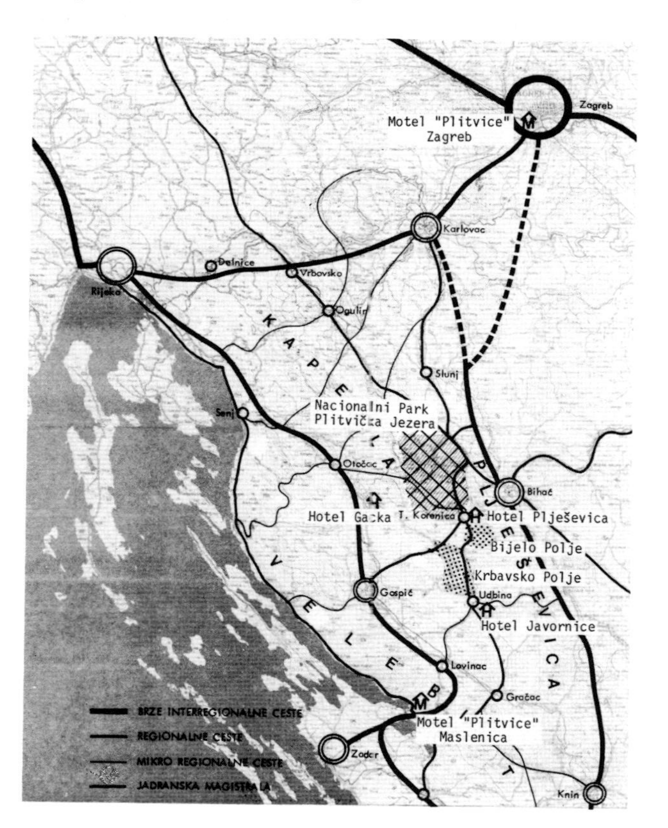

Abb. 2: Lage des Nationalparks Plitvicer Seen im vorhandenen und geplanten Verkehrsnetz Nordwest-Jugoslawiens und Aktivitäten der Gesellschaft außerhalb des Schutzgebietes

Motels wird der Bedarf an Übernachtungsmöglichkeiten für die Durchreise gedeckt. Gleichzeitig ergibt sich die Möglichkeit, Hotelgäste und kurzzeitig Rastende über den Nationalpark Plitvicer Seen zu informieren und zu einem Besuch zu animieren.

Zur Verlängerung der Verweildauer der Gäste ist es erforderlich, neben dem Besichtigungstourismus an den Seen weitere Attraktionen anzubieten. Mit dem Angebot für Sportangler an der Gacka wurde bereits frühzeitig der richtige Weg beschritten, der sich jedoch nicht auf die Anlagen im Raum Plitvice auswirkte. Neuere Überlegungen ziehen die Anlage von Wildgattern in Betracht. Dazu eignen sich die verbuschten Wälder und Hochwaldbestände im Pleš evica und in der Kapela. Ein beachtlicher Bestand an Hoch- und Niederwild ist vorhanden, so daß die Anlage von Wildgattern sinnvoll erscheint. Erfahrungen auf dem Sektor des Jagdtourismus werden bereits über mehrere Jahre hinweg im Krbavsko-Polje mit der Fasanenjagd gesammelt.

Eine traditionelle, bis in die Anfänge des Tourismus zurückreichende Art der Beherbergung an den Plitvicer Seen sind die Privatquartiere bei der ortsansässigen Bevölkerung. Sie sind als Eigenart des jugoslawischen Tourismus erhaltenswert und förderungswürdig. Für die Bevölkerung besteht mit der Aufnahme von Gästen in ihre Häuser die Möglichkeit eines kleinen Zuerwerbs, wenn die angebotenen Zimmer und sanitären Einrichtungen den hohen Anforderungen der Parkverwaltung entsprechen und genügend interessierte Reisende kommen. Dem Gast bieten sich zahlreiche Möglichkeiten zu Kontakten mit der Bevölkerung abseits der Touristenströme (Photo 4). Eine weitere Erwerbsmöglichkeit können sich die Einheimischen durch den Verkauf von selbst hergestelltem Käse, von Backwaren, Honig oder anderen Erzeugnissen an die Touristen erschließen (Photos 5 und 6). Ein Teil der in den Geschäften des Nationalparks angebotenen Souvenirs wurden von Einheimischen in winterlicher Heimarbeit hergestellt. Hier sind besonders diejenigen aus Holz hervorzuheben, deren Herstellung ebenfalls auf langen Traditionen beruhen.

3.2 Landwirtschaft

Die landwirtschaftlichen Aktivitäten der RO basieren zum einen auf parkeigenen Einrichtungen zum Ackerbau und zur Viehhaltung und zum anderen auf der Zusammenarbeit mit ortsansässigen Landwirten, sog. Kooperanden. Dieses System wurde zu Beginn der 80er Jahre gegründet und seitdem ständig ausgebaut.

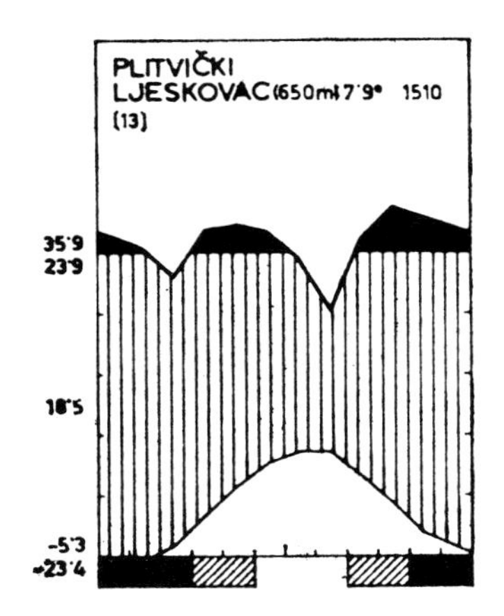

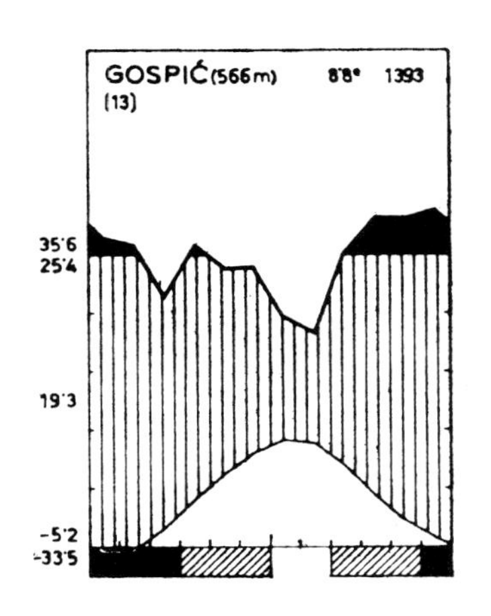

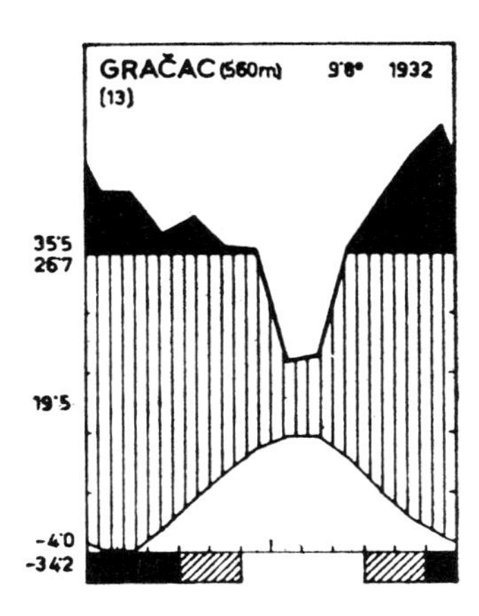

Abb. 3: Klimadiagramme nach Walter ausgewählter Orte der Lika (aus: BERTOVIĆ, 1975)

Die parkeigene Landwirtschaft erstreckt sich im Krbavsko-Polje auf einer Fläche von ca. 6.000 ha, von der z.Zt. ca. 1.500 ha überflutungssicher sind und beackert werden (Photos 7 und 8). Die übrige Fläche dient der Heugewinnung für eine Kuhfarm.

Die Landwirtschaft in der Lika ist aufgrund der karsthydrologischen Situation und des kontinental-mediterran geprägten Klimas mit besonderen Schwierigkeiten verbunden. In den Poljen bilden sich großflächig Winterseen, die eine ackerbauliche Nutzung der petrographisch besonders günstigen Standorte verhindern. Die bloße Entwässerung bewirkt jedoch keine Verbesserung der Gesamtsituation, da es während des Sommers an Niederschlägen mangelt, wie dem Walterschen Klimadiagramm von Gračac (Abb. 3) zu entnehmen ist. Die Klimadiagramme von Gospić aus den Jahren 1956 bis 1963 (Abb. 4) weisen zwei ausgeprägte Trockenperioden aus, eine im Frühjahr zur Saatzeit und eine im Sommer. Letztere entwickelt sich nicht selten zu einer längeren Dürreperiode. Der hydrologischen Ungunst im Krbavsko-Polje versucht man durch Bewässerung aus einem Speichersee und in geringem Maße auch aus dem Grundwasser Herr zu werden. Langfristig ist die Entwässerung in ein tiefer gelegenes benachbartes Polje mit dortiger Speicherung vorgesehen. Zum Rückpumpen könnte dann Sonnenenergie verwendet werden.

Die Zielsetzung der agraischen Aktivitäten des Nationalparks bestehen nicht primär darin, einen möglichst hohen Grad der Selbstversorgung zu erreichen. Vielmehr soll eine standortgerechte Landwirtschaft zu hohen Erträgen führen, die dann in den eigenen Einrichtungen verbraucht oder anderweitig vermarktet werden. Am Beispiel des Kartoffelanbaus wird diese Strategie besonders deutlich: Die Lika ist zur Gewinnung von Saatkartoffeln besonders geeignet. Daher verzichtet man auf den großflächigen Anbau von Speisekartoffeln für den Eigenbedarf und erzeugt Saatkartoffeln, mit denen sich der doppelte Erlös erzielen läßt. Für die parkeigene Gastronomie werden Speisekartoffeln hinzugekauft.

In umfangreichen Anbauversuchen z.B. mit verschiedenen Sorten von Mais, Sojabohnen, Kartoffeln und Getreide werden die für die Lika geeigneten Sorten ermittelt. Die Ergebnisse stehen allen Landwirten der Lika zur Verfügung. Zur Förderung der regionalen Landwirtschaft werden Liefer- und Abnahmeverträge mit Bauern geschlossen, in deren Rahmen der Nationalpark Plitvice den Kooperanden hochwertiges Saatgut und Kunstdünger liefert, beides können kleinere Bauern nicht immer problemlos beschaffen, und garantiert die Abnahme der Ernte. Anfänglich nutzten einige private Landwirte zwar die günstige Versorgung mit Saatgut und Dünger, vermarkteten

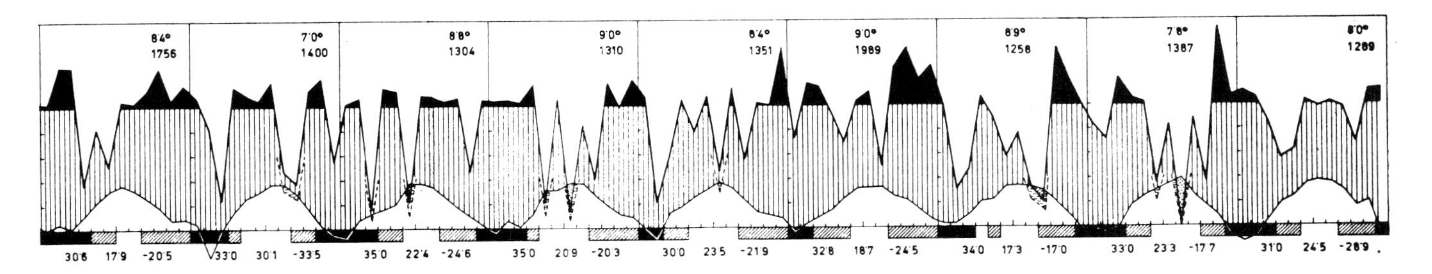

Abb. 4: Klimadiagramme nach Walter der Station Gospić für die Jahre 1955 bis 1963 (aus: BERTOVIĆ, 1975)

dann aber die Feldfrüchte privat. Die Kooperation erstreckt sich auf nahezu alle in der RO nacionalni park "Plitvice" benötigten landwirtschaftlichen Produkte und reicht in einigen Fällen über die Lika hinaus. Gemüse wird z.B. aus Zadar und Capljina bezogen, Kartoffeln und Weißkohl aus Varaždin.

Die Kooperation auf dem Sektor der Viehwirtschaft ist der oben beschriebenen ähnlich. Der Nationalpark gewährt Kredite zum Bau von Stallungen und zum Erwerb hochwertiger und für die Lika geeigneter Tiere. Er gewährleistet den Absatz der Erzeugnisse wie Milch, Käse, Eier und Fleisch. Besonders die private und parkeigene Fleischproduktion deckt noch nicht den Bedarf. Zur Verringerung der Ausfallquote und zur Steigerung der Fleischqualitäten wird ein tierärztlicher Beratungsdienst aufgebaut. Die parkeigene Kuhfarm im Krbavsko-Polje hat eine Kapazität von 350 Stück Vieh. Sie dient neben der Milch- und Fleischproduktion als Zuchtstation zur Verbreitung der Simmentaler Rasse in der Lika. Bullenkälber aus der Zucht werden zur Mast bis auf 225 kg an Kooperanden abgegeben. Im Anschluß daran werden die Tiere auf der Rinderfarm bis zum Schlachtgewicht von 450 kg gemästet. Kuhkälber werden zur Milcherzeugung verkauft, soweit sie nicht zum Auffüllen der eigenen Bestände benötigt werden.

4. Entwicklung der Lika

Die Lika erhält ihre Grenzen als Naturraum vom Velebit-Gebirge im Osten sowie der Velika und Mala Kapela und dem Plješevica-Gebirge im Norden und Osten. Administrativ wird die Lika mit der zajednice Općina Gospić (ZO Gospić) gleichgesetzt. Sie umfaßt die Općinas Donji Lapac, Gospić, Gračac, Otočac und Titova Korenica.

4.1 Die Lika - Ungunstraum Kroatiens

Das Hochland zwischen 500 und 700 m NN wird von Gebirgszügen bis zu 1.750 m NN umrahmt und von zwei größeren Polje-Systemen durchzogen, dem Licko-Polje und Gacko-Polje einerseits und dem Krbavsko-Polje andererseits. Das Likaner Mittelgebirge trennt die beiden Systeme voneinander. Auf den Höhenzügen der Randgebirge stocken ertragreiche Hochwälder auf Kalkverwitterungsböden, während in den Randlagen der Poljen und in den Bergländern ein durch Beweidung degradierter Buschwald vorherrscht. Die durch Sedimentation verebneten Täler werden überwiegend als Weideland genutzt. 46% der Oberfläche der Lika sind mit Wald bestockt, 41% entfallen auf Wiesen und Weiden. Nur an denjenigen Stellen, an denen eine gewisse Tiefgründigkeit des Bodens mit geregeltem Wasserhaushalt, d.h. frühzeitiger Entwässerung im Frühjahr und ausreichender Bodenfeuchte im Sommer, zusammentreffen, wird Ackerbau betrieben. Die gesamte landwirtschaftliche Produktion dient traditionell der Eigenversorgung; mehr zufällig erzielte Überschüsse werden auf den Bauernmärkten angeboten (Photo 9). Die Versorgung der Bewohner in den Städten wird aber keineswegs durch ortsansässige Bauern, sondern durch Händler sichergestellt, die dann auch Feinobst und Gemüse aus dem Süden Jugoslawiens anbieten.

Das Klima weist ein ausgeprägtes Niederschlagsmaximum im Winter auf, das regelmäßig zu ergiebigen Schneefällen führt. Zu diesen Zeiten ruht der gesamte Verkehr, Nebenstrecken sind oft wochenlang nicht passierbar. Die Sommerregen fallen unregelmäßig, durch immer wieder auftretende Trockenperioden ist ein sicherer und ertragreicher Ackerbau nicht möglich, Früh- und Spätfröste verkürzen die Vegetationszeit, so daß der Anbau hauptsächlich auf Hafer, Roggen und Kartoffeln beschränkt bleibt und ansonsten Viehwirtschaft betrieben wird. Die Wanderweidewirtschaft ist u.a. aufgrund der überalterten Bevölkerung weitgehend zum Erliegen gekommen (Photo 10). Gefördert wurde diese Entwicklung durch Gesetze zum Schutz der Wälder, die u.a. in bestimmten Regionen die freie Weide für Schafe und Ziegen verbieten.

Abgesehen von einigen Bauxitnestern im Palaeozoikum an der Ostabdachung des Velebit-Gebirges weist die Lika keine bekannten Lagerstätten von Bodenschätzen auf.

Niederschläge von etwa 1.500 mm im langjährigen Mittel (Gospić) ermöglichten die Installation zweier hydroelektrischer Anlagen. Die südliche erfaßt die Ričica und andere Bachläufe um Gračac und leitet diese über einen Druckstollen mit einer Fallhöhe von etwa 500 m dem Kraftwerk Obrovac zu. Im Norden sind die Flüsse Lika und Gacka durch ein System von Tunneln und Rückhaltebecken mit dem Kraftwerk bei Senj verbunden. Dort beträgt die Fallhöhe ca. 430 m.

Die natürliche Ungunst des Raumes wurde in ihren Auswirkungen noch verstärkt durch die unruhige historische Entwicklung. Die Türken eroberten die Lika erst 1527. Bereits gegen Ende des 17. Jh. fiel sie den Österreichern zu. Die Likaner litten jahrhundertelang unter der Grenzlage zu den venezianischen Besitzungen an der Adriaküste, zur österrei-

Tab. 4: Zahl der Auswanderer aus der Lika nach Übersee

Jahr	1890	1900	1910	1939
Zahl der Auswanderer	3.929	4.769	30.140	15.000
%-Anteil an der Bevölkerung der Lika	2,3	2,5	16,4	ca. 9
%-Anteil an der gesamten Auswandererzahl Kroatiens	15,8	13,0	20,1	10,1

chischen Militärgrenze und zum türkischen Machtbereich im Osten bei Bihać. 1712 gelangte die Lika unter österreichische Militärverwaltung mit Sitz in Gospić. Erst gegen Ende des 19. Jh. wurde eine zivile kroatische Regierung eingerichtet. Die Jahrhunderte andauernde ständig umkämpfte Grenzsituation und der mehrfache Wechsel der Herrschenden verhinderten eine stetige Entwicklung des Raumes und ließen ihn zum traditionellen Abwanderungsraum werden (Tab. 4).

Die Lika nimmt mit 5.563 km^2 etwas mehr als 10% der Oberfläche Kroatiens ein, dort leben aber nur 2% der Gesamtbevölkerung. Nach den Erhebungen der Volkszählung von 1981 beträgt die Bevölkerungsdichte 16 Einwohner je km^2 und erreicht weniger als 20% des Mittelwertes der SR Kroatien (81 E/km^2). Jeweils 24% der Einwohner sind im "Gesellschaftlichen Sektor" und in der Landwirtschaft tätig. Die Vergleichszahlen für die SR Kroatien lauten 32% bzw. 14,5%. In der Gesamtheit ist die Lika als unterentwickelter, weitgehend agrarisch orientierter Raum zu bezeichnen, dessen Entwicklung vernachlässigt wurde und in dem vor allem für die jüngeren Bevölkerungsteile nur geringe Berufschancen bestehen.

Diese bis in die Gegenwart anhaltende Strukturschwäche ließ die Lika zum traditionellen Auswanderungsland werden. Seit 1869 ist der Anstieg der Bevölkerungszahlen in der Lika ständig hinter dem der SR Kroatien zurückgeblieben. Seit 1900 ist ein bis in die Gegenwart ununterbrochener Rückgang der Bevölkerungszahlen zu verzeichnen. Von 1869 bis 1981 verringerte sich die Einwohnerzahl um ca. 47%, auf den Zeitraum zwischen den Volkszählungen von 1971 und 1981 entfällt ein Rückgang von 15,6%. Die Abwanderung der jüngeren Bevölkerung hat das bis 1971 positive natürliche Wachstum mit - 2,1‰ im Jahre 1980 umgekehrt (Tab. 5).

Tab. 5: Bevölkerungsentwicklung in der Lika

	OPĆINA DONJI LAPAC	OPĆINA GOSPIĆ	OPĆINA GRAČAC	OPĆINA OTOČAC	OPĆINA TITOVA KORENICA	Zajednica općina Gospić	SR Kroatien
1857	14.047	48.581	24.415	42.869	30.362	160.274	2.181.499
1869	16.960	50.786	26.521	43.671	33.842	171.780	2.398.292
1880	15.040	47.997	22.193	43.007	30.141	158.378	2.506.228
1890	16.984	53.199	25.135	46.130	34.060	175.508	2.854.558
1900	18.747	58.711	27.460	51.540	37.012	193.470	3.161.456
1910	19.635	56.354	26.587	51.595	34.059	188.230	3.460.584
1921	18.911	54.671	27.212	50.372	33.722	184.888	3.443.375
1931	18.838	53.913	27.715	48.610	30.939	180.015	3.785.455
1948	11.751	42.060	18.857	40.906	18.139	131.713	3.779.858
1953	11.573	40.531	18.614	37.889	18.044	126.651	3.936.022
1961	10.727	40.173	17.586	33.479	17.266	119.231	4.159.696
1971	9.609	37.383	14.819	30.579	14.637	107.027	4.426.221
1981	8.447	31.263	11.863	26.502	12.261	90.336	4.601.469

(Quelle: Verschiedene Statistiken)

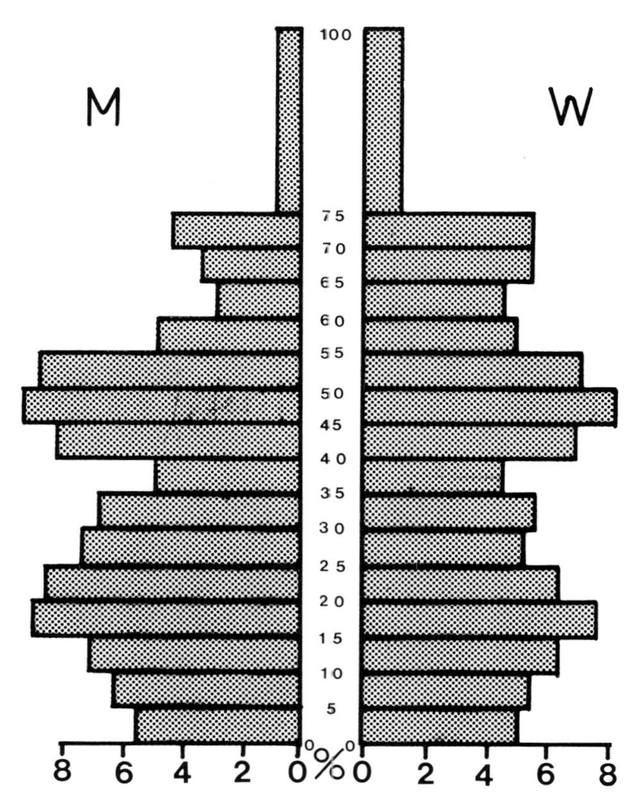

Abb. 5: Altersstruktur der Wohnbevölkerung in der Lika (ZO Gospić), 1981 (aus: FRIGANOVIĆ, 1985)

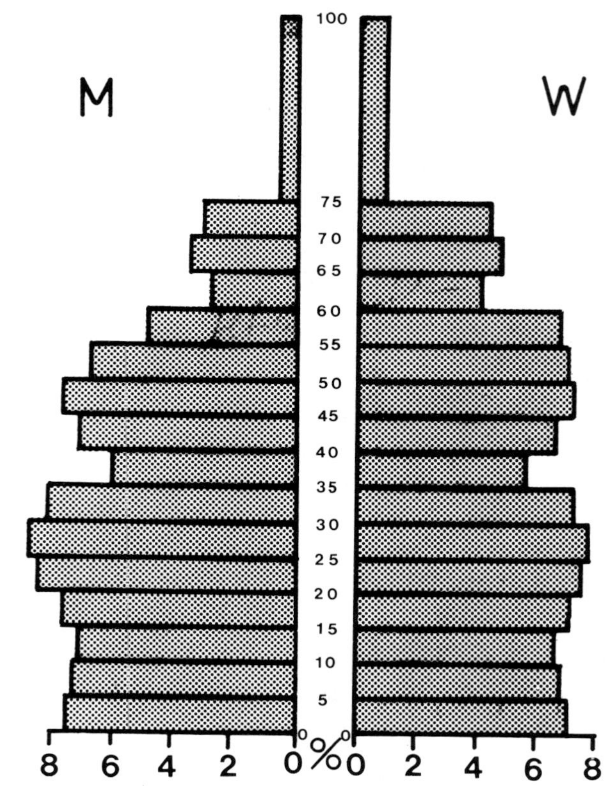

Abb. 6: Altersstruktur der Wohnbevölkerung in Kroatien, 1981 (aus: FRIGANOVIĆ, 1985)

4.2 Einfluß der RO nacionalni park „Plitvice" auf die Lika

Die RO ist mit z.Zt. etwa 2.300 Beschäftigten die größte Arbeitsorganisation in der Lika. Seit 1970 wurden etwa 1.900 Arbeitsplätze neu geschaffen. 91,5% der ständig Beschäftigten wohnen in der Općina Titova Korenica. Innerhalb dieser Općina verteilen sie sich zu etwa 65% auf die Region Plitvice und zu etwa 25% auf den Raum T. Korenica-Bijelopolje; die verbleibenden 10% auf die Region Krbava. Die übrigen 8,5% der Beschäftigten pendeln von den näher gelegenen Siedlungen der Općinas Slunj und Ogulin sowie Otočac (Hotel Gacka). Die Konzentration der Beschäftigten auf die Općina Titova Korenica erweckt den Eindruck, daß der Nationalpark nur in geringem Maße auf die Region der Lika ausstrahlt. Aufgrund der schlecht entwikkelten Verkehrsinfrastruktur und des geringen Grades der Motorisierung ist jeder Beschäftigte bestrebt, möglichst nahe an seiner Arbeitsstätte zu wohnen. Daher übt der Nationalpark einen Sog auf die Wohnbevölkerung der Lika aus.

Der Einwirkungsbereich des Nationalparks läßt sich folglich nicht nur aus den Wohnorten der Beschäftigten herleiten. Über Kooperationsverträge mit privaten Landwirten und Genossenschaften trägt der Park in einem weiten Umkreis zur Entwicklung der Lika bei. Durch die Ausbildung von Schülern und Lehrlingen erweitert sich darüber hinaus der Einflußbereich erneut. Knapp 20% der im Nationalpark Ausgebildeten bleiben in der RO. Die übrigen wandern mit qualifizierter Ausbildung in andere Räume innerhalb und außerhalb der Lika ab und tragen so zu deren Entwicklung bei.

Neben der Funktion des Arbeitgebers und Ausbilders nimmt der Park auch in der Versorgung der Region die führende Stelle ein. Aus der Notwendigkeit einer jederzeit gesicherten Versorgung der Touristen hat sich ein Handelssystem für die gesamte Općina Titova Korenica entwickelt, das auch in nationalen Mangelzeiten die Versorgung von Touristen und Bevölkerung sichergestellt hat.

Trotz dieser positiven Einflüsse des Nationalparks konnte die Depopulation der Lika nicht gebremst werden. Zwischen den Volkszählungen von 1971 und 1981 sank die Einwohnerzahl um 20% bezogen auf die ZO Gospić. Die Općina Titova Korenica verzeichnete ebenfalls einen Verlust von 20% und repräsentiert damit den Mittelwert. Eine realistische Einschätzung des Zeitbedarfes für die Umstrukturierung der Region von innen heraus macht jedoch deutlich, daß stärkere positive, vom Nationalpark ausgehende Impulse zur Entwicklung nicht erwartet werden können. Zum Zeitpunkt der Volkszählung 1971 begann der Aufschwung der Gesellschaft; erst zu Beginn der 80er Jahre, also zum Zeitpunkt der folgenden Volkszählung, wirkten sich die Aktivitäten auf die Beschäftigungszahlen aus. In diesem Zeitraum verdoppelte sich ihre Zahl auf etwa 1.000. Ab 1980 ist ein steilerer Anstieg zu verzeichnen. Es ist wohl frühestens Mitte der 90er Jahre mit einer Stabilisierung der Bevölkerungszahlen im Raum Plitvice zu rechnen.

4.3 Entwicklungsmöglichkeiten für die Lika

Eine rentable und damit dauerhafte Verbesserung der Wirtschaftsstruktur der Lika ist nur auf der Basis des Naturpotentiales möglich. Erfahrungen mit verschiedenen Industrieprojekten haben gezeigt, daß diese auf Dauer ohne Subvention nicht lebensfähig sind. Die durch die ungünstige Verkehrsanbindung an die Rohstoff- und Absatzmärkte entstehenden extrem hohen Transportkosten können auch durch das niedrige Lohnniveau nicht kompensiert werden. Überlegungen zur Entwicklung der Lika sollten sich daher auf folgende Bereiche konzentrieren:

- *Landwirtschaft*, mit der Haltung hochwertiger Tierrassen und dem Anbau standortgerechter Sorten der Feldfrüchte
- *Forstwirtschaft*
- *Erschließung der Naturschönheiten*
- *Verbesserung der touristischen Infrastruktur* nach dem Vorbild der RO nacionalni park "Plitvice".

Eine Vorbedingung für die wirtschaftliche Erschließung ist die Modernisierung des Straßennetzes unter Berücksichtigung regionaler Prioritäten. Mit seinem schrittweisen Ausbau wurde in den 70er Jahren begonnen, so daß z.Zt. alle Zentren durch leistungsfähige Straßen miteinander verbunden sind. Mit der ununterbrochenen Asphaltierung der Strecke Gospić - Titova Korenica ist in Kürze zu rechnen. Zur Entwicklung der Siedlungen abseits dieser Strecken ist nunmehr der Ausbau der Nebenstrecken erforderlich. Die Landwirtschaft ist zur Vermarktung ihrer Frischprodukte auf ein ganzjährig benutzbares Straßennetz angewiesen. In diesem Zusammenhang sei auf die Transportprobleme im Winter verwiesen. In der Lika sind lange, schneereiche Winter vorherrschend. Insbesondere beim Zusammentreffen feuchter Warmluft mediterranen Ursprunges mit nordöstlicher Kaltluft bringen ergiebige Schneefälle den gesamten Verkehr zum Erliegen, wie der Verfasser selber mehrfach beobachten konnte.

Die *Landwirtschaft* muß sich von der Eigenversorgung zur marktgerechten Produktion und kontinuierlichen Versorgung umorientieren. Hierzu bedarf es der Fortführung der vom Nationalpark eingeleiteten Initiativen: Die Viehwirtschaft wird durch die Verbreitung leistungsfähiger Rassen für die Fleischerzeugung sowie die Milch- und Käseproduktion gefördert. In Anbauversuchen werden im Krbavsko Polje Fruchtsorten selektiert, die unter den klimatischen Bedingungen der Lika ertragreich sind.

Zur Regulierung der Wasserwirtschaft werden vom Park ebenfalls Versuche durchgeführt. Inwieweit deren Ergebnisse von privaten Landwirten oder Genossenschaften nutzbringend anwendbar sind, ist z.Zt. noch nicht zu beurteilen. Zur Anwendung der Bewässerungstechniken bedarf es sicherlich des Zusammenschlusses in Genossenschaften oder ähnlichen Organisationsformen.

Die *Forstwirtschaft* ist ein traditioneller Wirtschaftszweig der Lika, der seine Ressourcen in den ausgedehnten Buchen- und Eichenwäldern des Velebit, der Kapela und des Plješevica hat. Relikt einer ehemals blühenden Forstwirtschaft ist die Seilbahn vom Velika Alan (Velebit) zur Küste bei Jablanac für den Transport der Baumstämme. Holz war auch der autochthone Baustoff für Gebäude in der Lika, bevor er durch Beton und Ziegel verdrängt wurde. Zur Pflege des historischen Siedlungs- und Landschaftsbildes wird Holz wieder vom Nationalpark verstärkt für den Hausbau eingesetzt. In der Holzverarbeitung liegt daher auch eine weitere wirtschaftliche Entwicklungsmöglichkeit. Bedarfsräume sind in der mediterran geprägten Küstenregion vorhanden, der es an hochwertigem Bauholz mangelt. In der ZO Gospić wird Holz im Sägewerk Bijelo Polje (Photo 11) durch den Nationalpark verarbeitet und durch die Šumsko Gospodarstvo "Lika" mit Sitz in Gospić und OOUR'a in Dunji Lapac, Otočac, Vrhovine, Perisić, Titova Korenica und Udbina.

Der *Tourismus* in der Lika ist monozentrisch auf den nacionalni park "Plitvička Jezera" orientiert. Eine gewisse Entwicklung zur Dezentralität ist durch die Aktivitäten der RO nacionalni park "Plitvice" im Gacko polje, in Kalobag sowie zeitweise im Velebit zu beobachten. Weiterhin entfallen aber etwa 2/3 des gesamten Fremdenverkehrs der Lika auf die Region Plitvice; auf die Opčina Titova Korenica einschließlich der Region Plitvice sogar 73% (1981) der Übernachtungen. Der Anteil des Tagestourismus ist noch weit höher anzusetzen. Es mangelt in der Lika keineswegs an sehenswerten Naturschönheiten, nur der Botanische Park "Velebit" an der Straße zwischen Jurjevo und Krašno sowie das Waldgebiet bei Stitovaca genannt. Letzteres ist über eine Schotterstraße von Jabalnac erreichbar. Auf ihr quert man alle Vegetationsformen vom Submediterranen, über die almartigen Grasländer der Wanderweide auf den Höhen des Velebit bis hin zu urwaldähnlichen Buchen-Tannen-Wäldern auf der Ostabdachung des Gebirges. Attraktiv ist auch ein Fußweg von der Küstenebene durch die Velika oder Mala Paklenica bis hin zu einem Gasthaus in 632 Metern über dem Meer und weiter hinein in den Nationalpark "Paklenica".

5. Zusammenfassung

Die Lika ist ein durch natürliche Ungunst und historische Einflüsse benachteiligter Raum Kroatiens. Dieses spiegelt sich in der Entwicklung der Wohnbevölkerung wieder, die im Gegensatz zum übrigen Kroatien seit 1900 ständig rückläufig ist. Wegen des unzureichenden Straßennetzes war die Lika bis in die 70er Jahre räumlich und funktionell nicht erschlossen. Mit der Etablierung der *RO nacionalni park "Plitvice"* begann die ökonomische Entwicklung des Raumes, die für 10 Jahre im wesentlichen auf die Region Plitvice der Opcina Titova Korenica beschränkt blieb.

Durch die Erweiterung der Aktivitäten der RO auf Handel und Landwirtschaft, die Ausdehnung der Beziehungen über Plitvice hinaus ergeben sich neue Impulse für die Lika. Die Förderung der historisch gewachsenen Agrarstruktur auf der Grundlage moderner Erkenntnisse bei gleichzeitigem Verzicht auf unrentable Industrieprojekte bietet Gewähr für langfristige Erfolge zur Entwicklung der Lika.

6. Literatur

BERTOVIĆ, St. (1975): Prilog Poznavanju Odnosa Klime i Vegetacije u Hrvatskoj (Razdoblje 1948-1960. godine). Acta Biologica VII/2. Zagreb.

BILEN, M. (1978): Depopulacija Like - Uzroci i Posljedice. In: Geografski Horizont, Nr. 1-2, S. 39-45. Zagreb.

BUNDESANSTALT FÜR GEOWISSENSCHAFTEN UND ROHSTOFFE HANNOVER (Hrsg.) (1980): Rohstoffwirtschaftlicher Länderbericht XXV: Jugoslawien - Metallrohstoffe. Hannover.

EKONOMIKA (Hrsg.) (1983): Registar jugoslovenske privrede '84. Beograd.

FRIGANOVIĆ, M. (1985): Demografsko-strukturne karakteristike gradskih i ostalih naselja SR Hrvatske. In: Radovi Nr. 20. Geografski odjel (Zavod) PMF Sveucilista u Zagrebu. Zagreb.

Grieben-Reiseführer Dalmatien, Band 161. Berlin 1930.

HRŽENJAK, J. (1983): Društvena Struktura Naselja u SR Hrvatskoj. Zagreb.

KORENČIĆ, M. (1979): Naselja i Stanovništvo SR Hrvatske 1857-1971. Djela Jugoslavenske Akademije Znanosti i Umjetnosti. Knjiga 54. Zagreb.

MOVČAN, J. (1983): Entwicklung und Wirtschaftslage des Nationalparks Plitvice. In: Natur- und Nationalparke 79/80, Vol. 21, S. 14-17.

PEPEONIK, Z. (1979): The Plitvice Lakes as a Karst phenomenon and as a touristik attraction. In: Wiener Geographische Schriften, Heft 53/54, S. 172-176.

PEJNOVIĆ, D. (1983): Utjecaj Nacionalnog Parka Plitvicka Jezera Na Regionalni Razvoj Like. In: Geografski Horizont, Nr. 1-4, S. 54-67. Zagreb.

PLITVIČKI VJESNIK. Informativni List Radne Organizacije Nacionalni Park "Plitvice". Plitvice, verschiedene Jahrgänge.

SAVEZ DRUŠTAVA EKOLOGA JUGOSLAVIJE ASSOCIATION OF ECOLOGICAL SOCIETIES OF YUGOSLAVIA (Hrsg.) (1979): Drugi Kongres Ekologa Jugoslavije. Zadar - Plitvice.

SOCIJALISTIČKA REPUBLIKA HRVATSKA.REPUBLIČKI ZAVOD ZA STATISTIKU (Hrsg.) (1982): Popis stanovništva, domaćinstava i stanova 1981. Stanovništvo Po opčinama i Zajednicama Opčina. Dokumentacija 501. Godina 1982. Zagreb.

SOCIJALISTIČKA FEDERATIVNA REPUBLIKA JUGOSLAVIJA SAVEZNI ZAVOD ZA STATISTIKU: Statistički Godišnjak Jugoslavije. Beograd, mehrere Jahrgänge.

ŠAFAR, J. (1958): Nacionalni Park Plitvička Jezera. Zagreb.

Anschrift des Verfassers:

Dr. Ekkehart Köhler
Stadt Viersen
Amt für Umweltschutz
Humboldtstraße 30
D - 4060 Viersen 12

Aus:
Ekkehart Köhler und Norbert Wein (Hrsg.):
NATUR- UND KULTURRÄUME.
Ludwig Hempel zum 65. Geburtstag.
Paderborn: Ferdinand Schöningh 1987.
= Münstersche Geographische Arbeiten 27.

Photo 1: Jezerce mit zentral gelegenem Restaurant und Market

Photo 2: Motel "Plitvice" bei Zagreb

Photo 3: Motel "Plitvice" an der Maslenica-Brücke

Photo 4: Haus in Jezerce mit Privatquartieren

Photo 5: Privatverkauf von selbst erzeugtem Käse, Slivovica u.ä.

Photo 6: Privater Souvenierhandel

Photo 7: Im Krbarvsko-Polje zentral gelegenes Ackerland der RO und randlich gelegenes Privatland

Photo 8: Konzentrierter Maschineneinsatz zur Erntekampagne

Photo 9: Bauernmarkt in Slunj

Photo 10: Eingezäuntes Feld, Relikt eines freien Weideganges

Photo 11: Sägewerk in Bijelo-Polje, Produktionsstätte von Fertighäusern in Holzbauweise

Photo 12: Einfahrt zum nacionalni park "Plitvice"

Heinz Heineberg

Tradition und Fortschritt in der Stadtentwicklung des 20. Jahrhunderts – am Beispiel der Stadt Hemer in Westfalen[1]

1. Einleitung

Verstädterung, Urbanisierung oder einfach Stadtentwicklung sind Schlagworte, die die starken Veränderungen der Lebensräume in den Industrienationen vor allem seit dem 19. Jahrhundert kennzeichnen. Bereits heute lebt in der Bundesrepublik Deutschland weit mehr als die Hälfte der Bevölkerung in Gemeinden mit mehr als 20.000 Einwohnern (z.B. 1983: 55%); dieses ist der untere Schwellenwert für Gemeindegrößen, der heute meist für internationale Vergleiche der sog. städtischen Bevölkerungsanteile, d.h. für die Kennzeichnung des sog. Verstädterungsgrades, benutzt wird. Die weiter fortschreitende Verstädterung betrifft aber nicht nur die Industriegesellschaften, sondern ist bekanntlich ein weltweites Phänomen, dessen Ausmaß sich bis Ende dieses Jahrhunderts insgesamt noch erheblich steigern wird. So rechnen wir damit, daß die Stadtbevölkerung auf der ganzen Erde, d.h. die Bevölkerung in Gemeinden mit mehr als 20.000 Einwohnern, im Jahre 2.000 mehr als drei Milliarden Einwohner betragen wird; dies ist mehr als das Dreifache der Zahl von 1960.[2)]

Vor dem Hintergrund dieses weltweiten Verstädterungsphänomens müssen wir uns fragen, wie sich *unsere* städtischen Lebensräume in der derzeitigen Übergangsphase zu einer sog. nachindustriellen Gesellschaft und bei einer abnehmenden Gesamtbevölkerung entwickeln oder in Zukunft entwickeln sollen. Das 50. Jahresjubiläum der Stadt Hemer, d.h. ein halbes Jahrhundert Stadtentwicklung von einer Kleinstadt zu einer Mittelstadt, soll den Anlaß geben, einige Gedanken zur Bewertung der Stadtentwicklung innerhalb des 20. Jahrhunderts – dabei vor allem bezogen auf unseren westeuropäischen Raum – vorzutragen. In den Mittelpunkt meiner Ausführungen habe ich insbesondere die Frage nach dem Verhältnis zwischen Tradition und Fortschritt im Rahmen des Stadtentwicklungsprozesses – unter besonderer Berücksichtigung der Stadt Hemer – gerückt.

2. Tradition und Fortschritt im Spannungsverhältnis

Die Tradition, worunter man i.a. Sinne das Weitergeben und Übernehmen von Kenntnissen oder Fertigkeiten, aber auch von Merkmalen des Kulturbesitzes, von Anschauungen oder Handlungsnormen verstehen kann, steht in einem eigenartigen Spannungsverhältnis zu der Idee des Fortschritts. Es gibt auf dieser Erde streng traditionsorientierte (sog.traditionalistische) Kulturen, für die das Altgewohnte die unbedingte Norm des Handelns bildet. In unserem Kulturkreis der westeuropäischen Industrienationen ist demgegenüber seit der Zeit der Aufklärung und vor allem seit dem 19. Jahrhundert die Idee des Fortschritts (häufig auch als Fortschrittsgläubigkeit bezeichnet) weit verbreitet, wobei Fortschritt als etwas wertmäßig Höheres als der frühere Zustand eingestuft wird. Wir sprechen heute bekanntlich vom technischen Fortschritt, von Fortschritten in der Medizin etc. und meinen damit selbstverständlich etwas Positives.

Nun läßt sich aber gerade anhand der Stadtentwicklung – selbst in der jüngeren Vergangenheit – zeigen, daß sog. Fortschritte oder Neuerungen schon nach relativ kurzer Zeit eine negative Umbewertung erfahren können. Andererseits werden oftmals traditionelle, in einem bestimmten Zeitraum als überholt angesehene Strukturen zu einem späteren Zeitpunkt zumindest von bestimmten Bevölkerungsgruppen, häufig auch von dem überwiegenden Teil der Gesellschaft als etwas Unersetzliches, Qualitätsvolleres und damit als etwas Höherstehendes bewertet. Als Beispiel für diese Umkehrung von Tradition und Fortschritt möge die in den letzten Jahren stark zugenommene Ablehnung der seit den 60er Jahren zumeist in den Großstädten errichteten verdichteten Großwohnsiedlungen mit ihrer Hochhaus- und Betonarchitektor gelten, die bis weit in die 70er Jahre hinein noch als positiver Ausdruck einer modernen Urbanität, d.h. als Fortschritt gegenüber den älteren Wohnstrukturen unserer Mietshausviertel, eingestuft wurden. Im Zusammenhang zu der zunehmenden Geringschätzung und auch derzeitigen Wohnraumentleerung derartiger verdichteter Viertel steht etwa die in den letzten 10 Jahren zu beobachtende Tendenz einer Höherbewertung traditioneller Siedlungsstrukturen. Man hat inzwischen die sog. atmosphärischen Qualitäten und die individuellen Merkmale historischer Städte oder älterer Stadtviertel wiedererkannt, man schätzt die einheitliche Maßstäblichkeit, die Kleinteiligkeit oder Vielfalt der Raumlösungen historischer oder einfach älterer Baustrukturen, die noch vor einem Jahrzehnt vielfach der damals noch verbreiteten Flächensanierung zum Opfer gefallen sind. Es besteht sogar eine wachsende Tendenz zu "Glorifizierung und Romantisierung" der gründerzeitlichen Stadtstrukturen, d.h. der alten wilhelminischen Mietskasernen aus den letzten Jahrzehnten des 19. Jahrhunderts, z.B. in Berlin, an denen sich bereits zu Beginn dieses Jahrhunderts die Großstadt- und Gesellschaftskritik entzündet hatte.

Die zu beobachtende höhere Bewertung von Tradition - häufig mit dem Schlagwort "Nostalgie" abgetan - bezieht sich in unseren Städten jedoch nicht nur auf die ererbten städtebaulichen Strukturen, die in den einzelnen Städten je nach früherer historischer Bedeutung oder Zerstörungsgrad von unterschiedlichem Ausmaß und verschiedener Qualität sind, sondern auch auf eine Neubewertung des eigenen Lebensraumes in der Stadt, d.h. des eigenen Wohnumfeldes oder Stadtviertels, z.T. auch der gesamten Stadt. Das größere Engagement der Bürger und auch der Stadtvertretungen und -verwaltungen für den städtischen Heimatraum äußert sich nicht nur in häufig gesteigertem Lokalbewußtsein, sondern z.B. auch in den zunehmenden Aktivitäten von Heimatvereinen, dem von den Städten - wie auch in Hemer - geförderten Bau von neuen Heimat- oder Stadtmuseen, nicht zuletzt aber auch in der stärkeren Partizipation der Bürger an der neueren Stadtentwicklung bzw. Stadtplanung in und außerhalb von Parteien.

3. Die historische Vielschichtigkeit im Städtewesen

Angesichts des soeben angesprochenen Traditionsgedankens ist eine strikte Einschränkung in der Betrachtung der Stadtentwicklung auf das 20. Jahrhundert - wie mit meinem Vortragsthema angekündigt - recht problematisch. Denn das abendländische Städtewesen Europas ist wie keine andere Stadtkultur innerhalb eines größeren Kulturraumes auf dieser Erde durch eine außerordentliche historische Vielschichtigkeit gekennzeichnet, die auch die heutigen, regional und selbst lokal z.T. sehr unterschiedlichen Strukturen sowie auch die Entwicklungsprobleme der Städte mitbedingt. So ist der westliche Teil Europas großenteils durch eine rd. 2000jährige Stadtentwicklung im Rahmen verschiedener historischer und städtebaulicher Epochen seit der römischen Zeit geprägt. Die für Mitteleuropa sehr bedeutende mittelalterliche Stadtentwicklung war durch das Entstehen eines dichten Städtenetzes gekennzeichnet. Neben den frühen Bischofs- oder/und Fernhandelsstädten wie etwa Münster, Dortmund oder Soest entstanden in unserem Raum auf der Grundlage der differenzierten Territorialbildungen ab ca. 1250 vor allem zahlreiche, dabei zumeist kleinere Gründungsstädte, so daß in der Zeit des Hochmittelalters die größte Häufigkeit von Stadtgründungen und Stadttitelverleihungen innerhalb unserer Stadtgeschichte erfolgte.[3] Von dieser bedeutenden Gründungswelle wurde beispielsweise auch der südwestfälische Raum erfaßt, in dem eine Vielzahl kleinerer Städte - häufig an den Grenzen miteinander rivalisierender Territorien - entstand.[4] So erfolgte etwa um 1237 die Errichtung bzw. Stadterhebung Iserlohns als eine Grenzfeste gegen das auf der anderen Seite der Territorialgrenze gelegene kölnische Menden. Die Konsequenz für den Raum Hemer war dabei allerdings, daß - wie es Rolf Dieter Kohl 1977 treffend formuliert hat - offenbar "für eine Stadterhebung Hemers kein strategisches Bedürfnis mehr vorhanden gewesen" (ist).[5] Hemer "blieb vielmehr eine Siedlung ohne Befestigung und ohne Marktrecht"[6] und besitzt aufgrund dieses geschichtlichen Schicksals daher heute auch nicht die ererbten Strukturen einer mittelalterlich geprägten, in mehreren Jahrhunderten gewachsenen, geschlossenen Stadt.

Aber dennoch ist der Raum Hemer nicht ohne Tradition. Diese ergibt sich nicht nur aus der Siedlungsgeschichte, die z.B. durch die Stiftungsurkunde des Jahres 1072 (in der eine Kirche und zwei Haupthöfe genannt sind) oder etwa durch die erhaltenen älteren Siedlungsstrukturen und Baudenkmale[7] (wie etwa das Haus Hemer) belegt werden kann, sondern vor allem wohl aus der frühen Industrialisierung. Die traditionsreiche, insbesondere eisen- und metallverarbeitende Industrie dieses Raumes, deren Entwicklung wesentlich eher als im benachbarten industriellen Verdichtungsraum des Ruhrgebietes begann, erhielt schon in der ersten Hälfte des 18. Jahrhunderts unter der preußischen staatlichen Wirtschaftsförderung frühe wichtige Impulse - z.B. durch die Errichtung der ersten Messingschmelze Westfalens am Sundwiger Bach (1712) oder etwa durch die Inbetriebnahme des ersten westfälischen Hochofens in der Sundwiger Eisenhütte (1736). Die z.T. dramatische und vielseitige bergbauliche und industrielle Entwicklung[8] - insbesondere im 19.

Abb. 1 Administrative Entwicklung im Raum Hemer
– vom 1841 geschaffenen Amt Hemer bis zur Neugliederung der Stadt Hemer am 1.1.1975

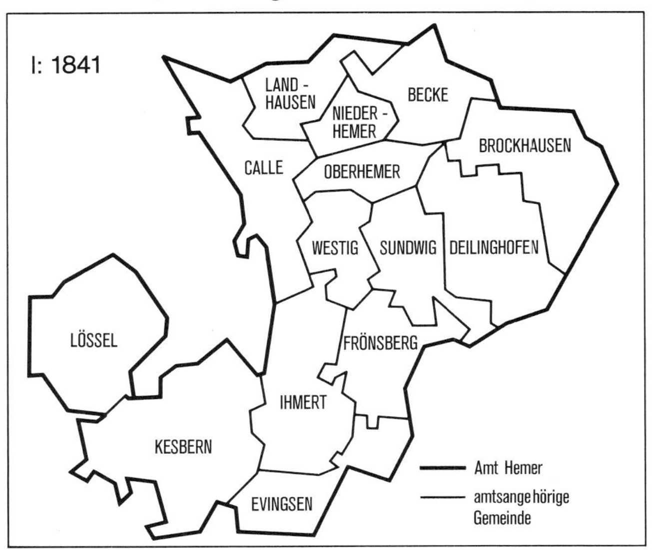

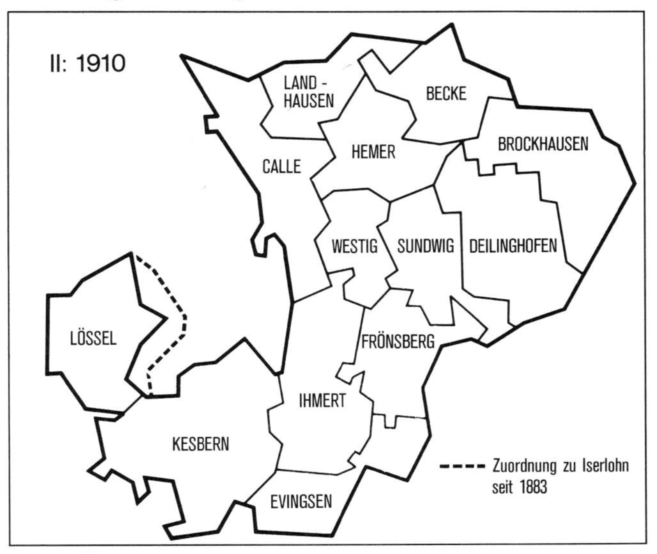

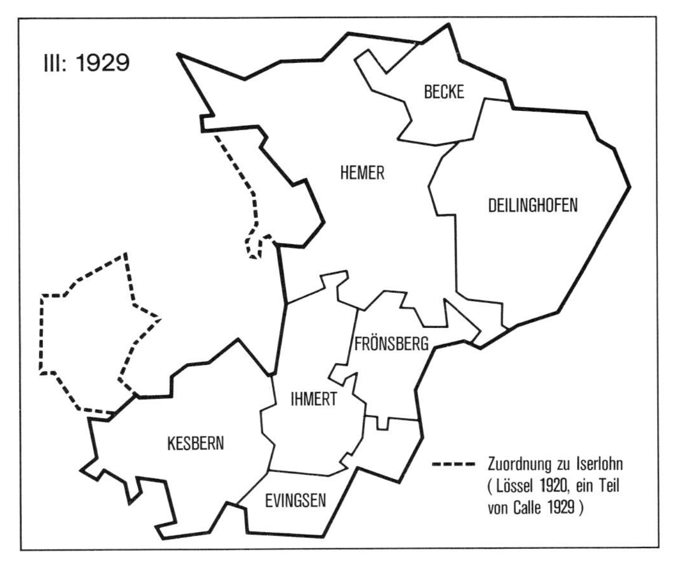

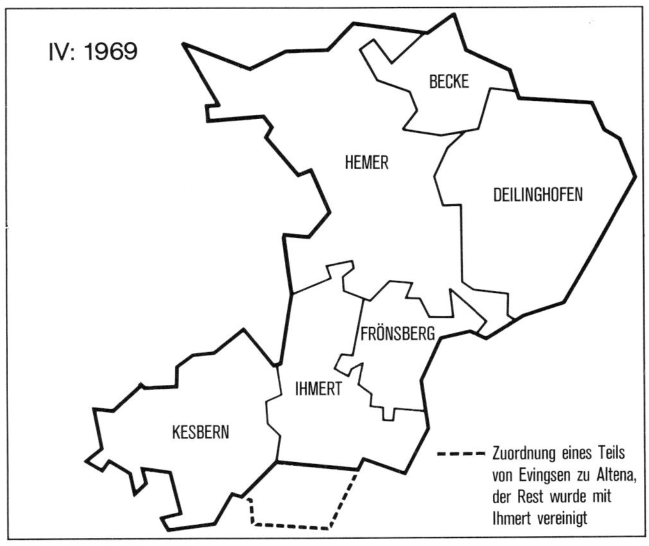

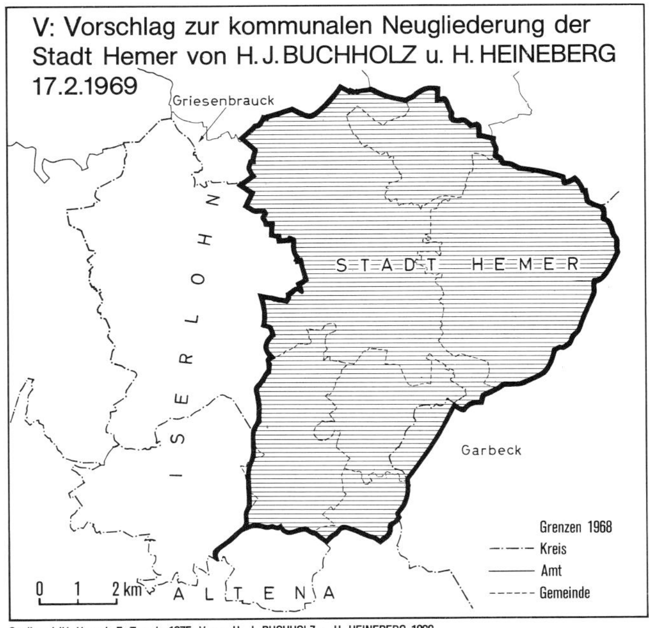

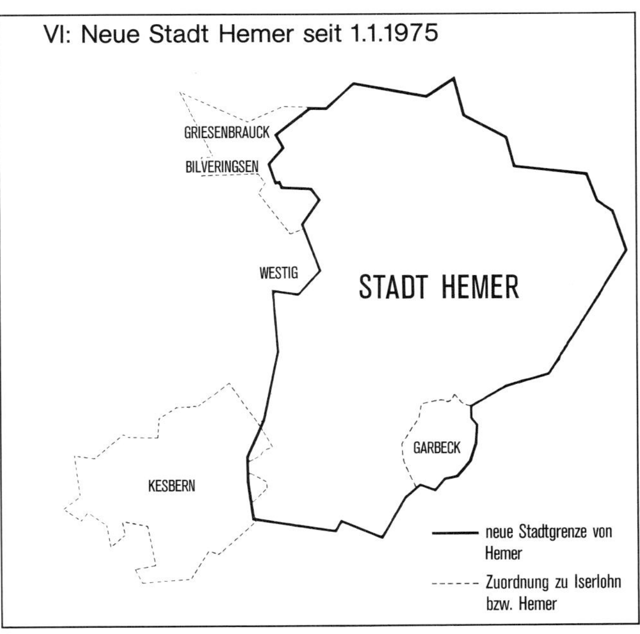

Quellen: I-IV, V nach F. Treude 1975, V aus H. J. BUCHHOLZ u. H. HEINEBERG 1969

Jahrhundert - hat aber aufgrund der vorgegebenen Reliefverhältnisse, der Aufreihung der Kleineisen- und anderer Industrien entlang der Bachläufe (Industriegassen) und der kleineren betrieblichen Strukturen im Raum Hemer - etwa im Gegensatz zu weiten Teilen des Ruhrgebietes - nicht zu großen flächenhaften industriellen Verdichtungen geführt, wohl jedoch zu erheblichen Gemengelagen von Gewerbe- und Wohnstrukturen, d.h. zu einem häufig störenden Nebeneinander von Industrie und Wohnen sowie zu Zersiedlungserscheinungen. Zur industriellen Tradition des Raumes Hemer zählt jedoch nicht nur die altersmäßig reich gegliederte, in den Größenordnungen weit gefächerte und in bezug auf die Produktionsrichtungen heute stark differenzierte Industrie mit dem Schwerpunkt der Eisen- und Metallverarbeitung, sondern auch das bedeutende, bodenständige Facharbeiterpotential, und zwar einer qualifizierten industriegewohnten Arbeiterschaft. Diese wird - zusammen mit der unternehmerischen Initiative der ortsansässigen Firmeninhaber - für die Zukunftsentwicklung der Stadt Hemer von großer Bedeutung sein. D.h. auch die Zukunft der Stadt Hemer wird durch ihre lange Tradition und Funktion als Industriegemeinde bestimmt sein.

Zu der historischen Vielschichtigkeit des Raumes der neuen Stadt Hemer zählt auch, daß dieser ja erst durch mehrere Phasen der Neugliederung kommunal zusammengewachsen ist[9]: Die im 19. Jahrhundert bestehende kommunale Kleinkammerung mit einer Anzahl ehemals selbständiger Gemeinden und damit auch verschiedener Siedlungskerne innerhalb des 1841 geschaffenen Amtes Hemer (vgl. Abb. 1/I) konnte erst am 1. April 1910 durch die Vereinigung von Oberhemer und Niederhemer zu der neuen Gemeinde Hemer etwas aufgelöst werden (Abb. 1/II). Es dauerte noch nahezu zwei weitere Jahrzehnte, d.h. bis zum 1. April 1929, daß durch die Vereinigung der drei Gemeinden Landhausen, Westig und Sundwig mit Hemer *das* Gemeinwesen Hemer gebildet werden konnte (vgl. Abb. 1/III), dem erst sieben Jahre später, am 30.1.1936, der Stadttitel verliehen wurde. Nach weiteren knapp vier Jahrzehnten, am 1.1.1975, entstand schließlich im Rahmen der letzten kommunalen Neugliederung die heutige Stadt Hemer durch Zusammenschluß mit den vier Nachbargemeinden Becke, Deilinghofen, Frönsberg und Ihmert (vgl. den gutachterlichen Neugliederungsvorschlag von H.J. BUCHHOLZ und H. HEINEBERG 1969, Abb. 1/V, mit der davon nur wenig abweichenden neuen räumlichen Begrenzung der Stadt Hemer, Abb. 1/VI).

Auch die Stadt Hemer ist damit durch historische Strukturen, vor allem bedingt durch die frühe Industrialisierung und die Expansion der Industrie im 19. und 20. Jahrhundert sowie durch die historisch stärker zersplitterten als zentralisierten Siedlungsstrukturen, geprägt, - ein historisches Erbe, das allerdings für die jüngere Stadtentwicklungsplanung, z.B. für die Gestaltung einer neuen Stadtmitte[10], Probleme bedeutet hat.

4. Die Jahrhundertwende als Einschnitt in der neuzeitlichen Stadtentwicklung

Wenn wir uns nun im folgenden etwas genauer mit der Stadtentwicklung im 20. Jahrhundert beschäftigen, so muß zunächst betont werden, daß der Einschnitt der Jahrhundertwende, d.h. der Übergang vom 19. zum 20. Jahrhundert, keineswegs ein willkürlicher war.

Entscheidend für das Verständnis der Stadtentwicklung im 20. Jahrhundert sind insbesondere die um die Jahrhundertwende verstärkt aufgekommenen Reformvorstellungen zur Behebung der damals vorherrschenden Wohnungsnot, aber auch zur strukturellen Planung für die Gesamtstadt und sogar für die Stadtregion, die eine gemeinsame Tendenz einer Großstadtfeindlichkeit besaßen, die sogar bis zu einer "romantischen Re-Agrarisierung der Gesellschaft"[11] reichte.

Die Zeit gestattet es nicht, auf alle sozialreformerischen und städtebaulichen Vorstellungen um die Jahrhundertwende und danach einzugehen, die von Politikern, unterschiedlichsten Gesellschaftsreformern oder auch wohltätig eingestellten Industriellen (den sog. Paternalisten) ausgingen und deren Wurzeln z.T. weit in das 19. Jahrhundert zurückreichen. Ich möchte stattdessen ein m.E. für die Stadtentwicklung des 20. Jahrhunderts sehr bedeutsames Reformkonzept etwas ausführlicher ansprechen, das als sog. Gartenstadtbewegung bekannt geworden ist und unseren Städtebau bis heute erheblich beeinflußt hat.

Begründer der Gartenstadtbewegung war der Brite Ebenezer HOWARD, der zu den Pionieren der modernen Stadtplanung in England und darüber hinaus wurde. Mit seinem berühmten Buch mit dem Titel "To-Morrow" (Morgen), das 1898 veröffentlicht wurde, bereits 1902 mit dem bekannteren Titel "Garden Cities of To-Morrow" (Gartenstädte von morgen) neu erschien und in viele Sprachen übersetzt wurde, unternahm HOWARD wohl als erster einen Versuch zu einem funktionellen Gesamtdenken im modernen Städtebau und plädierte dabei vor allem für die Errichtung von Mittelstädten in Gestalt neuer sog. Gartenstädte.[12]

Wer war nun HOWARD und welches waren seine grundlegenden Ideen? HOWARD war kein Architekt, Ingenieur oder Städtebauer, sondern er war zunächst Parlamentsstenograph in England, war früh nach Amerika ausgewandert und wurde nach seiner Rückkehr nach England Berichterstatter im britischen Unterhaus. Durch diese Tätigkeit wurde er mit den großen sozialen, wirtschaftlichen und kommunalen Problemen der letzten Jahrzehnte des 19. Jahrhundert konfrontiert. HOWARD forderte in seinem Buch über die Gartenstädte von morgen anstelle des fortwährenden Ausuferns der Großstädte, deren erträgliche obere Einwohnergrenze er bei rd. 250.000 Einwohnern, d.h. etwa der heutigen Größe der Stadt Münster ansah, die Errichtung gänzlich neuer Städte, der sog. Gartenstädte. Als Idealgröße für eine Gartenstadt wurde eine maximale Einwohnerzahl von rd. 32.000 Einwohnern angenommen, eine Größe, die interessanterweise ziemlich genau der heutigen Bevölkerungszahl der Stadt Hemer entspricht. HOWARD hielt Städte dieser Größenordnung, d.h. Mittelstädte, für lebensfähig. Sie sollten allerdings in einem gewissen Abstand von der Großstadt entstehen und von dieser durch einen geschützten Grüngürtel getrennt werden. Diese Grüngürtel-Idee, die später bei vielen Großstädten (z.B. um Groß-London) Anwendung fand, gehört somit schon zum ursprünglichen Gartenstadt-Konzept von HOWARD. Die Stadt Hemer fügt sich auch gut in diese Idealvorstellung ein, da sie ja fast allseitig von großenteils geschützten Grünzügen bzw. Waldgebieten umgeben ist und auch über einen ausgeprägten Abstand zu Großstädten (in diesem Falle zu Hagen oder Dortmund) verfügt.

Nach den Vorstellungen HOWARDs sollte die Gartenstadt selbst auch viel unüberbautes Land mit Gärten, Grünflächen und Parks sowie eine geringe Wohndichte (rd. 30 Häuser pro ha) enthalten, - Merkmale, die ebenfalls für große Teile der Stadt Hemer charakteristisch sind. Wichtig war für HOWARD auch die gesamte planmäßige Entwicklung neuer Gartenstädte mit allen erforderlichen Arbeitsplätzen, d.h. mit eigener Industrie und in der Mitte gelegenen zentralen Einrichtungen zur Versorgung der Bevölkerung, insbesondere der Kultur, Bildung und Erholung; letzteres wurde auch im Falle der Stadt Hemer durch die planmäßige Entwicklung einer neuen Stadtmitte nach der letzten kommunalen Neugliederung und die Ansiedlung kultureller Einrichtungen in der Innenstadt wie Musikschule oder Volkshochschule angestrebt.

Die im Idealfalle kreisförmig zu konzipierende Gartenstadt sollte nach HOWARD in "Nachbarschaften" gegliedert sein, - ein Konzept, das später erhebliche Bedeutung für den modernen Städtebau erlangte. Wieweit sich in den ehemaligen Siedlungskernen und eingemeindeten Ortsteilen der Stadt Hemer derartige Gliederungen in "Nachbarschaften" entwickelt haben bzw. bestehen, entzieht sich meiner genaueren Kenntnis. Bekannt sind etwa aber die gewachsenen, traditionellen Bindungen durch Vereine verschiedenster Art und das bestehende Lokalbewußtsein der Bevölkerung.

Im Idealmodell der Gartenstadt sollten Industrie und Gewerbe randlich angesiedelt sein und von der Eisenbahn tangiert werden, - ein Konzept, das mit der Ausweisung der neuen Industrie- und Gewerbegebiete Edelburg und in der Eisenbahnschleife von Westig in jüngerer Zeit in der Stadt Hemer auch angestrebt wurde.

Wichtig waren für HOWARD auch Überlegungen zur Finanzbasis der Stadt: HOWARD wollte - im Gegensatz zur Bodenspekulation in den damaligen Städten - den gesamten Grund und Boden in öffentlichem bzw. genossenschaftlichem Eigentum erhalten. Überschüsse aus der Einnahme der Bodenrenten sollten zur Schaffung und Instandsetzung der Straßen, Schulen und Parks etc. dienen. Das Bestreben der heutigen Städte, einen Teil des Grund und Bodens aufzukaufen, um größere Entwicklungsvorhaben leichter und kostengünstiger realisieren zu können, sowie die nicht unerheblichen Grundbesitzanteile von Bau- oder Wohnungsgenossenschaften gemeinnützigen Charakters (wie etwa in Hemer) gehen ja auch in diese Richtung. Allerdings war das allgemein starke Ansteigen der Bodenpreise in den vergangenen Jahrzehnten - dabei auch in der Stadt Hemer - nicht im Sinne von HOWARD.

Was ist nun allgemein aus der Idee HOWARDs, d.h. aus dem Konzept eines im Grunde sehr humanen Städtebaus mit der Bevorzugung selbständiger, aufgelockerter und grünumgebener Mittelstädte geworden? HOWARD selbst hat zwar nur die Errichtung zweier echter Gartenstädte (Letchworth und Welwyn Garden City bei London) in England bewirkt, aber seine Ideen haben jedoch - wenngleich in stark abgewandelter Form - den späteren Städtebau sowohl in Großbritannien als auch etwa in Deutschland beeinflußt: In Großbritannien wurde in den Städten in der gesamten Zwischenkriegszeit ganz überwiegend in der von HOWARD vorgeschlagenen Gartenstadtdichte gebaut – und zwar in Gestalt von Doppelhäusern mit dahinter gelegenen großen Gärten –, wobei vor allem die Gemeinden die Bauträger waren. Es handelte sich dabei um weitflächige Vorortsiedlungen, die man als Gartenvororte bezeichnen kann.[13]

In Deutschland wurde bereits 1902 eine Deutsche Gartenstadtgesellschaft ins Leben gerufen und schon 1907/08 in Dresden-Hellerau die erste deutsche sog. Gartenstadt begründet. Im Ruhrgebiet errichteten der Industrielle Krupp und andere Unternehmer – beeinflußt durch die Gartenstadtidee – eine Reihe gartenstadtähnlicher Werkssiedlungen und Bergarbeiterkolonien. Nach dem 1. Weltkrieg gingen die in dieser Zeit starke Bedeutung erlangten gemeinnützigen und genossenschaftlichen Wohnungsbauunternehmen dazu über, Wohnsiedlungen zu errichten, die – ebenfalls beeinflußt durch die Gartenstadtbewegung – i.a. mit kleineren oder größeren Gartenanlagen und mit größeren Grünflächen verbunden wurden und nicht mit störendem Gewerbe vermischt waren. Allerdings förderten die Wohnungsbaugenossenschaften nicht – wie etwa die britischen Gemeinden – das Wohnen in Ein- oder Zweifamilienhäusern, sondern hielten an der in Deutschland traditionellen Mietshausbauweise fest. Unsere Städte expandierten in den 20er und 30er Jahren, dabei vor allem die Großstädte, in erster Linie in Gestalt durchgrünter Mietshausviertel, die sich erheblich von der noch vor dem 1. Weltkrieg üblichen Bauweise unterschieden. In der ehemaligen Gemeinde Hemer wurde in der Zwischenkriegszeit allerdings sehr zögernd mit dem genossenschaftlichen Wohnungsbau begonnen (Siedlung in der Richard-Wagner-Straße); dieser erlangte hier erst in der Nachkriegszeit, d.h. mit einer zeitlichen Phasenverschiebung, größere Bedeutung.

Wenngleich von der ursprünglichen Gartenstadtidee HOWARDS im Städtebau der Zwischenkriegszeit sowohl in Großbritannien wie in Deutschland nur wenige Grundsätze realisiert wurden, so sind doch die Planmäßigkeit der damals neuentstandenen Wohnsiedlungsanlagen, die Offenheit und Durchgrünung der Bebauung und die räumliche Trennung wichtiger Funktionen (wie Wohnen, Arbeiten, Sich-Erholen) als wesentlicher Fortschritt gegenüber der stark verdichteten und mit Gewerbe vermischten Bebauung des 19. Jahrhunderts anzusehen. In der Zwischenkriegszeit war man in Deutschland auch allgemein dazu übergegangen, die Bebauung mit detaillierten Bebauungsplänen zu regeln, für die z.B. das preußische Wohnungsbaugesetz von 1918 eine wichtige Rechtsgrundlage war. In Hemer wurden offenbar erst gegen Ende der 30er Jahre dieses Jahrhunderts einige Baugebiets- und Baustufenpläne aufgestellt; der Übergang zu einer Stadtplanung im modernen Sinne erfolgte allerdings erst im Laufe der Nachkriegszeit (s. unten).

Die Auffassungen von einem fortschrittlichen Städtebau in der Zwischenkriegszeit kommen sehr gut zum Ausdruck in dem Thesen- oder Forderungskatalog der sog. Charta von Athen, der 1933 auf einem internationalen Städtebaukongreß in der Nähe von Athen entwickelt und 1941 von dem berühmten Architekten Le Corbusier (anonym) veröffentlicht wurde. Der Kern der Forderungen war die systematische Aufgliederung der Stadt in räumlich klar getrennte Funktionsbereiche für die vier Funktionen Wohnen, Freizeit, Arbeiten und Verkehr im Städtebau. Man sprach bezüglich dieser Zielvorstellungen von einer funktionellen Stadt oder auch vom Funktionalismus im Städtebau – eine Idee, die sich im Grunde aber schon im Gartenstadtkonzept von HOWARD findet.

5. Stadtentwicklung in der ersten Nachkriegszeit

Aufgrund der starken Kriegszerstörungen, insbesondere auch des Wohnungsbestandes in den Städten, und der Problematik der Aufnahme der Vertriebenenbevölkerung ist es verständlich, daß in der ersten Nachkriegsphase in der Bundesrepublik Deutschland die Wohnungsbaupolitik gegenüber einer umfassenderen Städtebaupolitik vorherrschte.[14] So wurde auf der Grundlage des ersten Wohnungsbaugesetzes von 1950 vor allem der Bau von Sozialwohnungen gefördert, der in den darauffolgenden Jahren zur einer gewaltigen Aufbauleistung führte. Das zweite Wohnungsbauförderungsgesetz der Bundesrepublik Deutschland von 1956 räumte sodann – z.T. aus politisch-ideologischen Gründen – dem Eigenheimbau einen besonderen Vorrang ein. In der Stadtplanung wurden in dieser Zeit die Zielvorstellungen des abgewandelten Gartenstadtkonzepts und der Charta von Athen verfolgt, d.h. man bevorzugte die Trennung vor allem der Funktionen Wohnen, Arbeiten und Versorgung, was sich z.B. in der Errichtung von durchgrünten Wohnvierteln des sozialen Wohnungsbaus, aber auch von Eigenheimvierteln an den Stadträndern äußerte.

Auch in der damaligen Stadt Hemer war die Wohnungsbautätigkeit in der ersten Nachkriegsphase bedeutend.[15] So wurden allein zwischen ca. 1950 und 1960 weit mehr als 800 Häuser gebaut, d.h. es wurde der gesamte ältere Gebäudebestand der Stadt innerhalb nur eines Jahrzehnts um rd. 50% Neubauten ergänzt. Dabei entstand in dieser Zeit sowie auch in den darauffolgenden Jahren in verschiedenen Teilen Hemers, z.B. in Hemer-Ost oder in Stübecken-Landhausen, eine - gegenüber der Vorkriegszeit - wesentlich großflächigere Bebauung in Gestalt von Mietshäusern des gemeinnützigen Wohnungsbaus, des Mietwohnungsbaus für kanadische Soldaten und deren Angehörige sowie von Ein- und Zweifamilienhäusern, die sich durch aufgelockerte Bauweise und Durchgrünung nach dem Gartenstadtideal auszeichneten.

Trotz der insgesamt enormen Bautätigkeit in der ersten Nachkriegszeit, insbesondere auch zur Behebung der Kriegsschäden, erfolgten in unseren Städten aber keine tiefgreifenden Veränderungen der überlieferten Stadtstrukturen. Dies wurde vor allem durch die überkommene Bodenordnung (privater Grundbesitz), das bestehende Straßennetz und die erhaltenen Anlagen des unterirdischen Städtebaus (Versorgungs- und Entsorgungsleitungen), das Festhalten an den in diesem Jahrhundert entwickelten Planungsgrundsätzen und nicht zuletzt durch den Traditionswillen der bürgerlichen Bevölkerung verhindert.[16]

6. Der Umbruch in der Stadtentwicklung nach ca. 1960

Erst mit Beginn der 60er Jahre traten im Städtebau bzw. in der Stadtentwicklung der Bundesrepublik Deutschland größere Wandlungen auf. So wurde mit dem Bundesbaugesetz von 1960 bekanntlich ein neuer rechtlicher Rahmen für die gemeindliche Bauleitplanung geschaffen (Erstellung von Flächennutzungs- und Bebauungsplänen etc.). Zugleich wurde durch das Bundesbaugesetz der seit 1936 geltende Preisstopp für Grundstücke aufgehoben. Das anschließende starke Ansteigen der Bodenpreise, das rasche Wirtschaftswachstum, die enorme Entwicklung des Lebensstandards und nicht zuletzt auch der damit im Zusammenhang stehende starke Anstieg der privaten Motorisierung und andere Gründe waren wichtige Faktoren eines vielschichtigen Veränderungsprozesses in der Stadtentwicklung. So bewirkte etwa die insbesondere durch die Bodenpreisentwicklung ausgelöste stärkere Konkurrenz um die profitabelste Nutzung in den zentralen Räumen unserer Großstädte die starke Ausweitung von Geschäfts- und Bürogebäuden, von Banken, Versicherungen etc. Die großstädtischen Citygebiete konnten mit der steigenden Kaufkraft und der - allgemein als fortschrittlich angesehenen - größeren Mobilität der Bevölkerung immer mehr an Bedeutung gewinnen, dabei i.a. zu Lasten der benachbarten oder in ihrem Einflußgebiet gelegenen kleineren Gemeinden bzw. der Klein- und Mittelstädte, die zunehmend gravierende Kaufkraftabflüsse beklagten. Der rasch anwachsenden privaten Motorisierung und Mobilität der Bevölkerung wurde durch Ausbau unseres Autobahnnetzes, aber auch durch die Errichtung breiter innerstädtischer Durchgangsstraßen und anderer Verkehrsschneisen Rechnung getragen. Die oft vorhandenen Radwege verschwanden aus den Städten; die Planer versuchten das Idealbild einer fortschrittlichen, sog. autogerechten Stadt zu entwickeln. Heute weiß man, daß dieses Ideal nicht nur nicht zu erreichen war, sondern daß unseren Städten - vor allem den Großstädten - durch die stark angestiegenen Lärm- und Schadstoffimmissionen Lebensqualität genommen wurde.

An der Peripherie der Städte und Stadtregionen wurden in dieser zweiten Nachkriegsphase mehr und mehr landwirtschaftlich genutzte Flächen in Wohngebiete mit vorherrschender Eigenheimbebauung im Grünen nach dem Ideal der abgewandelten Gartenstadtvorstellung errichtet, - dabei allerdings z.T. in Form der sog. Zersiedlung der Landschaft. Auch die ehemalige Stadt Hemer hat sich in den 60er Jahren siedlungsmäßig randlich erheblich ausgeweitet. Der gesamte Gebäudebestand der Stadt hatte sich bereits gegen Ende der 60er Jahre gegenüber der in der allerersten Nachkriegszeit gezählten Gebäudezahl verdoppelt.[17] Die Gefahren der Zersiedlung wurden allerdings in Hemer erheblich dadurch eingeschränkt, daß die Möglichkeiten der Siedlungsexpansion durch die im Westen und Osten bestehenden Militärgelände, durch angrenzende Naturschutz- und Landschaftsschutzgebiete sowie nicht zuletzt auch aufgrund der Reliefverhältnisse und der engen Kommunalgrenzen sehr eingeengt waren.

Ab Beginn der 60er Jahre kam jedoch zunehmend Kritik an der oftmals eintönigen, meist ausschließlich auf das Wohnen ausgerichteten Expansion unserer Städte auf. Anstelle von "Gliederung und Auflockerung" traten mehr und mehr neue Leitbilder, die mit der Tradition brachen. Architekten, Städtebauer und andere Gruppen forderten nunmehr die sog. städtebauliche Verdichtung und Verflechtung der Nutzungsarten - was häufig umschrieben wurde mit

Urbanität, mit intensivem und vielgestaltigem städtischen Leben.

Diese neuen, als Fortschritt angesehenen Vorstellungen von einer stärker verdichteten und verflochtenen Stadtstruktur, die also weitgehend im Gegensatz standen zur Charta von Athen, konkretisierten sich in den Städten und Verdichtungsräumen der Bundesrepublik Deutschland in verschiedenster Weise. Sie dokumentierten sich besonders auffällig in dem Entstehen von Großwohnsiedlungen in den größeren Städten, d.h. von Wohnsiedlungskomplexen in Geschoß- und Hochhausbauweise mit geplanten Versorgungszentren, allerdings zumeist nicht zugeordneten Arbeitsstätten, deren Einwohnerzahlen diejenigen gewachsener Mittelstädte häufig weit übertrafen. Herausragende Beispiele dafür sind die Großwohngebiete Gropiusstadt oder Märkisches Viertel in West-Berlin mit jeweils rd. 60.000 Einwohnern oder der neue Münchener Stadtteil Perlach mit rd. 80.000 geplanten Einwohnern. Für das Ruhrgebiet etwa wurde das Konzept der sog. Siedlungsschwerpunkte als Grundsatz der Konzentration für die innergemeindliche städtebauliche Entwicklung in der Regionalplanung verfolgt, - ein Konzept, das die Konzentration der Wohn- und Arbeitsstätten in Verbindung mit zentralörtlichen Einrichtungen um Haltestellen des öffentlichen Personennahverkehrs als Leitziel der siedlungsstrukturellen Entwicklung vorsah.[18] Es wurde 1974 in dem Gesetz zur Landesentwicklung für die Städte in Gesamt-Nordrhein-Westfalen zur Richtschnur erhoben. Viele Gemeinden haben das Ziel der Siedlungsschwerpunktbildung in Verbindung gebracht mit radikaler Flächensanierung oder darunter vor allem den Bau von Wohnhochhäusern - häufig als sog. städtebauliche Dominanten und in lärmbelasteten Verkehrslagen errichtet - verstanden, d.h. von extrem verdichteten Strukturen, in denen sich nunmehr seit einigen Jahren mehr und mehr die Wohnungen entleeren. Der Ruf nach dem Abriß ganzer Hochhaussiedlungen, die ihre Anziehungskraft auf die Mieter längst eingebüßt haben, wird ja bekanntlich immer lauter. In unseren Mittelstädten haben die seit der zweiten Hälfte der 60er Jahre entstandenen verdichteten Strukturen - gegenüber den Großstädten - i.a. weitaus geringere Ausmaße und - aus heutiger Sicht - weniger Probleme verursacht. In der Stadt Hemer dokumentiert sich diese frühere städtebauliche Leitvorstellung der Verdichtung in nur wenigen Wohnhochhäusern mit begrenzter Geschoßzahl und mit offensichtlich noch bestehender Akzeptanz durch die Bewohner (z.B. im Stadtteil Becke aus der Zeit zwischen 1972 und 1975), aber etwa auch in der etwas verdichteten und funktional verflochtenen neuen Stadtmitte mit ihrem 1977 bezogenen Turmbau, die auf der Grundlage einer mit Landesmitteln geförderten Sanierungsmaßnahme entstand. Auch die beherrschende Betonarchitektur im neuen Stadtkern ist bereits ein Zeugnis einer vergangenen Städtebauepoche, - allerdings gegenüber vielen vergleichbaren baulichen Konzentrationsmaßnahmen (z.B. der ungefähr zur gleichen Zeit entstandenen neuen Stadtmitte von Bergkamen im Ruhrgebiet) mit m.E. noch heute ansprechender Gestaltung.

Das neue, wenngleich noch nicht voll funktionsfähige Stadtzentrum der Stadt Hemer[19] dokumentiert zugleich auch, daß die am 1.1. 1975 in diesem Bundesland Nordrhein-Westfalen abgeschlossene kommunale Neugliederung zu einem beträchtlichen Ausbau des Systems der Zentralen Orte geführt hat. Eine im Sinne der Raumordnung und Landesplanung zweckmäßige konzentrierte Entwicklung und der Ausbau Hemers zu einem Mittelzentrum konnte sinnvollerweise nur durch den Zusammenschluß mit den funktional stark verflochtenen Umlandgemeinden der ehemaligen Stadt erfolgen.[20]

7. Veränderungen des traditionellen Systems der zentralen Orte

Leider wird im Rahmen der Raumordnung und Landesplanung der Begriff Zentraler Ort nahezu ausschließlich im Zusammenhang gesehen mit der Stellung der *gesamten* Gemeinde im zentralörtlichen System oder im System der Entwicklungsschwerpunkte, - so etwa im Landesentwicklungsplan I/II von Nordrhein-Westfalen. Dabei wird allzu leicht übersehen, daß es auch traditionelle innergemeindliche oder innerstädtische Zentrensysteme gibt. So verfügen etwa viele Mittelzentren auch über leistungsfähige Grundzentren innerhalb des Gemeindegebietes.

Übersehen wird häufig auch, daß das traditionelle zwischen- und innergemeindliche System der Zentralen Orte in den vergangenen zwei Jahrzehnten, dabei vor allem innerhalb der letzten 10 Jahre, starke Veränderungen erfahren hat, die zum erheblichen Teil durch das Aufkommen neuer Einkaufszentren, d.h. vor allem von Verbrauchermärkten und anderen neuen großflächigen Einzelhandelsbetriebsformen, aber auch von Shopping-Centern in verkehrsgünstigen, dabei häufig stadtperipheren Lagen bedingt sind. Die zunehmende Akzeptanz dieser neuen Einkaufsformen stand und steht insbesondere mit dem erheblichen Anwachsen der allgemeinen Einkaufsmobilität der Konsumenten, der individuellen Motorisierung, der expansiven Verstädterung des suburbanen Raumes, aber etwa auch mit den angewachsenen Verkehrsproblemen in den Großstadtcities oder den unzureichenden Angeboten für den ruhenden Verkehr (selbst in den Stadtzentren von Mittelstädten) im Zusammenhang.

Daß die traditionellen Versorgungszentren, darunter insbesondere die wohnorientierte Versorgung, durch die Expansion der neuen großflächigen Betriebsformen z.T. stark existenzgefährdet sind, ist durch eine Reihe jüngerer Untersuchungen - auch seitens der Geographie - belegt worden.[21] Daran hat auch die Novellierung der Baunutzungsverordnung von 1977 hinsichtlich der Flächenbeschränkung, Genehmigung und Ansiedlung großflächiger Einzelhandelsbetriebe nur wenig verändert. Letzteres belegt eindrucksvoll die vor drei Jahren, d.h. relativ spät erfolgte Ansiedlung eines Verbrauchermarktes von immerhin 7 500 qm Verkaufsfläche im Stadtteil Becke von Hemer, dessen Errichtung seitens der Stadt Hemer, der Südwestfälischen Industrie- und Handelskammer sowie des lokalen Einzelhandels nicht verhindert werden konnte, da sie aufgrund des § 34 des Bundesbaugesetzes baurechtlich zulässig war. Derartige Verbraucher- oder Fachmarktstandorte entstanden in den vergangenen Jahren nicht zuletzt aufgrund der zugenommenen zwischengemeindlichen Konkurrenz, d.h. durch Förderung entsprechender Ansiedlungen durch die jeweiligen Gemeinden.

Während der Ansiedlungsdruck der Verbrauchermärkte in den letzten Jahren allerdings allgemein deutlich abgenommen hat, besteht für die traditionellen Einzelhandelsbetriebe und Versorgungszentren ein besonderes, bislang häufig noch wenig wahrgenommenes Gefährdungspotential durch die jüngere erhebliche Expansion von Fachmärkten in Gewerbegebieten, die ihrerseits zur Agglomeration, dabei auch mit Verbrauchermärkten, tendieren, wodurch eine Kumulation der negativen Auswirkungen auf die tradionellen Versorgungszentren stattfindet.[22]

Vor allem ist in den Mittelstädten mit ihrem begrenzten Kaufkraftpotential und der häufigen Orientierung auf nahegelegene Großstädte der Expansion der neuen, von vielen Konsumenten als Fortschritt eingestuften Handelsgroßformen in Zukunft seitens der planenden Verwaltung größte Aufmerksamkeit und rechtzeitiges Handeln unter Ausnutzung der baurechtlichen Möglichkeiten geboten. Die Stadt Hemer beispielsweise hat gut daran getan, noch gerade rechtzeitig die konzentrierte Entwicklung der neuen Stadtmitte mit einer Mischung großflächiger und kleinteiliger Einzelhandelsflächen zu fördern. Die stark verbreitete Errichtung attraktiver cityintegrierter Shopping-Center, Einkaufspassagen etc. in den Groß- und auch Mittelstädten[23] innerhalb des vergangenen Jahrzehnts war eine häufig wirksame Maßnahme gegen den Kaufkraftabfluß zugunsten randlich gelegener, großflächiger Einzelhandelsbetriebsformen. Allgemein gilt für die Zukunft, daß sich der Einzelhandel in zentralen oder traditionellen Lagen durch größere Flexibilität und Qualität des Sortimentsangebots, bessere Serviceleistungen etc. auf die sich sicherlich weiter verschärfende Konkurrenzsituation einstellen muß.

Die soeben skizzierte Expansion und Standortproblematik des Einzelhandels ist ein besonderes Beispiel für das bemerkenswerte Spannungsverhältnis zwischen Tradition und Fortschritt in der Stadtentwicklung des 20. Jahrhunderts.

8. Neubewertung traditioneller Stadtstrukturen

Es ist erstaunlich, wie rasch sich im Städtebau und in der Stadtplanung nach der euphorischen Umbruchs-, Wachstums- und Modernisierungsphase, die in den Großstädten zwischen ca. 1965 und ca. 1975 vorherrschte, in den Mittelstädten sich jedoch um einige Jahre phasenverschoben ausprägte, ein Wandel vollzog. Dieser Wandel wurde u.a. eingeleitet durch das Europäische Denkmalschutzjahr 1975, als die unersetzlichen Werte historischer Stadtstrukturen, die zuvor häufig den Flächensanierungen und den neuen Anforderungen des Verkehrs zum Opfer gefallen waren, von einer breiteren Öffentlichkeit erkannt wurden. In dieser Zeit erfolgte der Übergang von der klassischen Stadtsanierung zur erhaltenden Stadterneuerung, was insbesondere durch die Novellierung des Bundesbaugesetzes von 1976, d.h. durch die neue Möglichkeit der Ausweisung von sog. Erhaltungsbereichen, gefördert wurde.

Stadtsanierungs- und Stadterhaltungsmaßnahmen wurden zwar bereits seit Erlaß des Städtebauförderungsgesetzes von 1971 besonders unterstützt, dies geschah allerdings in verstärkter und vielfältigerer Weise erst seit 1977. Erinnert sei an die Auswirkungen der Möglichkeiten der steuerlichen Abschreibung des Erwerbs von Altbauten nach § 7b seit 1977; im gleichen Jahr wurde auch das erste Wohnungsmodernisierungsgesetz des Bundes verabschiedet (seit 1978 unter der Bezeichnung Wohnungsmodernisierungs- und Energieeinsparungsgesetz); ab 1977 erfolgte zudem die Förderung "Historischer Stadtkerne" im Rahmen des "Programms für Zukunftsinvestitionen" des Bundes. Auch der Denkmalschutz erhielt in dieser Zeit eine größere Bedeutung. In der modernen Stadtarchitektur sowie auch von den Stadtbewohnern und privaten Investoren wurden die Kleinteiligkeit und Vielfalt der Raumstrukturen, wie sie für viele historische Städte kennzeichnend waren, wiederentdeckt. Die neue Entwicklung dokumentierte sich in jüngerer Zeit auch in den kleinsten baulichen Formen wie in der Wiederverwendung von Dachgauben - nunmehr allerdings häufig mit Kupferverblendungen versehen - und zusätzlicher, verspielterer Merkmale der Fassadengestaltung.

Von dieser Neubewertung historischer Strukturen haben vor allem diejenigen Städte profitiert, die noch über größere Anteile älterer und wertvoller Bausubstanz verfügen. Aber selbst in der diesbezüglich von der Geschichte nicht besonders gut bedachten Stadt Hemer sind Auswirkungen dieses jüngeren Umdenk- bzw. Stadterhaltungsprozesses sichtbar oder nachweisbar. Sah noch etwa der in den 60er Jahren entwickelte Entwurf eines Bebauungsplanes für den neuen Stadtkern vor, die gesamte ältere Baustruktur entlang des zum Sanierungsgebiet gehörigen Abschnitts der Hauptstraße abzubrechen und durch neue Bausubstanz zu ersetzen[24], so wurde später ein erheblicher Teil der Altbebauung von der Flächensanierung verschont und bis zur Gegenwart z.T. fassadenrenoviert. Durch Verringerung der geplanten Breite der Straße An der Steinert konnten mehrere Fachwerkhäuser gerettet werden. Sehr zu begrüßen ist insbesondere die Erhaltung der für die traditionelle Industriegemeinde Hemer so charakteristischen Fabrikantenvillen aus der Zeit um die Jahrhundertwende und des 19. Jahrhunderts, die inzwischen z.T. in städtischem Besitz sind. So konnte die Villa Grah, für die schon einmal ein Antrag auf Abriß bestand, für die Einrichtung eines Heimatmuseums vorgesehen werden, das noch in diesem Stadtjubiläumsjahr seine Tore öffnen wird. Zahlreiche Gebäude der Stadt Hemer sind inzwischen in die vorläufige Liste nach dem Denkmalschutzgesetz von 1978 aufgenommen worden. Die Erhaltung der für eine Mittelstadt typischen Kleinmaßstäblichkeit im Zusammenhang mit einer behutsamen innenorientierten Stadterneuerung sollte ein wichtiges Planungsziel für Hemer bleiben.

Im vergangenen Jahrzehnt haben nicht nur die alten Gebäudestrukturen, die aufgrund der umfassenden Fassadenrenovierungsmaßnahmen ihr Aussehen und ihre Ausstrahlung ganz erheblich verbessert haben, eine Neubewertung erfahren, sondern auch die städtischen Straßen- und Verkehrsräume, die z.T. mehr und mehr dem individuellen PKW-Verkehr entzogen und damit zu ganz neuen Lebens- und Kommunikationsräumen wurden. Sie gewinnen damit Qualitäten zurück, die städtische Straßen in früheren geschichtlichen Epochen in ähnlicher Form besaßen. Gemeint ist vor allem die Neugestaltung verkehrsberuhigter Zonen, die sich in den Großstädten durch Ausweisung von Fußgängerbereichen in den Citygebieten bereits ab Mitte der 60er Jahre abzeichnete. "Die beschleunigte Bedeutungszunahme der Fußgängerbereiche in den 70er Jahren wurde seinerseits durch die zunehmende Konkurrenz nicht integrierter Einkaufszentren am Stadtrand, andererseits durch erweiterte Zielsetzungen der Stadtentwicklungsplanung (Stadtbildpflege, Freizeitwert, Umweltschutz, Imageverbesserung, "Urbanität", Innenstadtwohnen) bewirkt".[25]

Die Mittelstädte haben die Neuerung der Fußgängerzonen im Verhältnis zu den Großstädten zumeist zögernd und damit relativ spät akzeptiert, häufig aufgrund beträchtlicher Widerstände seitens der lokalen Kaufmannschaft. Ich meine, daß die in der Stadt Hemer durch die neue Stadtmitte gegebenen Ansätze verkehrsberuhigter Fußgängerbereiche um Abschnitte der noch verkehrsbelasteten Hauptstraße, vor allem zwischen den Querstraßen An der Steinert/Friedrich-List-Straße und der Bahnhofstraße, ergänzt werden sollten, um die Attraktivität des Stadtkerns zu steigern.

Die Neubewertung der Verkehrsräume verdeutlicht sich aber auch in den in jüngerer Zeit stark an Bedeutung gewonnenen Verkehrsberuhigungsmaßnahmen im Rahmen der Wohnumfeldverbesserung. Der jüngst von der Stadt Hemer vergebene Auftrag zur Entwicklung eines stadtbezogenen Verkehrsberuhigungskonzeptes sowie auch erste Überlegungen zum Ausbau eines innerstädtischen Radwegenetzes oder auch bezüglich des Rückbaus von Verkehrsflächen zu Mischflächen[26] gehen in diese Richtung.

Allerdings darf in Zukunft der motorisierte Stadtverkehr nicht in eine Sackgasse gedrängt werden. Denn trotz allgemein rückläufiger Bevölkerungszahlen ist in den nächsten Jahren mit einer weiteren Zunahme des Stadtverkehrs durch PKWs etc. zu rechnen. So ist auch in der Stadt Hemer das Straßennetz noch weiterzuentwickeln, da - insbesondere bedingt durch die frühere kommunale Zersplitterung und unzureichende Verkehrsplanung - z.B. eine Reihe von Stadtteilen noch nicht ausreichend miteinander durch Fahrstraßen verknüpft ist. Der Ausbau stadtteilverbindender Straßen sollte jedoch behutsam, d.h. unter möglichst großer Schonung der Umwelt und insbesondere der bestehenden Wohnbebauung sowie der Wohnbevölkerung, erfolgen.

Weitere Umweltprobleme, die sich i.a. aus der historischen Stadt- und Wirtschaftsentwicklung sowie aus früheren Planungs- und Rechtsmitteldefiziten in unseren Industriestädten - so auch in Hemer - ergeben, resultieren etwa aus der Gemengelage von häufig störender Industrie und Wohnen oder aus beträchtlichen Gewässerbelastungen durch industrielle Verschmutzungen.[27] Die noch vor einigen Jahren mit Landesmitteln und zusätzlichen Gemeindefinanzen stark geförderte Entmischung von Gewerbe- und Wohnfunktionen[28] durch Betriebsverlagerungen ist in Zukunft aus Kostengründen, insbesondere aufgrund der sehr eingeschränkten Gemeindefinanzen, kaum noch zu realisieren. Seit Anfang der achtziger Jahre wird auch mehr und mehr die Meinung vertreten, daß die sog. Standortsicherung von Gewerbe- und Industriebetrieben bei gleichzeitiger Verringerung der Umweltbelastungen für die benachbarte Wohnbevölkerung anstelle der Verlagerung von störenden Betrieben aus Gemengelagen bevorzugt werden sollte.[29] Das Ziel der Standortsicherung soll in der Stadt Hemer z.B. im Sanierungsgebiet Hemer-Ost verfolgt werden, wo ein traditioneller Gießereistandort inmitten der Wohnbebauung erhalten bleiben soll.[30]

Fassen wir die jüngere Stadtentwicklungsphase zusammen, so ist seit rd. einem Jahrzehnt ein bemerkenswerter Wandel zu stärker qualitativen und die Tradition berücksichtigenden Wertmaßstäben nachzuvollziehen, die ihren Niederschlag nicht nur in planungs- oder immissionsrechtlichen Bestimmungen, sondern auch in neuen städtebaulichen Leitbildern und kommunalpolitischen Entscheidungen gefunden haben.[31] "Die qualitativen Wertmaßstäbe fordern in ihrer allgemeinen Tendenz die Erhaltung und Sicherung bestehender Raumstrukturen und darüber hinaus deren "Inwertsetzungen" durch Sanierungen, Modernisierungen und Berücksichtigung von Innovationen".[32] Die stärkere Berücksichtigung qualitativer Wertmaßstäbe wird wahrscheinlich die Stadtentwicklung, insbesondere der Mittelstädte, auch in den nächsten anderthalb Jahrzehnten bis zum Ende dieses Jahrhunderts bestimmen.

Wie sich am Beispiel der Stadt Hemer gezeigt hat, werden bestimmte Innovationen oder Neuerungen im Städtebau und in der Stadtentwicklungsplanung in Klein- und Mittelstädten - im Verhältnis zu entsprechenden Entwicklungen innerhalb der Großstädte - häufig verspätet übernommen. Dies muß jedoch nicht unbedingt einen Nachteil bedeuten, denn Innovation heißt nicht unbedingt Fortschritt; und aus Fehlern, die häufig in den Großstädten als erstes begangen werden, läßt sich bekanntlich lernen.

9. Die Stadt Hemer als charakteristischer Vertreter der „Mittelstädte im Einzugsbereich von Verdichtungsräumen"

Wenn bislang allgemeine Tendenzen der Stadtentwicklung im 20. Jahrhundert berücksichtigt wurden und dabei versucht wurde, die Stadt Hemer häufiger einzelnen Entwicklungsphasen zuordnen, so soll im folgenden abschließend die Stadt Hemer als charakteristischer Vertreter der "Mittelstädte im Einzugsbereich von Verdichtungsräumen" betrachtet werden. Ich beziehe mich dabei auf ein vom Bundesminister für Raumordnung, Bauwesen und Städtebau in Auftrag gegebenes allgemeineres Forschungsvorhaben mit dem Titel "Funktions- und Strukturwandel von Mittelstädten im Einzugsbereich von Verdichtungsräumen", aus dem 1984 wichtige Ergebnisse veröffentlicht wurden.

Einige wesentliche Resultate dieses Forschungsprojektes möchte ich im folgenden in sechs Punkten zusammenfassen und jeweils auch einen Vergleich mit der Stadt Hemer wagen:

1. Die zentralörtliche Bedeutung von Mittelstädten im Einzugsbereich von Verdichtungsräumen innerhalb der Bundesrepublik Deutschland ist in den letzten 10-20 Jahren erheblich gestärkt worden. Ursache dafür ist insbesondere der Sachverhalt, daß "diese Städte erst im Zuge der Gebietsreform aus einer kleinstädtischen Größenordnung in die Dimension von Mittelstädten hinein(gewachsen sind). Mit diesen Größensprüngen an Fläche und Einwohnerzahl sind diesen Städten erweiterte kommunale Aufgaben (z.B. Versorgung im sozialen Bereich) und Vergrößerungen der Handlungsspielräume (z.B. für Flächenausweisungen) zugewachsen".[34] Auch für die Stadt Hemer läßt sich der insbesondere durch die kommunale Gebietsreform beeinflußte Bedeutungsanstieg als Zentraler Ort nachweisen[35].

2. Die Wohnumfeldbedingungen der weitgehend von Einfamilienhäusern geprägten Mittelstädte werden von der Bevölkerung als Standortvorteile

gewertet. Besondere Bedeutung hat dabei neben der Möglichkeit, im Grünen zu Wohnen, die Nähe zu Naherholungsgebieten.[36] Für die Stadt Hemer wurden ja bereits im Vergleich mit dem Gartenstadtkonzept von HOWARD die Durchgrünung der aufgelockerten Wohnbebauung und die Einrahmung durch einen Wald- und Grüngürtel als besondere Kennzeichen und Vorzüge herausgestellt. Wohnvorteile für den Typ der Mittelstadt im Einzugsbereich eines Verdichtungsraumes bestehen - und dies gilt auch für die Situation Hemers - aber etwa auch "in der Möglichkeit, sowohl mittelstädtische als auch großstädtische Angebote ausnutzen zu können: Die Vorzüge überschaubarer kommunaler Einrichtungen können mit den Vorzügen der nahen Großstadt (Arbeitsmarkt, hochrangige Dienstleistungs- und Infrastruktureinrichtungen) kombiniert werden"[37].

3. "Durch Autobahnanschlüsse und gut ausgebaute Bundesstraßen sind die meisten Mittelstädte gut an die Kernstädte und das überregionale Verkehrsnetz angebunden"[38]; dies kann auch - trotz der noch nicht ausgeführten und zugleich nicht unumstrittenen Verlängerung der Autobahn A 46 nach Osten hin - für die Stadt Hemer bestätigt werden. Die Verbesserungen der innerstädtischen Verkehrssituation, z.B. zur besseren Erreichbarkeit des zentralen Stadtgebietes, hinsichtlich der Ausweisung von Fußgängerbereichen und verkehrsberuhigten Zonen, des Ausbaus von Radwegenetzen etc., stellen für die Zukunft allgemein noch wesentliche Maßnahmen der mittelstädtischen Kommunen dar. Auch dies trifft für die Stadt Hemer zu.

4. Zu den wichtigsten zukünftigen Aufgabenfeldern der Mittelstädte gehört auch eine "koordinierte Siedlungs- und Umweltplanung" - dies, "um vorhandene Standortvorteile zu halten bzw. entstandene Nachteile auszugleichen".[39] (ebd., S. 402). Die immer deutlicher zutage tretenden "Zielkonflikte zwischen der Siedlungsentwicklung und Umweltgesichtspunkten" haben bereits in den Mittelstädten bedeutendere Umweltauflagen sowie etwa auch die Entwicklung flächensparender Bauweisen, vor allem im Wohnungsbau, zur Folge gehabt. Dieser Trend wird m.E. auch für die Zukunftsentwicklung Hemers von verstärkter Bedeutung sein.

5. "Ein weiterer Bereich, der in zunehmendem Maße die Verwaltungskraft der Mittelstädte (finanziell, personell und infrastrukturell) beansprucht und bisher nicht ausreichend bzw. nur als Teilaspekt (z.B. Kindergärten) berücksichtigt wird, ist der gesamte Sozialbereich. Bedingt durch die starken Bevölkerungszuwächse und die Veränderungen der Bevölkerungsstruktur werden auch in stärkerem Maße entsprechende Einrichtungen erforderlich. Neben Kindergärten sind dies in erster Linie Einrichtungen für Jugendliche (einschließlich Betreuung), Erwachsenenbildung (z.B. Volkshochschulen), aber auch Alteneinrichtungen und Freizeitanlagen".[40] Die Stadt Hemer wird - trotz rückläufiger Bevölkerungszahl - auch in Zukunft dem sozialen Bereich verstärkte Aufmerksamkeit widmen müssen, da sich auch hier die demographischen Strukturen - dem bundesweiten Trend folgend - erheblich verändern werden (z.B Überalterung der Bevölkerung). Die schon in der Stadt Hemer geschaffenen oder geplanten sozialen Einrichtungen (z.B. die schulischen

◆◆◆◆◆◆◆◆◆◆◆◆◆◆◆◆◆◆◆◆◆◆◆◆◆◆◆◆◆◆◆◆◆◆

Die neue Stadt Hemer im Luftbild

(Aufn. 13.5.1980; freigegeben v. Reg.präs. Stuttgart, No. 9/54848)

Die Luftaufnahme zeigt vor allem den aus mehreren ehemals selbständigen Gemeinden siedlungsmäßig zusammengewachsenen Kernraum der Stadt Hemer, der sich mit relativ aufgelockerter Bebauung (Eigenheime, Mietshäuser, z.T. durchsetzt mit gewerblicher Nutzung) in dem waldarmen Hügellandstreifen der Iserlohner Kalksenke entwickelt hat. Der ausstreichende devonische Massenkalk wird im Hintergrund links abgebaut (am Stadtrand im Ortsteil Deilinghofen sowie in angrenzenden Nachbargemeinden). An die Massenkalksenke grenzen im Süden (südliches Stadtgebiet im Hintergrund rechts) die großenteils geschlossen bewaldeten und tief zertalten Bergrücken (Rumpfhochflächen) des Westsauerländer Oberlandes, die bis rd. 480 m ü. NN ansteigen, sowie im Norden (nördliches Stadtgebiet im Vordergrund) das ebenfalls zu einem großen Teil bewaldete Hügelland des Niedersauerlandes oder Sauerländer Unterlandes.

Den Mittelpunkt der Stadt bildet ein seit Mitte der 70er Jahre neugeschaffener Stadtkern mit einem 1977 fertiggestellten Turmbau (Stadtverwaltung) sowie mit angrenzenden Komplexen für Geschäfts- und Dienstleistungsnutzung (unmittelbar rechts von der Bildmitte in Eisenbahnnähe gelegen).

◆◆◆◆◆◆◆◆◆◆◆◆◆◆◆◆◆◆◆◆◆◆◆◆◆◆◆◆◆◆◆◆◆◆

Einrichtungen, darunter insbesondere die neue Jugendmusikschule, oder die geplanten Altenwohnungen in der neuen Stadtmitte) sind bereits von erheblicher Bedeutung.

6. "Zur Erhaltung der spezifischen Attraktivität der Mittelstädte haben Strategien der "Bestandspflege" besondere Bedeutung. Diese sollten sich außer auf den baulichen Bereich auch auf die mittelstädtische Wirtschaft und Bevölkerung richten".[41] Damit sind wiederum wichtige Aspekte der Tradition innerhalb der Stadtentwicklung des 20. Jahrhunderts angesprochen.

Die Bestandspflege im baulichen Bereich betrifft insbesondere "die Erhaltung der mittelstadttypischen Kleinmaßstäblichkeit im Rahmen einer behutsamen Funktionssanierung"[42] als eine der wichtigsten Planungs- und Bauaufgaben der kommenden Jahre. Diesbezüglich sind auch in Hemer - wenn man etwa an die Erhaltung und Sanierung der älteren Bausubstanz in der Hauptstraße denkt - noch Aufgaben vorhanden.

Zur Bestandspflege im Bereich der Wirtschaft bzw. zur "Stärkung der Arbeitsmarktfunktion der Mittelstädte ist neben der Ausweitung des Dienstleistungsbereichs eine ausreichende Ausweisung und Erschließung von Gewerbeflächen erforderlich"[43]. Auch bezüglich dieses Aspekts der Stadtentwicklung sind in der Stadt Hemer aufgrund des Ausbaus von Gewerbeflächen mit Industriegebiets-Qualität bereits rechtzeitig Maßnahmen erfolgt, die auch langfristig den Umweltanforderungen genügen.

Zur Bestandspflege gegenüber der ansässigen Bevölkerung gehören nicht nur die Wohnungsbauförderungen, um u.a. für innerörtliche Wohnsitzverlagerungen geeignete Wohnflächen - insbesondere auch für den nach wie vor stark bevorzugten Eigenheimbau - anbieten zu können, sondern etwa auch "Verhaltensweisen der Verwaltung, die unter dem Stichwort "Bürgernähe" zusammengefaßt werden können und i.d.R. in Mittelstädten leichter als in den Kernstädten erreichbar sind".[44]. So ist ja etwa das außerordentlich vielgestaltige Programm zum Festakt des Stadtjubiläums, das zu diesem Anlaß der Bevölkerung der Stadt Hemer und ihres Einzugsbereiches geboten wurde, ein vorzügliches Beispiel der Bürgernähe der Stadtvertretung und Stadtverwaltung.

Fassen wir die zuletzt genannten Aspekte bezüglich der Entwicklung der Stadt Hemer innerhalb der Gruppe der Mittelstädte mit ähnlicher Lagesituation zusammen, so läßt sich feststellen, daß die Bevölkerung der vergleichsweise jungen Stadtgemeinde Hemer mit ihren traditionellen und neugeschaffenen Lebensbedingungen und Strukturen insgesamt sehr zufrieden sein kann.

Ich wünsche der Stadt Hemer und ihrer Bevölkerung auch für die Zukunft alles Gute - in der Hoffnung, daß Tradition und Fortschritt weiterhin in einem ausgewogenen Spannungsverhältnis zueinander stehen.

10. Literatur

ALBERS, G. (1972): Was wird aus der Stadt? Aktuelle Fragen der Stadtplanung. Serie Pieper 72. München.

BANNIZA, H. (1977): Bergbau im ehemaligen Amt Hemer. In: Heimatbund Märkischer Kreis (Hrsg.): Hemer/Märkischer Kreis. Stadt am Felsenmeer. Beiträge zur Heimat- und Landeskunde, S. 40-43. Iserlohn.

BEUTIN, L. (1956): Geschichte der Südwestfälischen Industrie- und Handelskammer zu Hagen und ihrer Wirtschaftslandschaft. Hagen.

BLOTEVOGEL, H.H. (1986): Aktuelle Entwicklungstendenzen des Systems der Zentralen Orte in Westfalen. In: Erträge geographisch-landeskundlicher Forschung in Westfalen. Festschrift 50 Jahre Geographische Kommission für Westfalen. Westfälische Geographische Studien 42, S. 461-479. Münster.

BUCHHOLZ, H.J./H. HEINEBERG (1969): Der Raum Hemer. Gutachten zum Problem der kommunalen Neugliederung im südöstlichen Landkreis Iserlohn. Erstattet im Auftrag der Stadt Hemer. Hrsg. v. der Stadt Hemer. Bochum.

GRETE, H. (1977): Der neue Stadtkern - ein Modell. In: Heimatbund Märkischer Kreis (Hrsg.): Hemer/Märkischer Kreis. Stadt am Felsenmeer. Beiträge zur Heimat- und Landeskunde, S. 12-15. Iserlohn.

GROT, R. von/R. SANDER (1984): Funktions- und Strukturwandel von Mittelstädten im Einzugsbereich von Verdichtungsräumen. In: Informationen zur Raumentwicklung, H. 5/1984, S. 391-409.

HAASE, C. (1984): Die Entstehung der westfälischen Städte. Veröffentl. d. Provinzialinstituts f. Westf. Landes- und Volksforschung d. Landschaftsverbandes Westfalen-Lippe, Reihe I, H. 11. 4. Aufl. Münster.

HARTMANN, E. (1977): Bau- und Kunstdenkmale in und um Hemer. In: Heimatbund Märkischer Kreis (Hrsg.): Hemer/Märkischer Kreis. Stadt am Felsenmeer. Beiträge zur Heimat- und Landeskunde, S. 46-51. Iserlohn.

HATTING, A. (1976): Natur- und Wirtschaftsräume im Bereich der Stadt Hemer nach der kommunalen Neugliederung (Hausarbeit zur Wiss. Prüfung für das Lehramt an Gymnasien). Münster.

HATZFELD, U. (1986): Auswirkungen von Verbrauchermärkten und von Fachmärkten auf kommunale Belange. Dortmund.

HEINEBERG, H. (Hrsg.) (1980) Einkaufszentren in Deutschland. Entwicklung, Forschungsstand und -probleme mit einer annotierten Auswahlbibliographie. Münstersche Geographische Arbeiten 5. Paderborn.

HEINEBERG, H. (1983): Großbritannien. Länderprofile. Stuttgart.

HEINEBERG, H. (1986): Stadtgeographie. Grundriß Allgemeine Geographie X. Paderborn.

HEINEBERG, H./N. de LANGE (1985): Gefährdung des Oberzentrums Bremen durch Umlandzentren? Eine sozialgeographische Untersuchung des Konsumentenverhaltens im Jahre 1981. In: Kundenverhalten im System konkurrierender Zentren. Fallstudien aus dem Großraum Bremen, dem nördlichen Ruhrgebiet und dem Lipperland. Westfälische Geographische Studien 41, S. 1-75. Münster.

HEINEBERG, H./A. MAYR (1984): Shopping-Center im Zentrensystem des Ruhrgebietes. In: Erdkunde 38, S. 98-114.

HEINEBERG, H./A. MAYR (1986): Neue Einkaufszentren im Ruhrgebiet. Vergleichende Analysen der Planung, Ausstattung und Inanspruchnahme der 21 größten Shopping-Center. Münstersche Geographische Arbeiten 24. Münster.

HEMPEL, L. (1962): Das Großrelief am Südrand der Westfälischen Bucht und im Nordsauerland. In: Geogr. Kommission f. Westfalen (Hrsg.): Beiträge zur Physiogeographie III. Spieker, Landeskundliche Beiträge und Berichte 12, S. 3-80. Münster.

HILDENBRAND, H. (1977): Die Industrie in Hemer und ihre Chancen für die Zukunft. In: Heimatbund Märkischer Kreis (Hrsg.): Hemer/Märkischer Kreis. Stadt am Felsenmeer. Beiträge zur Heimat- und Landeskunde, S. 34-38. Iserlohn.

HILDENBRAND, H. (1986): Aktuelles aus der Hemeraner Wirtschaft. In: Südwestfälische Wirtschaft, H. 2/1986, S. 10-12.

HOMMEL, M. (1982): Tendenzen der Stadtentwicklung im Ruhrgebiet auf dem Hintergrund der gegenwärtigen Wirtschafts- und Bevölkerungsentwicklung. In: Westfälische Forschungen 32, S. 21-35.

Institut für Gebietsplanung und Stadtentwicklung (Ingesta) (1985) (Hrsg.): Gutachten zur Stadtentwicklungsplanung der Stadt Hemer. Eine Untersuchung im Auftrage der Stadt Hemer durchgeführt von E. HAAS und W. GELSHORN. Köln.

KOHL, W. D. (1977): Zur älteren Geschichte der Stadt Hemer. In: Heimatbund Märkischer Kreis (Hrsg.): Hemer/Märkischer Kreis. Stadt am Felsenmeer. Beiträge zur Heimat- und Landeskunde, S. 4-5. Iserlohn.

LICHTENBERGER, E. (1984): Die Stadtentwicklung in Europa in der ersten Hälfte des 20. Jahrhunderts. In: RAUSCH, W. (Hrsg.): Die Städte Mitteleuropas im 20. Jahrhundert. Beiträge zur Geschichte der Städte Mitteleuropas VIII, S. 1-40. Linz/Donau.

MAYR, A. (1980): Entwicklung, Struktur und planungsrechtliche Problematik der Shopping-Center in der Bundesrepublik Deutschland. In: HEINEBERG, H. (Hrsg.): Einkaufszentren in Deutschland. Entwicklung, Forschungsstand und -probleme mit einer annotierten Auswahlbibliographie. Münstersche Geographische Arbeiten 5, S. 9-46. Paderborn.

MERGEN, M. (1986): Städtische Gemengelagen. Ansätze und Strategien zur Problemlösung dargestellt anhand von Fallbeispielen aus Solingen und Lünen (Diplomarbeit im Fach Geographie am Inst. f. Geographie d. Westf. Wilhelms-Universität Münster). Münster.

MEYER, H./D. VOSS (1986): 50 Jahre Stadt Hemer - Stand und Ziele der Stadtentwicklung im Jubiläumsjahr. In: Südwestfälische Wirtschaft, H. 2/1986, S. 3-9.

MONHEIM, H. (1985): Stadterneuerung in Klein- und Mittelstädten. Ein Plädoyer für die Behutsamkeit. In: Informationen zur Raumentwicklung, H. 9/1985, S. 833-839.

MONHEIM, R. (1980): Fußgängerbereiche und Fußgängerverkehr in Stadtzentren in der Bundesrepublik Deutschland. Bonner Geographische Abhandlungen 64. Bonn.

POSENER, J. (Hrsg.) (1968): Ebenezer Howard: Gartenstädte von morgen. Das Buch und seine Geschichte. Bauwelt Fundamente 21. Berlin.

ROSENBOHM, G. (1975): Industrieräume im Märkischen Kreis. In: GORKI, H.F./A. REICHE (Hrsg.): Festschrift für Wilhelm DEGE, S. 129-149. Dortmund.

SCHÖLLER, P. (1967): Die deutschen Städte. Erdkundliches Wissen 17, Geographische Zeitschrift, Beihefte. Wiesbaden.

SCHÖLLER, P. (1983): Zur Urbanisierung der Erde. In: HAGEDORN, H./K. GIESSNER (Hrsg.): 43. Deutscher Geographentag Mannheim 1981. Tagungsbericht und wissenschaftliche Abhandlungen. Verhandlungen des deutschen Geographentags 43, S. 25-34. Wiesbaden.

STÖRING, H. (1977): Aus der Arbeit des Bürger- und Heimatvereins Hemer e.V. In: Heimatbund Märkischer Kreis (Hrsg.): Hemer/Märkischer Kreis. Stadt am Felsenmeer. Beiträge zur Heimat- und Landeskunde, S. 62-66. Iserlohn.

STOOB, H. (1956): Kartographische Möglichkeiten zur Darstellung der Stadtentstehung in Mitteleuropa, besonders zwischen 1450 und 1800. In: Historische Raumforschung I. Forschungs- und Sitzungsberichte d. Akademie f. Raumforschung und Landesplanung 6, S. 21-76. Bremen-Horn.

TEUTEBERG, H.J./C. WISCHERMANN (1985): Wohnalltag in Deutschland 1850 - 1914. Bilder - Daten - Dokumente. Münster.

TREUDE, F. (1975): Die "neue" Stadt Hemer. In: Bürger- und Heimatverein (Hrsg.): Der Schlüssel. Blätter der Heimat für die Stadt Hemer, H. 1/1975, S. 25-44. Hemer .

VOSS, D. (1975): Die Geburt der neuen Stadt Hemer. In: Bürger- und Heimatverein (Hrsg.): Der Schlüssel. Blätter der Heimat für die Stadt Hemer, H. 1/1975, S. 2-12. Hemer.

VOSS, D. (1977): Hemer - gestern, heute und morgen. In: Heimatbund Märkischer Kreis (Hrsg.): Hemer/Märkischer Kreis. Stadt am Felsenmeer. Beiträge zur Heimat- und Landeskunde, S. 6-10. Iserlohn.

WENZEL, H.-J. (1970): Strukturzonen und Funktionsbereiche im Iserlohner Raum (Märkisches Sauerland) in Gliederung, Aufbau und Dynamik und in ihrer Bedeutung für die Planung. Giessener Geographische Schriften 22. Gießen.

11. Verzeichnis der Anmerkungen

1) Dieser Beitrag stellt die textliche Fassung eines Festvortrags zum 50jährigen Stadtjubiläum von Hemer in Westfalen dar, den der Verfasser auf Einladung der Stadt Hemer in der Festsitzung im Haus Hemer (Hemer) am 26. April 1986 gehalten hat. Der Vortrag wurde anschließend in der lokalen Zeitschrift "Der Schlüssel. Blätter der Heimat für die Stadt Hemer", hrsg. vom Bürger- und Heimatverein in Hemer, 31. Jg., H. 2, Juni 1986, unter dem Titel "Tradition und Fortschritt in der Stadtentwicklung des 20. Jahrhunderts. Festvortrag zum 50jährigen Stadtjubiläum von Hemer in Westfalen" veröffentlicht.

   Für den Wiederabdruck des Vortragstextes (mit zusätzlichen kartographischen Darstellungen) in dieser Festschrift, für dessen Genehmigung dem Bürger- und Heimatverein Hemer zu danken ist, sprachen u.a. der enge regionale Bezug zu früheren Untersuchungen von Ludwig Hempel über das nördliche Sauerland (vgl. "Das Großrelief am Südrand der Westfälischen Bucht und im Nordsauerland", 1962), aber auch die an diesem Beispielraum deutlich werdenden besonderen Zusammenhänge zwischen Relief (dem Hauptarbeitsfeld von L. Hempel) und Stadtentwicklung (dem Arbeitsgebiet des Verf.).

2) Nach SCHÖLLER 1983, S. 30.

3) Vgl. dazu STOOB 1956.

4) Vgl. HAASE[3].

5) KOHL 1977, S. 4.

6) Ebd.

7) Vgl. HARTMANN 1977 und KOHL 1977.

8) Vgl. dazu im einzelnen u.a. BANNIZA 1977, BEUTIN 1956, BUCHHOLZ und HEINEBERG 1969, HILDENBRAND 1977, 1986 und ROSENBOHM 1975.

9) Vgl. BUCHHOLZ und HEINEBERG 1969 (vor allem Abb. 3 und 4) sowie VOSS 1975, 1977.

10) Vgl. GRETE 1977 sowie MEYER und VOSS 1986.

11) TEUTEBERG und WISCHERMANN 1985, S. 371.

12) Vgl. POSENER 1968 sowie HEINEBERG 1983, S. 167-168.

13) Vgl. dazu HEINEBERG 1983, S. 169-170.

14) Vgl. HEINEBERG 1986, S. 81 ff.

15) Vgl. BUCHHOLZ und HEINEBERG 1969, S. 42 ff.

16) Vgl. dazu auch SCHÖLLER 1967, S. 78.

17) Vgl. BUCHHOLZ und HEINEBERG 1969, S. 48.

18) Vgl. HOMMEL 1982.

19) Vgl. dazu MEYER und VOSS 1986, S. 5.

20) Zur Begründung vgl. BUCHHOLZ und HEINEBERG 1969, insbes. S. 80 ff.

21) Vgl. z.B. HEINEBERG und de LANGE 1985 oder allgemeiner: HATZFELD 1986.

22) Vgl. dazu HATZFELD 1986.

23) Vgl. z.B. bezüglich der Entwicklung im Ruhrgebiet HEINEBERG und MAYR 1984, 1986.

24) Laut Auskunft von GRETE, Stadt Hemer.

25) MONHEIM 1980, S. 270.

26) Vgl. MEYER und VOSS 1986, S. 5.

27) Bezüglich der Stadt Hemer vgl. MEYER und VOSS 1986, S. 6-9.

28) In der Stadt Hemer war die "Verlagerung der Betriebsstätte der Armaturenfabrik Friedrich Grohe zur Edelburg ...(ein) Musterbeispiel der Entmischung störender oder konkurrierender Nutzung im Stadtinnenbereich" (MEYER und VOSS 1986, S. 6).

29) Vgl. MERGEN 1986, S. 144.

30) Laut Auskunft von GRETE, Stadt Hemer.

31) Vgl. auch MERGEN 1986.

32) Ebd., S. 154.

33) Vgl. von GROT und SANDER 1984.

34) Ebd., S. 395.

35) Zur Einstufung von Hemer als Mittelzentrum vgl. BLOTEVOGEL 1986, Abb. 1.

36) Ebd., S. 398.

37) Ebd., S. 398.

38) Ebd., S. 401.

39) Ebd., S. 402.

40) Ebd., S. 403.

41) Ebd., S. 406-407.

42) Ebd., S. 407.

43) Ebd., S. 408.

44) Ebd., S. 407.

Anschrift des Verfassers:

Prof. Dr. Heinz Heineberg
Westfälische Wilhelms-Universität
Institut für Geographie
Robert-Koch-Straße 26
D - 4400 Münster

Aus:

Ekkehart Köhler und Norbert Wein (Hrsg.):

NATUR- UND KULTURRÄUME.
Ludwig Hempel zum 65. Geburtstag.

Paderborn: Ferdinand Schöningh 1987.
= Münstersche Geographische Arbeiten 27.

Peter Weber und Rainer Wilking

Kommunale Gebietsreform
Zum Unbehagen an der Großgemeinde: Beispiel Brilon

Der Zusammenschluß von ehemals selbständigen Gemeinden zu Großgemeinden hat sich als eine Maßnahme erwiesen, die nicht nur administrative Belange berührt hat, sondern die auch emotionale Schichten mobilisiert hat. Der verwaltungsmäßige Übergang in eine Großgemeinde hat vielerorts Empfindungen wachgerufen, die - solange die kleinteilige Selbstverwaltung funktionierte - kaum zu existieren schienen. Begriffe wie "Heimat" und "Bodenständigkeit" sind gerade dort lebendig geworden, wo - wenigstens dem Schein nach - ihr Verlust unter schwieriger überschaubaren Verwaltungsstrukturen befürchtet wurde. Auf der lokalen Ebene der "entselbständigten" Ortsteile entwickeln sich bisher nicht wahrgenommene Aktivitäten in Heimatvereinen und Kulturkreisen. Historische Archive erleben einen Ansturm von Interessenten, die sich in der rückwärtsgerichteten Erforschung ihrer kulturellen Eigenart und örtlichen Traditionen versichern wollen.

Vor diesem Hintergrund wurden im Rahmen eines universitären Geländepraktikums im Sommer 1982 zwei Ortsteile der Stadt Brilon im Hochsauerlandkreis daraufhin untersucht, inwieweit hier - unter unterschiedlichen räumlichen Bedingungen - der kommunale Zusammenschluß von 1975 das Selbstverständnis der Eingemeindeten beeinflußt hat.

Die Auswahl der Ortsteile Madfeld und Scharfenberg erfolgte unter dem Aspekt, zwei Siedlungen unterschiedlicher räumlicher Nähe zum Zentralort Brilon zu analysieren.

Auch die Auswahl der Befragten erfolgte nach räumlichen Gesichtspunkten, indem die Befragten möglichst flächenhaft breit gestreut aus den verschiedenen Quartieren der Untersuchungsgemeinden erfaßt werden sollten. In Madfeld wurden 92, in Scharfenberg 99 Interviews durchgeführt. Der Vergleich der Altersstruktur der Wohnbevölkerung und der jeweiligen Stichprobe ist in der Tabelle 1 nachvollziehbar und läßt erkennen, daß die in der Befragung erfaßten Altersgruppen ungefähr mit der tatsächlichen Wohnbevölkerungsgliederung übereinstimmen. Die Verteilung nach dem Geschlecht in der Stichprobe entspricht fast genau der Wohnbevölkerung. Eine genauere Überprüfung der erfaßten Berufsgruppen auf eine normale Verteilung ist wegen fehlender aktueller Daten nicht möglich; die in der Befragung erfaßten Berufe sind aber der normalen beruflichen Differenzierung im ländlichen Raum (5% Landwirte; 25% Arbeiter; 22% Angestellte und Beamte; 8% Selbständige) gut angepaßt.

Tab. 1: Altersstruktur der Wohnbevölkerung und der Stichprobe (über 15 Jahre) in Madfeld und Scharfenberg (1982)

	Madfeld (in %)		Scharfenberg (in %)	
Altersgruppe	Wohnbevölkerung	Stichprobe	Wohnbevölkerung	Stichprobe
16-20	13,4	6,6	9,7	5,1
21-25	8,5	3,3	9,8	9,2
26-30	9,3	5,5	11,6	8,2
31-35	8,7	11,1	9,1	8,2
36-40	6,8	8,8	8,3	10,3
41-45	7,9	10,0	8,2	11,3
46-50	7,6	7,7	7,9	9,2
51-55	7,8	10,0	6,1	9,2
56-60	7,5	17,7	5,9	9,2
61-65	4,0	3,3	5,6	4,1
> 65	17,9	15,5	17,3	15,4
Insgesamt absolut	1.045	92	965	97

Quelle: Statistisches Amt der Stadt Brilon (31.08.1982) und eigene Berechnungen 1982

Zwar kann die Untersuchung damit weder vom Umfang noch von ihrer Anlage her den Anspruch auf qualifizierbare Repräsentativität erheben, doch kann sie ohne Zweifel einen richtigen Eindruck von den dominierenden Einstellungen der Betroffenen zur Frage der Eingemeindung liefern.

Bei der Untersuchung wurde ein Fragebogen benutzt, der die Einstellung der Bürger eingemeindeter, ehemals selbständiger Orte zur Zentralgemeinde mit Hilfe eines Statement-Katalogs erfassen sollte. Dabei wurden zehn Behauptungen vorgegeben, die von den Befragten zu beurteilen waren: Zustimmung wurde mit +1, Ablehnung mit -1 gewichtet, um so Mittelwerte für die verschiedenen Teilmengen zu ermitteln.[1]

Die Gesamtbeurteilung der Statements kann aus Abbildung 1 ersehen werden. Es zeigt sich insgesamt eine bemerkenswerte Reserviertheit gegenüber der Kommunalreform im allgemeinen und gegenüber dem Zentralort Brilon im besonderen. Eine sehr starke Mehrheit teilt die Meinung (2): "Die Stadtverwaltung denkt hauptsächlich an die Entwicklung von Brilon und zuletzt an die Bedürfnisse der entlegenen kleineren Ortsteile"; 87,4% sind mit dieser Behauptung "völlig einverstanden", 6,8% "teilweise einverstanden" und nur 4,2% sind damit "nicht einverstanden".

Entsprechend deutlich wird der Auffassung, daß bei der Verwaltungsneugliederung die Belange der Zentralorte bestimmend gewesen sind und die "Dorfbevölkerung vergessen" (5) wurde, zugestimmt. Drei Viertel aller Befragten (74,3%) identifiziert sich uneingeschränkt mit dem Statement: "Die Großgemeinden können die geschichtliche Besonderheit jedes ehemalig selbständigen Ortes nicht hinreichend berücksichtigen", woraus die Notwendigkeit abgeleitet wird (nur 11% lehnen dies ab), daß "Brauchtumspflege und Ortsgeschichte ... gerade nach dem Verlust der Selbständigkeit verstärkt werden (müssen)" (4). Sehr entschieden (70,5%) abgelehnt wird die angebotene Erklärung, daß "die Beziehung zur alten Dorfgemeinschaft ohnehin zerstört" (ist), "da die meisten Erwerbstätigen in anderen Orten arbeiten" (9).

Es fällt auf, daß keine sehr starken Abweichungen in den Urteilen der beiden untersuchten Ortsteile Madfeld und Scharfenberg auftreten; lediglich bei den Statements 7, 8, 10 sind größere Beurteilungs-

1) Die Auswertung erfolgte auf einer IBM 3032 am Rechenzentrum der Universität Münster mit Hilfe des Programmsystems SPSS. Die Reihenfolge der Statements in den Abbildungen wurde so gewählt, daß das Gesamtergebnis eine möglichst glatte Kurve ergab.

Abb. 1: Statement-Beurteilung insgesamt (Madfeld und Scharfenberg)

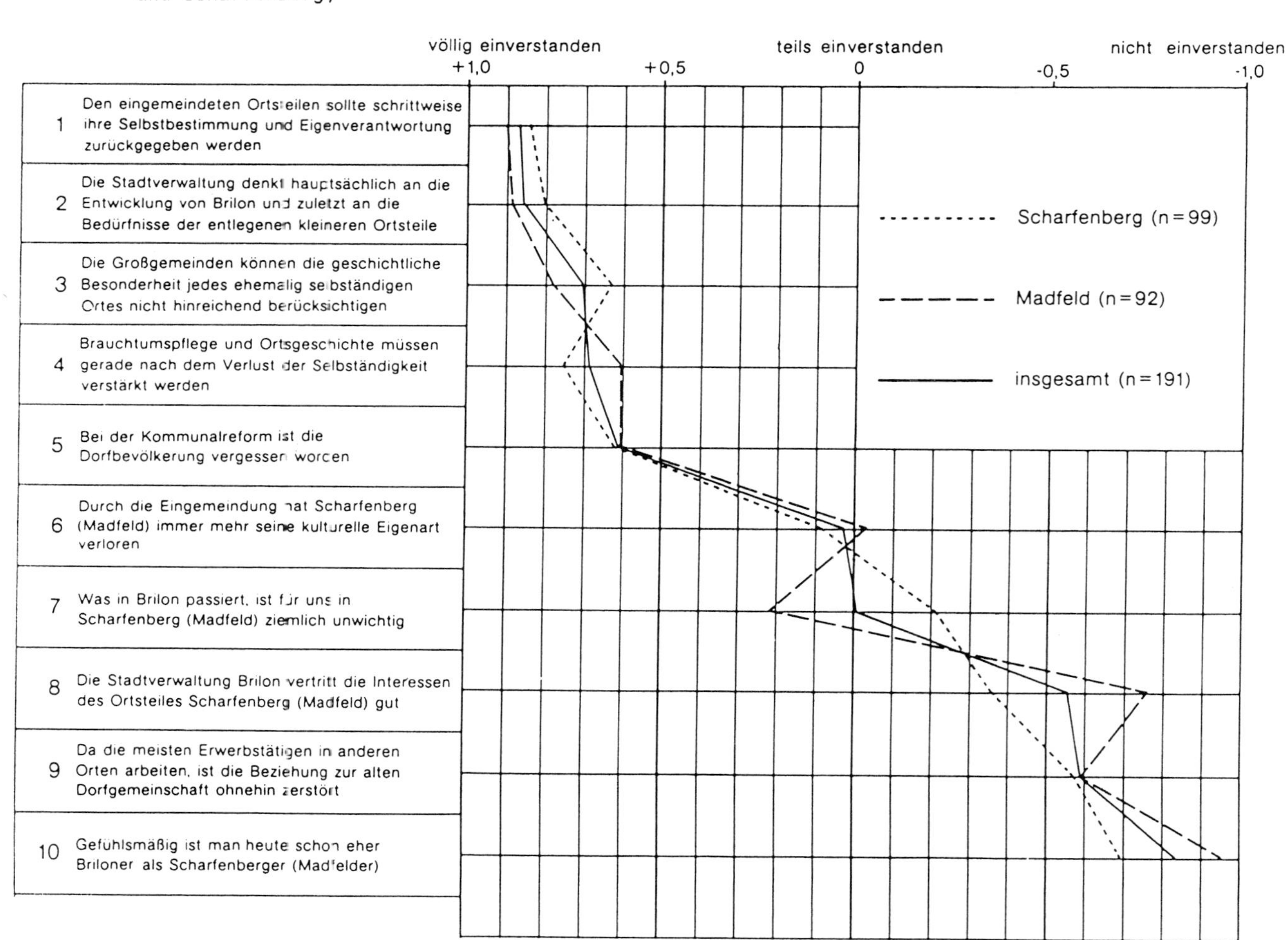

Quelle: Eigene Erhebung 1982

differenzen feststellbar. Offensichtlich macht sich hierbei doch die unterschiedliche Lagebeziehung bemerkbar. In Scharfenberg als "Nachbargemeinde" des Zentralorts Brilon lehnen immerhin 44,4% der Befragten die Auffassung ab, daß die "Ereignisse in Brilon ziemlich unwichtig" (7) für die Scharfenberger seien, während die Madfelder - im äußersten östlichen Stadtbereich, 16 km vom Zentralort entfernt wohnend - nur zu einem Viertel dieser Auffassung ablehnend gegenüber stehen. Zu der Aussage, daß Brilon die Interessen der Ortsteile gut vertrete (8), können sich zwar die Bewohner beider Gemeinden nicht positiv stellen, aber die Befragten aus Scharfenberg urteilen aus der unmittelbar nachbarschaftlichen Situation heraus doch weniger negativ (47,5% Ablehnung) als die Befragten aus Madfeld (78,3% Ablehnung).

Wie stark emotional die Zugehörigkeit zur Großgemeinde gesehen wird, kann schließlich aus der 10. Behauptung abgelesen werden: Die Möglichkeit, sich gefühlsmäßig mit dem Zentralort zu identifizieren, wird fast rundweg abgelehnt. In Madfeld ist es ein einziger, der sich (1982) schon als Briloner fühlt (= 1,1%), in Scharfenberg sind es 13 (= 13,3%).

Die Auswertung der in *Madfeld* erhobenen Werte, aufgeschlüsselt nach Alter, Wohndauer und Beruf (die ebenfalls erhobenen Faktoren 'Hausbesitz' und 'Geschlecht' erwiesen sich als nicht hinreichend differenziert) ergibt folgende Ergebnisse:

Die Gliederung entsprechend dem Alter (Abb. 2) erfolgte in Anlehnung an die Lebenszyklusgruppen und so, daß genügend große absolute Zahlen zur Verfügung standen.

Das Statement 1 (Rückgabe der Selbstbestimmung) erfährt eine große Zustimmung bei allen Gruppen, die Streubreite ist nur mäßig groß. Das Gleiche gilt auch für die Beurteilung des Statements 2 (Stadtverwaltung denkt zuerst an Zentralort). Für Statement 3 (Geschichtliche Besonderheiten bleiben in Großgemeinden unberücksichtigt) ist ein leichter

Abb. 2: Statement-Beurteilung: Madfeld-Alter

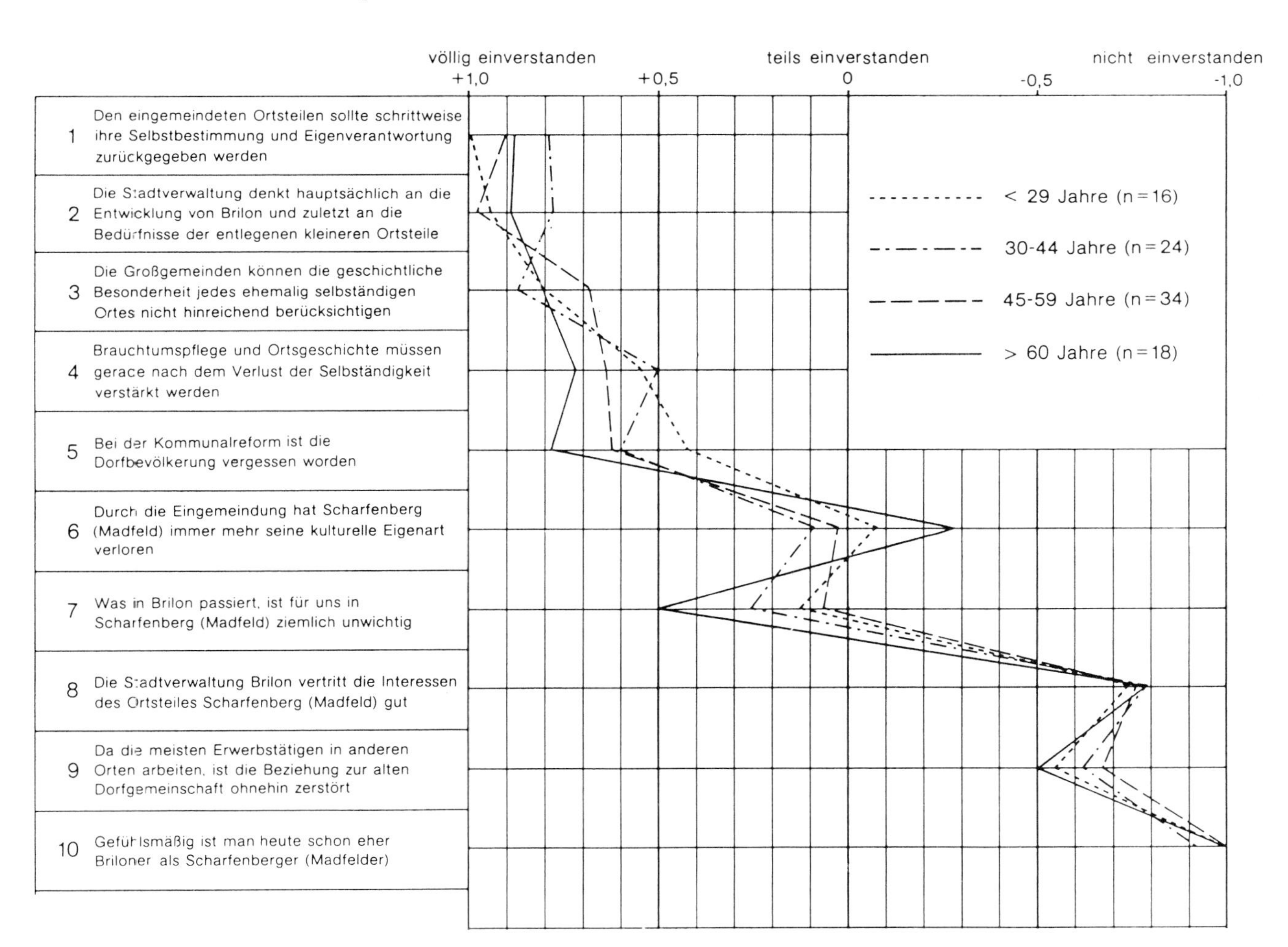

Quelle: Eigene Erhebung 1982

Rückgang der Zustimmung bei gleichbleibender Streuung zu verzeichnen.

Beim 4. Statement (Brauchtumspflege) tauchen die ersten bemerkenswerten Unterschiede zwischen den Altersgruppen auf, hier liegt die Zustimmung der über 60jährigen deutlich über der der 30-44jährigen, die beiden anderen Gruppen liegen dazwischen. Das fünfte Statement (Dorfbevölkerung bei Kommunalreform vergessen worden) bietet ein ähnliches Bild; starke Zustimmung bei der ältesten Gruppe, erheblich gemindert diesmal vor allem bei den unter 30jährigen.

Eine ähnliche Konstellation, diesmal aber umgekehrt, ergibt sich beim 6. Statement (Eingemeindung läßt kulturelle Eigenart verlieren); es wird von der älteren und der jüngsten Gruppe abgelehnt, während die mittleren Altersgruppen eine leichte Zustimmung erkennen lassen.

Das 7. Statement (Geschehen in Brilon für Madfeld unwichtig) ist das letzte, das eine größere Streuung zwischen den Altersklassen aufweist; auch hier vertreten die über 60jährigen die größte Zustimmung, während die anderen Gruppen deutlich zur Indifferenz neigen.

Wegen der allgemein starken und einheitlichen Abneigung können die Statements 8 (Brilon vertritt Interessen gut), 9 (Pendlerbeziehungen lösen Dorfgemeinschaft auf) und 10 (Gefühlsmäßig ist man jetzt Briloner) zusammengefaßt betrachtet werden. Allenfalls die Pendlerbeziehungen werden etwas differenzierter beurteilt, vielleicht liegt dies daran, daß sie zum Teil schon vor der Eingemeindung recht stark waren.

Zusammenfassend kann gesagt werden, daß vor allem die Altersgruppe der über 60jährigen zu extremeren Ausschlägen neigt, die anderen Altersgruppen sich eher um den Mittelwert gruppieren.

Die Aufgliederung nach Wohndauer (Abb. 3) ergibt im

Abb. 3: Statement-Beurteilung: Madfeld-Wohndauer

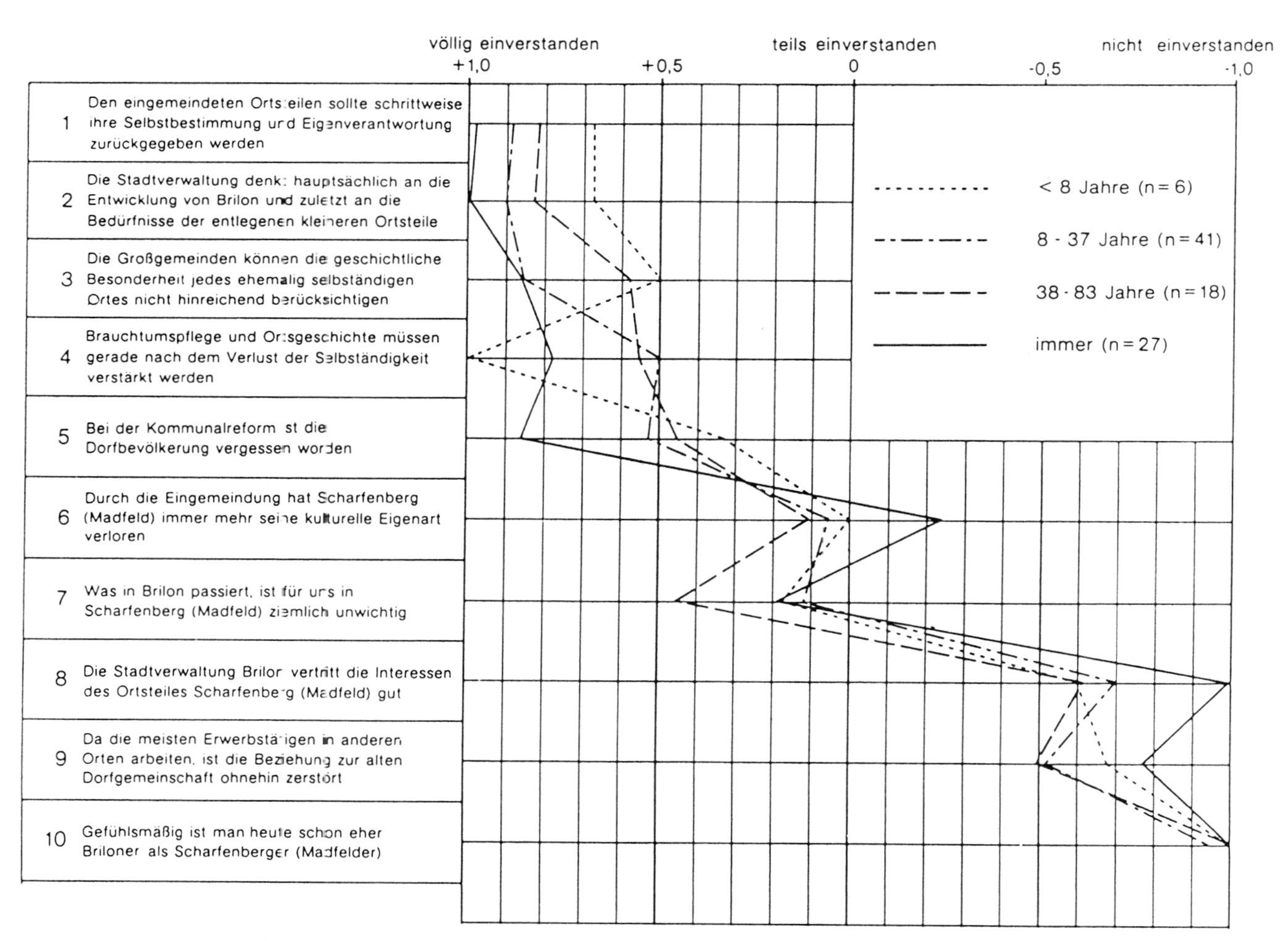

Quelle: Eigene Erhebung 1982

allgemeinen eine größere Streubreite bei den einzelnen Statements, mit Ausnahme von Statement 10.

Bemerkenswert ist bei den ersten drei Statements die recht große Zurückhaltung derjenigen, die erst vor einiger Zeit zugezogen sind, besonders verglichen mit denjenigen, die in Madfeld geboren sind. Beim Statement 4, der Brauchtumspflege, aber erreichen diese Neuzugezogenen den höchsten Wert, ein Zeichen für die Wertschätzung, die ihr zugemessen wird und vielleicht auch für die noch nicht vollzogene Integration dieser Gruppe.

Statement 5 führt bei derselben Gruppe zum erwartungsgemäß niedrigsten Zustimmungswert; diese Bürger kennen den Zustand vor der Eingemeindung nicht, dagegen sind beim Statement 6 die gebürtigen Madfelder diejenigen, die das Postulat des Verlustes der kulturellen Eigenart zumindest teilweise ablehnen.

Das Statement 7 ist gekennzeichnet durch eine sehr einheitliche, leicht positive Einstellung, die nur von der Gruppe der schon lange in Madfeld Wohnenden durchbrochen wird. Bei den folgenden drei Statements sind es wieder die gebürtigen Madfelder, die die extremste Ablehnung vertreten.

Im Ganzen gesehen fallen die Gruppen der neuzugezogenen und der gebürtigen Madfelder am meisten auf, wobei die letzteren ein 'gesichertes Feindbild' gegenüber dem Zentralort besitzen, das wohl schon vor der Neuordnung vorhanden war.

Bei der Analyse der Statements nach Berufsgruppen (Abb. 4) fallen zunächst die recht großen Streuungen und die enormen Sprünge bei einzelnen Kurven auf. Die Interpretation dieser Sprünge ist besonders schwierig und unsicher, besonders, da die absoluten Zahlen hier nicht sehr groß sind. Daher soll hier versucht werden, eine eher zusammenfassende Übersicht zu geben.

Bei Betrachtung des Verlaufs der einzelnen Kurven ergibt sich, daß die Selbständigen und die Arbeiter

Abb. 4: Statement-Beurteilung: Madfeld-Beruf

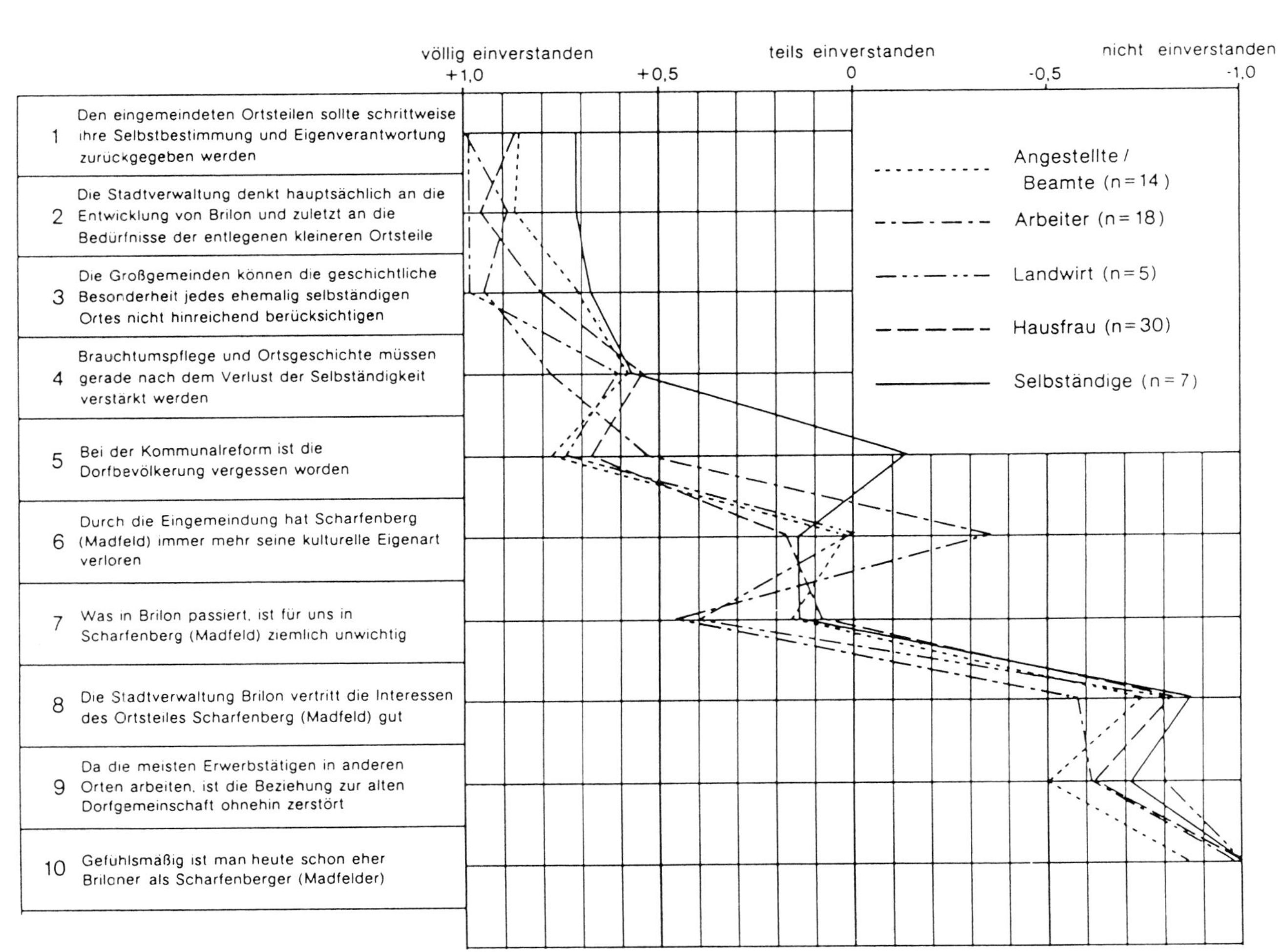

Quelle: Eigene Erhebung 1982

nach ihren Statements Gegenpole darstellen. Wenn auch zum Teil andere Berufsgruppen (die Landwirte bei den ersten drei Statements) die Extreme bilden, so liegen diese beiden doch fast immer am weitesten auseinander. Besonders deutlich wird das bei den Statements 5-7, die insgesamt nur schwache Abweichungen um den Mittelwert ergeben. Bei der Frage (5), ob die Dorfbevölkerung bei der Kommunalreform vergessen worden ist, sind die Selbständigen die einzige Gruppe überhaupt, die dieses Postulat für nicht zutreffend hält, das gleiche gilt für die Arbeiter bei Statement (6), daß durch die Eingemeindung die kulturelle Eigenart verloren gehe.

Interessant sind auch die Differenzen bei Statement 9, wo es scheint, daß diejenigen, die am wenigsten von Pendlerbeziehungen berührt werden, nämlich Landwirte und Selbständige, diese Behauptung in stärkerem Maße ablehnen, als die abhängig Beschäftigten und die Hausfrauen, die ja vom Pendeln viel stärker betroffen sind.

Als letztes soll übergreifend über beide Orte noch der Einfluß des Pendelns auf die Stellungnahmen beleuchtet werden.

Für Madfeld gilt, daß die Unterschiede zwischen den am Ort tätigen und den in Brilon beschäftigten Arbeitnehmern im allgemeinen nicht sehr groß sind. Abweichungen in negativer Hinsicht in nennenswerter Größenordnung ergeben sich vor allem bei den Statements 3, 4 und 6, denen die Auspendler weniger stark zustimmen. Diese Statements sind kulturellgeschichtlich orientiert, ein Bereich, den diese Gruppe offensichtlich niedriger bewertet. Das Gegenteil ist bei Statement 5 der Fall; hier liegt die Zustimmung höher als bei den am Ort Tätigen. Vielleicht kann das Übergewicht des Zentralortes von den Pendlern besser beurteilt werden.

In Scharfenberg weichen die beiden Gruppen stärker voneinander ab. Zwar gilt das für Madfeld festgestellte Bild in seinen groben Zügen auch für Scharfenberg, es existieren aber auch große Unterschiede. So z.B. bei Statement 3, dem die auswärts beschäftigten Scharfenberger viel stärker zustimmen

Abb. 5: Statement-Beurteilung: Scharfenberg-Alter

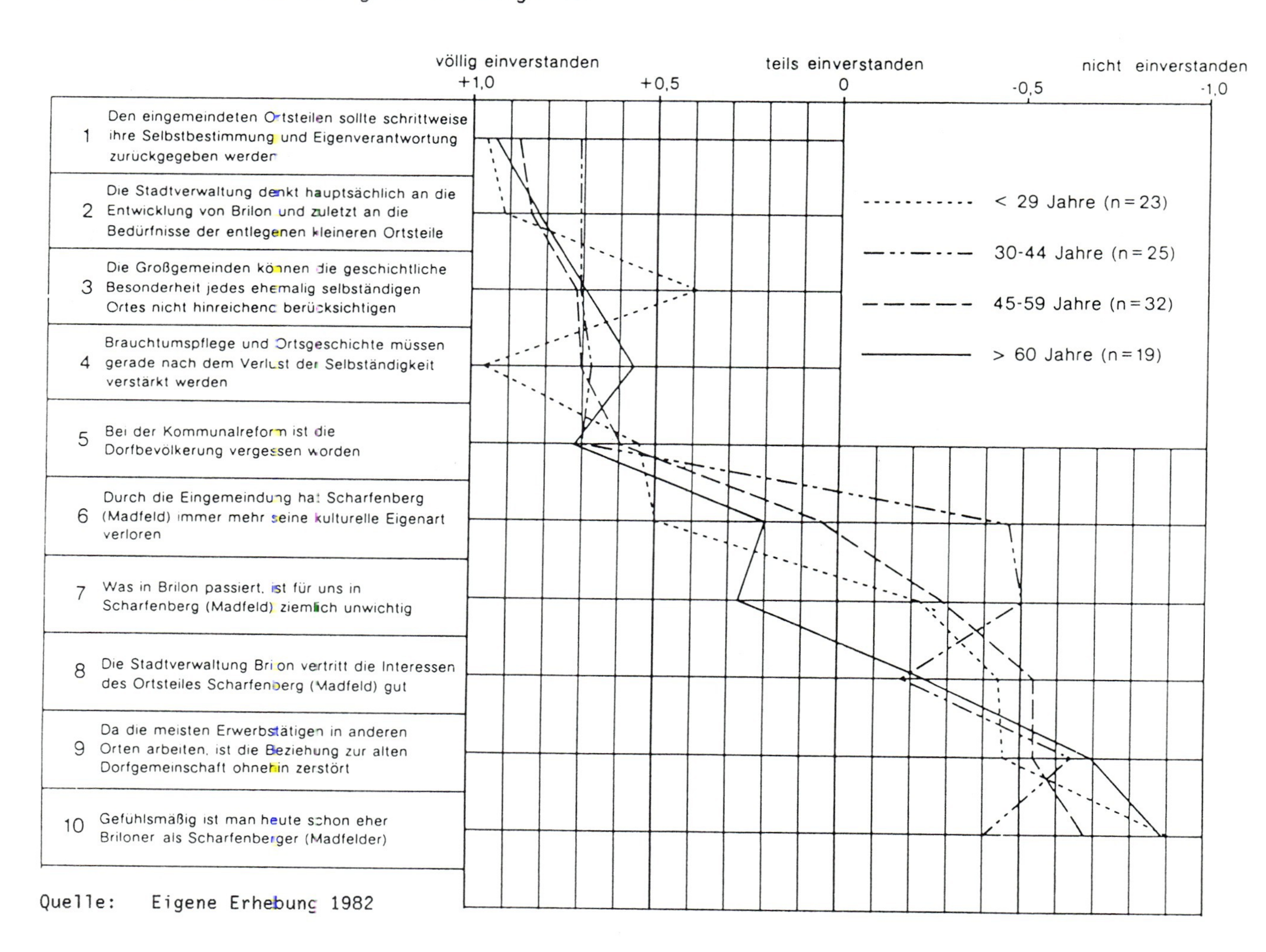

Quelle: Eigene Erhebung 1982

als die am Ort tätigen. Darüber, ob die Ereignisse in Brilon unwichtig sind (Statement 7), herrscht hier eine im Gegensatz zu Madfeld durchaus geteilte Meinung und ebenso sieht es bei der Interessenvertretung durch Brilon (Statement 8) aus.

Beim Vergleich der beiden Pendlergruppen ergibt sich eine eigentlich recht große Übereinstimmung, die nur bei den Statements, in denen Brilon selbst direkt angesprochen wird, endet. Dieses sind die Statements 2, 7, 8 und 10, unter denen besonders bei der Frage nach der Bedeutung der Ereignisse in Brilon die Geschlossenheit der Madfelder, seien sie nun Pendler oder nicht, noch einmal besonders deutlich wird.

Die differenzierte Analyse der in *Scharfenberg* erhobenen Daten soll schwerpunktartig auf diejenigen Meinungsbilder konzentriert werden, die gruppenspezifische Aussagen ermöglichen.

Hinsichtlich der Altersgliederung (Abb. 5) lassen sich folgende Feststellungen treffen:

- Markante altersgruppenspezifische Beurteilungsunterschiede in Scharfenberg finden keine Entsprechungen mit Madfeld. So erweist sich die Gruppe von 30-44 Jahre in Scharfenberg als recht ausgewogen in ihrem Urteil und als sehr viel eher bereit, die entstandenen kommunalpolitischen Realitäten anzuerkennen, während die gleiche Gruppe in Madfeld sehr klar die vermeintlichen Nachteile des Verlustes der Selbständigkeit beklagten. Das ist besonders im Statement (7) nachvollziehbar, wo zwei Drittel der Scharfenberger die Aussage, daß das, was in Brilon passiert, für die Scharfenberger ziemlich unwichtig sei, ablehnt. Umgekehrt sind in Madfeld die Hälfte aller 30-44jährigen völlig mit dieser Behauptung einverstanden.

- Die jüngste (< 29 J.) und älteste (> 60 J.) Gruppe nehmen überwiegend extreme Meinungspositionen ein. Dabei erstaunt es, daß es gerade die jungen Leute sind, die durch die Eingemeindung die kulturelle Identität Scharfenbergs gefährdet sehen.

Abb. 6: Statement-Beurteilung: Scharfenberg-Wohndauer

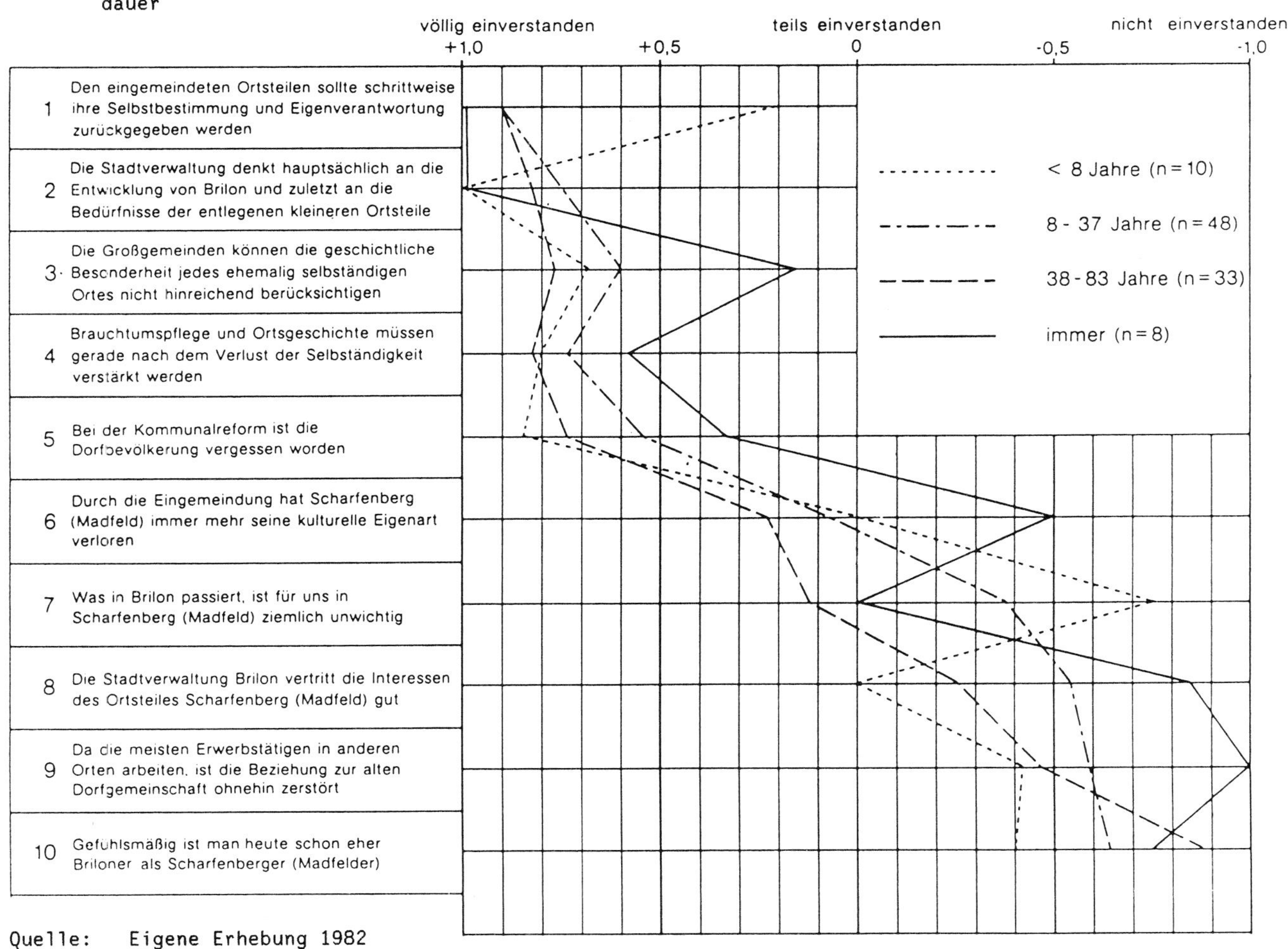

Quelle: Eigene Erhebung 1982

Die Differenzierung nach der Wohndauer (Abb. 6) ergibt auch für Scharfenberg eine sehr starke Streuungsbreite zwischen den Teilgruppen, wobei insbesondere zwischen den erst verhältnismäßig kurz angesiedelten und den schon lange dort wohnenden Personen, bzw. denjenigen, die in Scharfenberg geboren sind, scharfe Kontraste auftreten. Verständlicherweise nehmen die seit 1975 Zugezogenen gegenüber der Eingemeindung eine positivere Einstellung ein: Sie fordern sehr viel zurückhaltender die Rückgabe der Selbstbestimmung (1), sie sehen die Interessen Scharfenbergs durch Brilon zur Hälfte gut vertreten (8), sie halten die Ereignisse in Brilon auch für Scharfenberg für wichtig und gefühlsmäßig sind sie nicht so extrem von Brilon abgewandt (10). Andererseits sieht diese Gruppe besonders kritisch die mehr allgemeinen Folgen der Kommunalreform: Sie ist geschlossen der Auffassung, daß die Stadtverwaltung zuerst an den Zentralort denkt (2) und glaubt auch am eindeutigsten, daß die Dorfbevölkerung bei der Kommunalreform vergessen worden ist (5).

Die Gruppe der "Schon immer" in Scharfenberg Wohnenden vertritt zum Teil recht auffällige Positionen, die dadurch gekennzeichnet sind, daß sie die Befürchtungen des Verlustes der kulturellen Eigenart weit unterdurchschnittlich übernehmen (vgl. Statements 3, 6, 9). Durchweg ausgewogen ist dagegen das gesamte Meinungsspektrum der von 1945 bis 1974 in Scharfenberg seßhaft Gewordenen.

Bei der berufsspezifischen Betrachtung (Abb. 7) ergibt sich für Scharfenberg ein uneinheitliches Bild, das vermutlich durch die Erfassung von teilweise sehr kleinen Gruppen in der Stichprobe beeinflußt ist.

Die kleine Gruppe der Landwirte (n = 4) vertritt meist extreme Auffassungen, die insgesamt als traditionsbestimmt zu bezeichnen sind. Die wenigen Vertreter der Selbständigen (n = 7) tendieren ebenfalls zu stark abweichenden Meinungsäußerungen, die im Grundsatz eine deutlich negative Einstellung und Zurückhaltung der Neugliederung gegenüber beinhal-

Abb. 7: Statement-Beurteilung: Scharfenberg-Beruf

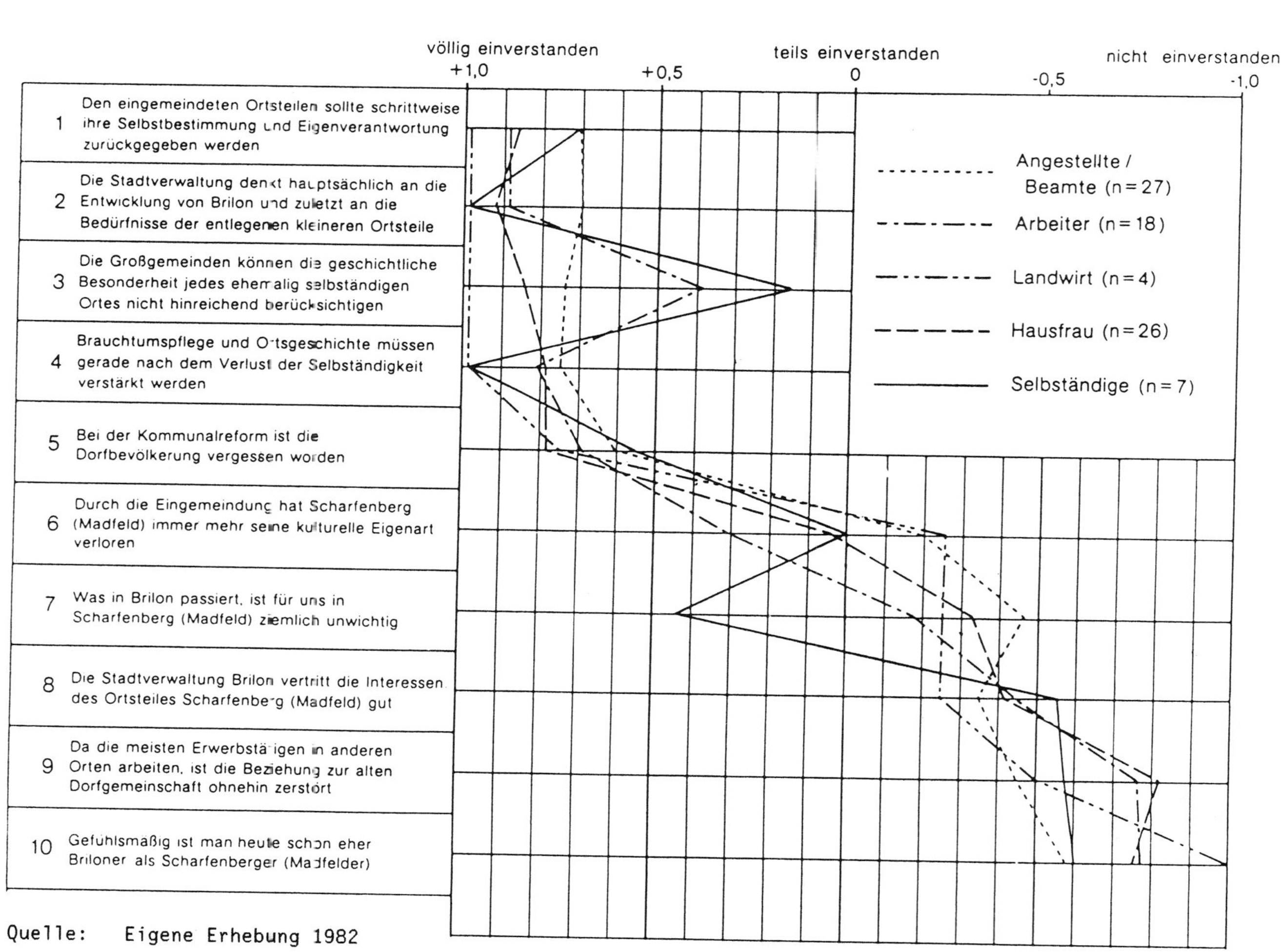

Quelle: Eigene Erhebung 1982

Geographisches Institut der Universität Kiel

ten. Während die Arbeiter die den Mittelwerten am stärksten angenäherten Positionen einnehmen, läßt die Gruppe der Beamten und Angestellten am ehesten eine Bereitschaft erkennen, sich mit den veränderten Verwaltungsstrukturen abzufinden: Sie unterstützt mehrheitlich nicht die Ansicht, daß die Eingemeindung die kulturelle Eigenart verlieren lasse (6), nur 14,3% der Beamten/Angestellten erachten die Ereignisse im Zentralort Brilon für ziemlich unwichtig (7) und knapp ein Fünftel von ihnen unterstützt das Statement "gefühlsmäßig ist man heute schon Briloner" (10).

Die hier analysierten Einstellungen der Bürger von Ortsteilen der Stadt Brilon zu Fragen der Eingemeindung weisen zweifellos spezifische Merkmale auf, die letztlich nur aus der besonderen, historisch gewachsenen Situation zu erklären sind. Es wäre aber falsch, daraus zu folgern, daß dieser Sonderfall mithin kein allgemeines Interesse beanspruchen könnte.

Die Diskussion des Beispiels Brilon in den einschlägigen Medien hat eine erstaunliche Resonanz gehabt, die den Schluß nahelegt, daß bei aller Verschiedenartigkeit der Einzelfälle stets die immer gleichartige Grundstruktur durchscheint: Bei allem Verständnis der Bürger eingemeindeter Ortsteile für eine effektive Administration und für die Notwendigkeit einer überörtlichen Infrastrukturplanung bleibt das deutliche Unbehagen, daß die politischen Instanzen die Entscheidungskomponenten zu rigoros aus der lokalen Ebene abgezogen haben, und daß damit zugleich die Eigenverantwortlichkeit der Bewohner in den historisch gewachsenen, entselbständigten Orten verloren zu gehen droht.

Anschrift der Verfasser:

Prof. Dr. Peter Weber
Westfälische Wilhelms-Universität
Institut für Geographie
Robert-Koch-Straße 26
D - 4400 Münster

Diplom-Geograph Rainer Wilking
Sternstraße 45
D - 4400 Münster

Aus:

Ekkehart Köhler und Norbert Wein (Hrsg.):

NATUR- UND KULTURRÄUME.
Ludwig Hempel zum 65. Geburtstag.

Paderborn: Ferdinand Schöningh 1987.
= Münstersche Geographische Arbeiten 27.

Geographisches Institut
der Universität Kiel
Neue Universität

Bernhard Butzin

Strukturwandel im Ruhrgebiet?

Zum Entstehungs- und Wirkungszusammenhang der Krise

Im ersten Vierteljahr 1987 wird deutlich, daß die Dauerkrise des Ruhrgebietes vor einem neuen Schub steht: Bis 1990 werden im Stahlsektor bei Hoesch 4.000, bei Thyssen 7.000, bei Krupp 5.500 Arbeitsplätze verloren gehen. Der Niedergang ganzer Stahlstandorte wie Hattingen und Oberhausen scheint nur noch eine Frage der Zeit. Die Ruhrkohle AG kündigt einschneidenden Personalabbau im Verwaltungsbereich an, in den Opelwerken in Bochum werden von Auslagerungen ganzer Produktionsbereiche (z.B. Polsternäherei nach Ägypten, Lagerhaltung) 800-1.000 Arbeitsplätze betroffen sein.

Nach Absatzverlusten durch die Stahlkrise steht nun auch der "Kohlepfennig" - Eckpfeiler der Absatzsicherung der Steinkohle an die Kraftwerke - zur Disposition.

Duisburg, Oberhausen, Gelsenkirchen, Bottrop und Castrop-Rauxel stehen am Rande des Bankrotts. Eine Möglichkeit, die hochverschuldeten Haushalte aus eigener Kraft zu sanieren, besteht nicht mehr. Das Land wird mit einer "Sonderhilfe" eingreifen müssen, die für die betroffenen Städte empfindliche Eingriffe in die kommunale Selbstverwaltung mit sich bringt.

Zum Winterausgang 1986/87 nähern sich die Arbeitslosenquoten in Castrop-Rauxel und Herne der 20 %-Marke. In Bochum sind die Sozialhilfeleistungen allein von 1983 bis 1987 von 25 Mio. DM auf ca. 100 Mio. DM angewachsen, die Grenze der Belastbarkeit ist in vielen Revierstädten erreicht.

Während eine großangelegte Imagekampagne im Ruhrgebiet Kühltürme durch Kühe und Kultur ersetzt und damit durchaus angemessen - wenngleich ungewollt - eine gewisse Provinzialität reklamiert, geht in Münster unter Lehrern die Furcht um, wegen akutem Lehrermangel in die Emscherstädte versetzt zu werden.

Selbst politischer und unternehmerischer Zweckoptimismus ist im Ruhrgebiet versickert, der sich noch Anfang der 80er Jahre um die Formel einer lediglich vorübergehenden, konjunkturellen Krise eines prinzipiell zukunftssicheren Montankomplexes formiert hatte (s.u.).

Die Frage drängt sich auf, ob die Dauerkrise im Ruhrgebiet tatsächlich als Problem eines Übergangs von "alten" zu "neuen" Strukturen und somit als "Struktur*wandel*" angemessen zu begreifen ist.

1. Die Suche nach den Ursachen

Firmensprecher und unternehmensnahe Verbände, so etwa manche Industrie- und Handelskammern, sehen die Ursachen in mangelnden Rahmenbedingungen des Ruhrgebiets: Man weist auf zu wenig geeignete Gewerbeflächen, Behinderungen durch Abstandserlaß und andere Umweltschutzauflagen, auf zu geringe Qualifikation und Motivation der Arbeitskräfte bei hohen Lohnkosten hin. Eine Teilverantwortung für die Stahlkrise wird der Regierung zugerechnet, wo man sich völlig unzureichend den Brüsseler EG-Strategien untergeordnet und Wettbewerbsverzerrungen zugelassen habe, die 1980-1985 absprachewidrig durch staatliche Subventionen entstanden sind: So sind im Vergleich zur BR Deutschland in Belgien und Großbritannien deutlich mehr, in Italien weit über das Doppelte und in Frankreich sogar das Dreifache an Zuschüssen in die Stahlindustrie geflossen, wodurch vor allem den modernen und kostengünstiger produzierenden Anlagen des Ruhrgebietes erhebliche Absatzeinbußen entstanden.

Der Ruf nach dem Staat wird - unterstützt von den Kommunen und Wirtschaftsförderungsämtern - auch in der Lockerung der Abstandsbestimmungen laut oder im Streit um Indikatoren und Berechnungsgrundlagen, die eine Aufnahme in die Förderregionen der Gemeinschaftsaufgabe zur Verbesserung der regionalen Wirtschaftsstruktur ermöglichen sollen.

Eine den Wirtschaftsverbänden entgegengesetzte Argumentationsrichtung wird u.a. vom Landeswirtschaftsministerium vertreten. Hier kommen mehrere Gutachten zu dem Ergebnis, daß nicht infrastrukturelle, ruhrgebietsspezifische Bedingungen den Strukturwandel des Reviers belasten. Vielmehr seien es die unternehmerischen Handlungsstrategien, die eine rechtzeitige Anpassung der Produkt- und Produktionsstruktur an geänderte Rahmenbedingungen verpaßt hätten (SCHAEFER 1983). Dementsprechend ergeht der Ruf vor allem an die Großunternehmen der dominierenden Eisen-, Stahl-, Maschinen- und Anlagenbaubranchen, mehr Risiko- und Innovationsfreudigkeit, mehr marktwirtschaftliches statt subventionsorientiertes Denken zu zeigen.

Eine derartige Kontroverse zwischen ruhrgebietsspezifischen, strukturpolitisch zu lösenden Engpässen einerseits und mangelnder unternehmerischer Innovationsbereitschaft andererseits, ist zumindestens teilweise verfehlt. Sie unterliegt einer doppelten Verkürzung, wenn sie die zu lösenden "Engpässe" auf den technisch-ökonomischen Bereich und auf aktuelle Rahmenbedingungen oder Innovationsstrategien beschränkt.

Solche auf regionsspezifische Engpässe orientierte Regionalpolitik verkennt die historisch-genetischen Wurzeln des Entstehungszusammenhangs ebenso wie die Komplexität des Wirkungszusammenhangs. So hat sich eine Eigendynamik jenseits der montanstrukturellen Ursachen im außerökonomischen, vor allem sozialen und kommunalen Bereich entwickelt, die ihrerseits die Erfolgsvoraussetzungen zur ökonomischen und infrastrukturellen Engpaßpolitik entzieht. Selbst der umfassendere Entwurf einer neuen, engpaßorientierten Regionalpolitik, wie ihn ECKEY (1985) für das Ruhrgebiet diskutiert, bleibt diesen Schwächen verhaftet.

Ähnlich unbefriedigend sind Lösungsansätze der Landesregierung NRW, die 1979 ganz im (zweckoptimistischen) Glauben an eine konjunkturelle Krisenthese formuliert wurden: "Es gibt ... keinen Zweifel, daß die besondere Monostruktur des Ruhrgebiets auch besondere staatliche Maßnahmen erforderlich macht. Diese Monostruktur Kohle und Stahl ist nicht nur heute, sondern auch morgen nicht abzuschaffen. Und was wir tun können, um diese Arbeitslosigkeit zu mildern, ist ... daß wir an den Rändern dieser Monostruktur eine Auflockerung vornehmen, die im Falle von Branchenkrisen wie ein Schwamm wirkt, und die freigesetzte Arbeitskraft aufnehmen kann" (Landesregierung NW: Politik für das Ruhrgebiet 1979, S. 12). Von der bereits 1967 als verspätet geltenden "Neuindustrialisierung" (s.u.) ist man auch Anfang der 80er Jahre weit entfernt.

Heute kommt es auf die Einsicht an, daß die Ruhrgebietskrise allen einseitig technisch-ökonomischen ansetzenden Lösungen - insbesondere des gebräuchlichen wirtschaftsförderungspolitischen Instrumentariums - entglitten ist. Sie läßt sich weder als (zugegeben tiefer und länger ausgeprägte) Konjunkturkrise noch als ökonomische Struktur- oder Strukturwandlungskrise begreifen. Vielmehr handelt es sich um eine Krise der strukturellen Wandlungs*fähigkeit*, die alle ökonomischen infrastrukturellen, politischen und soziokulturellen Bereiche durchdringt.

Die Grundschwäche solcher engpaßorientierten Krisenstrategien besteht in der Ausblendung des historischen Entstehungszusammenhangs und außerökonomischen, vor allem soziokulturellen und politischen Wirkungszusammenhangs.

2. Entstehung der Krise

Bereits im Abschwung bis zum Zweiten Weltkrieg bereitet sich der Generationswechsel vom ausgereiften stahldominierten Technologiezyklus zu neuen Basistechnologien der Chemie und Elektrotechnik vor, die zu den Wachstumsmotoren der Aufschwungphase bis 1970 werden (BUTZIN 1987).

Sieht man von vereinzelten Innovationen wie der Titanherstellung bei KRUPP ab - sie ermöglichte den Einstieg in das Luft- und Raumfahrt (Airbus-)Geschäft - so ist das Produktinnovationspotential der Stahl-Kohle-Verbundtechnologie nach dem Krieg weitgehend erschöpft. Prozeßtechnologische Neuerungen, d.h. im wesentlichen Rationalisierungsinvestitionen, dominieren. (Beispielhaft mag hierfür das Werk Phönix der Hoesch AG Dortmund stehen, das 1976 durch die Umstellung auf neue Verfahren die Rohstahlkapazität von 280.000 auf 400.000 Jahrestonnen erhöht hat, ohne einen zusätzlichen Arbeitsplatz zu schaffen.) Ende der 60er, Anfang der 70er Jahre wächst der Ruhrstahlumsatz jährlich mit über 10 %, während die Arbeitsplätze um 0,5 % pro Jahr abnehmen (SCHRÖTER/ZIEROLD 1977, S. 9). Noch intensivere Rationalisierungseffekte herrschen im Bergbau.

Die oft gestellte Frage, wie und warum es zu der montanindustriellen Schwäche kam und welches die Instrumente zur sektorspezifischen Gesundung seien, erscheint vor diesem Hintergrund müßig: Die Branche unterliegt - zunächst in ihrer Arbeitsmarktbedeutung, später gesamtwirtschaftlich - einem regelhaften Alterungs- und Zerfallsprozeß, dem sich entgegenzustemmen nicht Probleme löst, sondern tradiert.

Die entscheidende Frage ist also, warum es nicht rechtzeitig und das heißt: unmittelbar nach dem Krieg zu einer Ergänzung der erschöpften, tendenziell schrumpfenden Montanbranchen um moderne Wachstumsindustrien kommen konnte.

Nach dem Kriegsende setzte der Wiederaufbau der deutschen Wirtschaft bewußt im Ruhrgebiet an. Kohlenbergbau, Kraftwerke und die Eisen-/Stahlindustrie genossen absolute Priorität. Am Ende der Wiederaufbauperiode war eine kapazitativ und technisch modernisierte, aber strukturell der Vorkriegszeit identische Wirtschaftsstruktur wiederhergestellt, die sich schon vor dem Krieg als wachstumsschwach erwiesen hatte. Erhaltung und Schutz dieses Branchenkomplexes standen von nun an im Vordergrund fast aller regional- und strukturpolitischen Bemühungen.

Über die branchenstrukturelle Schwäche besteht bereits für die 50er Jahre kein Zweifel. BAUMGART stellt fest, daß schon in der Aufbauphase die industrielle Entwicklung Nordrhein-Westfalens "von der regionalen Industriestruktur und ihrer Veränderung - wie in keinem anderen Bundesland -" belastet wurde. Sowohl nach Beschäftigung als auch nach Bruttoinlandsprodukt gemessen bleibt die Entwicklung weit hinter dem Bundesdurchschnitt zurück. Soweit sich im Ruhrgebiet in bestimmten Branchen überdurchschnittliche Gewinne eingestellt hatten, betrafen sie allgemein wachstumsschwache Branchen, während relative Verluste in fast allen Wachstumsindustrien eintraten (BAUMGART 1965, S. 38 ff).

Auf die Frage nach den Hintergründen mag exemplarisch die Antwort von UMLAUF - dem Verbandsdirektor des damaligen "Siedlungsverband Ruhr" (SVR) - von 1951 stehen: "Es wäre daher vom Standpunkt der Landesplanung nicht zweckmäßig, diese gewachsene Arbeitsteilung (zwischen dem Ruhrgebiet und anderen Regionen ist gemeint, d.V.) zu stören und in das Ruhrgebiet, das bereits mit Bergbau und Industrie überfüllt ist, die auf diesen Raum zwangsläufig angewiesen sind, auch noch Verbrauchsgüterindustrie und Betriebe der feineren Verarbeitung hineinzuziehen..." (UMLAUF 1951, zit. nach ROMMELSPACHER 1982, S. 23).

Das erhebliche Umsiedlungspotential ehemals in Ost- und Mitteldeutschland, z.T. auch in Berlin ansässiger Unternehmen, - nicht zuletzt Siemens - wurde fast vollständig am Ruhrgebiet vorbei in die schwächer industrialisierten südlichen Bundesländer gelenkt. Sie entfalteten hier ihre Entwicklungsimpulse und schufen die Basis eines diversifizierten Spektrums an zukunftsträchtigen Wachstumsbranchen, deren volle Wirksamkeit seit Mitte der 70er Jahr in der deutlichen Nord-Süd-Verlagerung der wirtschaftlichen Leistungskraft und Bevölkerung zum Ausdruck kommt.

Historisch gesehen ist die Strukturschwäche des Ruhrgebiets das "Resultat einer Wirtschaftspolitik, die um des Wiederaufbaus der Wirtschaft des gesamten Bundesgebiets willen ... negative Wirkungen für Nordrhein-Westfalen in Kauf nahm" (ABELSHAUSER 1983, S. 10) und schließlich eine industrielle Neuorientierung verhinderte.

Die Chancen zum Strukturwandel, die im übrigen Bundesgebiet das sog. "Wirtschaftswunder" hervorriefen, hatte das Ruhrgebiet zu gewähren, konnte und wollte sie selbst aber nicht nutzen.

Es fehlt heute nicht nur eine ganze Technologiegeneration der Elektroindustrie, Chemie-Fasern, des Automobilbaus (verspätet: Opel in Bochum), sondern auch eine "Gründergeneration" von stabilen Klein- und Mittelbetrieben, die nicht über Vorleistungs- und Abnehmerbeziehungen dem Montankomplex und seinem Niedergang verbunden wären.

Die Zeit der 60er und 70er Jahre zeichnete sich durch die Intensivierung einer ruhrgebietsspezifischen Interessenskoalition aus Unternehmern, Politikern und Arbeitnehmern aus, wie der Innovationsforscher STAUDT belegt: Sowohl Aufsichtsräte als auch Politiker standen und stehen unter hohem kurzfristigen Erfolgsdruck. Die für den Strukturwandel erforderlichen einschneidenen und langfristigen Konzepte waren und sind weder unternehmensintern noch politisch, noch gewerkschaftlich durchsetzbar. Mehr und mehr richteten sich deren gemeinsame Handlungsstrategien auf "Wiederbelebungsversuche vergangener Erfolge" und auf eine subventionswirtschaftliche Verwaltung der Krise. In der Wirtschaftspolitik des Ruhrgebiets entwickelte sich der Stellenwert der Alttechnologien geradezu umgekehrt zu seiner wirtschaftlichen Bedeutung (STAUDT 1981, S. 99).

Dieses Lehrstück zur Geographie raumwirksamen Staats- und Unternehmerhandelns über die Stationen der Scheinblüte im Koreaboom, dem allmählichen Zerfall des Stahl-Kohle-Verbundes zur Kohlesubventionspolitik und - nach deren Scheitern - zu den Schachtstillegungsprämien, schließlich von der Kohlevorrangpolitik bis zur These der Lebensunfähigkeit von Kohle und Stahl (Bundeswirtschaftsminister Bangemann am 23.03.1987) zu verfolgen, ist hier nicht möglich (vgl. ROMMELSPACHER 1982).

Einen Neubeginn schien das Entwicklungsprogramm Ruhr 1967 (EPR) zu setzen. Unterstützt vom Strukturplan zur "Neuindustrialisierung der Steinkohlenreviere" von Bundeswirtschaftsminister Karl Schiller, strebte das EPR die lange überfällige Modernisierung der Infrastruktur an, die bis dahin völlig auf die Belange der Montanindustrie abgestimmt war: Sieht man von der Bergbauschule in Bochum ab, fehlten Hochschulen ebenso wie leistungsfähige Schnellstraßen- und Schnellbahnsysteme. Entsprechende Maßnahmen sollten im Verein mit dem Neuindustrialisierungsprogramm die seit 1957 andauernde Kohlenkrise überwinden helfen.

Trotz aller Erfolge des EPR erfüllte sich gerade die Hoffnung auf eine industrielle Neuorientierung nicht, denn es standen außerhalb des Zechengrundbesitzes kaum Industrieflächen zur Verfügung. Die Bildung der Ruhrkohle AG (RAG) 1968 besiegelte vielmehr die sog. "Bodensperre", die Karl Schiller noch 1967 "durch Gesetz brechen sollte". Sie entzog - so ROMMELSPACER (1982, S. 28) - dem EPR hinsichtlich der Neuindustrialisierung im wörtlichen Sinn den Boden: Die rentablen Teile des Zechenbesitzes, vor allem der riesige Grundbesitz und die Wohnungsbaugesellschaften, blieben in der Hand der einzelnen Unternehmen. Nur die verlustbringenden Betriebsteile - vor allem Zechen - wurden in die RAG eingebracht (SCHRÖTER/ZIEROLD 1977, S. 10).

Ansiedlungsversuche potentieller Konkurrenten auf dem Arbeitsmarkt, von Konzernen wie Schering, VW und Ford, scheiterten am Widerstand der Altgesellschaften, die Flächen wurden nicht bereitgestellt. Um- und ansiedlungswillige Klein- und Mittelbetriebe wurden von dem hohen Lohnniveau in Stahl- und Bergbau abgeschreckt. Nach ROMMELSPACHER (1982, S. 29) konnte das einzig gelungene Projekt im Zuge der "Neuindustrialisierung", die Opelwerke in Bochum 1966, nur realisiert werden, nachdem die ehemaligen Zechen "Dannenbaum" und "Bruchstraße" die 200 ha-Fläche für geplantes öffentliches Grün zum Erwerb freigegeben hatten.

Trotz einer vergleichsweise erfolgreichen, letztlich aber volumenmäßig bescheidenen Gewerbeansiedlung gelang in Bochum erst fast 20 Jahre später ein nächster bedeutender Schritt in der Bewältigung des Flächenengpasses. Die KRUPP Stahl AG erklärte sich nach langjährigem Zögern 1984 zum Verkauf eines 30 Mio. DM-Flächenpakets an den eigens zum Bodenerwerb gegründeten "Grundstücksfonds Ruhr" bereit.

Zwanzig Jahre zu spät, erst in den 80er Jahren, scheint mit diesem Instrument eine notwendige Voraussetzung für die Lockerung der Bodensperre gegeben und damit für die anspruchsvolle Programmatik des "Aktionsprogramm Ruhr" (APR) von 1979, das u.a. auch auf Technologieförderung und Stützung der Klein- und Mittelunternehmen gerichtet ist. So unverzichtbar eine Behebung derartiger Engpaßfaktoren ist, eine so orientierte Regionalpolitik reicht zur Wiederbelebung des Ruhrgebiets bei weitem nicht mehr aus. So stellt 1983 der Wirtschaftsminister Jochimsen - umrahmt von Positivurteilen, aber im Kern unmißverständlich - fest, daß "ohne jeden Zweifel" an dem Argument etwas dran ist, das da lautet: "Das Revier ist ein sterbender Riese... Einfallsreichtum und Elan sind längst ausgewandert. Versorgungsmentalität und Anspruchsdenken dominieren. Wenn das so weitergeht, dann droht das Revier zu einem Industriemuseum in der Landschaft zu werden" (KVR 1983, S. 16).

3. Krisensymptom Bevölkerungsentwicklung

Als ein erstes Krisensymptom ist die seit 1965 von gut 5,7 Mio. E auf knapp 5,2 Mio. E (1985) abnehmende Bevölkerung unübersehbar. Die Schwundraten nehmen Anfang der 80er Jahre (konjunkturbedingt) zu

Abb.1

Bevölkerung im Kommunalverband Ruhrgebiet seit 1950

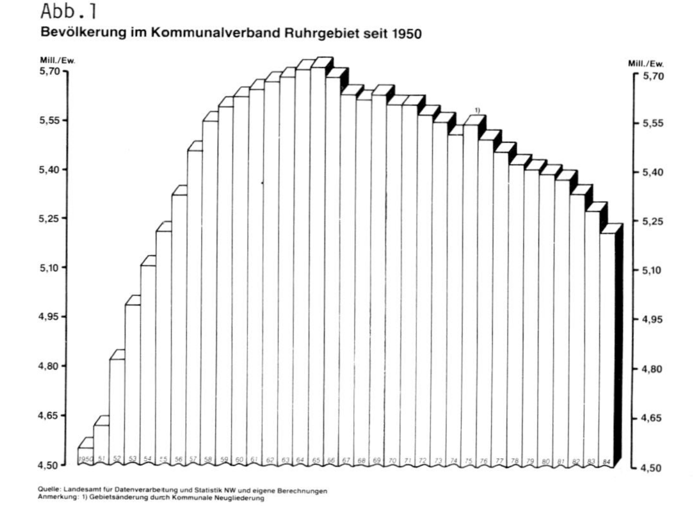

Quelle: Landesamt für Datenverarbeitung und Statistik NW und eigene Berechnungen
Anmerkung: 1) Gebietsänderung durch Kommunale Neugliederung

Bevölkerungsentwicklung im Kommunalverband Ruhrgebiet seit 1950

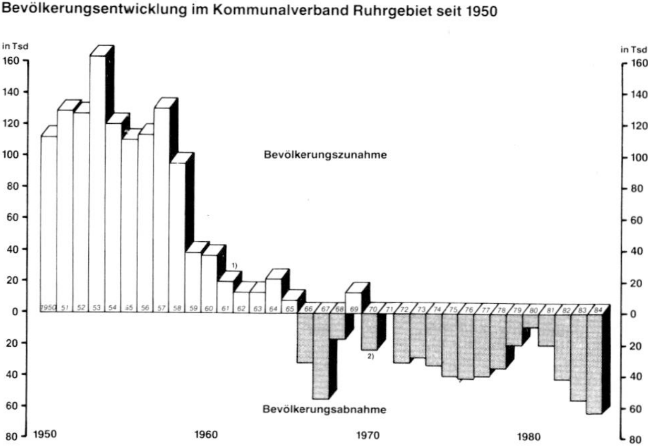

Quelle: Landesamt für Datenverarbeitung und Statistik NW und eigene Berechnungen
Anmerkung: 1) neue Basis der amtlichen Fortschreibung VZ 61
2) neue Basis der amtlichen Fortschreibung VZ 70

Abb. 2 : Bevölkerungswachstum im Ruhrgebiet (KVR) 1961 - 1984 (%)

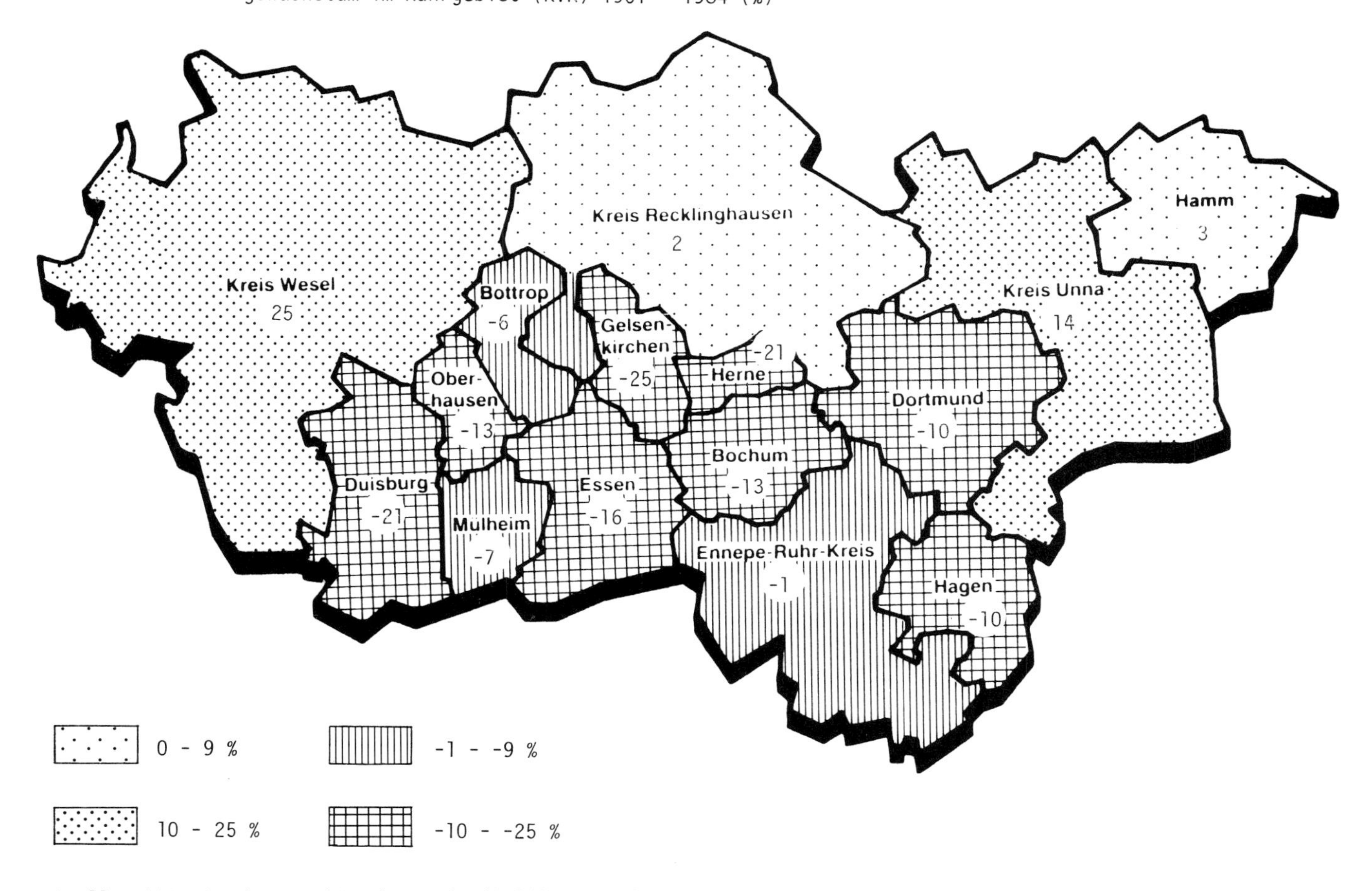

Quelle: KVR, Städte- und Kreisstatistik 1985, S. 31

(Abb. 1). Fast 3/4 der Abnahme entstehen durch Abwanderungsüberschüsse, 1/4 gehen auf das Konto negativer Geburtensalden, eine Folge der zunehmenden Überalterung durch selektive Abwanderung der jüngeren Erwerbsbevölkerung.

Für diese Verluste sind erwartungsgemäß die Kernstädte der Hellweg- und Emscherzone verantwortlich, die zwischen 1961 und 1985 durchschnittlich um 15,5% abnahmen, während die Ballungsrandzonen einen 9,1%igen Gewinn verzeichneten. Gelsenkirchen (- 26 %), Herne (- 22 %) und Duisburg (- 22 %) nehmen Spitzenpositionen ein, Essen folgt (- 17 %). Die KVR-"Außenposten" Kreis Wesel und Kreis Unna sind mit 26 % und 15 % die Hauptgewinner (Abb. 2). Die kernnäheren Kreise Recklinghausen und Ennepe-Ruhr wurden bereits in den 60er Jahren vom "urban spillover" der Kernstädte erfaßt. Sie nahmen in den 70er Jahren bereits wieder ab, während die beiden kernfernen Kreise nun erst ihren Hauptwachstumsschub erfuhren. Nach 1981 kommt auch hier der Zuwachs zum Erliegen.

An den Rekordwanderungsverlusten des gesamten KVR von -37.500 E (1983) und -47.400 E (1984) sind erstmalig auch die Kreise der Ballungsrandzone mit -4.800 (1983) und -8.100 (1984) beteiligt.

Überraschenderweise nimmt die Mobilitätsbereitschaft im Ruhrgebiet - gemessen am Gesamtumzugsaufkommen, also an der Summe von Zu- und Abwanderungen - zwischen 1981 und 1985 um über 20 % ab, obwohl sich in diesem Zeitraum die Arbeitslosenzahlen des KVR von gut 100.000 (Sept. 1980) auf etwa 270.000 (Sept. 1985) fast verdreifacht haben (KVR: s. Städte- und Kreisstatistik 1985, S. 189).

Insbesondere sinkt die Fortzugsbereitschaft oder -fähigkeit im Jahrzehnt bis 1985 kontinuierlich und kaum berührt vom konjunkturzyklischen Abwanderungsdruck (Abb. 3).

Die Wanderungsanalyse nach Herkunfts- und Zielgebieten des KVR bestätigt diesen Trend gerade auch für den Kernbereich (Hellwegzone, Städte der Ruhr- und Emscherzone). Dessen Wanderungsverluste nehmen bis 1984 im Vergleich zum Durchschnitt der Jahre 1979/80 in den Nahbereich (überwiegend Ballungsrandzone ohne deren Zentren) um 38 %, in das übrige NW um 30 %, nach Süddeutschland um 34 % und nach

Abb.3: Entwicklung der Umzugsmobilität im KVR 1976 - 1985

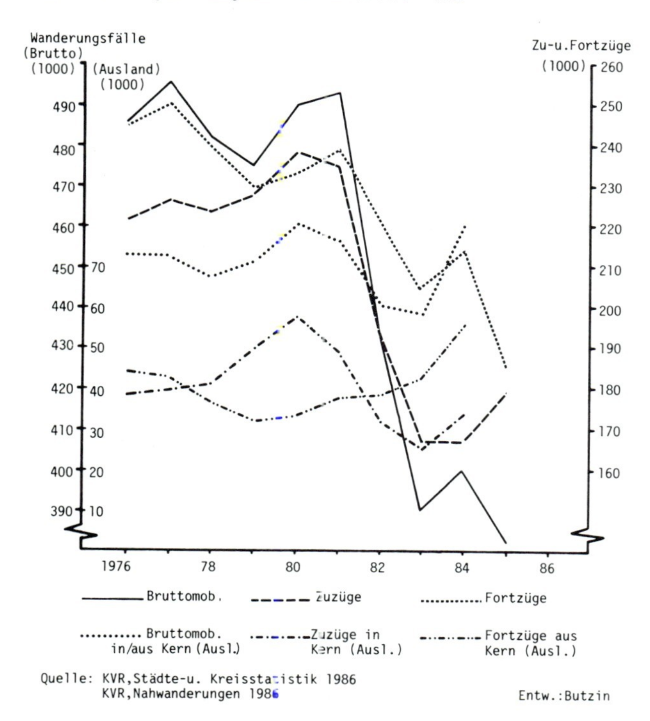

Quelle: KVR,Städte-u. Kreisstatistik 1986
KVR,Nahwanderungen 1986

Entw.:Butzin

Norddeutschland um 29 % ab (KVR: Nahwanderungen 1986, S. 27).

Wenn der kernstädtische, sowohl auf die Fernziele (arbeitsplatzorientiert) als auch wohnwertorientiert auf die Ballungsrandzone gerichtete Abwanderungsdruck abklingt und auch die zwischenstädtischen Umzüge innerhalb des Kernbereichs im letzten Jahrzehnt um etwa 11 % abgenommen haben, liegt eine pessimistische Erklärungsthese nahe: Durch die rapide gestiegene Arbeitslosigkeit und die damit induzierten Einkommens- und Kaufkraftverluste sinkt weniger die Bereitschaft als vielmehr die Möglichkeit einer immer größer werdenden Bevölkerungsgruppe, den Wunsch nach einem Eigenheim oder besserer (Miet-)Wohnqualität im Nahwanderungsbereich zu realisieren (vgl. a.a.O., S. 17). Ein erhöhtes Unzufriedenheits-, u.U. Konfliktpotential wäre die Folge.

Andererseits nehmen die innerstädtischen Umzüge in diesem Zeitraum um 8 %, seit 1981 sogar um 18 % zu (a.a.O., S. 23): Das Bindungspotential der Kernstädte wächst, eine optimistische These bietet sich an: "Weniger wohnungsorientierter Verlust ist erklärbar mit gestiegener Lebensqualität in der Stadt, weniger arbeitsplatzorientierter Verlust ist erklärbar mit (im Vergleich zu den Konkurrenzregionen) abnehmenden Problemen bei der Bewältigung der Strukturumstellung" (a.a.O., S. 33).

Eine Entscheidung darüber, ob die zweifelsfrei höhere Ortsgebundenheit der einheimischen Bevölkerung eher neuen handlungsbeschränkenden Zwängen oder den qualitativ verbesserten Handlungsspielräumen im Ort entspringt, wird späteren mikroanalytischen Studien vorbehalten sein. Zu vermuten ist, daß die erste Annahme mehr für bestimmte Städte der Emscherzone, die zweite eher in der Hellwegzone zutrifft.

Zweifellos sind jedoch die Rekordverluste des Ruhrgebiets in den Jahren 1983/84 ebenso wie hohe Arbeitsplatzeinbußen und steigende Arbeitslosenziffern unübersehbare Krisenzeichen. Wenngleich die konjunkturzyklischen Schwankungen in diesen Jahren besonders belasten und Ausländer an den Wanderungsverlusten mit ca. 40 % beteiligt sind, ist unübersehbar, daß sich die Konjunktureinbrüche jeweils stärker auswirken als die folgenden Erholungsphasen und zu einem mehr oder weniger stufenweisen Krisenausbau führen (vgl. Abb. 4 und 5).

Nach übereinstimmenden Prognosen vom Landesamt für Datenverarbeitung und Statistik (LDS) sowie von der Prognos AG wird der Bevölkerungsschwund in den nächsten 15 Jahren auf hohem Niveau von über 33.000 E pro Jahr anhalten und bei einem Stand von 4,7 Mio. E (Jahr 2000) etwa dem von 1951 entsprechen.

4. Krisensymptom Wirtschaftsentwicklung

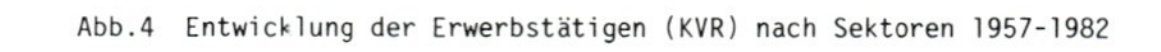

Abb.4 Entwicklung der Erwerbstätigen (KVR) nach Sektoren 1957-1982

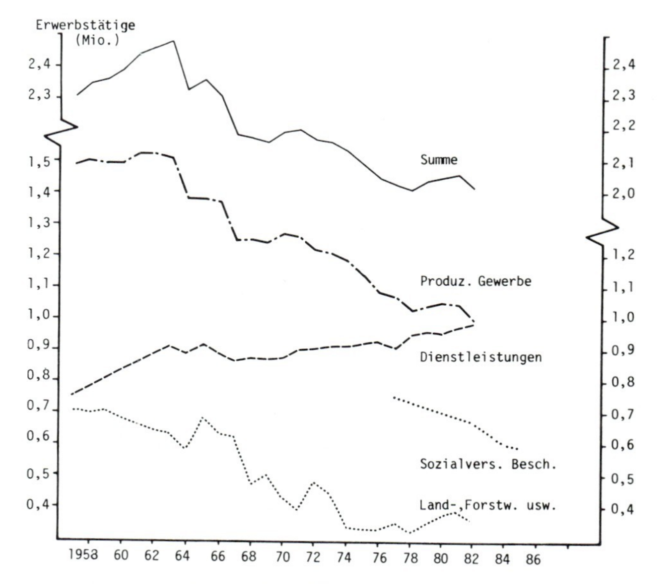

Quelle: Unveröff. Material KVR (NOLL/RECHMANN 1986)

Entw.:Butzin

Zwischen 1963 und 1982 - dem auch heute noch "aktuellsten" Stand des Mikrozensus - nimmt die Zahl der Erwerbstätigen von knapp 2,5 Mio. (Höchststand) auf gut 2 Mio. ab (Abb. 4). Bei sehr schwachem Wachstumstrend der Dienstleistungen und nahezu unbedeutendem primären Sektor ist hierfür fast ausschließlich das produzierende Gewerbe verantwortlich. Daß dieser Trend auch gegenwärtig ungebrochen ist, belegen die in Abbildung 4 ersatzweise aufgeführten Verluste der "sozialversicherungspflichtigen Beschäftigten" im Bergbau und verarbeitenden Gewerbe 1977-1985.

4.1 Prognose bis 2000

Dieser rapide Arbeitsplatzabbau wird sich nach der weitgehend anerkannten Prognose des LDS von 1984 bis zum Jahr 2000 durch geringere - da weitgehend ausgereizte - Rationalisierungsfortschritte auf niedrigerem Niveau fortsetzen und einen Verlust von ca. 230.000 weiteren Arbeitsplätzen mit sich bringen. Unterstellt man allerdings stärkere Rationalisierungs- und Automationsfortschritte als im BRD-Durchschnitt - wofür sich im Ruhrgebiet klare Belege beobachten lassen - so wird die pessimistischere Variante von etwa 400.000 Arbeitsplätzen wahrscheinlich (NOLL/RECHMANN 1986). Diese Entwicklung würde dauerhaft zu deutlich höheren Wanderungsverlusten und/oder Arbeitslosenquoten von weit über 10% führen.

4.2 Entwicklung der Arbeitslosigkeit

Bei aller Vorsicht gegenüber der nur 5-jährigen Trendbeobachtung im Prognosezeitraum sind die Anzeichen für eine ungünstigere Entwicklung offenkundig: Die Arbeitslosenquoten pendeln sich nach 1983 bei schwach steigender Tendenz auf einem Niveau von über 14 % ein (Abb. 5). Die eingangs zitierten Meldungen der führenden Groß- und Altgesellschaften zum geplanten Arbeitsplatzabbau in den Jahren bis 1990, schließlich das Eingeständnis der Experten, daß im Stahlsektor das untere Niveau eines stabilen Beschäftigungssockels durchaus nicht absehbar sei, sprechen für sich.

In der Arbeitsmarktentwicklung des Ruhrgebiets ist ein zweistufiger Abkopplungsprozeß vom Durchschnitt der BR Deutschland zu beobachten, der nach den Ölpreisschocks von 1973 und 1979 zu einem jeweils doppelt so hohen Niveau führt. Während aber im Bundesdurchschnitt in den folgenden Perioden eine gewisse Erholung eintritt, nimmt die Arbeitslosigkeit im KVR zu. Der zweite Abkopplungsschub führt nach einer Differnz von ca. 3 %-Punkten gegenüber dem Bundesdurchschnitt von 1983 bis 1987 auf 5 %-Punkte Unterschied.

Abb.5: Entwicklung der Arbeitslosenquote BRD,KVR, Herne (1973-1987)

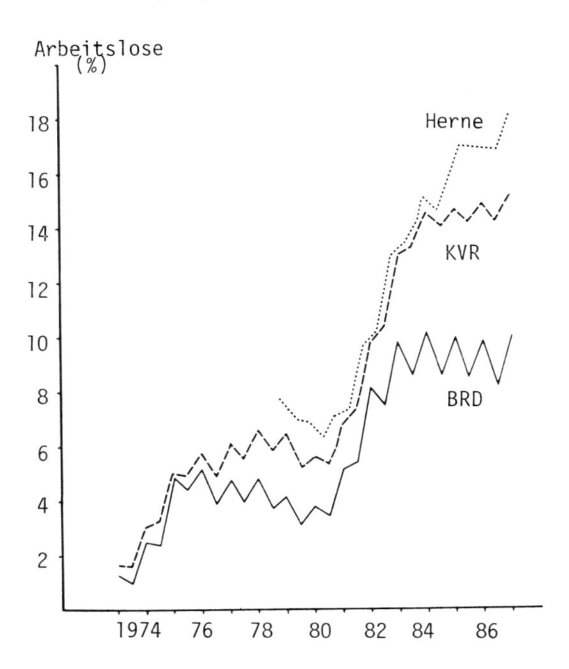

Quelle: KVR,Städte- u. Kreisstatistik, versch. Jg.; unveröff. Material

Als typischer Vertreter der Emscherzone folgt die Arbeitlosigkeit der Stadt Herne dem gleichen Entwicklungsmuster auf nochmals höherem Niveau.

4.3 Entwicklung des Nettoproduktionswerts

Nun ist denkbar, daß der hohe Arbeitsplatzabbau im Ruhrgebiet vorwiegend eine Folge von Rationalisierungen ist, die zur Erhaltung oder Steigerung von Produkivität und Wettbewerbsfähigkeit durchgeführt wurden. Als weiteres Krisensymptom sei daher die Entwicklung des Nettoproduktionswertes im verarbeitenden Gewerbe skizziert: Bereits vor der Stahlkrise im Zeitraum 1971-1976 blieb das Wachstum im Ruhrrevier mit 3,1 % weit hinter dem Bundesgebiet (ohne NW) von 8,1 % zurück. Während im anschließenden Jahrfünft das Ruhrgebiet preisbereinigt eine absolute Abnahme von 1,7 % erfährt, steigt die nationale Wachstumsrate (ohne KVR) weiter auf über 10 % (Tab. 1). Innerhalb von nur 8 Jahren bleibt das Wachstum des Reviers um über 20 Indexpunkte hinter dem Bundesgebiet (= 100) zurück. Ein über schwache zyklische Erholungen hinweg kontinuierlicher Abkopplungsprozeß von der nationalen Wachstumsdynamik ist unübersehbar (SCHAEFER 1984, S. 10). Die Stahlstandorte nehmen hierbei eine führende Position ein (BRONNY 1985a, S. 23).

Tab. 1 Die Entwicklung des Nettoproduktionswerts 1971 bis 1983 im regionalen Vergleich

	KVR	NRW o. KVR	Bundesgebiet o. KVR	Bundesgebiet
		in Mrd. DM		
1971	42,9	112,1	335,8	490,8
1981	43,5	122,1	400,5	566,1
1983	40,4	119,5	392,0	551,9
		Veränderung in %		
1971-76	3,1	3,9	8,1	6,7
1976-81	-1,7	4,9	10,4	8,1
1981-83	-7,1	-2,1	-2,1	-2,5
		Anteil am Bundesgebiet		
1971	8,1	22,8	68,4	100
1983	7,3	21,6	71,0	100

Quelle: SCHAEFER 1983 und 1984

So bleibt schließlich noch das Argument zu prüfen, daß der Wachstumsverfall im produzierenden Sektor nicht überbewertet werden dürfe, da in der Entwicklung zur postindustriellen Gesellschaft eine Entledigung überalteter und belastender Produktionsstätten eher wünschenswert und der Entfaltung der Dienstleistungsgesellschaft förderlich sei.

4.4 Entwicklung der Dienstleistungen

Keiner der Gebietseinheiten im KVR gelingt auch nur annähernd der Ersatz verlorengehender Industrie- und Bergbauarbeitsplätze im Dienstleistungssektor. Auch Essen und Dortmund, die Oberzentren des Ruhrgebiets, müssen starke Arbeitsplatzverluste hinnehmen (vgl. Tab. 3). Zwar weisen sie die wachstumsstärkste - da dienstleistungsorientierte - Branchenzusammensetzung auf, jedoch bleiben deren Zuwachsraten weit hinter den landesüblichen Werten zurück. Gerade den Oberzentren gelingt es etwa im Vergleich zu Mülheim nicht, den sekundärwirtschaftlichen Arbeitsplatzabbau im Dienstleistungssektor aufzufangen. Derartige Anpassungsdefizite nehmen nach 1979 nicht nur in Essen und Dortmund, sondern auch in Bochum, Herne und Duisburg zu. Sie sind im Gegensatz zur positiven Entwicklung in der Randzone, aber auch in Gelsenkirchen und Bottrop, gerade für die Hellwegstädte charakteristisch (BUTZIN 1987).

Mit Ausnahme der zahlenmäßig bedeutungsarmen "Organisationen ohne Erwerbscharakter" bleiben insbesondere die Ruhrgebietsstädte, aber auch der gesamte KVR weit hinter den Landeszuwachsraten außerhalb des Ruhrgebiets zurück (Tab. 2).

Tab. 2: Relative Veränderungen im Dienstleistungssektor o. Handel 1970-1983 (%)

	NW	NW ohne KVR	KVR	Städte	Kreise
Verkehr/ Nachrichten	4,6	5,4	2,8	2,0	6,6
Kredit/ Versich.	34,2	35,1	31,5	23,7	64,6
Sonst. Dienstl.	34,4	37,8	27,1	25,6	31,6
Organis. ohne Erw'char.	109,5	98,3	146,4	132,1	203,3
Sozialvers./ Gebietsk.	48,8	51,8	41,0	36,6	52,8
Gesamtveränderung	33,8	36,5	27,6	24,6	37,3

Quelle: Eigene Berechnungen nach unveröff. Material des KVR

Während einerseits der überproportionale industrielle Arbeitsplatzabbau sowohl in Essen als auch in Dortmund eng mit hohen Verlusten im Handel korrespondiert, hat sich andererseits zwischen beiden Zentren eine gewisse funktionale Arbeitsteilung eingestellt (Tab. 3). Die Rechts- und Wirtschaftsberatung konzentriert sich zwischen 1976-85 mit einem etwa 4-fachen Zuwachs auf Essen und erreicht 1985 fast 7 % aller Beschäftigten. Diese Entwicklungsdynamik überflügelt sogar Köln und Düsseldorf, wenngleich die absoluten Beschäftigungszahlen geringer bleiben.

Dortmund profiliert sich dagegen durch hohe Wachstumsraten im Kredit- und Versicherungswesen vor Essen, ohne im Zuwachs und anteiligen Besatz auch nur annähernd an die führenden Metropolen Köln und Düsseldorf heranzureichen.

4.5 Entwicklung des Forschungs- und Technologiesektors

So bedeutsam die skizzierten Störungen der strukturellen Anpassung auch in kurz- und mittelfristiger Sicht sind, noch bedenklicher für die Zukunft der regionalen Wirtschaftskraft sind hohe Entwicklungsdefizite in den forschungs- und entwicklungsspezi-

Tab. 3: Entwicklung der Dienstleistungen in ausgewählten Oberzentren Nordrhein-Westfalens 1976-1985

(1000 Besch.) (1976-85 in %)		Köln 1976	Köln 1985	Düsseldorf 1976	Düsseldorf 1985	Essen 1976	Essen 1985	Dortmund 1976	Dortmund 1985	NRW 1976	NRW 1985
Summe aller	abs.	443,9	408,7	356,0	330,4	239,8	217,4	232,1	204,7	5587,6	5393,6
Besch. (I, II, III)	%	-7,9		-7,2		-9,3		-11,8		-3,5	
Summe Dienstl.	abs.	183,2	193,1	150,6	158,1	83,1	90,8	74,3	79,3	1652,2	1875,1
(ohne Handel)	%	5,4		5,0		9,3		6,7		13,5	
Kredit/Vers.	abs.	33,7	34,8	30,8	27,7	7,6	8,0	9,3	10,5	181,3	199,6
	%	3,3		-10,1		6,3		12,8		10,1	
Anteil an Stadt bzw. NW		8,5		8,4		3,7		5,1		3,7	
Wiss., Bildg.	abs.	25,0	26,8	14,1	13,0	10,8	12,1	7,9	10,1	183,9	205,5
Kunst, Publ.	%	7,3		-7,8		12,1		26,7		10,0	
Rechts- u.	abs.	6,1	19,9	6,3	20,7	3,7	14,6	2,5	8,0	50,8	167,2
Wirtsch.berat.	%	328		329		395		316		329	
Anteil an Stadt bzw. NW		4,9		6,3		6,7		3,9		3,1	
Gebietskörpersch.	abs.	19,7	18,6	18,7	25,0	7,0	7,3	9,2	8,1	274,3	278,2
	%	-5,6		33,7		4,3		-12,0		1,4	
Handel	abs.	68,5	65,3	69,3	60,9	44,2	38,1	37,9	32,7	788,9	752,5
	%	-4,7		-12,1		-13,8		-13,7		-4,6	

Quelle: Landesamt für Datenverarbeitung und Statistik NRW: Statistische Berichte; versicherungspflichtig beschäftigte Arbeitnehmer in NW 30.06.1976 und 30.06.1985.

fischen Berufsfeldern (FuE) des Ruhrgebiets gegenüber den Landesdurchschnitten (ohne KVR) (vgl. Tab. 4).

Schon von dem krassen Mißverhältnis in der zahlenmäßigen Entwicklung der Auszubildenden, zwischen 1978 und 1983 (0,5 % Zuwachs im Ruhrgebiet gegenüber 12,7 % im übrigen NRW) sind regionsspezifische soziale Probleme zu erwarten. Wenn aber im Ruhrgebiet der Zuwachs der technischen Berufe stagniert, bzw. nur 1/20stel des übrigen Landes ausmacht und hier - wie auch in den weiteren technischen Sonderberufen - die Zahl der Auszubildenen sinkt, so ist absehbar, daß ein wesentliches Element des "endogenen Entwicklungspotentials", nämlich hochqualifiziertes und FuE-bezogenes "Humankapital" aus der Region verdrängt wird: Die Hoch- und Fachschulen des Ruhrgebiets, als Eckpfeiler einer Entwicklung aus eigener Kraft von hochrangiger Bedeutung, sind zum Sprungbrett für die Rheinschiene, für Süd- und Norddeutschland geworden. Weit unterproportionale Wachstumsraten der Ingenieure, Chemiker, Physiker und sonstiger Naturwissenschaftler, aber auch der Sozial- und Erziehungswissenschaften unterstreichen das Problem: Zwar wird seitens der öffentlichen Hand in "Humankapital" - einem der Schlüsselelemente der ökonomischen Zukunftsentwicklung - erheblich investiert, es findet aber regional zuwenig Nachfrage.

Auch hat es den Anschein, als seien die regionalen

Tab. 4: Entwicklung FuE-spezifischer Berufe im Ruhrgebiet (KVR) und Nordrhein-Westfalen 1978-1983

	Beschäft. Summe (1000)	Auszu-bild. (1000)	Techn. Berufe (1000)	Auszu-bild. (1000)	Ingenieure, Chem., Phys., Math. (1000)
KVR 1978	1742,5	122,0	130,0	4,3	33,9
1983	1646,3	122,5	130,7	4,1	35,5
Änderung 78/83 (%)	-5,5%	0,5%	0,24%	-5,3%	4,9%
NW 1978	3754,6	263,6	240,6	9,0	62,9
o.KVR 1983	3730,1	297,0	251,9	9,6	68,6
Änderung 78/83 (%)	-0,7%	12,7%	4,7%	7,2%	9,1%

	Techn. u. Techn. Sonfachl. (1000)	Auszu-bild. (1000)	Sozial-, Erz-, Geistes- u. Nat. wiss. (1000)	Auszu-bild. (1000)
KVR 1978	96,1	4,2	36,4	2,8
1983	95,1	4,0	39,9	3,0
Änderung 78/83 (%)	-1,0%	-5,0%	9,8%	8,9%
NW 1978	177,7	8,8	89,8	6,5
o.KVR 1983	183,0	9,4	100,8	7,6
Änderung 78/83 (%)	3,0%	7,3%	12,3%	18,2%

Quelle: Eigene Berechnungen nach unveröff. Material des KVR

Verwendungsschwerpunkte der Forschungs- und Entwicklungsförderung aus den Mitteln des Bundesministers für Forschung und Technologie im Ruhrgebiet eher auf Krisenbewältigung durch Strukturerhalt als auf Zukunftssicherung gerichtet (vgl. Tab. 5): Mittel zur Rohstoffsicherung, Energietechnologie - im Ruhrgebiet beschränkt auf Kohleforschung (SCHLIEPER 1984, S. 15) - und zur Arbeitserleichterung werden deutlich überproportional eingesetzt, während etwa Informations- und Verkehrstechnologie sowie Mikroelektronik stark unterrepräsentiert sind. Lediglich der Umwelttechnologie ist hohe Zukunftsbedeutung beizumessen.

Tab. 5: Verwendung von Forschungs- und Entwicklungsmitteln des Bundesministers für Forschung und Technologie 1982

	KVR (1)%	Bund (2)%	(1):(2)
Energieforsch. u. -technologie	66,5	60,4	1,1
Forsch. u. Techn. Rohstoffsicherung	11,3	5,4	2,1
Humanisierung d. Arbeitslebens	8,0	2,1	3,8
Umweltforschung u. -technologie	6,0	1,9	3,2
Transport- u. Verkehrstechnologie	3,6	6,4	0,6
Informationstechnologien	1,4	5,9	0,2
Sonderprogr. Mikroelektronik	1,2	2,7	0,4
Meeresforschung	0,6	1,2	0,5
Fertigungstechnik	0,5	0,8	0,7
20 Programme insgesamt	100,0	100,0	1,0

Quelle: SCHLIEPER 1984, S. 15

4.6 Produkt- und Prozeßinnovationen

Gleichwohl werden hochtechnologische Innovationen in überdurchschnittlich umfangreichem Maße eingesetzt, um den regionsspezifischen Vorsprung im Produktivitätsniveau - zur Erhaltung der Wettbewerbsfähigkeit in ausgereiften Produktlinien unabdingbar - sichern zu können. Prozeßinnovationen überschreiten traditionell deutlich die Produktinnovationen der Region. Anstelle von Versuchen, sich der gewandelten Nachfragestruktur aktiv anzupassen, müssen in den altindustriellen Produktionsstätten des Ruhrgebiets Strategien vorherrschen, um die Wettbewerbsfähigkeit auf traditionellen Märkten durch kostensenkende Prozeßinnovationen zu erhalten (SCHLIEPER 1984, S. 15).

In ihrer Studie zur "Erfassung regionaler Innovationsdefizite" weisen MEYER-KRAHMER et al. (1984) dieses Innovationsverhalten als typisch für altindustrialisierte Regionen aus: Sowohl die Angaben, keine Produktinnovationen durchgeführt zu haben, als auch die, mehrmals Prozeßinnovation vorgenommenen zu haben, liegen dort um 5 %-Punkte über denen anderer hochverdichteter Regionen (a.a.O., S. 128). Die gesamte Innovationsdichte unterschreitet den Bundesdurchschnitt sogar erheblich (a.a.O., S. 113) und erreicht in den Regionen Bochum/Herne, Recklinghausen/Gelsenkirchen die schwächste Klasse, die ansonsten für Peripherräume wie u.a. Ostfriesland und Bereiche Schleswig-Holsteins charakteristisch ist. Außerhalb des Ruhrgebiets weisen (mit 2 Ausnahmen) alle Regionen Nordrhein-Westfalens überdurchschnittliche bis höchste Innovationsdichteklassen auf (a.a.O., S. 115).

5. Wirkungszusammenhang der Krisensymptome

Im altindustriellen Montankomplex besteht aufgrund von Nachfrageschwäche, Überangeboten aus Schwellenländern und Wettbewerbsverzerrungen durch Subventions- und Quotenregelungen innerhalb der EG ein hoher Rationalisierungsdruck. Die im Ruhrgebiet ohnehin unterrepräsentierten Klein- und Mittelbetriebe sind weitestgehend über Zulieferverflechtungen dem Montankomplex verhaftet. Standardisierte Serienproduktion und Dienstleistungserstellung herrschen vor. Ihre Fähigkeit zur Produktinnovation, Erschließung neuer Märkte und organisatorischer Flexibilität ist im "reizarmen" Wachstumsklima der 50er und 60er Jahre unterfordert gewesen und teilweise verkümmert.

Viele "High-Tech"-Produkte setzt man im Ruhrgebiet - ganz im Gegensatz zur verbreiteten Annahme fehlender Modernisierungsfähigkeit - schnell und breit gestreut ein (von der elektronischen Textverarbeitung über computerunterstütztes Entwerfen und Fertigen CAD/CAM bis zur Prozeßsteuerung und Roboterfertigung, vgl. ROMMELSPACHER/KRUMMACHER 1986, S. 348), produziert aber werden sie u.a. in Süddeutschland.

Zwar finden auch im Ruhrgebiet mit einer typischen Verzögerung (mit der z.B. erst in den 60er und 70er Jahren (dieses Jahrhunderts) die Universitäten entstanden) die Technologieparks, -transferstellen und Gründerzentren Eingang, jedoch sind die "initial advantages" der frühen Adoptoren, d.h. die Agglomerationseffekte bestimmter süddeutscher Regionen, nur noch in Resten oder Nischen (Dortmund) zu erwarten.

Soweit in den Alt- und Großgesellschaften "High-Tech" - etwa im Umweltschutzsektor - produziert wird, ist sie Großtechnologie mit nur beschränkten Auftragsverflechtungen außerhalb der Unternehmen. Während die regionalen Multiplikatorwirkungen gering bleiben, führen andererseits die vielfältigen Diversifikationsstrategien der Altgesellschaften weitestgehend außerhalb des Ruhrgebiets zu Firmenaufkäufen, Beteiligungen und Investitionen (vgl. WIEMANN 1987).

Auf die Wirkungszusammenhänge im Bereich unternehmerischer Anpassungsstrategien, die im wesentlichen regionsextern Wachstumsimpulse vermitteln, kann nicht weiter eingegangen werden. Hier wird ebenso wie bei der Ausbildung hochqualifizierten "Humankapitals" intraregional dringend benötigtes endogenes Entwicklungspotential "exportiert".

Auf der anderen Seite sind intraregionale, kumulativ negative Verstärkungsprozesse unverkennbar. Sie entfalten nicht nur ein breites, alle wirtschaftlichen, gesellschaftlichen und infrastrukturellen Bereiche berührendes, sondern auch kurz- bis mittelfristig irreversibles Wirkungsspektrum. Dieser negative Wirkungszusammenhang mag - soweit quantifizierbar u.a. am Beispiel der Stadt Gelsenkirchen - beleuchtet werden (Abb. 6).

Ein primärer Wirkungskreis führt über Abwanderungen und Erhöhung der Arbeitslosigkeit zu Bevölkerungs-, Einkommens- und Kaufkraftverlusten. Sinkende Einnahmen und wachsende Sozialleistungen haben insbesondere die Städte der Emscherzone gegenwärtig an die Grenzen der Belastbarkeit geführt. Nach Schließungen von Schulen und Kindergärten (abnehmende Kinderzahlen) sind gegenwärtig Freizeitanlagen wie Freibäder in Herne u. Bochum und der Gelsenkirchener Zoo gefährdet.

Weiterhin bedeutet die anstehende Stillegung der letzten Dortmunder Zeche (Minister Stein) nicht nur einen Verlust von ca. 3.000 Arbeitsplätzen, sondern der Region gehen dadurch auch Folgeaufträge von 23 Mio. DM/Jahr verloren. Darüberhinaus bringt die angespannte kommunale Finanzlage erhebliche Auftragseinbußen für die lokalen/regionalen Unternehmen der Bau-, Handels- und Dienstleistungsbranchen mit sich.

Die alters- und qualifikationspezifischen Abwanderungen führen über längere Zeit nicht nur zu negativen Geburtensalden und Überalterung (mit neuen Bedarfslagen für die Infrastruktureinrichtungen), sondern auch zur Dequalifikation des lokalen Arbeitsmarkts. Standortprobleme nehmen gerade für jene hochveredelnde und innovative Unternehmen zu, die nicht in ruhrgebietsüblichen Branchen tätig sind. Zwar haben Zweigwerke mit standardisierten Fertigungsprozessen diese Probleme weniger zu gewärtigen, da sie oft auf das regionstypische, reichliche Arbeitskraftangebot an Frauen zurückgreifen. Als symptomatisch kann aber das Werk "Blaupunkt" in Herne gelten, bei dessen Ansiedlung die schwerwiegendsten Probleme darin lagen, Führungskräfte für den Standort Herne zu motivieren.

Mit den spezifischen Standortproblemen für Industriebetriebe, Geschäfte des Einzelhandels- und Dienstleistungsbedarfs und der Gefährdung bzw. dem Abbau kommunaler Infrastruktureinrichtungen entsteht ein sekundärer Wirkungskreis, der - langfristig andauernd - ein weites Problemspektrum zur Folge hat. Zentralitätsverluste, zunehmendes soziales Konfliktpotential, Auflösung lokaler und regionaler Identität und Bindungspotentiale, Imageeinbußen und Gewichtsverluste in kommunal- und regionalpolitischen Belangen sind nur Auschnitte aus diesem Spektrum. Abwanderungsdruck und Gefährdung von Arbeitsplätzen nehmen zu und führen den Wirkungskreislauf in eine neue Runde.

Die Krise des Ruhrgebiets erweist sich vor diesem Hintergrund weniger als Problem, das aus einem ablaufenden, "tiefgreifenden" Strukturwandel entsteht, sondern als ein Problem der *Fähigkeit* zum hinreichend tiefgründigen Strukturwandel. Solange der Abbau des Montankomplexes mit einem wirtschaftlichen, sozialen und politischen Strukturverfall einhergeht, kann von einem Strukturwandel keine Rede sein.

Dieses Unvermögen hat die Region und seine Institutionen bereits so weit durchdrungen, daß es selbst einer zweifachen Selbstverstärkung zu unterliegen scheint: Da der entwicklungspolitische Handlungsspielraum derartig beschränkt ist, und die Alternative eines wirklich tiefgreifenden Strukturwandels in absehbarer Zeit, bspw. in ein oder zwei Legislaturperioden, nicht besteht, ist die Erhaltung der montanindustriellen Arbeitsplätze alternativlos zu einer aktuellen Existenzfrage der Region geworden. Die Behauptungen, somit auch Zukunftssicherung betreiben zu können, sind allerdings verstummt.

Überdies kann man auf politischer Ebene Anzeichen eines Bedeutungsverlustes nicht übersehen. Sie bergen die Gefahr, daß selbst die verbleibenden Hand-

Abb. 6 : Wirkungszusammenhang von langjährigen Arbeitsplatzverlusten im Ruhrgebiet

1) Quelle: Stadt Gelsenkirchen 1985, S. 8 und KVR (Hg.): Nahwanderungen... 1986, S. 36
2) 13 %-Punkte unter NW ohne KVR 1984
3) NW o. KVR 1984: 151,5 DM pro E; KVR: 209,4 DM/E; GE: 236,2 DM/E; Anstieg der Sozialhilfeempfänger 1976-1983 in Herne um 34 %, in GE: -1 % (vgl. BRONNY 1985b, 16f, 21; Städte- u. Kreisstatistik Ruhrgebiet 1985, S. 252f)
4) Steuereinnahmen kreisfr. Städte KVR (1980): 740 DM/E; NW o. KVR: 988 DM/E (SCHLIEPER 1984, S. 15)
5) vgl. Städte- und Kreisstatistik Ruhrgebiet versch. Jahrgänge; BRONNY 1985b, S. 20
6) GE: Steuerkraftmaßzahl bleibt 4 %-Punkte (1976/85) hinter kreisfr. Städten KVR zurück
7) Warenhäuser versch. Unternehmen schlossen/schließen in Dortmund, Castrop-R., Herne 1, Wanne-Eicke

lungsspielräume zur Erhaltung der Montanindustrie eingeschränkt werden. Seit den Koalitionsverhandlungen im Februar/März 1987 sind die Kohle- und Stahlsubventionen massiv bedroht. Von Arbeitgebern und IG Bergbau wird berechnet, daß allein durch die vorzeitige Beschneidung der Kokskohlebeihilfe - in den Koalitionsvereinbarungen für 1988 beschlossen, laut "Kohlerunde 1983" erst ab 1991 vorgesehen - etwa 5 Mio. t unverkäuflich würden. Diese Förderleistung entspricht zwei mittelgroßen Schachtanlagen zwischen 4.000 bis 5.000 Personen Belegschaft ohne die je 1,3 Arbeisplätze der Zulieferindustrie, die mit jedem Arbeitsplatz im Bergbau verbunden sind. Die Errichtung der geplanten Großkokerei in Dortmund aus dem Kokereianpassungsprogramm, das dort den Ersatz für 4 stillzulegende ältere Kokereien vorsieht, wäre hinfällig.

Die These des Bundeswirtschaftsministers, daß Kohle und Stahl nicht mehr lebensfähig seien und deren Subventionen die Wachstumsmöglichkeiten zukunftsträchtiger Industrien beschneide, ist gesamtwirtschaftlich so beachtenswert wie regionalwirtschaftlich unerträglich. über die volks- und regionalwirtschaftlichen Diskrepanzen hinaus ist diese These aber auch als Ausdruck eines politischen Gewichtsverlusts der Region zu verstehen, wenn erstmalig die Existenzgrundlage des Ruhrgebiets zur Disposition gestellt wird.

Vor diesem Hintergrund erscheint die "Normalisierungsthese" von SCHLIEPER (1986, S. 203 f.) fragwürdig, dergemäß sich das Ruhrgebiet nach einer übersteigerten Boomphase der Nachkriegszeit nunmehr seiner gleichsam "normalen" Größe annähert. Wenig hilfreich ist schließlich auch der Versuch BIRKENHAUERs (1986), das Ruhrgebiet als funktionales "Hinterland" (a.a.O., S. 10 f.) einer "Rheinischen Megalopole" zu definieren und von solchen "funktional-regionalen Arbeitsteilungen" eine Besserung zu erwarten. Bevor nicht die *Fähigkeit* zum Strukturwandel wiederhergestellt ist, erscheint eine Rückkehr zur Normalität ebenso illusorisch wie die Hoffnung auf Entwicklungsimpulse von außen.

Ganz im Bild des sterbenden Riesen ist ein Andauern der Ruhrgebietskrise sicher. Der unvermeidliche montanwirtschaftliche Niedergang kann bestenfalls und unter Einsatz eines Großteils der verfügbaren Finanzmittel zeitlich gedehnt werden. Das Entwicklungspotential des jüngsten, von der mikroelektronischen, wohl auch biochemischen Basistechnologie, von Luft- und Raumfahrt, von unternehmensorientierten Dienstleistungen, von Informations- und Kommunikationstechnologie zu tragenden Wachstums aber ist außerhalb des Reviers gebunden.

Die Probleme der Revitalisierung des Ruhrgebiets werden mit traditionellen Ansätzen der förderungspolitischen "hardware" (Subventions-, Ansiedlungs-, Engpaß- und Infrastrukturinstrumente usw.) nicht mehr zu lösen sein. Um endogene *oder* exogene Entwicklungsstrategien zu streiten, ist müßig. Es wird vordringlich darauf ankommen, bisher vernachlässigte Komplementärstrategien aus dem "software"-Bereich einzusetzen, die in der Dezentralisierung von (regionaler) Entscheidungs- und Durchsetzungskompetenz liegen, in neuen Formen z.B. interkommunaler und zwischenbetrieblicher Integration und in der öffnung soziokulturell sensibilisierter Handlungsspielräume.

6. Literatur

ABELSHAUSER, W. (1983): Frühe Ursachen, späte Folgen. Historische Aspekte der Strukturkrise. Skript des Westdeutschen Rundfunks, Landesredaktion zur Sendung vom 29. Juli 1983 (Forum West).

BAUMGART, E.R. (1965): Der Einfluß von Strukturveränderungen auf die Entwicklung der nordrheinwestfälischen Industrie seit 1950. Deutsches Inst. für Wirtschaftsforschung, Sonderhefte Nr. 70.

BUTZIN, B. (1986): Zentrum und Peripherie im Wandel. Erscheinungsformen und Determinanten der "Counterurbanization" in Nordeuropa und Kanada. Münstersche Geographische Arbeiten, Heft 23.

BUTZIN, B. (1987): Zur These des regionalen Lebenzyklus im Ruhrgebiet. In: Münstersche Geographische Arbeiten (im Druck).

BRONNY, H.M. (1985): Das Ruhrgebiet - Daten zur Wirtschaft. Das Ruhrgebiet - Daten zur Bevölkerung. Landschaftsverband Westf. Lippe. Westfalen im Bild. Bildmediensammlung zur westf. Landeskunde, Reihe: Das Ruhrgebiet, Heft 6 (1985a), Heft 7 (1985b).

ECKEY, H.-F. (1985): Regionale Engpaßfaktoren. In: Nordrhein-Westfalen in der Krise - Krise in Nordrhein-Westfalen? Schriftenreihe des Rheinisch-Westfälischen Instituts für Wirtschaftsforschung Essen. Neue Folge, Heft 48, S. 7-37.

KVR (Kommunalverband Ruhrgebiet) (1983) (Hrsg.): Strukturanalyse Ruhrgebiet. Bilanz - Kritik-Perspektiven. o.O. (Essen), o.J. (1983).

KVR (Kommunalverband Ruhrgebiet) (Hrsg.): Städte- und Kreisstatistik Ruhrgebiet, versch. Jahrgänge bis 1986.

KVR (Kommunalverband Ruhrgebiet) (1986) (Hrsg.): Nahwanderungen im Ruhrgebiet 1976-1984. Essen.

Landesamt für Datenverarbeitung und Statistik (LDS) (1984): Vorausberechnungen der Bevölkerung in den kreisfreien Städten und Kreisen Nordrhein-Westfalens. Bevölkerungsprognose 1984-2000. Düsseldorf 1984. = Beiträge zur Statistik des Landes NW.

MENSCH, G. (1977): Das technologische Patt - Innovationen überwinden die Depression. Frankfurt/Main.

MEYER-KRAHMER, F. et al. (1984): Erfassung regionaler Innovationsdefizite. Der Bundesminister für Raumordnung, Bauwesen und Städtebau (Hrsg.): Schriftenreihe 06 "Raumordnung" des Bundesministers für Raumordnung, Bauwesen und Städtebau, Heft Nr. 06.054. Bonn-Bad Godesberg.

ROMMELSPACHER, T. (1982): Staat, Montankapital und Ruhrgebiet. Zur Soziologie des raumrelevanten Staatshandelns für das Ruhrgebiet. In: Katalyse Technikergruppe (Hrsg.): Ruhrgebiet - Krise als Konzept. Untersuchungen zur Situation und Zukunft eines industriellen Lebensraumes, S. 11-53. Bochum.

ROMMELSPACHER, T./M. KRUMMACHER (1986): Niedergang einer alten Industrieregion. In: Revier-Kultur, Heft 1/1986, S. 33-46.

SCHAEFER, H. (1983): Zur Wachstumssituation Nordrhein-Westfalens - Eine Analyse des Produzierenden Gewerbes. Ruhr-Forschungsinstitut für Innovations- und Strukturpolitik e.V. Nr. 2.

SCHAEFER, H. (1984): Zur Wachstumssituation in Nordrhein-Westfalen/Aktualisierung der Pilotstudie 1981-1984 (unveröffentl. Manuskript) Düsseldorf (Essen: KVR 1984).

SCHÄTZL, L. (1981): Wirtschaftsgeographie. Bd. 2: Empirie. Paderborn.

SCHLIEPER, A. (1984): The Ruhr Area (unveröff. Manuskript). o.O.

SCHRÖTER, L./H. ZIEROLD (1977): Die wirtschaftliche Entwicklung im Ruhrgebiet: Genesis einer Krise. In: SCHRÖTER, L./P. VELSINGER/H. ZIEROLD: Aktuelle Probleme der Regionalentwicklung im Ruhrgebiet. Dortmunder Beiträge zur Raumplanung, Bd. 7/1977, S. 5-16.

Stadt Gelsenkirchen (1985) (Hrsg.): Langfristige Haushaltskonsolidierung 1985-2000. Gelsenkirchen.

STAUDT, E. (1981): Innovations-Patt im Ruhrgebiet. In: Universität Duisburg (Hrsg.): Jahrbuch 1981, S. 91-115.

WIEMANN, U. (1987): Unternehmensorientierte Dienstleistungen im Produzierenden Sektor und deren Bedeutung für die Regionalentwicklung (unveröff. Diplomarbeit am Inst. f. Geogr. Univ. Münster).

Anschrift des Verfassers:

Prof. Dr. Bernhard Butzin
Westfälische Wilhelms-Universität
Robert-Koch-Straße 26
D - 4400 Münster

Aus:

Ekkehart Köhler und Norbert Wein (Hrsg.):

NATUR- UND KULTURRÄUME.

Ludwig Hempel zum 65. Geburtstag.

Paderborn: Ferdinand Schöningh 1987.

= Münstersche Geographische Arbeiten 27.

Georg Römhild

Die ehemalige Bergwerksanlage Georgschacht bei Stadthagen

Ein industriearchäologischer Phänotyp, seine Wahrnehmung und ein Impuls zu seiner Rettung und Inwertsetzung

1. Einleitung: Betrachtungshorizonte, Fragen der Zeit

Das Leitmotiv für die vorliegende Arbeit ergibt sich aus der kulturgeschichtlichen und kulturlandschaftlichen Bedeutung vergangener Montanindustrien und deren Konsequenz für die heutige "Kulturlandschaft", wobei "Wahrnehmung" als Angelpunkt sowohl in perzeptionellem wie auch aktionistischem Sinne gesehen wird. Folgende Betrachtungshorizonte tun sich dabei auf: - 1. die (aufklärerische) Bewußtmachung historisch-geographischer Befunde und Aspekte auf dem Felde heutiger Raumplanung; - 2. die Industrie- und Montangeschichte als vernachlässigter, vergessener und verdrängter Teil geschichtlichen Bewußtseins; -3. Wahrnehmung und Bewertung industriegeschichtlicher und industriedenkmalpflegerischer Merkpunkte in der Landschaft; - 4. Impulse zur Umsetzung kulturgeschichtlicher und kultureller Aspekte örtlicher und regionaler Technik- und Industriegeschichte und damit zusammenhängende konservatorische und kulturpflegerische Vorstellungen.

2. Schaumburger Kohlenbergbau und Georgschacht: Wirtschaftliche Blüte, Stillegung, Verfall, Persistenz, randliche Beachtung

Den wirtschaftsgeographischen Rahmen dieser Arbeit stellt der ehemalige niedersächsische Wealdenkohlenbergbau dar (HEIDORN 1928; FALKE 1944; GRAUPNER 1980). Der Georgschacht bei Stadthagen (im heutigen Landkreis Schaumburg) war darin die größte übertägige Anlage dieses jahrhundertealten Bergbaus (Abb. 2), der endgültig mit Stillegung der Zeche Kronprinz in Wellendorf (Gemeinde Hilter a.T.W.) im Jahre 1963 erlosch (RÖMHILD 1985). Der eben unter vier Horizonten abgesteckte Fragenkreis von allgemeinerer Bedeutung bezieht sich hier auf den intensivst betriebenen Teil jenes gesamten Bergbaugürtels, nämlich auf das zwischen dem alten Stiftsort Obernkirchen und der vormaligen schaumburgischen Hauptstadt und jetzigen Kreisstadt Stadthagen an der Nordflanke der Bückeberge sich erstreckende Kohlenfeld (Abb. 1). Diese kleine Bergbauregion manifestiert sich als rd. 50 km² großer, dicht durchörterter Feldesteil im "Obernkirchener Revier" innerhalb des ehem. "Gesamtbergamts Obernkirchen-Barsinghausen" der Preußischen Bergwerks- und Hütten-A.G. (Preußag/heute Preussag AG) mit den Hauptwerken Georgschacht, Lietstolln, Beckedorfer Tiefbauschacht und Schachtanlage Lüdersfeld - eine beachtliche historische Bergbauregion mit zuletzt (1959/60) gut 3.000 Bergbaubeschäftigten, die ausserhalb ihres Gebiets heute ein erstaunlich hohes Maß an Unbekanntheit besitzt.

Das Obernkirchener Revier läßt trotz oder gerade wegen seiner im Vergleich zum Ruhrbergbau verschwindend klein *erscheinenden* Bedeutung interes-

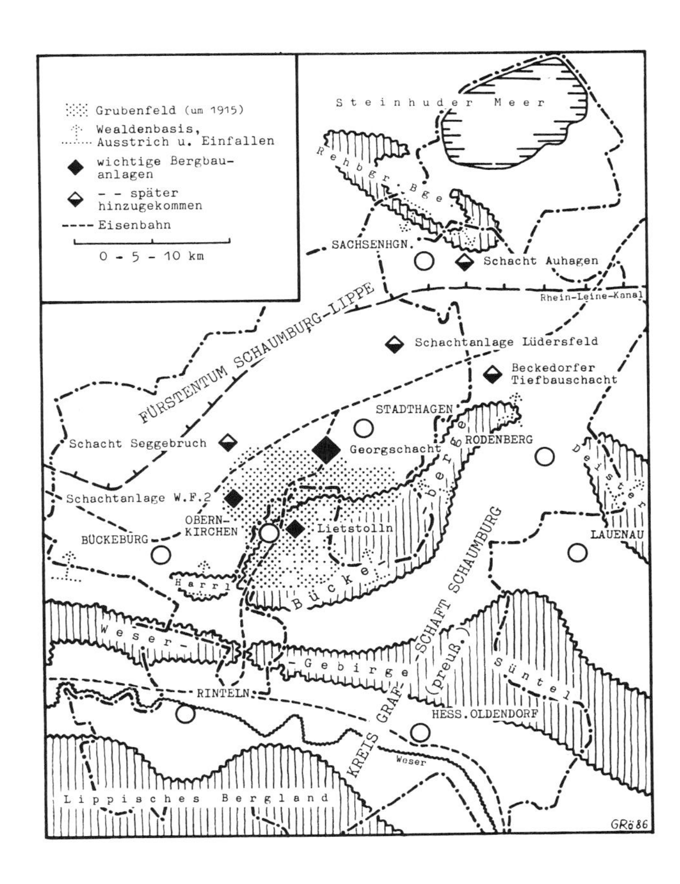

Abb. 1: Geographische Übersicht vom Wealdenkohlenbergbau der schaumburg-lippischen Kreidemulde und seines Obernkirchener Reviers auf dem Kohlenfeld des Gesamtbergamtes um 1915 (Entw. u. Zeichn. v. Verf.)

sante Befunde zur Bergbaugeschichte, Industriearchäologie[1] und zur Rezeption dieser regionalen montanistischen Tradition zu. Der seit ein bis zwei Jahrzehnten zu verzeichnende neue Kulturimpuls auf dem Felde der Industrie- und Technikgeschichte, Industriearchäologie sowie Industriedenkmalpflege läßt es sinnvoll erscheinen, einmal "in der Provinz", abseits der klassischen und verdichteten Industrieräume von Ruhrgebiet etc. nach der Akzeptanz und Anwendungsseite des oben umrissenen Fragenkreises im heutigen "Verfügungsraum" zu forschen. Daher ist auch von einer diesbezüglichen empirischen Untersuchung zu berichten. Ganz allgemein erscheint mir unter der Leitvorstellung eines neu bedachten "kulturgeographischen" Ansatzes die Verknüpfung historisch-geographischer, denkmalpflegerischer, perzeptioneller und landesplanerischer bzw. raumordnerischer Gesichtspunkte reizvoll und vielversprechend.

Der besondere Anlaß für diese Arbeit nun liegt in neuesten Überlegungen , die sich auf die ehemalige Steinkohlenzeche Georgschacht bei Stadthagen beziehen; denn mit einer Zeitverschiebung von anderthalb Jahrzehnten stellt sich dort nun die Frage: Kann oder sollte eine Neubewertung des industriearchäologischen Potentials der 1960/61 aufgegebenen, insgesamt über 50 ha umfassenden Bergwerksanlage eine Wende auf dem seit vielen Jahren desolaten Gelände und Problemgebiet nahe der Stadt Stadthagen herbeiführen? Eine Hauptüberschrift in den Schaumburger Zeitungen des Frühsommers 1986 lautete: "Georgschacht soll mit einem Notprogramm vor weiterem Verfall bewahrt werden".[2]

1) Erstmals Anfang der 1980er Jahre wurde von bundesdeutschen Geographen das Thema Industriearchäologie in Beziehung zur Kultur- und Wirtschaftsgeographie unter Würdigung der Industriedenkmalpflege in grundsätzlichen, ausführlichen und regionalbezogenen Beiträgen angesprochen (KRINGS 1981; NITZ 1982; RÖMHILD 1981). - Hinsichtlich des Begriffs "Industriearchäologie" möchte ich mich zu einer pragmatischen, gleichwohl kulturgeographisch beeinflußten Anwendung dieser irgendwie schillernden Bezeichnung bekennen (- der Begriff ist nun einmal da!): - Die interdisziplinäre Industriearchäologie befaßt sich mit der Geschichtlichkeit *und* Gegenständlichkeit sowie mit der Situation von Relikten vergangener Industrieepochen -. Dem angehängten Begriffsteil "-archäologie" liegt das Aufspüren übriggebliebener und untergegangener Gelände- und Gebäudezeugnisse mittels Kartierung, Grabung, Vermessung und Dokumentation zugrunde; darüber hinaus ist in industriearchäologischen Zusammenhängen das konservatorische Tun oft von praktisch-funktionaler Bedeutung, anders als in der klassischen und v.a. prähistorischen Archäologie.

2) Schaumburger Nachrichten (Stadthagen) v. 31.05./01.06.1986, S. 9.

Der Erhaltungsbefund am ehemaligen Georgschacht bei Stadthagen ist (immer noch) erstaunlich und phänomenal (Abb. 3-5), zumal, wenn man vergleichbare Situationen im Ruhrgebiet oder anderen Montangebieten berücksichtigt. Nach Stillegung des Steinkohlenbergbaus an der Nordflanke der Bückeberge Ende 1960 (MELZ 1961) blieb die große und differenziert gegliederte Bergwerksanlage regelrecht verlassen zurück. Die Kohlenaufbereitungsanlagen, Transport- und Verladeeinrichtungen sowie die Kokereibatterien wurden bald abgeräumt. Von ehemals rd. 75 Betriebsgebäuden bzw. baulich abgrenzbaren technischen Anlageteilen (z.B. Kühlanlagen, Gasbehälter) im Tagesbereich der Zeche[3] blieben bis heute immerhin 25 Gebäude stehen. Die Reihe der 5 ehemaligen "Beamtenhäuser" am Ostrand des Geländes ist zudem in ihrer Wohnnutzung voll intakt. Es ist damit weitenteils eine für den heutigen Betrachter relativ geschlossen wirkende Bergwerksanlage von Anfang des 20. Jahrhunderts erhalten geblieben - samt einer flächigen sich bis 20 m über das Gelände erhebenden Schlacken- und Bergehalde von rd. 24,5 ha Umfang.

Die großzügige Errichtung des Georgschachts von 1899 bis zunächst einmal 1907 stellt einen markanten Entwicklungsschritt des seit dem 14. Jahrhundert nachgewiesenen Obernkirchener Kohlenbergbaus dar (SCHÜTTE 1981). Dem ging voraus, daß ein in die Fläche gehender Aufschluß der in das Bergvorland mit 5-6,5° abtauchenden Lagerstätte erfolgte, an dessen vorläufigem Vorrichtungsabschluß - der allgemein nach Norden ausgerichteten Abbaufront räumlich vorauseilend - die Errichtung des Georgschachts, einer bis in die 20er Jahre ausgebauten "Zentralschachtanlage" des Tiefbaus steht (Abb. 1, 9). Hier erfolgte konzentriert Förderung, Aufbereitung, Veredlung und Absatz - neben der am Nordwesthang der Bückeberge bei Obernkirchen zu gleicher Zeit entstandenen Anlage Lietstolln. Es hatte sich nunmehr ein klassischer "Flözbergbau" entwikkelt, der das 40 bis 70 cm mächtige Hauptflöz auf der Grenze vom Unteren zum Mittleren Wealden baute. Mit seinen 6 (später 7) Sohlen A, B, C, D, F, G (H) im Streichen des abtauchenden Flözes erhielt der Obernkirchener Kohlenbergbau seine markante lagerstättenmäßig-bergbauliche Struktur, die bis Ende des 19. Jahrhunderts zu einem Schwarm von (mindestens) rd. 460 ganz überwiegend kleinen Schächten (- die noch feststellbaren Schächte der frühen Neu-

3) Nach Planunterlagen der Stadt Stadthagen, Bauamt: Georgschacht 1 : 2.000 (etwa 1955).

zeit mitgerechnet) führte.[4] Über der B-Sohle wurden noch 34 Schächte geteuft, auf der F-Sohle nur noch 4. Mit der G-Sohle erreichte der Georgschacht (I) das Flöz in einer Tiefe von rd. 245 m. Streuung und Konzentration im zeitabhängigen Wandel überprägten den im Grunde bäuerlich-ländlichen Raum.

Nach der Stillegung siedelte die Preußag in Hannover ein Tochterunternehmen, das Kessel baute, am Georgschacht an. Dieser echte Folgestandort, der in Zechengebäuden untergebracht war, bestand nur bis 1968. Bis 1980 bemühte sich die Preußag, Geländeteile zu verkaufen und zu vermieten; seit Anfang der 80er Jahre ist das Zechengelände aus dem Bergbaubesitz entlassen. Diverse episodische Nutzungen griffen Platz; Haldenmaterial diente verschiedenen Zwecken. Das Zechenhaus und andere Betriebsgebäude standen leer. 1980 beschrieb die Stadt Stadthagen im Bebauungsplan "Am Georgschacht" für das "Zechenhaus" und die "Elektrische Zentrale", also das Kraftwerk des ehemaligen Bergwerks (Abb. 3, 6, 7) einen vorläufigen Gebäudeschutz. Bei der denkmalpflegerischen Erfassung des Gebäudebestands der Innenstadt von Stadthagen durch das niedersächsische Institut für Denkmalpflege Ende der 70er Jahre - eine Pilotmaßnahme als Vorlauf einer "Denkmaltopographie", wie sie das damals vorbereitete Niedersächsische Denkmalschutzgesetz vorsieht - hatte man buchstäblich und sprichwörtlich die "am Rande gelegene" Bergwerksanlage Georgschacht "entdeckt", was 1978 im Jahresband der "Niedersächsischen Denkmalpflege" einen fachlichen und publizistischen Ausdruck fand (NEUMANN/WEISS 1978). Die Experten aus Hannover faßten speziell hinsichtlich des Zechenhauses und der Elektrischen Zentrale ihr Ergebnis mit folgenden Worten zusammen: "Die Anlage des Georgschachtes stellt mit den beiden erhaltenen Hauptgebäuden der elektrischen Zentrale und des Zechenhauses sowie den Beamtenwohnungen am Rande des Geländes ein für den norddeutschen Raum wohl einzigartiges Beispiel von Industriearchitektur auf dem Gebiet des Kohlebergbaus dar. Die beiden Hauptgebäude sind außerdem über Norddeutschland hinaus ausgezeichnete Beispiele ihres Bautypus (...). Die Rettung dieser letzten (dieser beiden denkmalwert erachteten - ; G.R.) Gebäude des Georgschachtes sollte eine vordringliche Aufgabe sein, soll nicht Norddeutschland eines der wenigen Denkmäler herausragender Industriearchitektur beraubt werden (...). Wenn nicht bald etwas geschieht, dürfte es zu spät sein." (NEUMANN/WEISS 1978, S. 137 f.).

3. Das einstige Zechenhaus am Georgschacht: Kulturgeographische Schnittstelle, Phänotyp und Industriedenkmal

Vom überkommenen Bestand des Georgschachts bei Stadthagen ragen heraus das erwähnte Zechenhaus (Abb. 5) (flankiert von zwei Fördermaschinenhäusern), der Wasserturm von 1902, die Elektrische Zentrale nördlich davon und Richtung Nordende der Zechenanlage der in den 20er Jahren aus Beton errichtete Kohlenaufgabeturm für die Kokerei (Abb. 2, 8) - dann die mächtige Halde! Von der an Stadthagen-Mitte nord-südlich vorbeiführenden Straßentangente nimmt man per Distanz eine Silhouette wahr - von fremdartigem, archaisch wirkendem Reiz, gewissermaßen eine industriearchäologische Szenerie! Das Zechenhaus mit seinem Uhrturm ist ein besonderer Blickfang. Von der architektonisch-stilistischen Ausprägung und von der betrieblich-sozialen Konzeption und Sinngebung her betrachtet, ist dieses Zechenhaus zweifelsohne das hervorragendste Geländezeugnis des Schaumburger Kohlenbergbaus. Darüber hinaus ist es im historisch-architektonischen Vergleich zu den ausdrucksstärksten Gebäuderelikten des *deutschen* Bergbaus aus der Zeit der Hochindustrialisierung zu zählen. Diese Bewertung geht unter Berücksichtigung weiterer nicht-niedersächsischer Montanreviere über die Rangbeimessung der Experten des niedersächsischen Instituts für Denkmalpflege hinaus. Was die Elektrische Zentrale angeht, so zeigen die Autoren (NEUMANN/WEISS 1978) zu Recht Querverbindungen zum Ruhrgebiet auf, wo namentlich die 1902 bis 1903 errichtete Maschinenhalle der ehemaligen Zeche Zollern II/IV in Dortmund-Bövinghausen beziehungsreich ist. Nur erwähnt werden kann hier der Typus industrieller "Hallenarchitektur" jener Zeit. Jenes Bövinghauser Bergwerk galt als "Musterzeche" (NEUMANN 1985, S. 2); ähnliches gilt auch für den in den gleichen Jahren aufgebauten Georgschacht bei Stadthagen. Aufgrund des im Ruhrgebiet schon seit Ende der 60er Jahre sich herausbildenden Bewußtseins für die Montangeschichte und deren Architektur war der Gebäudekomplex der Zeche Zollern schon früh vom Deutschen Bergbau-Museum in Bochum und von der amtlichen Denkmalpflege ausgemacht worden. Seit Frühjahr 1986 ist dort nun die Zentrale des Westfälischen Industriemuseums angesiedelt. Die Zeche wird im Zuge dieses denkmalpflegerischen und musealen Aufbaukonzepts vollständig restauriert und rekonstruiert. Ruinierung, sei sie noch so hoch, und bauliche Überformung sind da-

4) Niedersächsisches Staatsarchiv Bückeburg, Kartenabteilung, C 45: Übersichtskarte der Schaumburger Steinkohlenbergwerke 1 : 10.000 (1932). Eine Auswertung dieses interessanten Risses kann hier nicht erfolgen.

bei restaurierungstechnisch keine Hemmnisse (SOCHA 1985, Fotos 1-10).

Was nun macht den Zeitgeist, das Phänotypische und den "genius loci" als *kultur*geographische Schnittstelle, wie er sich in Zechenhaus "auf dem Georgschacht" bei Stadthagen manifestiert, aus? Fürst Georg V zu Schaumburg-Lippe war es vermutlich selbst, der als Initiator und Gestalter des 1905 bis 1907 errichteten Zechenhauses in Frage kommt. Der Repräsentationswille des Bückeburger Fürstenhauses griff auf einen expressiven Historismus zurück. Das "Zechenhaus', das diese Bezeichnung, wie sie sich in der Montangeschichte ausgeprägt hat, vollinhaltlich verdiert, stellt eine zweiteilige, aber zugleich eng verbundene Gebäudeanlage dar (Abb. 3, 6). Es entsteht das erstaunliche Erscheinungsbild einer ost-westlich gerichteten basilikalen Bauanlage, die zum einen als Waschkaue für die Mannschaften diente: Das 'Mittelschiff" als Kleiderkaue oder "Kleiderhalle' und die "Seitenschiffe" als Waschkauen, d.h. Brausekabinen. Unmittelbar anschließend daran erhebt sich über den Dachfirst des Mittelschiffs der quer angegliederte Verwaltungstrakt als "geistige Zentrale". Hier führte der Formenausdruck, an der östlichen Gebäudefront ablesbar, zur Abweichung von der klassischen Auffassung von Symmetrie und Achse. Unter einem südwärtigen Frontispiz befand sich hinter dem großen dreigeteilten Fenster das Büro des leitenden Zechenbeamten. Die Mitte der zur Stadt Stadthagen hin entwickelten Schauseite wird durch eine risalitartige Turmachse gegliedert. Der Uhrturm mit barockisierter Turmhaube bildet hier einen kirchenarchitektonisch anmutenden Kulminationspunkt der Gesamtanlage. Ornamentale Kaminkronen flankieren die Turmspitze bei der Sicht von Osten. Die Basis der Turmachse wird von einer Freitreppe mit Eingang unter einer Balustrade durchgestaltet. Eingang und Aufbau des an der westlichen Gebäudefront liegenden Eingangs in den Kauentrakt sind nicht minder durchgestaltet: Barokkisiererde und hier geradezu verspielte Formengebung curch zwei Ecktürmchen, die den aufgeschwungenen Giebel dazwischen - hier durch das bergmännische Symbol von Schlägel und Eisen den Zweck verratend - flankieren (Abb. 3).

Baugestalt wird hier zum Surrogat einer Gemeinschaftsauffassung in herrschaftlicher und zugleich werktätiger Gesinnung - ein dem Bergbau traditionell innewohnendes sozialpsychologisches Moment! Die dienende Rolle des Kohlenhauers wird aus ihrer Distanziertheit dem fürstlichen und staatlichen Arbeitgeber gegenüber symbolisch befreit, herausgehoben und in dieser m.E. einmaligen Bausynthese sogar überhöht. Gleichwohl dominiert, architektonisch sichtbar gemacht, die fürstlich-staatliche Regie. Das "Ostwerk" des Zechenhauses oder die "geistige Zentrale" des Bergwerks befindet sich überdies im Gegenüber zur Zeile der Beamtenhäuser. Die ostwestliche Ausrichtung des Bauwerks dürfte seinen Grund im gleichgerichteten Streichen der Lagerstätte haben; denn nur so war die räumliche Anordnung der Schächte links und rechts bzw. südlich und nördlich vom Zechenhaus im Bezug auf die streichende Ausrichtung des Flözes von West nach Ost bergtechnisch richtig. Die Elektrische Zentrale, also das Zechenkraftwerk, weist andere architektonische Kennzeichen auf, auf die hier nicht weiter eingegangen werden kann. Nur soviel sei gesagt: Die nach Osten gerichtete Schaufassade zur Stadt Stadthagen hin (Abb. 7) ist sicher *ein* Moment bei der Nord-Süd-Ausrichtung der Gebäudeachse gewesen. Wo der Ursprung solcher Bauideen schaumburgischer Industriearchitektur nun wirklich genau liegt, ob und gegebenenfalls durch wen die Idee in das Obernkirchener Revier - möglicherweise nach einem Vorbild - übertragen wurde, läßt sich nach dem derzeitigen Aktenbefund nicht feststellen.[5] Es kann hier auch nicht die Frage weiter vertieft werden, inwieweit Fürst Georg als Inhaber des Domanialvermögens in Schaumburg-Lippe und damit Mitinhaber des gemeinsam mit dem preußischen Staat betriebenen "Kommunionbergbaus" (KRUMSIEK 1963, S. 23-25, S. 38-40), dessen Verwaltung, das "Gesamtbergamt" sich übrigens im preußischen Kreis Rinteln (vormals hessische Grafschaft Schaumburg), nämlich in Obernkirchen befand (Abb. 1), glänzen wollte. Die Zurschaustellung der Bergwerksanlage gegenüber der älteren schaumburg-lippischen Residenzstadt Stadthagen beinhaltet sicherlich etwas Symbolhaftes. Und nach überlieferter Auffassung Stadthäger Bürger war der Georgschacht ein fremdes Element in der Stadtgemarkung; man ordnete ihn dem viel entfernteren Obernkirchen zu, wo sich der Sitz des Berginspektors befand.

5) Selbst in Akten, die den Bau des Zechenhauses betreffen, finden sich, soviel ich weiß, keinerlei Hinweise von *kulturgeschichtlicher* Bedeutung; auch Zeichnungen und Abbildungen fehlen! Siehe Niedersächsisches Staatsarchiv Bückeburg: Schbg. Des. K 2, Nr. 664 (Erbauung eines Zechenhauses beim Georgschacht 1905-1907).

4. Die Entwicklung zum Problemgebiet: Stilllegung, Abkehr, Folgenutzung, Vernachlässigung, Verlust

Der Stillegungsbeschluß vom 21. März 1960 kam für die 3.000 Schaumburger Bergbaubeschäftigten so überraschend, daß dies gleichsam ein Gefühl von Abbruch und Flucht auslöste. Die Stillegung erfolgte auf der anderen Seite in einer Zeit, als neue industriell-expansive Kräfte im hannoverschen Raum eine Unterbringung der arbeitslos gewordenen Bergarbeiter relativ leicht ermöglichten. Die noch arbeitsfähige Belegschaft strebte weg aus der verlassenen Bergbauzone - bis hin nach Hannover, und vornehmlich dahin (MELZ 1961, S. 412). Durch die Stillegungsbestimmungen, die mit Stillegungsprämien und Auflagen für die Preußag verbunden waren, war eine neuerliche Inwertsetzung des Bergwerksgeländes durch den Konzern nicht möglich und auch keineswegs beabsichtigt. Vielmehr versuchte das abgewandte Bergbauunternehmen, vom Zechengelände mit seinen Verbindlichkeiten herunterzukommen und es zu veräußern. Bis auf die kurze Phase der von der Preußag in einigen Gebäuden betriebenen gewerblichen Nachfolgenutzung war der größte Teil des Bergwerksgeländes aus *raumplanerischer* Sicht betrachtet, praktisch *Unland* geworden. Ende der 60er Jahre begann ein merklicher Verfallsprozeß an den Gebäuden. "Fassadenfledderer" machten sich ungehindert ans Werk.[6] Es begann eine die Situation ausnutzende, eine behelfsmäßig bis improvisierend "platzgreifende" Phase "bergbauabgekehrter" Folgenutzung, die dem Prinzip bergbaulicher "Explotation" im Zuge eines übertägigen Folgeprozesses ebenbürtig war und ist. Die Gebäude wurden zu Hülsen; selbst die Verbesserung ist, so gesehen, Abnutzung: Bei der Neubedachung der vormaligen Elektrischen Zentrale verschwand der zum Bauwerk gehörende Dachreiter - trotz vorläufigem Denkmalschutz. Schrott- und Altmaterialverwerter trugen dazu bei, ein Milieu subindustrieller Kultur zu schaffen - wahrhaft ein Kontrast zu den baulichen Zeugnissen einer "Industriekultur"! Es fehlten Planungsinstrumentarien und Konzepte, an denen der Landkreis und das Land hätten unmittelbar beteiligt sein müssen. Vor allem seit Ende der 70er Jahre geriet das Bauensemble der Zechengebäude auf eine ruinöse Talfahrt. Der 1980 von der Stadt Stadthagen aufgestellte Bebauungsplan "Am Georgschacht" mit vor allem (rezeptiv fixierten) gewerblichen Nutzungen versuchte die Entwicklung in geordnete Bahnen zu lenken. Die Erklärung eines vorläufigen Gebäudeschutzes für die besonders denkmalwerten Gebäude der Zechenanlage war ein Notbehelf der Stadt Stadthagen, einen *status quo*, wie er in den 60er Jahren noch tragbar schien, im nachhinein festzuschreiben. Die Ende der 70er Jahre erfolgte Befassung des Instituts für Denkmalpflege in Hannover mit dem Gegenstand förderte zwar die Erklärung des "vorläufigen Gebäudeschutzes, blieb sonst aber - bis auf die zitierte Publikation (NEUMANN/WEISS 1978) - ohne jede zukunftsorientierte Wirkung.

Wie kann der *status quo* so lange als "Unland", als eine *terra incognita* in dieser Form der Devastierung innerhalb eines modernen planungsrelanten *Raumkontinuums* verharren? Die Antwort liegt, wie schon angedeutet, im wesentlichen in den mit dem Staat vereinbarten Stillegungsmodalitäten und ihren ausgeklammerten räumlichen Implikationen und raumwirksamen Folgen, die darin nicht planend bedacht worden sind. Als das Gelände Anfang der 80er Jahre "veräußert" war, einem größeren "Verfügungsraum" zugeschlagen war, fand die planende Kommunalverwaltung einen Zustand der Instabilität und Devastierung vor, der durch unterstützende niedersächsisch-raumordnerische Strategien nicht aufgefangen werden konnte. Von Anliegern des Georgschachtes wird es heute als eine Ironie empfunden, daß es eine "öffentliche Sache" (*res publica!*) war, als es darum ging, die volks- und regionalwirtschaftlich wichtige Kohle in großem Stil zu fördern, - und daß dann der bergwirtschaftlich benutzte Tagesbereich der Zeche als eine ausgenutzte Sache zurückgelassen wurde und eben keine (staatlich) gelenkte oder geförderte Inwertsetzung des Gelände- und Gebäudepotentials an diesen Platz rückte. Es traten, wie gesagt, vielmehr marginale Nutzer auf den Plan-diese Bezeichnung ist sowohl stadtgeographisch wie auch sozio-ökonomisch zu verstehen - und nutzten auf ihre Weise das Gelände. Zurück blieb ein Problemgebiet, oder ein "Passivraum", der als solcher in vollem Umfang - viele Jahre nach der Stilllegung - nicht mehr zu übersehen war (bei quasi distanziertem Näherrücken) und ordnendes Bemühen einer Kleinstadtkommune überforderte und diese mit einer eigentlich dringenden Problemlösung von regionalem Planungsbezug allein ließ. Die Phase der Blüte in der Städtebauförderung, Stadt- und Dorfsanierung und überhaupt Raumentwicklung ging an der marginalen und insularen Problemzone Georgschacht im we-

6) Die Zierklinker aus dem Innern des Zechenhauses fanden nach sicheren Hinweisen in Eigenheim-Badezimmern Verwendung. - Die handwerklich-künstlerisch und technikgeschichtlich bemerkenswerte Schalthalle der Elektrischen Zentrale war ebenfalls schutzlos den verschiedensten Sammlern und Plünderern preisgegeben.

sentlichen vorbei. Noch vor Jahren - das ist kein Widerspruch zur eben umrissenen Städtebau- und Raumordnungspolitik - dachte man hinsichtlich unserer *Raumkonstellation* nicht an räumlich umfassende Gesamtplanungen oder komplexe Raumordnungskonzepte (- außerhalb der Städte!). Eine grundsätzliche Neuerung und ein günstiges Zusammentreffen mit der im folgenden zu beschreibenden Initiative stellt der im Juli 1986 erschienene "Landschaftsplan der Stadt Stadthagen" dar, der für den Georgschacht "Wiederherstellung' und "Erhaltung" (Bergehalde) vorsieht.

5. Ein Vorschlag zur Umkehr: Revitalisierung und neue Raumordnung für einen randstädtischen Aktivraum am Georgschacht bei Stadthagen

Anläßlich einer mit Studenten durchgeführten Südniedersachsen-Exkursion im Sommer 1980 hatte ich den Georgschacht "entdeckt". Die Äußerung eines führenden Industriearchäologen des Deutschen Bergbau-Museums in Bochum trug ich dabei "im Rucksack". Dieser Experte hatte anläßlich einer gemeinsamen Grubenbefahrung im Preussag-Westfeld bei Ibbenbüren im Jahr zuvor, kurz vor der Stillegung dieser Grubenabteilung, beiläufig den bedauernswerten Zustand des Georgschachtes erwähnt, auf die Aussichtslosigkeit einer bergbauseitigen Abhilfe hingewiesen und die innerliche Abkehr von der eigenen Geschichte beklagt. Dieser kritische Ausspruch kam einer Initialzünding gleich - zumal unter Beachtung der montanistischen Querverbindungen vom Tecklenburger Land zum Schaumburger Land und zum Deister. Eine Äußerung war dies auch, die aus der Sicht des Ruhrgebiets und des dort partiell bestandenen Ringens und Kämpfens um die Erhaltung montanistischer Zeugnisse von Gewicht, in ihrem Fernbezug gleichwohl von randlicher Bedeutung war. Beobachtungen in der Folgezeit machten mir den *schleichenden Niedergang* "des Georgschachts" klar. Die "Autoverwertung" breitete sich aus (Abb. 4). Gebäude waren, wie schon angedeutet, zu Gebrauchshülsen geworden, die anachronistisch wirkend und ihrer Identität aus einer vergessenen Vergangenheit entledigt dastanden. Die einstige Kleiderhalle des Zechenhauses diente schließlich als Deponie für Ziegelsplitt im betrieblich erweiterten Rahmen der anliegenden "Haldenverwertung".

Das grundsätzliche und konkrete Interesse der Verwaltungsspitze von Stadthagen an einer Umkehrung der Verhältnisse kennend, die oben skizzierten Verschränkungen der Sachlage begreifend ("Unland"!) und von den mannigfachen industriedenkmalpflegerischen Anstrengungen und damit zusammenhängenden Museumsprojekten im Nachbarland Nordrhein-Westfalen wissend, sandte ich im Dezember 1985 eine ausführliche Eingabe an den Niedersächsischen Minister für Wissenschaft und Kunst persönlich - also an den in diesem Bundesland für die Denkmalpflege und das Museumswesen zuständigen Fachminister. Die Darstellung enthielt die Skizzierung des Problemfeldes und den Vorschlag für einen Lösungsweg. *Ein* Motiv, den Minister unmittelbar erreichen zu wollen, lag in der Absicht, meine wissenschaftliche Arbeit an dem Thema zu "veräußern"; d.h. dies war vor dem Hintergrund einer komplizierten, drängenden aber auch "höffigen" Sachlage ein erfolgversprechender Versuch, Ideen aus dem "Elfenbeinturm" an die Experten "draußen" herüberzubringen, einen Impuls jetzt zu geben - und dies über den richtigen Einstieg! Eine Theorie-Praxis-Spannung mag nachgerade aus dem interdisziplinären, vermittelnden und "angewandten" Verständnis der Geographie heute entstehen, wie dies in unserem Sachzusammenhang jüngst treffend dargestellt wurde (NITZ 1982, S. 209 ff.). - Der eingebrachte Vorschlag nun formulierte a) Sanierungs- und Neuordnungsvorstellungen hinsichtlich des ehemaligen Bergwerksgeländes Georgschacht insgesamt, b) denkmalpflegerische Überlegungen - und das war der Ansatz- und Kristallisationspunkt der Argumentation - , im ehemaligen Zechenhaus am Georgschacht ein *Niedersächsisches Industriemuseum* in Anlehnung an die erwähnte westfälische Konzeption zu errichten und c) Hinweise, das randstädtische Problemgebiet Georgschacht im städtebaulichen und landschaftspflegerischen Kontext mit der Stadt Stadthagen zu sehen und organisch zu verbinden. Eine knappe Ausführung der Gesichtspunkte im einzelnen sei hier wiedergegeben:

1. Stadthagen nimmt territorial für ein *Niedersächsisches Industriemuseum* eine mittige bzw. *vermittelnde Lage* ein: Günstige Verbindungen zum randlichen Landesteil von Osnabrück/Bentheim, zum industriegeschichtlich hervorragenden Südniedersachsen und zur nahen Landeshauptstadt (sowie zum traditionellen Nachbarschaftsraum Ostwestfalen-Lippe nördlich des Teutoburger Waldes);
2. Der noch vorhandene *Freiraum* zwischen Stadthagen-Mitte und Georgschacht bietet landschaftsplanerische Möglichkeiten einer Verbindung zwischen beiden. Die gegebene Tendenz der siedlungstopographischen Zerfaserung von der Stadtseite her birgt die Gefahr eines Ausuferns in die Fläche zuungunsten einer "Durchfingerung" mit Grün.[7]

3. Aus der *zweipoligen Raumstruktur* Innere Stadt/Georgschacht kann unter dem Faktor Distanz dann keine Schattenstellung oder Marginalposition des letzteren Pols resultieren, wenn eine Neuplanung am Georgschacht in erneuerte Überlegungen zum gesamtstädtischen Verfügungs- und Lebensgestaltungsraum eingebunden wird.

4. Die *Gewerbeentwicklung* am Georgschacht bedarf einer Korrektur auf der Grundlage eines städtebaulich-landschaftspflegerischen Gesamtentwurfs für die ehem. Bergwerksanlage und ihre unmittelbar angrenzende Zone. Ein *Mischnutzungskonzept* kann vorhandene positive Nutzungspotentiale weiterentwickeln und Neues hinzufügen: Wohnen, arbeiten, sich bilden, sich erholen. Alte, negative Trends sind zu stoppen bzw. zu sanieren; Verhinderung eines Zerfaserns, Wucherns und Konkurrierens diverser Raumnutzungsansprüche (Abb. 8).[8]

5. Ein das ehem. Zechengelände Georgschacht *integrierendes Raumordnungskonzept* fordert das Aufeinanderbeziehen städtebaulicher und landschaftsplanerischer (-pflegerischer) Planungselemente nach fortschrittlichen - der Verdichtung entgegenwirkenden - Leitvorstellungen und dies in einem stadtgeographischen, d.h. Gesamtstadt und Stadtumland umfassenden Kontext.[9]

6. Die Konzeption enthält Vorbild- und Attraktivitätselemente: *Zukunftsplanung* altindustrialisierter Zonen in verwandten Raumkonstellationen; *Attraktivitätssteigerung* der Stadthagener Stadtlandschaft - alles auch unter dem Leitbild einer "*Freizeitgesellschaft*"!

Das Gesagte zusammenfassend und unter den Horizont eines städtebaulichen Szenarios stellend, beinhaltet dieser Vorschlag ein Musterbaugebiet, in dem ein Mischnutzungskonzept im Zusammenwirken zweier Fachministerien (Denkmalpflege und Kunst/Raumordnung und Städtebau) zu realisieren wäre; also ein *Modellvorhaben*, an dem das Land Niedersachsen - nicht unter alleiniger Kostenaufbringung, sondern vielmehr durch Lastenteilung - auch unter Einbezug von Bundesmitteln aus dem Ressort Städtebau - einen integrierenden Ansatz zur Raumordnung und Kulturlandschaftspflege vorzustellen in der Lage wäre.[10]

Der Vorschlag, der, wie gesagt, gleichzeitig an die Spitze der Stadt Stadthagen ging, entfachte einen kommunalpolitischen Wind, und im Mai 1986 kam der Minister für Wissenschaft und Kunst aus Hannover in die geschichtsträchtige und denkmalpflegerisch reich bedachte alte Stadt Stadthagen, um im Stadthäger Ratssaal und auf einer gemeinsamen Exkursion zum Georgschacht die Angelegenheit zu erörtern und zu besichtigen. Daß das Land nicht an einer Trägerschaft interessiert ist, deutete Minister Dr. Cassens damit an, daß man bereits für sechs Landesmuseen aufkommen müsse. Der Minister schlug vor, sich über eine Trägerschaft, ganz gleich ob kommunaler oder privater Art (unter Einbeziehung der Industrie) Gedanken zu machen, für die museale Nutzung des Geländes ein Konzept zu entwickeln und festzustellen, ob genügend Exponate vorhanden sind, um solch ein Industriemuseum zu füllen, und vor allen Dingen auch den Bebauungsplan für dieses Gebiet zu ändern. Der Minister stellt nach dem gegenwärtigen Stand der Dinge eine Spitzen- d.h. Restfinanzierung durch das Land Niedersachsen in Aussicht. Geld aus Hannover, so klang an, kann man vielleicht auch für ein "Notprogramm" erwarten, im Rahmen dessen die gröbsten baulichen Mängel vorab zu beheben seien. Die "Sicherung in Dach und Fach" und die Säuberung des Geländes von Autowracks, Schrott und Abfallprodukten sprach der Minister als vordringlich an. Arbeitsaufträge und Arbeitsgruppen unter ministerieller und kommunaler Ordnung sind inzwischen tätig. Im Resümee bekommt des Ministers Hinweis besondere Bedeutung, daß das Denkmalschutzgesetz beherrscht sei von dem Gedanken der "Solidarleistung".[11] Die Voraussetzungen dafür sind in dieser Zeit günstig. Nur ein Zeichen dafür ist die

7) Dem (geänderten) Stadthagener Flächennutzungsplan von 1981/82 zufolge ist von einem partiellen Vorrücken von "Wohnbauflächen" in den Freiraum auszugehen. Auf der anderen Seite bewahrt dieser vorbereitende Bauleitplan einen Saum landwirtschaftlicher Flächen - m.E. ein Mindestmaß an Grünpufferung - zwischen Georgschacht und Stadt und sieht diverses "Schutzgrün" zur Stadtseite zu vor (s. auch Anm. 9).

8) Der Flächennutzungsplan von 1981/82 noch sieht für das ehem. Zechengelände mit Ergänzungsflächen ausschließlich "gewerbliche Bauflächen" vor, für die Halde "Flächen für die Forstwirtschaft".

9) Der in Kapitel 4 erwähnte Landschaftsplan von 1986 geht in diese Richtung, wenn er für den Freiraum keine Zersiedelung, sondern eine (landschaftliche, landschaftspflegerische) "Anreicherung" als "generelles Entwicklungsziel" vorsieht.

10) Es ist ein Zusammentreffen, daß an der RWTH Aachen beim Lehrstuhl Stadtbereichsplanung und Werklehre ein aus Stadthagen stammender Diplomand mit anderen im Sommer 1986 begann, an einem städtebaulichen Entwurf für das Gebiet Georgschacht zu arbeiten.

11) 5 schaumburgische und eine hannoversche Zeitung berichteten, davon die erwähnten Schaumburger Nachrichten (s. Anm. 2) sowie die Schaumburgisch-Lippische Landes-Zeitung (Stadthagen) v. 02.06.1986 mit der den Sachverhalt gut treffenden Überschrift: "Ein Notprogramm soll weiterem Verfall vorbeugen. Wissenschaftsminister Dr. Cassens prüfte Georgschacht auf seine Eignung als Industriemuseum; landweit einmalige Anlage; Schutzwürdigkeit bejaht"; Hannoversche Allgemeine Zeitung v. 07.07.1986: "Georgschacht soll nicht vor die Hunde gehen; Stadthagener Anlage könnte Industriemuseum werden; Land will Trägerschaft nicht übernehmen!".

im wesentlichen von der Industrie 1985 initiierte Deutsche Stiftung Denkmalschutz. Im lokal-regionalen Rahmen wird nach einem erfolgreichen Abschluß der laufenden Vorarbeiten für das Projekt Georgschacht die Gründung einer Bürgerinitiative bzw. eines Fördervereins zweckmäßig sein.

6. Zur Wahrnehmung und Bewußtmachung des Fragenkomplexes Georgschacht: Aus einer Befragung zur Industriedenkmalpflege

Die bisherige Erörterung berührt im Kern den neuen Aspekt des "Wertewandels" in der Gesellschaft, wie er in etlichen Berichten zur Stadtentwicklung inzwischen thematisiert worden ist.[12] "Wertewandel" bedeutet ein Hinausgehen über eine Funktions- und Aktionsorientierung, wie sie im Begriff "Inwertsetzung" angelegt ist - ein Topos der Geographie! "Wertewandel" betrifft vielmehr Haltungen und Einstellungen; mehr als der Sinneseindruck, liegen jene dem Begriff "Wahrnehmung" zugrunde. Die Wahrnehmung denkmalpflegerisch relevanter Objekte in Beziehung zum dahinterstehenden Bewußtseinsstand ist in dreierlei Hinsicht kulturgeographisch bedeutsam: Durch den hier gewählten perzeptionellen Ansatz kann Aufschluß über den Wahrnehmungsgrad von "Kulturlandschaftselementen" und über das Maß an Akzeptanz des dahinterstehenden Kulturimpulses gewonnen werden; darüber hinaus kann der grundsätzlicheren Frage nachgegangen werden, ob die Wahrnehmung des Raumes und der dinglichen Umwelt in umfassenden Bildern oder nach eingeblendeten Bildeindrücken, etwa im Sinne von "Merkzeichen" (LYNCH 1975, S. 96 ff.) erfolgt.

In diesem Kontext wurde eine Passantenbefragung am Marktplatz von Stadthagen mit Hilfe von Schülern durchgeführt.[13] An zwei Samstagvormittagen im Sommer 1986 wurden 74 Stadthäger Bürgern 15 Fotos von Objekten der Denkmalpflege und speziell von Relikten der gewerblich-industriellen und bergbaulichen Vergangenheit des Schaumburger Landes zur Erkennung vorgelegt.[14] Diese empirische Untersuchung, die noch am Anfang steht, soll hier in ersten und ausgewählten, kennzeichnenden Ergebnissen referiert werden. Ausgehend von 1.110 potentiell richtigen Antworten (maximales Positivum), erfolgten vollständig richtige Nennungen nur zu 26,6 % (n 295);[15] nimmt man die halbrichtigen Nennungen hinzu, so erhöht sich der Prozentsatz auf 31,8. Der hohe Anteil von 73,4 % falscher Nennungen - das waren zumeist ausbleibende Antworten innerhalb der vorgegebenen Zeit - zeigt hohe Kenntnisdefizite oder einen allgemein geringen Bekanntheitsgrad ausgewählter Denkmäler oder denkmalwerter Objekte des nördlichen Landkreises Schaumburg.

Nach der Durchnahme der Bilder wurde den Probanden die Frage nach dem "Denkmal" schlechthin gestellt: "Was sind Denkmäler? - Nennen Sie welche!"; eine Frage im Sinne von Wirkungsforschung zur Denkmalpflege! Von 128 spontanen Nennungen fiel ein Anteil von 69,5 % (89) auf Standbilder und Gedenksteine! Eine besondere "Bildprägekraft" (LYNCH 1975, S. 20) ging dabei offenbar von großen und relativ nahe bei Stadthagen gelegenen "Denkmälern" aus: Das Kaiser-Wilhelm-Denkmal an der Porta Westfalica und das Hermannsdenkmal bei Detmold wurden zu 36,7 % (47) genannt. Die Nähe dieser neo-klassischen, monumentalen Denkmäler scheint ein mitbestimmender Faktor bei den gegebenen - vom modernen Denkmalbegriff weit entfernten - Antworten gewesen zu sein. Die absichtlich offene Frageformulierung hat keine offene Haltung bei der Antwortengebung inspirieren können. Dies ist ein grundsätzlicher und nicht unerheblicher Befund zur Frage der Akzeptanz moderner Denkmalpflege. Auf die Gattung der klassischen Baudenkmäler, wie Kirchen, Klöster und Schlösser, entfallen 14,1 % (18). Aus der Gesamtheit nehmen die übrigen (profanen) Denkmäler, wie Rathäuser, Bürgerhäuser, Türme, "Naturdenkmäler" etc. 18 % (23) ein. Ein gewerbliches, technisches bzw. industrielles Denkmal wird lediglich 1mal genannt: der Georgschacht. Geht man dieses Teilergebnis der Befragung von der Fragestellung dieser Arbeit an, so wirft es ein bezeichnendes Licht auf die Stellung der Technischen Kulturdenkmäler oder der Industriedenkmäler im untersuchten Raum und in unserer Gesellschaft.

12) Vgl. z.B. Stadtentwicklungsberichte der Städte Dortmund (i. Sommer/Herbst 1986, noch nicht veröffentl.); Hannover (Teil I, 1984), Mannheim (1985), Solingen (1986), Wuppertal (1985).

13) Dem Ratsgymnasium Stadthagen, insbesondere Herrn Oberstudienrat G. KLUGMANN und seinen Schülern bin ich für die Durchführung der Befragung zu besonderem Dank verbunden!

14) Die Original-Schwarzweißfotos wurden gerastert, als fotoadäquate Kopien im Bildformat von 24 x 18 bzw. 18 x 18 cm den Befragten jeweils 10 Sek. (maximal) vorgehalten.

15) Das entspricht dem Wert, der in einer ähnlich angelegten (Pilot-)Studie am Beispiel der Industriegeschichte im Raum Melle ein Jahr zuvor herauskam: 26,5 % richtige bzw. 73,5 % falsche Nennungen (RÖMHILD 1985, S. 177).

Das Ergebnis zeigt aber auch, daß die eben ventilierte Kritik zur generellen Fragestellung diese nicht schlechterdings in die Verengung führt; denn die (fast) ganze Breite an Denkmaltypen kehrt in den Antworten wieder. Erstaunlich ist aber die geringe Assoziierung der im Test zuvor gezeigten Bilder mit dem "Denkmalgedanken". Daß der Stadthagener Bahnhof als ein herausragendes Denkmal des frühen Industriezeitalters[16] im *Innenstadtbereich* überhaupt nicht erwähnt wurde, ist schon auffällig und zeugt von dem geringen Assoziierungsgrad denkmalpflegerischer Aufgaben und Anliegen.

Von den 15 gezeigten Motiven bilden 10 Objekte das "technisch-industrielle Kulturdenkmal" schlechthin ab. Kontrapunktisch wurde in der Befragung als gemeinhin oder vermutlich sehr bekanntes "Baudenkmal" die Bückeburger Stadtkirche gesetzt. Alle Fotomotive waren gewissermaßen von der Vorbeifahrt aus, d.h. vom Auto aus erkennbar, aufgenommen worden; das jeweilige Objekt wurde also fotografisch so vorgestellt, wie man es von der Straße aus sieht. Daß dabei die Differenz zwischen relativ verdeckten oder offen daliegenden Objekten und/oder solchen an unterschiedlich frequentierten Straßen hingenommen werden mußte, liegt an der situationsgebundenen Auswahl des gegebenen Denkmälerbestandes; außerdem liegt dies an der differenten räumlichen Konstellation eines Kulturdenkmals am jeweiligen Ort. Beabsichtigt dagegen war die unterschiedliche Entfernung der Objekte von Stadthagen. Zu erwarten war der hohe Bekanntheitsgrad der Bückeburger Stadtkirche[17] - direkt an der Bückeburger Haupt- und Durchfahrtsstraße voll im Blickfeld gelegen. Der distanzielle Gesichtspunkt, nämlich die doch relativ beträchtliche Entfernung von Stadthagen nach Bückeburg (14 km) wird - vom Ergebnis her betrachtet - überkompensiert. Das Objekt der Bückeburger Kirche weist den zweithöchsten Bekanntheitsgrad auf: Von maximal 74 richtigen Nennungen erreicht sie 71,6 % (53). In zweisamer Spitzenstellung haben lediglich die Bückeburger Stadtkirche und das Empfangsgebäude des Stadthagener Bahnhofs an der Ausfallstraße nach Nordwesten einen hohen Bekanntheitsgrad; Letztgenannter mit 79,7 % (59)! Durch Einsehbarkeit und Nähe war gewiß mitbestimmt der besterreichte Nennwert für den Stadthagener Bahnhof mit seiner markanten und burgenähnlichen Architektur aus den 40er Jahren des 19. Jahrhunderts. Umso erstaunlicher ist, daß bei der generellen Frage nach dem "Denkmal" dieses Bauwerk überhaupt nicht erwähnt wurde! Dies unterstreicht aber nochmal, wie wenig heute (noch) dem Denkmalgedanken seine Übertragbarkeit und sein Verbreitungsaspekt zuerkannt wird. Auf viertem Rangplatz steht immerhin der Georgschacht, d.h. die Ostansicht des Zechenhauses mit 32,4 % (24) (Abb. 6); jedoch 5 weitere Bergbauobjekte rangieren auf der unteren Skala.

Bei der der "Denkmalfrage" kurz darauffolgenden Frage "Sollte man *Ihrer* Meinung nach etwas zur Erhaltung von baulichen Resten der gewerblichen und industriellen Geschichte des Schaumburger Landes tun?" - auch diese Frage noch *vor* dem aufklärenden Hinweis auf das Niedersächsische Denkmalschutzgesetz und dessen inhaltlich weiten Zuständigkeitsbereich gestellt - ergibt sich ein Meinungsbild, das in gewisser Weise einen Umschlag darstellt: Von 74 abgegebenen spontanen Äußerungen sind 77 % (57) uneingeschränkt positiv und nur 13,5 % (10) eindeutig negativ ("nein"); 5,4 % der Antworten (4) enthalten ein eingeschränktes und konditionales Ja. Beeinflußt wird dieses erstaunlich positive Ergebnis wohl aus folgenden Gründen: - 1. eine suggestiv wirkende Hinführung oder Zuspitzung der sich aus dem Vorangehenden entwickelten Frage; - 2. das in noch frischer Erinnerung befindliche Bilderspektrum als Stimulans; - 3. der Heimatbonus; - 4. der Prüfcharakter und die positiv-suggestive Erwartungshaltung, die in der verlangten Stellungnahme liegt und dann auf der anderen Seite die ungezwungene und im Grunde genommen unverbindliche Befragungssituation (- ein Ja-Sagen verpflichtet zu nichts!). Interessanterweise befinden sich hier unter den bejahenden Stimmen immerhin 4, die spontan auf den Georgschacht abstellen.

Eine nachfolgende Prüfung des Kenntnisstandes über den Schaumburger Kohlenbergbau ergab wieder ein eher negatives Bild; die Frage lautete: "Hatten Sie, bevor wir Ihnen die Bilder zeigten, Kenntnisse über den Schaumburger Bergbau gehabt?" Nur zu 32,4 % (24) wählten die Befragten "ja", zu 33,8 % (25) die Antwortmöglichkeit "wenig Kenntnisse" und immerhin zu 33,8 % (25) wurde zugegeben, "*keinerlei*

16) "Frühes Bahnhofsempfangsgebäude von 1847, repräsentativer Bau von hoher architektonischer Qualität" lt. Verzeichnis der Baudenkmale in dem Gebiet der Stadt Stadthagen, gem. § 94 der Niedersächsischen Bauordnung; - in Kunsttopographien, Handbüchern, Führern etc. kommt dieses Bauwerk nicht vor!

17) Evang.-luth. Stadtkirche, 1611-1615 im Zuge des Ausbaus der Residenzstadt unter Ernst Graf von Schaumburg (1601-1622) errichtet; Ernst brachte übrigens auch den Schaumburger Kohlenbergbau zu einer für das Land gedeihlichen Blüte. - Der "Blickfang" bezieht sich auf die im Stil der ausklingenden Weserrenaissance und des beginnenden Barock gestaltete turmlose, mächtige Westfassade.

Kenntnisse" zu haben. Nur 12,2 % (9) gaben eine im großen und ganzen richtige Zahl an ehemaligen Bergbaubeschäftigten an (2.500-3.500); 23 % (17) boten Zahlen von weniger als 800 Beschäftigten vor der Stillegung, und nur 29,7 % (22) der Befragten konnten die Preußag als ehemaliges Bergbauunternehmen nennen. Diejenigen mit geringen oder gar keinen Kenntnissen sind gehäuft den Altersgruppen der 16- bis 45jährigen zuzuordnen, die Wissenden gehäuft der Gruppe der 46- bis 60jährigen. Damit wird deutlich, wie in den jüngeren Generationen die Bergbauära ein Vierteljahrhundert nach Stillegung graue, unbekannte Regionalgeschichte (geworden) ist.

Gegen Ende der Befragung sahen sich die Probanden folgender Frage gegenüber: "Was halten Sie von einer Sanierung und Neuordnung des Gewerbegebiets am Georgschacht?". 45,9 % (34) wählten die Antwort "viel", 28,4 % (21) "einiges", 5,4 % (4) "wenig", 9,5 % (7) "nichts", und 10,8 % (8) hatten "keine Meinung". Die Zustimmung für eine solche ordnende Maßnahme in dem im allgemeinen bekannten Problemgebiet Georgschacht ist mit 74,3 % (55) relativ hoch. Und auffällig ist, daß 83,8 % der Befragten (62) eindeutig dafür sind, daß das Zechenhaus am Georgschacht der Nachwelt erhalten bleibt. Geht es jedoch um die Frage, ob dort ein Industriemuseum einzurichten wäre, so ist zwar die Zustimmung auch noch recht hoch; sie liegt bei 70,2 % (52); jedoch bildet hier die negative und uninteressierte Meinung mit 29,8 % (22) ein beträchtliches Gegengewicht. Wenn man hierzu nach dem Besuch der Heimatkundlichen Sammlung im Obernkirchener Stift fragt und dabei zu 91,5 % verneinende Antworten (67) erhält, so liegt man bei der kulturbezogenen Fragestellung des Themas wieder im Negativtrend.

7. Zusammenfassung und Ausblick: Für eine Innovation in Stadthagen in Niedersachsen

Zusammenfassend läßt sich sagen, daß die Kenntnis vom erweiterten Aufgabenfeld der heutigen Denkmalpflege gering ist. Technisch-industrielle Denkmäler sind, selbst wenn sie markant wirken, relativ wenig bekannt und sind von einer breiten Zustimmung ausgeschlossen. Das phänotypische Netz des Denkmalbestandes in einer Region im Sinne einer kulturgeographischen Prägung stößt selbst da, wo es "einmalig" und sinnfällig erscheint, auf einen geringen Bewußtseinsstand. Diesen jedoch zu fördern, entspricht einem Prozeß der Bewußtmachung aus dem "Zeitgeist" heraus. Die Ende 1985 erschienene Veröffentlichung von MENDE steht nicht in äußerer, wohl in innerer Beziehung zur gleichzeitig ansetzenden Georgschacht-Initiative. Das heutige Gewerbegebiet Georgschacht wird in seiner Problematik von vielen in der Bevölkerung erkannt; gewiß auch daran erkennbar, daß durch den Befragungsvorgang selbst Stimulanzien ausgelöst wurden. In diesem Zusammenhang rückt dann das Zechenhaus am Georgschacht in den Vordergrund; und hier ist eine potentielle Mobilisierung für eine mit neuen Aufgaben verbundene Denkmalpflege wohl zu erkennen. Die geringe Annahme musealer Angebote in Verbindung mit erstaunlich geringen Kenntnissen über die dominierende Bergbauära der jüngeren Geschichte zeigt eine schnelle Abwendung von der Vergangenheit und ein verkürztes Geschichtsbewußtsein. Das "historische Erbe" in der Landschaft wird geduldet als vergängliche Hinterlassenschaft. Die "industriearchäologische Spurensicherung" (MENDE 1985) bedarf ihrer Verbindung mit neuen Akzentsetzungen und "Inwertsetzungen" in einer traditionsbewußten Kulturlandschaft, wie sie dem schaumburg-lippischen Regionalbewußtsein entspricht.

Die Befragung verdeutlicht auch, daß es schwer sein wird, ein Vorhaben wie das des Georgschachts allein oder wesentlich aus dem Bürgerwillen der einheimischen Bevölkerung heraus zu begründen oder zu legitimieren. Der Anfang für die Verwirklichung des skizzierten integrierten Planungskonzepts auf der und um die ehemalige Bergwerksanlage Georgschacht bei Stadthagen herum muß von leitenden Persönlichkeiten im Bezugsfeld der niedersächsischen Landeshauptstadt angenommen und gewollt werden. Ein eigenes Referat oder Dezernat für Technische Kulturdenkmäler in Niedersachsen wäre eine notwendige Operationsbasis (- wie in Westfalen!). Der Georgschacht wäre ein Anlaß oder ein Kristallisationskern für einen zukunftsbezogenen Neuanfang in Niedersachsen, der in einer modernen und kulturbewußten Gesellschaft auf der Innovationsschiene Düsseldorf-Münster-Dortmund-Hannover ankommen mag. Den verfallenden Georgschacht neu "in Wert zu setzen", scheint zur Zeit noch einem Bild zu ähneln, das der Schaumburger Bergbau der frühen Neuzeit einem vermittelt, wenn man an den zentimeterweisen Vortrieb dutzender, mehr oder weniger langer Stollen zum Lösen der zudrängenden Grubenwässer denkt, - lange bevor man die Wasserkunst besaß!

8. Literatur

FALKE, H. (1944): Der Wealden-Steinkohlenbergbau in Niedersachsen. Schriften der Wirtschaftswissenschaftlichen Gesellschaft zum Studium Niedersachsens e.V., N.F.: Forschungen zur Landes- und Volkskunde 23. Oldenburg (Oldb.).

GRAUPNER, A. (1980): Der Berrias-Steinkohlenbergbau in Niedersachsen 1945-1963. Forschungen zur niedersächsischen Landeskunde 116. Göttingen/ Hannover.

HEIDORN, W. (1927): Der niedersächsische Steinkohlenbergbau. Jahrbuch der Geographischen Gesellschaft zu Hannover. Hannover.

KRINGS, W. (1981): Industriearchäologie und Wirtschaftsgeographie - Zur Erforschung der Industrielandschaft. In: Erdkunde 35, S. 167-174.

KRUMSIEK, R. (1963): Das schaumburgische Bergrecht. Schaumburger Studien 3. Rinteln.

LYNCH, K. (1975): Das Bild der Stadt. Bauwelt, Fundamente 16. Braunschweig.

MELZ, D. (1961): Das Ende des Steinkohlenbergbaus im Schaumburger Land. In: Geographische Rundschau 13, S. 409-412.

MENDE, M. (1985): Industriearchäologische Spurensicherung. Die niedersächsischen "Kohlengebirge" zwischen Leine und Weser: ein fast vergessener Schwerpunkt frühindustrieller Aktivität. In: Gezeiten, Archiv regionaler Lebenswelten zwischen Ems und Elbe 6, S. 17-24.

NEUMANN, E.G. (1985): Die ehemalige Zeche Zollern 2/4 in Dortmund-Bövinghausen. Große Baudenkmäler 299. München.

NEUMANN, M./G. WEISS (1978): Die Bergwerksanlage des Georgschachtes bei Stadthagen. In: Niedersächsische Denkmalpflege, Neunter Band, S. 127-138.

NITZ, H.-J. (1982): Historische Strukturen im Industrie-Zeitalter - Beobachtungen, Fragen und Überlegungen zu einem aktuellen Thema. In: Berichte zur deutschen Landeskunde 56/2, S. 193-217.

RÖMHILD, G. (1981): Industriedenkmäler des Bergbaus. Industriearchäologie und kulturgeographische Bezüge des Denkmalschutzes unter besonderer Berücksichtigung ehemaliger Steinkohlenreviere im nördlichen Westfalen und in Niedersachsen. In: Berichte zur deutschen Landeskunde 55/1, S. 1-53.

RÖMHILD, G. (1985): Architektur des Industriezeitalters in Melle und Umgebung unter besonderer Berücksichtigung der ehemaligen Steinkohlenzeche Kronprinz in Wellendorf bei Borgloh. In: Der Grönegau, Meller Jahrbuch 1986, Bd. 4, S. 169-207.

SCHÜTTE, K.A. (1981): Steinkohlen-Gewinnung im Schaumburger Land 1386. In: C. Deilmann AG, Unser Betrieb 20/2, S. 20-26.

SOCHA, B. (1985): Bestandsaufnahme. Stillgelegte Anlagen aus Industrie und Verkehr in Westfalen. Westfälisches Industriemuseum, Schriften, 2. Hagen/W. Darin: BÖNNIGHAUSEN, H.: Das Westfälische Industriemuseum (S. 3-7) und KNIRIM, H.: Bestandsaufnahme - zu den Fotografien Berthold Sochas (S. 9-15).

WEILAND, W. (1980): Die Schaumburger Kohlenbergwerke in Bildern. Stadthagen.

Anschrift des Verfassers:

Dr. Georg Römhild
Universität-GHS Siegen
Fachbereich 1, Fach Geographie
Hölderlinstraße 3
D - 5900 Siegen

Aus:

Ekkehart Köhler und Norbert Wein (Hrsg.):

NATUR- UND KULTURRÄUME.

Ludwig Hempel zum 65. Geburtstag.

Paderborn: Ferdinand Schöningh 1987.

= Münstersche Geographische Arbeiten 27.

Abb. 2: Luftansicht vom Georgschacht, 1930, Blick in Richtung Stadthagen (aus: WEILAND 1980)

Abb. 3: Das Zechenhaus am Georgschacht, von Westen: Waschkauentrakt, Platz und Haus frei zugänglich (Aufn. v. Verf., Juni 1980)

Abb. 4: Blick von der Halde auf den zentralen Teil des Zechengeländes; v.l.n.r.: Elektrische Zentrale (angeschnitten), Kesselhaus (Südende), Wasserturm, Fördermaschinenhaus I, Zechenhaus, Fördermaschinenhaus II, Beamtenwohnhaus (hinten); Zustand nach Belegung durch Autoverwerter; Zechenhaus innen wieder/noch leer; heute, 1986, im wesentlichen das gleiche Bild; im Hintergrund der Westrand von Stadthagen und die Bückeberge (Aufn. v. Verf., März 1982)

Abb. 5: Das Relikteensemble von der Trasse der Rinteln-Stadthagener Eisenbahn aus betrachtet (Aufn. v. Verf., Febr. 1986)

Abb. 6: Das Zechenhaus am Georgschacht, von Osten: Verwaltungstrakt mit Uhrturm (Aufn. v. Verf., Febr. 1986)

Abb. 7: Das Gebäude des ehem. Kraftwerks der Zeche, die "Elektrische Zentrale" mit Schaufassade zur Stadt hin (Aufn. v. Verf., Sept. 1986)

Abb. 8: Blick von Süd nach Nord zum Kohlenaufgabeturm der einstigen Kokerei; Folgenutzungen an und in den Gebäuden der vormaligen Zentralwerkstätten und am Zechenhaus (Aufn. v. Verf., Sept. 1986)

9: Die gleiche Blickrichtung wie in Abb. 9; Aufnahmezeitpunkt wohl um 1930: im Mittelpunkt der neue Georgschacht II mit Schachthalle, dahinter Schacht I mit Separation und Kohlenwäsche, rechts die Werkstätten, dahinter die Schornsteine der Kesselhäuser, dazwischen Durchlug des Zechenhauses (aus: WEILAND 1980)

Henning Grabowski

Verkehrsmittelwerbung und ihre Standorte in Münster

1. Verkehrsmittelwerbung im System der Werbung

Über die Werbung ist der Unternehmer oder Betreiber einer Dienstleistung bestrebt, ein Produkt, seine Dienstleistung einer breiten Öffentlichkeit, die er als potentielle Nachfrager für sein Produkt/seine Dienstleistung betrachtet, nahezubringen. Werbung stellt für ihn also ein Mittel zur erhofften Absatz- und damit Ertragssteigerung dar.

Da Werbung aber nicht losgelöst von Materie betrieben werden kann, ist sie an ein Medium gebunden. Entsprechend der Medienvielfalt ist auch das Spektrum der Werbung vermittelnden Medien groß. Ziel der medialen Werbung ist es, den potentiellen Nachfrager ohne zusätzlichen Energieaufwand über ein Produkt zu informieren und diesen zur Nachfrage nach dem Gut/der Dienstleistung zu motivieren.

Seit Einführung der Litfaßsäule im Jahre 1848 wird im öffentlichen Straßenraum auf vielfältige Art und Weise Information - auch zu Werbezwecken - vermittelt. Zu den traditionellen standortabhängigen Informationsträgern gehören die Litfaßsäule, die Hauswände sowie die Plakatwände.

In der jüngeren Vergangenheit konnten neuere Strategien zur Aufmerksamkeitssteigerung potentieller Nachfrager festgestellt werden.

Der zunehmende Mobilitätsgrad in der Bundesrepublik Deutschland in der Nachkriegszeit führte konsequenterweise zur Ausweitung der Werbung erstens auf eine neue, expandierende Verbrauchergruppe und zweitens auf die Übertragung der Werbung auf die Oberflächen von Fahrzeugen. Sichtbarster Ausdruck für dieses Phänomen ist die Einbeziehung der Rumpfflächen an öffentlichen Verkehrsmitteln (Straßenbahnen/Bussen/Taxen).

Um das Thema im System der Werbung und ihrer Werbeträger einzuordnen, sind der Übersicht halber folgende Eingrenzungen und Begriffsbestimmungen vorangestellt. Unter Außenwerbung wird die Werbung verstanden, die in der Öffentlichkeit sichtbar für alle Bürger stattfindet. Diese Außenwerbung kann nach der Bindung an einen Standort differenziert werden in standortgebundene und nichtstandortabhängige Werbung. Bei der Litfaßsäule oder der Plakatwand ist die Standortbindung offensichtlich. Im Gegensatz hierzu steht die Verkehrsmittelwerbung, die auf standortunabhängigen, d.h. mobilen Werbeträgern, den Verkehrsmitteln, eingesetzt wird. Nach MACKENROTH (1980) erweist sich die Verkehrsmittelwerbung als die "formenreichste Art von Außenwerbung" (zit. nach FRIEDRICH o.J.).

Die Flächen aller denkbaren mobilen Werbeträger sind in die Werbung einbezogen: S- und U-Bahn-Wagen, Straßenbahnen, Busse, Postfahrzeuge, Lastkraftwagen, Taxen, Privatfahrzeuge sowie Firmenfahrzeuge, Fahrräder und sogar Schiffe, Zeppeline und Heißluftballons. Eine Sonderform in der Mobilwerbung stellt die standortgebundene Verkehrsmittelwerbung dar. Hierunter ist das gezielte Abstellen eines Fahrzeuges, das eine Werbeaufschrift trägt und somit als Werbeträger fungiert, an bestimmten Standorten im Stadtbereich zu verstehen. Zwei Varianten können unterschieden werden: Die erste ist gekennzeichnet durch den Einsatz des mobilen Werbeträgers direkt vor dem Betriebsstandort. Mit dieser Maßnahme kann im Einzelfall die behördlich versagte Genehmigung zum Anbringen einer Reklametafel am Gebäude umgangen und die werbewirksame Fläche dennoch vergrößert werden. Zum Einsatz kommen hier besonders Anhänger für PKWs. Der mobile Einsatz des dazugehörenden Zugwagens wird dadurch nicht beeinträchtigt. Wie bei der ersten Form, werden auch bei der zweiten Variante Fahrzeugflächen als Werbeträger benutzt. Im Gegensatz zum ersten Beispiel sind aber Fahrzeugstandort und Betriebsstandort nicht identisch.

2. Die Reichweite der Werbemedien

Um Aussagen über die Effizienz der einzelnen Werbemedien zu erhalten, ermittelte INFRATEST 1977 die Reichweite der unterschiedlichen Mediengattungen. Danach ergab sich folgende Rangfolge:

Werbefernsehen	70% Reichweite
Werbung an öffentlichen Verkehrsmitteln	62% Reichweite
Plakatanschlagstellen	61% Reichweite
Anzeigen in Tageszeitungen	54% Reichweite
Anzeigen in Zeitschriften, Illustrierten	43% Reichweite
Funkwerbung	39% Reichweite

Direktwerbung per Post	34% Reichweite
Schaufensterangebote	32% Reichweite
Werbung in öffentlichen Verkehrsmitteln	26% Reichweite
Film-/Diawerbung = Kino	14% Reichweite

Bedeutsam sind in diesem Zusammenhang zwei Dinge. Erstens zeigt es sich, daß für den lokalen Raum die Verkehrsmittelwerbung (außen) einen beachtlichen vorderen Rang einnahm. Die Rumpfflächenwerbung an Bussen und Straßenbahnen wird somit von der Bevölkerung gut wahrgenommen. Weiterhin ist bedeutsam, daß die übrigen mobilen Werbeträger nicht in die Untersuchung einbezogen worden sind. Und so überrascht es auch nicht, daß ausreichend Media-Daten für die Rumpfflächen öffentlicher Verkehrsmittel zur Verfügung stehen, hingegen für die übrigen Verkehrsmittel bislang fehlen.

Unter den Werbung betreibenden Betriebsinhabern setzt sich zunehmend die Erkenntnis durch, daß die Werbemaßnahmen, die an öffentlichen Verkehrsmitteln erfolgreich eingesetzt werden, sowohl in ihrer Übertragbarkeit als auch in ihrer Effizienz auf andere Verkehrsmittel anwendbar sind. Und so ist es nicht verwunderlich, daß verstärkt private Dienstleistungsunternehmer die Flächen ihrer Firmenfahrzeuge für den werbewirksamen Einsatz benutzen.

3. Die Entwicklung des Kraftfahrzeugbestandes als Voraussetzung für die Verkehrsmittelwerbung

Die Entwicklung der Verkehrsmittelwerbung ist untrennbar mit der Entwicklung des Kraftfahrzeugbestandes verbunden. Daher ist die Entwicklung des Kraftfahrzeugbestandes in Münster, die stellvertretend für die Entwicklung in der Bundesrepublik gelten kann, nachfolgend beschrieben. Die Abbildung 1 vermittelt überdies einen anschaulichen Eindruck von der zunehmenden Mobilität und der zunehmenden Bedeutung des PKW für die Nachkriegsgesellschaft.

Nach dem II. Weltkrieg verzeichnete der Kraftfahrzeugbestand gewaltige Zuwächse. Die um 1950 einsetzende Motorisierungswelle "erfaßte alle Kraftfahrzeugarten; mit der zunehmenden Verbesserung der Einkommensverhältnisse in den Arbeitnehmerhaushalten verlagerte sich die Entwicklung verstärkt auf die Personenkraftwagen" (Stat. Bericht 1980). Der Anteil der PKWs an den Kraftfahrzeugen verdeutlicht den Grad der Motorisierung privater Haushalte und

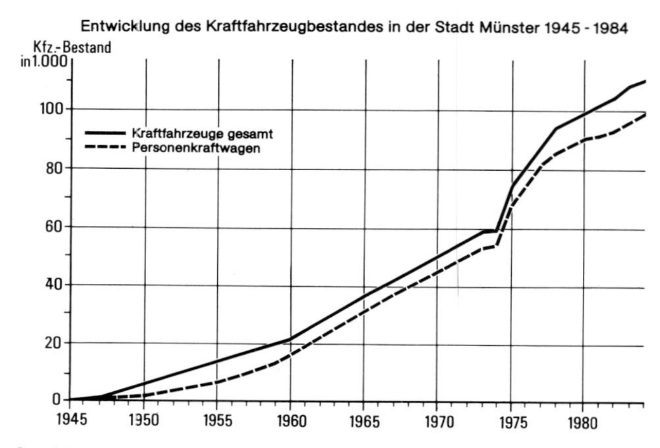

Quelle: Statist. Bericht 2/1980, Stadt Münster

Abb. 1: Entwicklung des Kraftfahrzeugbestandes in der Stadt Münster 1954-1984

die damit einhergehende Kraftfahrzeugdichte. Beachtliche Zuwachsraten können bis 1967 verfolgt werden, danach tritt eine annähernde Marktsättigung für PKWs ein, denn deren Prozentanteile schwanken nur noch geringfügig um den 90%-Wert.

Aufgrund dieses enormen Ausmaßes der Motorisierung und hierbei insbesondere der privaten Verkehrsmittel ist es nur folgerichtig, wenn diesem nunmehr dominierenden Verkehrsmittel sowohl von der Werbebranche als auch von dem auf Erkennungswert bedachten Personenkreis gesteigerte Beachtung geschenkt wird.

Ziel der Verkehrsmittelwerbung ist es, den Werbeträger mit der Werbebotschaft einem breiten und ständig wechselnden Personenkreis vor Augen zu führen. Durch den variabel zu gestaltenden Einsatz von Fahrzeugen (z.B. wechselnder Einsatz auf den Buslinien, flexibler Einsatz von Taxen) ist die Möglichkeit zur optischen Erreichung eines breiten Bevölkerungspotentials gegeben. Diese Vorteile werden zunehmend auch von den privaten Unternehmern gesehen.

Es wird unterstellt, daß der private Unternehmer betriebswirtschaftlich rational handelt, wenn er ein Fahrzeug für sein Unternehmen einsetzt. Ist das Fahrzeug zugleich Werbeträger, so hat er zwei Möglichkeiten, den oben geforderten großen Personenkreis zu erreichen. Die erste wäre der dauernde mobile Einsatz des Werbeträgers im Stadtraum. Da der Unternehmer sein Firmenfahrzeug aber nicht aufgrund der Werbung durch die Stadt fährt, wird er nach Standorten für sein Fahrzeug suchen, wo die Werbenachricht von möglichst vielen Menschen wahrgenommen werden kann.

4. Die Standorte der standortgebundenen Verkehrsmittelwerbung in Münster

Über die Ermittlung allgemeiner Standortfaktoren wurden in der Stadt Münster alle Standorte erfaßt, die für die standortgebundene Verkehrsmittelwerbung infrage kommen. Nach der Standortkartierung ergibt sich die in Abbildung 2 dargestellte faktische Verteilung.

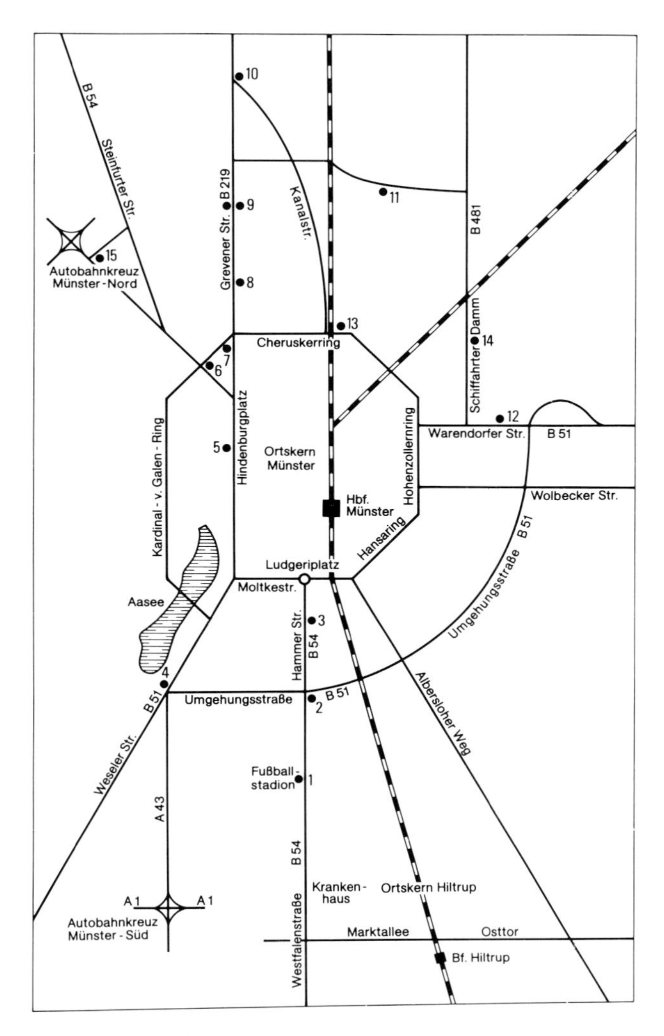

Abb. 2: Standorte der Verkehrsmittelwerbung in Münster
1 Hammer Straße (Preußen Stadion) (Parkplatz)
2 Hammer Straße/Umgehungsstraße (Wendehammer)
3 Hammer Straße (Parkstreifen)
4 Weseler Straße/Kappenberger Damm
5 Hindenburgplatz (Parkplatz)
6 Steinfurter Straße/Yorkring (Wendehammer am TÜV)
7 Yorkring (Feuerwache) (Parkstreifen)
8 Grevener Straße (Parkstreifen)
9 Grevener Straße (Parkstreifen)
10 Grevener Straße/Kanalstraße (Strassendreieck)
11 Königsberger Straße (Parkstreifen)
12 Warendorfer Straße (Parkstreifen)
13 Cheruskerring (Schlachthof) (Parkstreifen)
14 Schiffahrter Damm (Parkstreifen)
15 Wilkinghege (Park-u.-Ride-Parkplatz)

Die Kanalisierung des täglichen Verkehrsaufkommens in einer Stadt erfolgt

1) über radiale Ein- bzw. Ausfallstraßen und
2) über innerstädtische Ringstraßen oder Tangenten.

Diese Verkehrsadern, die das höchste Verkehrsaufkommen im Tagesgang aufweisen, sind die bevorzugten Achsen, an denen sich die Standorte für die standortgebundene Mobilwerbung befinden, gemäß dem Leitsatz "werben, wo viele Menschen sind" (Deutsche-Städte-Reklame 1985). Über diese großdimensionierten Straßenzüge (meist zweispurig in jeder Richtung mit je einem seitlichen Parkstreifen) erreichen die meisten der mit einem PKW nach Münster-Innenstadt kommenden Berufs- und Ausbildungspendler die Stadt, wobei den Ringstraßen und Tangenten eine besondere Verteilerfunktion zukommt. Besonders markante Standorte sind die Kreuzungspunkte dieser Einfallsstraßen mit den Tangenten. Da der Verkehrsfluß an diesen Großkreuzungen über Ampelanlagen geregelt wird, entstehen - insbesondere zu den Hauptverkehrsphasen - erhebliche Wartezeiten vor den Ampeln. Neben die Standorteigenschaft "hohe Verkehrsdichte" tritt eine zweite "lange Ampelwartezeit", die wegen der Begrenztheit der Werbeflächen und damit dem Zwang zur Konzentration der Aussage auf dem Werbeträger von großer Bedeutung ist.

Die lokalen Gegebenheiten in der Stadt Münster ermöglichen weitere Standorte mit guten Standorteigenschaften für mobile Werbeträger. Es sind dies die unmittelbar an die Hauptverkehrsadern angrenzenden großen Frei- oder Parkflächen. Im einzelnen sind es die Parkflächen vor dem Preußen- Stadion (Standort 1 in der Übersichtskarte) an der Hammer Straße und am Hindenburgplatz (Standort 5) vor der Universitätsverwaltung. An beiden Standorten ist durch das Fehlen von einschränkender Bebauung die Einsicht in die Parkfläche schon frühzeitig gegeben. Ampelbedingte Rückstaus bewirken zusätzlich häufig längere Wartezeiten, so daß den PKW-Insassen genügend Zeit zum Studium der Werbeinformationen bleibt.

Um über die phänotypische Erfassung auch Aussagen von den Werbung betreibenden Unternehmern zu erhalten und generalisierende Aussagen zu ermöglichen, erwies sich eine Unternehmerbefragung als unumgänglich.

5. Auswertung der Unternehmerbefragung

Nach der Kartierung der faktischen Standorte im Stadtgebiet und der Auflistung der an diesen Standorten Werbung treibenden Unternehmen wurde ein Fragebogen entwickelt (s. Anhang), über den die Unternehmensleitungen befragt wurden. Inhaltliche Schwerpunkte dieses Fragebogens waren einerseits die Voraussetzungen und Bindungen an den Standort, andererseits die Wirksamkeit der Werbemaßnahme.

Obwohl die Fragen zum überwiegenden Teil geschlossenen Charakter aufwiesen und somit ein hohes Maß an vereinfachender Auswertung erlaubten, ließen sich über die Effizienz der Verkehrsmittelwerbung nur wenige allgemeingültige Aussagen ermitteln. Dies hatte seine Gründe in der geringen Anzahl der befragten Grundgesamtheit und dem gestreuten Branchenspektrum.

Die Zuordnung zu Branchen läßt deutliche Schwerpunkte erkennen. Ein Drittel aller Unternehmen kann den Bau-, Bauneben- und Gebäudeservicebranchen zugeordnet werden. Ein weiteres Drittel ist eng mit Fahrzeugverkauf, -verleih oder Fahrzeug-Service verbunden. Unter den verbleibenden neun Unternehmen befanden sich vier Antiquitätenhändler, die einen weiteren Häufungspunkt ausmachen.

Allen Unternehmen ist gemeinsam, daß sie zur Erfüllung ihrer betrieblichen Leistungen auf ein Fahrzeug angewiesen sind und dieses dann mit der Werbeinformation versehen ließen. Zwei Unternehmer aus dem Baunebengewerbe haben ihre Betriebsstandorte in Städten weit außerhalb von Münster.

Alle Unternehmer, die ihre Fahrzeuge an den in Abbildung 2 dargestellten Standorten abstellten, bedienen sich zusätzlich anderer Werbeträger. Allen gemeinsam ist die ausschließlich lokale Reichweite ihrer Werbemaßnahmen, wobei die Werbeträger Tageszeitung, Plakatwand und Vereinsnachrichten benutzt werden. Kinowerbung und Einsatz von Postwurfsendungen konnten jeweils nur in einem Fall nachgewiesen werden.

Die Gründe, die zur Wahl dieser Werbeträger mit bevorzugt lokaler Reichweite führten, liegen allein im Bevölkerungspotential der Stadt Münster. In den knapp 300.000 Einwohnern sehen die Unternehmer das Potential, aus dem sich die Nachfrager nach ihrem Gut/ihrer Dienstleistung rekrutieren können. Und da das Oberzentrum Münster über einen großen Arbeitsmarkt und damit auch über einen großen Pendlereinzugsbereich verfügt, sind die Verkehrsströme aus dem Umland zusätzlich auf das Zentrum ausgerichtet, so daß zu der Komponente Bevölkerungspotential noch die Komponente Berufseinpendler tritt. Auf diese beiden Faktoren ist die Verkehrsmittelwerbung sowohl der ortsansässigen als auch der ortsfernen Unternehmen ausgerichtet.

Zeitungswerbung ist, insbesondere wenn die Anzeige auffällig und regelmäßig wiederkehrend ist, eine teuere Form der Werbung. Daher verwundert es nicht, wenn die Mobilwerbung nur einen Anteil von maximal 10% des Werbeetats ausmacht. Dies ist darin begründet, daß nach der Anschaffung des Fahrzeugs und der einmaligen Beschriftung keine nennenswerten weiteren Kosten entstehen, und diese überdies als Werbungskosten steuerlich wirksam geltend gemacht werden können.

Da die Oberfläche des als Werbeträger dienenden Fahrzeugs begrenzt ist, empfiehlt sich Beschränkung hinsichtlich der Aussage der Werbeinformation. Als überaus wichtig wurde von der überwiegenden Mehrzahl der Name des Unternehmens, dann dessen Telephonnummer angegeben. Zwei Unternehmern, die zu Werbezwecken Oldtimer-Fahrzeuge einsetzen, erscheint der besondere Charakter dieser Fahrzeuge wichtiger als die Werbeaufschrift.

Um den Erinnerungswert der Werbeaussage zu steigern, verwenden diese Unternehmer ausgefallene Lackierungen, Texte (siehe Görtz-Kampagne) oder auffallende Fahrzeugtypen. Diese Unternehmer setzen auf den "Einmaligkeitscharakter" ihres Fahrzeugs. Aufgrund der originell-kreativ gestalteten Medien konnten diese Firmeninhaber auch eine positive Resonanz aus der Kundschaft erfahren. Deshalb sind einige Beispiele dieser Kreativität in den Photos 4, 6 und 7 dokumentiert.

6. Der Standort in der Bewertung durch die Unternehmer

Hinsichtlich der Standorteigenschaften stimmten alle Befragten überein, daß der Standort als ideal anzusehen sei, der über eine hohe PKW-Frequenz im Tagesgang und zudem über ausreichend zeitlich unlimitierten seitlichen Parkraum verfügt. Zugleich beklagen die Betreiber der privaten Verkehrsmittelwerbung die zu geringen Parkmöglichkeiten ohne zeitliche Parkbeschränkung, die die potentiellen Standorte auf die wenigen faktischen reduzieren, die in Abbildung 2 wiedergegeben sind. Nach der Präferenz für einen Standort befragt, kristallisieren sich die Großkreuzungsbereiche im Norden und Süden der Stadt heraus (Weseler Straße/Umgehungsstraße; Steinfurter Straße/Ring (TÜV)). Alle übrigen strassenparallelen Parkstreifen an den Durchgangsstraßen folgen ohne erkennbare Konzentration. Die Befragten gaben an, daß die Verkehrsmittelwerbung ihnen überwiegend Vorteile bietet. Diese werden zum einen in der zusätzlichen Nutzungsmöglichkeit des Fahrzeugs gesehen, das somit als Informationsträger außerhalb des Geschäftes fungiert, zum anderen in den mobilen Einsatzmöglichkeiten, die das Fahrzeug zur mobilen Litfaßsäule machen, die die Information an wechselnden Standorten einem ständig wechselnden Publikum nahebringt.

Da die Anschaffung des Fahrzeugs aus betrieblichen Erwägungen erfolgte, treten außer den einmaligen Beschaffungskosten keine weiteren Kosten auf. Somit steht mit dem Fahrzeug ein ständiger Werbeträger zur Verfügung. Die Personal- und Betriebskosten, die für den Einsatz von und zum Abstellplatz auftreten, werden von den Geschäftsführern übereinstimmend als unerheblich betrachtet, zumal die Mehrzahl der Unternehmer Standorte bevorzugt, die in einem Entfernungsbereich von bis zu drei Kilometern vom Betriebsstandort entfernt liegen. Aus dieser relativen Nähe zum Betriebsstandort resultiert auch die Einschätzung des vertretbaren Arbeitskräfte-Zeit-Einsatzes.

Die Gründe, die zur Aufnahme der Verkehrsmittelwerbung geführt haben, liegen ausschließlich im Erkennen günstiger Werbemöglichkeiten ohne zusätzliche Kosten. Sie sind in keinem Falle auf die bereits Mobilwerbung betreibenden Mitkonkurrenten zurückzuführen. Diese Annahme wurde erwogen, nachdem sich im vertretenen Branchenspektrum einige Schwerpunkte abzeichneten.

So präzise die Antworten der Befragten bezüglich der Standortwahl und der Werbeabsicht ausfielen, so undeutlich waren sie bezüglich der Effizienz der von ihnen betriebenen Verkehrsmittelwerbung. Zwar konstatierten sie seit Einführung dieser Werbemethode einen sujektiven Kundenzuwachs, der aber nicht quantifiziert werden kann. In einigen Fällen ließ sich eine positive Resonanz aus der Kundschaft feststellen, die auf dem Einmaligkeitscharakter des Fahrzeugs (Oldtimer) oder der Auffälligkeit der Beschriftung beruhte und von den Kunden geäußert wurde. Die Effizienz der Verkehrsmittelwerbung ist nur mit Kundenbefragungen und einem größeren buchungstechnischen Aufwand nachvollziehbar, der von den befragten Unternehmern als "betriebswirtschaftlich unvertretbar" bezeichnet wurde und folglich unterlassen wird.

Schwierigkeiten, die dem Unternehmer durch die Verkehrsmittelwerbung erwachsen, resultieren aus der Größe des abgestellten Fahrzeuges und dessen Parkdauer am Standort. Je größer ein im öffentlichen Verkehrsraum abgestelltes Fahrzeug ist, desto häufiger wird Unmut der Anwohner an dieser Straße bezüglich einer vermeintlichen Zweckentfremdung des Parkraumes laut. Aus der Schwierigkeit, überhaupt einen geeigneten Abstellplatz zu finden, resultiert eine lange Parkdauer an diesem Standort, die im Einzelfall behördlicherseits Zweifel am mobilen Verwendungszweck des Fahrzeugs aufkommen ließ.

Mit dem Einsetzen der Motorisierungswelle hat das private Kraftfahrzeug die Vorrangstellung unter den Verkehrsmitteln eingenommen. Der Werbung betreibende Personenkreis stellt seine Maßnahmen auf dieses dominante Verkehrsmittel und seine Benutzer ein. Dabei werden im Stadtbereich bestimmte Standorte zur Verkehrsmittelwerbung benutzt, die sich aufgrund ihrer Standorteigenschaften hierfür besonders eignen.

Die Standorteigenschaften sowie die Evaluation des Standorts durch den Unternehmer einerseits, andererseits die Effizienz der Werbemaßnahme wurden zu Untersuchungsgegenständen erhoben. Da vergleichende Untersuchungen zu diesem Thema bislang fehlen, erscheint eine Ausdehnung der Fragestellung auf andere Städte vergleichbarer Größenordnung erfolgversprechend.

7. Quellen

Deutsche-Städte-Reklame (DSR): Poster 1985.

FRIEDRICH (1977): Plakat-Renaissance. In: Markenartikel 12, S. 584.

Fachverband Außenwerbung (FAW) (o.J.): Verkehrsmittelwerbung im Aufwind. Frankfurt.

INFRATEST Medienforschung (1982): Effizienzkontrolle bei ausgewählten Kampagnen der Verkehrsmittelwerbung. München.

MACKENROTH (1980): Das wiederentdeckte Medium Außenwerbung. In: Graphik 10, S. 35.

Stadt Münster (1980): Die Entwicklung des Kraftfahrzeugbestandes in Münster und dessen kleinräumige Verteilung. Statistischer Bericht 2, S. 8-16. Münster.

Fragebogen.

Sehr geehrter Geschäftsführer!

Sie benutzen ein Fahrzeug als Werbeträger für Ihr Unternehmen. In diesem Zusammenhang möchte ich Ihnen einige Fragen stellen, die die Verkehrsmittelwerbung und deren Standorte zum Inhalt haben.

1. Welche der nachstehend aufgeführten Werbemethoden setzen Sie ein?

   Kinowerbung
   Postwurfsendungen
   Rundfunkwerbung
   TV-Werbung
   Zeitungsanzeigen (Tageszeitungen)
   Werbung an privaten Verkehrsmitteln
   Werbung an öffentlichen Verkehrsmitteln
   Plakatwerbung
   Sonstige Werbung
   ....

2. Welchen prozentualen Anteil haben diese Werbemethoden an Ihrem gesamten Werbeetat? (Eintragen in Tab. 1).

3. Welcher Information auf der Werbefläche Ihres Fahrzeuges messen Sie die größte Bedeutung bei?

   Branche Name Farbgebung Tel.-Nummer Sonstiges
   Sonstiges ....

4. Welche Eigenschaften sollte ein Standort aufweisen, an dem Sie Ihr Fahrzeug abstellen?
   ....
   ....

5. Worin sehen Sie die Vorteile der Verkehrsmittelwerbung gegenüber anderen Werbeträgern?
   ....
   ....

6. Sehen Sie auch Nachteile in der Verkehrsmittelwerbung?
   ....

7. An welchen Standorten stellen Sie Ihre Fahrzeuge bevorzugt ab? (Rangfolge der Bevorzugung angeben).
   ....
   ....
   ....
   ....
   ....

8. Welche Art von Fahrzeugen setzen Sie bei der Verkehrsmittelwerbung ein? Bitte Anzahl in Tab. eintragen)

	PKW	LKW	Klein-bus	BUS	PKW- Anhänger	LKW- Anhänger	Klein-trans-porter	Sonstiges
Eigenbesitz								
Mitarbeiter-besitz								
gemietet								
ausschl. zu Werbezwecken angeschafft oder gemietet								
auch in anderweitiger betr. Nutzung								
ausrangierte Fahrzeuge								

9. Bewegen Sie Ihre Fahrzeuge nach einem flächendeckenden System oder nur zwischen wenigen bewährten Standorten hin und her?

10. Wie häufig wechseln Sie die Standorte? ....

11. Haben Sie die Standorte auf den Kundenkreis abgestimmt
 " " Betriebsstandort "
 " .... "

12. Welche "Bereiche" wollen Sie mit der Mobilwerbung erfassen?

 Innenstadt ☐ ☐ Vororte (welche)

 Außenstadt ☐ ☐ and. Städte (welche)

 nur bestimmte Zufahrtsstraßen ....

13. Seit wann betreiben Sie Verkehrsmittelwerbung? 19 .. = ... Jahre

14. Konnten Sie seit Einführung der Mobilwerbung einen Anstieg der Kundschaft feststellen (subjektiv)?
 ja nein nicht feststellbar k.A.

15. Läßt sich die Effizienz der Verkehrsmittelwerbung für Ihr Unternehmen in Zahlen ausdrücken? ..... %

16. Haben Sie z.B. über Kundenbefragung Nachforschungen über die Effizienz der Verkehrsmittelwerbung angestellt? ja nein k.A.
 Wenn ja, mit welchem Ergebnis? ....
 ....

17. Aus welchen Gründen haben Sie mit der Verkehrsmittelwerbung begonnen?
 ....
 ....

18. Wie werden Sie zukünftig die Verkehrsmittelwerbung einsetzen?
 eingeschränkt zugunsten anderer Werbemethoden
 ganz darauf verzichten
 vermehrt einsetzen
 noch ungewiß

19. Wobei entstehen Ihnen beim Einsatz der Verkehrsmittelwerbung Kosten?
 a) einmalige Kosten (Beschriftung) ....
 b) laufende Kosten (wann und wobei) ....

20. Stehen die durch Mobilwerbung entstehenden Kosten in einem lohnenden Verhältnis zu den Mehreinnahmen?
 ja nein läßt sich nicht feststellen

21. Sehen Sie sich durch die Verkehrsmittelwerbung treibenden Mitbewerber dazu veranlaßt, ebenfalls in die Mobilwerbung zu investieren?
 ja nein

22. Sind Ihnen schon Schwierigkeiten entstanden durch die Verkehrsmittelwerbung? (welcher Art?)
 a) durch übrige Verkehrsteilnehmer ....
 b) durch Behörden ....
 c) durch Konkurrenten um den Standort ....

Einige Kenndaten zu Ihrem Unternehmen:

Welche Produkte/Dienstleistungen stellen Sie her bzw. führen Sie aus? ....

Wieviele Mitarbeiter sind in Ihrem Betrieb beschäftigt? ....

Herzlichen Dank für Ihre Kooperationsbereitschaft!

Anschrift des Verfassers:

Dr. Henning Grabowski
Königsberger Straße 79
D - 4400 Münster

Aus:

Ekkehart Köhler und Norbert Wein (Hrsg.):

NATUR- UND KULTURRÄUME.

Ludwig Hempel zum 65. Geburtstag.

Paderborn: Ferdinand Schöningh 1987.

= Münstersche Geographische Arbeiten 27.

Photo 1: Fahrrad als mobiler Werbeträger

Photo 2: Dachreiter als Werbeträger auf PKW

Photo 3: Wendehammer an Großkreuzung

Photo 4: originelle Verkehrsmittelwerbung, Standort Großkreuzung (Wendehammer)

Photo 5: Standort: Hammer Straße/Parkstreifen

Photo 6: originelle Verkehrsmittelwerbung, Standort: Hindenburgplatz

Photo 7: originelle Verkehrsmittelwerbung (Oldtimer), Stancort: Grevener Straße (Parkstreifen)

Rolf Thöle

Zur Verbreitung und Technik der Plaggendüngung und -wirtschaft im Sandmünsterland

1. Einleitung

Plaggendüngung bzw. Plaggenwirtschaft ist eine vor allem in den Geestgebieten von Nordwestdeutschland und der Niederlande mit ihren sandigen Böden weit verbreitete Art und Weise der Düngervermehrung vor der Einführung mineralischen Handelsdüngers. Der Beginn der weiten Verbreitung der Plaggenwirtschaft und -düngung wird etwa mit der Durchsetzung der feudalen Wirtschafts- und Gesellschaftsordnung während der karolingisch-ottonischen Zeit (ENNEN/JANSSEN 1979; HENNING 1979) bzw. mit dem Beginn des "ewigen Roggenanbaues" im 10./11. Jahrhundert n. Chr. gleichgesetzt (BEHRE 1976; ECKELMANN 1980). Das Ende dieser Wirtschaftsweise war mit der Einführung des mineralischen Handelsdüngers in der Mitte des 19. Jahrhunderts bzw. der breiten Durchsetzung der verwissenschaftlichen Landwirtschaft gekommen. Letzte Nachrichten über Durchführungen der Plaggendüngung stammen aus den 20er Jahren des 20. Jahrhunderts.

Das besondere Spezifikum der Plaggendüngung ist eine intensive Einbeziehung von u.a. Heide- und Grasplaggen mit den anhaftenden anorganischen Bestandteilen in den Prozeß der Düngergewinnung. Im Verlauf der mehrhundertjährigen Anwendung dieser Düngermethode führte sie zu ausgedehnten Plaggeneschflächen (auch als Plaggenböden oder Eschböden bezeichnet), die heute noch an ihren tiefgründig humosen Bodenhorizonten erkennbar sind, häufig auch anhand der anthropogenen Veränderung der Landschaftsmorphologie, wie die "uhrglasförmige" Aufwölbung der Plaggeneschflächen oder ihre Begrenzung durch Steilkanten (ECKELMANN 1980; ECKELMANN/KLAUSING 1982).

Im folgenden sollen nun anhand der Ergebnisse der Bodenkundlichen Landesaufnahme die Verbreitung der Plaggeneschflächen und die Techniken zur Gewinnung des Düngermaterials im Sandmünsterland aufgezeigt werden, wobei unter Sandmünsterland der Raum verstanden wird, der sich etwa zwischen Münster, Warendorf, Versmold, Teutoburger Wald, Rheine und Burgsteinfurt erstreckt.

2. Räumliche Verbreitung der Plaggeneschflächen im Sandmünsterland

Als großräumiges Verbreitungsgebiet der Plaggeneschflächen werden die sandigen Böden der Geest Nordwestdeutschlands und der angrenzenden Niederlande, wenn man von einigen kleineren Vorkommen absieht, die sich bis nach Irland bzw. Dänemark erstrecken können, bezeichnet. Innerhalb dieses großräumigen Verbreitungsgebietes von Plaggeneschflächen ist die kleinräumige Verteilung aber bisher relativ selten beschrieben worden (z.B. ECKELMANN 1980). Erst die Ergebnisse der modernen Bodenkundlichen Landesaufnahme, die in der Ansprache der Böden von Plaggeneschflächen sicherer geworden ist, ermöglichen eine differenziertere Beschreibung der räumlichen Verteilung dieser Böden und der damit verbundenen Wirtschaftsweise.

In Abb. 1 sind in relativ grober Vereinfachung die Verbreitungsgebiete der Plaggeneschflächen im Sandmünsterland wiedergegeben. Die detailliertere Verbreitung kann den zugrundeliegenden Karten der Bodenkundlichen Landesaufnahme in den Maßstäben 1:50.000 und 1:25.000 entnommen werden. Ein Vergleich der Verbreitung der Plaggeneschflächen mit ihrer landschaftstypischen Konnektion läßt drei Haupttypen von Verbreitungsarealen erkennen, und zwar die Lage auf den Uferwällen der Fließgewässer, auf großflächigen Flugsandfeldern und am Südabhang des Teutoburger Waldes. Zahlreiche kleinflächige und isolierte Vorkommen, insbesondere auf singulären Dünen, sind hier nicht berücksichtigt.

2.1 Uferwälle der Fließgewässer

Die flächenmäßig umfangreichste Verbreitung von Plaggeneschfläche findet sich auf den die meisten Fließgewässer des Sandmünsterlandes begleitenden Uferwällen. Die Uferwälle stammen im wesentlichen aus der Weichsel-Kaltzeit und bestehen aus Akkumulationen von Grob- bis Mittelsand. Sie entstehen im Verlauf der häufigen Überschwemmungen dadurch, daß bei dem Übertritt des Wassers aus dem Flußbett in den Talbereich das Wasser sofort seine Transportkraft verliert und somit in Ufernähe die gröberen

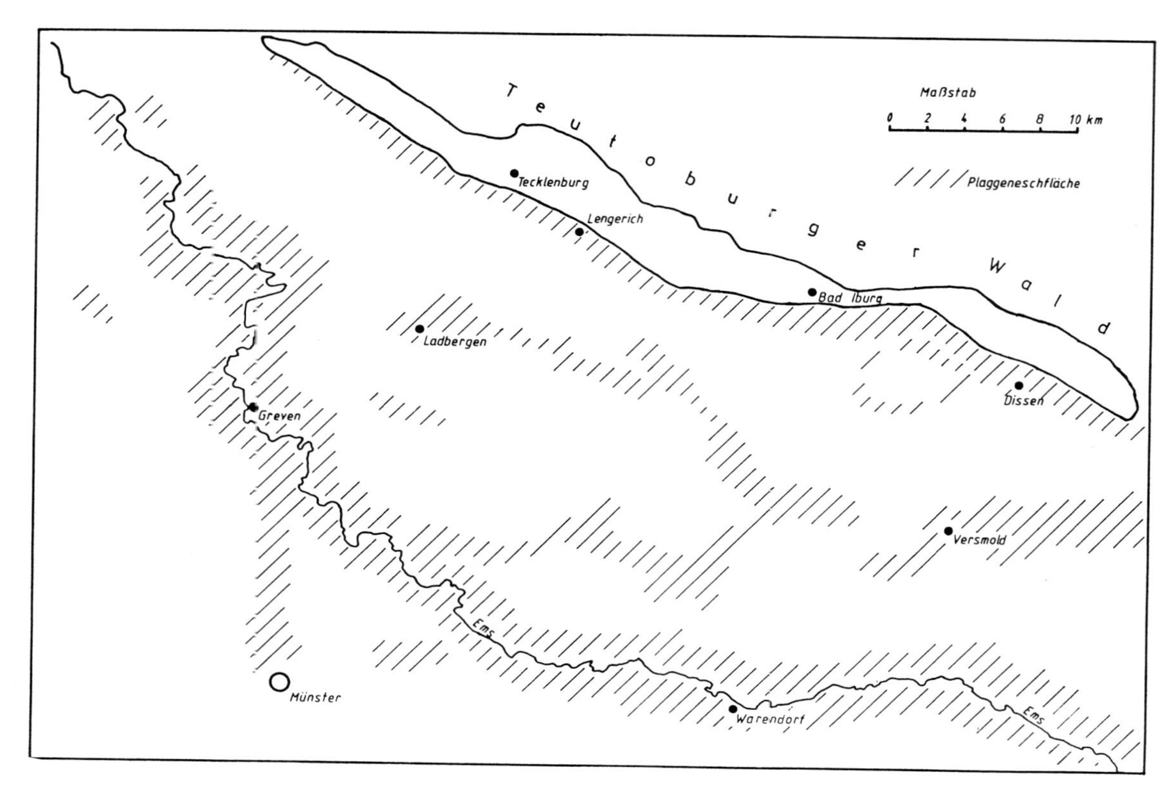

Abb. 1: Die Verbreitung der Plaggenesche im Sandmünsterland

Sedimentpartikel abgelagert werden, so daß dort mit der Zeit bei häufigen Überschwemmungen ein die Ufer begleitender Wall entsteht. Da die Uferwälle im Laufe der Jahre aus dem Bereich der alljährlichen Überflutungen herauswuchsen, bildeten sie über das Niveau des Talbodens herausragende relativ trockene Standorte. Z.T. lagerten sich auch dort großflächig Flugsande ab, die zu einer weiteren Erhöhung beitrugen. Da diese Standorte eine deutlich verminderte Hochwassergefährdung aufwiesen, und somit auch für den Ackerbau verwendbar waren, gehörten sie zu den ältesten, weil einzig möglichen Siedlungsgebieten im Sandmünsterland. Wie die weder natürlich noch künstlich aufgehöhte Landschaft ausgesehen hat, geht z.B. daraus hervor, daß noch zu Beginn des 19. Jahrhunderts über das Sandmünsterland folgende Bemerkung gemacht werden konnte: "Das Land bildet eine unabsehbare Ebene, der es nur allzuoft an Wasserabzügen fehlt; daher im Winter ein großer Theil derselben eher einem Archipel als einem festen Land gleich sieht, und aller Verkehr unter den Menschen gestört ist" (v. SCHWERZ 1836). Aus dieser Situation heraus ist es auch nicht zu verwundern, daß sich hier die umfangreichsten Plaggeneschflächen finden. Es umfaßt im wesentlichen die Uferwallgebiete von Ems, Ladbergener-Kattenvenner Mühlenbach, Bever, Eltingmühl-Bach, Aa und den zum Münsterland gerichteten Südrand der "Vor-Osning-Senke" (HEMPEL 1981).

2.2 Flugsandfelder

Die flächenmäßig geringste Verbreitung haben Plaggeneschflächen auf den Flugsandfeldern, die sich weitgehend unabhängig vom Gewässernetz gebildet haben. Es handelt sich hierbei im wesentlichen um die Flugsandinseln von Ladbergen und Ahlintel (südwestlich von Emsdetten). Aufgrund ihres äußerst geringen Vorkommens und ihres vergleichbaren Substrates sind in diese Kategorie auch die Plaggeneschflächen auf den pleistozänen sandigen Ablagerungen an den Pässen des Teutoburger Waldes (HEMPEL 1980, 1981) miteinbezogen worden.

2.3 Südabhang des Teutoburger Waldes

Als dritter Haupttyp der Verbreitung von Plaggeneschflächen werden hier die tiefgründig humosen Böden am Südabhang des Teutoburger Waldes herausgestellt, da sie sich sowohl von ihrem Substrat als auch von ihrer bodensystematischen Einstufung her von den bisher vorgestellten Plaggeneschflächen unterscheiden. Das Substrat dieser Ackerflächen ist deutlich lehmiger, da hier häufig Verwitterungsmaterial der mesozoischen Gesteine des Teutoburger Waldes bzw. sandig-lehmige glazigene Substrate oder Löß mit eingearbeitet sind. Stratigraphisch handelt es sich um weichselzeitliche fein- bis mittelsandige, z.T. kiesige Hangsande und, insbesondere im

Bereich des Kleinen Berges, um drenthe-stadiale Grundmoräne. Auch ist ihre bodensystematische Stellung noch umstritten. So werden sie entweder zu den Plaggeneschfläche (ECKELMANN 1980) oder zu den tiefgründig humosen Braunerden (Geol. Landesamt NW 1973 ff.) gestellt, da hier die Technik der Plaggenwirtschaft, die eine notwendige Voraussetzung für die Einstufung als Plaggenesch ist, nicht deutlich erkennbar ist. Die tiefgründige Humosität wird dabei auf die Beeinflussung dieser Böden durch basenhaltiges Zuschußwasser zurückgeführt.

3. Techniken der Plaggenwirtschaft im Sandmünsterland

Kenntnisse über die Techniken der Plaggenwirtschaft sind notwendig, um Teilfragen der Agrargeographie und einige Probleme der mittelalterlichen und frühneuzeitlichen Landwirtschaft zu klären, um das heutige Muster der Verteilung von Landschaftstypen zu verstehen und, nicht zuletzt, um die Deutung der Genese und systematischen Stellung der Bodenlandschaften und Böden, die von diesem Bewirtschaftungsverfahren beeinflußt werden, zu ermöglichen.
Es kann hier aber nicht der Ort sein, tief in die Einzelheiten der Techniken der Plaggenwirtschaft, d.h. im einzelnen in die Techniken der Plaggengewinnung, die unterschiedlichsten Möglichkeiten ihrer Behandlung zu verwertbarem Dünger, die Methoden der Ausbringung, Verteilung auf und Einarbeitung in die Ackerfläche und die Wirksamkeit dieses Düngermaterials bei unterschiedlicher Dungzusammensetzung und bei verschiedenen Anbaufrüchten, einzudringen. Diese Probleme sind mit unterschiedlicher Zielsetzung und Intensität in der landwirtschaftlichen Literatur des 18./19. Jahrhunderts (BRUCHHAUSEN 1790; KLÖNTRUP 1798; KREISZIG 1834; v. SCHWERZ 1836) und in jüngerer landeskundlicher bzw. bodenkundlicher Literatur (NIEMEIER/TASCHENMACHER 1939; KROLL 1975; ECKELMANN 1980; ECKELMAN/KLAUSING 1982) abgehandelt worden. Es ist an dieser Stelle nur die Absicht, die ganze Vielfältigkeit aufzuzeigen, die sich hinter dem Begriff "Plaggenwirtschaft" versteckt und auf einige regionale Besonderheiten des Sandmünsterlandes hinzuweisen, denn aufgrund unterschiedlicher naturräumlicher Voraussetzungen können die regionalen Differenzierungen dieser Wirtschaftsweise ganz beträchtlich sein.
Sinn und Zweck der Verwendung von Stalleinstreu-Material ist es, zum einen die aufgestallten Tiere sauber zu halten und zum anderen den anfallenden tierischen Dung, Kot und Harn, möglichst vollständig aufzufangen, um ihn dann als Dungmaterial verwenden zu können. Ein wichtiger Aspekt war dabei auch, daß die Stalleinstreu eine Streckung und Vermehrung des tierischen Dunges bewirkte. Üblicherweise wurde als Stalleinstreu Stroh verwendet. Wenn nun aufgrund fehlender Möglichkeiten, ausreichend Heu für die Winterfütterung zu gewinnen, das Stroh hierfür herangezogen werden mußte, war es notwendig, nach entspreche den Ersatzstoffen für die Stalleinstreu zu suchen. Diese Situation war im Sandmünsterland regelmäßig gegeben.
Als Streuersatzstoff bzw. als Streckungsmaterial zum Aufmischen des Kompostes wurden in den Sandgebieten des Münsterlandes vor allem Heidekraut, Heideplaggen und Moos verwendet; untergeordnete Bedeutung hatten Stroh, Schilf, Laub und Grasplaggen. Stehen diese Materialien nicht in ausreichendem Maße zur Verfügung, so werden als Einstreumaterial auch Sand bzw. zur Kompostaufmischung Oberbodenmaterial verwendet. Im Münsterland hatte aber der Sand als Einstreumaterial eine relativ geringe Bedeutung, ganz im Gegensatz zum Emsland oder zum Delbrücker Land, wo diese Technik weitverbreitet war (TRIMPE 1895). Sand bzw. humoses Oberbodenmaterial wurden auf sehr unterschiedliche Weise gewonnen:

- aus extra für diesen Zweck angelegten Sinken und Erdfängen in den Gewässern,
- aus Entwässerungsgräben,
- das Oberbodenmaterial von Wiesen im Überschwemmungsbereich wurde abgegraben, wobei genau berechnet wurde, wieviel Sediment im Verlauf einer Überschwemmungsphase abgelagert wurde, um nur dieses zu gewinnen,
- es wurden erhöhte Stellen in den Wiesenbereichen und auch im Ackerland abgegraben, um auf diese Weise ebenere Flächen zu gewinnen,
- es wurde sogar das Oberbodenmaterial von Ackerflächen abgegraben, eine Technik, die so durchgeführt wurde, daß entweder in einem Meter Abstand Rinnen quer über das Feld gezogen wurden oder in regelmäßigen Abständen spatenstichweise Löcher gegraben wurden und das Material entnommen wurde, wobei die Entnahmestellen durch nachfolgendes Pflügen und Eggen wieder verfüllt wurden, und
- die Gewinnung der seltenen und wegen ihrer guten Düngerwirkung begehrten Gras- oder Grünplaggen erfolgte von den Ackerrändern, auf den Angewenden der Felder oder von den Feldwegen, wobei die Wege teilweise so angelegt wurden, daß sie zur Entnahme von Plaggen geeignet waren.

Nach v. SCHWERZ (1836) hatten die Heideplaggen die bei weitem größte Bedeutung. Sie wurden in einer Stärke von etwa einem Zoll gehauen oder geschält,

in der Regel im Stall eingestreut, aber auch nur zusammen mit Mist in Haufen aufgesetzt und kompostiert. Das Plaggenhauen erfolgte etwa im Juli, wenn der Oberboden gut abgetrocknet war. Die Plaggen wurden gesammelt und weiter getrocknet, bis sie dann nach ca. 3-4 Wochen im September in gut durchgetrocknetem Zustand verwendet wurden.
Die Tätigkeiten "Plaggen mähen, Erde schaben und Laub sammeln" (LODTMANN 1770) unterlagen dabei strengen Regelungen, die sehr genau kontrolliert wurden und bei unrechtmäßiger Handhabung auch streng geahndet wurden. Zahlreiche Protokolle der jährlichen Versammlungen von Markgenossen, die zum Plaggengewinn berechtigt waren, geben darüber Auskunft. Wenn auch im Sandmünsterland im Rahmen der Plaggenwirtschaft der Heideplaggen die größte Bedeutung hatte, so gilt doch die grundsätzliche Aussage von BRUCHHAUSEN (1790), daß "alles was faulen und verotten kann", also alles, was organische Substanz enthielt, gesammelt und als Dünger verwendet wurde.

4. Veränderung des Landschaftsbildes durch Plaggenwirtschaft im Sandmünsterland

Morphologische Veränderungen der Landschaft sind eine zwangsläufige Folge der Plaggenwirtschaft, da sie mit umfangreichem Transport mineralischen Bodenmaterials von den Plaggenentnahme- zu den Ackerflächen verbunden ist. Solche Veränderungen, wie die Ausbildung von Steilkanten an den Ackerrändern, sind aus der sandigen Geest Nordwestdeutschlands seit langem bekannt. Auch aus dem zum Verbreitungsgebiet der Plaggenwirtschaft gehörenden Mittelgebirge (Teutoburger Wald, Wiehengebirge) sind solche Veränderungen, wie Steilkanten durch Plaggenauftrag, z.T. sogar gestützt durch Trockenmauerwerk, Umwandlung von Kerbtälern in Sohlentäler durch Materialentnahme, kürzlich ausführlich beschrieben worden (ECKELMANN 1980). Alle diese Formen lassen sich auch im Münsterland wiederfinden. Ebenso sind die Erosionsformen, die mit der Plaggenentnahme verbunden sind, vorhanden. Die von PYRITZ (1972) festgestellten Flugsandflächen mit jungen Dünen, die sich in den von Vegetation entblößten Plaggenentnahmeflächen leicht bilden, sind auch hier weit verbreitet.
Diese negativen Folgen und die Erkenntnis, daß Plaggenwirtschaft eine Verschwendung von Ackerland und ein Raubbausystem am Boden ist (BRUCHHAUSEN 1790; ANONYM 1864), führte dazu, das System der Plaggenwirtschaft aufzugeben, wobei äußere Anlässe dabei die Teilung der Gemeinheiten und die Einführung des Mineraldüngers waren. Der rasche Rückgang der Plaggenwirtschaft um die Mitte des 19. Jahrhunderts läßt sich auch mit einigen Zahlen aus dem Sandmünsterland belegen: Um 1835 gab es im Regierungsbezirk Münster noch 835.000 Morgen Heidefläche, die als Plaggenentnahmefläche diente, 1864 nur noch 500.000 Morgen; der Kreis Steinfurt hatte bei einem Gesamtareal von 301.000 Morgen um das Jahr 1835 noch 132.331 Morgen Plaggenland, 1864 nur noch 78.000 Morgen (ANONYM 1864).

5. Literatur

ANONYM (1864): Über Plaggendüngung. Landwirtsch. Zeitung f. Westfalen und Lippe 21, Nr. 32 vom 5. August 1864, Münster.

BEHRE, K.-E. (1976): Beginn und Form der Plaggenwirtschaft in Nordwestdeutschland nach pollenanalytischen Untersuchungen in Ostfriesland. Neue Ausgrabungen und Forsch. in Niedersachsen 10, S. 197 ff.

BRUCHHAUSEN, A. (1790): Anweisungen zur Verbesserung des Ackerbaus und der Landwirtschaft des Münsterlandes. Münster.

ECKELMANN, W. (1980): Plaggenesche aus Sanden, Schluffen und Lehmen sowie Oberflächenveränderungen als Folge der Plaggenwirtschaft in den Landschaften des Landkreises Osnabrück. Geol. Jb., F 10, S. 3-93, Hannover.

ECKELMANN, W./Ch. KLAUSING (1982):Plaggenwirtschaft im Landkreis Osnabrück. Osn. Mitt. 88, S. 234-248, Osnabrück.

ENNEN, E./W. JANSSEN (1979): Deutsche Agrargeschichte. 272 S., Wiesbaden.

GEOLOGISCHES LANDESAMT NORDRHEIN-WESTFALEN (Hrsg.): Bodenkarten von Nordrhein-Westfalen 1:50.000: L 3712 Ibbenbüren 1977, L 3910 Burgsteinfurt 1973, L 3912 Lengerich 1977, L 3914 Bad Iburg 1983, Krefeld.

HEMPEL, L. (1980): Der "Osning-Halt" des Drenthe-Stadials am Teutoburger Wald im Lichte neuerer Beobachtungen. Eiszeitalter u. Gegenwart 30, S. 45-62, Hannover.

HEMPEL, L: (1981): Erläuterungen zur Geomorphologischen Karte 1:25.000 der Bundesrepublik Deutschland, GMK 25 Blatt 6, 3814 Bad Iburg. 53 S., Berlin.

HENNING, F.-W. (1979): Landwirtschaft und ländliche Gesellschaft in Deutschland. Bd. I: 800-1750, 287 S., Paderborn.

KLÖNTRUP, J.A. (1798): Alphabetisches Handbuch der besonderen Rechte und Gewohnheiten des Hochstifts Osnabrück mit Rücksicht auf die benachbarten westfälischen Provinzen. 3 Bd., Osnabrück.

KREYSZIG, W.A. (1834): Das Ganze des landwirthschaftlichen Düngerwesens in einer durchgreifenden Verbesserung und Reform zur Erhöhung und Belebung eines segensreichen Erfolges des deutschen und preußischen Feldbaues. Königsberg.

KROLL, H.J. (1975): Ur- und frühgeschichtlicher Ackerbau in Archsum auf Sylt. Diss., Univ. Kiel.

LODTMANN, J.F.A. (1770): De jure holzgraviali praesertim in episcopatu Osnabrugensi libellus. Lemgo.

NIEMEIER, G./W. TASCHENMACHER (1939): Plaggenböden. - Ein Beitrag zu ihrer Genetik und Typologie. Westf. Forsch. 2, S. 29-64, Münster.

PYRITZ, E. (1972): Binnendünen und Flugsandebenen im Niedersächsischen Tiefland. Göttinger Geogr. Abh. 61, Göttingen.

v. SCHWERZ, J.N. (1836): Beschreibung der Landwirtschaft in Westfalen und Rheinpreußen. 238 S., Stuttgart.

Anschrift des Verfassers:

Dr. Rolf Thöle
Westfälische Wilhelms-Universität
Institut für Geographie
Robert-Koch-Straße 26
D - 4400 Münster

Aus:

Ekkehart Köhler und Norbert Wein (Hrsg.):

NATUR- UND KULTURRÄUME.
Ludwig Hempel zum 65. Geburtstag.

Paderborn: Ferdinand Schöningh 1987.
= Münstersche Geographische Arbeiten 27.

Dieter Kohse

Flintartefakte von Fehmarn

Ein besonders auffälliges Merkmal der Grundmoränenlandschaft Fehmarns ist eine Vielzahl von Söllen. Da sie für die Fundstellen steinzeitlicher Artefakte von besonderer Bedeutung sind, sei zunächst auf ihre Entstehung auf Fehmarn verwiesen.

In der Literatur werden Sölle vorwiegend als Toteislöcher erklärt (LOUIS 1968; HEMPEL 1974), sie können aber auch ihren Ursprung in Strudellöchern eiszeitlicher Gletschermühlen haben. Um letztere Entstehungsursache handelt es sich offensichtlich bei der weit überwiegenden Mehrzahl der Sölle auf Fehmarn. Sie treten in deutlichen Reihen auf, die im wesentlichen in West-Ost-Richtung verlaufen, wobei der Abstand einzelner Sölle innerhalb der Reihe teilweise unter hundert Meter beträgt. Verbindet man auf der Karte (Abb. 1) die in einer Reihe liegenden Sölle - oft sind es mehr als zehn - so erhält man das Bild des wahrscheinlichen Spaltenverlaufs während der letzten Abschmelzphase der Würmeiszeit. In dieser Phase war der Schmelzvorgang auf der Gletscheroberfläche besonders stark, das Schmelzwasser sammelte sich zu kleinen Wasserläufen, die dann in die nächste Spalte stürzten und in der weichen Grundmoräne die Hohlformen für die Sölle ausspülten.

Die Annahme, daß diese Reihen von Söllen den letzten Spaltenverlauf wiedergeben, wird durch drei Beobachtungen gestützt: Die Reihen verlaufen quer zu der ehemaligen Fließrichtung des Gletschers, es handelte sich demnach fast ausschließlich um Querspalten. Die Reihen verlaufen weitgehend parallel zu den Isohypsen, und das gewellte Relief mit Rükken und Mulden erklärt die Entstehung solcher Querspalten. Die meisten Sölle, besonders die größeren, haben eine ovale Form, deren Längsachse im rechten Winkel zum angenommenen Spaltenverlauf steht. Diese Form ist dadurch zu erklären, daß die Schmelzwasser, die in die Spalte stürzten, sich in die Rückwand der Spalte analog rückschreitender Erosion einschnitten oder einschmolzen, so daß das Strudelloch eine ovale Form erhielt. Die ovale Form kann aber auch durch Vorrücken des Gletschers auch noch während der letzten Abschmelzphase bedingt sein.

Heute kann man die meisten Sölle auf den Feldern von den Straßen aus an dem Baumbestand der Böschung bzw. Uferzone deutlich erkennen, und sie sind auf der fast waldlosen Insel nicht nur wertvolle Biotope für Amphibien, sondern auch der wichtigste Einstand des besonders reichen Wildbestandes. Viele Sölle haben leider keine Wasserfüllung mehr, da die Bauern ihre Lesesteine - auch große Findlinge - und

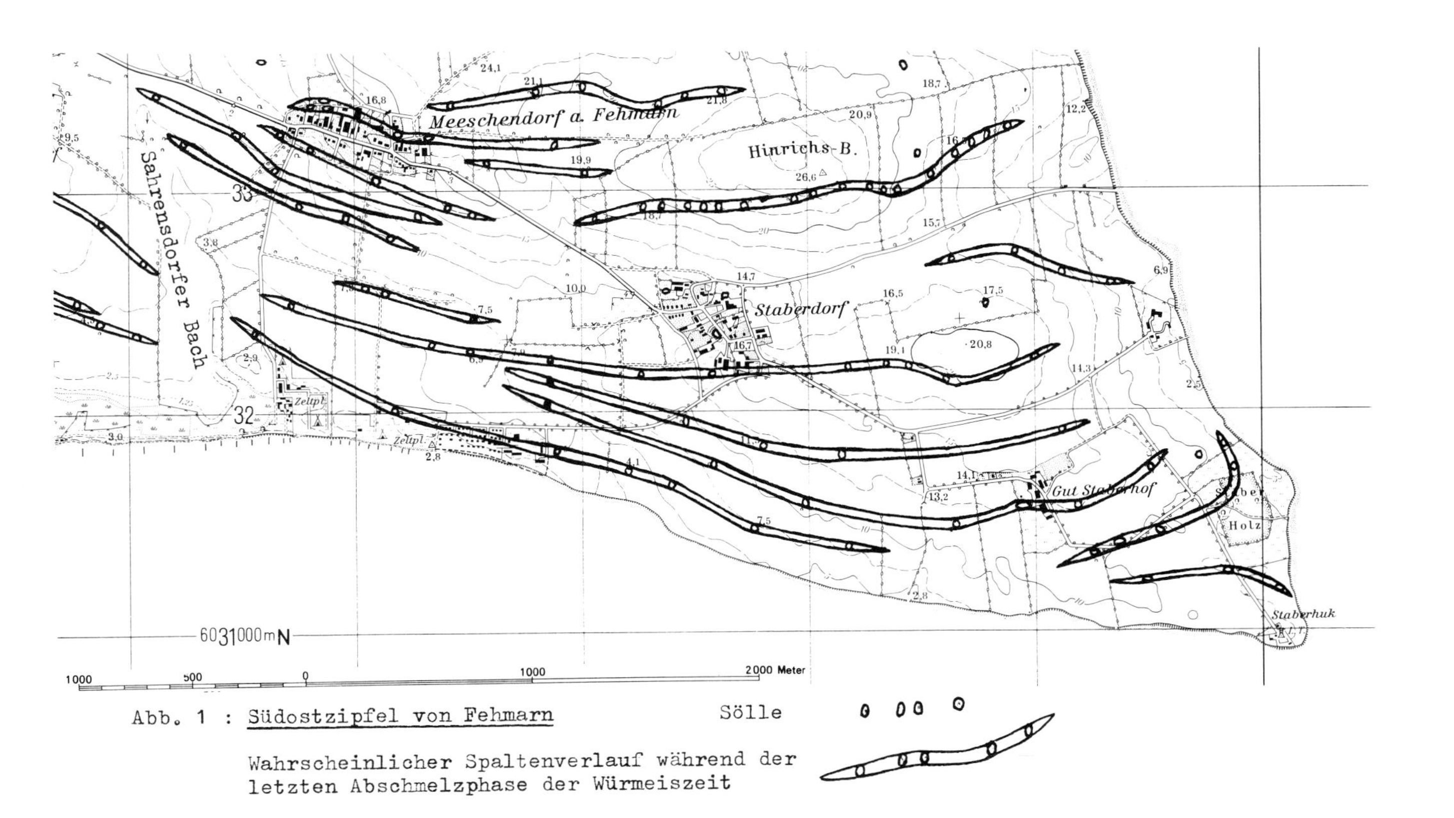

Abb. 1 : Südostzipfel von Fehmarn — Sölle

Wahrscheinlicher Spaltenverlauf während der letzten Abschmelzphase der Würmeiszeit sonstigen Feldabfälle wie Druschrückstände hineinschütten. Außerdem verlanden die Sölle von den schilf- oder rohrkolbenbestandenen Ufern her. Die Zahl der Sölle war früher noch größer, bevor die Bauern einen Teil zugeschüttet haben. Das Meßtischblatt 1533 ist bezüglich der Sölle nicht ganz vollständig. Es enthält noch Sölle, die im Gelände nicht mehr zu finden sind. Andererseits sind aber nicht alle noch vorhandenen oder gerade noch erkennbaren Sölle darauf verzeichnet.

Der auf Artefakte hin untersuchte Raum ist der Südostzipfel von Fehmarn. Die Feldstudien wurden im Mai und November 1985 und März 1986 durchgeführt; dabei handelte es sich um eine ein- bzw. zweimalige Begehung des Geländes, soweit es bearbeitete Äcker sind und die Erdoberfläche nicht durch eine dauerhafte Vegetationsschicht (Wiesen, Staberholz) oder Hofanlagen und andere Siedlungsplätze bedeckt ist. Alle Artefakte sind Oberflächenfunde, ohne daß Grabungen durchgeführt werden konnten.

Im ganzen Raum fanden sich auf den Feldern immer wieder vereinzelt Silexgeräte, also Feuersteinfragmente, die die Spuren menschlicher Bearbeitung tragen. Als Fundstelle kartiert wurden aber nur die Bereiche, wo Artefakte, Absplisse und Splitter, die als Abfall bei der Herstellung der Werkzeuge und Waffen anfielen, dichter gestreut lagen. Dabei wurde ganz augenscheinlich, daß die Sölle für den Steinzeitmenschen als Wasserreservoir hier eine besondere Rolle spielten. Nähert man sich den auf der Karte (Abb. 2) als Fundstelle markierten Söllen, so liegen die Artefakte zunehmend dichter.

Daraus kann man schließen, daß es sich hier um steinzeitliche Siedlungsplätze handelte, die vorwiegend eine solche Reihe von Söllen umfaßten, mit acht Schwerpunkten innerhalb des Untersuchungsraumes. Diese waren sicherlich nicht zur gleichen Zeit besetzt, da das eine viel zu hohe Siedlungsdichte ergeben hätte.

Es handelt sich um Artefakte aus Feuerstein, von wenigen Ausnahmen aus Quarzit abgesehen. Feuerstein - Flint - kommt auf Fehmarn in großen Mengen vor, teilweise sind die Felder und besonders der heutige Küstensaum von seinen Knollen übersät. Der Steinzeitmensch brauchte das Rohmaterial für seine Werkzeuge und Waffen also nur aufzuheben. Damit ließen sich für die steinzeitlichen Wohnplätze zwei "Standortfaktoren" ausmachen, nämlich die unmittelbare Nähe der Wasserreservoire in den Söllen und das reiche Vorkommen des idealen Rohstoffes Flint für Werkzeuge und Waffen in der direkten Umgebung.

Eine Ausnahme von dieser Regel bildet innerhalb des Untersuchungsraums der westliche Siedlungsschwerpunkt, der nur an seinem nördlichen und südlichen Ende Sölle berührt, sich aber am Sahrensdorfer Bach

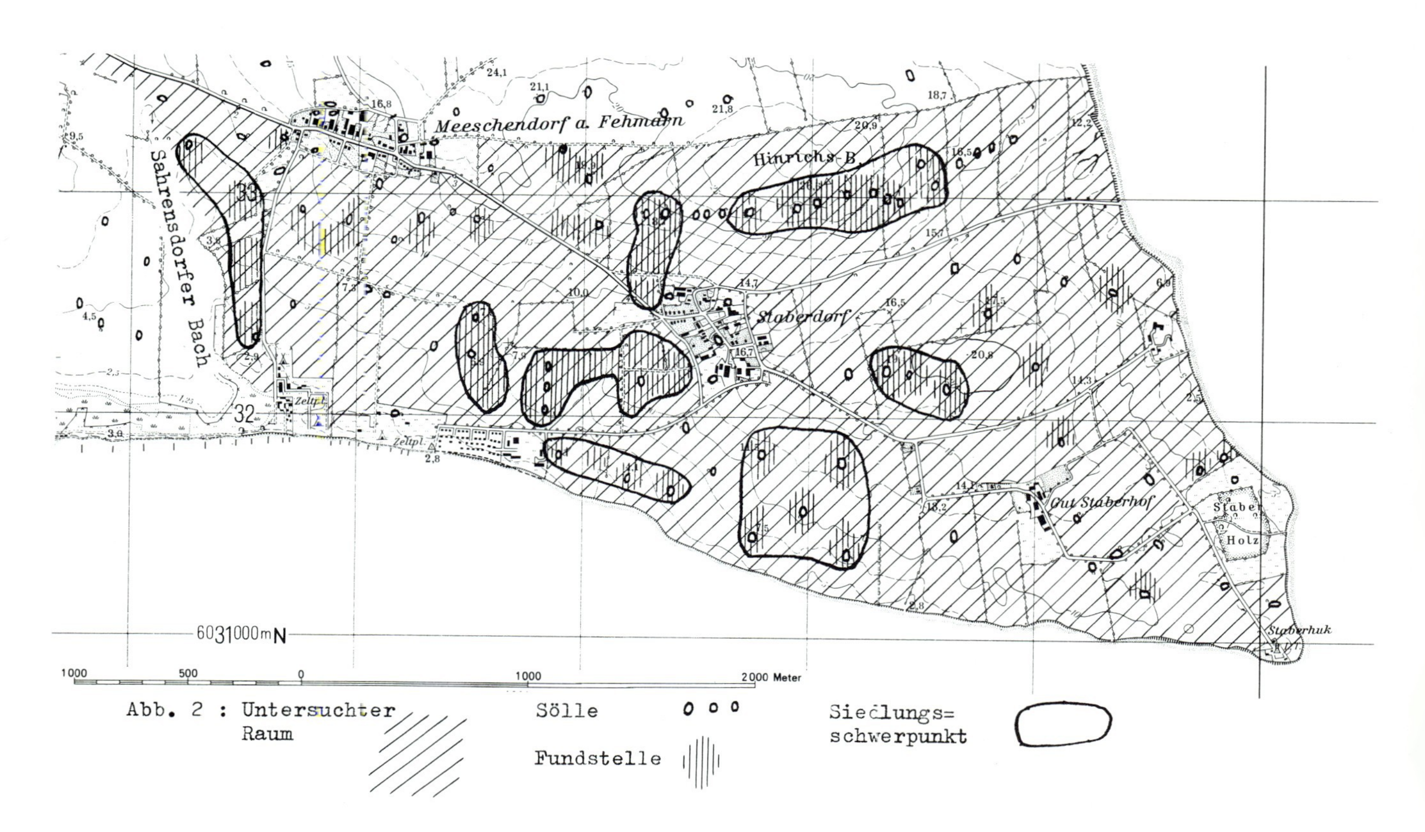

Abb. 2 : Untersuchter Raum — Sölle — Fundstelle — Siedlungs=schwerpunkt

hinzieht, wobei offenbar die unmittelbare Bachniederung gemieden wurde. Die größte Funddichte zeigte sich am ansteigenden Hang, der einen trockeneren Untergrund für die Wohnplätze bot.

Oberflächenfunde lassen natürlich noch keinen Schluß zu, ob es sich um Dauersiedlungen oder temporäre Zeltplätze bei Jagdaufenthalten während der Sommermonate handelte. Die Funde beschränken sich auf Artefakte aus Stein, von einer Ausnahme abgesehen. Eine Spitze in der Größenordnung der Mikrolithen besteht anscheinend aus Geweih, ist aber durch die Verwitterung stark angegriffen. Organische Materialien wie Horn, Knochen, Geweih, Holz u.s.w., die weiteren Aufschluß ermöglichten, fehlen also fast ganz, da nur der widerstandsfähige Stein die jahrhundertelange Bearbeitung der Ackeroberfläche durch den Landwirt überdauerte. Die heute recht tiefgreifenden Pflüge haben die ehemaligen Siedlungsschichten zerstört und wälzen die Fundschicht ständig um. So habe ich auch, wie zu erwarten war, an gleicher Stelle, an der ich im Mai 1985 fündig wurde, im November neue Artefakte aufsammeln können, nachdem das Feld erneut umgepflügt worden war. Um zu exakteren Ergebnissen zu kommen, als mir möglich war, müßten in den Söllen Grabungen durchgeführt werden, da nur sie dafür garantieren, daß die Schichten noch ungestört sind, in die der Steinzeitmensch seine Abfälle warf oder vielleicht sogar seine Opfergaben versenkte, wie z.B. bei den Fundstellen Meiendorf und Stellmoor in Schleswig-Holstein (MÜLLER-KARPE 1966-68, I, S. 301 u. 306). Und dafür bieten sich besonders die Sölle an, die bereits trockenliegen, wie das östlich der "Ferienresidenz Staberdorf" gelegene. Es enthält keine Wasserfüllung mehr, nur die nahezu kreisrunde Depression mit üppigem Graswuchs als Folge der Nähe zum Grundwasserspiegel gibt Aufschluß über die Entstehung dieser Geländeform. Im Meßtischblatt ist es nicht mehr verzeichnet, aber gerade in seinem Umkreis waren die Artefakte besonders häufig und vielfältig.

Eine exakte zeitliche Einordnung der Artefakte ist deshalb nicht möglich, da es sich um Oberflächenfunde handelt, die durch die Bearbeitung der Felder ihre ursprüngliche Lagerung verändert haben. Zudem dürften durch das jahrhundertelange Pflügen Artefakte unterschiedlicher Siedlungsschichten vermengt worden sein. Der Fundort an sich läßt aber eine Festsetzung der äußersten Zeitgrenze zu. Erst am Ende der Würmeiszeit, als Fehmarn wieder eisfrei war und sich an der Stelle der Ostsee die Baltische Eissee aus den Schmelzwassern des skandinavischen Gletschers bildete, konnten hier steinzeitliche Jäger, die den Rentierherden folgten, sich niedergelassen und den freiliegenden Flint gefunden und bearbeitet haben. Zu diesem Zeitpunkt war Fehmarn noch mit dem Festland verbunden. Damit dürfte als früheste Zeit etwa 10.000 Jahre vor unserer Zeitrechnung in Frage kommen. Und damit befänden wir uns im ausgehenden Magdalénien, in der Endphase des Paläolithikums. Die Tatsache, daß es sich vorwiegend um Abschläge mit Retuschen handelt, aber unter 2.400 Fundstücken nur ein geschliffenes und kein durchbohrtes Silexgerät von mir in meinem Untersuchungsraum gefunden wurde, zeigt, daß allerdings auch ein sehr früher Zeitraum angesetzt werden kann, daß jedenfalls die Masse der Artefakte nicht aus dem Neolithikum stammt. Auch die für das Neolithikum typischen geometrischen Formen von Mikrolithen sind unter den Fundstücken nicht vertreten.

Nach dieser ersten Bestandsaufnahme wären die Funde in die Übergangsphase zwischen Paläolithikum und Neolithikum einzuordnen, in das Spät-Magdalénien oder die darauf folgenden Perioden, das Azilien, Tardenoisien und Campignien (Tardenoisien entspricht Maglemose, Campignien Ertebölle). In dieser Übergangsphase treten neben Steinwerkzeuge auch solche aus anderen Materialien, die ich, wie oben begründet, bei meinen Arbeitsmöglichkeiten allerdings nicht nachweisen konnte. Die Steinwerkzeuge erreichten nicht mehr die Vollkommenheit derer der Altsteinzeit auf ihrem Höhepunkt und wirken eher primitiv. Nun erfolgte ein "Kulturverfall der Werkzeuge", die "keine Prunkstücke für ein Museum" mehr sind (HONORÉ 1969, S. 73).

Feuerstein eignete sich in besonderem Maße für die Herstellung von Werkzeugen und Waffen, da er den Härtegrad 7 hat und muschelförmig abspringt, was die Verarbeitung begünstigte. Entstanden ist er auf dem Boden des Kreidemeeres vorwiegend aus Schwämmen, aber auch aus anderen Meerestieren. Abgestorbene organische Substanz zieht Kieselsäure an. So verkieselten tote Schwämme, Seeigel, Ammoniten u.a. mehr. Oft kann man ihre Form noch erkennen, es kann aber auch sein, daß sich Kieselsäure schalenförmig um tote organische Substanz anlagerte und der tote Organismus nur den Kern der Feuersteinknolle bildet (HONORÉ 1969, S. 9 f.). Die Kieselsäure stammte von Kieselalgen und Kieselschwämmen.

Auf 10 Tafeln habe ich 224 von 2.400 aufgesammelten Artefakten und Absplissen dargestellt, die hier weiter beschrieben werden und die für den Fundort als repräsentativ gelten können, wobei im folgenden versucht werden soll, durch Vergleich des Erscheinungsbildes mit Artefakten bekannter nordischer Fundplätze eine Zuordnung zu erreichen und die oben getroffene zeitliche Eingrenzung zu untermauern. Die Fundstücke wurden in Originalgröße gezeichnet, aber die Tafeln sind von DIN A-3 auf DIN A-5 verkleinert. Die Originalgröße ist jedoch an dem mitverkleinerten Maßstab abzulesen (cm).

Tafel I enthält 7 unterschiedliche Beile. Beil 1 ist ein schweres Hammerbeil mit nach unten geschwungener und leicht gewellter Schneide. Die rückwärtige Hammerfläche zeigt an den Rändern deutliche Gebrauchsretuschen. Beil 2, ein dicknackiges Flint-Rechteckbeil mit Schuppenretusche auf beiden Seiten, könnte ebenfalls als Hammerbeil bezeichnet werden. Allerdings finden sich nur schwache Gebrauchsretuschen an den Rändern der Hammerfläche. Beil 3 ist ein dünnackiges Flint-Ovalbeil, dessen beide Enden Schneiden enthalten. Alle drei Beile stammen von dem westlichen Siedlungsschwerpunkt am Sahrensdorfer Bach und wirken gegenüber den primitiveren Kernbeilen 4-7 und II 1 sehr viel vollkommener, zumal auf ihre Herstellung erheblich mehr Sorgfalt verwendet wurde. Sie könnten aus der Frühphase des Neolithikums stammen, denn sie haben bereits die äußere Form neolithischer Beile, sind aber noch nicht geschliffen.

Auf Tafel II sind 6 Beile dargestellt. Das Kernbeil, aus Kernstein hergestellt, ist rund 300 Gramm schwer und zeigt nur an der Rundung, die als Schneide gebraucht wurde, Retuschen. Zierlicher sind die drei Scheibenbeile. Sie weisen deutliche Gebrauchsretuschen an der Schneide auf, während ihre Spitze weitgehend unversehrt ist. Daraus kann man schließen, daß sie in der Weise geschäftet wurden, daß man bei einer Ren- oder Hirschstange die Sprossen entfernte, den Stumpf der unteren Sprosse aushöhlte und darin das Scheibenbeil mit seiner Spitze mittels Harz oder Pech befestigte. Solche Schäfte wurden auf Seeland gefunden, allerdings enthielten die Aushöhlungen keine Beilklingen mehr (BRÖNDSTED 1960, I, S. 38 f.). Anders wurden Spitzbeile (II 5-6) geschäftet. Eingesetzt wurden sie in eine Tülle aus Knochen oder Geweih, die sich relativ leicht durchbohren ließ, um den Schaft aufzunehmen. Solche Hirschgeweihfassungen mit dem Flintbeil darin stammen in mehreren Exemplaren aus dem Fund von Svärdborg I aus der Maglemosezeit, dem Boreal.

Mag besonders das Spitzbeil auch als Waffe benutzt worden sein, so dienten die anderen Beilformen in erster Linie der Holzbearbeitung. So wundert es nicht, daß diese Werkzeuge mit dem Auftreten des Waldes in Nordeuropa erscheinen. Nach BRÖNDSTED taucht das Steinbeil zum ersten Mal im Norden beim Fund von Pinnberg I auf - Ende des jüngeren Dryas. Nach MÜLLER-KARPE (II, S. 501) reicht die älteste Fundschicht nur bis ins Präboreal zurück. BRÖNDSTED nimmt an, daß das Beil im Norden bereits während der Allerödzeit existierte, wenn auch noch schlüssige Beweise fehlen und der typische Wohnplatzfund der Allerödzeit bei Bromme keine Beile enthält (BRÖNDSTED 1960, I, S. 43). Demgegenüber wurden Geweihbeile ohne Steinklinge mit geschärftem Sprossenstumpf aus der Mitte des jüngeren Dryas in der Schicht Stellmoor II gefunden. Sie sind die Vorgänger des geweihgeschäfteten Scheibenbeils. Möglicherweise könnten Grabungen in den Söllen Fehmarns hier zu neuen Erkenntnissen führen.

Tafeln III und IV enthalten Silexgeräte unterschiedlicher Größe, die vom Hinrichsberg stammen. Sie sind vorwiegend aus Scheiben, aber auch aus Kernstein hergestellt. Es sind relativ flache Geräte in Dreiecksform, die sich als Werkzeuge verwenden ließen, wohl weniger als Waffen. Die Zeit der Faustkeile war auch längst vorbei, als Fehmarn eisfrei wurde. Diese Geräte sind grob zugehauen, ohne daß so viel Sorgfalt verwendet wurde wie beispielsweise bei den Faustkeilen des Solutreén. Ähnliche Geräte fanden sich auch in der Komsakultur Norwegens (MÜLLER-KARPE 1966-68), die bis etwa 3000 v.u.Z. andauerte (BRÖNDSTED 1960).

Damit kommen wir aber bereits in Zeiträume, in denen der Mensch seßhaft wurde und begann, Ackerbau zu betreiben. EPPEL ordnet solche Silexgeräte auch schon dem Ackerbau zu: "Zur gleichen Zeit (Beginn des Mesolithikums) oder nur wenig später wurden in West- und Nordeuropa Orte bewohnt, an denen man außer Mikrolithen ganz gegensätzlich klobige, schwere, große Steingeräte von offenkundig völlig neuer Funktion findet: Campignien-Beile. Manche bestehen aus erstmals verwendetem massivem Grünstein und dienten zweifellos bereits der Bodenbearbeitung" (EPPEL 1958, S. 73). BRANDT sagt: "Ich glaube indes, daß das Erscheinen der Großsteingeräte mit der zunehmenden Verbreitung des Pflanzenbaus zusammenhängt" und gibt als Zeit für den ältesten Ackerbau das jüngere Mesolithikum an (BRANDT 1956, S. 15).

Wenn es sich bei III und IV tatsächlich um solche Campignien-Beile handelt, die der Bodenbearbeitung in einer Form des Hackbaus dienten, so wäre der langgezogene Riedel des Hinrichsberges, mit 26,6 m die höchste Erhebung der Insel, wahrscheinlich einer der ersten Standorte auf Fehmarn für eine Dauersiedlung mit beginnendem Ackerbau gewesen. Die Funddichte könnte vorschnell zu einer solchen Annahme verleiten, aber nur Grabungen im Bereich der hier besonders dicht gereihten Sölle können Antworten auf die offenen Fragen geben. Eine weitere Beobachtung BRANDTs im Raum der Lippe ist hier von Belang: "Interessant ist die Feststellung, daß sich die Menschen des Tardenoisien oft auf den höchsten Bergen niedergelassen haben" (BRANDT 1956, S. 35). Dabei ging es dem Steinzeitmenschen darum, für seinen Wohnplatz einen möglichst trockenen, dem Grundwasserspiegel fernen Untergrund zu finden.

Tafeln V und VI zeigen Speer- und Pfeilspitzen. Eine scharfe Trennung zwischen beiden Formen erscheint willkürlich und daher ohne Belang. Auf Fehmarn finden sie sich in großer Zahl, sind aber relativ grob bearbeitet. Die Stielspitze ist selten typisch ausgebildet, vielmehr deutet sich der Stiel in der Regel nur ansatzweise an und damit eine Ähnlichkeit mit der Lyngbyspitze. Die Spitzen wurden aus Abschlägen gearbeitet und erhielten Bearbeitungsretuschen nur auf der Oberseite. Lediglich die Spitzen V 1, 8, 15, 16 und VI 12, 19 wurden auf beiden Seiten bearbeitet. Die Spitzen V 15 und 16 zeigen beidseitig Schuppenretuschen und bilden unter den 64 Spitzen deutliche Ausnahmen. Sie können als Beweis für die oben aufgestellte Behauptung angesehen werden, daß durch das Pflügen Artefakte unterschiedlicher Fundschichten vermengt wurden.

Auf Tafel VII sind verschiedene Formen von Schabern dargestellt. Dieser Gerätetyp hat unter dem Gesamtfundmaterial den größten Anteil. 1-8 sind Halbrundschaber oder Scheibenschaber, die zum ersten Male in der Ahrensburger Kultur, also in der jüngeren Dryaszeit, auftauchten (BRÖNDSTED 1960, I, S. 40). Schaber 2 könnte man auch als Halbmondmesser ansprechen, das zum Schneiden von Fell bzw. Leder benutzt wurde. In der Form ähnelt es dem noch heute gebräuchlichen Sattlermesser.

Große Verbreitung hatten im Norden die Klingenschaber. Sie fanden sich bereits in den Hamburger Kulturen, in Bromme, Ahrensburg, Klosterlund und Mullerup. 9-14 sind Klingenschaber mit Endretusche, 15-17 Klingenschaber mit Seitenretusche. 18-20 sind Buchtschaber, die in der Literatur über nordeuropäische Funde kaum genannt werden. Sie wurden benutzt zur Glättung von Schäften. BRANDT bezeichnet die gleiche Form von Artefakten aus dem Raum der Lippe als Ziehschaber und ordnet sie in das Spättardenoisien ein (BRANDT 1956). 21 ist ein Schnauzenschaber und 22 ein Kielschaber, beides handliche Werkzeuge zur Fellbearbeitung.

Tafel VIII enthält Klingen, die als Messer benutzt wurden. Ähnlich treten sie bei allen Funden Schleswig-Holsteins und Dänemarks auf. Die Artefakte 1-14 ähneln dem Federmesser, das für eine ganze Kultur signifikant wurde und in die Allerödzeit einzuordnen ist. 15-27 sind Rückenmesser und 30-35 kleingerätige Spitzen mit einer retuschierten Schneidekante. Krummspitze und Spitzmesser (28, 29) sind Silexgeräte, die für den Gebrauch geschäftet wurden, um ein handliches Werkzeug zu erhalten, wofür Horn oder andere organische Materialien Verwendung fanden. Beide Werkzeuge sind schon seit der Mitte des Paläolithikums belegt (HONORÉ 1969, S. 51).

Tafel IX und X zeigen unterschiedliche Werkzeuge. IX 1-6 sind Zinken und 7-16 Stichel. Diese Werkzeuge dienten in erster Linie der Bearbeitung von Horn oder Geweih. 17-50 sind feingerätige Spitzen in der Größenordnung von Mikrolithen. Sie haben nicht die geometrischen Formen, wie sie für das Neolithikum typisch sind. Es sind ganz unterschiedliche Formen, aber fein bearbeitet und sehr dünn, zum Teil maximal nur 1-2 mm stark. EPPEL ordnet solche Kleingeräte dem Azilien zu: "Die Feuersteingeräte des endpaläolithischen Azilien waren einfache, kleinlamellige Klingen mit spärlicher Zurichtung. Neu waren runde, bloß fingernagelgroße Schaber, wahrlich auf kleinste Flächeninseln reduzierte Artefakte, Mikrolithen, Kleingeräte" (EPPEL 1958, S. 34). 51-60 sind Kleingeräte, die in ihrer Form an Birseck-Lamellen erinnern. SCHWABEDISSEN vermutet, daß diese Geräte als Angelhaken benutzt wurden (SCHWABEDISSEN 1954). X 1 und 2 sind offensichtlich Stößel für Mörser gewesen. Bei 1 sind die Unterkanten des vorderen, dicken Endes durch Gebrauchsretuschen gebrochen. Der Stößel liegt schräg in der Hand, wobei der Zeigefinger in einer Vertiefung Platz findet und den Druck erhöhen kann. Dagegen wurde 2 senkrecht angesetzt. Die Unterseite ist durch Gebrauchsretuschen vollkommen abgerundet. Gebraucht wurden die Mörser vermutlich zur Herstellung von Farben aus Metalloxyden, Kreide, Holzkohle usw., denn schon der Steinzeitmensch hat seinen Körper bemalt (HONORÉ 1969, S. 72). Möglicherweise wurden sie aber auch schon zum Zerreiben von Samenkörnern benutzt, um daraus Speisen zu bereiten.

3 ist ein Hobelschaber von 1,5 - 2 cm Stärke. Gebrauchsretuschen sind an der vorderen Unterkante vorhanden. Er wurde vermutlich zum Bearbeiten von Fellen benutzt. 4-7 sind Kernsteine, Nuclei, also die Reste von Flintknollen, von denen die Klingen durch Abschlag gewonnen wurden. Bei den kleinen Kernsteinen, von denen Mikrolithen gewonnen wurden, sind die Kanten weitgehend unversehrt, während der handliche große an den Kanten deutliche Gebrauchsretuschen aufweist. Offenbar wurde er nach Abschlag der Klingen als Blockschaber benutzt. Ähnliche Funde stammen z.B. auch aus Klosterlund, die zeitlich in das Präboreal einzuordnen sind. Wurde bei dem Hobelschaber nur die Vorderkante gebraucht, so benutzte man bei dem Blockschaber alle sich anbietenden Kanten. Die Bohrer (8-13) haben einen dreieckigen Querschnitt und sind offenbar aus Kernstein hergestellt. Die Dolchfragmente (14-16) entsprechen den Flintdolchen, wie sie aus verschiedenen Funden in Schleswig-Holstein und Dänemark stammen. Der Spitzamboß zeigt an seiner Spitze sehr deutliche Gebrauchsretuschen, der Schlagstein an einer Seite die Schlagspuren. Die Arbeitsweise mit diesen Werkzeugen wird ausführlich von HONORÉ beschrieben (HONORÉ 1969). Der Flintkern wurde wahrscheinlich mit dem Rand auf dem Spitzamboß aufgesetzt, und dann wurde mittels eines kräftigen Schlages mit dem Schlagstein auf den Flintkern die Klinge abgesprengt.

Aus dem Vergleich der Artefakte von Fehmarn mit denen anderer nordeuropäischer Fundstellen kann man schließen, daß diese Silexgeräte aus mehreren Perioden stammen und daß ein Zusammenhang mit anderen Siedlungsplätzen bestand. Fehmarn bildete mit Norddeutschland und den dänischen Inseln ein Festland (Abb. 3). Das ist darum von großer Bedeutung, da Fehmarn mit den Fundplätzen Meiendorf - Ahrensburg - Pinnberg - Bromme - Mullerup - Lyngby auf einer bogenförmigen Linie liegt, die nicht wie heute durch Meeresarme unterbrochen war (Abb. 4).

In der älteren Dryaszeit - Fundstelle Meiendorf - dürfte das Klima im Raume Fehmarns als Folge der Eisrandnähe noch zu unwirtlich gewesen sein, als daß der Mensch bis hierher vorgedrungen wäre. Während der Klimaverbesserung der Allerödzeit veränderte sich aber die nordeuropäische Landschaft etwa ab 10.000 v.u.Z.. Krattwälder aus Birke, Kiefer, Weide, Wacholder u.a. verdrängten die Tundrenvege-

Abb. 3: Die Baltische Eissee vor dem Abfluß in den Atlantik beim Gebirge Billingen, etwa 8.000 v.u.Z. Vermutliche Waldvegetation bezeichnet mit: o = Birke, • = Hasel, * = Kiefer (STERNBERG 1977, S. 17)

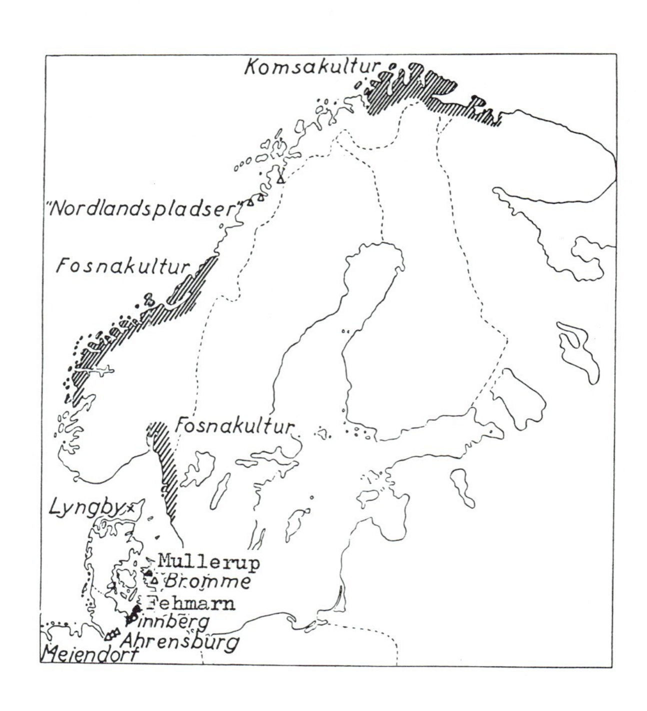

Abb. 4: Fundstätten und Gebiete ältester Steinzeitkulturen des Nordens, eingetragen in den Küstenverlauf der Gegenwart (BRÖNDSTED 1960, I, S. 45) - ergänzt um Mullerup und Fehmarn -

tation. Die großen Waldtiere wanderten ein, ohne das Ren zu verdrängen. In dieser Phase wanderte auch der Mensch in den Norden ein, was durch die Fundstelle von Bromme belegt ist. Dabei mußte er den Raum Fehmarns durchqueren und hat sich hier zu diesem frühen Zeitpunkt zumindest für begrenzte Jagdaufenthalte niedergelassen. Auch die Fundstelle Bromme war wahrscheinlich nur während der Sommermonate besetzt.

Die Allerödzeit (ZOTZ 1951) oder die jüngere Dryaszeit (HONORÉ 1969) werden als die Grenze zwischen Paläolithikum und Mesolithikum angenommen. In diese Perioden könnten die ältesten Artefakte Fehmarns fallen. Die Mehrzahl fällt aber, wie das Vorkommen der Beile und die Vielzahl der Formen zeigen, offenbar in das Präboreal und Boreal oder das darauffolgende Atlantikum. Wie oben ausgeführt, fehlen aber im untersuchten Raum - mit minimalen Ausnahmen - den Artefakten die typischen Merkmale des Neolithikums. Demnach wären die von mir geborgenen und beschriebenen Artefakte in die Endphase des Jungpaläolithikums und in ihrer Mehrzahl in das Mesolithikum einzuordnen.

SCHWABEDISSEN faßt die nordeuropäischen mesolithischen Kulturen zusammen unter der Bezeichnung "Kern- und Scheibenbeilkreis" (SCHWABEDISSEN 1944). Das Fundmaterial Fehmarns zeigt, daß Kern- und Scheibenbeile auch für diesen Raum signifikant sind. Innerhalb dieses Kulturkreises unterscheidet SCHWABEDISSEN weiter zwei Gruppen, die Maglemosegruppe auf den dänischen Inseln und die Duvenseegruppe in Schleswig-Holstein und angrenzenden Gebieten. Fehmarn liegt im Grenz- und Berührungsbereich beider Kulturkreise. Nur nach Oberflächenfunden eine Zuordnung zu einem dieser beiden Kulturkreise zu treffen, erscheint als gewagt. Dennoch ist anhand des umfangreichen Fundmaterials eine Aussage möglich. Die Maglemosegruppe, die auf der Kultur der Federmessergruppe fußt, wird besonders gekennzeichnet durch Lanzettspitzen und Messer mit abgedrücktem Rücken. Beide Formen kommen ausgeprägt in dem vorliegenden Fundmaterial nicht vor. Dagegen finden sich massenhaft einfache feingerätige Spitzen und Kernbeile, die wiederum kennzeichnend sind für die Kultur von Duvensee, die stärker auf der Ahrensburger Gruppe basiert. Daraus kann eine stärkere Affinität zu der Kultur von Duvensee abgeleitet werden, wenn auch eine scharfe Trennung in diesem Grenzbereich sicherlich nicht möglich ist.

Wenn die dargestellten Artefakte dem Mesolithikum zugeordnet werden, so soll daraus nicht geschlossen werden, daß das Neolithikum nicht auf Fehmarn vertreten wäre - nur habe ich in dem von mir untersuchten Raum unter 2.400 Fundstücken nur ein für das Neolithikum typisches Artefakt gefunden, nämlich einen geschliffenen Meißel, dessen Spitze abgebrochen ist. Auf eine Besiedlung nach dem Mesolithikum weisen auch die Hügelgräber südöstlich von Gahlendorf und das Megalithgrab Alwerstein hin, denn solche Grabanlagen haben die Jägervölker des Mesolithikums nicht hinterlassen (GLOB 1967, S. 26).

Sehr schöne neolithische Beile, Meißel und Spitzen (140) werden im Peter Wiepert-Museum von Burg auf Fehmarn ausgestellt. Sie stammen zum Teil aus der Umgebung vom Katharinenhof, wo sich auch die drei Hügelgräber (Megalithgräber) befinden. Dem stehen im Museum nur 14 Artefakte gegenüber, die ich dem Mesolithikum zuordnen würde (Stand März 1986). Offenbar wird hier dem Mesolithikum Fehmarns noch nicht die ihm gebührende Bedeutung zugemessen.

Zeittafel

13.000		Bölling		Jungpaläolithikum
12.000		Ält. Dryas	Spät-Magdalenien	
11.000	Gotiglazial			
10.000		Alleröd	Azilien	
9.000		Jüng. Dryas	Tardenoisien	Mesolithikum
8.000		Präboreal	(Maglemose)	
7.000		Boreal		
6.000	Finniglazial	Atlantikum		
5.000			Campignien	Neolithikum
4.000			(Erteбölle)	
3.000		Subboreal		

Literatur

BRANDT, K. (1956): Die Mittelsteinzeit an der unteren Lippe. Bonn.

BRANDT, K. (1967): Studien über steinerne Äxte und Beile der jüngeren Steinzeit und der Stein-Kupferzeit Norddeutschlands. Hildesheim.

BRÖNDSTED, J. (1960): Nordische Vorzeit. Neumünster.

EPPEL, F. (1959): Fund und Deutung. Wien/München.

GLOB, P.V. (1968): Vorzeitdenkmäler Dänemarks. Neumünster.

HEMPEL, L. (1974): Einführung in die Physiogeographie / Einführung und Geomorphologie. Wiesbaden.

HONORÉ, P. (1969): Es begann mit der Technik. Stuttgart.

LOUIS, H. (1968): Allgemeine Geomorphologie. Berlin.

MÜLLER-KARPE (1966-68): Handbuch der Vorgeschichte. München.

NARR, K.J. (1966): Handbuch der Urgeschichte. München.

SCHWABEDISSEN, H. (1944): Die mittlere Steinzeit im westlichen Norddeutschland unter besonderer Berücksichtigung der Feuersteinwerkzeuge. Neumünster.

SCHWABEDISSEN, H. (1954): Die Federmesser-Gruppen des nordwesteuropäischen Flachlandes. Neumünster.

SCHWANTES, G. (1928): Nordisches Paläolithikum und Mesolithikum. In: Festschrift zum fünfzigjährigen Bestehen des Hamburgischen Museums für Völkerkunde. Hamburg.

STERNBERGER, M. (1977): Vorgeschichte Schwedens. Neumünster.

ZOTZ, L.F. (1951): Altsteinzeitkunde Mitteleuropas. Stuttgart.

Anschrift des Verfassers:

Dr. Dieter Kohse

Neue Straße 29

D - 5804 Herdecke

Aus:

Ekkehart Köhler und Norbert Wein (Hrsg.):

NATUR- UND KULTURRÄUME.

Ludwig Hempel zum 65. Geburtstag.

Paderborn: Ferdinand Schöningh 1987.

= Münstersche Geographische Arbeiten 27.

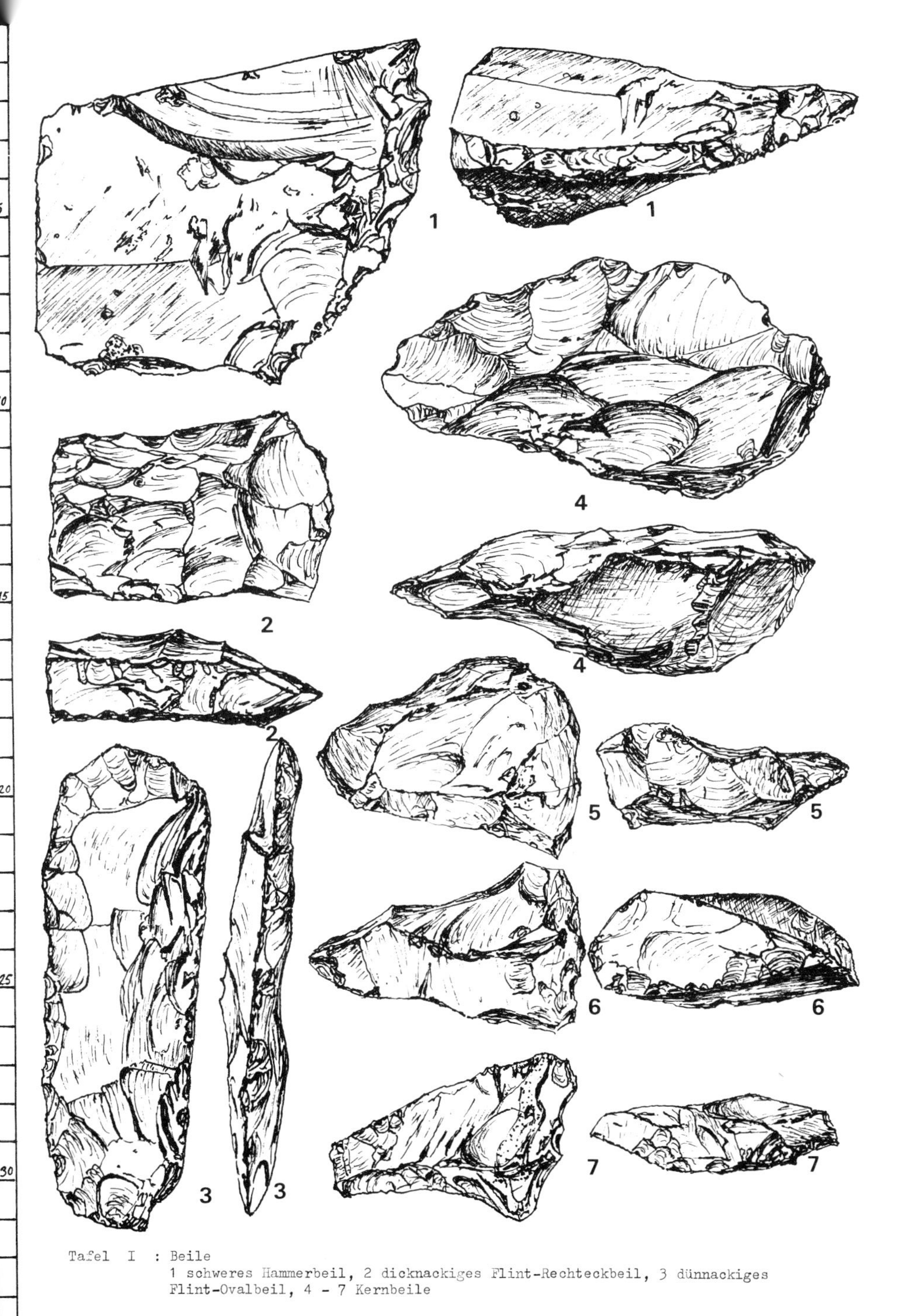

Tafel I : Beile
1 schweres Hammerbeil, 2 dicknackiges Flint-Rechteckbeil, 3 dünnackiges Flint-Ovalbeil, 4 - 7 Kernbeile

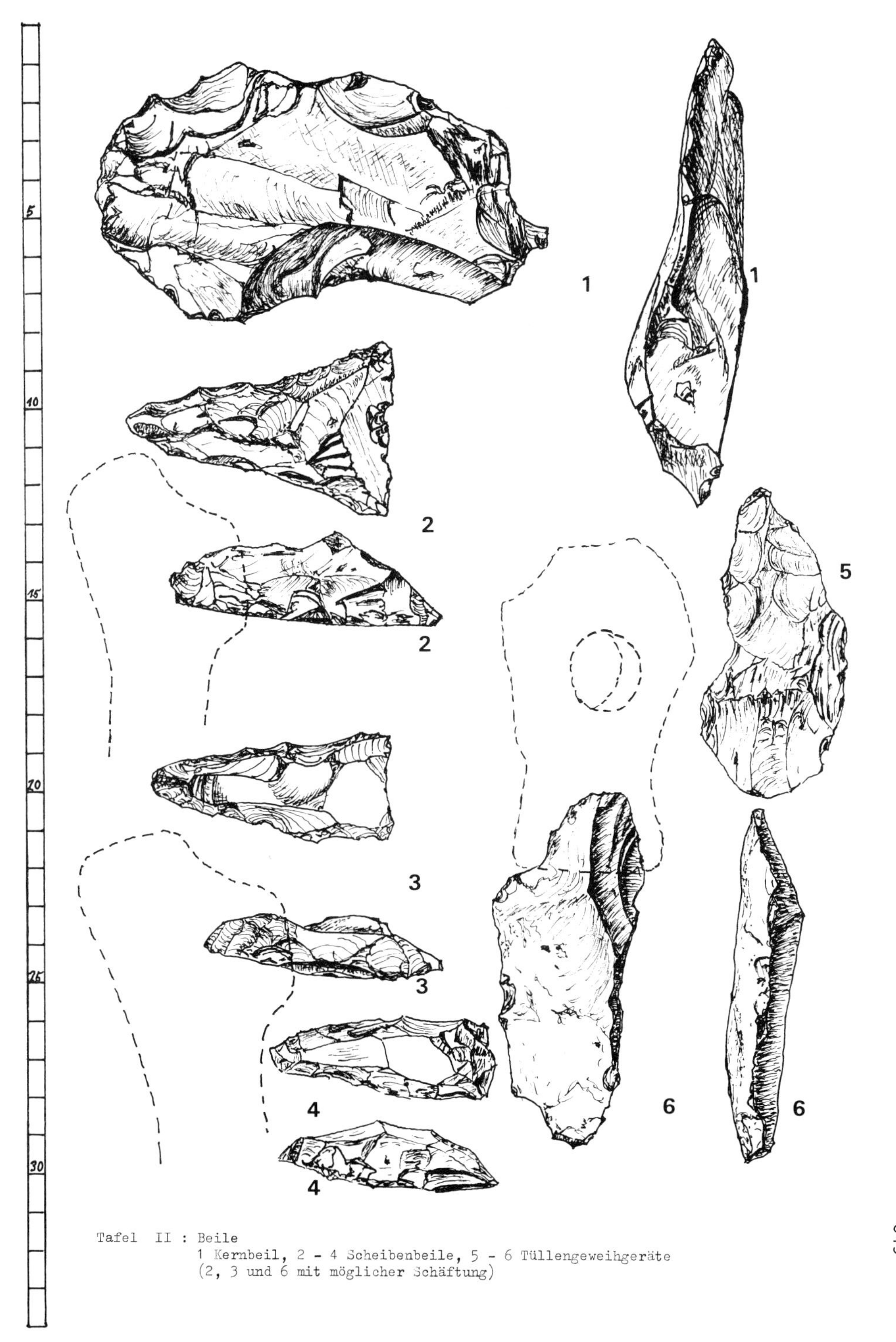

Tafel II : Beile
1 Kernbeil, 2 - 4 Scheibenbeile, 5 - 6 Tüllengeweihgeräte (2, 3 und 6 mit möglicher Schäftung)

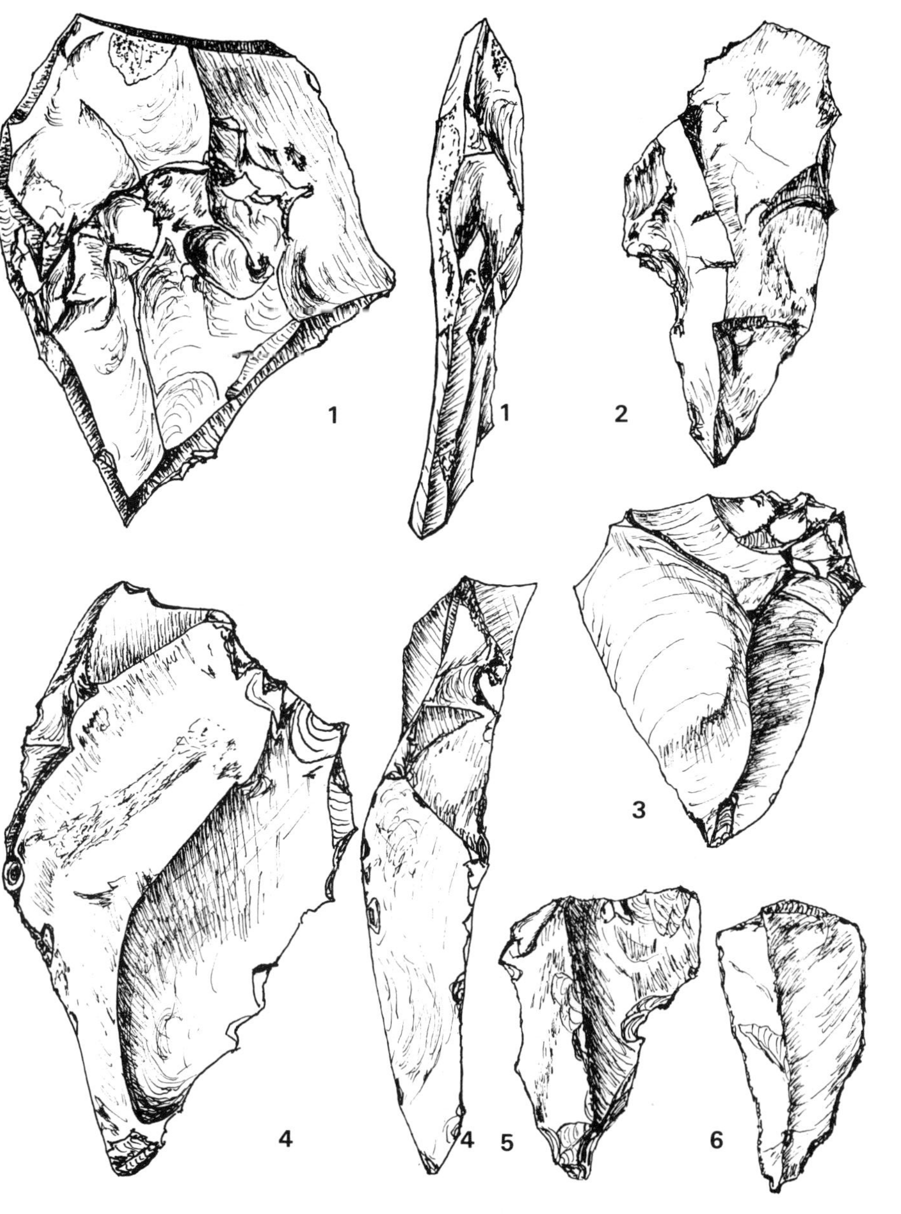

Tafel III : Campignien-Beile

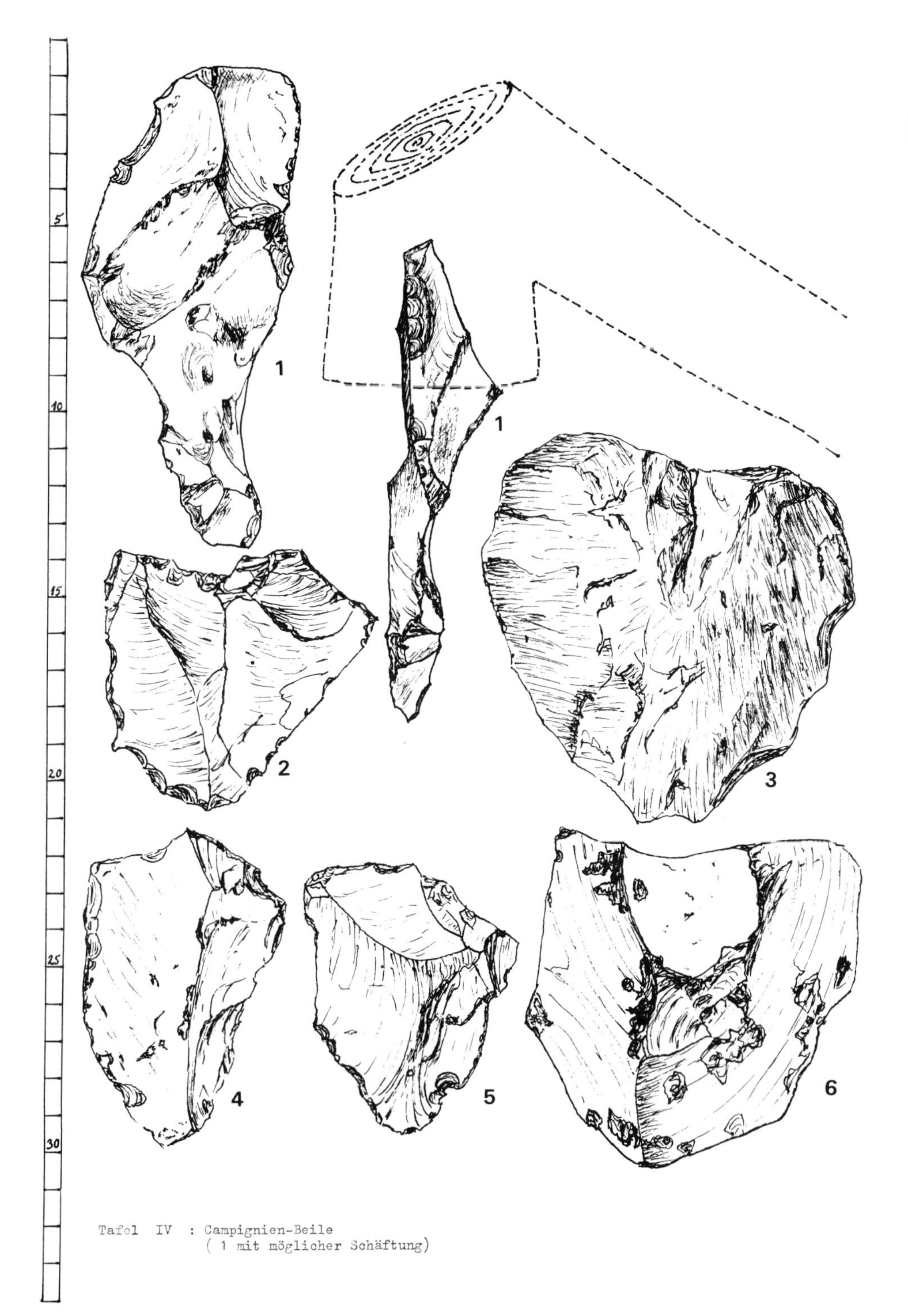

Tafel IV : Campignien-Beile
(1 mit möglicher Schäftung)

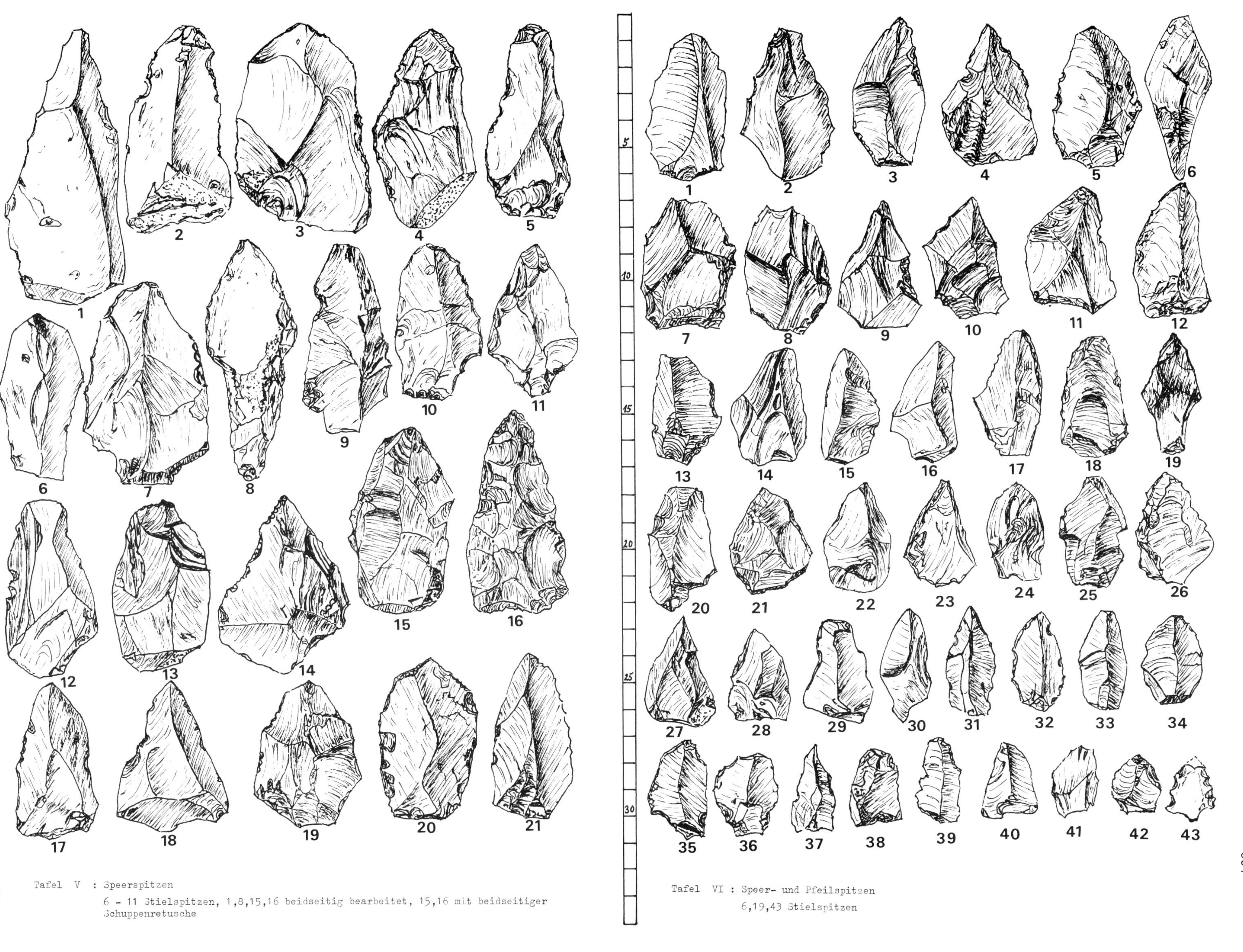

Tafel V : Speerspitzen

6 - 11 Stielspitzen, 1,8,15,16 beidseitig bearbeitet, 15,16 mit beidseitiger Schuppenretusche

Tafel VI : Speer- und Pfeilspitzen

6,19,43 Stielspitzen

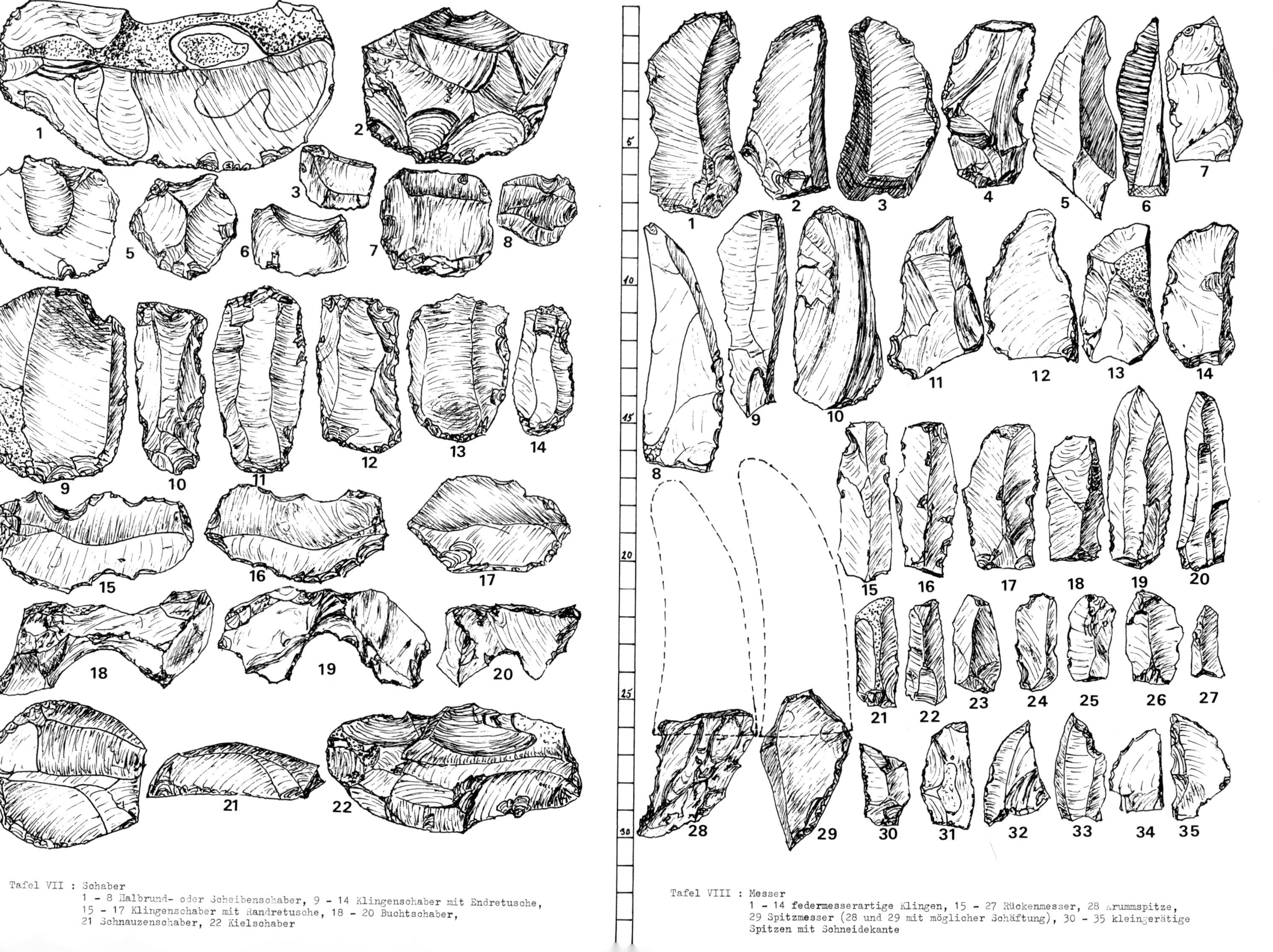

Tafel VII : Schaber
1 - 8 Halbrund- oder Scheibenschaber, 9 - 14 Klingenschaber mit Endretusche, 15 - 17 Klingenschaber mit Randretusche, 18 - 20 Buchtschaber, 21 Schnauzenschaber, 22 Kielschaber

Tafel VIII : Messer
1 - 14 **federmesserartige** Klingen, 15 - 27 Rückenmesser, 28 Krummspitze, 29 **Spitzmesser** (28 und 29 mit möglicher Schäftung), 30 - 35 kleingerätige **Spitzen mit Schneidekante**

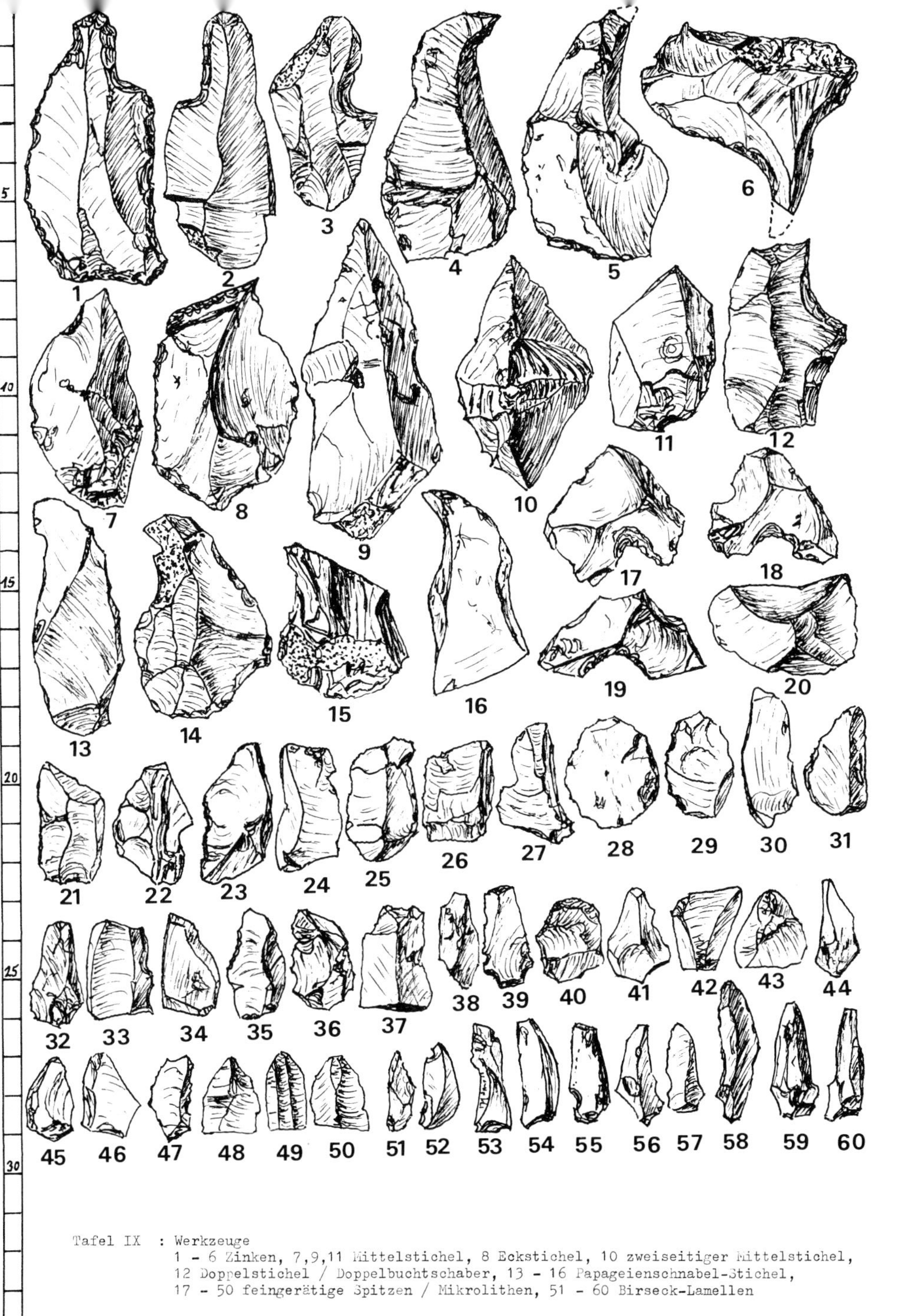

Tafel IX : Werkzeuge
1 - 6 Zinken, 7,9,11 Mittelstichel, 8 Eckstichel, 10 zweiseitiger Mittelstichel, 12 Doppelstichel / Doppelbuchtschaber, 13 - 16 Papageienschnabel-Stichel, 17 - 50 feingerätige Spitzen / Mikrolithen, 51 - 60 Birseck-Lamellen

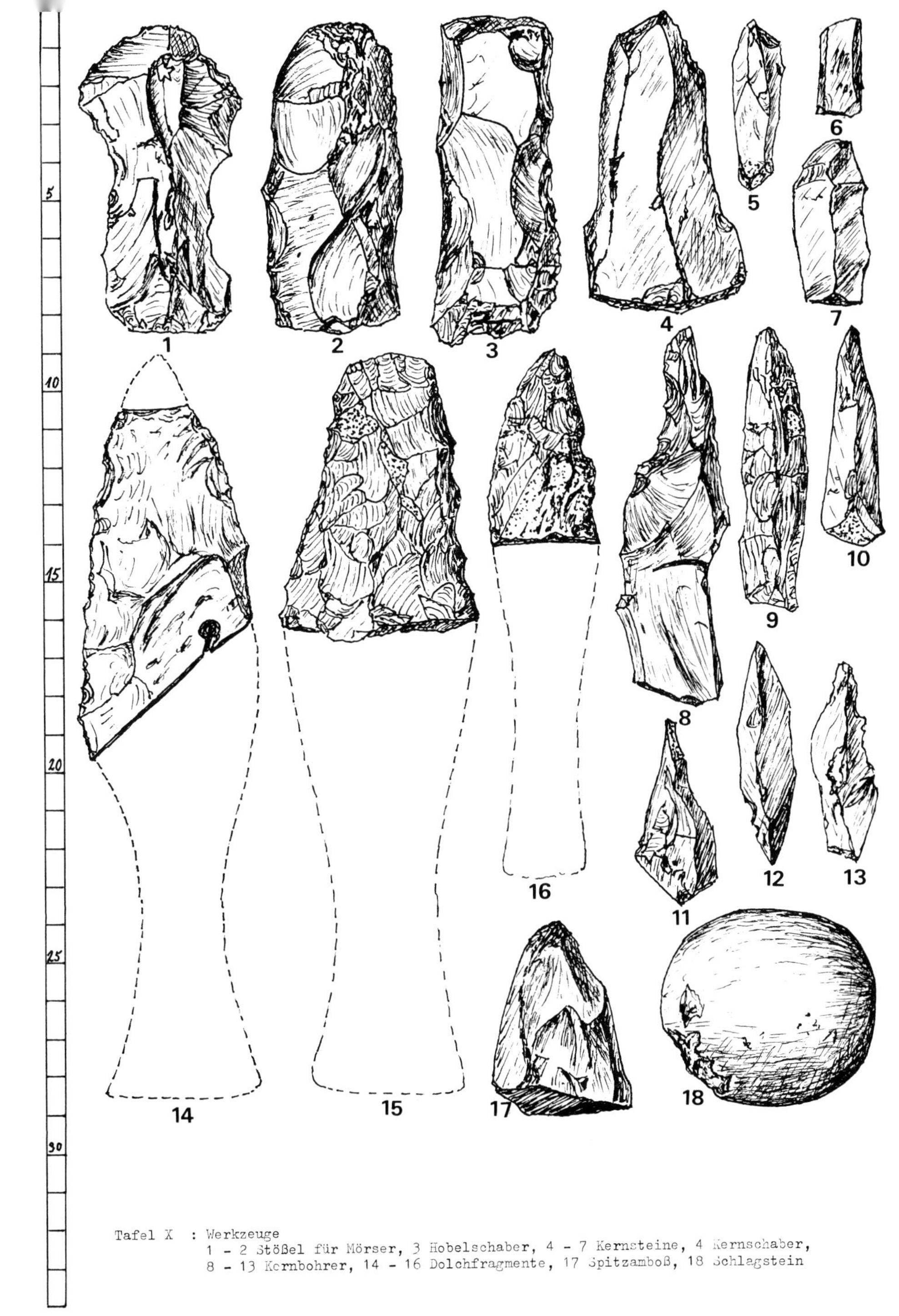

Tafel X : Werkzeuge
1 - 2 Stößel für Mörser, 3 Hobelschaber, 4 - 7 Kernsteine, 4 Kernschaber, 8 - 13 Kernbohrer, 14 - 16 Dolchfragmente, 17 Spitzamboß, 18 Schlagstein

Lioba Beyer

Der Wintersportort Obertauern

Von der saisonalen zur permanenten Besiedlung eines Paßraumes

1. Einführung

In den Salzburger Zentralalpen liegt in 1.739 m Höhe der Paßraum des Radstädter Tauern. Dieses Gelände an der oberen Waldgrenze wurde in der traditionellen Agrargesellschaft der vergangenen Jahrhunderte - außer für den Verkehr - nur im Sommer im Rahmen der saisonalen Almwirtschaft genutzt (Abb. 1). Sporadisch wurde dort auch Bergbau betrieben.

Für eine Dauersiedlung war der Paßraum wegen des rauhen Höhenklimas und der Lawinengefahr auf den beidseitigen Paßzugängen ungeeignet. Lediglich die Nutzung des Passes durch den alpenüberquerenden Verkehr ließ hier - zunächst auch nur temporär - isolierte Stützpunkte für den überregionalen Durchgangsverkehr entstehen. Doch blieb der Paßraum infolge seiner Siedlungsfeindlichkeit stets Peripherraum. Diese Funktion wird allein schon durch die Tatsache belegt, daß über die Paßhöhe hinweg eine zwei Jahrtausende alte Verwaltungsgrenze zwischen den tiefer gelegenen Dauersiedlungsräumen des nördlichen Enns- und des südlichen Murtales verläuft (Abb. 2).

Doch obwohl Naturgefahren die Zugänge zum Paß bedrohen, obwohl der Paßraum agrarwirtschaftlich und siedlungsmäßig ungünstig liegt und er sich zudem in administrativer Randlage befindet, wuchs hier in den letzten Jahrzehnten, verstärkt nach dem 2. Weltkrieg, über die Verwaltungsgrenze hinweg eine Dauersiedlung mit heute 309 Einwohnern heran (Abb. 1). Der alleinige Grund für diese Entwicklung ist im Fremdenverkehr zu sehen, der den Einwohnern besonders in der Wintersaison gute Erwerbsmöglichkeiten bietet. Im Zuge der Entwicklung zur modernen Freizeitgesellschaft erfolgte eine völlige Umwertung des siedlungsfeindlichen Paßraumes. Nachfolgend soll aufgezeigt werden, warum trotz der bestehenden Erschwernisse in dieser alpinen Randökumene ein Fremdenverkehrsort als funktionierende Dauersiedlung entstehen konnte.

2. Die Ungunstfaktoren

Naturräumliche und anthropogen-administrative Gegebenheiten sprechen gegen die Entwicklung einer Dauersiedlung: Höhenlage und Naturgefahren einerseits, Randlage und der Verlauf einer Gemeinde- und Bezirksgrenze mitten über die Paßhöhe andererseits erschweren in hohem Maße den Aufbau einer ganzjährig bewohnten Siedlung.

2.1 Naturräumliche Ungunstfaktoren

Der Radstädter Tauernpaß quert einen Gebirgskamm der Niederen Tauern in den Ostalpen. Er bildet die Wasserscheide zwischen dem alpinen Längstal der Enns im Norden und dem der Mur im Süden. Die vom Paß abfließenden Seitenbäche der Enns und der Mur heißen beide Taurach. Die Talfurchen der beiden

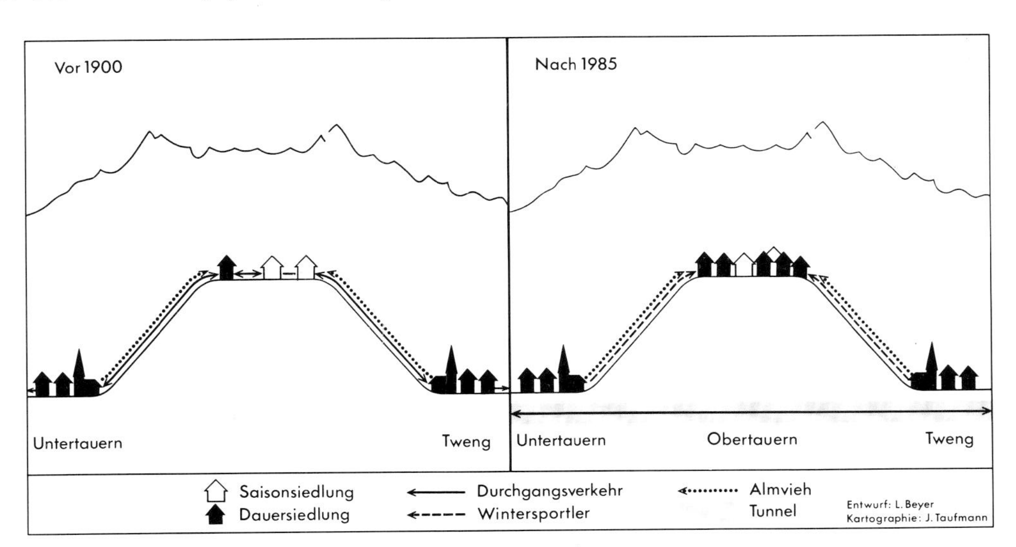

Abb. 1: Nutzungswandel auf dem Radstadter Tauernpaß (stark vereinfacht)

Taurachtäler sind gegeneinander versetzt, so daß die hochgelegene Paßtalung ein Knie bildet (Abb. 2). Die umgebenden Berggipfel steigen um 600-800 m höher auf und erwecken zusammen mit dem weitläufigen Paßraum den Eindruck eines allseits geschlossenen, hochgelegenen Beckens. Die Hänge sind von Grasmatten überzogen und reichen bis in die Schutt- und Felszone hinauf (höchste Gipfel bis 2.500 m).

Höhenlage und Reliefverhältnisse führen zu ungünstigen Klimagegebenheiten. Die Monatsmitteltemperaturen liegen jeweils 1-2° unter denen des nächsten Talortes Tweng (1.235 m). Die ersten Schneefälle sind im Oktober, vereinzelt bereits im September zu erwarten (PRIESEL 1969). An durchschnittlich 74 Tagen im Jahr schneit es. Die geschlossene Schneedekke hält oft bis in den Juni hinein an (Abb. 3). Entsprechend kurz ist die Vegetationszeit, in der es viel Niederschlag und eine entsprechend geringe Zahl von Sonnenscheintagen gibt (durchschnittliche Jahresniederschlagsmenge Tweng: 1.073 mm, Obertauern: 1.633 mm). Winde können infolge der Düsenwirkung des Passes sehr heftig wehen, sie erreichen Geschwindigkeiten bis zu 100 km/h, Spitzenböen bis zu 120 km/h (TOLLNER 1970). Der Wind verfrachtet im Winter große Schneemengen. Luvhänge bilden die Nährgebiete für den Triebschnee. Die so entstehende Lawinengefahr wird infolge der Steilheit der Hänge und des mangelnden Waldbewuchses noch erhöht. Der Lawinenkataster verzeichnet entlang der Paßstraße zwischen Tweng und Untertauern 36 Lawinenstriche (Abb. 4). Auf mehreren von ihnen gehen nahezu alljährlich Lawinen ab, auf manchen sogar mehrmals im Jahr (GSCHWENDTNER 1962). Vor Beginn der Verbauungsmaßnahmen mußte die Paßstraße wegen Lawinengefahr und -verschüttung wiederholt gesperrt werden, bisweilen länger als eine Woche.

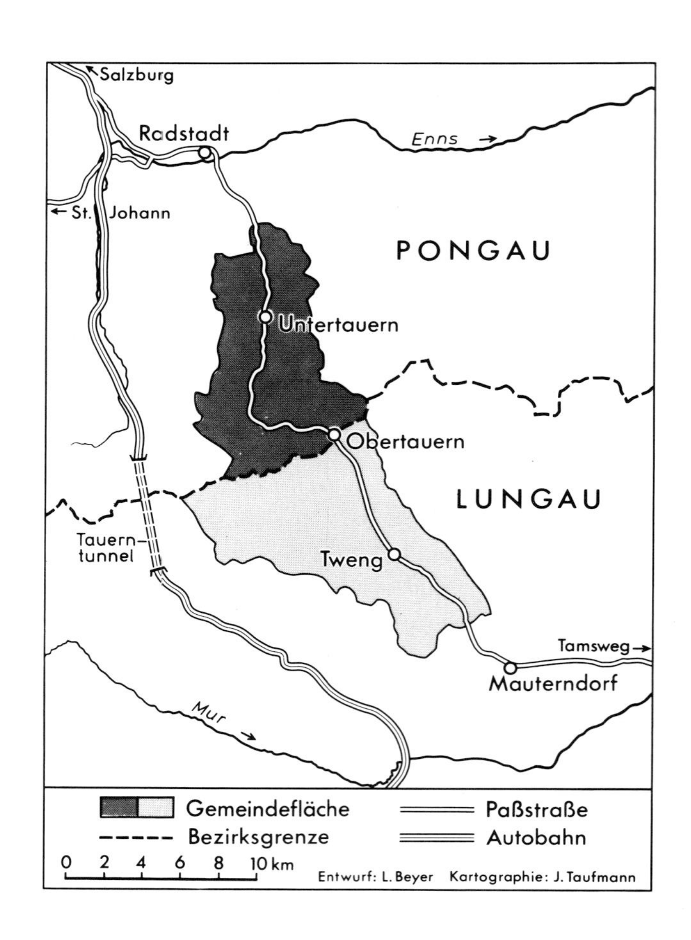

Abb. 2: Administrative Lage Obertauerns

Diese abweisenden naturräumlichen Gegebenheiten führten dazu, daß der weite Paßraum zwar im Zuge einer überregionalen N-S-Straßenverbindung aus Mangel an besseren Möglichkeiten seit Jahrtausenden zur Überquerung genutzt wurde, aber bis ins 20. Jahrhundert hinein siedlungsarm blieb.[1]

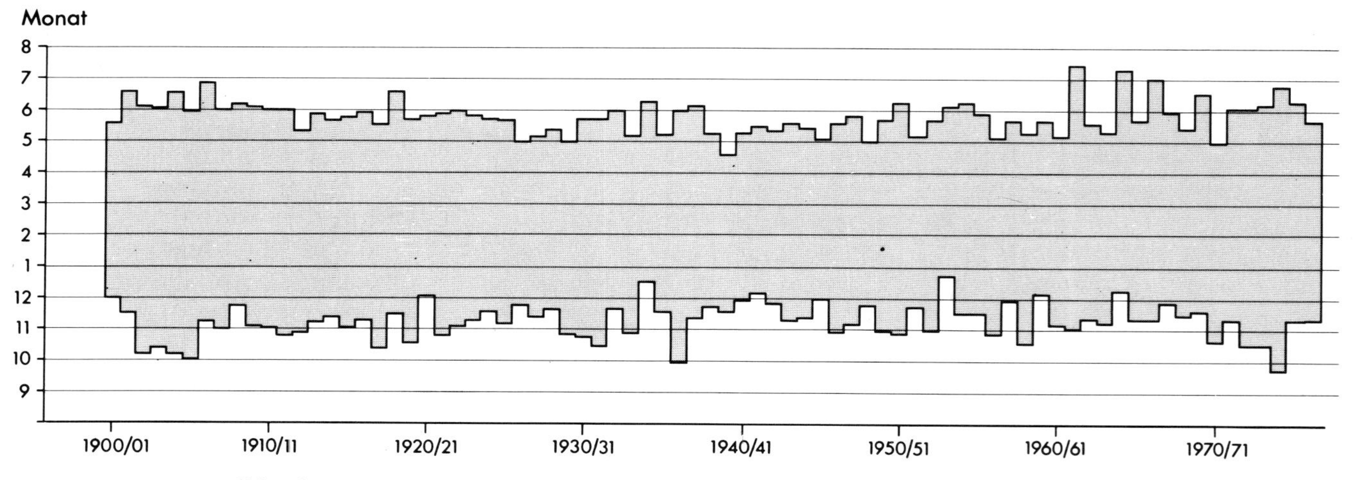

Abb. 3: Dauer der Schneedecke auf dem Radstädter Tauernpaß (1.739 m NN)
Quelle: Forsttechn. Dienst Lungau

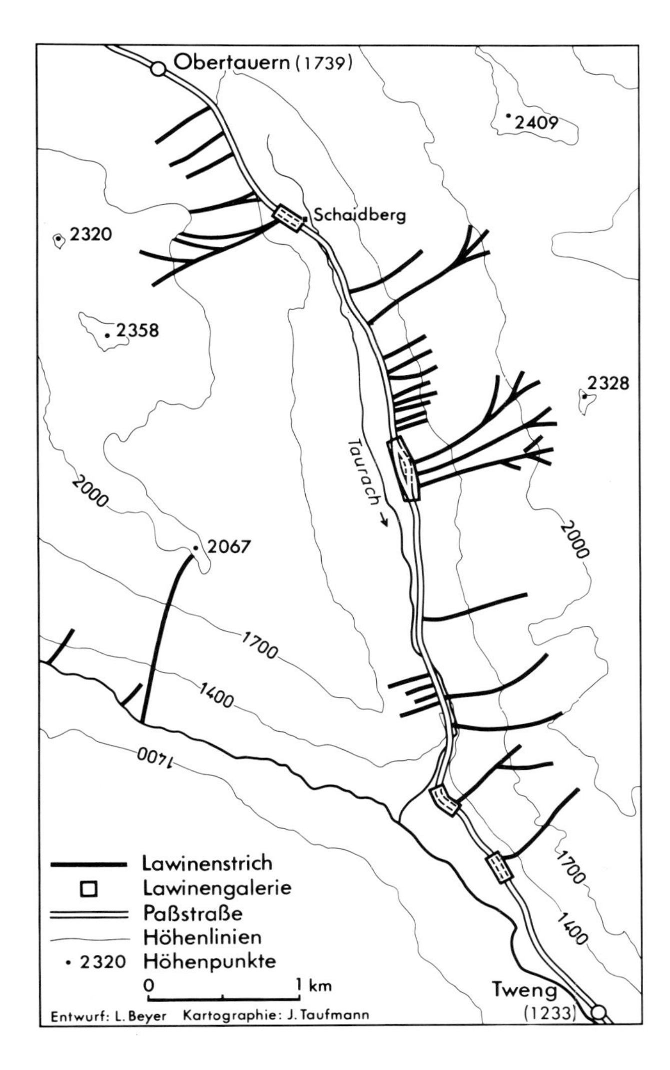

Abb. 4: Lawinenstriche und Lawinengalerien zwischen Tweng und Obertauern
Quelle: Forsttechn. Dienst Lungau

2.2 Randlage und administrative Ungunstlage

Mitten über die Paßhöhe, auf der Obertauerns Ortskern liegt, verläuft eine doppelte Grenze: eine Gemeindegrenze, die gleichzeitig auch Bezirksgrenze ist. Von Norden reicht die Gemeinde Untertauern, von Süden die Gemeinde Tweng auf den Paß hinauf (Abb. 2). Der Pfarrsprengel von Untertauern erstreckt sich über die Gemeindegrenze auf der Paßhöhe hinweg nach Süden bis zur alten Paßsiedlung Schaidberg. Dagegen greift der Schulsprengel von Tweng nach Norden bis zur alten Raststation Wisenegg hinüber.

Schon in römischer Zeit verlief über die Paßhöhe eine Verwaltungsgrenze. Sie trennte innerhalb der Provinz Noricum den nördlichen Stadtbezirk Juvavum vom südlichen Stadtbezirk Teurnia. Diese Grenze blieb auch nach der Besiedlung der Täler durch die Bayern wirksam. Der Lungau gehörte bis ins 13. Jahrhundert zum Kärntner Raum und kam erst danach zum Erzstift Salzburg (DOPSCH 1981).

Die Aufteilung der heutigen Siedlung Obertauern auf zwei Gemeinden hat zur Folge, daß für Obertauern zwei Bürgermeister zuständig sind, jeder für seinen Gemeindeteil: Obertauern-Nord (Gemeinde Untertauern) und Obertauern-Süd (Gemeinde Tweng). Alle kommunalen Angelegenheiten, die den gesamten Ort Obertauern betreffen, müssen stets in zwei Gemeindeämtern, ja gegebenenfalls in zwei Bezirksämtern verhandelt werden. Denn die Gemeinde Untertauern gehört zum Bezirk Pongau (Bezirkshauptort St. Johann), die Gemeinde Tweng gehört zum Bezirk Lungau (Bezirkshauptort Tamsweg).[2]

Die Gemeinden Tweng und Untertauern besaßen 1986 - sieht man einmal von ihrem jeweiligen Anteil in Obertauern ab - eine Bevölkerungszahl von nur 140 bzw. 211 Einwohnern (errechnet nach Gemeindestatistiken). Diese Zahlen lagen - außer in den Nachkriegsjahren - früher noch weit niedriger. Daher konnte sich innerhalb der Streusiedlung beider Gemeinden in Tallagen zwischen 900-1.250 m Höhe ein jeweils nur kleiner Kirchweiler mit sehr geringen zentralen Funktionen entwickeln. Hier liegen Kirche und Pfarrhaus, Gemeindeamt und Schule. Als Paßfußorte besitzen die zwei Weiler auch jeweils einen sehr früh als Umspannstation bezeugten Postgasthof. Jedoch gibt es in beiden Gemeinden in Tallage nicht einmal ein Geschäft für die Deckung des täglichen Bedarfs (Abb. 5). Neusiedler auf der Paßhöhe waren bis zur Entwicklung eines begrenzten Geschäftsangebotes im neuen Ort Obertauern darauf angewiesen, über die beiden nächstliegenden Dauersiedlungen Untertauern in 10 km und Tweng in 7 km Entfernung hinweg die nächstgrößeren Orte zur Bedarfsdeckung aufzusuchen: Radstadt im Norden (22 km) und Mauterndorf im Süden (17 km).

3. Saisonale Einzelsiedlungen als Vorgänger Obertauerns

Die Ungunstlage des Raumes am Tauern - so wird die Paßhöhe von den Einheimischen genannt - hatte dazu geführt, daß im Zusammenhang mit der Nutzung des Geländes für die lokale Almwirtschaft, für den sporadisch betriebenen Bergbau und für den überregionalen Durchgangsverkehr nur punktuell die ein oder andere Kleinsiedlung entstanden war. Die meisten

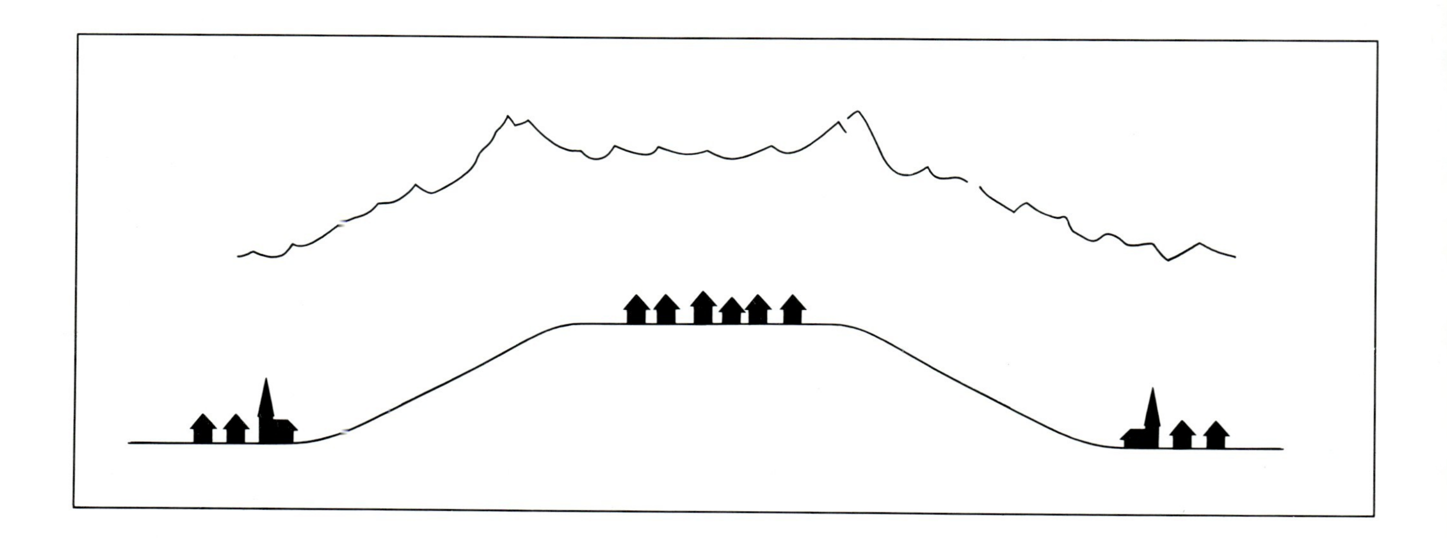

	Untertauern	Obertauern	Tweng
Einwohner	211	309	140
Landw.Betr.	6 Vollerw.betriebe 8 Neben-/Zuerw.betriebe (198[illegible])	-	7 Vollerwerbsbetr. 2 Nebenerwerbsbetr. 1 Jagdbetrieb (1980)
Gästebetten	200 Betten	4.500 Betten	230 Betten
Aufstiegshilfen	-	1 Gondelbahn, 8 Sessellifte, 17 Schlepplifte	-
Kommunale und kirchl. Einrichtungen u. Dienstleistungen	Gemeindeamt Schule - Feuerwehr Pfarrkirche - - Postamt Kindergarten	- - Gendarmerieposten Feuerwehr Filialkirche Hochdruckwasserleitg. 2 Kläranlagen Postamt Kindergarten	Gemeindeamt Schule - Feuerwehr Pfarrkirche - Kläranlage für Kirchweiler Postamt Kindergarten
Private Dienstleistungen	Wechselstube - - - - -	3 Bankfilialen Tankstelle i. Winter ganzjährig: Supermarkt, Drogerie, Bäckerei, Friseur, Reinigungsfiliale im Winter: 2. Supermarkt, Sportgeschäfte, Fotogeschäft, Arztpraxis	- Tankstelle Kiosk - - -

Abb. 5: Bergort Obertauern, Talorte Tweng und Untertauern: Strukturmerkmale
Entwurf: L. Beyer

von ihnen wurden nur saisonal im Sommer genutzt. Es handelte sich um Rasthäuser und Wegmacherunterkünfte, um Knappenhäuser und vor allem um Almgebäude.

Als *Verkehrssiedlungen* bestanden vorübergehend ein römisches Rasthaus (Ausbau der Paßstraße um 200 n. Chr.), das infolge nachlassenden Paßverkehrs wieder verfiel, und ein mittelalterliches Spital, an dessen Stelle man Anfang des 16. Jahrhunderts den noch heute genutzten Tauernfriedhof anlegte. Als der Saumverkehr allmählich durch den Fuhrverkehr abgelöst wurde, benötigte man Unterkünfte für Wegmacher (ein Haus ist noch erhalten) und Rast- und Umspannstationen. Solche Gasthäuser, Tavernen genannt, wurden 1522 bzw. 1536 erstmals urkundlich erwähnt (MITTERSAKSCHMÖLLER 1972); sie liegen diesseits und jenseits des Paßbühels: Haus Wisenegg (1.664 m) und Haus Schaidberg (1.623 m). Eine kleine Kirche (17. Jh.) und ein Vikarhaus (18. Jh.) ergänzen die kleine Paßsiedlung Wisenegg, die wahrscheinlich schon als Dauersiedlung genutzt worden ist.[3)]

Im Bereich des Seekars nördlich der Tauernpaßhöhe wurden um 1500 Kupfer-, später auch Silbererze abgebaut und nach Radstadt geliefert. Nach der Verschüttung eines ergiebigen Stollens durch eine Lawine wurde der Abbau 1683 eingestellt. Erneute Versuche der Erzgewinnung um 1870 und 1912-1919 scheiterten (MITTERSAKSCHMÖLLER 1972). Nur die Grundmauern eines *Knappenhauses* blieben erhalten.

Einen weiteren Anlaß zur Errichtung von Einzelsiedlungen gab die Almwirtschaft. Entsprechend der traditionellen alpinen Landwirtschaft dienten die Matten des weiten Paßgeländes den Talgütern der beiden Taurachtäler und Radstädter Höfen als Almgelände. Über das Alter und die Entwicklung der Almnutzung auf dem Tauern ist nichts bekannt, doch läßt sich annehmen, daß gerade der vorhandene Paßweg den sommerlichen Viehtrieb begünstigte. Es entstanden rund 15 *Alm-Einzelsiedlungen* in Streulage (Abb. 6). Bis zum Einsetzen des Fremdenverkehrs wurden alle Almgebäude nur als saisonale Sommersiedlungen genutzt.

Demnach hat im siedlungsfeindlichen Paßraum des Tauern in den vergangenen Jahrhunderten zwar eine punkthafte Besiedlung stattgefunden; sie existierte aber z.T. nur vorübergehend und wurde zumeist allein im Sommer genutzt. Lediglich eine einzelne Raststätte hat, begünstigt durch die Entwicklung des überregionalen Fracht- und Postverkehrs, vermutlich über drei bis vier Jahrhunderte bis in die Gegenwart als Dauersiedlung bestehen können. So war der hochgelegene Paßraum zu Beginn des 20. Jahrhunderts - mit Ausnahme der beiden Tavernen und der im Sommer bewirtschafteten Almhütten - unbewohnt. Den ersten Ansatz für eine neue Siedlungsentwicklung boten bezeichnenderweise die zwei Tavernen. Ihre Entstehung verdanken sie dem Durchgangsverkehr, ihre Weiterentwicklung dem Fremdenverkehr, der die hier bereits vorhandene Infrastruktur nutzen konnte (Paßstraße, Unterkunft, Verpflegungsmöglichkeit).

4. Die Entwicklung des Fremdenverkehrs auf dem Tauern

Seit den 20er Jahren dieses Jahrhunderts, verstärkt nach 1950, wuchs Obertauern zu einem international bekannten Wintersportort heran. In den ersten Jahrzehnten dieser Entwicklung war die Sommersaison von großer wirtschaftlicher Bedeutung. Je bekannter jedoch der Skisport wurde, um so mehr gewann der Wintersport auf dem Tauern an Vorrang, da dieser Raum einige naturräumliche Voraussetzungen speziell für diese Sportart besitzt. Die Erwerbsmöglichkeiten im Wintertourismus erwiesen sich als so ergiebig, daß sie der Anlaß für die Entwicklung einer neuen, ganzjährig funktionsfähigen und daher permanent bewohnten Siedlung wurden, trotz der zunehmend nur einsaisonalen Erwerbsmöglichkeiten und trotz der bestehenden besonderen Erschwernisse (s.o.). Dieser Wintersportort entstand in drei Phasen, in der Pionier-, Aufbau- und Stabilisierungsphase.

4.1 Naturräumliche Gunstfaktoren für den Wintersport

Obwohl der Paßraum mit seinen gesteinsbedingten Kontrasten in den Bergformen, mit vielen Möglichkeiten für leichtere und anspruchsvolle Bergtouren, mit Wasserfällen, einem Hochmoor, zahlreichen Karseen und Hängen voller Alpenrosenbewuchs auf den Bergwanderer im Sommer seinen Reiz ausüben kann, steht doch das jährliche Niederschlagsmaximum im Juli von durchschnittlich 200 mm dem Bedürfnis der Urlauber nach Sonne und Aufenthalt im Freien entgegen.

Erst der Wintertourismus führte zu einer völlig neuen Einschätzung des Winterklimas. Die bisher als Ungunstfaktoren gewerteten klimatischen Erscheinungen "große Schneemengen, lange Dauer der Schneedekke" werden nun als besondere Gunstfaktoren für den Skilauf angesehen. Hinzu kommen die Lage oberhalb der Waldgrenze und die für den Skisport günstigen Reliefformen: die Weite des Paßraumes, die geglätteten Hänge infolge glazialer Überformung, die

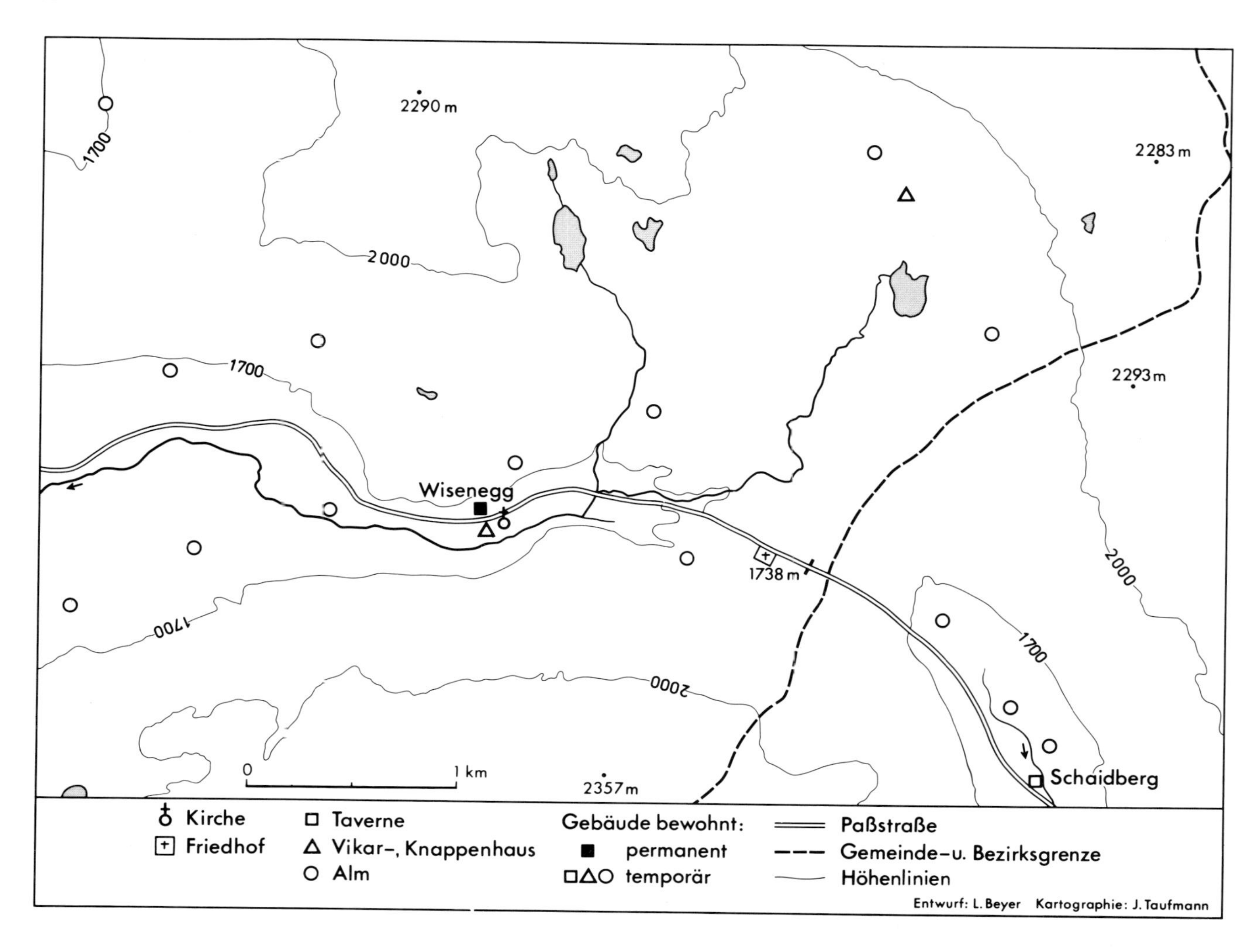

Abb. 6: Radstädter Tauernpaß um 1900

wechselnde Exposition und Steilheit sowie das nahezu geschlossene Rund der Hänge.

Die Weite des Raumes ermöglicht gleichzeitig die großzügige Anlage einer Siedlung und der dazugehörigen Infrastruktureinrichtungen, darüber hinaus den Bau einer variantenreichen Skischaukel, die Nutzung der Talböden für den Langlauf sowie der vielen Hangflächen für den Abfahrtsskilauf, ohne daß Raumprobleme entstehen. Bedingt durch den Wechsel des Gesteins - Kalk vornehmlich im Süden, Gneise und Schiefer im Norden und Nordosten des Paßraumes - sind die Hänge unterschiedlich steil. Besonders im Bereich der Seekarspitze nördlich des Passes ist das Gelände durch zahlreiche Kare sehr abwechslungsreich gestaltet. Der Skifahrer hat eine reiche Auswahl an Pisten unterschiedlicher Schwierigkeitsgrade zur Verfügung. Die wechselnde Hangexposition ermöglicht Abfahrten auf Sonn- und Schattenhängen und garantiert je nach Schneelage und Jahreszeit schneesichere Pisten.

Schließlich ist auch noch in der Beckenform des Paßraumes ein wichtiger Vorteil für den Wintersport zu sehen: Die Lifte beginnen vor der Haustür, und die Pisten führen in das Beckeninnere und damit zur Siedlung zurück. Es ist daher berechtigt, daß Obertauern mit den Begriffen "Schneeschüssel" und "Skischaukel" wirbt.

Trotz der Gunst der Naturgegebenheiten für den Wintersport bleiben jedoch einige Ungunstfaktoren bestehen: Wind, Kälte und Schneemengen erfordern erhöhte Anstrengungen, nicht nur eine Dauersiedlung auf der Paßhöhe zu errichten, sondern die Siedlung auch funktionsfähig zu halten, zumal die Zugänge zum Paß von Lawinenabgängen bedroht sind.

4.2 Die Entwicklungsphasen des Fremdenverkehrsortes

Der Fremdenverkehr begann in den benachbarten Tälern mit dem Aufenthalt von Gästen aus gehobenen

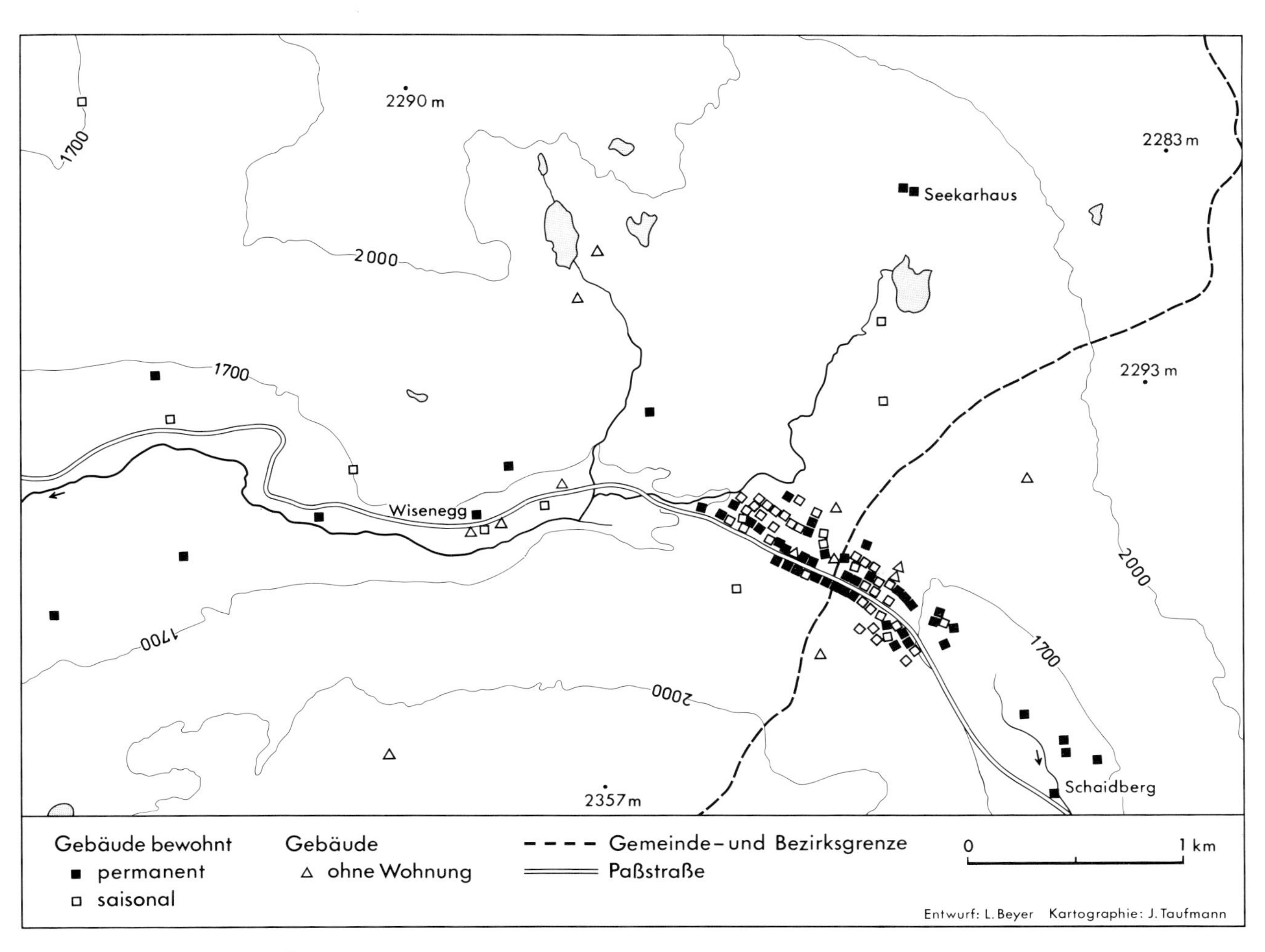

Abb. 7: Obertauern 1986: Gebäudefunktionen und Erschließung

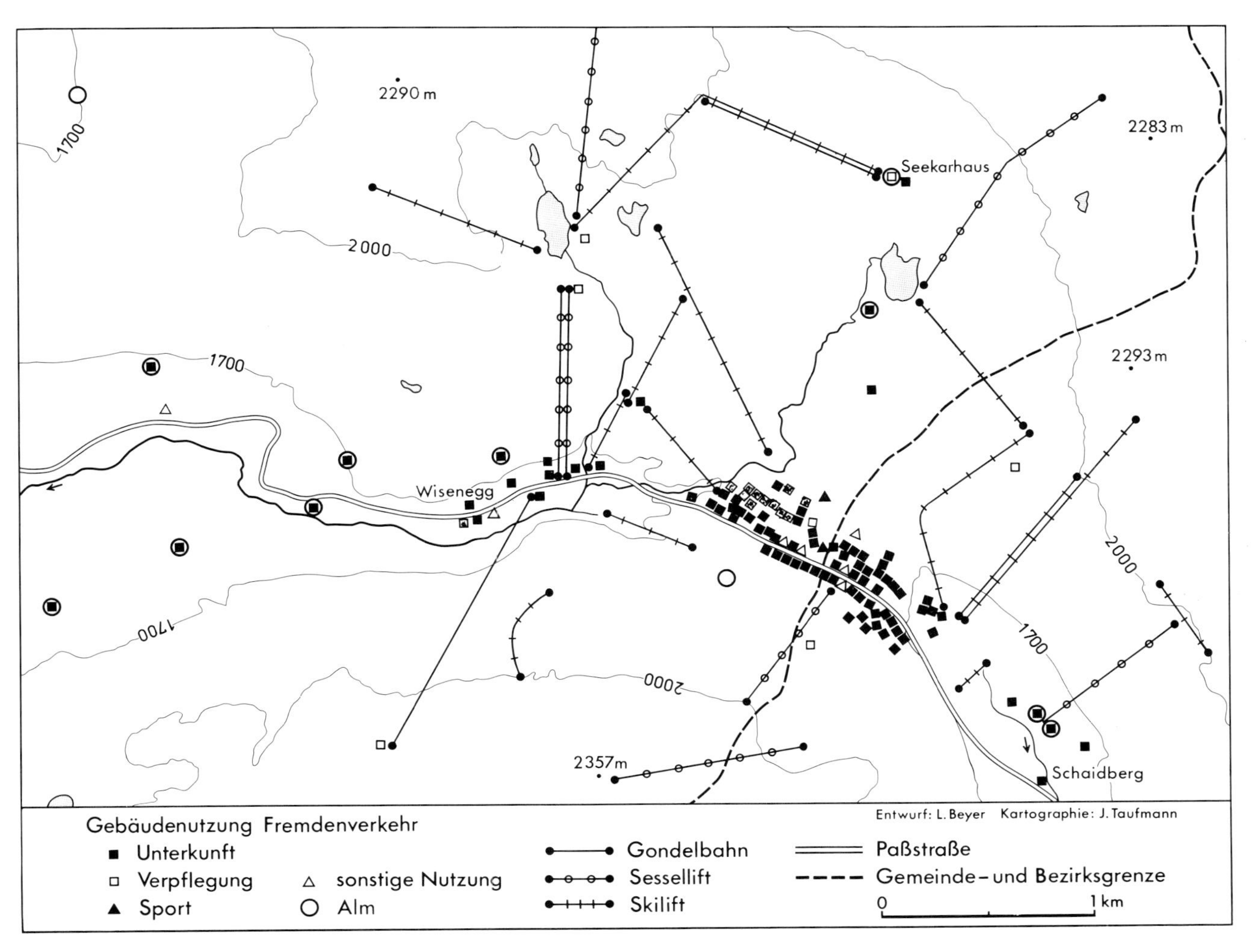

Abb. 8: Obertauern 1986: permanente und saisonale Gebäudenutzung

Sozialschichten in der Sommerfrische. In Mauterndorf/Lungau setzte diese Entwicklung um 1890 ein, verstärkt durch den Bau der Murtalbahn ab 1894. Die über Radstadt/Pongau kommenden Gäste fuhren im Postlandauer über der Tauern nach Mauterndorf; ab 1895 wurden in den Sommermonaten täglich zwei solcher Posteilfahrten durchgeführt (MITTERSAKSCHMÖLLER 1972).

Zu Beginn des 20. Jahrhunderts faßte der Fremdenverkehr auch auf der Paßhöhe Fuß. Siedlungsveränderungen vollzogen sich in dieser *Pionierphase* Obertauerns jedoch langsam und zunächst nur punkthaft. Bedingt durch die Paßstraße war der Tauern eher als andere Gebiete dieser Höhenlage den potentiellen Gästen bekannt. Wann die ersten Skiläufer im Pferdeschlitten auf den Paß kamen, ist nicht belegt. Es muß aber schon vor dem 1. Weltkrieg gewesen sein. Jedenfalls konnte auf dem Tauern frühzeitig eine für die Randökumene typische Entwicklung beginnen. Bereits vorhandene Einzelsiedlungen - auch wenn sie nur für eine saisonale Nutzung errichtet worden waren - wurden nun für Fremdengäste umgerüstet bzw. umgebaut.

Haus Wisenegg und Haus Schaidberg waren als bestehende Tavernen die geeignetsten Häuser, die nicht nur Durchreisende, sondern auch Gäste mit längerer Verweildauer aufnehmen konnten. Das gesamte Anwesen des Hauses Wisenegg wurde 1904 verkauft. Der neue Besitzer baute die Taverne zum Hotel aus (Eröffnung 1905). Als die Nachfrage im Winter zunahm, wurde ab 1913 zusätzlich ein Knappenhaus im Seekar behelfsmäßig für Wintertouristen hergerichtet.

Der 1. Weltkrieg unterbrach die Entwicklung: Die Taverne Schaidberg wurde aufgelassen, Hotel Wisenegg vom Militär besetzt. Doch erhielt der Fremdenverkehr auf dem Tauern in der Folgezeit neue Impulse: Während des 1. Weltkrieges wurden dort zur Ausbildung des Militärs Skikurse durchgeführt. Durch ihre mehrere tausend Teilnehmer wurden sowohl der Skisport als auch der Tauernraum weithin bekannt. Nachdem die Verkehrsanbindung durch den Einsatz von Postomnibussen im Sommer (ab 1921) und Raupenschleppern für den Winterverkehr (ab 1929) erheblich verbessert worden war (vgl. Kap. 5.1), wurden weitere Gebäude als Beherbergungsbetriebe hergerichtet bzw. neu erbaut.

Nach Haus Wisenegg baute man 1928 auch Haus Schaidberg zum Hotel aus. Unmittelbar auf der Paßhöhe entstand 1929 ein erster Neubau als weitere Hotel-Einzelsiedlung. Neben der Bettenzahl in diesen drei komfortablen Hotels wuchs das Angebot einfacher Unterkünfte.

Der Deutsche und österreichische Alpenverein erwarb bereits 1926 das ehemalige Gebäude der Knappen, das Seekarhaus. Es war ab 1936 mit 1.797 m NN die höchstgelegene Dauersiedlung des Tauern.[4] In Wien warb der Alpenverein durch Vorträge so intensiv für den Tauern, daß zwischen 1927 und 1934 drei weitere Häuser alpiner Vereine eröffnet werden konnten und das Seekarhaus 1932 schon Anfang Dezember voll besetzt war (KANDUTH 1984). Schließlich begannen auch einige Bauern, ihre Almen auf dem Tauern für Gäste herzurichten.

Mitte der 30er Jahre standen den Gästen bereits 11 Häuser zur Beherbergung zur Verfügung. Im Winter 1930/31 sollen sich 18.000 Skisportler, 1931/32 bereits insgesamt 23.000 Skisportler auf dem Tauern aufgehalten haben (MITTERSAKSCHMÖLLER 1972). Die drei für damalige Verhältnisse komfortablen Hotels beherbergten ein internationales Publikum aus gehobenen Sozialschichten. Die Wintergäste kamen aus Österreich, vor allem aus Wien, aus der Tschechoslowakei, Ungarn und aus anderen Nachfolgestaaten der k.u.k. Monarchie. Im Sommer besuchten vornehmlich Gäste aus dem Deutschen Reich den Tauern (KANDUTH 1984).

Diese Entwicklung ging zunächst auf individuelle Initiativen zurück. Es bestand keine gemeinsame Organisation. Es fehlte auch der Anschluß an eine öffentliche Elektrizitätsversorgung. Nur im Hotel Wisenegg erzeugte ein eigenes Benzinaggregat elektrischen Strom (STEINER 1971). Um Trinkwasser mußte sich jeder Betrieb selbst kümmern.

Während des 2. Weltkrieges wurde die Entwicklung der kleinen Siedlungen auf dem Tauern von politischen Kräften bestimmt. Die deutsche Luftwaffe richtete Kommandostellen ein, Luftwaffenangehörige wurden zur Erholung hierhergeschickt, für sie wurden auch Skikurse durchgeführt. Zahlreiche deutsche Familien kamen durch die KdF-Organisation auf den Tauern. Es lohnte sich daher schon, einen kleinen Gemischtwaren- und einen Bäckerladen einzurichten.

Nach Kriegsende gab es auf dem Tauern neben den Lagern in Jugendheimen und Vereinshäusern ca. 370 Betten (1950). Bedingt durch die geringe Einwohnerzahl in beiden Gemeinden (z.B. Tweng 278 Einwohner 1950) und die rein bäuerliche Bevölkerungsstruktur, durch den Mangel an Kapital und Management-Kenntnissen regten sich in den Nachkriegsjahren zunächst keine Initiativen auf kommunaler Ebene, den Fremdenverkehr auf der Paßhöhe weiterzuentwickeln. Daß dennoch eine die weitere Entwicklung Obertauerns bestimmende *Aufbauphase* (1945-1965) in Gang kam, ist vornehmlich privater Initiative und zusätzlich dem Grundverkauf einer Versicherungsgesellschaft zu verdanken, die zu dieser Zeit über den Besitz nahezu des gesamten Wiseneggschen Anwesens verfügte. Einen wesentlichen Beitrag zur Entwicklung der neuen Dauersiedlung leistete vor allem der Obertauerner Verkehrsverein (vgl. Kap. 5.2).

Ein Vergleich der Abbildung 6 mit Abbildung 7 zeigt das explosive Siedlungswachstum. In einem wahren Bauboom wurden - trotz der nur im Sommer möglichen, kurzen Bausaison und trotz der z.T. steilen Transportwege auf die Paßhöhe - 36 neue Häuser errichtet. Im Sommer 1963 sollen rund 250 Bauarbeiter auf dem Tauern tätig gewesen sein (STEINER 1971). Das Bettenangebot verdoppelte sich innerhalb von acht Jahren. Es wurde durch den Bau von insgesamt 18 Aufstiegshilfen ergänzt (Ski- und Sessellifte, Gondelbahn, vgl. Tab. 1). Die Übernachtungszahlen stiegen allein im Verlauf von vier Jahren um 100 % (Abb. 9). Aus der Streusiedlung an der Paßstraße war von Haus Wisenegg bis über das Hotel Tauernpaßhöhe hinaus eine locker gereihte Gruppensiedlung entwickelt worden. Die Bebauung der Paßhöhe bildete den Kern der neuen Dauersiedlung Obertauern. Die Gastbetriebe auf den verstreut liegenden Almen blieben weiterhin Einzelsiedlungen, sie waren aber z.T. permanente Wohnplätze geworden (vgl. Abb. 6 und 8).

Zu den wichtigsten Voraussetzungen dieser sprunghaften Entwicklung zählen der 1957 erfolgte Anschluß des Paßgebietes an das öffentliche Stromnetz und eine ausreichende Wasserversorgung (vgl. Kap. 5.2). Danach stieg die Nachfrage nach Bauparzellen und Genehmigungen zur Errichtung von Bergbahnen sprunghaft an.

Wegen der Gründung zahlreicher Gastbetriebe fehlte es den neuen Einwohnern Obertauerns an Kapital, um zusätzlich den Bau von Bergbahnen zu finanzieren. Dies übernahmen zunächst auswärtige Investoren, u.a. eine finanzkräftige Unternehmergruppe aus Mauterndorf. Erst in einer jüngeren Entwicklungsphase, in der das Netz der Aufstiegshilfen nochmals verdichtet wurde (Tab. 1), konnten sich auch Einheimische des neuen Wintersportortes daran beteiligen und somit den Einfluß Auswärtiger auf den Fremdenverkehr in Obertauern zurückdrängen.

Da sich in den 60er Jahren saisonal mehr als 3.000 Menschen (Einwohner Obertauerns, Saisonarbeitskräfte, Gäste) auf dem Tauern aufhielten, wurden zusätzlich zu den Aufstiegshilfen öffentliche und private Dienstleistungen dringend erforderlich; es entstanden Einrichtungen, die die beiden Kirchweiler in den Talgemeinden z.T. bis heute nicht besitzen (Abb. 5). 1965 erhielt jeder Gemeindeteil Obertauerns auch eine eigene Kläranlage; es wurde in jedem Ortsteil eine Müllabfuhr eingerichtet, und auch für die medizinische Betreuung, u.a. bei Skiunfällen, wurde gesorgt (Tab. 1).

Die ungemein erfolgreiche Aufstiegsphase Obertauerns endete 1965 jäh mit einem Katastrophenwinter (vgl. Kap. 5.1). Durch zwei Lawinenunglücke, bei denen insgesamt 17 ausländische Jugendliche ums Leben kamen, gelangte Obertauern weltweit in die Schlagzeilen. Dieses Negativimage führte in den folgenden Wintern zur Stagnation der Übernachtungszahlen (Abb. 9).

Dank überörtlicher Maßnahmen zur Straßensicherung (vgl. Kap. 5.1), durch den lokalen Ausbau des Tourismusangebotes und durch weitere Initiativen des Verkehrsvereins setzte mit Beginn der 70er Jahre eine *Erweiterungs-* und *Stabilisierungsphase* ein. Der Verkehrsverein hatte 1970 einen hauptamtlichen Verkehrsdirektor eingestellt. Eine gemeindeübergreifende Aktion war die Gründung der Obertauern-Fremdenverkehrsanlagen-Ges.m.b.H. & Co KG (OFAG, 1968) zum Bau eines Hallenbades und später einer

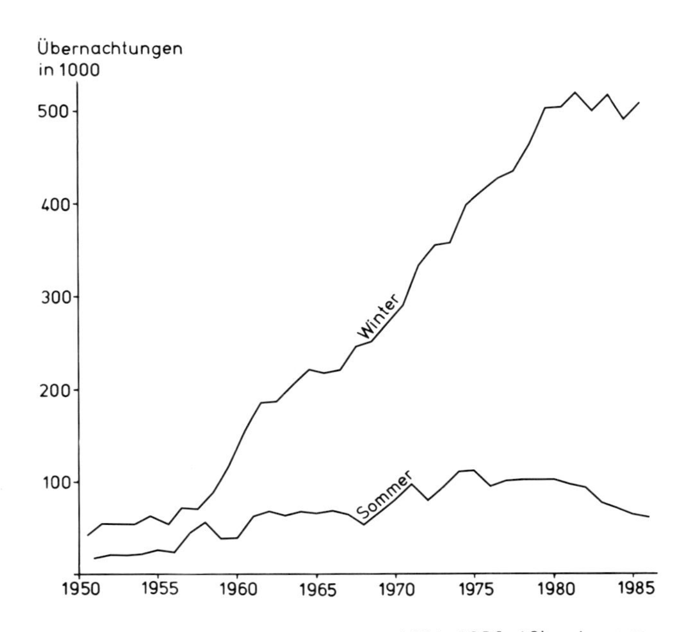

Abb. 9: Nächtigungszahlen 1951-1986 (Obertauern, Tweng und Untertauern insgesamt)
Quelle: Verkehrsverein Obertauern

Fremdenverkehr	Zeit	Verkehr, Infrastruktur
	Pionierphase 1900 - 1945	
Häuser: Wisenegg, Schaidberg, Seekarhaus	1900 - 1916	Pferdeschlitten im Winter Postlandauer, Privatautos im Sommer
Skikurse des Militärs	1916 - 1918	
Neue Unterkünfte: Hotel Tauernpaßhöhe (1929) 3 AV-Häuser 1 Gasthof 4 Almhäuser	1918 - 1935	Postbuslinienverkehr im Sommer (ab 1921) Postbuslinienverkehr im Winter (ab 1929) Telefon (?) Strom durch Benzinaggregate
KdF-Bewegung Kinderlandverschickung Erholung für Wehrmachtsargehörige Bau einiger Privathäuser Taurachhütte (später Dr.Th.Körner-Haus)	1936 - 1945	Schneeräumung Paßstraße (ab 1939) Gemischtwaren-, Bäckerladen
	Aufbauphase 1946 - 1965	
7 Schlepplifte 1 Sessellift ab 1951: 9 Schlepplifte 1 Gondelbahn 3 Skischulen Auskunftsbüro d. Verkehrsvereins Neue Unterkünfte: 20 Beherbergungsbetriebe Jugendheim Erholungsheime Ferienwohnungen private Ferienhäuser Almhäuser 36 Gebäude insgesamt		kleines E-Werk Anschluß an Stromnetz (1958) Hochdruckwasserleitung (1960) 2 Kläranlagen (1965) Fernsehempfang (1963/64) Private Lawinenwarnkommission (1957) Ausbau der Paßstraße Lawinenverbauungen Postanschrift: Obertauern (1960) offizielle Anerkennung von Ort und Namen (1962) Schule (bis 1969) Bäckerei, Supermarkt, Sportgeschäft Sparkasse, Postamtsgebäude Gemeindehaus mit Kindergarten Gendarmerieposten, Feuerwehr Bebauungsplan Organisation d. Schneeräumung im Ort eigene Schneeräumungsgeräte Landeplatz für Flugrettungsdienst Betreuungsdienst durch Rote-Kreuz-Wagen von Radstadt und Tamsweg Lawinenunglücke
	Erweiterungs- und Stabilisierungsphase 1966 - 1986	
Einstellung eines hauptamtlichen Verkehrsdirektors (1970) 3 Sessellifte 4 Schlepplifte Pistenplanierungen Langlauf, Langlaufschule (1967) Tennisplatz Eislaufplatz, Pferdeschlittenfahrten Hallenbad (1970) Neue Unterkünfte: 12 Beherbergungsbetriebe 2 AV-Häuser 3 Häuser mit Eigentumswohnungen Ferienwohnungen	1966 - 1975	Bau von Lawinengalerien Straßenbeleuchtung entlang Paßstraße Tankstelle, Geschäfte Arztpraxis im Winter (ab 1967) Niederschlagung eines Großprojektes für Eigentumswohnungen (1966) Fernsehempfang Rückgang des Durchgangsverkehrs mit Eröffnung des Tauerntunnels der Tauernautobahn (1975)
3 Schlepplifte 1 Sessellift Tennishalle (1978) Asphaltbahn f. Eisstockschießen Höhen-Kneipp-Wanderweg Neue Unterkünfte: 10 Beherbergungsbetriebe Appartementhäuser private Ferienhäuser	1975 - 1986	weitere innerörtliche Erschließung und Beleuchtung Ausbau d. nördlichen Paßstraße: zweispurig auf größeren Steigungsstrecken Ausbau d. Bundesstraße Radstadt-Untertauern und Tweng-Mauterndorf "Siedlungshaus" für Einheimische Anschluß aller Häuser an den Pongauer Abwasserkanal (im Bau)

Tab. 1: Entwicklungsphasen Obertauerns

Quelle: Nach KANDUTH und eigenen Erhebungen

Tennishalle. Außerdem wurden weitere Aufstiegshilfen sowie Pisten angelegt, gleichzeitig nahm im Ort die Zahl der Dienstleistungsbetriebe zu. Auch Fernsehempfang wurde durch den Bau einer speziellen Umsetzer- und Verstärkeranlage möglich (Tab. 1). Die Ortsbebauung wurde bis heute durch 25 neue Beherbergungsbetriebe verdichtet und erweitert (Abb. 7). Alle Betriebe - abgesehen von den Alpenvereinshäusern und Jugendheimen - legten zunehmend Wert auf hohen Komfort.

4.3 Fremdenverkehr und Siedlungsstruktur heute

Reduziert man die statistischen Angaben des Verkehrsvereins Obertauern, die auch die relativ geringen *Angebote* in den Talsiedlungen beider Gemeinden umfassen, allein auf den Bergort Obertauern, dann lassen sich folgende Aussagen machen: Der Wintersportort Obertauern verfügt heute über rd. 4.500 Betten, die sich auf 64 Hotels und Pensionen, 9 Häuser mit Ferienwohnungen, 6 Häuser alpiner Vereine und eines niederländischen Vereins, 2 kirchlich verwaltete Häuser und 5 Jugendheime sowie einige private Ferienhäuser verteilen. Bezogen auf die Einwohnerzahl Obertauerns, die aufgrund eigener Berechnungen gemeindeübergreifend ermittelt werden konnte, ist die Bettendichte des Bergortes mit 1.666 Fremdenbetten je 100 Einwohner hoch. übernachtungszahlen lassen sich leider nur für Berg- und Talorte beider Gemeinden zusammen angeben: Sie pendeln sich je nach Saisonlänge - abhängig vom Ostertermin - auf 500.000 im Jahr ein (Abb. 9). Während die 8 gastgewerblichen Betriebe und die 12 Häuser der Privatzimmervermieter in den Talorten Tweng und Untertauern zu beiden Saisonzeiten geöffnet sind, nimmt nur etwa die Hälfte der Beherbergungsbetriebe im Bergort Obertauern zusätzlich zur Wintersaison auch im Sommer Gäste auf. Es handelt sich vornehmlich um Betriebe, die entweder permanent bewohnt sind oder im Sommer zusätzlich Almwirtschaft betreiben (Tab. 2); die Arbeitskraft der anwesenden Personen reicht oft zur Betreuung der Gäste aus, so daß im Sommer keine Fremdarbeitskräfte zusätzlich eingestellt werden müssen. Im Winter werden dagegen ca. 1.500 Saisonarbeitskräfte beschäftigt.

Beherbergungsbetriebe

Zahl	vom Betriebsinhaber bewohnt permanent	/ saisonal	zusätzl. Almwirtschaft	für Gäste geöffnet So	/ Wi
29	x			x	x
14	x				x
2	x		x	x	x
5		x	x	x	x
4		x		x	x
25		x			x

Tab. 2: Saisonale und permanente Nutzung der Beherbergungsbetriebe in Obertauern 1986 (eigene Erhebung).

Die Bettenauslastung ist für den Berg- und die Talorte beider Gemeinden mit durchschnittlich 89 % der Betriebstage im Winter hoch. Einen beachtlichen Anteil haben daran auch die fünf Jugendheime. Außer in den Alpenvereinshäusern und Jugendheimen bietet die überwiegende Zahl der Obertauerner Betriebe Zimmer in den obersten Kategorien A und B an (z.B. 10 Betriebe mit hauseigenem Schwimmbad).

Zusätzlich zu den Beherbergungsbetrieben sorgen im Winter 8 Restaurants für die Verpflegung der Obertauerner Gäste; 5 von ihnen liegen allerdings abseits des Ortes an den Skipisten und Bergbahnen. 26 Bergbahnen (Abb. 7) können im Winter 27.820 Personen/h befördern (Stand Winter 1986/87), während gegenwärtig im Sommer keine Bergbahn mehr in Betrieb genommen wird.[5]

Den höchsten Anteil an übernachtungen stellen die *Gäste* aus der Bundesrepublik Deutschland, gefolgt von den österreichern, u.a. den Wienern.

Herkunftsländer	% der Nächtigungen
BRDeutschland mit Berlin	54,09
Wien	10,42
übr. österreich	24,85
Niederlande	3,08
Belgien	2,48
Finnland	1,14
Schweden	0,77
Jugoslawien	0,35
USA	0,10
Italien	0,05
übr. Ausland	2,67
gesamt	100,00

Tab. 3: Nächtigungen der Gäste nach Herkunftsländern Mai 1985 - April 1986 in den Gem. Tweng und Untertauern, mit Obertauern (Verkehrsverein Obertauern).

Gegenüber den *Siedlungsverhältnissen* auf dem Tauern um 1900 haben sich bis zur Gegenwart Zahl, Größe und Grundriß der Siedlungen, ihre Funktionen sowie die Dauer und Saisonzeit ihrer Nutzung grundlegend verändert (Abb. 6, 7, 8). Bestanden damals etwa 20 Einzelsiedlungen in Streulage, so hat sich bis zur Gegenwart zusätzlich eine Gruppensiedlung entwikkelt: der neue Ort Obertauern mit verdichtetem linearen Grundriß entlang der Paßstraße. Außerhalb des Ortes bestehen weiterhin 17 Almen als Einzelsiedlungen, von denen 10 zusätzlich einen Gast- oder Beherbergungsbetrieb führen. Außerdem gibt es einige isolierte Hüttenbetriebe in Streulage. Man faßt heute alle genannten Siedlungen im Paßraum unter dem Ortsnamen Obertauern zusammen. Wurden die älteren Einzelsiedlungen, abgesehen von den beiden Tavernen, als Almen ehemals nur saisonal im Sommer bewohnt, so sind jetzt mehr als 50 Gebäude auf der Paßhöhe sowohl in Orts- als auch in Streulage dauernd bewohnt.[6] Damit liegt die Höhengrenze permanenter Gruppensiedlungen im Bereich des Radstädter Tauern heute rd. 500 m höher als noch vor wenigen Jahrzehnten. Als z.Z. höchstgelegene permanente Einzelsiedlung auf dem Tauern ist die Kringsalm (1.800 m) oberhalb des Seekarhauses anzusehen. Zwei weitere Almen[7] sind heute ebenfalls Dauersiedlungen mit Beherbergungsbetrieben (Tab. 2). Dagegen werden rd. 50 Gebäude, darunter 34 Beherbergungsbetriebe und einige private Ferienhäuser, nur saisonal bewohnt, die meisten von ihnen - im Gegensatz zu früher - ausschließlich im Winter.

Die *Bauentwicklung* ist frühzeitig - ab 1959 - durch Bebauungs- und Flächenwidmungspläne gefördert worden. Einen entscheidenden Beitrag zur Planerstellung leistete die Salzburger Landesbrandschaden-Versicherung. Ihr gehörte durch die Übernahme des Wiseneggschen Besitzes fast der gesamte Grund westlich der Paßhöhe. Sie verkaufte an der Paßstraße nur große Parzellen mit der Auflage, darauf einen Gastgewerbebetrieb zu errichten, während alle dahinterliegenden Parzellen auf dem Paßbühel kleiner waren und nur mit kleineren Privathäusern bebaut werden durften. Entsprechend dem Bebauungsplan, den die beiden Gemeinden, die Grundbesitzer des zur Bebauung geeigneten Geländes und der Verkehrsverein gemeinsam erstellt hatten, entstanden auf der Paßhöhe Gebäude, die zusätzlich zum Gastgewerbe im Erdgeschoß Geschäfte und andere Dienstleistungsbetriebe aufnahmen. Dagegen wurde der Plan einer Baugesellschaft, 1966 in Obertauern ein Großgebäude mit 58 Eigentumsappartements zu errichten, von den Einwohnern durch die Verweigerung der Aufnahme in die Wasserwerksgenossenschaft verhindert.

Trotz der Bemühungen, die Bauweise der Häuser, die im Höchstfall drei Stockwerke besitzen, an einheimische Bauweisen z.T. noch nachträglich anzupassen, fehlt der in kurzer Zeit entwickelten Hotelsiedlung die Atmosphäre eines gewachsenen Talortes, zumal sich der Standort der Kirche bei Haus Wisenegg befindet und nicht innerhalb der verdichteten Bebauung auf der Paßhöhe. Jüngere Überlegungen befassen sich mit der physiognomischen Verbesserung des Hallenbadgebäudes und seinem Ausbau zu einem "Haus des Gastes" sowie mit der Gestaltung des davorliegenden Platzes. Man erhofft sich, dadurch eine ansprechende Akzentuierung eines Ortsmittelpunktes zu erreichen.

Der gegenwärtige Stand der *Planungen* ist dadurch gekennzeichnet, daß in beiden Gemeinden weitere Entwicklungskonzepte entworfen bzw. bereits verabschiedet worden sind. Sie enthalten u.a. aufeinander abgestimmte Strukturpläne für den jeweilig zugehörigen Ortsteil in Obertauern. Darin werden vor allem vorgesehen:

- Schaffung einer "Ortsmitte", um die Identität Obertauerns als eigenständigen Ort zu verstärken,
- Verhinderung der Zersiedlung,
- Erhaltung und Pflege der Skiwege,
- Verbesserung der Wohnverhältnisse für die Dauerwohnbevölkerung: Errichtung reiner Wohnbauten gesondert von Ortsteilen mit dominierend gastgewerblicher Bebauung,
- Steigerung der Qualität im Gastgewerbe,
- Verhinderung der Entstehung von Zweitwohnungen und Wohnmobilcamping,
- Verkehrsberuhigung, Regelung des ruhenden Verkehrs u.a.m.

4.4 Die Wohnbevölkerung und Betriebsinhaber

Die Zahl der im Bergort Obertauern-Nord und -Süd mit 1. Wohnsitz gemeldeten *Einwohner* (Abb. 10) übertrifft heute bereits die Zahl der jeweils in den Restgemeinden lebenden Talbewohner. Die Altersstruktur der Obertauerner Bevölkerung unterscheidet sich deutlich von jener der Talbewohner der beiden Gemeinden. Sie läßt die rasche Zuwanderung der Bevölkerung auf den Tauern nach dem 2. Weltkrieg erkennen: Auf eine nur schmale Spitze der heute über Fünfzigjährigen - es handelt sich vor allem um die Bevölkerung aus der Pionierphase Obertauerns - folgt die große Zahl der heute 35-50jährigen, die in den 60er und 70er Jahren als junge Unternehmer auf den Tauern kamen. Dazu gehören weiterhin die Einwohner, die in den Lift- und Gastbetrieben Obertauerns eine Daueranstellung gefunden haben und aus diesem Grunde ihren 1. Wohnsitz auf den Paß hinauf verlegten.

Die Initiativen zur Gründung eines Beherbergungsbetriebes auf dem Tauern gingen zunächst nicht von den bäuerlichen Familien der näheren Umgebung aus, sondern vor allem von auswärtigen Gruppen, die entweder schon über Erfahrungen im Beherbergungswesen verfügten (Alpenverein) oder ihr Kapital und Know-how einsetzen konnten, um speziell die finanzkräftigeren Besucher durch entsprechendes Komfortangebot anzulocken. Dies gilt besonders für die Besitzer der drei ersten Hotelbetriebe:

Wisenegg:

Ingenieur, Erbauer der Tauern-Eisenbahn, vermutlich aus Salzburg,

Schaidberg:

Postmeister aus Tweng, ab 1932 ein Rechtsanwalt aus Salzburg,

Tauernpaßhöhe:

Textilfabrikant aus Hallein.

Später bildeten mittelständische Unternehmer (Kaufmann, Handwerker, Fabrikant) und Akademiker (Architekt, Ingenieur, Rechtsanwalt, Arzt, Lehrer) den Hauptanteil. Nur 12 der 69 Obertauerner Betriebsgründer waren schon vorher im Gastgewerbe tätig. Daneben beteiligten sich allerdings auch einige Almbesitzer vornehmlich aus Untertauern bzw. Radstadt am Aufbau des Fremdenverkehrs auf dem Tauern. Zusätzlich gab es in der Pionierphase Pächter und Hausmeister in den drei Vereinshäusern, später auch Skilehrer, Liftangestellte und andere, die den wirtschaftlichen Aufschwung vor Ort miterlebten und daraufhin schrittweise einen eigenen Gastbetrieb aufbauten.

Art des Bezuges	mit Bezug / ohne Bezug zum Tauern	
Pächter, Hausmeister in Vereinshäusern	11	
sonst. berufl. Tätigkeit	13	
Almbesitzer	11	
Verwandtschaft	5	
häufiger Gast	5	
	45	24

Tab. 4: Erbauer von Beherbergungsbetrieben mit vorherigem Bezug zum Tauern (eigene Erhebung).

Die Gründer der gastgewerblichen Betriebe aller drei Entwicklungsphasen kamen vor allem aus den nächstgelegenen Städten Radstadt und dem übrigen Pongau sowie aus Wien (Abb. 11). Dort war der Tauern durch den Alpenverein schon in der Pionierphase des Fremdenverkehrs bekannt gemacht worden.

Von den 74 gegenwärtigen Inhabern eines Beherbergungsbetriebes lebt mehr als die Hälfte heute *ganz-*

Wohnsitz	Betriebsinhaber in Obertauern
Obertauern	39
Tweng, Untertauern	4
Radstadt, Mauterndorf	7
übr. Österreich	20
BRDeutschland	4

Tab. 5: Wohnsitz der gegenwärtigen Inhaber eines Beherbergungsbetriebes in Obertauern (ohne AV-Heime u.ä.), Stand 1986 (eigene Erhebung).

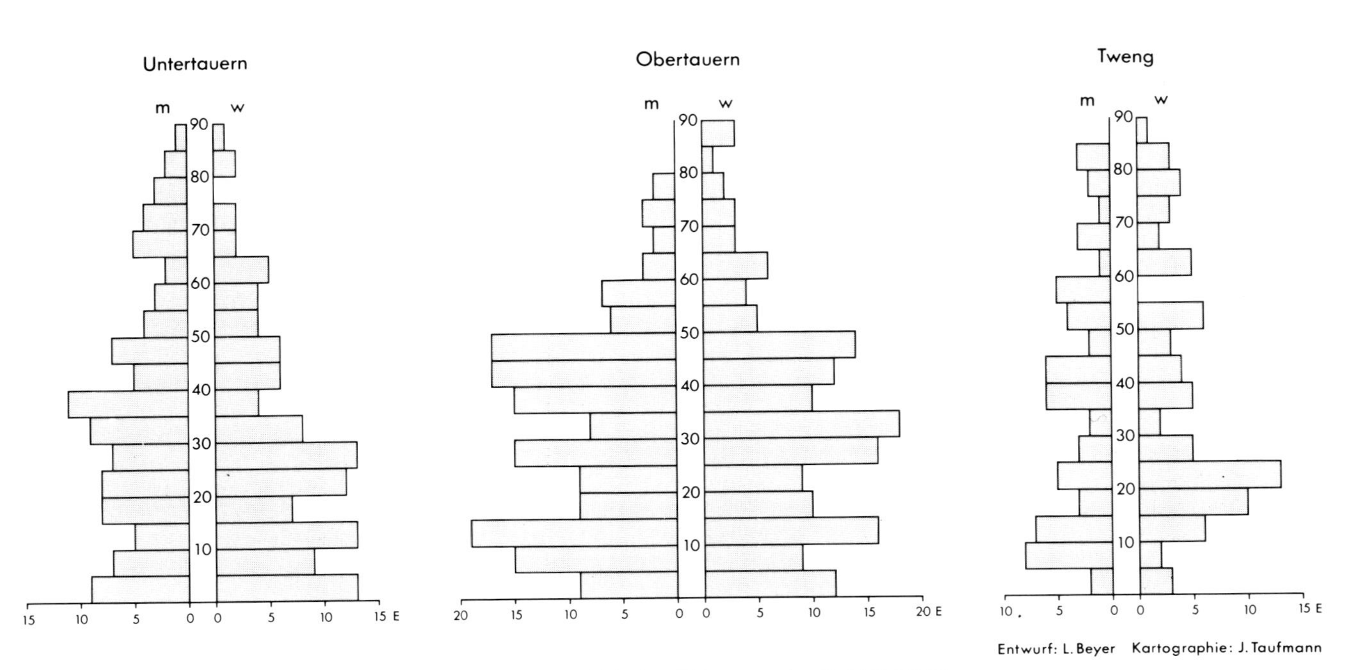

Abb. 10: Altersaufbau der Wohnbevölkerung in Untertauern, Obertauern und Tweng (Talgebiete ohne Ortsteil Obertauern) Eigene Erhebung nach Unterlagen in Gemeindeämtern

jährig auf dem Tauern, die übrigen wohnen zumeist in Orten der nahegelegenen Haupttäler (Tab. 5). Eine Ausnahme machen einige Betriebsinhaber aus Wien und der Bundesrepublik Deutschland (Hannover, Würzburg, Weiden). Nur drei Hoteliers bewirtschaften während der Sommersaison einen weiteren Gastbetrieb am Wörther See sowie in Tirol und haben dort ihren 1. Wohnsitz.

Die Einwohner Obertauerns, aus verschiedenen Räumen und sozialen Schichten kommend, sind zu unterschiedlichen Zeiten auf dem Tauern ansässig geworden. Sie gehören zwei verschiedenen Gemeinden an. Dennoch sind die Bewohner Obertauerns zu einer *Ortsgemeinschaft* zusammengewachsen. Begünstigt wurde dies durch die seit der Aufbauphase der 60er Jahre erforderlichen und vom örtlichen gemeindeübergreifenden Verkehrsverein angeführten, gemeinsamen Anstrengungen zur Entwicklung der Siedlung und des Fremdenverkehrs auf dem Tauern. Darüber hinaus entfalteten Jugendliche und Erwachsene zunehmend Initiativen zur Gestaltung eines eigenständigen gesellschaftlichen Lebens im Bergort Obertauern (Turngruppe der Frauen, Eisschützenverein der Männer, Tennisclub mit besonders aktiver Beteiligung der Jugendlichen) Man profitiert dabei von den vorhandenen Tourismuseinrichtungen (Tennishalle, Eisstockbahn)!

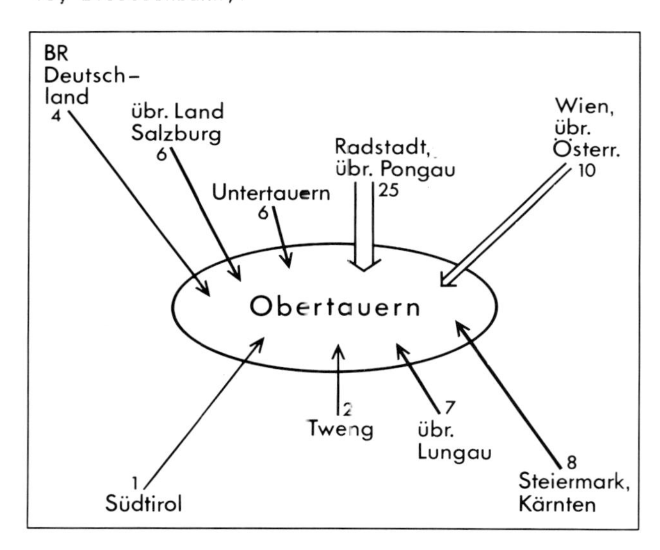

Abb. 11: Herkunftsgebiete der Gründer von Beherbergungsbetrieben in Obertauern
Eigene Erhebung

5. Die Überwindung der Ungunstfaktoren

5.1 Straßenausbau und Lawinenschutz

Zweifellos war das Vorhandensein der Paßstraße eine günstige Voraussetzung für den Aufbau des Tourismus auf dem Tauern. Die Verkehrswege entsprachen jedoch - jahrhundertelang nur als Saumweg genutzt bzw. mit Kutsche und Schlitten befahren - nicht den Erfordernissen eines zunehmenden Kraftfahrzeugverkehrs. Dieser setzte zu Beginn des 20. Jahrhunderts ein.

Im Sommer 1921 fuhr der erste Postautobus über den Tauernpaß; der Linienverkehr wurde zunächst nur für die Sommermonate eingerichtet. Erst mit dem Einsatz eines Kleinbus-Raupenschleppers im Dezember 1929 wurde auch der winterliche Postlinienverkehr von Radstadt über den Tauern nach Mauterndorf möglich. Diese verkehrsmäßige Anbindung des abseits- und hochgelegenen neuen Siedlungsraumes war von so großer Bedeutung, daß die heutigen Einwohner von Obertauern dieses Ereignis als die Geburtsstunde Obertauerns ansehen (KANDUTH 1984).

Die Paßstraße stellte bis 1975 (Eröffnung des Tauerntunnels) die einzige Verbindung innerhalb des Bundeslandes Salzburg zwischen der Hauptstadt und dem Lungau dar. Die Tauernautobahn, die nicht die Paßtäler benutzt, sondern weiter westlich den Tauernkamm im Tunnel unterquert (Abb. 2), hat einen Teil des überregionalen Durchgangsverkehrs aufgenommen - zum Vorteil der neuen Siedlung an der alten Paßstraße. Durch die teilweise Entlastung vom Durchgangsverkehr hat der Ort an Attraktivität gewonnen, denn die Verkehrsströme aus nördlicher und südlicher Richtung - dazu zählen u.a. die Fahrten der Urlaubsgäste, der Ortsbewohner und der Versorgungsfahrzeuge - haben häufig Obertauern zum Ziel (Abb. 1).

Voraussetzung für die Attraktivität des abseits gelegenen Raumes ist aber, daß die Anbindung an die Versorgungszentren in den Tälern ganzjährig und zuverlässig gewährleistet ist. Durch Trassenverlegungen, den Bau neuer Brücken und Straßenverbreiterungen, durch die Anlage von Kriechspuren u.a.m. wurde die Paßstraße seit 1949 schrittweise ausgebaut; die letzten Arbeiten erfolgen 1987/88 in der Tauernschlucht. Der jungbesiedelte Raum ist demnach heute gut erreichbar.[8]

Besondere Aufmerksamkeit erforderte die Wintersicherung der Zugänge nach Obertauern. Die Paßstraße wird seit 1939 von Schnee geräumt, innerhalb der neuen Dauersiedlung wurde diese Aufgabe ab 1961 zunächst vom Verkehrsverein, später von der OFAG (vgl. Kap. 4.2) übernommen. Schwierig war dagegen die Behebung der Lawinengefahr. Da die Oberstraßenmeisterei im Lungau, zuständig für die Sicherheit der Paßstraße, eine mögliche Lawinengefahr von ihrem Sitz in Mauterndorf aus nicht einschätzen konnte, sperrte man die Paßstraße vorsichtshalber nach jedem Neuschneefall und ließ sich mit der Wiederfreigabe Zeit. Nach zähen Verhandlungen des Obertauerner Verkehrsvereins wurde deshalb im Winter 1957/58 hier die erste private Lawinenwarnkommission im Land Salzburg gegründet (KANDUTH 1984). Danach erst wurden in allen Wintersportorten des Landes Salzburg entsprechende Kommissionen eingesetzt.

Man hatte bei der Bebauung des Paßgebietes die Gefahrenzonen zwar weitgehend vermieden, auch waren bereits zwischen 1952 und 1964 Lawinenverbauungen und Aufforstungen entlang der Nord- und Südrampe der Paßstraße vorgenommen worden. Trotzdem hatte die Lawinenwarnkommission die Straße jeden Winter tagelang sperren müssen. Darüber hinaus kam es im Winter 1964/65 zu einer Katastrophe, weil Lawinenwarnungen nicht beachtet wurden oder Straßensperrungen zu spät in Kraft traten: 17 ausländische Jugendliche kamen bei zwei Lawinenunglücken auf der Tauernpaßstraße ums Leben, 10 weitere wurden verletzt. Die Lawinenunglücke machten deutlich, daß mit der Gründung einer Dauersiedlung die vorhandenen Probleme in diesem hochgelegenen, alpinen Naturraum noch nicht voll gelöst waren.

Daher wurden ab 1965 - mit einem Kostenaufwand von 120 Mio. Schillingen - an der Paßstraße sowohl auf Lunganer wie auf Pongauer Strecke Lawinengalerien mit einer Gesamtlänge von rd. 1.440 m gebaut (Abb. 4). Hinzu kamen auf Lungauer Seite Hangverbauungen und über 64 ha Aufforstungen von Lawinenstrichen und Hochlagen mit weiteren 34,5 Mio. Schilling Kostenaufwand; auf Pongauer Seite fanden ähnliche Maßnahmen statt. Vorsorgliche Straßensperrungen erfolgten seit 1980 durchschnittlich nur ein- bis zweimal jährlich und dauerten nicht länger als 1-2 Tage. Unter Einbeziehung dieser Präventivmaßnahmen kann man die Paßstraße heute als wintersicher bezeichnen.

5.2 Ein lebensfähiger Ort in zwei Gemeinden

Die heutige Struktur Obertauerns wurde entscheidend in der Aufbauphase nach dem 2. Weltkrieg geprägt. Das Engagement der schon auf dem Tauern lebenden Gastwirte und Hoteliers führte zu Maßnahmen, die - ungeachtet der ortsinneren Gemeindegrenze - der Ortsentwicklung insgesamt zugute kamen. Der aus tatkräftigen Einwohnern Obertauerns zusammengesetzte Vorstand des Verkehrsvereins übernahm dabei, u.a. bedingt durch die große Entfernung zu den nächsten Talorten, zusätzlich zu seinen Standardpflichten die Erfüllung übergreifender kommunaler Aufgaben. Entscheidend waren die auf seine Initiative erfolgten Gründungen von Genossenschaften. Sie sicherten die Grundvoraussetzungen für die Existenz einer Dauersiedlung, nämlich die Strom- und Wasserversorgung, später den innerörtlichen Straßenausbau, die Schneeräumung im Ort sowie den Bau von Hallenbad und Tennishalle.

Diese für die Gäste geschaffene, zunehmend bessere Infrastruktur kommt auch den Einwohnern zugute. Darüber hinaus wurden eigens für die zunehmende Einwohnerzahl ein Kindergarten und für begrenzte Zeit eine Schule eingerichtet. Diese bestand allerdings nur bis zur endgültigen Wintersicherung der Paßstraße. Die Lage des Ortes beiderseits einer Gemeindegrenze ist weiterhin als Ungunstfaktor wirksam: Die Schüler fahren heute nach gemeinsamer Kindergartenzeit gemeindeweise getrennt zu ihrer Schule im Talort. Auch Abwasserbeseitigung und Müllabfuhr werden z.Zt. noch gemeindeweise getrennt durchgeführt. Ein gemeinsamer Anschluß an die Kläranlage in Radstadt ist erst im Bau.

Eine besonders wichtige kommunale Aufgabe des Verkehrsvereins war es, sich um die Anerkennung der neuen Siedlung als eine eigenständige Ortschaft und um ihre Benennung zu bemühen. Bisher hatte der Paßname "Radstädter Tauern" Verwendung gefunden. Aus Anlaß der Verlegung des kleinen Postamtes aus Haus Wisenegg in ein eigenes Postgebäude im neuen Ortszentrum setzte der Verkehrsverein 1960 die Postanschrift "Obertauern" durch. Damit war die Voraussetzung geschaffen, daß nach Zuerkennung des Ortscharakters durch die Salzburger Landesregierung 1962 "Obertauern" auch der offizielle Ortsname wurde. Administrativ blieb Obertauern jedoch weiterhin auf die beiden Gemeinden Untertauern und Tweng aufgeteilt.

In den 60er Jahren mußte der Vorstand des Verkehrsvereins die Interessen der Bewohner Obertauerns auch in den beiden Gemeindeverwaltungen wahrnehmen. Er mußte sich z.B. darum bemühen, daß ein Bewohner Obertauerns wenigstens in jenen Gemeindekommissionen der beiden "Talorte" angehört wurde, in denen man Angelegenheiten des "Bergortes" behandelte. Bis heute haben die Obertauerner Einwohner ihren Einfluß in der jeweils zuständigen Gemeinde erheblich ausgebaut: Mancher der bisherigen Bürgermeister führt einen eigenen Gastbetrieb auf der Paßhöhe. Von den insgesamt 18 Gemeindevertretern in den Gemeinden Tweng und Untertauern kommen 11 aus Obertauern. Die beiden Gemeinden teilen sich alle von ihnen aufzubringenden Kosten in Obertauern entsprechend ihres dortigen Einwohneranteils auf: 47 % zahlt die Gemeinde Tweng, 53 % die Gemeinde Untertauern.

Es verwundert nicht, daß in den 70er Jahren Bemühungen bestanden, Obertauern den Status einer eigenen Gemeinde zu geben. Da jedoch die Steuereinnahmen aus den Gastgewerbebetrieben des Bergortes (z.B. aus der Getränkesteuer) jene aus den landwirtschaftlichen Betrieben des jeweiligen Talortes beträchtlich übersteigen (Abb. 12), hatte keine Gemeinde auf ihren Bergortanteil verzichten wollen. Der Gedanke, Untertauern und Tweng zu einer Gesamtgemeinde zusammenzufassen, scheiterte an der Bezirksgrenze zwischen Pongau und Lungau. So besteht heute die junge Dauersiedlung Obertauern trotz der administrativen Zweiteilung mit Hilfe von gemeindeübergreifenden Einrichtungen und Interessenverbänden. Auf der Basis einer langsam gewachsenen guten Zusammenarbeit der beiden Gemeindeverwaltungen und vor allem aufgrund der engagierten Tätigkeit des Verkehrsvereins, der sowohl den Bergort als auch die beiden Talorte umfaßt und bisher zahlreiche kommunale Aufgaben für Obertauern wahrgenommen hat, gelang es, eine lebensfähige neue Dauersiedlung zu entwickeln.

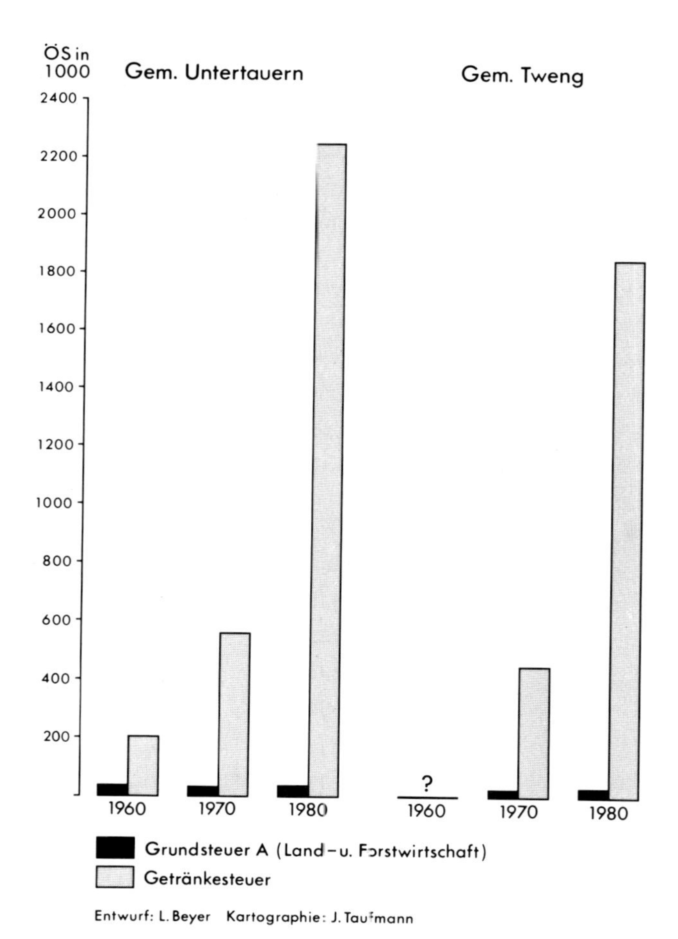

Abb. 12: Entwicklung der Steuereinkünfte in den Gemeinden Untertauern und Tweng (mit jeweiligem Ortsteil Obertauern)
Quelle: Unterlagen der Gemeindeämter

6. Ergebnisse

Die hoch und isoliert gelegene, administrativ auf zwei Gemeinden aufgeteilte Dauersiedlung Obertauern konnte sich entwickeln, als im Zuge des Übergangs von der traditionellen Agrar- zur modernen Freizeitgesellschaft der schneereiche, an der oberen Waldgrenze gelegene Raum eine Umwertung zu seinen Gunsten erfuhr. Das Vorhandensein einer Paßstraße und zweier Tavernen begünstigte den Aufbau einer Fremdenverkehrssiedlung, wobei der Schwerpunkt der Paßraumnutzung sich vom Sommer auf den Winter verlagerte. Bleibende Hindernisse wie Lawinenstriche entlang der beiderseitigen Paßzugänge, Peripherlage zur Vollökumene und eine administrative Teilung des Ortes wurden durch besondere Maßnahmen überwunden: Durch Straßenausbau und die Verbauung der Lawinenstriche konnte eine zuverlässige Anbindung an die Vollökumene erreicht werden. Der Anschluß an das öffentliche Strom- und Telefonnetz, die Sicherung der Wasserversorgung, der Müll- und Abwasserentsorgung und des Fernsehempfangs sowie die Errichtung öffentlicher und privater Dienstleistungsbetriebe auf der Paßhöhe gewährleisten den Einwohnern und Gästen den Genuß der Errungenschaften moderner Zivilisation. Der Verkehrsverein übte - besonders in der Aufbauphase des Ortes - zusätzliche gemeindeübergreifende Funktionen aus. Zur Durchsetzung spezieller Interessen schlossen sich die Einwohner Obertauerns zu Genossenschaften zusammen. Die Gemeindeverwaltungen in den beiden Talorten arbeiten angesichts gewachsener Steuereinnahmen einvernehmlich zusammen. Für den Fremdenverkehr geschaffene Einrichtungen kommen auch den Sozialkontakten der Einheimischen untereinander zugute.

Die Lage Obertauerns beidseits einer Verwaltungsgrenze ist ein individuelles Merkmal dieses Wintersportortes. Dagegen dürften die übrigen Merkmale wie z.B. die weiteren Entwicklungshindernisse, deren Überwindung sowie die Sicherung des Ortes als funktionierende Dauersiedlung für Fremdenverkehrsorte mit ähnlichen Voraussetzungen durchaus typisch sein.

7. Literatur

AICHHORN, F. (1983): Entwicklungskonzept Gemeinde Tweng. Salzburg.

BEYER, L. (1980): Thematische Detailkarten der Schulatlanten im Medienverbund. In: Praxis Geographie 10,2, S. 71-78 (Beispiel: Karte Obertauern).

DOPSCH, H. (1981): Aus der Geschichte. In: MÜLLER, G. (Hrsg.): Der Lungau, mehr als eine Ferienlandschaft. Salzburg, Wien, S. 11-26.

GSCHWENDTNER, A. (1962): Die Lawinenverbauung am Radstädter Tauern. In: Allgem. Forstzeitung 73, 5/6, S. 45-49.

HABERSATTER, R. (1986): Entwicklungskonzept Gemeinde Untertauern. Radstadt (Entwurf).

KANDUTH, H. (1984): Obertauern. Geschichte eines Ortes, der aus dem Nichts entstand. Klagenfurth, 2. Aufl.

KINDLER, G. (1981): Der Fremdenverkehr in Obertauern/Salzburger Land - Entwicklung und heutige Struktur. Münster (Masch.schr.).

LEITNER, W. (1984): Winterfremdenverkehr. Bundesland Salzburg 1955/56-1980/81. Schriftenreihe des Landespressebüros, Serie Sonderpublikationen Nr. 54. Salzburg.

MITTERSAKSCHMÖLLER, S. (o.J., etwa 1972): Die Radstädter Tauernstraße. Wintersportzentrum und Sommerkurort Obertauern. Tamsweg.

PRIESEL, E. (1969): Lawinenverbauung Radstädter Tauern. In: Allgem. Forstzeitung 80,7, S. 161-163.

SCHEIDL, L. (Hrsg.) (1969): Luftbildatlas Österreich, Bildnr. 69: Der Radstädter Tauern. Neumünster.

SEEFELDNER, E. (1961): Salzburg und seine Landschaften. Salzburg.

STEINER, P. (1971): Die Entwicklung des Fremdenverkehrs in Obertauern. Innsbruck (Masch.schr. Diplomarbeit).

TOLLNER, H. (1970): Über Wetter und Klima des Radstädter Tauernpasses. In: Oesterr. u. Dtsch. Alpenverein (Hrsg.): Alpenvereinsjahrbuch 75. Innsbruck, München, S. 26-32.

WISMEYER, R. (1970): Obertauern. Die Wandlung einer einsamen Paßhöhe zu einem Wintersportzentrum. In: Oesterr. u. Dtsch. Alpenverein (Hrsg.): Alpenvereinsjahrbuch 75. Innsbruck, München, S. 11-18.

MDL. AUSKÜNFTE: Verkehrsverein Obertauern; Gemeindeämter Tweng, Untertauern; Forsttechnischer Dienst f. Wildbach- u. Lawinenverbauung, Tamsweg.

Anschrift der Verfasserin:

Prof. Dr. Lioba Beyer
Universität Münster
Institut für Didaktik der Geographie
Fliednerstraße 21
D - 4400 Münster

8. Verzeichnis der Anmerkungen

1) Der "Friedhof der Namenlosen" auf der Paßhöhe, der im Jahr 1515 angelegt wurde, zeugt von der lebensabweisenden Unwirtlichkeit dieses Naturraumes. Ein Verzeichnis aller dort Begrabenen nennt 1721 91 bisher bestattete Tote, darunter Erfrorene und Abgestürzte (MITTERSAKSCHMÖLLER 1972).

2) Bedingt durch die administrative Aufteilung gibt es - außer zum Fremdenverkehr - keine statistischen Angaben über den Gesamtort Obertauern. Das erklärt den Mangel an statistischen Unterlagen in den nachfolgenden Ausführungen.

3) Ab 1558 wurde Haus Wisenegg 260 Jahre lang von der Familie Wisenegger geführt. Das Gräberverzeichnis des Tauernfriedhofes von 1721 nennt 22 Wisenegger, die dort und nicht auf dem Friedhof einer Talsiedlung begraben worden sind. Das Vikarhaus nahe der Taverne wurde von Wiseneggern erbaut (MITTERSAKSCHMÖLLER 1972). Aus Mangel an Informationen läßt sich über die Benutzungsdauer von Haus Schaidberg nichts aussagen.

4) Das Seekarhaus wurde bis 1930 nur im Sommer, danach auch im Winter bewirtschaftet. Ab 1936 diente es dem Pächterehepaar als Dauerwohnsitz (KANDUTH 1984).

5) Planierte Skipisten wurden wieder begrünt. Zur Frage möglicher ökologischer Schäden fehlen bisher genauere Untersuchungen.

6) Dazu gehören Gast- und Beherbergungsbetriebe, ein Wohnhaus für 12 einheimische Familien sowie Gebäude mit Dienstleistungsfunktionen, in denen zusätzlich Wohnungen vorhanden sind. Tabelle 2 nennt allein die Beherbergungsbetriebe.

7) Die meisten Almen im Paßraum, die einen befahrbaren Anschlußweg an die Paßstraße besitzen, werden zusätzlich zum Galtvieh mit Milchvieh beschickt. Die Milch wird in Milchtankwagen über die Paßstraße nach Bischofshofen im Pongau transportiert. Die gute Erschließung wie auch der mögliche Zusatzerwerb im Fremdenverkehr werten einen Almstandort auf dem Tauern gegenüber abseits gelegenen Almen auf: Zwei Bauern aus Untertauern erwarben hier Almgelände, ihre bisherigen, schwer zugänglichen Almflächen hoch über der Talsohle des nördlichen Taurachtales wurden z.T. aufgeforstet.

8) Die Erschließung des Tauern förderte zusätzlich zum Urlaubsverkehr den sekundären Ausflugsverkehr in das schneesichere Skigebiet. Dies führte zu Parkplatzmangel auf der Paßhöhe; vgl. dazu Strukturplanungen in Kap. 4.3.

Aus:

Ekkehart Köhler und Norbert Wein (Hrsg.):

NATUR- UND KULTURRÄUME.
Ludwig Hempel zum 65. Geburtstag.

Paderborn: Ferdinand Schöningh 1987.
= Münstersche Geographische Arbeiten 27.

Friedhelm Pelzer

Stadt und Fluß

Transurbationsphänomene in Polen

1. Begriffliche Vorbemerkungen

Wortneuschöpfungen als Fachtermini oder Begriffe bergen die Gefahr in sich, daß sie den terminologischen Rahmen und die entsprechenden Begriffsfelder sprengen, wenn sie nicht prägnant auf ein bestimmtes Objekt bezogen und exakt anderen Begriffen gegenüber abgehoben werden.

In dem Begriffsfeld der Verstädterung unter geographischem Zuschnitt haben sich einige Begriffe nicht durchsetzen können. Als Beispiel sei Ekistik genannt. Andere Begriffe haben zu einer Verunsicherung gezielter Handhabung geführt. Ein neu erkanntes Phänomen, wie beispielsweise das der Counterurbanization, droht in der Diskussion um Beschreibung, Deutung und begriffliche Festlegung in der Komplexität der inhärenten Zusammenhänge verschüttet zu werden. Alle Transferversuche erschweren die Präzisierung, wenngleich durch die Eröffnung neuer Aspekte auch neue Erkenntnisse ermöglicht werden.

In der polnischen stadtgeographsichen Literatur wurde, insbesondere durch BARTKOWSKI und ZIMOWSKI (1979, 1980) angeregt, der Begriff der *Transurbation* eingeführt. Vorläufig formuliert und verkürzt wiedergegeben, werden durch diesen Begriff Trends, Prozesse und Ergebnisse der Siedlungsentwicklung verstanden. Kleinräumig betrachtet handelt es sich dabei, speziell aus historisch-retropektiver Sicht, um die Siedlungsausweitung in Abhängigkeit von topographischen Gegebenheiten. So kann eine Stadt, die an einem Fluß liegt, im Zuge dynamischer baulicher Entwicklung den Fluß überspringen und sich dann beidseitig des Flusses ausdehnen. Unter Transurbation wird des weiteren aber auch die Entwicklung städtischer Siedlungsräume entlang von Leitlinien gesehen, so beispielsweise in Verbindung mit dominanten Verkehrsachsen.

Der Begriff der Transurbation integriert zwei Aspekte, die sich zwar nicht gegenseitig ausschliessen, jedoch auch nicht konsequent miteinander verknüpfen lassen. Leitgedanke zur Explikation des Begriffes der Transurbation ist die Vorstellung eines Kontinuums des Stadtgefüges. Die Städte eines Landes bilden ein Netz, das den gesamten Raum überspannt und sich immer stärker zusammenzieht. Es handelt sich hierbei um eine deduktiv-makroskopische Betrachtung. Im Unterschied dazu muß bei der Behandlung der historischen Transurbation mit einer empirisch-induktiven mikro- oder mesoskopischen Operationalisieung gearbeitet werden. Beim letztgenannten Aspekt sind die Städte lokale Phänomene in einem Siedlungsumfeld, beim ersteren hingegen sind die Städte eben nur Teile eines komplexen Gefüges. Unter beiden Gesichtspunkten wird Verstädterung als Siedlungsphänomen betrachtet. Bei der Erörterung historischer Transurbationen wird den physiogeographischen und topographischen Gegebenheiten Beachtung geschenkt, bei gegenwartsbezogenen analytischen und prognostisch-planerischen Untersuchungen müssen den infrastrukturellen und ökonomischen Konditionierungen mehr Gewicht beigemessen werden.

2. Potamische Voraussetzungen der Verstädterung

Die Volksrepublik Polen bildet eine hydrographisch-potamische Einheit. Die Einzugsgebiete der beiden größten Ströme, die von Süden in die Ostsee münden, nämlich die der Oder und der Weichsel, befinden sich zu 87,7% auf polnischem Territorium. Die Flächen der beiden Stromsysteme stehen im Verhältnis von 2:3. Beide Stromsysteme sind ähnlich angelegt. Die dominante generell südost-nordwest-verlaufende, allerdings auch häufig verspringende Fließrichtung wird nur in den Oberlauf- und unteren Unterlaufabschnitten durch südwest-nordost-orientierte Fließrichtungen ersetzt. Beide Stromsysteme sind nach ihren Einzugsbereichen rechtsseitig weit ausgelegt. Die Hauptnebenflüsse kommen aus östlichen Richtungen. Damit erhält die Ost-West-Komponente des Flußnetzes ein starkes Gewicht. Das wiederum resultiert weitgehend aus der pleistozänen Vorprägung des Raumes. Der Rückzug der Eispanzer vollzog sich von Süden nach Norden. Die Urstromtäler vor den kräftigen Moränenzügen wurden zu Leitlinien der Flüsse.

Der Stadt-Fluß-Raum wird hauptsächlich von drei Naturvoraussetzungen bestimmt. Erstens ist es der

Fluß mit der Aue. Die Frühformen der polnischen Städte setzen sich in der Regel aus mehreren Bauanlagen zusammen, die auf trockneren Standorten (Werder, Inselterrasse, Terrassensporne) Platz fanden und voneinander durch Wasserarme und Sumpfniederungen getrennt waren, die aber auch im Fähr- und Furtverkehr überwunden werden konnten, sofern nicht bereits frühzeitig Dämme aufgeworfen wurden.

Genannt sei zweitens die bodenplastische Ausgestaltung, die auch die benachbarten Reliefräume umfaßt. An den Flüssen in Polen sind für die verschiedenen Flußsysteme zwar parallelisierbare aber morphologisch und morphogenetisch recht differenzierte Terrassenfolgen erschlossen worden. Das Terrassengefüge hat neben der räumlich-zonaren Textur auch Stufungsstruktur. Die wechselnden Höhenlagen, wenngleich meist nur in Stufungen von wenigen Metern differenziert, bedingen drittens mikro- und topoklimatische Abwandlungen, die der Stadtentwicklung und auch der weiteren Stadtplanung Einschränkungen auferlegt haben und auferlegen. Inversionslagen und Nebelhäufigkeiten lassen den flußnahen Raum von Wohnbebauung gemieden werden. Allerdings erst in jüngster Zeit schenkt man diesen Argumenten gesteigerte Aufmerksamkeit. Die Niederungszonen längs der Flußläufe werden als Gewerbegebiete und Grünzonen genutzt. Dabei sind Raumkonflikte vorprogrammiert.

Vergleicht man Orientierung, Konfiguration und Ausdehnung von Siedlungsräumen an Flüssen mit den entsprechenden Raumkonstellationen der Flußlandschaft, dann treten dominant zwei Gefügetypen auf. Bei älteren Städtebildungen fallen die zahlreichen flußüberschreitenden, transfluvialen Urbationen auf (Krakau/Kraków, Posen/Poznań, Breslau/Wrocław). Daneben sind die flußbegleitenden bandartigen Verstädterungsformen zu erwähnen. Als typisches Beispiel dafür kann Warschau/Warszawa genannt werden. 73% der polnischen Städte mit mehr als 20.000 Einwohnern (1980: insgesamt 186) liegen an Flußläufen (Abb. 1). Viele Städte, die nicht unmittelbar an einem Fluß liegen, sind Städte, die aus Berbausiedlungen erwachsen sind. Das gilt für zahlreiche Städte des Oberschlesischen Kohlereviers.

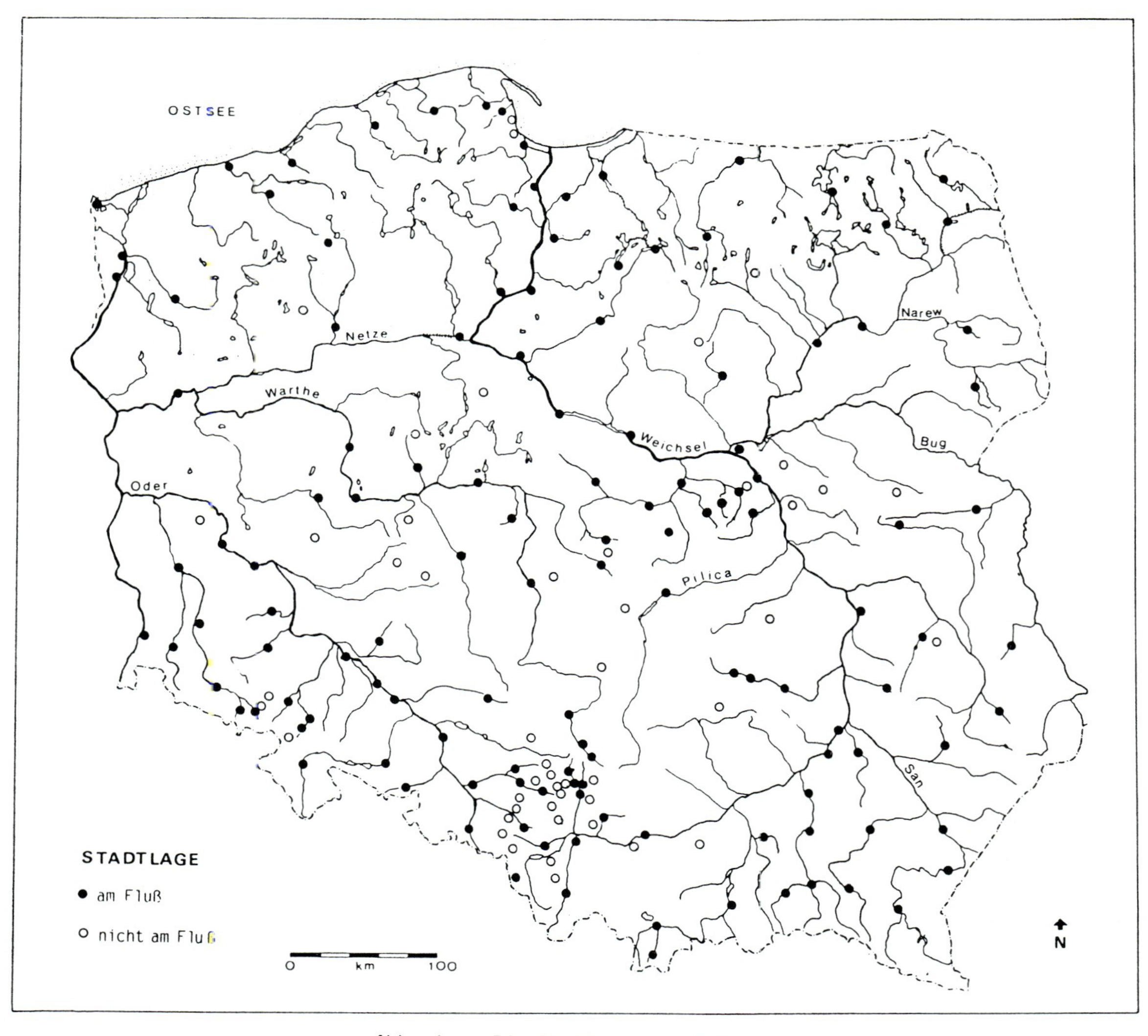

Abb. 1: Die Flußlage der Städte

3. Stadt und Fluß in der Geschichte

Unter Polen wird das Territorium der heutigen Volksrepublik Polen verstanden. Es ist weitgehend raumidentisch mit dem Raumgefüge des piastischen Polen des 10. bis 13. Jahrhunderts. Und das ist der Zeitabschnitt, in dem der Verstädterungsprozeß als Aufsiedlungs- und Raumordnungsvorgang seine ersten bedeutenden Gestaltungsergebnisse aufweisen konnte. Vorausgehend und zeitlich überschneidend entfaltet sich die Keimphase der slawischen Stadtentwicklung. Dann greift seit dem ausgehenden 12. und zu Beginn des 13. Jahrhunderts der deutsche Einfluß in die Stadtrechts- und Stadtbauentwicklung ein.

Der Rückblick auf das piastische Polen ermöglicht den Einblick in die Anfänge der Stadtgeschichte bei den Westslawen. Die bedeutendsten Stadtkeimanlagen auf polnischem Boden, nämlich Gnesen/Gniezno, Posen/Poznań, Kruszwica, Oppeln/Opole, Biskupin und Krakau/Kraków, waren gewässerorientiert, d.h. an Flußläufen gelegen oder wie Kruszwica auf einer Halbinsel im Gopłosee (östlich von Gnesen/Gniezno). Diese frühslawischen Siedlungen sind deshalb als Stadtkeime anzusprechen, weil sie sich durch vermehrte und differenzierte Handels- und Handwerkstätigkeit, aber auch baustrukturell in Anlehnung an Burganlagen in zunehmendem Maße von dörflichen Siedlungen unterschieden. Nicht in allen Fällen sind frühe Burganlagen nachzuweiesn. Das gilt z.B. für Oppeln/Opole.

Zwei Prozesse sind für den weiteren Urbanisationsvorgang von besonderer Bedeutung. Das gilt auch für die topographische Entwicklung der Stadtkeime zu Städten. In einer ersten Phase werden kirchliche Einrichtungen und Bauten dem Gefüge von Burg, Vorburg, suburbium, Markt und dörflicher Siedlung, sofern es in dieser Komplexität vorhanden war, hinzugefügt und hineingesetzt. Dabei konnte es zum Überschreiten von Flußläufen kommen, falls nicht bereits früher eines der konstitutiven Stadtelemente diesen Schritt der Transurbation vorgezeichnet hatte. Die zweite Phase dieses frühen Urbanisationsprozesses steht unter dem Einfluß deutscher Städtegründungspolitik und Stadtrechtsauslegung, im Westen hauptsächlich im 13. Jahrhundert, danach auch in den östlichen Landesteilen. Das Planungskonzept der Gründungsstädte sah in der Regel vor, daß ein genügend, bis etwa 100 ha großer, Raum in meist ebener Lage, hochwassersicher und doch für

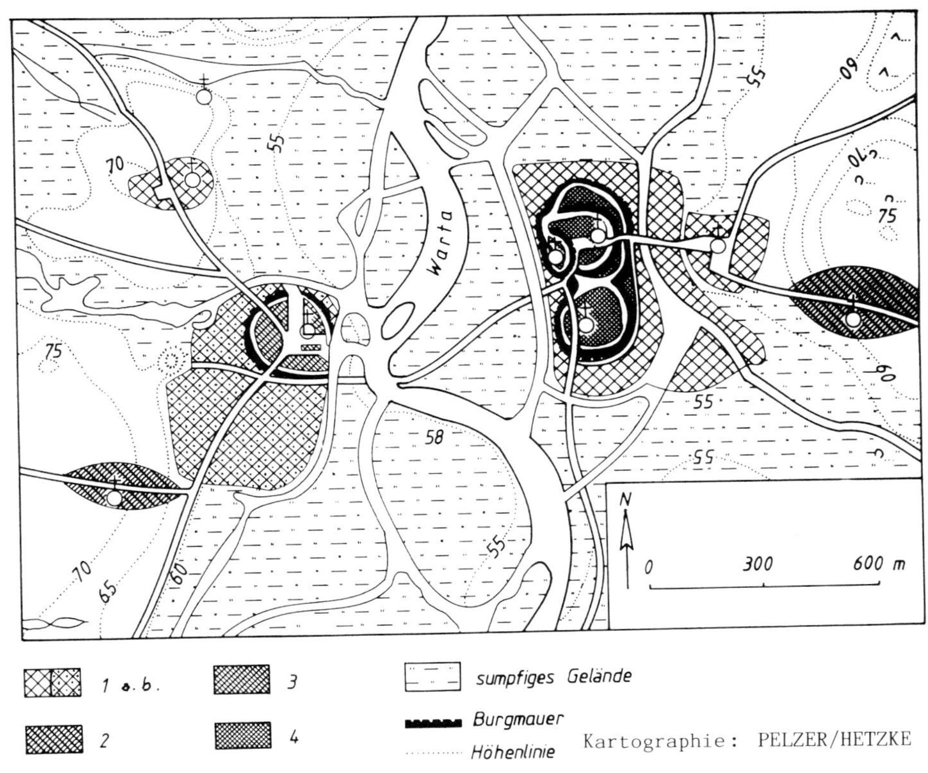

1.a. SRODKA-Burgvorstadt, b.Gründungsstadt von 1253; 2. jüngere Vorstädte; 3. Marktsiedlung; 4. Herzogsburg und Herzogsstadt.

Abb. 2: Posen/Poznań im 11. bis 13. Jahrhundert

Schutzvorkehrungen am Wasser geeignet, gewählt wurde. Die Anlehnung an ältere Siedlungen war üblich. Die neuen Städte fanden ihren Standort häufig transfluviatil. Aus diesen Brückenköpfen entwickelten sich schließlich die Siedlungsschwerpunkte, die Keimsiedlungen hingegen verloren an Bedeutung.

Die mittelalterliche Stadtentwicklung in Polen vollzog sich in der Regel dadurch, daß sich neben Burganlagen Suburbien ansiedelten, denen sich später gegebenenfalls eine weitere Vorstadt anschloß. So etwa läßt sich die Transurbation von Gnesen/ Gniezno verkürzt skizzieren. Andere Städte durchliefen das Stadium der Gruppenstadt, d.h. die Stadt wuchs aus mehreren Kernen zusammen. Das läßt sich eindrucksvoll am Beispiel von Posen/Poznań (Abb. 2) demonstrieren. Für Posen und für viele andere Städte Polens gilt, daß sie aufgrund ihrer Flußuferlage in ihrer räumlichen Entwicklung vorprogrammiert waren, sich entweder stärker flußlängs auszudehnen oder aber den Fluß zu überbrücken. In vielen Fällen war die Flußlage eine Vorzugslage, weil sich bei günstigen Querungsverhältnissen Fernstraßen bündelten. Unter solchen Gegebenheiten haben sich schnell Brückenkopfsiedlungen ansetzen können. Die Niederungszonen der Urstromtäler mit erhöhter Hochwassergefährdung ließ die Talräume als siedlungsfeindlich erscheinen. Sie wurden gemieden. Auch ungünstige mikroklimatische Bedingungen, wie Inversionslagen mit Kältestau in den Niederungen und Nebelhäufigkeit, ließen und lassen die Siedlungsentwicklung höher gelegenen Standorten vorbehalten bleiben. Als Beispiel kann hierzu neben Posen/Poznań auch Kalisz (Abb. 3) genannt werden.

Für Posen/ Poznań hat ZIMOWSKI zwei weitere historische Transurbationsphasen aufgezeigt. Zum einen ist es die militärische Transurbation mit der Anlage des Festungsringes, zum anderen die Eisenbahntransurbation mit den damit verbundenen Siedlungsausweitungen längs der Bahnlinie an den Bahnstationen. Diese letztere Transurbationsform ist nicht topographisch bedingt, sondern orientiert sich an Infrastrukturleitlinien und ist damit linear angelegt.

Die Flußlage hat vielen Städten wirtschaftliche Blüte beschert. Die Weichselstädte haben während des ausgehenden Mittelalters besonders vom Getreidehandel profitiert. In der Neuzeit, vor allen Dingen aber in jüngster Zeit, stellt die Weichsel ein Verkehrshemmnis dar. Sie ist in ihrem verwilderten Zustand für moderne Binnenschiffahrtsansprüche praktisch nicht geeignet. Das von Polen konzipierte Weichselprojekt, das den Ausbau des Stromes zu einem wirtschaftlich rentablen Binnenschiffahrtsweg ermöglichen und die Wasserversorgung und die Energiegewinnung steigern helfen soll, dürfte bei der in Polen herrschenden kritischen Wirtschaftslage für absehbare Zeit kaum zu realisieren sein. Besser sind die Schiffahrtsbedingungen der Oder. Hier sind aus deutscher Zeit bessere Infra-

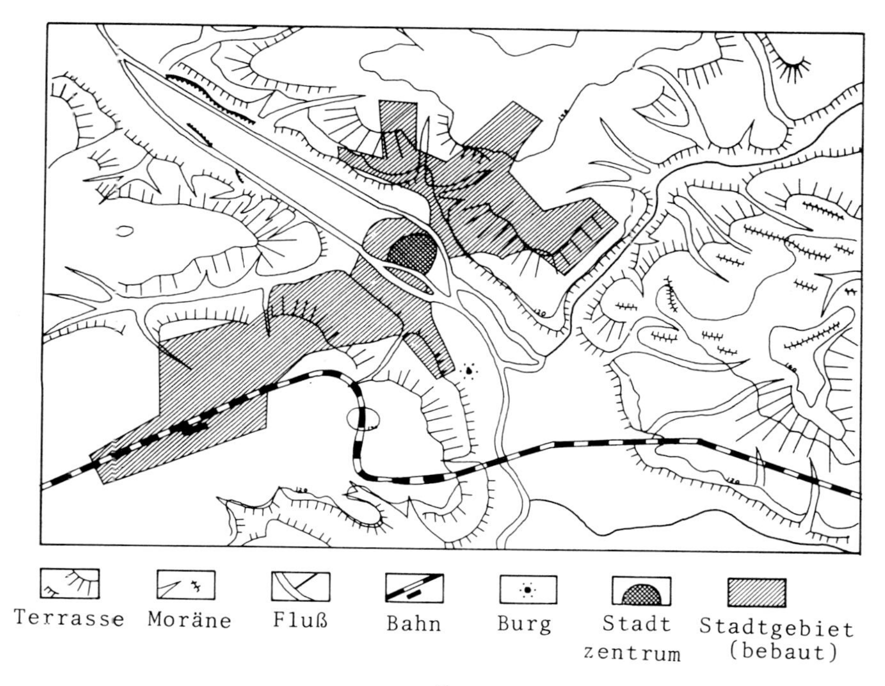

Abb. 3: Transurbation von Kalisz

struktureinrichtungen erhalten und zunutze gemacht worden. Als Grenzabschnitt ist der Unterlauf der Oder jedoch weniger verstädterungsfreundlich.

Die Weichsel war in der polnischen Geschichte keineswegs immer *der* polnische Strom. Seit der Zeit der polnischen Teilungen (1772, 1793, 1795, 1815) bis 1918 war die Weichsel dreigeteilt: österreichisch im Oberlauf, russisch-kongreßpolnisch im Mittellauf und preußisch im Unterlauf. Dadurch wurde verhindert, daß sich das Weichselstädteband zu einer Wirtschaftsachse entwickeln konnte. Und doch haben sich einige starke Wirtschaftsräume entfalten können: Der Raum Krakau/Kraków, die Metropolitanregion Warschau/Warszawa, die Doppelstadtagglomeration Bromberg/Bydgoszcz-Thorn/Toruń und die randliche Dreistadt/Trojmiasto mit Danzig/Gdańsk, Zoppot/Sopot und Gdingen/Gdynia. An der Oder dominieren die Wirtschaftsräume Breslau/Wrocław-Oppeln/Opole und Stettin/Szczecin-Swinemünde/Świnoujście.

Für die Verstädterungsgeschichte in Polen unterscheidet ZIMOWSKI (in BARTKOWSKI/ZIMOWSKI 1979) drei Transurbationsphänomene:

1. Die historische Transurbation. Hierbei faßt er alle räumlichen Verstädterungsvorgänge seit dem Mittelalter bis zum Ende der Teilungszeit zusammen.

2. Die Transurbation der Zwischenkriegszeit. Als Beispiel zieht er die lineare Transurbation der Agglomeration Gdingen/Gdynia-Danzig/Gdańsk heran. Auch die Entwicklung der Zentralen Industriellen Region um Kielce und Radom ist dieser Transurbationsphase zuzuordnen.

3. Die Knoten-Band-Transurbation der Nachkriegszeit. Ähnlich wie in anderen Ländern hat sich auch in Polen ein Siedlungsgefüge ausgebildet,

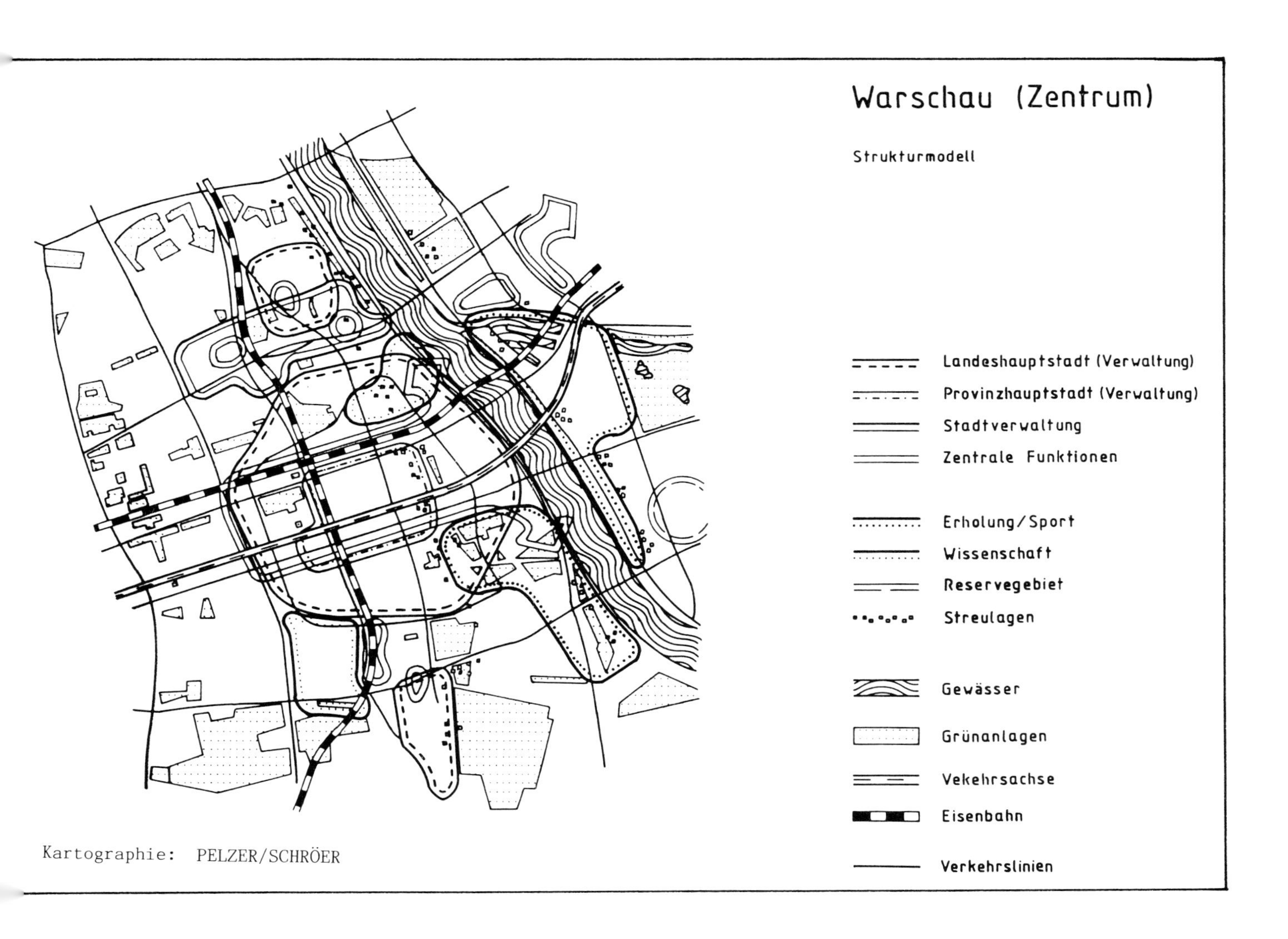

Abb. 4: Zentrenstruktur von Warschau/Warszawa

das seiner räumlichen Struktur nach aus Achsen und Schwerpunkten konstituiert ist und konzeptionell auch in dieser Art weiterentwickelt werden soll (s. Abb. 6).

Transurbationsphänomene können recht unterschiedliche Ursachen haben. Für Polen war in der Zeit zwischen den beiden Weltkriegen der Zugang zum Meer eine wichtige Voraussetzung zur außenwirtschaftlichen Aktivierung mit Rückkopplungseffekten für den binnenwirtschaftlichen Aufschwung. Die Folgen der Weltwirtschaftskrise auf die wirtschaftliche Entwicklung des Landes sollen in diesem Zusammenhang nicht diskutiert werden. Für Polen war es wichtig, daß es eine Seemacht wurde. Die Exportgüter konnten nun über eigene Hafenanlagen umgeschlagen werden. In dieser Zeit wurde mit dem Ausbau des Hafens von Gdingen/Gdynia als Endpunkt der Kohlemagistrale neben Danzig/Gdańsk ein zweiter Siedlungsschwerpunkt der bandartigen Agglomeration an der Küste geschaffen. Zu dieser Seeküstentransurbation, die nach dem Zweiten Weltkrieg eine dynamische wirtschaftliche und demographische Entwicklung durchlaufen hat, gehört ein fast 80 km langes Städteband mit dem Kern der Dreistadt (Trojmiasto).

Das Verstädterungsgefüge des Landes kann sektoral ökonomisch-soziologisch durch verschiedene Transurbationstypen beschrieben werden. Die küstennahe Nordflanke und die gebirgige Südflanke des Landes ermöglichen die Ausbildung von Rekreationstransurbationen. Schließt man die Energieproduktionsstandorte des Landes zu räumlichen Einheiten zusammen, dann ergeben sich nach ZIMOWSKI zwei Transurbationsachsen, beide west-ost-gerichtet: die eine liegt im mittleren Bereich des Landes, die andere zieht sich durch Schlesien über Oberschlesien nach Kleinpolen.

An dieser Stelle muß die Frage gestellt werden, ob dieser funktionale Ansatz geeignet ist, die Komplexität des Transurbationsgefüges als Siedlungsraum zu erfassen. ZIMOWSKI beschreibt am Beispiel von Warschau, daß die Metropolitanregion nach Stadtplanungskonzepten 1934-1939 aus drei funktionalen Transurbationsachsen ausgebaut werden sollte. Demnach sollten sich mehrere Wohnsiedlungsachsen radial schneiden, und eine Gewerbeachse und mehrere Grünzüge den Agglomerationsraum weiter gliedern. Unter diesem Ansatz wird Transurbation als Flächennutzungsschema verstanden. Auch jüngere und bereits in die Zukunft vorausgreifende Planungskonzepte zur räumlichen Ordnung des gesamten Landes werden so als Transurbationskonzepte verstanden.

Die frühe Geschichte Warschaus konzentrierte sich auf dem linken Ufer der Weichsel in der Altstadt. Es folgte die Ausweitung zur Neustadt im Norden und zur bedeutenden Krakauer Vorstadt im Süden, die dann die Hauptentwicklungsachse zur Stadtausweitung wurde. Der Ortsteil Praga wurde nur allmählich zum Brückenkopf und Kern der Stadterweiterung auf dem Ostufer der Weichsel. Noch zu Beginn dieses Jahrhunderts galt Praga in der Einschätzung der Warschauer Bevölkerung als eine Stadt, die eigentlich 300 km weiter östlich liegen müßte. Der wirtschaftliche Aufschwung der Nachkriegszeit und die festere Verbindung des dominierenden Kerngebietes links der Weichsel mit den Wohn- und Industriegebieten auf der rechten Seite haben die Hauptstadt schließlich zu *einem* Verstädterungsraum werden lassen, der nun, beidseitig des Flusses, Mittelpunkt des größten Konfluationsraumes in Polen und zugleich Metropole des Landes ist. Dabei ist die als Binnenschifffahrtsweg unbedeutende Weichsel nicht Hauptachse der Stadtentwicklung, sondern eher rückseitige Barriere mit Erholungsfunktion, von der sich das Zentrum stärker nach Westen in Richtung auf den Hauptbahnhof orientiert hat (Abb. 4). Im Agglomerationsraum dominiert die Westsüdwest-Ostnordost-Achse längs der schnurgeraden Bahn, die im 19. Jahrhundert unter russischer Regie aus strategischen Gründen angelegt wurde.

Ein im Stromsystem nicht so auffälliger, ökonomisch doch beachtlicher Konfluationsraum befindet sich bei Bromberg/Bydgoszcz, zumal hier durch ein altes Kanalsystem (1773/74, 1892, 1914) die Weichsel mit der Oder über die Warthe und die Netze verbunden wurden. Benachbart zu dieser Stadt liegt flußaufwärts an der Weichsel Thorn/Toruń. Hier entwickelte sich eine zweipolige Agglomeration, deren engere Verknüpfung jedoch Schwierigkeiten bereitet, da der Zwischenraum als Naherholungsgebiet mit hoher landschaftlicher Attraktivität nicht zersiedelt werden soll.

In Posen/Poznań (Abb. 2) ist der klerikale Teil der Stadt durch die Warthe von der Bürgerstadt links des Flusses markant getrennt. Auch der Bahnhof als Ansatzpunkt verkehrsmäßigen und wirtschaftlichen Aufschwungs wurde linksseitig angelegt. Die Warthe erscheint als Trennlinie im Stadtgefüge. Die gesamtstädtische Entwicklung und Planung läßt Posen/Poznań aber als Transurbationsphänomen erscheinen, das von seiner geschichtlich-räumlichen Prädisposition her zum Fokus eines flächig angelegten in Achsen ausstrahlenden Verstädterungsraumes singulären

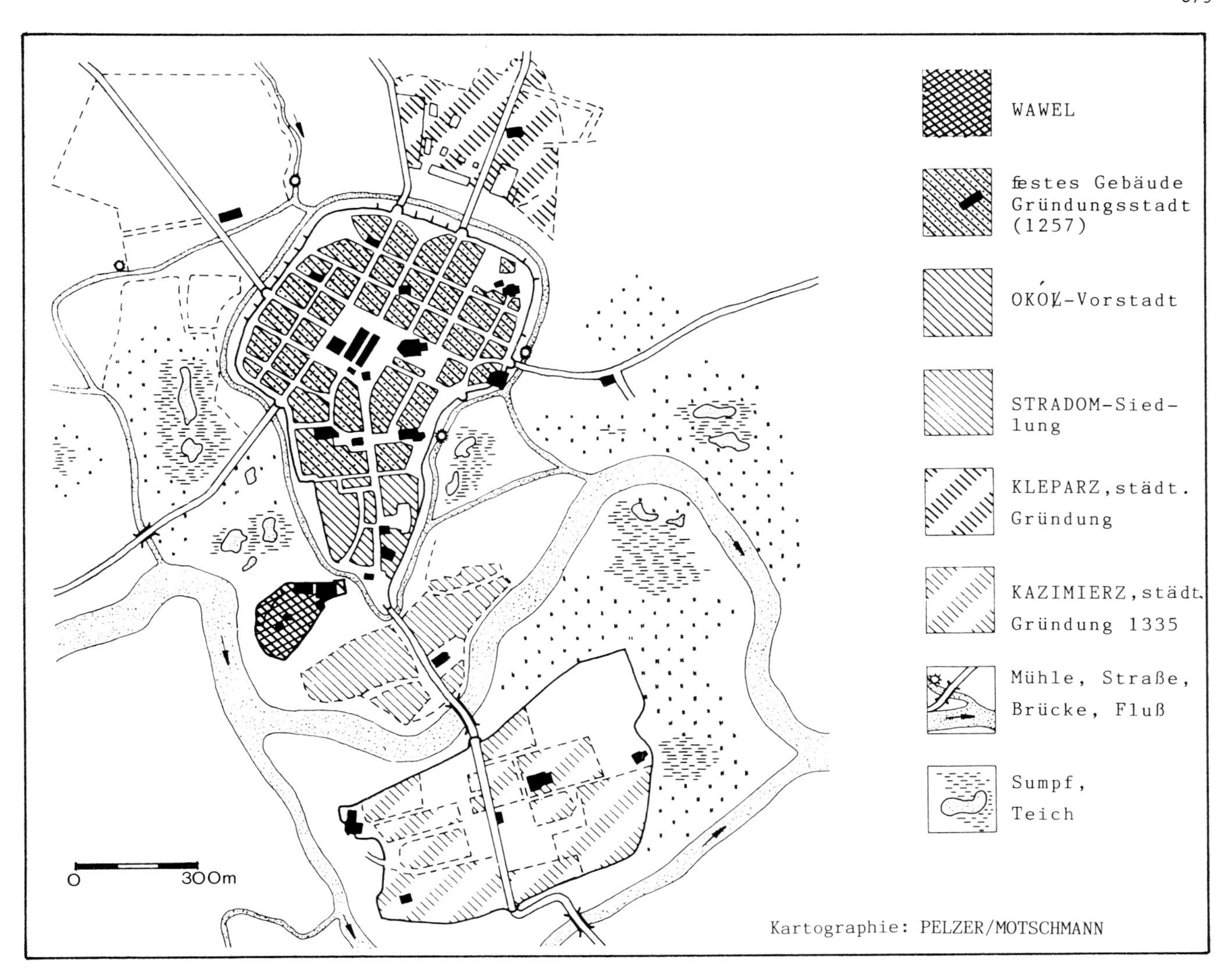

Abb. 5: Krakau/Kraków im 11. bis 13. Jahrhundert

Charakters bestimmt ist. In der Planung wird die Warthe mit ihren Niederungszonen als Gründband ausgewiesen. Sport-, Freizeit- und Erholungsanlagen, aber auch Gartenanlagen können als Hauptfunktionsträger der Flächennutzung gesehen werden. Diese Flächenwidmung der Flußauengebiete kann in vielen Städten beobachtet werden.

Die Flüsse in Polen haben nur eine geringe industriewirtschaftliche Bedeutung, da sie für die Binnenschifffahrt nicht entsprechend ausgebaut sind. Lediglich als Wasserlieferanten und als Abwasseraufnehmer sind die Flüsse industriefreundlich. Da nun aber die polnische Industrie in Ermangelung erforderlicher Investitionsmittel standortverhaftet ist, erweisen sich Aussiedlungsmaßnahmen als schwierig. Flußniederungen lassen Nutzungsentflechtung vermissen.

In einem letzten Beispiel sei Krakau/Kraków ins Blickfeld gerückt. Auch hier hat sich die mittelalterliche Stadt in mehreren Siedlungszellen etappenartig über die Weichselniederung gespannt und zu einer einzigartigen Stadt mit architektonisch höchstrangigen Bauten entfaltet (Abb. 5). Dieser Kulturmetropole wurde die Industrievorstadt Nowa Huta, in der Weichselniederung östlich gelegen, gegenüber errichtet. Aus der einstigen Querorientierung der Stadt in bezug auf die Weichsel wurde somit eine Längsausrichtung mit doppelpoliger Anlage. Hier wurde das weitgespannte ebene Gelände für Industrieansiedlung und für den Bau von Großwohnkomplexen genutzt.

Durchmustert man die Raumplanungskonzepte in der Volksrepublik Polen, dann wird man sehr schnell feststellen, daß die Flüsse des Landes kaum berücksichtigt werden, wenn es darum geht, Entwicklungsachsen festzulegen (Abb. 6). Nur die untere Weichsel und ein Teil der Oder zwischen Breslau/Wrocław und Oppeln bieten sich als Leitlinien an. Die untere Oder als Grenzfluß scheidet aus, nur Stettin/Szczecin-Swinemünde/Świnoujście bilden ein kurzes Achsenstück. Alte Städtebänder sind vielmehr das Rückgrat großräumiger Planung, so die Achse Krakau/Kraków-Tarnów-Rzeszów-Jarosław, wobei diese Städte

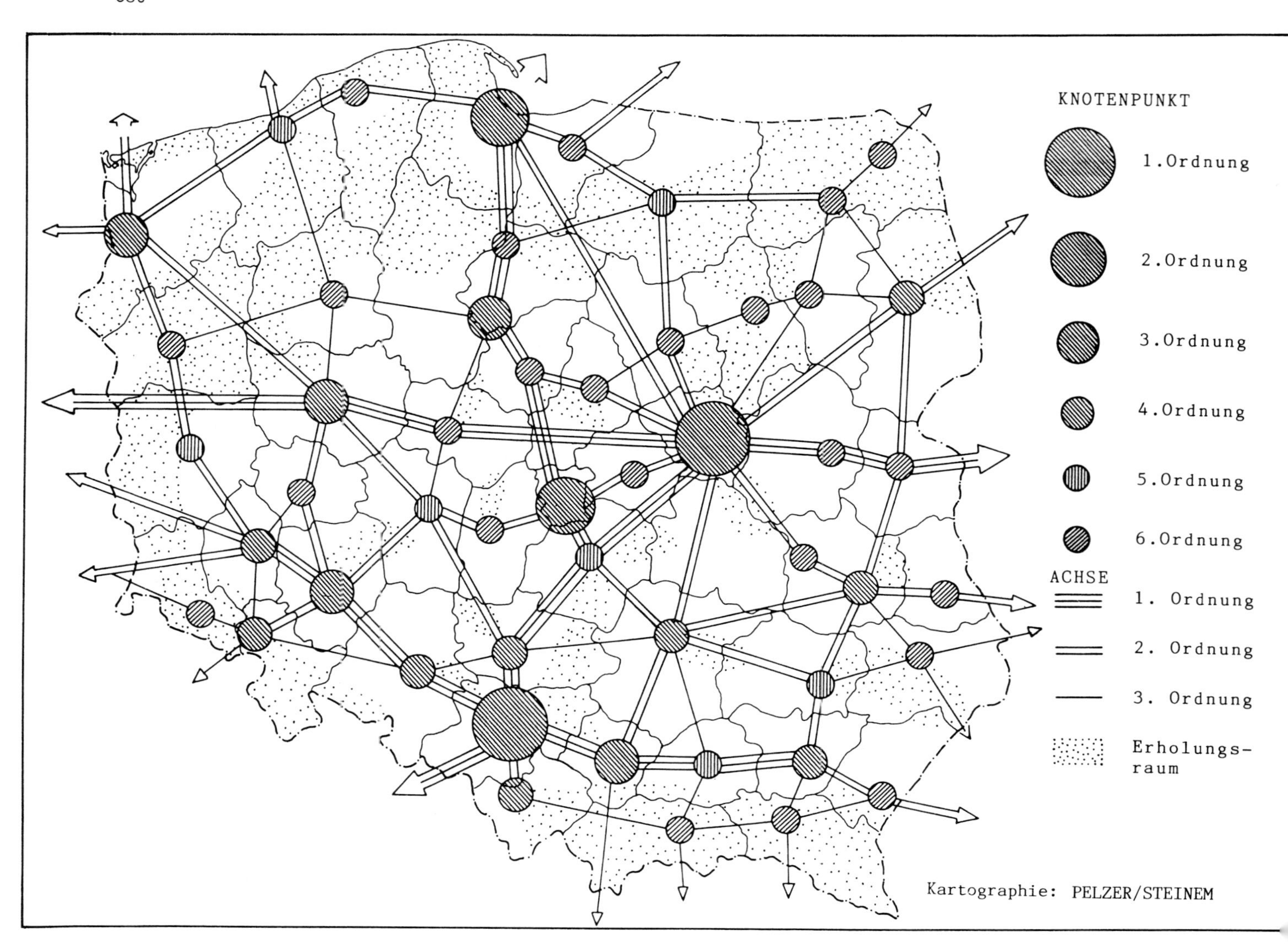

Abb. 6: Das Knoten- Band -System in Polen

vielfach Brückenfunktion haben, indem sie die Karpatenflüsse überwinden.

4. Ausblick

Zwei kritische Fragen müssen noch gestellt werden und sollen thesenhaft beantwortet werden.

1. Ist der Begriff der Transurbation geeignet, Prozesse der Verstädterung aufzuklären?
   In der inhaltlichen Beschränkung des Begriffes auf Vorgänge der Siedlungsausweitung in baulicher, nutzungsbezogener und infrastruktureller Hinsicht ist der Begriff praktikabel und operationalisierbar, da er den überfrachteten Begriff der Urbanisation partiell zumindest substituiert und folglich auch entlasten kann. In der von ZIMOWSKI und BARTKOWSKI angeregten Verwendung erscheint der Begriff allerdings sehr weit gespannt, da er sowohl historisch-genetische als auch planologisch-prognostische Dimensionen enthält, andererseits mikro- und makroskopisch eingesetzt wird und schließlich physiogeographisch-ökologische und ökonomisch-infrastrukturelle Aspekte einschließt. Die prozessuale Inhärenz des Begriffes ist offensichtlich. Er eignet sich für dynamische Betrachtungsweisen in Raumzusammenhängen. Über deskriptive Situationsanalysen hinaus drängt der Begriff zur Erklärung von Ursachen, Wirkungen, Folgen und Abhängigkeiten.

2. Sind Stadt-Fluß-Räume als Transurbationsphänomene in Polen so konditioniert, daß sie in der ökologisch-ökonomischen Spannung Gunsträume und Schwerpunkte der Raumentwicklung sind?
   Diese Frage muß verneint werden. Die Verflechtung von Flußlandschaft und Stadtlandschaft mutet in der Regel eher als ungeordnetes und kaum ausgeglichendes Mixtum differenter und konkurrierender Nutzung oder aufgelassener Nutzung an. Stadtökologische Flächenevaluation

und Nutzungsoptimierung sind weitgehend unterentwickelt. Hier besteht ein kostenträchtiger Nachholbedarf, der von den Kommunen nur kaum getragen werden kann. Auch die das gesamte Land und die einzelnen Makroregionen übergreifende Raumplanung zeigt, abgesehen vom Weichselprojekt, nur reservierte Berücksichtigung der Flußsysteme. Die weitere Entwicklung kann nicht von durchgreifenden Großprojekten, sondern nur in der Bewältigung von Einzelprojekten in übergreifender Koordination erfolgversprechend gesteuert werden.

Das Verhältnis von Stadt und Fluß in Polen als Teilaspekt der Transurbation ist ein historisch gewachsener Zusammenhang, der zunächst raumstrukturell bereinigt und dann ökonomisch-ökologisch weiterentwickelt werden kann.

5. Literatur

Atlas Historyczny Polski (1973). Red. W. CZAPLIŃSKI/T. ŁADOGORSKI. Warschau.

DYNOWSKI, J. (1974). Stosunki wodne obszaru miasta Krakowa. In: Folia Geographica. Geographica-Physica. VIII.: Kraków - Środowiska Geograficzne, S. 103-144.

BARTKOWSKI, T. (1979): Geographical Foundations of Ecological Town Development. Planning Case Study of Poznań. In: BARTKOWSKI, T./L. ZIMOWSKI (1979): Selected Problems of Urban Ecology, S. 11-64. Poznań.

BARTKOWSKI, T./L. ZIMOWSKI (1979): Selected Problems of Urban Ecology. Poznan.

BARTKOWSKI, T. (1981): Transurbacje miast Wielkopolski i niektóre zagadnienia przestrzenno-planistyczne ich rozwoju oraz zastosowanie do nich niektórych metod fizjografii urbanistycznej. Poznań.

HENSEL, W. (1967): Die Anfänge der Städte bei den Ost- und Westslawen. Bautzen.

DZIEWOŃSKI, K. (1960): L' Évolution des Plans et de L'Ordonance des Villes du Haut Moyen Age en Pologne. In: Les Origines des Villes Polonaises, S. 27-49. Paris, Den Haag.

FRIEDRICHSEN, M. (1918): Landschaften und Städte Polens und Litauens. In: WUNDERLICH, E. v. (Hrsg.): Beitr. z. polnischen Landeskunde, Bd. 4. Berlin.

HERRMANN, J. (1981): Frühe Kulturen der Westslawen. Leipzig, Jena, Berlin.

KONDRACKI, J. (1978): Geografia fizyczna Polski. Warszawa. Mapa Krajoznawczo Samochodowe 1 : 500 000 (vd. Bll. der Wojewodschaften). Warszawa 1975-1978.

MEYNARSKA, M./T. UZDOWSKA-SZAŁOWSKA (1960): Kalisz Prémédiéval et Médiéval. In: Les Origines des Villes Polonaises, S. 179-190. Paris, Den Haag.

MÜNCH, H. (1946/1956): Ursprung und Entwicklung der Städte Westpolens im Mittelalter (dt. Übersetzung 1956). Marburg.

Narodowy Atlas Polski (1973-1978). Hrsg. v. Polska Akademia Nauk. Wrocław, Warszawa, Kraków, Gdańsk.

Rocznik Statystyczny 1981 und 1985. Warszawa.

ZIMOWSKI, L. (1979): Urbanization, Environment, Ecosystems. In: BARTKOSWKI, T./L. ZIMOWSKI (1979), S. 67-178.

Anschrift des Verfassers:

Dr. Friedhelm Pelzer
Westfälische Wilhelms-Universität
Institut für Geographie
Robert-Koch-Straße 26
D - 4400 Münster

Aus:

Ekkehart Köhler und Norbert Wein (Hrsg.):

NATUR- UND KULTURRÄUME.
Ludwig Hempel zum 65. Geburtstag.

Paderborn: Ferdinand Schöningh 1987.
= Münstersche Geographische Arbeiten 27.

Norbert de Lange

Die zukünftige Bevölkerungsentwicklung der USA

Ursachen und Konsequenzen des regionalen Bevölkerungswachstums bis zum Jahre 2000

1. Einführung

Bevölkerungsentwicklungen reflektieren soziale und wirtschaftliche Veränderungen. Diese These läßt sich für die Vergangenheit wie für die Zukunft am Beispiel der USA belegen, die derzeit sowohl vielfältige Wachstums- als auch Stagnationsprozesse durchläuft. So waren die siebziger Jahre von einem Umbruch des bisherigen Bevölkerungswachstums gekennzeichnet. Unter den insgesamt sehr vielschichtigen demographischen Veränderungen sind die folgenden Entwicklungen bedeutend:

1. Die Mortalität begann nach einem Zustand des Verharrens in den siebziger Jahren weiter zu sinken, erreichte 1979 mit 8,5 Sterbefällen pro 1.000 einen bisherigen Tiefstwert und scheint sich auf eine Rate von 8,6 einzuregeln (vgl. Statistical Abstract of the USA, Table No. 80).

2. Die totale Fertilitätsrate, d.h. die Summe der altersspezifischen Fruchtbarkeitsraten, liegt seit 1972 unter dem Level von 2.100, der gerade die natürliche Reproduktion der Bevölkerung ausdrückt. Im Jahre 1981 betrug die Fertilitätsrate der USA 1.815, d.h. aufgrund der bestehenden Fruchtbarkeitsverhältnisse würden im Durchschnitt 1.000 Frauen im Laufe ihrer reproduktiven Phase 1.815 Lebendgeborene zur Welt bringen (vgl. Statistical Abstract of the USA 1985, Table No. 81).

3. Die Folge der sinkenden Mortalität und Fertilität war ein zunehmender Anteil der Bevölkerung über 60 Jahre, wobei davon ausgegangen werden kann, daß dieser Anteil weiter steigen wird. Das Durchschnittsalter hat sich zwischen 1970 und 1980 von 28 auf 30,0 Jahre (bzw. auf 30,9 Jahre im Jahr 1983) erhöht (vgl. Statistical Abstract of the USA 1985, Table No. 30.).

4. Das unerwartete generative Verhalten äußerte sich ferner in Veränderungen der Familienstruktur und -zusammensetzung: Die durchschnittliche Haushaltsgröße nahm von 3,11 auf 2,75 Personen zwischen 1970 und 1980 ab.

5. Das Schwergewicht der Einwanderungen hat sich von (West-)Europa nach Lateinamerika und Asien verlagert. Unerwartet waren in den siebziger Jahren der Zustrom an Flüchtlingen, insbesondere aus Indochina, und das Ausmaß der illegalen Einwanderung. Obschon Schätzungen schwanken, glauben viele Beobachter, daß der Netto-Zustrom aus der illegalen Einwanderung zur Zeit bei 500.000 pro Jahr liegt (vgl. Population Bulletin 1982, S. 23), wodurch die illegale Einwanderung fast die Größenordnung der legalen erreicht: Im Jahre 1981 betrug die Gesamtzahl der (legalen) Immigranten 596.600 (vgl. Statistical Abstract of the USA 1985, Table No. 124).

6. Ein neuer Wanderungstrend zeigte sich in der seit den siebziger Jahren andauernden Wanderung aus den Metropolitan in die Non-Metropolitan Areas, wobei gegenüber den Erwartungen weit höhere Wachstumsraten für die Non-Metropolitan Areas auftraten.

7. Entscheidend für das regionale Bevölkerungswachstum der USA war die Zuwanderung in den Süden, der seine Rolle als traditionelles Abwanderungsgebiet aufgegeben hat. Dabei kam es auch zu einer Umkehr der historischen Abwanderung der Schwarzen aus dem Süden.

Vor dem Hintergrund dieser nur skizzenhaft beschriebenen Entwicklungen ist es lohnenswert, die zukünftige Bevölkerungsentwicklung der USA zu analysieren. Bisherige, noch tief verwurzelte Vorstellungsbilder müssen nachhaltig korrigiert werden. So kann der Manufacturing Belt nicht länger als eine Bevölkerung anziehende und wachsende Region dargestellt werden. Allerdings zeigen aber gerade die unerwarteten Entwicklungen der siebziger Jahre die Schwierigkeiten auf, zutreffende zukünftige Trends auszumachen.

In diesem Beitrag soll die jüngste vom Censusbureau der USA veröffentlichte Bevölkerungsprojektion im Hinblick auf regionale Bevölkerungsveränderungen ausgewertet werden. Da diese Projektion im wesentlichen die regionalen Wachstumstrends der siebziger Jahre extrapoliert, ist es vorher notwendig, diese Wachstumsmuster und ihre Ursachen darzustellen.

2. Bisherige regionale Bevölkerungsveränderungen

Die Abbildung 1, in der die relativen Bevölkerungsveränderungen der letzten vier Jahrzehnte für die einzelnen Bundesstaaten dargestellt sind, zeigt ein sehr differenziertes Wachstum in den siebziger Jahren, das nicht durch eine einfache Gegenüberstellung eines "Sun-" und eines "Frostbelts" charakterisiert werden kann. So besitzen die Staaten des traditionellen Manufacturing Belts zwar das seit den vierziger Jahren geringste (relative) Wachstum, auch zeigen die Staaten im Süden der USA eine gegenläufige Entwicklung: Oklahoma, Arkansas, Kentucky, Tennessee, North und South Carolina, Mississippi und Alabama besitzen erstmals in den siebziger Jahren ein überdurchschnittliches Bevölkerungswachstum (vgl. Texas, Louisiana, Florida und Georgia). Jedoch sind Texas, Florida und North Carolina aufgrund der absoluten Bevölkerungsgewinne die eigentlichen Wachstumszentren (vgl. Tab. 1).

Das veränderte regionale Bevölkerungswachstum in den siebziger Jahren ist hauptsächlich auf einen Umbruch bisheriger Wanderungsmuster zurückzuführen.

Die regionalen Wachstums- und Wanderungsprozesse des letzten Jahrzehnts können wie folgt thesenartig zusammengefaßt werden (vgl. de LANGE 1986):

- Abwanderung der Weißen aus den Staaten des Manufacturing Belt im Norden bzw. im Nordosten;
- Stagnation der Zuwanderung und insbesondere in der zweiten Hälfte der siebziger Jahre Abwanderung der Schwarzen aus dem Manufacturing Belt;
- Abflachen der Zuwanderung der beiden großen Bevölkerungsgruppen nach California;
- Zuwanderung der Weißen in den Süden;
- Stagnation der Abwanderung und insbesondere in der zweiten Hälfte der siebziger Jahre Zuwanderung der Schwarzen in den Süden;
- gruppenspezifische Wanderungen bezüglich Florida, Nevada oder Arizona.

Dabei zeigen die Bundesstaaten im einzelnen recht differenzierte Wanderungsgewinne bzw. -verluste. So stellen California, Texas und Florida eindeutig die zuzugsattraktivsten Staaten dar.

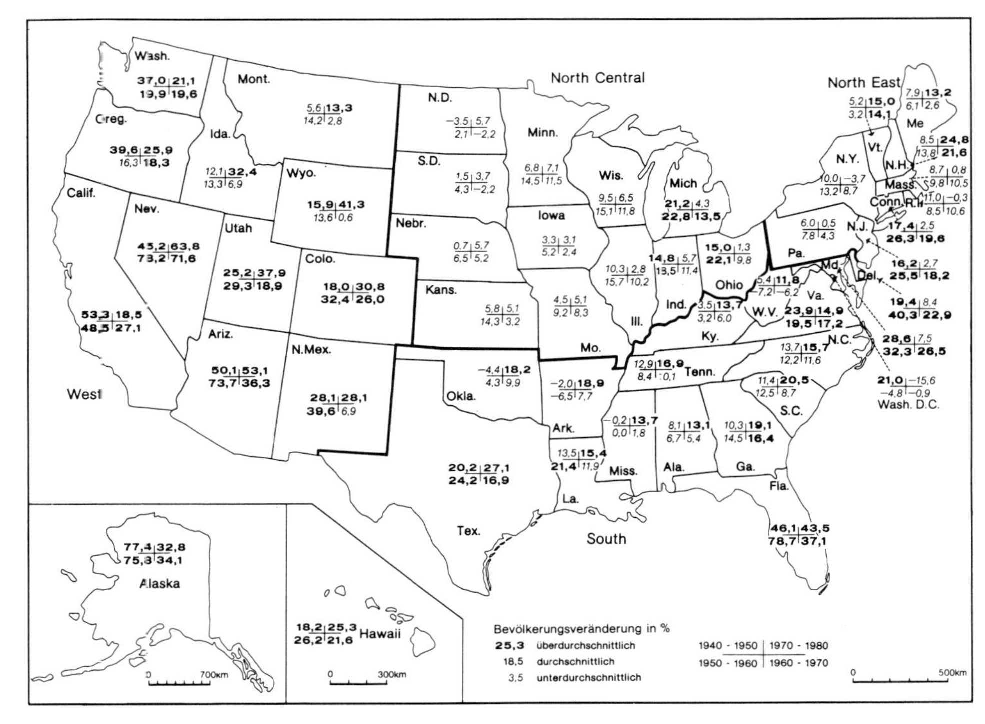

Abb. 1: Relative Bevölkerungsgewinne bzw. -verluste der US-Bundesstaaten zwischen 1940 und 1980 (in v.H. der Bevölkerung von 1940, 1950, 1960 bzw. 1970).

Quelle: Statistical Abstract of the USA 1985, Table No. 12.

Tab. 1: Bevölkerung in den US-Bundesstaaten: Bestand und Projektionen 1970 bis 2000

	Bevölkerung		Veränderungen 1970-1980		Projektionen		relat. Veränderungen	
	1970	1980	abolut	relativ	1990	2000	1980-1990	1990-2000
United States	203.302	226.546	23.244	11.4	249.203	267.462	9.7	7.3
New England								
Maine	994	1.125	131	13.2	1.229	1.308	9.1	6.4
New Hampshire	738	921	183	24.8	1.139	1.364	23.6	19.7
Vermont	445	511	66	15.0	575	625	12.0	8.8
Massachusetts	5.689	5.737	48	0.8	5.704	5.490	- 0.8	- 3.7
Rhode Island	950	947	- 3	- 0.3	951	926	0.2	- 2.6
Connecticut	3.032	3.108	76	2.5	3.136	3.062	0.7	- 2.3
Middle Atlantic								
New York	18.241	17.556	- 683	- 3.7	16.457	14.990	- 6.5	- 8.9
New Jersey	7.171	7.365	194	2.7	7.513	7.428	1.8	- 1.1
Pennsylvania	11.801	11.864	63	0.5	11.720	11.208	- 1.4	- 4.4
East North Central								
Ohio	10.657	10.798	141	1.3	10.763	10.357	- 0.1	- 3.8
Indiana	5.195	5.490	295	5.7	5.679	5.679	3.1	0.0
Illinois	11.110	11.427	317	2.8	11.503	11.118	0.5	- 2.7
Michigan	8.882	9.262	380	4.3	9.394	9.208	1.2	- 2.0
Wisconsin	4.418	4.706	288	6.5	5.033	5.216	6.7	3.6
West North Central								
Minnesota	3.806	4.076	270	7.1	4.358	4.489	6.5	3.1
Iowa	2.825	2.914	89	3.1	2.983	2.972	2.1	- 0.4
Missouri	4.678	4.917	239	5.1	5.077	5.080	3.0	0.1
North Dakota	618	653	35	5.7	678	682	3.6	0.5
South Dakota	666	691	25	3.7	699	688	0.9	- 1.6
Nebraska	1.485	1.570	85	5.7	1.640	1.662	4.2	1.4
Kansas	2.249	2.364	115	5.1	2.463	2.494	4.0	1.3
South Atlantic								
Delaware	548	594	46	8.4	630	638	5.5	1.3
Maryland	3.924	4.217	293	7.5	4.491	4.582	6.2	2.0
Washington, D.C.	757	638	- 119	- 15.6	502	377	- 21.4	- 24.9
Virginia	4.651	5.347	696	14.9	5.961	6.389	11.2	7.2
West Virginia	1.744	1.950	206	11.8	2.037	2.068	4.2	1.5
North Carolina	5.084	5.882	798	15.7	6.473	6.868	9.9	6.1
South Carolina	2.591	3.122	531	20.5	3.560	3.907	13.8	9.8
Georgia	4.588	5.463	875	19.1	6.175	6.708	12.6	8.6
Florida	6.791	9.746	2.955	43.5	13.316	17.438	36.6	30.8
East South Central								
Kentucky	3.221	3.661	440	13.7	4.074	4.400	10.9	8.0
Tennessee	3.926	4.591	665	16.9	5.073	5.420	10.2	6.8
Alabama	3.444	3.894	450	13.1	4.214	4.415	8.0	4.8
Mississippi	2.217	2.521	304	13.7	2.761	2.939	9.2	6.4
West South Central								
Arkansas	1.923	2.286	363	18.9	2.580	2.835	12.6	9.9
Louisiana	3.645	4.206	561	15.4	4.747	5.160	12.5	8.7
Oklahoma	2.559	3.025	466	18.2	3.503	3.945	15.5	12.6
Texas	11.199	14.229	3.030	27.1	17.498	20.739	22.5	18.5
Mountain								
Montana	694	787	93	13.3	888	963	12.5	8.4
Idaho	713	944	231	32.4	1.214	1.512	28.0	24.6
Wyoming	332	470	138	41.3	701	1.002	48.3	42,9
Colorado	2.210	2.890	680	30.8	3.755	4.657	29.5	24.0
New Mexiko	1.017	1.303	286	28.1	1.536	1.727	17.7	12.5
Arizona	1.775	2.718	943	53.1	3.994	5.583	46.5	39.8
Utah	1.059	1.461	402	37.9	2.040	2.777	38.7	36.1
Nevada	489	800	311	63.8	1.275	1.919	59.1	50.4
Pacific								
Washington	3.413	4.132	719	21.1	5.012	5.833	21.0	16.4
Oregon	2.092	2.633	541	25.9	3.319	4.025	25.7	21.3
California	19.971	23.668	3.697	18.5	27.526	30.613	16.0	11.2
Alaska	303	402	99	32.8	522	631	29.7	20.8
Hawaii	770	965	195	25.3	1.138	1.278	17.5	12.3

Die Zahlen der Jahre 1970 und 1980 beziehen sich auf die Ergebnisse des jeweiligen Census am 01.04.1970 bzw. 01.04.1980. Den relativen Veränderungswerten liegen nicht-gerundete Bevölkerungszahlen zugrunde.

Quelle:
U.S. Bureau of the Census: Current Population Reports, Series P-25, No. 937, Provisional Projections of the Population by States, by Age and Sex: 1980 to 2000. Table No. 1. Washington, D.C. 1983.
dasselbe: Statistical Abstract of the USA 1984, table 12, Washington, D.C. 1983

3. Ursachen der regionalen Bevölkerungsveränderungen

Die räumlichen Bevölkerungsveränderungen der siebziger Jahre sind im wesentlichen auf das regional sehr unterschiedliche Wirtschaftswachstum und damit zusammenhängend auf die Arbeitsplatzentwicklung zurückzuführen. Herausragend war die Krise der im Manufacturing Belt ansässigen traditionellen Industrien (z.B. Auto- und Stahlindustrie). So haben Massachusetts, Connecticut, Rhode Island, New York, New Jersey, Delaware, Maryland, Pennsylvania, Ohio, Indiana, Illinois, Michigan und Wisconsin zusammen zwischen 1970 und 1980 einen Verlust von mehr als 1 Mio. Beschäftigten in der industriellen Fertigung (d.h. im "Manufacturing") hinnehmen müssen, während California (+ 0.433 Mio. Beschäftigte im Manufacturing) und Texas (+ 0.307 Mio.) sowie geringer Florida (+ 0.133 Mio.) und North Carolina (+ 0.125 Mio.) die eigentlichen Wachstumszentren in den siebziger Jahren darstellten (vgl. de LANGE 1986).

Die Veränderungen in der industriellen Fertigung zeigen dabei weniger einen "Frost Belt"-"Sun Belt"-Gegensatz, als vielmehr eine allgemeinere Zentrum-Peripherie-Differenzierung (vgl. die regionalen Bevölkerungsveränderungen anhand Abbildung 1). Daher dürfte ein auf dem Produkt-Zyklus-Modell aufbauendes Zentrum-Peripherie-Konzept einen geeigneten theoretischen Rahmen für die jüngere Wirtschaftsentwicklung der USA abgeben (vgl. KEINATH 1982, S. 343; NORTON/REES 1979; de LANGE 1986). So ist zum einen eine Dezentralisierung von Produktion aus dem industriellen Kernraum, d.h. aus dem Manufacturing Belt, hin zu peripheren Bundesstaaten abgelaufen. Zum anderen haben sich bei zunehmender regional konzentrierter Dezentralisierung Agglomerationsvorteile in peripherräumlichen Zentren und kumulative Wachstumseffekte eingestellt, die zum Aufbau großer regionaler Märkte geführt haben. So verlagerte sich seit den vierziger Jahren - vor allem aufgrund der Milliardenaufträge für Verteidigung und (später) zudem für Raumfahrt - das Schwergewicht der Innovationsfähigkeit zum Süden und Westen: Die jetzigen Wachstumsbranchen manifestierten sich in den zum Manufacturing Belt peripheren Staaten des Südens und Westens und nicht im traditionellen industriellen Kernraum.

Die räumlichen Wachstumsprozesse der Industrie in den siebziger Jahren scheinen sich in den nachfolgenden Jahren fortzusetzen, wie 1981 eine Befragung des Wirtschaftsmagazins FORTUNE unter den 1.000 größten US-Firmen ergab (vgl. de LANGE 1986, S. 122 ff.): Von 285 Unternehmen, die in den nächsten 5 Jahren beabsichtigen, neue Standorte für Betriebsanlagen zu suchen, gaben in der FORTUNE-Befragung im Jahre 1981 60% den Süden als die wahrscheinliche neue Standortregion an - gegenüber den Censusregionen West (18%), North Central (14%) und Northeast (9%). Aufgegliedert nach Bundesstaaten führt Texas mit sehr deutlichem Abstand vor North Carolina und California die Rangfolge der wahrscheinlichen neuen Standorte zukünftiger Betriebsanlagen an. Dabei zeichnet sich eine deutliche Polarisierung auf die zur Zeit prosperierenden Staaten im Süden und Westen der USA ab. Allerdings zeigt sich auch, daß sich die regionale Verteilung der wirtschaftlichen Entscheidungsfunktionen, d.h. die räumliche Bündelung von Konzernhauptverwaltungen und wirtschaftlichen Zentralfunktionen im traditionellen Manufacturing Belt, nicht wesentlich verändern wird (vgl. de LANGE 1986). Die Skizzierung der Wirtschaftsentwicklung in den siebziger Jahren und die Ergebnisse der FORTUNE-Studie legen es nahe, daß sich die bisherigen Trends stabilisieren, die als Antriebskräfte für die zukünftige Bevölkerungsentwicklung zu sehen sind.

4. Zukünftige regionale Bevölkerungsveränderungen

Im Herbst 1983 wurden erste Berechnungen der Bevölkerungsentwicklung bis zum Jahre 2000 aufgrund der Daten des Census von 1980 veröffentlicht. Dabei können die berechneten Werte nicht als Vorhersagen interpretiert werden, da insbesondere (u.a. aufgrund der Datenlage) den Modellrechnungen vereinfachende Annahmen zugrundeliegen. Die Projektionen wurden nach dem Geschlecht und jeweils für Fünf-Jahres-Altersgruppen differenziert für jeden Bundesstaat erarbeitet. In diesem Beitrag sollen jedoch lediglich die Gesamtzahlen für einen Bundesstaat herangezogen werden, so daß die hier betrachteten Zahlen weniger problematisch anzusehen sind als z.B. die mit 1.114.500 projektierte Zahl der Männer zwischen 45 und 49 Jahren in Kalifornien im Jahre 2000 (zur Bevölkerungsprojektion vgl. U.S. Bureau of the Census 1983).

Im einzelnen wird von einer Zunahme der totalen Fertilitätsrate von einem Wert von 1,83 im Jahre 1980 auf 1,96 im Jahre 2000 ausgegangen. Hinsichtlich der Mortalität wird vorausgesetzt, daß die Lebenserwartung der Männer von 70,7 Jahre (1980) auf 73,3 Jahre (2005) und die der Frauen von 78,3

Jahre (1980) auf 81,3 Jahre (2005) ansteigt. Diese Annahmen sind nicht unumstritten. Es bestehen recht unterschiedliche Vorstellungen zur Entwicklung von Fertilitäts- und Mortalitätsraten, wobei sich eine weitere Problematik der Modellrechnungen aus der Verwendung roher Raten ergibt, bei denen eine Durchschnittsbevölkerung unstrukturiert (d.h. "roh") berücksichtigt wird. So werden vom Population Reference Bureau in einer früheren Studie zur allgemeinen demographischen Entwicklung eine Fluktuation der Fertilität zwischen 1,8 und 2,1 und eine Lebenserwartung der Männer von 72,9 und der Frauen von 81,1 Jahre im Jahre 2000 angenommen (vgl. Population Reference Bureau Staff and Guest Experts 1982, S. 40). Während die Projektion bei der Geburtenrate Korrekturfaktoren für jeden Staat berücksichtigt, fehlt eine regionsspezifische Differenzierung der Mortalität. Darüber hinaus wurden vereinfachend die einzelnen Bevölkerungsgruppen (Weiße, Schwarze, Hispanics etc.) nicht differenziert, die recht unterschiedliche Raten aufweisen und die mit regional sehr verschiedenen Anteilen die Zusammensetzung der Bevölkerung eines Staates ausmachen.

Da Wanderungen den größten Effekt auf zukünftige Bevölkerungsveränderungen haben werden, stellen die Annahmen zum Ausmaß der Migration die entscheidenden Prämissen dar. Zunächst wird in der amtlichen Projektion davon ausgegangen, daß die Raten der Nettomigration der siebziger Jahre für die nächsten zwei Jahrzehnte unverändert bleiben. Legt man der zukünftigen Entwicklung der Bevölkerung die der Wirtschaft zugrunde, so ist abzusehen, daß die Trends der siebziger zumindest für die achtziger Jahre fortbestehen werden und somit als Basis für eine Extrapolation genommen werden können (vgl. Kap. 3). Die sich abzeichnende Polarisierung auf die bisherigen Wachstumszentren wird allerdings die Nettomigration der siebziger Jahre modifizieren. Während Mortalitäts- und Fertilitätsdaten der vergangenen Jahre direkt vorliegen, müssen Wanderungsdaten allerdings geschätzt werden. Zu den Problemen der Wanderungsprojektion für die kommenden Jahrzehnte treten also die Probleme der Berechnung des Wanderungsumfangs für das vergangene Jahrzehnt. So wird mit Hilfe der Bevölkerungszahlen der US Bundesstaaten für 1970 und 1980 sowie der Geburten- und Sterbefällle in den siebziger Jahren die Nettowanderung (geschlechts- und altersspezifisch) für jeden Bundesstaat zwischen 1970 und 1980 geschätzt.

Die in diesem Beitrag wiedergegebenen Bevölkerungsentwicklungen (vgl. Tab. 1) basieren somit auf der zentralen Annahme, daß sich die Wanderungsmuster der Jahre 1970 bis 1980 erhalten und bis zum Jahre 2000 extrapoliert werden können. Vor diesem Hintergrund müssen die folgenden Interpretationen gesehen und bewertet werden. Ziel der Projektionen kann es dabei nicht sein, eine endgültige Vorhersage zu treffen, sondern anhand der offengelegten Modellannahmen und der sich daraus ergebenden Entwicklungen Wirkungszusammenhänge aufzuzeigen.

Aufgrund der Annahmen wird in den achtziger Jahren die Bevölkerung um 9,7% wachsen, während in den neunziger Jahren die Wachstumsrate 7,3% betragen wird. Dabei wird der Westen weiterhin die höchsten Wachstumsraten aufweisen, gefolgt vom Süden der USA. Allerdings wird der Süden gegenüber den anderen Regionen die größte absolute Bevölkerungszahl hinzugewinnen: fast 24 Mill. Einwohner zwischen 1980 und 2000. Die Wachstumsrate der Region North Central verringert sich zunächst auf 2% und wird in den neunziger Jahren einen negativen Wert aufweisen. Der Nordosten, der in den siebziger Jahren mit 0,2% "Bevölkerungswachstum" stagnierte, verliert weiterhin an Bevölkerung: in den achtziger Jahren um 1,7% und in den neunziger Jahren über 4%. Die am stärksten wachsenden Staaten liegen westlich des Mississippis (vgl. Tab. 1). Lediglich New Hampshire und Florida sind im Osten - gegenüber 10 Staaten im Westen - die einzigen Bundesstaaten mit einer Wachstumsrate, die doppelt so hoch ist wie die der gesamten USA. Während die Mountain States unter allen Bundesstaaten am stärksten wachsen, werden Florida, California und Texas absolut mehr als irgendein anderer Staat an Bevölkerung hinzugewinnen- jeweils mehr als 6 Millionen Einwohner bis zum Jahr 2000. Nevada wird insgesamt die steilste Zuwachsrate aufweisen, jedoch ist dabei die relativ geringe Bevölkerung dieses Staates zu berücksichtigen. Aufgrund der Modellannahmen werden in den achtziger Jahren Massachusetts, New York, Pennsylvania, Ohio und Washington D.C. und zusätzlich in den neunziger Jahren Rhode Island, Connecticut, New Jersey, Illinois, Michigan, Iowa und South Dakota an Bevölkerung verlieren.

Als eine Folge dieses unterschiedlichen regionalen Bevölkerungswachstums wird der Bevölkerungsanteil in der Census Region West von 19% (1980) auf über 23% (2000) ansteigen, wobei jedoch in der Census Region South insgesamt der größte Bevölkerungsanteil ansässig sein wird (1980: 33%, im Jahre 2000 ca. 37%), und der im Norden (d.h. in den Census Regionen Northeast und North Central zusammen) von ca. 48% auf 40% absinken wird.

5. Politische Konsequenzen und Herausforderungen der zukünftigen regionalen Bevölkerungsveränderungen

Die Folgen der Wanderungsprozesse und des regional unterschiedlichen Bevölkerungswachstums sind vielfältig. Im Hinbick auf die wirtschaftliche Entwicklung beeinflussen regionale Bevölkerungsveränderungen die Struktur und Qualität des Arbeitskräfteangebots einer Region. So verlieren z.B. die Middle Atlantic States qualifizierte Arbeitskräfte an den Süden und Westen der USA, wodurch auch ein Teil der (Zukunfts-)Investitionen dieser Region abwandert. Ferner kann aufgrund der für die abhängige Bevölkerung zu erbringenden Leistungen den örtlichen Behörden insgesamt die räumliche Umverteilung z.B. der alten oder armen Leute, der Wohlfahrtsempfänger oder der Schulpflichtigen nicht gleichgültig sein. So werden z.B. für Ohio im Jahre 2000 624.100 Personen unter 20 Jahren weniger als 1980 projektiert, so daß bald u.a. über eine Folgenutzung der (alten) leeren Schulgebäude zu entscheiden ist.

Über diese vielfach diskutierten Implikationen hinaus sind die sich verändernden politischen Einflußmöglichkeiten der einzelnen Bundesstaaten für die regionale Entwicklung von großer Bedeutung. Während nach der Verfassung der USA jeder Bundesstaat zwei Senatoren in den Senat entsendet, bestimmt die Bevölkerungszahl eines Bundesstaates (nach dem jeweils letzten Census) die Zahl seiner Sitze im Repräsentantenhaus. Die Gesamtzahl der Sitze beträgt 435, wobei jeder Staat mindestens einen Repräsentanten besitzen muß (vgl. Statistical Abstract of the USA 1985, S. 237).

Die Tabelle 2 schlüsselt die Zahl der Sitze im Repräsentantenhaus nach den Bundesstaaten auf. Angesichts der projektierten Bevölkerungsveränderungen bis zum Jahre 2000 können gegenüber den siebziger Jahren New York mehr als ein Drittel sowie Pennsylvania und New Jersey zusammen sowie Illinois und Ohio ein Viertel ihrer Sitze im Repräsentantenhaus verlieren. Gegenüber diesem dramatischen Rückgang, der die Kernstaaten des Manufacturing Belts und das traditionelle wirtschaftliche Zentrum der USA betrifft, wird der politische Einfluß der "Sunbeltstaaten" (gegenüber den siebziger Jahren) weiter wachsen, wobei die Wachstumspole Florida, Texas und California zusammen 30 Sitze gewinnen könnten. Das wachsende politische Gewicht der "Sunbeltstaaten" und die damit zusammenhängenden Einflußmöglichkeiten werden eine wesentliche Rolle spielen, wohin und in welchem Umfang öffentliche Mittel z.B. im Rahmen der Forschungsförderung (vgl. das SDI-Programm) oder für Aufträge von Rüstung und Raumfahrt fließen werden. Gerade diese Branchen besitzen zum größten Teil ihre Standorte im Süden und Westen der

Tab. 2: Der politische Einfluß der Bundesstaaten - Zahl der Sitze der Bundesstaaten im Repräsentantenhaus

	1979*	1990	2000
New England			
Maine	2	2	2
New Hampshire	2	2	2
Vermont	1	1	1
Massachusetts	12	10	9
Rhode Island	2	2	2
Connecticut	6	5	5
Middle Atlantic			
New York	39	29	24
New Jersey	15	13	12
Pennsylvania	25	20	18
East North Central			
Ohio	23	19	17
Indiana	11	10	9
Illinois	24	20	18
Michigan	19	16	15
Wisconsin	9	9	9
West North Central			
Minnesota	8	8	7
Iowa	6	5	5
Missouri	10	9	8
North Dakota	1	1	1
South Dakota	2	1	1
Nebraska	3	3	3
Kansas	5	4	4
South Atlantic			
Delaware	1	1	1
Maryland	8	8	8
Virginia	10	10	10
West Virginia	4	4	3
North Carolina	11	11	11
South Carolina	6	6	6
Georgia	10	11	11
Florida	15	23	28
East South Central			
Kentucky	7	7	7
Tennessee	8	9	9
Alabama	7	7	7
Mississippi	5	5	5
West South Central			
Arkansas	4	5	5
Louisiana	8	8	8
Oklahoma	6	6	6
Texas	24	31	34
Mountain			
Montana	2	2	2
Idaho	2	2	2
Wyoming	1	1	2
Colorado	5	7	8
New Mexico	2	3	3
Arizona	4	7	9
Utah	2	4	5
Nevada	1	2	3
Pacific			
Washington	7	9	10
Oregon	4	6	7
California	43	48	50
Alaska	1	1	1
Hawaii	2	2	2

* 96th Congress 1979

Quelle: Statistical Abstract of the USA 1984, Table 426 u. eig. Berechnungen

USA und haben deren Prosperität initiiert, so daß es aufgrund der regionalen Verteilung der politischen Einflußmöglichkeiten zu weiteren Selbstverstärkungseffekten des Wachstums in den Staaten des Südens und Westens der USA kommen wird.

6. Ausblick

Die angeführten Entwicklungen sind bereits evident, ihr Fortbestehen, das auf ein Eintreffen der erläuterten Projektionen beruht, ist allerdings nicht sicher. So ist fraglich, ob die Wanderungsmuster der siebziger Jahre erhalten bleiben. Einerseits können gerade derartige Projektionen, die die Konsequenzen gleichbleibender Wanderungsprozesse aufzeigen, zu politischen Entscheidungen führen, die andersartige Wachstumsprozesse initiieren. Derartige politische Beeinflussungen sind - wie gezeigt - allerdings in den USA nicht zu erwarten. Andererseits kann nicht abgesehen werden, ob irgendwann z.B. eine große Zahl von Migranten das Klima von Florida als zu heiß, zu humid oder diesen Staat für überfüllt einschätzt, oder ob der Nordosten eine wirtschaftliche Renaissance erfahren wird. Letzteres ist nicht unmöglich, wie am Beispiel der Automobilindustrie und anhand des Chrysler-Konzerns zu sehen ist.

7. Literatur

BLUME, H. (1975): USA. Eine geographische Landeskunde. Bd. 1: Der Großraum in strukturellem Wandel. Wiss. Länderkd. 9/I. Darmstadt.

BLUME, H. (1979): USA. Eine geographische Landeskunde. Bd. 2: Die Regionen der USA. Wiss. Länderkd. 9/II. Darmstadt.

FORTUNE (1982): Why corporate America moves where. A FORTUNE market research survey, designed and conducted by Belknap Data Solution Ltd. New York. New York.

HAHN, R. (1981): USA. Länderprofile. Stuttgart.

de LANGE, N. (1984): Das Bevölkerungswachstum der USA in den siebziger Jahren - sechs demographische Überraschungen. In: Zeitschrift für Bevölkerungswissenschaft 10, S. 53-73.

de LANGE, N. (1986): Die regionale Entwicklung der USA im Umbruch: Die Umkehr traditioneller Wachstumstrends in den siebziger Jahren. In: Erdkunde 40, S. 111-125.

NORTON, R.D./J. REES (1979): The product cycle and the spatial decentralization of American manufacturing. In: Reg. Stud. 13, S. 141-151.

POPULATION REFERENCE BUREAU STAFF AND GUEST EXPERTS (1982): US population: where we are; where we're going. Population Bulletin 37, No. 2. Washington D.C.

REES, J. (1979): Technological changes and regional shifts in American Manufacturing. In: The Prof. Geogr. 31, S. 45-54.

U.S. BUREAU OF THE CENSUS (1984): Statistical Abstract of the United States 1985 (und weitere Jahrgänge). Washington D.C.

U.S. BUREAU OF THE CENSUS (1983): Current population reports, series p-25, No. 937. Provisional projections of the populations of states by age and sex: 1980 to 2000. Washington D.C.

WEINSTEIN, B.L./R.E. FIRESTINE (1978): Regional growth and decline in the United States: The rise of the sunbelt and the decline of the northeast. New York.

Anschrift des Verfassers:

Dr. Norbert de Lange
Westfälische Wilhelms-Universität
Institut für Geographie
Robert-Koch-Straße 26
D - 4400 Münster

Aus:

Ekkehart Köhler und Norbert Wein (Hrsg.):

NATUR- UND KULTURRÄUME.

Ludwig Hempel zum 65. Geburtstag.

Paderborn: Ferdinand Schöningh 1987.

= Münstersche Geographische Arbeiten 27.

Wolfgang Feige

Bewässerungsprojekte im Andenhochland Perus

1. Veranlassung und Ziele der Untersuchung

Künstliche Bewässerung findet sich in allen drei Großlandschaften Perus: in der ariden Costa, der teils semiariden, teils semihumiden Sierra und in der Ceja de Selva (Rand der Selva), die am Ostfuß der Anden in der Übergangszone vom semihumiden zum vollhumiden Klima liegt. Während in der Costa aufgrund des hohen Ariditätsgrades Bewässerung eine unabdingbare Voraussetzung des Ackerbaus ist, ermöglichen Sommerregen in der Sierra und am Rande der Selva Regenfeldbau, doch sind die Ernten wegen der hohen Variabilität der Niederschläge auf den Trockenfeldern (secano) unsicher. Daher wird auch hier nach Möglichkeit bewässert.

In allen drei Landschaften ist man bemüht, die Bewässerungstechnik zu verbessern und neue Flächen hinzuzugewinnen. Bis in die jüngste Vergangenheit waren jedoch die staatlichen Anstrengungen fast ausschließlich auf die Costa gerichtet, in der aufgrund der hohen Temperaturen und der weiten Ebenheiten in den Flußoasen ein profitabler und devisenbringender Anbau von Welthandelsgütern, insbesondere Baumwolle und Zuckerrohr, möglich ist. Erst seit Beginn der siebziger Jahre werden in der Sierra staatliche Bewässerungsprogramme durchgeführt und zwar bevorzugt in den großen Tälern, doch ist die Bevölkerung in den abgelegenen Teilen der Anden weiterhin auf Eigeninitiative und nichtstaatliche Hilfe angewiesen. Bei allen Bewässerungsprojekten steht das Ziel im Vordergrund, die wirtschaftliche Situation der extrem armen Kleinbauernbevölkerung zu verbessern und dadurch die Abwanderung zur Costa und zum Rand der Selva zu verringern.

Mit einem Bewässerungsprojekt in der Sierra Perus kam ich erstmalig im Jahre 1978 durch den Hilferuf eines katholischen Pfarrers in Kontakt. Mehrere Trockenjahre hatten in der Kleinstadt Puquio im Departement Ayacucho zu Viehsterben, Hunger in der Bevölkerung und verstärkter Abwanderung zur Küste geführt. Die vier Bewässerungsgemeinschaften der Landstadt baten ihren deutschen Pfarrer um Hilfe beim Bau eines Staudammes in der Talenge Pachaya (FEIGE 1985). Noch im Herbst 1978 begannen mit einem Startkapital von nur 10.000 DM, die deutsche Freunde des Pfarrers gesammelt hatten, die ersten Gruppen der über 1.000 Kleinbauernfamilien mit Hacke, Schaufel und Brechstange mit der Arbeit. Nach mehr als siebenjähriger Bauzeit, in deren Verlauf die Campesinos 140.000 Tagwerke unbezahlter Arbeit leisteten, konnten im November 1985 der Damm und ein Speicherbecken von fast 3 Mio. m³ Stauraum schuldenfrei eingeweiht werden. Die restlichen Kosten für Planung, Bauaufsicht, Ankauf und Transport von Baumaterialien in Höhe von 2 Mio. DM wurden zu 75% aus kirchlichen und privaten Spendengeldern, zu 25% von staatlichen peruanischen Stellen finanziert.

Nach Fertigstellung des Dammes wurde ein "Komitee für die Entwicklung der Landwirtschaft" gegründet. Ein Aufforstungs- und ein Kleintierhaltungsprogramm sind bereits angelaufen. Außerdem wird seit November 1985 ein Basisgesundheitsdienst für die Dörfer in der Umgebung Puquios aufgebaut. Das gemeinschaftsfördernde Bewässerungsprojekt hat also weitere Selbsthilfeinitiativen ausgelöst.

Zum Erfolg des Pachaya-Projektes dürften vor allem folgende Umstände entscheidend beigetragen haben:

1. Die Initiative ging von der heimischen Bevölkerung aus, die das Projekt als das "Ihrige" betrachtet.

2. Die vier Bewässerungsbezirke stellen traditionsreiche Sozialverbände dar, die gewohnt sind, in Form der Faena unentgeltliche Gemeinschaftsarbeiten durchzuführen. Träger des Projektes war ein von den vier Bewässerungsbezirken gewähltes Komitee.

3. Es fand sich in dem Präsidenten des Komitees eine heimische Führerpersönlichkeit, die sich energisch und kenntnisreich für das Gelingen einsetzte und die Kleinbauern zu motivieren vermochte.

4. Es fand sich in der Person des deutschen Pfarrers ein uneigennütziger engagierter Helfer, der nicht nur in Deutschland Gelder zu mobilisieren vermochte, sondern durch langjährige Tätigkeit in den peruanischen Anden mit der

Mentalität der ländlichen Bevölkerung und der peruanischen Behörden eng vertraut ist.

Angeregt durch das Projekt Pachaya, das ich durch briefliche Kontakte und zwei einwöchige Besuche genauer studieren konnte, habe ich auf einer zweimonatigen Reise im Frühjahr 1986 zehn weitere Bewässerungsprojekte in der Sierra Perus aufgesucht und bin dabei vor allem folgenden Fragestellungen nachgegangen:

- Wo und von welchen Trägern werden zur Zeit Bewässerungsprojekte in den peruanischen Anden durchgeführt?

- Sind die Bewässerungsprojekte in umfassendere Entwicklungsvorhaben integriert und/oder gehen von ihnen weiterführende Impulse aus?

- In welchem Umfang werden Finanzmittel und moderne Technik eingesetzt, und besteht dadurch die Gefahr einer neuen Abhängigkeit durch Verschuldung und Angewiesensein auf technische Hilfe?

- Inwieweit ist die Bevölkerung an der Planung und Durchführung beteiligt?

- Haben die Projekte einen Einfluß auf das Migrationsverhalten der Bevölkerung?

Im Folgenden werden Ergebnisse der Untersuchung dargestellt. Diese bieten keinen lückenlosen Überblick über die zur Zeit in der Sierra laufenden oder erst kürzlich abgeschlossenen Projekte. Jedoch sind alle größeren staatlichen Programme und die für die Bewässerungswirtschaft wichtigste evangelische Hilfsorganisation berücksichtigt. Von den Bewässerungsprojekten der katholischen Kirche, die zumeist in umfassendere Vorhaben integriert sind, konnten dagegen nur einige besucht und beschrieben werden. Das gleiche gilt für kommunale Unternehmungen.

2. Lage und naturräumliche Einordnung der Projekte

Die Bewässerungsprojekte, über die berichtet wird, liegen ausschließlich in Höhen zwischen 2.300 und 4.500 m, davon die Mehrzahl zwischen 2.300 und 3.500 m. Das entspricht der Region Quechua (PULGAR VIDAL 1946) mit Jahresmitteln der Temperatur zwischen 11 und 16 Grad und einem markanten Wechsel von ergiebigen Niederschlägen in den Monaten Januar bis März und langandauernder Trockenheit im Winterhalbjahr. In dieser Zone befinden sich die größten Städte der peruanischen Anden: Huancayo, Cuzco und Arequipa sowie die am dichtesten besiedelten Agrarregionen, die sich an den großen Hochtälern des Rio Santa, Rio Mantaro und Rio Vilcanota sowie an den Ufern des Titicacasees orientieren. Angebaut werden in dieser Zone Mais, Weizen, Gerste und Kartoffeln sowie Gemüse und etwas Obst.

Die bewässerten Flächen der Projekte reichen noch hinein in die Region Suni, zwischen 3.500 und 4.000 m. Die Jahresmittel der Temperatur liegen hier zwischen 10 und 11 Grad, und in der winterlichen Trokkenzeit können Nachtfröste auftreten. Angebaut werden typisch andine, den rauhen Klimaverhältnissen angepaßte Pflanzen wie Quinua, Oca und Bitterkartoffel, aber auch andere Kartoffelarten, doch überwiegt die Weidewirtschaft. Die Bewässerungsflächen in den Regionen Quechua und Suni befinden sich ganz überwiegend im Besitz von Comunidades Campesinas, das sind auf den präinkaischen, genossenschaftsähnlichen "Ayllus" basierende Bauerngemeinschaften, die das Ackerland heute zumeist individuell, das Weideland aber gemeinsam nutzen.

In der sich oberhalb von 4.000 m anschließenden Puna, die fast ausschließlich weidewirtschaftlich genutzt wird, gibt es keine bewässerten Flächen mehr, doch befinden sich hier zahlreiche eiszeitlich entstandene Seen, die für Bewässerungszwecke reguliert werden können. Oberhalb von 5.000 m liegen Gletscher als natürliche Wasserspeicher.

Die morphologischen und klimatischen Voraussetzungen der Bewässerung sind regional und örtlich recht unterschiedich. Ebene Flächen finden sich fast ausschließlich in der Umgebung des Titicacasees und in den größeren Hochtälern. Im übrigen liegen die Bewässerungsflächen an Hängen, die oft nur ungenügend terrassiert sind. Hinsichtlich der Höhe der jahreszeitlichen Verteilung der Niederschläge sind die östlichen Anden besser gestellt als die westlichen. Die Zahl der humiden Monate beträgt in den tieferen Lagen der westlichen Anden weniger als 2 Monate, steigt aber nach Osten mit zunehmender Meeresentfernung und Höhe auf 9 Monate an.

3. Projekte in staatlicher Trägerschaft

3.1 Die staatlichen Programme „Linea Global" und „Plan Meris" im Überblick

Seit Januar 1971 führen Institutionen des peruanischen Agrarministeriums das Programm "Linea Global de Pequeñas y Medianas Irrigaciones" durch, das ausschließlich kleine und mittlere Bewässerungsprojekte umfaßt (vgl. Tab. 1).

Zur ersten Tranche des Programms (Linea Global I), die mit 20 Mio. Dollar der Banco Internacional de Desarollo (BID) kreditiert wurde, gehören 12 Projekte, von denen 5 in der Costa, 7 in der Sierra liegen. Von diesen befinden sich vier in der thermisch begünstigten Höhenlage von 2.300-2.500 m. Alle 12 Projekte sind baulich abgeschlossen. - Im Frühjahr 1986 konnte nur das Projekt Tinta kurz besucht werden. Die Anlagen, obschon seit längerem fertig, wurden von der Bevölkerung nicht benutzt.- Das Projekt Asillo wurde von BECK und ELLENBERG (1977) kurz nach seiner Fertigstellung aufgesucht, die seine Effizienz infrage stellten, da die Bevölkerung nur wenig Interesse zeigte und sinnvolle Folgemaßnahmen so gut wie ganz fehlten. Fertige Betonkanäle wurden auch hier nicht genutzt, waren zum Teil verstopft und verursachten Überschwemmungen in den anliegenden Ländereien.

Die zur Zeit laufende 2. Etappe (Linea Global II) umfaßt 8 Projekte, davon 3 in der Sierra. Die Gesamtkosten einschließlich landwirtschaftlicher Folgemaßnahmen werden voraussichtlich 45 Mio. Dollar betragen (SCHULZ u. PERISUTI 1979). Von den Projekten wurde das Vorhaben Yaurihuiri 1983 und 1986 besucht.

Yaurihuiri ist der Name eines von einer Moräne aufgestauten Sees in der Puna östlich von Puquio, der für die Bewässerung von Feldern der Landstadt Puquio genutzt wird, dessen Abfluß in Trockenzeiten aber versiegen kann (FEIGE 1985). Durch wasserbauliche Maßnahmen wie Regulierung des Sees durch einen Tunnel, Zuleitung von weiteren Seeabflüssen und Höherlegung des Hauptkanals soll Yaurihuiri besser genutzt werden. Im Frühjahr 1986 waren Teile des Kanals fertiggestellt und zwei längere Tunnel im Bau. Das Interesse der Bevölkerung am Projekt war gering.

Yaurihuiri war lange versprochen, aber bislang nicht begonnen worden, so daß die Bewässerungsgemeinschaften zur Selbsthilfe griffen und den Staudamm Pachaya bauten (vgl. unter 1.).

Das Programm "Plan MERIS" ist auf das Gebiet der Anden beschränkt. Die erste Etappe (MERIS I) wurde 1976 begonnen und bis 1984 mit einem Kredit von 11 Mio. Dollar von US-AID sowie einem peruanischen Eigenbeitrag von 10 Mio. Dollar durchgeführt. MERIS I erstreckt sich auf die nördliche und zentrale Andenzone mit Schwerpunkten bei Cajamarca und im Mantarotal. Ziele des Programmes waren: Vergrößerung der Bewässerungsfläche, Steigerung der Hektarerträge und als flankierende Maßnahmen Aufforstung und Erosionsschutz. - Der Beitrag von AID beschränkte sich auf Planung und Bau der Bewässerungsinfrastruktur. Die landwirtschaftliche Beratung wurde den peruanischen Behörden überlassen, von diesen aber aus Geld- und Personalmangel unzureichend durchgeführt. Im Etat des peruanischen Landwirtschaftsministeriums waren 1979 lediglich 1,6% der Gesamtausgaben für die landwirtschaftliche Entwicklung und Beratung, dagegen 76,7% für neue Projekte vorgesehen (SCHULZ u. PERISUTI 1979).

Obschon die Laufzeit von ursprünglich 5 auf 7 Jahre ausgedehnt wurde, konnten von 28 vorgesehenen Kleinprojekten nur 17 fertiggestellt werden. Die Kosten pro ha Bewässerungsland betrugen ca. 500 Dollar (US-AID 1984).

Plan MERIS II umfaßt die Südandenzone. Seit 1976 unterstützt die deutsche Bundesregierung den Plan durch technische Hilfe und Kapitalhilfe. Auf der Grundlage eines Regierungsabkommens wurde ein deutsches Beratungsteam von 5 Experten der Fachrichtungen Landwirtschaft und Wasserbau entsandt, das später durch einen Planungsfachmann ergänzt wurde. Aufgabe des Teams ist es, Hilfe bei der Identifizierung und Planung von Bewässerungsvorhaben und bei der Durchführung der Baumaßnahmen zu leisten sowie im landwirtschaftlichen Anbau zu beraten. Für die Bautätigkeit wurde 1980 deutscherseits ein Kredit von 15 Mio. DM zur Verfügung gestellt (GTZ 1984).

Das Projektgebiet liegt im Tal des oberen Vilcanota. Ziel des Bewässerungsvorhabens ist es, der Abwanderung aus dem ländlichen Raum um Cuzco an die Costa und in die Selva entgegenzuwirken (SCHULZ u. PERISUTI 1979). Die Teilprojekte Marangani, Margen Derecha, Chectuyoc, Sullomayo, Margen Isquierda, San Pedro y San Pablo und Huaro befinden sich direkt am Vilcanota und entnehmen diesem Wasser. Layo, Hercca, Sangarara und Huatanay liegen an westlichen Nebenflüssen, die in einem unvergletscherten Bergland entspringen und daher starken Schwankungen der Wasserführung unterworfen sind. Das 1977/78 geplante Vorhaben Sangarara mußte wegen unzureichenden Wasserdargebotes ganz aufgegeben werden. Die Teilprojekte Salcca, Pitumarca und Cusipata nutzen ganzjährig wasserreiche, östliche Nebenflüsse, die in der stark vergletscherten, bis

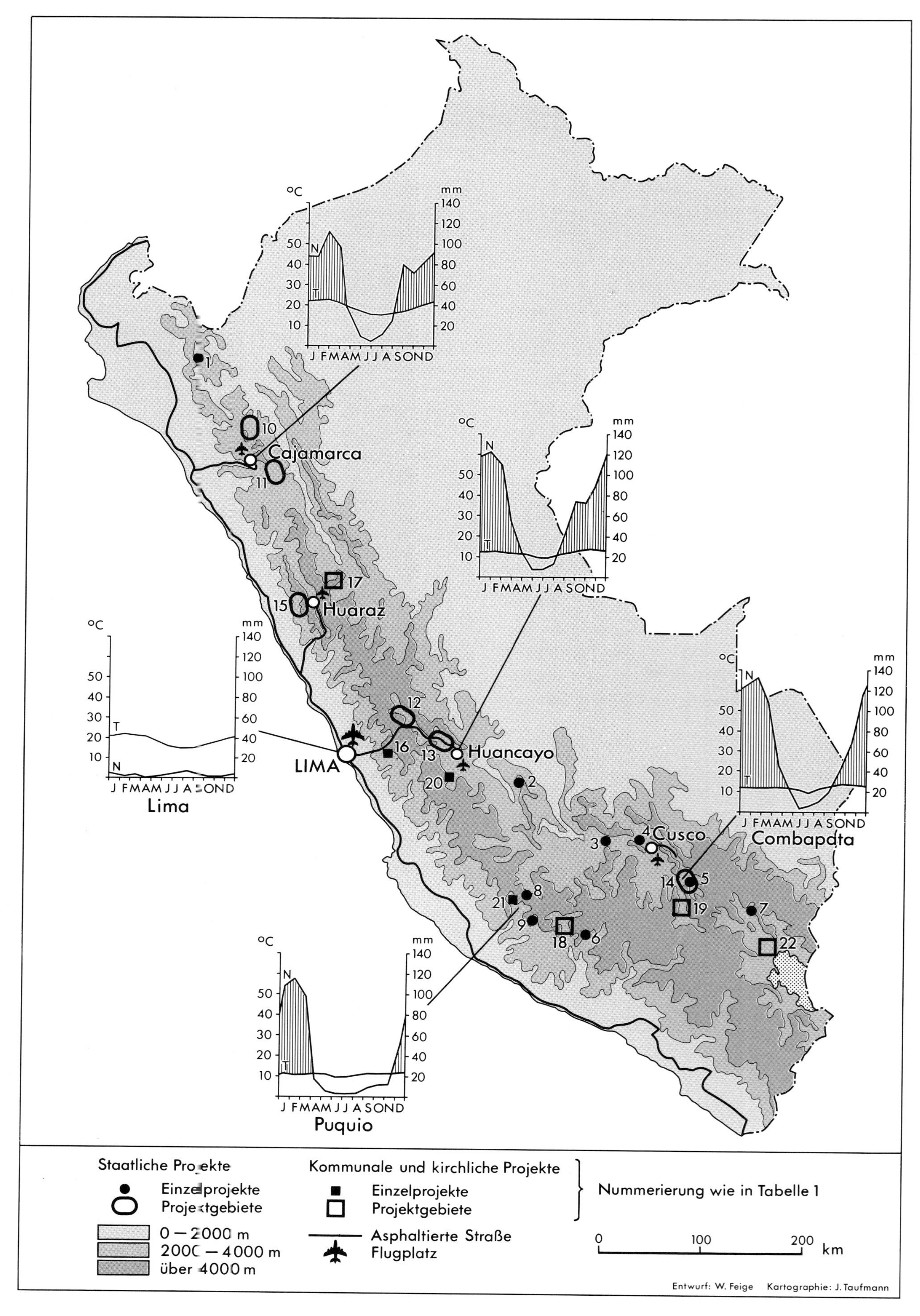

Abb. 1: Lage und naturräumliche Einordnung der Projekte

Tab. 1: Bewässerungsprojekte im Andenhochland von Peru[1]

Nr.	Lokalität	Departamento	mittlere Höhenlage	Bewässerungsfläche in ha	begünstigte Familien	Programm	Zahl der Projekte	Zeitraum
1	Huancabamba	Piura	2.500 m	1.345	327			
2	Huanta	Ayacucho	2.200 m	1.805	228			
3	Abancay	Apurimac	2.300 m	1.233	545			
4	Mollepata	Cuzco	3.300 m	1.800	416	Linea Global I	7	1971-ca.1979
5	Tinta	Cuzco	3.600 m	1.185	326			
6	Pausa	Ayacucho	2.500 m	1.134	453			
7	Asillo	Puno	3.900 m	5.300	1.411			
8	Yaurihuiri/ Puquio	Ayacucho	3.200 m	3.500	-			
9	Ancascocha/ Chumpi	Ayacucho	3.200 m	4.280	-	Linea Global II	2	seit 1979
10/11	Cajamarca	Cajamarca	-	5.708	3.013	Plan MERIS I	17	1976-1984
12/13	Mantarotal	Junin	3.500 m	5.769	8.648			
14	Vilcanotatal	Cuzco	3.550 m	ca. 6.000	5.500	Plan MERIS II	11	seit 1977
15	Cordillera Negra	Ancash	-	1.966	4.037	Microrepresas	13	seit 1983
16	Matucana	Lima	3.200 m	40	61	Einzelprojekt	1	1984
17	Prov.Lucanas/ Parinacochas	Ayacucho	ca. 3.200 m	2.931	1.895	Diaconia	20	nur 1984
18	Callechon de Conchucos	Ancash/ Huanuco	ca. 3.300 m	2.915	791			
19	Prov.Espinar	Cuzco	ca. 3.800 m	600	600	Prälatur Sicuani	6	seit 1983
20	Ullapata	Junin	3.900 m	40	50	Einzelprojekt	1	197
21	Puquio	Ayacucho	3.200 m	2.000	-	Einzelprojekt	1	1978-1985
22	Diözese Puno	Puno	ca. 3.900 m	-	-	Diözese Puno	50	seit 1984

[1] Die Tabelle enthält nur im Frühjahr 1986 besuchte und/oder im Text erwähnte Projekte

Quellen: Diaconia, US-AID, GTZ, Ministerio de Agricultura, Geray und Sudhaus sowie eigene Ermittlungen

6.372 m aufsteigenden Cordillera de Vilcanota entspringen.

Im Frühjahr 1986 waren die Baumaßnahmen bei folgenden Projekten abgeschlossen: Huatanay (703 ha), Cusipata (476 ha), Chectuyoc (343 ha), Marangani (125 ha), Pitumarca (824 ha), Margen Derecha (307 ha) und Sullomayo (287 ha). Im Bau befanden sich die Bewässerungsanlagen am Rio Salcca (901 ha).

3.2 Das Bewässerungsgebiet von Cusipata (Plan Meris II) als Beispiel

Cusipata, ca. 80 km südöstlich von Cuzco an der Mündung des Rio Tigre in den Rio Vilcanota gelegen, ist auf einer asphaltierten Straße und per Eisenbahn von Cuzco aus leicht zu erreichen. Die 476 ha umfassenden Bewässerungsflächen von 583 Kleinbauern der drei beteiligten Gemeinden Tintinco, Cusipata und Pampa-Colca liegen in ebenem bzw. nur schwach geneigtem Gelände zwischen 3.300 und 3.600 m. Das Wasser liefern der Rio Tigre, der mit seinem Oberlauf in die Gletscherregion hineinreicht, und einige starke Quellen (Ministerio de Agricultura 1980). Natürliche Wasserspeicher sind außer den Gletschern zahlreiche kleine Seen, meist Karseen in Höhenlagen zwischen 4.000 und 5.000 m. Das Klima ist semihumid mit 6-7 feuchten Monaten.

Reste alter Kanäle weisen darauf hin, daß im Gebiet von Cusipata Feldbewässerung wohl schon seit der Inkazeit, eventuell noch länger üblich ist (BOLIN 1985).

Die höher am Rio Tigre gelegene Gemeinde Tintinco hatte stets ausreichend Wasser, wogegen Cusipata in trockenen Jahreszeiten unter Wassermangel litt, der zu Verteilungskämpfen führte. Das Bewässerungsvorhaben MERIS II wurde daher von den Bewohnern Cusipatas begrüßt, während ihm die Bauern von Tintinco eher ablehnend gegenüberstanden. Dieser Ort profitiert wenig, hat sogar gewisse Nachteile, weil die neuen Kanäle die Felder der Gemeinde durchziehen und für das Wasser jetzt eine - wenn auch geringe - Gebühr bezahlt werden muß. Voll hinter dem Projekt stehen dagegen die Bauern von Pampa-Colca, die ursprünglich gar nicht in die Planungen einbezogen waren. Sie baten die Projektleitung um Anschluß an das Vorhaben und erklärten sich bereit, einen mehrere Kilometer langen Kanal in unbezahlter Gemeinschaftsarbeit selbst zu bauen. Die Haupt- und Sekundärkanäle im übrigen Projektgebiet wurden teils mit Maschinen, teils in bezahlter Handarbeit von ungelernten Arbeitern erstellt, die nach Möglichkeit im Projektgebiet selbst angeworben wurden. Für notwendige Spreng- und Betonarbeiten wurden Fachkräfte von auswärts hinzugezogen. Die zu den einzelnen Feldern führenden Kanäle dritter Ordnung hoben die Nutznießer selbst in unbezahlter Gemeinschaftsarbeit (Faena) aus.

Die im Projektgebiet von Cusipata geschaffenen wasserbautechnischen Anlagen versorgen die drei Orte zu jeder Jahreszeit ausreichend mit Wasser, so daß die Verteilungskämpfe aufgehört haben. Es können nun sogar zwei Ernten pro Jahr eingebracht und dadurch nicht nur die Selbstversorgung gesichert, sondern auch mehr Waren für den Markt produziert werden. Eine effektive Nutzung der geschaffenen Infrastruktur setzt allerdings eine Änderung der traditionellen Bewässerungspraktiken sowie eine geschickte Marktanpassung voraus. Auch bedeutet die Einbringung einer bislang nicht üblichen zweiten Ernte einen erheblich höheren Arbeitseinsatz und eine Umstellung im jahreszeitlichen Arbeitsrhythmus. Um auf diese neue Situation vorzubereiten, muß die Bevölkerung so früh wie möglich über die Pläne informiert und in die Entscheidungsprozesse einbezogen werden, eine Einsicht, die sich bei den staatlichen Projekten erst allmählich durchsetzt (US-AID 1984; BOLIN 1985).

Beim Projekt Cusipata fand ganz zu Anfang ein Orientierungstreffen zwischen den Amtsträgern von Cusipata und dem Personal von Plan MERIS II statt. Damit war jedoch nach einer Untersuchung von BONIN (1985) "der Dialog so ziemlich zuende, und 67% der Befragten bedauerte, daß sie nicht um ihre Meinung befragt wurden, nicht genügend Informationen erhielten und ihre Vorschläge nicht erhört wurden." Bei der gleichen Befragung äußerten 56% die Befürchtung, daß die Organisation der Bewässerungswirtschaft nach Abzug der peruanischen und deutschen Berater nicht mehr funktionieren würde.

Die von der Bevölkerung allgemein begrüßte landwirtschaftliche Beratung und Schulung der Kleinbauern durch Kurse, Demonstrationsfelder und Einzelberatung hat erst nach Beginn der Baumaßnahmen eingesetzt.

Es ist vorgesehen, den Betrieb der technischen Anlagen von Cusipata sowie das Aufstellen von Bewässerungs- und Nutzungsplänen nach einer Übergangszeit einer Bewässerungskommission zu übergeben, der mehrere örtliche Bewässerungskomitees nachgeordnet sein werden. Das Gelingen des Projektes wird nicht zuletzt davon abhängen, ob sich geeignete Führerpersönlichkeiten für diese Gremien finden werden.

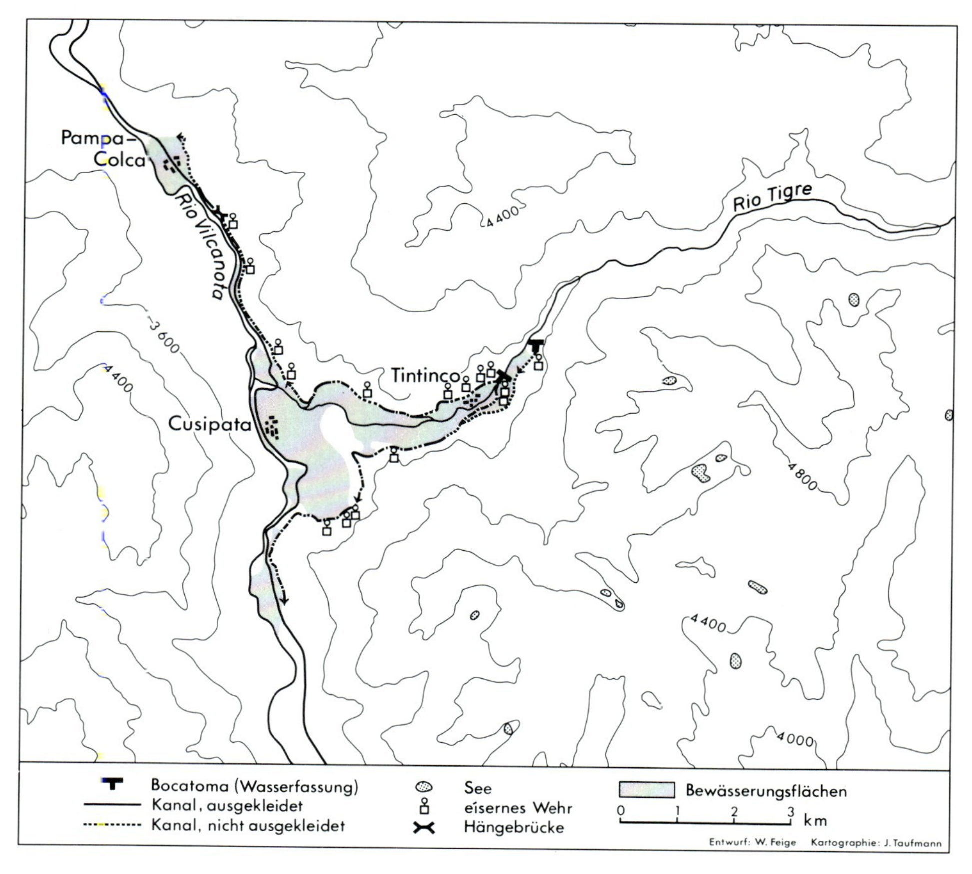

Abb. 2: Projekt Cusipata (Plan MERIS II)

Zumindest in Cusipata scheinen die Aussichten nicht schlecht, da es hier eine Reihe von engagierten und findigen Landwirten gibt, die die neuen Techniken geschickt mit überkommenen zu kombinieren verstehen und so Garanten für eine kontinuierliche Entwicklung sein könnten. Die Anwesenheit von Beratern dürfte aber noch längere Zeit notwendig sein. Diese sind heute bemüht, in der Anfangsphase gemachte Fehler durch intensiveren Kontakt zur Bevölkerung zu korrigieren und durch flankierende Maßnahmen wie den Bau von Schulen und Gemeindehallen, Kindergärten und Krankenstationen zur ganzheitlichen Entwicklung beizutragen.

3.3 Das EG-Programm Microrepresas

Das Projektgebiet "Microrepresas" befindet sich in der Cordillera Negra im Departement Ancash nahe der im Rio Santa-Tal gelegenen Hauptstadt Huaraz. Diese ist über eine asphaltierte Straße von Lima aus in achtstündiger Busfahrt leicht zu erreichen (ca. 420 km). Vom Tal des Rio Santa führen einzelne geschotterte Wege in die Cordillere, auf denen man in wenigen Stunden mit geländegängigen Fahrzeugen zu den Teilprojekten gelangen kann.

Die Cordillera Negra gehört zur Westkordillere der Anden, die hier bei Huaraz durch das im Streichen des Gebirges verlaufende Santatal in zwei Ketten gegliedert ist. Die östliche, die Cordillera Blanca, steigt über 6.000 m an (Huascaran: 6.746 m) und ist oberhalb von 5.000 m vergletschert. Die Cordillera Negra bleibt in ihrer Höhenentwicklung unter 5.000 m, ist unvergletschert, zeigt aber deutliche Spuren pleistozäner Vereisung, insbesondere eine größere Anzahl von Karen. Diese liegen fast ausschließlich westlich der Wasserscheide und somit bei vorherrschenden südöstlichen Passatwinden im Lee der Kammlinie.

Die Karseen bilden natürliche Wasserspeicher für den Bewässerungsfeldbau der Dörfer im Bereich der Westabdachung des Gebirges. Die Niederschläge, die im Bereich der Kammregion noch ca. 800 mm betragen, nehmen nach Westen hin rasch ab. Daher sind die wasserspendenden Hochlagen für die Landwirtschaft auf der Westabdachung von lebenswichtiger Bedeutung. Bei hoher Variabilität der Niederschläge treten jedoch immer wieder Mißernten verursachende Trockenperioden auf. Die letzte ereignete sich in den frühen achtziger Jahren und löste verschiedene Hilfsaktionen, darunter auch das Programm Microrepresas aus. Ziel des Projektes ist es, durch den Bau einer größeren Anzahl von Kleinstaudämmen (Microrepresas) am Ausfluß der Karseen Wasser zu speichern und durch eine Verbesserung der Bewässerungsmöglichkeiten die landwirtschaftliche Produktion zu sichern und zu steigern. Die Baumaßnahmen, einschließlich der notwendigen Vorstudien, werden zu 90% von der Europäischen Gemeinschaft und zu 10% von Peru finanziert. Der Beitrag der EG ist auf 1,5 Mio. ECU (1 ECU = 0,84 Dollar) festgesetzt. Der Projektleiter und alle Angestellten sind Peruaner.

Tabelle 2 und Abbildung 3 geben einen Überblick über die Microrepresas, deren Ausführung oder Planung Ende 1985 am weitesten fortgeschritten war. Die 13 Projekte sollen 26 Dörfern mit ca. 4000 Familien und einer Bewässerungsfläche von etwa 2.000 ha zugute kommen. Obschon der Dreijahresvertrag mit der EG im Juli 1986 endete, waren im April des Jahres erst drei Staudämme ganz oder nahezu fertiggestellt. Bemerkenswert ist ferner, daß Ende 1985 erst für 4 von 13 Projekten agroökonomische Studien vorlagen (vgl. Tab. 2). Hier zeigt sich wie bei Plan MERIS die Priorisierung der technischen Maßnahmen bei staatlichen Projekten.

3.4 Die Microrepresas Condorcocha, Cullococha und Yanco II als Beispiele

Die Seen Condorcocha (4.317 m) und Yanco II (4.350 m) liegen im Einzugsgebiet des Rio Huarmey, Cullococha (4.375 m) im Flußgebiet des Rio Culebras in unmittelbarer Nähe der Wasserscheide. Ihre Einzugsareale sind sehr klein, so daß die hier entstehenden Speicher sich zumindest in Trockenjahren nicht füllen werden. Die Seen sind über einen geschotterten Fahrweg zu einer nahe gelegenen Mine zu erreichen, von der mit Lastwagen befahrbare Erschließungswege zu den Baustellen eigens neu geschaffen wurden. Mit dem Bau der Represas wurde 1984 begonnen. An der Laguna Condorcocha konnte eine 7 Meter hohe und an der Krone 1,5 m breite Staumauer im Juni 1985 eingeweiht werden. Der etwas niedrigere, aber an der Krone 3 m breite Damm am See Yanco II war im März 1986 bis auf letzte Dichtungsarbeiten ebenfalls fertiggestellt, während ein Erddamm am See Cullococha noch nicht seine halbe Höhe erreicht hatte.

Außer Condorcocha konnten die Projekte das Plansoll - Fertigstellung im Jahre 1985 - nicht erfüllen. Hierfür waren vor allem folgende Gründe maßgeblich: Starke Regenfälle sowie Hagel- und Schneeschauer bei Temperaturen nur wenig über dem Gefrierpunkt behinderten in den Monaten Januar bis März und November bis Dezember die Arbeiten erheblich. Zum

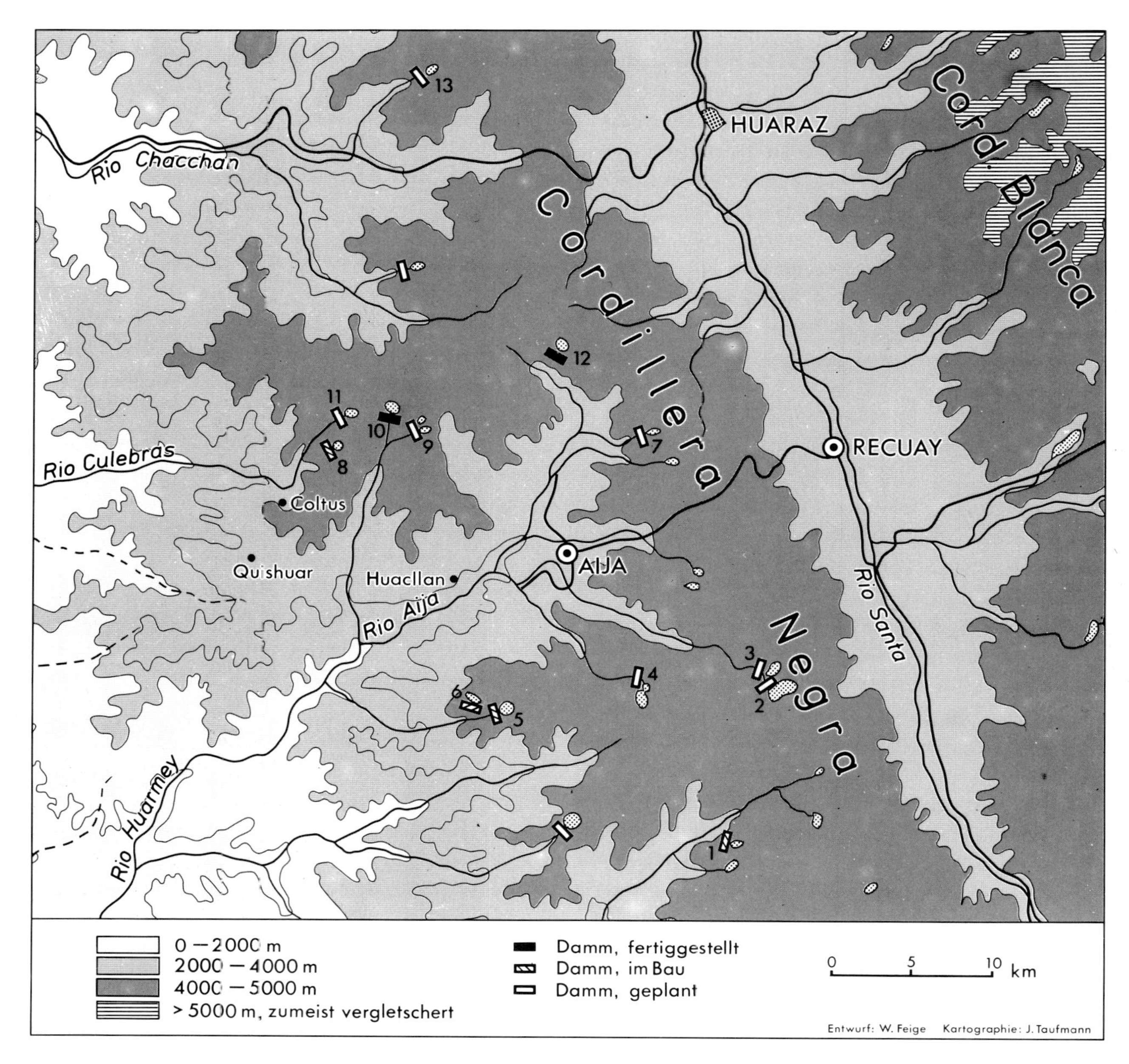

Abb. 3: Projektgebiet "Microrepresas"

Tab. 2: **Bewässerungsprojekte des staatlichen Programms "Microrepresas"**

Teilprojekt	Höhenlage des natürlichen Seespiegels in m Ü.NN	Nutzbarer Speicherraum in m^3	Einzugsgebiet in km^2	Zahl der begünstigten Familien	Bewässerungsfläche in ha	Stand der Studien T	G	H	L	Pläne	Baufortschritt in % Ende 1985
Tayapac	4.167	364.680	0,30	400	75	x	x	x	-	x	22
Ututo	4.425	1.000.000	3,5	382	209	x	x	x	-	x	0,5
Tza Tza	4.325	1.300.000	3,1	382	160	x	x	x	x	x	0
Pancan	4.420	800.000	2,9	150	128	x	-	x	-	x	5
Huarman	4.470	650.000	1,10	252	104	x	x	x	x	x	80
Huin Huin	4.470	250.000	0,30	100	42	x	x	x	x	x	35
Mullaca Chica	4.380	150.000	keine Angaben		125	x	x	x	-	x	0,5
Cullucocha	4.375	161.000	1,0	270	135	x	x	x	-	x	70
Yanco II	4.350	56.000	0,52	436	48	x	x	x	-	x	98
Condorcocha	4.317	118.000	0,70	1.115	100	x	x	x	-	x	100
Shilquill	4.450	300.000	keine Angaben		250	-	-	-	-	x	0
Tuctu Sa. Cruz	4.460	254.000	0,60	550	215	x	x	x	-	x	100
Maco	4.360	450.000	keine Angaben		375	x	-	x	x	x	0

T = Topographie; G = Geologie; H = Hydrologie; L = Landwirtschaft
x = fertig; - = nicht fertig

Quelle: PEPMI

Jahresanfang und -ende standen zudem keine Finanzierungsmittel zur Verfügung. Auch konnten nicht in ausreichendem Maße Maschinen und Fahrzeuge angemietet werden, weil es in der Region an einsatzbereitem Baugerät mangelt. Vor allem aber fehlte es an einer intensiven und kontinuierlichen Zusammenarbeit mit den durch die Projekte begünstigten Dörfern, deren Bevölkerung für die Ausführung von unqualifizierter Handarbeit im Food for Work-System (Entlohnung durch Lebensmittel) eingeplant war.

Die Comunidad Huacclan, für die der Staudamm Yanco II gebaut wird, entsandte 1985 im Durchschnitt nur 8 Personen pro Tag zur Baustelle. Bei Cullococha war die Beteiligung etwas besser - 10 Personen täglich aus dem Dorf Coltus, 15 aus Quishuar -, doch schwankten die Zahlen zwischen 0 und 35, so daß eine kontinuierliche Arbeit und ein effektiver Einsatz von Maschinen nicht möglich war.

Das vergleichsweise geringe Engagement der Kleinbauern - beim Pachayadamm in Puquio arbeiteten bis zu 200 Campesinos gleichzeitig auf der Baustelle (vgl. unter 1.) - dürfte auf eine zu geringe Information und Einbeziehung der Bevölkerung in die Planungen und Entscheidungsfindungen zurückzuführen sein. Für die Beratung sämtlicher Dörfer im Projektgebiet stehen lediglich zwei Soziologen zur Verfügung, die aber auch noch andere Aufgaben haben, wie z.B. die Überwachung der Lebensmittelverteilung. Auf Versammlungen in den einzelnen Dörfern wird über Zweck und technische Einzelheiten der im Bau befindlichen Dämme informiert. Eine landwirtschaftliche Beratung erfolgt nicht, da die Projektleitung hierfür nicht zuständig ist. Dieser obliegt nicht einmal die notwendige Instandsetzung und Erweiterung der Bewässerungskanäle, da die Vereinbarung mit der EG lediglich den Bau der Staudämme umfaßt. Wie und von wem die Kanäle hergerichtet werden, war im Frühjahr 1986 noch völlig offen. Das gilt für sämtliche Teilprojekte. Inzwischen wurde durch Vermittlung des Verfassers bei zunächst drei Projekten der Kanalbau sowie die landwirtschaftliche Beratung von der Diaconia (vgl. unter 4.2) übernommen.

4. Projekte in kommunaler und kirchlicher Trägerschaft

4.1 Das kommunale Projekt Soca

Etwa 80 km östlich von Lima liegt im Tal des Rio Rimac an der Eisenbahnlinie Lima - La Oroya und der asphaltierten Caretera Central die kleine Provinzhauptstadt Matucana. Von hier führen ein nur mit Landrowern befahrbarer Weg sowie Saumpfade zu dem noch zu Matucana gehörigen, 3.200 m hoch in einem südlichen Seitental des Rimac gelegenen Ort Soca. Dieser besteht nur aus wenigen Gehöften, einer halb verfallenen Kirche und einem desolaten, einklassigen Schulgebäude. Die Oberflächenformen der Umgebung sind gekennzeichnet durch tief eingeschnittene Schluchttäler mit sehr steilen Berghängen, die von 2.400 auf 4.800 m ansteigen und mittlere Hangnei-

Photo 1: Bewässerungskanal, Soca 1986

Photo 2: Speicherbecken, Soca 1986

Geographisches Institut
der Universität Kiel
Neue Universität

gungen von ca. 30 Grad aufweisen. In die Steilhänge sind stellenweise flachere Hangabschnitte eingeschaltet, die ackerbaulich genutzt werden. Regenfeldbau ist mit großen Risiken verbunden, da in den tieferen ackerbaulich noch nutzbaren Lagen nur mit 3-4, in den höheren mit etwa 5 humiden Monaten gerechnet werden kann. Die flacheren Hangpartien sind daher nach Möglichkeit bewässert und teilweise terrassiert. Da der Einzugsbereich der Wasserläufe in niederschlagsreichere Höhen bis 4.800 m hineinreicht, ist Bewässerung im allgemeinen möglich.

Die Bewässerungsinfrastruktur des Ortsteiles Soca besteht aus zwei unverkleideten Naturkanälen von mehreren Kilometern Länge (Photo 1) und zwei Nachtspeicherbecken, die mit Zement ausgekleidet sind (Photo 2). Das Wasser wird einem Bach und einer Reihe von Quellen entnommen. In den Becken wird nachts Wasser gespeichert, das tagsüber für die Bewässerung zusätzlich genutzt werden kann.

Im Oktober 1981 stellte die Gemeinde Matacuna einen Antrag bei der niederländischen Botschaft in Lima auf finanzielle Unterstützung eines Wasserbauvorhabens, durch das eines der Speicherbecken erweitert, das andere und ein Teil der Kanäle ausgebessert werden sollten. Von diesen Vorhaben sollten 61 Familien mit 42 ha Bewässerungsland profitieren. Dem Antrag wurde stattgegeben und mit dem zur Verfügung stehenden Betrag von 1.317.000 Soles (ca. 8.000 DM) Material (Zement und Eisen) für die Speicherbecken gekauft. Sämtliche Arbeiten wurden von der Gemeinde und ihren Kleinbauern durchgeführt. Nach Auskunft des peruanischen Projektleiters konnten durch diese Baumaßnahmen die Erträge auf den Feldern um 40% gesteigert werden. Trotzdem wanderten nach 1981 noch elf von den 61 Familien nach Lima ab, wozu nach Aussagen eines ortskundigen Pfarrers vor allem die miserablen Schulverhältnisse Veranlassung gaben.

Das Beispiel zeigt, daß eine Verbesserung der wirtschaftlichen Verhältnisse durch intensivere Bewässerung allein die Bevölkerung nicht an das Land zu binden vermag, sondern daß die Lebensverhältnisse insgesamt und insbesondere die Schulverhältnisse verbessert werden müssen, um die Abwanderung einzudämmen.

4.2 Die kommunale Entwicklungsarbeit der Diaconia (evangelisch-lutherische Kirche)

Nach dem großen Erdbeben von 1970, das in Peru ca. 70.000 Todesopfer forderte und sich vor allem im Departement Ancash beidseits der Cordillera Blanca verheerend auswirkte, leitete der Lutherische Weltbund über seine Abteilung Weltdienst Spendengelder an die kleine Evangelische Kirche von Peru. Diese gründete in Lima die Abteilung Gemeindeentwicklung (Desarollo Comunal), die die Verwaltung und Verteilung der Spenden übernahm. Bis 1975 erfüllte sie ihren Auftrag als Katastrophenhilfe und stellte sich dann auf langfristige Entwicklungshilfe um. Anfangs wurden fast ausschließlich Infrastrukturmaßnahmen in den Bereichen Bewässerung, Wasserversorgung und Schulbau durchgeführt. Seit 1977 gesellten sich dazu Ausbildungsprogramme in der Landwirtschaft, im Handwerk sowie im medizinischen und veterinärmedizinischen Sektor.

Anfang 1983 wurde die Nachfolgeorganisation Diaconia gegründet, die eine größere Eigenständigkeit erhielt. Sie schloß mit dem Lutherischen Weltbund einen Kooperationsvertrag, der die Finanzierung der Projekte und die Bezahlung des Personals sicherte.

Die Projekte der Diaconia verfolgen das Ziel, "die schlechten Lebensbedingungen insbesondere im ländlichen Bereich Perus zu verbessern und der Landflucht aus den armen Provinzen entgegenzuwirken, indem man die gravierenden Nachteile gegenüber den Städten verringert, speziell auf den Sektoren Ernährung, Ausbildung und Gesundheit" (Jahresbericht 1984). Die Projekte zielen also auf eine ganzheitliche Entwicklung des ländlichen Raumes und sind nicht auf Bewässerungsvorhaben beschränkt. Zu unterscheiden sind Infrastrukturvorhaben und flankierende Maßnahmen, die der Ausbildung und Bildung im weitesten Sinne dienen. Sie betreffen u.a. die Einrichtung von Schul- und Gemeindegärten, Demonstrationsfeldern und Schulschreinereien sowie die Ausbildung von Gesundheits- und Veterinärhelfern.

Bei den Infrastrukturmaßnahmen kommt kleinen Bewässerungsprojekten eine Schlüsselfunktion zu. Die Bevölkerung ist ihnen gegenüber besonders aufgeschlossen, da sie über jahrhundertelange Erfahrungen im Wasserbau verfügt. Ist einmal durch ein gelungenes Bewässerungsprojekt das Vertrauen der Kleinbauernfamilien gewonnen, können um so leichter andere Infrastrukturmaßnahmen wie Schulbau und Wasserleitungsbau, aber auch die genannten flankierenden Vorhaben durchgeführt werden.

Durch die auf eine ganzheitliche kommunale Entwicklung zielenden Projekte der Diaconia konnte in den begünstigten Gemeinden die Abwanderung an die Costa und in die Selva z.T. spürbar gebremst werden. In einigen wenigen Fällen kam es sogar zu einer Umkehr der Wanderbewegung. So kehrten in ein Projektgebiet in Ayacucho 52 zuvor nach Lima abgewanderte Familien zurück.

Das Personal der Diaconia besteht aus etwa 20 besoldeten peruanischen, zumeist katholischen Mitarbeitern und einem Schweizer Ingenieur als Projektleiter, dem eine Finnin als "Coordinadora" zur Seite steht. Regionale Schwerpunktgebiete sind das Departement Ancash und angrenzende Teile des Departements Huanuco sowie der Süden von Ayacucho. In Lima befindet sich das zentrale Büro, dem zwei Außenstellen mit jeweils mehreren Angestellten in Huari (Ancash) und Coracora (Ayacucho) unterstehen.

4.3 Das Projektgebiet Callejon de Conchucos der Diaconia

Das Arbeitsfeld umfaßt das vom Rio Mosna/Rio Puccha durchflossene Callejon de Conchucos (Callejon = enge Gasse), das etwa parallel zum Rio Santa-Tal östlich der Cordillera Blanca verläuft, und einen nördlich sich anschließenden Talabschnitt des Rio Marañon. Das Callejon de Conchucos ist nur über einen 4.200 m hohen Paß in der Cordillera Blanca auf einer schmalen Schotterstraße zu erreichen, die in der Regenzeit häufig durch Erdrutsche unterbrochen ist. Nach Huari, wo sich die Außenstelle der Diaconia befindet, gelangt man von Lima auch in der Trockenzeit erst nach 13stündiger ununterbrochener Busfahrt. Die Angestellten der Diaconia benutzen von Huari aus soweit wie möglich öffentliche Verkehrsmittel sowie einen eigenen Landrower und ein Motorrad auf den wenigen befahrbaren Straßen, müssen dann aber oft tagelang zu Fuß gehen, um die entlegenen Projektorte zu erreichen (vgl. Abb. 4). So benötigt man von Uco, das ca. 50 km von Huari an einer Schotterstraße liegt, zum 30 km entfernten Projekt Yanas 6-7 Stunden zu Fuß oder auf dem Maultier. Von hier sind es dann noch mehrere Tagemärsche bis zu den Projekten am Marañon, die in einem Operationsgebiet der Terroristenorganisation "Leuchtender Pfad" (Sendero Luminoso) liegen.

Die Westseite des Callejon de Conchucos erhält von den Gletschern der Cordillera Blanca ständig Wasser, wogegen die Ostseite und das Marañontal unter Dürren leiden. Entsprechend ist hier künstliche Bewässerung besonders wichtig, finden sich hier besonders zahlreich die Einzelprojekte der Diaconia.

Abbildung 4 enthält nur Bewässerungskleinprojekte. Nicht verzeichnet sind die sehr zahlreichen übrigen Maßnahmen wie Schulbauten, Wasserleitungsbau, Aufforstungen, Einrichtung von Schulgärten und Demonstrationsfeldern, Bau von hydroelektrischen Kleinkraftwerken usw. Eine so große Anzahl von Einzelprojekten läßt sich mit einem kleinen Team nur betreuen, wenn die Begünstigten die Arbeiten weitgehend selbständig durchführen und sich die Tätigkeit des Projektpersonals auf Voruntersuchungen, Planung und Beratung während und nach der Durchführungsphase beschränkt. Da die Projekte nur auf Antrag der betreffenden Dorfgemeinschaften zustande kommen, ist die Mitarbeit von vornherein gesichert.

Die Projekte im Bewässerungssektor umfassen Neubau und Wiederherstellung von Kanälen sowie den Bau von Kleinstaudämmen und Nachtspeicherbecken. Die Bewässerungsanlagen werden mit möglichst einfacher Technik und wenig Geld erstellt, um die begünstigten Gemeinden nicht durch belastende Folgekosten und die Notwendigkeit dauernder technischer Beratung in Abhängigkeit zu bringen. Im Jahre 1982 kostete ein mittlerer Bewässerungskanal von 9,5 km Länge für 250 ha Bewässerungsland lediglich 4.800 Dollar (Jahresbericht 1982). Die Kosten können so gering gehalten werden, weil

- alle Arbeiten so weit eben möglich von den Kleinbauern selbst erledigt werden und diese keinerlei Vergütung, auch nicht in Form von Lebensmitteln, erhalten;
- keine befahrbaren Erschließungswege zu den Projektorten gebaut werden, sondern der Materialtransport ausschließlich mit Tragtieren erfolgt;
- Kies, Sand und Steine nach Möglichkeit von den Gemeinden selbst aus eigenen Vorkommen gewonnen werden;
- Zement und Eisen so sparsam wie eben möglich verwandt werden.

Die Einzelprojekte werden in folgender Weise abgewickelt:

Eine Dorfgemeinschaft stellt den schriftlichen Antrag auf technische und/oder finanzielle Unterstützung eines Bewässerungsvorhabens bei der Diaconia. Diese entsendet einen oder mehrere Mitarbeiter, die eine sozioökonomische Studie über den Ort erstellen. Darauf werden in einem förmlichen Vertrag folgende Vereinbarungen getroffen:

Diaconia verpflichtet sich, die Voruntersuchungen

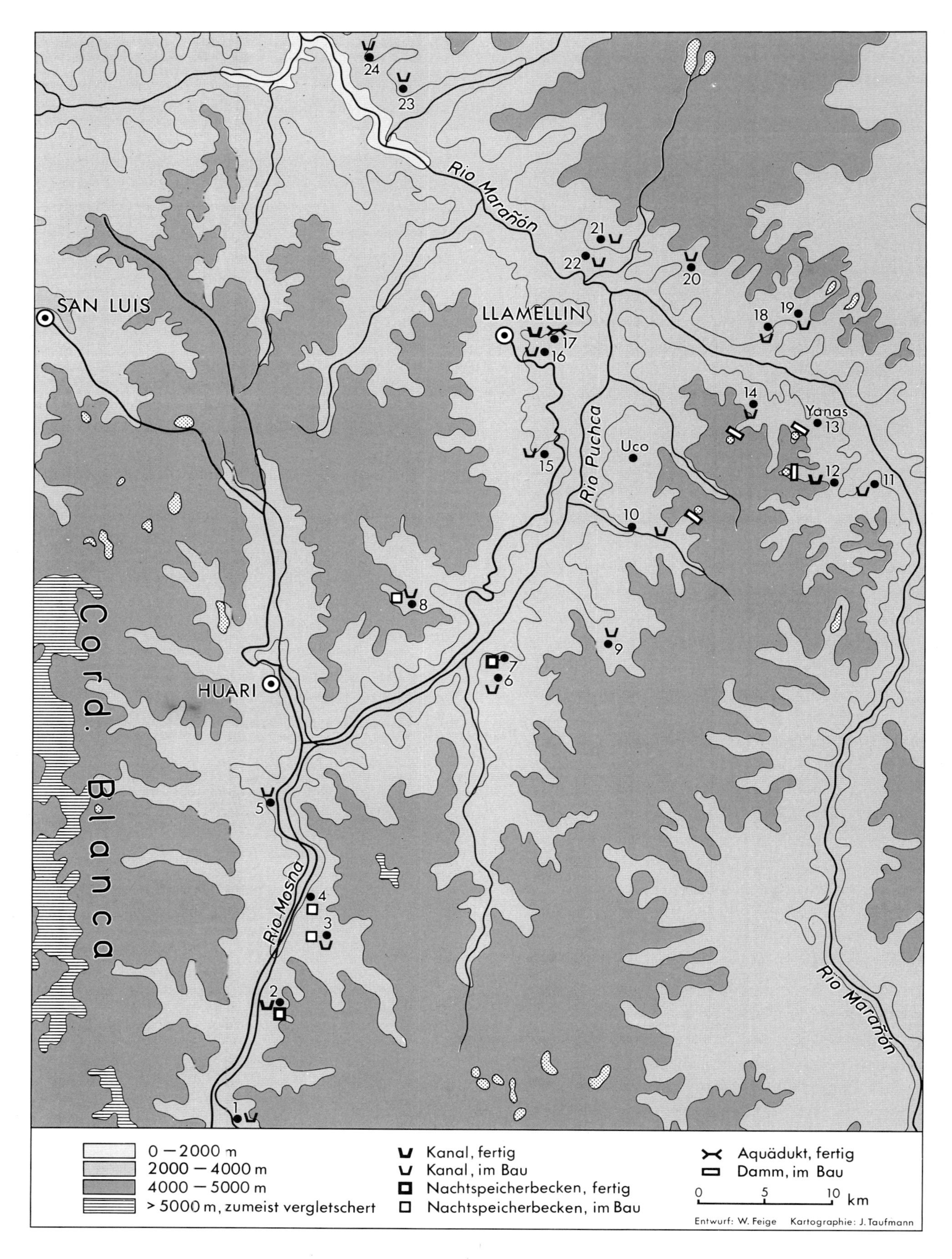

Abb. 4: Projektgebiet "Callijon de Conchucos" (Diaconia)

und Pläne zu machen, die technische Bauleitung zu übernehmen, einige Facharbeiter wie Maurer und Schreiner zu stellen und Zement, Eisen und Sprengstoffe - in der Regel kostenlos - zu liefern. Die Dorfgemeinschaft erklärt sich bereit, alle unqualifizierten Arbeiten und den Materialtransport ohne Entgelt durchzuführen sowie die am Projekt beteiligten Mitarbeiter der Diaconia auf eigene Kosten unterzubringen und zu verpflegen. Erfüllt die Dorfgemeinschaft ihre Arbeitsverpflichtungen nicht, ist die Diaconia berechtigt, ihre technische und finanzielle Hilfe unverzüglich einzustellen.

Die Projekte werden in der Regel innerhalb von 12 Monaten abgeschlossen. Weitere Entwicklungsmaßnahmen sowie eine Beratungsphase schließen sich häufig an.

4.4 Projekte der Diözese Puno und der Prälatur Sicuani

Wie die evangelische Diaconia, so sind auch zwei katholische Hilfsorganisationen im Gefolge einer Naturkatastrophe, nämlich der Dürre zu Beginn der achtziger Jahre, entstanden: das Comité de Emergencia (Notcomitee) der Prälatur Sicuani, Departement Cuzco, und ein entsprechendes Comitee der benachbarten Diözese Puno. Als aus Anlaß der Dürre Spendengelder und andere Hilfsmittel in die Katastrophengebiete flossen, wurden für ihre Verteilung und konkrete Hilfsmaßnahmen die Comitees gegründet. Sie existieren nach Erfüllung ihrer ursprünglichen Aufgabe weiter mit der Zielsetzung, die wirtschaftlichen und sozialen Verhältnisse der Kleinbauern zu verbessern.

In der Diözese Puno werden fast ausschließlich Bewässerungsprojekte gefördert. Von Anfang 1984 bis Ende 1985 konnten 70 Bauwerke (Wasserfassungen, Speicherbecken, Kanäle, Brunnen) fertiggestellt werden. Das große Interesse der Bevölkerung an der Arbeit des Teams bezeugen nicht weniger als 650 Anträge, die Anfang 1986 dem Projektträger vorlagen.

Das Team besteht lediglich aus einem peruanischen Projektleiter, einem deutschen Entwicklungshelfer

ab. 3: Bewässerungsprojekte der Diaconia 1984/1985 in Ancash und Huanuco

r.	Lokalität	Höhe über NN	Gemeinde	Provinz	Baumaßnahme	Länge bzw. Stauraum	begünst. Familien	Bewässerungsfläche in ha	Baufortschritt in %	(Jahr)
1	Pichiu	3.200 m	San Marcos	Huari	Kanal	4.500 m	65	350	35	(84)
2	Chuyo	3.600 m	San Marcos	Huari	Kanal	7.500 m	350	700	100	(85)
3	Carhuayoc	3.200 m	San Marcos	Huari	Reservorio	8 x 8 m	420	120	30	(85)
4	Huaripama	3.000 m	San Marcos	Huari	Reservorios		380	490	30	(85)
5	Uranchacra	2.800 m	Huantar	Huari	Kanal	5.000 m	160	280	95	(85)
6	Conin	3.400 m	Ponto	Huari	Kanal	8.000 m	207	500	50	(84)
7	Colcabamba	2.600 m	Ponto	Huari	Reservorio	5 x 5 m	160	22	100	(83)
8	Queroragra	3.700 m	Cajay	Huari	Reservorio	6 x 8 m	600	600	60	(85)
9	Huacachi	3.500 m	Huacachi	Huari	Kanal rehab.	870 m	1.500	22	30	(85)
0	Anra	3.200 m	Anra	Huari	Kanal rehab.	5.530 m	1.200	980	80	(85)
	Lag.Atacocha	4.178 m	Anra	Huari	Represa	154.676 m^3	1.200	980	10	
1	Rapayan	3.250 m	Rapayan	Huari	Kanal rehab.	5.000 m	3.500	1.800	10	(85)
2	Huacchis	3.490 m	Huacchis	Huari	Kanal rehab.	3.745 m	1.800	1.800	100	(85)
	Lag. Parina	4.039 m	Huacchis	Huari	Represa	172.500 m^3		1.800	35	(85)
3	Yanas	3.420 m	Huacchis	Huari						
	Lag.Ancashcocha	3.788 m			Represa	620.000 m^3	1.200	500	5	(85)
4	Viscas	3.715 m	Paucas	Huari	Kanal rehab.	3.130 m	2.200	250	20	(85)
	Lag.Ichic Fumur	3.879 m	Paucas	Huari	Represa	157.000 m^3	1.500	2.500	35	(85)
5	Chocchi	3.450 m	Azco	A.Raimondi	Kanal	2.500 m	4.000	370	55	(85)
6	Canlla-Chingas	2.850 m	Chingas	A.Raimondi	Kanal	9.100 m	4.000	2.350	28	(85)
7	Chicreypun	2.750 m	Chingas	A.Raimondi	Kanal, 3 Aquaedukte	4.158 m	43		100	(85)
8	Cochabamba	3.300 m	Huacaybamba	Marañon	Kanal rehab.	3.500 m	600	1.870	90	(85)
9	Alta Valle	3.050 m	Huacaybamba	Huacaybamba	Kanal	4.580 m	210	260	30	(84)
)	Shiracayoc	3.650 m	Huacaybamba	Marañon	Kanal	4.000 m	31	120	40	(85)
1	Yacunahuin		Huacaybamba	Marañon	Kanal	5.000 m	130	39	90	(85)
2	Huagsha		Huacaybamba	Marañon	Kanal	10.000 m	38	40	50	(84)
3	Husracillo	3.100 m	Pinra	Marañon	Kanal	9.000 m	1.111	100	5	(85)
4	Canchabamba	3.300 m	Pinra	Marañon	Kanal	8.000 m	240	1.150	90	(85)

eservorio: Nachtspeicher; rehab.: Ausbesserung

Quelle: Diaconia

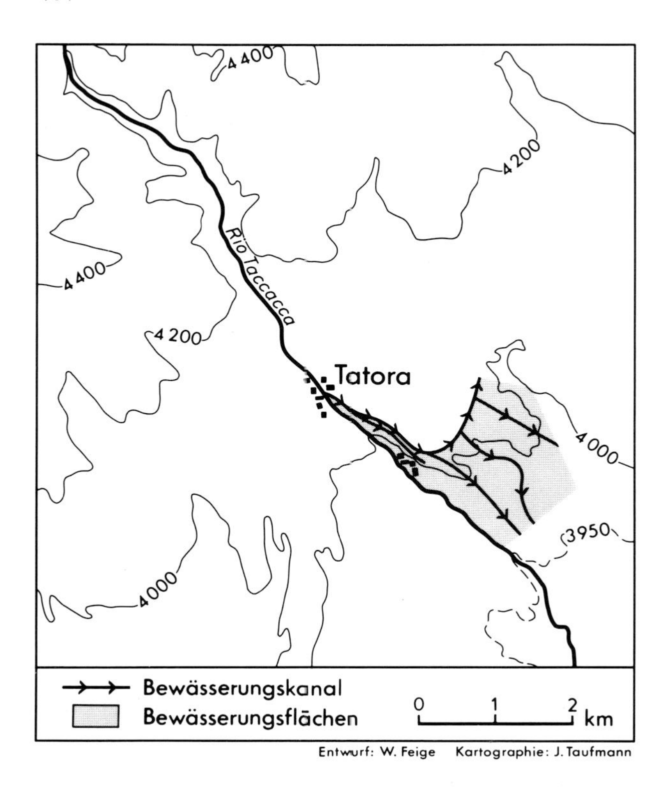

Abb. 5: Projekt Tatora (Prälatur Sicuani)

und einigen Maurern. Von großer Wichtigkeit für das Projekt sind die Pfarrer und deren Stellvertreter in den 42 Gemeinden der Diözese. Sie fungieren vor Ort als "Agenten" des Comitees, kümmern sich um Instandhaltung und Nachbetreuung der Projekte, wenn die Techniker abgezogen sind. Diese benötigen für eine Reise vom Projektzentrum in Juliaca bis zu neun Stunden, um in öffentlichen Verkehrsmitteln und zu Fuß die Baustellen zu erreichen. Unqualifizierte Handarbeiten werden auch hier unentgeltlich von den Campesinos durchgeführt (GERAY u. SUDHAUS 1986).

Auch das Comité de Emergencia der Prälatur Sicuani führt Bewässerungsprojekte, darüber hinaus aber auch andere Förderungsmaßnahmen in der Landwirtschaft durch. Anfang 1986 waren mehrere Bewässerungsmaßnahmen in der Planung und drei bereits im Bau. Durch sie können in der Trockenzeit ca. 600 ha bewässert werden, die ebenso vielen Kleinbauern gehören. Die kurzen, bis 2 km langen Hauptkanäle sind fast ausschließlich unverkleidete Naturkanäle. Die Verwendung von Eisen und Zement beschränkt sich zumeist auf die Wasserfassung (Bocatoma). Die Aufwendungen pro ha Bewässerungsland sind entsprechend gering und liegen bei etwa 50 Dollar. Die Bewässerungsgebiete, die zum Teil über 4.000 m hoch liegen (vgl. Abb. 5), dienen überwiegend der Weideverbesserung. Die Projekte des Comité de Emergencia ergänzen die Arbeit des ebenfalls von der Prälatur begründeten Centro de Formacion Campesina, eines aus Agronomen, Wirtschaftlern, Ärzten, Krankenpflegern, Soziologen, Katechisten und einem Priester bestehenden Teams. Dieses hat sich die integrale Entwicklung einer sehr verkehrsfern und hoch (um 4.000 m) gelegenen Microregion der Provinz Espinar, Departement Cuzco, zur Aufgabe gemacht, die von staatlichen Hilfsmaßnahmen nicht erreicht wird.

5. Zusammenfassung

In der Sierra Perus werden von verschiedenen Projektträgern kleine und mittelgroße Bewässerungsprojekte mit dem Ziel durchgeführt, die sozialen und wirtschaftlichen Verhältnisse der ganz überwiegend kleinbäuerlichen Landbevölkerung zu verbessern und dadurch die Abwanderung zur Costa und zur Selva einzudämmen.

Von staatlicher Seite laufen seit Beginn der siebziger Jahre mit technischer und finanzieller Unterstützung des Auslandes mehrere Bewässerungsprogramme wie vor allem Linea Global, Plan MERIS und Microrepresas, die jeweils eine größere Anzahl von Teilprojekten umfassen. Diese liegen zumeist gut erreichbar in der Nähe von großen Städten oder Durchgangsstraßen unter Bevorzugung der tieferen, klimatisch günstigeren Lagen. Die Kosten pro ha Bewässerungsland sind erheblich niedriger als bei den Großprojekten an der Küste, die technische Ausführung relativ einfach, was sich positiv auf die Folgekosten auswirken dürfte. Dennoch besteht die Gefahr, daß eine Reihe von Projekten auf Dauer nicht funktionieren werden und daß das Hauptziel, die Abwanderung aus der Sierra zu verringern, nicht erreicht wird und zwar aus folgenden Gründen:

1. Die Kleinbauern, für die die Bewässerungsanlagen gedacht sind, werden zu wenig in die Planung und Entscheidungsprozesse einbezogen, so daß sie ihre Erfahrungen und Vorstellungen nicht einbringen können und die Projekte nicht so sehr als ihre Sache, sondern die der peruanischen Behörden und ausländischen Experten betrachten.

2. Den Infrastrukturmaßnahmen kommt bei den staatlichen Projekten eine hohe Priorität zu. Der landwirtschaftlichen Beratung wird, wenn sie überhaupt durchgeführt wird, weit geringere Bedeutung beigemessen. In größere, auch das Gesundheits- und Bildungswesen umfassende Entwicklungsvorhaben sind die Projekte selten integriert. Wasser allein aber genügt nicht, die

Bevölkerung auf dem Lande zu halten. "Water is a necessary, but not sufficient factor" (US-AID 1984).

Die von den Gemeinden und christlichen Kirchen getragenen Bewässerungsprojekte liegen in der Regel nicht so verkehrsgünstig wie die staatlichen, haben eine größere mittlere Höhenlage als diese und reichen bis in die Puna (über 4.000 m) hinein. Sie sind zumeist kleiner als die staatlichen und werden mit geringerem technischen Einsatz durchgeführt. Die Initiative geht bei diesen Projekten stets von den Bauerngemeinden (Comunidades Campesinas) aus, die die Projekte entweder in eigener Trägerschaft (Beispiel: Soca) oder gemeinsam mit einer kirchlichen Hilfsorganisation durchführen. Bei diesen Projekten werden alle anfallenden Arbeiten soweit wie eben möglich von den Kleinbauern selbst in unbezahlter Gemeinschaftsarbeit durchgeführt. Es sind also Eigenprojekte, bei denen die äußere Hilfe nur in unbedingt notwendigen Materiallieferungen und technischer Beratung besteht. Während die rein kommunalen Projekte meist auf Wasserbauvorhaben beschränkt sind, umfassen die von den Kirchen mitgetragenen auch landwirtschaftliche Beratung sowie Maßnahmen im Bereich des Bildungs- und Gesundheitswesens. Zumindest in Einzelfällen konnte dadurch die Abwanderung aus der Sierra nicht nur fühlbar gebremst, sondern sogar umgekehrt werden.

6. Literatur und Quellen

BECK, S./H. ELLENBERG (1977): Entwicklungsmöglichkeiten im Andenhochland in ökologischer Sicht. Studie im Auftrag des Bundesministeriums für wirtschaftliche Zusammenarbeit. Göttingen (Lehrstuhl für Geobotanik).

BOLIN, I. (1985): Die Organisation der Bewässerungswirtschaft im Andenhochland von Peru. Endbericht an die GTZ über die Feldforschung im Vilcanotatal.

Deutsche Gesellschaft für Technische Zusammenarbeit (GTZ) (1983): Technische Zusammenarbeit im ländlichen Raum. was - wo - wie 1984 (Schriftenreihe der GTZ Nr. 144).

FEIGE, W. (1985): Hilfe zur Selbsthilfe. Kleinprojekte künstlicher Bewässerung in Peru. In: Praxis Geographie 4, S. 22-25.

GERAY, E./E.A. SUDHAUS (1986): Evaluierungsbericht zum Antrag der Diözese Puno auf Verlängerung des Kooperationsvertrages mit dem Deutschen Entwicklungsdienst DED. o.O. (unveröffentlicht).

Lutherischer Weltbund, Abt. Weltdienst: Jahresbericht. Peru 1982.

Lutherischer Weltbund, Abt. Weltdienst: Jahresbericht Diaconia. Peru 1983.

Lutherischer Weltbund, Abt. Weltdienst: Jahresbericht Diaconia. Peru 1984.

Ministerio de Agricultura y Alimentacion (1980): Proyecto de Irrigacion Cusipata - Estudio a Nivel Definitivo. o.O. (unveröffentlicht).

Proyecto Especial de Pequeñas y Medianas Irrigaciones (PEPMI) (1986): Proyecto Microrepresas. Septimo Informe de Avance al 31 de Diciembre de 1985. Huaraz (unveröffentlicht).

PULGAR VIDAL, J. (1946): Historia y Geografia del Peru. Tomo I: Las ocho regiones del Peru. Lima (Universidad Nacional Mayor de San Marcos).

SCHULZ, P.A./A. PERISUTI (1979): Bewässerung im Andenhochland, Republik Peru. Gutachten zur Projektverlängerung. o.O. (unveröffentlicht).

U.S. Agency for International Development (US-AID) (1984): Peru: Improved Water and Land Use in the Sierra. o.O. (unveröffentlicht).

Anschrift des Verfassers:

Prof. Dr. Wolfgang Feige
Universität Münster
Institut für Didaktik der Geographie
Fliednerstraße 21
D - 4400 Münster

Aus:

Ekkehart Köhler und Norbert Wein (Hrsg.):

NATUR- UND KULTURRÄUME.

Ludwig Hempel zum 65. Geburtstag.

Paderborn: Ferdinand Schöningh 1987.

= Münstersche Geographische Arbeiten 27.

Heinz Günter Steinberg

Die sozio-ökonomische Struktur der südafrikanischen Homelands

Die Republik Südafrika (RSA) hat sich in den letzten Jahren mehr und mehr zu einem Krisenherd der Weltpolitik entwickelt, weil die weiße Minderheitsregierung nicht gewillt ist, der schwarzen Mehrheit ihre politischen Rechte voll einzuräumen. Diese bis heute fortbestehende entschiedene Ablehnung wird in erster Linie von der seit 1948 ununterbrochen regierenden Nationalpartei, die vorwiegend von den Buren getragen wird, vertreten. Die Anhänger dieser Partei sahen bis in die allerjüngste Zeit die Zukunft der RSA nicht in der Integration, sondern in der Separation der einzelnen Bevölkerungsgruppen, besonders der Schwarzen und der Weißen. Die auf persönliche und räumliche Trennung gerichtete Politik ist bekannt geworden unter dem Schlagwort "Apartheid". Apartheid meint in Afrikaans, der aus dem Niederländischen abgeleiteten Sprache der Buren, Trennung. Der Eckpfeiler dieses politischen Gebäudes ist die räumliche Trennung der Gruppen, besonders der Weißen und der Schwarzen. Das Hauptziel der Apartheid-Politik war es deshalb bis Mitte 1986, die ehemaligen Eingeborenen-Reservate über die sogenannten *Homelands* oder "Nationalstaaten" zu unabhängigen Staaten zu entwickeln, die mit dem sogenannten "weißen" Südafrika nur im Rahmen einer Föderation verbunden sind. Vier dieser Homelands sind bereits in die "Unabhängigkeit" entlassen worden: Die Transkei im Oktober 1976, Bophuthatswana im Dezember 1977, Venda im September 1979 und die Ciskei im Juli 1981. Der Widerspruch dieser Politik besteht nun darin, daß die sogenannten "*White Areas*", die Wohngebiete der Weißen, von den Homelands zwar durch Gesetze getrennt wurden, es aber bis heute nicht möglich und im Interesse der weißen Minderheit auch nicht zweckdienlich war, die Schwarzen von den "White Areas" in die Homelands umzusiedeln. Dieser Gedanke ist auch nie ernsthaft diskutiert worden. Die Folge einer derartigen Umsiedlung wäre der schnelle und totale Zusammenbruch der südafrikanischen Wirtschaft. Der Anteil der Schwarzen an der Gesamtbevölkerung in den einzelnen Distrikten läßt das klar erkennen (STEINBERG 1982, Karte 2 im Anhang). Um einer rechtlichen Gleichstellung der Schwarzen in den "White Areas" zu entgehen, verband man deshalb mit jedem Homeland eine eigene Staatsbürgerschaft, die nicht nur für die im Homeland Wohnenden und die von dort kommenden Arbeiter in den White Areas gilt, sondern auch für jene Schwarzen, die mit ihren Angehörigen schon seit Generationen in den "White Areas" leben. Die Zuordnung erfolgt nach dem Stammes- oder Volksgruppenprinzip. Die Stämme zählen zu den großen Sprachengruppen, die - wie die Zulus in Kwazulu, die Tswana in Bophuthatswana oder die Nord-Sotho in Lebowa - das tragende Staatsvolk im jeweiligen Homeland repräsentieren. Problematisch ist diese Zuordnung nur für die von Geburt an in "White Areas", und hier besondes in den verstädterten Gebieten, lebenden Schwarzen. Die Idee, hier unabhängige Stadtstaaten zu gründen, deren staatsrechtliche Stellung den Homelands ähnlich wäre, ist wieder fallengelassen worden.

1. Bevölkerung und Entwicklung der Republik Südafrika

Der nur in großen Umrissen skizzierte politische Hintergrund bedarf der zahlenmäßigen Vertiefung, erst dann wird das Ausmaß der politischen Probleme sichtbar. Nach der letzten Volkszählung im Jahre 1980 lebten in der Republik Südafrika 28,8 Mio. Menschen. Über sieben Zehntel (72,5 v.H.), nämlich 20,9 Mio., davon waren Schwarze. Die Weißen stellten nur 4,5 Mio. oder 15,6 Prozent der Gesamtbevölkerung. Den Rest, und das wird immer wieder übersehen, teilen sich die 2,6 Mio. Mischlinge und die gut 820.000 Asiaten, die fast ausschließlich aus Indern bestehen (STEINBERG 1987, Tab. 1 im Anhang). Diese vier Bevölkerungsgruppen sind nun recht unterschiedlich über das Gebiet der Republik verteilt. Für die Schwarzen gilt, daß sie die höchsten Bevölkerungsanteile in den Homelands und den ländlichen "White Areas" erreichen. Wichtiger ist aber, daß die schwarzen Mehrheiten an einer Linie Port Elizabeth-Colesberg-Kuruman jäh enden und westlich dieser Linie an ihre Stelle die Mischlinge treten. In diesem Großraum, der Kap-Provinz, liegen die Anteile der Weißen im allgemeinen über denen der Schwarzen. Die vierte Gruppe, die Inder, konzentriert sich vorwiegend auf Natal. In dieser unterschiedlichen Verteilung der einzelnen Bevölkerungsgruppen spiegelt sich die geschichtliche, gut vier Jahrhunderte umfassende soziale und ökonomische Entwicklung des südlichen Afrikas wider. Sie beginnt im Jahre 1652 mit dem Kapitän Jan van Riebeeck, der im Auftrag der Holländisch-Ostindischen Kompagnie eine Versorgungsstation im heutigen Kapstadt für die von Holland nach Ostindien segelnden Schiffe anlegte. Die Holländer trafen hier auf eine zahlenmäßig unbedeutende Nomadenbevölkerung, die sich aus den heute im Kapland ausgestorbenen Buschmännern und Hottentotten zusammensetzte. Um den Arbeitskräftebedarf der sich räumlich nur langsam ausdehnenden Niederlassung zu decken, wurden von der Kompagnie Sklaven aus Ostafrika, Madagaskar, Ostindien und von der westafrikanischen Guineaküste eingeführt. Sie mischten sich untereinander und mit den wenigen Europäern und bilden heute die Gruppe der *Coloureds*, die ihre gelblich-braune Hautfarbe von den Hottentotten haben und heute zu 85 Prozent Afrikaans sprechen.

Für die Besonderheit der südafrikanischen Bevölkerungsstruktur ist aber noch ein weiterer Tatbestand verantwortlich zu machen. Als die Holländer das Kap in Besitz nahmen, waren hier noch keine Schwarzen ansässig. Die *Bantuvölker* trafen auf ihren Jahrhunderte dauernden Wanderungen nach Süden durch die gut beregneten Offenlandschaften Ost- und Südafrikas erst in der zweiten Hälfte des 18. Jahrhunderts auf Weiße am Großen Fischfluß. Nach neun Kriegen im Laufe eines Jahrhunderts, den sogen. Kaffernkriegen, kamen die Wanderungen der Bantus zum Stehen, und bis heute ist die Gegend des Großen Fischflusses die Grenze des überwiegend von Schwarzen besiedelten Raumes im küstennahen Bereich.

Von genauso nachhaltiger Bedeutung für die heutige Verteilung der schwarzen und weißen Siedlungsgebiete war der sogen. "*Große Treck*" von 1835 bis 1837. Es war der Auszug von über 5.000 Buren aus der seit 1814 britischen Kapkolonie. Es war eine Rebellion gegen die britische Verwaltung, die eine betont negrophile Politik trieb und 1833 die Freilassung der Sklaven durchsetzte. Die bis heute nachwirkende Bedeutung dieser Abwanderung ist im wesentlichen darin zu sehen, daß die sogen. "Voortrekker" oder Pioniere das bis dahin kaum bekannte Landesinnere bis zum Limpopo hin erschlossen. Gleichbedeutend war, daß durch diesen "Großen Treck" die räumliche Verteilung der schwarzen Bevölkerung, d.h. die hufeisenförmige Anordnung der heutigen Homelands um das Gebiet der Weißen, bereits damals festgelegt und beschnitten wurde. Wahrscheinlich wäre das Siedlungsgebiet der Schwarzen noch stärker eingeengt worden, hätte man nicht bereits 1913 den "Natives Land Act. Nr. 27" erlassen. In diesem Gesetz wurden die Siedlungsgebiete registriert, in denen die Schwarzen damals lebten, und die ihnen in Zukunft allein zur Verfügung stehen sollten. Insgesamt wa-

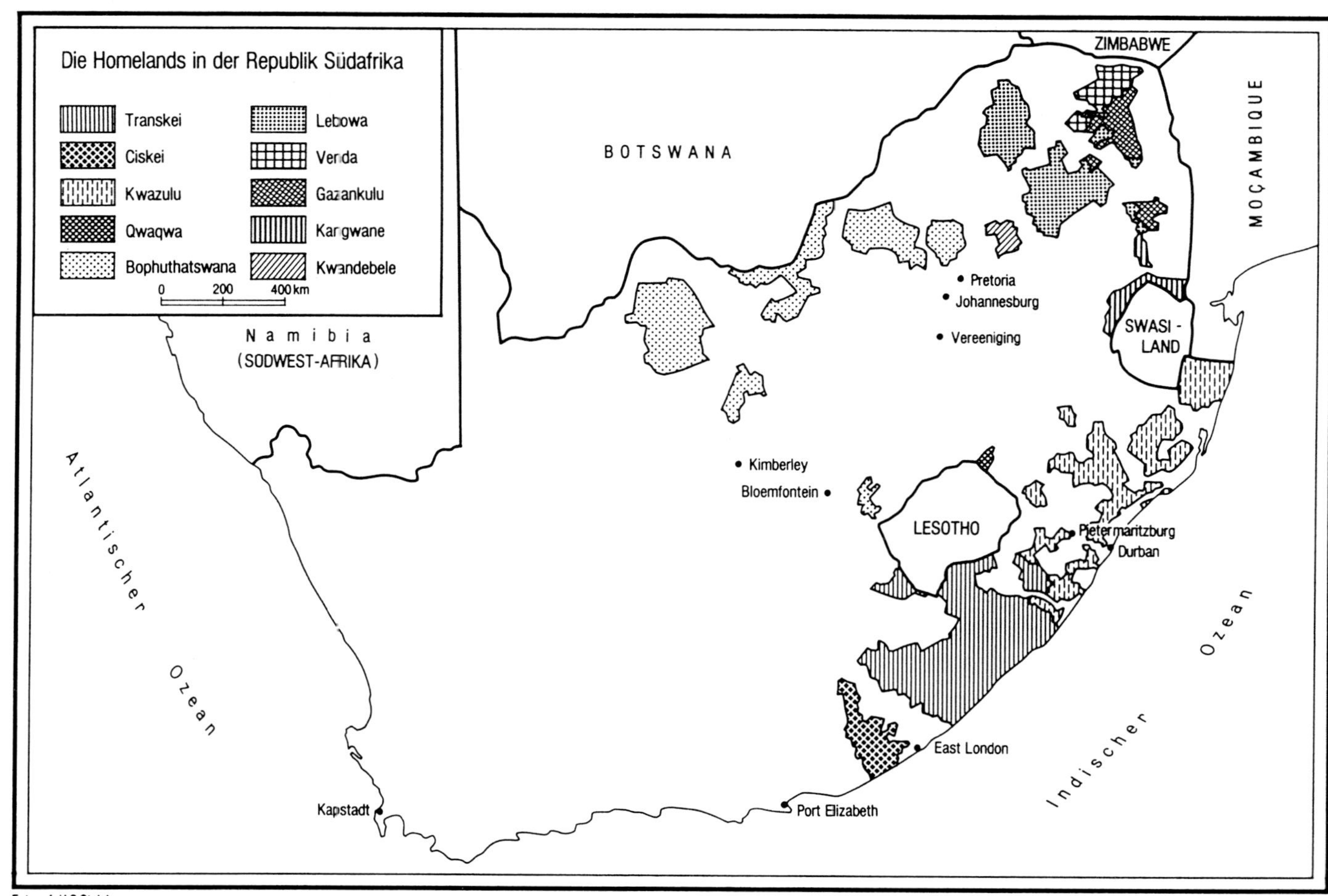

ren es 9,2 Mio. Hektar. Diese Fläche, die nur ein Dreizehntel (7,5 v.H.) der heutigen Republik ausmachte, reichte aber schon damals nicht für die Schwarzen aus. Zu einer merklichen Ausdehnung dieser "Black Areas" kam es aber erst 1936 durch Erlaß des "Bantu Trust and Land Act". Danach sollten weitere 6,2 Mio. Hektar den Bantu-Gebieten zugeschlagen werden. Das war aber nicht ohne weiteres möglich. Der größte Teil der Fläche mußte von weißen Farmern gekauft werden, die nicht in jedem Falle zur Abgabe bereit waren. Deshalb ging der Landerwerb nur langsam voran. Heute beträgt die Fläche der Homelands 15,970 Mio. ha. Das sind nur 13,0 v.H. der Republikfläche (STEINBERG 1982, S. 133 ff.). Auf dieser Fläche wurden 1980 10,8 Mio. Schwarze gezählt. Das ist fast die Hälfte (48,5 v.H.) der Schwarzen und über ein Drittel (35,0 v.H.) der gesamten Republikbevölkerung!

2. Die Bevölkerung der Homelands

Die sozio-ökonomische Struktur der Homelands ist vielfältig. Deshalb werden hier nur die Bereiche untersucht, die abhängig sind von der engen Verflechtung mit den "White Areas". Das sind u.a. die ungleiche Bevölkerungsverteilung, die besondere Form der Verstädterung in den Homelands, die Industrialisierung im sogen. "schwarz-weißen" Grenzgebiet, die beide verbindende Stellung der Pendler und die Einkommensbildung der Homeland-Bevölkerung.

Die Tabelle 1 macht die unterschiedliche Größe und die Bevölkerungszahl der Homelands deutlich. Kwazulu und die Transkei sind nicht nur die volkreichsten Homelands, sondern sie stellen mit den Zulus und den Xhosas auch die wichtigsten Stammesgruppen in der RSA. Die Zulu (5,683 Mio. oder 27,2 v.H.) und die Xhosa (5,217 Mio. oder 25,0 v.H.) stellen zusammen über die Hälfte (52,2 v.H.) der schwarzen Bevölkerung der RSA. Das ist politisch entscheidend, weil die Inkatha-Bewegung der Zulus unter G. Buthelezi eine friedliche Lösung in Südafrika anstrebt und die Herauslösung Kwazulus aus der RSA ablehnt. Die Mehrzahl der Xhosa, 2,894 Mio., lebte 1980 aber bereits in den "unabhängigen" Staaten Transkei und Ciskei. Hier hat sich die Bürokratie aber schon so verfestigt, daß die vom bisher verbotenen "African National Congress" (ANC) angestrebte Einheitsstaat-Lösung auf den Widerstand der Homeland-Funktionäre stoßen wird. Während Zulu und Xhosa in beiden Homelands fast ausschließlich die "Staatsbevölkerung" stellen, gilt das für Bophuthatswana, Kwandebele und Kangwane weniger. Hier sind, historisch bedingt, noch andere Stammesverbände beteiligt, was politisch bedeutsam werden kann. Wesentlicher als die Bevölkerungszahl ist der Bezug zur Fläche. Hier zeigt sich nun deutlich, daß unter den besonderen Bedingungen der Landesnatur und der extensiven Landnutzung Qwaqwa vollständig überlastet ist, aber auch die Ciskei, Kwazulu und Kwandebele für afrikanische Verhältnisse als gut bis stark besiedelt angesehen werden müssen. Das gilt

Tab. 1: Die Homelands in der Republik Südafrika

Homeland	Fläche in ha 1980	Bevölkerung de facto 1980	E/km²	Hauptbevölkerungsgruppe de facto 1980	Hauptbevölkerungsgruppe in v.H. an der Gesamtbevölkerung	Name
1. Kwazulu	3.015.135	3.408.200	113	3.315.960	97,29	Zulu
2. Transkei (1979)	4.355.263	2.323.650	53	2.229.782	95,96	Xhosa
3. Lebowa	2.250.262	1.739.460	77	1.406.060	80,83	Nord Sotho
4. Bophuthatswana	4.000.000	1.323.315	33	888.519	67,14	Tswana
5. Ciskei (1979)	538.575	669.340	124	664.100	99,22	Xhosa
6. Gazankulu	656.069	512.000	78	439.740	85,89	Shangaan
7. Venda	619.763	315.545	51	302.901	95,99	Vhavenda
8. Kangwane	382.268	160.600	42	123.920	77,16	Swazi
9. Qwaqwa (1981)	50.172	156.480	312	125.400	80,14	Süd Sotho
10. Kwandebele (1979)	103.113	156.260	152	87.940	56,28	Süd Ndebele
Insgesamt	15.970.620	10.764.850	67	9.584.322	89,03	

Quelle: Development Studies Southern Africa (BENSO) 1982, vol. 4, Tab. 33, S. 478. Statistical Survey of Black Development (BENSO) 1981, (Part I), Tab. 7, u. Part II, Tab. 6 u. 37.

auch für die stark reliefierte und durch Bodenerosion weithin geschädigte Transkei und Kangwane, während in Bophuthatswana der große Anteil von Trockengebieten die landwirtschaftliche Nutzung und damit die Bevölkerungsdichte einschränkt.

Die räumliche Beschränkung in den Homelands und ihre fast nur von der Landwirtschaft abhängigen Existenzgrundlagen haben schon vor dem Beginn der industriellen Verstädterung in den 1930er Jahren dazu geführt, daß Schwarze in die "White Areas" abwanderten. Die "White Areas" waren aber von Anfang an auch "Black Areas". Schon bei der ersten Zählung im Jahre 1904 war das Verhältnis Schwarze:Weiße 6:4, im Jahre 1980 7:3 (STEINBERG 1987, Tab. 1 im Anhang). Diese Schwarzen in den "White Areas" unterscheiden sich von denen in den Homelands in folgender Form:

1. Über die Hälfte der Schwarzen in den "White Areas", nämlich 5,324 Mio. (52,6 v.H.), lebte 1980 in den Städten. Die Mehrheit der schwarzen Homeland-Bevölkerung, 5,647 Mio. von 6,802 Mio. oder 83,0 v.H., waren auf dem Lande ansässig.

2. Die Mehrheit der Schwarzen in den "White Areas", 5,597 Mio. oder 55 v.H., waren Männer. In den Homelands dagegen überwog der Anteil der Frauen. Sie stellten gut über die Hälfte (54,4 v.H.) der Bevölkerung. Über die Hälfte der Männer in den "White Areas" (2,932 Mio. oder 52,4 v.H.) war in Städten ansässig. Die schwarze Stadtbevölkerung in den "White Areas" wird also mehr von Männern bestimmt.[1]

3. Die Verstädterung der Homelands

Im Unterschied zu den "White Areas" sind die Homelands bis 1980 nur gering verstädtert. Aber in der Verstädterung, die durch staatliche Stadtgründungen gefördert wird, spiegeln sich die wechselnden Zielsetzungen der "weißen" Regierungspolitik wider. Bis in die beginnenden 1960er Jahre verfügten die Homelands nur über die wenigen, aus der Kolonialzeit stammenden Städte, die in der Regel regionale Verwaltungszentren waren. Erst als die Regierung die räumliche Trennung der schwarzen von den weißen Gebieten forciert und damit eine Dezentralisierung der Wirtschaft verbinden will, kommt es zu neuen Stadtgründungen. Bis zum Jahre 1960 gab es nur drei neue Homelandstädte: Zwelitsha in der Ciskei, Umlazi in Kwazulu und Temba in Bophuthatswana. Alle drei lassen bereits die auf räumliche Trennung der Rassen und Dezentralisation gerichtete politische Zielsetzung erkennen. Bis 1980 erhöht sich die Zahl der Gründungsstädte auf 83, wobei die Transkei, für die keine Daten vorliegen, nicht berücksichtigt ist.[2] Von Bedeutung ist nun, daß die Verstädterung der Homelands ausschließlich eine Folge der auf Separierung und Dezentralisierung gerichteten Regierungspolitik ist, und "Stadt" hier im wesentlichen Neugründung von Wohn- oder Schlafstädten bedeutet. Nur in wenigen Fällen sind zentrale oder handwerklich-industrielle Einrichtungen an diese Städte gebunden. Das erklärt auch die hohe und wachsende Pendlerzahl. Verstädterung ist deshalb nicht als ein Prozeß der fortschreitenden sozialen und ökonomischen Differenzierung in den Homelands zu sehen, sondern als ein Prozeß, der das Stammes- und Großfamiliengefüge der Schwarzen zerstört, ohne daß an seine Stelle eine ihnen gemäße Lebens- und Wohnumwelt gesetzt wird. Die Öde der Homelandstädte gleicht der der Townships für Schwarze, die nach dem 2. Weltkrieg in den "weißen" Städten stark ausgebaut wurden.

Zahlenmäßig läßt sich der Verstädterungsvorgang erst seit 1970 belegen, einem Jahr, in dem die Mehrzahl der neuen Städte bereits vorhanden war. Damals lebten in den 57 Städten 0,594 Mio. Menschen, davon allein 0,201 Mio. in Kwazulu und 0,126 Mio. in Bophuthatswana. Bis 1975 erhöht sich die Städtezahl (ohne die Transkei) auf 73, die der Einwohner auf 0,941 Mio. (siehe dazu auch STEINBERG 1986). Bis 1980 steigt die Einwohnerzahl dann auf 1.313.940, die der Städte wächst auf 83 an, was wiederum in erster Linie auf die zunehmende Zahl der Städte (+ 10) - allein das Kwazulu nun zugeordnete Kwa Mashu bei Durban stellt 0,118 Mio. Einwohner - zurückzuführen ist. Weitere 60 Städte sind in Planung. Trotz der starken Zunahme der Homelandstädte darf aber nicht übersehen werden, daß es in den "White Areas" Südafrikas 1975 bereits 308 schwarze *Townships* gab, die wirtschaftlich mit einer "weißen" Stadt verbunden waren. Nur so erklärt sich die hohe Zahl schwarzer Stadtbewohner.

1) Berechnet nach: Population Census 80. Geographical Distribution of the Population. Report No. 02-80-01. Pretoria. In den Homelandzahlen sind die 1980 "unabhängigen" Staaten Bophuthatswana, Transkei und Venda nicht enthalten.

2) Berechnet nach Statistical Survey of Black Development 1981. Pretoria. Part I. Tab. 33-38. Part II. Tab. 13.15.

Bereits bei der Volkszählung 1970 zählte man 5,074 Mio. städtische Schwarze, von denen 0,594 (12,0 v.H.) in den 57 Homelandstädten und 4,480 Mio. in den Townships der "weißen" Städte lebten. Bis 1980 erhöht sich die schwarze Stadtbevölkerung in der um Bophuthatswana, die Transkei und Venda verkleinerten RSA auf 6,480 Mio., von denen 1,155 Mio. (17,8 v.H.) in den Homelandstädten und 5,325Mio. in den Townships wohnen.

Tab. 2: Der Verstädterungsgrad der Homelandbevölkerung
(Der Anteil der städtischen an der Gesamtbevölkerung in v.H.)

Homeland	1970	1973	1976	1980
Ciskei	30,44	34,11	36,58	33,60
Kwazulu	8,98	12,26	14,39	19,28
Qwaqwa	3,85	7,19	6,57	9,25
Venda	0,29	0,51	1,01	2,12
Gazankulu	1,75	2,32	3,12	2,84
Kangwane	3,81	11,09	17,00	31,59
Transkei	3,24	---	---	---
Bophuthatswana	13,45	19,87	22,51	16,01
Lebowa	6,70	7,59	8,43	6,81
Kwandebele	---	---	---	9,68

Berechnet nach:
Statistical Survey of Black Development (BENSO) 1978 (Tab. 4-7 und 14) und 1981, Part I, Tab. (33-39), Tab. 7, 1981, Part II, Tab. 13-16, Tab. 6
Development Studies Southern Africa 1982, Vol. 4, Tab. 12, S. 460.

Stärker als die Zahl der Städte und ihre Einwohnerzahl verdeutlicht der *Verstädterungsgrad* das Gewicht der Neugründungen. Einen höheren städtischen Bevölkerungsanteil weisen 1980 die Ciskei, Kangwane, Kwazulu und Bophuthatswana auf. Während die Ciskei schon 1970 über einen Anteil von drei Zehntel verfügte, der bis 1980 nur leicht gesteigert wurde, erfolgt der starke Anstieg in Bophuthatswana bei gleicher, in Kwazulu bei wachsender Städtezahl. Für alle drei Homelands gilt, daß die Mehrzahl der Städte und damit ihre Einwohner im "Grenzbereich" von weißen Industriestädten liegen. Das gilt auch für Kangwane, dessen wachsender Verstädterungsgrad auf die neuen Städte im Nahbereich von Nelspruit zurückzuführen ist. Demgegenüber bleiben die "zentrenfernen" Homelands Qwaqwa, Venda und Gazankulu zurück. Lebowa mit seinen Städten nimmt hier eine Mittlerstellung ein. Der relative Rückgang des Verstädterungsgrades von 1976 bis 1980 in der Ciskei, in Gazankulu, Bophuthatswana und Lebowa wird durch das stärkere Wachstum der ländlichen Bevölkerung bedingt.

Was allgemein für die Homelands und ihre Distrikte gilt - je näher sie an "weißen" Grenzstädten liegen, umso stärker ist der Verstädterungsgrad - hat auch Gültigkeit für die Einzelstadt. In Bophuthatswana sind es besonders die größten Städte wie Ga-Rankuwa 41.600 E. (1970), 48.253 E. (1980) und Mabopane 21.500 E. (1970), 48.596 E. (1980) oder Mothutlung 1.360 E. (1971), 6.174 E. (1980), die am schnellsten wachsen, und die besonders eng mit Groß-Pretoria oder Rustenburg verbunden sind (siehe Tab. 2). Wachstum und Größe der Einzelstadt schienen im mittelbaren Zusammenhang mit dem potentiellen Arbeitsplatzangebot in den "weißen" Grenzindustriestädten zu stehen. Die größere Städtezahl Kwazulus stützt diese Vermutung. Nach der Größe stuften sich hier die Homelandstädte 1980 in folgender Form ab: Umlazi (190.120 E.), Kwa Mashu (117.680 E.), Madadeni (60.940 E.), Osizweni (55.840 E.) bei Newcastle und Mpumalanga (50.660 E.). Die Reihe ließe sich fortsetzen. Indirekt spiegelt sich das ökonomische Gewicht der "weißen" Grenzstadt und ihr Arbeitsplatzangebot in den ihr zugeordneten schwarzen Homelandstädten wider.

In engem Zusammenhang mit der Bevölkerungsentwicklung stehen die von staatlichen Stellen zur Verfügung gestellten *Wohneinheiten*, die zum überwiegenden Teil aus genormten einfachen Häusern bestehen. Aus der Fülle des erhobenen Zahlenmaterials soll nur auf die sogenannten *Belegungsziffern*, d.h. die Personenzahl je Wohneinheit, eingegangen werden. Einschränkend muß hier angemerkt werden, daß die Belegungszahlen nicht voll die tatsächlichen Verhältnisse widerspiegeln, weil es in einzelnen Städten, besonders den großstadtnahen, neben den Standardhäusern auch sogen. *Hostels* gibt. Hier handelt es sich um kasernenartige Unterkünfte für Alleinstehende, besonders junge Männer. Trotz dieser Einschränkungen vermitteln nach meinen Überprüfungen in den einzelnen Homelandstädten die Belegungsziffern ein angemessenes Bild der tatsächlichen Verhältnisse. Generell gilt, daß die Belegung dieser Häuser, die zwischen 30 m² und 70 m² groß sind, von 1970 bis 1977 stark angestiegen ist: Von 6,62 auf 8,80 Personen. Das ist eine Familie mit vier bis sechs Kindern, bei weniger Kindern mit anderen Familienangehörigen oder auch Fremden. Wahrscheinlich ist die Belegung im Durchschnitt noch viel höher, weil in allen Homelandstädten, wie auch in den schwarzen Townships der "weißen" Städte, mit einem erheblichen Anteil von ungemeldeten Personen gerechnet werden muß. Deshalb muß auch die rückläufige Entwicklung 1980/81 skeptisch beurteilt werden, auch wenn zweifellos gerade in den Jahren nach 1977

Tab. 3: Die Belegungsziffern in den Homelandstädten der Rep. Südafrika von 1970-1981

(Personen je Wohn- (Haus-) einheit)

Homeland	1970	1971	1972	1973	1974	1975	1976	1977	1980	1981
Ciskei	6,96	6,43	6,25	6,68	6,83	7,24	7,45	7,04	8,24	8,60
Kwazulu	6,29	6,68	7,02	6,88	7,21	7,28	7,65	10,17	7,65	8,36
Qwaqwa	3,01	2,82	4,02	5,57	7,26	5,29	4,37	4,17	4,08	4,75
Lebowa	7,20	6,77	6,90	7,10	7,06	7,06	7,22	8,22	6,32	7,03
Venda	5,41	4,39	4,67	3,75	5,10	5,87	6,94	6,31	6,01	7,93
Gazankulu	5,85	5,20	5,38	5,56	5,62	5,73	5,43	5,55	6,64	5,44
Kangwane	6,36	7,56	5,16	4,93	5,24	5,73	6,30	5,24	6,27	7,46
Kwandebele	--	--	--	--	--	--	1,93	2,00	3,13	4,14
Subtotal	6,60	6,58	6,70	6,74	6,97	7,11	7,23	8,77	6,04	6,71
Transkei	--	--	--	5,58	8,39	9,34	--	--	--	--
Bophuthatswana	6,68	6,78	6,93	7,51	8,01	8,03	8,38	8,92	5,49	5,64
Total	6,62	6,63	6,73	6,92	7,26	7,39	7,50	8,80	5,77	6,18

Berechnet nach:
Statistical Survey of Black Development (BENSO) 1978, Tab. 4-7 und 15, und 1981, Part I, Tab. 33-39 und Part II, Tab. 13-16.

in großem Umfang neuer Wohnraum geschaffen wurde. Die steigende Tendenz der Belegungsziffer gilt besonders für die den weißen Wirtschaftszentren nahegelegenen Homelands, ganz besonders für Kwazulu. Hier können höhere Anteile von Unterkünften in Hostels eine Rolle spielen, wie z.B. in Madadeni bei Newcastle oder Umlazi bei Durban, aber auch der Zuwanderungsdruck, weniger wohl die natürliche Bevölkerungszunahme. Städte ohne Hostels, aber in Verkehrsnähe von "weißen" Grenzstädten, lassen das vermuten, z.B. Mabopane bei Pretoria-Rosslyn. Dieser gesamte, besonders regional recht unterschiedlich zu beurteilende Fragenkreis bedarf noch der Klärung. Auf jeden Fall bestehen enge Zusammenhänge zwischen der Bevölkerungsentwicklung und dem Bau von Häusern. Die Anwartslisten der Bantuverwaltung für die Städte sind besonders in den grenznahen Städten sehr groß. Beachtet werden muß hier aber auch der Druck aus den *Squattersiedlungen*. Hierüber sind kaum verläßliche Angaben zu erhalten. Nach meinen Beobachtungen, besonders in den Großräumen Durban, East London und Pretoria, ist die hier unter primitivsten Verhältnissen lebende Bevölkerung möglicherweise ähnlich groß wie in den Homelandstädten. Sie müßte eigentlich, da sie ja arbeitsplatzmäßig auch auf die "weißen" Städte bezogen ist, der Homeland-Stadtbevölkerung zugerechnet werden. Das S.A. Institute of Race Relation schätzt für 1977 allein für die Squattersiedlung Winterveld bei Mabopane in Bophuthatswana eine Einwohnerzahl von 350.000 (SURVEY OF RACE RELATIONS 1978, S. 420).[3]

4. Die Dezentralisierungspolitik der Regierung

Die unterschiedliche Verstädterung der Homelands erklärt sich zwar in erster Linie durch die Lage der einzelnen Homeland-Distrikte zu den wirtschaftlichen Aktivräumen der RSA; von gleichrangiger Bedeutung sind aber auch die raumwirksamen Maßnahmen der Regierungspolitik gewesen. Bis zum Ende der 40er Jahre ging man von der gewachsenen Raumstruktur aus. Die "weißen" Städte waren Dienstleistungszentren, die sich seit Mitte der 30er Jahre langsam industrialisiert hatten. Die schwarzen Arbeitskräfte pendelten entweder aus den späteren Homelands aus oder wurden in den entstehenden Townships am Rande der Städte untergebracht. Vielfach entstanden weitflächige Squattersiedlungen. Mit den 50er Jahren beginnt dann unter dem Eindruck der fortschreitenden Konzentration der Wirtschaft auf wenige Verdichtungsräume, besonders den Pretoria-Witwatersrand-Vereeniging-Komplex (PWV-Komplex), die *erste Phase der Dezentralisierungspolitik*. Sie ist darauf

3) Survey of race relations in South Africa 1978 (1979). Johannesburg.

Tab. 4: Durch die Industrial Development Corporation geförderte Industriestandorte in Homelands und White Border Areas 1977

Standorte in Homelands	Schwarze Beschäftigte	Standorte in White Border Areas	Schwarze Beschäftigte
Ciskei			12.010
Dimbaza	..	East London	6.326
Sada	..	King William's Town	3.909
		Queenstown/Berlin u.a.	1.775
Kwazulu			25.794
Isithebe	1.158	Hammardsdale (Elangeni)	6.187
		Richard's Bay	1.494
		Pietermaritzburg	3.680
		Stanger	86
		Newcastle/Ladysmith/Colenso u.a.	14.347
Qwaqwa			782
Witzieshoek	..	Bethlehem	367
		Harrismith	415
Lebowa			4.847
Seshego	..		
Lebowakgomo	..	Phalaborwa	1.451
		Pietersburg	2.059
		Potgietersrus u.a.	1.337
Venda			
Sibasa	..	Louis Trichardt	365
Gazankulu			
Letaba	78		
Nkowakowa	..	Tzaneen	3.844
Kangwane			938
		Malelane	50
		Nelspruit	361
		Andere Standorte	527
Transkei			
Butterworth/Umtata u.a.	6.918	Zastron	10
Bophuthatswana			14.926
Babelegi	7.859	Brits	5.152
Montshiwa	..	Lichtenburg	758
Selosesha	..	Rosslynn	6.341
		Rustenburg	1.784
		Zeerust/Mafeking u.a.	891

.. keine Angaben
Quelle: Statistical Survey of Black Development (BENSO) 1978, Tab. 44 u. 47 sowie eigene Erhebungen.

gerichtet, in unmittelbarer Nähe der Homelands sogen. Grenzindustriegebiete anzulegen. Rosslyn bei Pretoria ist hier das beste Beispiel. Die *zweite Phase* setzt 1967 mit dem Erlaß des "Physical Planning Act" ein. Er sah vor, daß zusätzliche Wachstumszentren in den bereits bestehenden städtisch-industriellen Gebieten ausgewiesen werden sollten. Pietersburg, Potgietersrus, Rustenburg, Brits, King William's Town, Richard's Bay und andere sind hierfür Beispiele. Verbunden war damit die Absicht, die Zunahme der schwarzen Wohnbevölkerung in den "White Areas" einzuschränken, indem man den Bau und Ausbau der neuen Städte in den Grenzbereichen der Homelands förderte. Die Folge war ein starker Anstieg der Anzahl an Pendlern, die in den Homelandstädten wohnten und in den "weißen" Städten arbeiteten. Unter dem Druck der schnell wachsenden Bevölkerung wurde schon 1969 eine *dritte Dezentralisierungsphase* eingeleitet, die die stärkere Industrialisierung der Homelands vorsieht. Beispiele sind Seshego, Letaba, Babelegie und andere. Welche regionalpolitischen Ziele hier verfolgt werden, läßt sich aus dem Vergleich der von der Industrial Development Corporation geförderten Industriestandorte erkennen (vgl. Tab. 4). Wenn auch die Angaben unvollständig sind, so läßt sich doch für 1977 eindeutig feststellen, daß die überwiegende Zahl der geförderten Arbeitsplätze nicht in den Homelands, sondern in den weißen Grenzindustriegebieten lag. Die Zahl der geförderten Arbeitsplätze in den White Border Areas beträgt 63.516, die in den Homelands nur 16.013. Acht Zehntel dieser geförderten Arbeitsplätze liegen also im weißen Gebiet. Bedacht werden muß aber auch, daß sich die 16.013 Arbeitsplätze auf ganz wenige Standorte in den Homelands konzentrieren: Babelegi in Bophuthatswana mit rd. 7.900 Arbeitsplätzen, Butterworth und Umtata in der Transkei mit rd. 7.000 und Isithebe

Tab. 5: Die Entwicklung des Pendlerverkehrs zwischen den "weißen" Städten und den Homelands von 1970 bis 1981

Homeland	Die Anzahl der Pendler				Die Veränderung der Pendlerzahlen			
	1970	1974	1976	1981	1970-1974	1974-1976	1976-1981	1970-1981
Transkei	3.400	4.000	6.400	9.100	+ 600	+ 2.400	+ 2.700	+ 5.100
Ciskei	40.000	53.000	43.500	38.400	+ 13.000	- 9.500	- 5.100	- 1.600
Kwazulu	127.000	180.000	281.800	384.200	+ 53.000	+ 101.800	+ 102.400	+ 257.200
Qwaqwa	1.000	1.200	1.800	9.500	+ 200	+ 600	+ 7.700	+ 8.500
Bophuthatswana	84.000	104.000	144.800	162.200	+ 20.000	+ 40.800	+ 17.400	+ 78.200
Lebowa	26.000	32.300	38.100	72.200	+ 6.300	+ 5.800	+ 34.100	+ 46.200
Venda	3.000	3.500	2.700	5.700	+ 500	- 800	+ 3.000	+ 2.700
Gazankulu	3.400	4.000	6.400	9.700	+ 600	+ 2.400	+ 3.300	+ 6.300
Swazi/Kangwane	3.000	3.500	15.100	40.000	+ 500	+ 11.600	+ 24.900	+ 37.000
Kwandebele	---	---	---	8.700	---	---	---	(+ 8.700)
Total	290.800	385.500	540.600	739.700	+ 94.700	+ 155.100	+ 199.100	+ 448.900

Quelle: Black Development in South Africa. Pretoria 1976, Table 8.9.16
Statistical Survey of Black Development (BENSO), 1978, Table 51 und 1981, Part I, Table 25, Part II, Tabelle 10, Pretoria

mit gut 1.000 in Kwazulu. Der Rest verteilt sich auf kleinere Standorte. Vergleicht man ihre Zahl mit der der neuen Homelandstädte, dann ergibt sich (ohne die Transkei) folgender Befund: Von 81 Homelandstädten im Jahre 1977 waren nur 10 auch als Industrie- oder einfach als Arbeitsstandorte vorgesehen.

5. Die Entwicklung des Pendlerverkehrs

Die Industriebeschäftigtenzahlen ließen erkennen, wie gering die Beschäftigungsmöglichkeiten in den Homelands sind. Sie und die Regierungspolitik haben bewirkt, daß die Pendlerzahl aller Homelands sprunghaft anstieg, allein von 1970 bis 1981 von 290.800 auf 739.700 (vgl. Tab. 5).

Die Gesamtsumme und die Entwicklung der Anzahl der Pendler sind in den einzelnen Homelands recht unterschiedlich. Das wird nicht allein von der Volkszahl und dem davon abhängigen Arbeitskräftepotential bestimmt, ausschlaggebender ist die Nähe und die Erreichbarkeit der "weißen" Industrie- und Dienstleistungszentren. Aus Kwazulu und Bophuthatswana kommen auf Grund der Lage zum Pretoria-Witwatersrand-Vereeniging-Komplex (PWV-Komplex) und zur Stadtregion Durban die meisten Pendler (1981: 73,9 v.H.). Kwazulu (51,9 v.H.) und Bophuthatswana (22,0 v.H.) stellen aber auch den überwältigenden Anteil des Zuwachses in den elf Jahren (74,7 v.H.). Trotz dieser hohen Pendlerzahlen weist Kwazulu aber auch noch eine beachtliche Zahl von Wanderarbeitern (1979: 300.000) auf, die vorwiegend im PWV-Komplex als Minenarbeiter tätig sind. Das gilt auch für Bophuthatswana (177.000), weniger für die Ciskei (47.000). In allen anderen Homelands überwiegen die Wanderarbeiter. In Lebowa z.B. standen (1979) 57.900 Pendler 139.000 Wanderarbeitern gegenüber.[4] Hier zeigt sich deutlich, wie die "Erreichbarkeit" der "weißen" Städte entscheidend für das Ausmaß und die Entwicklung des Pendlerwesens ist. Lebowa ist ein gutes Beispiel dafür, daß der Einpendlerbereich der "weißen" Städte eigentlich die Homelands nur randlich da erreicht, wo Wohnstädte für die Schwarzen errichtet wurden, und schwarz-weiße Städtepaare entstanden. Auf sie konzentrieren sich die Pendler (1981): Seshego-Pietersburg 25.700, Makhwelereng-Potgietersrus 9.300, Namakgale-Phalaborwa 8.900 und Lenyeenyee-Tzaneen 5.400. Damit stellen diese vier Städtepaare 49.300 oder 68,3 v.H. aller Pendler in diesem Homeland. Die überwiegende Mehrzahl der Stadtpendler benutzt die öffentlichen Busse, näm-

4) Alle Angaben über Wanderarbeiter aus: Statistical Survey of Black Development (BENSO) 1980. Tab. 18.

lich 38.700 (70,1 v.H.) von den 55.200 (vgl. Tab. 6). Auch in den anderen Homelands ist der Bus das wichtigste *Transportmittel* für die Pendler, so z.B. in Qwaqwa von Tshiya/Phuthaditjhaba zum 42 km entfernten Harrismith. Das gilt auch für Kangwane, wo die Masse der Pendler ebenfalls aus den grenznahen neuen Städten Kanyamanzane und Pienaar (1981: 13.900) nach Nelspruit und von Kabokweni (5.700) nach Witrivier kommt. Kangwane ist aber auch ein Beispiel dafür, wie schnell sich bei zunehmender Verkehrserschließung die Pendlerzahlen erhöhen können (1970: 3.000, 1981: 40.000). Es muß immer wieder betont werden, daß diese Zahlen natürlich mit Vorsicht betrachtet werden müssen, da es sich vielfach um Schätzungen handelt. Ein besonderes Problem sind die "übrigen" Pendler. Sie sind kaum richtig zu erfassen, da viele Schwarze im Nahbereich der Städte, das bedeutet in Südafrika 8-12 km, oft zu Fuß gehen. Aber auch die Arbeitskräfte müssen beachtet werden, die von ihren Firmen mit dem Lastwagen abgeholt werden. Dazu kommen die zumeist total überfüllten pirate taxis, die den Bussen Konkurrenz machen, und in zunehmendem Maße auch Fahrradfahrer. Die Eisenbahn spielt eine auffallend geringe Rolle. Nur in Kwazulu, in Bophuthatswana und der Ciskei hat sie eine, wenn auch momentan rückläufige Bedeutung. Die Eisenbahn bietet dem Pendler nur dort einen Vorteil, wo sie eine direkte Verbindung zwischen den Stadtzentren und den Homelandstädten herstellt. Direkt bedeutet dies, daß der Schwarze weder einen langen Fußmarsch zur Homelandstation, noch vom Bahnhof der "weißen" Stadt zum Arbeitsplatz hat oder, was in Pretoria, Durban oder East London der Fall ist, den Stadtbus benutzen muß. Nicht die Zeit und den Weg scheuen die schwarzen Pendler, sondern die doppelten oder dreifachen Kosten, wie ich es in vielen Homelandstädten feststellen konnte. Die wirtschaftliche Bedeutung der Pendler kann nicht hoch genug eingeschätzt werden, da es in den Homelands selbst nur geringe Verdienstmöglichkeiten gibt. Das wird deutlich durch einen Vergleich der Pendler-Einkommen mit denen der anderen Bevölkerungsgruppen (vgl. Tab. 7). Leider steht kein neueres Zahlenmaterial zur Verfügung. Der Befund gilt sicher auch für die spätere Zeit, das umso mehr, hat doch die Zahl der Pendler zugenommen.

Tab. 6: Die Zahl der Pendler nach Homeland und Verkehrsmittel 1981

	Transportmittel in die "weißen" Städte										
	Bus		Eisenbahn		übrige[1]		Stadtpendler		"Ländliche" Pendler	Pendler insgesamt	Anteil a.d. Gesamtzahl d. Pendler in v.H.
Homeland	Anzahl d. Pendler	v.H.	Anzahl d. Pendler	v.H.	Anzahl d. Pendler	v.H.	insgesamt	v.H.			
Kwazulu	205.300	65,9	60.000	19,3	46.100	14,8	311.400	100,0	72.800	384.200	51,9
Qwaqwa	8.900	93,7	--	--	600	6,3	9.500	100,0	--	9.500	1,3
Lebowa	38.700	70,1	1.200	2,2	15.300	27,7	55.200	100,0	17.000	72.200	9,8
Gazankulu	4.400	77,2	--	--	1.300	22,8	5.700	100,0	4.000	9.700	1,3
Kangwane	22.000	84,0	--	--	4.200	16,0	26.200	100,0	13.800	40.000	5,4
Kwandebele	7.300	94,8	--	--	400	5,2	7.700	100,0	1.000	8.700	1,2
Insgesamt	286.600	69,0	61.200	14,7	67.900	16,3	415.700	100,0	108.600	524.300	70,9
"Unabhängige" Homelands											
Transkei	5.900	70,2	--	--	2.500	29,8	8.400	100,0	700	9.100	1,2
Bophuthatswana	114.900	78,9	18.400	12,6	12.300	8,5	145.600	100,0	16.600	162.200	21,9
Venda	3.100	70,5	--	--	1.300	29,5	4.400	100,0	1.300	5.700	0,8
Ciskei	27.100	70,6	3.000	7,8	8.300	21,6	38.400	100,0	--	38.400	5,2
Insgesamt	151.000	76,7	21.400	10,9	24.400	12,4	196.800	100,0	18.600	215.400	29,1
Total	437.600	71,4	82.600	13,5	92.300	15,1	612.500	100,0	127.200	739.700	100,0

Quelle: Statistical Survey of Black Development (BENSO), 1981, Part I, Tab. 25, Pretoria 1982

[1] Die Benutzer von Fahrrädern, Taxis, pirate taxis (sogen. "wilden" unlizensierten Taxis), eigenen Fahrzeugen, Lastwagen und Fußgänger

Tab. 7: Bruttonationaleinkommen in den Homelands 1977

(in Mio. Rand)

Homeland	Das Einkommen wurde erzielt im Homeland Mio. R	v.H.	durch Pendler Mio. R	v.H.	durch Wanderarbeiter Mio. R	v.H.	insgesamt Mio. R	v.H.
1. Transkei	251,7	31,6	10,5	1,3	534,1	67,1	796,3	100,0
2. Bophuthatswana	164,3	33,8	251,2	51,8	70,1	14,4	485,6	100,0
3. Kwazulu	242,8	20,3	538,2	45,1	413,5	34,6	1.194,5	100,0
4. Lebowa	94,5	19,8	89,5	18,8	292,3	61,4	476,3	100,0
5. Ciskei	57,5	34,7	67,0	40,5	41,1	24,8	165,6	100,0
6. Gazankulu	27,3	19,4	11,6	8,3	101,5	72,3	140,4	100,0
7. Venda	29,6	25,1	5,3	4,5	83,2	70,4	118,1	100,0
8. Kangwane	12,0	20,8	33,5	58,1	12,2	21,1	57,7	100,0
9. Qwaqwa	11,2	34,5	2,6	8,0	18,7	57,5	32,5	100,0
Insgesamt	890,9	25,7	1.009,4	10,3	1.566,7	54,7	3.467,0	100,0

Berechnet nach Statistical Survey of Black Development (BENSO) 1980. Tab. 52,57 und Eigenerhebungen

Der geringste Teil des *Bruttonationaleinkommens* wird in den Homelands selbst erzielt. Er schwankt zwischen einem Fünftel in Kwazulu, Lebowa, Gazankulu und Kangwane und einem Drittel in Bophuthatswana, der Ciskei und Qwaqwa. Das ist im Grunde genommen schon eine Bestätigung dafür, daß die Homelands wirtschaftlich eben nicht gleichwertige Partner des "weißen" Südafrikas sind. Sie stellen vielmehr das Heer der in den "White Areas" gebrauchten Arbeitskräfte. Gleichzeitig sind sie das Wohngebiet für die ökonomisch nicht aktive oder aktivierbare Bevölkerung. Drei Viertel (Transkei) bis neun Zehntel (Gazankulu) der Bevölkerung sind nicht erwerbstätig, aber auch von der im erwerbstätigen Alter stehenden Bevölkerung sind nur ein Fünftel (Gazankulu) bis zur Hälfte (Transkei) erwerbstätig, die Mehrheit in der Landwirtschaft.[5] Die überwiegende Mehrzahl der Nichterwerbstätigen sind Kinder unter 15 Jahren - sie stellen die Hälfte der Homelandbevölkerung - , und bei denen im erwerbsfähigen Alter überwiegen die Frauen. Sie stellen im Durchschnitt aller Homelands sechs Zehntel des Arbeitskräftepotentials.

6. Die Wanderarbeiter

Verantwortlich dafür sind die *Wanderarbeiter*, weniger die in die "White Areas" abgezogenen Homelandbürger. Die Wanderarbeiter ähneln den Gastarbeitern in Mitteleuropa. Die höchsten Wanderarbeiteranteile werden in den Homelands erzielt, die nicht im Verkehrsnahbereich der wirtschaftlichen Kernräume der RSA liegen (vgl. Tab. 8). Das gilt besonders für die Transkei, Lebowa, Gazankulu, Venda und Qwaqwa, deren Bruttonationaleinkommen zur Hälfte und mehr von den Wanderarbeitern gestellt wird. Eine Ausnahme ist scheinbar Kwandebele, das 1977 verkehrsmäßig noch unzureichend mit dem Pretoria-Witwatersrand-Vaal-Triangle-Complex verbunden war. Bophuthatswana, Kwazulu, Kangwane und die Ciskei weisen wegen ihrer Nähe zu den Verdichtungsräumen oder Grenzindustriestandorten höhere Pendler- und entsprechende Einkommensanteile auf.

7. Die Landwirtschaft in den Homelands

In den Homelands ist die Landwirtschaft noch immer der wichtigste Erwerbszweig. Sie wird vorwiegend von den Frauen, den Alten und den Kindern betrieben und ist, trotz der zahlreichen und kostspieligen Entwicklungsprojekte, nicht wesentlich über den Stand einer Subsistenz-Wirtschaft hinausgekommen. Die Produktion orientiert sich fast ausschließlich am Eigenbedarf. Der Mais, das Hauptnahrungsmittel der Schwarzen, beherrscht weithin als Monokultur den Trockenfeldbau ohne Rücksicht auf Relief und Bodenverhältnisse. In stärker reliefierten Räumen hat die Bodenerosion große Anbauflächen schon zerstört. Die landwirtschaftliche Produktivität wird vielerorts durch ungenügende Bodenbearbeitung, fehlende Düngung, schlechtes Saatgut, die immer wieder auftretende Dürre und Insektenbefall beeinträchtigt. Das größte Hemmnis ist aber die unzureichende

5) Berechnet nach Statistical Survey of Black Development (BENSO) 1981. Part II, Tab. 6 u. 7 und eigene Erhebungen.

Tab. 8: Pendler und Wanderarbeiter in den Homelands 1977

Homeland	Pendler		Wanderarbeiter		Insgesamt	
	abs.	v.H.	abs.	v.H.	abs.	v.H.
1. Transkei	7.100	2,6	263.000	97,4	270.100	100,0
2. Bophuthatswana	154.500	46,3	179.000	53,7	333.500	100,0
3. Kwazulu	352.300	53,6	305.000	46,4	657.300	100,0
4. Lebowa	46.600	25,0	140.000	75,0	186.600	100,0
5. Ciskei	34.600	42,4	47.000	57,6	81.600	100,0
6. Gazankulu	6.300	13,9	39.000	86,1	45.300	100,0
7. Venda	4.500	14,8	26.000	85,2	30.500	100,0
8. Kangwane	25.200	46,5	29.000	53,5	54.200	100,0
9. Qwaqwa	2.100	4,7	43.000	95,3	45.100	100,0
10. Kwandebele	1.100	4,4	24.000	95,6	25.100	100,0
Insgesamt	634.300	36,7	1.095.000	63,3	1.729.300	100,0

Quelle: Siehe Tabelle 7 (BENSO) 1980. Tab. 17 und 18

Motivation der ländlichen Bevölkerung, die nicht allein eine Folge des noch immer bestimmenden traditionell-tribalen Gesellschaftssystems in den Homelands ist, sondern zusätzlich gestützt wird durch die Einkommen der Pendler und der Wanderarbeiter.

Die Landwirtschaft der Homelands wird aber nicht allein von den ungenügenden Anbaubedingungen bestimmt. Gleichbedeutend sind die scheinbar unlösbaren Probleme der *Großviehzucht*. Nicht die Qualität, sondern die Zahl der Rinder gilt bei den Schwarzen als Maß für den Reichtum einer Familie. Der Kaufpreis für eine Braut z.B. wird in Rindern entrichtet. Es ist deshalb verständlich, daß die Rinderhaltung in fast allen Homelands erheblich über die Belastbarkeit der Weiden hinausgeht. Die Überstokkung führt nun nicht nur zu einer Verschlechterung des Weidelandes, sie fördert überdies die Bodenerosion. Aber nicht allein von der zunehmenden Rinderhaltung droht der Landwirtschaft in den Homelands Gefahr, viel entscheidender und auf lange Sicht aussichtsloser ist, daß dort, wo die Weidemöglichkeiten für Rindvieh eingeschränkt oder zunichte gemacht worden sind, an ihre Stelle die genügsamere Ziege und der Esel tritt.

Es ist hier nicht möglich, die im Agrargefüge angelegten Schwächen breiter auszuführen. Festzuhalten bleibt aber, daß es gerade die genannten Schwierigkeiten sind, die nicht nur eine wirtschaftliche Gesundung der Landwirtschaft in den Homelands verhindern, sie sind es auch, die die Abwanderung der Männer im arbeitsfähigen Alter fördern. Nicht die Industrialisierung, so notwendig sie für die schnell wachsende Bevölkerung in den Homelands ist, sondern die grundlegende Veränderung der Agrarstruktur ist hier, wie in vielen Entwicklungsländern, die wichtigste Voraussetzung für eine Gesundung. Sie kann aber nur gelingen, wenn die Betroffenen diese Zielvorstellung auch bejahen. Die weitere Entwicklung der Landwirtschaft und der davon abhängigen Bevölkerung entscheidet über die wirtschaftliche Zukunft dieser Gebiete, unabhängig davon, ob die Homelands "unabhängige" Staaten werden oder Teil der Republik Südafrika bleiben. Auch unter einer schwarzen Mehrheitsregierung müssen die hier angedeuteten Probleme gelöst werden.

Zum Schluß stellt sich die Frage: Was wird aus den Homelands in der Zukunft? Sicher läßt sich auf diese einfache Frage keine eindeutige Antwort geben. Mit einiger Sicherheit läßt sich aber doch folgendes sagen:

1. Das starke Wachstum der schwarzen Bevölkerung in der Republik Südafrika wird sich beschleunigt fortsetzen, in den Homelands mehr als in den "White Areas", wie es die bisherige Entwicklung zeigt. Das bedeutet, daß die Zahl der Arbeitsuchenden aus den Homelands, ihre Zahl wird gegenwärtig im Durchschnitt auf 100.000 pro Jahr geschätzt, erheblich zunehmen wird.

2. Die wirtschaftliche Rückständigkeit der Homelands treibt von Jahr zu Jahr eine wachsende Zahl von Arbeitsuchenden in die Städte der "White Areas". Die hier ansässige Industrie

ist aber ebenso nur in begrenztem Umfang in der Lage, Arbeitsuchende aufzunehmen wie die Dienstleistungen. Die zunehmende Isolierung der Republik Südafrika wirkt sich schon heute auf den Arbeitsmarkt aus und wird sich noch verstärken. Dazu kommt die schon länger anhaltende Rezession in Verbindung mit einer starken Inflation, die zusätzlich die wirtschaftliche Lage der Schwarzen und hier besonders die in den Homelands verschlechtert.

3. Isolation, Rezession und Inflation verhinderten bisher die notwendige Dezentralisation der Wirtschaft. Nur sie ist der Hebel, um die regionale Ungleichheit zwischen den Homelands und dem "weißen" Südafrika langsam abzubauen.

4. Die wirtschaftliche Gesundung muß aber auch in den Homelands selbst beginnen. Eine grundlegende Veränderung der Agrarstruktur ist hier von wahrhaftig lebensentscheidender Bedeutung. Sie ist der eigentliche Schlüssel für die zukünftige Entwicklung.

Die immer wieder von den schwarzen Homelandvertretern geforderte Vergrößerung und Arrondierung der Homelands ist notwendig und richtig, tritt aber heute hinter die wirtschaftlichen Probleme der einfachen schwarzen Menschen ebenso zurück wie die berechtigte Forderung der Schwarzen nach einer vollen Beteiligung an der politischen Willensbildung. Unabhängig von der politischen Entwicklung werden die heutigen Homelands immer Problemgebiete bleiben, wenn nicht im Denken und Handeln der hier lebenden Menschen sich ein grundlegender Wandel vollzieht.

8. Literatur

STEINBERG, H.G. (1982): Die sozio-ökonomische Entwicklung der Republik Südafrika. Teil I: Die Entwicklung bis 1914. Düsseldorfer Geographische Schriften, Heft 21.

STEINBERG, H.G. (1986): Die Verstädterung der Republik Südafrika. In: Mitteilungen der Geographischen Gesellschaft in Hamburg, Bd. 76, S. 135 ff.

STEINBERG, H.G. (1987): Die sozio-ökonomische Entwicklung der Republik Südafrika. Teil II: Die Entwicklung von 1914 bis 1980. Düsseldorfer Geographische Schriften.

Anschrift des Verfassers:

Prof. Dr. Günter Steinberg
Universität Düsseldorf
Geographisches Institut
Universitätsstraße 1
D - 4000 Düsseldorf 1

Aus:

Ekkehart Köhler und Norbert Wein (Hrsg.):

NATUR- UND KULTURRÄUME.
Ludwig Hempel zum 65. Geburtstag.

Paderborn: Ferdinand Schöningh 1987.
= Münstersche Geographische Arbeiten 27.

Norbert Wein

Das Erosionsschutz-Anbausystem in Kasachstan

1. Vorwort

Die folgenden Ausführungen zeigen, wie durch die Einführung eines neuen Anbausystems die landwirtschaftliche Situation in der jahrelang von Mißernten geplagten Neulandregion Kasachstans stabilisiert werden konnte. Diese Untersuchungen sollten eigentlich ergänzt werden durch Feldstudien in Kasachstan selber (am Forschungsinstitut für Getreidewirtschaft in Shortandy bei Zelinograd). Eine entsprechende von der DFG organisierte und geförderte Studienreise führte 1984 jedoch nur bis nach Moskau, wo man dem Verf. erklärte, daß das kasachische Landwirtschaftsministerium die Weiterreise ohne Angabe von Gründen nicht genehmige. Stattdessen erhielt der Verf. die Gelegenheit, im Institut für Bodenkunde (Abt. Bodenerosion) des sowjetischen Wissenschaftszentrums Puschtschino an der Oka mit Experten über die Problematik zu diskutieren.

2. Das Problem der Winderosion in Nordkasachstan

Die auf Trockenfeldbau ausgerichtete Landwirtschaft Nordkasachstans unterliegt einem gewaltigen Standortstreß aufgrund der niedrigen und vor allem stark schwankenden Niederschläge sowie der bodendegradierenden Winderosion. Durchschnittliche Jahresniederschläge von rund 300 mm und darunter verweisen die großflächigen Getreidekulturen in die unmittelbare Nähe der Trockengrenze. Die Tatsache, daß hier 2 von 5 Anbaujahre Dürrejahre mit entsprechenden Mißernten sind, lassen die Unstabilität der Getreidewirtschaft erkennen.

Die Abbildung 1 gibt die hohe Variabilität der Niederschläge in dieser Region wieder.

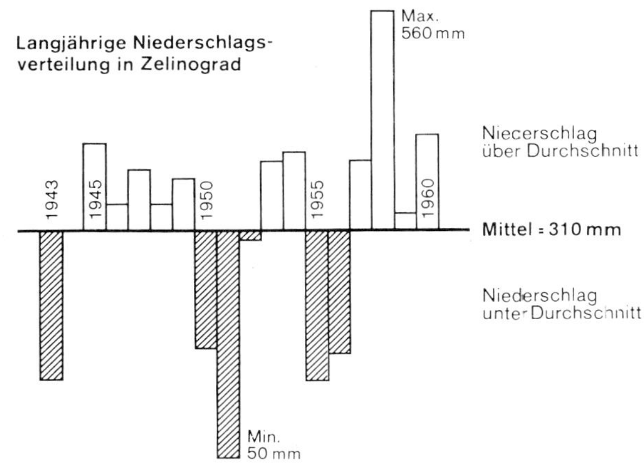

Abb. 1: Niederschlagsschwankungen in Zelinograd (aus WEIN 1982)

Niedrig und stark schwankend waren dementsprechend bis in die sechziger Jahre hinein die Getreideerträge, wie es die Werte der Tabelle 1 veranschaulichen (aus versch. Quellen, eine vollständige Reihung konnte nicht erstellt werden).

Tab. 1: Jahreserträge zwischen 1955 und 1965 in Kasachstan

1955 = 2,8 dz/ha	1962 = 5,9 dz/ha
1957 = 4,4 dz/ha	1963 = 3,2 dz/ha
1960 = 8,5 dz/ha	1965 = 3,1 dz/ha

Wurden 1960 18,7 Mio. t Getreide in Kasachstan geerntet, so waren es fünf Jahre später nur 7,6 Mio. t. Der kontinuierliche Rückgang der Erträge ist nicht allein auf Dürrejahre zurückzuführen, sondern auch auf die Tatsache, daß die anwachsende Winderosion zu einer zunehmenden Bodendegradierung führte, die im Extremfall sogar die völlige Aufgabe neuerschlossener Anbauflächen zur Folge hatte.

Allein 1963 sind im Verwaltungsgebiet (Oblast) Pavlodar 83% des Ackerlandes durch Winderosion geschädigt worden, wobei auf 1 Mio. ha die Saaten vernichtet worden sind. In diesem und im Kustanaj-Oblast galten 1967 praktisch alle Ackerflächen als von Winderosion beeinträchtigt, und die Gesamtfläche, die im kasachischen Neuland von den verheerenden Staubstürmen betroffen war, wurde zu jener Zeit mit 12 Mio. ha angegeben (nach ZAJCEVA 1967, SCHAMSIN 1967 und BOLYSCHEW u.a. 1973).

Ein Beispiel für die permanente Erosionsbedrohung zeigt Abbildung 2. Von Erosionsgefährdung ausgenommen sind nur die versalzenen und damit landwirtschaftlich nicht nutzbaren Niederungen. Die höherliegenden ackerbaulich genutzten Plateauflächen sind einer ständigen Winderosion in verschiedener Stärke ausgesetzt.

In diesem Verwaltungsgebiet wurde in den sechziger Jahren nach Angaben von BOLYSCHEW u.a. (1973) in einer Sommerperiode durchschnittlich 4-5 cm Bodenschicht vom Wind umgelagert und 0,5 cm abgeweht. Die Bodenverarmung betrug dabei auf Versuchsflächen innerhalb eines Vierjahreszeitraumes 5-12 t/ha an Humus, 1-9 t/ha an Kali, 0,1-0,8 t/ha an Stickstoff und 0,13-0,14 t/ha an Phosphor (in der obersten 5 cm-Schicht). Das bedeutete innerhalb der ersten Jahre nach der Innutznahme der Ackerflächen ein Ab-

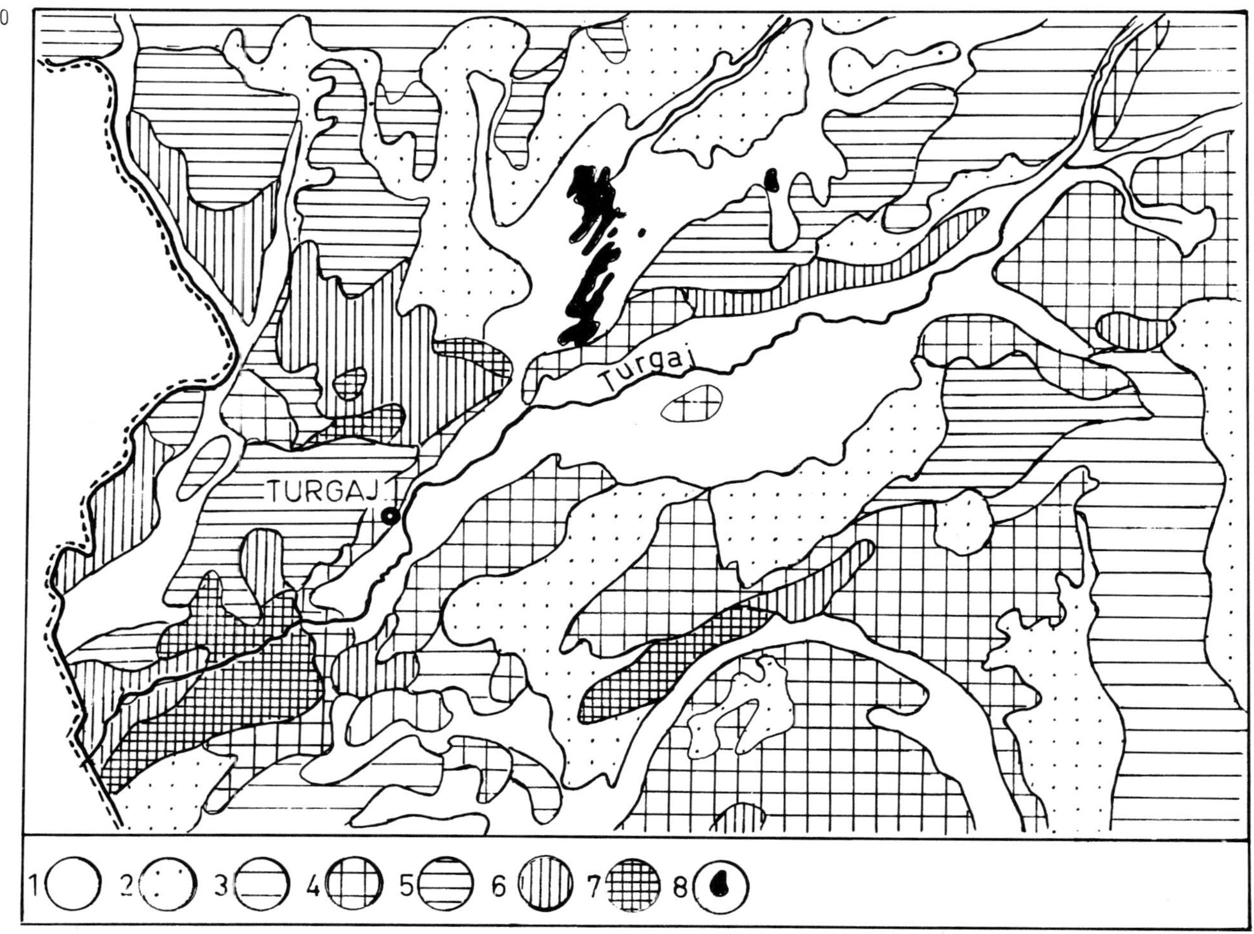

Abb. 2: Ausmaß der Winderosion in der Turgaj-Region: 1 = keine Winderosion, 2 = schwache, 3 = mäßige, 4 = deutliche, 5 = starke, 6 = sehr starke, 7 = zerstörerische Winderosion. 8 = See
(nach Atlas Kustanajskoj Oblasti, Moskva 1963, S. 29)

sinken des Humusgehaltes um 20-42 %, des Kaligehaltes um 12-40 %, des Stickstoffgehaltes um 9-43 % und des Phosphorgehaltes um 11-33 %! Extreme Erosionsschäden konnten noch weitaus höhere Degradierungen zur Folge haben. 1964 kam es z.B. in weiten Teilen des Irtyschrayons (Pavlodar-Oblast) zur Abwehung einer 10 cm mächtigen Bodenschicht, was den Verlust von 56,6 t/ha Humus, 30 t/ha Kali, 3,4 t/ha Stickstoff und 1,4 t/ha Phosphor bedeutete (BOLYSCHEW u.a. 1973, S. 24).

Gefördert wurde die Winderosion nicht nur durch die Vernichtung der bodenschützenden Steppennarbe, sondern auch durch die Austrocknung des Bodens und den mit der damit zusammenhängenden "Zerstäubung" eintretenden Zerfall der Bodenaggregate in erosionsanfällige Partikel (s.u.).

Die Abbildung 3 zeigt in einem einfachen Funktionsschema die ökologischen Zusammenhänge im kasachischen Trockenfeldbaugebiet. Es läßt die wichtige Rolle der "Kulturtechnik", d.h. des angewandten Anbausystemes, erkennen. Vom Anbausystem werden alle anderen Faktoren maßgeblich beeinflußt, und nur ein an die ökologischen Verhältnisse angepaßtes Anbausystem ermöglicht eine einigermaßen zuverlässige Landwirtschaft in diesem agraren Extremraum.

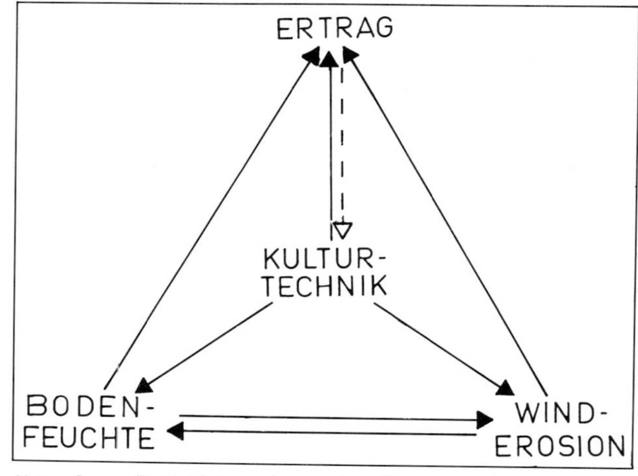

Abb. 3: Funktionsschema des Steppenanbaues (verändert nach SPÄTH 1980, Abb. 1)

3. Auf der Suche nach einem geeigneten Anbausystem

Im kasachischen Neuland wurde in den ersten Jahren mit den aus anderen Anbaugebieten mitgebrachten Methoden gearbeitet - was zu den bekannten Mißerfolgen führte.

Schon 1958 waren vom kasachischen Landwirtschaftsministerium Empfehlungen zur Verbesserung der Anbautechnik erlassen worden, die vor allem eine andere Form der Bodenbearbeitung sowie eine Ausweitung der Schwarzbrache vorsahen. Diese wurden aber in der Hektik der auf kurzfristige agrare - und politische! - Erfolge ausgerichteten Neulandaktion nicht beachtet.

Zu Beginn der sechziger Jahre jedoch, als die Erträge immer weiter abnahmen (1963 = 3,1 dz/ha!) und die ganze Neulandaktion in ein Fiasko einzumünden drohte, wurde die Notwendigkeit neuer Kulturtechniken offensichtlich. Hilfe suchte man nun in Kanada, wo in den Steppenregionen nahezu gleiche Bedingungen herrschen wie im kasachischen Neulandgebiet, und wo man dennoch höhere und vor allem stabile Ernten zu erzielen in der Lage ist. Die kasachischen Agronomen lernten bei einer Inspektionsreise in Kanada vor allem die "Grundpfeiler" des an die Steppenökologie angepaßten Anbausystems kennen: den Streifenanbau und das Pflügen mit dem "sweep cultivator", eine völlig neue Form der Bodenbearbeitung.

Daß in Steppengebieten eine andere Bodenbearbeitung erforderlich ist, hatte schon vorher der ukrainische Agronom MAL'CEV erkannt. Er hatte bei seinen Feldversuchen die Wendeschar vom Pflug montiert und eine modernere Form des in der Ukraine traditionellen Steppen-Ritzpfluges entwickelt. Dieses wendelose Pflügen verringerte die Austrocknung des Bodens und stabilisierte ihn damit auch gegenüber Winderosion. Jedoch wurde bei der herbstlichen Feldbearbeitung mit dem MAL'CEVschen Pflug die Stoppelschicht zerstört, während der kanadische "sweep cultivator" diese nahezu unbeschädigt läßt.

Auf der Grundlage der in Kanada gewonnenen Erfahrungen wurde im Forschungsinstitut für Getreidewirtschaft bei Zelinograd unter der Leitung BARAEVs ein neues Anbausystem für Kasachstan entwickelt. Welche Vorteile allein die wendelose Bodenbearbeitung mit sich bringt, zeigten hier zwischen 1962 und 1965 durchgeführte Versuche, bei denen im Weizenanbau bei herkömmlicher Bearbeitung 8,7 dz/ha und bei wendeloser Bearbeitung 11,7 dz/ha erzielt wurden.

Das neue Anbausystem (für das BARAEV und seine Mitarbeiter den Leninpreis erhielten) wurde mit den Agrarreformen vom März 1965 als richtungsweisend erklärt. 1978 wurde es in den Steppenregionen der Sowjetunion auf insgesamt 34 Mio. ha angewandt, davon 17 Mio. ha in Kasachstan (d.h. auf rund 40% der Anbaufläche), 13 Mio. ha in der südlichen RSFSR (s. dazu u.a. WEIN 1981) und 3 Mio. ha in der Ukraine.

BARAEV beschreibt das neue Anbausystem kurzgefaßt wie folgt:[1] "Die wichtigste Grundlage des neuen Erosionsschutz-Anbausystemes besteht in der prinzipiellen Änderung der Bodenbearbeitung: Absage an das bodenwendende Pflügen und an Geräte, welche die Ernterückstände vernichten. Stattdessen Bearbeitung des Bodens mit Geräten vom Flächenschneidertyp (russ.: ploskorez), wodurch die Stoppelschicht und andere Pflanzenreste an der Oberfläche erhalten bleiben. Hinzu kommt auf leichten Böden die Anwendung erosionsschützender Fruchtfolgen im Streifenanbau, bei Streifenwechseln von einjährigen Kulturen und mehrjährigen Gräsern. Bei Böden mittlerer und schwerer Zusammensetzung erfolgt die Einfügung von Brachestreifen. Die Umsetzung dieser Hauptempfehlungen gewährleistet einen zuverlässigen Schutz des Bodens vor der Winderosion" (BARAEV/GOSSEN 1980, S. 35/36).

4. Mechanik der Winderosion und Grundlagen des Erosionsschutzes

Studien des Erosionsprozesses bildeten die Grundlage der Entwicklung von Schutzmaßnahmen. Bei diesen Untersuchungen wird die Windgeschwindigkeit in 15cm Höhe gemessen, die auf freien Feldoberflächen etwa halb so hoch ist wie die in 2 m Bodenabstand ermittelten Werte. Es zeigte sich, daß eine Verlagerung der Bodenteile (Bodenaggregate, nicht Mineralkörner!) bei bestimmten Windstärken einsetzt:

Tab. 2: Bodenverlagerung und Windstärke (aus BARAEV/GOSSEN 1980, Tab.2)

Durchmesser (mm)	Windgeschwindigkeit in 15 cm Höhe (m/sec.)
bis 0,25	3,8
0,25 - < 0,5	5,3
0,50 - < 1,0	6,6
1,0 - < 2,0	11,2
2,0 - < 3,0	13,2

Ein deutlicher Schwellenwert liegt bei Durchmessern von 1 mm und darüber: Zur Bewegung dieser Bodenteilchen sind Windgeschwindigkeiten von mehr als 11 m/sec in der 15 cm-Luftschicht erforderlich - Werte, die in Kasachstan nur selten erreicht werden. Das bedeutet, daß alle Bodenteile von mindestens 1 mm Durchmesser praktisch erosionsstabil sind. Sie gelten als bodenschützende Bestandteile. Alle feineren Teilchen dagegen sind erosionsgefährdet. Ge-

1) Alle Übersetzungen aus dem Russischen durch den Verfasser.

schwindigkeiten, die zur Verlagerung der Komponenten bis 0,25 mm erforderlich sind, werden in Nordkasachstan an jedem zweiten oder dritten Tag erreicht, und durchschnittlich an jedem 5. bis 6. Tag treten die für die Bewegung der Bodenteile bis 0,5 mm erforderlichen Windstärken auf.

Felduntersuchungen haben gezeigt, daß Böden als erosionsgefährdet anzusehen sind, wenn die bodenschützenden Bestandteile (d.h.: mind. 1 mm Durchmesser) weniger als 50% der Bodenaggregate in den obersten 5 cm ausmachen. Dieser Wert ist jedoch nicht stabil, sondern er ändert sich mit dem Zerfall oder mit der Neubildung von Aggregaten, und zwar von Jahr zu Jahr wie auch von Jahreszeit zu Jahreszeit. Die Felder weisen damit wechselnde Grade von Erosionsanfälligkeit auf.

Tab. 3: Änderung der Zusammensetzung von Jahr zu Jahr (in %)
(nach BARAEV/GOSSEN 1980, S. 11)

Zeitraum	Bodenteile < 1 mm	> 1 mm
Mai 1961	59,9	41,1
Mai 1962	58,1	41,9
Mai 1963	60,0	40,0
Mai 1964	43,8	56,2

Tab. 4: Änderung der Zusammensetzung vom Herbst zum Frühjahr
(a.a.O., S. 13)

Anteile der Bodenteilchen < 1 mm (in %):

Herbst 1960	= 33,0	Frühjahr 1961	= 58,9
Herbst 1962	= 30,9	Frühjahr 1963	= 60,0

Tabelle 3 zeigt, daß das gleiche Feld, das im Mai 1963 erosionsstabil war, im Mai des darauffolgenden Jahres als erosionsgefährdet angesehen werden mußte. Die Tabelle 4 veranschaulicht, wie durch den Bodenzerfall nach dem Herbstpflügen der Anteil erosionsanfälliger Teile zunimmt und die Böden damit gerade im Frühjahr, zur Zeit der höchsten Windgeschwindigkeiten, von ihrer Struktur her am erosionsgefährdetsten sind.

Bei der Bodenbearbeitung kommt es daher darauf an, den Boden möglichst wenig zu zerstäuben und durch den weitgehenden Erhalt der Stoppeldecke die Bodenoberfläche in der kritischen Frühjahrsperiode zu schützen.

5. Bodenbearbeitung mit neuen Maschinen

Nach den in Kanada gewonnenen Erfahrungen schrieb der sowjetische Agronom T.S. MALC'CEV: "Für die von der Winderosion bedrohten Steppenregionen Kasachstans ist es weitaus besser, die kanadischen Geräte zur oberflächigen Bodenbearbeitung zu benutzen, als jene, die wir in den erosionsfreien Gebieten in Gebrauch haben" (1967, S. 212).

BARAEV entwickelte in seinem Forschungszentrum für Getreidewirtschaft in Schortandy bei Zelinograd nach dem kanadischen Vorbild den "Ploskorez"- übersetzt: Flächenschneider. Im Gegensatz zum üblichen Pflug, der vertikal arbeitet, wirkt der Ploskorez horizontal. Seine Arbeit wird von DRONOV u.a. (1984, S. 143/144) wie folgt beschrieben: "Der Ploskorez ist ein stählernes Dreieck. Er erinnert an das Leitwerk eines Flugzeuges und bewegt sich als Messer durch den Boden. Seine Arbeit ist praktisch nicht sichtbar, sie geschieht unter der Oberfläche. Nach der Ploskorez-Bearbeitung sieht der Boden fast genauso aus wie vorher, nur ein wenig "zerzaust". Aus der Ferne erscheint es, als führe der Traktor irgendwelche unverständliche Manöver auf dem Felde durch. - MAL'CEV war zu der Einsicht gekommen: Man darf den Boden beim Pflügen nicht wenden. BARAEV aber sagte demgegenüber: 'Man darf den Boden *überhaupt* nicht pflügen!' Die MAL'CEVsche Bodenbearbeitung erhält zwar die Bodenschichtung, zerstört jedoch vollständig die Stoppelschicht. BARAEVs Ploskorez erhält jedoch die Stoppelschicht nahezu geschlossen - als Hauptmittel im Kampf gegen die Bodenerosion." Der Ploskorez wird auch nicht mehr als Pflug, sondern als "Kultivator" bezeichnet.

Auch bei uns ist in jüngerer Zeit dieser Bodenbearbeitungstyp im Zusammenhang mit der alternativen Landwirtschaft bekannt geworden, und zwar unter dem Namen "Grubber". Der in den Steppengebieten Kanadas und Kasachstans verwendete Typ wird wegen seiner tragflächenartigen Horizontalmesser als "Flügelgrubber" bezeichnet. In einem agrartechnologischen Handbuch wird er wie folgt beschrieben: "Der Grubber lockert den Boden relativ gut, ohne daß feuchter Boden an die Oberfläche geholt wird. Auch ist die vom Grubber geschaffene Bodenstruktur nicht zu feinkrümelig, so daß der Einsatz dieser Geräte die Winderosionsgefahr mindern kann. Damit ist der Grubber speziell für den Einsatz in Trockengebieten geeignet. Der Flügelgrubber (sweep) stellt eine spezielle Ausbildung des Grubbers dar. Er ist im wesentlichen wie ein Schwergrubber aufgebaut, nur bestehen hier die einzelnen Werkzeuge nicht aus Zinken, sondern aus deltaflügelartigen Scharen. Der Sweep unterfährt den Boden, lockert und krümelt ihn und durchtrennt Unkrautwurzeln. Er arbeitet dabei nicht wendend oder mischend, so daß nur etwa 10 % der Pflanzenrückstände bei einem Arbeitsgang eingearbeitet werden. Der Rest bleibt auf der Oberfläche. Dieser stehende Mulch ist zur Bekämpfung der Erosion noch wirkungsvoller als liegender Mulch, da er eine rauhere Oberfläche bietet und noch im Boden verankert ist."

Der Grubber kann mit Nachläufern für verschiedene Aufgaben versehen werden. In Kasachstan erfolgt häufig eine Kombination mit dem sog. "Rod Weeder", der aufgrund der langen Querstange dort als "stangovij kultivator" (zweifellos ein von den Sowjetdeutschen geprägter Begriff!) bezeichnet wird. Die Arbeitsweise wird in der obengenannten Quelle wie folgt beschrieben: "Ein Gerät, das speziell für den Einsatz in Trockengebieten entwickelt wurde, ist der Rod Weeder. Er wird hinter dem Sweep-Kultivator angebracht und besteht aus einer Vierkantwelle von 2,5 x 2,5 cm, die sich im Boden (angetrieben durch Bodenräder oder Zapfwelle) entgegen der Fahrtrichtung dreht. Wie der Sweep beläßt der Rod Weeder nahezu das gesamte Pflanzenmaterial an der Bodenoberfläche. Er lockert den Boden, reißt Unkräuter auch aus tieferen Schichten aus dem Boden, und er entmischt den Boden, indem er (was für den Erosionsschutz wichtig ist!) grobe Bodenaggregate an die Oberfläche schafft" (alle Zitate aus: WIENECKE/ FRIEDRICH 1983, S. 150-158).

Der angehängte Rod Weeder verstärkt also die erosionsschützende Wirkung des Flügelrubbers und fördert zusätzlich die (bei der Abkehr vom Wendepflug noch wichtigere) Unkrautvernichtung. Durch die doppelte Bearbeitung mit diesem Gespann sinkt der Grad des Stoppelerhaltes jedoch bis auf rund 60%.

Diese nach den kanadischen Vorbildern entwickelten Maschinen werden seit 1963 im Landmaschinenwerk "Zelinogradsel'masch" in Großproduktion hergestellt. Häufigste Anwendung finden die folgenden Typen:

Tab. 5: Bodenbearbeitungsmaschinen (nach N.N. TARASOV 1967, S. 137; BARAEV/ GOSSEN 1980, S. 27)

Typ	Arbeitsbreite (m)	Arbeitstiefe (cm)	Stoppelerhalt (%)
KP-2-250	4,9	10 - 15	88
"Nobl"	6,2	5 - 10	87
KPG-2-150	1,6	bis 16	80
KPE-3,8 (stangovij)	4,2	5 - 16	57

Die beiden letztgenannten Typen sind in der Abbildung 4 wiedergegeben (wobei die Rod Weeder-Stange nach der Zeichnung zweifellos nicht die beschriebene Drehbewegung auszuführen in der Lage ist).

1980 waren in Kasachstan 53.300 der insgesamt 113.400 eingesetzten Pflüge solche vom beschriebenen Flügelgrubbertyp - was recht genau dem Anteil der nach dem neuen Anbausystem bearbeiteten Fläche (17 Mio. ha) zur gesamten Ackerfläche (39 Mio. ha) entspricht.

Nach dem Grubberprinzip sind auch die neuen Sämaschinen entwickelt, die immer noch 25% der ursprünglichen Stoppelschicht erhalten. Gleichzeitig wird durch den Druck einer Reihe flacher Scheiben die Bildung erosionsstabiler Bodenaggregate begünstigt, so daß der Boden auch nach der Aussaat einen optimalen Erosionsschutz aufweist.

6. Stoppelmulch und Erosionsschutz

Der Haupteffekt der Grubber-Kultivatoren besteht im Erhalt der Stoppelschicht, die erosionsanfälligen Böden (weniger als 50% "erosionsschützende" Bodenteile) einen Schutz gegenüber der Auswehung verlei-

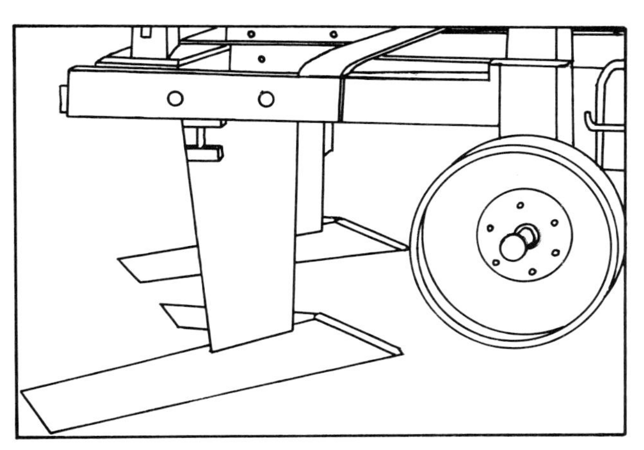

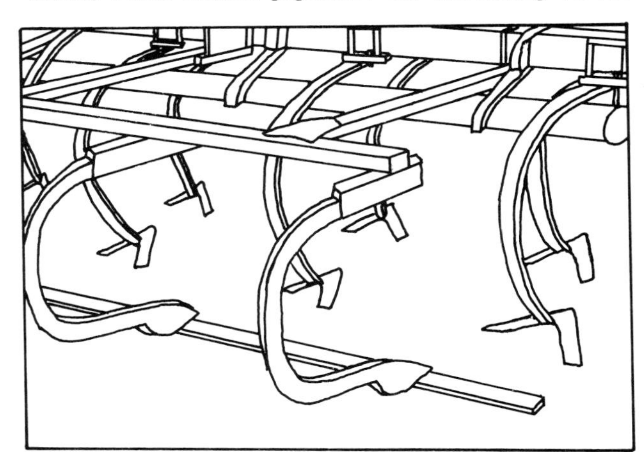

Abb. 4: Kultivatoren (nach BARAEV/GOSSEN 1980, Abb. 7 und 11)

hen kann. 13-15 cm hohe Stoppeln in einer Dichte von 200-250 Halme pro Quadratmeter bewirken in 15 cm Bodenabstand eine Halbierung der Windgeschwindigkeit gegenüber nackten Ackerflächen. In unmittelbarer Bodennähe wird die Windgeschwindigkeit sogar auf etwa ein Viertel herabgedrückt. Die Stoppelschicht übernimmt damit die Rolle, die in humideren Regionen (ukrainische Steppe) von den Windschutzstreifen ausgeübt wird.

Je nach der Bodenstruktur (Anteil erosionsstabile und erosionsgefährdete Bestandteile) ist für einen ausreichenden Bodenschutz bei höheren Windgeschwindigkeiten eine bestimmte Mindeststoppeldichte erforderlich.

Tab. 6: Erosionsschutz und Stoppeldichte (nach BARAEV/GOSSEN 1980, S. 19)

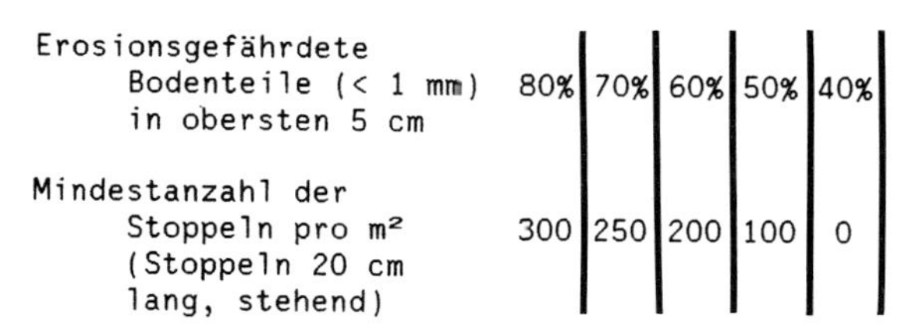

Erosionsgefährdete Bodenteile (< 1 mm) in obersten 5 cm	80%	70%	60%	50%	40%
Mindestanzahl der Stoppeln pro m² (Stoppeln 20 cm lang, stehend)	300	250	200	100	0

Die Schutzfunktion kann jedoch auch bei einer optimal stoppelschonenden Bearbeitung nicht immer erreicht werden. So ereicht in den südlichen Anbaugebieten der Neulandregion, wo aufgrund der Bodenstruktur der Anteil erosionsgefährdeter Bestandteile häufig bei 85-90% liegt, die Stoppeldichte wegen der dort niedrigen Ertragssituation nur etwa 100-150 Halme/m². Diese Stoppelschicht kann somit die erstrebte Schutzfunktion nur zu etwa einem Drittel erfüllen. Weitere Bodenschutzmaßnahmen müssen daher dort neben die stoppelerhaltende Bodenbearbeitung treten, so vor allem der Streifenanbau mit bodenschützender Fruchtfolge (s.u.).

7. Stoppelmulch und Wasserhaushalt

Ein weiterer Effekt der Stoppelschicht besteht im Schutz des Bodens vor starker Verdunstung und in einer effektiveren Nutzung der Niederschläge (vor allem der Winterperiode).

Die herbstliche Feldbearbeitung mit dem Flügelgrubber anstelle des Wendepfluges verbessert daher auch den Bodenfeuchtehaushalt und über diesen wiederum die Erosionsstabilität und die Ertragslage (s. Abb. 3). Die Stoppeln halten die winterliche Schneedekke, die bei nackter Bodenoberfläche fast vollständig abgeweht wird, fest und erleichtern darüber hinaus das Einsickern des Schneeschmelzwassers im Frühjahr. Dieses Einsickern wird u.a. auch dadurch gefördert, daß unter einer Stoppeldecke der Boden in geringerem Maße gefroren ist und damit dem Eindringen des Schmelzwassers weniger Widerstand entgegensetzt. Stoppelfelder weisen damit im Frühjahr einen höheren Wasservorrat auf als vegetationslose Flächen. Was das für die darauffolgende Ernte bedeutet, hatten die kasachischen Agronomen in Kanada erfahren, wo folgende Zusammenhänge ermittelt worden sind:

Tab. 7: Bodendurchfeuchtung und Ernteaussichten (nach CHOROSCHILOV 1967, S. 55)

Tiefe der Bodendurchfeuchtung im Frühjahr (in cm)	Aussichten auf Erträge von > 10 dz/ha (in %)
0 - 50	20
- 68	30
- 82	60
- 112	70
> 112	90

In Kasachstan ließen Versuche (auf Versuchsfeldern des Forschungsinstitutes für Getreidewirtschaft, 1961-1965) die folgende Wirkung der stoppelerhaltenden Bodenbearbeitung auf Wasserhaushalt und Ertrag erkennen:

Tab. 8: Bodenbearbeitung, Wasserhaushalt und Ertrag (nach BARAEV 1967, S. 38)

	Höhe der Schneedecke (cm)	Wassergehalt im Boden (t/ha)	Ertrag (dz/ha)
Herbstbearbeitung mit Wendepflug	17,4	521	8,7
Herbstbearbeitung mit Flügelgrubber	33,7	978	11,7

Andere Versuchsstationen zeigten beim Vergleich noch größere Spannbreiten der Erträge (Steigerung um bis zu 82%).

Im neuen Anbausystem wird die winterliche Schneehaltung noch gefördert, indem durch besondere Maschinen der Schnee auf den Feldern zu Schneewällen im Abstand von 3,5 bis 4 m aufgehäuft wird. Eingesetzt wird dazu das Gerät "Snegopach", das bei einem Arbeitsgang zwei Schneewälle von 70 cm Höhe und 80 cm Breite aufwirft (MASOCHRANOV 1983, S. 154). Neuer Schnee lagert sich leicht im Lee dieser quer zur Hauptwindrichtung verlaufenden Wälle ab. Die folgende Tabelle zeigt, wieweit dadurch die Bodenfeuchtesituation gegenüber der bloßen Stoppel-Schneehaltung noch verbessert werden kann.

Tab. 9: Wirkung der mechanischen Schneehaltung (BARAEV/GOSSEN 1980, S. 36)

	Mächtigkeit der Schneedecke am Winterende	Feuchtegehalt im Schnee (mm)	Bodenfeuchtegehalt (mm)	Ertrag (dz/ha)
ohne mech. Schneehaltung	26,8	80,4	111,8	11,3
mit mech. Schneehaltung	46,2	143,2	152,0	16,3

Durch diese intensive Nutzung der Winterniederschläge werden die Erträge deutlich gesteigert. Vor allem aber können durch den so angelegten Wasservorrat im Boden die Auswirkungen sommerlicher Dürren, wie sie ja in Kasachstan in 2 von 5 Jahren eintreten, gemildert werden. Erzielt wird damit insgesamt eine Stabilisierung der Ertragssituation.

Somit können sich heute Defizite in der wichtigen April-Juli-Periode nicht mehr so verheerend auswirken, wie es vor der Einführung des neuen Anbausystems der Fall war. Die folgende Tabelle zeigt diese Abhängigkeit durch die Gegenüberstellung eines Normal- und eines Dürrejahres.

Tab. 10: Niederschläge April-Juni und ihre Auswirkungen (nach GERASIMOV 1969, S. 437)

Rayon	1954 Niederschl. (mm)	1954 Ertrag (dz/ha)	1955 Niederschl. (mm)	1955 Ertrag (dz/ha)
Irtyschskij	52,2	17,7	16,5	1,9
Shelenskij	43,7	14,2	11,6	1,5
Pavlodarskij	58,0	15,1	16,5	1,6

Ergebnisse von 23.500 ha Versuchsfeldern haben gezeigt, daß sich bei der Anwendung der neuen Kulturtechniken extrem niedrige Frühjahr-/Frühsommerniederschläge nunmehr in weit geringerem Maße auf das Ernteergebnis auswirken.

Tab. 11: Milderung der Abhängigkeit durch neues Anbausystem (BARAEV/GOSSEN 1980, S. 38)

	Jahres-N.	Sommer-N.	Juni-N.	Ertrag (dz/ha)
1965 (vor Einführung)	301	128	8	5,9
1975 (nach Einführung)	219	50	8	10,9

Trotz gleich niedriger Juni-Niederschläge und weitaus geringerer Sommerniederschläge lag der Ertrag 1975 um 85% über dem von 1965 und damit fast in der Höhe eines Normaljahres. Ein wichtiger Faktor war zweifellos, daß am Winterende 1975 eine durchschnittlich 51 cm mächtige Schneedecke auf den Feldern lag.

SAVOSTIN (1967, S. 290) gibt die vor allem durch die neue Bodenbearbeitung erzielten Erntegewinne im nördlichen Teil der Neulandregion mit 6-9%, im trockeneren Süden dieser Region mit 34-50% an. BARAEV/GOSSEN (1980) bewerten die im Mittel der ersten 10 Jahre nach der Einführung des neuen Anbausystems erzielten Erntesteigerungen (ohne Intensivierung der Mineraldüngung) auf Versuchsflächen im Turgajgebiet (d.h. am Südrand der Neulandregion) auf 55% (von durchschnittlich 6,3 auf 9,8 dz/ha).

Diese Ertragssteigerungen, die auf der Verbesserung des Bodenfeuchtehaushaltes beruhen, sind aber praktisch nur ein Nebeneffekt der auf *Erosionsschutz* ausgerichteten neuen Bodenbearbeitung.

Im Süden, wo die größten Ertragserfolge zu verzeichnen sind, müssen die erosionsschützenden Maßnahmen jedoch wegen der geringeren Stoppeldichte und der größeren Neigung der Böden zum Zerstäuben durch eine andere Kulturtechnik ergänzt werden: den Streifenanbau.

8. Streifenanbau und Fruchfolge

Die Einführung der Streifenkulturen geht ebenfalls auf die in Kanada gewonnenen Erfahrungen zurück. So schreibt CHOROSCHILOV 1967 (S. 62): "Im Kampf gegen die Winderosion wird in Kanada in großem Maße eine streifenförmige Feldbearbeitung eingesetzt. In allen Regionen, die von Staubstürmen betroffen sind, sind die Feldblöcke in Streifen von 50-100 m untergliedert. Je höher die Erosionsgefahr, desto schmaler sind die Streifen."

Die Streifen verlaufen senkrecht zur vorherrschenden Windrichtung, wobei im Wechsel schützende Streifen (mehrjährige Gräser) und geschützte Streifen (Getreide, Brache) aufeinanderfolgen.

Es ist nicht nur die auf der Kulissenwirkung beruhende Windbremsung in Bodennähe, die zur Erosionsverminderung führt, sondern auch die Tatsache, daß bei niedrigeren Windgeschwindigkeiten die mechanische Beanspruchung der Bodenaggregate abnimmt und damit der Zerfall in erosionsanfällige Teilchen vermindert wird. Dieser letztgenannte Zusammenhang ist vom Amerikaner CHEPIL gegen Ende der fünfziger Jahre studiert worden, der feststellte, daß (unabhängig von der windbedingten Materialsortierung) der Anteil der erosionsstabilen Bodenkomponenten von der windwärtigen Feldseite an immer mehr abnimmt. In einem von BARAEV/GOSSEN aufgeführten Beispiel (1980, Tab. 8) lag deren Anteil in der Nähe der Feldgrenze bei 44,4%, in 400 m Entfernung nur noch bei 22,5%, um dann kontinuierlich weiter abzunehmen. Bei den in der Regel 2 x 2 km großen Neulandblöcken bedeutete dies eine zunehmende Erosionsanfälligkeit in Windrichtung. Sie wird durch die Aufteilung dieser Blöcke in Streifen weitgehend unterbunden, wobei eine auf Erosionsschutz ausgerichtete Fruchtfolge diesen Effekt noch deutlich fördert.

Je nach dem Grad der Erosionsgefährdung ist eine andere Fruchtfolge erforderlich. So wird auf leichten Böden der Anteil der bodenschützenden Graskulturen höher und der der Brache niedriger sein als auf erosionsstabileren Böden.

In der Versuchsstation für Erosionsschutz in Pavlodar ist das in Abbildung 5 wiedergegebene Bodenschutz-Anbausystem für leichte Böden entwickelt worden, das heute in der entsprechenden Regionen weiteste Verbreitung besitzt. Dieses Schema kombiniert das bodenschützende *Nebeneinander* und das ertragssteigernde *Nacheinander* der Bodennutzung.

Das Schema zeigt die Abfolge der Streifenkombinationen über 5 Feldblöcke im Ablauf von 10 Jahren. Jedes Feld ist in Streifen untergliedert, die im Wechsel die Bezeichnung 1 und 2 tragen. Streifen in der Abfolge 1-2-1-2 usw. laufen somit über den ganzen jeweiligen Feldblock. Die Nutzung der Streifen ist so angelegt, daß Streifen 1 jeweils den Streifen 2 schützt (oder umgekehrt), wobei im Zuge der Fruchtfolge von Jahr zu Jahr unterschiedliche Kombinationen auftreten. Für Feld 1 (Abb. 5) sieht dieses Neben- und Nacheinander in den ersten 5 Jahren wie folgt aus:

1. Jahr	2. Jahr	3. Jahr	4. Jahr	5. Jahr
Brache	Weizen	Weizen	Gras	Gras
Gras	Gras	Gras	Weizen	Weizen
Brache	Weizen	Weizen	Gras	Gras
Gras	Gras	Gras	Weizen	Weizen
usw.	usw.	usw.	usw.	usw.

Die Weizen- und Brachestreifen liegen also immer zwischen schützenden Streifen mit mehrjährigen Graskulturen. Genauso, nur zeitlich versetzt, sieht das Fruchtfolgeschema auf den Streifen 2 bis 5 aus.

Über den gesamten Zehnjahreszeitraum geblickt folgen auf jedem Streifen 5 Jahre mit Graskulturen und dann 5 Jahre mit Weizen und Brache aufeinander. Demgemäß beträgt in diesem System der Anteil der Graskulturen 50%, der Anteil der Weizenkulturen 40% und der Brachanteil 10%. Der Anteil der Brache mit nur 10% ist im Hinblick auf deren Funktion gerade in einer semiariden Region (s.u.) zwar sehr gering, jedoch ist dies eine Anpassung an die besondere Erosionsbedrohung der südlichen Neulandregion. Erosionsschutz steht in diesem Anbausystem vor Ertragssteigerung! Wo die Erosionsgefahr niedriger ist, kommen dementsprechend andere Anbausysteme, in denen der Bracheanteil höher und der der Graskulturen geringer ist, zur Anwendung.

FELD	STREIFEN	JAHRE 1.	2.	3.	4.	5.	6.	7.	8.	9.	10.
①	1										
	2										
②	1										
	2										
③	1										
	2										
④	1										
	2										
⑤	1										
	2										

Abb. 5: Erosionsschutz-Anbausystem für leichte Böden in Kasachstan: kariert = Sommerweizen, waagerecht (eng) schraffiert = Brache, senkrecht schraffiert = mehrjährige Gräser
(nach BARAEV/GOSSEN 1980, Abb. 6)

9. Die Rolle der Brache im Fruchtfolgesystem

Die Bedeutung der Brache für den Abbau in der Nähe der Trockengrenze beschreibt ANDREAE (1983, S. 236) wie folgt: "Die Funktion der Schwarzbrache im Trokkenfarmsystem besteht in der Ertragssteigerung der Körnerfrüchte. Diese Ertragssteigerung bewirkt die Brache in erster Linie durch Wasserersparnis, in zweiter Linie durch Aufschließen von Pflanzennährstoffen. Die Wasserersparnis beruht auf der Tatsache, daß nackter Boden weniger Wasser verdunstet als ein Boden mit Pflanzenbestand, so daß ein Teil der im Brachejahr gefallenen Niederschläge im Boden gespeichert wird und dem nachfolgenden Getreide ertragssteigernd zugute kommt."

Nach einem von ANDREAE aufgeführten Schema (a.a.O., S. 237) steigt bei einem Jahresniederschlag von 500 mm (wovon 300 mm im Brachejahr im Boden gespeichert werden) der Weizenertrag in dem auf die Brache folgenden Jahr gegenüber brachlosem Anbau von 8 dz/ha auf 18 dz/ha. Im zweiten auf die Brache folgenden Jahr liegen die Erträge mit 12 dz/ha noch immer um 50% über den Normalerträgen. Bei der aufgeführten Dreierfruchtfolge Brache-Weizen-Weizen ergibt sich ein Durchschnittsertrag von 10 dz/ha - was eine Steigerung von 25% gegenüber dem brachlosen Anbau bedeutet!

In Kasachstan, wo die Jahresniederschläge deutlich unter dem oben zugrundeliegenden Wert von 500 mm liegen, kommt es durch die Brache weniger zu einer solchen Ertragssteigerung, als vielmehr zu einer Stabilisierung des Anbaues gegenüber den ständigen Niederschlagsschwankungen (s. Abb. 1).

Versuche des Forschungsinstitutes für Getreidewirtschaft bei Zelinograd haben folgende Ergebnisse erbracht:

Tab. 12: Wirkung der Brache auf den Ertrag (nach BARAEV/GOSSEN 1980, S. 30)

Folge des Weizens	Ertrag (dz/ha)	Steigerung gegenüber brachlosem Anbau
Anbau OHNE Brache	8,8	---
Weizen 1. Folge auf Brache	14,1	60,2 %
Weizen 2. Folge auf Brache	11,3	28,4 %
Weizen 3. Folge auf Brache	10,6	20,5 %
Weizen 4. Folge auf Brache	8,8	---

Die Tabelle zeigt, daß die positive Wirkung der Brache bis in das dritte darauffolgende Anbaujahr reicht, worauf im 4. Jahr wieder die Normalsituation herrscht. Danach empfiehlt sich hier eine Viererfruchtfolge Brache-Weizen-Weizen-Weizen. Das Ertragsmittel für diesen Vierjahreszeitraum liegt nach obiger Tabelle jedoch mit 9 dz/ha kaum über dem des brachlosen Anbaues. Der Vorteil wird nur in Dürrejahren deutlich, wenn der Ertrag im brachlosen Anbau auf minimale Werte zurückgeht (s. Tab. 10), während in den auf Brache folgenden Kulturen die im Boden gespeicherten Vorräte noch immer ausreichende Erträge ermöglichen. Dürrejahre wirken sich somit in Fruchtfolgen mit Brache weniger schroff aus, was - wie schon erwähnt - eine Stabilisierung des Anbaues in dieser von starken Niederschlagsschwankungen gezeichneten Region bewirkt.

Im Dürrejahr 1962 wurden in der Koktschetawer Region im brachlosen Anbau lediglich 2,9 dz/ha geerntet. In der ersten Folge auf Brache waren es dagegen 12,4 dz/ha und in der zweiten Folge noch immer 6,7 dz/ha. Im mehrjährigen Wechsel (d.h. unter Einbeziehung der produktionslosen Brachjahre) werden diese Werte zwar wieder relativiert, jedoch zeigt sich, daß es bei einem Bracheanteil von 25% in Trockenjahren praktisch keine Totalausfälle mehr gibt.

Außerdem ist das in Fruchtfolgen mit Brache geerntete Getreide das billigste Getreide, da das Feld in jedem vierten Jahr keiner Bearbeitung bedarf. Dies ist ein Faktor, der vor allem auch im Hinblick auf die angespannte Arbeitskräftesituation in der sowjetischen Landwirtschaft stark wiegt.

Die Betrachtung der Struktur des Ackerlandes läßt aber erkennen, daß die Brache heute (wie auch früher) stark vernachlässigt wird. Sicherlich kann man dem entgegenhalten, daß die wasserspeichernde Funktion der Schwarzbrache nun doch teilweise durch den positiven Effekt ersetzt wird, den die neue Bodenbearbeitung mit Stoppelerhalt auf den Bodenwasserhaushalt ausübt. Doch lag 1980 der Anteil der Brache noch unter dem Wert, der im ausgesprochen auf Erosionsschutz ausgerichteten Anbausystem (= 10%) dafür vorgesehen ist.

Tab. 13: Struktur der Anbaufläche (in Mio. ha) (nach "Narodnoe chozjajstvo Kazachstana 1980")

	1960	1965	1970	1975	1980
Anbaufläche (einschl. Brache)	32,3	33,9	35,4	38,4	39,6
davon:					
Getreide	21,9	24,3	22,6	25,6	25,3
Futterkulturen	5,9	5,5	7,7	9,5	10,4
Brache	3,8	3,4	4,5	2,7	3,2
Anteile in Prozent der Anbaufläche:					
Getreide	67,8	71,7	63,8	66,7	63,8
Futterkulturen	19,0	16,2	21,8	24,7	23,3
Brache	11,8	10,0	12,7	7,1	8,0

Der Getreideanteil war 1980 mit fast zwei Dritteln noch immer sehr hoch (in der dem Neuland entsprechenden Prärieregion Kanadas = 50,2%!), was zeigt, welche Rolle Kasachstan nach wie vor in der Getreideversorgung der Union zu spielen hat. Berücksichtigt man, daß in dem oben beschriebenen Erosionsschutz-Anbausystem das Getreide nur 40% der Fläche einnimmt, so wird deutlich, daß in den weniger erosionsbedrohten Regionen der Anteil noch weitaus höher sein muß. Dort dürften mit Getreideanteilen von vermutlich über 80% noch immer den früheren Monokulturen ähnliche Verhältnisse herrschen.

Die Fläche der Futterkulturen (meist mehrjährige Gräser) hatte sich 1980 gegenüber 1960 fast verdoppelt. Dadurch hat die Viehwirtschaft einen entsprechenden Auftrieb erhalten, die ihren Rinderbestand von 5,5 Mio. Tieren im Jahr 1961 auf 7,7 Mio. im Jahr 1976 steigern konnte. Wertmäßig steht heute in der "Kornkammer" Kasachstan die Viehwirtschaft an erster Stelle - zweifellos ein Nebeneffekt der für den Erosionsschutz verstärkt in die Fruchtfolgen eingeführten Futtergraskulturen.

10. Das Neulandgebiet im Satellitenbild

Wer heute Kasachstan überfliegt oder auch diese Region im Satellitenbild betrachtet, findet eine gegenüber den sechziger Jahren völlig veränderte Agrarlandschaft vor: An die Stelle der Blockfluren ist weitgehend eine engparzellierte Streifenflur getreten. Dies zeigt am deutlichsten, wieweit das neue Anbausystem im Trockenfeldbau Kasachstans Eingang gefunden hat.

Areale, die noch Blockfluren aufweisen, dürften solche mit relativ erosionsstabilen Böden sein, in denen die Schutzfunktion des Streifenanbaues nicht unbedingt erforderlich ist. Es trifft aber nicht zu, daß die Streifenkulturen nur in den besonders erosionsanfälligen südlichen Regionen vorkommen, sondern sie sind in der ganzen Neulandregion nahezu gleichermaßen verbreitet.

Eine eindeutige Ausrichtung der Streifen (wie z.B. im Minussinsker Becker im Süden Ostsibiriens, s. dazu WEIN 1981) ist nicht zu erkennen, was sicherlich darauf beruht, daß die Windrichtungen im Laufe des Jahres häufig schwanken und es somit keine eigentliche Hauptwindrichtung gibt.

Der Streifenwechsel Gras-Brache fällt am deutlichsten ins Auge, während das Nebeneinander von Gras und Weizen - je nach Vegetationsentwicklung - oft nur schwer erfaßbar ist. So mögen auch manche der in der aus einem Satellitenbild entwickelten Karte (Abb. 6) wiedergegebenen Blöcke in der Realität noch in Streifen untergliedert sein, sehen sich doch gerade im Juli die jungen Getreidekulturen und die Grasstreifen recht ähnlich.

Auf farbigen Infrarotbildern der Frühjahrsperiode (Ende Mai/Juni) treten dagegen die Grasstreifen (und -blöcke) in roter Farbe neben den noch vegetationsfreien und damit grau wiedergegebenen Getreideflächen deutlich in Erscheinung. Sie kontrastieren auch zu den ungegliederten hellrosafarbenen Flächen der "erwachenden" Steppe. Über Computerauswertungen (wie sie am Geogr. Institut Düsseldorf demnächst möglich sein werden) könnte eine kartographische Wiedergabe der Landschaftsstruktur erstellt werden. Alle Bilder zeigen auf jeden Fall,

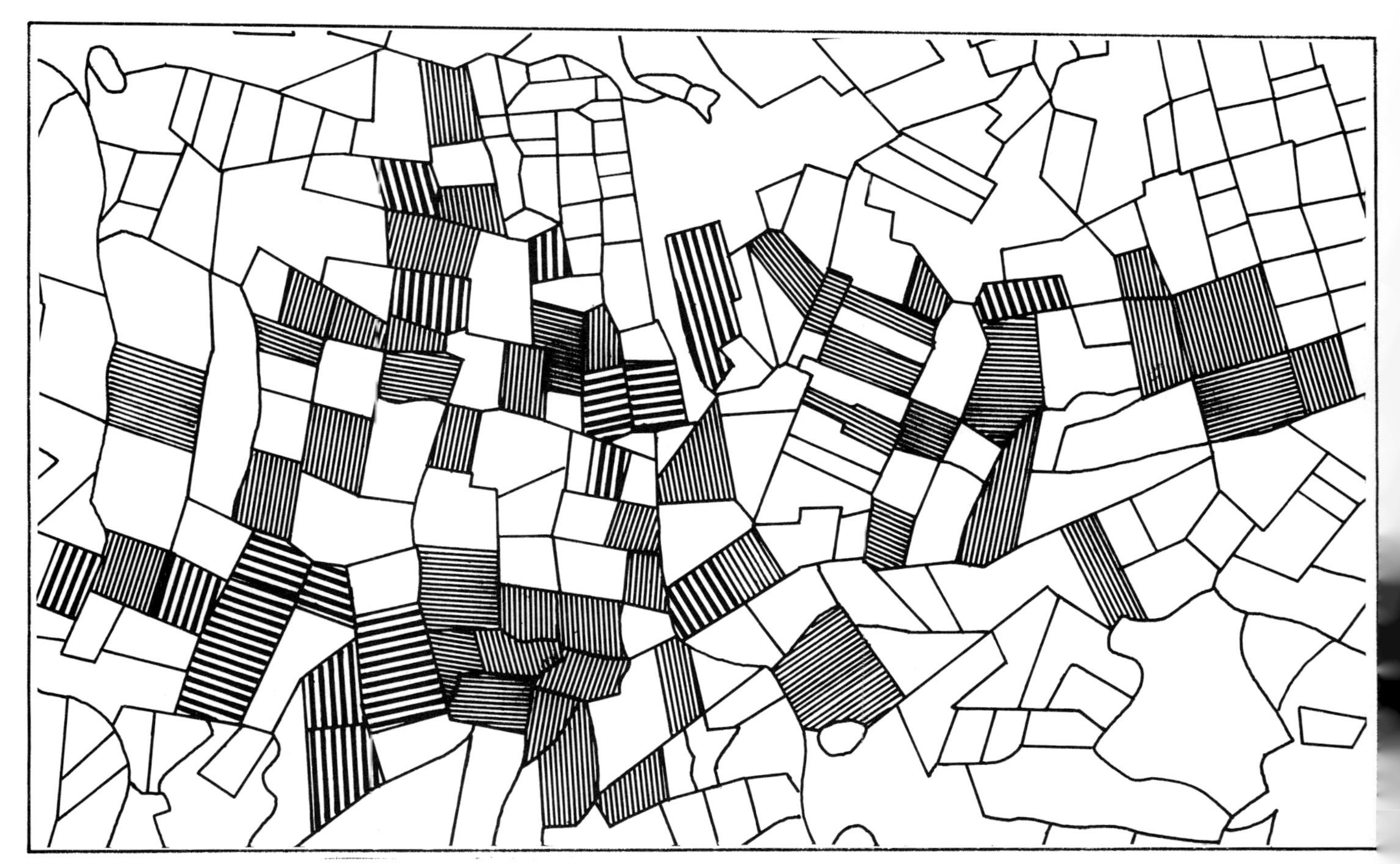

Abb. 6: Flurbild westlich von Zelinograd (nach einem Satellitenbild vom Juli 1978)

wie durchgreifend sich das neue Anbausystem in ganz Kasachstan durchgesetzt hat (im Gegensatz zur ukrainischen Steppenregion, wo auf Satelittenbildern keinerlei Feldstreifen zu erkennen sind).

Dieses neue Anbausystem ist zweifellos die Hauptursache für die Leistungssteigerung der kasachischen Getreidewirtschaft nach der Krisenphase der frühen sechziger Jahre.

11. Die Erfolge des neuen Anbausystems

Die Erfolge des neuen auf die ökologischen Verhältnisse Kasachstans ausgerichteten Anbausystemes spiegeln sich deutlich in einer Erhöhung der Erträge und der Erntemengen nach 1965 wider.

Tab. 14: Getreideernten in vier Planjahrfünften (nach "Narodnoe chozjajstvo Kazachstana 1980")

	Erträge (dz/ha)	Erntemengen (Mio.t)
1961-1965	6,1	14,5
1966-1970	8,8	20,7
1971-1975	9,0	21,6
1976-1980	10,8	27,5

Die Erträge konnten im angegebenen Zeitraum um 77% gesteigert werden. Selbstverständlich geht diese Ertragssteigerung zu einem Teil auch auf die Intensivierung der Mineraldüngung zurück, jedoch ist Kasachstan mit einem Düngeraufwand von nur 16,5 kg (in Reinform) pro Hektar (1980) nach wie vor das "Stiefkind" der sowjetischen Düngerwirtschaft. In der ukrainischen Kornkammer betrugen im gleichen Jahr die entsprechenden Düngeraufwendungen 112 kg/ha und in Weißrußland 252 kg/ha!

Ein Großteil der Leistungssteigerung geht zweifellos auf das neue Anbausystem zurück, auf die Eindämmung der Winderosion und die Verbesserung des Bodenwasserhaushaltes durch neue Bearbeitungstechniken. Die verbesserte Feuchtesituation hat vor allem zu einer Stabilisierung der Ertragslage geführt. Ausgesprochene Mißernten wie 1955 (2,8 dz/ha), 1963 (3,2 dz/ha) und 1965 (3,1 dz/ha) sind nach 1970 nicht mehr aufgetreten. Zwar sind die Schwankungen nach wie vor beachtlich, aber die einzelnen Jahreswerte liegen doch jetzt enger am langjährigen Mittel als früher.

Der Tiefstwert von 1977 (der immer noch über dem Mittelwert von 1961-1965 liegt) entspricht einer Mißernte, von der in diesem Jahr die gesamte sowjetische Getreidewirtschaft betroffen war. Er ist somit nicht ausschließlich der ökologischen Situation Kasachstans anzulasten.

Tab. 15: Getreideernten im 10. Fünfjahresplan (aus: "Narodnoe chozj. Kazachstana 1980")

	Ertrag (dz/ha)	Erntemenge (Mio.t)
1976	11,7	29,8
1977	7,0	17,7
1978	11,0	27,9
1979	13,6	34,5
1980	10,8	27,5

Das Rekordergebnis von 1979 fiel ausgerechnet in das Jubiläumsjahr "Fünfundzwanzig Jahre Neuland" (s. WEIN 1980) und wurde dementsprechend als Bestätigung der ganzen Aktion gefeiert.

Für die Jahre nach 1980 liegen keine Angaben mehr vor, da die Sowjetunion bekanntlich keine Getreideernte-Ergebnisse mehr veröffentlicht. Die Weiterentwicklung der kasachischen Getreidewirtschaft läßt sich somit leider nicht verfolgen.

Kritiken, die der Parteivorsitzende Gorbatschow in einer Rede im September 1985 an den kasachischen Getreidebauern geübt hat, lassen aber erkennen, daß die neue "Kornkammer" der Union nach wie vor mit Schwierigkeiten zu kämpfen hat - Schwierigkeiten aber, die zweifellos nicht nur ökologischer Herkunft sind, sondern deren Ursachen großenteils auch im menschlichen Bereich zu suchen sind.

Insgesamt aber dürfte sich Kasachstan - im Rahmen seiner ökologischen Möglichkeiten - nach den Fehlschlägen der frühen sechziger Jahre zu einem relativ stabilen Faktor der sowjetischen Getreidewirtschaft entwickelt haben.

Das Beispiel Kasachstan zeigt, wie durch eine Verbesserung der "Kulturtechnik" (s. Abb. 2) das aus dem Gleichgewicht geratene Ökosystem der Steppenlandwirtschaft wieder weitgehend stabilisiert werden konnte.

12. Literatur

ANDREAE, B. (1983): Agrargeographie. Berlin.

BARAEV, A.I. (1967): Naucnye osnovy zemledelija v severnych rajonach Kazachstana. In: Sinjagin (a.a.O.), S. 28-50.

BARAEV, A.I./E.F. GOSSEN (1980): Vetrovaja erozija pocv i bor'ba s nej v aziatskoj casti SSSR. In: PANIKOV, V.D. (Hrsg.): Erozija pocv i bor'ba s nej. Moskva.

BOLYSEV, N.N. u.a. (1973): Osobennosti bor'by s vetrovoj eroziej v severnom Kazachstane. In: MAKKAVEEV, N.N. (Hrsg.): Erozija pocv i ruslovye processy. Moskva.

CHOROŠILOV, I.I. (1967): C zarubeznom opyte proizvodstva zerna v rajonach schodnych v priroanom otnošenii c rajonam celinnych zemel'. In: Sinjagin (a.a.O.), S. 50-66.

DRONOV, O. u.a. (1983): Velikaja Step'. Moskva.

GERASIMOV, I.P. (Hrsg.) (1969): Kazachstan. Moskva.

MAL'CEV, T.S. (1967): O bezotval'noj obrapotke počvy. In: Sinjagin (a.a.O.), S. 212-215.

MUSOCHRANOV, V.E. (1983): Ispol'sovanie erodirovannych zemel'v Zapadnoj Sibiri. Moskva.

SAVOSTIN, W.G. (1967): O sisteme zemledelija v kustanajskoj oblasti. In: Sinjagin (a.a.O.), S. 287-293.

SINJAGIN, I.I. (Hrsg.) (1967): Problemy sel'skogo chozjajstva severnogo Kazachstana i stepnych rajonach zapadnoj Sibiri. Moskva.

SPÄTH, H.-J. (1980): Die agro-ökologische Trockengrenze. In: Erdkunde 34, S. 224-231.

TARASOV, N.N. (1967): O sozdanii mašin dlja bor'by c vetrovoj eroziej počv v stepnych rajonach Kazachstana. In: Sinjagin (a.a.O.), S. 135-143.

WEIN, N. (1980): Fünfundzwanzig Jahre Neuland. In: Geogr. Rundschau 1, S. 32-38.

WEIN, N. (1981): Die ostsibirische Steppenlandwirtschaft. In: Erdkunde 4, S. 263-273.

WEIN, N. (1982): Neulandgewinnung in Kasachstan. Darmstadt.

WEIN, N. (1983): Das sowjetische Agrarprogramm vom Mai 1982. In: Agrargeographie 1.

WEIN, N. (1983): Die Sowjetunion. Paderborn.

WIENECKE, A./TH. FRIEDRICH (1983): Agrartechnik in den Tropen, Bd. 1. Frankfurt.

ZAJCEVA, A.A. (1967): Pričiny vozniknovenija vetrovoj erozii počv. In: Sinjagin (a.a.O.), S. 204-209.

Narodnoe chozjajstvo Kazachstana v 1980 godu. Alma-Ata 1981.

Atlas Kustanajskoj oblasti. Moskva 1963.

Anschrift des Verfassers:

Prof. Dr. Norbert Wein
Universität Düsseldorf
Geographisches Institut
Universitätsstraße 1
D - 4000 Düsseldorf 1

Aus:

Ekkehart Köhler und Norbert Wein (Hrsg.):

NATUR- UND KULTURRÄUME.

Ludwig Hempel zum 65. Geburtstag.

Paderborn: Ferdinand Schöningh 1987.
= Münstersche Geographische Arbeiten 27.

Alois Mayr

Entwicklung und Probleme des Fremdenverkehrs in der Volksrepublik China

1. Einführung

Die Außen- und auch Innenpolitik der Volksrepublik China haben sich seit deren Gründung im Jahre 1949 mehrfach grundlegend geändert. Nach dem Bruch mit der Sowjetunion (1968/69) und der weitgehenden Abkapselung in der sog. "Großen Proletarischen Kulturrevolution" (1966-76) hat die überraschende Öffnung des Landes gegenüber dem Westen und dem Weltmarkt, die bereits zu Anfang der 70er Jahre einsetzte und nach dem Tode Mao Zedongs (1976) mit erstaunlicher Schnelligkeit vollzogen wurde, das weitere Interesse an China sehr stark wachsen lassen. Nicht nur die Medien räumen dem bevölkerungsreichsten Land der Erde, das flächenmäßig nach der Sowjetunion und Kanada, aber vor den USA und Brasilien an dritter Stelle steht, einen hohen Stellenwert ein; in der Tourismus-Branche stellt die fernöstliche Großmacht eines der z.Z. beliebtesten Urlaubsziele dar, das bei wachsender Nachfrage von unterschiedlichsten Reiseveranstaltern in mannigfacher Weise vermarktet wird. Dabei spielen die Angebote und Erwartungen der nationalen Fremdenverkehrsbehörden Chinas eine sehr beträchtliche Rolle.

Tab. 1: Ausländische Besucher in ausgewählten Ländern der Erde 1983

Land	Besucher
Spanien	38.011.184
USA	20.900.000
Italien	18.570.000
Österreich	14.252.000
Großbritannien	12.500.000
Deutschland, BR	9.459.000
Schweiz	9.185.000
China, VR+)	9.000.000
Frankreich°)	6.200.000
Bulgarien	6.000.000
Jugoslawien	5.955.000
Griechenland	5.500.000
Mexiko	4.800.000
Belgien	3.800.000
Dänemark	3.171.000
Niederlande	3.080.000
Japan	2.596.000
Polen	2.500.000
Portugal	2.394.000
Marokko	2.000.000
Irland	1.800.000
Kolumbien	1.600.000
Ägypten	1.500.000
Südkorea	1.300.000
Kenya	1.300.000
Norwegen	1.212.000
Tunesien	1.200.000
Brasilien	1.200.000
Tschechoslowakei	1.150.000
Indien	850.000
Sri Lanka	350.000

Quelle: J.-P. LOZATO-GIOTART 1987, S. 18 nach ADONET (Amicale des Offices de Tourisme étranger à Paris), année 1983

Anmerkungen:
+) mit Auslandschinesen
°) 30 Mill. Touristen insgesamt, aber nur 6,2 Mill. Ausländer

Innerhalb weniger Jahre konnte die Volksrepublik China - wie Tabelle 1 nachweist - zu den führenden Tourismusländern der Welt aufschließen. Diese Aussage bedarf indessen einer differenzierenden Analyse.

Der folgende Beitrag soll einerseits Voraussetzungen, Grundzüge und Entwicklung, strukturelle Gegebenheiten und die regionale Verteilung des Fremdenverkehrs untersuchen, daneben aber auch die wirtschaftlichen Effekte sowie aktuelle Probleme und zukünftige Aspekte der Planung behandeln. Für diese Thematik, die erstaunlicherweise in monographischen Darstellungen (CRESSEY 1955, KOLB 1963, DÜRR 1978, KÜCHLER 1981, TING KAI CHEN 1982, PANNEL/MA 1983) wie auch in Grundsatzartikeln (TAUBMANN 1981) keinerlei Berücksichtigung findet, stehen in begrenztem Umfang spezielle chinesische Veröffentlichungen und Statistiken zur Verfügung; diese werden im folgenden durch persönliche Beobachtungen und Auskünfte ergänzt, die der Verfasser im Frühjahr 1982 in Südchina sowie im Frühjahr 1987 während einer Süd-Nord-Querung durch die Kernräume Chinas machen bzw. in Erfahrung bringen konnte. Der Beitrag versteht sich als erster Versuch, der zu einem späteren Zeitpunkt einer detaillierten Fortführung bedarf.

2. Grundzüge der Entwicklung des Fremdenverkehrs

Der internationale Reise- und Fremdenverkehr der Volksrepublik China setzte erst im Jahre 1954 ein, als der China International Travel Service (CITS) oder Lüxingshe in der Hauptstadt Beijing (Peking) gegründet wurde. Entsprechend den damaligen begrenzten politischen Beziehungen stammten die mei-

Tab. 2: Entwicklung der Gästeankünfte in der Volksrepublik China 1980-1986

	Ausländer	Übersee-chinesen	Chinesen aus Nach-barterritorien ("compatriots")	Total
1980	529.124	34.413	5.138.999	5.702.536
1981	675.157	38.856	7.053.083	7.767.096
1982	764.497	42.745	7.117.019	7.924.261
1983	872.511	40.352	8.564.142	9.477.005
1984	1.134.267	47.498	11.670.420	12.852.185
1985	1.370.462	84.827	16.377.808	17.833.097
1986	1.482.000	21.337.000		22.819.000

Quellen: The Yearbook of China Tourism Statistics 1985, Editor: National Tourism Administration of the People's Republic of China, o.J. (1986), S. 5 und HAN KEHUA 1987, S. 32 (Werte 1986)

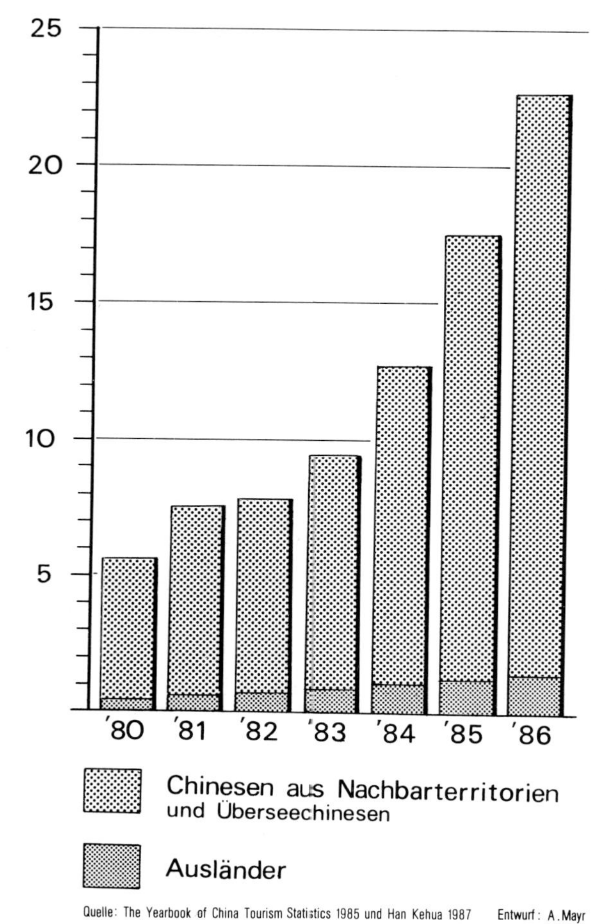

Abb. 1: Entwicklung der Besucherankünfte in der Volksrepublik China seit 1980

sten Besucher der 50er Jahre aus der Sowjetunion, den osteuropäischen Staaten, Nord-Korea und Nord-Vietnam und gehörten zu einem großen Teil Delegationen an.

Zu Anfang der 60er Jahre bereisten zwar schon einige wenige Gäste aus westlichen Ländern die Volksrepublik China, doch betrug 1966 die Gesamtzahl aller ausländischen Touristen erst 4.500. Diese niedrige Anzahl von erteilten Einreisegenehmigungen wurde insbesondere mit der völlig unzureichenden Verkehrs- und Fremdenverkehrsinfrastruktur begründet. Wer sich durch persönliche Anschauung ein Bild von Entwicklung und Situation Chinas machen wollte, konnte dies allenfalls in der portugiesischen Überseebesitzung Macao und der britischen Kronkolonie Hong Kong tun oder mußte die Republik China auf Taiwan besuchen, den Herrschaftsbereich der 1949 durch die Kommunisten vom Festland vertriebenen Kuomintang-Partei.

Obschon zu Beginn der 70er Jahre die Infrastruktur in der Volksrepublik China kontinuierlich weiter ausgebaut wurde und neben den großen Städten (Beijing, Shanghai, Guangzhou/Kanton usw.) auch einige landschaftlich schöne Gegenden (z.B. das Bergland von Guilin/Südchina ab 1973) für Touristen geöffnet wurden, brachte die Phase der Kulturrevolution mit inneren Unruhen und äußeren Abgrenzungen herbe Rückschläge für den Fremdenverkehr. Dieser kam fast zum Erliegen und setzte erst Ende 1976 wieder ein, insbesondere bedingt durch die Öffnungspolitik. Wurde der Tourismus zuerst lediglich zur Pflege und Förderung freundschaftlicher Kontakte genutzt, so wurde er nunmehr als Wirtschaftsfaktor anerkannt und in den Volkswirtschaftsplan aufgenommen.

Die Zahl der Touristen nahm insbesondere seit 1978 eine steile Entwicklung, die für den Zeitraum ab 1980 in Tabelle 2 und Abbildung 1 dargestellt ist. Dabei ist zu beachten, daß in der Statistik nach drei Herkunftsgruppen unterschieden wird; gezählt werden jeweils nur die Ankünfte.

Eine erste Besuchergruppe bilden ausländische Gäste, deren Anzahl von rd. 120.000 im Jahre 1978 über 529.000 im Jahre 1980 auf rd. 1.482.000 angestiegen ist (Tourism 1984, S. 1 f. und HAN KEHUA 1987, S. 32); diese sehr beachtliche Zunahme um das

2,8fache seit 1980 bedeutet große Impulse für die gesamte Landesentwicklung. In den letzten acht Jahren war die durchschnittliche Jahreszuwachsrate ausländischer Touristen mit 21,6% höher als die weltdurchschnittliche Zuwachsrate. Die Ausländer bilden indessen nur jeweils 6-8 % aller Touristen, während der weitaus größte Anteil aus Auslandschinesen besteht. Der Wunsch von Gästen chinesischer Abstammung, das Land ihrer Väter zu besuchen, ist damit überproportional gewachsen, und zwar von rd. 560.000 im Jahre 1978 über knapp 5.200.000 im Jahre 1980 auf die beachtliche Höhe von mehr als 21.300.000 im Jahre 1986, d.h. um das 4,1fache seit 1980 (ebd.). Diese Steigerung allein erklärt, warum China im Welttourismus einen der vorderen Plätze einnimmt (vgl. Tab. 1). Bei den Auslandschinesen ist einerseits die sehr kleine Gruppe der Überseechinesen zu erwähnen, deren Anzahl trotz Verdoppelung noch immer unter 100.000 liegt und in Abbildung 1 nicht getrennt dargestellt werden konnte; eindeutig bestimmend ist hingegen die übergroße Gruppe der "compatriots", worunter die Landsleute aus den benachbarten Territorien Hong Kong und Macao sowie der "Provinz" Taiwan verstanden werden. Das Wachstum dieser beiden chinesischen Besuchergruppen vollzog sich angesichts anhaltender Normalisierungen bis 1983 einigermaßen kontinuierlich, seither indessen in recht großen Zuwachsraten, deren Höhe sicherlich mitbeeinflußt worden ist durch die erfolgreichen Verhandlungen und Vertragsabschlüsse der Volksrepublik mit Großbritannien bzw. Portugal über den Anschluß von Hong Kong und Macao an China ab 1997 bzw. 1999 (vgl. BUCHHOLZ/SCHÖLLER 1985 und Beijing Rundschau Vol. 30, No. 14 vom 06.04.1987, S. 7 f. und I-XII).

Die Schnelligkeit der Fremdenverkehrsentwicklung läßt sich auch mit Hilfe zweier anderer Daten belegen. Waren für ausländische Touristen 1982 erst 135 Städte und andere Ziele offen, so konnten 1986 bereits 244 Gebiete besucht werden (Tourism 1984, S. 1 und 116-188, Tourist Map of China, May 1986, Rückseitentext). Frühere Angaben waren mir nicht zugänglich. Es wäre eine reizvolle Aufgabe, die Öffnung der chinesischen Städte und Tourismusziele in zeitlicher Reihenfolge und damit die Innovation des Fremdenverkehrs überhaupt zu verfolgen.

Einen weiteren sehr beachtlichen Impuls stellen die Inlandstouristen dar, deren Anzahl sich im Jahre 1986 nach Angaben des Staatlichen Reisebüros auf 270 Mill. belief (HAN KEHUA 1987, S. 32).

3. Potential, Struktur und regionale Verteilung des Fremdenverkehrs

3.1 Das Fremdenverkehrspotential

China verfügt über ein außerordentlich großes natürliches und anthropogenes Fremdenverkehrspotential, das die Voraussetzung für weitere Steigerungen der Besucherzahlen ist.

Die meisten Touristen sind offensichtlich in erster Linie an den Zeugnissen der 5.000jährigen chinesischen Geschichte und Kultur interessiert (vgl. u.a. WIETHOFF 1977, KUAN YU-CHIEN/HÄRING-KUAN 1985). Unter diesen dominieren die Sehenswürdigkeiten der Hauptstadt Beijing und ihres Umlandes (z.B. Verbotene Stadt, Himmelstempel, Sommerpalast, Minggräber, Große Mauer usw.) sowie anderer, zumeist großer Städte mit ihren Pagoden, Tempeln, Palästen und Museen. Besonders erwähnt seien in diesem Zusammenhang Xian, die alte Hauptstadt Chang'an (Provinz Shaanxi), u.a. mit der seit 1974 entdeckten, inzwischen weltberühmten Tonkriegerarmee des ersten chinesischen Kaisers Qin Shi Huangdi, ferner Luoyang (Provinz Henan) und Dazu bei Chongqing (Provinz Sichuan) mit bekannten buddhistischen Kultstätten (Longmen-Grotten, Höhlentempel usw.) oder Qufu (Provinz Shandong), der Geburtsort des Konfuzius mit vielerlei Sehenswürdigkeiten.

Ein zweiter Grund für Reisen nach China ist sicherlich der Wunsch, malerische, landschaftlich reizvolle und exotische Landschaften oder gar die große naturräumliche Vielfalt Chinas schlechthin kennenzulernen. Beispielhaft seien die bizarre Turm- und Kegelkarstlandschaft am Li-Fluß (Guijiang) bei Guilin in Guangxi (vgl. von WISSMANN 1954, GELLERT 1962 und ALTENBURGER 1983), die wild zerklüfteten Schluchten des Jangtsekiang (Yangzi, Changjiang) in den Provinzen Sichuan und Hubei, das Rote Becken von Sichuan oder schließlich die fünf heiligen Berge genannt. Geographisch interessierte Reisende werden sicherlich auch besonderes Augenmerk auf die großartigen Lößlandschaften Chinas (vgl. YONG-YAN WANG/ZONG-HU ZHANG 1980) und den Hoangho-Strom (Huang-he, Gelber Fluß) legen, der China so nachhaltig geprägt und mit seinen Überschwemmungen und Flußlaufverlegungen so oft Naturkatastrophen ausgelöst hat (vgl. HASSENPFLUG 1981, ZARETZKI 1986).

Eine weitere in der Werbung häufiger genannte Attraktion ist die Möglichkeit, in der Volksrepublik China 56 nationale Minderheiten studieren zu können, die überwiegend in peripheren Räumen leben (zur Problemstellung siehe HEBERER 1984). Lebensweise und Kultur, Sitten und Bräuche dieser Völker sowie die vielfältigen landschaftlichen Besonderheiten in den entsprechenden Regionen ziehen zunehmend ausländische Gäste an.

Andere Touristen - darunter insbesondere Geographen - interessieren sich für die wirtschaftlichen und gesellschaftlichen Reformen und Planungen und möchten die Entwicklung des modernen China mit eigenen Augen sehen. Hierher gehören sicherlich Besuche in den - seit der Landwirtschaftskonferenz 1982 zusehends aufgelösten - Volkskommunen (vgl. ENGEL 1981, SCHÖPKE 1986, WIDMER 1986), in modernen Industriewerken (z.B. Stahlwerke in Wuhan oder Anshan, Autofabriken in Changchun oder Shanghai; vgl. KRAUS 1979, YU CHEUNG-LIEH 1980, TAUBMANN/HEBERER 1985 und LOUVEN 1986) und Einrichtungen des Gemeinbedarfs (z.B. Gezhouba-Staudamm und -Schleusenanlagen am Jangtsekiang bei Yichang, Hochschulen, Schulen, Kindergärten, Krankenhäuser) oder in modernen Wohnsiedlungen und neuen Städten (zur Stadtentwicklung vgl. KÜCHLER 1976, REICH/SCHMIDT/WEITZ 1980, TAUBMANN 1983 und 1986a, KIRKBY 1985, JÜNGST/PEISERT/SCHULZE-GÖBEL 1985, TAUBMANN/WIDMER 1987). Von besonderem Interesse dürften hier auch die Städte und industriell-gewerblichen Entwicklungen in den Sonderwirtschaftszonen der Küstenregion sein, darunter vor allem Shenzhen und Zhuhai am Perlflußdelta in unmittelbarer Nachbarschaft von Hong Kong und Macao (vgl. BUCHHOLZ/SCHÖLLER 1985, WIDMER 1985). Sie sind jedoch nicht oder nur höchst selten Gegenstand der üblichen Rundreiseprogramme.

Schließlich mögen auch die Vielfalt der chinesischen Küche, das traditionsreiche Kunsthandwerk, die chinesische Oper oder andere Besonderheiten des ostasiatischen Kulturkreises ergänzende anziehende Faktoren für den Wunsch nach einer China-Reise sein.

Dieses reichhaltige, nur in Grundzügen angedeutete Potential für den Fremdenverkehr wird jedoch in seiner regionalen Differenzierung von Reiseveranstaltern nur sehr selektiv angeboten und von Touristen besucht. Neben dem China International Travel Service (CITS), der für ausländische Touristen verantwortlich ist, kümmert sich der China Travel Service (CTS) vor allem um Auslandschinesen und ein eigener China Youth Travel Service (CYTS) um Ju-

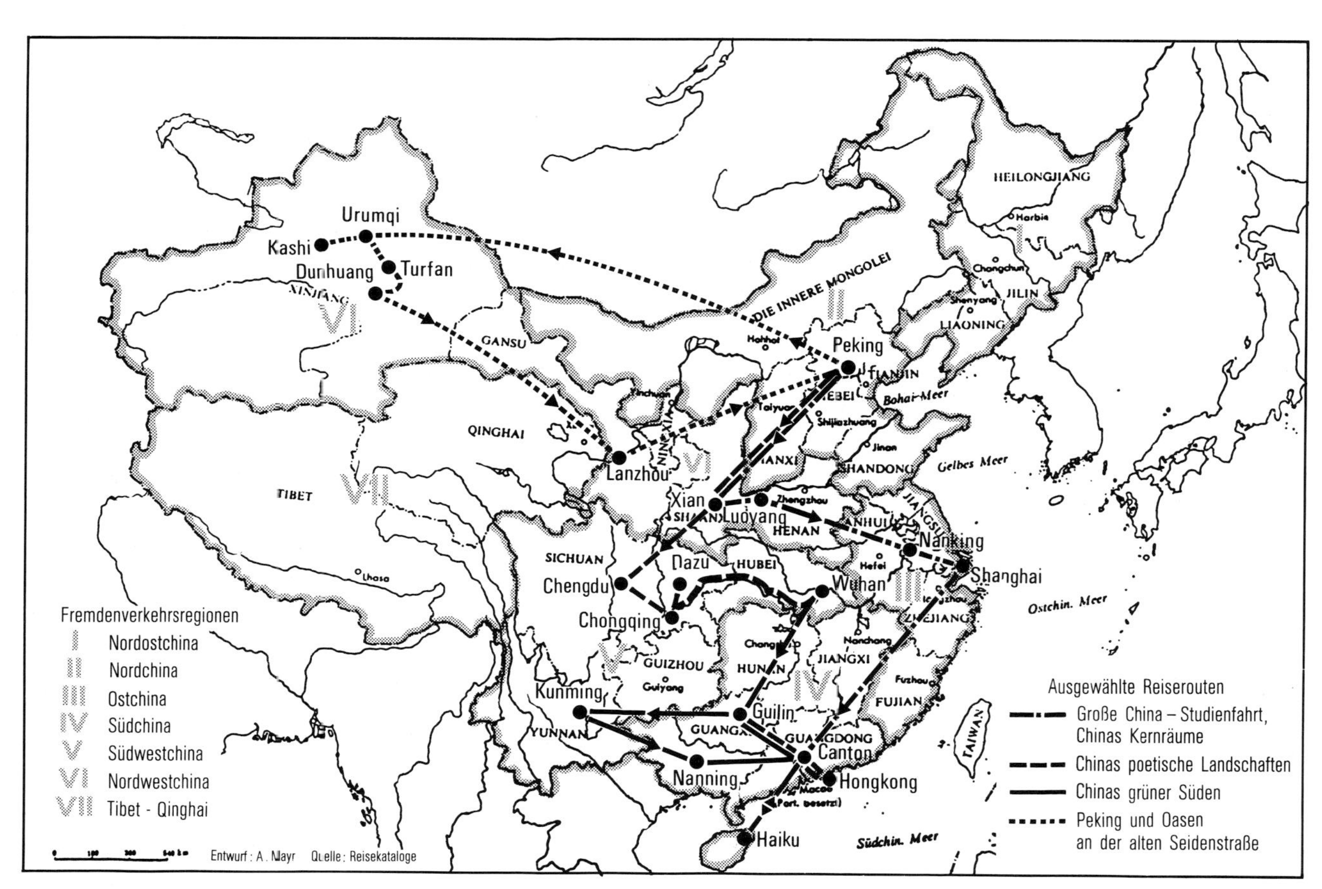

Abb. 2: Fremdenverkehrsregionen Chinas und ausgewählte Reiserouten

gendgruppen und junge Reisende; diese Reisebüros haben sämtlich ihre Hauptverwaltungen in Beijing, die beiden ersteren zudem eine Vielzahl von Zweigniederlassungen in allen Landesteilen.

Das Staatsgebiet der Volksrepublik China wird offiziell in sechs Fremdenverkehrsregionen eingeteilt, die m.E. um eine siebte zu ergänzen wären (vgl. Tourism 1984 und Abb. 2). Es sind:

- Nordostchina: Provinzen Heilongjiang, Jilin und Liaoning (Mandschurei)
- Nordchina: regierungsunmittelbare Städte Beijing und Tianjin, Autonome Region Innere Mongolei, Provinzen Shanxi, Hebei und Shandong
- Ostchina: regierungsunmittelbare Stadt Shanghai, Provinzen Jiangsu, Anhui, Zhejiang und Fujian
- Südchina: Provinzen Guangdong, Jiangxi und Hunan, Autonome Region der Zhuang Guangxi
- Südwestchina: Provinzen Yunnan, Sichuan, Guizhu und Hebei
- Nordwestchina: Uigurische Autonome Region Xinjiang (Sinkiang) und Autonome Region der Hui Ningxia, Provinzen Gansu, Shaanxi und Henan
- Tibet-Qinghai: Autonome Region Xizang (Tibet), Provinz Qinghai

Die von den verschiedenen deutschen Reiseveranstaltern am häufigsten angebotenen vier Rundreisen schließen Nordostchina und Tibet-Qinghai aus, während eine Route "Peking und Oasen an der alten Seidenstraße" insbesondere Sinkiang und Gansu, d.h. Oasenstädte des nordwestlichen ariden China mit ihren Kunstschätzen, zum Inhalt hat. Die meisten Studienfahrten werden nur durch das "Eigentliche China" im Osten des Landes geführt, wo sie Chinas Kernräume insgesamt, seine "poetische(n) Landschaften" (einschließlich Schiffsreisen auf dem Jangtsekiang und Li-Fluß) oder nur den "grünen Süden" in den Sub- und Randtropen erschließen. Hong Kong als dynamische Finanz- und Wirtschaftsmetropole sowie Entwicklungspol für Chinas Wandel wird als Startpunkt oder Endziel meist mit in China-Rundreisen einbezogen, Macao und Taiwan recht selten. Die Republik China auf Taiwan ist oft Gegenstand eigener z.T. mit Japan, Süd-Korea und Ländern Südostasiens kombinierter Reiseangebote. Es fällt auf, daß der China-Tourismus dominant durch den Städtetourismus geprägt wird.

3.2 Regionale Verteilung des Fremdenverkehrs und Aufenthaltsdauer nach Städten

Abbildung 3 gibt für das Jahr 1985 die Besucherankünfte und den Anteil der Ausländer, Tabelle 3 außerdem auch der beiden anderen Gruppen sowie die durchschnittliche Aufenthaltsdauer wieder. Die Verteilung der Touristen über das Jahr ist mit monatlich rd. 1,3 - 1,7 Mill. Gästen dank des großen Anteils von Chinesen relativ ausgeglichen, wobei die Monate Februar, März, April und Dezember etwas herausragen (The Yearbook of China Tourism Statistics 1985, S. 5). Wiedergegeben sind bei 50 ausgewiesenen Orten die Werte von 25 Städten, die 1985 über 20.000 Besucher zählten und sämtlich in der östlichen Landeshälfte liegen.

Neben einzelnen wegen ihres Ranges herausgehobenen Städten im Landesinneren (Beijing, Xian) fallen insbesondere die außerordentlichen Konzentrationen des Fremdenverkehrs in Südchina (Provinzen Guandong und Fujian) sowie am Unterlauf des Jangtsekiang auf. Mit weitem Abstand führt Guangzhou (Kanton) die Liste der am häufigsten besuchten Touristenziele im Jahre 1985 mit über 2,5 Mill. Gästen an, und auch die in seiner Nähe gelegenen relativ unbekannten Städte Zhuhai, Zhongshan und Shenzhen in den Sonderwirtschaftszonen der Provinz Guandong liegen im Spitzenfeld mit allerdings jeweils unter 20% Ausländern, während in Guangzhou und der gegenüber Taiwan gelegenen Provinz Fujian diese Werte etwas höher waren. Besuchertourismus aus Hong Kong und Macao ist hier also vorherrschend. In diesen Städten wie auch in der Hauptstadt gibt es eigene Hotels für Auslandschinesen. Das schon früh erschlossene Fremdenverkehrszentrum Guilin hat zwar auch zahlreiche Auslandschinesen als Gäste, doch waren hier 1985 bereits 74,4% der Besucher Ausländer. Mit rd. 937.000 Besuchern im Jahre 1985 rangierte Beijing erst an zweiter Stelle, Xian mit 212.000 gar erst auf dem neunten Rang, obwohl beide Städte in den "großen" oder "klassischen" China-Rundreisen regelmäßig angefahren werden. Dafür erreichten Xian mit 90,2% und Beijing mit 79,0% die höchsten Anteile ausländischer Besucher, deren Anteil in Mittel- und Nordchina deutlich zunimmt.

Besonders viele Ausländer besuchen auch die Städte am Jangtsekiang: die dynamische, durch europäische Einflüsse in den sog. Konzessionen ehemals stark überformte Hafenstadt Shanghai, die mit rd. 12 Mill. Einwohnern vor Beijing größte Stadt Chinas ist, das als "Venedig des Ostens" bekannte Suzhou, die von eindrucksvollen Bauwerken und Parkanlagen

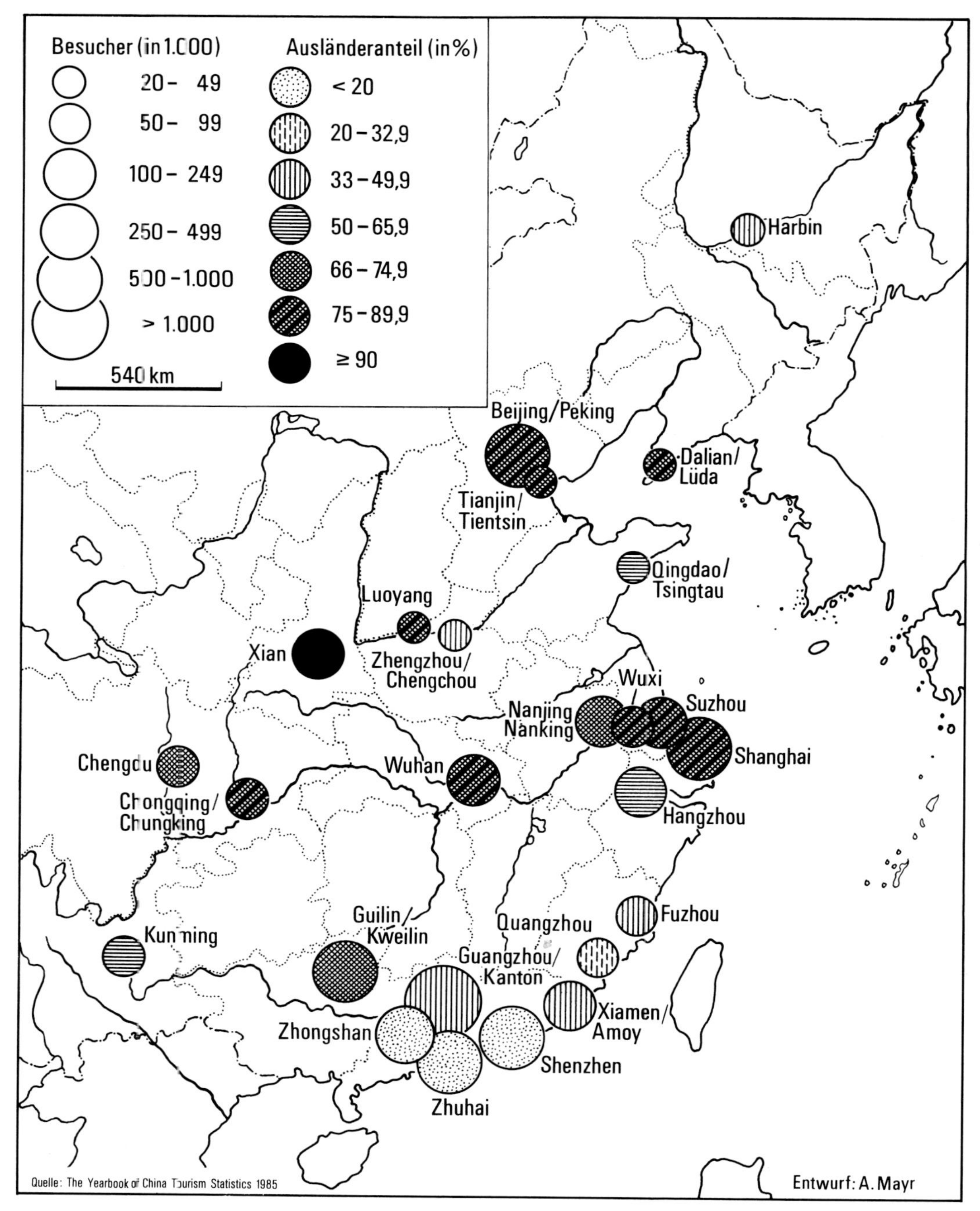

Abb. 3: Besucherankünfte und Ausländeranteil im Osten der Volksrepublik China 1985 nach Städten

des Adels und Bürgertums besonders geprägten Städte Wuxi und Hangzhou, Nanjing, eine der ehemaligen Hauptstädte am 1.795 km langen Kaiserkanal und schließlich das als zentrales Verkehrszentrum und bedeutende Industriestadt fungierende Wuhan (Schnittpunkt der West-Ost-Verbindung über den Jangtsekiang und der Nord-Süd-Eisenbahn Beijing-Guangzhou).

Die durchschnittliche Aufenthaltsdauer der Besucher lag ganz überwiegend bei nur 1-2 Tagen, wobei Beijing mit 5,3 Tagen eine deutlich herausgehobene Stellung einnimmt, gefolgt von dem - im wesentlichen als Hauptort des ehemals deutschen Pachtgebietes Kiautschau aufgebauten - Badeort Quingdao an der südlichen Shantung-Halbinsel und einigen weiteren Städten, zu denen u.a. auch Shanghai zählt. Einige Orte weisen ausgeprägte Unterschiede hinsichtlich der Präferenz durch unterschiedliche Gästegruppen auf. So hat Quingdao nach Beijing die höchste durchschnittliche Aufenthaltsdauer bei Ausländern (5,2 gegenüber 4,5 Tagen), bevorzugen Chinesen aus Nachbarterritorien in ausgeprägter Weise die Hafenstädte Tianjin und Fuzhou (6,2 statt 3,9 und 5,9 statt 4,1 Tage durchschnittliche Aufenthaltsdauer) und Überseechinesen das am äußersten Ende der Liaodong-Halbinsel gelegene Dalian (Lüda; 10,1 statt 2,9 Tage durchschnittliche Aufenthaltsdauer).

Tab. 3: Besucherankünfte (BA; in 1.000) und durchschnittliche Aufenthaltsdauer in Tagen (AD) in der Volksrepublik China 1985 nach ausgewählten Städten

	Total		Ausländer		Übersee-chinesen		Chinesen aus Nachbarterritorien ("compatriots")	
	BA	AD	BA	AD	BA	AD	BA	AD
1. Guangzhou/Kanton	2.578	2,1	528	2,3	50	2,9	2.001	2,1
2. Beijing/Peking	937	5,2	740	5,3	61	4,9	136	4,9
3. Zhuhai	733	1,4	143	1,4	4	1,6	585	1,5
4. Shanghai	602	3,5	489	3,5	8	4,7	105	3,4
5. Shenzhen	523	1,1	42	1,4	1	1,0	480	1,1
6. Guilin/Kweilin	336	2,1	250	2,1	3	2,1	84	2,1
7. Zhongshan	283	1,1	30	1,3	1	1,4	251	1,1
8. Hangzhou	238	2,2	156	2,0	7	2,2	75	2,5
9. Xian	212	2,2	191	2,2	3	3,4	18	2,7
10. Suzhou	182	1,0	153	1,0	2	1,1	27	1,2
11. Nanjing/Nanking	153	1,9	114	1,9	3	1,7	35	1,9
12. Xiamen/Amoy	117	2,8	47	2,8	9	2,3	61	2,9
13. Wuhan	115	1,7	93	1,7	1	1,7	21	1,7
14. Wuxi	98	1,3	76	1,4	1	1,4	21	1,1
15. Fuzhou	85	4,1	33	2,9	7	3,1	45	5,9
16. Kunming	73	2,9	47	2,9	7	2,9	19	3,3
17. Chongqing/Chungking	65	1,7	54	1,7	1	1,5	10	1,8
18. Chengdu	63	3,4	47	3,3	0	4,2	16	3,8
19. Quanzhou	58	2,2	12	2,1	3	2,5	43	2,2
20. Dalian/Lüda	48	2,9	43	2,7	0	10,1	6	3,9
21. Tianjin/Tientsin	45	3,9	38	3,5	0	2,2	7	6,2
22. Harbin	43	2,6	18	3,1	0	2,4	24	2,1
23. Luoyang	35	1,3	30	1,3	0	1,2	5	1,2
24. Zhengzhou/Chengchou	24	2,1	11	1,9	0	1,9	13	2,2
25. Qingdao/Tsingtau	23	4,5	14	5,2	1	3,9	7	3,3

Quelle: The Yearbook of China Tourism Statistics 1985, Editor: National Tourism Administration of the People's Republic of China, o.J. (1986), S. 22-29

3.3 Die Herkunft der Touristen

Tabelle 4 weist die Touristenankünfte in der Volksrepublik China im Jahre 1985 nach Herkunftsländern aus. Diese Daten können zwar in zeitlicher Entwicklung und für den Jahresablauf, differenziert nach betreuenden Organisationen, aufgezeigt werden (The Yearbook of China Tourism Statistics 1985, S. 4 und S. 12-21), bedauerlicherweise jedoch nicht nach räumlichen Verteilungsmustern. Mehr als ein Drittel aller ausländischen Besucher des Jahres 1985 waren Japaner (34,3%), mit deutlichem Abstand gefolgt von US-Amerikanern, die mit 17,5% gerade noch die Hälfte des japanischen Anteils erreichten. Weit dahinter folgten australische und britische Staatsbürger (5,7% bzw. 5,2%) sowie Gäste von den Philippinen, aus Singapore, der Bundesrepublik Deutschland, Frankreich, Kanada und Thailand. Die in den 50er Jahren führende Sowjetunion taucht erst an 13. Stelle auf.

Im Vergleich zu 1980 haben sich bei allgemeiner absoluter Zunahme relativ wenige Veränderungen ergeben. Größer wurde der Prozentsatz der einreisenden Japaner, Australier, Deutschen und Kanadier, der Bewohner von Singapore und selbst - nach der Besserung der politischen Beziehungen - der Sowjetunion; deutliche Rückgänge der Anteilswerte verzeichneten die USA, Großbritannien, Frankreich, Thailand und die Schweiz. Für diese Gegebenheiten sind u.a. neben Wandlungen im jeweiligen zwischenstaatlichen Verhältnis die allgemeine wirtschaftliche Situation in den Herkunftsländern sowie die Aktivitäten von Reiseveranstaltern maßgeblich verantwortlich. So stieg die Zahl der bundesdeutschen China-Reisenden zwischen 1980 und 1985 von 14.727 auf 43.062, diejenige der Niederländer zwischen 1980 und 1984 von 3.878 auf 15.087, um dann 1985 auf 9.473 abzusinken. Dieser sehr beträchtliche Rückgang kann durch eine Übersättigung des Marktes und andere konkurrierende Reiseangebote verursacht worden sein, aber auch beeinflußt sein von handels- und verkehrspolitischen Komplikationen, nachdem die Niederlande an Taiwan trotz Einspruchs aus Beijing bestimmte Waren geliefert haben und als einziges europäisches Land der nationalchinesischen Luftverkehrsgesellschaft China Airlines im Wege der Gegenseitigkeit Lande rechte gewähren.

Ergänzend sei erwähnt, daß Taiwan 1986 bei insgesamt 1,6 Mill. Touristen von rd. 22.000 Deutschen und 63.000 weiteren Europäern besucht wurde (freundl. Auskünfte von Prof. Dr. M. DOMRÖS,

Mainz). Die Zahl der ausländischen Besucher von Hong Kong stieg von 0,16 Mill. (1961) über 0,53 Mill. (1967) auf 1,29 Mill. im Jahre 1974 (SCHÖLLER 1978, S. 233) und betrug 1983 insg. 2,775 Mill. Personen, davon rd. 64.000 oder 2,3% Deutsche (vgl. BUCHHOLZ/SCHÖLLER 1985, S. 46-49).

3.4 Zur durchschnittlichen Aufenthaltsdauer der Touristen in China

Betrug der vor allem durch Einkaufstourismus bestimmte durchschnittliche Aufenthalt in Hong Kong 1983 nur 3,6 Tage und die mittlere Aufenthaltsdauer in Taiwan im Jahre 1986 sogar nur 3,1 Tage, so wurden entsprechende Vergleichswerte für die Volksrepublik China insgesamt leider nicht veröffentlicht. Für die Gäste des China Travel Service (überwiegend Auslandschinesen) wurden durchschnittlich 3,4 Aufenthaltstage, für diejenigen des China Youth Travel Service 5,5 Tage und für Besuchergruppen des China International Travel Service (überwiegend Ausländer) 8,1 Tage im Jahre 1985 bei Monatsschwankungen von 5,4 bis zu 10,4 Tagen ermittelt (The Yearbook of China Tourism Statistics 1985, S. 10-19). Nach Auskünften von chinesischen Reisebegleitern ist die mittlere Aufenthaltsdauer jedoch nach Nationalitäten sehr verschieden. So bleiben japanische Reisegruppen durchschnittlich nur 7-8 Tage, Australier 14 Tage und Europäer sowie Amerikaner jeweils rd. 17-18 Tage. Hieraus ergeben sich natürlich Verschiebungen bei der Bewertung der einzelnen Nationalitäten (vgl. Tab. 4), die jedoch nicht quantifizierbar sind.

4. Wirtschaftliche Bedeutung und Probleme des weiteren Ausbaus des chinesischen Fremdenverkehrs

4.1 Der Tourismus als Wirtschaftsfaktor

Der Tourismus ist in den vergangenen Jahren für die Volksrepublik China zu einem wichtigen und dynamischen Faktor innerhalb ihres tertiären Wirtschaftssektors geworden. Die Deviseneinnahmen aus dem Fremdenverkehr stiegen von 1,13 Mrd. US-Dollar 1984 über 1,25 Mrd. US-Dollar 1985 auf 1,53 Mrd. US-Dollar im Jahre 1986 an (HAN KEHUA 1987, S. 32). Diese Summe wird zum geringeren Teil durch Warenerlöse bei Einkauf, Speisen und Getränken erwirtschaftet (1984: 49,9%, 1985: 42,4%), überwiegend wird sie durch Dienstleistungen erbracht (1984: 50,1%, 1985: 57,6%); dazu zählen Beherbergung, Fernverkehr, Nahverkehr, Unterhaltung und sonstiges (The Yearbook of China Tourism Statistics 1985, S. 44).

Allein die Zahl der Beschäftigten in Reisebüros ist zwischen 1981 und 1985 von 37.000 auf knapp 170.000 angestiegen, darunter von fast 2.600 auf die gewaltige Summe von rd. 51.000 (!) in Guangzhou, von rd. 3.000 auf ca. 8.400 in Beijing und von ca. 400 auf rd. 8.100 in Shenzhen. Diese Daten korrelieren mit der großen Fremdenverkehrsnachfrage in der Provinz Guandong und in der Hauptstadt. Mehr als 4.000 Reisebüro-Mitarbeiter sind inzwischen auch in Zhuhai, Zhongshan, Hanzhou, Shanghai, Nanjing und Tianjin tätig, in den Hauptstädten der Autonomen Regionen Sinkiang und Tibet, Urumqi und Lhasa, immerhin bereits mehr als 300 (ebd., S. 40-41).

Bedeutende Beschäftigungsimpulse und Einnahmemöglichkeiten sind auch im Hotel- und Gaststättenwesen, im Transportgewerbe, der Unterhaltungsbranche sowie in den Bereichen der Museen, der Kunst, des Kunsthandwerks und auch der Souvenirindustrie geschaffen und weiterentwickelt worden. Von ihnen seien mit Hotellerie und Verkehrswesen lediglich zwei Wirtschaftsbranchen herausgegriffen, in denen im Hinblick auf die Weiterentwicklung des Fremdenverkehrs besondere Kapazitätsengpässe bestehen.

4.2 Der Engpaß der Hotelkapazität

Ein großes Defizit besteht noch immer an einer ausgewogenen und nachfragegerechten Übernachtungskapazität entsprechenden Standards. Sehr viele Hotels erreichten 1985 Auslastungsquoten zwischen 70 und 99%, insbesondere in Beijing. In den letzten Jahren sind in Ergänzung der älteren, häufig von Russen erbauten Hotels (z.B. des Hotelkomplexes Friendship in Beijing mit rd. 3.000 Betten) zahlreiche neue moderne Hotels errichtet worden, davon etliche als reine Auslandsinvestitionen oder gemischt-finanzierte joint ventures (wie in der Industrieentwicklung) mit Kapital aus Japan, Hong Kong, Australien, den USA und Kanada. Die Zahl der Hotels stieg innerhalb eines Jahres im gesamten Land von 505 (1984) um 205 auf 710 (1985) an. Ende 1986 existierten bereits über 900 Hotels und Gästehäuser mit rd. 275.000 Betten, und weitere 300 waren im Bau. Der Bauboom wird beispielhaft daran ersichtlich, daß die Zahl der Hotels in Beijing innerhalb eines Jahres bis 1985 auf 64, in Guangzhou von 33 auf 53 und in Shanghai von 12 auf 24 stieg. In dem südchinesischen Fremdenverkehrszentrum Guilin mit rd. 400.000 Einwohnern gab es 1982 4 und 1987 11 Hotels, während gleichzeitig 20 weitere (!) im Bau waren (nach The Yearbook of China Tourism Statistics 1985, S. 32-39, HEN KEHUA 1987 und mündlichen Auskünften). So soll das kommunistische Entwicklungsland China kontinuierlich an die touristisch entwickelten Länder Anschluß finden.

4.3 Zur Situation des Transportwesens

Der Verkehrsausbau in der Volksrepublik China ist insgesamt noch recht unzureichend, wenn man einmal von den innerstädtischen Straßennetzen absieht. Die bei weitem zu geringe Transportkapazität stellt einen sehr beträchtlichen Engpaßfaktor für die Fremdenverkehrsentwicklung dar (zur modernen Verkehrsentwicklung insgesamt vgl. TING KAI CHEN 1982, S. 158-168 mit Karten zum Eisenbahn- und Straßennetz, Luftverkehrsnetz und Binnenschiffahrtsnetz um 1976).

Fahrten an den Aufenthaltsorten werden überwiegend mit Sonderbussen - zumeist japanischer Herkunft - durchgeführt. Die im Einsatz befindlichen öffentlichen Linienbusse sind meist hoffnungslos überfüllt und die Warteschlangen an den Haltestellen groß; man erlebt häufig, daß Transporte bei Schul- oder Betriebsausflügen mittels Lastkraftwagen durchgeführt werden, auf denen die Teilnehmer eng zusammengedrängt stehen. Auf bestellte Taxis muß oft lange gewartet werden. In Beijing steht als weiteres öffentliches Verkehrsmittel seit 1969 eine moderne U-Bahn zur Verfügung, die aus einer 16 km langen Ringbahn um die innere Stadt sowie einer 24 km langen West-Ost-Strecke besteht.

Überlandstraßen sind trotz beträchtlicher Ausbaumaßnahmen häufig in einem schlechten Zustand und gestatten, zusätzlich bedingt durch hohe Inanspruchnahme mit Bussen, Lastkraftwagen, Traktoren, Handkarren, Fahr- und Motorrädern, maximal eine durchschnittliche Fahrleistung von 30 km/h. Trotz großer Distanzen muß oft auch die Eisenbahn von Reisegruppen genutzt werden, wenn ein Zielort keinen Flughafen hat oder wenn die Hotelkapazität an einem gewünschten Standort nicht ausreicht. Für derartige meist nächtliche Fahrten werden ausländische Reisende in die sog. "weiche Klasse" eingewiesen, in der die Abteile jeweils vier Betten haben.

Tab. 4: Besucherankünfte in der Volksrepublik China 1985 und Veränderungen gegenüber 1984 nach Ländern

	Ankünfte insgesamt	Anteil in v.H.	Veränderung der Ankünfte gegenüber 1984 in v.H.
Total	17.833.097	100,0	+ 38,8
davon			
Ausländer	1.370.462	7,7	+ 20,8
Übersee-Chinesen	84.827	0,5	+ 78,6
Chinesen aus Hong Kong, Macao und Taiwan ("compatriots")	16.377.808	91,8	+ 40,3
Herkunftsländer der Ausländer	Ankünfte insgesamt	Anteil in v.H.	Veränderung der Ankünfte gegenüber 1984 in v.H.
1. Japan	470.492	34,3	+ 27,8
2. Vereinigte Staaten von Amerika	239.557	17,5	+ 12,8
3. Australien	78.135	5,7	+ 7,5
4. Großbritannien	71.352	5,2	+ 14,7
5. Philippinen	57.868	4,2	+ 33,9
6. Singapore	46.543	3,4	+ 24,4
7. Bundesrepublik Deutschland	43.062	3,1	+ 25,7
8. Frankreich	38.950	2,8	+ 44,2
9. Kanada	35.233	2,6	+ 16,3
10. Thailand	24.581	1,8	- 6,6
11. Volksrepublik Korea (Nord-Korea)	22.275	1,6	+ 6,3
12. Italien	18.787	1,4	+ 18,0
13. Sowjetunion	17.701	1,3	+ 26,2
14. Schweiz	12.365	0,9	- 23,1
15. Niederlande	9.473	0,7	- 37,2
16. Schweden	8.331	0,6	+ 39,7
17. Neuseeland	7.489	0,6	- 18,4
18. Indien	6.972	0,5	+ 56,6
Zwischensumme	1.209.166	88,2	-
Andere Länder Asiens	87.287	6,4	+ 46,7
Andere Länder Europas	52.490	3,8	+ 27,3
Andere Länder Amerikas	14.147	1,0	+ 20,1
Afrika	4.833	0,4	- 19,4
Andere Länder Ozeaniens	367	0,03	+ 55,5
Sonstige	2.171	0,2	-
Total	1.370.462	100,0	+ 20,8

Quelle: The Yearbook of China Tourism Statistics 1985, Editor: National Tourism Administration of the People's Republic of China, o.J. (1986), S. 1-3 und eigene Berechnungen

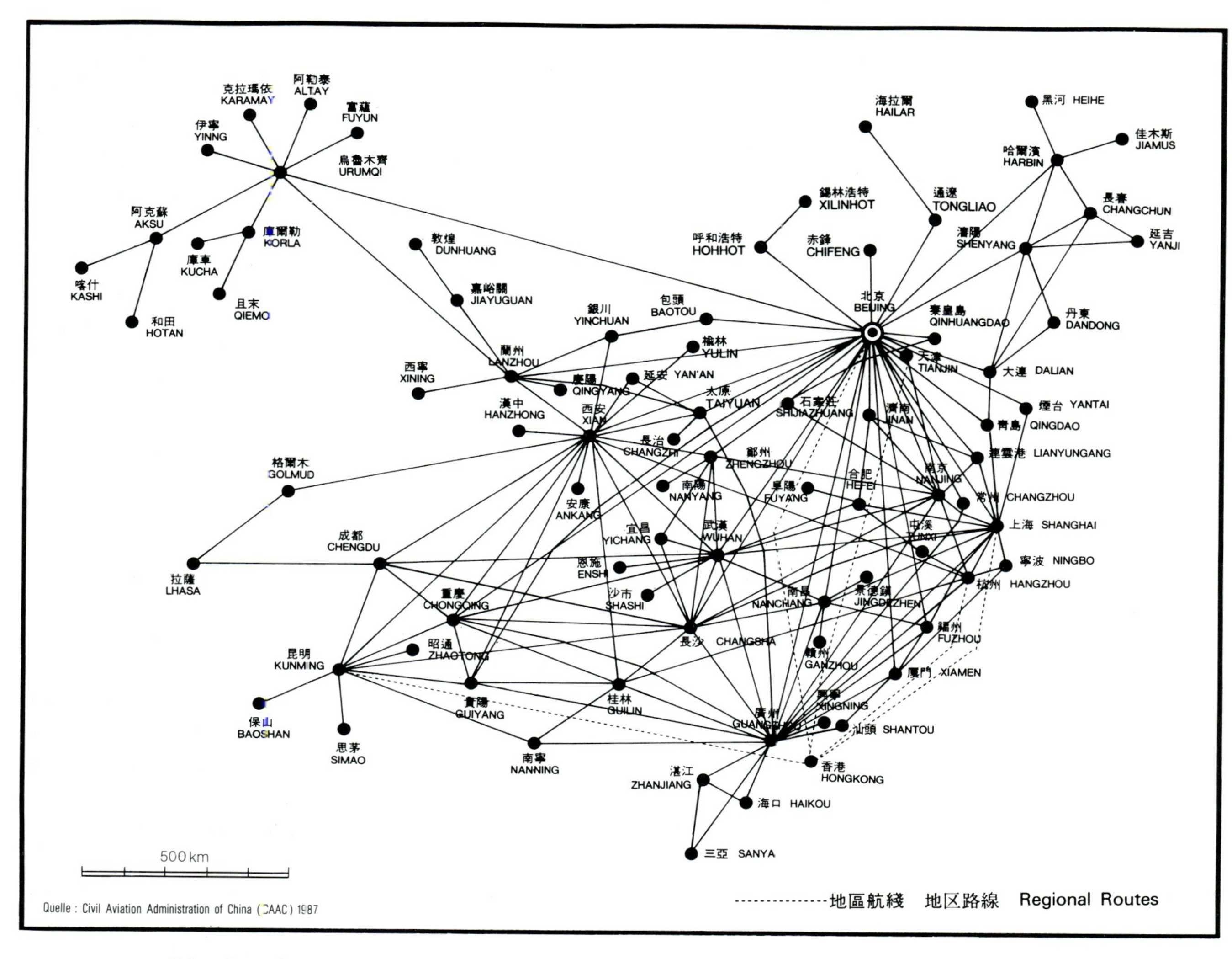

Abb. 4: Das binnenländische Luftverkehrsnetz der Volksrepublik China 1987

Als weitere Form des Landverkehrs ist der Binnenschiffahrtsverkehr anzusprechen, der als Ausflugsverkehr auf dem Jangtsekiang zwischen Chongqing, Wuhan und Shanghai, auf dem Li-Fluß im Karstbergland zwischen Guilin und Yanshuo, auf dem Kaiserkanal (Region Souzhou, Wuxi und Hangshou) sowie auch auf Teilstrecken des Hoangho sehr verbreitet ist. Auf dem Jangtsekiang stehen spezielle Luxusschiffe für ausländische Gäste zur Verfügung (mit Zweier- und Vierer-Kabinen), doch sind Reisen zusammen mit chinesischen Fahrgästen auf den üblichen Fährschiffen weit interessanter, da man auf ihnen Einblicke in die chinesische Alltagswelt erhält.

Zwischen den chinesischen Hafenstädten gibt es Verbindungen, die in unterschiedlicher Regelmäßigkeit mit größeren Fährschiffen unterhalten werden. Von Hong Kong aus werden u.a. Guangzhou, Xiamen, Shatao, Shanghai, Tianjin, Qingdao und Dalian angefahren, außerdem Macao mit Hovercraftverbindungen.

Wegen der gewaltigen Entfernungen werden die meisten Reisen innerhalb des Landes mit dem Flugzeug zurückgelegt. Die Civil Aviation Administration of China (CAAC), deren binnenländisches Streckennetz in Abbildung 4 wiedergegeben ist, hat seit Ende der 70er Jahre beträchtlich expandiert und zugleich ihre Flugzeugflotte und ihren Bordservice modernisiert (CAAC 1987a, 1987b). Bei rd. 90 Flughäfen, die überwiegend in den Millionen- und Großstädten, aber auch in kleineren Mittelzentren sowie wichtigen Siedlungen in peripheren Räumen liegen, werden bereits mehr als 200 Flugverbindungen bedient. Wichtigster Luftverkehrsknoten ist natürlich die Hauptstadt Beijing, in der 1980 ein moderner neuer Flughafen eröffnet werden konnte, der außerdem von 15 ausländischen Luftverkehrsgesellschaften angeflogen wird; die CAAC selbst unterhält 24 internationale Flugstrecken bis nach London, Addis Ababa, Melbourne und New York einschließlich zweier Deutschland-Verbindungen nach Frankfurt (über Sharjah/Vereinigte Arabische Emirate und/oder Rom) und Berlin-Schönefeld (über Moskau).

Weitere bedeutende internationale Flughäfen der Volksrepublik China sind ferner Shanghai (mit Direktverbindungen nach Japan, Kanada und in die USA) und Guangzhou (nach Hong Kong, Singapore, Bangkok, Manila, Sydney und Melbourne), die inzwischen zusätzlich auch Zentren von Regionalverwaltungen der CAAC mit eigener Verantwortlichkeit geworden sind. Als Ausgangspunkte grenzüberschreitender Verbindungen oder Zwischenstationen von Auslandsstrecken ab Beijing sind schließlich auch Urumqi, Kunming, Xiamen und Dalian zu erwähnen.

Neben diesen internationalen Flugverbindungen werden als eigenständiger Angebotstyp "Regionalstrekken" angeboten, deren Endziel und Ausgangspunkt ausschließlich Hong Kong ist. Der Flughafen dieser Stadt, die noch bis 1997 britische Kronkolonie ist, wird im Nonstop-Linienverkehr ab Kunming, Guangzhou, Beijing, Tianjin, Shanghai und Hangzhou angeflogen, im Charterverkehr auch ab Nanjing. Hong Kong ist zudem Vermittlungsstelle für Flugreisen nach Taiwan, das aus der Volksrepublik nicht angeflogen wird.

Neben den bisher genannten Städten sind wegen ihrer Verkehrsstellung oder der regen Nachfrage im Tourismusbereich insbesondere auch Xian, Guilin, Wuhan, Harbin sowie weiterhin Chengdu, Chonqing und Lanzhou wichtige Stationen des Luftverkehrs. Bei schlechtem Wetter gibt es nicht selten Verspätungen, da die Flughäfen noch nicht mit modernerer technischer Ausstattung, insbesondere Instrumentenlandesystemen, ausgerüstet sind.

Als Fluggerät werden bei stärker nachgefragten Inlandsstrecken größere Strahlflugzeuge der Firmen Boeing (B 707, 737, 747, 767), Mc Donnell Douglas (DC 9, MD 80), Airbus (A 310), Trident, Ilyushin und Tupolev eingesetzt, bei kürzeren Strecken vorwiegend Propellermaschinen unterschiedlichster Herkunft (Antonov, Shorts, Twin Otter u.a.) für bis zu 50 Passagiere, darunter auch der in der Volksrepublik China entwickelte Flugzeugtyp Yun.

Es sollte nicht vergessen werden, daß angesichts der Größe Chinas, die derjenigen Europas entspricht, ohne Inanspruchnahme des Flugzeugs die meisten der erwähnten Rundreisen nicht, zumindest nicht in der begrenzten Zeit, möglich wären. Dem weiteren Ausbau und der Modernisierung des Luftverkehrs wird wegen seiner vielfältigen Erschließungsfunktionen ganz besondere Aufmerksamkeit gewidmet (zur Bedeutung der Verkehrsmittel für den Güterverkehr vgl. LOUVEN 1986).

Von den 17.833.097 Touristen der Volksrepublik China im Jahre 1985 reisten übrigens 81,9% über die Straße und nur 9,2% per Schiff, 4,9% per Flugzeug und 4,0% mit der Eisenbahn ein (The Yearbook of China Tourism Statistics 1985, S. 5). Diese Zahlen unterstreichen erneut die herausragende Prägung des chinesischen Fremdenverkehrs durch Chinesen aus Nachbarterritorien. Die mit 865.193 Besucherankünften per Flugzeug gegenüber den 1.370.462 ausländischen Touristen deutlich niedrigere Zahl läßt erkennen, daß der Luftverkehr für Ausländer bei der Einreise keineswegs an erster Stelle steht. Die Anreise in die Volksrepublik China per Eisenbahn erfolgt entweder über die Transsibirische Eisenbahn (Moskau - Irkutsk - Ulan Bator/Mongolei - Beijing) oder ab Hong Kong-Kowloon in Richtung Guangzhou.

4.4 Engpässe der personellen Infrastruktur

Sehr beträchtliche Probleme für die Fortentwicklung des chinesischen Fremdenverkehrs bestehen in unzureichenden personellen Voraussetzungen in vielerlei Bereichen. Der Mangel an qualifizierten Dolmetschern, Reiseführern und Hotelfachkräften ist als Problem deutlich erkannt, da er zu schlechtem Service führt und damit imageschädigend wirkt.

Ca. 60-70% der Mitarbeiter von Reisebüros in den großen Städten sind als Dolmetscher und Reiseführer tätig. Dabei studieren Dolmetscher vor allem an eigenen Fremdspracheninstituten in Shanghai (gegr. 1949) und Beijing (gegr. 1954), die zu den angesehensten Universitäten des Landes gehören. Am häufigsten benötigte Fremdsprachen sind Japanisch, Englisch, Deutsch und Französisch, außerdem Spanisch, Russisch, Arabisch, Philippinisch und Thailändisch (nach mündlichen Auskünften).

Außerdem wurden seit 1978 "praktisch aus dem Nichts" vier Hochschulen für Tourismus aufgebaut (größte in Beijing) und an zehn Universitäten bzw. Hochschulen Fakultäten und Studienfächer für Tourismus eingerichtet, an denen Ende 1985 1.861 Studenten ihr Examen ablegten und weitere 3.257 eingeschrieben waren (HAN GUOJIAN 1987). Auf anderem Niveau wurden vier Fachschulen für Tourismus gegründet und in allen Provinzen, Autonomen Gebieten und regierungsunmittelbaren Städten Berufsschulen oder Fachklassen für Fremdenverkehr eingerichtet. Hier besteht ebenso wie an den erwähnten Hochschulen ein großer Andrang, so daß 1986 nur jeder dritte Bewerber aufgenommen werden konnte.

Großes Gewicht wird auch auf die Ausbildung von

Kaufleuten und Verwaltungskräften im Tourismusbereich gelegt. So entstanden in Nanjing und Tianjin eigene Ausbildungszentren für leitendes Hotelpersonal (Direktoren, Abteilungsleiter, Hotelmanager) sowie Aus- und Fortbildungszentren für Köche, Bedienungspersonal, Buchhalter und Fahrer. Seit 1978 sollen allein 27.000 Manager und Köche an Weiterbildungskursen im touristischen Bereich teilgenommen haben (HAN GUOJIAN 1987, S. 34 und HAN KEHUA 1987, S. 33).

Schließlich wurde die Volksrepublik China Mitglied der Touristik-Weltorganisation, nahm 1982 und 1986 an entsprechenden Konferenzen teil, lud ausländische Experten zu Vorträgen ein und entsendet jährlich Mitarbeiter zur Fortbildung ins Ausland. Da erkannt wurde, daß "der Schlüssel für die Entwicklung des Tourismus die Erhöhung der Qualifikation der vorhandenen Fachkräfte und die Ausbildung von Nachwuchskräften" ist, wurde auf einer Tourismus-Landeskonferenz u.a. beschlossen, daß "die Wachstumsrate des Bildungsbudgets höher als die der Einnahmen durch den Tourismus" sein solle (HAN GUOJIAN 1987, S. 34).

5. Ausblick

Der Fremdenverkehr hat an einigen Orten der Volksrepublik China bereits Ausmaße und Formen angenommen, die als bedenklich eingestuft werden müssen.

Das Gedränge von Menschenmassen an bestimmten Touristenzielen und die Aufdringlichkeit von Straßenhändlern sind mancherorts kaum noch erträglich. Der Endpunkt der Li-Schiffahrt in Yangshuo bei Guilin, die Longmen-Grotten bei Luoyang, die Ausgrabungsstätte der Qin-Terrakotta-Figuren bei Xian oder der Zugang zur Großen Mauer bei Badaling nördlich von Beijing mit ihren Großparkplätzen und Verkaufsständen ähneln Rummelplätzen. Der Ort der 13 Minggräber nördlich Beijing, von denen erst ein einziges bei Jingling geöffnet wurde, hat die Würde und Ruhe einer Grabstätte längst verloren. Hubschrauberflüge über die Minggräber und die Große Mauer, aber auch spezielle Angebote der "Chinese Golf and Amusement Tourist Company" sind sicherlich nicht unumstritten. Der heilige Berg Taishan (1.545 m) im Westen des Shandong-Gebirges war früher nur über 6.000 Stufen durch äußersten Einsatz erreichbar, wird aber seit 1983 auch durch eine Seilbahn erschlossen.

Es stellt sich deshalb die Frage, wie der Fremdenverkehr in China künftig geplant werden soll und insbesondere, ob er bei sich verstärkendem Massentourismus attraktiv genug bleiben wird. Bekanntlich ist der Ferntourismus in der Dritten Welt, zu der sich auch China als kommunistisches Entwicklungsland zählt, in seinen Wirkungen auf die Wirtschaftsentfaltung und kulturelle Identität durchaus zwiespältig zu beurteilen (vgl. VORLAUFER 1984, GORMSEN 1985 u.a.). Die Volksrepublik China möchte nach den Beschlüssen der Tourismus-Landeskonferenz von 1986 die Zahl der ausländischen Besucher bis zum Jahr 2000 auf 8 Millionen steigern und Einnahmen zwischen 8 und 10 Milliarden US-Dollar erwirtschaften. Zur Erreichung dieser Ziele sollen u.a. folgende Maßnahmen ergriffen werden (nach HAN KEHUA 1987 und mündlichen Berichten von Reiseführern):

Es sollen zur Entzerrung des Tourismus weitere Freilegungen archäologischer Sehenswürdigkeiten in Xian und möglicherweise auch an anderen Stellen erfolgen. Außerdem ist geplant, vorhandene touristische Ziele zu renovieren bzw. auszubauen (z.B. Ausbaggerungen zur Erhöhung des Wasserstandes des Li-Flusses). Als neue Attraktionen sollen traditionelle Gewerbebetriebe, weitere Museen und ein Kurzentrum zugänglich gemacht und entwickelt werden.

Im Beherbergungssektor sollen künftig auch Hotels mittlerer und niedriger Preisklasse errichtet werden, um auch andere Besucherschichten anzusprechen; außerdem ist der Bau von Urlauberdörfern in der Nähe der Stadt Wuxi am Jangtsekiang und auf der Tropeninsel Hainan geplant, deren Yalong-Bucht zum Ferienparadies für Winterreisende ausgebaut wird.

China möchte sodann künftig spezielle Reisen zur Teilnahme an internationalen Konferenzen, religiösen Feiern (!) und akademischen Foren anbieten sowie sich verstärkt auch für Studien- und Hochzeitsreisen anpreisen. Diese Förderung des interessenspezifischen Tourismus einschließlich Einzelreisen anstelle von oberflächlichem Sightseeing soll insbesondere auch dazu beitragen, daß Touristen das Land nicht nur einmal besuchen, sondern als Wiederholungsurlauber einen vertieften Einblick in Landschaften, Geschichte, Kultur und Entwicklungsprobleme gewinnen. Zu diesem Zweck soll auch der Besuch peripherer, von nationalen Minderheiten bewohnter Landesteile, z.B. der Inneren Mongolei, von Tibet und Sinkiang, verstärkt unterstützt werden.

Durch Trennung der Reisebüros von Zentralinstanzen und örtlichen Regierungsstellen sowie Förderung der dezentralisierten Bewirtschaftung ist bereits etwas mehr Flexibilität ermöglicht worden, die zusammen

verschiedenen Heften
die Servicestandards sowie
ngs-Verhältnis diskutiert. Zur Er-
r Konkurrenzfähigkeit wird den Hotels emp-
hlen, generell niedrigere Zimmerpreise als vergleichbare Beherbergungsbetriebe in Hong Kong und anderen Ländern Südostasiens festzulegen und ferner Saisonpreise einzuführen.

Schließlich sollen auch der Ausbau einer nachfragegerechten Transportkapazität sowie Aus- und Weiterbildung touristischen Fachpersonals vorangetrieben und ferner auch die Pflege der Volkskunst für Zwekke des Tourismus (Vorführungen, Souvenirartikel usw.) gefördert werden.

Diese Darlegungen lassen erkennen, daß die Volksrepublik China nicht allein auf eine quantitative Ausweitung des Fremdenverkehrs hinarbeitet, sondern zugleich eine qualitative und regionale Differenzierung und Diversifizierung anstrebt. Es wird mit Interesse zu verfolgen sein, inwieweit dieser Ausbau auch Bestandteil der Modernisierungspolitik sein kann, nach deren Prinzipien Regional- und Landesentwicklung ausgerichtet sind (vgl. YU CHEUNG-LIEH 1980, PANNELL/MA 1983, DÜRR/WIDMER 1984, DÜRR 1986, HEBERER 1986, TAUBMANN/WIDMER 1987).

6. Literatur

ALTENBURGER, E. (1983): Die südchinesische Karstlandschaft. In: Geowissenschaften in unserer Zeit 1, S. 115-126.

Beijing Review/Beijing Rundschau. Verschiedene Ausgaben.

BÖHN, D. (1982a): China. Zur Raumwirksamkeit von Ideologien. In: Praxis Geographie, H. 12, S. 31-37.

BÖHN, D. (1982b): Peking und Taipeh. Ein stadtgeographischer Vergleich. In: SCHOLZE, H. (Hrsg.): 10 Jahre Verbandsexkursionen, S. 14-32. Bielefeld.

BUCHHOLZ, H.J./P. SCHÖLLER (1985): Hong Kong. Finanz- und Wirtschafts-Metropole, Entwicklungspol für Chinas Wandel. Braunschweig.

Civil Aviation Administration of China, CAAC (1987a): CAAC Inflight Magazine, Vol. 6, No. 2 (1987.4).

Civil Aviation Administration of China, CAAC (1987b): Time table 87 summer - 87 autumn. Beijing.

CRESSEY, G.B. (1955): Land of the 500 Millions. New York - Toronto - London.

DÜRR, H. (1978): Volksrepublik China. In: SCHÖLLER, P./H. DÜRR/E. DEGE: Ostasien. Fischer Länderkunde, Bd. 1, S. 42-208. Frankfurt/M.

DÜRR, H. (1986): Modernisierungspolitik und großräumliche Entwicklung in der VR China. In: Praxis Geographie, H. 7/8, S. 29-37.

DÜRR, H./U. WIDMER (1983): Provinzstatistik der Volksrepublik China (Provincial Statistics of the People's Republic of China). Mitt. des Inst. f. Asienkunde Hamburg, Bd. 131. Hamburg.

DÜRR, H./U. WIDMER (1984): Ansätze zur Erfassung und Interpretation inter- und intraregionaler Disparitäten in ländlichen Gebieten der VR China. In: Geogr. Zeitschrift 72, H. 2, S. 99-112.

ENGEL, J. (1981): Die chinesische Volkskommune. In: Geographie heute 1, H. 4, S. 25-39.

GELLERT, J.F. (1962): Der Tropenkarst in Süd-China im Rahmen der Gebirgsforschung des Landes. In: 33. Deutscher Geographentag Köln 1961. Tagungsbericht und wissenschaftliche Abhandlungen, S. 376-384. Wiesbaden.

GORMSEN, E. (1985): Tourism and socio-economic patterns in third-world countries. In: The impact of tourism on regional development and cultural change. Mainzer Geogr. Studien, H. 26, S. 15-24. Mainz.

HAN GUOJIAN (1987): Ausbildung im Tourismusbereich. In: Beijing Rundschau 24, Nr. 7 vom 17. Februar 1987, S. 34.

HAN KEHUA (1987): Tourismus in China: Heute und morgen. Interview des Korrespondenten der "Beijing Rundschau" HAN GUOJIAN mit dem Leiter des staatlichen Reisebüros HAN KEHUA zu Fragen der Entwicklung des Tourismus in China. In: Beijing Rundschau 24, Nr. 12 vom 24. März 1987, S. 32-35.

HASSENPFLUG, W. (1981): Wenn der Gelbe Fluß klar fließt. In: Geographie heute 1, H. 4, S. 40-46.

HEBERER, Th. (1984): Nationalitätenpolitik und Entwicklungspolitik in den Gebieten nationaler Minderheiten in China. Bremer Beiträge zu[r] Geographie und Raumplanung, H. 9. Bremen.

HEBERER, Th. (1986): Probleme chinesischer Regi[o]nalentwicklung. Dargestellt am Beispiel [der] Provinz Yunnan. In: Geogr. Rundschau 36, H[.] S. 130-136.

HILGEMANN, W./G. KETTERMANN/M. HERGT (1978)[:] Perthes Weltatlas, Bd. 4: China. 2. [...] München - Darmstadt.

JÜNGST, P./Ch. PEISERT/H.-J. SCHULZE-GÖBEL [...] (1985): Stadtplanung in der Volksrepu[blik China]: Entwicklungstrends im Spiegel v[...] zen und Gesprächen (1949 bis 1979[)] Regio, H. 35. Kassel.

KIRKBY, R.J.R. (1985): Urbanisation i[n ...] and Country in a Developing Econ[omy ...] A.D. London - Sydney.

KOLB, A. (1963): Ostasien. China - [...] Geographie eines Kulturerdteil[s ...]

KRAUS, W. (1979): Wirtschaftliche [...] sozialer Wandel in der Vo[...] Berlin - Heidelberg - New Y[ork ...]

KREIBICH, B. (Hrsg.) (1980): Ch[...] terricht. Praxis Geograph[...] schweig.

KÜCHLER, J. (1976): Stadterne[...] na. In: Stadtentwickl[...] wicklungschancen: Plan[...] und in der VR China. [...] manuskripte, H. 3, S[...]

KÜCHLER, J. (1981): Chine[...] ger Bucht - Peking[...] S. 98-104.

KÜCHLER, U./J. KÜCHLE[R ...] der, Perspektiven[...]

KULINAT, K./A. STE[...] Freizeit- und [...] Forschung, Bd.[...]

KUAN YU-CHIEN/P. [...] und Reisefü[hrer ...] Stuttgart.

LOUVEN, E. (1986): Industriepolitik in ... na. Dargestellt am Beispiel der Stan... und Infrastruktur. In: Geogr. Rundschau ... 3, S. 124-128.

LOZATO-GIOTART, J.-P. (1987): Géographie du touri... me. De l'espace regardé à l'espace consommé. 2e édition. Paris.

PANNELL, C.W./L.J.C. MA (1983): China. The Geography of Development and Modernization. Scripta Series in geography. London.

REICH, D./E. SCHMIDT/R. WEITZ (Hrsg.) (1980): Raumplanung in China. Prinzipien - Beispiele - Materialien. Dortmunder Beiträge zur Raumplanung, H. 15. Dortmund.

SCHÖLLER, P. (1978): Hong Kong und Macau. In: SCHÖLLER, P./H. DÜRR/E. DEGE: Ostasien. Fischer Länderkunde, Bd. 1, S. 229-237. Frankfurt/M..

SCHÖPKE, H. (1986): Volkskommunen Chinas im Wandel. Schriftl. Abitur/Grundkurs. In: Praxis Geographie, H. 4, S. 26-29.

STADELBAUER, J. (1984): Gezügelte Bevölkerungszunahme und bleibende Ernährungsprobleme. Dargestellt am Beispiel der Volksrepublik China. In: Geogr. Rundschau 36, S. 565-572.

Statistical Handbook of China 1984. Hong Kong.

Statistisches Bundesamt Wiesbaden (Hrsg.) (1987): Länderbericht Volksrepublik China. Länderberichte des Auslands. Stuttgart - Mainz.

...UBMANN, W. (1983): Gesellschaftliche und räumliche Organisationsformen in chinesischen Städten. In: Geogr. Zeitschrift 71, S. 193-217.

...MANN, W. (1981): Entwicklungsprobleme der ...olksrepublik China. In: Geographie heute 1, ... 4, S. 2-15.

... W. (1986a): Stadtentwicklung in der ...republik China. Verlauf und gegenwärtige ...e. In: Geogr. Rundschau 36, H. 3, S. ...

... 1986b): China. Annotierte Auswahl von ...ungen. In: Geogr. Rundschau 36, H. ...7.

...MER (1987): Modernisierung und ...trategien in der VR China. In: ...graphentag Berlin 1985. Ta... wissenschaftliche Abhandlun... ...uttgart.

... HEBERER (1985): Chinesi-

Touris... De- par... ...tion, Peopl... ...dition, Beijing...

VORLAUFER, K. ... und Dritte Welt. Frank...

WEGGEL, O. (1981): ... Revolution und Etikette. Münch...

WIDMER, U. (1981): Zu... ...ierung der chinesischen Landwirtschaf... ...hülerarbeitsheft. In: Geographie heute 1, H. 4, S. I-VIII.

WIDMER, U. (1985): Entwicklung und Potential der Wirtschaftssonderzonen und der sogenannten Wirtschaftszonen. In: TAUBMANN, W./U. WIDMER/ Th. HEBERER: Chinesische Wirtschaftspolitik in der Nach-Mao-Ära. Texte zur wissenschaftlichen Weiterbildung, S. 53-90. Bremen.

WIDMER, U. (1986a): Neue Strukturen im ländlichen China. In: Geogr. Rundschau 38, H. 3, S. 138-144.

WIETHOFF, B. (1977): Grundzüge der neueren chinesischen Geschichte. Grundzüge, Bd. 31. Darmstadt.

von WISSMANN, H. (1954): Der Karst der humiden heißen und sommer-heißen Gebiete Ostasiens. In: Erdkunde 8, S. 122-130.

YOUNG-YAN WANG/ZONG-HU ZHANG (Hrsg.) (1980): Loess in China. Beijing.

YU CHEUNG-LIEH (Hrsg.) (1980): Chinas neue Wirtschaftspolitik. Die vier Modernisierungen: Landwirtschaft, Industrie, Militär, Technologie. Frankfurt/M. - New York.

ZARETZKI, M. (1986): Der Huang-he und die Rolle der Volkskommunen. In: Praxis Geographie, H. 4, S. 30-33.

...us:
...kehart Köhler und Norbert Wein (Hrsg.):
...UR- UND KULTURRÄUME.
...udwig Hempel zum 65. Geburtstag.
Paderborn: Ferdinand Schöningh 1987.
= Münstersche Geographische Arbeiten 27.

MÜNSTERSCHE GEOGRAPHISCHE ARBEITEN

Herausgegeben von den Hochschullehrern des Instituts für Geographie der Westfälischen Wilhelms-Universität

Wilfrid Bach - Bernhard Butzin - Hermann Hambloch - Heinz Heineberg - Ludwig Hempel - Ingrid Henning - Friedrich-Karl Holtmeier - Cay Lienau - Alois Mayr - Richard Pott - Volker Rönick - Karl-Friedrich Schreiber - Ulrich Streit - Peter Weber - Julius Werner

Schriftleitung: Alois Mayr

H. 1 Alois Mayr: Universität und Stadt. Ein stadt-, wirtschafts- und sozialgeographischer Vergleich alter und neuer Hochschulstandorte in der Bundesrepublik Deutschland.
1979. 375 Seiten mit 43 Tab., 28 Abb., 24 Bildern, 8 Farbkarten im Anhang, DM 60,-. ISBN 3-506-73201-3.

H. 2 Hermann Mattes: Der Tannenhäher im Engadin. Studien zu seiner Ökologie und Funktion im Arvenwald.
1978. 87 Seiten mit 52 Abb., DM 20,-. ISBN 3-506-73202-1.

H. 3 Friedrich-Karl Holtmeier: Die bodennahen Winde in den Hochlagen der Indian Peaks Section (Colorado Front Range).
Ludwig Hempel: Physiogeographische Studien auf der Insel Fuerteventura (Kanarische Inseln).
1978. 103 Seiten mit 21 Abb., 52 Fotos und 1 Kartenbeilage, DM 20,-. ISBN 3-506-73203-x.

H. 4 Peter Weber (Hrsg.): Periphere Räume - Strukturen und Entwicklungen in europäischen Problemgebieten. Mit Beiträgen von Bernhard Butzin, Hans Elsasser, Wilfried Heller, Cay Lienau/Hartmut Hermanns, Rolf Lindemann, Hartmut Lücke, Frank Nagel, Wolfgang Taubmann und Peter Weber (Berichtband einer Arbeitssitzung des Geographentags in Göttingen 1979).
1979. 183 Seiten mit insg. 23 Abb. und 32 Karten, DM 30,-. ISBN 3-506-73204-8.

H. 5 Heinz Heineberg (Hrsg.): Einkaufszentren in Deutschland. Entwicklung, Forschungsstand und -probleme mit einer annotierten Auswahlbibliographie. Mit Beiträgen von Bernhard Butzin, Bernd R. Falk, Marianne Grewe, Heinz Heineberg, Alois Mayr und Winfried Meschede.
1980. 165 Seiten mit insg. 22 Tab., 20 Abb. im Text und 12 Abb. im Anhang, DM 30,-. ISBN 3-506-73205-6.

H. 6 Wilfrid Bach/Ulrich Hampicke: Klima und Umwelt.
Wilfrid Bach: Untersuchung der Beeinflussung des Klimas durch anthropogene Faktoren.
Ulrich Hampicke/Wilfrid Bach: Die Rolle terrestrischer Ökosysteme im globalen Kohlenstoff-Kreislauf.
1980. 104 Seiten mit insg. 12 Tab., 17 Übersichten und 24 Abb., DM 31,50. ISBN 3-506-73206-4.

H. 7 Peter Schnell/Peter Weber (Hrsg.): Agglomeration und Freizeitraum. Vorträge eines Symposiums der Arbeitsgruppe "Geography of Tourism and Recreation" der Internationalen Geographischen Union (IGU/UGI) in Münster 1979. Mit Beiträgen von Gianfranco Battisti, Christoph Becker, Falk Billion, Michel Bonneau, Heinrich Busch, Candida Chiaccio, Michael Chubb, Jean-Michel Dewailly, Ljubomir Dinev, Ingo Eberle, Johannes C. Franz/Bernhard Marcinowski, Elke Hausberg, Peter Jurczek, Franz-Josef Kemper, Editha Kerstiens-Koeberle, Klaus Kulinat, Jörg Maier, Boyan Manev, Peter Mariot, Hans-Georg Möller, Peter Schnell, Albert Steinecke, Diether Stonjek, Friedrich Vetter, Gabriel Wackermann, Peter Weber/Rainer Wilking, Klaus Wolf.
1980. 238 Seiten mit insg. 94 Abb., DM 40,-. ISBN 3-506-73207-2.

H. 8 Norbert de Lange: Städtetypisierung in Nordrhein-Westfalen im raum-zeitlichen Vergleich 1961 und 1970 mit Hilfe multivariater Methoden - eine empirische Städtesystemanalyse.
1980. 178 Seiten mit 56 Tab. und 37 Abb. (davon 4 im Anhang), DM 34,-. ISBN 3-506-73208-0.

H. 9 Ludwig Hempel/Hartmut Brettschneider: Beiträge zur "Energetischen Geomorphologie" in Trockengebieten.
Ludwig Hempel: Studien über rezente und fossile Verwitterungsvorgänge im Vulkangestein der Insel Fuerteventura (Islas Canarias, Spanien) sowie Folgerungen für die quartäre Klimageschichte.
Hartmut Brettschneider: Mikroklima und Verwitterung an Beispielen aus der Sierra Nevada Spaniens und aus Nordafrika mit Grundlagenstudien zur Glatthanggenese.
1980. 142 Seiten mit insg. 27 Fotos (davon 4 farbig), 43 Abb., 4 röntgenographischen Diagrammen und 3 Karten, DM 37,-. ISBN 3-506-73209-0.

H.10 Dietbert Thannheiser: Die Küstenvegetation Ostkanadas.
1981. 204 Seiten mit 41 Tab. und 166 Abb. (davon 16 Fotos), DM 41,50. ISBN 3-506-73210-2.

H.11 Gerhard Bahrenberg/Ulrich Streit (Hrsg.): German Quantitative Geography. Papers presented at the 2nd European Conference on 'Theoretical and Quantitative Geography' in Cambridge 1980. Mit Beiträgen von Gerhard Bahrenberg, Hubert Bischoff, Wolf Gaebe, Ernst Giese, Georg Heygster, Franz-Josef Kemper, Hans Kern, Kurt Klein, Günter Löffler, Josef Nipper, Aribert Peters, Reiner Schwarz, Ulrich Streit, Wolfhard Symader, Wolfgang Taubmann, Wilfried Wittenberg.
1981. 182 Seiten mit 22 Tab., 47 Abb. und 1 Farbkarte im Anhang, DM 30,-. ISBN 3-506-73211-0.

H.12 Bernhard Butzin (Hrsg.): Entwicklungs- und Planungsprobleme in Nordeuropa. Mit Beiträgen von Annette Bergmann, Ruth Bünning, Bernhard Butzin, Staffan Helmfrid, Rolf Lindemann, Friedhelm Pelzer, Peter Sedlacek, Dietbert Thannheiser, Erhard Treude und Uuno Varjo.
1981. 178 Seiten mit 68 Tab., 53 Abb., DM 31,50. ISBN 3-506-73212-9.

H. 13 Volker Rönick: Das nordöstliche Rio Grande do Sul/Brasilien - Naturräumliche Gliederung und wirtschaftliche Bewertung.
1981. 152 Seiten mit 21 Tab., 35 Abb. und 14 Fotos, DM 28,50. ISBN 3-506-73213-7.

H. 14 Ekkehard Petzold: Einsatzmöglichkeiten EDV-gestützter räumlicher Informationssysteme für hydrologische Planungszwecke. Bilanzierung des Wasserdargebotes auf kleinräumiger Basis.
1982. 82 Seiten mit 39. Tab., 12 Abb. und Anhang, DM 18,50. ISBN 3-506-73214-5.

H. 15 Peter Weber/Karl-Friedrich Schreiber (Hrsg.): Westfalen und angrenzende Regionen. Festschrift zum 44. Deutschen Geographentag in Münster 1983, Teil I. Mit Beiträgen von Günther Becker/Peter Weber, Friedrich Becks, Hans H. Blotevogel, Ernst Burrichter, Niels Gutschow/Johann A. Wolf, Heinz Heineberg/Norbert de Lange, Ludwig Hempel, Karlheinz Hottes, Franz J. Lillotte, Alois Mayr, Wilhelm Müller-Wille/Elisabeth Bertelsmeier, Peter Schnell, Karl-Friedrich Schreiber.
1983. Text- und Kartenband; insg. 342 Seiten mit 61 Tab. und 108 Abb. (davon 8 im Kartenband). DM 36,-. ISBN 3-506-73215-3.

H. 16 Heinz Heineberg/Alois Mayr (Hrsg.): Exkursionen in Westfalen und angrenzenden Regionen. Festschrift zum 44. Deutschen Geographentag in Münster 1983, Teil II. Mit Beiträgen von Friedrich Becks, Lioba Beyer/Heinz Heineberg, Hans-Joachim Böckenholt, Hanns J. Buchholz, Jürgen Bünstorf, Ernst Burrichter, Dietrich Düsterloh/Adolf Schüttler, Karl Engelhard, Wolfgang Feige, Gerhard Fuchs, Henning Grabowski, Heinz Heineberg/Alois Mayr, Gerhard Henkel, Manfred Hommel, Karlheinz Hottes, Johannes Karte, Herbert Kersberg, Hans Kleinn, Herbert Liedtke, Bruno Lievenbrück, Hermann Mattes, Gerhard Müller, Friedhelm Pelzer, Karl-Heinz Pfeffer, Hans-Claus Poeschel/Dieter Stonjek, Peter Schnell, Karl-Friedrich Schreiber/Andreas Vogel, Ernst Th. Seraphim/Hans Friedrich Gorki, Ulrich Streit, Dietbert Thannheiser, Rolf Thöle/Wolf Eckelmann/Wolfgang Schlüter, Peter Weber/Günther Becker, Julius Werner, Hans-Wilhelm Windhorst.
1983. Textband mit insg. 432 Seiten, 45 Tab., 178 Abb. (davon 1 im Anhang) und Regionalkarte 1:100 000 Rheinisch-Westfälisches Industriegebiet mit Exkursionsrouten (Anhang). DM 42,-. ISBN 3-506-73216-1

H. 17 Reinhard Schulte: Situation und Chancen des Öffentlichen Personennahverkehrs im ländlichen Raum. Angebotsmängel und Möglichkeiten zur Verbesserung unter besonderer Berücksichtigung des östlichen Münsterlandes.
1983. 176 Seiten mit 24 Tab., 29 Abb. und 3 Bildtafeln sowie 4 Karten als Beilage. DM 34,-. ISBN 3-506-73217-X.

H. 18 Ludwig Hempel (Hrsg.): Geographische Beiträge zur Landeskunde Griechenlands. Mit Beiträgen von Ludwig Hempel, Hermann-Josef Höper und Volker Born.
1984. 214 Seiten, 87 Tab., 55 Abb. und 28 Fotos. DM 40,-. ISBN 3-506-73218-8.

H. 19 Ingrid Henning/Dieter Henning: Die klimatologische Wasserbilanz der Kontinente. Ein Beitrag zur Hydroklimatologie.
1984. 162 Seiten, 36 Karten und 240 Diagramme. DM 29,-. ISBN 3-506-73219-6.

H. 20 Karl-Friedrich Schreiber (Hrsg.): Sukzession in Grünlandbrachen. Vorträge eines Symposiums der Arbeitsgruppe "Sukzessionsforschung auf Dauerflächen" in der Internationalen Vereinigung für Vegetationskunde (IVV) in Stuttgart-Hohenheim 1984. Mit Beiträgen von J.P. Bakker/Y. de Vries, H. Dierschke, A. Fischer, K. Handke/K.-F. Schreiber, L.J. Ilijanić/G. Topić/N. Šegulja, J. Mitchley, M.J. Oomes/H. Mooi, P. Ogereau-Poissonet/M. Thiault, P. Poschlod/H. Muhle, E. Rosén, F. Runge, W. Schmidt, K.-F. Schreiber/J. Schiefer, J. Stöcklin/U. Gisi, J.H. Willems.
1985. 230 Seiten, 86 Tab., 87 Abb. DM 36.-. ISBN 3-506-73220-X.

H. 21 Wilfrid Bach/Hans-Josef Jung/Heinrich Knottenberg: Modeling the Influence of Carbon Dioxide on the Global and Regional Climate. Methodology and Results.
1985. 114 Seiten, 15 Tab. und 76 Abb. DM 28,50. ISBN 3-506-73221-8.

H. 22 Rainer Danielzyk/Claus-Christian Wiegandt: Lingen im Emsland: Dynamisches Entwicklungszentrum oder "Provinz"? Ansätze zu einer qualitativen Methodik in der Regionalforschung.
1985. 168 Seiten, 18 Tab., 17 Abb. DM 35,-. ISBN 3-506-73222-4.

H. 23 Bernhard Butzin: Zentrum und Peripherie im Wandel. Erscheinungsformen und Determinanten der "Counterurbanization" in Nordeuropa und Kanada.
1986. XII, 171 Seiten mit 28. Tab. und 58 Abb. im Anhang. DM 30,-. ISBN 3-506-73223-4.

H. 24 Heinz Heineberg/Alois Mayr: Neue Einkaufszentren im Ruhrgebiet. Vergleichende Analysen der Planung, Ausstattung und Inanspruchnahme der 21 größten Shopping-Center.
1986. 247 Seiten mit 67 Tab., 58 Abb., 29 Fotos und Anhang. DM 41,50. ISBN 3-506-73224-2.

H. 25 Volker Rönick: Regionale Entwicklungspolitik und Massenarmut im ländlichen Raum Nordost-Brasiliens. Ursachen des Elends und Hindernisse bei der Erfüllung der Grundbedürfnisse.
1986. 136 Seiten mit 24 Tab. und 39 Abb. DM 20,-. ISBN 3-506-73225-0.

In Druckvorbereitung:

H. 26 Alois Mayr/Peter Weber (Hrsg.): 100 Jahre Institut für Geographie der Westfälischen Wilhelms-Universität Münster.

H. 27 Ekkehart Köhler/Norbert Wein (Hrsg.): Natur- und Kulturräume. Ludwig Hempel zum 65. Geburtstag.

1713810